Sabine Speck

Textsorten und Textsortenvarianten im Kulturteil der Tageszeitung ‚Der Tagesspiegel' und der Wochenzeitung ‚Die Zeit'

Berliner Sprachwissenschaftliche Studien

herausgegeben von
Franz Simmler

Band 31

Sabine Speck

Textsorten und Textsortenvarianten im Kulturteil der Tageszeitung ‚Der Tagesspiegel' und der Wochenzeitung ‚Die Zeit'

WEIDLER Buchverlag Berlin

Titelbild:
Susanne Ciasto: „Textsorten in Zeitungen“

ISBN 978-3-89693-656-1

Herstellung durch Frank & Timme GmbH
Wittelsbacherstraße 27a, 10707 Berlin
info@frank-timme.de

www.weidler-verlag.de

Inhaltsverzeichnis

Abbildungsverzeichnis 14
Tabellenverzeichnis 22
Verzeichnis der Textexemplarbeispiele auf der beiliegenden CD 25
Abkürzungsverzeichnis 27

Vorwort 29

I. Einleitung 31

II. Theoretische Grundlagen 33
A. Forschungssituation: Textlinguistik und Textsortenlinguistik 33
1. Textlinguistik 33
2. Textsortenlinguistik 34
2.1 Zentrale Aspekte des Textsortenproblems 34
2.1.1 Zum Terminus und sprachtheoretischen Status der ‚Textsorte' 35
2.1.2 Prätheoretische Textklassen und linguistische Textsorten 38
2.1.3 Externe und interne Faktoren der Textsortenbestimmung 41
2.1.3.1 Merkmalsberücksichtigung 41
2.1.3.2 Anzahl der berücksichtigten Merkmale und ihre Gewichtung 43
2.1.4 Methodische Vorgehensweise bei der Textsortenbestimmung 44

B. Bestimmung der Methode und Vorgehensweise 47
1. Textsortenbegriff 47
2. Einbeziehung der prätheoretischen Textklassen 50
3. Berücksichtigte Faktoren bei der Textsortenbestimmung 51
3.1 Externe Faktoren 51
3.2 Interne Faktoren 54
4 Methodische Vorgehensweise 55

C. Die Materialgrundlage: Bestimmung der Kulturteile der beiden Zeitungen 59
1. Zur Begriffsklärung von ‚Kulturteil' 59
2. Zum Feuilletonbegriff 60
2.1 Herkunft und Entwicklung des Feuilletonbegriffs 60
2.2 Das Feuilleton als Stilart, journalistische Darstellungsform und Sparte 63

3. Zum Kulturbegriff ... 65
4. Inhalte des Kulturteils bzw. Feuilletons ... 67
5. Bestimmung des Untersuchungsmaterials ... 71
5.1 Festlegung des Untersuchungsteils in der Tageszeitung ‚Der Tagesspiegel' ... 71
5.2 Festlegung des Untersuchungsteils in der Wochenzeitung ‚Die Zeit' ... 74
5.3 Vergleich der Kulturteile in den Zeitungen ‚Die Zeit' und ‚Der Tagesspiegel' ... 76
6. Die Zeitung als Materialgrundlage ... 77

D. ‚Textsorte' in Abgrenzung zur ‚Journalistischen Darstellungsform' ... 79
1. Die Klassifikation in der Publizistik ... 79
2. Begriffspluralismus ... 82
2.1 Uneinheitlichkeit der Bezeichnungen ... 85
2.2 Ansatz unterschiedlich vieler journalistischer Darstellungsformen ... 86
2.3 Mehrfachbedeutungen ... 87
2.4 Synonyme Verwendung mehrerer Begriffe ... 89
3. Klassifikationskriterien in der Publizistik ... 92
3.1 Klassifikation anhand vager Klassifikationskriterien ... 92
3.2 Unzureichende Abgrenzung ähnlicher Darstellungsformen ... 94
3.3 Unterschiedliche Art und Anzahl der Kriterien ... 95
3.4 Beschreibung einer journalistischen Darstellungsform durch eine andere ... 96
3.5 Unvollständige Berücksichtigung interner und externer Merkmale ... 98
4. Konsequenzen der Klassifikation in der Publizistik ... 101
5. Vergleich von ‚Textsorte' und ‚journalistischer Darstellungsform' ... 103

III. Empirische Untersuchungen ... 107
A. Bestimmung der externen Faktoren ... 107
1. Bestimmung der externen Faktoren in der Tageszeitung ‚Der Tagesspiegel' ... 107
1.1 Bestimmung des externen Faktors ‚Medium' ... 107
1.1.1 Begründung des ‚Tagesspiegels' als textsortenübergreifende Einheit ... 107
1.1.2 Das Layoutmerkmal ‚Platzierung' ... 110

1.1.3 Das Layoutmerkmal ‚Spalte' 112
1.2 Bestimmung des externen Faktors ‚Schreiber' 116
1.3 Bestimmung des externen Faktors ‚Leser' 122
1.4 Bestimmung des externen Faktors ‚Ort' 123
1.5 Bestimmung des externen Faktors ‚Zeit' 123
2. Bestimmung der externen Faktoren in der Wochenzeitung ‚Die Zeit' 126
2.1 Bestimmung des externen Faktors ‚Medium' 126
2.1.1 Begründung der ‚Zeit' als textsortenübergreifende Einheit 126
2.1.2 Das Layoutmerkmal ‚Platzierung' 129
2.1.3 Das Layoutmerkmal ‚Spalte' 132
2.2 Bestimmung des externen Faktors ‚Schreiber' 134
2.3 Bestimmung des externen Faktors ‚Leser' 136
2.4 Bestimmung des externen Faktors ‚Ort' 136
2.5 Bestimmung des externen Faktors ‚Zeit' 137
3. Resümee 139

B. Bestimmung der internen Faktoren 141
1. Die linguistische Ebene der Makrostrukturen 141
1.1 Theoretische Grundlagen 141
1.2 Makrostrukturen bei den Textsorten der Tageszeitung ‚Der Tagesspiegel' 144
1.2.1 Die Makrostrukturen der Textsorte ‚Bericht' 144
1.2.1.1 Makrostruktur der Überschrift 144
1.2.1.2 Makrostruktur des Absatzes 146
1.2.1.3 Makrostruktur des Bildes 152
1.2.1.4 Makrostruktur des Verfassernamens 162
1.2.1.5 Makrostruktur des Einschubs 164
1.2.1.6 Makrostruktur des Informationsabsatzes 165
1.2.2 Die Makrostrukturen der Textsorte ‚Meldung' 166
1.2.2.1 Makrostruktur der Überschrift 167
1.2.2.2 Makrostruktur des Absatzes 168
1.2.2.3 Makrostruktur des Verfassernamens 169
1.2.3 Die Makrostrukturen der Textsorte ‚Kurzmeldung' 169
1.2.3.1 Makrostruktur der Überschrift 169
1.2.3.2 Makrostruktur des Absatzes 169
1.2.3.3 Makrostruktur des Verfassernamens 171
1.2.3.4 Makrostruktur des Reihennamens 171
1.2.4 Die Makrostrukturen der Textsorte ‚Porträt' 172

1.2.4.1 Makrostruktur der Überschrift 172
1.2.4.2 Makrostruktur des Absatzes 173
1.2.4.3 Makrostruktur des Bildes 182
1.2.4.4 Makrostruktur des Verfassernamens 185
1.2.4.5 Makrostruktur des Informationsabsatzes 186
1.2.4.6 Makrostruktur des Einschubs 187
1.2.4.7 Vereinzelt vorkommende Makrostrukturen 188
1.2.5 Die Makrostrukturen der Textsorte ‚Kommentar' 189
1.2.5.1 Makrostruktur der Überschrift 191
1.2.5.2 Makrostruktur des Absatzes 197
1.2.5.3 Makrostruktur des Bildes 216
1.2.5.4 Makrostruktur des Verfassernamens 222
1.2.5.5 Makrostruktur des Reihennamens 224
1.2.5.6 Makrostruktur des Einschubs 226
1.2.5.7 Makrostruktur des Informationsabsatzes 229
1.2.5.8 Textuelle Merkmale 233
1.2.6 Die Makrostrukturen der Textsorte ‚Interview' 235
1.2.6.1 Makrostruktur der Überschrift 236
1.2.6.2 Makrostruktur des Absatzes 237
1.2.6.3 Makrostruktur des Bildes 241
1.2.6.4 Makrostruktur des Verfassernamens 245
1.2.6.5 Makrostruktur des Reihennamens 245
1.2.6.6 Biografische Makrostrukturen 246
1.2.6.6.1 Makrostruktur des Einschubs 246
1.2.6.6.2 Makrostruktur der Informationsleiste 247
1.2.6.6.3 Makrostruktur des Informationskastens 248
1.2.6.6.4 Weitere biografische Makrostrukturen und Makrostrukturteile 251
1.2.6.7 Informationsabsatz unter dem Fließtext 251
1.2.7 Die Makrostrukturen der Textsorte ‚Abdruck' 252
1.2.7.1 Makrostruktur der Überschrift 254
1.2.7.2 Makrostruktur des Verfassernamens 254
1.2.7.3 Makrostruktur des Informationsabsatzes unter dem Fließtext 254
1.2.7.4 Weitere textuelle Merkmale 255
1.3 Makrostrukturen bei den Textsorten der Wochenzeitung ‚Die Zeit' 256
1.3.1 Die Makrostrukturen der Textsorte ‚Bericht' 256
1.3.1.1 Makrostruktur der Überschrift 256
1.3.1.2 Makrostruktur des Absatzes 257

1.3.1.3 Makrostruktur des Bildes 262
1.3.1.4 Makrostruktur des Verfassernamens 268
1.3.1.5 Makrostruktur des Einschubs 269
1.3.1.6 Makrostruktur des Informationsabsatzes 272
1.3.1.7 Weitere Makrostrukturen 272
1.3.1.8 Textuelle Merkmale 275
1.3.2 Die Makrostrukturen der Textsorte ‚Kurzmeldung' 276
1.3.2.1 Makrostruktur der Überschrift 276
1.3.2.2 Makrostruktur des Absatzes 277
1.3.2.3 Makrostruktur des Bildes 280
1.3.2.4 Makrostruktur des Verfassernamens 280
1.3.2.5 Makrostruktur des Reihennamens 281
1.3.2.6 Textuelle Merkmale 281
1.3.3 Die Makrostrukturen der Textsorte ‚Porträt' 282
1.3.3.1 Makrostruktur der Überschrift 282
1.3.3.2 Makrostruktur des Absatzes 283
1.3.3.3 Makrostruktur des Bildes 289
1.3.3.4 Makrostruktur des Verfassernamens 292
1.3.3.5 Makrostruktur des Informationsabsatzes 293
1.3.3.6 Makrostruktur des Einschubs 293
1.3.3.7 Weitere Makrostrukturen 294
1.3.3.8 Textuelle Merkmale 295
1.3.4 Die Makrostrukturen der Textsorte ‚Kommentar' 295
1.3.4.1 Makrostruktur der Überschrift 296
1.3.4.2 Makrostruktur des Absatzes 301
1.3.4.3 Makrostruktur des Bildes 310
1.3.4.4 Makrostruktur des Verfassernamens 322
1.3.4.5 Makrostruktur des Reihennamens 324
1.3.4.6 Makrostruktur des Einschubs 329
1.3.4.7 Makrostruktur des Informationsabsatzes 331
1.3.4.8 Weitere Makrostrukturen 336
1.3.4.9 Textuelle und sonstige Merkmale 339
1.3.5 Die Makrostrukturen der Textsorte ‚Interview' 341
1.3.5.1 Makrostruktur der Überschrift 341
1.3.5.2 Makrostruktur des Absatzes 343
1.3.5.3 Makrostruktur des Bildes 346
1.3.5.4 Makrostruktur des Verfassernamens 349
1.3.5.5 Makrostruktur des Einschubs 349
1.3.5.6 Biografische Makrostrukturen und Makrostrukturteile 350
1.3.5.6.1 Makrostruktur des Informationskastens 350

1.3.5.6.2 Weitere biografische Makrostrukturen und Makrostrukturteile ... 352
1.3.6 Die Makrostrukturen der Textsorte ‚Abdruck' ... 353
1.3.6.1 Makrostruktur der Überschrift ... 354
1.3.6.2 Makrostruktur des Verfassernamens ... 355
1.3.6.3 Makrostruktur des Informationsabsatzes unter dem Fließtext ... 355
1.3.6.4 Makrostruktur des Reihennamens ... 357
1.3.6.5 Weitere Makrostrukturen und textuelle Merkmale ... 358
2. Die linguistische Ebene der Syntax ... 359
2.1 Theoretische Grundlagen ... 360
2.1.1 Der Satz ... 360
2.1.2 Die Parzellierung ... 363
2.2 Textsortenübergreifende Beobachtungen ... 365
2.2.1 Die Oberzeile ... 365
2.2.2 Fehlende Interpunktionszeichen der Überschriften ... 366
2.3 Die Syntax bei den Textsorten der Tageszeitung ‚Der Tagesspiegel' ... 371
2.3.1 Die Syntax der Textsorte ‚Bericht' ... 372
2.3.1.1 Die Überschrift ... 372
2.3.1.2 Der Fließtext ... 378
2.3.2 Die Syntax der Textsorte ‚Meldung' ... 387
2.3.2.1 Die Überschrift ... 387
2.3.2.2 Der Fließtext ... 388
2.3.3 Die Syntax der Textsorte ‚Kurzmeldung' ... 390
2.3.3.1 Die Überschrift ... 390
2.3.3.2 Der Fließtext ... 392
2.3.4 Die Syntax der Textsorte ‚Porträt' ... 395
2.3.4.1 Die Überschrift ... 395
2.3.4.2 Der Fließtext ... 399
2.3.5 Die Syntax der Textsorte ‚Kommentar' ... 407
2.3.5.1 Die Überschrift ... 407
2.3.5.2 Der Fließtext ... 418
2.3.6 Die Syntax der Textsorte ‚Interview' ... 430
2.3.6.1 Die Überschrift ... 430
2.3.6.2 Der Fließtext ... 433
2.3.7 Die Syntax der Textsorte ‚Abdruck' ... 439
2.4 Die Syntax bei den Textsorten der Wochenzeitung ‚Die Zeit' ... 440
2.4.1 Die Syntax der Textsorte ‚Bericht' ... 440

2.4.1.1 Die Überschrift ... 440
2.4.1.2 Der Fließtext ... 443
2.4.2 Die Syntax der Textsorte ‚Kurzmeldung' ... 448
2.4.2.1 Die Überschrift ... 448
2.4.2.2 Der Fließtext ... 449
2.4.3 Die Syntax der Textsorte ‚Porträt' ... 451
2.4.3.1 Die Überschrift ... 451
2.4.3.2 Der Fließtext ... 455
2.4.4 Die Syntax der Textsorte ‚Kommentar' ... 460
2.4.4.1 Die Überschrift ... 460
2.4.4.2 Der Fließtext ... 470
2.4.5 Die Syntax der Textsorte ‚Interview' ... 482
2.4.5.1 Die Überschrift ... 482
2.4.5.2 Der Fließtext ... 484
2.4.6 Die Syntax der Textsorte ‚Abdruck' ... 489
3. Die linguistische Ebene der Lexik ... 490
3.1 Theoretische Grundlagen ... 492
3.1.1 Zur theoretischen Unterscheidung von Wort, Wortform und Morphem ... 492
3.1.2 Die Wortbildungsprinzipien ... 494
3.1.3 Neologismen ... 497
3.1.3.1 Definition und Reichweite des Begriffs ... 497
3.1.3.2 Bestimmung von ‚Originalität' und ‚Originellen Wortneubildungen' ... 508
3.1.3.3 Bedeutungsentschlüsselung der Wortneubildungen ... 511
3.2 Die Lexik bei den Textsorten der Tageszeitung ‚Der Tagesspiegel' ... 513
3.2.1 Die Lexik der Textsorte ‚Bericht' ... 513
3.2.1.1 Wortneubildungen ... 513
3.2.1.2 Wertende Begriffe ... 517
3.2.1.3 Pronomen ... 518
3.2.1.4 Zitate ... 519
3.2.2 Die Lexik der Textsorte ‚Meldung' ... 520
3.2.2.1 Wortneubildungen ... 520
3.2.2.2 Wertende Begriffe ... 521
3.2.2.3 Pronomen ... 521
3.2.2.4 Zitate ... 521
3.2.3 Die Lexik der Textsorte ‚Kurzmeldung' ... 522
3.2.3.1 Wortneubildungen ... 522
3.2.3.2 Wertende Begriffe ... 523

3.2.3.3 Pronomen ... 523
3.2.3.4 Zitate ... 524
3.2.4 Die Lexik der Textsorte ‚Porträt‘ ... 525
3.2.4.1 Wortneubildungen ... 525
3.2.4.2 Wertende Begriffe ... 527
3.2.4.3 Pronomen ... 528
3.2.4.4 Zitate ... 528
3.2.5 Die Lexik der Textsorte ‚Kommentar‘ ... 530
3.2.5.1 Wortneubildungen ... 530
3.2.5.2 Wertende Begriffe ... 533
3.2.5.3 Pronomen ... 534
3.2.5.4 Zitate ... 536
3.2.6 Die Lexik der Textsorte ‚Interview‘ ... 539
3.2.6.1 Wortneubildungen ... 539
3.2.6.2 Wertende Begriffe ... 541
3.2.6.3 Pronomen ... 542
3.2.6.4 Zitate ... 544
3.2.6.5 Sonstige lexikalische Besonderheiten ... 544
3.2.7 Die Lexik der Textsorte ‚Abdruck‘ ... 545
3.3 Die Lexik bei den Textsorten der Wochenzeitung ‚Die Zeit‘ ... 546
3.3.1 Die Lexik der Textsorte ‚Bericht‘ ... 546
3.3.1.1 Wortneubildungen ... 546
3.3.1.2 Wertende Begriffe ... 548
3.3.1.3 Pronomen ... 549
3.3.1.4 Zitate ... 549
3.3.2 Die Lexik der Textsorte ‚Kurzmeldung‘ ... 550
3.3.2.1 Wortneubildungen ... 550
3.3.2.2 Wertende Begriffe ... 550
3.3.2.3 Pronomen ... 551
3.3.2.4 Zitate ... 552
3.3.3 Die Lexik der Textsorte ‚Porträt‘ ... 552
3.3.3.1 Wortneubildungen ... 552
3.3.3.2 Wertende Begriffe ... 553
3.3.3.3 Pronomen ... 554
3.3.3.4 Zitate ... 555
3.3.4 Die Lexik der Textsorte ‚Kommentar‘ ... 556
3.3.4.1 Wortneubildungen ... 556
3.3.4.2 Wertende Begriffe ... 562
3.3.4.3 Pronomen ... 564

3.3.4.4 Zitate ... 567
3.3.5 Die Lexik der Textsorte ,Interview' ... 569
3.3.5.1 Wortneubildungen ... 569
3.3.5.2 Wertende Begriffe ... 570
3.3.5.3 Pronomen ... 570
3.3.5.4 Zitate ... 571
3.3.5.5 Sonstige lexikalische Besonderheiten ... 572
3.3.6 Die Lexik der Textsorte ,Abdruck' ... 572

C. Definition der Textsorten im Kulturteil der Tageszeitung ,Der Tagesspiegel' und der Wochenzeitung ,Die Zeit' ... 573
1. Vorgehen bei der Definition der Textsorten ... 573
1.1 Definition der Textsorte ,Bericht' ... 575
1.2 Definition der Textsorte ,Meldung' ... 583
1.3 Definition der Textsorte ,Kurzmeldung' ... 585
1.4 Definition der Textsorte ,Porträt' ... 591
1.5 Definition der Textsorte ,Kommentar' ... 600
1.6 Definition der Textsorte ,Interview' ... 619
1.7 Definition der Textsorte ,Abdruck' ... 626
1.8 Definition vorläufiger Textsorten ... 630
1.8.1 Die vorläufige Textsorte ,Stellungnahme' ... 630
1.8.2 Die vorläufige Textsorte ,Fiktiver Brief' ... 645
1.9 Einordnung von Sonderformen ... 649
1.9.1 Sonderform „Thematischer Abdruck" der Textsorte ,Abdruck' ... 649
1.9.2 Sonderform ,Aufzählungskritik' der Gruppe ,Kurzkritik' ... 652
1.9.3 Sonderform ,Verdecktes Interview' der Textsorte ,Interview' ... 653
1.9.4 Sonderform ,Familienporträt' der Textsortenvariante ,Personenporträt' ... 657
1.9.5 Sonderformen ,Textsortenintegrierender Erlebnisbericht' und ,Fiktiver Erlebnisbericht' der Textsortenvariante ,Erlebnisbericht' ... 663
2. Vergleich der Textsorten in den beiden Zeitungen ... 678
3. Ausblick ... 682

Zusammenfassung der Ergebnisse ... 683
Literaturverzeichnis ... 685

Abbildungsverzeichnis

Abb. 1: Bildungsgrad der Leser des ‚Tagesspiegels' und der Gesamtbevölkerung 122
Abb. 2: Beispiel für eine Überschrift bei der Textsorte ‚Bericht' im ‚Tagesspiegel' 145
Abb. 3: Zeilenanzahl der Textexemplare der Textsortenvariante ‚Themenbericht' im ‚Tagesspiegel' 148
Abb. 4: Satzanzahl der Textexemplare der Textsortenvariante ‚Themenbericht' im ‚Tagesspiegel' 148
Abb. 5: Zeilenanzahl der Textexemplare der Textsortenvariante ‚Erlebnisbericht' im ‚Tagesspiegel' 148
Abb. 6: Satzanzahl der Textexemplare der Textsortenvariante ‚Erlebnisbericht' im ‚Tagesspiegel' 149
Abb. 7: Zeilenanzahl der Textexemplare der Textsortenvariante ‚Sachbericht' im ‚Tagesspiegel' 149
Abb. 8: Satzanzahl der Textexemplare der Textsortenvariante ‚Sachbericht' im ‚Tagesspiegel' 150
Abb. 9: Beispiel für die Bildfunktion des Visualisierens und Vorstellens bei der Textsortenvariante ‚Sachbericht' im ‚Tagesspiegel' 156
Abb. 10: Beispiel für die Bildfunktion des Visualisierens und Vorstellens bei der Textsortenvariante ‚Sachbericht' im ‚Tagesspiegel' 157
Abb. 11: Beispiel für die Bildfunktion des Visualisierens und Vorstellens bei der Textsortenvariante ‚Erlebnisbericht' im ‚Tagesspiegel' 158
Abb. 12: Beispiel für die Bildfunktion des Visualisierens und Vorstellens bei der Textsortenvariante ‚Themenbericht' im ‚Tagesspiegel' 159
Abb. 13: Beispiel für die Bildfunktion der Auflockerung bei der Textsortenvariante ‚Themenbericht' im ‚Tagesspiegel' 160
Abb. 14: Beispiel für die Bildfunktion der Auflockerung bei der Textsortenvariante ‚Sachbericht' im ‚Tagesspiegel' 161
Abb. 15: Beispiel für die Bildfunktion des Interesseweckens bei der Textsortenvariante ‚Themenbericht' im ‚Tagesspiegel' 162
Abb. 16.1-3: Beispiele für die Makrostruktur des Einschubs bei der Textsorte ‚Bericht' im ‚Tagesspiegel' 164
Abb. 17.1-3: Beispiele für die Makrostruktur des Informationsabsatzes bei der Textsorte ‚Bericht' im ‚Tagesspiegel' 165
Abb. 18: Beispiel für eine Überschrift bei der Textsorte ‚Meldung' im ‚Tagesspiegel' 166
Abb. 19: Zeilenanzahl der Textexemplare der Textsorte ‚Meldung' im ‚Tagesspiegel' 167
Abb. 20: Satzanzahl der Textexemplare der Textsorte ‚Meldung' im ‚Tagesspiegel' 167
Abb. 21: Beispiel für eine Überschrift (mit zwei Zeilen des Fließtextes) bei der Textsorte ‚Kurzmeldung' im ‚Tagesspiegel' 168
Abb. 22: Zeilenanzahl der Textexemplare der Textsortenvariante ‚Kurzmeldung i.e.S.' im ‚Tagesspiegel' 169
Abb. 23: Satzanzahl der Textexemplare der Textsortenvariante ‚Kurzmeldung i.e.S.' im ‚Tagesspiegel' 170
Abb. 24: Beispiel für eine Überschrift bei der Textsorte ‚Porträt' im ‚Tagesspiegel' 172
Abb. 25: Zeilenanzahl der Textexemplare der Textsortenvariante ‚Personenporträt' im ‚Tagesspiegel' 173
Abb. 26: Satzanzahl der Textexemplare der Textsortenvariante ‚Personenporträt' im ‚Tagesspiegel' 174
Abb. 27: Zeilenanzahl der Textexemplare der Textsortenvariante ‚Todesporträt' im ‚Tagesspiegel' 175
Abb. 28: Satzanzahl der Textexemplare der Textsortenvariante ‚Todesporträt' im ‚Tagesspiegel' 175

Abb. 29: Zeilenanzahl der Textexemplare der Textsortenvariante ‚Geburtstagsporträt' im ‚Tagesspiegel' 175
Abb. 30: Satzanzahl der Textexemplare der Textsortenvariante ‚Geburtstagsporträt' im ‚Tagesspiegel' 175
Abb. 31: Beispiel für ein ‚Personenporträt' mit Dominanz der Funktion 2 und 3 im ‚Tagesspiegel' 176
Abb. 32: Beispiel für ein ‚Personenporträt' mit Dominanz der Funktion 1 im ‚Tagesspiegel' 180
Abb. 33: Beispiel für ein großes Bild des Porträtierten bei der Textsorte ‚Porträt' im ‚Tagesspiegel' 183
Abb. 34.1-3: Beispiele für Miniaturporträts bei der Textsorte ‚Porträt' im ‚Tagesspiegel' .. 183
Abb. 35.1+2: Beispiele für zwei unterhalb des Fließtextes positionierte Informationsabsätze der Textsortenvariante ‚Personenporträt' im ‚Tagesspiegel' 186
Abb. 36: Über dem Fließtext positionierter Informationsabsatz bei der Textsortenvariante ‚Personenporträt' im ‚Tagesspiegel' 186
Abb. 37.1+2: Beispiele für zwei Informationsabsätze der Textsortenvariante ‚Todesporträt' im ‚Tagesspiegel' 187
Abb. 38: Beispiel für die Makrostruktur des Einschubs bei der Textsortenvariante ‚Todesporträt' im ‚Tagesspiegel' 188
Abb. 39: Beispiel für die Makrostruktur, die innerhalb der Textsortenvariante ‚Personenporträt' im ‚Tagesspiegel' eine Serienzugehörigkeit angibt 188
Abb. 40: Beispiel für eine Überschrift bei der Gruppe ‚Großkritik' im ‚Tagesspiegel' 191
Abb. 41: Beispiel für eine Überschrift bei der Serie „AUF Schlag" der Gruppe ‚Reihenkommentar' im ‚Tagesspiegel' 192
Abb. 42: Beispiel für eine Überschrift bei der Serie „DER FILM Tipp…" der Gruppe ‚Reihenkritik' im ‚Tagesspiegel' 193
Abb. 43: Beispiel für eine Überschrift bei der Serie „KURZ & KRITISCH" der Gruppe ‚Reihenkritik' im ‚Tagesspiegel' 193
Abb. 44: Beispiel für eine Überschrift bei der Serie „SOUNDCHECK" der Gruppe ‚Reihenkritik' im ‚Tagesspiegel' 194
Abb. 45: Beispiel für die Gestaltung der textexemplarübergreifenden Überschrift und des Fließtextanfangs einer Einzelkritik der Serie „AUFGESCHLAGEN Zugeschlagen" der Gruppe ‚Reihenkritik' im ‚Tagesspiegel' 195
Abb. 46: Beispiel für eine einzeilige Überschrift bei der Subgruppe ‚Literaturkritik' im ‚Tagesspiegel' 196
Abb. 47: Beispiel für einen vorangestellten Informationsabsatz mit Initiatorfunktion bei der Serie „LESESTOFF" der Gruppe ‚Reihenkritik' im ‚Tagesspiegel' 196
Abb. 48: Beispiel für die Hervorhebung des Fließtextbeginns bei der Serie „NEU AUF DVD" der Gruppe ‚Reihenkritik' im ‚Tagesspiegel' 196
Abb. 49: Zeilenanzahl der Textexemplare der Gruppe ‚Reihenkommentar' im ‚Tagesspiegel' 198
Abb. 50: Satzanzahl der Textexemplare der Gruppe ‚Reihenkommentar' im ‚Tagesspiegel' 198
Abb. 51: Zeilenanzahl der Textexemplare der Gruppe ‚Reihenkritik' im ‚Tagesspiegel' ... 199
Abb. 52: Satzanzahl der Textexemplare der Gruppe ‚Reihenkritik' im ‚Tagesspiegel' 199
Abb. 53: Zeilenanzahl der Textexemplare der Gruppe ‚Großkommentar' im ‚Tagesspiegel' 199
Abb. 54: Satzanzahl der Textexemplare der Gruppe ‚Großkommentar' im ‚Tagesspiegel' 200
Abb. 55: Zeilenanzahl der Textexemplare der Gruppe ‚Großkritik' im ‚Tagesspiegel' 200
Abb. 56: Satzanzahl der Textexemplare der Gruppe ‚Großkritik' im ‚Tagesspiegel' 201

Abb. 57: Beispieltextexemplar der Gruppe ‚Reihenkritik' im ‚Tagesspiegel' ... 202
Abb. 58: Beispielbild für die Gruppe ‚Großkommentar' im ‚Tagesspiegel' ... 217
Abb. 59: Beispielbild für eine Filmszene bei der Gruppe ‚Großkritik' im ‚Tagesspiegel' ... 218
Abb. 60: Beispielbild für ein Kunstwerk bei der Gruppe ‚Großkritik' im ‚Tagesspiegel' ... 218
Abb. 61: Beispielbild für ein Konzert bei der Gruppe ‚Großkritik' im ‚Tagesspiegel' ... 219
Abb. 62: Beispielbild für eine Aufführung bei der Gruppe ‚Großkritik' im ‚Tagesspiegel' ... 219
Abb. 63.1+2: Beispielbilder für ein gezeichnetes 1) Logo und 2) Autorenporträt innerhalb der Gruppen ‚Reihenkritik' und ‚Reihenkommentar' im ‚Tagesspiegel' ... 220
Abb. 64.1-3: Beispielbilder für ein Foto 1) des Autors, 2) eines DVD-Covers und 3) einer Sängerin bei Serien der Gruppe ‚Reihenkritik' im ‚Tagesspiegel' ... 221
Abb. 65:1+2 Beispiele für die Makrostruktur des Einschubs bei den Gruppen 1) ‚Großkommentar' und 2) ‚Reihenkommentar' im ‚Tagesspiegel' ... 227
Abb. 66.1+2: Zwei Beispiele für die Makrostruktur des Einschubs bei der Serie „Jurjews KLASSIKER" der Gruppe ‚Reihenkritik' im ‚Tagesspiegel' ... 227
Abb. 67.1+2: Beispiele für die Makrostruktur des Einschubs 1) bei der Serie „SPIEL Sachen" (‚Reihenkritik') und 2) den ‚Großkritiken' im ‚Tagesspiegel' ... 228
Abb. 68.1+2: Beispiele für die Makrostruktur des Informationsabsatzes bei der Gruppe ‚Großkommentar' im ‚Tagesspiegel' ... 229
Abb. 69.1+2: Der 1) kürzere und 2) längere Informationsabsatz der Serie „SOUNDCHECK" der Gruppe ‚Reihenkritik' im ‚Tagesspiegel' ... 230
Abb. 70.1+2: 1) Gemeinsamer Informationsabsatz vor allen Einzelkritiken und 2) Beispiel für eine Einzelkritik mit einem vorangestellten Informationsabsatz der Serie „AUFGESCHLAGEN Zugeschlagen" der Gruppe ‚Reihenkritik' im ‚Tagesspiegel' ... 230
Abb. 71: Beispiel für einen Informationsabsatz mit Buchcover bei der Subgruppe ‚Literaturkritik' im ‚Tagesspiegel' ... 231
Abb. 72.1+2: Beispiele für Informationsabsätze der Subgruppe ‚Kulturkritik' im ‚Tagesspiegel' ... 231
Abb. 73.1-4: Weitere Beispiele für Informationsabsätze innerhalb der Subgruppe ‚Kulturkritik' im ‚Tagesspiegel' ... 232
Abb. 74: Beispiel für einen durch Fettdruck hervorgehobenen Fließtextanfang der Serie „SOUNDCHECK" der Gruppe ‚Reihenkritik' im ‚Tagesspiegel' ... 235
Abb. 75: Beispiel für eine Überschrift bei der Textsortenvariante ‚Gesprächsinterview' im ‚Tagesspiegel' ... 236
Abb. 76: Oberzeile bei der Textsortenvariante ‚Gesprächsinterview' im ‚Tagesspiegel' ... 236
Abb. 77: Beispiel für eine Überschrift bei der Textsortenvariante ‚Umfrageinterview' im ‚Tagesspiegel' ... 237
Abb. 78: Absatzanzahl der Textexemplare der Textsortenvariante ‚Gesprächsinterview' im ‚Tagesspiegel' ... 238
Abb. 79: Zeilenanzahl der Textexemplare der Textsortenvariante ‚Gesprächsinterview' im ‚Tagesspiegel' ... 238
Abb. 80: Satzanzahl der Textexemplare der Textsortenvariante ‚Gesprächsinterview' im ‚Tagesspiegel' ... 239
Abb. 81: Zeilenanzahl der Textexemplare der Textsortenvariante ‚Umfrageinterview' im ‚Tagesspiegel' ... 239
Abb. 82: Satzanzahl der Textexemplare der Textsortenvariante ‚Umfrageinterview' im ‚Tagesspiegel' ... 240
Abb. 83.1+2: Ausschnitt aus den beiden ‚Gesprächsinterviews' mit mehreren Interviewten im ‚Tagesspiegel' ... 241

Abb. 84.1+2: Beispiele für Bilder als spezifische Makrostruktur bei der Textsortenvariante ‚Gesprächsinterview' im ‚Tagesspiegel' ... 242
Abb. 85.1+2: Beispiele für die Makrostruktur des Einschubs bei den Textsortenvarianten 1) ‚Gesprächsinterview' und 2) ‚Umfrageinterview' im ‚Tagesspiegel' ... 246
Abb. 86.1-3: Beispiele für die Makrostruktur 1) der Informationsleiste und 2+3) des Informationskastens bei der Textsortenvariante ‚Gesprächsinterview' im ‚Tagesspiegel' ... 249
Abb. 87.1+2: Beispiele für die Makrostruktur des Informationsabsatzes unter dem Fließtext bei der Textsortenvariante ‚Gesprächsinterview' im ‚Tagesspiegel' ... 252
Abb. 88: Beispiel für eine Überschrift bei der Textsorte ‚Abdruck' im ‚Tagesspiegel' ... 254
Abb. 89: Beispiel für einen Informationsabsatz unter dem Fließtext bei der Textsorte ‚Abdruck' im ‚Tagesspiegel' ... 255
Abb. 90: Beispiel für eine Überschrift bei der Textsorte ‚Bericht' in der ‚Zeit' ... 257
Abb. 91: Absatzanzahl der Textexemplare der Textsorte ‚Bericht' in der ‚Zeit' ... 257
Abb. 92: Zeilenanzahl der Textexemplare der Textsortenvariante ‚Themenbericht' in der ‚Zeit' ... 258
Abb. 93: Satzanzahl der Textexemplare der Textsortenvariante ‚Themenbericht' in der ‚Zeit' ... 258
Abb. 94: Zeilenanzahl der Textexemplare der Textsortenvariante ‚Erlebnisbericht' in der ‚Zeit' ... 259
Abb. 95: Satzanzahl der Textexemplare der Textsortenvariante ‚Erlebnisbericht' in der ‚Zeit' ... 259
Abb. 96: Beispiel für die Bildfunktion des Visualisierens und Vorstellens bei der Textsortenvariante ‚Erlebnisbericht' in der ‚Zeit' ... 263
Abb. 97: Beispiel für die Bildfunktion des Visualisierens und Vorstellens bei der Textsortenvariante ‚Themenbericht' in der ‚Zeit' ... 263
Abb. 98.1+2: Beispiele für die Bildfunktion der Auflockerung bei der Textsortenvariante ‚Themenbericht' in der ‚Zeit' ... 264
Abb. 99: Beispiel für die Bildfunktion der Auflockerung bei der Textsortenvariante ‚Erlebnisbericht' in der ‚Zeit' ... 265
Abb. 100: Beispiel für ein Bild mit zwei gleichrangigen Hauptfunktionen bei der Textsortenvariante ‚Themenbericht' in der ‚Zeit' ... 266
Abb. 101.1-5: Beispiele für die Makrostruktur des Einschubs bei der Textsorte ‚Bericht' in der ‚Zeit' ... 269
Abb. 102.1+2: Die zweite Einschubvariante bei der Textsortenvariante ‚Erlebnisbericht' in der ‚Zeit' ... 271
Abb. 103: Die dritte Einschubvariante bei der Textsortenvariante ‚Themenbericht' in der ‚Zeit' ... 271
Abb. 104.1-3: Beispiele für die Makrostruktur des Informationsabsatzes bei der Textsorte ‚Bericht' in der ‚Zeit' ... 272
Abb. 105: Beispiel für die Makrostruktur „Fortsetzung" bei der Textsorte ‚Bericht' in der ‚Zeit' ... 273
Abb. 106: Makrostruktur des Informationstextes bei der Textsortenvariante ‚Themenbericht' in der ‚Zeit' ... 273
Abb. 107: Ausschnitt aus der Makrostruktur der Zitatensammlung bei der Textsortenvariante ‚Themenbericht' in der ‚Zeit' ... 274
Abb. 108: Beispiel für einen Stimmungsumschwung innerhalb der Zitatensammlung bei der Textsortenvariante ‚Themenbericht' in der ‚Zeit' ... 275
Abb. 109.1+2: Beispiele für Hervorhebungen im Fließtext bei der Textsorte ‚Bericht' in der ‚Zeit' ... 275

Abb. 110.1-3: Beispiele für die drei drucktechnischen Überschriftenvarianten bei der Textsortenvariante ‚Artikelverweis' in der ‚Zeit' 276
Abb. 111.1+2: Die zwei drucktechnischen Überschriftenvarianten bei der Textsortenvariante ‚Berichtigung' in der ‚Zeit' 277
Abb. 112: Zeilenanzahl der Textexemplare der Textsortenvariante ‚Artikelverweis' in der ‚Zeit' 278
Abb. 113: Satzanzahl der Textexemplare der Textsorte ‚Artikelverweis' in der ‚Zeit' 278
Abb. 114: Beispieltextexemplar der Textsortenvariante ‚Literaturhinweis' in der ‚Zeit' 279
Abb. 115: Beispieltextexemplar der Textsortenvariante ‚Berichtigung' in der ‚Zeit' 279
Abb. 116.1-3: Drei Beispieltextexemplare der Textsortenvariante ‚Artikelverweis' in der ‚Zeit' 280
Abb. 117: Reihenname bei der Textsortenvariante ‚Literaturhinweis' in der ‚Zeit' 281
Abb. 118: Beispiel für eine Überschrift bei der Textsortenvariante ‚Todesporträt' in der ‚Zeit' 282
Abb. 119: Beispiel für eine Überschrift bei der Textsortenvariante ‚Selbstporträt' in der ‚Zeit' 283
Abb. 120: Zeilenanzahl der Textexemplare der Textsortenvariante ‚Personenporträt' in der ‚Zeit' 283
Abb. 121: Satzanzahl der Textexemplare der Textsortenvariante ‚Personenporträt' in der ‚Zeit' 284
Abb. 122: Zeilenanzahl der Textexemplare der Textsortenvariante ‚Todesporträt' in der ‚Zeit' 284
Abb. 123: Satzanzahl der Textexemplare der Textsortenvariante ‚Todesporträt' in der ‚Zeit' 285
Abb. 124: Zeilenanzahl der Textexemplare der Textsortenvariante ‚Selbstporträt' in der ‚Zeit' 285
Abb. 125: Satzanzahl der Textexemplare der Textsortenvariante ‚Selbstporträt' in der ‚Zeit' 286
Abb. 126.1-4: Beispiele für Bilder des Porträtierten bei den Textsortenvarianten ‚Personenporträt', ‚Geburtstagsporträt', ‚Todesporträt' und ‚Selbstporträt' in der ‚Zeit' 290
Abb. 127.1+2: Beispiele für Bilder ohne den Porträtierten bei der Textsortenvariante ‚Todesporträt' in der ‚Zeit' 290
Abb. 128: Beispiel für ein Miniaturporträt bei der Textsortenvariante ‚Todesporträt' in der ‚Zeit' 291
Abb. 129.1-3: Beispiele für Informationsabsätze der Textsorte ‚Porträt' in der ‚Zeit' 293
Abb. 130.1-3: Beispiele für die Makrostruktur des Einschubs bei der Textsorte ‚Porträt' 294
Abb. 131: Beispiel für eine Überschrift bei der Gruppe ‚Großkommentar' in der ‚Zeit' 297
Abb. 132: Beispiel für eine Überschrift bei der Gruppe ‚Großkritik' in der ‚Zeit' 297
Abb. 133: Überschrift der Serie „HARRY ROWOHLT" der Gruppe ‚Reihenkommentar' in der ‚Zeit' 297
Abb. 134: Beispiel für eine Überschrift bei der Serie „WAS MACHE ICH HIER?" der Gruppe ‚Reihenkommentar' in der ‚Zeit' 297
Abb. 135: Beispiel für eine Überschrift bei der Serie „Kursive Überschrift" der Gruppe ‚Reihenkommentar' in der ‚Zeit' 298
Abb. 136: Überschrift bei der Serie „ZEITMOSAIK" der Gruppe ‚Reihenkommentar' in der ‚Zeit' 298
Abb. 137: Beispiel für eine Überschrift bei der Serie „Wörterbericht" der Gruppe ‚Reihenkommentar' in der ‚Zeit' 299
Abb. 138: Überschrift der Serie „Das Letzte" der Gruppe ‚Reihenkommentar' in der ‚Zeit' 299

Abb. 139: Beispiel für eine Überschrift bei der Serie „WILLEMSEN HÖRT“ der Gruppe ‚Reihenkritik‘ in der ‚Zeit‘ 300
Abb. 140.1+2: Beispiele für Überschriften bei den Serien 1) „Die ZEIT empfiehlt“ und 2) „BÜCHERTISCH“ der Gruppe ‚Reihenkritik‘ in der ‚Zeit‘ 300
Abb. 141: Beispiel für eine Überschrift bei der Serie „STILLLEBEN MIT BUCH“ der Gruppe ‚Reihenkritik‘ in der ‚Zeit‘ 300
Abb. 142: Beispiel für eine Überschrift bei der Serie „Fettdruck Unterzeile“ der Gruppe ‚Reihenkritik‘ in der ‚Zeit‘ 301
Abb. 143: Textexemplar der Serie „SEHENSWERT“ der Gruppe ‚Kurzkritik‘ in der ‚Zeit‘ 301
Abb. 144: Zeilenanzahl der Textexemplare der Gruppe ‚Großkommentar‘ in der ‚Zeit‘ 302
Abb. 145: Satzanzahl der Textexemplare der Gruppe ‚Großkommentar‘ in der ‚Zeit‘ 302
Abb. 146: Zeilenanzahl der Textexemplare der Gruppe ‚Großkritik‘ in der ‚Zeit‘ 303
Abb. 147: Satzanzahl der Textexemplare der Gruppe ‚Großkritik‘ in der ‚Zeit‘ 303
Abb. 148: Zeilenanzahl der Textexemplare der Gruppe ‚Reihenkommentar’ in der ‚Zeit‘ ... 304
Abb. 149: Satzanzahl der Textexemplare der Gruppe ‚Reihenkommentar‘ in der ‚Zeit‘ 304
Abb. 150: Zeilenanzahl der Textexemplare der Gruppe ‚Reihenkritik‘ in der ‚Zeit‘ 305
Abb. 151: Satzanzahl der Textexemplare der Gruppe ‚Reihenkritik‘ in der ‚Zeit‘ 305
Abb. 152: Beispiel für die Bildfunktion der Auflockerung bei der Gruppe ‚Großkommentar‘ in der ‚Zeit‘ 310
Abb. 153.1+2: Beispiele für die Bildfunktion des Interesseweckens bei der Gruppe ‚Großkommentar‘ in der ‚Zeit‘ 311
Abb. 154: Beispiel für die Bildfunktion des Interesseweckens bei der Gruppe ‚Großkommentar‘ in der ‚Zeit‘ 311
Abb. 155: Beispielbild für eine Filmszene bei der Gruppe ‚Großkommentar‘ in der ‚Zeit‘ 313
Abb. 156: Beispielbild für eine Ausstellung bei der Gruppe ‚Großkommentar‘ in der ‚Zeit‘ 313
Abb. 157: Beispielbild für eine Theateraufführung bei der Gruppe ‚Großkommentar‘ in der ‚Zeit‘ 314
Abb. 158: Beispielbild für ein Autorenporträt bei der Gruppe ‚Großkommentar‘ in der ‚Zeit‘ 314
Abb. 159: Beispiel für die Bildfunktion des Visualisierens und Vorstellens bei der Gruppe ‚Großkritik‘ in der ‚Zeit‘ 315
Abb. 160: Beispiel für die Bildfunktion der Auflockerung bei der Gruppe ‚Großkritik‘ in der ‚Zeit‘ 315
Abb. 161: Beispiel für die Bildfunktion des Interesseweckens bei der Gruppe ‚Großkritik’ in der ‚Zeit‘ 316
Abb. 162: Logo der Serie „HARRY ROWOHLT“ der Gruppe ‚Reihenkommentar‘ in der ‚Zeit‘ 317
Abb. 163.1-3: Drei Beispiele für ähnliche Logos bei der Serie „WAS MACHE ICH HIER?“ der Gruppe ‚Reihenkommentar‘ in der ‚Zeit‘ 318
Abb. 164: Bild bei der Serie „Kursive Überschrift“ der Gruppe ‚Reihenkommentar‘ in der ‚Zeit‘ 319
Abb. 165: Zeichnung des Verfassers bei der Serie „WILLEMSEN HÖRT“ der Gruppe ‚Reihenkritik‘ in der ‚Zeit‘ 320
Abb. 166.1+2: Beispiele für ein Bild im Einschub von 1) dem besprochenen Musiker und 2) der behandelten Band bei der Serie „100 KLASSIKER DER MODERNEN MUSIK“ der Gruppe ‚Reihenkritik‘ in der ‚Zeit‘ 320
Abb. 167: Beispiel für ein Bild bei der Serie „Großbild“ der Gruppe ‚Reihenkritik‘ in der ‚Zeit‘ 321

Abb. 168: Beispiel für ein Bild bei der Serie „Fettdruck Unterzeile“ der Gruppe ‚Reihenkritik‘ in der ‚Zeit‘ 322
Abb. 169.1+2: Reihennamen bei den Serien 1) „HARRY ROWOHLT“ und 2) „ZEIT-MOSAIK“ der Gruppe ‚Reihenkommentar‘ in der ‚Zeit‘ 324
Abb. 170: Reihenname bei der Serie „WAS MACHE ICH HIER?“ der Gruppe ‚Reihenkommentar‘ in der ‚Zeit‘ 325
Abb. 171: Reihenname bei der Serie „Wörterbericht“ der Gruppe ‚Reihenkommentar‘ in der ‚Zeit‘ 325
Abb. 172: Reihenname der Serie „Das Letzte“ der Gruppe ‚Reihenkommentar‘ in der ‚Zeit‘ 326
Abb. 173: Beispiel für die namengebende kursive Überschrift der Serie „Kursive Überschrift“ der Gruppe ‚Reihenkommentar‘ in der ‚Zeit‘ 326
Abb. 174.1+2: Reihennamen der Serien 1) „KRITIK IN KÜRZE“ und 2) „WILLEMSEN HÖRT“ der Gruppe ‚Reihenkritik‘ in der ‚Zeit‘ 327
Abb. 175: Reihenname der Serie „Die ZEIT empfiehlt“ der Gruppe ‚Reihenkritik‘ in der ‚Zeit‘ 327
Abb. 176: Reihenname der Serie „STILLLEBEN MIT BUCH“ der Gruppe ‚Reihenkritik‘ in der ‚Zeit‘ 327
Abb. 177: Reihenname der Serie „SEHENSWERT“ der Gruppe ‚Kurzkritik‘ in der ‚Zeit‘ 328
Abb. 178.1+2: Beispiele für die Makrostruktur des Einschubs bei der Serie „100 KLASSIKER DR MODERNEN MUSIK“ der Gruppe ‚Reihenkritik’ in der ‚Zeit‘ 329
Abb. 179.1-4: Beispiele für die Makrostruktur des Einschubs bei den Gruppen ‚Großkommentar‘ und ‚Großkritik‘ in der ‚Zeit‘ 330
Abb. 180: Beispiel für einen spaltenübergreifenden Einschub bei der Gruppe ‚Großkritik‘ in der ‚Zeit‘ 331
Abb. 181: Beispiel für einen biografischen Einschub bei der Gruppe ‚Großkritik‘ in der ‚Zeit‘ 331
Abb. 182.1-4: Beispiele für Informationsabsätze bei der Gruppe ‚Großkommentar‘ in der ‚Zeit‘ 332
Abb. 183.1+2: Beispiele für Informationsabsätze bei der Gruppe ‚Reihenkritik‘ in der ‚Zeit‘ 333
Abb. 184: Beispiel für die Integration von Buchinformationen in den Fließtext bei der Serie „Großbild“ der Gruppe ‚Reihenkritik‘ in der ‚Zeit‘ 333
Abb. 185: Beispiel für vier Informationsabsätze bei der Subgruppe ‚Literaturkritik‘ in der ‚Zeit‘ 334
Abb. 186: Beispiel für die Integration von Buchinformationen in den Fließtext bei der Gruppe ‚Großkritik‘ in der ‚Zeit‘ 335
Abb. 187: Beispiel für zwei Informationsabsätze bei der Subgruppe ‚Literaturkritik‘ in der ‚Zeit‘ 335
Abb. 188: Autorenzitat als weitere Makrostruktur bei der Gruppe ‚Großkommentar‘ in der ‚Zeit‘ 336
Abb. 189: Powerpointfolien als weitere Makrostruktur bei der Gruppe ‚Großkommentar‘ 337
Abb. 190: Beispiel für einen Informationskasten zur Jury bei der Subgruppe ‚Literaturkritik‘ in der ‚Zeit‘ 337
Abb. 191: Informationskasten mit Textauszug bei der Subgruppe ‚Literaturkritik‘ in der ‚Zeit‘ 338
Abb. 192: Hervorgehobene Initiale bei der Subgruppe ‚Großkommentar‘ in der ‚Zeit‘ 340
Abb. 193.1-3: Beispiele für Überschriften bei der Textsorte ‚Interview‘ in der ‚Zeit‘ 342
Abb. 194: Absatzanzahl der Textexemplare der Textsorte ‚Interview‘ in der ‚Zeit‘ 343

Abb. 195: Zeilenanzahl der Textexemplare der Textsorte ‚Interview' in der ‚Zeit' 343
Abb. 196: Satzanzahl der Textexemplare der Textsorte ‚Interview' in der ‚Zeit' 344
Abb. 197: Ausschnitt aus einem Textexemplar der Textsorte ‚Interview' in der ‚Zeit' 345
Abb. 198.1-4: Beispiele für die Makrostruktur des Bildes bei der Textsorte ‚Interview' in der ‚Zeit' 347
Abb. 199: Beispiel für ein Bild ohne direkte Bildunterschrift bei der Textsorte ‚Interview' in der ‚Zeit' 348
Abb. 200: Beispiel für die Integration des Verfassernamens in eine feste Wendung bei der Textsorte ‚Interview' in der ‚Zeit' 349
Abb. 201.1-4: Beispiele für die Makrostruktur des Einschubs bei der Textsorte ‚Interview' in der ‚Zeit' 350
Abb. 202.1+2: Beispiele für die Makrostruktur des Informationskastens bei der Textsorte ‚Interview' in der ‚Zeit' 351
Abb. 203.1+2: Informationsabsätze bei der Textsorte ‚Interview' in der ‚Zeit' 352
Abb. 204.1+2: Beispiele für Überschriften der Serie „GEDICHT" der Textsortenvariante ‚Reihenabdruck' in der ‚Zeit' 354
Abb. 205: Die Überschrift des nicht seriellen Textexemplars der Textsortenvariante ‚Textteilabdruck' in der ‚Zeit' 354
Abb. 206: Beispiel für einen Informationsabsatz bei der Serie „GEDICHT" der Textsortenvariante ‚Reihenabdruck' in der ‚Zeit' 356
Abb. 207: Mehrere Informationsabsätze bei einem Textexemplar der Serie „GEDICHT" der Textsortenvariante ‚Reihenabdruck' in der ‚Zeit' 356
Abb. 208.1+2: Weitere Gestaltungsvarianten bei den Informationsabsätzen der Serie „GEDICHT" der Textsortenvariante ‚Reihenabdruck' in der ‚Zeit' 357
Abb. 209: Informationsabsatz des nicht seriellen Textexemplars der Textsortenvariante ‚Textteilabdruck' in der ‚Zeit' 357
Abb. 210: Der Reihenname der Serie „GEDICHT" der Textsortenvariante ‚Reihenabdruck' in der ‚Zeit' 357
Abb. 211: Bild des nicht seriellen Textexemplars der Textsortenvariante ‚Textteilabdruck' in der ‚Zeit' 358
Abb. 212: Beispiel für einen Informationsabsatz bei der vorläufigen Textsorte ‚Stellungnahme' in der ‚Zeit' 632
Abb. 213.1+2: Informationsabsätze vor dem Fließtext bei der vorläufigen Textsortenvariante ‚Gegendarstellung' in der ‚Zeit' 633
Abb. 214: Die Überschrift bei der vorläufigen Textsorte ‚Fiktiver Brief' im ‚Tagesspiegel' 646
Abb. 215: Makrostruktur des Bildes bei der vorläufigen Textsorte ‚Fiktiver Brief' im ‚Tagesspiegel' 647
Abb. 216.1+2: Makrostruktur 1) des Einschubs und 2) des Informationsabsatzes bei der vorläufigen Textsorte ‚Fiktiver Brief' im ‚Tagesspiegel' 647
Abb. 217: Die gemeinsame Überschrift bei der Textexemplarsammlung der Sonderform ‚Thematischer Abdruck' der Textsorte ‚Abdruck' im ‚Tagesspiegel' 650
Abb. 218.1+2: Beispiele für Einzelüberschriften bei der Textexemplarsammlung der Sonderform ‚Thematischer Abdruck' der Textsorte ‚Abdruck' im ‚Tagesspiegel' 650
Abb. 219: Beispieltextexemplare der Sonderform ‚Thematischer Abdruck' der Textsorte ‚Abdruck' im ‚Tagesspiegel' 651
Abb. 220: Die Überschrift der Sonderform ‚Aufzählungskritik' der Gruppe ‚Kurzkritik' im ‚Tagesspiegel' 652
Abb. 221: Die Überschrift bei der Sonderform ‚Verdecktes Interview' der Textsorte ‚Interview' in der ‚Zeit' 655

Abb. 222: Makrostruktur des Bildes bei der Sonderform ‚Verdecktes Interview' der Textsorte ‚Interview' in der ‚Zeit' ... 656
Abb. 223.1+2: Zwei Beispielbilder der Sonderform ‚Familienporträt' der Textsortenvariante ‚Personenporträt' in der ‚Zeit' ... 660
Abb. 224: Vorangestellter Informationsabsatz der Sonderform ‚Familienporträt' der Textsortenvariante ‚Personenporträt' in der ‚Zeit' ... 660
Abb. 225: Die Überschrift bei der Sonderform ‚Textsortenintegrierender Erlebnisbericht' der Textsortenvariante ‚Erlebnisbericht' in der ‚Zeit' ... 663
Abb. 226: Makrostruktur des Bildes bei der Sonderform ‚Textsortenintegrierender Erlebnisbericht' der Textsortenvariante ‚Erlebnisbericht' in der ‚Zeit' ... 664
Abb. 227: Makrostruktur des Informationsabsatzes bei der Sonderform ‚Textsortenintegrierender Erlebnisbericht' der Textsortenvariante ‚Erlebnisbericht' in der ‚Zeit' ... 665
Abb. 228: Beispiel für eine interviewähnliche Absatzgestaltung bei der Sonderform ‚Textsortenintegrierender Erlebnisbericht' der Textsortenvariante ‚Erlebnisbericht' in der ‚Zeit' ... 666
Abb. 229: Die Überschrift bei der Sonderform ‚Fiktiver Erlebnisbericht' der Textsortenvariante ‚Erlebnisbericht' in der ‚Zeit' ... 671
Abb. 230: Beispiel für die Makrostruktur des Bildes bei der Sonderform ‚Fiktiver Erlebnisbericht' der Textsortenvariante ‚Erlebnisbericht' in der ‚Zeit' ... 672
Abb. 231: Makrostruktur des Einschubs bei der Sonderform ‚Fiktiver Erlebnisbericht' der Textsortenvariante ‚Erlebnisbericht' in der ‚Zeit' ... 673

Tabellenverzeichnis

Tab. 1: Vor- und Nachteile des induktiven und des deduktiven Verfahrens bei der Textsortenbestimmung ... 45
Tab. 2: Sparten des Kulturteils des ‚Tagesspiegels' und ihr Erscheinungsumfang während des Untersuchungszeitraums ... 72
Tab. 3: Themenverteilung im Kulturteil des ‚Tagesspiegels' ... 73
Tab. 4: Sparten des Kulturteils der ‚Zeit' und ihr Erscheinungsumfang während des Untersuchungszeitraums ... 75
Tab. 5: Themenverteilung im Kulturteil der ‚Zeit' ... 76
Tab. 6: Überblick über die Bezeichnungen für journalistische Darstellungsformen in der Publizistik ... 83
Tab. 7: Angaben zur Grob- und Feinplatzierung der Textexemplare der einzelnen Textsorten im ‚Tagesspiegel' ... 111
Tab. 8: Angaben zur Spaltenanzahl der Textexemplare der einzelnen Textsorten im ‚Tagesspiegel' ... 113
Tab. 9: Angaben zu dem internen Faktor ‚Verfassername' der Textexemplare der einzelnen Textsorten im ‚Tagesspiegel' ... 118
Tab. 10: Angaben zu dem externen Faktor ‚Zeit' in Bezug auf feste Erscheinungstage für die Textexemplare der einzelnen Textsorten im ‚Tagesspiegel' ... 125
Tab. 11: Angaben zur Grob- und Feinplatzierung der Textexemplare der einzelnen Textsorten in der ‚Zeit' ... 129
Tab. 12: Angaben zur Spaltenanzahl der Textexemplare der einzelnen Textsorten in der ‚Zeit' ... 132
Tab. 13: Angaben zu dem internen Faktor ‚Verfassername' der Textexemplare der einzelnen Textsorten in der ‚Zeit' ... 134
Tab. 14: Angaben zu dem externen Faktor ‚Zeit' in Bezug auf das mindestens einmalige Auftreten eines Textexemplars der einzelnen Textsorten und Textsortenvarianten in den untersuchten Zeitungsausgaben der ‚Zeit' ... 137

Tab. 15: Syntaktische Realisation der kursiven Sätze der Bildunterschrift bei den Textexemplaren der drei Textsortenvarianten der Textsorte ‚Bericht' 154
Tab. 16: Syntaktische Realisation der kursiven Sätze der Bildunterschrift bei den Textexemplaren der drei Textsortenvarianten der Textsorte ‚Porträt' 185
Tab. 17: Syntaktische Realisation der Hauptzeile bei den Textexemplaren der drei Textsortenvarianten der Textsorte ‚Bericht' im ‚Tagesspiegel' 372
Tab. 18: Syntaktische Realisation der Unterzeile bei den Textexemplaren der drei Textsortenvarianten der Textsorte ‚Bericht' im ‚Tagesspiegel' 373
Tab. 19: Überblick über das mindestens einmalige Auftreten von Ausrufesätzen, Fragesätzen, Nominalsätzen und Parzellierungen innerhalb der Textexemplare der drei Textsortenvarianten der Textsorte ‚Bericht' im ‚Tagesspiegel' 378
Tab. 20: Überblick über das mindestens einmalige Auftreten von Nominalsätzen (isoliert gebrauchten einfachen Nominalsätzen und nominalen Teilsätzen) innerhalb der Textexemplare der drei Textsortenvarianten der Textsorte ‚Bericht' im ‚Tagesspiegel' 379
Tab. 21: Überblick über das mindestens einmalige Auftreten von Ausrufesätzen, Fragesätzen, Nominalsätzen und Parzellierungen innerhalb der Textexemplare der Textsorte ‚Meldung' im ‚Tagesspiegel' 388
Tab. 22: Überblick über das mindestens einmalige Auftreten von Ausrufesätzen, Fragesätzen, Nominalsätzen und Parzellierungen innerhalb der Textexemplare der zwei Textsortenvarianten der Textsorte ‚Kurzmeldung' im ‚Tagesspiegel' ... 392
Tab. 23: Syntaktische Realisation der Hauptzeile bei den Textexemplaren der drei Textsortenvarianten der Textsorte ‚Porträt' im ‚Tagesspiegel' 395
Tab. 24: Syntaktische Realisation der Unterzeile bei den Textexemplaren der drei Textsortenvarianten der Textsorte ‚Porträt' im ‚Tagesspiegel' 396
Tab. 25: Überblick über das mindestens einmalige Auftreten von Ausrufesätzen, Fragesätzen, Nominalsätzen und Parzellierungen innerhalb der Textexemplare der drei Textsortenvarianten der Textsorte ‚Porträt' im ‚Tagesspiegel' 399
Tab. 26: Überblick über das mindestens einmalige Auftreten von Nominalsätzen (isoliert gebrauchten einfachen Nominalsätzen und nominalen Teilsätzen) innerhalb der Textexemplare der drei Textsortenvarianten der Textsorte ‚Porträt' im ‚Tagesspiegel' 402
Tab. 27: Überblick über das mindestens einmalige Auftreten von Ausrufesätzen, Fragesätzen, Nominalsätzen und Parzellierungen innerhalb der Textexemplare der vier Gruppen der Textsorte ‚Kommentar' im ‚Tagesspiegel' 419
Tab. 28: Überblick über das mindestens einmalige Auftreten von Nominalsätzen (isoliert gebrauchten einfachen Nominalsätzen und nominalen Teilsätzen) innerhalb der Textexemplare der vier Gruppen der Textsorte ‚Kommentar' im ‚Tagesspiegel' 422
Tab. 29: Überblick über das mindestens einmalige Auftreten von Ausrufesätzen, Fragesätzen, Nominalsätzen und Parzellierungen innerhalb der Textexemplare der zwei Textsortenvarianten der Textsorte ‚Interview' im ‚Tagesspiegel' 434
Tab. 30: Überblick über das mindestens einmalige Auftreten von Nominalsätzen (isoliert gebrauchten einfachen Nominalsätzen und nominalen Teilsätzen) innerhalb der Textexemplare der zwei Textsortenvarianten der Textsorte ‚Interview' im ‚Tagesspiegel' 435
Tab. 31: Syntaktische Realisation der Hauptzeile bei den Textexemplaren der zwei Textsortenvarianten der Textsorte ‚Bericht' in der ‚Zeit' 440
Tab. 32: Syntaktische Realisation der Unterzeile bei den Textexemplaren der drei Textsortenvarianten der Textsorte ‚Bericht' in der ‚Zeit' 441

Tab. 33: Überblick über das mindestens einmalige Auftreten von Ausrufesätzen, Fragesätzen, Nominalsätzen und Parzellierungen innerhalb der Textexemplare der beiden Textsortenvarianten der Textsorte ‚Bericht' in der ‚Zeit' ... 443
Tab. 34: Überblick über das mindestens einmalige Auftreten von Nominalsätzen (isoliert gebrauchten einfachen Nominalsätzen und nominalen Teilsätzen) innerhalb der Textexemplare der beiden Textsortenvarianten der Textsorte ‚Bericht' in der ‚Zeit' ... 445
Tab. 35: Überblick über das mindestens einmalige Auftreten von Ausrufesätzen, Fragesätzen, Nominalsätzen und Parzellierungen innerhalb der Textexemplare der drei Textsortenvarianten der Textsorte ‚Kurzmeldung' in der ‚Zeit' ... 450
Tab. 36: Syntaktische Realisation der Hauptzeile bei den Textexemplaren der vier Textsortenvarianten der Textsorte ‚Porträt' in der ‚Zeit' ... 451
Tab. 37: Syntaktische Realisation der Unterzeile bei den Textexemplaren der vier Textsortenvarianten der Textsorte ‚Porträt' in der ‚Zeit' ... 452
Tab. 38: Überblick über das mindestens einmalige Auftreten von Ausrufesätzen, Fragesätzen, Nominalsätzen und Parzellierungen innerhalb der Textexemplare der vier Textsortenvarianten der Textsorte ‚Porträt' in der ‚Zeit' ... 455
Tab. 39: Überblick über das mindestens einmalige Auftreten von Nominalsätzen (isoliert gebrauchten einfachen Nominalsätzen und nominalen Teilsätzen) innerhalb der Textexemplare der vier Textsortenvarianten der Textsorte ‚Porträt' in der ‚Zeit' ... 457
Tab. 40: Überblick über das mindestens einmalige Auftreten von Ausrufesätzen, Fragesätzen, Nominalsätzen und Parzellierungen innerhalb der Textexemplare der fünf Gruppen der Textsorte ‚Kommentar' in der ‚Zeit' ... 471
Tab. 41: Überblick über das mindestens einmalige Auftreten von Nominalsätzen (isoliert gebrauchten einfachen Nominalsätzen und nominalen Teilsätzen) innerhalb der Textexemplare der fünf Gruppen der Textsorte ‚Kommentar' in der ‚Zeit' ... 476
Tab. 42: Überblick über das mindestens einmalige Auftreten von Ausrufesätzen, Fragesätzen, Nominalsätzen und Parzellierungen innerhalb der Textexemplare der Textsorte ‚Interview' in der ‚Zeit' ... 484
Tab. 43: Überblick über das mindestens einmalige Auftreten von Nominalsätzen (isoliert gebrauchten einfachen Nominalsätzen und nominalen Teilsätzen) innerhalb der Textexemplare der Textsorte ‚Interview' in der ‚Zeit' ... 485
Tab. 44: Merkmaltabelle der Textsorte ‚Bericht' ... 575
Tab. 45: Merkmaltabelle der Textsorte ‚Meldung' ... 583
Tab. 46: Merkmaltabelle der Textsorte ‚Kurzmeldung' ... 585
Tab. 47: Merkmaltabelle der Textsorte ‚Porträt' ... 591
Tab. 48: Merkmaltabelle der Textsorte ‚Kommentar' ... 600
Tab. 49: Merkmaltabelle der Textsorte ‚Interview' ... 619
Tab. 50: Merkmaltabelle der Textsorte ‚Abdruck' ... 626
Tab. 51: Übersicht über den prozentualen Anteil der Textsorten und die Textexemplaranzahl der Textsorten, Textsortenvarianten, Gruppen und Subgruppen innerhalb der Kulturteile der Tageszeitung ‚Der Tagesspiegel' und der Wochenzeitung ‚Die Zeit' ... 678

Verzeichnis der Textexemplarbeispiele auf der beiliegenden CD

Textexemplarbeispiele aus der Tageszeitung ‚Der Tagesspiegel'

Anhang 1: Drei ‚Kurzmeldungen i.e.S.', 16. Juni 2007, Seite 21
Anhang 2: ‚Berichtigung', 6. Juni 2007, Seite 25
Anhang 3: ‚Meldung', 26. August 2007, Seite 25
Anhang 4: ‚Sachbericht', 9. August 2007, Seite 27
Anhang 5: ‚Sachbericht', 1. August 2007, Seite 21
Anhang 6: ‚Sachbericht', 23. Juni 2007, Seite 29
Anhang 7: ‚Themenbericht', 2. Juni 2007, Seite 25
Anhang 8: ‚Erlebnisbericht', 22. Juli 2007, Seite 27
Anhang 9: ‚Personenporträt', 23. Juni 2007, Seite 23
Anhang 10: ‚Todesporträt', 7. August 2007, Seite 21
Anhang 11: ‚Geburtstagsporträt', 6. Juli 2007, Seite 25
Anhang 12: ‚Großkommentar', 16. August 2007, Seite 21
Anhang 13: ‚Reihenkommentar', 20. Juni 2007, Seite 21
Anhang 14: ‚Reihenkommentar', 11. Juli 2007, Seite 21
Anhang 15: ‚Reihenkommentar', 1. August 2001, Seite 21
Anhang 16: ‚Reihenkommentar', 4. Juni 2007, Seite 27
Anhang 17: ‚Reihenkommentar', 2. August 2007, Seite 21
Anhang 18: Zehn ‚Reihenkritiken', 3. Juni 2007, Seite 25+26
Anhang 19: ‚Reihenkritik', 15. Juni 2007, Seite 7
Anhang 20: ‚Reihenkritik', 28. Juni 2007, Seite 29
Anhang 21: ‚Reihenkritik', 26. Juli 2007, Seite 26
Anhang 22: ‚Reihenkritik', 12. Juni 2007, Seite 27
Anhang 23: Vier ‚Reihenkritiken', 1. Juni 2007, Seite 27
Anhang 24: ‚Reihenkritik', 28. Juni 2007, Seite 29
Anhang 25: Drei ‚Reihenkritiken', 9. August 2007, Seite 28
Anhang 26: ‚Reihenkritik', 12. August 2007, Seite 28
Anhang 27: ‚Reihenkritik', 3. Juni 2007, Seite 28
Anhang 28: ‚Reihenkritik', 5. August 2007, Seite 28
Anhang 29: ‚Reihenkritik', 10. Juni 2007, Seite 28
Anhang 30: ‚Reihenkritik', 29. Juli 2007, Seite 28
Anhang 31: ‚Reihenkritik', 31. August 2007, Seite 28
Anhang 32: Zwei ‚Reihenkritiken', 23. Juni 2007, Seite 29
Anhang 33: ‚Reihenkritik', 10. Juni 2007, Seite 27
Anhang 34: ‚Reihenkritik', 21. Juni 2007, Seite 27
Anhang 35: ‚Reihenkritik', 17. Juli 2007, Seite 23
Anhang 36: ‚Reihenkritik', 6. Juli 2007, Seite 27
Anhang 37: ‚Reihenkritik', 14. Juli 2007, Seite 25
Anhang 38: Sonderform ‚Aufzählungskritik', 7. Juli 2007, Seite 21
Anhang 39: ‚Großkritik' (Subgruppe ‚Literaturkritik'), 12. August 2007, Seite 28
Anhang 40: ‚Großkritik' (Subgruppe ‚Kulturkritik'), 28. Juni 2007, Seite 29
Anhang 41: ‚Großkritik' (Subgruppe ‚Kulturkritik'), 7. Juli 2007, Seite 25
Anhang 42: ‚Großkritik' (Subgruppe ‚Kulturkritik'), 27. Juli 2007, Seite 23
Anhang 43: ‚Großkritik' (Subgruppe ‚Kulturkritik'), 10. August 2007, Seite 27
Anhang 44: ‚Umfrageinterview', 21. Juni 2007, Seite 24
Anhang 45: ‚Gesprächsinterview', 10. August 2007, Seite 25
Anhang 46: ‚Gesprächsinterview', 9. August 2007, Seite 29
Anhang 47: ‚Textteilabdruck', 16. Juli 2007, Seite 23
Anhang 48: ‚Thematischer Abdruck', 8. August 2007, Seite 23

Anhang 49: ‚Fiktiver Brief', 1. Juni 2007, Seite 25

Textexemplarbeispiele aus der Wochenzeitung ‚Die Zeit'

Anhang 50: ‚Artikelverweis', 2. August 2007, Seite 33
Anhang 51: ‚Berichtigung', 6. Juni 2007, Seite 50
Anhang 52: ‚Literaturhinweis', 21. Juni 2007, Seite 53
Anhang 53: ‚Themenbericht', 21. Juni 2007, Seite 43
Anhang 54: ‚Erlebnisbericht', 30. August 2007, Seite 49
Anhang 55: Sonderform ‚Textsortenintegrierender Erlebnisbericht', 30. August 2007, Seite 57 und 58
Anhang 56: Sonderform ‚Fiktiver Erlebnisbericht', 16. August 2007, Seite 35 und Seite 35 und 36
Anhang 57: ‚Personenporträt', 12. Juli 2007, Seite 46
Anhang 58: ‚Todesporträt', 14. Juni 2007, Seite 64
Anhang 59: ‚Selbstporträt', 21. Juni 2007, Seite 38
Anhang 60: ‚Geburtstagsporträt', 21. Juni 2007, Seite 58
Anhang 61: Sonderform ‚Familienporträt', 28. Juni 2007, Seite 42 und 43
Anhang 62: ‚Großkommentar', 26. Juli 2001, Seite 41
Anhang 63: ‚Reihenkommentar', 12. Juli 2007, Seite 48
Anhang 64: ‚Reihenkommentar', 23. August 2007, Seite 46
Anhang 65: ‚Reihenkommentar', 23. August 2007, Seite 44
Anhang 66: ‚Reihenkommentar', 26. Juli 2007, Seit 41
Anhang 67: ‚Reihenkommentar', 9. August 2007, Seite 33
Anhang 68: ‚Reihenkritik', 21. Juni 2007, Seite 46
Anhang 69: ‚Reihenkommentar', 28. Juni 2007, Seite 45
Anhang 70: ‚Reihenkommentar', 28. Juni 2007, Seite 48
Anhang 71 ‚Kurzkritik', 26. Juli 2007, S. 46
Anhang 72: Zwei ‚Reihenkritiken', 16. August 2007, Seite 50
Anhang 73: ‚Reihenkritik', 6. Juni 2007, Seite 48
Anhang 74: ‚Reihenkritik'26. Juli 2007, Seite 53
Anhang 75: ‚Reihenkritik', 19. Juli 2007, Seite 47
Anhang 76: ‚Reihenkritik', 12. Juli 2007, Seite 56
Anhang 77: ‚Reihenkritik', 26. Juli 2007, Seite 54
Anhang 78: ‚Reihenkritik', 5. Juli 2007, Seite 60
Anhang 79: ‚Reihenkritik', 19. Juli 2007, Seite 50
Anhang 80: ‚Reihenkritik', 2. August 2007, Seite 36
Anhang 81: ‚Reihenkritik', 23. August 2007, Seite 49
Anhang 82: ‚Reihenkritik', 9. August 2007, Seite 48
Anhang 83: ‚Reihenkritik', 14. Juni 2007, Seite 52
Anhang 84: ‚Großkritik' (Subgruppe ‚Literaturkritik'), 28. Juni 2007, Seite 51
Anhang 85: ‚Großkritik' (Subgruppe ‚Kulturkritik'), 5. Juli 2007, Seite 54
Anhang 86: ‚Großkritik' (Subgruppe ‚Kulturkritik'), 5. Juli 2007, Seite 52
Anhang 87: ‚Interview', 21. Juni 2007, Seite 45
Anhang 88: Sonderform ‚Verdecktes Interview', 6. Juni 2007, Seite 56
Anhang 89: ‚Textteilabdruck', 9. August 2007, Seite 33
Anhang 90: ‚Reihenabdruck', 28. Juni 2007, Seite 56
Anhang 91: ‚Öffentliche Stellungnahme', 6. Juni 2007, Seite 50
Anhang 92: ‚Gegendarstellung', 21. Juni 2007, Seite 53

Abkürzungsverzeichnis

AV: Artikelverweis
BE: Berichtigung
BU: Bildunterschrift
EB: Erlebnisbericht
FT: Fließtext
dir.: direkt
GI: Gesprächsinterview
GKo: Großkommentar
GKr: Großkritik
GM: Grundmorphem
GP: Geburtstagsporträt
GR: Gruppe
GS: Gesamtsatz
HF: Höflichkeitsform
HZ: Hauptzeile
i.e.S: im engeren Sinne
i.g.e.S: isoliert gebrauchter einfacher Satz
indir.: indirekt
KK: Kurzkritik
KM: Kurzmeldung
KuKr: Kulturkritik
LH: Literaturhinweis
LK: Literaturkritik
nom.: nominal
NoS: Nominalsatz
Parz.: Parzellierung
PP: Personenporträt
RA: Reihenabdruck
RKo: Reihenkommentar
RKr: Reihenkritik
SA: Satzanzahl
SB: Sachbericht
SG: Subgruppe
SP: Selbstporträt
TB: Themenbericht
TE: Textexemplar
TeS: Teilsatz
TP: Todesporträt
TS: Textsorte
TSV: Textsortenvariante
TTA: Textteilabdruck
UI: Umfrageinterview
UZ: Unterzeile
VeS: Verbalsatz
WNB: Wortneubildung
ZA: Zeilenanzahl

Vorwort

Bei der vorliegenden Arbeit handelt es sich um eine Dissertation am Fachbereich Philosophie und Geisteswissenschaften der Freien Universität Berlin. Sie wurde im Mai 2015 eingereicht und im November 2015 verteidigt. Thematisch angeregt wurde sie durch die wissenschaftliche Hausarbeit zum Ersten Staatsexamen für das Amt des Studienrats.

Mein besonderer Dank gilt meinem Erstgutachter Prof. Dr. Dr. h.c. Franz Simmler für seine engagierte fachliche Betreuung, seinen organisatorischen Einsatz im Rahmen meines Promotionsverfahrens sowie die Aufnahme dieser Arbeit in die von ihm herausgegebene Reihe „Berliner Sprachwissenschaftliche Studien". Ein weiterer Dank richtet sich an den Zweitgutachter Prof. Dr. Matthias Hüning und die Kommissionsmitglieder Prof. Dr. Hans Richard Brittnacher, Dr. Ulrike Sayatz und Prof. Dr. Horst Simon.

Zudem danke ich meinem Mann Sebastian Speck für die Unterstützung in allen technischen und computerbedingten Fragen und meiner Mutter für die Freude an dem Umgang mit Sprache.

Ismaning, im November 2015 Sabine Speck

I. Einleitung

Forschungsgegenstand dieser Dissertation ist die Abgrenzung und Definition der verschiedenen Textsorten und ihrer Varianten, welche innerhalb des Kulturteils der Tageszeitung ‚Der Tagesspiegel‘ und der Wochenzeitung ‚Die Zeit‘ auftreten.

Zum gegenwärtigen Zeitpunkt sind die unterschiedlichen zeitungssprachlichen Textsorten weder exakt definiert noch existiert von diesen und ihren jeweiligen Ausprägungen und Varianten ein vollständiges Inventar. Bezeichnungen wie ‚Meldung‘, ‚Bericht‘, oder ‚Nachricht‘ werden sowohl in der Alltagssprache als auch in der Fachliteratur verwendet, ohne dass die Begriffe jedoch einheitlich nach festen Kriterien definiert sind. Häufig wird bei der Zuordnung auf Merkmale wie Sachlichkeit, Stil oder publizistische Absicht zurückgegriffen, die jedoch nicht exakt bestimmt werden können und für eine genaue Festlegung und Differenzierung somit ungenügend erscheinen. Ziel dieser Arbeit ist daher die empirische Ermittlung von Merkmalen und Merkmalbündeln, durch welche eine eindeutige Definition ermöglicht werden soll, sodass jedes Textexemplar nach festen Kriterien einer spezifischen Textsorte bzw. Textsortenvariante zugeordnet werden kann. Jede Textsorte wird hierbei als eine distinktive Einheit angesehen, die sich durch ein spezifisches Merkmalbündel von anderen Textsorten unterscheidet.

Da sich die Ergebnisse dieser Dissertation nicht in 1:1-Relation auf die Textexemplare anderer Sparten oder anderer zeitungssprachlicher Druckerzeugnisse übertragen lassen, besteht ein weiteres Ziel dieser Arbeit in der Ausarbeitung und Bereitstellung eines allgemeinen Merkmalkatalogs im Rahmen der Textsortendefinition, in welchem die verschiedenen Merkmale der drei linguistischen Ebenen – der Makrostrukturen, der Syntax und der Lexik – für die Textsortenermittlung im Kulturteil aufgeführt werden. Auch wenn dieser eigene empirische Untersuchungen an dem jeweils zu untersuchenden Textkorpus nicht ersetzt, bietet er eine erste Grundlage für die Textsortenbestimmung in anderen Spracherzeugnissen.

Im Rahmen dieser Arbeit erfolgt im Zuge der Textsortenbestimmung eine ausführliche Beschäftigung mit den drei genannten linguistischen Ebenen. Die Auseinandersetzung mit aktuellen Problemen und Fragestellungen in diesen Bereichen, wie etwa die Diskussion, ob Nominalsätze eigenständige Sätze sind oder aufgrund des Phänomens der Verballellipse auf Verbalsätze zurückgeführt werden können, ist somit fester Bestandteil der Untersuchung. Die Auswertung und Analyse des Materialkorpus zielt neben Erkenntnissen im Bereich der Textlinguistik zugleich auf einen Beitrag zur Klärung grammatisch umstrittener Phänomene ab. Die Untersuchung von Textsorten besitzt überdies Relevanz für den Bereich ‚Deutsch als Fremdsprache' und die Fremd- und Muttersprachdidaktik.[1]

Die Arbeit lässt sich insgesamt in zwei Teile untergliedern. Sie beginnt mit einem Theorieteil, welcher den aktuellen Forschungsstand innerhalb der Textlinguistik und Textsortenlinguistik vorstellt und bewertet (Kap. II.A.), die Methoden und Vorgehensweisen bei der Textsortenbestimmung dieser Arbeit angibt (Kap. II.B.) und die Materialgrundlage bestimmt (Kap. II.C.). Abschließend wird auf die existierenden Probleme bei der Klassifikation innerhalb der Publizistik eingegangen, und es werden die Vorteile der linguistischen ‚Textsorte' gegenüber der ‚Journalistischen Darstellungsformen' aufgezeigt (Kap. II.D.). Im folgenden praktischen Teil werden die externen Faktoren bestimmt (Kap. III.A.) und die internen Faktoren auf den drei linguistischen Ebenen der Makrostruktur, der Syntax und der Lexik untersucht (Kap. III.B.). Dies erfolgt jeweils nach Zeitungen und Textsorten getrennt. Anhand der ermittelten Merkmale wird ein Merkmalkatalog erstellt, auf dessen Grundlage die Textsortendefinitionen erfolgen (Kap. III.C.). Dabei wird auf Unterschiede und Gemeinsamkeiten zwischen der Tages- und der Wochenzeitung eingegangen. Die Arbeit endet mit einem Ausblick darauf, welche weiteren Untersuchungen sich an diese sinnvoll anschließen könnten.

1 Vgl. das Vorwort ADAMZIK (2000).

II. Theoretische Grundlagen

A. Forschungssituation: Textlinguistik und Textsortenlinguistik

1. Textlinguistik

Seit dem Beginn der Beschäftigung mit dem Text als linguistischem Forschungsgegenstand und der damit einhergehenden beginnenden Etablierung der neuen Disziplin ‚Textlinguistik' Mitte der sechziger Jahre[1] ist auf diesem Forschungsgebiet eine Vielzahl an Fachliteratur veröffentlich worden. Die verschiedenen Ansätze unterscheiden sich dabei nicht nur in ihren theoretischen Grundlagen und der Methodik ihrer Untersuchungen, sondern es fehlt zudem ein Konsens bei entscheidenden Termini wie ‚Text'[2] oder ‚Textsorte'.[3] Einend auf die unterschiedlichen Ansätze wirkt sich eine gemeinsame Grundannahme bezüglich des linguistischen Objekts des Textes aus. Auch wenn der Text als zentraler Gegenstand dieser Disziplin noch nicht im Ganzen allgemeingültig definiert ist, besteht dahingehend Einigkeit, „daß der Text als eine eigenständige Entität oberhalb der Satzgrenze, d.h. als eine Ganzheit, zu betrachten ist".[4]

Trotz der ansonsten bestehenden Divergenzen lassen sich innerhalb der Publikationen im Bereich der Textlinguistik zwei zentrale Beschäftigungsfelder ausmachen, die jeweils weitere Unterthemen beinhalten:[5]

1. Ermittlung der textkonstituierenden Faktoren und Definition eines allgemein anerkannten Textbegriffs
2. Klassifikation von Texten

Die theoretische Beschäftigung mit der existierenden Forschungsliteratur wird im Rahmen dieser Arbeit sehr knapp gehalten, da die 2001 er-

1 Vgl. BRINKER (2005: 13), GANSEL (2011: 7), LAGE-MÜLLER (1995: 8), SCHLÜTER (2001: 67). Nach ANTOS/TIETZ (1997: VII) gehört die Textlinguistik seit ca. 1970 zum Kanon der sprachwissenschaftlichen Subdisziplinen.

2 Vgl. z.B. ADAMZIK (2002: 164), BRINKER (2010: 12f.), FIX (2008b: 17), JANICH (2002: 78, 81), KLEMM (2002a: 17ff. und 2002b: 143), LINKE/NUSSBAUMER/PORTMANN (1996: 212), SCHLÜTER (2001: 68), WARNKE (2002: 126).

3 Vgl. z.B. ADAMZIK (1995: 11), ADAMZIK (2008: 145, 68), GANSEL (2011: 10), GANSEL/JÜRGENS (2007: 53, 67), GOBYN (1984: 30f.), HEINEMANN (2000a: 9f. und 2000b: 509), KRON (2002: 6f.), NECKERMANN (2001: 14), STEDE (2007: 33).

4 SCHLÜTER (2001: 68).

5 Vgl. FIX (2008b: 17), LINKE/NUSSBAUMER/PORTMANN (1996: 212).

schienene Dissertation von Sabine Schlüter „Textsorte vs. Gattung. Textsorten literarischer Kurzprosa in der Zeit der Romantik (1795-1835)“ einen umfangreichen Forschungsüberblick mit ausführlichen Literaturverweisen liefert, dem bis auf neuere Escheinungen auf diesem Gebiet nichts hinzuzufügen ist. Bezüglich des ersten Punktes soll an dieser Stelle daher ein Verweis auf die einschlägige Einführungsliteratur genügen,[6] zumal der Schwerpunkt dieser Arbeit auf dem zweiten Punkt, der Textsortenproblematik, liegt.

2. Textsortenlinguistik

Die Beschäftigung mit Textsorten stellt einen wesentlichen Aspekt innerhalb der Textlinguistik dar, was auch in dem Ausdruck ‚Textsortenlinguistik‘[7] zum Tragen kommt. Wie bereits für die Disziplin Textlinguistik allgemein aufgezeigt, existiert auch innerhalb des Bereichs der Textsorten eine Pluralität von unterschiedlichen Positionen und Ansätzen. Diese beruhen häufig auf so verschiedenen Grundannahmen und Vorgehensweisen, dass ein Vergleich der Ansätze und ihrer Ergebnisse oftmals nicht möglich ist.[8]

Zentrale Aspekte der Textsortenproblematik werden im Folgenden in Anlehnung an SCHLÜTER überblicksartig dargelegt. Für eine ausführlichere Behandlung dieses Themas sei auf das vollständige Kapitel II „Textsortenbegriffe – Textsortenprobleme“ der Dissertation von SCHLÜTER verwiesen.

2.1 Zentrale Aspekte des Textsortenproblems

Um die Gründe für die Verschiedenartigkeit der unterschiedlichen Ansätze innerhalb der Textsortenlinguistik verstehen zu können, müssen die wesentlichen Tendenzen bei der Definition des Textsortenbegriffs und dem Vorgehen bei der Bestimmung einzelner Textsorten geklärt werden. Folgende Aspekte spielen hierbei eine Rolle, da sie innerhalb der Forschungsliteratur sehr unterschiedlich behandelt werden:[9]

---

6 Vgl. SCHLÜTER (2001: 67-69), besonders die Fußnoten 1 und 12, sowie folgende neu erschienene Literatur: BRINKER (2005 und 2010), COSERIU (2007), GANSEL/JÜRGENS (2007), JANICH (2008).

7 Vgl. SCHLÜTER (2001: 70), LAGE-MÜLLER (1995: Kap. 1+1.2), ADAMZIK (1995: 11).

8 Vgl. SCHLÜTER (2001: 70). KRON (2002: 2) äußert sich auf dieselbe Weise bezüglich der verschiedenen Ansätze zur Texttypologie.

9 Vgl. hierzu die ausführliche Darlegung von SCHLÜTER (2001: Kap. II).

1. Der Terminus und sprachwissenschaftliche Status der ,Textsorte'
2. Prätheoretische Textklassen und linguistische Textsorten
3. Berücksichtigung von externen, internen oder externen und internen Faktoren bei der Textsortenbestimmung
4. Die methodische Vorgehensweise bei der Textsortenbestimmung

2.1.1 Zum Terminus und sprachtheoretischen Status der ,Textsorte'

In der Forschungsliteratur wird allgemein angegeben, dass der Terminus ,Textsorte' als Erstes von BENSE (1962: 134) verwendet wurde.[10] Dieser gebrauchte ihn jedoch in einem anderen Zusammenhang als es dem später üblichen Verständnis – bei aller Unsicherheit – entspricht.[11]

Der Begriff Textsorte ist bis heute in der Fachliteratur nicht exakt und einheitlich definiert.[12] Zum einen bestehen sehr unterschiedliche Vorstellungen darüber, was genau unter einer Textsorte zu verstehen ist, zum anderen existieren daneben Bezeichnungen wie ,Textklasse', ,Texttyp', ,Textart' oder ,Textmuster',[13] die meistens nicht klar abgegrenzt oder sogar synonym verwendet werden.[14] Eine häufige, erstmals von ISENBERG aufgeführte Unterscheidung[15] ist diejenige zwischen ,Textsorte' „als bewusst vage gehaltene Bezeichnung für jede Erscheinungsform von Texten, die durch die Beschreibung bestimmter, nicht für alle Texte zutreffender Eigenschaften charakterisiert werden kann, un-

10 Vgl. GOBYN (1984: 30), LAGE-MÜLLER (1995: 10), LEWANDOWSKI (1975: 760). Auch STEGER (1983: 46) gibt Bense als ersten Verwender an, schränkt jedoch ein, dass er und seine Mitarbeiter diesen Terminus Mitte der 60er Jahre „zunächst in die Erforschung gesprochener deutscher Sprache eingeführt" haben. Dass der Begriff von BENSE bereits zu einem früheren Zeitpunkt mit anderem Inhalt gebraucht wurde, war ihnen zu diesem Zeitpunkt nicht bekannt. SCHLÜTER (2001: 69, Fußnote 13) führt die Etablierung des Begriffs auf das Rhedaer Colloquium zur Textsortendifferenzierung 1972 zurück, deren Beiträge in TEXTSORTEN (1972) veröffentlich sind. Bezüglich eines Überblicks zur Geschichte des Terminus verweist SCHLÜTER auf EHLICH (1990: 20-29).

11 BENSE (1962) äußert sich zu Textsorten wie folgt: „Die Klassifikation von Texten vom Standpunkt einer Herstellung, die nicht mehr zwischen maschinellen und natürlichen Verfahren unterscheidet (was ja das Thema der Synthetischen Texttheorie ist), führt zu Textsorten, deren entscheidende Merkmale den Prozeß ihrer spezifischen Entstehung kennzeichnen" (ebd.: 134).

12 Vgl. Fußnote 3.

13 Vgl. GANSEL (2011: 12f.), GANSEL/JÜRGENS (2007: 65), GOBYN (1984: 30, 38+39), HEINEMANN (2000b: 509, 515), KRON (2002: 5-7) und ROLF (1993: 1, 43ff.).

14 Vgl. ADAMZIK (1995: 11, 14, 18), BRINKER (2010: 120), GÜLICH (1986: 16), KRON (2002: 7), MANN (1976: 577, Bd. 75 (Bd. 25 Neue Folge)), LANGER (1995: 2), LAGE-MÜLLER (1995: Kap. 1.2.1), SCHLÜTER (2001: 71), BRAUN (2004: 147), GANSEL/JÜRGENS (2007: 65f.).

15 ADAMZIK (1995:18ff.) weist bezüglich der Unterscheidung der Termini ,Textsorte' und ,Texttyp' explizit auf Isenbergs erheblichen Einfluss auf die nachfolgende Forschung hin.

abhängig davon, ob und auf welche Weise diese Eigenschaften im Rahmen einer Texttypologie theoretisch erfassbar sind" (ders.: 1978: 566, 1983: 308) und dem Terminus ‚Texttyp', den er „als theoriebezogene Bezeichnung für eine Erscheinungsform von Texten, die im Rahmen einer Typologie beschrieben und definiert ist" (ebd.) verwendet. Diese Differenzierung findet sich in ähnlicher Art und Weise bei HEINEMANN/VIEHWEGER wieder, welche den Begriff ‚Textsorte' auf eine „empirisch vorfindliche Klassifikation bzw. ‚Alltagsklassifikationen'" (dies.: 1991: 144) beziehen, den Terminus ‚Texttyp' hingegen „als eine theoriebezogene Kategorie zur wissenschaftlichen Klassifikation von Texten" (ebd.).

Bei den verschiedenen Verwendungsweisen des Begriffs ‚Textsorte' kann zudem zwischen einem relativ weiten/unspezifischen und engen/spezifischen Textsortenbegriff unterschieden werden. Während Ersterer sehr allgemein als ein „Oberbegriff mit extrem großer Extension, dem als Unterbegriff schlichtweg alles zugeordnet werden kann, was irgendeine ausgegrenzte Menge von Texten bezeichnet" (ADAMZIK 1995: 14) aufgefasst werden kann, „bezieht sich Textsorte in der spezifischen Lesart auf Klassen von Texten, die in Bezug auf mehrere Merkmale spezifiziert sind, die also auf einer relativ niedrigen Abstraktionsebene stehen" (ebd.).[16]

Auch der Status der ‚Textsorte' ist in der Fachliteratur umstritten. Nach SCHLÜTER (2001: 124+125) „lassen sich drei grundlegend verschiedene Wege im Umgang mit diesem Problem unterscheiden: Die Textsorte wird als Ausdruck bloßer Sprachverwendung aufgefaßt, sie wird als Muster bzw. Prototyp interpretiert, oder sie wird in vorhandene Grammatikmodelle als *langue*-Einheit integriert."[17] Die ersten beiden Zuordnungen weist SCHLÜTER in ihren Ausführungen gut begründet als unzureichend zurück.[18] Indem der erste Ansatz die Textsorte als eine Erscheinung der *parole* betrachtet, wird der „sprachsystematische Charakter" (ebd.: 126) dieser Einheit nicht erfasst. „Würde man also die Textsorte als eine Einheit der *parole* betrachten, würde den systematischen, überindividuell rekurrenten Eigenschaften der Textexemplare einer Textsorte nicht Rechnung getragen." (Ebd.: 148)

16 Zum weiten und engen Textsortenbegriff vgl. auch GÜLICH/RAIBLE (1972: 2).

17 Vgl. auch SCHLÜTER (2001: 72).

18 Für eine detaillierte Besprechung der ersten beiden Ansätze vgl. SCHLÜTERs Ausführungen (2001: 124-137).

Die Hauptmängel des zweiten Wegs bestehen darin, dass dieser „nicht so sehr auf sprachliche Erscheinungen, sondern auf das sich dahinter verbergende bzw. das dahinter vermutete psychische Konzept" (ebd.: 128) abzielt bzw. nach kognitiven Prozessen fragt. Derartige Fragestellungen verlassen jedoch den Bereich der Textlinguistik und sind eher im Rahmen einer psychologischen Theorie zu untersuchen (vgl. ebd.: 129f.). Da „die kommunikative Kompetenz die einzige Grundlage für die Explikation des Musterwissens" (ebd.: 131f.) bildet, sind einheitliche Ergebnisse bzw. die Ermittlung eines verbindlichen Textmusters bzw. Prototypen nicht zu erwarten. „Denn es kann als gesichert angenommen werden, dass das Textklassenwissen bei verschiedenen Kommunikationsteilnehmern in erheblichem Maße voneinander abweicht." (Ebd.: 132)

Auch die in der Forschung existierenden Einwände gegen den Status der ‚Textsorte' als *langue*-Einheit, „1. ihr Umfang und 2. die Beteiligung externer Faktoren bei ihrer Konstituierung" (ebd.: 139), reflektiert SCHLÜTER kritisch. Ersteren entkräftet sie damit, dass „der Systemcharakter von Sprache nicht a priori an eine bestimmte ‚Größe' gekoppelt werden kann" (ebd.: 139). Auf den zweiten reagiert sie, indem sie als „objektadäquate Beschreibung" der Textsorte diese als ein „zweidimensionales Gebilde mit einer verbalen und einer situationalen Komponente" (ebd.: 140) auffasst. Von der Sprachrealität wird diese Auffassung unterstützt, da nur bei gleichzeitiger Existenz beider Faktoren Kommunikation überhaupt zustande kommen kann.[19] „Wegen des systematischen Auftretens externer Faktoren und insbesondere aufgrund ihrer differenzierenden Funktion müssen diese in die Definition der Textsorte an zentraler Stelle einbezogen werden." (Ebd.: 142)[20]

In der Berücksichtigung der externen Faktoren sieht SCHLÜTER (2001: 140) selbst eine „neue und spezifische Qualität" gegenüber allen anderen *langue*-Einheiten, einen generellen Verstoß gegenüber den Prinzipien der *langue* weist sie jedoch wie folgt zurück:[21]

> Eine solche Modifikation bereitet keine prinzipiellen theoretischen Probleme, wenn die langue in ihrer ursprünglichen Weise nicht als ontologische Entität bzw. als Inventar, sondern als „methodologische Abstraktion" (HEMPFER 1977: 3) begriffen wird. Als wesentliche Kennzeichen der langue gelten 1. ihre Überindividualität und Virtualität sowie 2. ihr Systemcharakter. Faßt man

19 Vgl. SCHLÜTER (2001: 146+147) und SIMMLERs (1984: 32ff.) Ausführungen zu den externen Faktoren als Voraussetzung jeglicher Kommunikation.

20 Vgl. auch SIMMLER (1993a: 355).

21 SCHLÜTER (2001: 149).

die langue als eine Entität auf, die diese beiden zentralen Eigenschaften besitzt, so läßt sich die Textsorte mit ihren beiden Dimensionen ohne Schwierigkeiten als eine Einheit der so verstandenen langue betrachten. Auf diese Weise wird die externe Dimension analog zur internen behandelt, da auch hier die Funktion innerhalb des Systems zum maßgeblichen Prinzip bei der Auswahl und Beschreibung der Merkmale gewählt wird.

2.1.2 Prätheoretische Textklassen und linguistische Textsorten

Betrachtet man die Bemühungen der Linguisten, verschiedene Textsorten klar zu definieren und voneinander abzugrenzen, und den Umgang beim Verfassen, Rezipieren und Einteilen von Texten des „normalen" Sprachteilnehmers,[22] fällt eine starke Diskrepanz auf. Während Erstere rasch auf Probleme stoßen und bezüglich der Textsortenbestimmung von einem Konsens bzw. einer allgemeingültigen Lösung weit entfernt sind, scheinen Letztere scheinbar intuitiv Texte einteilen zu können und den Anforderungen und Konventionen der verschiedenen Textsorten gerecht zu werden.[23] Dieses Phänomen führte zu der Annahme eines „prätheoretischen Textklassenwissens",[24] welches die Sprecher einer Sprache ohne spezielle Einübungen beherrschen.

Da in der Forschungsliteratur für die Bezeichnung prätheoretischer und linguistischer Klassifikationen verschiedene Termini gebraucht werden bzw. keine scharfe Trennung dieser beiden Ebenen erfolgt, ist vor der weiteren Behandlung dieser Thematik an dieser Stelle eine terminologische Klärung nötig. Diese Arbeit folgt hierbei der Terminologie von SCHLÜTER, die wie folgt festgelegt ist:

> Als Oberbegriff für jede Form der Klassenbildung wird hier der in der wissenschaftlichen Literatur gebräuchlichste Terminus Textsorte verwandt. Textklasse soll demgegenüber die prätheoretische Klassenbildung bzw. das alltagssprachliche Textklassenkonzept bezeichnen, und Texttyp steht für das theoretische Konstrukt. Soll auf den Aspekt hingewiesen werden, daß eine wissenschaftliche Klassenbildung unter Berücksichtigung der alltagssprach-

22 Vgl. hierzu die Ausführungen von SCHLÜTER (2001: 72-74).

23 Vgl. z.B. SCHLÜTER (2001: 73), STEGER (1983: 30).

24 Statt des Begriffs ‚prätheoretisch' werden im selben Zusammenhang auch die Termini ‚intuitiv/vortheoretisch' (DIJK/IHWE/PETÖFI/RIESER 1972: 8), ‚naiv' oder ‚konventionell' (STEGER 1983: 30), ‚empirisch vorfindlich' (HEINEMANN/VIEHWEGER 1991: 144) oder ‚alltagssprachlich' (DIMTER 1981: 28-31 und HÖLSCHER 2011: 69) verwendet. Für den Begriff ‚Textklassenwissen' treten in der Forschungsliteratur in diesem Kontext zudem Bezeichnungen und Umschreibungen wie ‚Textsortenbegriff' (GÜLICH/RAIBLE 1972: 1+2), allgemein ‚Textsorten' (LANGER 1995: 4+5), ‚Klassifizierungsfähigkeit' oder ‚klassifikatorisches Vorwissen' (STEGER 1983: 30) sowie ‚Alltagsklassifikation' (HEINEMANN/VIEHWEGER 1991: 144) auf.

lichen Textklasse vorliegt, so wird der Terminus linguistische Textsorte verwandt. In Zitaten und in der Darstellung spezifischer Konzeptionen erscheinen die dort verwandten Termini.[25]

Trotz der hohen Praktikabilität der prätheoretischen Textklassen[26] bringen auch diese bei näherer Betrachtung mehrere Probleme mit sich. Zum einen sind sich „die Vertreter der Linguistik im prätheoretischen Gebrauch des Terminus ‚Textsorte' nicht einig. Denn zum Teil wird der Begriff ‚Textsorte' sehr eng gefaßt […]. Von anderen wird der Begriff sehr weit gefaßt." (GÜLICH/RAIBLE 1972: 2)[27] Zum anderen existiert eine unüberschaubare Fülle von alltagssprachlichen Textklassenbezeichnungen,[28] die sowohl das Problem der Mehrfachbenennung als auch der Unschärfe bei der Abgrenzung zwischen verschiedenen Textklassen befördern.[29] Die mangelnde Distinktivität der einzelnen Textklassen hat ihre Ursache darin, dass die Unterscheidungskriterien eben nicht wissenschaftlich ermittelt und somit festgelegt sind, sondern die Einteilung auf relativ vagen und intuitiven Merkmalen und Entscheidungsprozessen be-

25 Zitiert nach SCHLÜTER (2001: 75). Vgl. hierzu auch die ähnliche Verwendung der Termini bei HEINEMANN/VIEHWEGER (1991: 144).

26 DIMTER (1981) fasst diese in drei Punkten zusammen: „(i) Die alltagssprachliche Textklassifikation ist sowohl ziemlich umfassend, als auch sehr differenziert. (ii) Sie hat sich in einem langen historisch-gesellschaftlichen Prozess entwickelt und wird ständig weiter verfeinert. (iii) Sie wird ständig verwendet und kann daher als funktionsfähig angesehen werden" (ebd.: 28+29). Diese drei Aspekte können seiner Ansicht nach zu einer Überwindung der prätheoretischen Klassifikation verwendet werden. So nennt er als vierten Punkt: „Eine Eruierung der Kriterien, die der alltagssprachlichen Textklassifikation zugrunde liegen, kann zu einer tragfähigen wissenschaftlichen Textklassifikation führen." (Ebd.: 29) Als zentralen Unterschied der wissenschaftlichen gegenüber der prätheoretischen Textklassifikation fordert DIMTER die „Explizitheit der Textklassenkonzepte und damit der Klassifikationskriterien" (ebd.: 31).

27 Als Vertreter eines engen (prätheoretischen) Textsortenbegriffs führen sie SANDIG an, welche u.a. die Textsorten ‚Kochrezept', ‚Arztrezept' und ‚Gebrauchsanweisung' angibt, als Anhänger eines weiten Begriffs führen sie SCHMIDT (Textsorte ‚fiktionale Texte'), DRESSLER (Textsorte ‚Übersetzung') und KUMMER (Textsorte ‚Argumentation') auf.

28 DIMTERs (1981: 33) Auszählung des Dudens (1973, Bd. I) ergab nach eigener Aussage 1.642 Textklassennamen. Insgesamt hält er eine Anzahl von ca. 5.000 Bezeichnungen für eine realistische Schätzung (ebd.: 20). Das von ADAMZIK (1995: 258-284) zusammengestellte Verzeichnis an Bezeichnungen umfasst nach Angabe der Autorin 4.000 Begriffe (ebd.: 257). ROLF (1993) ermittelte anhand des Duden-Wörterbuchs (1976-1981) und Knaurs deutschem Wörterbuch (1985) 2.100 Textsortenbezeichnungen, wobei er sich allerdings auf Gebrauchstextsorten beschränkt und literarische Textsorten explizit nicht erfasst (ebd.: 132). Er gibt zudem an, dass seine erstellte Liste für die Gebrauchstextsorten keinesfalls als vollständig betrachtet werden sollte (ebd.: 134).

29 ROLF (1993: 54) nennt als Beispiele für eine derartige Mehrfachbezeichnung die Begriffe ‚Meldebescheinigung' und ‚Aufenthaltsbestätigung', die vom Ordnungsamt der Stadt Münster synonym verwendet werden. Vgl. auch STEGER (1983: 30).

ruht.[30] „In der alltagssprachlichen Kommunikation besteht überdies nicht die Notwendigkeit, die Relationen zwischen den Textklassenbegriffen präzise zu klären und klare Grenzen zu ziehen, so daß mehr oder minder deutlich erkennbare Inklusions- und Intersektionsrelationen bestehen." (SCHLÜTER 2001: 77) Aus diesen Gründen stellen die prätheoretischen Textklassen im linguistischen Sinne eine ungenügende Klassifikation dar. Der Anspruch einer linguistischen Textsortenbestimmung besteht demgegenüber in der Ermittlung von textsortenspezifischen, distinktiven Merkmalen, welche eine Differenzierung zu anderen Textsorten ermöglichen.[31]

Trotz der Kritik an den vortheoretischen Einteilungen ist eine erste Orientierung an diesen bei der Auswahl und Zusammenstellung des Materialkorpus für eine linguistische Textsortenbestimmung nahezu unerlässlich. STEGER (1983: 42) verweist in diesem Zusammenhang darauf, dass ein genuin linguistisches Verfahren, welches willkürlich ausgewählte Textexemplare anhand grammatischer und lexikalischer Übereinstimmungen einzuteilen sucht, „wegen der Menge der Daten und Beziehungen so bald nicht – wenn überhaupt – zum Erfolg führen wird" (ebd.). Daher spricht er sich für eine erste Orientierung an dem naiven Klassenwissen aus: „Die innere regelhafte Dynamik von Texttypen kann erst dann erforscht werden, wenn man viele bereits klassifizierte Exemplare untersuchen kann." (Ebd.: 47)[32]

Auch SCHLÜTER (2001: 86-88, 155) und BRAUN (2004: 158) gehen bei ihrer Korpuszusammenstellung von den alltagsprachlichen Textklassen aus, anhand derer sie die linguistischen Textsorten empirisch ermitteln. Die Frage von GÜLICH/RAIBLE (1972: 1), „ob diese Textlinguistik in der Lage ist, den prätheoretischen Textsortenbegriff zu fundieren und zu explizieren", kann somit anhand durchgeführter Untersuchungen zumindest für bestimmte Geltungsbereiche bejaht werden.

30 STEGER (1983:30) benennt das Problem wie folgt „Denn wir kennen weder die psychischen und psychologischen Voraussetzungen, noch kennen wir die Bedingungen, mit denen das naive Textklassenbewußtsein arbeitet. Wir können weder seine Wirkungsweisen noch seine grenzbildenden Kriterien erkennen." Dies führt nach ihm dazu, dass Textklassenwissen nicht vermittelbar ist: „[S]o können wir auch keinem anderen sagen, was er tun muss, um etwas richtig zu machen oder warum er etwas nach dem Bewußtsein der Gruppe, in der er lebt, falsch macht." (STEGER 1983: 31)

31 Vgl. SCHLÜTER (2001: 167-169).

32 Vgl. hierzu auch LANGER (1995: 4+5).

2.1.3 Externe und interne Faktoren der Textsortenbestimmung

Innerhalb der Forschungsliteratur besteht bei der Bestimmung von Textsorten kein Konsens über die Art der zu berücksichtigen Merkmale, deren Anzahl und Gewichtung. Heterogene Kriterien verhindern hierbei häufig eine Vergleichbarkeit der verschiedenen Ansätze.

2.1.3.1 Merkmalsberücksichtigung

Bei der Textklassifikation gibt es drei verschiedene Möglichkeiten bezüglich der Merkmale, die berücksichtigt werden:

1. Interne Faktoren[33]
2. Externe Faktoren[34]
3. Interne und externe Faktoren[35]

Grob lassen sich die internen und externen Faktoren dadurch unterscheiden, dass die internen aus dem Text selbst gewonnen werden, während sich die externen „auf die Äußerungssituation beziehen“ (SCHLÜTER 2001: 100).[36]

Innerhalb der Forschung unterscheiden sich die verschiedenen Ansätze nicht nur darin, ob generell nur interne, nur externe oder beide Faktoren zu berücksichtigen sind. Auch innerhalb einer dieser drei Hauptausrichtungen divergieren die einzelnen Ansätze darin, welche speziellen internen, externen bzw. internen und externen Merkmale sie berücksichtigen. Beispielsweise sind zwei Ansätze, die sich auf externe Kriterien stützen, nicht unbedingt vergleichbarer als zwei Ansätze des Typs eins und zwei, da der eine beispielsweise ausschließlich den Kommunikationszweck, der andere hingegen einen gänzlich anderen Faktor wie die Kommunikationssituation berücksichtigt. Bereits eine Fokussierung auf bestimmte Merkmale oder die Nichterfassung anderer unterscheidet zwei Textsortenbestimmungen maßgeblich. Ein Vergleich der Ergebnisse ist daher nicht nur vertikal zwischen den drei Typen, sondern häufig zugleich auf der horizontalen Ebene kaum möglich.

Eine weitere Aufgliederung der internen und externen Faktoren in die beiden zusätzlichen Merkmalskategorien ‚textphänotypisch‘ und

33 Vgl. z.B. die Ansätze von HARWEG (1968), WEINRICH (1972), ROLF (1993).

34 Vgl. die Ansätze von SCHMIDT (1972), KUMMER (1972). DIMTER (1981: 34) berücksichtigt bei seiner Analyse keine textinternen Merkmale, verweist aber auf deren mögliche spätere Betrachtung nach vorgenommener Analyse der textexternen Merkmale.

35 Vgl. z.B. die Ansätze von STEGER (1983), KLEIN (2000), ANDROUTSOPOULOS (2000) SANDIG (1972), SIMMLER (1984), VATER (2002), MANN (1976), SCHLÜTER (2001), BRAUN (2004), FANDRYCH/THURMAIR (2011).

36 Vgl. auch die Ausführungen von GÜLICH/RAIBLE (1977: 47).

‚textanalytisch', wie dies KNIFFKA[37] vornimmt, erscheint nicht sinnvoll. Zum einen werden die bisher angesprochenen Probleme der Vergleichbarkeit hierdurch weiter verkompliziert, zum anderen lassen sich diese zusätzlichen Faktoren mit den bereits vorhandenen Kategorien ‚intern' und ‚extern' erfassen. Während die phänotypischen Mittel den drucktechnischen Gegebenheiten entsprechen und somit als textintern aufzufassen sind, betreffen die textanalytischen die Leserrezeption und sind somit zu den textexternen Faktoren zu rechnen.

Auch wenn die verschiedenen Ansätze bezüglich ihrer berücksichtigten internen und externen Faktoren sehr uneinheitlich sind,

> zeichnet sich jedoch gegenwärtig dahingehend ein Konsens ab, daß in die Klassifikationen sowohl externe als auch interne Faktoren gleichermaßen einzubeziehen sind, was sich auch darin ausdrückt, daß der überwiegende Anteil der nach 1970 entstandenen Arbeiten externe Faktoren berücksichtigt.[38]

Die Beschränkung auf interne bzw. externe Merkmale wird hierbei nicht als ausreichend betrachtet, sondern erst „die Kombination von textinternen und textexternen Merkmalen scheint zur Konstituierung verschiedener Textsorten zu führen" (MANN 1976b: 575).[39] Das bewusste Ausblenden einer der beiden Faktorendimensionen verhindert das vollständige Erfassen einer Textsorte. Diese Ansicht vertritt auch STEGER, der sich hierzu wie folgt äußert:

> Gegenüber den ‚rein' inhaltsseitigen Verfahren kann leicht gezeigt werden, daß es eine Reihe von kommunikativ ‚vorhandenen' und verstandenen konventionellen Verhaltensweisen und Gegebenheiten gibt (Rollen, Ränge usw.), die gewöhnlich nicht versprachlicht, d.h. durch Signale indiziert sind. Verzichtet der Inhaltsanalytiker auf sie, weil sie nicht explizit im Text stehen, entgeht ihm Entscheidendes. Fügt er sie aus seiner Kompetenz und/oder seinen Recherchen hinzu, überschreitet er die manifeste Sprache – und das tut er meistens –, so verfährt er in Wirklichkeit nach Möglichkeit drei.[40]

37 KNIFFKA (1983: 146).

38 SCHLÜTER (2001: 100). Vgl. hierzu auch GANSEL/JÜRGENS (2007: 57, 60) und YLÖNEN (2001: 53, 57).

39 Vgl. auch HEINEMANN/VIEHWEGER (1991: 146) und HEINEMANN (2000a: 12-16).

40 Zitiert nach STEGER (1983: 43). Mit „Möglichkeit drei" meint STEGER die Berücksichtigung von textexternen und textinternen Kriterien (ebd.: 41). Vgl. zur Begründung, textexterne und -interne Merkmale zu berücksichtigen, auch HEINEMANN/VIEHWEGER (1991: 146f.).

2.1.3.2 Anzahl der berücksichtigten Merkmale und ihre Gewichtung

Die Menge der berücksichtigten Merkmale variiert bei verschiedenen Ansätzen zwischen einem dominanten Kriterium[41] und einem Merkmalbündel.[42]

Die Klassifikation nach nur einem dominanten Kriterium beruht auf einem externen Faktor, der als klassenbildend angesehen wird. Dem Vorteil, dass bei dieser Grundannahme eine Gewichtung der Merkmale entfällt, steht der gravierende Nachteil gegenüber, dass auf diese Weise nur sehr grobe Klassenbildungen vorgenommen werden können.[43] Dies birgt die hohe Wahrscheinlichkeit, dass sich ein Textexemplar verschiedenen ermittelten Textklassen zuordnen lassen wird. Auch die Abgrenzung ähnlicher Textsorten ist nahezu ausgeschlossen. Eine solche Klassenfestlegung ist daher aufgrund des sehr begrenzten Differenzierungsgrades wenig praktikabel und erscheint somit fragwürdig.[44]

Bereits bei der Beschränkung auf möglichst wenige, zentrale und allgemeingültige Merkmale besteht nach ADAMZIK (1995: 15) ein Problem darin, dass es schwer fällt „unter den Kriterien solche zu benennen, die für linguistische Untersuchungen auf jeden Fall irrelevant sind. Dies liegt darin, daß auch in sprachwissenschaftlichen Zusammenhängen die Kriterien nicht einzeln, sondern kombiniert verwendet werden und bestimmte Kombinationen mit sprachlichen Spezifika korrelieren."

Daher bieten merkmalskombinatorische Ansätze den Vorteil, zumindest potentiell alle wesentlichen Merkmale einer Textklasse erfassen und diese somit eindeutiger bestimmen zu können. Die Wahrscheinlichkeit von Mehrfachzuordnungen bzw. Abgrenzungsproblemen nahestehender Klassen wird dadurch verringert.[45]

41 HEINEMANN/VIEHWEGER (1991: 137f.) nennen Beispielansätze für Typologien, „die Texte bzw. Gespräche nach einem prominenten bzw. dominanten Kriterium zu bestimmen versuchen und somit eine – wie auch immer geartete – homogene Typologisierungsbasis anstreben" (ebd.: 137).

42 Z.B. SANDIG (1972), SIMMLER (1983, 1991, 1993b, 1997, 2000a), SCHLÜTER (2001), BRAUN (2004). Vgl. auch GANSEL/JÜRGENS (2007: 86) und HEINEMANN/VIEHWEGER (1991: 147).

43 Vgl. auch KRON (2002: 46) und YLÖNEN (2001: 46).

44 Laut ADAMZIK (2008: 151) „besteht längst allgemeiner Konsens darüber, dass man bei einer Klassifikation von Texten mit einer einzigen Typologisierungsbasis nicht auskommt". Auch HEINEMANN (2000b: 513) gibt an, dass sich Textsorten „auf der Basis eines einzigen Kriteriums nicht widerspruchsfrei voneinander abgrenzen" lassen.

45 Nach GANSEL/JÜRGENS (2007: 86) haben „[m]ehrdimensionale Beschreibungen von Textsorten, die Merkmale kombinieren, [...] in der Textlinguistik eine große Akzeptanz".

„Als zentrales Defizit merkmalkombinatorischer Entwürfe“ betrachtet FRILLINGS jedoch den „unsystematischen Status und die daraus resultierende Heterogenität jeweils angesetzter Differenzierungskriterien“ (FRILLINGS 1995: 41). Daher spielt mit Zunahme der berücksichtigten Merkmale immer mehr deren Gewichtung bzw. Hierarchisierung eine Rolle. Für eine ausführliche Diskussion dieses Problems sei an dieser Stelle auf SCHLÜTER (2001: 74f.) verwiesen.

2.1.4 Methodische Vorgehensweise bei der Textsortenbestimmung

Bei der Bestimmung von Textsorten lassen sich in der Forschungsliteratur verschiedene Untersuchungsmethoden feststellen, die einen Vergleich der Ansätze und Ergebnisse erschweren bzw. nahezu verhindern.[46] Prinzipiell lassen sich drei unterschiedliche Vorgehensweisen voneinander abgrenzen, die SCHLÜTER (2001: 72-89) sehr genau vorstellt, bezüglich ihrer Vor- und Nachteile untersucht und denen sie exemplarisch einige Forschungsansätze zuordnet.[47] Elementar für die drei verschiedenen Ausrichtungen ist ihr jeweiliges Verhältnis zu den prätheoretischen Textklassen. In einer ersten kurzen Vorstellung fasst SCHLÜTER die drei Ansätze wie folgt zusammen:[48]

1. Reine Induktion: Die alltagssprachlichen Textklassen werden zum Ausgangspunkt der Untersuchung gewählt, wobei Ziel und Aufgabe der Textsortenlinguistik darin gesehen werden, „das vorwissenschaftliche Textsortenverständnis zu explizieren“ (VATER 1992: 159).
2. Reine Deduktion: Es wird ein texttheoretisches Konzept entwickelt, das Kategorien bereitstellt, die zur Definition wissenschaftlicher Texttypen im Sinne von theoretischen Konstrukten herangezogen werden.
3. Verbindung von induktivem und deduktivem Vorgehen: Die alltagssprachlichen Textklassen werden zum Ausgangspunkt der Untersuchung gewählt, wobei die vorwissenschaftliche Klassenbildung auf der Grundlage einer texttheoretischen Konzeption überprüft, beschrieben, ggf. korrigiert und zu einer linguistischen Textsortendefinition bzw. -differenzierung genutzt wird.

---

46 Vgl. DIMTER (1981: 7), HEINEMANN (2000a: 10).

47 Da eine erneute detaillierte Behandlung der drei Ansätze aufgrund des ausführlichen und sehr aktuellen Charakters der Darstellung von SCHLÜTER weder notwendig noch sinnvoll erscheint, sei an dieser Stelle auf die betreffende Kapitel ihrer Dissertation (SCHLÜTER 2001: II TEXTSORTENBEGRIFFE – TEXTSORTENPROBLEME, 2.1-2.4) verwiesen. Zu den zentralen Aspekten und Positionen gibt Schlüter zudem durch umfangreiche Literaturverweise die verschiedenen Richtungen und Auffassungen innerhalb der Forschungsliteratur fundiert wieder.

48 SCHLÜTER (2001: 74+75).

Die verschiedenen Vorgehensweisen stellen in der Forschungsliteratur eine viel diskutierte Thematik dar, wobei bezüglich der beiden Termini ‚induktiv' und ‚deduktiv' ein weitgehender Konsens besteht.[49]

Die rein deduktive und die rein induktive Vorgehensart weisen beide für sich genommen sowohl positive Aspekte als auch Schwächen auf. Die folgende Tabelle fasst die Vor- und Nachteile der beiden Ansätze zusammen:[50]

Tab. 1: Vor- und Nachteile des induktiven und des deduktiven Verfahrens bei der Textsortenbestimmung

	Induktive Verfahren	**deduktive Verfahren**
Vorteile	• Verhindern Beliebigkeit der Klassifikation durch großen Bezug zur Sprachwirklichkeit • Durch Orientierung an den prätheoretischen Textklassen wird die Gefahr verringert, bedeutungslose Merkmale heranzuziehen • Ergebnisse können daher zur praktischen Anwendung kommen, indem sie an Lerner vermittelt werden	• Definieren Texttypen nach festen Kategorien, die auf ein texttheoretisches Konzept zurückgehen • Übergeordnetes Ziel ist die systematische Einteilung aller Textexemplare zu Texttypen
Nachteile	• Prätheoretische Textklassen sind terminologisch nicht allgemeingültig formuliert und besitzen keine einheitlichen Bezeichnungen • Sie sind nicht klar (durch distinktive Merkmale) voneinander abgegrenzt, die ermittelten Merkmale sind nicht gewichtet • Textklassen ohne prätheoretische Textklassenbezeichnung können nicht untersucht werden	• Der Nutzen einer Typologie ohne Orientierung an der Sprachwirklichkeit ist zweifelhaft • Ermittelte Klassen sind sehr grob eingeteilt und somit nicht zur präzisen Unterscheidung sich nahestehender Texttypen geeignet • Es existieren keine einheitlichen Typologiesierungsbasen noch Einigkeit über die Anzahl der Texttypen

Einen sinnvollen Lösungsversuch für die Schwächen der beiden Vorgehensweisen stellt eine „vermittelnde Position" (Verbindung von indukti-

49 Vgl. hierzu EHLICH (1986: 56), FRANKE (1987: 278+279), GÜLICH/RAIBLE (1972: 1+2), KRON (2002: 14f.), HEINEMANN/VIEHWEGER (1991: 134), LANGER (1995: 3).

50 Vgl. zur ausführlichen Diskussion SCHLÜTER (2001: 72-94).

vem und deduktivem Vorgehen) dar, welche versucht, „die Vorzüge der beiden diametral entgegengesetzten Positionen zu verbinden und zugleich die Nachteile der beiden Konzeptionen weitgehend zu vermeiden" (SCHLÜTER 2001: 86).[51] Dabei wird zwar wie bei der induktiven Vorgehensweise zunächst von einem prätheoretischen Klassenbegriff ausgegangen, woran sich die Materialauswahl orientiert, durch die anschließend stattfindende „Textsortenanalyse und -differenzierung auf mehreren Ebenen" (ebd.: 87) erfolgt jedoch eine theoretische Fundierung, die Definition der auftretenden linguistischen Textsorten. Durch ein derartiges Vorgehen „wird eine systematische Verbindung zwischen der Textklasse als einem intuitiven, alltagssprachlichen, d.h. psychischen Konzept und der linguistischen Textsorte als einem theoretisch definierten Konstrukt hergestellt" (ebd.: 87).[52]

51 Vgl. auch GANSEL/JÜRGENS (2007: 64).

52 SCHLÜTER führt ihrer Arbeit in Fußnote 75 eine Zusammenstellung von Autoren auf, die diese Konzeption vertreten.

B. Bestimmung der Methode und Vorgehensweise

Im Folgenden wird aufbauend auf die Ausführungen in Kapitel II.A.2.1 kurz dargelegt, wie im Rahmen dieser Arbeit bezüglich der vier besprochenen Aspekte verfahren wird.

1. Textsortenbegriff

Die Textsortenbestimmung dieser Arbeit baut auf der Textsortendefinition und der methodischen Vorgehensweise von SIMMLER (1984: 32ff.)[1] auf, die sich bereits bei verschiedenen Textsortenbestimmungen bewährt haben.[2]

Die Textsortendefinition von SIMMLER (1984: 37) geht über eine vage Umschreibung des Begriffs als eine Menge von Texten, wie sie in der Forschungsliteratur meist anzutreffen ist, hinaus:

> Eine Textsorte ist eine nach dem Willen der beteiligten Kommunikationspartner abgeschlossene, komplexe α-Einheit, die aus einer begrenzten Auswahl, einer besonderen Kombinatorik und einem regelmäßigen Vorkommen von externen und internen α-Einheiten, den textuellen Merkmalen, besteht, die in konstituierender, identifizierender und differenzierender Sinnfunktion zu einem neuen, spezifischen Merkmalbündel zusammengeschlossen sind.

Die Definition zeigt den Weg auf, wie verschiedene Textsorten ermittelt werden können. Durch die Untersuchung von internen und externen Faktoren werden neben textsortentypischen vor allem die distinktiven Merkmale ermittelt, die somit eine eindeutige, durch spezifische Merkmale begründete Unterscheidung verschiedener Textsorten ermöglichen. Dadurch wird die wissenschaftlich sehr unbefriedigende gleichrangige Zuordnung desselben Textexemplars zu verschiedenen Textsorten verhindert.[3]

---

1 Vgl. die daran anknüpfenden Vorgehensweisen von BRAUN (2004: 156ff.) und SCHLÜTER (2001: 154ff.).

2 Vgl. SIMMLERs eigene Untersuchungen (z.B. 1978, 1983, 1991, 1993b, 1997, 2000) und die Arbeiten von BRAUN (2004), HÖLSCHER (2011), NECKERMANN (2001), SCHMIDT (2003), SCHLÜTER (2001) und STÄUBER (2009).

3 WERLICH (1975: 72) geht von einer solchen gleichrangigen Zuordnung eines Textes zu verschiedenen Texttypen aus und auch HEINEMANN/VIEHWEGER (1991: 142) geben an, dass „die Mehrfachzuordnung auch für text- und gesprächstypologische Zielstellung von außerordentlicher Bedeutung“ ist.

Aus der Definition des Terminus ‚Textsorte' geht auch der sprachtheoretische Status der Textsorte hervor, indem SIMMLER α-Einheit als *langue*-Einheit versteht (SIMMLER 1991: 259). Dass dies aufgrund der spezifischen Eigenschaften der Textsorte die einzig sinnvolle Konsequenz ist, ergibt sich auch aus den schlüssigen Ausführungen von SCHLÜTER (2001: 148ff.).

Es wird in dieser Arbeit davon ausgegangen, dass sich zu den Textsorten auch Textsortenvarianten ermitteln lassen.[4] Diese Annahme beruht darauf, dass „zu jedem sprachlichen Zeichen, zu jeder distinktiven Einheit, Varianten nachgewiesen werden können".[5] Da die Textsorte als *langue*-Einheit betrachtet wird, ist ein ähnlicher Befund vorauszusetzen.

Die Vorstellung von Textsortenvarianten setzt die Unterteilung der Textsorte in einen Zentral- und einen Peripheriebereich voraus. Der Zentralbereich umfasst dabei die Merkmale, welche für Textexemplare der Textsorte besonders charakteristisch sind, was sich in einem Auftreten bei mindestens 75 Prozent aller Textexemplare dieser Textsorte ausdrückt, und zudem die Opposition zu den Zentralbereichen anderer Textsorten begründen. Er stellt die Grundlage der jeweiligen Textsortendefinitionen dar. Textsortenvarianten beruhen darauf, dass innerhalb einer Textsorte wiederum Gruppen auftreten, die zwar wesentliche Merkmale des Zentralbereichs zeigen, deren Merkmalbündel jedoch zugleich spezifische Unterschiede aufweisen. Diese Unterschiede führen zu einem Peripheriebereich der Textsorte.

Auch innerhalb der Textsortenvarianten lassen sich weitere Gruppenbildungen begründen: „Zusätzliche Variationen durch den Austausch einzelner Merkmale bei gleicher Funktionalität, durch hinzutretende oder wegfallende Merkmale lassen sich innerhalb von Textsortenvarianten zu Gruppenbildungen nutzen, bei denen wiederum zentrale und periphere Gruppen unterschieden werden können." (SIMMLER 1993a: 358)[6]

Textsorten werden in dieser Arbeit nicht als starre Größen betrachtet, sondern es wird davon ausgegangen, dass sie sich „entsprechend den Veränderungen von gesellschaftlichen Aufgabenstellungen und Bedürfnissen" (HEINEMANN/VIEHWEGER 1991: 146) ändern können. Eine

4 Laut HEINEMANN (2000a: 16) ist es in der Forschung allgemein anerkannt, dass „[e]ine weitere Subdifferenzierung der Textsorten [...] dann zur Ausgliederung von *Textsorten-Varianten* [führt]".

5 SIMMLER (1993a: 358). Im Bereich der zeitungssprachlichen Textsorten hat SIMMLER dies für den Kommunikationsbereich des Sports bereits nachgewiesen (vgl. SIMMLER 1993b und 1997).

6 Vgl. zu dem gesamten Absatz SIMMLER (1993a: 358f.), (1993b: 136), (1997: 66f.).

Bestimmung von Textsorten muss somit, wie von HEINEMANN/VIEHWEGER für eine Texttypologie gefordert, ebenfalls „prinzipiell offen für Veränderungen sein" und „auf die Charakterisierung von Texttypen, die in einer bestimmten Gesellschaft oder für bestimmte Gruppen kennzeichnend sind" beschränkt bleiben (ebd.: 1991: 146).

Den obigen Ausführungen gemäß können die ermittelten Ergebnisse bei den hier vorgenommen Textsortenbestimmungen der Kulturteile der Zeitungen ‚Der Tagesspiegel' und ‚Die Zeit' nicht als für alle Zeiten und Medien gültige Maßstäbe betrachtet werden.[7] Seit dem Erscheinen von Zeitungen haben sich die Anzahl und die Gestaltung der Textsorten stark verändert. Eine Stagnation dieses Textsortenwandels für die Zukunft anzunehmen, würde daher der bisherigen Entwicklung dieses Mediums und der hier verwendeten Textsortendefinition[8] widersprechen. Es handelt sich bei dieser Arbeit um eine synchrone Untersuchung, deren Textsorten daher streng genommen zunächst einmal nur auf den Untersuchungszeitraum und die untersuchten Zeitungen beschränkt sind. Da es sich jedoch um zwei bekannte, auflagenstarke Zeitungen der Gegenwart handelt, ist für die Ergebnisse dieser Arbeit eine gewisse Repräsentanz und Übertragbarkeit auf die gegenwartssprachlichen Zeitungstextsorten anzunehmen. So ist es wahrscheinlich, dass die in dieser Arbeit bestimmten Textsorten auch in anderen Zeitungen auftreten. Trotz der Möglichkeit zusätzlicher Textsorten sollte sich daher ein Großteil der Textexemplare in den Kulturteilen anderer Zeitungen anhand der ermittelten Merkmalbündel klar einer Textsorte zuordnen lassen. Wie bei der Festlegung von Textsortenvarianten innerhalb des ursprünglichen Materialkorpus können hierbei Merkmale aus dem Zentralbereich fehlen bzw. weitere auftreten. Solange jedoch genügend zentrale distinktive Merkmale realisiert sind, ist eine eindeutige Zuordnung zu einer bestimmten Textsorte möglich. Dabei kann es selbstverständlich notwendig werden, weitere Textsortenvarianten anzusetzen.

Die sich aus der Textsortendefinition SIMMLERs ergebenden methodischen und theoretischen Konsequenzen für die stattfindenden Untersuchungen und Definitionen werden in den drei anschließenden Unterkapiteln ausgeführt.

7 Vgl. zu diesem Aspekt die Ausführungen von SCHLÜTER (2001: 167ff.).

8 SIMMLER (1993a: 35) begründet die Beschränkung auf synchrone Untersuchungen damit, dass die Textsorte „immer ein streng synchron ermitteltes Zeichen" ist. „Diachrone Aussagen zur Entstehung einer Textsorte, zu ihrer Aufgabe und ihrer Veränderung setzen immer synchrone Analysen voraus. Die Kontinuität einer Textsorte ist das Ergebnis von diachron aufeinanderfolgenden Oppositionsbildungen in synchronen sprachlichen Zuständen."

2. Einbeziehung der prätheoretischen Textklassen

Das Materialkorpus für die Textsortenbestimmung dieser Arbeit ist durch die Festlegung auf einen Erscheinungszeitraum der beiden Zeitungen von drei Monaten eindeutig festgelegt. Bis auf die Entscheidung, welche Teile bzw. Sparten der Zeitungen zum Kulturteil zu rechnen sind,[9] entfällt somit eine nach prätheoretischen Klassenbezeichnungen vorgenommene Vorauswahl und Zusammenstellung einer Materialgrundlage aus der Gesamtheit der existierenden Textexemplare.[10]

Eine Orientierung an den prätheoretischen Klassenbegriffen ist jedoch unerlässlich,[11] um für die einzelnen Textsorten geeignetes Untersuchungsmaterial zusammenzustellen und den Bezug zur Sprachpraxis nicht zu verlieren.[12] Die prätheoretischen Textklassenbegriffe werden daher auch in dieser Arbeit an zentraler Stelle der Untersuchung einbezogen, indem an ihnen orientiert die Textexemplare des Materialkorpus den verbreiteten Textklassen ‚Bericht', ‚Meldung', ‚Kurzmeldung', ‚Porträt', ‚Kommentar' und ‚Interview' zugeordnet und so vorstrukturiert werden. Da anders als bei literaturwissenschaftlichen Textexemplaren den einzelnen Textexemplaren innerhalb einer Zeitung nur selten eine explizite prätheoretische Bezeichnung zugeordnet ist,[13] wird bei der Einteilung auf prätheoretische Klassenmerkmale sowie die Erkenntnisse vorheriger zeitungssprachlicher Textsortenbestimmungen zurückgegriffen.[14] Dabei kann die Schwierigkeit auftreten, dass sich einzelne Textexemplare nicht zuordnen lassen. Diese werden zunächst aussortiert, um eine willkürliche Einteilung zu verhindern. Nachdem die Merkmalsbündel der einzelnen Textsorten bestimmt sind, werden sie darauf untersucht, ob nun eine Zuordnung zu den ermittelten Textsorten bzw. Textsortenvarianten möglich ist oder eine neue Textsorte angesetzt werden muss.

---

9 Vgl. Kap. II.C.5.

10 SCHLÜTER (2001) musste sich beispielsweise bei der Zusammenstellung ihres Materialkorpus literarischer Kurzprosagattungen aus dem Zeitraum der Romantik mit der Anforderung auseinandersetzen, geeignete und repräsentative Textexemplare zu finden. Dies wurde dadurch erschwert, dass nicht für alle Textexemplare eine eindeutige prätheoretische Textklassenbezeichnung vorlag (vgl. ebd.: 146).

11 Vgl. Kap. II.A.2.1.2.

12 Vgl. BURGER (2000: 616).

13 Eine Ausnahme bilden in dieser Untersuchung Reihennamen wie „KRITIK IN KÜRZE" der Gruppe ‚Reihenkritik' oder „NACHRICHTEN" der Textsorte ‚Kurzmeldung'. Vgl. auch ROLF (1993: 144f.).

14 Aufgrund eines übereinstimmenden methodischen und theoretischen Ansatzes werden hierzu die Arbeiten von SIMMLER (1993b, 1997) herangezogen.

Die prätheoretische Klasseneinteilung bildet neben bisherigen linguistischen Textsortenbestimmungen somit die Ausgangslage für die Untersuchung. Ziel der Textsortenbestimmung ist dabei, durch die Ermittlung distinktiver Merkmalbündel eine klare, nachvollziehbare und überprüfbare Abgrenzung zwischen den Textsorten zu erreichen und somit die definitorischen Ungenauigkeiten und Überschneidungen der alltagssprachlichen Textklassen zu überwinden.[15] Als Bezeichnungen für die einzelnen Textsorten wird soweit wie möglich auf in der Publizistik etablierte Begriffe zurückgegriffen.

3. Berücksichtigte Faktoren bei der Textsortenbestimmung

Im Rahmen dieser Arbeit werden der Textsortendefinition von SIMMLER gemäß bei der Textsortenbestimmung sowohl die textinternen als auch die textexternen Faktoren berücksichtigt. Auf diese Weise werden frühzeitige Beschränkungen auf bestimmte Kriterien verhindert. Welche Aspekte bei einer Textsorte besonders relevant sind, kann im Vorfeld nicht angegeben werden. Der Ausschluss bestimmter Faktoren ohne deren vorherige Relevanzprüfung kann daher zu unpräzisen und verfälschten Ergebnissen führen und klare Abgrenzungen zwischen den einzelnen Textsorten oder die Unterscheidung von Textsortenvarianten verhindern. Diesem Ansatz gemäß darf eine Textsortenbestimmung nur anhand empirischer Untersuchungen an konkretem Sprachmaterial erfolgen. Das spezifische Merkmalbündel jeder Textsorte muss durch die Bestimmung der jeweils relevanten textuellen Merkmale ermittelt werden. Damit verbunden ist immer eine Funktionsanalyse der Merkmale, die für das Verständnis und den Aufbau von Textsorten entscheidend ist.

Durch die genaue Erfassung der internen und externen textuellen Merkmale ist nicht nur die Definition und Abgrenzung von Textsorten möglich. Zugleich können innerhalb einer Textsorte vorkommende Textsortenvarianten und Variantengruppen unterschieden werden, indem Abweichungen zwischen den Merkmalbündeln berücksichtigt werden.[16]

3.1 Externe Faktoren

Unter den externen Faktoren werden der Konzeption SIMMLERs folgend die Faktoren Sprecher/Schreiber, Hörer/Leser, Ort und Zeit verstanden, die eine generelle Voraussetzung für jede Kommunikation sind

15 Vgl. DIMTER (1981: 31) und SCHLÜTER (2001)

16 Vgl. Kap. II.B.1.

und somit eine Grundlage für die Existenz eines Textexemplars darstellen.[17] Die fünfte externe Bedingung für das Auftreten eines Kommunikationsakts ist die Wahl eines entsprechenden Mediums, „bei dem grundsätzlich der auditive, visuelle und taktile Kommunikationskanal zu unterscheiden ist“.[18]

Innerhalb der Forschungsliteratur werden sehr viele weitere externe Dimensionen für die Differenzierung linguistischer Textsorten erwähnt.[19] Diese erübrigen sich jedoch weitestgehend bei einer genauen Erfassung der vier Faktoren von SIMMLER, da sie in diesen enthalten sind. So ergibt sich beispielsweise die Kommunikationssituation aus allen vier Faktoren, der Partnerbezug aus den Faktoren Sprecher/Schreiber und Hörer/Leser. Zudem werden in der Forschungsliteratur teilweise Faktoren als externe Dimension betrachtet, wie z.B. die Textfunktion, die vielmehr durch eine Untersuchung der internen Faktoren ermittelt werden und somit auch zu diesen zu rechnen sind.

Von den Überlegungen BRAUNs (2004: 160), die Verfasserintention als fünften externen Faktor in Betracht zu ziehen,[20] wird innerhalb dieser Arbeit Abstand genommen. Als mögliche Probleme nennt BRAUN selbst die Fragwürdigkeit der Distinktivität dieses Merkmals und die Schwierigkeiten bei dessen Ermittlung. Damit spricht er zwei zentrale Problematiken an. Innerhalb einer Textsorte kann ein relativ breites Spektrum an verschiedenen Intentionen realisiert sein. Für die Textsorte ‚Kommentar‘ lassen sich beispielsweise in einer ersten Annäherung die Verfasserintentionen ‚Informieren‘, ‚Beurteilen‘, ‚Beeinflussung/Verbreitung der eigenen Meinung‘ und ‚Unterhaltung‘ angeben, die je nach Textexemplar mehr oder weniger stark ausgeprägt sind. Neben dem Problem, dass eine Textsorte nicht nur auf eine Verfasserintention zurückzuführen ist – und die verschiedenen Absichten dementsprechend hierarchisch gewichtet werden müssten – liegt zudem eine Überschneidung mit anderen Textsorten vor. So spielt die Intention ‚Informieren‘ in allen zeitungssprachlichen Textsorten, zumindest am Rande, eine Rolle.

Eng verknüpft mit der Verfasserintention ist die Textfunktion, welche – das gekonnte Umsetzen vorausgesetzt – maßgeblich durch die Absichten des Autors bestimmt wird und diese ausdrückt. So kann man bei-

---

17 Vgl. SIMMLER (1985: 455), (1993(a): 355), (1996: 600+601) und (2009: 11).

18 SIMMLER (1984: 32).

19 Vgl. die Übersicht von SCHLÜTER (2001: 111) und ihre Ausführungen (ebd.: 110-116).

20 Auch LANGER (1995: 24) führt innerhalb einer Auflistung über den „kleinsten gemeinsamen Nenner der wissenschaftlichen Textsortenbestimmung“ in den von ihr konsultierten Lexika die Intention eines Textes als einen externen Faktor auf.

spielsweise davon ausgehen, dass ein Textexemplar der Textsorte ‚Meldung' mit der anhand interner Faktoren erkennbaren Funktion, den Leser relativ knapp über ein Ereignis zu informieren, dies nach der Intention des Autors auch tun soll. Somit herrscht zwischen diesen beiden Kategorien eine weitgehende Übereinstimmung.[21] Während die Verfasserintention letztlich jedoch exakt nur durch eine Befragung des entsprechenden Autors ermittelt werden kann,[22] was mit einem kaum bewältigbaren Aufwand verbunden wäre und auf Textexemplare mit lebenden Autoren beschränkt bliebe, lässt sich die Textfunktion durch die Analyse des sprachlichen Materials, der internen Faktoren, ermitteln.[23] Da aus den aufgeführten Gründen ein zusätzlicher Erkenntnisgewinn durch die Berücksichtigung der Verfasserintention als sehr gering eingestuft wird, wird sie in dieser Arbeit nicht als externer Faktor untersucht.

SCHLÜTER gibt an, „daß sich verwandte Klassen offenbar nur unwesentlich im Hinblick auf externe Merkmale unterscheiden".[24] Diese Vermutung trifft sehr wahrscheinlich auch auf die Textsorten im Kulturteil der beiden Zeitungen zu. Bezüglich der drei externen Faktoren Leser, Ort und Zeit sind keine großen Unterschiede für die verschiedenen Textsorten zu erwarten, da diese Faktoren allgemein an die textsortenübergreifende Einheit der jeweiligen Zeitung gebunden sind. Nur bezüglich der Zeit lässt sich vermuten, dass eventuell einige Textsorten bzw. Textsortenvarianten feste Erscheinungstage haben.

Für den externen Faktor Schreiber hingegen sind größere Unterschiede zwischen den Textsorten anzunehmen, da es sich dabei um eine anonymisierte Agentur oder eine konkrete Person handeln kann. Dieser Faktor lässt sich erst in enger Verbindung mit den internen Merkmalen, dem Auftreten eines Verfasser- bzw. Agenturnamens, ermitteln.

Auch wenn sich die externen Faktoren der einzelnen zeitungssprachlichen Textsorten im ‚Tagesspiegel' bzw. der ‚Zeit' wahrscheinlich nicht

21 BRAUN (2004: 160+161) stellt diesen Zusammenhang ebenfalls her, indem er die kommunikative Textfunktion als Möglichkeit benennt, „möglicherweise plausible Rückschlüsse" (ebd.: 161) auf die Verfasserintention zu ziehen. Hierdurch werden jedoch keine neuen Kenntnisse gewonnen, sondern vielmehr wird bekanntes Wissen unter einer anderen Bezeichnung erneut aufgeführt.

22 Es muss zwar berücksichtigt werden, dass die Zuordnung eines Textes beispielsweise zu einer bestimmten Epoche oder einem namhaften Autor bereits die Verfasserintention ziemlich genau implizieren kann bzw. aus Briefen oder dokumentierten Äußerungen hervorgeht. Dies trifft jedoch nicht generell zu.

23 Vgl. zur Textfunktion auch SIMMLER (1997: 65) und GANSEL/JÜRGENS (2007: 69).

24 SCHLÜTER (2001: 99); sie nennt in ihrer Fußnote 105 weitere Autoren, die dieselbe Vermutung äußern.

wesentlich unterscheiden und somit für diese keine distinktiven Merkmale darstellen werden, darf ihre Ermittlung nicht vernachlässigt werden. Sobald eine Abgrenzung zu Textsorten aus anderen Bereichen (z.B. der Literatur) angestrebt wird, können sie eine distinktive Funktion gewinnen.[25]

3.2 Interne Faktoren

Den obigen Ausführungen nach sind nur begrenzt distinktive Merkmale innerhalb der externen Faktoren zu erwarten, die eine Abgrenzung der einzelnen ermittelten Textsorten ermöglichen. Somit kommt den internen Faktoren besonderes Gewicht zu, indem sie diese Oppositionen begründen müssen.[26]

SIMMLER folgend werden die textinternen Faktoren auf den drei linguistischen Ebenen der Makrostrukturen, der Syntax und der Lexik bestimmt. „Dabei wird von den größten textuellen Merkmalen, den Makrostrukturen, ausgegangen und zu den hierarchisch niedrigeren syntaktischen und lexikalischen textuellen Merkmalen fortgeschritten."[27] Dieses Vorgehen ist schlüssig, „weil sich die Wahl einer Makrostruktur auf die sie konstituierenden syntaktischen Strukturen und weiter auf die lexikalischen Strukturen auswirkt" (SIMMLER 1993a: 356). Die Bestimmung der Makrostrukturen reicht dabei meistens bereits für die Aufstellung einer Textsortentypologie aus, da die syntaktischen und lexikalischen Merkmale das Merkmalbündel häufig nur genauer bestimmen und komplettieren, jedoch keine differenzierende Funktion besitzen.[28]

Indem von den Makrostrukturen als den hierarchisch am höchsten stehenden Merkmalen ausgegangen wird, ist die logische Konsequenz, bei der Ermittlung der internen Merkmale mit dieser Ebene zu beginnen. Dem schließt sich die Untersuchung der niedrigeren Ebenen der Syntax und Lexik an.

Nähere Erläuterungen zu den drei linguistischen Ebenen und dem jeweiligen Untersuchungsbereich werden in den betreffenden Kapiteln an späterer Stelle aufgeführt.[29]

---

25 Vgl. SIMMLER (1984: 32), SIMMLER (1993a: 35), SIMMLER (2009: 11f.).

26 Vgl. SCHLÜTER (2001: 99).

27 SIMMLER (1997: 66); vgl. auch SIMMLER (1993a: 356).

28 Vgl. dazu (SIMMLER 1993a: 356) und SIMMLER (1997: 66).

29 Vgl. Kap. III.B.

4. Methodische Vorgehensweise

In dieser Arbeit wird den Ausführungen SCHLÜTERs (2001: 145+146) folgend eine induktiv-deduktive Vorgehensweise gewählt, um sowohl der Sprachwirklichkeit gerecht zu werden als auch eine eindeutige, nachvollziehbare Differenzierung der einzelnen Textsorten zu erreichen.

Das Vorgehen bei der Textsortenbestimmung orientiert sich dabei an den Arbeiten von SIMMLER, SCHLÜTER und BRAUN.[30]

Im Folgenden werden zusammenfassend die sechs Schritte dargestellt, in denen in dieser Arbeit die Bestimmung der Textsorten und Textsortenvarianten erfolgen wird. Beide Zeitungen werden dabei zunächst gesondert untersucht. In einem anschließenden Vergleich werden Unterschiede und Gemeinsamkeiten herausgestellt und diskutiert.

1. Schritt: Vorstrukturierung des Materialkorpus

Alle Textexemplare der Kulturteile des ‚Tagesspiegels' und der ‚Zeit' werden nach Zeitungen getrennt vorstrukturiert, indem sie den prätheoretischen Textklassen ‚Bericht', ‚Meldung', ‚Kurzmeldung', ‚Porträt', ‚Kommentar' und ‚Interview' zugeordnet werden. Diese erste Einteilung orientiert sich dabei an den Beschreibungen der publizistischen Gattungen und bisherige linguistische Untersuchungen im zeitungssprachlichen Bereich.[31]

2. Schritt: Bestimmung der externen Faktoren

Die fünf externen Faktoren Schreiber, Leser, Ort, Zeit und Medium werden nacheinander für die beiden Zeitungen bzw. einzelne Textklassen bestimmt. Dabei wird auf Informationen innerhalb der beiden Zeitungen (z.B. Zeitungskopf) und weitere veröffentlichte Daten außerhalb der Zeitungen zurückgegriffen. Zudem werden die Textexemplare innerhalb der Textklassen auf Angaben zu ihren externen Faktoren ausgewertet.

3. Schritt: Analyse der internen Merkmale

Bei diesem Schritt werden die internen Faktoren auf den drei linguistischen Ebenen der Makrostrukturen, der Syntax und der Lexik untersucht. Dabei wird mit der hierarchisch höchsten Ebene der Makrostrukturen begonnen. Die Merkmalseruierung richtet sich dabei zum einen auf Makrostrukturen, die in allen Textklassen vorkommen (z.B. Überschrift und Absatz). Diese sind besonders interessant, da unterschiedliche Realisierungen im fünften Schritt mit hoher Wahrscheinlichkeit den

30 Vgl. dazu die betreffenden Passagen in SIMMLER (1984: 32-36), SCHLÜTER (2001: 155-160) und BRAUN (2004: 158).

31 SIMMLER (1993b, 1997).

Status von distinktiven Merkmalen erhalten. Zum anderen werden auch die Makrostrukturen erfasst, die nicht bei allen Textklassen oder allen Textexemplaren einer Textklasse erscheinen. Ebenso wird mit den Merkmalen auf den anderen beiden linguistischen Ebenen verfahren.

4. Schritt: Ermittlung der identifizierenden internen Merkmale
Bei diesem Schritt wird die linguistische Textsortenbestimmung vorbereitet. Die ermittelten externen und internen Merkmale der verschiedenen Textklassen werden darauf hin untersucht, welche variabel und welche konstant auftreten. Da die konstanten Merkmale die Gemeinsamkeiten zwischen den Textexemplaren einer Textklasse begründen, werden sie, an SIMMLER anschließend, als identifizierende Merkmale bezeichnet.[32]

Die ermittelten identifizierenden Merkmale der einzelnen Textklassen werden gegen Ende dieses Schrittes tabellarisch erfasst, sodass ein Vergleich zwischen den einzelnen Textklassen im nächsten Schritt erleichtert wird. Mit der Erhebung und Auflistung aller identifizierenden internen Merkmale der Textklassen endet die Untersuchung auf der Ebene der *parole*.

5. Schritt: Ermittlung der distinktiven Merkmale
Durch die Gegenüberstellung der identifizierenden Merkmale der einzelnen Textklassen werden die Merkmale bzw. Merkmalskombinationen ermittelt, die für die Textexemplare einer Textklasse charakteristisch sind und eine Opposition zu den Textexemplaren der anderen Textklassen begründen. Diese Merkmale, die den Ansatz von Textsorten auf der Ebene der *langue* ermöglichen, werden als distinktive Merkmale bezeichnet.[33] Es handelt sich bei diesen nicht mehr um konkret realisierte Merkmale bestimmter Textexemplare, sondern um systematische Eigenschaften, welche nach festen Regeln bezüglich ihres Vorkommens die jeweiligen Textsorten auf der Ebene der *langue* konstituieren. Dabei ist es SIMMLER folgend möglich, „daß bei gleicher Anzahl identifizierender Merkmale nur durch ihre Frequenz und unterschiedliche Kombinatorik, ihr verschiedenes Netzwerk, eine Opposition zwischen einzelnen Textsorten entsteht“.[34]

Anhand der ermittelten distinktiven Merkmale werden die Textsorten im jeweiligen Kulturteil in Opposition zueinander definiert, indem ihre spezifischen Merkmalbündel aufgestellt werden.

32 Vgl. SIMMLER (1984: 34) und (2009: 12).
33 Vgl. SIMMLER (1984: 35+36).
34 SIMMLER (1984: 36).

6. Schritt: Bestimmung von Textsortenvarianten und Variantengruppen
Abschließend wird innerhalb der einzelnen Textsorten untersucht, ob Textsortenvarianten und Variantengruppen auftreten. Dies bedingt eine Bestimmung des Zentral- und Peripheriebereichs der Textsorten. Dazu wird innerhalb der Textsorten untersucht, ob Gruppenbildungen auftreten, die sich durch Unterschiede in ihren Merkmalbündeln begründen lassen. Diese spezifischen, regelhaften Abweichungen werden anschließend zur Konstitution von Textsortenvarianten bzw. Variantengruppen verwendet.

Die gesamten Ergebnisse der Textsortenbestimmung werden abschließend übersichtlich dargestellt, um die Unterschiede und Gemeinsamkeiten einerseits zwischen den Textsortenvarianten und Variantengruppen einer Textsorte, andererseits zwischen den verschiedenen Textsorten herauszustellen.

C. Die Materialgrundlage: Bestimmung der Kulturteile der beiden Zeitungen

1. Zur Begriffsklärung von ‚Kulturteil'

Als Materialgrundlage dieser Arbeit dienen dem Titel gemäß alle Exemplare des Kulturteils der Tageszeitung ‚Der Tagesspiegel' und der Wochenzeitung ‚Die Zeit', die innerhalb des Zeitraums vom 01. Juni 2007 bis 31. August 2007 erschienen sind. Diese auf den ersten Blick scheinbar einfache und präzise Festlegung der zu untersuchenden Zeitungsteile erweist sich bei näherer Betrachtung der beiden Zeitungen als problembehaftet. Der Begriff ‚Kulturteil' impliziert, dass in beiden Zeitungen ein klar umrissener Zeitungsteil vorliegt, der entsprechend benannt ist und sich deutlich abgegrenzt von anderen Teilen der Zeitung mit kulturellen Inhalten beschäftigt. Dieser Idealvorstellung entsprechen die beiden Zeitungen jedoch nicht, sodass eine terminologische Klärung und inhaltliche Fixierung des Begriffs ‚Kulturteil' erforderlich ist, um tatsächlich alle relevanten Sparten innerhalb der Zeitungen für die Textsortenuntersuchung zu erfassen. So weist zwar ‚Der Tagesspiegel' explizit die Sparte ‚Kultur' auf, eine Beschränkung auf allein diesen Zeitungsteil scheint jedoch ungenügend, da beispielsweise auch eine separate Sparte ‚Literatur' existiert, deren Inhalt eindeutig zum kulturellen Teil der Zeitung zu rechnen ist.

‚Die Zeit' zeigt bereits auf der Titelseite den Bereich der Kultur in dem Nominalsatz „Wochenzeitung für Politik • Wirtschaft • Wissen und Kultur" als einen von vier inhaltlichen Schwerpunkten auf. Anders als beim ‚Tagesspiegel' findet sich der Begriff ‚Kultur' jedoch nicht direkt als Spartenname oder Teil eines Spartennamens im inneren Teil der Zeitung wieder. An seine Stelle tritt die umfangreiche Sparte ‚Feuilleton'. Dieser Begriff zeichnet sich durch eine lange pressesprachliche Tradition aus, die jedoch keineswegs zu einer genaueren Bestimmung dieses Terminus beiträgt. Vielmehr lässt sich in der Forschungsliteratur bezüglich des Feuilletonbegriffs und seiner Definition nur dahingehend ein Konsens erkennen, dass die meisten Autoren nach einer ausführlichen geschichtlichen Betrachtung zu dem Schluss kommen, dass eine endgültige Begriffsbestimmung aufgrund der permanenten Wandelbarkeit des Feuilletons niemals gegeben werden kann.[1]

1 Vgl. MEUNIER/JESSEN (1931: 9+10, 96), HAACKE (1951: 3+4, 84, 167), HAACKE (1952: 101+102, 293, 313), KNOBLOCH (1962: Einleitung), TADDAY (1993: 28f.).

Im Folgenden werden die beiden Termini ‚Feuilleton' und ‚Kultur' nacheinander untersucht. Dabei wird so weit wie möglich festgelegt, wofür diese Termini stehen und welche Inhalte sie subsumieren. Gemeinsamkeiten und Unterschiede dieser Begriffe werden abgeschätzt, sodass letztlich bestimmt werden kann, was unter den Kulturteilen der beiden Zeitungen zu verstehen ist.

2. Zum Feuilletonbegriff

2.1 Herkunft und Entwicklung des Feuilletonbegriffs

Der Begriff ‚Feuilleton' stammt aus dem Französischen und bedeutet übersetzt so viel wie „Blättchen" oder „Beiblatt". Er leitet sich etymologisch von der Wortfamilie „feuille" (Blatt, Bogen), „feuillage" (einzelnes Blatt) und „feuilleter" (durchblättern) ab.[2]

Das Feuilleton „war ursprünglich ein dem Hauptblatt einer Zeitung beigelegtes, im Umfang oder Format kleineres Blatt" (KNOBLOCH 1962: 11). Eingeführt wurde diese pressesprachliche Bezeichnung nach einhelliger Meinung der Forschungsliteratur von dem französischen ‚Journal des Débats',[3] welches mit diesem Terminus sein Beilagenblatt bezeichnete. Thematisch und vom Aufbau her war es mit dem heutigen Feuilleton zunächst jedoch nicht zu vergleichen. Vielmehr diente das Beilagenblatt des ‚Journal des Débats' vorerst als ein Ort für Annoncen.[4] An Bedeutung gewann das Feuilleton der Zeitung 1800, als der Abbé Geoffroy begann, im Beilagenblatt seine Theaterkritiken zu veröffentlichen. Mit dieser Neuerung und ihrer ständigen Ausweitung bis hin zur

---

2 Vgl. zu der Bedeutung von ‚Feuilleton': DOVIFAT (1940: 976), KNOBLOCH (1962: 11), MEUNIER/JESSEN (1931: 5), RACIC (1987: 255), REUMANN (2009: 162), ROLLKA (2000: 90). TODOROW (1996: 9) führt mit Bezug auf MATTAUCH (1964: 273+274) aus: „Der Terminus Feuilleton scheint in Frankreich bereits in der ersten Hälfte des 18. Jahrhunderts aufzukommen – jedenfalls ist er 1738 in einer Zeitschrift im Sinne von ‚abgetrennter Besprechungsteil' für Bücher nachgewiesen, – und Ende des Jahrhunderts gängiger zu werden." RACIC (1987: 255) gibt an, dass die französische Wortfamilie auf das lateinische Substantiv „folium" zurückgeht.

3 Bezüglich der Jahreszahl der Einführung variieren die einzelnen Autoren zwischen 1799 (BRENDEL/GROBE (1976: 28) und KNOBLOCH (1962: 19)) und 1800 (DEUTSCHES FREMDWÖRTERBUCH (2004: 807) und PAUL (2002: 330)). Vgl. auch LANGENBUCHER/RYTLEWSKI/WEYERGRAF (1983: 193), LORENZ (2009: 135), MEID (1992: 301), MEUNIER/JESSEN (1931: 5), TODOROW (1996: 9).

4 Der Terminus Feuilleton verweist somit in begrifflicher und funktionaler Hinsicht auf das älteste französische Anzeigenblatt ‚feuille d'avis du bureau d'adresser', welches 1633 von Theophraste Renaudot in Paris gegründet wurde (vgl. BRENDEL/GROBE (1976: 28), KNOBLOCH (1962: 19f.), KOSZYK/PRUYS (1981: 43, 153), MEUNIER/JESSEN (1931: 5), RACIC (1987: 256)).

vollständigen Verdrängung der Anzeigen vollzog sich unter Beibehaltung des Namens ‚Feuilleton' der entscheidende Schritt vom Anzeigenbeiblatt hin zur Unterhaltungsbeilage.[5] Nachdem der Abbé Geoffroy seine Kritiken in die reguläre Zeitung eingliederte, wurde auch für diese Zeitungsteile der Begriff Feuilleton beibehalten. Diese waren durch einen Strich vom politischen Teil getrennt, sodass sich für die Platzierung des Feuilletons die Bezeichnung „Unter-dem-Strich" einbürgerte.[6]

In der Forschungsliteratur herrscht weitgehend Konsens darüber, dass in den 1830er Jahren von den deutschen Zeitungen sowohl der Begriff ‚Feuilleton' als auch die räumliche Abgrenzung des Unterhaltungsteils von den politischen Beiträgen durch einen Strich übernommen wurden.[7] „Man gab sogar in den meisten Zeitungen diesem Teil den Namen ‚Feuilleton' als Überschrift. Aus dem Feuilleton der Beilage, also aus einem Namen, ist somit sehr bald – schon in der ersten Hälfte des vorigen

---

5 Vgl. dazu BRENDEL/GROBE (1976: 28f.), DOVIFAT (1940: 976+977), HUBERT (1940: Sp. 1246+1247, 1249), JAKOBY (1998: 8+9, 22), KNOBLOCH (1962: 20), KOSZYK/PRUYS (1981: 43, 153), MEUNIER/JESSEN (1931: 5+6), RACIC (1987: 256+257), ROHNER (1966: 519), ROLLKA (2000: 90), TODOROW (1996: 9+10).

6 Vgl. DOVIFAT (1940: 976+977, 982), HAACKE (1952, Bd. 2: 307; 1969: 231), HUBERT (1940: Sp. 1246), JAKOBY (1998: 20), KNOBLOCH (1962: 20), KOSZYK/RUYS (1981: 153), LANGENBUCHER/RYTLEWSKI/WEYERGRAF (1983: 194), LORENZ (2009: 135), MEID (1992: 301), MEUNIER/JESSEN (1931: 5+6), RACIC (1987: 256+257), REUMANN (2009: 162), TODOROW (1996: 9). „Den Zeitungsteil ‚unter dem Strich' nannte man auch ‚rez-de-chaussée' (Erdgeschoß), was dem deutschen Zeitungsausdruck ‚Keller' entspricht" (KNOBLOCH 1962: 20).

7 Vgl. BRENDEL/GROBE (1976: 29), HAACKE (1951: 46), HAGEMANN (1950: 126), KNOBLOCH (1962: 21), MEUNIER/JESSEN (1931: 6, 13+14), TODOROW (1996: 10). OLZE (1990: 32) schreibt in diesem Zusammenhang: „Der ‚Kölnischen Zeitung' eilt der Ruf voraus, als erste deutsche Zeitung am 1. Mai 1838 nach französischem Vorbild das Feuilleton ‚unterm Strich' eingeführt zu haben, nachdem man bereits am 3. März 1816 mit der vierzehntäglichen (später wöchentlichen) Herausgabe eines besonderen ‚Beiblatts' für Literatur, Kunst, Wissenschaft und Unterhaltung für eine Neuerung in der deutschen Tagespresse gesorgt hatte." TODOROW (1996: 10) revidiert dieses scheinbare Faktum: „Aber eine vermehrte monographische Sichtung deutscher Zeitungen am Beginn des 19. Jahrhunderts würde sicherlich frühere Belege für Feuilleton-Sparten zu Tage fördern. Im *Korrespondenten von und für Deutschland*, 1804 in Nürnberg als ‚politisch-literarische Zeitung' gegründet, formulierte der verantwortliche Redakteur bereits 1812 als Programm seines Blattes: ‚Die eigentlichen Gegenstände, womit sich die Redaktion beschäftiget, sind zunächst politische Nachrichten. Das unten angehängte Feuilleton ist für die nichtpolitischen Nachrichten bestimmt, nemlich für Literatur, Künste, Erfindungen, Gesundheits- und Gewerbkunde, Theater und Naturerscheinungen, Länder- und Völkerkunde, Mode etc. etc. Zur Abwechslung erscheinen darin auch humoristische Aufsätze, Anekdoten, Charaden etc. etc.'" (Jahr 1812, Jg. 8, 1812, Vorblatt vor Nr. 1, vom 01.01.). BRENDEL/GROBE (1976: 29) verweisen darauf, dass deutsche Zeitungen schon vor 1830 das ‚Feuilleton' „als eine bis dahin unbenannte Sparte pflegten".

Jahrhunderts – auch in Deutschland ein zeitungstechnischer Begriff geworden.“ (MEUNIER/JESSEN 1931: 6)

Die Übernahme des Begriffs ‚Feuilleton‘ und die damit einhergehende Orientierung an französischen Vorbildern darf jedoch nicht darüber hinwegtäuschen, dass Vorformen des Feuilletons in Deutschland bereits vor 1750 nachgewiesen sind, also bereits weit vor der Neugestaltung des Feuilletons des ‚Journal des Débats‘ durch den Abbé Geoffroy im Jahre 1800. In diesem Zusammenhang wird immer wieder auf den ‚Gelehrten Artikel‘ als Vorform des Feuilletons verwiesen.[8] MEUNIER/JESSEN (1931: 17) nennen „als Geburtsjahr des deutschen Feuilletons“ das Jahr 1731, da in diesem zum ersten Mal die ‚Hamburgischen unpartheyischen Correspondenten‘ erschienen.[9] Diese Zeitung führte durch „Buchkritiken und Nachrichten aus der ‚gelehrten Republik‘“ (ebd.) literarische und wissenschaftliche Informationen in die Zeitung ein und brach somit das Monopol der politischen Nachrichten. Ebenfalls 1731 reformierte Peter von Ludewig, Kanzler der Universität Halle,

> das von ihm gegründete Intelligenzblatt, indem er dem Anzeigenteil einen allgemein gehaltenen, belehrenden Artikel beifügte. […] So wurde Ludewig der Schöpfer des belehrenden Teils unseres Feuilletons, des Teils, der durch Artikel und Berichte über kulturelle Angelegenheiten die Verbindung zwischen Forschung und Volk herstellt. (Ebd.)

Durch das geplante Ansprechen der „erwerbstätigen bürgerlichen Schichten“ wich Ludewig von dem hohen Stil der Gelehrtenwelt ab und gestaltete die betreffenden Beiträge in einem „populär-wissenschaftlichen Geiste“.[10]

---

8 Vgl. DOVIFAT (1940: 976-978), HAACKE (1951: 46), HAACKE (1952: 287+288), KNOBLOCH (1962: 18), KOSZYK/PRUYS (1981: 153), LANGENBUCHER/RYTLEWSKI/WEYERGRAF (1983: 194), MEID (1992: 301), RACIC (1987: 255+256), ROHNER (1966: 520), ROLLKA (2000: 90). RACIC (1987: 255+256) betont die Vorläuferrolle des ‚Gelehrten Artikels‘ für das Feuilleton besonders stark: „Die formalen und inhaltlichen Gegebenheiten, auf die sich der Begriff des Feuilletons bis heute bezieht, haben dagegen als Stoffe – wenn auch in einem eher rudimentären Ausmaß – zumindest in einem Teil der deutschsprachigen Zeitungen bereits ein ganzes Jahrhundert vor der eigentlichen Begriffsübernahme existiert. Schon am Anfang des 18. Jahrhunderts tauchte in den deutschen Zeitungen der sogenannte ‚Gelehrte Artikel‘ auf, der sich in der Regel ausschließlich mit literarischen, theaterspezifischen, philosophischen und wissenschaftlichen Thematiken beschäftigte.“ Nach HAGEMANN (1950: 125) erschienen bereits vor der Einführung des ‚Gelehrten Artikels‘ bisweilen Beiträge mit kulturellem Inhalt in den politischen Zeitungen.

9 Vgl. auch RACIC (1987: 256), KOSZYK/PRUYS (1981: 153) .

10 MEUNIER/JESSEN (1931: 17). Zur weiteren Entwicklung des Feuilletons vgl. die Darstellungen bei MEUNIER/JESSEN (1931) und HAACKE (1951 und 1952).

2.2 *Das Feuilleton als Stilart, journalistische Darstellungsform und Sparte*

Der Abbé Geoffroy ebnete mit der Einführung seiner Kritiken in das Feuilleton nicht nur einem neuen Zeitungsteil ‚Feuilleton' den Weg, sondern zugleich einer neuen Stilart und Darstellungsform. In der Literatur ist diese Mehrfachbesetzung des Begriffs Feuilleton bei vielen Autoren beibehalten.[11] Diese trägt dazu bei, dass eine eindeutige Definition des ‚Feuilletons' nicht existiert.[12]

Bezüglich des feuilletonistischen Stils bleiben die Erklärungsversuche der betreffenden Autoren in relativ ungenauen Erläuterungen stecken, die sich meist mit Umschreibungen begnügen. Bei KNOBLOCH (1962: 28f.) findet man beispielsweise bezüglich der feuilletonistischen Darstellungsweise folgende Aussage: „Als ein Merkmal dieser Darstellungsweise sei die besonders bildhafte Sprache genannt, der leichte, plaudernde Ton, ungewöhnliche Wortbildungen, überraschende Wendungen, anschauliche Vergleiche, humoristische oder satirische Elemente." Auch STÖBERs Auffassung, „[a]llenfalls ist der feuilletonistische Stil eindeutig: reich an rhetorischen Figuren, plaudernd, häufig im guten Sinn unangestrengt, dann wieder bemüht und affektiert" (STÖBER 2005: 203) ist fragwürdig. Die genannten Kriterien sind bei beiden Autoren relativ vage und scheinen bei ihrer Festlegung mehr von einem subjektiven Empfinden abhängig zu sein als von klaren, ermittelbaren Normen.[13]

---

11 Vgl. HAACKE (1951: 264-266; 1952: 38, 47, 98+99, 203, 297, 305, 307-312; 1969a: 230-235; 1976: 287), LANGENBUCHER/RYTLEWSKI/WEYERGRAF (1983: 193), MEID (1992: 301), MEUNIER/JESSEN (1931: 7+8), PÜRER (1996: 201+202), REUMANN (2009: 162f.), TADDAY (1993: 29+30), TODOROW (1996: 6+7). REUS (1999: 7) gibt an, dass man „[h]eute [...] mit dem Wort ‚Feuilleton' fast nur noch das Ressort [verbindet]." KNOBLOCH (1962: 11-17) führt verschiedene Definitionen des Feuilletons, hauptsächlich aus Nachschlagewerken, auf. Seine Darstellung lässt jedoch in mehreren Punkten eine deutliche sozialistische Färbung erkennen.

12 HAACKE (1952, Bd. 2: 101f., 293) und MEUNIER/JESSEN (1931: 9f.) sind zudem der Ansicht, dass es nie eine eindeutige und zeitübergreifende Definition geben wird. Vgl. hierzu auch HAACKE (1951: 3f., 84, 167).

13 Vgl. dazu auch BRENDEL (1976: 29), HAACKE (1952: 297), JAKOBY (1998: 10), KNOBLOCH (1962: 31, 37), PÜRER (1996: 202). MEUNIER/JESSEN (1931: 7) führen zunächst an, dass die feuilletonistische Stilart als solche „nicht immer fest umreißbar[]" ist. Kurz darauf geben sie jedoch folgende, wie bei KNOBLOCH relativ vage Definition: „Das Feuilleton als Kunststil ist die Form, die sich – im Gegensatz zu der logischen Aneinanderreihung von Sätzen, wie sie in der typischen Gelehrtenprosa üblich ist – dem Plauderton annähert und Wesentliches und Unwesentliches geistreich vermengt." (Ebd.: 8) PREISENDANZ (1968: 348, Fußnote 11) hingegen lehnt die Bezeichnung ‚Feuilleton'

Ähnlich verhält es sich mit der journalistischen Darstellungsform bzw. Gattung ‚Feuilleton', die auch ‚Kleine Form' genannt wird.[14] Auch hier erstrecken sich die Merkmale mehr auf intuitive Wesenszüge als auf feste Kriterien, sodass eine eindeutige und nachvollziehbare Abgrenzung zu anderen journalistischen Darstellungsformen nicht erfolgen kann.[15]

Im Rahmen dieser Arbeit steht jedoch die Betrachtung des Feuilletons als spezifischer Zeitungsteil, als Sparte, klar im Vordergrund. Auf die wenig wissenschaftlich fundierten Termini ‚Feuilletonstil' bzw. ‚feuilletonistisch' und die journalistische Darstellungsform bzw. Gattung ‚Feuilleton' soll an dieser Stelle nicht weiter eingegangen werden.

Für das Feuilleton als Sparte gibt es aufgrund seiner großen Wandelbarkeit bisher keine allgemein anerkannte Definition.[16] Es muss an dieser Stelle jedoch berücksichtigt werden, dass es in dieser Arbeit nicht um eine historische Bestimmung des Begriffs und seine Veränderungen geht,[17] sondern festgelegt werden soll, was heutzutage darunter zu verstehen ist.

Das ‚Feuilleton' wird meistens relativ offen dadurch bestimmt, dass es in der Zeitung die kulturellen Inhalte umfasst. Diesem Vorgehen folgt auch die Definition von REUMANN (2009: 162): „*Feuilleton* dient als Begriff [...] vor allem für das Ressort der Zeitung, das die kulturellen Nachrichten, Analysen und Kritiken des kulturellen Lebens sowie Rezensionen und literarische Unterhaltung wie *Roman* und *Kurzgeschichte* bringt." Dass die ‚Kultur' das Kernthema des ‚Feuilletons' ist, findet sich auch bei der von mehreren Autoren vorgenommenen Übertragung

---

bzw. ‚feuilletonistisch' für eine bestimmte Darbietungs- und Kommunikationsweise ab, da er hierfür keine präzise Begriffsbestimmung gegeben sieht.

14 Vgl. HAACKE (1952: 201-203), PÜRER (1996: 201+202), ROLLKA (2000: 90).

15 MEUNIER/JESSEN (1931: 8) beispielsweise bestimmen die Gattung ‚Feuilleton' über ihre unzureichende Definition des feuilletonistischen Stils: „Feuilleton als Kunstgattung ist sodann die Bezeichnung für die in diesem feuilletonistischen Stil geschriebenen Arbeiten, sowie sie einen größeren Raum nicht überschreiten." Weitere (ebenfalls ungenaue) Charakteristika geben MEUNIER/JESSEN auf den Seiten 10 und 11. Vgl. auch HAACKE (1952: 305; 1969a: 235), PÜRER (1996: 202). PREISENDANZ (1968: 348, Fußnote 11) hingegen lehnt die Bezeichnung Feuilleton als einen Begriff für ein „literarisches Genre" ganz im Sinne dieser Dissertation ab: „Wo das Wort aber darüber hinaus den Begriff eines literarischen Genre abgeben soll, verdeckt man leicht, welche unterschiedlichen Textsorten dieser Begriff subsumieren muss. Es läßt sich schlechterdings nicht definieren, welche textimmanenten Merkmale (der Thematik, des Stils, der Technik) einen Text als Exemplar dieses Genre ausweisen. Wie im Falle des Lesebuchs sind ja die allerverschiedensten Textsorten, Formen und Gattungen ‚feuilletonfähig'."

16 Bereits 1931 geben MEUNIER/JESSEN an, dass „[k]eine Sparte der Zeitung [...] eben weniger umreißbar [ist] als das Feuilleton" (ebd.: 96).

17 Einen kurzen Überblick über die Anfänge des Feuilletons liefert Kap. II.C.2.1.

des Begriffs Feuilleton ins Deutsche wieder. Am sinnvollsten werden hierbei der Terminus ‚Kulturteil‘ angesehen bzw. Begrifflichkeiten mit einer inhaltlichen Entsprechung.[18] Von einer weitgehenden Gleichsetzung der Begriffe in der heutigen Zeit wird daher auch in dieser Arbeit ausgegangen, sodass die inhaltliche Bestimmung für ‚Feuilleton‘ und ‚Kulturteil‘ gemeinsam erfolgt.[19]

3. Zum Kulturbegriff

Den Terminus ‚Kultur‘ in seiner ganzen Vielschichtigkeit darzustellen und zu analysieren, ist im Rahmen dieser Arbeit weder leistbar noch unbedingt notwendig für die Fragestellung.[20] Es soll daher an dieser Stelle ein kurzer Abriss genügen, der den Begriff in einem für diese Arbeit erforderlichen Maße bestimmt und letztlich dahingehend Antworten liefert, welche Themen der durchschnittliche Zeitungsleser im Kulturteil erwartet.

Der Begriff ‚Kultur‘ stammt von dem lateinischen Verbum „colere“, welches sich mit den Bedeutungen „(be)bauen, bearbeiten, bewirtschaften, pflegen“ übersetzen lässt[21] und „bedeutet ursprünglich die Pflege eines Gegenstandes durch den Menschen“ (KOSZYK/PRUYS 1981: 150). Daran anschließend lässt sich das Nomen „cultura“ mit „Bearbeitung, Anbau, Pflege“ übertragen.[22] Es tauchte ursprünglich in der Zusammen-

18 BRENDEL/GROBE (1976: 27), MÄRZ (1951: 21), MAST (2008: 428) und (2012: 329), MEID (1992: 301), MEUNIER/JESSEN (1931: 6f.), SÖSEMANN (2000: 43) und DOVIFAT (1940: Sp. 977) mit Verweis auf MEUNIER/JESSEN geben als Entsprechung bzw. Verdeutschung des Begriffs ‚Feuilleton‘ die Bezeichnung ‚Kulturteil‘ an, KNOBLOCH (1962: 21+22), HAACKE (1969: 231) und das Fremdwörterbuch des DUDENs (2001: 309) verwenden als Entsprechung ‚kultureller Teil der Zeitung‘, RACIC (1987: 238) ‚Zeitungssparte Kultur‘ und REUS (1999: 7) „die redaktionelle Zuständigkeit für das ‚Kulturelle‘.“ Bei FRANK/MALETZKE/MÜLLER-SACHSE (1991) werden die Begriffe „Feuilleton“ und „Kulturteil“ bei ihren Ausführungen synonym verwendet, ohne explizit eine diesbezügliche Entsprechung einzuführen. Eine Gleichsetzung findet auch bei WOLFF (2006: 151) statt. STEGERT (1998) setzt die Begriffe „Feuilleton“ und „Kultur“ gleich, indem er Zeitungssparten mit dem „traditionellen Namen Feuilleton“ (ebd.: 76) und solche in Verbindung mit dem „sachlich-modernen Ausdruck Kultur“ (ebd.: 77) bei seiner Untersuchung als Kulturseiten auffasst.

19 Vgl. Kap. II.C.4.

20 Auf die Schwierigkeiten einer exakten Bestimmung des Begriffs Kultur verweisen z.B. REUS (1999: 23) und RACIC (1987: 5).

21 Vgl. KOSZYK/PRUYS (1981: 150), RACIC (1987: 17f.), STOWASSER/PETSCHENIG/SKUTSCH (1998: 97).

22 Vgl. DUDEN (2007: 459), HERMANN (2002: 574), RACIC (1987: 17f.), STOWASSER/PETSCHENIG/ SKUTSCH (1998: 132).

setzung „cultura agri“ (deutsch: Ackerbau) auf.[23] Eine Verwendung des Begriffs bezogen auf die menschliche Kultur fand erst später statt.

> Die Anwendung des Begriffes auf den Menschen selbst, bzw. auf seine geistige und seelische Entwicklung, erfolgt zuerst bei CICERO (106-43 v. Chr.) und findet im deutschsprachigen Raum vor allem durch den Humanismus des 18. Jahrhunderts (z.B. HERDER, 1744-1803) Verbreitung. (KOSZYK/PRUYS 1981: 150)[24]

Diese Aufspaltung des Begriffs ist bis in die heutige Zeit bestehen geblieben. Aufgrund der Vielschichtigkeit und verschiedenartigen Verwendungsweisen des Begriffs treten im deutschen Wortschatz zahlreiche Komposita mit dem substantivischen Grundmorphem {kʊlˈtuːɐ̯} als Zweitkonstituente auf, um den weiten Begriff auf einen bestimmten Aspekt zu fokussieren (z.B. „Esskultur“,„[25] „Wohnkultur“[26] und „Geisteskultur“[27]).

Im Folgenden werden – sortiert nach ihrem zeitlichen Erscheinen – einige Definitionen vorgestellt, welche den Begriff ‚Kultur‘ in seiner Gesamtheit bestimmen wollen:

1. „Kultur ... die Gestaltung des Menschen, seines Lebens, seines Lebensraumes und seiner Lebenszeit durch den Menschen, eine schöpferische Leistung aus der menschlichen Anlage heraus in Anpassung an die Umwelt.“ (HERRLE 1954, zitiert in HAACKE 1969a: 225)
2. „Culture is a product; is historical, includes ideas, patterns and values; is selective, is learned, is based upon symbols; and is an abstraction from behaviour and the product of behaviour.“ (KROEBER/KLUCKHOHN 1952, zitiert in KOSZYK/PRUYS 1981: 150+151)
3. „Der zeitgemäße, von jedem ideologischen Balast [sic] befreite Kulturbegriff bezieht sich deshalb inzwischen auf alles, was die Menschen nicht schon von der Natur als Anlage mitbekommen und somit auf das, was sie durch die eigene Schöpferkraft hervorgebracht haben; und dazu zählen beliebige Artefakte ebenso wie soziale Einrichtungen oder die Sitten einer Gesellschaft.“ (RACIC 1987: 108)
4. „Kultur ist die Summe schöpferischen Handelns von Menschen. Sie ist die Summe der Lebensäußerungen, mit der einzelne oder Gruppen ihre Umwelt gestalten und sich andern mitteilen. Was sie voraussetzt, ist menschliches Empfinden und menschliche Besinnung. Was sie stiftet, ist ‚Sinn‘.“ (REUS 1999: 23)

---

23 Vgl. HAACKE (1969: 223), STOWASSER/PETSCHENIG/SKUTSCH (1998: 26).
24 Vgl. auch HERMANN (2002: 574).
25 DUDEN (2006: 382).
26 DUDEN (2006: 1127).
27 DUDEN (2007: 459).

5. „Gesamtheit der geistigen u. künstlerischen Lebensäußerungen einer Gemeinschaft, eines Volkes" (DUDEN. Das Fremdwörterbuch 2010)

All diesen Definitionen ist gemein, dass sie von einem relativ offenen Kulturbegriff ausgehen, der praktisch alle Lebensäußerungen des Menschen umfasst. Für eine generelle Definition des Begriffs erscheint ein solches Vorgehen sinnvoll, da nur auf diese Weise ein so vielschichtiger Begriff zumindest näherungsweise umrissen werden kann. Ob ein solch weites Verständnis von ‚Kultur' auch für die Inhalte der Sparte ‚Kultur' bzw. ‚Feuilleton' angenommen werden kann, wird im folgenden Kapitel behandelt.

4. Inhalte des Kulturteils bzw. Feuilletons

Das ‚Feuilleton' (bzw. der ‚Kulturteil') bildete sich nach den Ressorts ‚Politik', ‚Lokales' und ‚Wirtschaft' als vierter Themenbereich innerhalb von Zeitungen heraus. Als fünfter folgte ihm später das Sportressort.[28] Diese inhaltliche Gliederung war notwendig, um der zunehmenden Vielfalt an Informationen in Zeitungen und Zeitschriften gerecht zu werden.

Im Gegensatz zu dem oben vorgestellten offenen Verständnis von dem Begriff ‚Kultur' herrscht in der Alltagssprache bezüglich dieses Terminus eine relativ enge Sichtweise vor: „Für den Alltags-Sprachgebrauch ebenso wie für die Kulturpolitik oder auch für die Berichterstattung der Massenmedien bedeutet ‚Kultur' hingegen nach wie vor, daß es hierbei um Produkte des Geistes, um ‚schöne Künste', um etwas Gewordenes, Statisches geht." (KOSZYK/PRUYS 1981: 151)

Auch bei anderen Autoren findet sich die Auffassung wieder, dass die Inhalte des ‚Kulturteils' bzw. ‚Feuilletons' einem engen Kulturbegriff entsprechend nur aus „den ästhetischen Lebenssphären des Menschen" (RACIC 1987: 10) stammen.[29] Es wird keineswegs das gesamte Spektrum der Kultur behandelt, wie der Name ‚Kulturteil' fälschlicherweise suggeriert, sondern es existiert eine eindeutige Präferenz der Bereiche „Theater, Musik, bildende Kunst und Literatur" (FRANK/MALETZKE/MÜLLER-SACHSE (1991: 172).[30] Kultur wird somit einge-

28 Vgl. BRENDEL (1976: 24).

29 Vgl. hierzu z.B. BRENDEL/GROBE (1976: 60f.), KNOBLOCH (1962: 24), RACIC (1987: 263).

30 KNOBLOCH (1962: 24) gibt im Wesentlichen dieselben Themenbereiche an. REUS (1999: 24+81) nennt auf Grundlage einer empirischen Untersuchung an mehreren Zeitungen dieselben Bereiche als Hauptthemen. Film und Medien besitzen demnach bisher eine geringe Relevanz im Kulturteil. REUS schlüsselt die einzelnen Bereiche anschließend noch genauer nach ihrem prozentualen Auftreten auf. Auch STEGERTs Untersuchung

engt auf das „geistig-künstlerische und wissenschaftliche Leben" (DOVIFAT 1940: Sp. 977+978).[31] MAST (2008: 428) erwähnt zwar eine Erweiterung „der klassisch künstlerischen Themen" um neue Inhalte „wie Bildung, Wissenschaft, Forschung, Religion, Gesellschaft, Medienpolitik und Unterhaltung" in der heutigen Zeit, andererseits wird jedoch das Kulturverständnis der jeweiligen Zeitung als Kriterium genannt, ob diese Themengebiete Einzug in den ‚Kulturteil' erhalten.[32]

Mehrere Autoren sind der Meinung, dass das überwiegende Bedienen eines traditionellen Kulturverständnisses die Ursache für das geringe Interesse der Leser an den Kulturteilen von Zeitungen ist.[33] Nicht nur das Ausgrenzen von neueren kulturellen Themen wird kritisiert, sondern auch, dass innerhalb typischer Bereiche wie Musik und Literatur nicht auf moderne Erscheinungen eingegangen wird, die (z.B. laut Bestsellerlisten) dem Geschmack und damit Interesse einer breiteren Leserschaft entsprechen würden.

Die in Kapitel II.C.3 aufgeführten Kulturauffassungen sind für eine allgemeine Kennzeichnung des Terminus Kultur für alle Lebensbereiche des Menschen zwar stimmig formuliert, für das thematische Spektrum des ‚Kulturteils' bzw. ‚Feuilletons' in einer Zeitung jedoch wenig praktikabel. Es ist zu bedenken, dass der Kulturteil einer Zeitung aus der schier unbegrenzten Fülle an kulturellen Stoffen aufgrund seines relativ begrenzten Platzangebotes stark auswählen muss.[34] Eine Einengung auf

---

zeigt ähnliche Ergebnisse, wobei der Bereich ‚Film' bei ihm jedoch nahezu gleichberechtigt neben diesen Themen steht (STEGERT 1998: 91, 99, 123, 125, 252, 256). FRANK/MALETZKE/MÜLLER-SACHSE (1991: 7) konzentrieren ‚Kultur' in ihrer Studie ebenfalls „auf die fünf Bereiche belletristische Literatur, Theater, Malerei/bildende Kunst, Musik und Film".

31 Nach HAACKE (1969a: 231) stammen die Inhalte des Feuilletons aus „den Bereichen der Kultur, der Kunst und der Wissenschaft", des Weiteren handelt es sich bei ihnen auch um „unterhaltende Beiträge, etwa Romane und Kurzgeschichten". RACIC (1987: 263) gibt an, dass sich die Inhalte des Feuilletons „im großen und ganzen einigen ästhetischen, musischen und wissenschaftlichen Sachfeldern" zuordnen lassen.

32 Vgl. auch MAST (2012: 329ff.). Auch LORENZ (2009) führt an, dass eine „Überschreitung der Ressortgrenzen" (ebd.: 137) bei Printmedien zu verzeichnen sei, jedoch wirken ihre angeführten Beispiele (ebd.: 137) wie Ausnahmen von einer doch vorherrschenden Praxis, die klassischen kulturellen Inhalte im Kulturteil zu behandeln. Es wird generell von anderen Autoren nicht abgestritten, dass im Feuilleton auch andere Themen behandelt werden. Kritisiert wird vielmehr ihr geringer Anteil an der Gesamtheit der Artikel.

33 BRENDEL/GROBE (1976: 60), FRANK/MALETZKE/MÜLLER-SACHSE (1991: 175, 180f.), REUS (1999: 67). STEGERT (1998: 1) führt zudem als Grund für die geringe Nutzung und das negative Image eine schlechte Verständlichkeit der Texte an, was dem primären Bedürfnis der Leser nach Informationen zuwiderläuft. Er führt verschiedene Studien an, welche die geringe Nutzung belegen (ebd.: 15).

34 Vgl. RACIC (1987: 263).

bestimmte kulturelle Inhalte erscheint daher legitim, zumal auch die anderen Sparten wie Politik, Wirtschaft und Sport nicht kulturlos sind, sondern ein Land (oder eine andere Kulturgemeinschaft) in seinen Lebensäußerungen und Werten charakterisieren.[35]

Die Bestimmung der Kulturteile der beiden untersuchten Zeitungen wird dadurch erschwert, dass es keine klare Trennung zwischen kulturellen und nicht kulturellen Sparten gibt.[36] Da es jedoch der gängigen Zeitungspraxis entspricht, die Themen im Kulturteil auf einen engen Kulturbegriff zu beschränken, wird diese Tatsache bei der Festlegung der Kulturteile der ‚Zeit' und des ‚Tagesspiegels' maßgeblich berücksichtigt. Im Rahmen dieser Arbeit werden deshalb nur die Sparten als zum Kulturteil gehörend betrachtet, die primär über das geistig-künstlerische Leben berichten.[37] Zeitungsteile, die nur sekundär kulturelle Inhalte implizieren, wie etwa die Sparte ‚Politik', zählen nicht dazu. Auch die Sparte ‚Wissen' wird nicht zum Kulturteil gerechnet. Bei der Wochenzeitung ‚Die Zeit' wird dieses Themengebiet explizit vom Kulturteil getrennt, indem es als eigenständiger Schwerpunkt neben den Bereichen ‚Politik', ‚Wirtschaft' und ‚Kultur' auf der Titelseite ausgewiesen wird. Dies zeigt die Haltung der Zeitung, von einem engen Kulturbegriff auszugehen, die bei der Materialauswahl nicht unberücksichtigt bleiben soll. Auch in der Tageszeitung ‚Der Tagesspiegel' existiert eine gesonderte Sparte ‚Wissen & Forschen', die auch nochmals unterteilt als ‚Wissen' oder ‚Forschen' auftritt. Selbstverständlich ist das Thema ‚Wissen' zum geistigen Leben zu rechnen – wie jedoch das Thema Politik auch. So werden viele politische Entscheidungen auf Grundlage der kulturellen Identität eines Landes (bzw. einer anderen Gemeinschaft) getroffen. Auch wenn wis-

---

35 Vgl. RACIC (1987: 264). STEGERT (1998: 9) bezeichnet den weiten Kulturbegriff für den Kulturjournalismus in diesem Sinne zutreffend als „unbrauchbar". „Das Ressort Kultur würde sich thematisch von den anderen Ressorts nicht mehr unterscheiden; es würde sich in nichts auflösen, weil es für alles zuständig wäre." Vgl. auch STEGERT (1998: 24).

36 Vgl. dazu BRENDEL (1976: 24f.), KAUFFMANN (2000: 13), MÄRZ (1951: 139f.) und TODOROW (2000: 30).

37 FRANK/MALETZKE/MÜLLER-SACHSE (1991: 165) geben zu Recht an, „daß das Kulturangebot in Zeitungen eben nicht eine formal definierbare, eindeutig begrenzbare Kategorie ist, sondern ein integrierter Bestandteil eines tendenziell universellen Angebots, in dem verschiedene Anteile als kulturbezogen erst identifiziert werden müssen". Dieser Aspekt geht mit der zuvor in dieser Arbeit genannten Annahme konform, dass die anderen Sparten nicht als kulturlos angesehen werden dürfen. Da in dieser Dissertation jedoch ein klar ausgegrenzter Kulturteil untersucht werden soll, bei dem unter bestimmten Spartentiteln ein Kontinuum an entsprechenden Beiträgen erscheint, werden die beiden Zeitungen nicht nach einzelnen kulturellen Beiträgen durchsucht, sondern es werden die Sparten betrachtet, in denen primär die geistig-künstlerischen Aspekte der Kultur behandelt werden.

senschaftliche Themen zu früheren Zeiten zum ,Feuilleton' gerechnet wurden, ist heutzutage vielfach eine Eigenständigkeit dieses Bereichs festzustellen.[38] Diese zeigt sich auch darin, dass in einer Sparte ,Wissen' oder einem Wissenschaftsmagazin[39] keine Berichterstattung über klassische kulturelle Themen wie ,Musik', ,Kunst' oder ,Theater' stattfindet, die ein künstlerisches „Produkt" (z.B. ein Bild oder eine Aufführung) als Schwerpunkt hat.[40] Auch in den Sparten ,Kultur' des ,Tagesspiegels' und ,Feuilleton' der ,Zeit' kommen keine Beiträge zum Thema ,Wissenschaft' vor. Artikel zum Bereich ,Literatur' sind hingegen im Feuilleton der ,Zeit' vertreten, obwohl dieser Themenbereich ebenfalls eine eigenständige Sparte in der Zeitung besitzt.[41]

Ebenso wie der Bereich ,Wissenschaft' wird auch der Bereich ,Medien' nicht zum Kulturteil gerechnet. Im Feuilleton der ,Zeit' wird dieser Themenbereich generell nicht berücksichtigt. Ebenfalls existiert keine eigene Sparte dieses Titels. Im ,Tagesspiegel' hingegen besitzt dieser Themenbereich eine größere Relevanz, was an dem täglichen Erscheinen einer eigenständigen Sparte ,Medien' zu erkennen ist. Diese beinhaltet die Unterthemen „Fernsehen' (64 %), ,Radio' (12 %), ,Printmedien' (13 %), ,Internet' (5 %) und ,Allgemeine Artikel zum Thema Medien' (6 %). Innerhalb der Sparte ,Kultur' treten diese Themenbereiche hingegen nicht auf, während der Bereich ,Film' (im Sinne von Kinofilm) nicht nur in der gelegentlich erscheinenden Sparte ,Film', sondern auch in der Sparte ,Kultur' behandelt wird.

Ein Einbeziehen der Sparte ,Medien' in den Kulturteil des ,Tagesspiegels' würde bedingen, dass der Themenbereich ,Medien' mit 31 %

---

38 Auch nach STEGERT (1998: 252) hat sich der Bereich ,Naturwissenschaft' wie zuvor das Reiseressort vom Kulturteil „emanzipiert".

39 Das Wissenschaftsmagazin ,P.M.' gibt auf seiner Internetseite als Inhalte „Forschung, Wissenschaft und Technik" an (http://www.pm-magazin.de/de/abo/magazin/ (Aufruf 14.05.2010)), ,Welt der Wunder' wirbt mit „ausgewählten Themen aus den Bereichen Natur, Technik, Mensch, Wissenschaft und Tiere" (http://www.aboangebot.de/wissen schaft_23/welt-der-wunder-abo_292.html (Aufruf 20.02.2015) und ,Spektrum der Wissenschaft' „berichtet umfassend über den aktuellen Stand der Forschung in Physik, Chemie, Medizin, Biologie, Astronomie, Paläontologie und Archäologie bis hin zu Computerwissenschaften, Technik und neue Technologien" (http://www.iqm.de/medien/maga zine/spektrum_der_wissenschaft/media/konzept. html#mc (Aufruf 14.05.2010)).

40 Hingegen sind Themen denkbar, die wissenschaftliche Aspekte im kulturellen Bereich behandeln, wie z.B. die Funktionsweise einer Beleuchtungsanlage oder Drehbühne eines Theaters.

41 Auch STÖBER (2005) gibt an, dass das Feuilleton als Erscheinungsort für neue wissenschaftliche Erkenntnisse bzw. „als genuiner Platz der Wissenschaftsberichterstattung [...] in den letzten Jahrzehnten an Bedeutung verloren [hat]" (ebd.: 209). Als Begründung führt er u.a. die Schaffung eigener Wissensseiten an.

aller Beiträge sehr deutlich das Schwerpunktthema des Kulturteils bilden würde (gefolgt von ‚Musik' mit 18 % und Literatur mit 16 %). Dies widerspricht jedoch dem völligen Fehlen der medialen Inhalte in der Sparte ‚Kultur', die bereits dem Namen nach den Kernbereich des Kulturteils bildet und somit auch als Indikator für typische kulturelle Inhalte angesehen werden kann.[42]

Auch die aktuelle Internetseite des ‚Tagesspiegels' spricht dafür, die Sparten ‚Wissen' und ‚Medien' nicht zum Kulturteil der Zeitung zu rechnen. Beide sind als separate Themengebiete zur inhaltlichen Grobgliederung am Kopf der Startseite aufgeführt und somit klar von der ebenfalls vorhandenen Sparte ‚Kultur' getrennt.[43] Dabei wäre es technisch leicht machbar, diese grafisch als Unterpunkte der hierarchisch höher liegenden Sparte ‚Kultur' erscheinen zu lassen, wie dies beispielsweise auch für die Bereiche ‚Literatur' und ‚Bühne' realisiert ist.

5. Bestimmung des Untersuchungsmaterials

5.1 Festlegung des Untersuchungsteils in der Tageszeitung ‚Der Tagesspiegel'

Die Tageszeitung ‚Der Tagesspiegel' weist eine täglich erscheinende Sparte ‚Kultur' auf, die pro Zeitungsexemplar mindestens zwei Zeitungsseiten umfasst. Mehrmals pro Woche tritt zudem die zusätzliche Sparte ‚Berliner Kultur' auf, die eine weitere Seite einnimmt und sich dem Namen gemäß auf den Berliner Kulturbereich spezialisiert hat. Den Kulturteil der Zeitung auf diese beiden Sparten, die sich durch ihren Namen eindeutig als Bestandteile des Kulturteils identifizieren lassen, zu beschränken, wird der obigen Kulturdefinition jedoch nicht gerecht. Primär über das geistig-künstlerische Leben berichten auch fünf weitere Sparten, die somit ebenfalls zum Kulturteil des ‚Tagesspiegels' zählen. Eine Über-

42 STEGERT (1998: 252) sieht ebenfalls, wie für die Bereiche ‚Naturwissenschaft' und ‚Reise', für den Bereich ‚Medien' die Entwicklung, dass sich dieser vom Kulturteil loslöst und Eigenständigkeit gewinnt.

43 Als Hauptsparten am Kopf der Internetseiten des Tagesspiegels treten folgende Themengebiete auf: ‚Startseite', ‚Politik', ‚Berlin', ‚Wirtschaft', ‚Sport', ‚Kultur', ‚Welt', ‚Meinung', ‚Medien' und ‚Wissen'. (www.tagesspiegel.de, Aufruf 26.09.2010). Der Zeitpunkt, zu dem die Internetseite untersucht wurde, liegt einige Zeit hinter dem dreimonatigen Untersuchungszeitraum für die Zeitung. Somit kann zu diesem Zeitpunkt nicht mehr festgestellt werden, ob der Aufbau der Internetseiten während des Untersuchungszeitraums anders realisiert war. Die festgestellte, aktuelle Trennung der Sparten ‚Wissen' und ‚Medien' von der Sparte ‚Kultur' auf der Internetpräsenz der Zeitung entspricht jedoch dem Befund in den untersuchten älteren gedruckten Zeitungen.

sicht über die einzelnen kulturellen Sparten und ihren Erscheinungsumfang während des Untersuchungszeitraums liefert die folgende Tabelle:

Tab. 2: Sparten des Kulturteils des ,Tagesspiegels' und ihr Erscheinungsumfang während des Untersuchungszeitraums

	Seitenanzahl	**Gesamtseiten**
Kultur	88 x 2 Seiten 4 x 3 Seiten	188
Berlin Kultur	40 x 1 Seite	40
Film	13 x 1 Seite	13
Kunst & Markt	13 x 1 Seite	13
Politische Literatur	13 x 1 Seite	13
Literatur	12 x 1 Seite	12
Mode	2 x 1 Seite	2
Kinder- und Jugendbuch	1 x 1 Seite	1
Kulturseiten insgesamt	13 x 2 Seiten 60 x 3 Seiten 19 x 4 Seiten	282 (10 %)
Zeitungsseiten insgesamt		2.784

Aus Tabelle 2 wird ersichtlich, dass der Kulturteil des ,Tagesspiegels' mit durchschnittlich zehn Prozent der Zeitungsseiten einen nicht unwesentlichen Anteil an der Gesamtzeitung ausmacht.[44] Die Bedeutung, welche die Zeitung dem Bereich ,Kultur' einräumt, zeigt sich auch in den häufigen Verweisen auf kulturelle Themen auf der Titelseite. Bei genau der Hälfte der untersuchten 92 Zeitungsexemplare befindet sich auf der Titelseite entweder unterhalb des Zeitungstitels in farbig hervorgehobenen Kästen oder im Index ein Verweis mit Seitenzahl, der auf einen Beitrag in einer der kulturellen Sparten aufmerksam macht. Bei drei Ausgaben sind sogar zwei Verweise festzustellen. Knapp zwei Drittel dieser Angaben sind mit einem Bild versehen. Das Thema ,Kultur' wird somit von der Zeitung als so relevant und interessant für die Leser eingeschätzt, dass der Verweis auf entsprechende Beiträge als Kaufanreiz betrachtet wird.

Die Spartentitel des ,Tagesspiegels' verweisen überwiegend auf klassische kulturelle Themen, wobei mit der Sparte ,Film' auch einem moderneren Bereich Raum gegeben wird. Die teilweise gesonderte Behandlung bestimmter Themenbereiche unter einem eigenen Spartentitel, die

44 STEGERTs Untersuchung 1993 zeigt, dass der ,Tagesspiegel' im Vergleich zu den anderen untersuchten Zeitungen ein sehr großes Kulturressort aufwies (STEGERT 1998: 113).

in der Regel einmal die Woche stattfindet, wird nicht als eine Ausgrenzung aus dem Kulturbereich angesehen.[45] Vielmehr deutet die Ausklammerung auf eine besonders starke Gewichtung dieser kulturellen Aspekte hin, auf die durch einen entsprechend gekennzeichneten Zeitungsteil verwiesen wird. Für diese positive Hervorhebung spricht, dass den entsprechenden Inhalten durch eine eigene Sparte an bestimmten Tagen ein größerer Platzumfang eingeräumt wird, sie an anderen Tagen jedoch auch unter der Sparte ‚Kultur' bzw. ‚Berliner Kultur' erscheinen und somit eindeutig als inhaltlicher Bestandteil des Kulturteils zu verstehen sind. Dem Bedürfnis der Leser nach einer möglichst übersichtlichen Gestaltung und Gliederung der Zeitung, die das Finden der gewünschten Themen erleichtern, wird durch den Ansatz verschiedener Sparten entsprochen. Bei einer Zeitung, welche dem Leser täglich neu etwa 30 Seiten[46] Informationen anbietet, ist eine gezielte Auswahl der Leseinhalte gängige Praxis bei den Rezipienten.

Tab. 3: Themenverteilung im Kulturteil des ‚Tagesspiegels'

Themen	Anzahl Beiträge	Prozentualer Anteil
Musik	325	26 %
Literatur	288	23 %
Film	185	15 %
Kunst (Malerei/Bildhauerei)	175	14 %
Theater	77	6 %
Bauwerke/Architektur	59	5 %
Tanz	14	1 %
Fotografie	15	1 %
Sprache	6	0,5 %
Sonstiges	109	9 %
Gesamte Artikelanzahl	1.253	

Eine Zuordnung der Einzelartikel zu Oberthemen (vgl. Tab. 3) lässt erkennen, dass die Aussage von FRANK/MALETZKE/MÜLLER-SACHSE (1991: 172), „[d]as Spartenprofil der Berichterstattung definiert Kultur im wesentlichen als Theater, Musik, bildende Kunst und Literatur", auch für den ‚Tagesspiegel' zutrifft. Die Auswertung ergibt annähernd die von FRANK/MALETZKE/MÜLLER-SACHSE (1991: 172) angegebe-

45 Vgl. STEGERT (1998: 122).

46 Während des Untersuchungszeitraums hatte der ‚Tagesspiegel' 46-mal 28 Seiten, 40-mal 32 Seiten und sechsmal 36 Seiten. Zusätzliche Sonderbeilagen, die nicht die Nummerierung der Zeitungsseiten fortführen, sind in diesen Zahlen nicht berücksichtigt.

ne Verteilung, nach der 65 Prozent der Artikel zu den vier oben aufgeführten Bereichen gehören.[47]

5.2 Festlegung des Untersuchungsteils in der Wochenzeitung ‚Die Zeit'

Von der Wochenzeitung ‚Die Zeit' erschienen während des Untersuchungszeitraums 13 Exemplare. Durch die geringere Erscheinungsrate liegen wesentlich weniger Zeitungsexemplare im Vergleich zum ‚Tagesspiegel' für die Textsortenbestimmung vor. Die niedrigere Anzahl wird jedoch teilweise dadurch kompensiert, dass dem Thema ‚Kultur' in dieser Zeitung mehr Platz eingeräumt wird. Dieses bildet neben den Themen ‚Politik', ‚Wirtschaft' und ‚Wissen' den vierten inhaltlichen Schwerpunkt der Wochenzeitung ‚Die Zeit', was bereits auf der Titelseite durch den Nominalsatz „Wochenzeitung für Politik • Wirtschaft • Wissen und Kultur" zum Ausdruck kommt.[48]

Der Spartentitel ‚Kultur' kommt in der ‚Zeit' anders als beim ‚Tagesspiegel' nicht vor. Jedoch tritt die Sparte ‚Feuilleton' auf, die den Ausführungen in Kapitel II.C.2.2. gemäß als Hauptbestandteil des Kulturteils aufzufassen ist. Als einziger weiterer Zeitungsteil, der dem ‚Kulturteil' der Zeitung zuzurechnen ist, wird die gesondert ausgewiesene Sparte ‚Literatur' aufgefasst.

Die fehlende Integration des Großteils der literarischen Themen in die Sparte ‚Feuilleton' bei der ‚Zeit' stellt wie beim ‚Tagesspiegel' keine Diskreditierung dieser Inhalte dar, nicht zum kulturellen Kernbereich zu gehören. Vielmehr wird dem Bereich ‚Literatur' in der ‚Zeit' damit eine besondere Relevanz zugesprochen, die sich aus der wesentlich höheren Seitenanzahl dieses Themengebiets ergibt (vgl. Tab. 4). Selbst unter dem Spartentitel ‚Feuilleton' werden zusätzliche literarische Beiträge veröffentlicht, obwohl die Sparte ‚Literatur' in jeder untersuchten Ausgabe

---

47 Beim ‚Tagesspiegel würden dann sogar 69 Prozent der Artikel auf die vier Themenbereiche ‚Musik', ‚Literatur', ‚Kunst' und ‚Theater' fallen. Bei der von REUS (1999: 24) im Frühjahr 1994 durchgeführten einwöchigen Stichprobe an drei Regionalzeitungen fielen 74 Prozent der 180 Beiträge in diese Bereiche.

48 Bereits 1969 bescheinigt HAACKE der ‚Zeit' „[d]urchaus gleiche Qualität wie bedeutende ausländische Wochenzeitschriften" (ebd.: 232). Auch in neuerer Zeit schreibt HEß (1997: 27) positiv über die ‚Zeit', dass sie „einen umfangreichen, differenzierten und kompetent geschriebenen Kulturteil" hat. Bei der Untersuchung von Stegert 1993 weist die ‚Zeit' mit Abstand die meisten kulturellen Seiten auf (STEGERT 1998: 113). Dies belegt die große Bedeutung, welche die ‚Zeit' dem Bereich ‚Kultur' einräumt, auch wenn das Feuilleton von seinem ursprünglichen Erscheinungsort direkt nach dem Ressort ‚Politik' gegen Ende der siebziger Jahre hinter das Ressort ‚Wirtschaft' rückte und heute sogar erst an fünfter Stelle erscheint (vgl. JANßEN/KUENHEIM/SOMMER 2006: 289).

auftritt. Im Durchschnitt ist die Sparte ‚Feuilleton' etwas länger als die Sparte ‚Literatur', wobei sich die beiden Teile in einigen Zeitungsnummern jedoch vom Umfang entsprechen. Insgesamt wird dem Thema ‚Kultur' mit rund einem Fünftel der Gesamtzeitung sehr viel Raum innerhalb der Zeitung eingeräumt. Bei sechs der 13 untersuchten Zeitungsexemplare befindet sich auf der Titelseite ein Verweis auf einen Beitrag im Kulturteil, der jeweils mit einem Bild versehen ist.

Tab. 4: Sparten des Kulturteils der ‚Zeit' und ihr Erscheinungsumfang während des Untersuchungszeitraums

	Seitenanzahl	**Gesamtseiten**
Feuilleton	8 x 8 Seiten 4 x 10 Seiten 1 x 12 Seiten	116 Seiten
Literatur	7 x 6 Seiten 6 x 8 Seiten	90 Seiten
Kulturseiten insgesamt	2 x 14 Seiten 10 x 16 Seiten 1 x 18 Seiten	206 Seiten (20 %)
Zeitungsseiten insgesamt		1.020 Seiten

Die thematische Auswertung der Artikel zeigt deutlich, dass der Bereich ‚Literatur' am stärksten vertreten ist. Aufgrund des großen Umfangs der Sparte ‚Literatur' handelt es sich bei fast jedem zweiten Artikel im Kulturteil um einen literarisch bezogenen Beitrag. Die dominierende Stellung des Theaters, die REUS (1999: 24) und FRANK/MALETZKE/MÜLLER-SACHSE (1991: 172) mit 25 bzw. 18 Prozent der Gesamtbeiträge festgestellt haben, findet sich im Kulturteil der ‚Zeit' ebenso wenig wieder wie im ‚Tagesspiegel'. Der relativ große Umfang des Themas ‚Musik', der von REUS (1999: 24) und FRANK/MALETZKE/MÜLLER-SACHSE (1991: 172) mit übereinstimmenden 18 Prozent angegeben wird, ist hingegen erhalten geblieben. Auch im Kulturteil der ‚Zeit' zählen 74 Prozent aller Beiträge zu den vier klassischen kulturellen Bereichen ‚Musik', ‚Literatur', ‚Kunst' und ‚Theater', wobei allerdings die beiden letztgenannten mit nur vier bzw. drei Prozent einen geringen Anteil ausmachen.

Tab. 5: Themenverteilung im Kulturteil der ‚Zeit'

Themen	**Anzahl Beiträge**	**prozentualer Anteil**[49]
Sparte Feuilleton		
Musik	73	18 %
Film	34	8 %
Literatur	20	5 %
Kunst (Malerei/Bildhauerei)	15	4 %
Sprache	16	4 %
Gesellschaftskritik	15	4 %
Theater	13	3 %
Architektur	4	1 %
Religion	4	1 %
Sonstiges	30	7 %
Artikel gesamt Feuilleton	224	55 %
Sparte Literatur		
Artikel Literatur	177	44 %
Artikel Feuilleton und Literatur	401	

5.3 Vergleich der Kulturteile in den Zeitungen ‚Die Zeit' und ‚Der Tagesspiegel'

Die Kulturteile der Tageszeitung ‚Der Tagesspiegel' und der Wochenzeitung ‚Die Zeit' zeigen viele Gemeinsamkeiten. In beiden Zeitungen ist der Kulturteil eine feste Größe, der mit zehn Prozent beim ‚Tagesspiegel' bzw. 20 Prozent bei der ‚Zeit' einen wesentlichen Anteil an der Zeitung ausmacht. Auch die thematische Ausrichtung der Kulturteile in den untersuchten Zeitungen stimmt in ihren Grundzügen überein: Die Mehrheit der umfangreicher behandelten Themen entspricht einem klassischen Verständnis von Kultur und lässt sich den großen Bereichen ‚Musik', ‚Literatur', ‚Kunst' und ‚Theater' zuordnen. Dabei räumt die ‚Zeit' dem Bereich ‚Literatur' eine deutliche Sonderstellung ein, die sich in diesem Maße im ‚Tagesspiegel' nicht wiederfindet. Eine relativ starke Berücksichtigung der moderneren Kategorie ‚Film' ist bei beiden Zeitungen erkennbar.

Deutlich unterscheiden sich die beiden Zeitungen bezüglich ihrer Gliederung. Während sich der Kulturteil des ‚Tagesspiegels' aus sehr vielen Sparten zusammensetzt, konstituiert er sich bei der ‚Zeit' ledig-

49 Die Prozentzahlen sind auf ganze Zahlen gerundet, sodass ein leicht von 100 % abweichender Wert entstehen kann.

lich aus zwei. Die Erklärung hierfür liegt in ihrer Realisation als Tages- bzw. Wochenzeitung begründet. Bei dem täglich erscheinenden ‚Tagesspiegel' ist eine feinere thematische Untergliederung der Inhalte notwendig, um dem Leser eine bessere und schnellere Orientierung zu ermöglichen. Da kaum ein Leser jeden Tag die ganze Zeitung lesen kann (und will), ist eine rasche Auswahl von Informationen, die er als relevant bzw. interessant einstuft, ein wichtiges Gliederungskriterium. Der Leser der ‚Zeit' kann sich hingegen eine Woche mit den Inhalten der Zeitung auseinandersetzen. Die Wochenzeitung ist nicht so schnelllebig, sodass eine rasche Auswahl von Spezialthemen hier keine große Rolle spielt. Die fehlende Unterteilung des ‚Feuilletons' legt zudem nahe, dass eher ein generelles Kulturinteresse vorausgesetzt wird, sodass für die Auswahl der Leseinhalte die Orientierung an den Überschriften als ausreichend betrachtet wird. Da die ‚Zeit' das Thema ‚Kultur' bereits auf der Titelseite als einen wesentlichen Bestandteil deklariert, ist bei den meisten Lesern dieser Zeitung ein Kulturinteresse wahrscheinlich.

Im Rahmen des Untersuchungszeitraums sind 92 Exemplare des ‚Tagesspiegels' und 13 Exemplare der ‚Zeit' erschienen. Durch die wesentlich höhere Erscheinungsrate des ‚Tagesspiegels' liegen für diesen als Untersuchungsmaterial 1.821 Artikel vor, während für die ‚Zeit' lediglich 401 Beiträge im Kulturteil zu verzeichnen sind. Die Materialgrundlage beider Zeitungen wird für eine empirische Untersuchung als ausreichend betrachtet, da für einen Untersuchungszeitraum von drei Monaten davon auszugehen ist, dass alle relevanten journalistischen Darstellungsformen der Zeitungen in ausreichender Frequenz auftreten und auch zeitlich wiederkehrende Muster bzw. regelmäßig auftretende Besonderheiten erkennbar sind.

6. Die Zeitung als Materialgrundlage

Die Zeitung als eine textsortenübergreifende Einheit[50] bietet sich als Gegenstand für eine textsortenbezogene Untersuchung besonders an, da in diesem Druckmedium mehrere sich nahestehende Textsorten und Text-

50 SIMMLER (2009: 16) verwendet für die „Zusammenstellungen von Textexemplaren verschiedener Textsorten wie in Tageszeitungen und Zeitschriften oder bei Werkausgaben einzelner Autoren bzw. Sammlungen von Textexemplaren einer einzigen Textsorte wie bei den Volksmärchen der Brüder Grimm" den Terminus ‚Textallianz'. FANDRYCH/THURMAIR (2011: 27) benutzen den Terminus ‚Textverbund', „wenn verschiedene Textsorten(exemplare) in strukturierter Anordnung räumlich zusammen auftreten (und häufig auf spezifische Weise aufeinander bezogen sind)".

sortenvarianten nebeneinander auftreten.[51] Dies ermöglicht die Erarbeitung eines umfangreichen Kriterienkataloges zur Abgrenzung und Definition der unterschiedlichen Textsorten, wodurch ein Inventar der verschiedenen Textsorten und Textsortenvarianten für den Kulturteil dieser beiden Zeitungen erstellt wird. Ziel dieser Arbeit ist somit die Erstellung einer Teiltypologie eines speziellen Geltungsbereichs.[52]

Die Zeitung ist ein Medium, welches in besonderem Maße die Gegenwartssprache repräsentiert und zudem Einfluss auf die Sprachentwicklung hat.[53] Die Zeitungssprache muss den Anforderungen gerecht werden, eine sich ständig wandelnde Gesellschaft sowie aktuelle Geschehnisse und Ereignisse zu beschreiben, für die es bis dahin keine festen Begriffe in der deutschen Sprache gab. Eine Folge dieses Anspruchs ist zum Beispiel die hohe Produktivität bei der Verwendung von Wortneubildungen, deren Wirkungsweisen, Funktionen und semantische Entschlüsselungen innerhalb dieser Arbeit auf der linguistischen Ebene der Lexik Relevanz besitzen.

In den unterschiedlichen Textsorten werden durch spezifische sprachliche Mittel – den unterschiedlichen Ansprüchen der verschiedenen Textsorten gemäß – bestimmte Wirkungen erzielt. Dies bedingt, dass in dem Medium Zeitung ein breites Spektrum sprachlicher Phänomene auftritt, welche auch in der aktuellen Forschung Relevanz besitzen und im Rahmen dieser Arbeit an passender Stelle problematisiert werden (z.B. Nominalsätze).

---

51 STEDE (2007: 35) betrachtet die „Konzentration auf einzelne verwandte Sorten, die man möglichst gründlich charakterisiert und voneinander abzugrenzen sucht" als einen aussichtsreichen „Zugang zur Textsortenfrage".

52 Nach KRON (2002: 53) stellt die Untersuchung dieser Arbeit eine „Spezifizierung in bezug auf den Kommunikationsbereich" dar. Es ist nach ihm eine Typologie „mit mehrfach beschränktem und minimalen Geltungsbereich" (ebd.), da die Untersuchung sich nicht nur auf journalistische Texte beschränkt, sondern zudem auf zwei Medien und einen bestimmten Zeitungsteil. KRON (ebd.: 54) gibt in seinen Ausführungen an, dass sich die Frage, ob eine zufriedenstellende Gesamttypologie überhaupt möglich ist, bisher nicht beantworten lässt.

53 Vgl. LÜGER (1995: 1).

D. ‚Textsorte' in Abgrenzung zur ‚Journalistischen Darstellungsform'

1. Die Klassifikation in der Publizistik

Wie andere wissenschaftliche Disziplinen klassifiziert auch die Publizistik die sprachlichen Äußerungen ihres Objektbereichs, der die Printmedien, das Fernsehen, den Rundfunk und in neuerer Zeit das Internet umfasst. Als Oberbegriffe für diese Einteilung finden sich in der publizistischen Literatur unterschiedliche Benennungen.[1] So lassen sich unter anderen die Bezeichnungen ‚publizistische Gattungen',[2] ‚journalistische Gattungen',[3] ‚journalistische Darstellungsformen',[4] ‚journalistische Darstellungsweisen',[5] ‚journalistische Ausdrucksform',[6] ‚Stilformen der Zeitungs-Mitteilungen',[7] ‚journalistische Stilformen'[8] und ‚journalistische Textgattungen'[9] nachweisen. Neben diesen unterschiedlichen Bezeichnungen bei den einzelnen Autoren werden häufig auch innerhalb eines Werkes von den Verfassern verschiedene Oberbegriffe nebeneinander verwendet.[10] Erschwerend kommt hinzu, dass diese Oberbegriffe

---

1 Vgl. SIMMLER (1993a: 350). Auf die Vielzahl der existierenden Oberbegriffe geht ROLOFF (1982: 6) wie folgt ein: „Charakteristisch ist, daß bereits der Oberbegriff für diese Formen ganz verschieden benannt wird. Aus den Bestandteilen Darstellungs-, Darbietungs-, Stil-, Beitrags-, Aussage-, Text-, Ausdrucks-, Artikel-, Informations-, Manifestations-, Inhalts-, Gestaltungs- und Wiedergabe- einerseits und den Ergänzungen -arten, -gattungen, -mittel, -sorten, -genres, -typen, -kategorien und -formen andererseits können fast alle zur Bezeichnung des Gesamtthemas und als Titel dieses Buches genommen werden, ohne damit wesentliche Abweichungen oder Schwerpunkte betonen zu können."

2 SIMMLER (1993a).

3 PÜRER (1996: 187), MAST (2008: 310).

4 BURKHARDT (2009: 194), HOPPE (2000: 17), HRUSKA (1999: 16), KOSZYK/PRUYS (1981: 50), LA ROCHE (2008: 73), LORENZ (2009: 86), MAST (2012: 267), NOWAG/SCHALKOWSKI (1998: 13), REUMANN (2009: 129), SCHLÜTER (2004: 139), SCHWIESAU/OHLER (2003: 13), WEISCHENBERG (1990: 16+17, 2001: 49), WOLFF (2006: 101). LÜGER (1995: 17) verwendet nur den Begriff ‚Darstellungsform'. BRENDEL/GROBE verwenden die Begriffe ‚journalistische Darstellungsform' (1976: 69) und ‚journalistisches Genre' (ebd.: 72) synonym.

5 KOSZYK/PRUYS (1981: 43), MAST (2004: 237).

6 BRENDEL/GROBE (1976: 21), KOSZYK/PRUYS (1981: 43).

7 MÜNSTER (1955: 115).

8 PÜRER (1996: 94).

9 ROLOFF (1982: 6).

10 Vgl. z.B. KOSZYK/PRUYS (1981), bei denen die Bezeichnungen ‚journalistische Ausdrucksform' und ‚journalistische Darstellungsweise' (ebd.: 43) und ‚journalistische Mitteilungsform' (ebd.: 154) nebeneinander vorkommen. NOWAG/SCHALKOWSKI (1998) gebrauchen neben ‚journalistische Darstellungsformen' (ebd.: 13) auch ‚journalis-

nicht immer konsequent für Textgruppen auf derselben hierarchischen Ebene verwendet werden.[11]

In neueren Publikationen ist trotz aller Uneinheitlichkeit eine deutliche Präferenz für die Bezeichnung ‚journalistische Darstellungsformen' festzustellen.[12] Aus diesem Grund wird im Folgenden dieser Terminus verwendet, wenn von der publizistischen Klassifikation gesprochen wird. Er entspricht dem linguistischen Begriff ‚Textsorte' funktional insofern, als dass er bestimmte Klassen von Texten umfasst, die sich hierarchisch auf einer Ebene befinden. Eine Gleichsetzung mit der *langue*-Einheit ‚Textsorte' ist jedoch unzulässig, wie der abschließende Vergleich der beiden Begriffe zeigen wird.[13]

Innerhalb der journalistischen Darstellungsformen findet bei vielen Autoren eine Zusammenfassung bestimmter Darstellungsformen zu einer übergeordneten Großgruppe statt. Dabei werden immer die Darstellungsformen, die primär an einer sachlichen Vermittlung von Informationen orientiert sind, von denjenigen abgegrenzt, in denen die Meinung des Autors im Vordergrund steht. Erstere Gruppe wird mit unterschiedlichen Bezeichnungen wie beispielsweise ‚tatsachenbetonte Formen',[14] ‚Nachrichten-Darstellungsformen',[15] ‚Nachrichtenstilform',[16] ‚darstellende Stilformen',[17] ‚informationsorientierte Darstellungsformen',[18] ‚faktenorientierte Darstellungsformen'[19] oder ‚informierende Darstellungs-

---

tische Textgattungen' (ebd.: 9). Ebenso verfährt LORENZ (2009: 86, 112), die zudem noch die Bezeichnung ‚journalistische Genres' (ebd.: 112) benutzt. Auch MAST verwendet ‚journalistische Darstellungsform', ‚journalistische Darstellungsweise' und ‚journalistische Gattung' (2004: 307) synonym, in der späteren Auflage 2008 konnte der Begriff ‚journalistische Darstellungsweise' im untersuchten Teil nicht mehr festgestellt werden. Die Kapitelüberschrift VII wurde von „Grundformen journalistischer Darstellungsweisen" (2004) in „Journalistische Darstellungsformen" (2008) verändert.

11 So bezeichnen z.B. NOWAG/SCHALKOWSKI (1998) ‚Kommentar' und ‚Glosse' zunächst als selbstständige ‚journalistische Textformen' (ebd.: 9), an späterer Stelle wird die ‚Glosse' hingegen als „Spezialform des Kommentars" (ebd.: 184) dargestellt, sodass der ‚Kommentar' als Oberbegriff diese umfasst.

12 Vgl. Fußnoten 4.

13 Vgl. Kap. II.D.5.

14 REUMANN (2009: 130). LÜGER (1995: 17) verwendet die fast identische Bezeichnung ‚tatsachenbetonte Stil- bzw. Darstellungsformen'.

15 WEISCHENBERG (2001: 49). BURKHARDT (2009: 194) verwendet u.a. die sehr ähnliche Bezeichnung ‚nachrichtliche Darstellungsformen'.

16 DOVIFAT (1976, Bd. 1: 168).

17 KRAUSE (1993: 3).

18 BURKHARDT (2009: 193), WOLFF (2006: 74). LORENZ (2009: 95) benutzt die Begriffe ‚tatsachenbetonte' und ‚informationsbetonte' Darstellungsformen synonym.

19 HOPPE (2000: 27), NOWAG/SCHALKOWSKI (1998: 9).

formen‘[20] belegt, während für die zweite relativ ähnliche Begrifflichkeiten wie ‚meinungsbetonte Formen‘,[21] ‚Meinungs-Darstellungsformen‘,[22] ‚meinungsorientierte Darstellungsformen‘,[23] ‚Meinungsstilform‘,[24] ‚Meinungsbeiträge‘,[25] meinungsäußernde/kommentierende Darstellungsformen‘[26] und ‚kommentierende Stilformen‘[27] auftreten.[28] Daneben setzen einige Autoren eine dritte Gruppe an, welche journalistische Darstellungsformen subsummiert, die vorrangig der Unterhaltung dienen.[29]

Während bestimmte journalistische Darstellungsformen wie der ‚Bericht‘ oder ‚Kommentar‘ von allen Autoren einheitlich einer dieser beiden bzw. drei Gruppen zugeteilt werden, gibt es bei anderen Darstellungsformen Abweichungen bezüglich der Einteilung. So rechnet REU-

---

20 LA ROCHE (2008: 74), MAST (2012: 270). HOPPE (2000: 27) verwendet u.a. die ähnliche Bezeichnung ‚informierende Stilformen‘.

21 BURKHARDT (2009: 200), REUMANN (2009: 130). LÜGER (1995: 17) benutzt die fast identische Bezeichnung ‚meinungsbetonte Stil- bzw. Darstellungsformen‘. Bei SCHLÜTER (2004: 154) wird der Name ‚meinungsbetonte Darstellungsform‘ verwendet, ohne dass daneben eine gesonderte Bezeichnung für die tatsachenbetonten Darstellungsformen gebraucht wird.

22 WEISCHENBERG (1990: 27 und 2001: 49). STÖBER (2000: 314) führt mit ‚Meinungsform‘ in seinem Glossar einen sehr ähnlichen Begriff auf.

23 BURKHARDT (2009: 193), NOWAG/SCHALKOWSKI (1998: 9). HOPPE (2000) verwendet neben der Bezeichnung ‚meinungsorientierte journalistische Darstellungsformen‘ (ebd.: 27) mehrere weitere wie ‚kommentierende Darstellungsformen‘ (ebd), ‚kommentierende Textgattungen‘ (ebd.: 29), ‚Meinungsstilform‘ (ebd.: 27) und ‚meinungsäußernde Darstellungsformen‘ (ebd.: 28).

24 DOVIFAT (1976, Bd. 1: 176) und HOPPE (2000: 27).

25 MAST (2012: 300).

26 LA ROCHE (2008: 74), MAST (2012: 270).

27 KRAUSE (1993: 3).

28 Vgl. auch WOLFF (2006: 126).

29 REUMANN (2009: 130) bezeichnet diese Gruppe als ‚phantasiebetonte Formen‘ und grenzt als vierte Gruppe die ‚Mischformen‘ ab. LÜGER verwendet neben der Bezeichnung ‚phantasiebetonte Stil- bzw. Darstellungsformen‘ (1995: 17) auch den Begriff ‚Unterhaltungsstilform‘ (1995: 18). Letztere Bezeichnung tritt auch bei DOVIFAT (1976, Bd. 1: 180) auf. Laut LÜGER (1995: 18) zieht sich diese Dreiteilung „wie ein roter Faden durch die Literatur, wenn auch in abgewandelter Terminologie“. WEISCHENBERG (2001: 49) nennt die dritte Gruppe ‚Unterhaltungs-Darstellungsformen‘, grenzt von „der klassischen Dreiteilung“ jedoch zusätzlich das „Interview“ und „Hybrid-Formen“ ab (ebd.). Ähnlich verfährt BURKHARDT (2009), der neben den ‚unterhaltungsorientierten Darstellungsformen‘ (ebd.: 193) bzw. ‚unterhaltenden Darstellungsformen‘ (ebd.: 197; dieselbe Bezeichnung verwendet HOPPE (2000: 28)) das ‚Interview‘ und ‚Porträt‘ als ‚Hybridformen‘ einteilt, da diese „informations-, unterhaltungs- oder meinungsorientiert sein können“ (2009: 193). Eine etwas andere Dreiteilung, die nach seiner Aussage jedoch etabliert ist, nimmt SCHALKOWSKI (2005: 11) vor, der ‚nachrichtliche‘, ‚kritisch-analytische‘ und ‚szenisch-erzählende Texte‘ unterscheidet. Zudem gibt er die Existenz von Mischformen (z.B. ‚Hintergrundbericht‘, ‚Feature‘) an.

MANN (2009: 130) das ‚Feature' beispielsweise zu den tatsachenbetonten Formen, bei WEISCHENBERG (2001: 49) hingegen bildet dieses das Zentrum der Unterhaltungs-Darstellungsformen. Ein solcher Befund ist nicht überraschend, da die Einteilung in die Gruppen auf relativ vagen Kriterien wie etwa der „publizistischen Funktion[en]"[30] beruht. Wie sich diese innerhalb der einzelnen journalistischen Darstellungsformen konkret ausdrückt, bleibt dabei unbeantwortet. Zudem implizieren Bezeichnungen wie ‚meinungs**betont**' bereits selbst, dass der Faktor der Meinungsbeeinflussung zwar der wichtigste, jedoch nicht der einzige ist. Diese Bezeichnung verweist dabei im Gegensatz zu den anderen auf die publizistische Realität, da etwa die Darstellungsform ‚Kommentar' neben der Meinung des Autors immer auch Informationen enthält und zudem auch unterhalten soll.[31] Überschneidungen zwischen den einzelnen Gruppen sind somit vorprogrammiert und in Ermangelung fester Kriterien an die subjektive Entscheidung des jeweiligen Autors gebunden. Ein weiteres Problem stellen die uneinheitlichen und unpräzisen Definitionen der einzelnen journalistischen Darstellungsformen dar,[32] die ebenfalls eine klare Zuordnung erschweren.[33]

2. Begriffspluralismus

Für die verschiedenen journalistischen Darstellungsformen existiert in der Publizistik eine kaum überschaubare Menge an verschiedenen Bezeichnungen.[34]

Die folgende Tabelle, die keinen Anspruch auf Vollständigkeit erhebt, gibt einen kurzen Einblick in die Fülle nebeneinander existierender Bezeichnungen und Beispiele für Autoren, die diese in ihrer Fachliteratur erwähnen:

30 LÜGER (1995: 17). LÜGER selbst spricht auch von einer unterschiedlichen Einteilung von journalistischen Darstellungsformen und nennt als Beispiele die Zuordnung von ‚Kritik' und ‚Rezension' entweder zu den Meinungs- oder den Unterhaltungsstilformen (ebd.: 18).

31 Im Folgenden werden in dieser Arbeit die Bezeichnungen „informations- und meinungsbetont" verwendet, wenn von den Gruppenbildungen innerhalb der journalistischen Darstellungsformen gesprochen wird.

32 Vgl. Kap. II.D.3.

33 Vgl. LÜGER (1995: 18).

34 Vgl. MAST (2012: 267ff.).

Tab. 6: Überblick über die Bezeichnungen für journalistische Darstellungsformen in der Publizistik

Journalistische Darstellungsform	Namensbeleg
Bericht	BRENDEL/GROBE (1976: 50f.), DOVIFAT (1976, Bd. 1: 39, 172), ECKER/LANDWEHR/SETTEKORN/WALTHER (1977: 15f.), HOPPE (2000: 28), HRUSKA (1999: 135-144), KLUTE (2006: 23), KRAUSE (1993: 3, 4), LA ROCHE (2008: 149), LÜGER (1995: 109f.), MAST (2012: 275), MÜNSTER (1955: 120), PÜRER (1996: 75f.), REUMANN (2009: 130, 147), STÖBER (2000: 314), STRAßNER (2000: 26), WEISCHENBERG (1990: 25-27 und 2001: 50f.), WOLFF (2006: 74)
Dokumentation	PÜRER (1996: 126), REUMANN (2009: 130), SCHLÜTER (2004: 154)
Entrefilet	DOVIVAT (1976, Bd. 1: 179), MÜNSTER (1955: 122)
Essay	LORENZ (2009: 133), MAST (2012: 308), REUMANN (2009: 130, 160)
Feature	HOPPE (2000: 28), LA ROCHE (2008: 159), LORENZ (2009: 116), MAST (2012: 284), PÜRER (1996: 75, 152), REUMANN (2009: 130, 152), SCHLÜTER (2004: 151), SCHWIESAU/OHLER (2003: 16, 17, 223), STRAßNER (2000: 51), WEISCHENBERG (1990: 30 und 2001: 58, 60), WOLFF (2006: 198)
Feuilleton („Kleine Form“)	HOPPE (2000: 28), MAST (2012: 307), MÜNSTER (1955: 124), PÜRER (1996: 202), REUMANN (2009: 130, 163)
Glosse	BRENDEL/GROBE (1976: 55f.), DOVIFAT (1976, Bd. 1: 179), HOPPE (2000: 28), KLUTE (2006: 54), KRAUSE (1993: 3, 8), LÜGER (1995: 137f.), LA ROCHE (2008: 176), LORENZ (2009: 125), MAST (2012: 303), MÜNSTER (1955: 122), PÜRER (1996: 179, 184), REUMANN (2009: 130, 161), SCHLÜTER (2004: 156), STRAßNER (2000: 67), WEISCHENBERG (1990: 27+28 und 2001: 52), WOLFF (2006: 140)
Interview	BRENDEL/GROBE (1976: 61ff.), DOVIFAT (1976, Bd. 1: 40f.), ECKER/LANDWEHR/SETTEKORN/WALTHER (1977: 16-18), HOPPE (2000: 28), KLUTE (2006: 35), KRAUSE (1993: 3, 6), LA ROCHE (2008: 163), LORENZ (2009: 95), MAST (2012: 297), PÜRER (1996: 94), REUMANN (2009: 130, 153), SCHLÜTER (2004: 142), STRAßNER (2000: 68), WOLFF (2006: 101)
Karikatur	BRENDEL/GROBE (1976: 56f.), MAST (2012: 306), MÜNSTER (1955: 122), REUMANN (2009: 130)
Kolumne	HOPPE (2000: 28), LORENZ (2009: 127), MAST (2012: 305), PÜRER (1996: 179), REUMANN (2009: 130, 159), SCHLÜTER (2004: 154)
Kommentar	BRENDEL/GROBE (1976: 54), DOVIFAT (1976, Bd. I: 176), ECKER/LANDWEHR/SETTEKORN/WALTHER (1977: 17), HOPPE (2000: 28), KLUTE (2006: 52), KRAUSE (1993: 3, 7), LA ROCHE (2008: 173), LORENZ (2009: 125), LÜGER (1995: 130, 132), MAST (2012: 300), PÜRER (1996: 178f.), REUMANN (2009: 130, 158), SCHLÜTER (2004: 154), STÖBER (2000: 312), STRAßNER (2000: 71), WEISCHENBERG (1990: 28 und 2001: 55), WOLFF (2006: 125)

Journalistische Darstellungsform	Namensbeleg
Kritik	DOVIFAT (1976, Bd. I: 180), HOPPE (2000: 28), KRAUSE (1993: 3, 8), LÜGER (1995: 139), MAST (2012: 305), MÜNSTER (1955: 122), PÜRER (1996: 187-191), SCHLÜTER (2004: 156), STRAßNER (2000: 73), WOLFF (2006: 151)
Kurzartikel	DOVIFAT (1976, Bd. I: 176, 178)
Kurzmeldung	BRENDEL/GROBE (1976: 51), SCHWIESAU/OHLER (2003: 223)
Leitartikel	BRENDEL/GROBE (1976: 55), DOVIFAT (1976, Bd. 1: 176, 178), HOPPE (2000: 28), LORENZ (2009: 127), MAST (2012: 303), MÜNSTER (1955: 122), REUMANN (2009: 130, 156), SCHLÜTER (2004: 154), WEISCHENBERG (1990: 29 und 2001: 56)
(politisches) Lied	REUMANN (2009: 130)
Lokalspitze (oder nur „Spitze“)	BRENDEL/GROBE (1976: 56), DOVIFAT (1976, Bd. 1: 178), HOPPE (2000: 28), MÜNSTER (1955: 122), WEISCHENBERG (1990: 27 und 2001: 52)
Magazin-Story	MAST (2012: 287), REUMANN (2009: 130, 149)
Meldung	KLUTE (2006: 26), KRAUSE (1993: 3, 4), LÜGER (1995: 90f.), MAST (2012: 273), MÜNSTER (1955: 120), PÜRER (1996: 75), REUMANN (2009: 130, 132), SCHLÜTER (2004: 140), SCHWIESAU/OHLER (2003: 16, 223), STRAßNER (2000: 74), WEISCHENBERG (1990: 25 und 2001: 50f.), WOLFF (2006: 54)
Mütze	DOVIFAT (1976, Bd. 1: 178), MÜNSTER (1955: 122)
Nachricht	DOVIFAT (1976, Bd. 1: 39), ECKER/LANDWEHR/SETTEKORN/WALTHER (1977: 15+16), HOPPE (2000: 28), HRUSKA (1999: 15f., 35ff.), KRAUSE (1993: 3, 4), LA ROCHE (2008: 75), LORENZ (2009: 92), LÜGER (1995: 94, 95, 96, 103), MAST (2012: 272), PÜRER (1996: 75, 79, 80), REUMANN (2009: 130), SCHWIESAU/OHLER (2003: 13, 16), STÖBER (2000: 314), WEISCHENBERG (2001: 49+50)
Porträt	KRAUSE (1993: 3), LORENZ (2009: 119), MAST (2008: 305), REUMANN (2009: 130, 153), SCHLÜTER (2004: 146), STRAßNER (2000: 81), WOLFF (2006: 216)
Reportage	BRENDEL/GROBE (1976: 69), DOVIFAT (1976, Bd. 1: 39f., 172), HOPPE (2000: 28), KLUTE (2006: 33), KRAUSE (1993: 3, 5), LA ROCHE (2008: 153), LORENZ (2009: 112), LÜGER (1995: 113, 115), MAST (2012: 279), PÜRER (1996: 75, 126, 129), REUMANN (2009: 130, 150), SCHLÜTER (2004: 148), STRAßNER (2000: 84), WEISCHENBERG (1990: 29 und 2001: 60), WOLFF (2006: 174)
Rezension	BRENDEL/GROBE (1976: 58f.), HOPPE (2000: 28), KLUTE (2006: 60), KRAUSE (1993: 3, 8), LA ROCHE (2008: 178), LORENZ (2009: 129), MAST (2012: 305), PÜRER (1996: 187f.), REUMANN (2009: 130), SCHLÜTER (2004: 156)
Zeitungsroman	DOVIFAT (1976, Bd. 1: 181), REUMANN (2009: 130)

Diese Vielzahl an Bezeichnungen verweist bereits auf verschiedene Probleme, die bezüglich der journalistischen Darstellungsformen innerhalb der Publizistik existieren. Diese werden in den folgenden Kapiteln näher erläutert.

2.1 *Uneinheitlichkeit der Bezeichnungen*

Innerhalb der verschiedenen Ansätze und im Rahmen der journalistischen Praxis werden unterschiedliche Bezeichnungen für journalistische Darstellungsformen verwendet, die sich per Definition jedoch weitestgehend entsprechen. Dieses Nebeneinander von verschiedenen Bezeichnungen findet sich beispielsweise bei den Begriffen ‚Nachricht', ‚Meldung', ‚Kurzmeldung' und ‚Bericht'. Allgemein werden sie als typische informationsbetonte, sachliche Darstellungsformen aufgefasst, wobei der ‚Bericht' fast durchgängig von den anderen Begriffen durch seinen größeren Umfang unterschieden wird.[35] DOVIFAT (1976, Bd. 1: 39) stellt dem ‚Bericht' dabei „die knapp gefaßte, Tatsachen festlegende Nachricht" gegenüber, LÜGER (1995: 109) grenzt ihn „gegenüber Meldungen und harten Nachrichten, die sich überwiegend auf die Vermittlung von Informationshandlungen beschränken, aber auch gegenüber weichen Nachrichten, die eine Reihe rezeptionserleichternder und -stimulierender Maßnahmen aufweisen" ab.[36] Bei KLUTE (2006: 23) wiederum findet eine Unterscheidung in ‚Bericht' und ‚Meldung' statt. Eine dreifache Gliederung in die journalistischen Darstellungsformen ‚Meldung', ‚Nachricht' und ‚Bericht' verwendet PÜRER, der Erstere als „die kleine Schwester" und Letzteren als „größere[n] Bruder" der ‚Nachricht' bezeichnet (1996: 75).[37] SCHWIESAU/OHLER (2003: 16) verweisen auf die Begriffsvielfalt, indem sie anführen, dass ‚Kurznachrichten' zum Teil von Agenturen und Zeitungen als ‚Meldungen' bezeichnet werden. Anschließend schließen sie sich der aufgezeigten Praxis an, bei der die Begriffe ‚Nachricht' und ‚Meldung' von den meisten Redaktionen synonym gebraucht werden. An späterer Stelle wird als weitere Entsprechung

35 Vgl. z.B. KLUTE (2006: 23), KRAUSE (1993: 4), LA ROCHE (2008: 79, 150), LÜGER (1995: 109), MAST (2012: 275f.), PÜRER (1996: 75), STÖBER (2000: 314), WEISCHENBERG (2001: 50). Nach ECKER/LANDWEHR/SETTEKORN/WALTHER (1977: 16) hingegen ist eine Abgrenzung des ‚Berichts' nicht immer gegeben: „Der *Bericht* ist oft identisch mit der Nachricht, besonders dann, wenn der Berichtende anonym bleibt."

36 LÜGER (1995: 95) gibt gleichzeitig an, dass einige Autoren den Begriff ‚Nachricht' aufgrund seiner Doppeldeutigkeit nicht verwenden und andere Autoren diesen ausschließlich gebrauchen, sodass die Bezeichnungen ‚Meldung' und ‚Bericht' bei ihnen nicht auftreten.

37 Auch KRAUSE (1993: 4) verwendet alle drei Begriffe und gibt an, dass diese „eng miteinander verwandt [sind]". Die Abgrenzung erfolgt fast ausschließlich über die Länge. LA ROCHE (2008: 150) verwendet wie PÜRER die Bezeichnung „Bruder der Nachricht" für den ‚Bericht', der „größer und auch schon ein wenig reifer" ist. Eine dritte Darstellungsform ‚Meldung' setzt er bewusst nicht an, da für ihn „[j]ede Meldung […] auch eine Nachricht [ist]" (ebd.: 79) und er daher den allgemeineren Terminus Nachricht bevorzugt.

für ‚Meldung' auf die Verwendung des Begriffs ‚Einspalter'[38] in einigen Verlagen verwiesen (ebd.: 223).

Die Untersuchung der Begrifflichkeiten für kurze, informationsbetonte Darstellungsformen zeigt, dass von einer einheitlichen Verwendung der Bezeichnungen nicht gesprochen werden kann. Nur relativ wenige Begriffe wie beispielweise ‚Interview' und ‚Kommentar', die zwei besonders typische Darstellungsformen bezeichnen, treten bei nahezu allen Autoren auf, ohne dass sich jedoch der Konsens bezüglich der Bezeichnungsverwendung auf die Kriterien zur Definition übertragen lässt. Diese Begriffsvielfalt erschwert die Auseinandersetzung mit den journalistischen Darstellungsformen, da bei einer Beschäftigung mit verschiedenen Ansätzen zunächst immer die Entsprechungen geklärt werden müssen. Besonders schwierig ist dies für Personen, die fachfremd sind bzw. die sich als Lernende die verschiedenen journalistischen Darstellungsformen aneignen wollen. Die unterschiedlichen Bezeichnungen können schnell zu Verwirrungen führen, zumal ihre Definitionen in der Literatur weder eindeutig noch einheitlich sind.[39]

2.2 Ansatz unterschiedlich vieler journalistischer Darstellungsformen

Innerhalb der publizistischen Fachliteratur werden je nach Autor unterschiedlich viele journalistische Darstellungsformen angesetzt. Neben der Begrenzung auf relativ wenige Grundtypen[40] setzen andere Autoren eine Vielzahl von naheverwandten journalistischen Darstellungsformen[41] an, deren Abgrenzung häufig nicht nachvollziehbar ist. Abweichungen in der Anzahl der angesetzten Begriffe bedingen, dass bei verschiedenen Ansätzen verschieden viel unter einem Begriff zusammengefasst wird. Während bei Ansätzen mit wenigen journalistischen Darstellungsformen diese weiter gefasst sein und eine größere Varianz tolerieren müssen, werden bei Ansätzen mit einer sehr großen Bandbreite an Darstellungsformen schon kleine Unterschiede für die Konstituierung einer neuen Gruppe verwendet. Inwiefern die einzelnen Vorgehen sinnvoll sind,

38 Diesen Begriff führt auch WEISCHENBERG (1990: 25, 2001: 50) auf und spricht bei den Tageszeitungen von einer Gleichsetzung mit dem Begriff ‚Meldung', die er als „Kurz-Nachrichten mit einer Länge von gewöhnlich nicht mehr als 20 bis 30 Druckzeilen" definiert (2001: 50). Auch PÜRER (1996: 75) verweist darauf, dass die ‚Meldung' auch als ‚Einspalter' bezeichnet wird. SCHWIESAU/OHLER (2003: 16) geben eine gleiche Verwendung für den Begriff ‚Kurzmeldung' und ‚Einspalter' an.

39 Vgl. Kap. II.D.4.

40 Vgl. z.B. WEISCHENBERG (2001: 49).

41 Vgl. z.B. PÜRER (1996) und REUMANN (2009).

kann nur anhand der verwendeten Kriterien, die zur Begründung der einzelnen Darstellungsformen herangezogen werden, beurteilt werden.

Die unterschiedliche Anzahl hängt zudem häufig davon ab, ob die einzelnen Begriffe wirklich als selbstständige Darstellungsformen mit festen Kriterien verstanden werden oder doch plötzlich als Oberbegriffe andere Darstellungsformen subsumieren.[42] Werden die Bezeichnungen willkürlich für verschiedene Hierarchiestufen verwendet, sodass sie doppelt auftreten, ist die Typologie nicht mehr stringent und nachvollziehbar.

Die großen Unterschiede bezüglich der Gesamtanzahl der journalistischen Darstellungsformen bedingen ebenso wie die uneinheitlichen Bezeichnungen,[43] dass eine Vergleichbarkeit zwischen verschiedenen Ansätzen erschwert wird.

2.3 Mehrfachbedeutungen

Anknüpfend an die ersten beiden Punkte besteht ein weiteres Problem der publizistischen Begrifflichkeiten darin, dass diese zwischen verschiedenen Autoren oder sogar innerhalb eines Ansatzes mit ganz unterschiedlichen Bedeutungen belegt sind. Ein typisches Beispiel hierfür ist der Terminus ‚Nachricht'.[44] Dieser lässt sich in folgenden Bedeutungsvarianten nachweisen:

1. Eine interessante, aktuelle Information bzw. Botschaft[45]
2. Eine journalistische Darstellungsform[46]
3. Der Oberbegriff für verschiedene tatsachenbetonte Darstellungsformen[47]

---

42 MAST (2012: 300) und REUMANN (2009: 158) geben an, dass der Begriff ‚Kommentar' häufig generell für meinungsbetonte Formen steht.

43 Vgl. Kap. II.D.2.1.

44 Vgl. zur Mehrfachbedeutung der ‚Nachricht' SIMMLER (1993a: 349+350). Auch der Begriff ‚Feuilleton' kann „nicht nur für eine journalistische Darstellungsform, sondern vor allem für das Ressort der Zeitung" verwendet werden (REUMANN (2009: 162).

45 Vgl. BRENDEL/GROBE (1976: 21), DOVIFAT (1976, Bd. 1: 38, 76), LA ROCHE (2008: 79), LÜGER (1995: 95), MAST (2012: 271+272), SCHULZ (2009: 359), SCHWIESAU (2003: 13), WEISCHENBERG (2001: 17, 49).

46 Vgl. BRENDEL/GROBE (1976: 21), DOVIFAT (1976, Bd. 1: 39), ECKER/LANDWEHR/SETTEKORN/WALTHER (1977: 15), KOSZYK (1981: 154f.), KRAUSE (1993: 3, 4), LA ROCHE (2008: 79), LÜGER (1995: 95), MAST (2012: 272), PÜRER (1996: 75), SCHULZ (2009: 359), SCHWIESAU (2003: 13), STÖBER (2000: 177, 314), WEISCHENBERG (2001: 17, 49).

47 Vgl. MAST (2012: 273), WEISCHENBERG (2001: 50). MÜNSTER (1955: 118f.) bestimmt den Begriff ‚Nachricht' als „Mitteilungen über Zustände oder Begebenheiten der Vergangenheit, Gegenwart und Zukunft". ‚Nachricht' fungiert für ihn allgemein als ein Oberbegriff nicht nur für tatsachenbetonte Darstellungsformen (er nennt sie „reine Nach-

Besonders problematisch wird eine solche Mehrfachbedeutung, wenn ein Autor denselben Begriff in zwei verschiedenen Bedeutungen gebraucht, ohne dies kenntlich zu machen. So führt WEISCHENBERG (2001: 17, 49) die ersten beiden Bedeutungen ein,[48] bezieht jedoch nicht Stellung, in welcher Weise er den Begriff ‚Nachricht' zu verwenden gedenkt. Unter dem Kapitel ‚Darstellungsformen' (ebd.: 49ff.) gibt er zudem eine dritte Bedeutung an, indem er diesmal neben dem Sinngehalt „publizistische[s] Rohmaterial" die ‚Nachricht' als „bestimmten Typ journalistischer Darstellungsformen" (ebd.: 49ff.), folglich als Oberbegriff, angibt. Auf diese Abweichung gegenüber seiner ersten Begriffsbestimmung (ebd.: 17) geht er jedoch nicht ein.

Unter seinen Nachrichten-Darstellungsformen (ebd.: 50ff.) erklärt WEISCHENBERG nur die Darstellungsformen ‚Meldung' und ‚Bericht', während die ‚Nachricht' in diesem Zusammenhang nicht als eigenständige journalistische Darstellungsform behandelt wird. Innerhalb seiner „Einführenden Bemerkungen" (ebd.: 13) hingegen wird der Begriff synonym zu ‚Meldung' gebraucht:

> Die schwerfällige Organisation der Fakten und die mit Informationen überladenen Absätze erschwerten die Verständlichkeit von Nachrichten, behaupten sie [WEISCHENBERG gibt sinngemäß die Meinung von Fachleuten zu der sinkenden Zahl der Zeitungsleser wieder; S.S]. Nur die Journalisten selbst und ihre Quellen könnten Meldungen, die nach dem Prinzip der ‚umgekehrten Pyramide' aufgebaut sind, wirklich verstehen.

Bei der Behandlung der Meinungs-Darstellungsformen findet ein Springen zwischen verschiedenen Bedeutungen statt. Bei seiner Äußerung: „Mit Hilfe der Meinungsdarstellungsformen werden Nachrichten ergänzt, gedeutet, in einen Zusammenhang gestellt, durchleuchtet und bewertet" (ebd. 2001: 52), verwendet er ‚Nachricht' als Oberbegriff für ‚Meldung' und ‚Bericht', wobei hier auch die Verwendung als eigenständige Darstellungsform möglich wäre. Auf derselben Seite gebraucht WEISCHENBERG den Begriff im Sinne der ersten Bedeutung (Information): „Auch die Glosse enthält oft eine Nachricht, wobei das Thema keineswegs immer leicht oder lustig sein muss." (Ebd.: 52) Dieses Springen zwischen den Bedeutungsvarianten erschwert dem Leser das

richten" (ebd.: 119)), sondern auch für die meinungsbetonten (er bezeichnet sie als „kommentierte Nachrichten" (ebd.)).

48 WEISCHENBERG (2001: 17, 49).

Erfassen des Inhalts, da man zunächst den wahrscheinlichsten Sinn aus dem Kontext erschließen muss.[49]

Wird ein Begriff in verschiedenen Bedeutungen nebeneinander verwendet, kann dies schnell zu inhaltlichen Widersprüchen führen. So schreibt MAST (2004: 303) beispielsweise über den ‚Kommentar':

> Der Begriff ‚Kommentar' wird oft als Synonym für meinungsbetonte Formen verwendet. […] Der Kommentar soll hier jedoch als eigene Darstellungsform betrachtet werden, in Abgrenzung zu Leitartikeln, Glossen, Kolumnen u.a., die auch Kommentare beinhalten können, also spezifische Kommentare sind, jedoch Merkmale aufweisen, die ihre Klassifizierung als eigene Darstellungsform gerechtfertigt erscheinen lassen.

MAST widerspricht dabei ihren eigenen Ausführungen, indem der ‚Kommentar' einerseits als eigene Darstellungsform festgelegt und von anderen wertenden journalistischen Darstellungsformen abgegrenzt wird, andererseits diese jedoch als „spezifische Kommentare" aufgefasst werden, wodurch die Bezeichnung ‚Kommentar' als Oberbegriff für die verschiedenen meinungsbetonten Formen erscheint.[50]

2.4 *Synonyme Verwendung mehrerer Begriffe*

Die Unübersichtlichkeit bezüglich der Bezeichnungen journalistischer Darstellungsformen wird weiterhin dadurch gefördert, dass zum Teil von einem Autor zwei Bezeichnungen synonym verwendet werden. Dies sorgt bereits für ein erschwertes Verständnis und verkompliziert den Vergleich mit anderen Werken, wenn der Autor dies explizit erwähnt.[51] Ungleich verwirrender für den Leser ist jedoch die synonyme Verwendung zweier Begriffe, ohne dass von dem Verfasser darauf hingewiesen

49 Für beide Beispiele ist grundsätzlich auch nicht die jeweils andere Bedeutung inhaltlich ganz auszuschließen.

50 Vgl. auch MAST (2012: 300f.). Auch HOPPE (2000: 29) verwendet den Begriff ‚Kommentar' einmal für eine bestimmte journalistische Darstellungsform und einmal als „Oberbegriff für meinungsbetonte Artikel". Sie gibt diese Doppelbesetzung zwar deutlich an. Die Notwendigkeit dieser dennoch verwirrenden Mehrfachbesetzung ist jedoch fragwürdig, da sie synonym für den Oberbegriff ‚Kommentar' auch die eindeutigere Bezeichnung ‚meinungsäußernde' und ‚kommentierende Darstellungsformen' verwendet. Auch die ‚Lokalspitze' wird von ihr zunächst als eigenständige Darstellungsform aufgeführt (ebd.: 28), bei der näheren Beschreibung erscheint sie hingegen ebenfalls als eine Art Oberbegriff: „Tatsächlich werden unter Lokalspitze aber alle Kommentarformen des Lokalteils subsumiert, egal ob es de facto Kommentare, Glossen, Leitartikel oder Kolumnen sind." (Ebd.: 38)

51 SCHWIESAUs (2003: 16) Gleichsetzung der Begriffe ‚Nachricht' und ‚Meldung' ist dadurch motiviert, dass er dies als für die meisten Redaktionen üblich betrachtet. Dadurch wird sein Vorgehen nachvollziehbar, auch wenn die konsequente Verwendung eines Begriffes aus Gründen der Übersichtlichkeit vorzuziehen ist.

wird. Dies ist besonders dann der Fall, wenn die beiden synonym gebrauchten Begriffe bei anderen Autoren klar getrennt sind und eigenständige Inhalte bezeichnen. HRUSKA (1999) führt beispielsweise den Begriff ‚Nachricht' ausführlich ein, wobei sie diesem einen bestimmten Inhalt (Neuigkeiten von Interesse) und eine charakteristische Form (Wichtiges zuerst etc.) zuweist (ebd.: 15, 16, 36) und ihn dadurch als eine bestimmte journalistische Darstellungsform auffasst. An späterer Stelle verwendet sie synonym den Begriff ‚Meldung'. So soll sich der Leser bei der „Übung zur Nachrichtenauswahl" (ebd.: 29) begründet für eine der „zwei Meldungen" (ebd.) entscheiden. Während in diesem Beispiel die Gleichsetzung mit der ‚Nachricht' als journalistischen Darstellungsform bedingt durch den Kontext sehr deutlich wird, trifft dies für die Definition des Vorspanns nicht mehr zu:

> Unter Vorspann verstehen wir hier den grafisch abgehobenen ersten Absatz einer Meldung [1], also in anderer Schrift, Schriftgröße, Schriftdicke oder Spaltenbreite. Der bleibt nach klassischem Nachrichtenverständnis wichtigen Meldungen [2] vorbehalten. Er ist insofern ein zusätzliches Mittel der Redaktion, ihre Bewertung von Nachrichten zu verdeutlichen. (Ebd. 51)

Die Irritation über den neuen Begriff wird noch dadurch vergrößert, dass nicht genau deutlich wird, ob ‚Meldung' nun im Sinne von Nachricht als einer journalistischen Darstellungsform gebraucht wird, wie HRUSKA den Begriff eingeführt hat, oder sich nur auf den inhaltlichen Aspekt ‚Neuigkeit' bezieht. Bei der ersten Verwendung [1] erscheint die Bedeutung ‚journalistische Darstellungsform', bei der Verwendung [2] der Sinn ‚Neuigkeit' plausibler.[52]

Schlecht für die Übersichtlichkeit ist es auch, wenn Begriffe von den Autoren teilweise gleichgesetzt werden. So geben ECKER/LANDWEHR/SETTEKORN/WALTHER (1977: 16) an: „Der *Bericht* ist oft identisch mit der Nachricht, besonders dann, wenn der Berichtende anonym bleibt." Durch das Wort „oft" weiß der Leser nie, wann im folgenden Text eine Bedeutungsentsprechung stattfindet und wann nicht, da diese nicht generell angenommen werden darf. Die Voraussetzungen für

52 Bei BRENDEL/GROBE (1979: 51) tritt eine ähnliche Gleichsetzung auf, indem sie die Begriffe ‚Nachricht' und ‚Kurzmeldung' synonym gebrauchen: „Die Aneinanderreihung der Nachrichtenformen zeigt, daß die Grenzen zwischen Nachricht und Bericht eine fließende ist. Verwendet man die knappe Kurzmeldung, um ein gerade noch als informationsrelevant angesehenes Ereignis in die Zeitung zu bringen, oder um einen sachlichen bzw. technischen Lückenfüller zu haben, so kann schon die Zusammenstellung einzelner solcher Nachrichten einen Bericht ergeben."

eine synonyme Verwendung werden dabei nicht geklärt, da der Begriff ‚besonders' auch noch andere Möglichkeiten offen lässt.[53]

Auch wenn die Bedingungen genau angegeben werden, unter denen zwei Begriffe synonym verwendet werden, ist dieses Vorgehen problematisch. PÜRER (1996: 187) schreibt in seinem Werk: „Die Begriffe Kritik und Rezension werden synonym für Berichte und Kommentare in der Kulturberichterstattung gebraucht, sofern sie sich auf die Bewertung künstlerischen Schaffens und Gestaltens beziehen."[54] Es ist nicht nachvollziehbar, wie eine typisch meinungsbetonte Darstellungsform mit einer typisch informationsbetonten Darstellungsform gleichgesetzt werden kann, nur weil sie in einem bestimmten Ressort erscheint. Ein solches Vorgehen impliziert, dass die verschiedenen Darstellungsformen nicht nach festen Kriterien unterschieden werden, sondern nach willkürlich festgelegten, da austauschbaren, Bezeichnungen. Fraglich ist daher schon, wie es überhaupt zu der Erstzuordnung zu der Darstellungsform ‚Bericht' kommt und warum nicht gleich eine ‚Kritik' angenommen wird. Ein derartiger Nomenklaturwechsel bedingt, dass die Bezeichnungen der journalistischen Darstellungsformen zu Worthülsen verkommen und folglich für den Leser nicht mehr klar ist, was die einzelnen Formen auszeichnet bzw. unterscheidet. Der angestrebte Vorteil einer solchen Gleichsetzung ist zudem in keiner Weise erkennbar.

Die Verwendung von synonymen Bezeichnungen kann auch dahingehend missverständlich sein, dass mit den unterschiedlichen Bezeichnungen auf verschiedene hierarchische Stellungen innerhalb der Textklassifikation verwiesen wird. So führt DOVIFAT (1976, Bd. 1: 39) beispielsweise für den Begriff ‚Reportage' in Klammern den Begriff ‚Erlebnisbericht' auf. Während die Bezeichnung ‚Reportage' stützt, dass der Autor sie als eine eigenständige journalistische Darstellungsform betrachtet, erweckt das Synonym ‚Erlebnisbericht' den Anschein, dass es sich hierbei nur um eine Variante der Darstellungsform ‚Bericht' handelt.[55]

53 Auf die Frage, ob die Anonymität bzw. Bekanntheit des Autors als alleiniges Unterscheidungskriterium zweier journalistischer Darstellungsformen genügt, wird in Kapitel II.D.3.4. näher eingegangen.

54 Nach BRENDEL/GROBE (1979: 57f.) ist die ‚Rezension' ebenfalls „der Kommentar im Kulturteil der Zeitung, soweit er die Beurteilung eines Buches, einer Theateraufführung, eines Films, von Werken der bildenden Kunst etc. betrifft."

55 Die Bezeichnung ‚Erlebnisbericht' wird auch von REUMANN (2009: 150) und SCHLÜTER (2004: 148) verwendet. KRAUSE (1993: 5) bezeichnet die ‚Reportage' als ‚Ereignisbericht'.

3. Klassifikationskriterien in der Publizistik

Bei der Klassifikation innerhalb der Publizistik lässt sich feststellen, dass bezüglich der gewählten Kriterien und der Definitionen der journalistischen Darstellungsformen große Unterschiede auftreten.[56] Im Folgenden werden verschiedene Probleme dargelegt, die sich bezüglich der Merkmale zeigen, die zur Abgrenzung verwendet werden.[57]

3.1 Klassifikation anhand vager Klassifikationskriterien

Zur Charakterisierung einer journalistischen Darstellungsform werden von vielen Autoren relativ unbestimmte Begriffe, wie z.B. der Stil, herangezogen. Derartige Merkmale sind für eine exakte Definition ungenügend, da ihre Bestimmung mehr der subjektiven Einschätzung als exakten empirischen Untersuchungen folgt.[58] Dem Leser ist es kaum möglich, die verschiedenen Darstellungsformen, besonders wenn sich diese sehr nahe stehen, voneinander abzugrenzen bzw. selbst zu verfassen.[59]

Zur Beschreibung der journalistischen Darstellungsform ‚Glosse' finden sich beispielsweise folgende Äußerungen, die sich hauptsächlich auf deren Stil beziehen:

- KLUTE (2006: 54): „[...] eine kritische, oft ironische, meist geistreiche Stellungnahme zu einem aktuellen Ereignis von öffentlicher Bedeutung. Sie ist mit dem Kommentar verwandt, indem sie das Ereignis subjektiv beleuchtet und kommentiert. Dies geschieht hier in knapper Form und auf polemische, auch spöttische oder boshafte Art und Weise. Der Verfasser bedient sich eines funkelnden, geschliffenen Stils, reich an Wortspielen, treffend, pointiert, auch witzig. Die Eleganz des Ausdrucks soll den Leser für die Textaussage einnehmen."
- LÜGER (1995: 137): „Glossen zeichnen sich gegenüber dem Kommentar durch einen zugespitzten, polemischen Stil aus [...] und gelten als ausgesprochen ‚feuilletonistisch'. Die Argumentation wirkt eher unterhaltend als überzeugen wollend."
- LA ROCHE (2008: 177): „**Der Unterschied zum Kommentar** besteht also nicht im *Thema*, sondern im *Stil*. Das bestätigt eine in Stichworten gehaltene

56 MAST (2012: 268f.) gibt einen kurzen Überblick über häufig verwendete Systematisierungskriterien bei journalistischen Darstellungsformen.

57 LÜGER (1995) wird bei der folgenden Darlegung nicht berücksichtigt, da sein Ansatz eine linguistisch orientierte Untersuchung ist.

58 Vgl. zur Kritik an den vagen Klassifikationskriterien SIMMLER (1993a: 351ff.) und BURGER (2000: 616).

59 HOPPE (2000: 13) kritisiert für die ‚Glosse', dass deren Definitionen in der publizistischen Literatur „seit jeher so allgemein und blumig" formuliert sind, „dass sie für den konkreten Schreibprozess keine praktischen Hinweise enthalten".

Charakteristik der Glosse, die mir der Journalist Reinhardt Stumm skizzierte: ‚Polemisch, ohne Zugeständnisse, ohne Einräumungen. Die Schwäche des Gegenstandes genau erfassend. Nicht argumentierend, sondern bloßstellend, nicht abwägend, sondern hart, ironisch, witzig, listenreich [...] Die Pointe muss überraschend, überzeugend, schlagend sein'."
- PÜRER (1996: 179): „Die wohl schwierigste Form des Kommentars ist die Glosse. Sie verhält sich zum Leitartikel wie die Karikatur zum Gemälde. Kurz im Umfang, lebt sie vom geistigen und sprachlichen Witz, arbeitet sie mit den Stilmitteln des Spottes, der Ironie, erlebt sie ihren anschließenden Höhepunkt weniger in der logischen Schlußfolgerung als vielmehr in der Pointe (Spitze)."
- WEISCHENBERG (2001: 52): „In der Glosse [...] werden in aller Kürze Zeiterscheinungen oder aktuelle Ereignisse spöttisch dargestellt (‚glossiert'), kritisch durchleuchtet oder offen angeprangert."

All diesen Zitaten ist gemein, dass sie sich in ihrer Beschreibung der ‚Glosse' in allgemeine Äußerungen flüchten. Adjektive wie „geistreich", „pointiert", „spöttisch", „boshaft", „ironisch", „feuilletonistisch" oder „polemisch" vermitteln zwar einen ungefähren Eindruck von der Richtung der ‚Glosse' und ermöglichen eine ungefähre Abgrenzung von den informationsbetonten Darstellungsformen, was genau mit ihnen gemeint ist und wie sich dieser Stil konkret sprachlich ausdrückt, bleibt jedoch offen.[60] Auffallend ist auch, dass neben dem Stil und der Intention der ‚Glosse' kaum andere Kriterien zur Definition herangezogen werden. Dies führt zu Abgrenzungsproblemen zum Beispiel gegenüber der ‚Kolumne', auf die viele der aufgeführten Aspekte ebenfalls zutreffen.[61]

Problematisch ist auch die Beschreibung einer journalistischen Darstellungsform mithilfe eines sehr abstrakten oder offenen Begriffs. Die Erläuterung, dass es sich bei einer ‚Lokalspitze' um „eine am Erscheinungsort eines Mediums orientierte kleine Plauderei unterhaltender oder belehrender Art" handelt (WEISCHENBERG 2001: 52) oder bei der ‚Glosse' um einen „Farbtupfer" oder einen „Mückenstich",[62] ist für eine exakte Festlegung der journalistische Darstellungsformen völlig unzu-

60 SIMMLER (1993a: 352) kritisiert in ähnlicher Weise, dass DOVIFAT (1976, Bd. 1: 168f.) bei den Merkmalen Sachlichkeit und Präsenz, die er für die ‚Nachricht' als charakteristisch angibt, nicht näher auf deren sprachliche Realisierungen eingeht.

61 REUMANN (2009: 159) bezeichnet den Stil der ‚Kolumne' als „oft pointiert, auch polemisch", PÜRER (1996: 179) charakterisiert sie als „bewußt polemisch angelegt, ja aggressiv, und deshalb die subjektivste Form aller meinungsäußernder Stilformen".

62 Vgl. REUMANN (2009: 161).

länglich. Mehr als eine vage Vorstellung kann durch diese Umschreibungen nicht vermittelt werden.[63]

3.2 Unzureichende Abgrenzung ähnlicher Darstellungsformen

Einige Autoren beschränken sich bei der Abgrenzung zweier journalistischer Darstellungsformen auf ein bestimmtes Merkmal. Auch wenn dieses im Vergleich zu einem offenen Begriff wie „Stil" relativ eindeutig festgestellt werden kann, ist eine Unterscheidung aufgrund eines einzelnen Kriteriums fragwürdig. So wird als alleiniges bzw. wesentliches Unterscheidungsmerkmal zwischen ‚Bericht' und ‚Nachricht' und/oder ‚Meldung' häufig die Länge genannt: „Der Übergang zwischen ‚Meldung' und ‚Bericht' ist aber in der Praxis fließend; eine Unterscheidung wird nach der Länge getroffen. Der Aufbau ist bei beiden Darstellungsformen gleich." (WEISCHENBERG 2001: 50f.)[64] Bei einigen Autoren folgen konkrete Längenangaben für die ‚Meldung' bzw. ‚Nachricht', wobei sich der ‚Bericht' durch Überschreiten dieses Umfangs ergibt.[65] SCHNEIDER/RAUE (2012: 139) betonen sogar explizit, dass eine Differenzierung zwischen ‚Meldung' und ‚Bericht' ausschließlich aufgrund der Länge sinnvoll ist:

> Die innerredaktionelle Unterscheidung zwischen Meldung und Bericht ist vernünftig, wenn sie Einspalter (= Meldung) vom Mehrspalter (= Bericht) unterscheiden soll. Sie ist jedoch anfechtbar, wenn sie unterstellt, dass es außer dem Unterschied in der Länge auch einen in Form oder Inhalt gäbe.

63 Auch LÜGER (1995: 17) geht auf die Schwächen der Kriterien in der Publizistik ein: „Bemerkenswert erscheinen dennoch die oft vagen und unverbindlichen Angaben, z.B. Merkmale wie „knapp und prägnant", „unpersönlich und sachlich" bzw. „in einem persönlicheren, farbigen oder affektiveren Ton gehalten" bei der Gegenüberstellung ‚harter' und ‚leichter Nachrichten'" [LÜGER entnimmt seine Beispiele REUMANN (1989: 72ff.)].

64 Vgl. z.B. auch STÖBER (2000: 314), für den der ‚Bericht' die „längere Form der Nachricht" ist. Auch MAST (2008: 266) stimmt dieser Abgrenzung zu: „Formales Abgrenzungskriterium ist die Länge, die Indikator für die unterschiedliche Ausführlichkeit ist, mit der Ereignisse oder Themen behandelt werden." Vgl. auch MAST (2012: 275f.).

65 Nach MAST (2008: 266) „sind Meldungen Kurz-Nachrichten mit einer Länge von gewöhnlich nicht mehr als etwa 25 Druckzeilen in Tageszeitungen. In Berichten hingegen werden Ereignisse ausführlicher dargestellt." WEISCHENBERG stimmt in seinem älteren Werk (1990: 50) noch mit dieser Aussage MASTs überein, in seiner 2001 erschienen Publikation erweitert er den Rahmen auf „gewöhnlich nicht mehr als 20 bis 30 Druckzeilen" (ebd.: 50+51). PÜRER (1996: 75) setzt für die Meldung als „kleine Schwester der Nachricht" 10 bis 25 Zeilen an, WOLFF (2006: 55) bis zu 30 Zeilen. KRAUSE (1993: 4) nennt sogar konkrete Zeilenzahlen für ‚Meldung' (5 bis 10 Zeilen), ‚Nachricht' (20 bis 30 Zeilen) und ‚Bericht' (mehr als 30 Zeilen), wobei irritierender Weise die Spanne von 10 bis 20 Zeilen keiner der drei Darstellungsformen zugeordnet wird.

> Denn eine Nachricht ist eine Nachricht – ob sie aus zwei Wörtern besteht […] oder eine ganze Zeitungsseite füllt. (Ebd.: 67)

Der Beurteilung SCHWIESAUs (2003: 16) bezüglich dieses Vorgehens, „[d]ie Länge eines journalistischen Textes ist kein Maßstab, um die Darstellungsform zu bestimmen", ist zuzustimmen. Zum einen gewährleistet ein solches alleiniges Definitionskriterium keine Abgrenzung von anderen sehr kurzen Darstellungsformen,[66] zum anderen bleibt auf diese Weise eine Fülle von internen und externen Kriterien unberücksichtigt, welche die beiden Darstellungsformen zusätzlich charakterisieren.[67] Das Ansetzen zweier eigenständiger Darstellungsformen ist nicht gerechtfertigt, wenn das Ergänzen bzw. Streichen weniger Zeilen den einzigen Unterschied darstellt. So kann es nicht das Ziel einer Klassifikation sein, dass man zu einer anderen Darstellungsform gelangt, nur wenn man sich bei ihren Zeilen verzählt.

3.3 Unterschiedliche Art und Anzahl der Kriterien

Generell variiert die Art und Anzahl der Kriterien, die von den einzelnen Autoren herangezogen werden. Viele Ansätze beschränken sich auf eine sehr kurze und oberflächliche Beschreibung. So definiert WEISCHENBERG (2001: 60) die ‚Reportage' wie folgt:

> In der Reportage (von lat. reportare = überbringen) werden Personen und Situationen mit mehr Details als im Bericht und mit erzählenden Stilmitteln dargestellt. Dabei kann auch die Ich-Form verwendet werden. Im Zentrum steht, was der Beobachter sieht und erlebt; das Publikum soll die Geschehnisse aus der Perspektive des Reporters *mit*erleben können.[68]

Abgesehen davon, dass weder auf die Art der erzählenden Stilmittel näher eingegangen wird noch wie das Miterleben vom Autor bewirkt wird, ähneln andere Merkmale stark dem Bericht. Typisch für diesen sind laut WEISCHENBERG (2001: 51) „der Einsatz sprachlicher Mittel des Erzählens" und „der Einschluss von mehr Details als bei der Meldung".

Noch weniger Kriterien finden sich bei DOVIFAT (1976, Bd. 1: 39), der „die knapp gefasste, Tatsachen festlegende *Nachricht*" von dem „in

---

66 So bezeichnet DOVIFAT (1976, Bd. 1: 179) beispielsweise die ‚Glosse' als „die kürzeste und schwerste journalistische Stilform."

67 HRUSKA (1999: 142-144) unterscheidet ‚Nachricht' und ‚Bericht', indem sie z.B. Unterschiede in der Sprache, dem Vorspann und der Überschrift herausstellt.

68 BRENDEL/GROBE (1976: 69) sind ähnlich unpräzise, indem sie als charakteristisches Unterscheidungsmerkmal der ‚Reportage' deren „relativ emotionale[] Form" benennen, mit der sie „die Gefühle der Rezipienten ansprechen" will. Wie dies konkret im Text realisiert wird, bleibt unerwähnt.

engster Fühlung mit den Tatsachen und ihrem Ablauf beschreibende[n] *Bericht*" abgrenzt. Als Unterschiede zur ‚Nachricht' werden an späterer Stelle lediglich die größere Länge und das Vorkommen von „alle[n] belebenden Elemente[n] des Erzählens, freilich ohne alle Beigabe der Phantasie" angegeben (ebd.: 172).

Andere Ansätze sind wesentlich ausführlich und fundierter. So bezieht beispielweise HRUSKA (1999: 142-144) zur Abgrenzung von ‚Nachricht' und ‚Bericht' verschiedene interne Faktoren wie den Aufbau und die sprachliche Realisierung der Überschriften, den inhaltlichen Aufbau des Textes und den Vorspann (Lead) ein. Auch wenn hierbei aus linguistischer Sicht noch viele externe und interne Faktoren unberücksichtigt bleiben, stellt ihr Vorgehen doch einen Fortschritt gegenüber vielen anderen Ansätzen dar.

3.4 Beschreibung einer journalistischen Darstellungsform durch eine andere

Bei der Festlegung einer publizistischen Darstellungsform lässt sich öfter beobachten, dass eine Form anhand einer anderen erläutert wird, ohne Erstere jedoch fundiert definiert zu haben.[69]

WEISCHENBERG (1990) beispielsweise definiert ‚Berichte' als „ausführliche Nachrichten" (ebd.: 26), wobei er den Begriff ‚Nachricht' an anderer Stelle als „Oberbegriff für knapp und möglichst unparteilich formulierte Informationen der Massenmedien" (ebd.: 25) oder als „Mitteilungen von publizistischem Wert" (ebd.: 17) beschreibt. Davon abgesehen, dass die ‚Nachricht' von ihm somit nicht als eigenständige Darstellungsform auf derselben Stufe wie der des ‚Berichts' verstanden wird, sind die Merkmale, die eine ‚Nachricht' ausmachen, nur vage angedeutet. Entsprechend unscharf muss die Darstellungsform ‚Bericht' bleiben, wenn als einzige Unterscheidungsmerkmale die Ausführlichkeit und die Möglichkeit der Verwendung erzählerischer Mittel angegeben werden.[70] Wichtige Merkmale wie etwa der Aufbau der Überschrift bleiben so unberücksichtigt.[71]

---

69 Vgl. SIMMLER (1993a: 352).

70 Vgl. WEISCHENBERG (1990: 25).

71 Bei der Bestimmung der Darstellungsform ‚Bericht' geht STÖBER (2000: 314) ähnlich vor, indem er ihn als „längere Form der Nachricht" angibt. PÜRER (1996) bezeichnet den ‚Bericht' zwar auch als „größere[n] Bruder" (ebd.: 75), nennt dann aber Merkmale, welche seine Unterscheidung begründen (ebd.: 75+76). Ebenso verfährt LA ROCHE (2008: 150ff.).

Besonders fragwürdig ist die teilweise Gleichsetzung der Darstellungsformen ‚Nachricht' und ‚Bericht' bei ECKER/LANDWEHR/SETTEKORN/WALTHER (1977: 16): „Der Bericht ist oft identisch mit der Nachricht, besonders dann, wenn der Berichtende anonym bleibt." Dies würde bedeuten, dass der interne Faktor ‚Autorenname' allein eine eigenständige Darstellungsform begründet. Eine solche Annahme ist jedoch abzulehnen, da dieses Merkmal keine wesentliche Eigenschaft der Darstellungsform ist. Wenn das Vergessen des Autorennamens eine neue Darstellungsform bedingt, besitzt diese keine Funktionalität. Aufgabe einer Klassifikation ist es immer, das Textvorkommen (hier innerhalb der Publizistik) zu gliedern und so den Kommunikationsprozess zu vereinfachen. Dazu trägt das unbegründete Ansetzen von Darstellungsformen nicht bei. Von diesem Aspekt abgesehen stellt sich auch die Frage, warum bei identischen Zuordnungskriterien überhaupt zwei Darstellungsformen angenommen werden. Von ECKER/LANDWEHR/SETTEKORN/WALTHER wird darüber hinaus auch nur vage beschrieben, was genau die Darstellungsform ‚Nachricht' kennzeichnet (ebd.: 15+16), sodass auch die Merkmale des ‚Berichts' nicht nachvollziehbar sind.

Auch die Bestimmung des ‚Features' von REUMANN (2009: 152) ist nicht eindeutig, wenn er dieses als „ein Nachrichten-Streiflicht [...], eine auf einen Gesichtspunkt zugespitzte Reportage" beschreibt. Der Autor führt jedoch für die ‚Reportage' die Behandlung mehrerer Gesichtspunkte nicht als charakteristisch auf, anders als es die Erklärung des ‚Features' vorgibt. Sie wird vielmehr als „ein tatsachenbetonter, aber persönlich gefärbter Erlebnisbericht" (ebd.: 150) beschrieben,[72] dessen Lebhaftigkeit durch den Wechsel der Perspektive, der Zeit, der Aktualität und der formalen Mittel erreicht werden kann (ebd.). Die nahezu vollständige Gleichsetzung des ‚Features' mit der ‚Reportage' impliziert hierbei, dass all diese Merkmale auch auf das ‚Feature' zutreffen. Sollte dies von REUMANN tatsächlich so gesehen werden, ist das Vorgehen WEISCHENBERGs (2001: 60) zu befürworten, „die letztlich unfruchtbaren Abgrenzungsversuche zwischen Reportage und Feature nicht weiterzuführen, deren Differenz ohnehin nicht eindeutig beschrieben werden kann".

72 Der Terminus ‚Erlebnisbericht' ist in diesem Zusammenhang ebenfalls problematisch, da er die ‚Reportage' als eine spezielle Form der ‚Berichts' erscheinen lässt. Auch das ‚Feature' erhält dadurch eine sehr große Nähe zu dieser Darstellungsform. Die unklaren Begrifflichkeiten schließen dabei nicht einmal aus, dass dieses ebenfalls als Spezialform des ‚Berichts' zu betrachten ist.

3.5 Unvollständige Berücksichtigung interner und externer Merkmale

Innerhalb der verschiedenen publizistischen Ansätze lässt sich eine Vielzahl von verschiedenen Kriterien feststellen, die zur Beschreibung einer journalistischen Darstellungsform herangezogen werden.

LÜGERs Äußerung von 1995, „[d]ie Unterscheidungskriterien sind keine sprachlichen, sie orientieren sich in erster Linie an berufspraktischen Erfordernissen des Journalisten" (ebd.: 17), ist dabei nur noch teilweise zuzustimmen. Zum einen verwenden einige Autoren sehr spezifische interne Merkmale, wie die folgenden Ausführungen belegen werden, zum anderen schließt die Orientierung an der Berufspraxis nicht generell aus, dass konkrete Kriterien aufgeführt werden.

Als besonders häufig wird von den Autoren als Charakteristikum einer bestimmten Darstellungsform angegeben, was diese vornehmlich leisten soll. Ob man dies als externen Faktor ‚Verfasserintention' oder internen Faktor ‚Textfunktion' betrachten soll, ist dabei nicht ganz einfach zu entscheiden, da beide Begriffe in enger Beziehung stehen.[73] Anders als an früherer Stelle dieser Arbeit ist in diesem Zusammenhang die Verfasserintention nicht auszuschließen, da die Autoren diese aufgrund theoretischer Überlegungen vorgeben würden und sie nicht für reale Textexemplare ermittelt werden müsste. Die meisten Autoren bringen die Funktion der Darstellungsform jedoch mit bestimmten sprachlichen Strukturen in Verbindung – so unpräzise sie dabei auch vorgehen mögen –, sodass daher der interne Faktor Textfunktion als wesentliches publizistisches Kriterium zur Differenzierung journalistischer Darstellungsformen anzusehen ist.

Insgesamt lassen sich in der untersuchten Literatur viele weitere interne Faktoren feststellen, die in unterschiedlich detaillierter und aussagekräftiger Art zur Beschreibung der journalistischen Darstellungsformen verwendet werden. Sie dominieren dabei klar gegenüber den externen Faktoren.

Zu den ermittelten internen Faktoren zählen zum Beispiel der Textaufbau,[74] die Textlänge,[75] der Stil,[76] die Überschrift,[77] der Lead,[78] der

---

73 Vgl. Kap. II.B.3.1.

74 Vgl. z.B. für den ‚Bericht' BURKHARDT (2009: 196), HRUSKA (1999: 137f.), KRAUSE (1993: 4), LA ROCHE (2008: 150), MAST (2012: 277), PÜRER (1996: 75f.), STRAẞNER (2000: 31) und WOLFF (2006: 75ff.), für das ‚Feature' WOLFF (2006: 205ff.), für die ‚Glosse' PÜRER (1996: 179) REUMANN (2009: 161), und WOLFF (2006: 141ff.), für das ‚Interview' ECKER/LANDWEHR/SETTEKORN/WALTHER (1977: 18), KRAUSE (1993: 7), LA ROCHE (2008: 163), MAST (2012: 298f.), PÜRER

Autorenverweis[79] sowie Angaben zur Tempuswahl,[80] Syntax[81] und der sprachlichen[82] und drucktechnischen[83] Gestaltung.

(1999: 94), für den ‚Kommentar' KLUTE (2006: 52), SCHLÜTER (2004: 155) und WOLFF (2006: 131ff.), für die ‚Kritik' KRAUSE (1993: 8), MAST (2012: 302f.), PÜRER (1996: 187) und WOLFF (2006: 155ff.), für die ‚Meldung' HRUSKA (1999: 36f.), MAST (2008: 266) WEISCHENBERG (2001: 50f.) und WOLFF (2006: 57ff.), für die ‚Nachricht' BURKHARDT (2009: 195), HRUSKA (1999: 36f.), LA ROCHE (2008: 92ff., 150), LORENZ (2009: 92), REUMANN (2009: 147f.), SCHLÜTER (2004: 141), SCHNEIDER/RAUE (2012: 144ff.) und STÖBER (2000: 314), für das ‚Porträt' BURKHARDT (2009: 206) und SCHLÜTER (2004: 147), für die ‚Reportage' KRAUSE (1993: 5) und WOLFF (2006: 187ff.) und für die ‚Rezension' BRENDEL/GROBE (1976: 58).

75 Vgl. z.B. für den ‚Bericht' KRAUSE (1993: 4), LA ROCHE (2008: 79), MAST (2012: 275f.), PÜRER (1996: 75), STÖBER (2000: 314), WEISCHENBERG (2001: 50) und WOLFF (2006: 74), für die ‚Glosse' DOVIFAT (1976, Bd. 1: 179) und PÜRER (1996: 179), für den ‚Kommentar' SCHLÜTER (2004: 154), für den ‚Leitartikel' BURKHARDT (2009: 202) und HOPPE (2000: 34), für die ‚Meldung' KLUTE (2006: 23, 26), KRAUSE (1993: 4), MAST (2008: 266), PÜRER (1996: 75), WEISCHENBERG (2001: 50) und WOLFF (2006: 55), für die ‚Nachricht' KRAUSE (1993: 4), LA ROCHE (2008: 79), PÜRER (1996: 75) und STÖBER (2000: 314) und für die ‚Reportage' PÜRER (1996: 129).

76 Vgl. z.B. für den ‚Bericht' ECKER/LANDWEHR/SETTEKORN/WALTHER (1977: 15f.), HRUSKA (1999: 142), KLUTE (2006: 23), MAST (2012: 276), PÜRER (1996: 75), STRAßNER (2000: 26), für die ‚Glosse' KLUTE (2006: 54), KRAUSE (1993: 8), LA ROCHE (2008: 176f.), SCHALKOWSKI (2005: 15) und WEISCHENBERG (2001: 52), für die ‚Kolumne' HOPPE (2000: 37), MAST (2012: 306), PÜRER (1996: 179) REUMANN (2009: 159) und SCHLÜTER (2004: 155), für den ‚Kommentar' KLUTE (2006: 52) und SCHALKOWSKI (2005: 15), für die ‚Kritik' PÜRER (1996: 188), für die ‚Nachricht' DOVIFAT (1976, Bd. 1: 39), MAST (2008: 266) und WEISCHENBERG (2001: 49), für die ‚Reportage' BRENDEL/GROBE (1976: 69), DOVIFAT (1976, Bd. 1: 39+40), KLUTE (2006: 33), KRAUSE (1993: 5), REUMANN (2009: 150) und für die ‚Rezension' KLUTE (2006: 60).

77 Vgl. z.B. für den ‚Bericht' HRUSKA (1999: 144) und WOLFF (2006: 99), für das ‚Feature' WOLFF (2006: 214), für die ‚Glosse' STRAßNER (2000: 67) und WOLFF (2006: 149), für das ‚Interview' WOLFF (2006: 114+119), für den Kommentar WOLFF (2006: 130f.), für die ‚Kritik' WOLFF (2006: 172), für die ‚Meldung' WOLFF (2006: 70) und für die Nachricht HRUSKA (1999: 61ff.).

78 Vgl. z.B. für den ‚Bericht' HRUSKA (1999: 143f.), MAST (2012: 277) und PÜRER (1996: 75f.) und für die ‚Nachricht' HRUSKA (1999: 51ff.) und LORENZ (2009: 92).

79 Vgl. z.B. für ‚Bericht' und ‚Nachricht' ECKER/LANDWEHR/SETTEKORN/WALTHER (1977: 15f.), für die ‚Nachricht' SCHLÜTER (2004: 141), für das ‚Interview' ECKER/LANDWEHR/SETTEKORN/WALTHER (1977: 17) und für den ‚Kommentar' KLUTE (2006: 52) und LA ROCHE (2008: 173). BRENDEL/GROBE (1976: 55) geben für den ‚Leitartikel' an, dass oftmals bewusst auf eine Signatur verzichtet wird, um den Artikel als „kollektive Meinung der Redaktion" darzustellen. Auch die fehlende sprachliche Realisierung kann daher als Merkmal für eine bestimmte Darstellungsform aufgefasst werden.

80 Vgl. z.B. für den ‚Bericht' KLUTE (2006: 23), für die ‚Meldung' WOLFF (2006: 64f.), für die ‚Nachricht' REUMANN (2009: 141) und für die ‚Reportage' KLUTE (2006: 33), REUMANN (2009: 150), STRAßNER (2000: 84) und WOLFF (2006: 177).

Die Bezugnahme auf einen internen Faktor bedeutet hierbei jedoch nicht, dass dieser wirklich präzise und schlüssig als Merkmal angegeben wird. Bei vielen Autoren bleiben die Angaben vage und oberflächlich.

Auffallend ist, dass von einem Autor häufig ein interner Faktor nur für eine oder zwei bestimmte journalistische Darstellungsformen angegeben wird, während er diesen bei den anderen unberücksichtigt lässt. Ein Beispiel wäre der Verfassername, auf den KLUTE (2006: 52) und LA ROCHE (2008: 173) für den ‚Kommentar' eingehen. Beide geben an, dass dieser meistens als vollständiger Name oder als Namenskürzel für den jeweiligen ‚Kommentar' ausgewiesen ist. Bezüglich der anderen Darstellungsformen machen sie hierzu keine Angaben.

Nur selten wird ein interner Faktor für alle bzw. die meisten behandelten Darstellungsformen angegeben.[84] Es scheint typisch für die Kriterienwahl in der Publizistik, dass für die Beschreibung der einzelnen Darstellungsformen nur jeweils besonders auffällige Merkmale genannt werden, während auf eine umfassende und vergleichende Untersuchung eines Faktors für alle Darstellungsformen verzichtet wird.

Externe Faktoren werden für die Bestimmung der journalistischen Darstellungsformen kaum herangezogen. Lediglich dem Merkmal ‚Schreiber' kann eine gewisse Relevanz zugesprochen werden. So wird von LORENZ (2009: 127), MAST (2012: 305) und REUMANN (2009: 159) als Voraussetzung für den Verfasser von Kolumnen angegeben, dass es sich bei diesem um einen bestimmten, meist sehr bekannten

---

81 Vgl. z.B. für das ‚Interview' KLUTE (2006: 35), für den ‚Kommentar' WOLFF (2006: 135), für die ‚Meldung' KLUTE (2006: 26) und für die ‚Nachricht' BURKHARDT (2009: 195).

82 Vgl. z.B. für ‚Bericht', Meldung' und ‚Nachricht' KRAUSE (1993: 4), für die ‚Glosse' KLUTE (2006: 54), PÜRER (1996: 179), STRAßNER (2000: 67) und WOLFF (2006: 147f.), für den ‚Kommentar' KLUTE (2006: 52) und WOLFF (2006: 135), für die ‚Nachricht' LORENZ (2009: 93), SCHLÜTER (2004: 141) und SCHNEIDER/RAUE (2012: 150) und für die ‚Reportage' SCHLÜTER (2004: 150), STRAßNER (2000: 84) und WEISCHENBERG (2001: 60).

83 Vgl. z.B. für das ‚Interview' WOLFF (2006: 113), für den ‚Kommentar' BURKHARDT (2009: 201), ECKER/LANDWEHR/SETTEKORN/WALTHER (1977: 17), NOWAG/SCHALKOWSKI (1998: 15) und KLUTE (2006: 52), für die ‚Reportage' KRAUSE (1993: 5).

84 PÜRER macht beispielsweise Angaben zum Textaufbau für die Darstellungsformen „Bericht" (1996: 75+76), „Nachricht" (1996: 75+76), „Interview" (1996: 94) „Glosse" (1996: 179) und „Kritik" (1996: 187). WOLFF (2006) schafft eine übersichtliche Vergleichbarkeit zwischen den einzelnen Darstellungsformen, indem er nach der ausführlichen Behandlung jeder Form tabellarisch Angaben zu wichtigen formalen, strukturellen und inhaltlichen Merkmalen zusammenfasst.

Journalisten handeln muss.[85] KLUTE (2006: 35) nimmt eine ähnliche Einschränkung für die potentiellen ‚Sprecher/Schreiber' eines Interviews vor. Dieses wird nach ihm von „einem Journalisten mit einer Person, die öffentlich bekannt oder fachlich ausgewiesen ist" abgehalten.

4. Konsequenzen der Klassifikation in der Publizistik

Die Probleme bezüglich der Begrifflichkeiten und der Klassifikationskriterien innerhalb der Publizistik bedeuten für die verschiedenen journalistischen Darstellungsformen in Zeitungen, dass die meisten Begriffe häufig willkürlich und assoziativ gebraucht werden, was zu Abgrenzungsproblemen, Überschneidungen und dem häufigen Auftreten von Mischformen führt. Diese Schwierigkeiten werden teilweise auch von den Autoren selbst gesehen. So geben HRUSKA (1999: 135) und MAST (2012: 275) direkt an, dass für die Bezeichnung ‚Bericht' „weder in der Wissenschaft noch in der Praxisliteratur" eine eindeutige Definition existiert.[86]

Diese Unsicherheiten bezüglich der journalistischen Darstellungsformen sind laut LA ROCHE (2008) gleichermaßen in Theorie und Praxis vertreten:

> Selbst unter Kollegen sind manche Begriffe ungeklärt. ‚Über die Kundgebung machen wir sechzig Zeilen Reportage', sagt der Redakteur zu seinem Mitarbeiter und erwartet einen Bericht. Auch die Frage, ob man erläuternde, leicht subjektiv gefärbte Beiträge bereits als Kommentar bezeichnen darf, wird nicht nur unter Praktikern, sondern auch in Lexikon-Definitionen verschieden beantwortet. (Ebd.: 73)

Die in Kapitel II.D.3. angesprochenen Unzulänglichkeiten bei der Wahl der Kriterien bedingen, dass eine eindeutige Abgrenzung zwischen den einzelnen Darstellungsformen häufig nicht erreicht wird. So beschreiben verschiedene Autoren die Grenzen zwischen ‚Bericht' und ‚Nachricht' bzw. ‚Meldung' als fließend.[87] Es entsteht dabei jedoch nicht der Ein-

---

85 SCHLÜTER (2004: 155) und HOPPE (2000: 37) geben an, dass ‚Kolumnen' von immer denselben Schreibern" verfasst werden, ohne auf deren Bekanntheitsgrad einzugehen. MAST (2012: 305) gibt zum Verfasser von ‚Kolumnen' an, dass diese „entweder immer von dem gleichen Autor […] oder aber von ständig wechselnden Gastautoren" verfasst werden. Zudem findet sich ein Hinweis auf den externen Faktor „Zeit", indem als Merkmal angeben wird, dass die ‚Kolumne' regelmäßig erscheint (ebd.: 305).

86 Vgl. zum ‚Bericht' und ‚Feature' auch SCHLÜTER (2004: 142, 151) und allgemein zu den journalistischen Darstellungsformen HALLER (2006: 74) und MATUSSSEK (1994: 53).

87 Vgl. BRENDEL/GROBE (1976: 51), BURKHARDT (2009: 196), MAST (2008: 266), WEISCHENBERG (2001: 50). ECKER/LANDWEHR/SETTEKORN/WALTHER (1977:

druck, dass diese Feststellung als negativ empfunden wird. Zumindest fehlen von diesen Autoren konkrete Vorschläge, um an diesem klassifikatorischen Mangel etwas zu ändern, bzw. es wird nicht einmal die Notwendigkeit einer klaren Abgrenzung angesprochen. Durch dieses Verhalten wird LÜGERs Annahme gestützt, nach der „die Beschreibung von Darstellungsformen [...] daher wohl eher als pragmatische Formulierungshinweise denn als theoretisch fundierte Abgrenzungen zu verstehen [sind]" (1995: 17).

Die Betrachtung der journalistischen Darstellungsformen in der Literatur hat gezeigt, dass bei ihrer Beschreibung noch große Unsicherheiten und Unterschiede existieren. Da es weder einheitlich verwendete Kriterien gibt, die eine eindeutige Definition und Abgrenzung zu anderen Darstellungsformen ermöglichen, noch einen Konsens über die generell existierenden Formen und deren Hierarchisierung, kann von einer schlüssigen, kohärenten Klassifikation innerhalb der Publizistik nicht gesprochen werden.[88]

---

16) geben an, dass der ‚Bericht' „oft identisch mit der Nachricht" und vom ‚Bericht' wiederum „der Übergang fließend zur Reportage" ist. SCHNEIDER/RAUE (2012: 204) sehen selbige Grenzverwischung zwischen ‚Reportage' und ‚Porträt', wenn nur eine Hauptperson im Text vorkommt. Einige Seiten später sprechen sie dem ‚Porträt' sogar ab, eine eigenständige Darstellungsform zu bilden (ebd.: 134), vielmehr kann es „eine Mischung aus Reportage und Interview, Bericht und Feature" sein. „Die Grenzen sind fließend bis hinüber zur literarischen Form." (Ebd.: 208) REUMANN (2004: 129) spricht von einer allgemeinen Abgrenzungsproblematik: „Aber die Grenzen fließen. Zwischen referierender und kommentierender Stilform bewegt sich die Interpretation." Auch MAST (2008: 259) geht an einer früheren Stelle (vgl. obige Textstelle) allgemein davon aus, dass die „Grenzen zwischen den einzelnen Formen [...] fließend [sind]".

88 Bereits 1993 kommt SIMMLER nach einer eingehenden Betrachtung der publizistischen Gattungen zu dem Schluss, dass die „publizistischen Gattungsunterscheidungen [...] in der vorliegenden Form gescheitert sind" (1993a: 354f.). Auch nach LÜGER werden zwei Jahre später „die publizistischen Ausführungen zum Thema ‚Darstellungsformen' den Ansprüchen einer kohärenten, insbesondere auch die sprachliche Ebene angemessen berücksichtigenden Beschreibungen nicht gerecht [...]" (1995: 18). SOMMERFELDT (1998: 15) sieht die Klassifikationsprobleme in der Publizistik darin, „daß die einzelnen Textsorten in unterschiedlichem Grade über charakteristische Merkmale verfügen und daß es eine große Zahl von Überschneidungen und Textsortenvarianten gibt, die man unmöglich als geschlossenes, hierarchisches System erfassen kann".

5. Vergleich von ‚Textsorte' und ‚journalistischer Darstellungsform'

Die ‚linguistische Textsorte'[89] und die ‚journalistische Darstellungsform' haben gemeinsam, dass sie beide eine klassifikatorische Funktion besitzen. Sie geben eine bestimmte Hierarchieebene an, auf der Texte unterschieden bzw. eingeteilt werden. Diese Zuordnung erfolgt auf Grundlage bestimmter charakteristischer Merkmale.

Neben dieser Gemeinsamkeit unterscheiden sich die ‚linguistische Textsorte' und die ‚journalistische Darstellungsform' jedoch sehr stark in ihrem primären Erkenntnisziel und der Art, Gewinnung und Hierarchisierung der Merkmale, mit denen sie die einzelnen Textsorten bzw. Darstellungsformen begründen.

Das vornehmliche Ziel bei der Festlegung journalistischer Darstellungsformen besteht in der Publizistik darin, praktische Anleitungen und Ratschläge für das Verfassen der verschiedenen Darstellungsformen zu geben. Die Beschreibungen der Darstellungsformen werden dabei meist als Hilfen aufgefasst, die jedoch keine verbindliche Gültigkeit besitzen. Der Fokus der publizistischen Literatur liegt somit in der Vermittlung von journalistischem Handwerkszeug, das als nützlich für die Praxis betrachtet wird.[90] Dabei werden die verschiedenen Formen mehr oder weniger ausführlich beschrieben, wobei die Autoren sich meistens auf wenige, als besonders charakteristisch betrachtete Merkmale beschränken.

Im Gegensatz dazu beruht das Erkenntnisziel der linguistischen Textsorte als *langue*-Einheit auf einer klaren Abgrenzung der einzelnen Textsorten, um eine in sich stimmige und widerspruchsfreie Klassifikation zu

---

89 Wenn im Folgenden Aussagen über die ‚linguistische Textsorte' getroffen werden, beziehen sich diese auf die in dieser Arbeit vertretene Auffassung von diesem Begriff (vgl. Kap. II.B.1.) und können nicht als allgemeingültige Grundsätze innerhalb der Linguistik aufgefasst werden. Ein anderes Vorgehen ist beim jetzigen Forschungsstand generell nicht möglich, da bezüglich vieler Aspekte zum Thema ‚Textsorte' kein Konsens besteht.

90 Diese Funktion lässt sich vielfach bereits aus den Titeln der publizistischen Werke ablesen, die mit Gestaltungen wie „Journalistisches Grundwissen. Darstellung der Formen und Mittel journalistischer Arbeit und Einführung in die Anwendung empirischer Daten in den Massenmedien" (BRENDEL/GROBE 1976), „Handbuch der Publizistik" (DOVIFAT 1969), „Zeitungslehre" (DOVIFAT 1976), „Praktischer Journalismus in Zeitung, Radio und Fernsehen. Mit einer Berufs- und Medienkunde für Journalisten in Österreich, Deutschland und der Schweiz" (PÜRER 1996), „ABC des Journalismus. Ein Handbuch" (MAST 2012) und „Nachrichten-Journalismus. Anleitungen und Qualitäts-Standards für die Medienpraxis" (WEISCHENBERG 2001) ausdrücklich auf eine Vermittlung von journalistischen Grundlagen verweisen.

erreichen.[91] Daher liegt der Schwerpunkt in der Ermittlung von distinktiven Merkmalen, die eine Opposition zu anderen Textsorten begründen. Aus diesem Vorgehen ergibt sich, dass eine Textsortenbestimmung immer mehrere Textsorten (mindestens zwei) umfasst, die voneinander abgegrenzt werden.[92]

Auch die Art der Merkmalsbestimmung unterscheidet sich bei beiden Begriffen grundlegend. In der publizistischen Literatur werden überwiegend Kriterien aufgeführt, die nach Ansicht des Autors als charakteristisch gelten. Häufig sind diese vage und uneindeutig und setzen eine intuitive Anwendung voraus. Dies beruht zum großen Teil darauf, dass die Merkmale fast nie durch empirische Untersuchungen gewonnen werden, sondern überwiegend auf den theoretischen Ansatz bzw. die praktischen Erfahrungen des Autors zurückgehen. Die subjektive Komponente ist daher bei der Bestimmung der journalistischen Darstellungsformen sehr hoch, weil das Empfinden des Autors bei der Festlegung vieler Merkmale einfließt, z.B. wenn er den Stil einer Darstellungsform als sachlich, geistreich oder feuilletonistisch charakterisiert. Da eine derartige Charakterisierung meistens auch nicht sprachlich untermauert wird, ist ein Erkennen bzw. Anwenden dieser Merkmale durch eine andere Person häufig nicht eindeutig möglich.

Die Definition der linguistischen Textsorten orientiert sich hingegen sehr stark an der Sprachrealität, indem von den prätheoretischen Textklassen ausgegangen wird. Die Ermittlung der distinktiven Merkmale erfolgt anhand einer empirischen Untersuchung, bei der konkrete Textexemplare ausführlich und nachvollziehbar analysiert werden. Die letztendliche Textsortendefinition beruft sich nicht auf einzelne, besonders auffällige Kriterien, sondern beruht auf einem spezifischen Merkmalbündel, welches für die Textsorte charakteristisch ist und eine Abgrenzung zu allen anderen Textsorten ermöglicht. Die Erfassung der Merkmale erfolgt im Gegensatz zur journalistischen Darstellungsform strukturiert, da sie nach einem theoretischen Konzept erfolgt. So werden die

91 SCHLÜTER (2001) gibt dieselben Unterschiede bezüglich der Erkenntnisziele zwischen der linguistischen Textsorte und der literaturwissenschaftlichen Gattung an. Über Letztere schreibt sie: „Es steht also weniger das klassifikatorisch-abgrenzende als vielmehr das charakterisierend-beschreibende Interesse im Vordergrund." (Ebd.: 168)

92 Da die meiste publizistische Literatur einen Überblick über die Darstellungsformen vermitteln will, werden auch hier fast immer mehrere Formen behandelt, jedoch nicht mit der Intention, eine klare Abgrenzung zu erreichen. Es gibt daneben jedoch auch Literatur, die sich ausschließlich bzw. überwiegend mit einer journalistischen Darstellungsform beschäftigt (z.B. EGLI VON MATT u.a. (2003): Das Porträt; HALLER (2006): Die Reportage; HOPPE (2000): Glossenschreiben).

Merkmale innerhalb der externen und internen Dimension bestimmt und lassen sich zusätzlich einem bestimmten Merkmalsbereich zuordnen. Auf diese Weise lässt sich zu einem gewissen Maße eine Gewichtung der Merkmale vornehmen.[93] Die Merkmalsbestimmung für die linguistische Textsorte unterscheidet sich von derjenigen für die journalistische Darstellungsform auch darin, dass ein bestimmtes Merkmal (z.B. Aufbau der Überschrift) nicht nur für eine Textsorte, bei der dies besonders auffällig ist, erfasst wird, sondern auch für alle anderen Textsorten. Nur indem Unterschiede in der Gestaltung desselben Merkmals festgestellt werden,[94] lässt sich die Relevanz eines Merkmals beurteilen, allein oder in Kombination mit anderen Merkmalen eine differenzierende Funktion übernehmen zu können.

Innerhalb der Publizistik ist es nicht üblich zu definieren, was überhaupt genau unter einer ‚journalistischen Darstellungsform' zu verstehen ist, was sie charakterisiert und welchen hierarchischen Status sie innerhalb einer Klassifikation hat.[95] Meist wird der Begriff (und seine Entsprechungen) als bekannt vorausgesetzt. Demgegenüber spielen diese Aspekte bei der ‚linguistischen Textsorte' eine große Rolle und sind meistens Teil der Auseinandersetzung, wenn sich Linguisten mit diesem Terminus beschäftigen.

Die aufgezeigten Unterschiede belegen, dass sich die ‚linguistische Textsorte' und die ‚journalistische Darstellungsform' nicht entsprechen und somit die Begriffe auch nicht synonym verwendet werden dürfen.

Die journalistischen Darstellungsformen sind dazu geeignet, einen Überblick über die verschiedenen Gestaltungsmöglichkeiten und Ausdrucksformen zu geben, der stark an das intuitive Textklassenwissen anknüpft. Sie betonen überwiegend die Eigenschaften der Darstellungsformen bzw. verwenden Schlagworte, welche Assoziationen hervorrufen (z.B. ‚sachlich' für den ‚Bericht', ‚Meinungsäußerung' bzw. ‚wertend' für den ‚Kommentar'). Ein Schwerpunkt liegt dabei auf der Vermittlung dessen, was die einzelnen Darstellungsformen leisten sollen und welcher Stil für sie kennzeichnend ist.

---

93 So wird beispielsweise ein Merkmal auf der Ebene der Makrostrukturen zunächst einmal höher gewichtet als eines der Syntax oder Lexik. Vgl. auch die Ausführungen von SCHLÜTER (2001: 165).

94 Ein solcher Unterschied kann auch das Fehlen des betreffenden Merkmals sein.

95 Wenigstens oberflächlich gehen MEIER (2007) und REUMANN (2009) auf eine Begriffsbestimmung ein. MEIER (2007: 179) beschreibt sie als ‚Schemata', „die Ordnung in die journalistische Kommunikation bringen". Für REUMANN (2009: 129) ist die „journalistische Darstellungsform [...] die formal charakteristische Art, in der ein zur Veröffentlichung in den Massenmedien bestimmter Stoff gestaltet wird".

An die Grenz ihrer Leistungsfähigkeit stoßen die journalistischen Darstellungsformen, wenn es um eine klare Abgrenzung der verschiedenen Formen geht. Hierin liegt die Stärke der ‚linguistischen Textsorte'. Durch die distinktiven Merkmalbündel in den Zentren der einzelnen Textsorten lassen sich diese voneinander abgrenzen, sodass sich die in der publizistischen Literatur häufig erwähnten fließenden Grenzen zwischen den einzelnen journalistischen Darstellungsformen weitestgehend vermeiden lassen. Zudem sind die Merkmale wesentlich präziser beschrieben, da sprachliche Gestaltung und Textfunktion miteinander verknüpft werden. Durch die Untersuchung realer Texte ist die Bestimmung der relevanten Merkmale einer Textsorte objektiver, anschaulicher und damit nachvollziehbarer. Auf diese Weise können die Ausführungen der Publizistik um bisher nicht berücksichtigte (vor allem sprachliche) Merkmale erweitert werden.

III. Empirische Untersuchungen

A. Bestimmung der externen Faktoren

Im folgenden Kapitel werden die externen Faktoren der beiden Zeitungen nacheinander bestimmt. Viele von ihnen gelten dabei nicht nur für eine bestimmte Textsorte,[1] sondern für mehrere bzw. alle TS. Dies hängt mit dem externen Faktor ‚Medium' zusammen. Alle untersuchten TE sind entweder in der Tageszeitung ‚Der Tagesspiegel' bzw. der Wochenzeitung ‚Die Zeit' erschienen. Die Bestimmung der externen Merkmale beginnt mit dem Faktor ‚Medium', indem die beiden Zeitungen zunächst als textsortenübergreifende Einheiten begründet werden. Hierdurch erscheint eine zusammenfassende Behandlung bestimmter weiterer externer Faktoren (z.B. des Lesers) für mehrere oder alle TS beim weiteren Vorgehen sinnvoll.

1. Bestimmung der externen Faktoren in der Tageszeitung ‚Der Tagesspiegel'

1.1 Bestimmung des externen Faktors ‚Medium'

1.1.1 Begründung des ‚Tagesspiegels' als textsortenübergreifende Einheit

Die im Jahr 1945 von Erik Reger, Edwin Redslob, Walther Karsch und Heinrich von Schweinichen gegründete Tageszeitung ‚Der Tagesspiegel' fungiert bezüglich der verschiedenen in ihr erscheinenden TS als textsortenübergreifende Einheit, was sich anhand mehrerer Merkmale belegen lässt.

Der Zeitungskopf auf der Titelseite stellt hierfür den ersten allgemeinen Initiator dar. Er besteht aus mehreren Teilen. Der Zeitungsname ‚Der Tagesspiegel' befindet sich in Großbuchstaben zentriert am oberen Zeitungsrand. Er ist in schwarzer Farbe gedruckt und spaltenübergreifend platziert. Die einzelnen Buchstaben sind mit einem grauen Schatten hinterlegt, wodurch ihnen Plastizität verliehen wird. In die Buchstaben *ES* des Wortes ‚Tagesspiegel' ragt eine Weltkugel hinein, die von den Worten „*Rerum Cognoscere Causas*" in der unteren Hälfte umgeben ist. Die Weltkugel stellt hierbei das Logo und der lateinische Satz das Motto

1 Im Folgenden werden für die sehr häufig gebrauchten Begriffe Textsorte (TS), Textsortenvariante (TSV) und Textexemplar (TE) die ausgewiesenen Abkürzungen verwendet.

der Zeitung dar. Die lateinischen Worte sind in weißen Großbuchstaben gedruckt und befinden sich auf einem roten Banner. Die Weltkugel erscheint in schlichtem Schwarz-Weiß-Druck. Das Logo symbolisiert das Informationsspektrum der Zeitung. Nicht nur regionale Themen werden behandelt, sondern vielmehr beinhaltet die Zeitung Informationen aus der ganzen Welt. Das Motto *„Rerum Cognoscere Causas*“ (= Den Dingen auf den Grund gehen) zeigt somit den Anspruch der Zeitung an, durch einen investigativen und informellen Journalismus die Leser mit ausführlichen und zutreffenden Informationen zu versorgen.

Ein weiterer Bestandteil des Zeitungskopfes sind drei bis vier TE der TSV ‚Artikelverweis‘ der TS ‚Kurzmeldung‘, die in farblich hervorgehobenen Kästen unter dem Zeitungstitel angeordnet sind. Bei den farblichen Unterlegungen werden die eher dezenten Farben Beige und Hellblau verwendet. Die TE dienen dem Verweis auf bestimmte Artikel innerhalb der Zeitung und enthalten einen kursiv gedruckten Seitenverweis. Schlagwörter oder Kernaussagen sind rot hervorgehoben. Der ‚Artikelverweis‘ am rechten oder am linken Zeitungsrand ist zusätzlich mit einem meist farbigen Bild kombiniert, welches auf den Inhalt verweist und somit der besonderen Hervorhebung dient. Das Bild kann bis in den Zeitungstitel hineinragen. Auf spezielle Beilagen wird mit einer roten Hinterlegung verwiesen, wobei sowohl auf eine drucktechnische Hervorhebung bei der Schrift als auch auf die Angabe von Seitenzahlen verzichtet wird.

Unterhalb der ‚Artikelverweise‘ befindet sich ein schmaler Balken, der eine drucktechnische Trennung zwischen Zeitungskopf und den folgenden Zeitungsteilen des Zeitungsexemplars vornimmt. In diesem Balken befinden sich linksbündig die Informationen zum Erscheinungsort (Berlin), zum Datum, dem Zeitungsjahrgang und der Zeitungsnummer. Das Datum besteht aus dem ausgeschriebenen Wochentag und der kompletten Nennung von Tag, ausgeschriebenem Monat und Jahr. Datum, Zeitungsjahr und -nummer sind jeweils durch eine Virgel voneinander getrennt. Zentriert im Balken befindet sich die Internetadresse der Zeitung, die den Leser zur Startseite führt. Rechtsbündig ist das Hauptverbreitungsgebiet mit „BERLIN/BRANDENBURG“ angegeben, gefolgt von dem in diesem Gebiet geltenden Preis für das Zeitungsexemplar von 0,75 Euro. Dem regional bezogenen Preis folgt als letzte Angabe des Balkens mit dem Begriff „AUSWÄRTS“ der Preis für den Kauf in den übrigen Gebieten Deutschlands (1,00 Euro). Alle Informationen innerhalb des Balkens sind in Großbuchstaben realisiert.

Ein weiteres textsortenübergreifendes Element der Zeitung ‚Der Tagesspiegel‘ stellt der Index dar, der ebenfalls auf der Titelseite erscheint.

Er ist durch eine gelb-bräunliche Hinterlegung und durch die Überschrift „INDEX“ als Einheit gekennzeichnet. Er fungiert zum einen als eine Art Inhaltsverzeichnis, indem er auf bestimmte Rubriken oder Beiträge mit Seitenzahl verweist. Eine Konstante stellt hierbei die Angabe zum Wetter dar. Neben einer schriftlichen Kurzprognose mit einem verdeutlichenden Wettersymbol wird jeweils noch auf einen ausführlicheren Beitrag im Inneren der Zeitung verwiesen. Des Weiteren enthält er die Telefonnummern der Redaktion und des Abo-Services sowie den Kaufpreis der Zeitung für diejenigen Länder, in denen die Tageszeitung erhältlich ist. Unterhalb des Index befindet sich ein Strichcode zum Verkauf der Zeitung.

Die einzelnen Zeitungsseiten weisen wiederkehrende Elemente auf. Zur Abgrenzung der einzelnen TE werden durchgängige horizontale und vertikale Begrenzungslinien verwendet, wobei die vertikalen Begrenzungslinien im Vergleich zu den horizontalen dünner sind.

Bei der Gestaltung des Kolumnentitels der einzelnen Zeitungsseiten treten zwei Varianten auf. Seiten, die eine neue Hauptsparte für mehrere Seiten beginnen (z.B. ‚Wirtschaft‘, ‚Berlin‘, ‚Kultur‘), weisen einen aus Großbuchstaben bestehenden schwarzen Spartentitel auf, über dem sich eine Oberzeile befindet. Diese besteht ebenfalls aus Großbuchstaben, ist jedoch bezogen auf den Spartentitel kleiner und erscheint zudem in roter Farbe. Die Oberzeile verweist mit einer entsprechenden Seitenzahl auf ein Spezialthema innerhalb der Sparte. Unterhalb des Spartentitels befindet sich ein Balken, der im Aufbau weitestgehend demjenigen des Zeitungskopfes auf der Titelseite folgt. Er besitzt jedoch rechtsbündig anstatt der Angabe des Verbreitungsgebietes und des Kaufpreises eine Seitenzahl. Die zentrierte Internetadresse wird durch den Zusatz des Spartennamens ergänzt (z.B. „WWW.TAGESSPIEGEL.DE/WIRTSCHAFT“).

Bei den übrigen Zeitungsseiten fehlt die rote Oberzeile. Der Spartenname wird zwar ebenfalls in Großbuchstaben angegeben, ist jedoch drucktechnisch kleiner als der seitenübergreifende Spartentitel und befindet sich anstelle der Internetadresse innerhalb des Balkens. Rechtsbündig beinhaltet der Balken bei geraden Seitenzahlen die Zeitungsnummer und das Datum, linksbündig die Seitenzahl und den Namen der Zeitung. Bei den ungeraden Seitenzahlen erscheint der Aufbau innerhalb des Balkens gespiegelt. Eine Ausnahme der beiden eben beschriebenen Seitenlayouts bilden ganzseitige Werbeanzeigen, bei denen kein Balken existiert.

Ein weiteres Merkmal für die Zeitung als textsortenübergreifende Einheit ist das Impressum im Inneren der Zeitung. Auf dieses wird bereits im Index auf der Titelseite verwiesen. Das Impressum wird durch den Zeitungstitel und das Logo eingeleitet, welche drucktechnisch im

Miniaturformat der Gestaltung des Zeitungskopfes nachempfunden sind. Das Impressum enthält viele zeitungsinterne Angaben, wie beispielsweise die Nennung von bestimmten Mitarbeitern (Herausgeber, Verleger, Redakteure) oder Angaben zum Abonnentenservice.

Das Layout betreffend ist jede Seite in sechs Spalten eingeteilt und besteht aus Recyclingpapier im DIN A2-Format. Die einzelnen Seiten der Tageszeitung sind falttechnisch in Untereinheiten zusammengefasst und umfassen abgeschlossene thematische Einheiten, welche von einem übergeordneten Spartentitel eingeleitet werden. Die Seitenzahlen beginnen auf der zweiten Seite und sind fortlaufend.

‚Der Tagesspiegel' stellt eine textsortenübergreifende Einheit dar, in der die einzelnen TE von TS erscheinen. Der externe Faktor ‚Medium' eignet sich daher nicht, Unterschiede zwischen den einzelnen untersuchten TS zu begründen. Im Hinblick auf TS anderer Kommunikationsbereiche kann er jedoch durchaus differenzierende Funktion besitzen, da beispielsweise für die TS ‚Gebrauchsanleitung' oder ‚Lebenslauf' eine Tageszeitung als Medium auszuschließen ist.[2]

1.1.2 Das Layoutmerkmal ‚Platzierung'

Verbunden mit dem externen Faktor ‚Medium' sind Merkmale, welche das Layout der Zeitung betreffen. Als solches ist die Platzierung der einzelnen TE der TS auf der Zeitungsseite aufzufassen. Daher werden sie daraufhin untersucht, ob ihr konkreter Erscheinungsort beliebig ist oder ob sie innerhalb des ‚Tagesspiegels' an bestimmten charakteristischen Positionen erscheinen. Eine feste Grobplatzierung meint dabei, dass die TE einer TS bzw. einer TSV ausschließlich innerhalb einer bestimmten Sparte auftreten. Bei einer festen Feinplatzierung erscheinen die TE einer TS bzw. einer TSV zudem an immer derselben Stelle auf der Zeitungsseite.

Die TE der TS ‚Kurzmeldung' und ‚Meldung' treten innerhalb des Kulturteils des ‚Tagesspiegels' zu 97 bzw. 96 Prozent innerhalb der Sparte ‚Kultur' auf. Lediglich fünf der 188 ‚Kurzmeldungen' erscheinen in der Sparte ‚Kunst & Markt', bei den 46 ‚Meldungen' findet sich jeweils eine in den Sparten ‚Kunst & Markt' und ‚Berlin Kultur'. Bezüglich der Feinplatzierung lassen sich bei den TE der beiden TS keine festen Stellen auf den Zeitungsseiten feststellen.

2 Denkbar wäre höchstens eine Integration als Teiltext in eine zeitungssprachliche TS, z.B. der ‚Lebenslauf' in die TS ‚Interview'.

Tab. 7: Angaben zur Grob- und Feinplatzierung der Textexemplare der einzelnen Textsorten im ‚Tagesspiegel'

Textsorte	Grob- und Feinplatzierung
‚Kurzmeldung'	Grobplatzierung: - 97 Prozent der Kurzmeldungen erscheinen in der Sparte ‚Kultur' Feinplatzierung: - immer unterschiedlich
‚Meldung'	Grobplatzierung: - 96 Prozent der Meldungen erscheinen in der Sparte ‚Kultur' Feinplatzierung: - immer unterschiedlich
‚Bericht'	- keine feste Grob- und Feinplatzierung
‚Porträt'	Textsortenvariante ‚Personenporträt': - keine feste Grob- und Feinplatzierung Textsortenvarianten ‚Todesporträt' und ‚Geburtstagsporträt': - feste Grobplatzierung (Sparte ‚Kultur') und unterschiedliche Feinplatzierung
‚Kommentar'	Textsortenvariante ‚Freier Kommentar' **Gruppe ‚Großkommentar'** - feste Grobplatzierung (Sparte ‚Kultur') und unterschiedliche Feinplatzierung **Gruppe ‚Reihenkommentar'** - alle drei Reihen[3] zeigen eine feste Grob- und Feinplatzierung Textsortenvariante ‚Kritik' **Gruppe ‚Großkritik'** - keine feste Groß- und Feinplatzierung **Gruppe ‚Reihenkritik'**[4] - 13 Reihen (52 %)[5] zeigen eine feste Grob- und Feinplatzierung - 4[6] Reihen (11 %)[7] weisen nur eine feste Grobplatzierung auf

3 Zwei der Serien werden nach ihrem Reihennamen „**DER** *feine* **UNTERSCHIED**" und „**AUF** *Schlag*" genannt, bei der dritten Serie fehlt eine derartige Makrostruktur. Um auch hier eine eindeutige Zuordnung zu ermöglichen, wird diese Reihe im Folgenden als „Serie C" bezeichnet (vgl. auch Kap. III.B.1.2.5.5.).

4 Der Name ‚Reihenkritik' beruht darauf, dass alle TE der Gruppe in regelmäßig erscheinenden Serien auftreten. Die Zusammengehörigkeit der einzelnen TE wird am offensichtlichsten durch die bei allen TE einer Serie auftretende Makrostruktur des Reihennamens ausgedrückt. Wie bei den Serien der TSV ‚Freier Kommentar' werden auch diejenigen der ‚Reihenkritiken' bei der weiteren Auswertung mit diesem Reihennamen bezeichnet.

5 Dabei handelt es sich um die Serien „SOUNDCHECK", „**PAUKEN &** *Trompeten*", „**SCHREIB** *Waren*", „**SPIEL** *Sachen*", „**KUNST** *Stücke*", „**CITY** *Lights*", „**AUFGESCHLAGEN** *Zugeschlagen*", „**HIT** *Parade*" und „*Verbrecher* **JAGD**", „*Hör* **BÜCHER**", „*Zeit* **SCHRIFTEN**", „*Jurjews* **KLASSIKER**" und „*Literatur* **BETRIEB**". Die letzten fünf Serien erscheinen dabei alternativ in derselben Sparte und an derselben Stelle auf der Zeitungsseite.

6 Aus Gründen der Übersichtlichkeit werden Zahlen innerhalb der Tabellen generell nicht ausgeschrieben.

Textsorte	Grob- und Feinplatzierung
	- 1 Reihe (37 %)[8] erscheint in zwei Sparten ohne feste Feinplatzierung - bei 2 Reihen (1 %)[9] ist keine Aussage möglich, da jeweils nur ein Exemplar unter dem Reihennamen im Untersuchungszeitraum erschienen ist
‚Interview'	Textsortenvariante ‚Gesprächsinterview': - keine feste Grob- und Feinplatzierung Textsortenvariante ‚Umfrageinterview': - feste Grob- (Sparte ‚Kunst&Markt') und Feinplatzierung
‚Abdruck'	- keine feste Grob- und Feinplatzierung

Die TE der TS ‚Bericht', ‚Porträt', ‚Interview' und ‚Zeitungsabdruck' weisen keine feste Groß- und Feinplatzierung auf. Diejenigen der TSV ‚Todesporträt', ‚Geburtstagsporträt' und ‚Umfrageinterview' erscheinen hingegen immer in derselben Sparte. Bei den TE der TSV der TS ‚Porträt' lässt sich die Gebundenheit an die Sparte ‚Kultur' damit erklären, dass es sich um ein allgemeines kulturelles Thema handelt, wenn wichtige Vertreter aus diesem Bereich sterben bzw. Geburtstag haben. Beim ‚Umfrageinterview' ist dies hingegen dadurch begründet, dass alle TE zu einer thematischen Serie gehören, die passend zum Reihennamen „Sommer der Kunst" in der Sparte ‚Kunst&Markt' erscheint. Dort treten die TE der TSV für einen höheren Wiedererkennungswert immer an derselben Stelle auf, in der linken oberen Ecke.

Bei der TS ‚Kommentar' ist das Erscheinen von TE in makrostrukturell deutlich gekennzeichneten Serien sehr verbreitet. Damit einher geht häufig eine feste Grob- und Feinplatzierung innerhalb der Zeitung. Dies trifft auf alle Reihen der ‚Reihenkommentare' sowie eine Vielzahl derjenigen der ‚Reihenkritiken' zu. Die feste Position einer Serie unterstützt deren Wiedererkennung beim Leser und das leichte, gezielte Aufsuchen der entsprechenden TE. Die ‚Großkritiken', deren TE immer für sich allein erscheinen, zeigen entsprechend keine erkennbaren Muster bezüglich ihrer Platzierung. Die wenigen TE der ‚Großkommentare' erscheinen alle in der Sparte ‚Kultur'.

1.1.3 Das Layoutmerkmal ‚Spalte'

Ein weiteres Merkmal, welches das Layout des Mediums betrifft, ist die Anordnung der TE in Spalten. Dabei lässt sich ermitteln, ob es für die einzelnen TS feste Spaltenanzahlen gibt bzw. diese frei nach dem Platz-

7 Dabei handelt es sich um die Serien „**DER FILM** *Tipp...*" „*Neues vom Planeten* MODE", „NEU AUF DVD" und „LESESTOFF".

8 Dabei handelt es sich um die Serie „KURZ & KRITISCH".

9 Dabei handelt es sich um die Serien „HÖRBUCH" und „FILMBUCH".

angebot auf den Zeitungsseiten und der Textlänge gewählt werden. In der folgenden Tabelle werden für alle TS, TSV und Gruppen die bei ihren TE[10] auftretenden Spaltenanzahlen prozentual angegeben. Dominiert eine Spaltenanzahl jedoch so stark, dass sie alleine im Zentralbereich steht, werden die anderen Spaltenanzahlen nicht aufgeführt.

Tab. 8: Angaben zur Spaltenanzahl der Textexemplare der einzelnen Textsorten im ‚Tagesspiegel'

Textsorte	**Anzahl Spalten**
‚Kurzmeldung'	- 1 Spalte (99 %)
‚Meldung'	- 1 Spalte (100 %)
‚Bericht'	Textsortenvariante ‚Sachbericht': - 1 Spalte (42 %), 2 Spalten (21 %), 3 Spalten (11 %), 4 Spalten (15 %), 5 Spalten (9 %), 6 Spalten (2 %) Textsortenvariante ‚Erlebnisbericht': - 1 Spalte (8 %), 2 Spalten (17 %), 3 Spalten (17 %), 4 Spalten (17 %), 5 Spalten (42 %) Textsortenvariante ‚Themenbericht': - 4 Spalten (39 %) oder 5 Spalten (51 %)
‚Porträt'	Textsortenvariante ‚Personenporträt': - 1 Spalte (25 %), 2 Spalten (16 %), 3 Spalten (6 %), 4 Spalten (38 %), 5 Spalten (13 %), 6 Spalten (3 %) Textsortenvariante ‚Todesporträt': - 1 Spalte (45 %), 2 Spalten (18 %), 3 Spalten (9 %), 4 Spalten (9 %), 5 Spalten (18 %) Textsortenvariante ‚Geburtstagsporträt': - 1 Spalte (38 %), 2 Spalten (23 %), 3 Spalten (15 %), 4 Spalten (8 %), 5 Spalten (15 %)
‚Kommentar'	Textsortenvariante ‚Freier Kommentar' **Gruppe ‚Großkommentar'** - 1 Spalte (43 %), 2 Spalten (29 %), 3 Spalten (14 %), 5 Spalten (14 %) **Gruppe ‚Reihenkommentar'** - 1 Spalte (97 %) Textsortenvariante ‚Kritik' **Gruppe ‚Großkritik'** - 1 Spalte (20 %), 2 Spalten (24 %), 3 Spalten (19 %), 4 Spalten (24 %), 5 Spalten (11 %), 6 Spalten (2 %) **Gruppe ‚Reihenkritik'** - 1 Spalte (90 %)
‚Interview'	Textsortenvariante ‚Gesprächsinterview' - 1 Spalte (4 %), 2 Spalten (9 %), 3 Spalten (9 %), 4 Spalten (30 %), 5 Spalten (43 %), 6 Spalten (4 %)

10 Aus Tab. 51 ist die Textexemplaranzahl für alle TS, TSV, Gruppen und Subgruppen als Grundlage für die prozentuale Berechnung für diese Tabelle und alle folgenden Berechnungen zu entnehmen.

Textsorte	Anzahl Spalten
	Textsortenvariante ‚Umfrageinterview' - 1 Spalte (100 %)
‚Abdruck'	- 1 Spalte (33 %), 4 Spalten (33 %), 5 Spalten (33 %)

Die TE der TS ‚Kurzmeldung' und ‚Meldung' sind im Zentralbereich einspaltig, was durch ihren geringen Textumfang bedingt ist. Reicht ein TE wie in den beiden Ausnahmen bei den ‚Kurzmeldungen' doch über zwei Spalten, erfolgt dies ausschließlich layoutbedingt aus Platzgründen.

Da die TS ‚Bericht' TE sehr unterschiedlicher Länge aufweist, ist es nicht verwunderlich, dass von TE mit einer Spalte bis TE mit sechs Spalten alle Anzahlen vertreten sind. Innerhalb der drei TSV treten dabei deutliche Unterschiede bezüglich der vorherrschenden Spaltenanzahlen auf.

Bei den TE der ‚Sachberichte' dominiert eine einspaltige Anordnung (42 %), gefolgt von einer zweispaltigen (21 %). Mehr als vier Spalten kommen nur bei einem geringen Anteil der TE vor (11 %). Die TSV umfasst viele TE, die relativ knapp über ein Thema berichten. Diese sind entsprechend ihrer einspaltigen Realisation auch in ihrem Textumfang und ihrer Absatzanzahl begrenzt, wodurch bezüglich dieser Punkte eine große Übereinstimmung zu der TS ‚Meldung' besteht. Durch klare Unterschiede bei anderen Merkmalen (z.B. bei den Makrostrukturen der Überschrift und des Verfassernamens) lassen sich jedoch auch diese TE eindeutig den ‚Sachberichten' zuordnen.

Die TSV ‚Erlebnisbericht' weist lediglich ein TE auf, das aus einer Spalte besteht (8 %). Am häufigsten tritt eine fünfspaltige Anordnung auf (42 %). Bei der TSV ‚Themenbericht' kommen fast ausschließlich TE mit vier oder fünf Spalten vor (91 %), womit sich der Zentralbereich hier deutlich einschränken lässt. Die hohe Spaltenanzahl korreliert dabei mit dem großen Textumfang der ‚Themenberichte', die sehr ausführlich über einen bestimmten Sachverhalt informieren.

Auch die TE der TS ‚Porträt' weisen eine sehr hohe Varianz bezüglich ihrer Spaltenzahl auf. Wie beim ‚Bericht' geht dies damit einher, dass der Textumfang der TE stark variiert. Bei den TSV ‚Todesporträt' und ‚Geburtstagsporträt' haben jeweils über 70 Prozent der TE weniger als vier Spalten, wobei die einspaltige Anordnung am häufigsten auftritt. Bei den TE der ‚Personenporträts' hingegen sind vier Spalten am stärksten vertreten (38 %), gefolgt von einer einspaltigen Anordnung. Eine Erklärung für die Unterschiede im Textumfang und der damit verbundenen Spaltenanzahlen ist, dass die porträtierte Person entweder weitgehend unbekannt ist und nur kurz vorgestellt werden soll oder aber von großem allgemeinen Interesse ist und daher einen ausführlichen Artikel gewidmet bekommt.

Die TE der Gruppen ‚Reihenkommentar‘ und ‚Reihenkritik‘ weisen fast immer nur eine Spalte auf, womit dieses Merkmal jeweils im Zentralbereich liegt. Diese Anordnung beruht darauf, dass TE, die in Serien erscheinen, fast durchgängig relativ kurz sind. Eine Platzierung über mehrere Spalten ist somit – außer aus akuten Platzgründen – nicht notwendig. Bei den ‚Großkritiken‘ hingegen variieren der Textumfang und damit auch die Spaltenanzahl der TE erheblich. Diese reicht von einer Spalte bis zu sechs Spalten. Dabei kommen ein- bis vierspaltige Anordnungen mit einem Auftreten von jeweils ungefähr 20 % fast gleich häufig vor, während fünf Spalten nur etwa halb so oft und sechs Spalten nur in Ausnahmefällen nachzuweisen sind. Bei der Gruppe ‚Großkommentar‘ kommen viele TE mit wenigen Spalten vor. Dies ist dadurch bedingt, dass fünf der sieben TE unter einer gemeinsamen Überschrift erscheinen, wodurch sie einen geringeren Textumfang und entsprechend eine geringe Spaltenanzahl aufweisen. Zudem erfolgt die Aufteilung auf mehrere Spalten ausschließlich aus drucktechnischen Gründen. Dies geht aus den unterschiedlichen Zeilenanzahlen der Spalten hervor, die zu einem TE gehören.[11] Bei mehrspaltigen TE weisen die einzelnen Spalten überwiegend dieselbe Zeilenanzahl auf. Den fünf TE der Textexemplarsammlung steht ein bestimmtes Platzangebot auf der Zeitungsseite zur Verfügung, dessen optimale Nutzung jedoch teilweise die Verteilung eines TE auf mehrere Spalten notwendig macht.

Die TE der TSV ‚Gesprächsinterview‘ sind im Zentralbereich drei- bis fünfspaltig (83 %), wobei die vier- und fünfspaltigen Anordnungen mit Abstand am häufigsten auftreten. Die TE der TSV ‚Umfrageinterview‘ zeichnen sich hingegen dadurch aus, dass ihre TE durchgängig nur eine Spalte aufweisen.

Obwohl zur TS ‚Abdruck‘ nur drei TE vorhanden sind, liegt bezüglich der Realisierung der Spaltenanzahl ein sehr großes Spektrum vor. Abhängig von der Länge des ausgewählten Textauszuges, welcher allein den Fließtext der TE konstituiert, lassen sich eine, vier oder fünf Spalten nachweisen. Dennoch ist die vorliegende Druckanordnung für die TE dieser TS ein sehr wichtiges Merkmal, da die Anordnung in Spalten charakteristisch für alle TE zeitungssprachlicher TS ist. Die Veränderung

11 Bei der Textexemplarsammlung unter der Überschrift „Nur die Wurst hat zwei“ (‚Großkommentar‘, 21. Juli 2007, Seite 21) umfasst die erste Spalte des zweiten TE 43 Zeilen, die zweite Spalte hingegen nur 6. Das dritte TE konstituiert sich aus drei Spalten, von denen die erste über 25 Zeilen, die zweite und dritte jedoch jeweils nur über 9 Zeilen reicht.

der Druckanordnung zum Primärtext[12] belegt dabei neben weiteren neuen und spezifischen Merkmalen wie der Makrostruktur der Überschrift, dass es sich bei den TE nicht nur um Textauszüge aus einem größeren Text handelt, sondern um Exemplare einer neuen TS auf Grundlage eines woanders erschienenen vollständigen TE.

1.2 Bestimmung des externen Faktors ‚Schreiber'

Da es sich bei der Tageszeitung um ein Druckmedium handelt, erfolgt die sprachliche Äußerung durch das externe Merkmal des Schreibers. Zeitungsbeiträge werden dabei überwiegend durch die Berufsgruppe der Journalisten verfasst.

In Deutschland gibt es keine allgemeingültige Definition für den Begriff bzw. den Beruf des Journalisten[13] und auch als Berufsbezeichnung ist er rechtlich ungeschützt.[14] Dieser Zustand ist durch den Artikel 5 des Grundgesetztes begründet,[15] nach dem „jeder […] das Recht [hat], seine Meinung in Wort, Schrift und Bild frei zu äußern und zu verbreiten […]". Dennoch gibt es in Deutschland eine überwiegend anerkannte Berufsdefinition des Journalisten,[16] welche vom Deutschen Journalisten-Verband (DJV) stammt. Demnach ist jemand ein Journalist, wenn er nach bestimmten Kriterien „hauptberuflich an der Erarbeitung bzw. Verbreitung von Informationen, Meinungen und Unterhaltung durch Medien mittels Wort, Bild, Ton oder Kombinationen dieser Darstellungsmittel beteiligt ist".[17]

---

12 Vgl. z.B. das TE „Der Schimmel kommt immer durch" (‚Abdruck', 16. Juli 2007, Seite 23) mit seiner vierspaltigen Anordnung mit dem Primärtext (Jörg Fauser: Die Tournee. Roman aus dem Nachlass. Herausgegeben von Jan Burger und Rainer Weiss, Berlin 2007, Seite 16-18), in dem die entsprechende Textpassage gut zwei Seiten umfasst.

13 Vgl. DONSBACH (2009: 82+84).

14 Vgl. DONSBACH (2009: 84).

15 Vgl. MAST (2012: 464), DONSBACH (2009: 84).

16 Vgl. DONSBACH (2009: 82f.).

17 DJV WISSEN 4: Berufsbild Journalistin – Journalist. Herausgegeben vom Deutschen Journalisten Verband – Gewerkschaft der Journalistinnen und Journalisten. Stand: Januar 2009. Als Kriterien werden genannt (Seite 3): „1. Journalistinnen und Journalisten sind fest angestellt oder freiberuflich tätig für Printmedien (Zeitungen, Zeitschriften, Anzeigenblätter oder aktuelle Verlagsproduktionen), Rundfunksender (Hörfunk und Fernsehen), digitale Medien, soweit sie an publizistischen Ansprüchen orientierte Angebote und Dienstleistungen schaffen, Nachrichtenagenturen, Pressedienste, Presse- und Öffentlichkeitsarbeit in Wirtschaft, Verwaltung und Organisationen sowie in der medienbezogenen Bildungsarbeit und Beratung. 2. Zu journalistischen Leistungen gehören vornehmlich die Erarbeitung von Wort- und Bildinformationen durch Recherchieren (Sammeln und Prüfen) sowie Auswählen und Bearbeiten der Informationsinhalte, deren eigenschöpferische medienspezifische Aufbereitung (Berichterstattung und Kommentierung), Gestaltung und Vermittlung, ferner disponierende Tätigkeiten im Bereich von Organisation, Technik und Personal. 3. Journalistinnen und Journalisten üben Ihren Beruf aus als freiberuflich Tätige oder als Angestellte

Auch wenn gesetzlich festgelegt ist, dass es keine verbindlichen Ausbildungsanforderungen für den Beruf des Journalisten geben darf,[18] um diesen prinzipiell jedem offenzuhalten, existieren mehrere als üblich geltende Möglichkeiten, sich für den Beruf zu qualifizieren. Im Wesentlichen sind dies ein Volontariat, Praktika und Hospitanzen, der Besuch einer Journalistenschule oder ein Studium (Studiengang Journalistik, Publizistikwissenschaft/Kommunikationswissenschaft oder Kommunikationstechnik und Medien).[19] Die Arbeit für ein bestimmtes Ressort erfordert überdies ein vertieftes Fachwissen in dem jeweiligen Bereich.

Bezüglich des externen Faktors des ‚Schreibers' lässt sich für die einzelnen TS erheben, inwiefern der Verfasser innerhalb der TE in Erscheinung tritt. Dabei besteht die Möglichkeit, dass konkrete Personen namentlich genannt werden, auf eine Agentur, Redaktion oder Person mit einem Kürzel verwiesen wird oder Angaben zum Autor vollständig fehlen.[20] Der externe Faktor ‚Schreiber' steht dabei in sehr enger Beziehung zum internen Faktor ‚Verfassername', der angibt, ob die Autorenschaft durch einen vollständig gedruckten Namen oder das Kürzel einer Agentur etc. bei TE der jeweiligen TS realisiert wird. Daher wird dieses interne Merkmal an dieser Stelle mit ausgewertet. Auf die drucktechnische Realisierung und die Platzierung des Verfassernamens wird ausführlicher auf der linguistischen Ebene der Makrostrukturen unter dem Punkt „Makrostruktur des Verfassernamens" eingegangen.

Des Weiteren werden die TS daraufhin ausgewertet, ob ausgrenzbare Textexemplargruppen innerhalb einer TS, die aufgrund spezieller Makrostrukturen (z.B. Logo, Abbildung oder Balken mit Reihenname) eine klare Zusammengehörigkeit besitzen, von immer denselben Personen oder von einer Vielzahl unterschiedlicher Autoren verfasst werden.

Bei den TE der TS ‚Kurzmeldung' tritt nie ein konkreter Verfasser in Erscheinung, sondern die Autorschaft wird durch ein Kürzel am Ende des Fließtextes einer Nachrichtenagentur oder der Tagesspiegelredaktion zugeordnet. Insgesamt treten sieben verschiedene Kürzel auf. Bei einigen TE wird die Autorschaft durch zwei kombinierte, durch eine Virgel getrennte

---

eines Medienunternehmens bzw. im Bereich der Presse- und Öffentlichkeitsarbeit eines Wirtschaftsunternehmens, einer Verwaltung oder einer Organisation."

18 Vgl. DONSBACH (2009: 98).

19 Vgl. auch ebd.: 100-103.

20 Da beide Zeitungen eine Onlinepräsenz mit Kontaktmöglichkeit besitzen, ist eine Erfragung des Verfassers relativ einfach möglich, falls zu diesem keine Angaben gemacht werden. Es ist jedoch davon auszugehen, dass bei kaum einem Leser das Interesse an diesem so groß ist, dass er diesen zusätzlichen Aufwand auf sich nimmt.

Kürzel auf verschiedene Quellen zurückgeführt (z.B. Tsp/dpa[21]). Bei der TSV ‚Berichtigung' tritt immer das Kürzel der Zeitung auf (Tsp), da durch die TE immer ein in einem früheren TE begangener Fehler oder ein Versäumnis seitens des ‚Tagesspiegels' korrigiert wird.

Tab. 9: Angaben zu dem internen Faktor ‚Verfassername' der Textexemplare der einzelnen Textsorten im ‚Tagesspiegel'

Textsorte	Verfassername mit drucktechnischer Realisierung	Anzahl der Verfasser
‚Kurzmeldung'	- Kürzel einer Agentur/Redaktion (100 %)	Textsortenvariante ‚Kurzmeldung im engeren Sinne': - 7 verschiedene Kürzel Textsortenvariante ‚Berichtigung': - immer Kürzel der Zeitung (Tsp)
‚Meldung'	- Kürzel einer Agentur/Redaktion/ Person (98 %) - vollständiger Name (2 %)	- 11 verschiedene Kürzel
‚Bericht'	Textsortenvariante ‚Sachbericht': - vollständiger Name (84 %) - Kürzel einer Agentur/Redaktion/ Person (16 %) Textsortenvariante ‚Erlebnisbericht': - vollständiger Name (100 %) Textsortenvariante ‚Themenbericht': - vollständiger Name (100 %)	- verschiedene Autoren
‚Porträt'	Textsortenvariante ‚Personenporträt': - vollständiger Name (81 %) - Kürzel einer Agentur/Redaktion/ Person (19 %) Textsortenvariante ‚Todesporträt': - vollständiger Name (82 %) - Kürzel einer Agentur/Redaktion/ Person (18 %) Textsortenvariante ‚Geburtstagsporträt': - vollständiger Name (100 %)	- verschiedene Autoren
‚Kommentar'	Textsortenvariante ‚Freier Kommentar' - vollständiger Name (100 %)	Textsortenvariante ‚Freier Kommentar' **Gruppe ‚Großkommentar'** - verschiedene Autoren

21 ‚Kurzmeldung i.e.S', „Baudirektor der Dresdner Frauenkirche im Ruhestand", 23. Juli 2007, Seite 23.

Textsorte	Verfassername mit drucktechnischer Realisierung	Anzahl der Verfasser
	Textsortenvariante ‚Kritik' - vollständiger Name (99 %) - Kürzel einer Agentur/Redaktion/ Person (1 %)	**Gruppe ‚Reihenkommentar'** - eine von drei Reihen (35%)[22] mit zwei festen Autoren Textsortenvariante ‚Kritik' **Gruppe ‚Großkritik'** - verschiedene Autoren **Gruppe ‚Reihenkritik'** - 12 der 20 Reihen (31%)[23] mit festem Autor
‚Interview'	Textsortenvariante ‚Gesprächsinterview' - vollständiger Name (100 %) Textsortenvariante Umfrageinterview: - kein Verfassername (100 %)[24]	Textsortenvariante ‚Gesprächsinterview' - verschiedene Autoren Textsortenvariante Umfrageinterview: - keine Aussagen möglich, da Verfasser anonym bleibt[25]
‚Abdruck'	- immer vollständiger Name der Autoren des verwendeten Primärtextes - ein weiterer Verfasser der Zeitung, der den Artikel gefertigt hat, tritt nicht auf	–

Das externe Merkmal des ‚Schreibers' ist bei den TE der TS ‚Meldung' ähnlich wie bei den ‚Kurzmeldungen' durch Kürzel am Ende des Fließtextes realisiert. Als Ausnahme tritt jedoch einmal ein namentlich genannter Verfasser auf. Eine weitere Abweichung besteht darin, dass die insgesamt elf verschiedenen Kürzel nicht nur auf Agenturen bzw. die Tagesspiegelredaktion verweisen, sondern auch auf Einzelpersonen (z.B. P.v.B.[26]). Diese lassen sie sich jedoch nicht ohne größeren Aufwand, wie beispielsweise einer Suche im Internet, ermitteln, sondern erfordern eine Nachfrage bei der Zeitung. Daher wird auch ein solches Kürzel zu den nicht namentlich genannten Verfassern gerechnet, da sich kaum ein Leser die Mühe machen wird, den vollständigen Namen herauszufinden.

22 Dabei handelt es sich um die Serie „**AUF** *Schlag*".

23 Dabei handelt es sich um die Serien „**PAUKEN &** *Trompeten*", „**SCHREIB** *Waren*", „**SPIEL** *Sachen*", „**CITY** *Lights*", „*Neues vom Planeten* MODE", „*Verbrecher* **JAGD**", „*Hör* **BÜCHER**", „*Zeit* **SCHRIFTEN**", „*Jurjews* **KLASSIKER**", „*Literatur* **BETRIEB**", „**AUFGESCHLAGEN** *Zugeschlagen*", „**HIT** *Parade*".

24 Da Angaben zu einem Verfasser fehlen, liegt die Verantwortung für die TE bei der Gesamtredaktion.

25 Siehe vorherige Fußnote.

26 ‚Meldung', „McKinsey war da: Goethe-Institut will effektiver sein", 26. Juni 2007, Seite 23.

Im Zentralbereich der TE der TS ‚Bericht' befindet sich ein konkreter Verfasser mit Vor- und Nachname. Bei 16 Prozent der TE der TSV ‚Sachbericht', die auch in anderen Merkmalen (z.B. Zeilenanzahl) stärkere Ähnlichkeiten mit der TS ‚Meldung' haben, tritt ein Kürzel auf. Diese Artikel weisen aber dennoch so viele Kriterien der TS ‚Bericht' auf (z.B. zweizeilige Überschrift), dass sie sich dieser eindeutig zuordnen lassen.[27]

Ähnlich verhält es sich mit den TE der TS ‚Porträt'. Im Zentralbereich steht der vollständige Verfassername, während bei jeweils knapp 20 Prozent der eher kürzeren TE der TSV ‚Personenporträt' und ‚Todesporträt', bei denen der Porträtierte nicht allgemein bekannt ist, ein Kürzel erscheint.

Im Zentralbereich der TE der TS ‚Kommentar' steht ein vollständig ausgeschriebener Verfassername. Dies verwundert nicht, da bei dieser meinungsbetonten TS die Ansichten des Autors eine große Rolle spielen und dementsprechend dessen Person von größerem Interesse für den Leser ist. Ausschließlich bei dieser TS tritt die Erscheinung auf, dass ein bzw. selten zwei Verfasser für eine regelmäßig erscheinende Serie schreiben. So ist innerhalb der ‚Reihenkommentare' eine der drei Reihen an zwei feste, abwechselnd schreibende Autoren gebunden, bei den ‚Reihenkritiken' weisen sogar zwölf der zwanzig Serien immer denselben Verfasser auf. Bei diesen TE ist die Bedeutung des Verfassers für den Leser entsprechend höher, da die Serien durch den persönlichen Stil des Autors und seine Interessen geprägt sind.

Die Ergebnisse der TE der beiden TSV der TS ‚Interview' unterscheiden sich bezüglich des internen Merkmals des Verfassernamens grundlegend. Bei den TE der ‚Gesprächsinterviews' erscheint der Verfasser durchgängig mit vollständigem Namen unterhalb des Fließtextes. Da der Autor durch seine Fragen direkt auftritt und durch diese die Inhalte und den Verlauf des Gesprächs maßgeblich bestimmt, ist die Benennung seiner Person für den Leser von Interesse. Als Autoren treten verschiedene Personen auf. Lediglich die drei TE in der Sparte ‚Film' weisen alle denselben Verfasser auf. Da sich diese TE aber durch keine weiteren Merkmale als zusammengehörige Gruppe auszeichnen (vgl. die Reihen innerhalb der TS ‚Kommentar') oder der Autor besonders betont wird, scheint diese Gegebenheit zufällig bzw. internen Absprachen in der Aufgabenverteilung geschuldet zu sein.

---

27 Vgl. die Kapitel III.B.1.2.1., III.B.2.3.1. und III.B.3.2.1.

Bei den TE der TSV ‚Umfrageinterview' fehlen jegliche Hinweise auf einen Verfasser.[28] Die Fragen, welche normalerweise für den Redeanteil des Interviewers stehen, sind bei allen TE identisch. Die Rolle des Interviewers ist damit auf drei wiederkehrende Sätze reduziert, sodass seine Person völlig in den Hintergrund tritt. Dadurch wird verdeutlicht, dass es bei dieser TSV nicht um ein Gespräch zwischen zwei Personen geht, in dem auch der Interviewer durch Nachfragen, provokante Äußerungen, geschickt formulierte Fragen oder Ähnliches als Person eine gewisse Relevanz erhält, sondern die Auffassung des Interviewten in seiner Funktion als Kurator zu ganz speziellen Aspekten im Vordergrund steht. Die identischen Fragen in allen TE richten für den Leser den Fokus auf die Meinung der Interviewten zu einem bestimmten Thema, für das sie durch ihre in der Unterzeile ausgewiesene Tätigkeit als Kurator als Experten ausgewiesen werden. Ob diese Fragen dabei von einer oder mehreren Personen ausgearbeitet wurden, ist irrelevant, was durch den fehlenden Verfassernamen verdeutlicht wird.

Die TE der TS ‚Abdruck' nennen den Verfasser des verwendeten Primärtextes jeweils mit vollständigem Namen in der Unterzeile, wobei dieser drucktechnisch nicht hervorgehoben wird. Der Mitarbeiter des ‚Tagesspiegels', der den Textauszug ausgewählt und mit den auftretenden Makrostrukturen (Überschrift, Informationsabsatz am Ende, Foto mit Bildunterschrift) versehen hat, bleibt hingegen anonym.[29]

Das Auftreten bzw. Fehlen eines Verfassers stellt für einige TS bzw. TSV ein wichtiges Differenzierungskriterium dar. So trägt es beispielsweise bei den informationsbetonten TS dazu bei, die TS ‚Kurzmeldung' und ‚Meldung' von der TS ‚Bericht' abzugrenzen. In der publizistischen Literatur wird der Verfasser bei der Unterscheidung dieser nahestehenden TS hingegen so gut wie nicht berücksichtigt.[30]

Auch für die Festlegung der TSV ‚Umfrageinterview' und die Gruppe ‚Reihenkritik' der TSV ‚Kritik' können die an den Verfasser geknüpften Merkmale nutzbar gemacht werden.

28 Da Angaben zu einem Verfasser fehlen, liegt die Verantwortung für die TE bei der Gesamtredaktion.

29 Auch hier kann der Name des Mitarbeiters mit etwas Aufwand von Seiten des Lesers bei der Zeitung erfragt werden, wenn ein Leser ein besonderes Interesse daran hat und bereit ist, entsprechende Zeit und Mühe zu investieren.

30 Als entscheidendes, wenn auch sehr vages Kriterium, wird hier meist auf die unterschiedliche Länge und den Detailreichtum Bezug genommen (vgl. Kap. II.D.3.2.).

1.3 Bestimmung des externen Faktors ‚Leser'

Das externe Merkmal des Lesers setzt sich aus den Rezipienten des ‚Tagesspiegels' zusammen, die sich für diese Tageszeitung als Informationsquelle entscheiden. In dem im Internet veröffentlichten „Untersuchungssteckbrief LA Berlin 2005" befinden sich Daten zur Leserschaft und dem Verbreitungsgebiet der Zeitung. Demnach wird der TAGESSPIEGEL bevorzugt von überdurchschnittlich gebildeten Personen mit einem guten Einkommen gelesen. Bezüglich des Alters spricht die Zeitung alle Jahrgänge an, sodass eine gleichmäßige Verteilung der Leser auf alle Altersstufen vorliegt. Die Menge an verschiedenen Themen richtet sich an vielseitig interessierte und anspruchsvolle Leser. Es ist davon auszugehen, dass nicht alle ‚Tagesspiegel'-Leser die gesamte Zeitung und somit zugleich auch den Kulturteil lesen. Zu den oben genannten Attributen eines typischen Lesers dieser Zeitung wird somit noch ein spezielles Interesse für diese Sparte vorausgesetzt. Der Kulturteil ist sowohl für allgemein kulturinteressierte Leser ansprechend als auch für solche mit einer Präferenz für eine bestimmte Kulturrichtung (z.B. Musik). Die Untergliederung des Kulturteils in Sparten und damit in Interessensgebiete gewährleistet dabei eine gute Orientierung für den Leser. Dadurch findet der Leser zum einen schnell die von ihm gewünschten Themen, zugleich fördert die Trennung bzw. Ausgliederung von kulturellen Teilgebieten jedoch auch das zügige Überblättern von Themen, die nicht das Hauptinteresse des Rezipienten darstellen und ansonsten eventuell stärker wahrgenommen werden könnten.

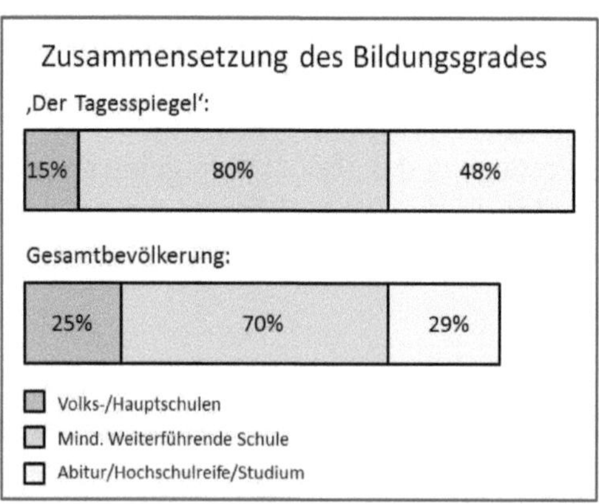

Abb. 1: Bildungsgrad der Leser des ‚Tagesspiegels' und der Gesamtbevölkerung[31]

31 Die Prozentangaben entstammen dem Untersuchungssteckbrief LA Berlin 2005.

Anhand des Diagramms (Abb. 1) wird ersichtlich, dass ‚Tagesspiegel'-Leser überwiegend einen hohen Bildungsgrad haben. Laut der Verlagsgruppe Holtzbrinck sind diese zudem „auffallend jung[], gebildet[], beruflich hervorragend positioniert[]".[32]

1.4 Bestimmung des externen Faktors ‚Ort'

Das externe Merkmal des ‚Ortes' umfasst den Verbreitungsraum und die Auflagenzahl der Zeitung. Da der ‚Tagesspiegel' als textsortenübergreifende Einheit den externen Faktor ‚Medium' für alle TS darstellt, sind diese Angaben für alle TS identisch.

Die Verkaufshöhe des ‚Tagesspiegels' lag 2007 im Quartalsmittel bei ca. 137.000 Exemplaren, wobei knapp 92.000 abonniert waren.[33] Schwerpunktmäßig wird die Zeitung in Berlin und Brandenburg gelesen. ‚Der Tagesspiegel' ist jedoch deutschlandweit und auch im Ausland erhältlich. Inhaltlich ist die Zeitung nicht regional beschränkt. Ein großer Teil informiert über weltpolitische Sachverhalte oder gesamtdeutsche Aspekte. Das Haupteinzugsgebiet wird durch die Sparten ‚Berlin' und ‚Brandenburg' betont. Geschehnisse in Berlin als der Hauptstadt von Deutschland haben hierbei jedoch meistens auch eine Relevanz für die übrigen Bundesländer.

Neben der Verbreitung der Zeitung als Druckmedium besitzt der ‚Tagesspiegel' zudem eine Onlinepräsenz. Auf die entsprechende Internetseite wird auf jedem gedruckten Exemplar verwiesen.

1.5 Bestimmung des externen Faktors ‚Zeit'

Das externe Merkmal ‚Zeit' gibt einerseits an, in welchen Abständen der ‚Tagesspiegel' erscheint und voraussichtlich gelesen wird. Diese Angaben sind für alle in der Zeitung auftretenden TS zunächst identisch. Des Weiteren erfasst dieser Faktor jedoch auch, ob das Auftreten einiger TS bzw. TSV an spezifische Erscheinungstage gebunden ist oder diese zeitlich willkürlich erscheinen.

Generell gilt für den ‚Tagesspiegel' als textsortenübergreifende Einheit, dass es sich bei diesem um eine Tageszeitung handelt, die folglich an allen sieben Wochentagen erscheint. Dieser Sachverhalt ist bereits anhand des Namens „TAGESSPIEGEL" erkennbar, bei dem es sich um ein Kompositum handelt, welches sich aus den substantivischen Grund-

32 http: //www.holtzbrinck.com/artikel/779076&s=de (Aufruf 02.05.2012). Vgl. dazu auch den Untersuchungssteckbrief LA Berlin 2009.

33 http: //daten.ivw.eu/index.php?menuid=12&u=&p=&t=Alphabetischer+Gesamtindex&b=d (Aufruf 17.09.2014).

morphemen {ta:k} und {'ʃpi:gl̩} konstituiert. Täglich werden die Geschehnisse der Welt im Druckmedium ‚Zeitung' widergespiegelt. Dementsprechend ist der in jeder Ausgabe enthaltene Kulturteil an jedem Tag der Woche in aktueller Form für die Leser erhältlich. Bezüglich des Merkmals der ‚Zeit' kann somit festgelegt werden, dass die Zeitung sehr schnelllebig und auf die Besitz- und Aktualitätszeit eines Tages ausgerichtet ist. Jedes Exemplar wird nur einen Tag lang im Handel vertrieben und ist danach nur noch erschwert erhältlich.

Es liegt im persönlichen Ermessen jedes Zeitungslesers, wie oft und lange er sich in der Zeitung informiert und wann er sie letztlich entsorgt. Auch das Ausschneiden und Sammeln von einzelnen Berichten oder Seiten muss hierbei berücksichtigt werden. Die Ausrichtung der Zeitung auf einen Zeitraum von 24 Stunden muss daher nicht generell mit dem Leseverhalten der Rezipienten konform gehen. Bei einer Aufbewahrung der Zeitung oder von Zeitungsteilen kann das Merkmal der ‚Zeit' folglich ausgedehnt werden.

In der folgenden Tabelle wird erfasst, ob die einzelnen TE der TS innerhalb des ‚Tagesspiegels' nur an festen Erscheinungstagen auftreten oder der Faktor ‚Zeit' für sie keine festen Regularitäten aufweist.

Tab. 10: Angaben zu dem externen Faktor ‚Zeit' in Bezug auf feste Erscheinungstage für die Textexemplare der einzelnen Textsorten im ‚Tagesspiegel'

Textsorte	**Erscheinungstage**
‚Kurzmeldung'	- kein fester Erscheinungstag
‚Meldung'	- kein fester Erscheinungstag
‚Bericht'	- kein fester Erscheinungstag
‚Porträt'	- kein fester Erscheinungstag
‚Kommentar'	Textsortenvariante ‚Freier Kommentar': **Gruppe ‚Großkommentar':** - kein fester Erscheinungstag **Gruppe ‚Reihenkommentar':** - 1 Reihe (35 %)[34] hat einen festen Erscheinungstag - 2 Reihen (65 %)[35] haben keinen festen Erscheinungstag Textsortenvariante ‚Kritik': **Gruppe ‚Großkritik':** - kein fester Erscheinungstag **Gruppe ‚Reihenkritik':** - 17 Reihen (62 %)[36] haben einen festen Erscheinungstag

34 Dabei handelt es sich um die Serie „**AUF** *Schlag*".

35 Dabei handelt es sich um die Serien „**DER** *feine* **UNTERSCHIED**" und „Serie C".

36 Dabei handelt es sich um die Serien „SOUNDCHECK", „**PAUKEN &** *Trompeten*", „**SCHREIB** *Waren*", „**SPIEL** *Sachen*", „**KUNST** *Stücke*", „**CITY** *Lights*", „**AUFGESCHLAGEN** *Zugeschlagen*", „**HIT** *Parade*", „*Verbrecher* **JAGD**", „*Hör* **BÜCHER**",

Textsorte	Erscheinungstage
	- 1 Reihe (37 %)[37] hat keinen festen Erscheinungstag - bei 2 Reihen (1 %)[38] ist keine Aussage möglich, da nur ein Exemplar im Untersuchungszeitraum erschienen ist
‚Interview'	Textsortenvariante ‚Gesprächsinterview' - kein fester Erscheinungstag Textsortenvariante ‚Umfrageinterview': - fester Erscheinungstag
‚Abdruck'	- kein fester Erscheinungstag

Die TS ‚Kurzmeldung' weist keine festen Erscheinungstage auf. Bis auf zehn Ausnahmen tritt sie jedoch innerhalb des dreimonatigen Untersuchungszeitraums in jedem Zeitungsexemplar auf, sodass sie als eine typische TS des Kulturteils aufgefasst werden kann. Ein oder mehrere Kurzmeldungen erscheinen dabei als Einheit unter der Makrostruktur des Reihennamens, einem braun-gelben Balken mit dem Wort „Nachrichten". Teilweise kommen pro Zeitungsexemplar sogar mehrere dieser Einheiten an klar voneinander abgegrenzten Stellen vor.

Auch die TS ‚Meldung' ist nicht an bestimmte Tage gebunden. In vielen Zeitungsexemplaren fehlt sie völlig, während an anderen Tagen mehrere ‚Meldungen' auftreten.

Die TE der TSV ‚Sachbericht' erscheinen in fast jedem Kulturteil, womit diese zum festen Textsortenrepertoire gehört. Die TSV ‚Themenbericht' und ‚Erlebnisbericht' treten mit insgesamt 33 bzw. 13 TE nicht so häufig auf. Auch sie sind nicht an feste Erscheinungstage gebunden. Ebenso verhält es sich bei den TE der TS ‚Porträt'. Gerade bei den TE der beiden TSV ‚Todesporträt' und ‚Geburtstagsporträt' sind feste Erscheinungstage nicht realisierbar, da aus Gründen der Aktualität die TE zeitnah zu dem jeweiligen Anlass, dem Ableben bzw. dem runden Geburtstag, erscheinen müssen.

Innerhalb der TS ‚Kommentar' treten viele Serien auf, die an feste Erscheinungstage gebunden sind. Während bei der Gruppe ‚Reihenkommentar' der TSV ‚Freier Kommentar' nur eine der drei Reihen dieses Merkmal zeigt, treten bei der Gruppe ‚Reihenkritik' der TSV ‚Kritik' gleich 17 der 20 Serien an einem festen Wochentag auf. Bei zwei Serien sind keine Aussagen möglich, da innerhalb des Untersuchungszeitraums jeweils nur ein TE der Reihen erschienen ist. Die Bindung an einen bestimmten Wochen-

---

„*Zeit* **SCHRIFTEN**", „*Jurjews* **KLASSIKER**", „*Literatur* **BETRIEB**", „**DER FILM** *Tipp…*", „*Neues vom Planeten* MODE", „NEU AUF DVD" und „LESESTOFF".

37 Dabei handelt es sich um die Serie „KURZ&KRITISCH"

38 Dabei handelt es sich um die Serien „HÖRTEST" und „FILMBUCH".

tag geht häufig damit einher, dass viele Serien ausschließlich in einer spezifischen Sparte erscheinen, die wiederum an festen Tagen in der Zeitung auftritt. Die Gruppen ,Großkommentar' und ,Großkritik' weisen keine Serien und damit auch keine festen Erscheinungstage auf.

Die TE der TSV ,Gesprächsinterview' zeigen keine Bindung an feste Erscheinungstage, während die TE der spartengebundenen TSV ,Umfrageinterview' immer an demselben Wochentag erscheinen.

Zu den TE der TS ,Abdruck' lassen sich aufgrund der Untersuchungsergebnisse keine Aussagen treffen, weil drei TE kaum ein Muster erkennen lassen. Da bei dieser TS im ,Tagesspiegel' jedoch keine Serien auftreten wie beispielsweise bei den ,Kommentaren', ist auch bei einer größeren Anzahl von TE nicht mit festen Erscheinungstagen zu rechnen.

2. Bestimmung der externen Faktoren in der Wochenzeitung ,Die Zeit'

2.1 Bestimmung des externen Faktors ,Medium'

Die 1946 gegründete ,Zeit' ist eine sehr angesehene Wochenzeitung und laut iq media marketing „Deutschlands größte überregionale Qualitätszeitung".[39] Ebenso wie der ,Tagesspiegel' ist sie eine textsortenübergreifende Einheit und besetzt damit zugleich für alle in ihr erscheinenden TS des Kulturteils den externen Faktor des ,Mediums'. Ihr übergeordneter Charakter ergibt sich aus verschiedenen Merkmalen, welche die Zeitung als Ganzheit kennzeichnen. Diese werden im folgenden Kapitel dargelegt.

2.1.1 Begründung der ,Zeit' als textsortenübergreifende Einheit

Ein wichtiges Kriterium für die ,Zeit' als textsortenübergreifende Einheit stellt der Zeitungskopf auf der Titelseite dar. Er besteht aus vier Teilen. Der Zeitungsname ,Die Zeit' befindet sich in großgedruckten Lettern zentriert am oberen Zeitungsrand. Die beiden Wörter sind durch eine Abbildung getrennt, die eine Abwandlung des „Großen Landeswappens" von Hamburg zeigt. Statt der Stadtmauer mit drei Türmen flankieren die beiden Löwen ein Schild mit dem Bremer Stadtschlüssel.[40] Sowohl der Schriftzug als auch die grafische Darstellung sind in Schwarz-Weiß gehalten.

Oberhalb des Titels befindet sich eine deutlich kleiner gedruckte Zeile. Diese gibt linksbündig die Zeitungsnummer, das Datum und den Zei-

39 http: //www.iqm.de/medien/zeitungen/die_zeit/media/leserschaft.html#mc (Aufruf 1.8.2014).

40 Die Verwendung des Hamburger Wappens wurde nicht erlaubt (vgl. de.wikipedia.org/wiki/Die_Zeit (Aufruf 1.8.2014)).

tungsjahrgang und rechtsbündig die Zeitungskennung und den Preis der Zeitung innerhalb Deutschlands in schwarzer Schrift an. Zentriert in der Zeile und farblich variabel gestaltet befindet sich zudem immer ein Internetverweis auf eine bestimmte Seite der Internetpräsenz der Zeitung, der von einem kurzen Satz thematisch eingeleitet wird.

Direkt unterhalb von Zeitungstitel und Abbildung sind die Preise für die Zeitung gedruckt, die in anderen Ländern gelten. Die Schriftgröße für diese Informationen ist so gering gewählt, dass die Angaben kaum auffallen.

Der Zeitungskopf schließt nach unten hin mit dem Nominalsatz „Wochenzeitung für Politik • Wirtschaft • Wissen und Kultur", der die inhaltliche Ausrichtung der ‚Zeit' angibt und über die gesamte Zeitungsbreite verläuft.

Ein weiteres Merkmal für die ‚Zeit' als textsortenübergreifende Einheit sind zwei Verweise auf der Titelseite auf Beiträge im Inneren der Zeitung. Ein besonders relevantes Thema der jeweiligen Ausgabe wird mittels eines großen, meist farbigen Bildes auf der Titelseite unterhalb des Zeitungskopfes präsentiert. Dieses ist mit einer drucktechnisch hervorgehobenen Überschrift sowie einem kurzen Textteil, der das Thema knapp angibt, verbunden. Zusätzlich finden sich ein Verweis auf die betreffende Sparte und die Nennung der Seitenzahlen, unter denen der Beitrag zu finden ist. Ein zweiter, deutlich kleinerer Verweis ist am unteren Zeitungsrand platziert. Innerhalb eines Kastens befindet sich dabei jeweils im oberen Teil ein Bild, auf das eine Überschrift und ein bis mehrere kurze, erläuternde Sätze folgen. Häufig werden dabei auch die Namen der Autoren, die durch Fettdruck hervorgehoben sind, angegeben. Im unteren Bereich des Kastens wird auf die Sparte und die relevanten Seitenzahlen für die Beiträge verwiesen.

In der rechten unteren Ecke auf der Titelseite befindet sich ein Strichcode, der dem Verkauf der Zeitung dient. Links daneben am unteren Rand sind Kontaktdaten der Zeitung abgedruckt, die unter anderem den Stellenmarkt und den Abonnentenservice betreffen. Auch diese Elemente kennzeichnen die ‚Zeit' als eine textsortenübergreifende Einheit.

Ein weiteres sehr deutliches Merkmal stellt das umfangreiche Inhaltsverzeichnis im Inneren der Zeitung dar, das etwa zwei Drittel einer Zeitungsseite einnimmt und unter dem Titel „In der Zeit" erscheint. Es ist nach Sparten gegliedert, denen jeweils die Überschriften der Artikel mit Seitenzahl und Autor folgen. Einige Artikel werden dabei zusätzlich außerhalb dieser Gliederung mit einem Bild und einer etwas längeren Artikelinformation hervorgehoben. Des Weiteren ist in das Inhaltsverzeichnis eine Karikatur integriert, die nicht direkt mit einem bestimmten Beitrag verknüpft ist, sich inhaltlich jedoch einem der behandelten Themengebiete der Ausgabe zuordnen lässt.

Zusätzlich zu den aufgeführten Merkmalen weisen die einzelnen Zeitungsseiten der ‚Zeit' eine Vielzahl an einheitlichen, wiederkehrenden Gestaltungen auf, die ihre Zusammengehörigkeit zu einer größeren Einheit betonen.

Alle Zeitungsseiten weisen eine speziell gestaltete Kopfleiste auf. Beginnt auf der Seite eine neue Hauptsparte, die immer mehrere Zeitungsseiten umfasst, so ist linksbündig oder selten zentriert am oberen Zeitungsrand der Spartenname in auffällig großen Lettern gedruckt, bei denen es sich durchgängig um Großbuchstaben handelt. Rechtsbündig folgen in einer deutlich kleineren Schrift das Datum, der Zeitungsname, die Zeitungsnummer und die Seitenzahl. Diese Angaben können sich auch ober- oder unterhalb des Spartennamens befinden. Bei den Hauptsparten ‚Wirtschaft' und ‚Wissen' ist es zudem üblich, dass sich in der rechten Ecke der Kopfleiste ein Verweis auf einen bestimmten Artikel des Spartenteils mit Seitenzahl befindet.

Die auf die erste Seite einer Hauptsparte folgenden Seiten mit gerader Seitenzahl weisen linksbündig die Seitenzahl und den nun deutlich kleineren Spartennamen auf. Dieser kann mit einem Zusatz versehen sein, der sich durch eine andere Farbe und größere Druckstärke von dem Spartentitel abhebt, wenn ein bestimmtes Thema eine ganze Seite dominiert. Rechtbündig sind das Datum, der Zeitungsname und die Zeitungsnummer abgedruckt. Bei ungeraden Seitenzahlen ist der Aufbau entsprechend gespiegelt. Die Kopfleiste ist immer durch eine waagerechte Begrenzungslinie von den Artikeln der Seite getrennt. Bei dem Beginn einer neuen Hauptsparte kann diese Abgrenzung fehlen.

Bei Sparten, die nur über eine Seite gehen, ist der Spartenname bei geraden Seiten rechtsbündig angeordnet. Er ist im Verhältnis zu den Hauptsparten deutlich kleiner. Verglichen mit der Schriftgröße des Spartennamens einer Zeitungsseite, die auf eine Hauptsparte folgt, ist er jedoch doppelt so hoch. Linksbündig befinden sich die Seitenzahl, der Zeitungsname, die Zeitungsnummer und das Datum. Bei ungeraden Seitenzahlen ist der Aufbau wieder entsprechend gespiegelt.

Bei ganzseitigen Werbeseiten oder Zeitungsseiten, die ausschließlich Stellenanzeigen enthalten, fehlen speziell gestaltete Zeitungsköpfe.

Die Zeitungsartikel einer Zeitungsseite werden durch Begrenzungslinien von Werbeanzeigen separiert, während sie untereinander lediglich durch einen etwas größeren Freiraum getrennt werden.

Alle Seiten weisen ein DIN A2-Format auf und sind in fünf Spalten eingeteilt. Falttechnisch sind jeweils die Hauptsparten zu Einheiten zusammengefasst, die zusätzlich noch einseitige, eigenständige Sparten beinhalten können. Die fortlaufenden Seitenzahlen beginnen auf der zweiten Seite.

2.1.2 Das Layoutmerkmal ‚Platzierung'

Innerhalb der TS ‚Kurzmeldung' zeigen die TE der TSV ‚Literaturhinweis' und ‚Berichtigung' keine Übereinstimmungen bezüglich ihrer Grob- und Feinplatzierung, während 88 Prozent der TE der ‚Artikelverweise' immer rechtsbündig neben den Hauptspartennamen ‚Feuilleton' und ‚Literatur' positioniert sind und auf bestimmte TE innerhalb des Kulturteils verweisen.

Tab. 11: Angaben zur Grob- und Feinplatzierung der Textexemplare der einzelnen Textsorten in der ‚Zeit'

Textsorte	**Grob- und Feinplatzierung**
‚Kurzmeldung'	Textsortenvariante ‚Literaturhinweis' und ‚Berichtigung': - keine feste Grob- und Feinplatzierung Textsortenvariante ‚Artikelverweis': Grobplatzierung: - Bis auf drei Ausnahmen[41] fast immer[42] in beiden Sparten (‚Feuilleton' und ‚Literatur') des Kulturteils Feinplatzierung: - Bis auf drei Ausnahmen[43] immer rechtsbündigen neben den Hauptspartennamen ‚Feuilleton' und ‚Literatur' auf der ersten Seite dieser Sparten
‚Bericht'	- keine feste Grob- und Feinplatzierung
‚Porträt'	Textsortenvarianten ‚Personenporträt', ‚Todesporträt' und ‚Geburtstagsporträt': - keine feste Grob- und Feinplatzierung Textsortenvariante ‚Selbstporträt': - feste Grob- (Peking-Feuilleton) und Feinplatzierung (äußerer Zeitungsrand)
‚Kommentar'	Textsortenvariante ‚Freier Kommentar': **Gruppe ‚Großkommentar'** - feste Grobplatzierung (Sparte ‚Feuilleton') - unterschiedliche Feinplatzierung

41 Die drei TE unter der Überschrift „Schadensbericht Deutsch" (‚Artikelverweis', 26. Juli 2007, Seite 41) sind im Fließtext eines thematisch passenden TE der Gruppe ‚Großkommentar' platziert.

42 Lediglich bei dem Peking-Feuilleton in der Ausgabe vom 19. Juli 2007, das eine Sondergestaltung aufweist, tritt in der Sparte ‚Feuilleton' kein Artikelverweis auf.

43 Vgl. die Ausführungen zu den drei TE unter der Überschrift „Schadensbericht Deutsch" (‚Artikelverweis', 26. Juli 2007, Seite 41) zwei Fußnoten vorher.

Textsorte	Grob- und Feinplatzierung
	Gruppe ‚Reihenkommentar' - feste Grobplatzierung bei 4 Serien (63 %),[44] unterschiedliche Grobplatzierung bei einer Serie (35 %),[45] bei einer Serie mit nur einem TE sind keine Aussagen möglich (2 %)[46] - feste Feinplatzierung bei 3 Serien (57 %),[47] unterschiedliche Feinplatzierung bei 2 Serien (41 %),[48] bei einer Serie mit nur einem TE sind keine Aussagen möglich (2 %)[49] Textsortenvariante ‚Kritik': **Gruppe ‚Großkritik'** - keine feste Grob- und Feinplatzierung **Gruppe ‚Reihenkritik'** - feste Grobplatzierung bei 10 Serien (82 %),[50] unterschiedliche Grobplatzierung bei 4 Serien (18 %)[51] - feste Feinplatzierung bei 9 Serien (80 %),[52] unterschiedliche Feinplatzierung bei 5 Serien (20 %)[53] **Gruppe ‚Kurzkritik'** - feste Grob- und unterschiedliche Feinplatzierung
‚Interview'	- keine feste Grob- und Feinplatzierung
‚Abdruck'	TSV ‚Textteilabdruck': - keine Angaben möglich[54] TSV ‚Reihenabdruck': - feste Grob- und Feinplatzierung (Sparte ‚Literatur Kaleidoskop', rechte obere Ecke)

Die TS ‚Bericht' und ‚Interview' sowie die TSV ‚Personenporträt', ‚Todesporträt' und ‚Geburtstagsporträt' weisen weder eine feste Grob- noch

44 Dabei handelt es sich um die Serien „*Wörterbericht*", „*Das Letzte*", „HARRY ROWOHLT" und „WAS MACHE ICH HIER?".

45 Dabei handelt es sich um die Serie „Kursive Überschrift".

46 Dabei handelt es sich um die Serie „ZEITMOSAIK".

47 Dabei handelt es sich um die Serien „*Wörterbericht*", „*Das Letzte*" und „WAS MACHE ICH HIER?".

48 Dabei handelt es sich um die Serien „HARRY ROWOHLT" und „Kursive Überschrift".

49 Dabei handelt es sich um die Serie „ZEITMOSAIK".

50 Dabei handelt es sich um die Serien „Fettdruck Unterzeile", „Die ZEIT empfiehlt", „BÜCHERTISCH", „100 KLASSIKER DER MODERNEN MUSIK", „WILLEMSEN HÖRT", „Kursive Überschrift", „STILLLEBEN MIT BUCH", „TASCHENBUCH", „KRIMINALROMAN", „VOM STAPEL".

51 Dabei handelt es sich um die Serien „Großbild", „KRITIK IN KÜRZE", „AUS POLITISCHEN ZEITSCHRIFTEN" und „BUCH IM GESPRÄCH".

52 Dabei handelt es sich um die Serien „Fettdruck Unterzeile", „Die ZEIT empfiehlt", „BÜCHERTISCH", „100 KLASSIKER DER MODERNEN MUSIK", „WILLEMSEN HÖRT", „STILLLEBEN MIT BUCH", „TASCHENBUCH", „KRIMINALROMAN", „VOM STAPEL".

53 Dabei handelt es sich um die Serien „Großbild", „KRITIK IN KÜRZE", „AUS POLITISCHEN ZEITSCHRIFTEN" und „BUCH IM GESPRÄCH" und „Kursive Überschrift".

54 Da die TSV in der ‚Zeit' nur ein TE aufweist, ist eine Aussage zur regelmäßigen Platzierung nicht möglich.

Feinplatzierung auf. Die TE der vierten TSV innerhalb der TS ‚Porträt', die ‚Selbstporträts', erscheinen hingegen alle in einer Ausgabe der ‚Zeit' innerhalb des ‚Peking-Feuilletons'. Sie dienen dazu, im Hinblick auf die Olympiade in China verschiedene Personengruppen exemplarisch vorzustellen. Bezüglich ihrer Feinplatzierung zeigen sie dahingehend Übereinstimmungen, dass sie alle am äußeren Rand der Zeitungsseiten positioniert sind.

Innerhalb der TS ‚Kommentar' variieren die Ergebnisse zur Platzierung der TE stark innerhalb der einzelnen Gruppen und zusätzlich zwischen den einzelnen Serien. Die TE der Gruppen ‚Großkommentar' und ‚Kurzkritik' zeigen die Grobplatzierung betreffend die Gemeinsamkeit, dass sie alle innerhalb der Sparte ‚Feuilleton' erscheinen, während die TE der Gruppe ‚Großkritik' weder bei ihrer Grob- noch bei ihrer Feinplatzierung feste Positionen aufweisen.

Das Auftreten von TE in Serien erhöht stark die Wahrscheinlichkeit, dass diese innerhalb der Zeitung eine feste Position einnehmen. Innerhalb der Gruppen ‚Reihenkommentar' und ‚Reihenkritik' zeigen vier (63 %) bzw. zehn Serien (82 %) eine feste Grobplatzierung, die zugleich fast alle auch bezüglich ihrer Feinplatzierung übereinstimmen (57 % bzw. 80 %). Die Untersparte ‚FEUILLETON Diskothek' umfasst dabei in jeder Ausgabe ausschließlich vier TE, die immer zu denselben Serien[55] der Gruppe ‚Reihenkritik' gehören und durchgängig an derselben Stelle auf der Zeitungsseite auftreten. Die Platzfestigkeit von TE einer Gruppe oder Serie erleichtert dem Leser deren Auffinden in der Zeitung und erhöht zugleich ihren Wiedererkennungswert. Besonders bei der beschriebenen Gestaltung der Untersparte ‚FEUILLETON Diskothek' weiß ein Stammleser, was ihn auf der betreffenden Seite erwartet (Besprechung künstlerischer Werke), und kann je nach Interesse das Angebot überspringen, ganz oder selektiv[56] nutzen.

Innerhalb der TSV ‚Reihenabdruck' weisen alle TE, die ausnahmslos der Serie „GEDICHT" angehören, eine feste Grobplatzierung (Untersparte ‚Literatur Kaleidoskop') und Feinplatzierung (rechte obere Ecke der Zeitungsseite) auf, was das Nachschlagen dieser TE erleichtert.

55 Dabei handelt es sich um die vier Serien „100 KLASSIKER DER MODERNEN MUSIK", „Fettdruck Unterzeile", „WILLEMSEN HÖRT" und „Die ZEIT empfiehlt".

56 Z.B. kann der Leser bewusst nur die TE der Serien „100 KLASSIKER DER MODERNEN MUSIK" und „WILLEMSEN HÖRT" auswählen, wenn er sich ausschließlich für Musik interessiert.

2.1.3 Das Layoutmerkmal ‚Spalte'

Tab. 12: Angaben zur Spaltenanzahl der Textexemplare der einzelnen Textsorten in der ‚Zeit'

Textsorte	**Anzahl Spalten**
‚Kurzmeldung'	1 Spalte (100 %)
‚Bericht'	Textsortenvariante ‚Erlebnisbericht': - 2 Spalten (8 %), 3 Spalten (25 %), 4 Spalten (8 %), 5 Spalten (50 %), TE über zwei Seiten mit 4 und 2 Spalten (8 %) Textsortenvariante ‚Themenbericht': - 3 Spalten (13 %), 4 Spalten (13 %), 5 Spalten (38 %), TE über zwei Seiten mit 4 und 1 (13 %) und zweimal 4 Spalten (13 %), TE über drei Seiten mit jeweils 5 Spalten (13 %)
‚Porträt'	Textsortenvariante ‚Personenporträt': - 2 Spalten (13 %), 3 Spalten (38 %), 4 Spalten (13 %), 5 Spalten (38 %) Textsortenvariante ‚Todesporträt': - 1 Spalte (15 %), 2 Spalten (15 %), 3 Spalten (31 %), 4 Spalten (8 %), 5 Spalten (23 %), TE über zwei Seiten mit 2 und 5 Spalten (8 %) Textsortenvariante ‚Geburtstagsporträt': - 3 Spalten (50 %), 4 Spalten (50 %) Textsortenvariante ‚Selbstporträt': - 1 Spalte (100 %)
‚Kommentar'	Textsortenvariante ‚Freier Kommentar' **Gruppe ‚Großkommentar'** - 2 Spalten (11 %), 3 Spalten (11 %), 4 Spalten (33 %), 5 Spalten (33 %), TE über zwei Seiten mit 1 und 2 sowie 4 und 2 Spalten (je 6 %) **Gruppe ‚Reihenkommentar'** - 1 Spalte (71 %), 2 Spalten (6 %), 3 Spalten (0 %), 4 Spalten (19 %), 5 Spalten (3 %) Textsortenvariante ‚Kritik' **Gruppe ‚Großkritik'** - 1 Spalte (5 %), 2 Spalten (19 %), 3 Spalten (30 %), 4 Spalten (23 %), 5 Spalten (20 %), TE über zwei Seiten mit 4 und 2 sowie 4 und 5 Spalten und TE über drei Seiten mit 4, 5 und 5 Spalten (je 1 %) **Gruppe ‚Reihenkritik'** - 1 Spalte (72 %), 2 Spalten (8 %), 3 Spalten (17 %), 4 Spalten (1 %), 5 Spalten (2 %) **Gruppe ‚Kurzkritik'** - 1 Spalte (100 %)
‚Interview'	- 3 Spalten (14 %), 5 Spalten (71 %), TE über drei Seiten mit jeweils 5 Spalten (14 %)
‚Abdruck'	TSV ‚Textteilabdruck': - 4 Spalten TSV ‚Reihenabdruck': - 1 Spalte (100 %)

Die TS ‚Kurzmeldung' weist bei allen drei TSV ausschließlich einspaltige TE auf, was ihrem geringen Textumfang entspricht.

Innerhalb der TS ‚Bericht' kommen die unterschiedlichsten Anordnungen vor, wobei lediglich einspaltige TE bei beiden TSV fehlen. Dies geht auf den sehr unterschiedlichen Textumfang der TE zurück. Die TE der ‚Themenberichte' umfassen dabei wie im ‚Tagesspiegel' im Schnitt mehr Spalten als die ‚Erlebnisberichte'. Zudem reichen sie häufiger über mehrere Zeitungszeiten.

Auch bei der TS ‚Porträt' weisen die TE der drei TSV ‚Personenporträt', ‚Todesporträt' und ‚Geburtstagsporträt' unterschiedliche Spaltenanzahlen auf, wobei insgesamt eine dreispaltige Anordnung am häufigsten vorkommt. Die TE der TSV ‚Selbstporträt' sind ausschließlich einspaltig.

Innerhalb der TS ‚Kommentar' zeigen die TE der beiden nichtseriellen Gruppen sehr unterschiedliche Spaltenanzahlen, wobei jedoch 89 Prozent der ‚Großkommentare' und 76 Prozent der ‚Großkritiken' mehr als zwei Spalten aufweisen. Die Gruppe ‚Kurzkritik' ist im Zentralbereich einspaltig, die Gruppen ‚Reihenkommentar' und ‚Reihenkritik' ein- bis zweispaltig, wobei die Anordnung in einer Spalte deutlich dominiert. Auch hier beruhen die Unterschiede in der Spaltenzahl auf dem unterschiedlichen Textumfang, den die TE der einzelnen Gruppen aufweisen. Hinzu kommt, dass die TE einer Serie fast immer einheitlich gestaltet sind,[57] um so den Wiedererkennungswert zu steigern und bei platzfesten Serien den vorgegebenen Raum einzuhalten.

Die TE der TS ‚Interview' sind im Zentralbereich fünfspaltig (85 %), wobei ein TE über drei Zeitungsseiten über jeweils fünf Spalten reicht. ‚Interviews' kommen in der ‚Zeit' relativ selten vor. Wenn sie jedoch auftreten, weisen sie einen großen Textumfang auf, was sich auch in der Spaltenanzahl ausdrückt.

Die unter dem Reihennamen „GEDICHT" erscheinenden TE der TSV ‚Reihenabdruck' sind immer einspaltig (97 Prozent aller TE), was sowohl für serielle TE als auch für die TS der abgedruckten Texte (TS ‚Gedicht') typisch ist.

57 Z.B. weisen die TE der Serie „WAS MACHE ICH HIER?" der Gruppe ‚Reihenkommentar' immer vier Spalten und die TE der Serie „WILLEMSEN HÖRT" der Gruppe ‚Reihenkritik' immer eine Spalte auf.

2.2 *Bestimmung des externen Faktors ‚Schreiber‘*

Wie beim ‚Tagesspiegel‘ ist auch bei der ‚Zeit‘ der externe Faktor des Schreibers durch die Berufsgruppe des Journalisten besetzt.[58] Ob es sich bei dem Verfasser um einen konkret genannten Autor oder um eine Agentur handelt, variiert jedoch zwischen den einzelnen TS.

Tab. 13: Angaben zu dem internen Faktor ‚Verfassername‘ der Textexemplare der einzelnen Textsorten in der ‚Zeit‘

Textsorte	**Verfassername mit drucktechnischer Realisierung**	**Anzahl der Verfasser**
‚Kurzmeldung‘	- kein Verfassername oder Kürzel (100 %)	–
‚Bericht‘	- vollständiger Name (100 %)	- verschiedene Autoren
‚Porträt‘	- vollständiger Name (100 %)	- verschiedene Autoren
‚Kommentar‘	Textsortenvariante ‚Freier Kommentar‘ **Gruppe ‚Großkommentar‘** - vollständiger Name (100 %) **Gruppe ‚Reihenkommentar‘** - vollständiger Name (97 %) - Kürzel (3 %)[59] Textsortenvariante ‚Kritik‘ **Gruppe ‚Großkritik‘** - vollständiger Name (100 %) **Gruppe ‚Reihenkritik‘** - vollständiger Name (93 %) - Kürzel (2 %)[60] - kein Verfassername oder Kürzel (5 %)[61] **Gruppe ‚Kurzkritik‘** - kein Verfassername oder Kürzel (100 %)	Textsortenvariante ‚Freier Kommentar‘ **Gruppe ‚Großkommentar‘** - verschiedene Autoren **Gruppe ‚Reihenkommentar‘** - eine der 6 Reihen[62] (6 %) mit festem Autor Textsortenvariante ‚Kritik‘ **Gruppe ‚Großkritik‘** - verschiedene Autoren **Gruppe ‚Reihenkritik‘** - 7 der 14 Reihen[63] (42 %) mit festem Autor
‚Interview‘	- vollständiger Name (100 %)	- verschiedene Autoren
‚Abdruck‘	- immer vollständiger Name der Autoren des verwendeten Primärtextes - ein Verweis auf den Verfasser, der den Artikel gefertigt hat, tritt nicht auf	–

58 Vgl. hierzu die Ausführungen in Kap. III.A.1.2.

59 Dabei handelt es sich um das TE „Stille Tage an der Ostsee“ der Serie „WAS MACHE ICH HIER?“ (6. Juni 2007, Seite 56).

60 Dabei handelt es sich um drei der elf TE der Serie „Großbild“

61 Dabei handelt es sich um acht der elf TE der Serie „Großbild“

62 Dabei handelt es sich um die Serie „HARRY ROWOHLT“.

63 Dabei handelt es sich um die Serien „STILLLEBEN MIT BUCH“, „TASCHENBUCH“, „KRIMINALROMAN“, „VOM STAPEL“, „AUS POLITISCHEN ZEITSCHRIFTEN“, „WILLEMSEN HÖRT“ und „Die ZEIT empfiehlt“.

Bei allen drei TSV der TS ‚Kurzmeldung' fehlen jegliche gesonderte Angaben zum Verfasser der TE. Auch bei der TSV ‚Berichtigung' geht, anders als bei derselben TSV innerhalb des ‚Tagesspiegels', lediglich aus den Pronomen der ersten Person im Fließtext hervor, dass die TE von Mitarbeitern der ‚Zeit' verfasst wurden. Das Fehlen eines Verfasserverweises bei den TSV ‚Artikelverweis' und ‚Literaturhinweis' ist durch die geringe Eigenleistung und den überschaubaren Aufwand bei dem Erstellen der TE erklärbar. Der Textanteil der ‚Literaturhinweise' besteht außer dem Reihennamen ausschließlich aus einem Informationsabsatz, der die wichtigsten Angaben zu dem aufgeführten Buch enthält. Der Fließtext der ‚Artikelverweise' konstituiert sich häufig aus Teilen der Überschrift des TE, auf den dieser sich bezieht. Zudem umfasst er nur wenige Sätze.

Die TS ‚Bericht', ‚Porträt' und ‚Interview' enthalten bei allen TE einen vollständigen Verfassernamen. Innerhalb der TS ‚Kommentar' weisen auch die Gruppen ‚Großkommentar' und ‚Reihenkommentar' bei allen TE den Vor- und Nachnamen des Autors auf. Bei den Gruppen ‚Reihenkommentar' und ‚Reihenkritik' steht ebenfalls ein vollständiger Verfassername im Zentralbereich, jedoch hat ein TE der ‚Reihenkommentare' nur ein Kürzel und acht TE der ‚Reihenkritiken' haben keinerlei Verfasserkennzeichnung. Hinzu kommt, dass bei der Serie *„Das Letzte“* der ‚Reihenkommentare' der Autor mit „FINIS“ angegeben ist, wobei es sich um ein Sammelpseudonym handelt.[64] Die beiden seriellen Gruppen zeigen überdies bei einigen Reihen die Besonderheit, dass diese von einem festen Autor verfasst werden (vgl. Tab. 13). Diese Bindung an einen Autor tritt wie beim ‚Tagesspiegel' ausschließlich bei diesen Gruppen innerhalb des Kulturteils auf. Bei der Gruppe ‚Kurzkritik' kommt kein Verfassername vor. Da der Fließtext ausschließlich aus der Aufzählung von Filmtiteln und den dazugehörigen Regisseuren besteht, liegt keine größere Eigenleistung einer Person vor. Bis auf den Reihennamen „SEHENSWERT“ erfolgt zudem keine Besprechung und Bewertung der Filme, sodass eine Zuordnung des TE zu einem bestimmten Autor nicht nötig ist.

Bei der TS ‚Abdruck' bleibt der Gestalter des Zeitungsartikels anonym, während der Autor des Primärtextes, auf dem der Fließtext der TE ausschließlich beruht, immer in der Überschrift auftritt. Auch hier ist die Eigenleistung des Zeitungsmitarbeiters so gering, dass auf eine namentliche Nennung verzichtet wird.

64 Vgl. Kap. III.B.1.3.4.4.

2.3 Bestimmung des externen Faktors ‚Leser'

Die Bestimmung der externen Faktoren des ‚Lesers', des ‚Ortes' und der ‚Zeit' erfolgt für alle TS gemeinsam. Da die ‚Zeit' eine textsortenübergreifende Einheit darstellt, sind keine Unterschiede zwischen den einzelnen TS bezüglich dieser Punkte vorhanden.

Eine Ausgabe der ‚Zeit' erreicht wöchentlich circa 2,12 Millionen Leser.[65] Diese gehören zu annähernd gleichen Teilen beiden Geschlechtern an, haben einen hohen gesellschaftlich-wirtschaftlichen Status und weisen im Durchschnitt einen hohen Bildungsgrad auf.[66]

Laut Pressemappe der ‚Zeit'[67] sind fast 75 Prozent der Leser seit mindestens vier Jahren Rezipienten der Zeitung, 45 Prozent sogar seit über sieben Jahren. Dies spricht für eine sehr große Zufriedenheit mit dem gekauften Produkt.

Da der Kulturteil ein wesentlicher Bestandteil der ‚Zeit' und neben den Themen Politik, Wirtschaft und Wissen als Schwerpunkt der Zeitung ausgewiesen ist, kann von einem erhöhten kulturellen Interesse der Leserschaft ausgegangen werden. Dafür spricht auch, dass 33 Prozent der Leser fast alle und 36 Prozent der Leser drei Viertel oder mehr aller Seiten lesen.[68]

2.5 Bestimmung des externen Faktors ‚Ort'

Die ‚Zeit' weist für den Untersuchungszeitraum eine Auflagenhöhe von knapp 500.000 Exemplaren auf,[69] wobei 55 Prozent der Leser die Zeitung abonniert haben.[70] Es handelt sich bei dieser um eine überregionale deutsche Wochenzeitung, deren Verbreitungsgebiet somit schwerpunktmäßig in Deutschland liegt. Sie ist jedoch ebenfalls in vielen anderen Ländern erhältlich, worauf die Preisangaben auf der Titelseite verweisen.

Wie der ‚Tagesspiegel' ist auch ‚Die Zeit' mit einem umfangreichen Angebot im Internet vertreten, wodurch der Verbreitungsraum weiter vergrößert wird.

---

65 Quelle: AWA 2007, angegeben in der Pressemappe der ‚Zeit', Stand 2008, Seite 12.

66 Vgl. http://www.iqm.de/medien/zeitungen/die_zeit/media/leserschaft.html#mc (Aufruf 1.8.2014).

67 Quelle: Copytest 37/2006, angegeben in der Pressemappe der ‚Zeit', Stand 2008, S. 13.

68 Quelle: Copytest 37/2006, angegeben in der Pressemappe der ‚Zeit', Stand 2008, S. 13.

69 In der Pressemappe der ‚Zeit' (Stand Februar 2008, S. 12) wird die durchschnittlich verkaufte Auflage mit 487.948 Exemplaren beziffert (IVW 4. Quartal 2007).

70 Quelle: Pressemappe der ‚Zeit', Stand Februar 2008, S. 12.

2.5 *Bestimmung des externen Faktors ,Zeit'*

Bei der ,Zeit' handelt es sich um eine Wochenzeitung, die am Donnerstag erscheint. Im Gegensatz zum täglich erscheinenden ,Tagesspiegel' ist sie daher auf eine längere Besitzspanne ausgelegt. Es ist davon auszugehen, dass die Leser die Zeitung überwiegend die ersten sieben Tage nach ihrem Erscheinen nutzen und die Beschäftigung durch einen Austausch gegen das jeweils nächste Exemplar endet.

Wie bereits für den ,Tagesspiegel' ausgeführt steht es jedoch jedem Leser frei, wie oft und wie lange er sich mit dem Medium beschäftigt. Laut „iq media marketing"[71] lesen 69 Prozent der Leser die ,Zeit' nicht direkt am Erscheinungstag, sondern am Wochenende. Hierfür nehmen sie sich im Durchschnitt fast drei Stunden Zeit. Auch in der Pressemappe der ,Zeit' wird eine durchschnittliche Lesezeit von drei Stunden angegeben.[72]

Da die ,Zeit' nur einmal pro Woche erscheint, entfällt eine Untersuchung der einzelnen TS darauf, ob diese an spezielle Erscheinungstage gebunden sind. Es wird lediglich erhoben, inwieweit die verschiedenen TS und TSV regelmäßig in allen Zeitungsausgaben erscheinen.

Tab. 14: Angaben zu dem externen Faktor ,Zeit' in Bezug auf das mindestens einmalige Auftreten eines Textexemplars der einzelnen Textsorten und Textsortenvarianten in den untersuchten Zeitungsausgaben der ,Zeit'

Textsorte	**regelmäßige Erscheinung**
,Kurzmeldung'	*Textsortenvariante ,Artikelverweis':* - in jeder Zeitungsausgabe (100 %) *Textsortenvarianten ,Literaturhinweis' und ,Berichtigung':* - jeweils in 15 Prozent der Zeitungsausgaben
,Bericht'	*Textsortenvarianten ,Erlebnisbericht' und ,Themenbericht':* - jeweils in 38 Prozent der Zeitungsausgaben - in 46 Prozent der Zeitungsausgaben kommt mindestens ein TE der beiden TSV der TS ,Bericht' vor
,Porträt'	*Textsortenvariante ,Personenporträt':* - in 38 Prozent der Zeitungsausgaben *Textsortenvariante ,Todesporträt':* - in 69 Prozent der Zeitungsausgaben *Textsortenvariante ,Geburtstagsporträt':* - in 31 Prozent der Zeitungsausgaben *Textsortenvariante ,Selbstporträt':* - in 8 Prozent der Zeitungsausgaben - in 85 Prozent der Zeitungsausgaben kommt mindestens ein TE der vier TSV der TS ,Porträt' vor

71 http://www.iqm.de/medien/zeitungen/die_zeit/media/leserschaft.html#mc (Aufruf 1.8.2014).

72 Quelle: Copytest 37/2006, angegeben in der Pressemappe der ,Zeit', Stand 2008, S.13.

Textsorte	regelmäßige Erscheinung
‚Kommentar'	*Textsortenvariante ‚Freier Kommentar':* **Gruppe ‚Großkommentar':** - in 77 Prozent der Zeitungsausgaben **Gruppe ‚Reihenkommentar':** - 4 der 6 Reihen (92 %)[73] treten in jeder Zeitungsausgabe[74] auf *Textsortenvariante ‚Kritik':* **Gruppe ‚Großkritik':** - in jeder Zeitungsausgabe (100 %) **Gruppe ‚Reihenkritik':** - 10 der 14 Reihen (80 %)[75] treten in jeder Zeitungsausgabe[76] auf **Gruppe ‚Kurzkritik':** - in 46 Prozent der Zeitungsausgaben
‚Interview'	- in 46 Prozent der Zeitungsausgaben
‚Abdruck'	*TSV ‚Textteilabdruck':* - keine Angaben möglich[77] *TSV ‚Reihenabdruck':* - in jeder Zeitungsausgabe (100 %)

Die TSV ‚Artikelverweis' der TS ‚Kurzmeldung' tritt in allen untersuchten Zeitungen auf und gehört damit zum festen Repertoire im Kulturteil der ‚Zeit', während die beiden anderen TSV nur jeweils mit zwei TE vorkommen und damit nur in 15 Prozent aller Zeitungsausgaben vertreten sind. Sowohl bei den ‚Literaturhinweisen' als auch bei den ‚Berichtigungen' kann es sich nicht um regelmäßig auftretende TSV handeln, da nicht jede Woche ein Buch eines ‚Zeit'-Mitarbeiters erscheint bzw. der Redaktion ein Fehler unterläuft.

Nur in knapp der Hälfte (46 %) aller Zeitungsausgaben tritt mindestens ein TE der TS ‚Bericht' und ‚Interview' auf, womit diese nicht zu den festen TS der Zeitung gehören.

Bis auf zwei Ausnahmen kommt in allen untersuchten Zeitungsausgaben mindestens ein TE einer der vier TSV der TS ‚Porträt' vor. Somit ist die TS weit verbreitet, wenn auch kein permanenter Bestandteil der

73 Dabei handelt es sich um die Serien „Kursive Überschrift", „*Wörterbericht*", „*Das Letzte*" und „WAS MACHE ICH HIER?".

74 Dabei wird das Fehlen in der Zeitung vom 19. Juli 2007 nicht gezählt, da in dieser das reguläre Feuilleton durch ein Peking-Feuilleton ersetzt ist, das die platzfesten und ansonsten durchgängig erscheinenden Serien nicht beinhaltet.

75 Dabei handelt es sich um die Serien „Fettdruck Unterzeile", „Die ZEIT empfiehlt", „BÜCHERTISCH", „100 KLASSIKER DER MODERNEN MUSIK", „WILLEMSEN HÖRT" sowie eine der alternativ erscheinenden Serien „STILLLEBEN MIT BUCH", „TASCHENBUCH", „KRIMINALROMAN", „VOM STAPEL".

76 Auch hier wird ein Fehlen im Peking-Feuilleton nicht gewertet.

77 Da die TSV in der ‚Zeit' nur ein TE aufweist, ist eine Aussage zum regelmäßigen Vorkommen nicht möglich.

Zeitung. Da die TSV ‚Geburtstagsporträt‘ und ‚Todesporträt‘ an ein bestimmtes, nicht zu beeinflussendes Ereignis gebunden sind und auch für die TSV ‚Personenporträt‘ und ‚Selbstporträt‘ ein aktueller Anlass vorliegen muss, ist das Auftreten der TE dieser TSV nicht gezielt planbar bzw. möglich. Aufgrund der Fülle der möglichen Anlässe ist es jedoch wahrscheinlich, dass innerhalb der Woche zwischen zwei Zeitungsausgaben ein aktuelles Geschehnis auftritt, das durch ein TE der TS ‚Porträt‘ aufgegriffen wird.

Ein TE der Serie „GEDICHT“, aus der sich die TSV ‚Reihenabdruck‘ innerhalb des Untersuchungszeitraums ausschließlich konstituiert, tritt durchgängig in allen Zeitungsausgaben auf, womit diese zum festen Bestandteil des Kulturteils zählt.

Die Häufigkeit des Auftretens der einzelnen Gruppen innerhalb der TS ‚Kommentar‘ variiert. Von der Gruppe ‚Großkritik‘ treten pro Zeitungsausgabe mehrere TE auf, während ‚Großkommentare‘ zwar in einem Großteil der untersuchten Zeitungen vorkommen (77 %), jedoch nicht fester Bestandteil sind. ‚Reihenkommentare‘ zählen zum festen Repertoire der Zeitung. Mit Ausnahme des Peking-Feuilletons, das in seiner Gestaltung eine Sonderstellung einnimmt, treten vier der sechs Serien in jeder Zeitungsausgabe auf. Bei den ‚Reihenkritiken‘ trifft dies auf zehn der vierzehn Serien zu. TE der Gruppe ‚Kurzkritik‘ lassen sich hingegen nur bei knapp der Hälfte der Zeitungen nachweisen (46 %). Insgesamt gehören viele TE einer durchschnittlichen Zeitungsausgabe der TS ‚Kommentar‘ an, was auf deren Bedeutung für den Kulturteil verweist.

3. Resümee

Die untersuchten TS weisen zum Teil große Übereinstimmungen bezüglich ihrer textexternen Merkmale aus Schreiber, Leser, Ort und Zeit auf, da sie in demselben Druckmedium und sogar unter derselben Sparte erscheinen. Dies ist bei TS, die sich sehr nahe stehen, nicht ungewöhnlich. Die textexternen Merkmale spielen somit zur Unterscheidung und Abgrenzung der verschiedenen TS im Kulturteil nur eine sehr untergeordnete Rolle. Dennoch ist ihre Bestimmung notwendig, da ihr Vorkommen eine generelle Voraussetzung für jegliche Kommunikation und somit eine Grundlage für die Existenz eines TE darstellt. Zudem kann die Besetzung der Variablenkonstellation Schreiber, Leser, Ort und Zeit – vor allem gegenüber TS aus anderen Kommunikationsbereichen – bereits eine differenzierende und identifizierende Funktion besitzen, da sich bestimmte Kombinationen der textexternen Merkmale ausschließen, bei spezifischen TS nicht vorkommen oder für andere charakteristisch sind.[78] Besonders das Merkmal des Schreibers besitzt hierbei Relevanz, da es z.B. als deutliches Abgrenzungskriterium der TS ‚Kurzmeldung' und ‚Meldung' von der TS ‚Bericht' innerhalb des ‚Tagesspiegels' fungiert und auch innerhalb der ‚Zeit' die ‚Kurzmeldungen' von allen anderen TS unterscheidet. Des Weiteren besitzt es eine differenzierende Funktion für die beiden TSV der TS ‚Interview' innerhalb des ‚Tagesspiegels' und zeigt charakteristische Besonderheiten der Bindung an einen festen Autor innerhalb einiger Serien der Gruppen ‚Reihenkommentar' und ‚Reihenkritik' auf.

78 Vgl. SIMMLER (1985: 455), SIMMLER (1993a): 355) und SIMMLER (1996: 600f.).

B. Bestimmung der internen Faktoren

Die Bestimmung der internen Faktoren erfolgt auf den drei linguistischen Ebenen der Makrostrukturen, der Syntax und der Lexik, wobei mit der Bestimmung der Merkmale auf der hierarchisch höchsten Ebene der Makrostrukturen begonnen wird.[1] Den Kapiteln zu den einzelnen Ebenen sind jeweils die theoretischen Grundlagen vorangestellt, auf denen die Analysen beruhen. Werden Beispiele aus TE im Text verwendet, erfolgt der Quellennachweis über die Nennung der TS bzw. der TSV oder Gruppe, der Hauptzeile in Anführungszeichen,[2] des Datums und der Seitenzahl.

1. Die linguistische Ebene der Makrostrukturen

1.1 Theoretische Grundlagen

Unter dem Begriff ‚Makrostruktur' wird in der Linguistik Verschiedenes verstanden. KALLMEYER/MEYER-HERMANN (1980) beispielsweise verwenden ihn in der Bedeutung von ‚Superstruktur', der Tiefenstruktur eines Textes, indem sie ‚Makrostrukturen' als „übergreifende Baumuster, welche die Gesamtgestalt betreffen" auffassen (ebd.: 253).[3] VAN DIJK (1980: 128) hingegen benutzt ihn für die semantische Einheit Textinhalt, während eine Superstruktur für ihn „eine Art abstraktes Schema [ist], das die globale Ordnung eines Textes festlegt" (ebd.: 131) und damit den „Typ eines Textes" (ebd.: 128) bestimmt.[4]

Im Rahmen dieser Arbeit wird die Makrostrukturdefinition von SIMMLER verwendet, der die Makrostruktur als *langue*-Einheit auffasst und von anderen *langue*-Einheiten abgrenzt:

> Makrostrukturen sind textinterne, aus Ausdrucks- und Inhaltsseite bestehende satzübergreifende Einheiten der *langue*, die gegenüber anderen satzübergreifenden Einheiten und hierarchisch gesehen kleineren Einheiten wie Satztypen eine distinktive Funktion besitzen und bei ihrem Auftreten mit ihnen

1 Vgl. die Ausführungen in den Kap. II.B.3.2. und II.B.4.

2 Handelt es sich bei der Hauptzeile um ein Zitat in Anführungszeichen, werden aus Gründen der Übersichtlichkeit keine doppelten Anführungszeichen verwendet.

3 GÜLICH/RAIBLE (1977) verwenden den Terminus ‚Makrostruktur' ähnlich. Für sie besteht „ein Text bzw. ein Textganzes aus Teiltexten" (ebd.: 53), wobei die Makrostruktur eines Textes die Abfolge, die Art und die Verknüpfung dieser Teiltexte festlegt und damit „die Textsorten-haftigkeit [sic] eines Textes" ausmacht (ebd.: 53f.).

4 Vgl. www.glottopedia.de/index.php/Makrostruktur und www.glottopedia.de/index.php/Superstruktur (Aufruf: 21.02.2015). LERCHNER (1989: 51) schließt sich VAN DIJKs Definition der beiden Begriffe an.

zusammen größere Einheiten der *langue*, nämlich Textsorten, konstituieren, wobei sich je nach extern gewähltem Medium bzw. bei Medienkombinationen verschiedene auditive und/oder visuelle Realisierungsformen ergeben können.[5]

Für die Textsortendefinitionen in dieser Arbeit ist eine große Relevanz der Makrostrukturen anzunehmen, da SIMMLER aufgrund seiner Untersuchungen zur Zeitungssprache zu dem Schluss kommt, dass sie „[d]urch ihre spezifische Auswahl, durch ihre Kombination untereinander und durch ihre Verbindung mit syntaktischen und lexikalischen Merkmalen [...] zur Konstitution von Textsorten innerhalb von Tageszeitungen in hohem Maße bei[tragen]".[6]

Dabei ist zu beachten, dass die auftretenden Makrostrukturen unterschiedlich komplex und hierarchisch gegliedert sein können.[7]

Einen besonderen Status haben diejenigen Makrostrukturen, die zugleich den Beginn bzw. das Ende eines Textes markieren. Begrenzungssignale am Textanfang werden als Initiatoren bezeichnet, diejenigen am Textende als Terminatoren. Diese Begriffe werden zusätzlich dadurch präzisiert, dass zwischen allgemeinen und spezifischen sowie direkten und indirekten Initiatoren/Terminatoren unterschieden wird. Unter allgemeinen Initiatoren werden Textbegrenzungssignale verstanden, „die für mehrere Textexemplare einer oder mehrerer Textsorten gelten".[8] Spezifische Initiatoren/Terminatoren hingegen begrenzen nur ein einziges TE. Direkte Textbegrenzungssignale, die sich aus den allgemeinen und spezifischen Initiatoren und Terminatoren zusammensetzen, sind so gestaltet, dass ihre Funktion zur Markierung des Textbeginns bzw. -endes zumindest als eine wesentliche Aufgabe der betreffenden Struktur deutlich erkennbar ist. Indirekte Textbegrenzungssignale hingegen beruhen darauf, dass in Textallianzen der direkte Terminator eines TE zugleich auf den Textbeginn des nächsten TE verweist und somit ein indirekter Initiator ist. Dasselbe gilt in umgekehrter Weise für direkte Initiatoren, die gleichzeitig als indirekte Terminatoren das Textende des vorangegangenen TE signalisieren.[9] „Da alle Textexemplare wenigstens einen direkten

---

5 SIMMLER (1996: 612). In derselben Veröffentlichung gibt SIMMLER auch Hinweise auf frühere Definitionen des Begriffs von anderen Autoren (ebd.: 611f.). Die von SIMMLER zitierte Definition tritt fast identisch bereits bei SIMMLER (1988: 213f) auf.

6 SIMMLER (1993b: 136). Auch für die TS ‚Regelwerk' und ‚Lehrbuch' weist SIMMLER die große Bedeutung der Makrostrukturen für die Textsortenkonstitution nach (SIMMLER 1991: 263ff., 270, 282ff., 301).

7 Vgl. SIMMLER (1996: 612).

8 SIMMLER (1996: 603). Vgl. auch SIMMLER (2009: 15).

9 Vgl. SIMMLER (1996: 603) und SIMMLER (2009: 15).

Initiator besitzen, kann auf Hinweise auf indirekte Initiatoren verzichtet werden."[10] Indirekte Termintoren erhalten jedoch eine gewisse Relevanz und werden bei der Analyse aufgeführt, sollte bei bestimmten TE ein direkter Terminator fehlen und die Begrenzung nicht klar ersichtlich sein. Ein solcher Fall ist beispielsweise bei den hier behandelten TE der TS ‚Kurzmeldung' nicht auszuschließen, da SIMMLER eben dies bei ‚Kurzmeldungen' im Kulturteil der Tageszeitung ‚Westfälische Nachrichten' nachgewiesen hat.[11]

Nicht jeder Initiator bzw. Terminator ist jedoch automatisch gleichzeitig eine Makrostruktur. Textbegrenzungssignale werden nur dann zu dieser Kategorie gerechnet, wenn ihre Komplexität über die eines einfach isoliert gebrauchten Satzes oder eines Gesamtsatzes hinausgeht. Auch wenn sie für das TE weitere Funktionen übernehmen, behalten sie ihren ursprünglichen Zweck der Textbegrenzung immer bei.[12] Handelt es sich bei Makrostrukturen um Initiatoren bzw. Terminatoren, wird während der Analyse darauf hingewiesen.

Vor dem Beginn der Untersuchung der einzelnen TS werden an dieser Stelle die allgemeinen Initiatoren genannt. Sie spielen zum Teil auch bei der Begründung der Tageszeitung als textsortenübergreifende Einheit eine Rolle und werden in diesem Fall funktional nicht weiter erläutert.

Das Titelblatt mit dem speziell gestalteten Zeitungskopf und -titel, der Index und das Impressum stellen allgemeine Initiatoren für alle TE des Kulturteils da. Weitere allgemeine Initiatoren, die für relativ viele TE gelten, sind die Spartentitel, die sich in einem Balken am oberen Rand der Zeitungsseite befinden. Je nachdem wie umfangreich die einzelnen Sparten sind, gelten diese Initiatoren für unterschiedlich viele TE. Bei spartengebundenen Textexemplargruppen, die einer regelmäßig erscheinenden Serie angehören (vgl. z.B. die TSV ‚Umfrageinterview' oder die Serie „**PAUKEN &** *Trompeten*" der Gruppe ‚Reihenkritik') besitzen sie eine entsprechend größere Relevanz. Die Spartentitel verweisen auf die Teilredaktionen und haben die Funktion, die Themenrichtung der Zeitungsseite zu nennen. Damit erzeugen sie beim Leser eine bestimmte Erwartungshaltung bezüglich der präsentierten Inhalte. Kulturinteressierte Leser werden somit dazu angehalten, sich näher mit den Beiträgen dieser Zeitungsseiten auseinanderzusetzen. Auf weitere allgemeine Initi-

10 SIMMLER (2009: 15). Vgl. auch SIMMLER (1996: 603).

11 Vgl. SIMMLER (1984: 38-41) .

12 Vgl. SIMMLER (1996: 612f.).

atoren, die nur bei einer relativ geringen Anzahl von TE einer bestimmten TS auftreten, wird innerhalb der Analyse hingewiesen.

1.2 Makrostrukturen bei den Textsorten der Tageszeitung ,Der Tagesspiegel'

Im Folgenden werden die Makrostrukturen untersucht, die bei den TE der TS im ,Tagesspiegel' auftreten. Tritt dieselbe Makrostruktur bei TE verschiedener TS auf (z.B. die Makrostruktur ,Überschrift'), wird sie bei ihrer ersten Behandlung bzw. bei der TS, bei der sie besonders häufig auftritt, ausführlich charakterisiert, wobei auch eventuell notwendige begriffliche Klärungen vorgenommen werden. Bei den übrigen TS wird auf dieser einführenden Darstellung aufgebaut und es werden nur noch für die jeweilige TS relevante Besonderheiten bzw. funktionale Unterschiede aufgeführt.

1.2.1 Die Makrostrukturen der Textsorte ,Bericht'

Bei den TE der drei TSV der TS ,Bericht' treten sehr viele Makrostrukturen auf. Neben den Makrostrukturen der Überschrift, des Absatzes und des Verfassernamens, die bei fast allen TE der ermittelten TS im Kulturteil vorkommen, lassen sich zusätzlich die Makrostrukturen des Bildes, des Einschubs, des Informationsabsatzes, der Informationsleiste und des Informationskastens nachweisen. Einige der letztgenannten Makrostrukturen sind dabei nur bei sehr wenigen TE vorhanden. Bis auf die Makrostruktur des Reihennamens treten damit innerhalb der TE der TS ,Bericht' alle Makrostrukturen auf, die auch bei den TE der anderen TS anzutreffen sind. Zu dem Zentralbereich der TS ,Bericht' und ihren drei TSV lassen sich jedoch nicht oder nur geringfügig mehr Makrostrukturen rechnen als bei den anderen TS.

1.2.1.1 Makrostruktur der Überschrift

Bei den Überschriften wird terminologisch zwischen den einzelnen Bestandteilen der Überschrift und deren drucktechnischer Anordnung über eine bestimmte Anzahl von Zeitungszeilen unterschieden. So besteht eine zweizeilige Überschrift aus zwei „syntaktisch und funktional zusammengehörende[n] und drucktechnisch in gleicher Weise ausgeführte[n] Überschriftteile[n]",[13] die als Haupt- und Unterzeile bezeichnet werden, während eine einzeilige Überschrift keine Differenzierungen in verschiedene Teile zeigt. Die Zeilenzahl meint hier folglich nicht „die bloße me-

13 SIMMLER (1993b: 139).

chanische Anordnung in Zeilen, die von der Anzahl und der Breite der Spalten abhängig ist und innerhalb der Hauptzeile auch zu Untereinanderanordnungen führen kann".[14] Soll ausgedrückt werden, welchen Umfang eine Überschrift bzw. ein Überschriftteil hat, wird zur Vermeidung von Missverständnissen immer von Zeitungszeilen gesprochen. Die Besprechung der Funktion der einzelnen Überschriftteile sowie deren syntaktische Analyse erfolgt auf der linguistischen Ebene der Syntax.

Überschriften bzw. Überschriftteile bestehen aus Sätzen.

> Durch die drucktechnischen Mittel des Fettdrucks, der Zentrierung innerhalb einer Spalte, der Abhebung vom folgenden übrigen Textkorpus durch Spatiierungen erhält der jeweilige Satz jedoch das zusätzliche Merkmal ‚Markierung des Textbeginns' in der Form einer Überschrift und eine den Satzinhalt übersteigende weitere textuelle Funktion [...].[15]

Die Überschrift übernimmt diese Initiatorfunktion entweder alleine oder gemeinsam mit weiteren Makrostrukturen oder textuellen Merkmalen als Teil eines Initiatorenbündels.[16]

Die TS ‚Bericht' besitzt im Zentralbereich (98 %) eine zweizeilige Überschrift, welche als einziger spezifischer Initiator der TS fungiert. Die Schrift der Hauptzeile ist wesentlich größer als diejenige der Unterzeile und steht in Fettdruck. Sowohl die beiden Überschriftteile als auch die Unterzeile und der Fließtext sind durch eine Leerzeile voneinander getrennt:

Was lange währt

Die Klassik Stiftung Weimar kann endlich
auf eine gesicherte Perspektive hoffen

VON BERNHARD SCHULZ

Fast auf den Tag genau zwei Jahre ist es her, dass die „Strukturkommission Zukunft Weimarer Klassik und Kunstsammlungen" ein 93-seitiges Gutachten vor-

Wer zahlt? Die Stiftungskonstruktion ist kompliziert. Der Freistaat Thüringen bestreitet 44,1 Prozent, der Bund 42,8 Prozent, die Stadt 13,1 Prozent des Stiftungshaushaltes. In absoluten Zahlen bedeutet das 6,9 Millionen Euro vom Land,

Abb. 2: Beispiel für eine Überschrift bei der Textsorte ‚Bericht' im ‚Tagesspiegel'[17]

---

14 Ebd.: 139. Zusätzlich kann auch die Unterzeile der hier untersuchten TE über mehrere Zeitungszeilen reichen.

15 SIMMLER (1996: 606). NECKERMANN (2001: 99) führt teilweise identische Kriterien für das Erkennen von Überschriften an. Nach ihr „werden Sätze als Überschriften angesehen, die durch mindestens zwei der folgenden Merkmale gekennzeichnet sind: Hervorhebungen (z.B. Fettdruck, graue Unterlegung), größere Schrift, Gliederungszeichen (z.B. Numerierung [sic]), Zentrierung über dem folgenden Text, größere Abstände zwischen Überschrift und folgendem Text".

16 Zu weiteren Ausführungen zur Überschrift siehe SIMMLER (1996: 607f.) und (2009: 15).

17 ‚Sachbericht', „Was lange währt", 17. Juni 2007, Seite 26.

1.2.1.2 Makrostruktur des Absatzes

Das Textkorpus der Artikel nach der Überschrift wird durch die Makrostruktur des Absatzes gegliedert. Ein einzelner Absatz ist drucktechnisch dadurch gekennzeichnet, dass die ersten beiden Buchstaben seiner ersten Zeile eingerückt sind.[18] Eine Ausnahme bildet hierbei lediglich der jeweils erste Absatz eines TE. Die Abgeschlossenheit zweier aneinander grenzender Absätze wird zudem dadurch betont, dass ihre letzten Zeilen nicht vollständig gefüllt sind, sodass eine zusätzliche Lücke zwischen den jeweils in Blocksatz gehaltenen Absätzen entsteht.

Die kommunikative Funktion der Absätze stellt ein wesentliches Kriterium zur Abgrenzung der einzelnen TS und TSV dar. Da die einzelnen TE sehr unterschiedliche Themen behandeln, ist eine detaillierte inhaltliche Analyse der einzelnen Absätze nicht sinnvoll, da keine regelmäßig wiederkehrenden Absatzmuster zu erwarten sind.[19] Vielmehr bietet sich die Reduktion auf vier wesentliche Grundfunktionen an:

- **Sachliche Informationsvermittlung**: Es werden nachprüfbare und überwiegend sachlich dargestellte Informationen präsentiert.
- **Subjektive Informationsvermittlung**: Der Autor stellt Fragen, liefert Erklärungen, Überlegungen oder Informationen, die in einem erkennbar subjektiven Stil präsentiert werden und meistens die Sichtweise des Autors zum Thema erkennen lassen.
- **Beschreibung**: Der Autor gibt seine Eindrücke von einem Geschehen, einer Person, einem künstlerischem Werk etc. wieder.
- **Bewertung**: Der Autor beurteilt ein Geschehen, eine Person, ein künstlerisches Werk etc.

Ein Absatz kann gleichzeitig mehrere dieser Funktionen aufweisen. Die einzelnen TS und TSV können sich darin unterscheiden, dass beispielsweise bestimmte Funktionen deutlich dominieren, fast vollständig fehlen oder obligatorisch auftreten müssen.

Innerhalb der TS ‚Bericht' kommt ein Absatzspektrum von zwei bis dreiundzwanzig Absätzen vor, wobei die Minimum- und Maximumzahlen Ausnahmefälle darstellen. Diese große Varianz lässt sich dadurch begründen, dass der Textumfang der einzelnen TE und damit zugleich die für die Gliederung verwendete Absatzzahl stark variieren.

---

18 Vgl. SIMMLER (1993b: 148).

19 Dies unterscheidet den Kulturteil beispielsweise vom Sportteil, bei dem die Themen wesentlich eingeschränkter sind und die Berichterstattung in bestimmten Bereichen festen Mustern folgt (vgl. SIMMLERs Untersuchung zum Kommunikationsbereich des Sports (1993b).

Der Textumfang wird einerseits über die Angabe von Zeilen, die für die einzelnen TS und ihre Varianten in Diagrammen dargestellt werden, angegeben. Die Zeilenanzahl stellt zwar eine publizistische Kategorie dar, deren Darstellung erlaubt jedoch zum einen Vergleiche mit den Angaben zur Textlänge innerhalb der publizistischen Literatur,[20] zum anderen ermöglicht sie auf schnell zu erfassende Weise Aussagen zum Textumfang. Da die Zeitungsspalten für alle TE gleich breit sind, lassen sich die Ergebnisse gut aufeinander beziehen. Zugleich werden die Befunde zur Zeilenanzahl mit Aussagen zur Satzanzahl ergänzt, sodass der Textumfang der TE auch durch eine linguistische Kategorie beschrieben wird. Auf der linguistischen Ebene der Syntax werden die Ergebnisse zur Satzanzahl durch Aussagen zu dem Komplexitätsgrad der Sätze (isoliert gebrauchte einfache Sätze (i.g.e.S.) oder Gesamtsätze (GS)) ergänzt.[21] Bei diesen beiden Kriterien für den Textumfang ist jedoch zu beachten, dass ein TE mit wenigen Zeilen verhältnismäßig viele Sätze aufweisen kann, wenn es sich bei diesen überwiegend um isoliert gebrauchte einfache Sätze aus wenigen Satzgliedern handelt oder die Gesamtsätze größtenteils aus zwei Teilsätzen aus wenigen Wörtern bestehen. Andererseits kann ein zeilenmäßig sehr umfangreiches TE überraschend wenige Sätze aufweisen, falls es aus sehr vielen Gesamtsätzen mit zahlreichen Teilsätzen oder isoliert gebrauchten einfachen Sätzen besteht, die eine große Anzahl umfangreicher Satzglieder haben. Bei den meisten TE korrelieren die Ergebnisse zur Zeilen- und Satzanzahl jedoch weitgehend darin, dass TE mit wenigen Zeilen aus wenigen und TE mit vielen Zeilen aus vielen Sätzen bestehen. Daher wird auf den großen Mehraufwand einer zusätzlichen Erfassung der Anzahl der Teilsätze und Satzglieder verzichtet.[22]

Bezüglich der Länge der TE liegt innerhalb der TS ‚Bericht' eine Spanne von 37 bis 402 Zeitungszeilen bzw. acht bis 153 Sätzen vor. Dabei sind jedoch deutliche Unterschiede zwischen den beiden TSV ‚Themenbericht' und ‚Erlebnisbericht' und der TSV ‚Sachbericht' festzustellen.

Bei den ‚Themenberichten' weisen die kürzesten TE immer noch eine Zeilenanzahl von 140 bzw. mindestens 35 Sätze auf, der längste hat hingegen 402 Zeilen bzw. 153 Sätze. Der Mittelwert für die Zeilenanzahl beträgt 211, für die Satzanzahl 60 (vgl. Abb. 3 und Abb. 4).

20 Vgl. Kap. II.D.3.

21 Bei den TS ‚Meldung' und ‚Kurzmeldung' wird überdies ausgewertet, wie viele Teilsätze die Gesamtsätze jeweils umfassen und aus wie vielen Satzgliedern sich diese und die isoliert gebrauchten einfachen Sätze durchschnittlich konstituieren.

22 Dies erfolgt lediglich bei den TE der TS ‚Meldung' und ‚Kurzmeldung', vgl. Kap. III.B.2.

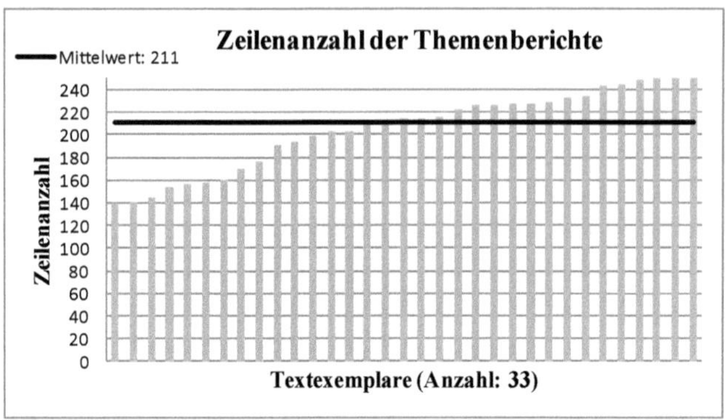

Abb. 3: Zeilenanzahl der Textexemplare der Textsortenvariante ‚Themenbericht' im ‚Tagesspiegel'

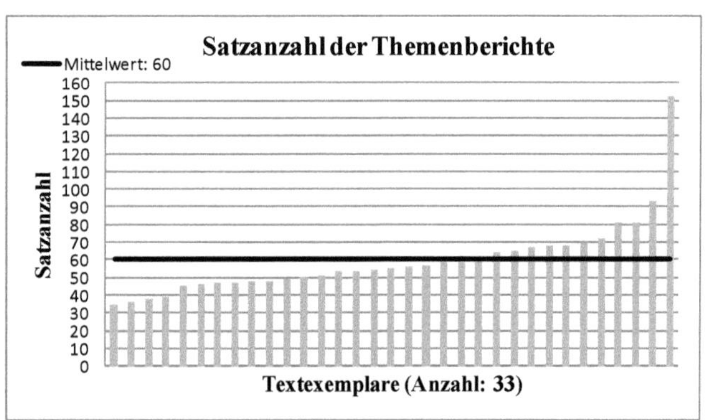

Abb. 4: Satzanzahl der Textexemplare der Textsortenvariante ‚Themenbericht' im ‚Tagesspiegel'

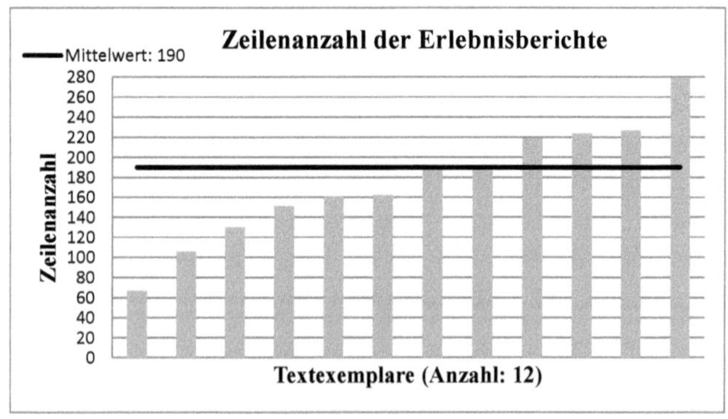

Abb. 5: Zeilenanzahl der Textexemplare der Textsortenvariante ‚Erlebnisbericht' im ‚Tagesspiegel'

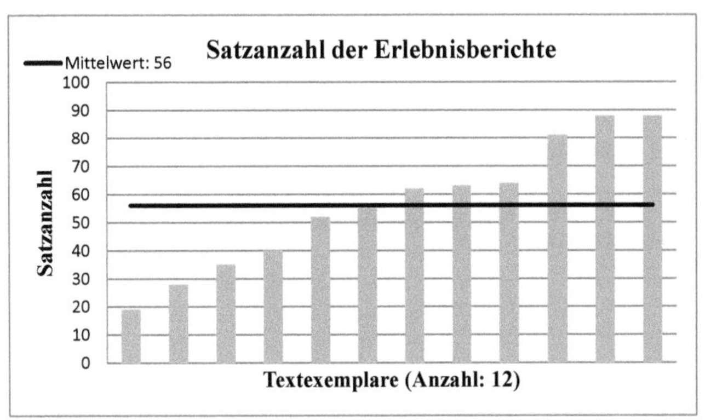

Abb. 6: Satzanzahl der Textexemplare der Textsortenvariante ‚Erlebnisbericht' im ‚Tagesspiegel'

Die ‚Erlebnisberichte' sind im Schnitt etwas kürzer als die ‚Themenberichte' und zeigen einen Mittelwert von 190 Zeilen bzw. eine durchschnittliche Satzanzahl von 56. Das Spektrum reicht dabei von 67 bis 279 Zeilen bzw. 19 bis 88 Sätzen (vgl. Abb. 5 und Abb. 6).

Die TE der ‚Sachberichte' haben im Durchschnitt weniger Zeilen (101) und eine geringere Satzanzahl (28) als diejenigen der beiden anderen TSV. Die Spanne reicht hier von 37 bis 236 Zeilen bzw. von 8 bis 89 Sätzen (vgl. Abb. 7 und Abb. 8).

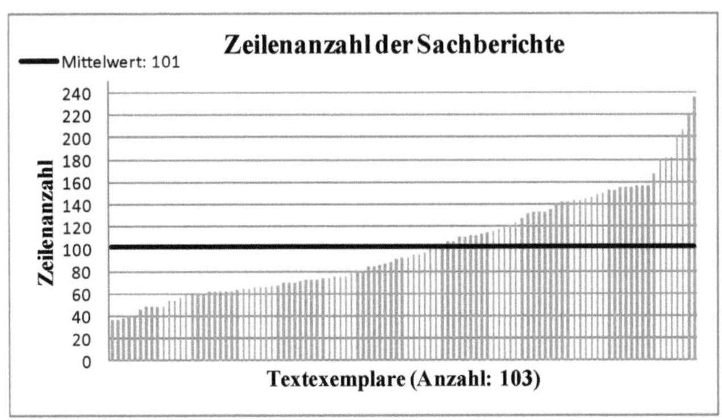

Abb. 7: Zeilenanzahl der Textexemplare der Textsortenvariante ‚Sachbericht' im ‚Tagesspiegel'

Die Zeilen- bzw. Satzanzahl der TE der TSV korreliert mit deren Absatzanzahl. So weisen die ‚Themenberichte' bei 91 Prozent der TE acht bis 15 Absätze[23] und die ‚Erlebnisberichte' bei 75 Prozent aller TE sieben bis 14 Absätze[24] auf. Bei den ‚Sachberichten' mit ihren geringeren Zeilen- und Satzanzahlen ist die Absatzzahl bei 91 Prozent der TE mit drei bis zehn Absätzen[25] entsprechend niedriger.

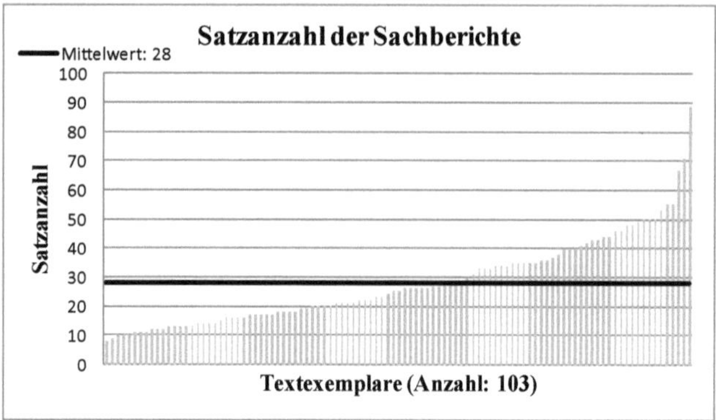

Abb. 8: Satzanzahl der Textexemplare der Textsortenvariante ‚Sachbericht' im ‚Tagesspiegel'

Der unterschiedliche Textumfang und die damit verbundene Absatzanzahl der drei TSV lassen sich mit deren Absatzgestaltung begründen.

Die vorrangige Funktion der Absätze ist bei den TE der TSV ‚Sachbericht' die sachliche Informationsvermittlung. Es gibt dabei einige TE, bei denen dies die ausschließlich nachweisbare Funktion ist. So informiert das TE „Maya ist wieder da" (Anhang 4) durchgehend wertneutral über einen aufgeklärten Kunstraub. Der Textaufbau folgt dabei dem klassischen Schema der abnehmenden Wichtigkeit („umgekehrte Pyramide"[26]), an mehreren Stellen werden Quellen für die Informationen genannt. Bei den meisten ‚Sachberichten' treten jedoch in einigen Absätzen eine oder mehrere der anderen Funktionen auf. Neben derjenigen der Informationsvermittlung sind bei dem Artikel „Medizin für Maler" (Anhang 6) beispielsweise zusätzlich kurze Bewertungen und Beschreibun-

23 Die genaue Verteilung ist: 1 bis 7 und 17 bis 21 Absätze 0 %, 16, 22 und 23 Absätze je 3 %, 14 und 15 Absätze je 6 %, 8 Absätze 9 %, 10 Absätze 12 %, 11 Absätze 15 %, 12 und 13 Absätze je 18 %.

24 Die genaue Verteilung ist: 1, 2, 3, 6, 12, 15 und 16 Absätze 0 %, 4, 5, 7, 9, 11, 13, 14 und 17 Absätze je 8 % und 8 und 10 Absätze je 17 %.

25 Die genaue Verteilung ist: 1, 13, 15 und 16 Absätze 0 %, 14 und 17 Absätze je 1 %, 2 und 12 Absätze je 2 %, 10 und 11 Absätze je 3 %, 7 Absätze 6 %, 6 und 9 Absätze je 9 %, 4 Absätze 13 %, 8 Absätze 14 % und 3 und 5 Absätze je 19 %.

26 Vgl. MAST (2012: 273) und WEISCHENBERG (2001: 79).

gen feststellbar (z.B. Absatz 5) sowie kurze Ausführungen des Autors (Ende letzter Absatz). Ein ‚Sachbericht‘ kann auch Funktionen integrieren, die für andere TS oder TSV typisch sind. Dies geschieht häufig, um ein TE aufzulockern und interessanter zu gestalten. Entscheidend für die Zuordnung zur TSV ‚Sachbericht‘ ist in diesen Fällen, dass die deutliche Mehrheit der Absätze funktional der sachlichen Informationsvermittlung dient. ‚Sachberichte‘ haben einen aktuellen Anlass und vermitteln zu einem großen Teil neue Informationen, wobei zu einem besseren Verständnis häufig auch ältere Hintergrundinformationen aufgeführt werden.

Bei den TE der TSV ‚Themenbericht‘ kommt wesentlich mehr subjektive Informationsvermittlung innerhalb der Absätze vor. Diese Funktion tritt dabei teilweise ebenso häufig auf wie diejenige der Informationsvermittlung. Dabei ist zu beachten, dass auch die Fragestellungen, Erklärungen, Überlegungen und informierenden Ausführungen des Autors überwiegend Informationen liefern, jedoch in einer subjektiveren Weise als bei der sehr sachlichen Informationsvermittlung. Anders als bei den TE der TSV ‚Sachbericht‘ präsentieren die ‚Themenberichte‘ überwiegend Informationen, die nicht neuartig sind. Bei ihnen wird ein bestimmtes Thema ausführlich behandelt, wobei verschiedene Aspekte beleuchtet bzw. verschiedene Beispiele besprochen werden. Häufig wird auch ein geschichtlicher Abriss zu dem Thema gegeben. Ein konkreter aktueller Anlass für die Artikel fehlt häufig oder wird nur am Rande thematisiert. So setzt sich der ‚Themenbericht‘ „Wir Wettermacher“ (Anhang 7) mit dem Klimawandel auseinander, indem er sehr unterschiedliche Aspekte, teilweise verbunden mit konkreten Beispielen, aufführt. Aktuelle Informationen (z.B. Absatz 1+2) nehmen dabei nur einen kleinen Teil ein, es dominieren Hintergrundinformationen und Überlegungen bzw. Fragestellungen zum Thema. Neben einem relativ großen Anteil an Absätzen, die eine subjektive Informationsvermittlung (z.B. Absatz 4) aufweisen, kommen auch viele vor, die eindeutig überprüfbare Informationen oder Aussagen eines Experten enthalten (z.B. Absatz 6 und 8).

Die TE der TSV ‚Erlebnisbericht‘ weisen viele Absätze auf, deren einzige Funktion bzw. Teilfunktion das Beschreiben ist. So bleibt dem Leser während des ganzen Artikels präsent, dass der Autor dargestellte Geschehnisse selbst erlebt, mit Personen direkt gesprochen, Orte tatsächlich besucht oder Dinge unmittelbar beobachtet hat. Viele Absätze beschreiben detailliert, wie der Autor etwas wahrgenommen hat, wodurch der Leser in die Lage versetzt wird, die Erfahrungen des Autors nachzuerleben. ‚Erlebnisberichte‘ sind dadurch sehr anschaulich und lebendig. Die Funktion der Informationsvermittlung ist dennoch ein wesentlicher Bestandteil zumindest eines Teils der Absätze. Teilweise sind die beiden Funktionen nicht eindeutig zu trennen, wenn Absätze Personenaussagen wiedergeben, die in die Beschreibungen der Äußerungssituation integriert sind. Anhand des Beispiels „Aktenschrank der Republik" (Anhang 8) lassen sich die verschiedenen Funktionen veranschaulichen. Der Erlebnisbericht verbindet eine sehr sachliche Informationsvermittlung, die überwiegend über Zitate erfolgt (z.B. Absatz 5 und 7), mit den Schilderungen der Eindrücke und Beobachtungen des Autors (z.B. Absatz 4 und 14). Die auffallend große Anzahl der Zitate lässt sich damit begründen, dass ein Autor relevante Informationen zum Thema häufig nicht recherchieren muss, sondern diese direkt bei dem entsprechenden Fachmann erfragen kann.

Trotz der Unterschiede in der Absatzgestaltung bei den drei TSV ist allen TE der TS ‚Bericht' gemein, dass ihr vornehmliches Ziel darin besteht, Wissen zu vermitteln und Leser zu informieren.

1.2.1.3 Makrostruktur des Bildes

Ein isoliert für sich allein stehendes Bild besitzt für die textlinguistische Analyse keine Relevanz, denn ein solches ist „nur insofern Gegenstand der Linguistik, als es mit sprachlichen Mitteln verbunden ist".[27] Die untersuchten Bilder in den zeitungssprachlichen TS erfüllen die zitierte Bedingung, da sie in Kontakt zum Textkorpus oder der Überschrift stehen, eine Bildunterschrift aufweisen oder in eine andere Makrostruktur mit sprachlichen Elementen integriert sind. Bei allen Bildern ist ein klarer Text-Bild-Bezug vorhanden, indem sie Personen, Gegenstände oder Sachverhalte visualisieren oder veranschaulichen, die in der Überschrift und im Textkorpus auftreten.

Ein Bild ist dann als spezifische Makrostruktur anzusehen, wenn es eine eigene Bildunterschrift besitzt. Bezieht sich eine Bildunterschrift auf mehr als ein Bild, handelt es sich um die spezielle Makrostruktur des Bildgefüges. Fehlt eine Bildunterschrift, ist das Bild Teil einer anderen Makrostruktur.[28]

Jedes Bild ist mit einer Quellenangabe versehen, welche den Fotografen oder die Agentur nennt. Diese ist durch ihre geringe Größe sehr unauffällig gestaltet und an einem Rand des Bildes platziert.

Die Makrostruktur des Bildes wird dahingehend untersucht, ob bzw. wie viele Bilder für die einzelnen TS typisch sind und welche Funktio-

---

27 SIMMLER (1996: 613).

28 Vgl. z.B. Kap. III.B.1.2.6.6.1., in dem das Auftreten von Bildern in der Makrostruktur des Einschubs bei der TS ‚Interview' behandelt wird.

nen sie übernehmen. Auftretende Bildunterschriften werden dabei als Teil der Makrostruktur aufgefasst und entsprechend auch an dieser Stelle ausgewertet. Auf die Platzierung, die Größe und den Inhalt der einzelnen Bilder wird nur dann eingegangen, wenn sich diesbezüglich feste Muster für die TS bzw. eine TSV erkennen lassen.

Die Makrostruktur des Bildes tritt innerhalb der TE der drei TSV der TS ‚Bericht' unterschiedlich häufig auf. 47 Prozent der TE der ‚Sachberichte' weisen diese Makrostruktur auf, wobei das Vorkommen eines Bildes (82 %) gegenüber einem Bildgefüge aus zwei (10 %) oder drei (8 %) Bildern dominiert. Bei den TE der ‚Erlebnisberichte' kommt die Makrostruktur deutlich häufiger vor und liegt mit einem Auftreten bei 75 Prozent der TE im Zentralbereich der TSV. Es lässt sich dabei nie mehr als ein Bild pro TE nachweisen. Die TE der ‚Themenberichte' weisen bis auf eine Ausnahme alle mindestens ein Bild auf (97 %), womit sich dieses Merkmal deutlich im Zentralbereich der TSV befindet. Das Auftreten eines Bildes ist auch hier am häufigsten (75 %), gefolgt von Bildgefügen aus zwei oder drei Bildern (jeweils 9 %). Mehr als drei Bilder pro TE kommen nur sehr selten vor (6 %).

Innerhalb der TS ‚Bericht' lässt sich ein Zusammenhang zwischen der Textlänge und dem Vorkommen eines Bildes feststellen. Je umfangreicher ein TE ist, desto wahrscheinlicher tritt ein Bild auf. So haben fast alle TE ohne Bild weniger als 130 Zeilen bzw. 40 Sätze, bei mehr als 160 Zeilen bzw. 56 Sätzen pro TE ist immer mindestens ein Bild oder Bildgefüge vorhanden. Dies erklärt, warum diese Makrostruktur bei den TE der ‚Sachberichte' mit ihrem geringeren Textumfang am wenigsten auftritt und bei den ‚Themenberichten', deren kürzeste TE 139 Zeilen oder 35 Sätze aufweisen, nur einmal fehlt.

Bis auf eine Ausnahme, bei der das Bild Teil einer anderen Makrostruktur ist, sind alle Bilder der TE der TS ‚Bericht' mit einer Bildunterschrift verbunden. Dabei kommt es bei mehreren Bildern pro Artikel häufig vor, dass sich diese zu einem Bildgefüge verbinden und eine gemeinsame Bildunterschrift aufweisen, wobei innerhalb von dieser jedoch mit Positionsangaben auf die Bilder einzeln Bezug genommen wird. Bis auf acht Prozent der Bildunterschriften der TE der TSV ‚Sachbericht', die lediglich den Namen des Abgebildeten in einem einheitlichen Drucktyp wiedergeben, weisen alle TE der TS ‚Bericht' eine drucktechnisch zweigeteilte Bildunterschrift auf (vgl. auch Abb. 9 bis Abb. 15):

(A) **Höhenrausch.** *Das „Burj Dubai", noch im Bau und schon Weltrekordhalter.*[29] (**NoS** + *GS (NoS + NoS + NoS)*)

(B) **Neuer Glanz in alter Hütte.** *Besucher des nächtlichen Eröffnungsprogramms vor der erleuchteten Kongresshalle.*[30] (**NoS** + *NoS*)

(C) **Gesellig denken.** *Im Teesalon seiner Wohnung im Schloss empfing Friedrich Wilhelm IV. Gelehrte und ließ sich vorlesen. Der Salon beruhte auf eigenen Entwürfen Friedrich Wilhelms; Schinkel führte sie aus.*[31]). (**VS** + *GS (VS + VS) + GS (VS + VS)*)

(D) **Kein Märchenonkel.** *Der britische Geschichtenerzähler Ben Haggarty.*[32] (**NoS** + *NoS*)

(E) **Turm vor Flusslandschaft.** *Das Treppenhaus von Meiers Arp-Museum in Rolandseck bei Bonn, das am 28. September eröffnet wird.*[33] (**NoS** + *GS (NoS + VS)*)

Die Bildunterschriften beginnen bis auf zwei Ausnahmen[34] immer mit einem fettgedruckten Satz, bei dem es sich im Zentralbereich aller TSV um einen isoliert gebrauchten einfachen Nominalsatz handelt. Dieser ist überwiegend eingliedrig. Die Funktion des fettgedruckten Satzes besteht darin, eine kurze Aussage zum Bildinhalt zu präsentieren (A-C) oder seltener eine kurze Benennung der abgebildeten Personen (D) oder Gegenstände vorzunehmen (E).

Auf diesen ersten Satz der Bildunterschrift folgen, durch Kursivdruck deutlich abgehoben, ein bis mehrere weitere Sätze.[35]

Tab. 15: Syntaktische Realisation der kursiven Sätze der Bildunterschrift bei den Textexemplaren der drei Textsortenvarianten der Textsorte ‚Bericht'

Textsortenvariante	**1 i.g.e.S.**		**1 GS**	**mehrere Sätze**
	NoS	**VeS**		
‚Sachbericht'	42 %	23 %	23 %	8 %
‚Themenbericht'	38 %	5 %	28 %	30 %
‚Erlebnisbericht'	67 %	–	22 %	11 %

29 ‚Sachbericht', „Auf Sand gegründet, auf Öl gebaut", 24. Juli 2007, Seite 21.

30 ‚Erlebnisbericht', „Die Kompromisshalle", 26. August 2007, Seite 27.

31 ‚Themenbericht', „Hülle und Fülle", 1. Juli 2007, Seite 27.

32 ‚Sachbericht', „Kunst des Abwandelns", 15. Juli 2007, Seite 27.

33 ‚Sachbericht', „Der Weißheit letzter Schluss", 11. August 2007, Seite 23.

34 Bei zwei TE der TSV ‚Sachbericht' besteht die Bildunterschrift nur aus einem Satz, wobei das erste Satzglied bzw. ein Satzgliedteil des ersten Satzgliedes in Fettdruck steht. Der restliche Satz ist kursiv gedruckt, z.B. „**Stillleben** *mit Kürbissen und Porzellan von Christoforo Munari.*" (‚Sachbericht', „Träume in Kobaltblau", 4. August 2007, Seite 24).

35 Eine Ausnahme bilden hierbei wieder die beiden TE der TSV ‚Sachbericht', bei denen die Bildunterschrift nur aus einem Satz besteht.

Aus Tabelle 15 geht hervor, dass deren syntaktische Gestaltung gegenüber dem fettgedruckten Satz wesentlich uneinheitlicher ist. Den TE aller TSV ist gemein, dass nach dem ersten Satz der Bildunterschrift am häufigsten ein einzelner isoliert gebrauchter einfacher Satz steht, vornehmlich ein Nominalsatz. Die Gesamtsätze lassen bei den TE keiner TSV eine klare Präferenz für nominale oder verbale Teilsätze erkennen. Auch die Anzahl der Teilsätze und deren Komplexitätsgrad variieren stark. Treten mehrere kursive Sätze auf, handelt es sich fast immer um zwei. Deren Gestaltung ist jedoch ebenso unterschiedlich wie bei den Gesamtsätzen. Funktional beschreiben bzw. erklären die kursiven Sätze der Bildunterschrift den Bildinhalt und teilweise auch den fettgedruckten Anteil (A-E). Zudem liefern sie häufig zusätzliche Informationen zum Thema (A, C und E).

Ein Bild bzw. Bildgefüge der TS ‚Bericht' kann unterschiedliche Funktionen übernehmen. Zwei allgemeine bestehen darin, die Aufmerksamkeit des Lesers zu erregen und das Textkorpus aufzulockern. Jedes Bild hebt sich von den visuell einheitlichen Textspalten ab. Je größer ein Bild ist, desto mehr fällt es zunächst auf. Ein sehr langer Artikel, der nur aus einem Textblock besteht, lädt zudem nicht zur näheren Beschäftigung ein bzw. setzt ein großes Interesse für das Thema voraus, während ein Bild den Artikel überschaubarer und ansprechender wirken lässt.

Eine weitere Funktion der Bilder kann darin bestehen, das besondere Interesse der Leser zu wecken. Dies kann auf unterschiedliche Weise geschehen. Prinzipiell liegt es in den Vorlieben der Leser begründet, ob ein Bild, welches häufig ziemlich direkt auf das Thema des Artikels verweist, für ihn interessant ist. Zeigt das Bildmotiv jedoch eine bekannte Person, hat dies eine größere Signalwirkung. Dabei ist davon auszugehen, dass der kulturell interessierte und informierte Leser mehr Persönlichkeiten im Kulturteil erkennt als der durchschnittliche Zeitungsleser. Auch das Darstellen ungewöhnlicher oder unklarer Bildinhalte kann erhöhtes Interesse erzeugen. Diese Bilder fordern den Leser dazu auf genauer hinzuschauen und fördern damit eine Auseinandersetzung mit dem TE.

Funktional dienen Bilder weiter dazu, Personen, Dinge, Veranstaltungen etc. zu visualisieren, um dem Leser einen Eindruck von diesen zu vermitteln, sie über deren Aussehen zu informieren bzw. sie vorzustellen. Dies ermöglicht dem Rezipienten häufig erst, eine konkrete Vorstellung von den Textgegenständen zu bekommen und diese entsprechend auch in der Realität wiederzuerkennen.[36]

Die auftretenden Bildfunktionen bei den einzelnen TS werden anhand von Beispielbildern verdeutlicht und besprochen. Deren Bildgrößen weichen dabei von den Originalmaßen ab, werden jedoch ergänzend zu jedem Bild angegeben.

Bei den TE der drei TSV der TS ‚Bericht' weisen die meistens Bilder mehrere der oben vorgestellten Funktionen auf, wobei jedoch überwiegend eine besonders dominant erscheint. Dies ist bei den Bildern der ‚Erlebnisberichte' bei 100 Prozent, bei denen der ‚Sachberichte' bei 82 Prozent und bei den Bildern der ‚Themenberichte' bei 67 Prozent das Visualisieren bzw. Vorstellen.

Abb. 9: Beispiel für die Bildfunktion des Visualisierens und Vorstellens bei der Textsortenvariante ‚Sachbericht' im ‚Tagesspiegel'[37]

36 Laut NECKERMANN (2001: 76) werden „Bilder […] aus zwei Gründen eingesetzt: Sie sollen Informationen (zusammen mit dem Text) übermitteln oder Aufmerksamkeit, Interesse und Motivation hervorrufen."

37 ‚Sachbericht', „Brücken verrücken", 21. Juni 2007, Seite 26. Größe des Bildgefüges 24,5 cm x 19,5 cm.

Da ‚Sachberichte' über neue Sachverhalte informieren, ist der Befund für diese TSV nicht verwunderlich. Dem Leser werden zum besseren Nachvollziehen oder Kennenlernen (vgl. Abb. 9 und Abb. 10) Bilder präsentiert, anhand derer er die im Artikel behandelten Informationen besser verarbeiten kann bzw. auch seine Neugierde auf das Aussehen der betreffenden Dinge oder Personen gestillt bekommt. Durch die Visualisierung wird der Leser zudem in die Lage versetzt, die betreffende Person, das vorgestellte Gebäude etc. in den Medien oder der Realität wiederzuerkennen.

Abb. 10: Beispiel für die Bildfunktion des Visualisierens und Vorstellens bei der Textsortenvariante ‚Sachbericht' im ‚Tagesspiegel'[38]

Des Weiteren ermöglicht ein Bild in vielen Fällen eine eigene Meinungsbildung. So können die Leser beispielsweise anhand der Brückenentwürfe (Abb. 9) selbst entscheiden, ob sie eine der Alternativen für gelungener halten als den umstrittenen Ausgangsentwurf, ohne „blind" auf die Ausführungen des Autors vertrauen zu müssen.

Bei den ‚Erlebnisberichten' zeigen die Bilder immer die Personen und/oder die Orte, welche der Autor für seinen Artikel aufgesucht hat. Die Bilder sind direkt bei dessen Besuch entstanden – oder erwecken zumindest diesen Eindruck. Durch ihre Funktion des Visualisierens und Vorstellens wird der Leser in die Lage versetzt, sich selbst einen Ein-

38 ‚Sachbericht', „Auf Sand gegründet, auf Öl gebaut", 24. Juli 2007, Seite 21. Bildgröße 5,8 cm x 8 cm.

druck von den besuchten Personen und/oder Orten zu machen und die Beschreibungen des Autors besser nachzuvollziehen. So finden sich zu Abbildung 11 mehrere Textstellen in dem dazugehörigen TE, die einen direkten Bezug zu dem Bild aufweisen (*„Theoretisch sagt Namslers Kollege Heinz Fehlauer, während er die Schubladenreihen des Archivkellers abschreitet, könne auch in der Partei gewesen sein, wer nicht in der Kartei auftauche.“* oder *„Nur darum kann der erstaunlich unverstaubt wirkende Archivar Fehlauer, wenn Frau Nemsler doch einmal fündig wird in ihrer Datenbank, in die Katakomben hinabsteigen. Er ruckelt an einer Schublade. ‚Manche gehen leicht auf, manche saumäßig schwer.‘ Wie das eben so ist mit der Erinnerung. Die Holzschubkästen stammen noch aus der Parteizentrale, dem ‚braunen Haus‘ in München. In ihnen stecken insgesamt elf Millionen NSDAP-Karteikarten.“*[39]).

Das Gedächtnis der Nation. Heinz Fehlauer blättert täglich in den Schubladen des Bundesarchivs, die unter anderem die Mitgliederkartei der NSDAP beherbergen – nebst weiteren 300 Regalkilometern deutscher Geschichte. Foto: Uwe Steinert

Abb. 11: Beispiel für die Bildfunktion des Visualisierens und Vorstellens bei der Textsortenvariante ‚Erlebnisbericht‘ im ‚Tagesspiegel‘[40]

Auch die Bilder der ‚Themenberichte‘ visualisieren häufig Aspekte bzw. stellen relevante Personen, Gebäude etc. dar, die in den TE behandelt werden.

39 Vgl. Anhang 8, Absatz 5+6. Enthalten die zitierten Textstellen wie in diesem Beispiel selbst durch Anführungszeichen gekennzeichnete Äußerungen, werden in dieser Arbeit die Zitate im Zitat zur Unterscheidung in einfache Anführungszeichen gesetzt.

40 ‚Erlebnisbericht‘, „Aktenschrank der Republik“, 22. Juli 2007, Seite 27. Bildgröße 18,3 cm x 12,2 cm.

Gefahrenzone öffentlicher Raum. *Beim Berliner Hauptbahnhof ließ der Orkan „Kyrill" Stahlträger abstürzen (großes Foto), beim Kollhoff-Haus am Potsdamer Platz fielen Fassadenteile zu Boden, und die Stelen des Holocaust-Mahnmals haben bereits Risse. Doch Pfusch gab es auch schon früher, etwa im Barockschloss Solitude bei Stuttgart (kleine Fotos, v. o. n. u.).* Fotos: dpa (2)/Imago/Superbild

Abb. 12: Beispiel für die Bildfunktion des Visualisierens und Vorstellens bei der Textsortenvariante ‚Themenbericht' im ‚Tagesspiegel'[41]

So zeigt das Bildgefüge in Abbildung 12 Beispiele für Bauschäden, die in dem Artikel kurz angesprochen werden. Unter „Absturz der Stahlträger" kann sich ein Laie kaum etwas vorstellen, während ein Bild den tatsächlichen Schaden visualisiert und damit besser einschätzbar macht. Auf diese Weise lassen sich lange Ausführungen innerhalb des Fließtextes vermeiden, ohne dass Abstriche bezüglich der Verständlichkeit gemacht werden müssen.

Bei 18 Prozent der Bilder der ‚Sachberichte' und 29 Prozent der ‚Themenberichte' steht die Funktion der Auflockerung im Vordergrund. Dies ist daran erkennbar, dass der Bildinhalt nicht direkt im Artikel the-

41 ‚Themenbericht', „Das feste Haus", 28. August 2007, Seite 21. Größe des Bildgefüges 18,2 cm x 19,7 cm.

matisiert wird, sondern nur sehr allgemein zu dem Hauptthema des TE passt und fast keinen Informationswert hat. So zeigt Abbildung 13 eine Landschaft mit einem Landhaus, der Artikel handelt jedoch von der Sezessionsbewegung im Bundesstaat Vermont der Vereinigten Staaten von Amerika. Ein Bezug zwischen dem Bild und dem restlichen Artikel lässt sich nur insofern feststellen, als das Landhaus laut Bildunterschrift in Vermont steht. Die dargestellte Idylle kann so interpretiert werden, dass sie das Ideal der Bewegung verkörpert, welches durch die Sezession geschützt werden soll. Diese Auffassung stützt auch der fettgedruckte Teil der Bildunterschrift („Wo Amerika noch in Ordnung ist.").

Abb. 13: Beispiel für die Bildfunktion der Auflockerung bei der Textsortenvariante ‚Themenbericht' im ‚Tagesspiegel'[42]

Auch Abbildung 14 hat nicht direkt etwas mit dem Artikelthema des ‚Sachberichts' zu tun. Das Gemälde zeigt den Naturforscher Alexander von Humboldt, während das TE von dem Humboldt-Forum handelt. Der einzige Bezug zwischen dem Bild und der inhaltlichen Ausrichtung des ‚Sachberichts' besteht darin, dass Alexander von Humboldt gemeinsam mit seinem Bruder Wilhelm der Namensgeber des Forums ist und dieses konzeptuell nach ihrem „geistigen Erbe[]"[43] gestaltet werden soll.

42 ‚Themenbericht', „Immer auf die Großen", 17. August 2007, Seite 21. Bildgröße 18,3 cm x 12,9 cm.

43 de.wikipedia.org/wiki/Humboldt-Forum (Aufruf 22.02.2015). Vgl. auch www.humboldt-forum.de/humboldt-forum/idee/die-brueder-humboldt/ (Aufruf 22.02.2015).

Abb. 14: Beispiel für die Bildfunktion der Auflockerung bei der Textsortenvariante ‚Sachbericht' im ‚Tagesspiegel'[44]

Der Grund für das Verwenden von auflockernden Bildern kann sein, dass keine konkreten, relevanten Motive existieren bzw. sich für das behandelte Thema anbieten, der visuell eintönige Textblock jedoch trotzdem durchbrochen werden soll. Derartige Bilder kommen fast ausschließlich bei längeren TE vor.

Lediglich bei zwei TE der TSV ‚Themenbericht' zielen die Bilder funktional vorrangig darauf ab, durch einen ungewöhnlichen, unklaren Bildinhalt das Interesse der Leser zu erregen:

So zeigt Abbildung 15 eine stark veränderte Version des berühmten Ausschnitts aus dem Deckengemälde der Sixtinischen Kapelle („Die Erschaffung Adams") von Michelangelo. Die Abbildung Gottes ist hier durch ein Fantasiegeschöpf ersetzt, bei dem es sich laut Bildunterschrift um das „Fliegende Spaghettimonster" handelt. Die originelle Darstellung macht den Leser neugierig, welche Bewandtnis es mit dem Motiv auf sich hat. Da auch die Überschrift[45] keine Erklärung liefert, außer dass laut Hauptzeile das abgebildete Wesen aus Nudeln besteht und der Artikel von einer bekannten, als unwissenschaftlich geltenden Alternative zur Evolutionstheorie handelt, erscheint ein Lesen des TE unumgänglich.[46]

---

44 ‚Sachbericht', „Zeitgeist im Erdgeschoss", 10. Juni 2007, Seite 26. Bildgröße 12 cm x 10,3 cm.

45 HZ: „Im Anfang war die Nudel", UZ: „Glauben oder Wissen: Warum der Kreationismus sich ausbreitet – und trotzdem das Problem der Schöpfung nicht löst".

46 Ein in der ‚Zeit' erschienener ‚Themenbericht' zum Thema Kreationismus hat als Bild ebenfalls einen Ausschnitt aus dem Deckengemälde „Die Erschaffung Adams" gewählt.

Abb. 15: Beispiel für die Bildfunktion des Interesseweckens bei der Textsortenvariante ‚Themenbericht' im ‚Tagesspiegel'[47]

1.2.1.4 Makrostruktur des Verfassernamens

Bezüglich der Makrostruktur des Verfassernamens werden für jede TS kurz die wichtigsten Informationen aus Kapitel III.A.1.2. „Bestimmung des externen Faktors ‚Schreiber'" zusammengefasst. Anschließend werden diese mit Angaben zur drucktechnischen Realisierung und Platzierung des Verfassernamens ergänzt. Zudem wird untersucht, ob der Autor hervorgehoben wird, indem zu ihm zusätzliche Informationen geliefert werden oder sein Name besonders exponiert auftritt. Auch kenntlich gemachte Abweichungen von der Zugehörigkeit zur Berufsgruppe der Journalisten (nach der Definition des DJVs[48]) werden erfasst.

Im Zentralbereich aller drei TSV der TS ‚Bericht' wird der Verfasser vollständig mit Vor- und Nachnamen genannt. Bei den ‚Themenberichten' und den ‚Erlebnisberichten' stellt dies die einzig vorkommende Realisation dar, während 17 Prozent der TE der ‚Sachberichte' als Verfassernachweis ein Kürzel aufweisen. Der Name des Autors ist bei den TE der ‚Sachberichte' und ‚Erlebnisberichte' immer und bei den TE der TSV ‚Themenbericht' überwiegend (91 %) in Großbuchstaben gedruckt. Die restlichen Namen setzen sich aus Groß- und Kleinbuchstaben zusammen.

Der Verfassername befindet sich bei den ‚Sachberichten' bei 50 Prozent, bei den ‚Erlebnisberichten' bei 92 Prozent und bei den ‚Themenberichten' bei 91 Prozent der TE zwischen Unterzeile und Fließtext, wobei er oben und unten jeweils durch eine dünne horizontale Linie von diesen

---

Es zeigt im Detail die beiden sich berührenden Hände. Funktional dient dieses Bild der Auflockerung, da kein konkreter Bezug zum Inhalt des TE besteht und das Bild im Gegensatz zu der bearbeiteten Darstellung im ‚Tagesspiegel' nicht besonders auffällig ist bzw. in gesteigertem Maße das Interesse der Leser weckt.

47 ‚Themenbericht', „Im Anfang war die Nudel", 19. Juli 2007, Seite 27. Bildgröße 24,5 cm x 11,8 cm.

48 Vgl. Kap. III.A.1.2.

Textteilen abgegrenzt wird. Bei dieser Platzierung ist dem Namen immer die Präposition „VON“ vorangestellt, was die Autorschaft eindeutig kennzeichnet und den Autor zusätzlich stärker betont.

Bei 50 Prozent der TE der ‚Sachberichte‘ und acht Prozent der TE der ‚Erlebnisberichte‘ steht der Verfasser ohne weitere Zusätze mit in der letzten Zeile des Fließtexts bzw. unter dieser. In beiden Fällen ist er rechtsbündig angeordnet, wodurch er sich deutlich vom Fließtext abhebt. Wenige TE der ‚Themenberichte‘ (9 %) weisen eine dritte Platzierung auf. Der Verfassername erscheint bei diesen gemeinsam mit der Präposition „von“ als Teil der Unterzeile. Durch eine Virgel ist dieser Nominalsatz von der übrigen Unterzeile getrennt und beschließt sie. Anders als bei den vorherigen Varianten ist der Name nicht ausschließlich in Großbuchstaben gedruckt.

Die unterschiedliche Platzierung des Namens hängt mit der Bedeutung zusammen, die dem Verfasser eingeräumt wird. Bei den sehr wertneutralen und überwiegend kürzeren ‚Sachberichten‘ befindet sich der Name unter dem Fließtext, eine eher unauffällige Platzierung. Da der Autor in diesen TE meistens gar nicht oder nur wenig in Erscheinung tritt, ist das Interesse des Lesers an seiner Person entsprechend gering. Die Platzierung zwischen Unterzeile und Fließtext lenkt hingegen viel stärker die Aufmerksamkeit auf den Verfasser. Vor dem Lesen des Fließtextes wird bereits kenntlich gemacht, von wem das TE stammt. Diese Platzierung tritt daher vornehmlich bei TE auf, bei denen der Autor durch Ausführungen, Beschreibungen oder Bewertungen stärker in Erscheinung tritt. Bei den TSV ‚Themenbericht‘ und ‚Erlebnisbericht‘ liegt diese Position des Verfassernamens jeweils im Zentralbereich, bei den ‚Sachberichten‘ kommt sie bei umfangreicheren TE vor, bei denen zudem häufig der Autor in den Absätzen stärker in Erscheinung tritt.

Noch exponierter ist die Position des Namens als Teil der Unterzeile. Da die Überschriften im Gegensatz zum Fließtext von den Lesern viel häufiger gelesen bzw. überflogen werden, um interessante Themen zu sondieren, betont diese Platzierung die Bedeutung des Autors. Bei allen TE der ‚Themenberichte‘, welche diese Position des Verfassernamens aufweisen, liefert eine weitere Makrostruktur Informationen zur Person des Autors und erklärt dadurch die Beziehung des Verfassers zum Thema des Artikels. Zugleich wird deutlich, dass es sich bei diesen nicht um Journalisten des ‚Tagesspiegels‘ handelt und was sie zum Schreiben des Artikels qualifiziert bzw. motiviert. Die starke Präsenz des Autors wird auch durch das Auftreten vieler Pronomen der ersten Person deutlich. Die Informationen über den Verfasser und seine starke Präsenz zeigen dem

Leser, dass der Autor eine bestimmte Meinung bzw. Position zum Thema des Artikels vertritt und die Informationen, auch wenn sie sachlich präsentiert bzw. überprüfbar sind, einer bestimmten Intention folgen.

1.2.1.5 Makrostruktur des Einschubs

Bei der Makrostruktur des Einschubs handelt es sich meist um einen, maximal zwei kurze Einzelsätze, die sich durch eine höhere Schriftgröße und Fettdruck drucktechnisch vom übrigen Textkorpus unterscheiden. Der Einschub wird oben und unten von schmalen Linien begrenzt, die ihn gemeinsam mit einer Leerzeile zusätzlich vom Fließtext abgrenzen:

Große Namen stehen im Hintergrund der kleinen Messe	**Gewalt wird im Privaten gesät und geht im öffentlichen Leben auf**	**Voyeurismus, Indifferenz, Empörungsgenuss – wer zuschaut, spielt mit**

Abb. 16.1-3: Beispiele für die Makrostruktur des Einschubs bei der Textsorte ‚Bericht' im ‚Tagesspiegel'[49]

In etwa jedem fünften TE der TSV ‚Sachbericht' (22 %) kommt ein Einschub vor, womit es sich bei diesen um eine variable Makrostruktur handelt. Bei den TSV ‚Themenbericht' und ‚Erlebnisbericht' liegt die Makrostruktur zwar ebenfalls nicht im Zentralbereich, mit einem Vorkommen bei 67 bzw. 50 Prozent der TE tritt sie jedoch wesentlich öfter auf und stellt damit ein häufig anzutreffendes Merkmal dar. Zudem weist bei diesen beiden TSV etwa jedes dritte TE mit dieser Makrostruktur zwei Einschübe auf.

Funktional heben die Einschübe eine Kernaussage oder eine besonders interessante Information des TE hervor. Dabei kann die betreffende Passage nahezu wörtlich aus dem Fließtext entnommen sein (Abb. 16.1[50]), inhaltlich zusammengefasst sein (Abb. 16.2[51]) oder auch zusätz-

---

49 Quellennachweis von links nach rechts: ‚Sachbericht', „Gondeln", 9. Juni 2007, Seite 33; ‚Themenbericht', „Die Psychodiplomaten", 29. Juli 2007, Seite 25; ‚Themenbericht', „Die Menschenhändler", 4. August 2007, Seite 21.

50 Der Wortlaut im Artikel heißt „Große Namen erscheinen allerdings im Hintergrund der kleinen Messe."

51 Die betreffende Passage im Artikel lautet: „Sie weisen darauf hin, dass die Saat der Gewalt im Privaten gesät wird, dort, wo traumatisierte Kinder anstelle von Vertrauen Misstrauen lernen und sich zugleich, wie Psychoanalytiker wissen, mit dem Aggressor identifizieren, um ihre Ohnmacht zu verdrängen. Im späteren Leben projizieren sie diese inneren Konflikte auf andere: ‚Feinde', ‚Fremde', Nachbarländer, Minderheiten, Ausländer,

liche weitere Aussagen, die sich so nicht im TE finden, aufweisen (Abb. 16.3[52]). Zusätzlich wird der Einschub häufig so formuliert, dass er das Interesse bzw. die Neugierde der Leser erregt (vgl. Abb. 16.2 und Abb. 16.3). Lediglich bei einem ‚Themenbericht' entspricht der Einschub drucktechnisch und funktional denjenigen der TS ‚Interview', welche der Vermittlung biografischer Informationen dienen und zusätzlich ein Porträtfoto enthalten.[53]

1.2.1.6 Makrostruktur des Informationsabsatzes

— Wolpert spielt sein Instrument am Samstag, 4. August, ab 20 Uhr in der Galerie Neurotitan. Die Performance eröffnet die Ausstellung „Meet thy neighbors" von Künstlern aus dem „Haus Schwarzenberg". Informationen unter www.neurotitan.de

— Der Autor, 1955 geboren, veröffentlichte zuletzt bei Kiepenheuer & Witsch den Essayband „Gute Zeiten. Deutsche Literatur 1995–2005". Er erhielt dieses Jahr den Alfred-Kerr-Preis für Literaturkritik.

— Infos unter www.kammerakademie-potsdam.de, www.ensemble-oriol.de und www.persius-ensemble.de

Abb. 17.1-3: Beispiele für die Makrostruktur des Informationsabsatzes bei der Textsorte ‚Bericht' im ‚Tagesspiegel'[54]

Alle drei TSV der TS ‚Berichte' weisen bei etwa einem Viertel ihrer TE die variable Makrostruktur des Informationsabsatzes am Ende des Textkorpus auf.[55] Auch bei einem auftretenden Verfassernamen ist sie unter diesem platziert und fungiert so ausnahmslos als Terminator. Der Informationsabsatz ist durch eine Leerzeile vom Fließtext abgerückt und unterscheidet sich durch einen Kursivdruck drucktechnisch von diesem. Er beginnt fast immer mit einem Spiegelstrich.

---

nur um nicht die eigenen Eltern zu entwerten, die das Kind als ‚gute Eltern' fantasieren muss, um am Leben zu bleiben."

52 Zu dem Einschub findet sich folgende Passage im Text: „Während die staatlichen Akteure zwischen Moral, Gewissen und Grenzsetzung Rechtsgüterabwägungen treffen müssen (und damit unter Umständen über Leben und Tod entscheiden), bleibt es den Zuschauern und Medienkonsumenten überlassen, ob sie voyeuristisch am schrecklichen Schauspiel teilnehmen, ob sie indifferent bleiben, Empörungsgenuss empfinden, heimlich oder offen mit den Tätern sympathisieren, mit den vermeintlich schwächeren Geiselnehmern in einem asymmetrischen Konflikt." Der erste Teil im Einschub findet sich, wenn auch inhaltlich gekürzt, annähernd im Text wieder. Für die Schlussfolgerung „wer zuschaut, spielt mit" zeigen sich hingegen keine Entsprechungen im Text.

53 Siehe Kap. III.B.1.2.6.6.1.

54 Quellennachweis: Links oben: ‚Erlebnisbericht', „Der Kosmos raunt", 3. August 2007, Seite 23; rechts oben: ‚Themenbericht', „Der dritte Gott", 19. Juni 2007, Seite 23; unten: ‚Sachbericht', „Die Pirole heben ab", 27. Juni 2007, Seite 26.

55 Genaue Prozentangaben: ‚Sachbericht' 28 Prozent, ‚Themenbericht' 27 Prozent und ‚Erlebnisbericht' 25 Prozent der TE.

Funktional ergänzt die Makrostruktur am häufigsten den Fließtext um wichtige aktuelle Informationen, wie beispielsweise den Veranstaltungsort, Termine und Zeiten einer kulturellen Veranstaltung oder Daten zu einem kulturellen Werk (Abb. 17.1). Als weitere wiederholt auftretende Funktionen präsentiert sie Informationen zum Autor des Artikels (Abb. 17.2) oder liefert schlicht eine Möglichkeit zur weiterführenden Informationsbeschaffung, meist eine Internetadresse (Abb. 17.3).

Die Makrostrukturen der Informationsleiste und des Informationskastens[56] kommen bei der TS ‚Bericht' so gut wie nicht vor, die Makrostruktur des Reihennamens[57] fehlt vollständig.

1.2.2 Die Makrostrukturen der Textsorte ‚Meldung'

Der Zentralbereich der TS ‚Meldung' lässt sich bezüglich ihrer Makrostrukturen gut bestimmen, da bei nahezu allen TE ein festes Repertoire an Makrostrukturen auftritt und sie zudem sehr einheitlich realisiert sind.

1.2.2.1 Makrostruktur der Überschrift

Bis auf wenige Ausnahmen weisen die TE der TS ‚Meldung' eine einzeilige Überschrift auf (94 %). Diese befindet sich zentriert über dem Fließtext. Sie unterscheidet sich drucktechnisch vom übrigen Textkorpus dadurch, dass ihre Buchstabenhöhe doppelt so hoch ist. Die Abgrenzung zum Fließtext wird zusätzlich durch eine Leerzeile unterstützt, welche die Überschrift von diesem abrückt:

Oliver Reese
wird Intendant
in Frankfurt

Abb. 18: Beispiel für eine Überschrift bei der Textsorte ‚Meldung' im ‚Tagesspiegel'[58]

Bis auf ein TE reicht die einzeilige Überschrift drucktechnisch über drei Zeitungszeilen. Sie stellt den einzigen spezifischen Initiator der TS dar, was auch für die wenigen Überschriften aus Haupt- und Unterzeile gilt.[59]

56 Diese beiden Makrostrukturen treten bei der TS ‚Interview' auf, vgl. Kap. III.B.1.2.6.6.2. und III.B.1.2.6.6.3.

57 Diese Makrostruktur kommt bei der TS ‚Kurzmeldung' (Kap. III.B.1.2.3.4.), den TSV ‚Umfrageinterview' (Kap. III.B.1.2.6.5.) und ‚Freier Kommentar' (Kap. III.B.1.2.5.5.) sowie der Gruppe ‚Reihenkritik' (Kap. III.B.1.2.5.5.) vor.

58 ‚Meldung', „Oliver Reese wird Intendant in Frankfurt", 10. Juni 2007, Seite 25.

59 Bei den drei TE mit zweizeiliger Überschrift entspricht die drucktechnische Gestaltung derjenigen bei anderen TS mit zweizeiliger Überschrift, vgl. z.B. für die TS ‚Bericht' Kap. III.B.1.2.1.1.

1.2.2.2 Makrostruktur des Absatzes

Im Zentralbereich der TS weisen ‚Meldungen' ein bis zwei Absätze auf. Bei 90 Prozent der untersuchten TE ist die Makrostruktur auf diese Weise realisiert, wobei das Vorkommen eines Absatzes mit 63 Prozent nochmals deutlich höher liegt als das Auftreten von zwei Absätzen (27 %). Im Peripheriebereich treten auch TE mit drei Absätzen auf (6 %), vier bzw. fünf Absätze kommen nur jeweils bei einem TE vor.

Die geringe Absatzanzahl lässt sich dadurch erklären, dass Meldungen relativ kurz über einen bestimmten Sachverhalt Auskunft geben, wodurch der Textumfang entsprechend übersichtlich bleibt und nicht der häufigen Untergliederung bedarf. Dies spiegelt sich auch in der durchschnittlichen Textlänge wieder.

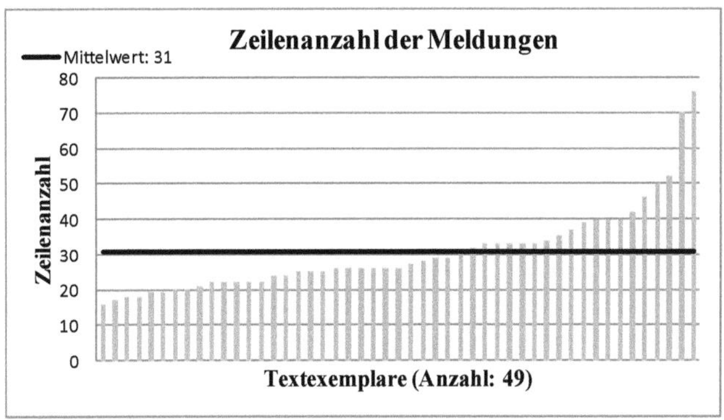

Abb. 19: Zeilenanzahl der Textexemplare der Textsorte ‚Meldung' im ‚Tagesspiegel'

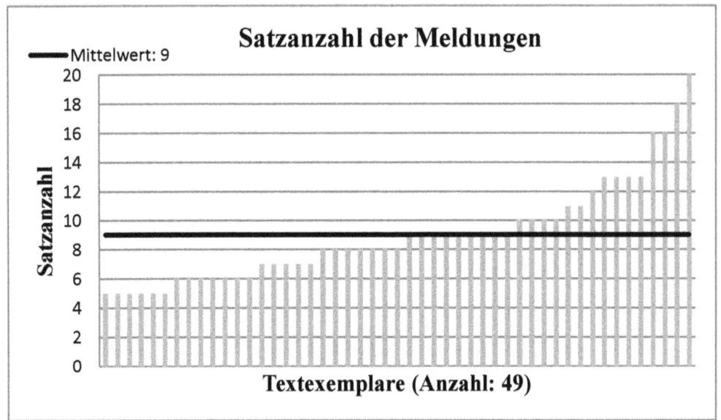

Abb. 20: Satzanzahl der Textexemplare der Textsorte ‚Meldung' im ‚Tagesspiegel'

Die TE der ‚Meldungen' weisen bezüglich ihrer Zeilenanzahl eine Spanne von 16 bis 76 Zeilen bzw. ihre Satzanzahl betreffend fünf bis 20 Sätze auf. Diese Spannen lassen sich auf einen Kernbereich von 18 bis 40 Zeilen (84 % der TE) und fünf bis elf Sätzen (82 %) eingrenzen. Die Mittelwerte liegen bei 31 Zeilen bzw. neun Sätzen (vgl. Abb. 19 und Abb. 20).

Anhand der Satz- und Zeilenanzahlen ist erkennbar, dass die überwiegende Mehrheit der ‚Meldungen' einen deutlich geringeren Textumfang aufweist als die TE der TS ‚Bericht'[60] und einen erkennbar größeren als die meisten TE der TS ‚Kurzmeldung',[61] womit die Textlänge zur Abgrenzung der drei TS beiträgt.

Die kommunikative Funktion der Absatzgestaltung liegt fast ausnahmslos in der sachlichen Informationsvermittlung. Dabei werden zu Beginn der TE die neuen, aktuellen Informationen vermittelt (Anhang 3, Absatz 1), worauf fast immer allgemeine Hintergrundinformationen folgen (Anhang 3, Absatz 2), welche die wesentlichen Fakten zum Thema zusammenfassen bzw. die zentralen Informationen um weitere ergänzen. Dadurch wird auch ein Leser, der zum ersten Mal etwas von dem Thema hört, über die wichtigsten Entwicklungen zum Thema in Kenntnis gesetzt. Zieht sich ein Thema über einen sehr langen Zeitraum hin, wie dies in dem Textbeispiel der Fall ist, helfen diese Informationen zudem, nicht den Überblick zu verlieren.

1.2.2.3 Makrostruktur des Verfassernamens

Bei 98 Prozent aller TE wird die Autorschaft anhand eines Kürzels angegeben, das rechtsbündig am Textende platziert ist. Bei den meisten TE befindet es sich in der letzten Zeile des Fließtextes, sehr selten aus Platzgründen auch unterhalb der letzten Zeile. Unabhängig von der exakten Position fungiert die Makrostruktur des Verfassernamens bei allen untersuchten TE als spezifischer Terminator der TS.

Die Verwendung eines Kürzels erscheint bei ‚Meldungen' dadurch gerechtfertigt, dass der Autor völlig im Hintergrund bleibt und es neben der sachlichen und kurzen Präsentation der wichtigsten Fakten keinen Spielraum bezüglich der Gestaltung gibt.

Die Makrostrukturen des Bildes und des Einschubs treten jeweils bei nur einem TE auf, weshalb sie für die TS keine Relevanz besitzen.

---

60 Vgl. Kap. III.B.1.2.1.2.

61 Vgl. Kap. III.B.1.2.3.2.

1.2.3 *Die Makrostrukturen der Textsorte ‚Kurzmeldung'*

Die TS ‚Kurzmeldung' setzt sich aus den beiden TSV ‚Kurzmeldung im engeren Sinne"[62] und ‚Berichtigung' zusammen. Während zu Ersterer 98 Prozent aller TE gehören, umfasst die zweite lediglich drei TE. Da diese jedoch spezifische Besonderheiten aufweisen und die TSV zudem ebenfalls innerhalb der ‚Zeit' auftritt, ist das Ansetzen einer vorläufigen TSV gerechtfertigt.

1.2.3.1 Makrostruktur der Überschrift

99 Prozent aller TE der TS ‚Kurzmeldung' besitzen eine einzeilige Überschrift, die als spezifischer Initiator fungiert. Im Gegensatz zur ‚Meldung' ist diese jedoch nicht durch eine Leerzeile vom Textkorpus getrennt, sondern lediglich optisch durch Fettdruck bei ansonsten gleicher Schriftart und -größe von diesem abgehoben. Die Überschrift reicht zudem fast immer über zwei Zeitungszeilen (94 %), seltener über eine (6 %), was sie zusätzlich von derjenigen der TS ‚Meldung' unterscheidet:

Peter Sloterdijk ist neues Mitglied
in der Akademie der Künste
Der Philosoph Peter Sloterdijk und der
Schriftsteller Friedrich Christian Delius

Abb. 21: Beispiel für eine Überschrift (mit zwei Zeilen des Fließtextes) bei der Textsorte ‚Kurzmeldung' im ‚Tagesspiegel'[63]

1.2.3.2 Makrostruktur des Absatzes

Im Zentralbereich der TS besitzen ‚Kurzmeldungen' einen Absatz (98 %). Mehr als zwei Absätze treten bei keinem TE auf.[64]

Wie bereits bei der TS ‚Meldung' korreliert die geringe Absatzanzahl mit der Textlänge, wobei diese bei den ‚Kurzmeldungen' im Zentralbereich noch deutlich kürzer ist (vgl. Abb. 22 und 23).

Die TE der TS ‚Kurzmeldung' weisen eine Zeilenspanne von drei bis 55 Zeilen und eine Satzspanne von einem bis 13 Sätzen auf. Diese Spannen lassen sich auf einen Kernbereich von unter 18 Zeilen (79 %) und unter sechs Sätzen (81 %) eingrenzen. Der Mittelwert für die Zeilenanzahl liegt bei 13 Zeilen, für die Satzanzahl bei vier Sätzen.

---

62 Die Bezeichnung ist von SIMMLER (1993: 184) übernommen, der die TS ‚Kurzmeldung' in die TSV ‚Kurzmeldung im engeren Sinne' und ‚Tabelleninformation' unterteilt.

63 ‚Kurzmeldung i.e.S', „Peter Sloterdijk ist neues Mitglied in der Akademie der Künste", 8. Juni 2007, Seite 25.

64 Vgl. die ähnlichen Untersuchungsergebnisse zu den TS ‚Meldung' und ‚Kurzmeldung' im Kommunikationsbereich des Sports bei SIMMLER (1993b: 149).

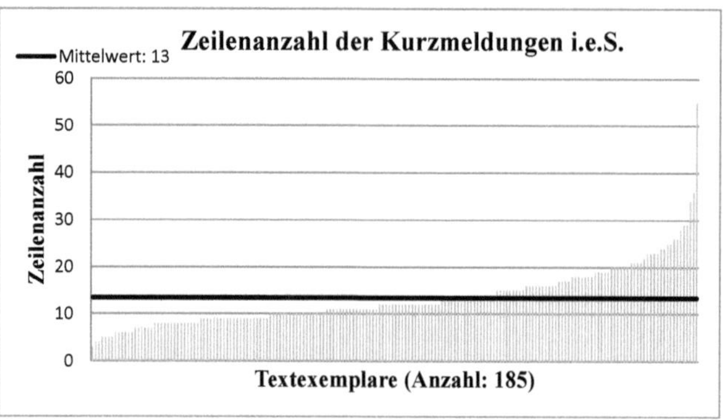

Abb. 22: Zeilenanzahl der Textexemplare der Textsortenvariante ‚Kurzmeldung i.e.S.' im ‚Tagesspiegel'

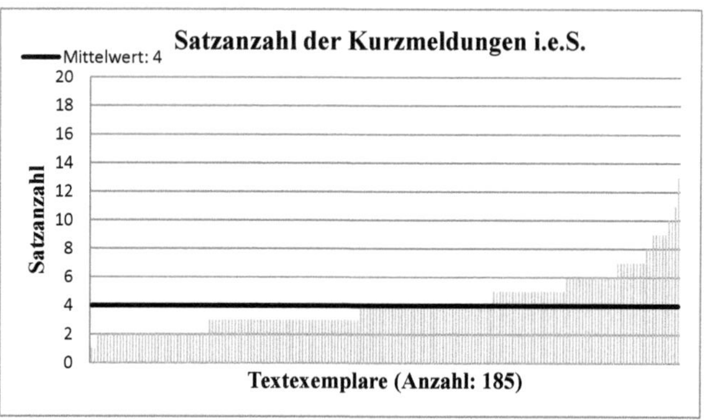

Abb. 23: Satzanzahl der Textexemplare der Textsortenvariante ‚Kurzmeldung i.e.S.' im ‚Tagesspiegel'

Der Textumfang der drei TE der TSV ‚Berichtigung' unterschreitet mit durchschnittlich zwei Sätzen bzw. sieben Zeilen noch denjenigen der ‚Kurzmeldungen i.e.S.'.

Auch wenn bei den ‚Meldungen' und ‚Kurzmeldungen' jeweils TE auftreten, die rein von der Zeilen- bzw. Satzanzahl auch zu der jeweils anderen TS gehören könnten (vgl. Abb. 19 mit Abb. 22 und Abb. 20 mit Abb. 23), lässt sich das Merkmal des Textumfangs für die Abgrenzung der beiden TS nutzen.[65] Während die ‚Kurzmeldungen' im Zentralbereich weniger als 18 Zeilen haben, weist die TS ‚Meldung' lediglich zwei TE mit einer solchen Länge auf.

65 Eine genauere Analyse der Sätze erfolgt für die ‚Meldungen' in Kap. III.B.2.3.2.2. und für die ‚Kurzmeldungen' in Kap. III.B.2.3.3.2.

Die kommunikative Funktion der Absätze besteht bei der TSV ‚Kurzmeldung i.e.S.' immer darin, möglichst sachlich aktuelle Informationen zu vermitteln. Hintergrundinformationen bzw. Zusatzinformationen, die über die Wiedergabe der wesentlichen Fakten hinausgehen, fehlen teilweise völlig (Anhang 1, zweites TE) oder sind wesentlich kürzer gehalten als bei den ‚Meldungen' (Anhang 1, erstes und drittes TE). Bei der TSV ‚Berichtigung' werden ebenfalls sachliche Informationen vermittelt. Diese dienen jedoch der Korrektur von falschen Informationen, die in einem anderen TE einer früheren Ausgabe aufgetreten sind, oder dem Nachtrag fehlender Informationen. In beiden Fällen übernimmt die Redaktion die Verantwortung für die Versäumnisse (Anhang 2).

1.2.3.3 Makrostruktur des Verfassernamens

Der Verfasser der TS ‚Kurzmeldung' tritt ausschließlich in Form eines Kürzels rechtsbündig am Ende des Fließtextes auf[66] und übernimmt eine Terminatorfunktion. Das Fehlen eines ausgeschriebenen Autorennamens ist damit erklärbar, dass die ‚Kurzmeldungen' in knapper, sachlicher Form erscheinen. Der Inhalt beschränkt sich meist auf eine wesentliche Information, deren Präsentation weitestgehend wertneutral erfolgt und keinen persönlichen Stil erkennen lässt. Daher stellen ‚Kurzmeldungen' keine großen Eigenleistungen einer bestimmten Person dar, der vertretende Meinungen zugeordnet bzw. die durch die namentliche Nennung gewürdigt werden müsste. Daher überwiegen auch Hinweise auf Informationsübernahmen von Presseagenturen.[67]

Bei der TSV ‚Berichtigung' tritt ausschließlich das Kürzel „Tsp" auf, das für den ‚Tagesspiegel' steht. Bei den TE handelt es sich immer um Richtigstellungen bzw. einen Nachtrag von Seiten der Redaktion, was durch das entsprechende Kürzel verdeutlicht wird.

1.2.3.4 Makrostruktur des Reihennamens

Die auffälligste Makrostruktur der TS ‚Kurzmeldung' stellt der Reihenname dar, welcher als allgemeiner Initiator fungiert. Der Reihenname besteht aus dem Nominalsatz „Nachrichten", der sich in einem Balken befindet. Dieser ist mit bräunlich-gelber Farbe hinterlegt, von der sich die Schrift durch schwarze Großbuchstaben abhebt. Dieser allgemeine Initiator tritt bis auf eine Ausnahme bei allen TE der TS ‚Kurzmeldung' auf. Durch die farbige Hervorhebung zieht diese Makrostruktur die Auf-

66 Vgl. Kap. III.A.1.2.

67 So kommt alleine das Kürzel dpa (= Deutsche Presse-Agentur) bei 52 Prozent der TE der TS ‚Kurzmeldung' vor.

merksamkeit des Lesers auf sich. Zudem gibt der Nominalsatz eine Textklassifizierung an, nach welcher die Redaktion die auf den Balken folgenden Artikel eingeteilt hat.[68] Die Anzahl der TE, die unter diesem Balken erscheinen, variiert. Mit 42 Prozent treten am häufigsten zwei Kurzmeldungen auf, gefolgt von nur einem einzigen TE (27 %) oder drei TE (26 %). Selten bündelt die Makrostruktur auch vier TE (6 %). Bei mehreren TE pro Balken zeigt dieser die weitere Funktion, die einzelnen Kurzmeldungen zu einer Einheit zusammenzufassen, um so auf die übereinstimmende TS der TE zu verweisen. Die einzelnen TE sind dabei durch eine Leerzeile voneinander getrennt, wodurch der Übergang von einem TE zum nächsten betont wird. Zusätzlich werden die ‚Kurzmeldungen' durch den spezifischen Initiator, die fettgedruckte Überschrift, drucktechnisch deutlich voneinander abgehoben. Die drei TE der TSV ‚Berichtigung' erscheinen jeweils gemeinsam mit TE der TSV ‚Kurzmeldung i.e.S.' unter einem Reihennamen.

Weitere Makrostrukturen kommen bei keinem TE der TS ‚Kurzmeldung' vor. Die TS ‚Meldung' und ‚Kurzmeldung' ähneln sich zwar bezüglich der Merkmale (z.B. einzeilige Überschrift), sie sind aber bis auf die Makrostruktur des Verfassernamens nicht identisch (z.B. unterschiedliche drucktechnische Realisierung der Überschrift, unterschiedlicher Textumfang gemessen an der Zeilen- und Satzanzahl, unterschiedlich häufiges Auftreten von Nominalsätzen). In der Form des ‚Reihennamens' tritt eine sehr charakteristische Makrostruktur bei den ‚Kurzmeldungen' auf, die den ‚Meldungen' fehlt.

1.2.4 Die Makrostrukturen der Textsorte ‚Porträt'

1.2.4.1 Makrostruktur der Überschrift

Der Zeremonienmeister

Zum Start der Schaubühnen-Spielzeit:
Porträt des Pianisten und Sängers Alex Nowitz

Abb. 24: Beispiel für eine Überschrift bei der Textsorte ‚Porträt' im ‚Tagesspiegel'[69]

Die TS ‚Porträt' besitzt im Zentralbereich eine zweizeilige Überschrift. Diese Gestaltung tritt ausnahmslos bei allen TE auf. Die drucktechnische Realisation mit einer deutlich größeren Haupt- als Unterzeile und

68 Vgl. SIMMLER (1984: 40).

69 ‚Personenporträt', „Der Zeremonienmeister", 25. August 2007, Seite 22.

jeweils einer Leerzeile zwischen den einzelnen Überschriftteilen und zum Fließtext entspricht derjenigen, die auch bei anderen TS auftritt (vgl. Abb. 24).[70]

1.2.4.2 Makrostruktur des Absatzes

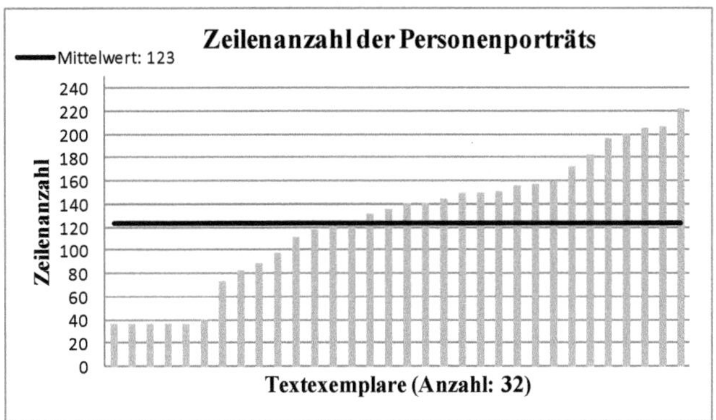

Abb. 25: Zeilenanzahl der Textexemplare der Textsortenvariante ‚Personenporträt' im ‚Tagesspiegel'

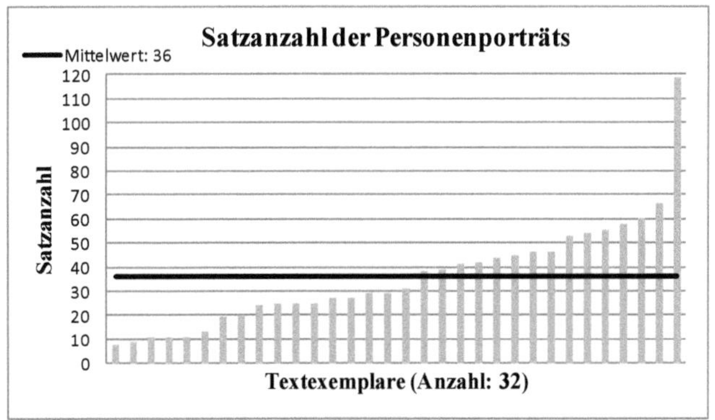

Abb. 26: Satzanzahl der Textexemplare der Textsortenvariante ‚Personenporträt' im ‚Tagesspiegel'

Die drei TSV der TS ‚Porträt' weisen alle ein ähnliches Absatzspektrum auf (‚Personenporträt' einen bis 13 Absätze,[71] ‚Todesporträt' zwei bis

70 Z.B. bei der TS ‚Bericht', vgl. Kap. III.B.1.2.1.1.

71 Die genaue Verteilung ist: 5 und 12 Absätze je 3 %, 13 Absätze 6 %, 1, 2, 4, 10 und 11 Absätze je 9 %, 8 und 9 Absätze je 13 % und 6 Absätze 16 %.

zehn Absätze[72] und ‚Geburtstagsporträt‘ drei bis zehn Absätze[73]). Dieses lässt sich für den Zentralbereich bei den ‚Personenporträts‘ auf einen bis elf Absätze (91 %), bei den ‚Todesporträts‘ auf drei bis zehn Absätze (95 %) und bei den ‚Geburtstagsporträts‘ auf drei bis acht Absätze (92 %) einengen.

Wie bereits beim externen Merkmal der Spaltenanzahl beschrieben, lässt sich die sehr unterschiedliche Textlänge der TE der TS ‚Porträt‘ (37 bis 245 Zeilen bzw. acht bis 119 Sätze) und die damit einhergehende große Varianz bei den Absatz- und Spaltenanzahlen der einzelnen TE damit begründen, dass über Personen mit sehr unterschiedlichem Bekanntheitsgrad informiert wird. Einer berühmten Person werden dabei viel mehr Zeilen eingeräumt als einer, die vielen unbekannt ist. Insgesamt zeigen die drei TSV der TS ‚Porträt‘ eine ähnliche Verteilung der Zeilen- und Satzanzahlen, was auch anhand der dicht beieinander liegenden Mittelwerte erkennbar ist (‚Todesporträt‘ Zeilenanzahl 102 und Satzanzahl 26, ‚Geburtstagsporträt‘ Zeilenanzahl 108 und Satzanzahl 32, ‚Personenporträt‘ Zeilenanzahl 123 und Satzanzahl 36).

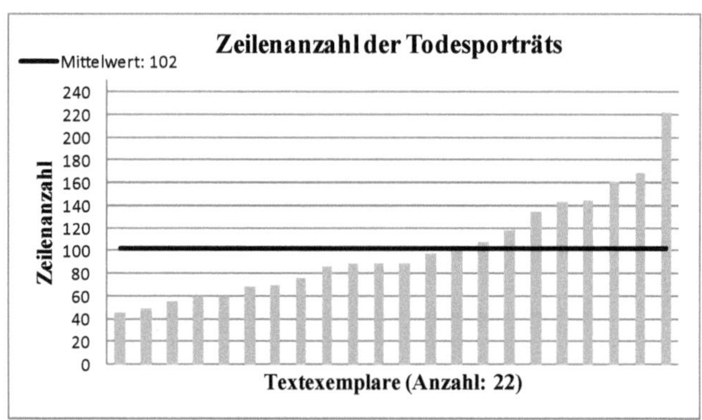

Abb. 27: Zeilenanzahl der Textexemplare der Textsortenvariante ‚Todesporträt‘ im ‚Tagesspiegel‘

Die Spanne der Zeilenanzahl und Satzanzahl beträgt bei den ‚Personenporträts‘ 37 bis 222 Zeilen und acht bis 119 Sätze, bei den ‚Todesporträts‘ 45 bis 222 Zeilen und zehn bis 48 Sätze, bei den ‚Geburtstagsporträts 56 bis 245 Zeilen und zehn bis 61 Sätze.

---

72 Die genaue Verteilung ist: 1 und 9 Absätze 0 %, 2, 6 und 7 Absätze je 5 %, 4, 5 und 10 Absätze je 14 %, 3 und 8 Absätze je 23 %.

73 Die genaue Verteilung ist: 1, 2, 6 und 9 Absätze 0 %, 7 und 10 Absätze je 8 %, 4 Absätze 15 % und 3, 5 und 8 Absätze je 23 %.

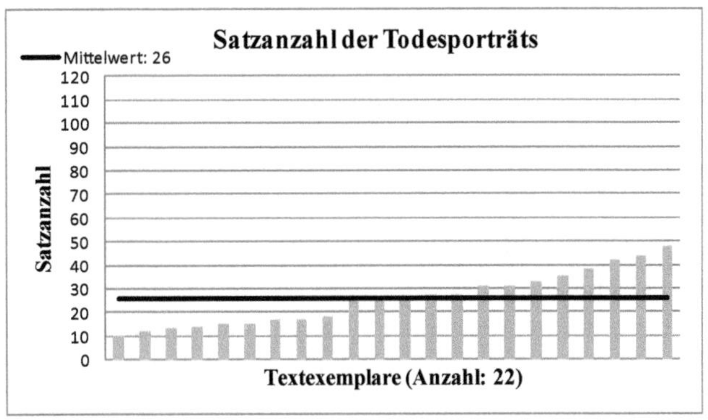

Abb. 28: Satzanzahl der Textexemplare der Textsortenvariante ‚Todesporträt' im ‚Tagesspiegel'

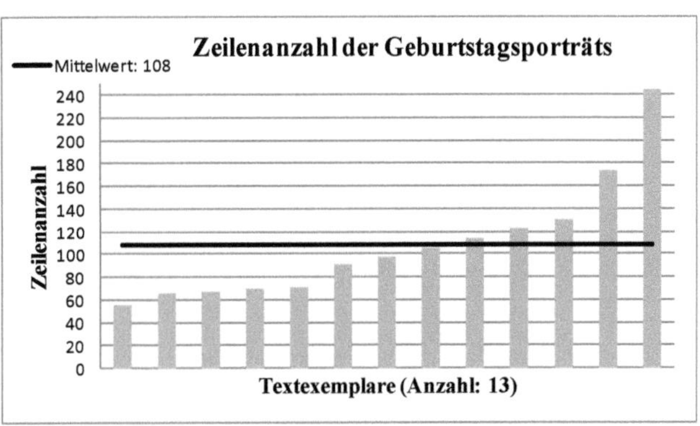

Abb. 29: Zeilenanzahl der Textexemplare der Textsortenvariante ‚Geburtstagsporträt' im ‚Tagesspiegel'

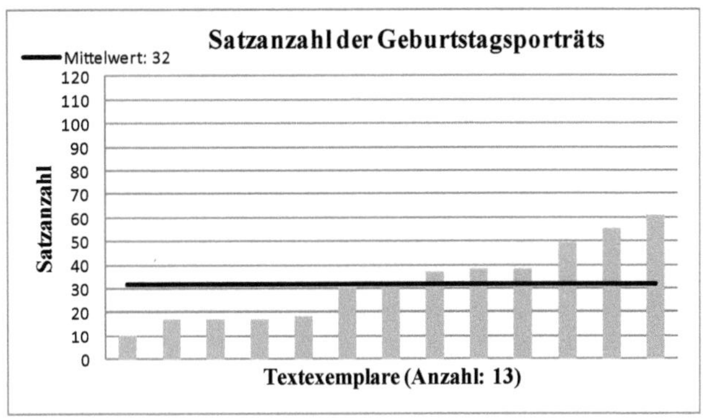

Abb. 30: Satzanzahl der Textexemplare der Textsortenvariante ‚Geburtstagsporträt' im ‚Tagesspiegel'

Das etwas häufigere Auftreten von kürzeren TE bei den beiden TSV ‚Todesporträt‘ (vgl. Abb. 27 und Abb. 28) und ‚Geburtstagsporträt‘ (Abb. 29 und Abb. 30) lässt sich damit begründen, dass der Tod bzw. ein hoher runder Geburtstag so wichtige Ereignisse darstellen, dass auch für weniger bekannte Personen zumindest eine knappe Thematisierung der Person angemessen erscheint.

Die Textlänge der sechs kürzesten TE der ‚Personenporträts‘ (37 bis 40 Zeilen bzw. acht bis 13 Sätze, vgl. Abb. 25 und Abb. 26) beruht darauf, dass diese unter einer gemeinsamen Überschrift erscheinen[74] und inhaltlich kurz wichtige Künstler bekannter aktueller Ausstellungen vorstellen (vgl. z.B. das ‚Personenporträt‘ „YEHUDIT SASPORTAS“, Abb. 31).

YEHUDIT SASPORTAS

Verloren im Märchenwald kommt man sich vor, in den Bildern von Yehudit Sasportas. Da wachsen Bäume von oben nach unten, Seen weiten sich zum Himmel. Landschaften der Verunsicherung hat die israelische Künstlerin geschaffen, und das in feinster, am Computer erarbeiteter Zeichenarbeit. Wären da nicht die wie Rastercodes wirkenden schwarzen Striche, die Visualisierungen von Tonsequenzen, man würde die Bilder als tonlos bezeichnen, in ihrer strengen Schwarz-Weiß-Ästhetik. Wer sie einmal gesehen hat, vergisst sie nicht.

Dass die Landschaften von Sasportas weniger mit romantischer Naturverzückung als vielmehr mit Zivilisations- und Politikkritik zu tun haben, ahnt man, wenn man ihre Biografie kennt. Geboren in Israel, lebt sie inzwischen in Berlin und Tel Aviv. Es ist nicht Nostalgie, vielmehr Kritik an Umweltzerstörung und Landnahme, die ihre Naturbilder prägt. Für den israelischen Pavillon auf der Biennale hat sie nun eine verwirrende Rauminstallation geschaffen: Gräser wuchern aus dem Boden, Wandsegmente spiegeln sich in Pfützen, und der Blick durch die bemalten Fenster erst gibt den verkehrten Märchenwald zu erkennen. Die Welt steht kopf, nicht nur bei Yehudit Sasportas. ***til***

Yehudit Sasportas

Abb. 31: Beispiel für ein ‚Personenporträt‘[75] mit Dominanz der Funktion 2 und 3 im ‚Tagesspiegel‘

74 HZ: Hin und weg; UZ: In den nächsten Wochen geht die Kunstwelt auf Reisen. Wir stellen die Künstler vor, die man kennen muss (‚Personenporträt‘, 4. Juni 2007, Seite 25).

75 ‚Personenporträt‘, „Hin und weg“, „YEHUDIT SASPORTAS“, 4. Juni 2007, Seite 25.

Die Absätze der TS ‚Porträt' weisen im Zentralbereich drei kommunikative Funktionen auf. Zum einen werden biografische Informationen zu der porträtierten Person geliefert, die weitestgehend sachlich vermittelt werden (z.B. ‚Personenporträt' Anhang 9, Absatz 2: „*Ein Stipendium ermöglichte ihm 1961 ein Studium in Göttingen und Tübingen, wo er 1965 über die Ästhetik Heideggers promovierte.*" (Zeile 17-20) oder Absatz 3: „*1930 in Syrien geboren, kam Fuad Rifka als Kind mit seinen Eltern in den Libanon*" (Zeile 29-31); ‚Todesporträt' Anhang 10, Absatz 2: „*1926 im sächsischen Großhartmannsdorf geboren, zeigte sie schon als Kind Begabung für das Klavierspiel und das Komponieren. Von 1943 bis 1949 studierte sie Komposition bei Johann Nepomuk David in Leipzig, wo sie außerdem ein Orgelstudium absolvierte.*" (Zeile 15-23); ‚Geburtstagsporträt' Anhang 11, Absatz 2: „*Mit 18 schickte man den Tastenvirtuosen nach Warschau, er wird Zweiter beim Chopin-Wettbewerb. Im Jahr darauf, 1956, stellt er sich der Jury des Reine-Elisabeth-Wettbewerbs und gewinnt diesen wie 1962 auch den Tschaikowsky-Wettbewerb.*" (Zeile 17-23)).

Als zweite Funktion wird immer mindestens eine konkrete künstlerische oder berufliche Leistung vorgestellt oder wenigstens namentlich kurz erwähnt. Diese Informationen werden ebenfalls häufig wertneutral mitgeteilt, können aber auch mit einer Bewertung (Funktion 3)[76] verbunden sein (z.B. ‚Personenporträt' Anhang 9, letzter Absatz: „*Derzeit arbeitet er als Fellow am Berliner Wissenschaftskolleg an einer Anthologie deutscher Lyrik des 20. Jahrhunderts, und wenn man sich Brecht, Bachmanns „Gestundete Zeit" oder Celans „Todesfuge" in arabischer Sprache vorstellen kann, dann in Rifkas Arabisch.*" (Zeile 98-104); ‚Todesporträt' Anhang 10, Absatz 3: „*Ihre Werktitel – ‚Reflexionen', ‚Metamorphosen' oder ‚Wider den Schlaf der Vernunft', komponiert kurz vor dem Fall der Mauer für eine Protestandacht in der Erlöserkirche – sprechen für sich.*" (Zeile 55-60) und letzter Absatz: „*Sie selbst hat von ihren rund 260 Kompositionen (darunter sieben große Bühnenstücke und drei Sinfonien) ihr ‚Triptychon 2000' für großes Orchester besonders geliebt, das sie nach dem Übertritt zum katholischen Glauben neben anderen religiösen Werken verfasste.*" (Zeile 105-111); ‚Geburtstagsporträt' Anhang 11, Absatz 2: „*Die musikalischen Landschaften, die er sich dabei erschloss, scheinen schier unendlich: Mozart, Beethoven, Bartok, Prokofieff, Rachmaninoff, Chopin, Schumann und, spät, Schostakowitsch. Zuletzt überraschte er mit einer unkonventionell ausgeleuchteten Interpre-*

76 In den folgenden Zitaten werden Bewertungen von der Verfasserin unterstrichen.

tation von Bachs Wohltemperiertem Klavier, um das er zeitlebens respektvoll einen Bogen gemacht hatte." (Zeile 35-44) und letzter Absatz: „*In Berlin sind ihm herrliche Interpretationen der großen symphonischen Werke gelungen, insbesondere der Russen, aber auch der Symphonien von Mahler (bei dem ihn die Wunderhornjahre besonders faszinierten) und von Jean Sibelius.*" (Zeile 48-56)).

Die dritte Funktion besteht in einer Charakterisierung des Porträtierten und/oder der Beurteilung seiner künstlerischen bzw. beruflichen Leistung. Dies erfolgt über Beschreibungen, Bewertungen oder auch sehr subjektive Ausführungen des Autors. In dem ‚Personenporträt' in Anhang 9 beschreibt und bewertet der Autor das literarische Werk des Porträtierten („*Die große dichterische Pose liegt ihm nicht. In Ton und Lexik ist sein Werk reduziert auf das Nötigste. Dabei ist ihm der Impuls des Pathos, der Wille zur Intensität, nicht fremd. Er gibt ihm aber nicht durch großsprecherische Gesten oder orientalische Blumigkeit nach, sondern bringt ihn in kleinen Dosen zur Entfaltung*" (Absatz 4, Zeile 59-67)). Zur Verdeutlichung zitiert er ein Gedicht („*Eine kalte Pappel,/ auf ihren Wipfeln/ ein Rabe,/ plötzlich fliegt er weg,/ tief im Nebel/ sein Krächzen,/ tief im Nebel/ die Pappel.*" (Zeile 67-70)), auf das weitere charakterisierende Ausführungen des Gesamtwerks folgen („*Wie in diesem Gedicht [...] zeichnet sich Rifkas Werk durch stilistische Strenge und eine auf jedes Beiwerk verzichtende Sprache aus.*" (Zeile 70-78). In dem ‚Todesporträt' in Anhang 10 wird das musikalische Schaffen der Verstorben und dessen Entwicklung stärker beschrieben, während Wertungen nur selten auftreten („*Ruth Zechlin war zunächst auf eher konservative Weise geprägt von Bachs Polyphonie. Auch wenn Hanns Eisler sie schon früh mit atonaler Musik in Berührung brachte, begann sie sich erst ab etwa 1970 von motivisch geprägten Strukturen zu lösen. Sie entdeckte den Reichtum von Klangfeldern, verlegte sich aufs Koloristische und Expressive, auf die Energieströme von Klangereignissen, ebenso auf hörbar gemachte psychische Erfahrungen.*" (Absatz 3, Zeile 42-53)). Das ‚Geburtstagsporträt' in Anhang 11 zeigt im Vergleich zu den beiden vorher besprochenen TE eine stärkere Charakterisierung der menschlichen Qualitäten des Porträtierten („*Hier wurde er ein kosmopolitischer Weltbürger, weiter als Russe geprägt von leidenschaftlicher Kampfbereitschaft, die sich auf alles, was ihn umgibt, beziehen kann, aber jeden Tag neu auf die Musik gerichtet ist, für die er kämpft.*" (Absatz 1, Zeile 10-16); „*Ashkenazys Arbeit mit Orchestern ist gekennzeichnet von Bescheidenheit und dem tiefen Respekt des Instrumentalisten vor der Leistung seiner Musiker. Diese wiederum wissen seine herzliche Aufge-*

schlossenheit hoch zu schätzen. Beim DSO und demnächst auch bei den Philharmonikern in Berlin." (letzter Absatz, Zeile 56-65)). Eine Beurteilung seines beruflichen bzw. musikalischen Wirkens wird in dem TE an die Erwähnung seiner beruflichen Leistungen (Funktion 2) gekoppelt (siehe obiges Beispiel).

Bei vielen TE der TSV ‚Todesporträt' (73 %) und einigen der TSV ‚Geburtstagsporträt' (46 %) findet in mindestens einem Absatz zusätzlich eine deutliche Würdigung des Gesamtwerks bzw. der (bisherigen) Lebensleistung statt (‚Todesporträt' Anhang 10, Absatz 1: „*Was aber nichts daran ändert, dass die Tonsetzerin, eine der profiliertesten in der deutschen Musikgeschichte des 20. Jahrhunderts, eine Ausnahmeerscheinung war.*" (Zeile 5-9) und ‚Geburtstagsporträt', Anhang 11, Absatz 2: „*Er wurde zu einem der großen, auch wegen seiner Technik bewunderten Pianisten des 20. Jahrhunderts.*" (Zeile 33-35)). Eine Präferenz für einen bestimmten Absatz ist für diese Funktion nicht feststellbar. Bei den ‚Todesporträts' ist es üblich, nach dem Tod einer Person an deren Verdienste zu erinnern. Die Ähnlichkeit zu den ‚Geburtstagsporträts' lässt sich damit begründen, dass diese erst für Menschen verfasst werden, die mindestens 70 Jahre alt sind und somit bereits lange Jahre auf ihrem Gebiet gewirkt und mit hoher Wahrscheinlichkeit ihre größten Erfolge schon erlebt haben.

Da die einzelnen Porträts sehr unterschiedliche inhaltliche Schwerpunkte setzen, unterscheiden sie sich stark in der Gewichtung dieser drei Funktionen. So kommen im Extremfall neben TE, die ihren Schwerpunkt auf das Vorstellen und Bewerten des künstlerischen bzw. beruflichen Schaffens setzen, auch solche vor, die fast durchgängig sachlich die wesentlichen Lebensstationen des Porträtierten nachzeichnen. Auch bei diesen stark fokussierten TE lassen sich jedoch die anderen Funktionen, wenn auch häufig sehr knapp, in mindestens einem Absatz nachweisen.

In dem sehr kurzen ‚Personenporträt' über Yehudit Sasportas (Abb. 31) dienen die Absätze fast vollständig der Beschreibung und Bewertung ihres künstlerischen Werks. Im ersten Absatz beschreibt der Autor die Bilder der Künstlerin, liefert wenige Informationen zu ihrer Entstehung und bewertet ihre Wirkung (Funktion 3, teilweise Funktion 2). Der zweite Absatz beginnt mit einer Einschätzung des Autors zu der Wirkabsicht der Bilder (Funktion 3). Es folgen wenige biografische Informationen („*Geboren in Israel, lebt sie inzwischen in Tel Aviv.*", Funktion 1), auf die weitere Ausführungen des Autors zur künstlerischen Motivation der Künstlerin folgen (Funktion 3). Der Absatz schließt mit einer Beschreibung des aktuellen Kunstprojektes von Yehudit Sasportas (Funktion 2), die mit einer Wertung („*eine verwirrende Rauminstallation*“) verbunden ist (Funktion 3).

Der Zeremonienmeister

Zum Start der Schaubühnen-Spielzeit: Porträt des Pianisten und Sängers Alex Nowitz

VON PATRICK WILDERMANN

Ein seltsames Zwitterwesen irrlichtert durch diesen Sommernachtstraum, ein sonnenbebrillter Satyr in schwarzem Leder, irgendwo zwischen Dandy und Diva, der mal mit Elvisschmelz Songs über Liebe und Lust singt, dann wieder, große Oper, mit einer Arie in kristallenen Knabenhöhen betört. Der androgyne Rockstar-Pan treibt als hintergründiger DJ den ekstatischen Abend an, führt die libidoverwirrten Figuren am unsichtbaren Gängelband. Eine rauschhafte Eros-Party in der Kopfschmerz-Dämmerung, die Regisseur Thomas Ostermeier und Choreografin Constanza Macras da mit Tänzern, Schauspielern und Musikern aus der Shakespeare-Liebeskomödie gezaubert haben, ein Hit der vergangenen Schaubühnen-Saison. Und Alex Nowitz, Pianist, Komponist, Sänger, Countertenor, Improvisationskünstler, kurz: unverschämtes Multitalent, ist darin der Zeremonienmeister.

„Schubladen“, sagt der Mann, der als Zehnjähriger den King imitiert hat (inklusive Hüftschwung) und sich als erste Platte eine Single von Queen leistete, „haben mich noch nie interessiert.“ Klar, wer so vielseitig ist, hasst Etiketten. Wohl auch deshalb spürt man die sprühende Freude am Parforceritt durch die Genres, den er mit seiner „Sommernachtstraumband“ vollführt: zwischen Schalmeienklang und Elektro-Beat nur ein Blinzeln.

Die Karriere war Alex Nowitz keineswegs an der Wiege vorbestimmt. Seine Heimat nennt er – mit dem Lächeln des glücklich Davongekommenen – eine „kulturelle Wüste“. Geboren in Buch am Erl-

Wer als Countertenor singt, bewahrt sich ein Stück Kindheit

Multi-Musiker Alex Nowitz

bach, aufgewachsen in Berghofen, umgezogen nach Viecht, Namen wie aus einem neuen Heimatfilm von Marcus H. Rosenmüller, allesamt Dörfchen bei Landshut, wo er aufs Gymnasium ging, auf dieselbe Schule wie Thomas Ostermeier. Der Vater Bauzeichner, die Mutter Büroangestellte, es gab eine Großtante, die mit dem Akkordeon in der Unterhaltungbranche tätig war, wie das geklungen habe, sagt Nowitz, könne man sich ja vorstellen. Und doch – es zog ihn zur Musik. Mit acht Jahren blätterte er in Quelle-Katalogen und nervte seine Eltern so lange, bis sie ihm die Heimorgel schenkten. Mit der stand der kleine Alexander zwei Musikunterrichtsjahre später als Alleinunterhalter auf dem Feuerwehrball, ein Albtraum der Gemütlichkeit, aber egal, „es fing früh mit einem starken eigenen Willen an.“

Mit Anfang zwanzig spielt Nowitz in einer Hardcore-Jazz-Band namens Vol-Vox, zusammengesetzt aus Volume und vox, lateinisch für Stimme, mit der er die erste Platte aufnimmt und auf Tournee geht bis nach Genf, ein verdammt gutes Gefühl. Damals studiert er Musikpädagogik und Musikwissenschaft in München, sein Musikgeschmack reicht von Thelonious Monk über No Means No bis zu Strawinsky, und er legt sich einen Künstlernamen zu – „No Witz, also: kein Joke“: Man muss sich das bayerisch gesprochen vorstellen, es klingt nach „Out of Rosenheim“, äußerst charmant. Den bürgerlichen Namen Alexander Georg Sedlmeier findet er nicht eben sexy, und schon gar nicht mag er die „kulturelle Stigmatisierung“, die damit einhergeht.

Alex Nowitz ist dabei kein wurzelloser Mensch. Schon die Tatsache, dass er als Countertenor singt, verrät das, eine Begabung, die er während des Studiums entdeckt. Diese Falsetto-Technik bedeute, erklärt er, unmittelbar körperliches Erinnerungsvermögen. Er formt die Glottis mit den Händen, veranschaulicht die Schwingungen der Randkanten und beschreibt, wie man so letztlich die Knabenstimme über die Pubertät rettet. Man konserviert ein Stück Kindheit.

Es ist Thomas Ostermeier zu danken, dass Nowitz überhaupt zur Bühne gefunden hat. Ostermeier forderte den alten Schulkollegen eines Tages in einer Landshuter Kneipe auf, auch nach Berlin zu ziehen, Nowitz ließ nahezu seine komplette Plattensammlung bei einem Freund zurück und folgte dem Ruf der Hauptstadt. Spielte in zig Prenzlauer-Berg-Projekten, stieß auf Vermittlung des Freundes als Bühnenmusiker zu einer Weimarer Manfred-Karge-Inszenierung des „Faust“, arbeitete schließlich auch mit Ostermeier an der Ernst-Busch-Schule zusammen. Wobei es, „zwei bayerische Dickschädel eben“, ordentlich gekracht haben muss.

Der gegenseitigen Wertschätzung hat es nicht geschadet. Im Frühjahr wird Nowitz für das nächste, diesmal zeitgenössische Schaubühnen-Projekt musizieren, eine Kombination aus Mark Ravenhills „The Cut“ und Martin Crimps „The City“, orwellsche Totalitarismus-Szenarien. Nowitz, der eine Art Mensch-Maschine spielen soll, steht dafür in Kontakt mit dem Institut für elektronische Musik, STEIM, in Amsterdam. Es geht, vereinfacht, um eine Software, die Bewegung in Klang übersetzt. Aber das ist, er sagt es selbst: Zukunftsmusik.

— Die Schaubühne eröffnet am heutigen Sonnabend mit „Ein Sommernachtstraum“ ihre neue Spielzeit unter dem Motto „I Love You All“.

Abb. 32: Beispiel für ein ‚Personenporträt‘[77] *mit Dominanz der Funktion 1 im ‚Tagesspiegel‘*

77 ‚Personenporträt‘, „Der Zeremonienmeister“, 4. Juni 2007, Seite 22.

Das ‚Personenporträt' „Der Zeremonienmeister' (Abb. 32) setzt hingegen einen klaren biografischen Schwerpunkt. Das TE beginnt mit der Beschreibung und Bewertung einer Aufführung und der daran beteiligten porträtierten Person (Funktion 2+3). Der erste Absatz schließt mit einer Gesamtbewertung des Porträtierten („[...] *Pianist, Komponist, Sänger, Countertenor, Improvisationskünstler, kurz: unverschämtes Multitalent* [...]", Funktion 3) und der Herausstellung seiner Rolle in der Aufführung („[...] *ist darin der Zeremonienmeister*", Funktion 3). Der zweite Absatz beginnt mit einem Zitat der porträtierten Person, über welches sich Rückschlüsse auf seine Lebenseinstellung ziehen lassen (Funktion 3). In dieses sind private Informationen eingeflochten (Funktion 1). Der Autor nutzt das Zitat, um den Porträtierten erneut zu bewerten und dessen im Zitat präsentierte Haltung auf seine Leistung in der im ersten Absatz vorgestellten Aufführung zu beziehen (Funktion 3). Die letzten fünf Absätze liefern fast ausschließlich biografische Informationen (Funktion 1), indem sie, angereichert mit vielen Details und Zitaten des Porträtierten, dessen künstlerischen und beruflichen Werdegang wiedergeben. Dabei werden auch konkrete musikalische Engagements erwähnt (z.B. *„stieß auf Vermittlung des Freundes als Bühnenmusiker zu einer Weimarer Manfred-Karge-Inszenierung des ‚Faust'"* (Absatz 6, Funktion 2). Der letzte Absatz schließt mit einer Beschreibung seines aktuellen Projektes (Funktion 2).

Gerade diese starke Varianz in der Absatzgestaltung begründet das Ansetzen einer eigenen TS ‚Porträt' mit. Bestimmte TE lassen sich unter keinen Umständen aufgrund ihrer Absatzgestaltung als eine TSV der TS ‚Bericht' (z.B. das ‚Personenporträt' „YEHUDIT SASPORTAS", Abb. 31) oder ‚Kommentar' (z.B. das Personenporträt „Der Zeremonienmeister", Abb. 32) auffassen, während dies für andere vertretbar erscheint. Die biografischen Informationen des ‚Personenporträts' „Der Zeremonienmeister", welche in fünf der sieben Absätze vorherrschen, sind überwiegend wertneutral präsentiert, was der sachlichen Informationsvermittlung der TSV ‚Sachbericht' entspricht. Rein nach der Absatzgestaltung ließe sich das TE somit in den Peripheriebereich der ‚Sachberichte' einordnen. Die syntaktische und drucktechnische Gestaltung und die Funktion der Überschrift,[78] das Auftreten eines Miniaturporträts[79] sowie das für die TS ‚Porträt' charakteristische Auftreten der Funktionen 1, 2 und 3 in der Absatzgestaltung rechtfertigen jedoch auch bei diesem TE,

78 Vgl. Kap. III.B.2.3.4.1.

79 Vgl. Kap. III.B.1.2.4.3.

das eine starke Dominanz der Absatzfunktion 1 zeigt, eine Zuordnung zu der TS ‚Porträt'.

Bei der TSV ‚Todesporträt' kommt für den Zentralbereich die kommunikative Funktion hinzu, über das Ableben des Porträtierten (100 %) und dessen Sterbealter (77 %) zu informieren. Eine spezifische Todesmitteilung findet sich bei 59 Prozent der TE im letzten Absatz (z.B. Anhang 10, letzter Satz: *„Am Samstag ist die Komponistin im Alter von 81 Jahren in München nach langer Krankheit gestorben.*"), wobei dort fast immer der letzte Satz gewählt wird (50 %).[80] Häufig wird diese Botschaft mit näheren Informationen zum Todesdatum (73 %), zum Sterbeort (50 %) und zur Todesursache (36 %) verbunden.[81]

Mit einem Auftreten bei 69 Prozent aller TE der TSV ‚Geburtstagsporträt' liegt die Funktion, über den Geburtstag und das Alter des Geburtstagskindes zu informieren, knapp außerhalb des Zentralbereichs. Ausnahmslos bei allen TE werden diese Informationen jedoch in der Unterzeile präsentiert.[82]

1.2.4.3 Makrostruktur des Bildes

Im Zentralbereich aller drei TSV der TS ‚Porträt' tritt die Makrostruktur des Bildes auf. Lediglich bei einem TE der ‚Todesporträts' fehlt sie. Für den Zentralbereich lässt sich dies weiter dahin präzisieren, dass das Vorkommen genau eines Bildes deutlich dominiert (‚Personenporträt' 84 %, ‚Todesporträt 86 % und ‚Geburtstagsporträt' 100 %) und fast immer der Porträtierte zu sehen ist (‚Personenporträt' 82 %, ‚Todesporträt 77 % und ‚Geburtstagsporträt' 100 %).[83]

Neben den im Fließtext präsentierten Informationen interessiert es den Leser auch, wie die betreffende Person aussieht. Die primäre Funktion des Bildes ist in diesem Fall das Visualisieren. Sollte der Rezipient den Porträtierten bereits visuell einordnen können, zeugt dies von dessen größerer Bekanntheit. Die vorrangige Funktion des Bildes liegt dann darin, über die Signalwirkung des Gesichts Interesse für den Artikel zu wecken.

---

80 Daneben informiert bei allen TE bereits die UZ über das Ableben des Porträtierten.

81 Vgl. z.B. Anhang 10, letzter Satz.

82 Vgl. z.B. die Unterzeile in Anhang 11 „Dem Dirigenten Vladimir Ashkenazy zum 70." und die Ausführungen in Kap. III.B.2.3.4.1.

83 Die geringeren Prozentzahlen bei den ‚Personenporträts' und ‚Todesporträts' beruhen darauf, dass bei diesen auch TE mit mehreren Bildern vorkommen. Bei der TSV ‚Todesporträt' enthalten alle TE, bei denen die Makrostruktur des Bildes vorkommt, mindestens ein Foto des Porträtierten. Bei den ‚Personenporträts' weisen 90 Prozent der TE ein solches Bild auf.

Abb. 33: Beispiel für ein großes Bild des Porträtierten bei der Textsorte ‚Porträt' im ‚Tagesspiegel'[84]

Eine bei circa der Hälfte aller TE der drei TSV (‚Personenporträt' 50 %, ‚Todesporträt 59 % und ‚Geburtstagsporträt' 46 %) auftretende Bildgestaltung ist ein sehr kleines Bild mit den Abmaßen 2,1 cm x 2,9 cm, welches in den Fließtext integriert ist (Abb. 34.1-3).[85] Diese Fotos können in Schwarz-Weiß oder in Farbe auftreten und besitzen immer eine drucktechnisch einheitliche Bildunterschrift, die den Namen des Porträtierten in Form eines eingliedrigen Nominalsatzes präsentiert. Ein solches Miniporträt tritt zusätzlich einmal als Bestandteil der Makrostruktur der Informationsleiste auf. Da die Bilder aufgrund ihrer Größe eher unauffällig sind, besteht ihre primäre Funktion darin, dem Leser den Porträtierten optisch vorzustellen.

Abb. 34.1-3: Beispiele für Miniaturporträts bei der Textsorte ‚Porträt' im ‚Tagesspiegel'[86]

84 ‚Todesporträt', „Der sächsische Orpheus", 4. Juni 2007, Seite 27. Bildgröße 12 cm x 11,8 cm.

85 Siehe auch Anhang 9 bis 11.

86 Von links: ‚Porträt', „Der Spätling", 3. Juli, Seite 23; ‚Todesporträt', „Wunderwerke", 9. Juni 2007, Seite 32; ‚Geburtstagsporträt', „Das Dahlemer Gefühl", 15. Juni 2007, Seite 25.

Die wenigen Bilder ohne den Porträtierten zeigen meistens künstlerische Werke der porträtierten Person oder bekannte Kollegen, mit denen sie gearbeitet haben.[87]

Außer den Miniaturporträts besitzen die Bilder der TS ‚Porträt' eine drucktechnisch zweigeteilte Bildunterschrift, wie dies auch bei den anderen TS im ‚Tagesspiegel' üblich ist:

(A) **Ein Gebirge von Mann.** *Udo Metzner im „Kabuff", der Inspizientenloge.*[88] (**NS** + *NS*)

(B) **Messie oder Visionär.** *Georges Adéagbo in seinem „Laden" umgeben von Boden- und Wandbildern, die er gefunden hat.*[89] (**NS** + *GS (NS + VS)*)

(C) **Bester Schlagzeuger aller Zeiten.** *Nicht nur unter Kollegen genoss Max Roach einen mythischen Ruf. Als erster Jazzmusiker löste er sich vom Diktat des Beats.*[90] (**NS** +*VS* + *VS*)

(D) **Ulrich Plenzdorf.** *26. Oktober 1934-9. August 2007.*[91] (**NS** + *NS*)

(E) **Musikalisches Gewissen.** *Michael Gielen.*[92] (**NS** + *NS*)

(F) **Nennt mich Kapellmeister.** *Herbert Blomstedt sind Partituren heilig.*[93] (**VS** + *VS*)

Der fettgedruckte Teil der Bildunterschrift besteht bei den TE aller drei TSV immer aus einem Satz, wobei die isoliert gebrauchten einfachen Sätze deutlich dominieren (‚Personenporträt' 90 %, ‚Todesporträt' 100 % und ‚Geburtstagsporträt' 86 %). Bei diesen wiederum überwiegen die Nominalsätze (‚Personenporträt' 79 %, ‚Todesporträt' 90 % und ‚Geburtstagsporträt' 57 %). Der Satz in Fettdruck beinhaltet eine kurze, prägnante Aussage zum Bildinhalt und damit meistens über den Porträtierten (A, B, C und E). Bei drei TE der TSV ‚Todesporträt' besteht er ausschließlich aus dem Namen des Verstorbenen, wobei es sich um einen eingliedrigen Nominalsatz handelt (D).

Der kursivgedruckte Teil der Bildunterschrift ist syntaktisch uneinheitlicher gestaltet als der fettgedruckte. Auch bei diesem stellt jedoch die Realisation eines isoliert gebrauchten einfachen Satzes bei allen drei

87 Z.B. zeigt das ‚Personenporträt' „Der Umweg ist das Ziel" (24. Juli 2007, Seite 23) ein Foto, das von dem porträtierten Fotografen stammt, das ‚Todesporträt' „Bauen wie das Meer" (24. August 2007, Seite 26) ein Gebäude des porträtierten Architekten und das ‚Todesporträt' „Hundert Stunden Einsamkeit" (1. August 2007, Seite 21) vier Bilder von Filmszenen, die auf den porträtierten Regisseur zurückgehen.

88 ‚Personenporträt', „Applausordnung muss sein", 8. Juli 2007, Seite 27.

89 ‚Personenporträt', „Ordnung der Undinge", 6. Juli 2007, Seite 27.

90 ‚Todesporträt', „Der Beat-Revolutionär", 18. August 2007, Seite 21.

91 ‚Todesporträt', „Schwebende Legende vom Glück", 10. August 2007, Seite 25.

92 ‚Geburtstagsporträt', „Der Leuchtturm", 20. Juli 2007, Seite 26.

93 ‚Geburtstagsporträt', „Nordlichter", 11. Juli 2007, Seite 21.

TSV die größte Gruppe dar, wobei wiederum die Nominalsätze deutlich häufiger vertreten sind als die Verbalsätze. Gesamtsätze kommen lediglich bei den ‚Todesporträts' häufiger vor, ebenso verhält es sich mit dem Auftreten mehrerer Sätze.

Tab. 16: Syntaktische Realisation der kursiven Sätze der Bildunterschrift bei den Textexemplaren der drei Textsortenvarianten der Textsorte ‚Porträt'

Textsortenvariante	**1 i.g.e.S.**		**1 GS**	**mehrere Sätze**
	NoS	**VeS**		
‚Personenporträt'	68 %	16 %	11 %	5 %
‚Todesporträt'	40 %	–	30 %	30 %
‚Geburtstagsporträt'	57 %	29 %	14 %	–

Die kursiven Sätze der Bildunterschrift erklären bzw. benennen fast immer den Bildinhalt (A, B, C, E und F) und geben teilweise noch Zusatzinformationen zum Abgebildeten, die nicht aus dem Bild hervorgehen (C+F). Im Falle der oben genannten TE der ‚Todesporträts' enthält der eingliedrige Nominalsatz in Kursivdruck ausschließlich die Lebensdaten der gestorbenen Person (D), aus deren Namen der fettgedruckte Teil besteht. Vorrangig durch den zweiten Teil taucht der Name des Porträtierten bei fast allen TE der drei TSV mindestens einmal in einer Bildunterschrift auf (‚Personenporträt' 94 %, ‚Todesporträt' 95 % und ‚Geburtstagsporträt' 100 %).

1.2.4.4 Makrostruktur des Verfassernamens

Im Zentralbereich der drei TSV steht ein vollständiger Verfassername, der in Großbuchstaben realisiert ist (‚Personenporträt' 81 %, ‚Todesporträt' 82 %, ‚Geburtstagsporträt' 100 %). Die übrigen TE der ‚Personenporträts' und ‚Todesporträts' geben die Autorschaft durch ein Kürzel an. Bei ersterer TSV ist jedoch zu beachten, dass alle Kürzel in einem Artikel vorkommen, der mehrere kurze Einzelporträts unter einer gemeinsamen Überschrift vereint.[94]

Der Verfassername kommt bei den drei TSV an zwei Positionen vor. Jeweils am häufigsten befindet er sich eingefasst von zwei horizontalen Linien zwischen Unterzeile und Fließtext (‚Personenporträt' 72 %, ‚Todesporträt' 55 %, ‚Geburtstagsporträt' 62 %). Diese Realisation kommt auch bei den TS ‚Bericht' und ‚Kommentar' vor. In den übrigen Fällen ist der Nachweis über den Verfasser rechtsbündig in die letzte Zeile des Fließtextes integriert. Die erste Variante tritt in allen drei TSV überwie-

94 ‚Personenporträt', „Hin und weg", 4. Juni 2007, Seite 25.

gend bei längeren TE auf, während die zweite bei den kürzeren dominiert. Wie für die TS ‚Bericht' ausführlich dargestellt, lassen sich über die Platzierung des Verfassernamens Rückschlüsse auf die Bedeutung ziehen, welche dem Autor eingeräumt wird.[95]

1.2.4.5 Makrostruktur des Informationsabsatzes

— P.R. Kantate, „Dick in Jeschäft" ist bei Stock & Stein erschienen. Mit Band tritt er auf am 31.8. am Rathaus Lichtenberg, am 1.9. in der Kulturbrauerei sowie am 2.9. beim Museumsinselfest, jeweils 20 Uhr.

— Die Autorin lehrt Musikwissenschaft an der Hamburger Musikhochschule. Ihr Buch „Stimme und Geige. Amalie und Joseph Joachim - Biographie und Interpretationsgeschichte" erschien 2005 im Wiener Böhlau Verlag.

Abb. 35.1+2: Beispiele für zwei unterhalb des Fließtextes positionierte Informationsabsätze der Textsortenvariante ‚Personenporträt' im ‚Tagesspiegel'[96]

Noch bis vor wenigen Jahren konnten die Museen auf die Sammler zählen: Wer zeigen wollte, was er über die Jahre privat erworben hatte, präsentierte seine Kunst im institutionellen Rahmen. Mit dieser lang gepflegten Allianz ist es nun allerdings vorbei. Inzwischen zeigen Sammler selbständig, was sie besitzen. Die Gründe dafür sind so vielfältig wie die Räume, die sie dafür entdecken, umbauen oder neu errichten lassen. Manchen missfällt die Ausstellungspolitik der Museen, andere wollen ihr neues Selbstbewusstsein mit einer adäquaten Architektur feiern. Wir stellen in einer Sommer-Serie wichtige Köpfe dieser Entwicklung vor - Privatpersonen, die eigene Räume für die Kunst schaffen, Sammler, die ihre Arbeiten nicht länger im musealen Kanon sehen. Wichtiger ist ihnen das subjektive Statement. Mit allen Brüchen, Vorlieben und Fehlstellen, die eine ausschließlich selbstverantwortete Entscheidung mit sich bringt.

Abb. 36: Über dem Fließtext positionierter Informationsabsatz bei der Textsortenvariante ‚Personenporträt' im ‚Tagesspiegel'[97]

Innerhalb der drei TSV der TS ‚Porträt' ist die Makrostruktur des Informationsabsatzes unterschiedlich stark vertreten. Bei den ‚Personenporträts' zeigen 56 Prozent der TE diese Makrostruktur, die sich bis auf eine

95 Vgl. Kap. III.B.1.2.1.4.

96 Quellennachweis von links nach rechts: ‚Personenporträt', „König von Kreuzberg", 19. August 2007, Seite 27 und ‚Personenporträt', „Der Teufelsgeiger", 15. August 2007, Seite 22.

97 ‚Personenporträt', „Ein kapitaler Hirsch", 14. Juli 2007, Seite 24.

Ausnahme unterhalb des Fließtextes befindet. Unabhängig von der Position der Makrostruktur steht der Text des Informationsabsatzes immer in Kursivdruck und ist durch eine Leerzeile vom Fließtext abgehoben. Er informiert über erschienene Werke von bzw. über den Porträtierten sowie über Auftritte bzw. Ausstellungen des Porträtierten (vgl. Abb. 35.1). In einem Fall beinhaltet er Wissenswertes zur Autorin des Artikels (vgl. Abb. 35.2).

Bei dem TE mit abweichender Platzierung liefert der vor dem Fließtext platzierte Informationsabsatz Angaben der Redaktion zu einer neu startenden Reihe (vgl. Abb. 36), die vier ‚Personenporträts' umfasst.[98] Im Vergleich zu den Informationsabsätzen unterhalb des Fließtextes ist er deutlich umfangreicher.

Die ‚Geburtstagsporträts' weisen bei 38 Prozent ihrer TE einen Informationsabsatz auf, der ausschließlich unterhalb des Fließtextes zu finden ist. Funktional unterscheidet er sich nicht von den Informationsabsätzen der ‚Personenporträts', indem er Informationen zu Büchern von bzw. über die porträtierte Person oder zu dem Verfasser des Artikels enthält.

Bei den ‚Todesporträts' tritt die Makrostruktur lediglich bei drei TE (14 %) auf. Einmal informiert der Informationsabsatz über Filme, die aktuell mit dem Verstorbenen im Fernsehen gezeigt werden. Als neue Funktionen kommen hinzu, dass die Makrostruktur bei einem TE auf einen (ausführlicheren) Nachruf innerhalb derselben Zeitung verweist (vgl. Abb. 37.1) und bei einem weiteren TE die Beziehung zwischen dem Verstorbenen und dem Verfasser des Artikels angibt, wodurch der Leser zugleich über den Autor einige Informationen erhält (vgl. Abb. 37.2).

— Nachruf siehe Dritte Seite

— Der Historiker Walter H. Pehle lektoriert Raul Hilbergs Werke bei den S. Fischer Verlagen.

Abb. 37.1+2: Beispiele für zwei Informationsabsätze der Textsortenvariante ‚Todesporträt' im ‚Tagesspiegel'[99]

1.2.4.6 Makrostruktur des Einschubs

Die Makrostruktur des Einschubs kommt bei den TE der TSV ‚Personenporträt' und Geburtstagsporträt' mit 28 bzw. 31 Prozent etwa gleich

98 Die Zugehörigkeit der vier ‚Personenporträts' zu einer Serie wird zusätzlich durch eine weitere Makrostruktur angegeben, die mit ihrer charakteristischen Gestaltung bei allen TE auftritt (vgl. Kap. III.B.1.2.4.7.).

99 Quellennachweis von links nach rechts: ‚Todesporträt', „Gelassen, aber nie gleichgültig", 25. Juli 2007, Seite 21 und ‚Todesporträt', „Die Akten zum Sprechen bringen", 7. August 2007, Seite 21.

häufig vor, während sie bei den TE der ‚Todesporträts' deutlich seltener auftritt (18 %).

Funktional entspricht die Makrostruktur der Realisation bei der TS Bericht, indem sie mehr oder weniger stark veränderte bzw. verkürzte Aussagen aus dem Fließtext hervorhebt:

Für die Hälfte der Gesellschaft ist die Ehe Sklaverei

Abb. 38: Beispiel für die Makrostruktur des Einschubs bei der Textsortenvariante ‚Todesporträt' im ‚Tagesspiegel'[100]

1.2.4.7 Vereinzelt vorkommende Makrostrukturen

Die Zusammengehörigkeit von vier TE der TSV ‚Personenporträt' zu einer thematisch zusammengehörenden Reihe wird durch eine spezifisch gestaltete Makrostruktur gekennzeichnet, die in den Fließtext integriert ist:

SERIE

Räume für Kunst

Folge 3
- Axel Haubrock
- Wilhelm Schürmann
- **Julia Stoschek**

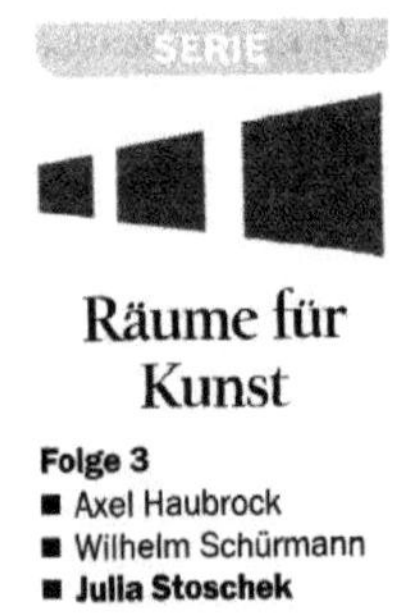

Abb. 39: Beispiel für die Makrostruktur, die innerhalb der Textsortenvariante ‚Personenporträt' im ‚Tagesspiegel' eine Serienzugehörigkeit angibt[101]

Diese beginnt mit einem beigen Balken, der den Nominalsatz „Serie" in weißen Großbuchstaben enthält. Unter einem Logo aus drei größer wer-

100 ‚Geburtstagsporträt', „Die Albtraumdeuterin", 17. Juli 2007, Seite 21. Die betreffende Textpassage, auf die der Einschub Bezug nimmt, lautet: *„Sie schrieb über die Fragwürdigkeit der Ehe – ‚Sklaverei von fünfzig Prozent der Gesellschaft', sofern sie nicht eine erlaubte Neigungsehe ist – und die verzweifelten, destruktiven Versuche von karrierelosen Müttern, Defizite in der Ehe über das Kind als Ersatzobjekt zu befriedigen.*"

101 ‚Personenporträt', „Von Wespen und Menschen", 28. Juli 2007, Seite 24.

denden, dunkelblauen Säulen ist der Name der Serie, „Räume für Kunst“ platziert. Darunter steht die aktuelle Folgennummer, unter der die Namen der bisher porträtierten mit Aufzählungszeichen aufgelistet sind. Im Fall von „Folge 2“ ist dieser Nominalsatz durch „Porträts“ ersetzt. Der Name der Person, von welcher der jeweilige Artikel handelt, ist in Fettdruck hervorgehoben. Nach unten zum Fließtext hin ist die Makrostruktur durch eine horizontale Linie begrenzt. Den vier TE ist zudem eigen, dass sie alle rechts neben einem großen Foto des Porträtierten die Makrostruktur der Informationsleiste aufweisen, die Informationen zur Biografie und Kunstsammlung der Personen enthält. Diese Makrostruktur taucht ansonsten nur bei einem weiteren TE der TS ‚Porträt‘ auf.

Weitere Makrostrukturen treten nur in Einzelfällen auf und sind daher für die Textsortendefinition unerheblich.

1.2.5 Die Makrostrukturen der Textsorte ‚Kommentar‘

Die TS ‚Kommentar‘ ist sehr heterogen gestaltet. Dies liegt zum einen daran, dass sie sich aus den beiden TSV ‚Freier Kommentar‘ und ‚Kritik‘ zusammensetzt, deren Zusammengehörigkeit zu einer TS primär durch eine meinungsbetonte Absatzgestaltung begründet ist, die jedoch ansonsten viele Unterschiede aufweisen. Zum anderen unterteilen sich die beiden TSV jeweils in zwei Gruppen, ‚Großkommentar‘ und ‚Reihenkommentar‘ sowie ‚Großkritik und ‚Reihenkritik‘. Die Gruppe ‚Großkommentar‘ umfasst dabei nur sieben TE, von denen fünf unter einer gemeinsamen Überschrift erscheinen. Wie bei Textexemplarsammlungen im Kulturteil üblich, weisen die einzelnen TE einen geringeren Textumfang auf als TE derselben TS,[102] TSV[103] oder Subgruppe.[104] Die Sammlung als Gesamtheit beansprucht hingegen viel Platz auf der Zeitungsseite. Die Ergebnisse der ‚Großkommentare‘ werden aufgrund der geringen Anzahl an TE durch diesen Faktor stark beeinflusst.

Die ‚Reihenkommentare‘ und ‚Reihenkritiken‘ umfassen TE, die zu einer regelmäßig erscheinenden, durch auffällige drucktechnische Mittel gekennzeichneten Reihe gehören und sich dadurch zu Textexemplargruppen zusammenfassen lassen. Ihr Textumfang ist im Schnitt deutlich

---

102 Vgl. die TE unter einer gemeinsamen Überschrift bei der Sonderform ‚Thematischer Abdruck‘ („Das Zug-Gefühl“, 8. August 2007, Seite 23; siehe Anhang 48) der TS ‚Abdruck‘.

103 Vgl. TE unter einer gemeinsamen Überschrift bei der TSV ‚Personenporträt‘ („Hin und weg“, 4. Juni 2007, Seite 25).

104 Vgl. TE unter einer gemeinsamen Überschrift bei der Subgruppe ‚Literaturkritik‘ („Eine Sehnsucht, ganz egal wonach“, 9. Juli 2007, Seite 25).

geringer als bei den nicht seriellen TE der ‚Großkommentare' und ‚Großkritiken'.[105] Anders als bei den übrigen TS tritt durch die unterschiedliche Gestaltung der einzelnen Gruppen sowie zusätzlich der einzelnen Serien der ‚Reihenkommentare' und ‚Reihenkritiken' auf der linguistischen Ebene der Makrostrukturen eine wesentlich höhere Bandbreite an Ausprägungen auf, die für eine bessere Übersichtlichkeit teilweise unter funktionalen Aspekten geordnet, teilweise auch bei mehreren Makrostrukturen behandelt bzw. erwähnt werden.

Die seriellen Textexemplargruppen der ‚Reihenkommentare' und ‚Reihenkritiken' erscheinen jeweils unter einem spezifischen Reihentitel und sind zudem meistens mit einem wiederkehrenden Logo oder Bild verbunden. Die einzelnen TE einer Reihe sind fast immer einheitlich gestaltet. Wird im Folgenden von den einzelnen Textexemplargruppen gesprochen, erfolgt die Benennung über den Reihennamen, der als erster allgemeiner Initiator in einem Balken oder von zwei Linien begrenzt am Anfang der TE platziert ist. Bei der Gruppe ‚Reihenkommentar' treten die Serien „**AUF** *Schlag*" und der „**DER** feine **UNTERSCHIED**" auf. Eine dritte Reihe trägt als einzige keinen Reihennamen, lässt sich jedoch durch charakteristische drucktechnische Gemeinsamkeiten der Überschrift und einer Initiale zu Beginn des Fließtextes zu einer Textexemplargruppe zusammenfassen. Sie wird in Abgrenzung zu den beiden anderen als „Serie C" bezeichnet und jeweils als letztes besprochen.

Bei den 20 Serien der Gruppe ‚Reihenkritik' der TSV ‚Kritik' weisen immer mehrere Textexemplargruppen eine ähnliche Gestaltung des Reihennamens auf, mit der häufig auch Gemeinsamkeiten bezüglich weiterer Merkmale einhergehen. Es lassen sich dabei die Serien „KURZ & KRITISCH", „SOUNDCHECK", „NEU AUF DVD", „LESESTOFF", „HÖRTEST" und „FILMBUCH" sowie „**PAUKEN &** *Trompeten*", „**SCHREIB** *Waren*", „**SPIEL** *Sachen*", „**KUNST** *Stücke*", „**CITY** *Lights*", „**AUFGESCHLAGEN** *Zugeschlagen*", „**HIT** *Parade*", „**DER FILM** *Tipp…*", „*Neues vom Planeten* MODE" und „*Verbrecher* **JAGD**", „*Hör* **BÜCHER**", „*Zeit* **SCHRIFTEN**", „*Jurjews* **KLASSIKER**" und „*Literatur* **BETRIEB**" feststellen. Teilweise kommt nur ein Exemplar pro Serie vor. Die Ähnlichkeiten zu anderen Reihen lassen jedoch darauf schließen, dass nur innerhalb des Untersuchungszeitraums keine anderen TE erschienen sind bzw. sogar TE mit unterschiedlichem Reihennamen, aber gleicher Gestaltung zusammengehören und alternativ erscheinen.

105 Vgl. Kap. III.B.1.2.5.2.

1.2.5.1 Makrostruktur der Überschrift

Im Zentralbereich der TS ‚Kommentar', bei 94 Prozent der TE, kommt eine zweizeilige Überschrift vor. Charakteristisch für die Gruppe ‚Reihenkommentar' der TSV ‚Freier Kommentar' und die Gruppe ‚Reihenkritik' der TSV ‚Kritik' ist, dass die Überschriften fast immer sehr auffällig gestaltet sind, weil sie entweder drucktechnisch hervorgehoben sind oder in Verbindung mit weiteren Makrostrukturen ein Initiatorenbündel bilden. Die Gruppen ‚Großkommentar' und ‚Großkritik' hingegen weisen eine zweizeilige Überschrift auf, deren drucktechnische Gestaltung derjenigen der TS ‚Bericht', ‚Porträt', ‚Interview' und ‚Abdruck' entspricht:

Die Hauptzeile umfasst bei den ‚Großkritiken' überwiegend nur eine (89 %) und in relativ wenigen Fällen drei Zeitungszeilen (10 %). Auch bei der Unterzeile kommt die Anordnung in einer Zeitungszeile am häufigsten vor (62 %). Daneben reicht die Unterzeile bei einem Drittel der TE über zwei und bei fünf Prozent der TE über fünf Zeitungszeilen. Bei den drei Überschriften der ‚Großkommentare' verhält es sich ähnlich. Hier umfasst die Hauptzeile immer eine, die Unterzeile eine (67 %) oder zwei (33 %) Zeitungszeilen.

Pack die Tigerin in den Tank

Im Dickicht: Mit ihrer „Meistersinger"-Inszenierung steckt Katharina Wagner das Terrain in Bayreuth ab

Abb. 40: Beispiel für eine Überschrift bei der Gruppe ‚Großkritik' im ‚Tagesspiegel'[106]

Bei der Gruppe ‚Reihenkommentar' zeigen die drei vorkommenden Serien bezüglich ihrer Überschriftengestaltung leichte Unterschiede. Bei der Reihe „**AUF** *Schlag*" befindet sich die Hauptzeile immer unter einer Zeichnung des Autors und über dem Fließtext. Sie ist kursiv gedruckt und deutlich größer als die bis auf den Autorennamen ebenfalls kursiv gesetzte Unterzeile, welche dieselbe Schriftgröße wie der Fließtext aufweist. Durch die Großschreibung des Autorennamens am Anfang, ihre zentrierte Ausrichtung und die Abgrenzung durch jeweils eine Leerzeile zur Hauptzeile und zum Fließtext hin ist die Unterzeile jedoch deutlich als eigenständiger Überschriftenteil erkennbar:

106 ‚Großkritik' (Subgruppe ‚Kulturkritik'), „Pack die Tigerin in den Tank", 27. Juli 2007, Seite 23.

AUF *Schlag*

Der Download Gottes

Rainer Moritz ***über allerlei abendliche Gewohnheiten***

Wie verlief Ihr gestriger Abend? Wie ge-

*Abb. 41: Beispiel für eine Überschrift bei der Serie „**AUF** Schlag“ der Gruppe ‚Reihenkommentar‘ im ‚Tagesspiegel‘*[107]

Bis auf eine dreizeilige Unterzeile umfassen beide Überschriftenteile bei allen TE zwei Zeitungszeilen. Die Gestaltung der Überschrift bei der Serie „**DER** feine **UNTERSCHIED**“ entspricht der eben besprochenen, außer dass die Hauptzeile nicht in Kursivdruck steht (vgl. Anhang 17). Auch hier ist eine bewusste Anordnung der beiden Überschriftenteile über jeweils zwei Zeitungszeilen zu beobachten, da rein aus Platzgründen für die Hauptzeile häufig auch nur eine Zeitungszeile ausgereicht hätte. Bei der „Serie C“ umfassen beide Überschriftenteile ebenfalls jeweils zwei Zeitungszeilen. Die deutlich größere Hauptzeile steht in Kursivdruck, während die Unterzeile wie bei den anderen beiden Reihen in der Schriftgröße des Fließtextes gedruckt ist. Neben den oben besprochenen Mitteln zur Kennzeichnung eines spezifischen Überschriftenteils ist die Unterzeile zusätzlich oben und unten von einer Linie begrenzt (vgl. Anhang 13-15). Bei einem Teil der TE ist ein Wort, welches die thematische Richtung (z.B. „DOMBESICHTIGUNG“[108]) bzw. die Anlehnung an eine bestimmte TS angibt (z.B. „LEXIKON-EINTRAG“[109]), durch Fettdruck und Großbuchstaben hervorgehoben.

107 ‚Reihenkommentar‘, Serie „**AUF** *Schlag*“, „Der Download Gottes“, 4. Juni 2007, Seite 27.
108 ‚Reihenkommentar‘, „Serie C“, „Verflixte Pixelei“, 31. August 2007, Seite 27.
109 ‚Reihenkommentar‘, „Serie C“, „Der, die, daß“, 1. August 2007, Seite 21. Vgl. Anhang 15.

Die Serien „**PAUKEN &** *Trompeten*“, „**SCHREIB** *Waren*“, „**SPIEL** *Sachen*“, „**KUNST** *Stücke*“, „**CITY** *Lights*“ und „*Neues vom Planeten* MODE“ der Gruppe ‚Reihenkritik‘ der TSV ‚Kritik‘ weisen dieselbe Überschriftengestaltung wie die Serie „**DER** feine **UNTERSCHIED**“ der Gruppe ‚Reihenkommentar‘ der TSV ‚Freier Kommentar‘ auf.[110] Die Reihen „*Verbrecher* **JAGD**“, „*Hör* **BÜCHER**“, „*Zeit* **SCHRIFTEN**“, „*Jurjews* **KLASSIKER**“ und „*Literatur* **BETRIEB**“[111] unterscheiden sich von dieser lediglich darin, dass die Hauptzeile kursiv gedruckt ist, bei der Serie „**KUNST** *Stücke*“ umfasst die Hauptzeile als Unterschied immer nur eine Zeitungszeile, während bei der Reihe „**HIT** *Parade*“[112] der Verfassername in Normaldruck zu Beginn der Unterzeile fehlt.

Die Serie „**DER FILM** *Tipp…*“ zeigt die Besonderheiten, dass der Reihenname im charakteristischen Druck zugleich die Hauptzeile darstellt, während die Unterzeile eine deutlich größere Schrift aufweist als der Fließtext. Die Zusammengehörigkeit beider Überschriftenteile ist jedoch dadurch deutlich erkennbar, dass sie jeweils ein Satzglied eines isoliert gebrauchten einfachen Satzes darstellen, dessen Fortlauf in beiden Fällen durch drei Punkte angedeutet wird:

DER FILM *Tipp...*

...von Jan Schulz-Ojala

*Abb. 42: Beispiel für eine Überschrift bei der Serie „**DER FILM** Tipp…“ der Gruppe ‚Reihenkritik‘ im ‚Tagesspiegel‘*[113]

Die umfangreiche Reihe „KURZ & KRITISCH“ weist eine besondere Gestaltung ihrer zweizeiligen Überschrift auf:

ROCK
Rockstars können einsam sein
Normalerweise spielt **Chuck Prophet** mit kompletter Band in voller Rock'n'Roll-

Abb. 43: Beispiel für eine Überschrift bei der Serie „KURZ & KRITISCH“ der Gruppe ‚Reihenkritik‘ im ‚Tagesspiegel‘[114]

Haupt- und Unterzeile haben beide dieselbe Schriftgröße, stehen im Fettdruck und sind lediglich etwas größer als der Fließtext. Anders als

110 Vgl. Anhang 32 bis 37.

111 Vgl. Anhang 26 bis 30.

112 Vgl. Anhang 31.

113 ‚Reihenkritik‘, Serie „**DER FILM** *Tipp…*“, 28. Juni 2007, Seite 29.

114 ‚Reihenkritik‘, Serie „KURZ & KRITISCH“, „Rockstars können einsam sein“, 9. August 2007, Seite 28.

bei den übrigen Serien sind sie nicht zentriert, sondern linksbündig angeordnet. Die Hauptzeile ist in roter Farbe gedruckt und umfasst immer eine Zeitungszeile, während die schwarze Unterzeile ausnahmslos über zwei Zeitungszeilen reicht.

SOUNDCHECK

CD-NEUERSCHEINUNGEN

Radio Eins & Tagesspiegel präsentieren: Jeden Freitag zwischen 21 und 23 Uhr reden vier Popkritiker auf Radio Eins über ihre CDs der Woche. Diesmal:

POP Paul McCartney *Memory Almost Full* (Universal) Sir Paul feiert in wenigen Wochen seinen 65. Geburtstag. Das schönste Geschenk macht der vom Rosenkrieg mit Nochgattin Heather Mills gebeutelte erfolgreichste Popmusiker aller Zeiten sich mit diesem Album selbst. Es ist eine lebendige, souveräne, in ihrer Komplexität beeindruckende und unprätentiöse Platte geworden, die an beste Wings-Zeiten erinnert. *Peter Radszuhn, Radio Eins*

Abb. 44: Beispiel für eine Überschrift bei der Serie „SOUNDCHECK" der Gruppe ‚Reihenkritik' im ‚Tagesspiegel'[115]

Lediglich vier Prozent der TE der TSV ‚Kritik' weisen eine einzeilige Überschrift auf. Bei der Gruppe ‚Reihenkritik' trifft dies auf die Serien „SOUNDCHECK" und „**AUFGESCHLAGEN** *Zugeschlagen*" sowie das eine Exemplar von „HÖRTEST" zu. Bei „SOUNDCHECK" tritt unter dem Reihennamen im Balken immer dieselbe Überschrift auf („CD-Neuerscheinungen"), die in fettgedruckten, roten Großbuchstaben realisiert ist, eine etwas größere Schrift als der Fließtext hat und zwischen Balken und einem Infoabsatz, der den Einzelkritiken vorangestellt ist, platziert ist (vgl. Abb. 44).

Der Beginn des Fließtextes ist bei den folgenden TE auf jeweils charakteristische Weise hervorgehoben, die derjenigen bei der Serie „NEU AUF DVD" weitestgehend entspricht (vgl. Abb. 48).

Auch bei der Serie „**AUFGESCHLAGEN** *Zugeschlagen*" tritt eine Überschrift für mehrere Einzeltexte auf. Diese hat einen wesentlich größeren Drucktyp als der Fließtext und befindet sich zwischen dem Reihennamen und dem immer auftretenden Foto des Autors (vgl. Abb. 45). Bei zwei Exemplaren sind die zehn Einzelkritiken aus drucktechnischen Gründen auf zwei Zeitungsseiten verteilt, womit eine Aufteilung des Reihentitels in „**AUFGESCHLAGEN**" und „*Zugeschlagen*" einhergeht.

---

115 ‚Reihenkritik', Serie „SOUNDCHECK", 1. Juni 2007, Seite 27.

Nur bei einem Exemplar weisen jedoch beide Teile eine eigene Überschrift für die jeweils fünf Einzelkritiken auf. Alle Einzelkritiken dieser Serie sind durchnummeriert. Zusätzlich zu dieser fettgedruckten Ziffer beginnt der Fließtext mit einem Absatz, der die wichtigsten Informationen zu dem jeweils besprochenen Buch, teilweise in Fett- und Kursivdruck, enthält. Diese drucktechnische Hervorhebung des Textbeginns übernimmt die Initiatorfunktion der fehlenden Überschrift.

AUFGESCHLAGEN ...

Denken Sie sich satt

VON DENIS SCHECK

Denis Scheck, Literaturredakteur beim Deutschlandfunk, bespricht einmal monatlich die „Spiegel"-Bestsellerliste, abwechselnd Belletristik und Sachbuch.

10) Marina Nemat: *Ich bitte nicht um mein Leben* (Deutsch von Holger Fock und Sabine Müller, Weltbild, 392 Seiten, 12,95 €)
Der Lebens- und Leidensbericht einer

*Abb. 45: Beispiel für die Gestaltung der textexemplarübergreifenden Überschrift und des Fließtextanfangs einer Einzelkritik der Serie „**AUFGESCHLAGEN** Zugeschlagen" der Gruppe ‚Reihenkritik' im ‚Tagesspiegel'*[116]

Das TE unter dem Reihennamen „HÖRTEST" zeigt eine sehr unauffällige Überschrift in derselben Schriftgröße wie der Fließtext („Musik aus Berlin"). Lediglich durch ihren Kursivdruck, die zentrierte Ausrichtung und die Leerzeile zum Fließtext ist sie als solche erkennbar (vgl. Anhang 22).

116 ‚Reihenkritik', Serie „**AUFGESCHLAGEN** *Zugeschlagen*", „Denken Sie sich satt", 3. Juni 2007, Seite 25.

Bei der Gruppe ‚Großkritik' treten bei den ‚Literaturkritiken' sieben TE auf, die eine große, einzeilige Überschrift besitzen. Diese ist immer unter einem großen Foto und über dem Fließtext platziert:

Die Stille hinter der Mauer

Abb. 46: Beispiel für eine einzeilige Überschrift bei der Subgruppe ‚Literaturkritik' im ‚Tagesspiegel'[117]

Sieben Prozent aller TE der ‚Reihenkritiken' haben keine dezidierte Überschrift. Alle TE gehören dabei zu den sehr ähnlichen Serien „LESESTOFF", „NEU AUF DVD" und „FILMBUCH". Während bei dem einzigen TE unter dem Reihentitel „FILMBUCH" bis auf diesen allgemeinen Initiator jeglicher spezifischer Initiator fehlt (vgl. Anhang 21), ist bei der Serie „LESESTOFF" dem Fließtext ein Absatz vorangestellt, der die wichtigsten Informationen zum besprochenen Buch enthält (Abb. 47):

LESESTOFF

Ernst Klee: *Das Kulturlexikon zum Dritten Reich. Wer war was vor und nach 1945.*
S. Fischer Verlag, Frankfurt am Main 2007. 718 Seiten, 29,90 Euro

Vor vier Jahren publizierte Ernst Klee sein umfangreiches „Personenlexikon zum Dritten Reich". Damit gab der Jour-

Abb. 47: Beispiel für einen vorangestellten Informationsabsatz mit Initiatorfunktion bei der Serie „LESESTOFF" der Gruppe ‚Reihenkritik' im ‚Tagesspiegel'[118]

NEU AUF DVD

BYE BYE BLACKBIRD *Zirkusfilm von Robinson Savary* (neuevisionen/goodmovies)
Ein besonderes, mitunter absonderliches Debüt: Robinson Savary setzt ganz auf prächtige, aber auch prahlerische Ästhe-

Abb. 48: Beispiel für die Hervorhebung des Fließtextbeginns bei der Serie „NEU AUF DVD" der Gruppe ‚Reihenkritik' im ‚Tagesspiegel'[119]

117 ‚Großkritik' (Subgruppe ‚Literaturkritik'), „Die Stille hinter der Mauer", 3. Juni 2007, Seite 28.

118 ‚Reihenkritik', Serie „LESESTOFF", 15. Juni 2007, Seite 7.

119 ‚Reihenkritik', Serie „NEU AUF DVD ", 28. Juni 2007, Seite 29.

Er beginnt mit dem Autor und dem Titel des Buches, die in Fettdruck realisiert sind. Durch diese drucktechnische Auffälligkeit wird visuell, ähnlich wie bei einer Überschrift, der Textbeginn markiert, sodass die Initiatorfunktion gemeinsam von Reihenname und Informationsabsatz übernommen wird. Bei den TE der Reihe „NEU AUF DVD" wiederum ist der Beginn des Fließtextes hervorgehoben (Abb. 48).

In roten, fettgedruckten Kapitälchen werden die Filmnamen bzw. Schlagwörter zu den Filmen angegeben, auf die in kursivem, schwarzen Fettdruck Angaben zur Regie, dem Filmstudio etc. folgen. Dieser drucktechnisch exponierte Teil geht übergangslos in den restlichen Fließtext über und ist somit nicht als Überschrift zu betrachten, auch wenn ihm wie dieser die Funktion eines spezifischen Initiators zukommt.

Zusammenfassend lässt sich festhalten, dass sich die Überschriften der Gruppen ‚Reihenkommentar' und ‚Reihenkritik' bei vielen Serien ähneln. Durchgängig unterscheiden sie sich drucktechnisch jedoch deutlich von den Überschriften aller anderen TS.

1.2.5.2 Makrostruktur des Absatzes

Die Gruppe ‚Reihenkommentar' weist im Zentralbereich ein Vorkommen von drei bis sechs Absätzen auf (81 %), wobei drei und vier Absätze mit einem Auftreten von 27 bzw. 32 Prozent der TE am häufigsten sind.[120] Bei den ‚Reihenkritiken' stehen ein bis vier Absätze im Zentrum der Gruppe. Dabei dominieren deutlich TE mit einem Absatz (41 %), gefolgt von solchen mit zwei Absätzen (32 %).[121] Diese Ähnlichkeiten bezüglich der relativ geringen Absatzanzahl beruhen wie die übrigen Gemeinsamkeiten zwischen den Gruppen ‚Reihenkommentar' und ‚Reihenkritik' darauf, dass die TE von beiden ausschließlich in Serien erscheinen, womit zugleich eine gewisse Begrenzung des Textumfangs einhergeht. Diese wiederum beeinflusst die Absatz- und Spaltenanzahl.

So liegen die Zeilenanzahlen (46 bis 96 Zeilen, vgl. Abb. 49) und Satzanzahlen (13 bis 42 Sätze, vgl. Abb. 50) der ‚Freien Kommentare' sehr nah beieinander. Die ‚Reihenkritiken' zeigt zwar eine größere Varianz bei den Zeilenanzahlen (sieben bis 114 Zeilen, vgl. Abb. 51) und Satzanzahlen (ein bis 43 Sätze, vgl. Abb. 52), verglichen mit den TS ‚Bericht' und ‚Porträt', der TSV ‚Gesprächsinterview' und den Gruppen

---

120 Die genaue Verteilung ist: 2, 8 und 10 Absätze je 3 %, 7 und 9 Absätze je 5 %, 5 und 6 Absätze je 11 %, 3 Absätze 27 % und 4 Absätze 32 %.

121 Die genaue Verteilung ist: 6 und 7 Absätze 1 %, 5 Absätze 2 %, 4 Absätze 10 %, 3 Absätze 13 %, 2 Absätze 32 % und 1 Absatz 41 %.

‚Großkommentar' und ‚Großkritik' sind die Extremwerte jedoch nicht sehr weit auseinander. Vor allem wird die relativ niedrige Zeilenanzahl von 114 und Satzanzahl von 43 nie überschritten (vgl. Abb. 51 und Abb. 52). Die Mittelwerte der ‚Reihenkommentare' (69 Zeilen bzw. 23 Sätze) und der ‚Reihenkritiken' (41 Zeilen und 13 Sätze) sind relativ dicht beieinander.

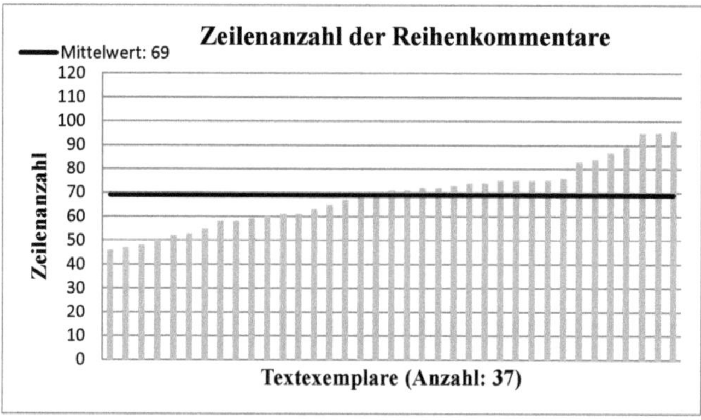

Abb. 49: Zeilenanzahl der Textexemplare der Gruppe ‚Reihenkommentar' im ‚Tagesspiegel'

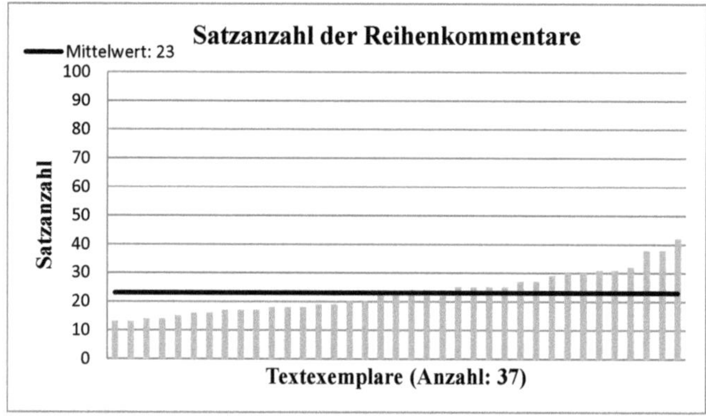

Abb. 50: Satzanzahl der Textexemplare der Gruppe ‚Reihenkommentar' im ‚Tagesspiegel'

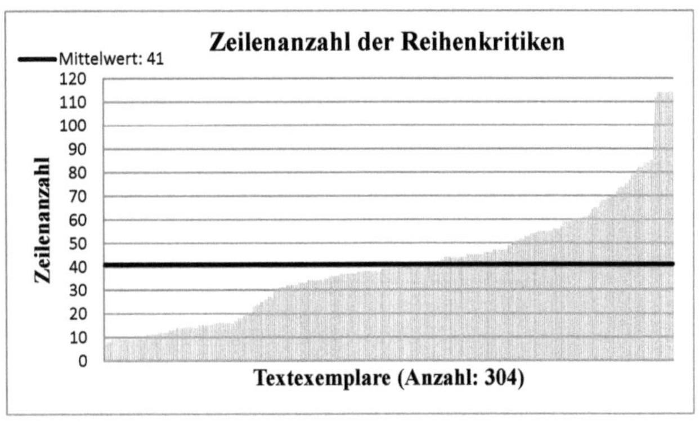

Abb. 51: Zeilenanzahl der Textexemplare der Gruppe ‚Reihenkritik' im ‚Tagesspiegel'

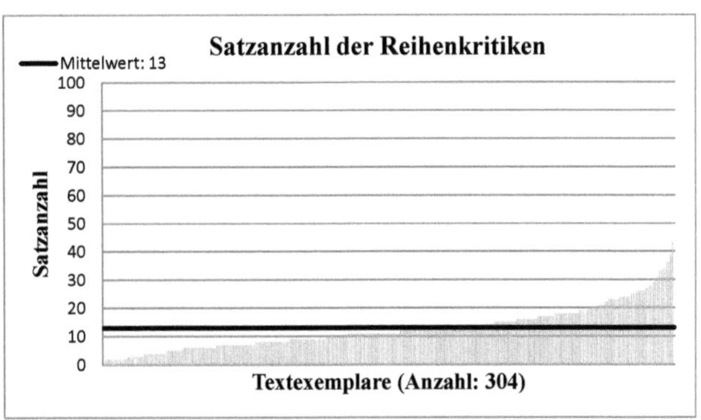

Abb. 52: Satzanzahl der Textexemplare der Gruppe ‚Reihenkritik' im ‚Tagesspiegel'

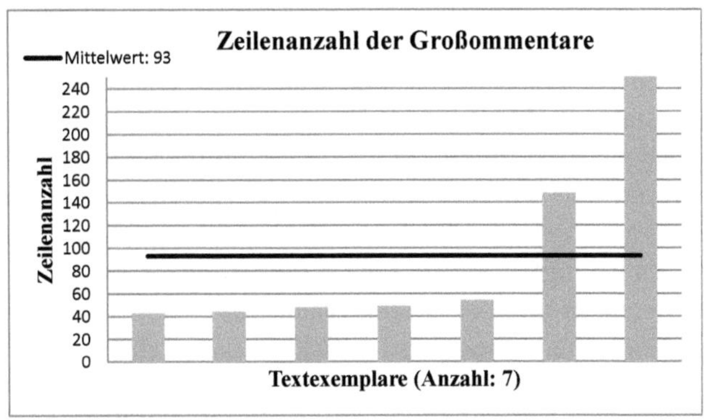

Abb. 53: Zeilenanzahl der Textexemplare der Gruppe ‚Großkommentar' im ‚Tagesspiegel'

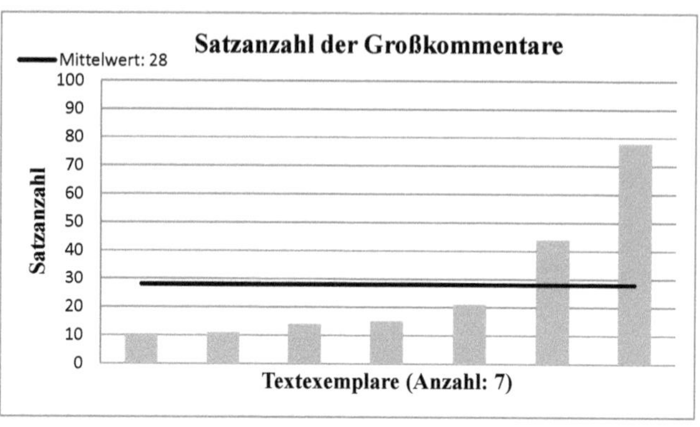

Abb. 54: Satzanzahl der Textexemplare der Gruppe ‚Großkommentar' im ‚Tagesspiegel'

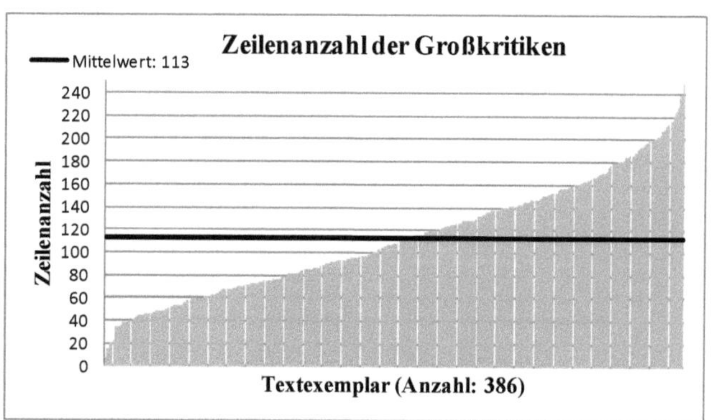

Abb. 55: Zeilenanzahl der Textexemplare der Gruppe ‚Großkritik' im ‚Tagesspiegel'

Die Gruppe ‚Großkommentar' variiert stark in ihrer Absatzanzahl. Die fünf TE, die unter einer gemeinsamen Überschrift erscheinen, weisen einen bis maximal fünf Absätze auf. Die geringe Absatzanzahl geht dabei mit dem geringen Textumfang von durchschnittlich 48 Zeilen bzw. 14 Sätzen konform. Die übrigen beiden TE sind deutlich länger, was eine höhere Absatzanzahl von zehn bzw. 16 Absätzen zur Untergliederung des Fließtextes bedingt. Aufgrund der geringen Textexemplaranzahl, der starken Unterschiede und der Besonderheit, dass der Großteil der TE unter einer gemeinsamen Überschrift auftritt, lassen sich keine gesicherten Erkenntnisse zum Textumfang und der Absatzanzahl für den Zentralbereich der Gruppe gewinnen. Orientiert an den Ergebnissen der Gruppe

‚Großkommentar' innerhalb der ‚Zeit'[122] und den Beobachtungen zu Textumfang und Absatzzahl bei Textexemplarsammlungen unter einer Überschrift[123] ist es jedoch wahrscheinlicher, dass die beiden TE mit eigener Überschrift für die Gruppe ‚Großkommentar' repräsentativer sind als die übrigen fünf.

Die Gruppe ‚Großkritik' weist im Zentralbereich (79 %) drei bis neun Absätze auf, wobei die Spanne von einem bis 16 Absätzen reicht.[124] Entsprechend divergiert auch der Textumfang der einzelnen TE. Die Zeilenanzahl der TE reicht von acht bis 261 Zeilen (vgl. Abb. 55), die der Satzanzahl von sieben bis 101 Sätzen (vgl. Abb. 56). Eine deutliche Präferenz für eine bestimmte Zeilen- bzw. Satzanzahlspanne liegt nicht vor, wie der Kurvenverlauf der Diagramme zeigt (vgl. Abb. 55 und Abb. 56). Entsprechen wenig Aussagekraft besitzen die Mittelwerte von 113 Zeilen bzw. 32 Sätzen.

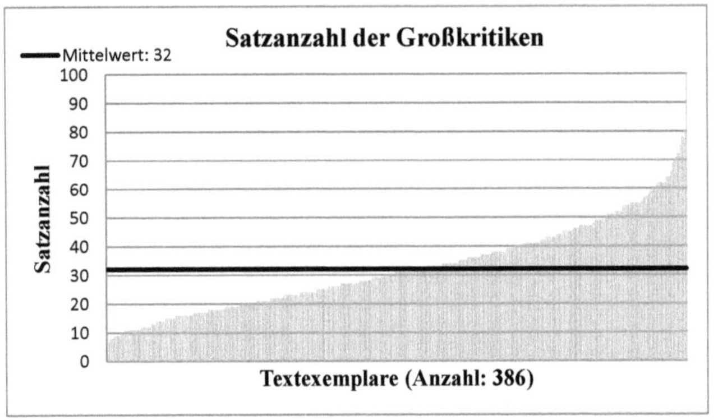

Abb. 56: Satzanzahl der Textexemplare der Gruppe ‚Großkritik' im ‚Tagesspiegel'

Viele der Ähnlichkeiten zwischen den Gruppen ‚Reihenkommentar' und ‚Reihenkritik' beruhen darauf, dass diese in Serien erscheinen. Dadurch zeigen sie viele Übereinstimmungen, vor allem was die Makrostrukturen, den Verfasser und die Spalten-, Absatz-, Zeilen- und Satzanzahlen betrifft. Die Gestaltung der Absätze begründet jedoch eindeutig die Zusammengehörigkeit von ‚Großkritik' und ‚Reihenkritik' zu einer ge-

122 Vgl. Kap. III.B.1.3.4.2.

123 Vgl. die Ausführungen in Kap. III.B.1.2.5.

124 Die genaue Verteilung ist: 13 und 14 Absätze 1 %, 12 Absätze 2 %, 1 Absatz 3 %, 11 Absätze 4 %, 2 und 10 Absätze je 5 %, 9 Absätze 7 %, 3 Absätze 9 %, 4 und 8 Absätze je 10 %, 6 Absätze 12 %, 7 Absätze 14 % und 5 Absätze 16 %.

meinsamen TSV ‚Kritik‘ und von ‚Großkommentar‘ und ‚Reihenkommentar‘ zu einer gemeinsamen TSV ‚Freier Kommentar‘. Der Vergleich von zwei thematisch ähnlichen TE der beiden Gruppen einer TSV zeigt jeweils, dass deren Absätze – wenn auch in unterschiedlicher Ausführlichkeit – dieselben Funktionen aufweisen.

POP
Parodie zwecklos
Wäre Jimi Hendrix in der Hölle gelandet, würde er jetzt so klingen. Wie ein Schmied lässt Johnny Kelly schwere Schläge auf die Trommeln niederfahren, Kenny Hickey entringt seiner Gitarre zähe, eisgefrostete Riffs und brüllt: „Hey Pete, where are you going with that axe in your hand?“ Und Frontmann Peter Steele hebt seinen gewaltigen Totengräber-Körper vom Schlagzeugpodest und singt mit einer Stimme, so kalt und tief wie ein Grab: „I'm gonna kill my lady...“. Die Cover-Version von „Hey Joe“ zeigt die humoristische Seite von **Type O Negative**, der Schwermetall-Band aus Brooklyn. Achtzehn Jahre lang pflegen die Barden der Negativität bereits ihren hymnischen, abgründigen Rock. Das aktuelle Album heißt denn auch selbstironisch „Dead Again“. In der **Columbiahalle** gibt sich die Band alle Mühe zu sterben. Das Konzert ist nichts anderes als ein hundertminütiges Konzertende. Als das Publikum nach einer knappen halben Stunde bei „These Three Things“ gerade in Fahrt kommt, verlassen die vier Musiker die Bühne. Das Spiel wiederholt sich dreimal. Type O Negative sind eines jener Phänomene, die jede Parodie überflüssig machen. Sie sind selbst ihre beste.
KOLJA REICHERT

Abb. 57: Beispieltextexemplar der Gruppe ‚Reihenkritik‘ im ‚Tagesspiegel‘[125]

Den inhaltlichen Schwerpunkt beider TE der TSV ‚Kritik‘ bildet die Besprechung eines Konzerts. Das TE „Parodie zwecklos“ der ‚Reihenkritik‘, das einen Absatz umfasst, beginnt in den ersten zwölf Zeilen mit der anschaulichen Beschreibung (z.B. „*Wie ein Schmied lässt Johnny Kelly schwere Schläge auf die Trommeln niederfahren*“ (Zeile 2-4)) und einer damit verbundenen Bewertung (z.B. „*Kelly Hickey entringt seiner Gitarre zähe, eisgefrostete Riffs und brüllt*“ (Zeile 5+6)) einzelner Bandmitglieder bei ihrem Auftritt. Daran schließt eine weitere Bewertung, diesmal der ganzen Band, über ein gespieltes Stück an („*Die Cover-Version von „Hey Joe“ zeigt die humoristische Seite von* ***Type O Negative***“ (Zeile 13-15)). Es folgen wenige sachliche Informationen (z.B. „[…] *der*

125 ‚Reihenkritik‘, Serie „KURZ & KRITISCH“, „Parodie zwecklos, 18. Juni 2007, Seite 30.

Schwermetall-Band aus Brooklyn. Achtzehn Jahre lang […]" (Zeile 15+16)), die jedoch ebenfalls mit Bewertungen verbunden werden (z.B. „*pflegen die Barden der Negativität bereits ihren hymnischen, abgründigen Rock*" (Zeile 16-18)). Die restlichen Sätze des Absatzes (Zeile 20-30)) dienen wieder der Beschreibung („*Als das Publikum* […] *gerade in Fahrt kommt, verlassen die Musiker die Bühne*" (Zeile 23-27)) und Bewertung (z.B. „*Das Konzert ist nichts anderes als ein hundertminütiges Konzertende*" (Zeile 21-23)) des Konzerts. Der Absatz endet mit einer abschließenden, generellen Bewertung der Band („*Type O Negative sind eines jener Phänomene, die jede Parodie überflüssig machen. Sie sind selbst ihre beste.*" (Zeile 28-30)).

Auch das TE „Jenseits vom grünen Fluss" der ‚Großkritik' (Anhang 43) beginnt im ersten Absatz mit einer Beschreibung (z.B. „*etliche Zuschauerplätze* […] *sind noch unbesetzt*" (Zeile 1-3) oder „*singt mit einer fast unscheinbaren Partnerin in Blue Jeans*" (Zeile 5-7)) und Bewertung (z.B. „*Unaufdringlich, lässig, gekonnt.*" (Zeile 9+10)) der auftretenden Musiker (des Vorprogramms). Daran schließen Fragen des Autors an, die sich ihm bezüglich der weiblichen Musikerin beim Konzert gestellt haben (z.B. „*Hat man diese Frau nicht schon mal gesehen?*" (Zeile 11+12)). Deren Beantwortung wird mit sachlichen Informationen (z.B. „*Amerikas erfolgreichste Musikerin aller Zeiten, die in den letzten Jahren überschüttet wurde mit Grammys und anderen Auszeichnungen*" (Zeile 14-17)) und Bewertungen der Sängerin (z.B. „*Sympathisch und ohne Allüren*" (Zeile 19+20)) verknüpft. Der zweite Absatz setzt sich ausführlich mit dem Konzert auseinander, indem der Auftritt der Musikerin beschrieben (z.B. „*die Pianistin spielt erst mal elektrische Gitarre, eine rote Fender Mustang*" (Zeile 24-26)) und bewertet (z.B. „*spielt sie gut, zerrig splitternd*" (Zeile 26+27)) wird. Einige Äußerungen von ihr während des Konzerts werden zitiert (z.B. „*Can you pfeifen?*" (Zeile 57+58)). Etwa in der Mitte des zweiten Absatzes werden sachliche Informationen zu den Plattenerfolgen der Sängerin vermittelt („*weil es nach dem überwältigenden Erfolg von ‚Come Away With Me' (2002) mit 20 Millionen verkauften Platten und dem Nachfolger ‚Feel Like Home' (2004) mit 14 Millionen, jetzt ‚nur noch' vier Millionen verkauft hat.*" (Zeile 33-38)).

Beiden TE ist gemein, dass die Beschreibungen und Bewertungen des Konzerts bzw. der Musiker deutlich dominieren, während die Funktion der sachlichen Informationsvermittlung zwar ebenfalls festzustellen ist, jedoch nur in sehr begrenztem Umfang. Eine subjektive Informationsvermittlung tritt zwar nur bei dem TE der ‚Großkritik' auf, indem der

Autor seine Überlegungen während des Vorprogramms in Fragen ausformuliert (vgl. Zeile 10-13), ihr Anteil an der Absatzgestaltung ist jedoch gering.

Die seriell bedingten Gemeinsamkeiten der Gruppen ‚Reihenkommentar' und ‚Reihenkritik' lassen sich dadurch relativieren, dass ein Erscheinen in Reihen zwar bis auf eine Ausnahme (vgl. TSV ‚Umfrageinterview') ausschließlich bei der TS ‚Kommentar' vorkommt, ein serielles Auftreten und die damit einhergehenden typischen makrostrukturellen Merkmale (z.B. Reihentitel) jedoch prinzipiell auch bei anderen TS möglich sind. Daher dürfen die Faktoren, die durch die Serienzugehörigkeit bedingt sind, nicht überbewertet werden. Aus diesem Grund kommt der Absatzgestaltung eine große Bedeutung zu, da auf dieser der entscheidende Unterschied zwischen den beiden TSV beruht. Dies lässt sich durch einen Vergleicht des eben vorgestellten TE der ‚Reihenkritik' mit einem TE der ‚Reihenkommentare' aufzeigen.

In dem ‚Reihenkommentar' „Der Download Gottes" (Anhang 16) schreibt der Autor über ein Erlebnis aus seinem Leben, wobei in der Absatzgestaltung die Funktion der subjektiven Informationsvermittlung dominiert. Der erste Absatz beginnt mit mehreren Fragen an den Leser (z.B. „*Wie gelang es Ihnen, sich auf die Nachtruhe und die neue Woche einzustimmen?*" (Zeile 1-3)), zu welchen der Autor anschließend seine Mutmaßungen kundtut („*Vielleicht halten Sie es ja mit den Tipps von Schlafexperten* […]" (Zeile 3-5)). Danach beschreibt der Verfasser im Rest des Absatzes ausführlich und detailreich (z.B. „*Nichts entspannt mehr, als sich alte Folgen ‚Polizeiruf 110' (am liebsten in Schwarz-Weiß und aus finsteren DDR-Zeiten stammend) oder ‚Der Alte' (mit dem wunderbaren Siegfried Lowitz) zu Gemüte zu führen*" (Zeile 14-19)) seinen eigenen Umgang mit dem durch die Frage aufgeworfenen Thema (Zeile 11-33). Im zweiten Absatz leitet er zu einem speziellen Erlebnis innerhalb des aufgespannten thematischen Rahmens, der abendlichen Programmwahl im Fernsehen zwecks beruhigender Vorbereitung auf den Nachtschlaf, über („*Neulich freilich, am Pfingstsonnabend, geriet mein Weltbild ins Wanken.*" (Zeile 34-35)). Nach der Nennung der Sendung („*Wort zum Sonntag*" (Zeile 40)) folgen sehr subjektiv vermittelte Informationen zu dieser. Die Meinung des Autors wird beispielsweise durch übertreibende und dadurch lächerlich wirkende Adjektive deutlich (z.B. „*die urfröhliche Schwester Jordana*" (Zeile 49) oder „*ein fescher Mittvierziger mit jugendlicher Frisur*" (Zeile 52+53)). Der Leser erfährt somit zwar, worum es in der Serie geht, anders als bei der sachlichen Informationsvermittlung wird jedoch gleichzeitig Einfluss auf die Einstellung des Lesers zu der Sendung genommen. Im letzten Absatz kommt der Autor schließlich zu dem angekündigten Erlebnis. Zunächst liefert er sehr kurze sachliche Informationen zu dem Redner der Sendung („*Letzterer leitet im Trierer Generalvikariat den Strategiebereich ‚Kommunikation und Medien*'" (Zeile 55-57)), welche jedoch direkt im Anschluss durch eine abfällige Bemerkung des Verfassers („*was mir, hätte ich es früher gewusst, eine Warnung gewesen wäre.*" (Zeile 57-59)) eine negative Wertung erfahren. Anschließend zitiert er eine Äußerung des Redners („*‚Man könnte sagen, der Heilige Geist, das ist so etwas wie ein Download Gottes.*'"), um anschließend durch eigene übertriebene Vergleiche in Form von Fragestellungen (z.B. „*Ist die Kirche folglich eine Benutzeroberfläche?*" (Zeile 65-67)) die Aussage aus der Sendung ins Lächerliche zu ziehen. Der Absatz endet mit der bewusst übertrieben geschilderten Lehre des Autors aus diesem Erlebnis (z.B. „*Nach 23 Uhr bleibt mein Fernseher kalt, aus Selbstschutz.*").

Innerhalb des ‚Reihenkommentars' dominiert deutlich die subjektive Informationsvermittlung, wodurch die Meinung des Autors zu dem behandelten Thema deutlich im Vordergrund steht. Im Gegensatz dazu herrschen bei dem TE der ‚Reihenkritik' Beschreibungen und Bewertungen des besprochenen Konzerts vor. Ein wesentlicher Unterschied zwischen den beiden TE besteht auch in der Bedeutung, welche dem Textgegenstand zukommt. Bei der ‚Reihenkritik' steht das Konzert im Vordergrund, seine Besprechung ist der Hauptgrund des Artikels, auch wenn wie beim ‚Reihenkommentar' ebenfalls ein unterhaltsamer Stil gepflegt wird. Beim ‚Reihenkommentar' dient das Thema hingegen überwiegend als Schreibanlass für einen unterhaltenden Text, ohne dass ihm selbst eine große inhaltliche Bedeutung zukommt.

Die entscheidende Gemeinsamkeit der beiden TSV ‚Freier Kommentar' und ‚Kritik', die ihre Zuordnung zu der TS ‚Kommentar' rechtfertigt, besteht darin, dass sie beide im Zentralbereich meinungsbetonte, wertende Darstellungen als festen Bestandteil ihrer Absatzgestaltung aufweisen. Bei den ‚Freien Kommentaren' treten die Wertungen sowie die Meinung des Autors durch die Absatzfunktion der subjektiven Informationsvermittlung auf (vgl. obige Ausführungen zum TE „Der Download Gottes"), bei den ‚Kritiken' überwiegend durch die Funktion der Bewertung, wobei zusätzlich auch die Beschreibungen häufig diese Aufgabe übernehmen (vgl. obige Ausführungen zu den TE „Parodie zwecklos" und „Jenseits vom grünen Fluss").

Das starke Auftreten von wertenden, meinungsbetonten Passagen in den Absätzen stellt bei der Gruppe ‚Großkritik' der TSV ‚Kritik' den wesentlichen Unterschied zur TS ‚Bericht' dar, von der sie sich bezüglich der auffälligen makrostrukturellen Merkmale nicht wesentlich unterscheidet. So stimmt der ‚Sachbericht' „Verlust und Wiederkehr" (vgl. Anhang 5) in allen zunächst erkennbaren Merkmalen mit der ‚Großkritik' „Jenseits vom grünen Fluss' (vgl. Anhang 43) überein: Beide haben eine zweizeilige Überschrift, wobei die Hauptzeile aus einem eingliedrigen Nominalsatz besteht und über drei Zeitungszeilen reicht. Die Unterzeile wird von einem isoliert gebrauchten einfachen Verbalsatz gebildet, der zwei Zeitungszeilen umfasst. Beide TE sind in einer Spalte angeordnet, weisen einen Verfassernamen in Großbuchstaben auf und haben ein in den Fließtext integriertes Foto mit drucktechnisch zweigeteilter Bildunterschrift. Ein Vergleich der Absatzgestaltung zeigt jedoch, dass die beiden TE nicht zu derselben TS gehören. In der ‚Großkritik' „Jenseits vom grünen Fluss" dominieren die Funktionen des Beschreibens und Bewertens, während die sachliche Informationsvermittlung nur einen geringen Anteil an der Absatzgestaltung hat (vgl. obige Ausführungen). In dem ‚Sachbericht' „Verlust und Wiederkehr" verhält es sich nahezu umgekehrt: Beschreibungen kommen ausschließlich im ersten Absatz vor und Bewertungen fehlen vollständig, während der restliche erste Absatz sowie die vier folgenden Absätze funktional fast ausschließlich der sachlichen Informationsvermittlung dienen. An die Beschreibung einer an die Berliner Museen zurückgegebenen Skulptur (z.B. „*Mit dessen mächtiger Keule spielt Cupido, der kleine Gehilfe der Liebesgöttin Venus.*" (Zeile 1-3) schließen sich im ersten Absatz Informationen über deren Vorstellung in der Öffentlichkeit („*die gestern von Klaus-Dieter Lehmann* [...] *im Berliner Kunstgewerbemuseum präsentiert werden konnte.*" (Zeile 9-13)) und ihr damaliges Verschwinden („*Über 60 Jahre lang galt das kostbar-kleine Meisterwerk des Dresdner Barockbildhauers in Berlin als verschollen: geraubt im März 1945 auf einem Transport kriegsbedingt ausgelagerter Kunstwerke der Berliner Museen nach Schloss Arolsen bei Kassel.*" (Zeile 13-19)) an, die ohne jede Wertung präsentiert werden. Der zweite Absatz informiert ebenfalls sachlich über das Wiederauftauchen der Figur. Lediglich gegen Ende des Absatzes sind die Ausführungen mit Einschätzungen des Autoren verbunden („*Ende einer Odyssee – und ein glücklicher Tag für die Berliner Museen. Da fällt es kaum ins Gewicht, dass sich wohl nie mehr wird klären lassen* [...]" (Zeile 33-36)), die jedoch inhaltlich naheliegend sind und anders als bei der ‚Großkritik' nicht mit einem betont unterhaltendem Stil (z.B. übertreibende Adjektive) einhergehen. Im dritten Absatz lässt sich ausnahmslos die Funktion der sachlichen Informationsvermittlung bei der Absatzgestaltung nachweisen.

Thematisch handelt er allgemein von Beutekunst, ihrer Rückgabe und Erfassung. Der vierte Absatz dient ebenfalls ausschließlich der Vermittlung von wertfreien Informationen, indem größtenteils die Meinung zweier Experten zu dem Thema wiedergegeben wird (z.B. „*Insgesamt könnten, schätzt Schauerte, bis zu 180 000 Objekte aus den Sammlungen der Preußenstiftung in den GUS-Nachfolgestaaten sowie in Polen lagern.*" (Zeile 65-68)). Auf dieselbe Weise ist der letzte Absatz gestaltet, der Möglichkeiten zur Problemlösung („*Auch gemeinsame Projekte wie die Merowinger-Ausstellung mit Beutekunstbeständen* [...] *sowie der Expertenaustausch im Rahmen der Initiative ‚deutsch-russischer Museumsdialog' würden wesentlich zur Vertrauensbildung beitragen.*" (Zeile 80-87)) und die bisherige Situation thematisiert („*Denn bislang lege sich bei Treffen mit russischen Fachleuten das Thema Beutekunst ‚wie Mehltau' auf die Gespräche, erklärte Lehmann.*" (Zeile 87-90)).

Die TSV ‚Freier Kommentar' ist in ihrer Absatzgestaltung wesentlich vielfältiger als die TSV ‚Kritik', bei der immer ein kultureller Gegenstand im Mittelpunkt steht. Sowohl bei der Gruppe ‚Großkommentar' als auch der Gruppe ‚Reihenkommentar' kann sich der Verfasser entweder wertend mit einem bestimmten Thema auseinandersetzen oder eigene Erlebnisse ins Zentrum des TE rücken. Bei den ‚Reihenkommentaren' sind überdies einige TE an andere Textsorten angelehnt (vgl. Ausführungen weiter unter). Auf einen Vergleich von zwei TE der ‚Großkommentare' und ‚Reihenkommentare' wird an dieser Stelle verzichtet, da nur eine sehr geringe Materialgrundlage von sieben TE vorliegt, von denen fünf unter einer gemeinsamen Überschrift erscheinen. Das Auftreten in einer Textexemplarsammlung hat Auswirkungen auf die Textlänge und damit auf die Ausführlichkeit der Themenbehandlung, wie Vergleiche mit derartigen TE von anderen TS nahelegen.[126] Auch wenn die Ergebnisse der Gruppe ‚Großkommentar' innerhalb der ‚Zeit' darauf hinweisen, dass die TE dieser Gruppe relativ umfangreich sind und sich detailliert mit einem Textgegenstand auseinandersetzen, ist es wissenschaftlich nicht fundiert, ein nach den Maßstäben der ‚Zeit' charakteristisches TE für den Vergleich auszuwählen, das nicht der Mehrheit der Materialgrundlage entspricht. Die Zuordnung zur Gruppe ‚Großkommentar' beruht damit vorrangig auf den charakteristischen Absatzfunktionen der TSV ‚Freier Kommentar' bei einem gleichzeitigen nicht seriellen Auftreten der TE und dem Fehlen der damit einhergehenden charakteristischen Merkmale. Im Folgenden wird daher die Absatzgestaltung

126 Vgl. die Ausführungen in Kap. III.B.1.2.5.

für die TSV ‚Freier Kommentar' dargelegt, ohne diese für die beiden Gruppen ‚Großkommentar' und ‚Reihenkommentar' zu spezifizieren.

Die Absatzgestaltung der TSV ‚Freier Kommentar' wird durch die subjektive Informationsvermittlung bestimmt, indem der Autor entweder Informationen vermittelt, die seine Sichtweise zum Thema aufzeigen oder seine Fragestellungen, Überlegungen und Gedanken zu einem Sachverhalt darlegt. Diese Absatzfunktion kommt ausnahmslos bei allen TE vor und dominiert bis auf wenige Ausnahmen deutlich (vgl. obige Ausführungen zum ‚Reihenkommentar' „Der Download Gottes"). Der Verfasser präsentiert seine Meinung bzw. Sichtweise zu einem bestimmten Thema oder Erlebnis bzw. behandelt dieses, indem er die Informationen teilweise sehr salopp und durchsetzt mit Wertungen präsentiert (z.B. ‚Reihenkommentar' Anhang 14, Absatz 1 („*Alle Jährchen wieder tobt auf dem Grünen Hügel von Bayreuth ein allseits mit Inbrunst und Geifer verfolgter Machtkampf.*" (Zeile 1-5)); ‚Reihenkommentar' Anhang 16, Absatz 2 („*Er gibt sich inzwischen sehr modern und vermeidet den Anschein, die Kirche sei ein sterbenslangweiliger Ort für ältliche Zeitgeistverweigerer.*" (Zeile 41-44)) oder Absatz 3 („*Das werde ich Monsignore Wahl, diesem Bibelsurfer, nicht verzeihen.*" (Zeile 70-72)); ‚Reihenkommentar' Anhang 17, Absatz 2 („*Das wirft Fragen auf: Will ich das alles wirklich hören? Welche Musik ist die richtige für meine Stimmung?*" (Zeile 41-44)) oder ‚Großkommentar' Anhang 12, letzter Absatz („*Wenn die schönen Debatten wichtiger wären und die wichtigen Debatten schöner, dann gäbe es in Deutschland eine Debattenkultur, um die wir zu beneiden wären. Einen unverzichtbaren Luxus.*" (Zeile 259-263)). Die ‚Freien Kommentare' besprechen dabei inhaltlich jedoch nie vorrangig ein bestimmtes kulturelles Ereignis oder Werk, wie dies für die ‚Kritiken' typisch ist. Für den Leser ist immer erkennbar, dass die TE zu einem großen Teil subjektive Ausführungen enthalten.

Daneben treten bei 18 Prozent der TE direkte Bewertungen (z.B. ‚Reihenkommentar' Anhang 13, Absatz 3 („*Tatsächlich ist das eine hochpersönliche Form von Rollen-Spiel.*" (Zeile 35+36)); ‚Reihenkommentar' Anhang 17, Absatz 1 („*Mal ehrlich: Pink Floyd auf dem MP3-Player zu hören – es fühlt sich wie Betrug an.*" (Zeile 1-3)) oder ‚Großkommentar',[127] Absatz 2 („*Chandlers Romane liest man ihres lakonischen Stils, der Haltung ihrer Hauptfigur, der knappen Dialoge und eben der schillernden Vergleiche wegen, und nie* [...]" (Zeile 31-34))

127 ‚Großkommentar', „Nur die Wurst hat zwei", 21. Juli 2007, Seite 21, zweites TE.

und bei 35 Prozent aller TE Beschreibungen auf (‚Großkommentar'[128] Absatz 2 („*Das vermeintlich zentrale Liebespaar, das auf einer Felsinsel in Streit gerät, woraufhin die Frau verschwindet, verloren geht oder sogar umgebracht wird, gerät aus dem Fokus des Geschehens.*" (Zeile 22-26)). Letztere beziehen sich häufig auch auf persönliche Erlebnisse aus dem Leben des Autors, welche er dem Leser anschaulich schildert (vgl. z.B. ‚Reihenkommentar' Anhang 16, Absatz 2 („*Der Zeiger der Uhr ging stramm auf Mitternacht zu; ich stand noch unter der nicht geringen Erregung des DFB-Pokalendspiels zwischen Nürnberg und Stuttgart, als mich das ‚Wort zum Sonntag' ereilte.*" (Zeile 36-41)). Bei 73 Prozent der ‚Freien Kommentare' findet in einem oder mehreren Absätzen eine überwiegend sachliche Informationsvermittlung statt (vgl. z.B. ‚Reihenkommentar' Anhang 13, Absatz 1 („*Soeben wurde der Mülheimer-Dramatikerpreis 2007 an die Berliner Theatergruppe Rimini Protokoll verliehen.*" (Zeile 1-4)) oder ‚Großkommentar' Anhang 12 , Absatz 1 („*Ein Fund in einer Außenstelle der aus dem Gerede gekommenen Birthler-Behörde ist tagelang Anlass für die Spitzenmeldungen der wichtigsten deutschen Nachrichtensendungen.*" (Zeile 1-6)). Bezogen auf das gesamte TE spielt diese Funktion fast immer eine untergeordnete Rolle. Öfter werden die Inhalte der sachlichen Informationsvermittlung vom Autor auch nur dazu angeführt, um sie anschließend ins Lächerliche zu ziehen bzw. sie zu bewerten (z.B. ‚Reihenkommentar' Anhang 16, letzter Absatz: „*Letzterer leitet im Trierer Generalvikariat den Strategiebereich ‚Kommunikation und Medien', was mir, hätte ich es früher gewusst, eine Warnung gewesen wäre.*" (Zeile 55-59)). Vollständig fehlt die sachliche Informationsvermittlung vor allem in den TE, die ausschließlich persönliche Erlebnisse des Autors thematisieren oder deren Inhalt rein fiktiv ist. So handelt beispielsweise das gesamte TE „Der, die, daß" (‚Reihenkommentar' Anhang 15) von der angeblich gescheiterten Rechtschreibreform und ihren katastrophalen Folgen bis hin zur Auflösung der Bundesrepublik Deutschland. Da es sich nicht um wirkliche Fakten handelt, auch wenn diese formal und stilistisch (z.B. „*Die R. war der weitgehend gescheiterte Versuch einer Standardisierung der deutschen Orthographie im späten 20. und frühen 21. Jahrhundert.*" (Zeile 3-6)) an einen Lexikoneintrag angelehnt präsentiert werden, kann in den Absätzen keine sachliche Informationsvermittlung auftreten. Der absurde Inhalt steht im Kontrast zu dem sachlichen Stil, was einen stilistischen Kunstgriff des Autors darstellt.

128 ‚Großkommentar', „Nur die Wurst hat zwei", 21. Juli 2007, Seite 21, drittes TE.

Als Besonderheit innerhalb der Gruppe ‚Reihenkommentar' der TSV ‚Freier Kommentar' treten TE auf, die offenkundig an andere TS angelehnt sind (dies trifft auf neun Prozent aller TE zu). Dazu werden besonders charakteristische Merkmale dieser TS in die ‚Freien Kommentare' eingebaut (z.B. die Anrede- und Verabschiedungsfloskel der TS ‚Brief' wie „*Lieber Michael*" (erste Zeile) und „*Gute Nacht, Deine Bundeskanzlerin*" (letzte Zeile)[129]). Dass es sich bei diesen TE jedoch vollständig um fiktive Ausführungen des Autors handelt, ist für den Leser leicht erkennbar. Entweder ist der Inhalt für einen ernst gemeinten Text zu absurd bzw. übertrieben dargestellt (z.B. „*Aufgehalten werden konnte der Bürgerkrieg letztlich nur durch die schrittweise Intervention der Europäischen Union, die zunächst erfolglos die Rückkehr zu den alten Rechtschreibregeln durchzusetzen versuchte, bevor sie schließlich die Auflösung der BDR und die Umerziehung ihrer Staatsbürger zu Englischsprachlern verfügte (→Reeducation Reloaded Decree).*"[130]) oder aus der Unterzeile geht hervor, dass es sich nicht um ein Originaldokument handelt (z.B. UZ „RAINER RINKE *schreibt für Horst Seehofer an die Ex-Freundin*"[131]). Der Bezug zu anderen TS wird als Mittel eingesetzt, die Kommentare auffällig zu gestalten und die Inhalte originell zu vermitteln. Allein durch die Überschrift ist dabei ersichtlich, dass es sich bei den TE nicht tatsächlich um die nachgeahmte, sondern um eine zeitungssprachliche TS handelt.

Charakteristisch für die Absatzgestaltung der TSV ‚Kritik' ist die Beschreibung (bei 91 %) und Bewertung (bei 98 %) eines kulturellen Werks oder einer kulturellen Veranstaltung (z.B. ‚Reihenkritik' „KURZ& KRITISCH", „Südfrüchte können sauer schmecken" (Anhang 25): „*Darüber entfalteten sich zwei Violinen im Wettstreit mal mit zarten Melodien, mal mit markanten Einwürfen. Die Solisten Andres Mustonen und Pavel Vernikov glänzten hier mit aufmerksam lebhaftem Wechselspiel.*" (Zeile 16-22) oder ‚Großkritik' „Pack die Tigerin in den Tank" (Anhang 42): „*Mal tollt Evchen also wie ein junges Zicklein über die Szene (freilich nicht ganz so schlank), mal ist sie Muse und lässt sich von Stolzings Pinsel (!) ganzkörperbemalen, mal mutiert sie im apricotfarbenen Kostüm zum Angela-Merkel-Verschnitt.*" (Zeile 44-51) oder „*Auch Hawlata wird ausgebuht. Ebenfalls zu Recht. Weil sein Bariton*

129 ‚Reihenkommentar', Serie „**AUF** *Schlag*", „Mein Weg", 6. August 2007, Seite 23.
130 ‚Reihenkommentar', „Serie C", „Der, die, daß", 1. August 2007, Seite 21 (siehe Anhang 15).
131 ‚Reihenkommentar', Serie „**AUF** *Schlag*", „Das Leben könnte so schön sein", 23. Juli 2007, Seite 23.

weder die Ausstrahlung noch im Ansatz die Autorität für seine Partie besitzt.“ (Zeile 69-72)). Bei den wenigen TE, bei denen eine dieser Funktionen nicht auftritt, dominiert meistens die andere umso stärker. Auch die sachliche Informationsvermittlung lässt sich in der Absatzgestaltung bei einem Großteil der TE feststellen. Diese dient überwiegend dazu, Wissen zu den Künstlern, den Werken oder Veranstaltungen anzugeben (z.B. ‚Reihenkritik‘ „*Verbrecher***JAGD**“, „Tannöd ist kein Einzelfall“ (Anhang 27): „*Andrea Maria Schenkels ‚Tannöd‘ hält sich seit Monaten auf Platz eins der Bestsellerlisten und ist zudem bis hin zum ‚Glauser‘ mit allen einschlägigen Krimi-Preisen ausgezeichnet worden.*“ (Zeile 3-8) oder ‚Großkritik‘ „Achterbahn“ (Anhang 41): „*Während Bayrles Zeit als Kunstprofessor an der Frankfurter Städelschule arbeitete er halb im Verborgenen, brachte aber einige erfolgreiche Künstler auf den Weg – zum Beispiel Tobias Rehberger.*“ (Zeile 44-48)). Bei der Gruppe ‚Großkritik‘ liegt diese Funktion im Zentralbereich (88 %), bei den ‚Reihenkritiken‘ leicht daneben (72 %). Subjektive Informationsvermittlung durch Ausführungen des Autors tritt deutlich weniger auf als bei den ‚Freien Kommentaren‘. Nur bei 32 Prozent der ‚Reihenkritiken‘ und 53 Prozent der ‚Großkritiken‘ weisen Absätze eine derartige Gestaltung auf (z.B. ‚Reihenkritik‘ „**CITY***Lights*“, „New Orleans Blues“ (Anhang 34): „*Das klingt nach einer Reinheitslehre: Um sich Dokumentarfilmer nennen zu dürfen, muss man offenbar anständig sein. Wo steht dann aber jemand wie Michael Moore, der für das Gute mit dubiosen Mitteln kämpft, indem er vereinfacht und nachlässig recherchiert?*“ (Zeile 6-13) oder ‚Großkritik‘ „Pack die Tigerin in den Tank“ (Anhang 42): „*Die ‚Kathi‘ ist ein Kind ihrer Zeit. Kennt alles, kriegt alles. Und weiß dann aber auch nicht weiter. Ein Vorwurf? Eine Diagnose.*“ (Zeile 16-19)).

Der Umfang, den die verschiedenen Funktionen bei der Absatzgestaltung pro TE einnehmen, variiert dabei zwischen den einzelnen Serien der ‚Reihenkritiken‘ bzw. den TE der ‚Großkritiken‘. Es wird daher unterlassen, für jede etwas anders zusammengesetzte Art der Absatzgestaltung eine eigene Subgruppe anzusetzen, da dies zu einer großen Anzahl von weiteren Gruppierungen führen würde, die wenig Nutzen bringen und viel Unübersichtlichkeit ergeben würde. Da allein die Textlänge einen wesentlichen Einfluss auf den Umfang und die Art der Absatzgestaltung hat, müssten beispielsweise innerhalb der Subgruppe ‚Literaturkritik‘ der Gruppe ‚Großkritik‘ zahlreiche Untergruppen angesetzt werden. Hier treten TE mit einem Textumfang von 21 bis 239 Zeilen bzw. von acht bis 72 Sätzen auf, sodass die literarischen Werke entsprechend knapp bzw. umfangreich besprochen werden, Hintergrundinformationen zum Buch und Autor fehlen bzw. zahlreich vorkommen etc. Wesentlich für die Absatzgestaltung der TSV ‚Kritik' ist daher, dass ein bzw. mehrere künstlerische Werke oder Veranstaltungen im Mittelpunkt der TE stehen und die Funktion des Beschreibens und Bewertens einen wesentlichen Bestandteil der Absatzgestaltung ausmacht. Generell lässt sich zudem feststellen, dass der Textanteil, den die Ausführungen des Autors pro TE einnehmen, fast immer gering ist.

Die Gruppen ‚Reihenkritik' und ‚Großkritik' weisen keine grundsätzlich unterschiedlichen Funktionen in der Absatzgestaltung auf. Die im Schnitt deutlich längeren ‚Großkritiken' setzen sich lediglich entsprechend ausführlicher mit dem Gegenstand der Kritik auseinander, wobei den einzelnen Funktionen mehr Raum zugestanden wird. So ist ein derart ausführliches, absatzreiches TE wie in Anhang 42 für die ‚Reihenkritiken' undenkbar. Besonders lange TE der ‚Reihenkritiken' (z.B. die Serie „*Verbrecher* **JAGD**" mit einer durchschnittlichen Textlänge von 114 Zeilen bzw. 28 Sätzen) behandeln zudem teilweise mehrere Werke, sodass sich der Textumfang pro besprochenem Gegenstand reduziert. Bei den Großkritiken werden pro TE fast nie mehr als ein, maximal zwei Gegenstände behandelt.

Der Einfluss der Absatzanzahl und Textlänge auf die Absatzgestaltung soll im Folgenden anhand von einigen TE, die jeweils einen ähnlichen Kritikgegenstand zum Thema haben, verdeutlicht werden.

Die ‚Großkritik' in Anhang 40 und die ‚Reihenkritik' der Serie „**DER FILM** *Tipp...*" in Anhang 24 besprechen beide Filme. Die ‚Großkritik' beginnt mit der Beschreibung einer Filmszene (Absatz 1), an die eine kurze Inhaltsbeschreibung anschließt (Absatz 2). Das TE endet mit eine Bewertung des Films sowie einigen Hintergrundinformationen (Absatz 3). Der Fließtext ist um ein Foto von einer Filmszene ergänzt, welche auf das zentrale Thema des Filmes verweist. Die ‚Reihenkritik' der Serie „**DER FILM** *Tipp...*" besteht hingegen aus einem einzigen Absatz, der überwiegend eine Bewertung des Films, teilweise über einen Vergleich mit der Qualität anderer Filme, vornimmt („*Mit dem zeitlos sensationellen Charme von ‚Before Sunrise' und jenem seines kongenialen Nachläufers ‚Before Sunset' kann sich die neueste globalfranzösische Liebesquasselstrippenzieherei mit Julie Delpy zwar nicht messen. Aber knapp darunter ist es auch noch recht hübsch – und so lädt Delpys Langfilm-Regiedebüt* ***2 Tage Paris*** *erneut zum amüsierten, nervösen, mitfühlenden Betrachten einer Pärchenverirrung ein.*" (Zeile 1-11)). Der Inhalt wird nur sehr kurz und grob vermittelt („*Delpy zeigt ihrem US-Lover ihre de-*

rangierte Familie und allerlei unermüdlich begehrliche Ex-Freunde:" (Zeile 11-14)), Zusatzinformationen zum Film fehlen vollständig.

Andere TE sind sich wesentlich ähnlicher. So besprechen die ‚Reihenkritiken' in Anhang 32 und die ‚Großkritik' in Anhang 41 jeweils Kunstausstellungen, wobei die beschreibenden und bewertenden Passagen klar dominieren.

Die ‚Großkritik' beginnt im ersten Absatz mit einer Beschreibung der Kunstwerke (z.B. „*Fliegende Wurstscheiben taumeln im Nirgendwo, Menschen krabbeln über Baumblätter wie Insekten und in Jesu Adern fließt der Feierabendverkehr.*" (Zeile 1-4)), an die eine Bewertung der Wirkung anschließt („*In der Galerie Barbara Weiss kann man sich verloren fühlen zwischen den Gefrierfach-Gemälden von Monika Baer (10 000-14 000 Euro) und den kühn-kühlen Film- und Videoinstallationen von Thomas Bayrle (15 000-30 000). Oder ausgesetzt wie ein Hund an der Autobahn:*" (Zeile 6-13)). In diese sind Sachinformationen wie der Name der Galerie und der Künstler sowie die Preisspanne der angebotenen Kunstobjekte integriert. Im zweiten Absatz liefert der Autor seine Interpretation bzw. Einschätzung der Grundausrichtung der Kunstwerke (z.B. „*Beide, Baer und Bayrle, stimmen das Lied der Straße an.*" (Zeile 15+16)) und führt ein Zitat des einen Künstlers zu dessen Kunstauffassung an („*„Das Individuum ist der Faden, die Masse ist der Stoff', hat der gelernte Weber einmal formuliert.*" (Zeile 22-24)). Zudem wird ein einzelnes Kunstwerk näher beschrieben (z.B. „*Und wie ein Gewebe aus Millionen von Pixeln wirkt auch Bayrles Video-Loop ‚Autobahnkreuz' von 2006:*" (Zeile 25-27)) und vom Autor mit einer Deutung versehen (z.B. „*Dahinter steckt die Frage, wie man es heute hält mit der Religion.*" (Zeile 30-32)). Der dritte Absatz enthält hauptsächlich sachliche Informationen zu einem der beiden Künstler und seinem Werk (z.B. „*Während Bayrles Zeit als Kunstprofessor an der Frankfurter Städelschule arbeitete er halb im Verborgenen, brachte aber einige erfolgreiche Künstler auf den Weg – zum Beispiel Tobias Rehberger.*" (Zeile 44-48)) sowie eine kurze Bewertung einer vergangenen Ausstellung („*einer glänzenden Retrospektive*" (Zeile 49)). Der folgende Absatz widmet sich inhaltlich der zweiten Künstlerin, indem zum einen durch eine sachliche Informationsvermittlung Angaben zu ihrer Biografie gemacht werden (z.B. „*Zwar studierte Baer bei Alfonso Hüppi in Düsseldorf, altersmäßig könnte die Wahlberlinerin (Jahrgang 1964) aber Bayrles Schülerin sein.*" (Zeile 56-60)), zum anderen einige ihrer Werke bewertet werden („*Ihre mittleren bis kleinen Formate wirken wie unter Strom*" (Zeile 60+61)). Zudem findet eine Bewertung der gesamten Ausstellung statt („*Die gute,* *weil glücklich umgesetzte Idee einer Doppelausstellung*" (Zeile 53+54)). Im letzten Absatz werden einige wiederkehrende Motive der Künstlerin beschrieben (z.B. „*Auf den Bildern trudeln verknitterte, akkurat gemalte Geldscheine und Euro- und Centstücke (die sich manchmal als echte, aufgeklebte Münzen erweisen).*" (Zeile 70-74)), an die ein Interpretationsversuch des Autors anschließt (z.B. „*Geht es um Prostitution, um Fleischbeschau auf der Straße?*" (Zeile 77+78)).

Die beiden TE der Gruppe ‚Reihenkritik', die gemeinsam unter dem Reihentitel „**KUNST***Stücke*" erscheinen, weisen jeweils nur einen Absatz auf. Das erste TE beginnt mit Ausführungen des Autors zum Thema der besprochenen Bilder (z.B. „*Der Tod und das Mädchen, was haben die beiden schon für Tänze hinter sich!*" (Zeile 1+2)), an welche sich Beschreibungen (z.B. „*Einer ist der Gevatter ins Haar gekrochen, fast überall sieht man die hohnlachenden Schädel im Geflecht.*" (Zeile 11-13) oder „*Wolken (wie) aus alten Stichen schweben über der Szene.*" (Zeile 20+21)) und Bewertungen (z.B. „*Und überall hübsch gemalte und gezeichnete Porträts von langhaarigen, oft barbusigen Frauen.*" (Zeile 21-23) oder „*Markus Putze spielt wirkungsvoll und etwas gefällig mit romantischer Sehnsucht.*" (Zeile 32-34)) der Kunstwerke anschließen. Einzelne Kunstwerke werden nicht ausführlicher besprochen, vielmehr werden herausstechende Beobachtungen angeführt, die auf mehrere Bilder zutreffen (z.B. Zeile 21-23 oder „*Etwas Naturwüchsiges haben sie schon, diese Romantik-Pin-ups*" (Zeile 28-30)). Deutungsversuche der Kunstwerke sind nur im Ansatz vorhanden (z.B. „*Versteckt sich in diesem Wald etwa auch ein bedenkliches Frauenbild?*" (Zeile 27+28)). Sachliche Informationen zum Künstler und der Ausstellung beschränken sich auf das Nötigste („*Die Mädchen, die uns in der ersten Einzelpräsentation des Nürnberger Künstler* [sic] ***Markus Putze*** *bei* ***Jarmuschek und Partner*** *begegnen, sind darauf reingefallen* ***(bis 21. Juli, Sophienstraße 18)****.*" (Zeile 6-11)).

Das zweite TE beginnt mit kurzen Angaben zur Galerie und dem Künstler der Ausstellung, an die bereits eine erste Bewertung geknüpft ist („*Fern von allem Dickicht weht in der* ***Galerie Barbara Thumm*** *ein kühlerer Wind.* ***Julian Opie*** *hat wieder einmal aufgeräumt.*" (Zeile 1-4)). Es folgen subjektiv vermittelte Informationen zur früheren Malweise des Künstlers (z.B. „*Bekannt wurde der Brite durch seine entrümpelten Gesichter: Punkt, Punkt, Strich, Strich, fertig ist das Opie Gesicht.*" (Zeile 4-7), an die sich Informationen zu den Kunstwerken der Ausstellung anschließen („*Nachdem Opie auch Autos und Landschaften in Farbflächen zerlegt hat, versucht er sich nun am weiblichen Akt. ‚This is*

Shahnoza' heißt die Serie von Vinylbildern (25 000 Euro), zwei Leuchtkästen (40 000 Euro) und einer Computeranimation auf Flachbildschirm (30 000 Euro)." (Zeile 9-16)). Es folgt eine generelle Beschreibung, was die Motive der Serie auszeichnet (z.B. „*Shahnoza, das sind ein runder und ansonsten leerer Kopf, zwei Brustwarzen, Bauchnabel, ein Venushügel oder schmaler Schamhaarstreifen.*" (Zeile 16-20)). Der Absatz endet mit einer längeren Bewertung der Serie des Künstlers (z.B. „*Doch während Opie mit den Porträts bei maximaler Reduktion noch Empathie zu wecken vermochte, lässt einen Shahnoza kalt.*" (Zeile 26-29)). Konkrete Kunstwerke werden nicht besprochen, ebenso findet keine Interpretation der Serie bzw. ihrer Wirkabsicht statt.

Das TE der Großkritik enthält in drei der fünf Absätze umfangreichere Beschreibungen der Ausstellungsgegenstände, wobei auch einzelne Kunstwerke namentlich genannt und besprochen werden (z.B. „*Video-Loop ‚Autobahnkreuz' von 2006*" (Zeile 26+27)). Ein Bild ist in dem TE abgebildet. An zwei Textstellen nimmt der Autor einen Deutungsversuch der Kunstwerke vor (Zeile 30-32 und 77+82). Zudem wird jedem der beiden Künstler ein Absatz eingeräumt, in dem überwiegend sachliche, darunter viele biografische Informationen zu ihnen vermittelt werden (Absatz 3+4). Bei den TE der ‚Reihenkritiken' spielen biografische Informationen keine Rolle. Das erste erwähnt lediglich die Herkunft des Künstlers (Zeile 8), beim zweiten fehlen derartige Angaben vollständig. Beschreibungen und Bewertungen nehmen wie bei der ‚Großkritik' zwar einen großen Teil der Absatzgestaltung ein, wobei jedoch keine Einzelwerke näher betrachtet werden, sondern Aussagen getroffen werden, die auf mehrere (TE 1, z.B. Zeile 21-23) oder die gesamten Ausstellungswerke (TE 2, Zeile 16-31) bezogen sind. Interpretationen der Kunstwerke unterbleiben.

Bei TE, die ein literarisches Werk besprechen, sind bereits die verschiedenen Serien der ‚Reihenkritiken' sehr unterschiedlich gestaltet. Während die Reihe „**AUFGESCHLAGEN** *Zugeschlagen*" (Anhang 18) in einem einzigen Absatz eine kurze Inhaltsbeschreibung und eine Bewertung des Buches vereint (vergleichbar der Serie „**DER FILM** *Tipp ...*" in Anhang 24), setzt sich die Serie „*HÖR* **BÜCHER**" (Anhang 29) in mehreren Absätzen mit einem besprochenen Werk auseinander. Neben ausführlichen Inhaltsbeispielen (Absatz 1, 2, 4 und 5) und einigen Bewertungen (z.B. Absatz 2 und 3) werden auch Zusatzinformationen zur Machart und den Vorlesern des Hörbuchs gemacht (Absatz 3). Ein zweites Werk wird hingegen wesentlich kürzer in einem Absatz abgehandelt (letzter Absatz). Das TE der ‚Großkritiken' (Anhang 39) ähnelt der längeren Besprechung der Serie „*HÖR* **BÜCHER**“ insofern, als auch hier der Inhaltsbeschreibung viel Raum gegeben wird (Absatz 2, 3 und 4). Die Bewertung des Buches fällt jedoch umfangreicher aus (Absatz 4 und 5).

Generell ist es für die Absatzgestaltung irrelevant, ob ein Buch, eine Ausstellung, ein Konzert etc. besprochen wird. Die Grundfunktionen des Beschreibens und Bewertens dominieren unabhängig vom konkreten Gegenstand der Kritik. Dass sich die Beschreibungen bei einer Buchbesprechung immer auf den Buchinhalt beziehen und bei einer Theateraufführung auf das Aussehen und Spiel der Schauspieler oder das Bühnenbild, ist für die Funktion irrelevant. Es lassen sich zwar die Tendenzen feststellen, dass beispielsweise die Funktion der sachlichen Informationsvermittlung bei TE, die eine Kunstausstellung thematisieren, verhältnismäßig viel Raum einnimmt, während bei Büchern oder Filmen die Inhaltsbeschreibung recht umfangreich ist. Da jedoch auch zwischen TE mit dem gleichen Kritikgegenstand starke Unterschiede auftreten und sich exakte Aussagen zum Anteil der einzelnen Funktionen durch deren Verbindung in den Absätzen und durch die unterschiedlichen Textlängen nur schwer treffen lassen, erscheint dieses Merkmal als Unterscheidungskriterium für Kritiken zu Buch, Ausstellung oder Konzert etc. zu ungenau.

1.2.5.3 Makrostruktur des Bildes

Das Auftreten eines Bildes variiert innerhalb der vier Gruppen der TS ‚Kommentar‘ (‚Reihenkommentar‘ 70 %, ‚Großkritik‘ 75 % und ‚Reihenkritik‘ 56 %). Innerhalb der Gruppe ‚Großkommentar‘ tritt bei den fünf TE unter einer gemeinsamen Überschrift ein Bild auf, das für alle TE passend ist. Von den anderen beiden TE zeigt eins ein Bild, bei dem anderen fehlt die Makrostruktur. Bezüglich der ‚Kommentare‘, die in Serien erscheinen, und den alleinstehenden treten charakteristische Unterschiede auf.

Bei den Gruppen ‚Großkritik‘ und ‚Großkommentar‘ entspricht die Makrostruktur des Bildes der Variante, wie sie auch bei der TS ‚Bericht‘ vorherrscht. Dabei tritt ein Foto auf, das mit einer drucktechnisch zweigeteilten Bildunterschrift verbunden ist. Bei den ‚Großkritiken‘ kommen daneben relativ selten wie bei der TS ‚Porträt‘ auch Miniaturporträts vor, die mit einer einheitlichen Bildunterschrift einhergehen. Innerhalb der ‚Großkritiken‘ weisen die Buchcover der Subgruppe ‚Literaturkritik‘, welche in die Makrostruktur des Informationsabsatzes unterhalb des Fließtextes integriert sind, keine Bildunterschrift auf (vgl. Anhang 39).

Funktional lockern die beiden Bilder der ‚Großkommentare' den Artikel auf, indem sie ein passendes Motiv zum übergreifenden Thema zeigen, welches jedoch nicht explizit in den TE thematisiert wird. Das Bild in Abb. 58 zeigt eine Kinoleinwand, auf welcher die Wörter „THE END" zu lesen sind. Dieses Bild passt zu allen fünf Einzelkommentaren, die unter der gemeinsamen Überschrift „Nur die Wurst hat zwei" erscheinen und sich inhaltlich mit dem Thema „Ende" auseinandersetzen. Thematisiert wird das Video „The End" von Mark Wallinger, von welchem das Foto ein Standbild zeigt, in keinem der Artikel. Dadurch ist auszuschließen, dass es sich nur auf ein bestimmtes TE bezieht.

Das war's. *Mark Wallingers Video „The End" ist derzeit in der Galerie Carlier Gebauer in Berlin zu sehen. Der Künstler war für den Turner-Preis nominiert und ist dieses Jahr auch auf der Skulpturenschau in Münster vertreten.* Foto: Borchardt/Carlier Gebauer

Abb. 58: Beispielbild für die Gruppe ‚Großkommentar' im ‚Tagesspiegel'[132]

Die Fotos der ‚Großkritiken' hingegen zeigen die im Artikel besprochenen Veranstaltungen, kulturellen Werke oder die künstlerisch tätigen Personen. So zeigen die Fotos der TE, die Filme besprechen, beispielsweise fast immer eine Filmszene oder einen Schauspieler (vgl. Abb. 59 und Anhang 40), diejenigen, die Kunstausstellungen thematisieren, hingegen Kunstobjekte und/oder deren Erschaffer (Abb. 60 und Anhang 41).

132 ‚Großkommentar', „Nur die Wurst hat zwei", 21. Juli 2007, Seite 21. Bildgröße 18,3 cm x 11,4 cm.

Abb. 59: Beispielbild für eine Filmszene bei der Gruppe ‚Großkritik' im ‚Tagesspiegel'[133]

Abb. 60: Beispielbild für ein Kunstwerk bei der Gruppe ‚Großkritik' im ‚Tagesspiegel'[134]

Die vorrangige Funktion der Bilder ist das Visualisieren und Vorstellen. Werden von den besprochenen Veranstaltungen Fotos gezeigt (vgl. Abb. 61, Abb. 62 und Anhang 42+43), kann der Leser deren Wirkung und die Ausführungen im Artikel besser nachvollziehen. Zudem können die Bil-

133 ‚Großkritik' (Subgruppe ‚Kulturkritik'), „Das Schlösschen", 9. August 2007, Seite 29. Bildgröße 18,3 cm x 10 cm.

134 ‚Großkritik' (Subgruppe ‚Kulturkritik'), „Lies, Esel!", 11. Juli 2007, Seite 21. Bildgröße 5,8 cm x 8,2 cm.

der zu einem Besuch von Veranstaltungen motivieren, wenn dem Leser ein abgebildetes Kunstwerk oder Bühnenbild gefällt.

Abb. 61: Beispielbild für ein Konzert bei der Gruppe ‚Großkritik' im ‚Tagesspiegel'[135]

Abb. 62: Beispielbild für eine Aufführung bei der Gruppe ‚Großkritik' im ‚Tagesspiegel'[136]

135 ‚Großkritik' (Subgruppe ‚Kulturkritik'), „Ich sag dir, was du willst", 15. Juni 2007, Seite 26. Bildgröße 18,3 cm x 11,1 cm.

136 ‚Großkritik' (Subgruppe ‚Kulturkritik'), „Baal und der Wal", 12. August 2007, Seite 25. Bildgröße 18,3 cm x 12,5 cm.

(A) **Intrigenstadl.** *Szene aus Mozarts Jugendwerk „Lucio Silla".*[137] (**NoS** + *NoS*)

(B) **Dienstbotinnenträume.** *Die gefeierte Romanautorin Angel Deverell (Romola Garai) hält Hof.*[138] (**NoS** + *GS (VS + NoS)*)

(C) **Laufwunder.** *Herbert Grönemeyer kam mit großem Respekt nach Berlin. Am Ende fand er's „schräg, aber schön".*[139] (**NoS** + *VS+VS*)

Die Funktion der einzelnen Bildunterschriftenteile entspricht derjenigen bei der TS ‚Bericht', indem der fettgedruckte Satz[140] eine kurze, prägnante Aussage zum Bild enthält (A-C). Im Zentralbereich der ‚Großkritiken' (76 %) handelt es sich bei diesem um einen isoliert gebrauchten einfachen Nominalsatz, der zu 90 Prozent eingliedrig ist.

Der kursive Teil der Bildunterschrift erläutert den Bildinhalt näher (A-C) und liefert teilweise Zusatzinformationen (C). Syntaktisch wird er überwiegend von isoliert gebrauchten einfachen Sätzen gebildet (63 %, Bsp. A), wobei Nominalsätze deutlich häufiger auftreten (70 %). Ein Gesamtsatz konstituiert bei 29 Prozent der Bildunterschriften den kursiven Part. Häufig bestehen die Gesamtsätze aus zwei Teilsätzen, von denen einer eine in Klammern gesetzte Parenthese darstellt (B). Nur in wenigen Fällen kommen zwei Sätze in Kursivdruck vor (C). Das Auftreten eines einzelnen Bildes pro Artikel dominiert deutlich (88 %).

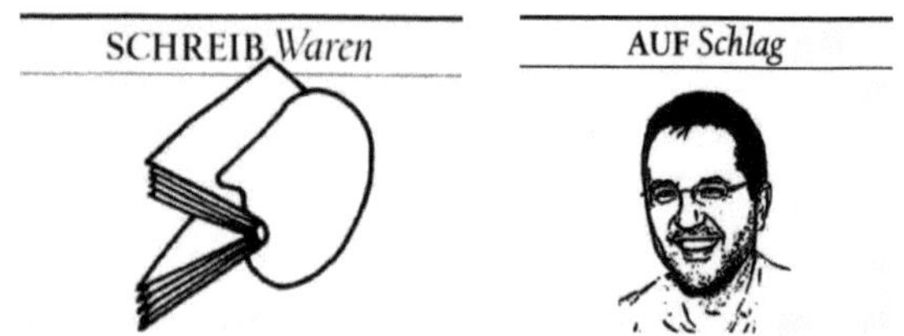

Abb. 63.1+2: Beispielbilder für ein gezeichnetes 1) Logo[141] *und 2) Autorenporträt*[142] *innerhalb der Gruppen ‚Reihenkritik' und ‚Reihenkommentar' im ‚Tagesspiegel'*

137 ‚Großkritik' (Subgruppe ‚Kulturkritik'), „Politik ist Show", 14. Juli 2007, Seite 22.

138 ‚Großkritik' (Subgruppe ‚Kulturkritik'), „Das Schlösschen", 9. August 2007, Seite 29.

139 ‚Großkritik' (Subgruppe ‚Kulturkritik'), „Ich sag dir, was du willst", 15. Juni 2007, Seite 26.

140 Lediglich in zwei Fällen stellen der fettgedruckte und der kursivgedruckte Teil der Bildunterschrift keine Sätze dar, sondern bilden gemeinsam einen Gesamtsatz, z.B. „**Harmonie ist eine Strategie** – *behauptet Topotronic-Sänger Dirk von Lowtzow (zweiter von rechts).*" (‚Großkritik', „Rebellion, nein danke!", 4. Juli 2007, Seite 21).

141 ‚Reihenkritik', Serie „**SCHREIB** *Waren*", z.B. „Der Kasus Cruise", 17. Juli 2007, Seite 23. Bildgröße ca. 3 cm x 4 cm. Weitere Logos siehe Anhang 17 und 32-37.

142 ‚Freier Kommentar', Serie „**AUF** *Schlag*", z.B. „Der Download Gottes", 4. Juni 2007, Seite 27. Bildgröße ca. 2,8 cm x 3,2 cm.

Die Serien der Gruppe ‚Reihenkommentar' und ‚Reihenkritik' weisen zwei verschiedene Bildvarianten auf. Bei einigen Reihen tritt zwischen Reihenname und Hauptzeile ein gezeichnetes, wiederkehrendes Bild auf, bei dem es sich entweder um ein Logo[143] (z.B. Abb. 63.1) oder das Porträt des Autors[144] (z.B. Abb. 63.2) handelt.

Eine weitere Anzahl von Serien der ‚Reihenkritiken' zeigt als festen Bestandteil ein Foto des Autors[145] (z.B. Abb. 64.1), seltener ein Musik- bzw. DVD-Cover[146] (z.B. Abb. 64.2) oder Foto einer Band bzw. eines Sängers/einer Sängerin[147] (z.B. Abb. 64.3), die in den Artikeln besprochen werden.

AUFGESCHLAGEN...

Denken Sie sich satt

VON DENIS SCHECK

Abb. 64.1-3: Beispielbilder für ein Foto 1) des Autors,[148] *2) eines DVD-Covers*[149] *und 3) einer Sängerin*[150] *bei Serien der Gruppe ‚Reihenkritik' im ‚Tagesspiegel'*

143 Dabei handelt es sich um die Serien „**DER** *feine* **UNTERSCHIED**", „**PAUKEN &** *Trompeten*", „**SCHREIB** *Waren*", „**SPIEL** *Sachen*", „**KUNST** *Stücke*", „**CITY** *Lights*" und „*Neues vom Planeten* MODE".

144 Dabei handelt es sich um die Serie „**AUF** *Schlag*".

145 Dabei handelt es sich um die Serien „*Verbrecher* **JAGD**", „*Hör* **BÜCHER**", „*Zeit* **SCHRIFTEN**", „*Jurjews* **KLASSIKER**", „*Literatur* **BETRIEB**" „**AUFGESCHLAGEN** *Zugeschlagen*" und „SOUNDCHECK". Bei der letzten Serie tritt bei fast der Hälfte aller TE zusätzlich zum Foto des Autors auch eine Abbildung des Covers der CD auf, welche dieser bespricht.

146 Dabei handelt es sich um die Serien „NEU AUF DVD" und „HÖRTEST".

147 Dabei handelt es sich um die Serie „**HIT** *Parade*".

148 ‚Reihenkritik', Serie „**AUFGESCHLAGEN** *Zugeschlagen*", z.B. „Denken Sie sich satt", 3. Juni 2007, Seite 25. Bildgröße ca. 5 cm x 5 cm. Weitere Autorenfotos siehe Anhang 23 und 26-30.

149 ‚Reihenkritik', Serie „NEU AUF DVD", 28. Juni 2007, Seite 29. Bildgröße 2,5 cm x 3,2 cm. Siehe auch Anhang 22.

150 ‚Reihenkritik', Serie „**HIT** *Parade*", „Rihanna feat. Jay-Z", 31. August 2007, Seite 28. Bildgröße 5,8 cm x 5,7 cm.

Allen Bildern, ob es sich um eine Zeichnung oder ein Foto handelt, ist gemeinsam, dass sie pro Serie einen festen Platz, eine feste Größe, keine Bildunterschrift und bei wechselnden Motiven einen vorgegebenen thematischen Bildinhalt haben. Auch auf die Autorenfotos, die als Bestandteil der Makrostruktur des Einschubs vorkommen,[151] sowie die Buchcover der Subgruppe ‚Literaturkritik' der ‚Großkritiken' treffen diese Merkmale zu, außer dass Letztere nicht bei allen TE der Subgruppe auftreten. Bilder mit diesem Merkmalbündel findet man ausschließlich bei der TS ‚Kommentar'.

Bilder, die pro TE einer Serie immer exakt dasselbe Motiv zeigen, dienen funktional dazu, einen hohen Wiedererkennungswert der Reihe zu erreichen. Zudem geben die Logos die thematische Richtung vor, während Autorenporträts sich die Bekanntheit der Verfasser zunutze machen. Wechselnde Fotos von Covern oder künstlerischen Akteuren verdeutlichen demgegenüber, was in dem aktuellen Artikel besprochen wird.

Lediglich eine Serie innerhalb der ‚Reihenkommentare' und vier Serien der ‚Reihenkritiken' weisen keine Bilder auf. Hier werden die Gemeinsamkeiten im äußeren Erscheinungsbild über andere Elemente erreicht.[152]

1.2.5.4 Makrostruktur des Verfassernamens

Im Zentralbereich der TS ‚Kommentar' kommt ein Verfassername vor, der aus Vor- und Nachnamen besteht (99 %) und in Großbuchstaben gedruckt ist (92 %). Da bei ‚Kommentaren' immer mehr oder weniger deutlich die Meinung des Autors zum Ausdruck kommt, besitzt die Nennung des Verfassers eine große Bedeutung. Dies lässt sich auch an der Tatsache erkennen, dass der Autorenname bei einem TE der ‚Großkritiken' durch ein TE der TSV ‚Berichtigung' nachgetragen wird, nachdem die Zeitung dessen Fehlen bemerkt hat.[153]

---

151 Dabei handelt es sich um die Serien „*Verbrecher* **JAGD**", „*Hör* **BÜCHER**", „*Zeit* **SCHRIFTEN**", „*Jurjews* **KLASSIKER**" und „*Literatur* **BETRIEB**".

152 Dabei handelt es sich innerhalb der ‚Reihenkritiken' um die Serien „LESESTOFF", „FILMBUCH", „KURZ & KRITISCH" und „**DER FILM** *Tipp...*", bei denen die Zusammengehörigkeit der TE durch die Makrostruktur des Reihennamens eindeutig angezeigt wird. Bei den ‚Freien Kommentare' fehlen Bilder bei der Reihe, die aufgrund des fehlenden Reihennamens keinen Namen wie die übrigen Reihen hat („Serie C"). Die Zuordnung der einzelnen TE zu einer Serie erfolgt durch die auffällige, oben und unten durch eine horizontale Linie begrenzte Unterzeile sowie eine Initiale am Beginn des Fließtextes (vgl. Anhang 13-15 sowie Kap. III.B.1.2.5.5.).

153 Bei der ‚Großkritik' (Subgruppe ‚Kulturkritik') ohne Autorennamen handelt es sich um das TE „Die Zukunft von Sex" vom 8. Juni 2007, Seite 25. Der Fließtext der ‚Berichtigung' „Nachtrag" (9. Juni 2007, Seite 31), der aus zwei Sätzen besteht, lautet: „Unter der

Eine Besonderheit der TS ‚Kommentar' besteht darin, dass einige Serien immer von demselben oder denselben Autor(en) verfasst werden, sodass sie personengebunden sind. Bei der Gruppe ‚Reihenkritik' der TSV ‚Kritik' werden zwölf der zwanzig Serien (36 Prozent aller TE) von jeweils denselben Autoren verfasst,[154] bei der Gruppe ‚Reihenkommentar' der TSV ‚Freier Kommentar' eine der drei Serien (35 Prozent aller TE).[155]

Innerhalb der TS ‚Kommentar' kommt der Verfassername an drei verschiedenen Positionen vor.[156] Bei der Gruppe ‚Reihenkommentar' tritt er bei allen drei Serien in Großbuchstaben in der Unterzeile auf, bei den ‚Reihenkritiken' bei zwölf der zwanzig Serien (31 Prozent aller TE).[157] Auch die beiden TE der ‚Großkommentare' mit eigener Überschrift weisen den Verfassernamen in der Unterzeile auf (29 %). Dieser ist in Groß- und Kleinbuchstaben realisiert und bildet in Form eines Nominalsatzes, der durch eine Virgel vom vorherigen Satz getrennt ist, jeweils den Abschluss der Unterzeile. Durch diese Position und den Inhalt der Unterzeile wird betont, von wem die folgenden Ausführungen konkret stammen bzw. dass sie auf Erfahrungen, Ansichten etc. des Autors beruhen.[158]

Eingefasst von zwei horizontalen Linien oberhalb des Fließtextes tritt der Verfasser bei den Gruppen ‚Großkritik' und ‚Reihenkritik' der TSV ‚Kritik' bei 71 bzw. nur bei einer Serie (ein Prozent aller TE) auf.[159] Als letzte Position erscheint der Name rechtsbündig unterhalb bzw. in der letzten Zeile des Fließtextes. Dies ist bei den ‚Großkritiken' bei 29 Prozent der TE und bei den ‚Reihenkritiken' bei sieben Serien (60 Prozent aller TE) der Fall.[160] Innerhalb der ‚Großkommentare' zeigen die fünf TE, die unter einer Überschrift erscheinen, ebenfalls diese Platzierung (71 %).

Timberlake-Kritik (8.6.) fehlte der Name der Autorin Nadine Lange. Wir bedauern das Versäumnis."

154 Dabei handelt es sich um die Serien „**PAUKEN &** *Trompeten*", „**SCHREIB** *Waren*", „**SPIEL** *Sachen*", „**CITY** *Lights*", „*Neues vom Planeten* MODE", „*Verbrecher* **JAGD**", „*Hör* **BÜCHER**", „*Zeit* **SCHRIFTEN**", „*Jurjews* **KLASSIKER**", „*Literatur* **BETRIEB**", „**HIT** *Parade*" und „**AUFGESCHLAGEN** *Zugeschlagen*".

155 Dabei handelt es sich um die Serie „**AUF** *Schlag*".

156 Für allgemeine Ausführungen zur Platzierungen der Verfassernamen vgl. Kap. III.B.1.2.1.4.

157 Dabei handelt es sich um dieselben Serien wie in Fußnote 152, außer dass die Serie „**AUFGESCHLAGEN** *Zugeschlagen*" fehlt und die Serie „**DER FILM** *Tipp...*" dazukommt.

158 Vgl. Kap.III.B.2.3.5.1.

159 Dabei handelt es sich um die Serie „**AUFGESCHLAGEN** *Zugeschlagen*". Da bei dieser Reihe immer zehn Einzelkritiken desselben Autors unter einer gemeinsamen Überschrift gesammelt erscheinen, wird der Verfassername nur einmal zu Beginn für alle TE genannt.

160 Dabei handelt es sich um die Serien „KURZ & KRITISCH", „SOUNDCHECK", „NEU AUF DVD", „LESESTOFF", „HÖRTEST", „FILMBUCH" und „**HIT** *Parade*".

Der Verfassername wird bei der Serie „SOUNDCHECK" durch den Beruf bzw. das Medium, für das der Autor arbeitet, ergänzt (z.B. „*Andreas Müller, Moderator*" oder „*Peter Radszuhn, Radio Eins*"[161]). Auf diese Weise wird die Qualifikation der Verfasser, die CD-Neuerscheinungen zu besprechen, betont.

Bei fünf sehr ähnlich gestalteten, eng zusammengehörigen Serien[162] tritt der Name des Autors zusätzlich zu der Platzierung in der Unterzeile in Fettdruck in der Makrostruktur des Einschubs auf. Zudem befindet sich von diesem ein Foto im Einschub. Eine der Serien, „*Jurjews* **KLASSIKER**", ist sogar nach ihrem Verfasser Oleg Jurjew benannt. In der Reihe „**AUFGESCHLAGEN** *Zugeschlagen*" erscheint der Name des Autors zusätzlich zum Verfassernachweis in einem Informationsabsatz, der den Einzelkommentaren vorangestellt ist. Auch bei dieser Serie ist ein Foto des Autors fester Bestandteil des Seriendesigns. Durch die zusätzliche Präsenz des Autors in diesen Reihen wird dessen Bedeutung für das jeweilige TE stark betont. Dies verweist bereits darauf, dass die Meinungen bzw. die Ansichten des Autors in den jeweiligen Artikeln einen wesentlichen Bestandteil ausmachen.

1.2.5.5 Makrostruktur des Reihennamens

Bis auf eine Ausnahme[163] besitzen alle Serien der TS ‚Kommentar' einen spezifischen, drucktechnisch hervorgehobenen Reihennamen und andere wiederkehrende, charakteristische Elemente, durch welche die Zusammengehörigkeit der einzelnen TE zu einer Reihe angezeigt wird. Dadurch haben sie für den regelmäßigen Leser visuell einen hohen Wiedererkennungswert. Der Reihenname fungiert als allgemeiner Initiator. Fast immer übernimmt er die Initiatorfunktion gemeinsam mit der Überschrift und einem wiederkehrenden Bild, das für die Serie charakteristisch ist. Unter einem Reihennamen können auch mehrere Einzelkritiken erscheinen.[164]

Bei der Gruppe ‚Reihenkommentar' steht bei den Serien „**AUF** *Schlag*" und „**DER** *feine* **UNTERSCHIED**" zu Beginn jedes TE der Reihenname, der nach oben durch eine dickere und nach unten durch eine dünnere Linie eingefasst ist. Dieser weist eine charakteristische Gestaltung

---

161 ‚Reihenkritik', Serie „SOUNDCHECK", 1. Juni 2007, Seite 27.

162 Dabei handelt es sich um die Serien „*Verbrecher* **JAGD**", „*Hör* **BÜCHER**", „*Zeit* **SCHRIFTEN**", „*Jurjews* **KLASSIKER**" und „*Literatur* **BETRIEB**".

163 Vgl. die Ausführungen zur dritten Serie („Serie C") der ‚Reihenkommentare' weiter unten.

164 Dies trifft auf die Serien „**AUFGESCHLAGEN** *Zugeschlagen*", „SOUNDCHECK", „KURZ & KRITISCH" und „**KUNST** *Stücke*" zu.

aus Kursiv- und Fettdruck auf. Unter dem Reihennamen befindet sich zusätzlich ein passendes, gezeichnetes Logo bzw. Porträt des Autors (vgl. Anhang 16+17). Die dritte Serie („Serie C") zeigt zwar keinen Reihennamen; durch die auffällig eingerahmte Unterzeile, die identisch gestalteten Hauptzeilen und die Initiale zu Beginn des Fließtextes ist jedoch auch hier die Zusammengehörigkeit der TE leicht erkennbar (vgl. Anhang 13-15).

Bei der Gruppe ‚Reihenkritik' verweist der Reihenname nicht nur auf die Zusammengehörigkeit der einzelnen TE zu einer Serie; zugleich wird über Gemeinsamkeiten in dessen Gestaltung auch angezeigt, wenn mehrere Serien eng miteinander verbunden sind. So lassen sich drei größere Seriengruppen ausgrenzen, deren Nähe auch durch weitere Merkmale bestätigt wird.[165] Bei den Reihen „LESESTOFF", „NEU AUF DVD", „FILMBUCH" und „HÖRTEST" ist der Reihenname ebenfalls von zwei Linien eingefasst. Zudem ist der eingliedrige Nominalsatz in Großbuchstaben in Normaldruck gesetzt und gelb-bräunlich hinterlegt (vgl. Anhang 19-22). Dieselbe Gestaltung der Reihennamen zeigen zwar auch die Serien „KURZ & KRITISCH" und „SOUNDCHECK", sie weichen jedoch in der sonstigen Gestaltung[166] der TE von dieser Seriengruppe ab (vgl. Anhang 23 und 25).

Bei der zweiten Seriengruppe ist der erste Teil des Reihennamens in fettgedruckten Großbuchstaben realisiert, während der zweite in kursivem Normaldruck gesetzt ist. Unter dem Reihennamen ist jeweils ein gezeichnetes Logo der Serie platziert. Zu dieser Gruppe gehören die Serien „**PAUKEN &** *Trompeten*", „**SCHREIB** *Waren*", „**SPIEL** *Sachen*", „**KUNST** *Stücke*", „**CITY** *Lights*" und „*Neues vom Planeten* MODE" (vgl. Anhang 32-37). Die letztgenannte Reihe weist zwar eine etwas abweichende Gestaltung des Reihennamens auf, indem nicht der zweite, sondern der erste Teil des drucktechnisch zweigeteilten Reihennamens in Kursivdruck gesetzt ist und an diesen der in Großbuchstaben ge-

165 So tritt beispielsweise bei den Reihen der zweiten Seriengruppe jeweils ein gezeichnetes, stilistisch ähnliches Bild unter dem Reihennamen auf, welches auf die Thematik der Reihe schließen lässt.

166 Unter den Reihennamen der Serien „KURZ & KRITISCH" und „SOUNDCHECK" erscheinen mehrere Einzelkritiken. Die TE der Reihe „KURZ & KRITISCH" weisen alle eine zweizeilige Überschrift auf, während bei den Reihen „NEU AUF DVD", „LESESTOFF", „FILMBUCH" und „HÖRTEST" nur bei Letzterer eine einzeilige Überschrift auftritt. Die Serie „SOUNDCHECK" zeigt für alle Einzelkritiken eine gemeinsame einzeilige Überschrift sowie einen dem ersten TE vorangestellten Informationsabsatz. Als weiterer Unterschied kommt bei allen TE der Reihe „SOUNDCHECK" ein Bild des Autors vor, bei einigen zusätzlich ein Bild des Covers der besprochenen CD. Bei den vier zusammengehörenden Serien weisen nur die Reihen „NEU AUF DVD" und „HÖRTEST" ein Bild auf, auf welchem das thematisierte Werk abgebildet ist.

schriebene zweite anschließt, bei dem kein Fettdruck verwendet wird. Das Logo und die Überschriftengestaltung weisen diese Reihe jedoch eindeutig als Bestandteil der Seriengruppe aus. Die Serien „**AUFGESCHLAGEN** *Zugeschlagen*“, „**DER FILM** *Tipp…*“ und „**HIT** *Parade*“ lassen sich nicht dieser Seriengruppe zuordnen, da bis auf die ähnlich gestalteten Reihentitel keine auffälligen Gemeinsamkeiten bestehen (vgl. Anhang 18, 24 und 31).

Zur letzten Seriengruppe gehören die Reihen „*Verbrecher* **JAGD**“, „*Hör* **BÜCHER**“, „*Zeit* **SCHRIFTEN**“, „*Jurjews* **KLASSIKER**“ und „*Literatur* **BETRIEB**“, deren Reihennamen wie diejenigen der vorherigen Gruppe gestaltet sind, außer dass der kursive und fettgedruckte Teil vertauscht sind (vgl. Anhang 26-30). Diese Seriengruppe zeigt die stärkste Zusammengehörigkeit, die von (fast immer) identischen Zeilenanzahlen,[167] über dieselbe Überschriftengestaltung, zwei inhaltlich und formal sich entsprechende Einschübe, einer Initiale zu Beginn des Fließtextes bis hin zu Verweisen auf TE anderer Serien innerhalb der Einschübe reicht.[168] Die Reihen erscheinen zudem alternativ immer sonntags in der Sparte ‚Literatur‘ an derselben Position auf der Zeitungsseite. Inhaltlich befassen sie sich alle mit der Besprechung von Büchern.

1.2.5.6 Makrostruktur des Einschubs

Einschübe[169] treten bei der TS ‚Kommentar‘ nur selten auf. Innerhalb der TSV ‚Freier Kommentar‘ kommen sie bei zwei TE[170] der ‚Großkommentare‘ (29 %) und einem TE[171] der ‚Reihenkommentare‘ (3 %) vor. Funktional geben sie wie diejenigen der TS ‚Bericht‘ eine verkürzte Aussage aus dem Fließtext wieder (Abb. 65).

Bei den beiden Gruppen der TSV ‚Kritik‘ sieht die Verteilung sehr unterschiedlich aus. Bei den ‚Reihenkritiken‘ tritt die Makrostruktur lediglich bei sechs Serien auf (vier Prozent aller TE). Bei den fünf ähnlichen Reihen „*Verbrecher* **JAGD**“, „*Hör* **BÜCHER**“, „*Zeit* **SCHRIF-**

---

167 Neun der zehn TE der fünf Serien weisen exakt 114 Zeilen auf. Das abweichende TE hat 112 Zeilen. Bezüglich der Satzanzahl sind mit einer Spanne von 18 bis 43 Sätzen bei einem Mittelwert von 32 Sätzen die Unterschiede zwischen den einzelnen TE deutlich größer.

168 Für die aufgezählten Gemeinsamkeiten vgl. Anhang 26-30. Die Makrostruktur des Einschubs, die u.a. den Verweis auf andere TE enthält, wird ausführlich im folgenden Kapitel (III.B.1.2.5.6) behandelt.

169 Zur Definition der Makrostruktur des Einschubs vgl. Kap. III.B.1.2.1.5.

170 Dabei handelt es sich um die TE „Worüber wir reden“ (16. August 2007, Seite 21) und „Stirnbänderdehnung“ (14. Juni 2007, Seite 26).

171 Dabei handelt es sich um das TE „Lass Heide reden“ (Serie „**AUF** *Schlag*“, 9. Juli 2007, Seite 25).

TEN“, „*Jurjews* **KLASSIKER**“ und „*Literatur* **BETRIEB**“ stellt die Makrostruktur ein charakteristisch gestaltetes, wiederkehrendes Merkmal dar (Abb. 66).

Vor dem Spiel wird „Einigkeit und Recht und Freiheit“ geübt

Aus den Trophäenschränken brechen die Goldmedaillen aus: Sie wollen zum Doktor

Abb. 65.1+2: Beispiele für die Makrostruktur des Einschubs bei den Gruppen 1) ‚Großkommentar‘[172] *und 2) ‚Reihenkommentar‘*[173] *im ‚Tagesspiegel‘*

Oleg Jurjew schreibt an dieser Stelle regelmäßig über Klassiker. Nächste Woche: Gerrit Bartels über den Literaturbetrieb

Fielding macht das unwichtige Leben etwas wichtiger

Abb. 66.1+2: Zwei Beispiele für die Makrostruktur des Einschubs bei der Serie „Jurjews ***KLASSIKER****“ der Gruppe ‚Reihenkritik‘ im ‚Tagesspiegel‘*[174]

Wie bereits bei der Makrostruktur des Verfassernamens angesprochen, hat der Einschub die Funktion, den Leser darüber zu informieren, dass der Autor regelmäßig an der Position des aktuellen TE in der Zeitung seine Serie veröffentlicht. Zudem beinhalten die Einschübe ein Porträtfoto des Autors und nennen seinen Namen, der in Fettdruck hervorgehoben ist. Der Einschub endet mit der Information, welcher Autor (und damit welche Serie) in der nächsten Woche erscheint und welche Art von Büchern besprochen werden (vgl. Abb. 66.1). Funktional unterscheidet sich die Makrostruktur somit deutlich von den beiden Aufgaben, welche

172 ‚Großkommentar‘, „Stirnbänderdehnung“, 14. Juni 2007, Seite 26. Die Referenzstelle im Fließtext lautet: „*Abends vorm Einschlafen noch ‚Einigkeit und Recht und Freiheit‘ von von Fallersleben pauken.*“

173 ‚Reihenkommentar‘, Serie „**AUF** *Schlag*“, „Lass Heide reden“, 9. Juli 2007, Seite 25. Die Referenzstelle im Fließtext lautet: „*Der Film spielt im Morgengrauen, aus allen Trophäenschränken der Welt brechen die Goldmedaillen ihrer Besitzer aus und rollen über die Straßen zum 70. Geburtstag des Doktors, ihrem Epo-Vater.*“

174 ‚Reihenkritik‘, Serie „*Jurjews* **KLASSIKER**“, „Buch ohne Rücken“, 5. August 2007, Seite 28.

die Einschübe bei den TS ‚Bericht' und ‚Interview' übernehmen.[175] Neben diesem Einschub tritt in jedem TE der Seriengruppe ein weiterer Einschub auf, der funktional denjenigen der TS ‚Bericht' entspricht, indem eine Passage aus dem Artikel, meist verkürzt, herausgestellt wird (vgl. Abb. 66.2).

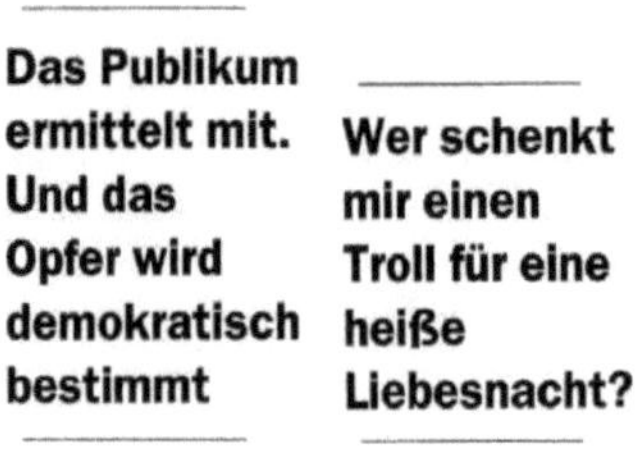

Das Publikum ermittelt mit. Und das Opfer wird demokratisch bestimmt

Wer schenkt mir einen Troll für eine heiße Liebesnacht?

*Abb. 67.1+2: Beispiele für die Makrostruktur des Einschubs 1) bei der Serie „**SPIEL** Sachen" (‚Reihenkritik')[176] und 2) den ‚Großkritiken'[177] im ‚Tagesspiegel'*

Bei der Serie „**SPIEL** *Sachen*" weisen lediglich zwei der vierzehn TE einen Einschub auf. Diese zeigen dabei dieselbe Funktion wie die Einschübe bei der TS ‚Bericht', indem sie Passagen aus dem Artikel zusammenfassen und hervorheben (vgl. Abb. 67.1). Der Inhalt des Einschubs wird dabei so gewählt, dass er neugierig auf den Artikel macht.

Bei den ‚Großkritiken' ist die Makrostruktur des Einschubs mit einem Vorkommen bei 37 Prozent aller TE deutlich häufiger vertreten, auch wenn sie nicht als charakteristisch betrachtet werden kann. Auch hier entsprechen die Einschübe (vgl. Abb.67.2) funktional denjenigen der TS ‚Bericht', wobei jedoch ebenfalls der Aufgabe, das Interesse und die Neugierde der Leser zu wecken, eine größere Bedeutung zukommt. Teilweise werden die Passagen aus dem Artikel, auf die sich der Einschub bezieht, bewusst auf diese Wirkung hin verändert. So lautet die Referenzstelle für den Einschub in Abb. 67.2: „*Wenn die liebestollen Sennerinnen die Fenster aufreißen und ihre Sehnsucht nach einem Troll für die Nacht hinausrufen, sind die Passanten verwirrt und das Publikum begeistert.*" In dem Einschub wird der Wunsch nach einem Troll

175 Vgl. Kap. III.B.1.2.1.5. und Kap. III.B.1.2.6.6.1.

176 ‚Reihenkritik', Serie „**SPIEL** *Sachen*", „Theaterblut tut gut", 20. Juli 2007, Seite 27. Der Einschub bezieht sich auf folgende Textpassage: *„Unter dem Motto ‚MordArt – Der Improkrimi' (28.7.) darf das Publikum basisdemokratisch Opfer sowie sämtliche weitere Rollen festlegen. Der Täter wird in geheimer Auslosung auf der Bühne ermittelt* [...] *Hobbykriminalisten dürfen einschlägige Tipps abgeben."*

177 ‚Großkritik' (Subgruppe ‚Kulturkritik'), „Grieg und Frieden", 7. Juni 2007, Seite 30.

nicht mehr einer Gruppe zugeordnet, sondern von einer einzelnen Person („mir“) geäußert. Das Satzglied „für eine Nacht“ wird durch das Adjektiv „heiß“ und den Austausch von „Nacht“ durch das Kompositum „Liebesnacht“ erweitert, um die Aussage durch eine Betonung der erotischen Komponente zuzuspitzen.

1.2.5.7 Makrostruktur des Informationsabsatzes

Innerhalb der beiden TSV ‚Freier Kommentar‘ und ‚Kritik‘ tritt die Makrostruktur des Informationsabsatzes unterschiedlich häufig auf. Während sie bei der Gruppe ‚Reihenkommentar‘ durchgängig fehlt und bei der Gruppe ‚Großkommentar‘ nur bei den beiden TE mit eigener Überschrift auftritt (29 %), erscheint sie bei der Gruppe ‚Reihenkritik‘ bei fast einem Drittel der TE und gehört bei der Gruppe ‚Großkritik‘ sogar zum Zentralbereich (75 %).

Die beiden Informationsabsätze der ‚Großkommentare‘ befinden sich unterhalb des Fließtextes und enthalten einmal Informationen zum Verfasser und einmal Zusatzinformationen zum Thema des TE:

— Thomas Brussig lebt als Schriftsteller in Berlin. Von ihm erschienen zuletzt der Roman „Wie es leuchtet“ und die Reportagensammlung „Berliner Orgie“.

P. S.: Die deutsche Schriftsteller-Nationalmannschaft wurde auch nicht Weltmeister. Sie unterlag im Halbfinale Schweden mit 1:5, besiegte aber Ungarn im Spiel um Platz 3 mit 2:1.

Abb. 68.1+2: Beispiele für die Makrostruktur des Informationsabsatzes bei der Gruppe ‚Großkommentar‘ im ‚Tagesspiegel‘[178]

Bei den ‚Reihenkritiken‘ erscheinen die Informationsabsätze in einem Verhältnis von 5:1 überwiegend vor dem Fließtext. Funktional dienen sie bei der Serie „SOUNDCHECK“ dazu, auf die Besprechung der CDs, die in den folgenden Einzelkritiken kurz vorgestellt werden, im Radio zu verweisen.

Innerhalb der Serie kommen dabei eine kürzere (vgl. Abb. 69.1) und eine längere Variante (vgl. Abb. 69.2) dieses Absatzes vor, die jedoch inhaltlich dasselbe ausdrücken. Der Informationsabsatz ist jeweils zentriert gesetzt. Der umfangreichere Informationsabsatz weist zu Beginn einen zusätzlichen Verbalsatz („Radio Eins & Tagesspiegel präsentieren:“) auf, der Rest entspricht der kürzeren Variante. Bei beiden Varianten kann der Absatz entweder mit dem Nominalsatz „Diesmal:“ oder dem Nominalsatz „Heute:“ enden. Der Informationsabsatz ist ein fester Bestandteil der Reihe und begründet deren Einheit mit.

---

178 Quellennachweis von links: ‚Großkommentar‘, „Worüber wir reden“, 16. August 2007, Seite 21 und ‚Großkommentar‘, „Stirnbänderdehnung“, 14. Juni 2007, Seite 26.

Jeden Freitag von 21 bis 23 Uhr reden vier Popkritiker auf Radio Eins über ihre CDs der Woche. Heute:

Radio Eins & Tagesspiegel präsentieren: Jeden Freitag zwischen 21 und 23 Uhr reden vier Popkritiker auf Radio Eins über ihre CDs der Woche. Diesmal:

Abb. 69.1+2: Der 1) kürzere und 2) längere Informationsabsatz der Serie „SOUNDCHECK" der Gruppe ‚Reihenkritik' im ‚Tagesspiegel'[179]

Denis Scheck, Literaturredakteur beim Deutschlandfunk, bespricht einmal monatlich die „Spiegel"-Bestsellerliste, abwechselnd Belletristik und Sachbuch - parallel zu seiner ARD-Sendung „Druckfrisch" (nächste Sendung 3. September, 23 Uhr 30).

10. Ulrich Wickert: *Gauner muss man Gauner nennen* *(Piper Verlag, 320 S., 19,90€)*
Niemand nimmt dem Moderator eines tagesaktuellen Nachrichtenmagazins im Fernsehen übel, wenn seine Sendung aus Kraut und Rüben besteht und durch nichts zusammenhält als durch seine persönliche Glaubwürdigkeit, seine Gewitztheit und einen schicken Schlips. Hierin unterscheidet sich das Medium Fernsehen allerdings stark vom Medium Buch.

*Abb. 70.1+2: 1) Gemeinsamer Informationsabsatz vor allen Einzelkritiken und 2) Beispiel für eine Einzelkritik mit einem vorangestellten Informationsabsatz der Serie „**AUFGESCHLAGEN** Zugeschlagen" der Gruppe ‚Reihenkritik' im ‚Tagesspiegel'*[180]

Auch bei der Serie „**AUFGESCHLAGEN** *Zugeschlagen*" stellt ein Informationsabsatz vor den Einzelkritiken ein durchgängig auftretendes Merkmal dar. Funktional liefert dieser kurze Informationen zum Autor und dem Inhalt der Serie. Bei zwei der drei TE ist der Informationsabsatz identisch (vgl. Anhang 18), bei dem dritten ist er um das Satzglied *„parallel zu seiner ARD-Sendung ‚Druckfrisch'"* und den eingeklammerten Teilsatz *„(nächste Sendung 3. September, 23 Uhr 30)."* erweitert (vgl. Abb. 70.1). Daneben beginnt auch jede Einzelkritik mit einem vorangestellten, durchnummerierten Informationsabsatz, der die wichtigsten Informationen zu dem im Folgenden besprochenen Buch liefert (vgl. Abb. 70.2). Der Autor und der Titel sind dabei durch Fettdruck hervorgehoben, in Klammern folgen im Kursivdruck Angaben zum Verlag, dem Verlagsort, der Seitenzahl, dem Preis und teilweise zum Übersetzer. Da die Einzelkritiken keine eigene Überschrift aufweisen, stellt die Makrostruktur des Informationsabsatzes den einzigen spezifischen Initiator dar. Dieselbe Gestaltung tritt bei der Serie „LESESTOFF" auf, wobei der Informationsabsatz hier durch eine Leerzeile vom Fließtext abgehoben ist und zusätzlich das Erscheinungsjahr des Buches nennt.[181] Bei dem einzigen Exemplar der ähnlichen Serie „FILMBUCH" er-

179 ‚Reihenkritik', Serie „SOUNDCHECK", 22. Juni 2007, Seite 27.

180 ‚Reihenkritik', Serie „**AUFGESCHLAGEN** *Zugeschlagen*", „Sex, Macht & Zuckerwatte" 5. August 2007, Seite 25.

181 Vgl. Anhang 19.

scheint ein drucktechnisch und inhaltlich identischer Absatz durch eine Leerzeile abgehoben unterhalb des Fließtextes, wobei auch hier keine Überschrift vorhanden ist.[182]

Innerhalb der Subgruppe ‚Literaturkritik' der Gruppe ‚Großkritik' kommt der Informationsabsatz zu Büchern bei 97 Prozent aller TE vor. Er befindet sich jeweils unterhalb des Fließtextes.

— Jennifer Egan: *Im Bann.* Roman. Aus dem Englischen von Gabriele Haefs. Schöffling & Co, Frankfurt am Main 2007. 282 Seiten, 19,90 €

Abb. 71: Beispiel für einen Informationsabsatz mit Buchcover bei der Subgruppe ‚Literaturkritik' im ‚Tagesspiegel'[183]

Knapp die Hälfte der Informationsabsätze enthält dabei zusätzlich ein Cover des besprochenen Buches (vgl. Abb. 71). Werden mehrere Bücher in der Kritik behandelt, erscheint für jedes ein gesonderter Informationsabsatz. Dieses sehr einheitliche und fast durchgängig auftretende Merkmal trägt wesentlich dazu bei, die ‚Literaturkritiken' als weitere Subgruppe innerhalb der ‚Großkritiken' zu charakterisieren.

Innerhalb der ‚Kulturkritiken' weist ein Großteil der TE, die sich mit Filmen oder Kunstausstellungen beschäftigen, unter ihrem Fließtext einen Informationsabsatz auf:

— In den Berliner Kinos Babylon Mitte, Blow Up, Cinemaxx Potsdamer Platz, Filmkunst 66, Colosseum

— Pergamonmuseum, bis 31.8., Mo-So 10-18 Uhr, Do 18-22 Uhr. Katalog 22 Euro

Abb. 72.1+2: Beispiele für Informationsabsätze der Subgruppe ‚Kulturkritik' im ‚Tagesspiegel'[184]

Funktional liefern diese bei Filmen fast immer Informationen zum Spielort, indem Kinos namentlich aufgeführt werden (vgl. Abb. 72.1). Bezogen auf Kunstausstellungen nennt der Informationsabsatz größtenteils

182 Vgl. Anhang 21.

183 ‚Großkritik' (Subgruppe ‚Literaturkritik'), „Undurchsichtige Dinge", 12. August 2007, Seite 28.

184 Quellennachweis von links nach rechts: ‚Großkritik' (Subgruppe ‚Kulturkritik'), „Unter Tagebau", 1. Juni 2007, Seite 26 und ‚Großkritik' (Subgruppe ‚Kulturkritik'), „Lies, Esel!", 11. Juli 2007, Seite 21.

den Ausstellungsort, die Dauer der Ausstellung sowie die Öffnungszeiten. Teilweise wird der Preis für den Begleitkatalog der Ausstellung aufgeführt (vgl. Abb. 72.2).

Die übrigen ‚Kulturkritiken', die musikalische Erscheinungen oder Konzerte, Theateraufführungen sowie sonstige kulturelle Veranstaltungen besprechen, zeigen lediglich bei 39 Prozent ihrer TE Informationsabsätze, die zudem keine vergleichbar einheitliche Gestaltung aufweisen. Funktional verweisen sie auf weitere Aufführungen bzw. Konzerttermine (vgl. Abb. 73.1+2), liefern Informationen zu einem erschienenen Werk (vgl. Abb. 73.3) oder nennen weitere Informationsmöglichkeiten in Form einer Internetadresse (Abb. 73.4).

— Weitere Aufführungen am 11. und 13. 7., Infos unter www.festspielhaus.de

— The Police spielen am 11. 9. in Hamburg, am 22.9. in München, am 10. 10. in Mannheim und am 13.10. in Düsseldorf.

— „Easy Tiger" von Ryan Adams ist bei Universal erschienen

— Informationen im Internet unter: www.muenchner-opern-festspiele.de

Abb. 73.1-4: Weitere Beispiele für Informationsabsätze innerhalb der Subgruppe ‚Kulturkritik' im ‚Tagesspiegel'[185]

Die Unterschiede im Auftreten der Informationsabsätze lassen sich damit erklären, dass bei den ‚Großkritiken', die sich thematisch mit Büchern, Filmen oder Kunstausstellungen auseinandersetzen, durch die Informationsabsätze immer der Kauf des besprochenen Werkes bzw. der Besuch des Films oder der Ausstellung erleichtert werden soll. Konzerte, bestimmte Theateraufführungen und andere kulturelle Veranstaltungen stellen hingegen häufig einmalige Ereignisse dar, sodass derartige Informationsabsätze bei TE, die bereits vergangene Ereignisse thematisieren, nicht auftreten.

Weitere Makrostrukturen wie die Informationsleiste oder der Informationskasten kommen bis auf ein bis zwei Ausnahmen[186] innerhalb der TS ‚Kommentar' nicht vor.

---

185 Quellennachweis von oben links nach unten rechts: ‚Großkritik' (Subgruppe ‚Kulturkritik'), „Fackeln des Herzens", 11. Juli 2007, Seite 22; ‚Großkritik' (Subgruppe ‚Kulturkritik'), „Traumprotokoll für ein Trio", 31. August 2007, Seite 27; ‚Großkritik' (Subgruppe ‚Kulturkritik'), „Schneller als sein Schatten", 3. Juli 2007, Seite 24; ‚Großkritik' (Subgruppe ‚Kulturkritik'), „Aus einem Puppenhaus", 3. Juli 2007, Seite 24.

186 Der Informationskasten tritt insgesamt zweimal innerhalb der Subgruppe ‚Kulturkritik' der Gruppe ‚Großkritik' auf („Vorwärts in die Sechziger", 15. Juni 2007, Seite 25 und „Transfer nach Manhattan", 22. August 2007, Seite 21). Die Informationsleiste erscheint einmal innerhalb der Subgruppe ‚Literaturkritik' der Gruppe ‚Großkritik' („Das Salzlicht der Karibik", 20. Juni 2007, Seite 21).

1.2.5.8 Textuelle Merkmale

Als ein auffälliges textuelles Merkmal innerhalb der TS ‚Kommentar' treten Initialen auf, die Teile eines Initiatorenbündels sind. Sie reichen immer über drei Zeitungszeilen, stehen in Fettdruck und zeigen eine andere Schriftart als der übrige Fließtext. Initialen treten innerhalb der Gruppe ‚Großkommentar' bei den fünf TE unter einer gemeinsamen Überschrift (71 %) und bei der Gruppe ‚Reihenkommentar' bei der Reihe „Serie C" auf (30 %). Bei den beiden Gruppen der TSV ‚Kritik' ist die Frequenz geringer. Bei den ‚Reihenkritiken' erscheint eine Initiale lediglich bei den sehr ähnlichen Serien „*Verbrecher* **JAGD**", „*Hör* **BÜCHER**", „*Zeit* **SCHRIFTEN**", „*Jurjews* **KLASSIKER**" und „*Literatur* **BETRIEB**" (drei Prozent aller TE). Innerhalb der ‚Großkritiken' weisen 18 Prozent der TE eine Initiale auf. Dabei beginnen jedoch 59 Prozent aller TE der Subgruppe ‚Literaturkritik' mit diesem textuellen Merkmal, während es bei der Subgruppe ‚Kulturkritik' nur vereinzelt auftritt. Funktional markiert die Initiale den Beginn des Fließtextes und übernimmt damit zusammen mit weiteren Makrostrukturen wie der Überschrift und dem Reihennamen Initiatorfunktion. Auch wenn die Initiale nicht in den Zentralbereich der TS ‚Kommentar' gehört, besitzt sie dadurch eine besondere Bedeutung, dass sie ausschließlich bei dieser TS auftritt.

Auch die Hervorhebung einzelner Wörter des Fließtextes durch Fettdruck kommt bis auf zwei TE der TSV ‚Todesporträt'[187] ausschließlich bei der TS ‚Kommentar' vor. Diese Markierung erscheint innerhalb der ‚Großkommentare' bei den fünf TE, die unter einer gemeinsamen Überschrift erscheinen (71 %), und innerhalb der ‚Reihenkommentare' bei einem TE der „Serie C"[188] (3 %). Sie heben für den Autor besonders relevante Begriffe hervor (z.B. ***Schlussverräter***[189] oder ***Rechtschreibreform, die***[190]), die häufig auf das Thema des TE verweisen.

Bei der Gruppe ‚Großkritik' der TSV ‚Kritik' lässt sich der Fettdruck nur in Ausnahmefällen nachweisen (ein Prozent aller TE), während er bei den ‚Reihenkritiken' bei 63 Prozent der TE (sieben Serien[191]) auftritt.

---

187 Dabei handelt es sich um die beiden einzigen TE, in denen sich mehrere Personen über den Verstorbenen äußern (‚Todesporträt', „Gelassen, aber nie gleichgültig", 25. Juli 2007, Seite 21 und ‚Todesporträt', „Klarheit und Eleganz", 26. Juli 2007, Seite 27).

188 ‚Reihenkommentar', „Serie C", „Der, die, daß", 1. August 2007, Seite 21.

189 ‚Großkommentar', „Nur die Wurst hat zwei", 21. Juli 2007, Seite 21, erstes TE.

190 ‚Reihenkommentar', „Serie C", „Der, die, daß", 1. August 2007, Seite 21 (Anhang 15).

191 Dabei handelt es sich um die Serien „KURZ & KRITISCH", „**DER FILM** *Tipp...*", „**PAUKEN &** *Trompeten*", „**SCHREIB** *Waren*", „**SPIEL** *Sachen*", „**KUNST** *Stücke*", „**CITY** *Lights* ".

Funktional bewirkt der Fettdruck, dass besonders relevante Begriffe für den Leser sofort erkennbar sind und durch ihre Signalwirkung zur Lektüre des jeweiligen TE motivieren. Dabei handelt es sich immer um das besprochene Werk (z.B. „***Rosenkavalier***",[192] „***Cataclysm in New Orleans***" und „***500 Miles to Babylon***",[193] „***2 Tage Paris***"[194]) bzw. den behandelten Künstler (z.B. „***Markus Putze***" oder „***Julian Opie***",[195] „***Nina Stemme***",[196] „***Orchestra Giovanile Italiana***"[197]). Ist der Leser an dem betreffenden Werk oder Künstler interessiert, wird er den Artikel lesen, um Einzelheiten zu erfahren. Zusätzlich werden meistens der Ausstellungs- bzw. Spielort (z.B. „***Jarmuschek und Partner***" und „***Galerie Barbara Thumm***",[198] „***Komischen Oper***" und „***Deutschen Oper***",[199] „***Konzerthaus***"[200]) sowie deutlich seltener die Ausstellungsdauer und die genaue Adresse durch Fettdruck hervorgehoben (z.B. „***bis 21. Juli, Sophienstr. 18***"[201]). Auch der Veranstaltungsort kann das Interesse des Lesers wecken, wenn er beispielsweise für eine bestimmte Konzertrichtung steht oder der Leser eine Galerie namentlich kennt oder dort bereits etwas gekauft hat. Die fettgedruckten Wörter vereinfachen zudem das Nachschlagen in der Zeitung, wenn ein interessierter Leser den Veranstaltungsort vergessen hat.

Drei weitere Serien (14 Prozent aller TE)[202] zeigen zudem eine charakteristische Hervorhebung der ersten Wörter des Fließtextes, welche anstatt der fehlenden Überschrift bzw. bei dem TE der Reihe „HÖRTEST" zusätzlich zu dieser die Initiatorfunktion übernimmt:[203]

---

192 ‚Reihenkritik', Serie „**PAUKEN &** *Trompeten*", „Es soll Kavaliere regnen", 10. Juni 2007, Seite 27 (Anhang 33).

193 ‚Reihenkritik', Serie „**CITY** *Lights* ", 21. Juni 2007, Seite 27 (Anhang 34).

194 ‚Reihenkritik', „**DER FILM** *Tipp...* ", 28. Juni 2007, Seite 29 (Anhang 24).

195 ‚Reihenkritik', Serie „**KUNST** *Stücke*", „Frauen schauen", 23. Juni 2007, Seite 29 (Anhang 32).

196 ‚Reihenkritik', Serie „**PAUKEN &** *Trompeten*", „Es soll Kavaliere regnen", 10. Juni 2007, Seite 27 (Anhang 33).

197 ‚Reihenkritik', Serie „KURZ *&* KRITISCH", „Südfrüchte können sauer schmecken", 9. August 2007, Seite 28 (Anhang 25).

198 ‚Reihenkritik', Serie „**KUNST** *Stücke*", „Frauen schauen", 23. Juni 2007, Seite 29 (Anhang 32).

199 ‚Reihenkritik', Serie „**PAUKEN &** *Trompeten*", „Es soll Kavaliere regnen", 10. Juni 2007, Seite 27 (Anhang 33).

200 ‚Reihenkritik', Serie „KURZ *&* KRITISCH", „Südfrüchte können sauer schmecken", 9. August 2007, Seite 28. (Anhang 25).

201 ‚Reihenkritik', Serie „**KUNST** *Stücke*", „Frauen schauen", 23. Juni 2007, Seite 29 (Anhang 32).

202 Dabei handelt es sich um die Serien „NEU AUF DVD", „HÖRTEST" und „SOUNDCHECK".

203 Vgl. Kap. III.B.1.2.5.1.

POP Paul McCartney *Memory Almost Full* (Universal) Sir Paul feiert in wenigen Wochen seinen 65. Geburtstag. Das schönste Geschenk macht der vom Rosenkrieg mit Nochgattin Heather Mills

Abb. 74: Beispiel für einen durch Fettdruck hervorgehobenen Fließtextanfang der Serie „SOUNDCHECK“ der Gruppe ‚Reihenkritik‘ im ‚Tagesspiegel‘[204]

In roten, fettgedruckten Kapitälchen werden die Namen der besprochenen Filme bzw. Schlagwörter zu diesen (Serie „NEU AUF DVD“) oder die behandelte Musikrichtung (Serien „HÖRTEST“ und „SOUNDCHECK“) angegeben, auf die in schwarzem, teilw. kursivem Fettdruck die Nennung des Regisseurs und des Filmstudios (Serie „NEU AUF DVD“) bzw. des Sänger-/Bandnamens, des CD-Titels und des Tonträgerunternehmens (Serien „HÖRTEST“ und „SOUNDCHECK“) folgt. Ohne Leerzeile oder Freizeichen schließt an diesen drucktechnisch und auch inhaltlich eigenständigen Textteil der weitere Text an, sodass er als – wenn auch betonter – Bestandteil des Fließtextes aufzufassen ist (vgl. Abb. 74). Neben der Initiatorfunktion kommt diejenige hinzu, die wichtigsten Daten des besprochenen Mediums für den Leser exponiert zu präsentieren.

Zählt man beide Varianten der Betonung zusammen, gehört die Hervorhebung von Teilen des Fließtextes mit einem Vorkommen von 77 Prozent aller TE zum Zentralbereich der Gruppe.

1.2.6 Die Makrostrukturen der Textsorte ‚Interview‘

Innerhalb des Untersuchungszeitraums sind lediglich 29 Interviews erschienen. Trotz dieser relativ geringen Anzahl können zwei TSV der TS sicher ermittelt werden, da diese jeweils sehr charakteristische bzw. einheitliche Merkmale aufweisen.

Die TE der TS ‚Interview‘ besitzen teilweise unterschiedliche Makrostrukturen, die jedoch funktional dieselben Aufgaben übernehmen. Dabei handelt es sich um Merkmale, die Informationen zur Person des Interviewten liefern. Zur besseren Übersichtlichkeit werden diese Makrostrukturen und einzelne Makrostrukturteile unter dem gemeinsamen Gliederungspunkt ‚Biografische Makrostrukturen‘[205] behandelt.

---

204 ‚Reihenkritik‘, Serie „SOUNDCHECK“, 1. Juni 2007, Seite 27, erstes TE (Anhang 23). Vgl. auch Anhang 20+22).

205 Siehe Kap. III.B.1.2.6.6.

1.2.6.1 Makrostruktur der Überschrift

Alle TE der TS ‚Interview' weisen mindestens eine zweizeilige Überschrift auf, die drucktechnisch deutlich vom Fließtext abgehoben ist. Dabei ist die Hauptzeile im Zentralbereich deutlich größer als die Unterzeile und steht in Fettdruck. Auch die Unterzeile hebt sich durch einen größeren Drucktyp vom Fließtext ab, auch wenn bei dieser der Fettdruck fehlt. Sowohl die einzelnen Elemente der Überschrift als auch Unterzeile und Fließtext sind durch eine Leerzeile voneinander getrennt. Diese Gestaltung entspricht derjenigen der TS ‚Bericht', ‚Porträt' und ‚Abdruck':[206]

Asien liegt um die Ecke

Der Chef des Archäologischen Instituts
Hermann Parzinger über die Kunst der Barbaren

Abb. 75: Beispiel für eine Überschrift bei der Textsortenvariante ‚Gesprächsinterview' im ‚Tagesspiegel'[207]

WOLKE ODER KISTE *In diesem Sommer wird über die Kunsthalle auf Berlins Schlossplatz entschieden*

Ein Haus wie ein Schmetterling. *Die Wolke soll nach ihrer Station auf dem Schlossplatz weiterziehen – nach China, in die USA oder an einen anderen Ort in Berlin.* Foto: Graft

„Es weht ein neuer Wind"

Die Architekten von Graft über Berliner Vorteile und Widersprüche – und den Reiz von Diktaturen

Schweben, schwinden, schwelgen

Die Kunsthallen-Debatte bringt die Stadt weiter

Der Countdown läuft. Noch einen Monat haben die Vertreter der zwei Kunsthallen-Fraktionen Zeit, ihre Vorschläge für eine temporäre Kunsthalle auf dem Schlossplatz auszuarbeiten. Dann entscheidet der Senat. Auf der einen Seite befindet sich das hippe deutsch-amerikanische Architekturbüro Graft mit glamourösen Kunden wie Brad Pitt, das eine luftige Wolke in Berlin landen lassen will (siehe nebenstehendes Interview), auf der anderen Seite der österreichische Architekt Adolf Krischanitz, der schon einmal vor 15 Jahren höchst erfolgreich eine funktionable Kunst-Kiste für Wien erbaute und das gleiche Modell nun für die deutsche Hauptstadt empfiehlt.

Die Wolke ging aus einem von der Kunstzeitschrift „Monopol" ausgeschriebenen Wettbewerb hervor, die Kunst-Kiste wird von den beiden Künstlerinnen Coco Kühn und Constanze Kleiner vorangetrieben, seit durch die von ihnen organisierte letzte Schau im Palast der Republik mit wichtigen Berliner Künstlern die Notwendigkeit eines solchen Ausstellungsorts für Berlin überdeutlich wurde. Der große Erfolg von „White Cube", so damals der Ausstellungstitel, animierte die beiden, auch nach dem endgültigen Abriss der Palastruine dort einen Kunstort zu installieren.

Abb. 76: Oberzeile bei der Textsortenvariante ‚Gesprächsinterview' im ‚Tagesspiegel'[208]

In einem Fall tritt zur Haupt- und Unterzeile zusätzlich noch eine Oberzeile hinzu (vgl. Abb. 76). Diese übernimmt jedoch weniger textsorten-

206 Vgl. Kap. III.B.1.2.1.1., III.B.1.2.4.1. und III.B.1.2.7.1.

207 ‚Gesprächsinterview', „Asien liegt um die Ecke", 5. Juli 2007, Seite 25.

208 ‚Gesprächsinterview', „Es weht ein neuer Wind", 20. Juli 2007, Seite 25.

spezifische Funktionen, als vielmehr die Aufgabe, zwei thematisch verwandte Artikel für den Leser zu einer Einheit zusammenzufassen.[209] Räumlich ist sie von der Hauptzeile durch ein großes Foto getrennt. Im Zentralbereich der TS hingegen steht eine zweizeilige Überschrift, die den einzigen spezifischen Initiator darstellt und auf die direkt das übrige Textkorpus folgt.

Bei der TSV ‚Umfrageinterview' besteht die Besonderheit darin, dass die Unterzeile dieselbe Größe wie der Fließtext aufweist und wie die Fragen des Interviewers in Kursivdruck gehalten ist. Zudem übernimmt die Überschrift gemeinsam mit der Makrostruktur des ‚Reihennamens' die Initiatorfunktion (Abb. 77).

Das beste aller Örtchen

Kuratoren erklären, was man sehen muss und was nicht

Was hat Sie am meisten geärgert?

Ich finde es wirklich sehr schade, dass der Besucher der Documenta nicht die Chance hat, in den Hochgenuss der molekularen Kochkünste von Ferran Adrià zu gelangen. Meines Erachtens soll Documenta Unmögliches möglich machen.

Abb. 77: Beispiel für eine Überschrift bei der Textsortenvariante ‚Umfrageinterview' im ‚Tagesspiegel'[210]

1.2.6.2 Makrostruktur des Absatzes

Die TS ‚Interview' ist geprägt durch den Sprecherwechsel der Interviewpartner, deren abwechselnde Redebeiträge jeweils als ein Absatz wiedergegeben werden. In seltenen Fällen ist eine Antwort so lang, dass sie durch einen weiteren Absatz gegliedert wird. Durch den häufigen Sprecherwechsel treten pro TE sehr viele Absätze auf.

Die TE der ‚Gesprächsinterviews' zeigen eine Absatzspanne von zwölf bis 50 Absätzen bei einem Mittelwert von 24 Absätzen (vgl. Abb. 78). Bei dem TE mit 50 Absätzen begründet sich die hohe Absatzanzahl neben dem großen Textumfang (230 Zeilen bzw. 137 Sätze) dadurch, dass zwei Personen interviewt werden und der Interviewer mehrmals durch kurze Fragen nachhakt (z.B. „*Er ist kein bisschen stur?*" und „*O-*

209 Vgl. Kapitel III.B.2.2.1.

210 ‚Umfrageinterview', „Das beste aller Örtchen", 21. Juli 2007, Seite 24.

der autoritär, herrisch?“[211]). Mit einem durchschnittlichen Textumfang von 165 Zeilen bzw. 76 Sätzen (vgl. Abb. 79 und Abb. 80) stellen die ‚Gesprächsinterviews‘ gemeinsam mit den ‚Themenberichten‘, die im Durchschnitt mehr Zeilen (211), jedoch weniger Sätze (60) aufweisen, die umfangreichsten TSV dar.

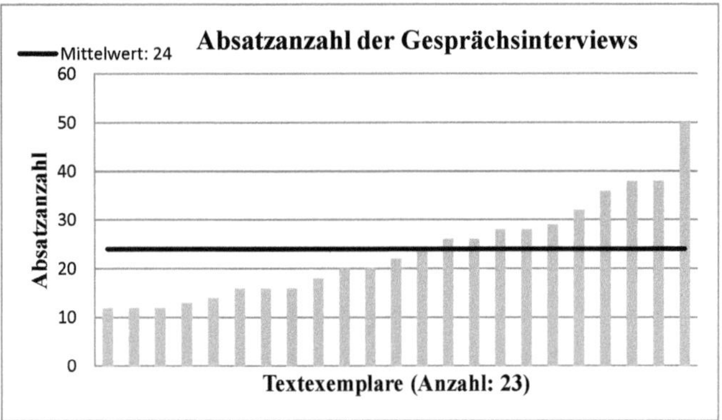

Abb. 78: Absatzanzahl der Textexemplare der Textsortenvariante ‚Gesprächsinterview‘ im ‚Tagesspiegel‘

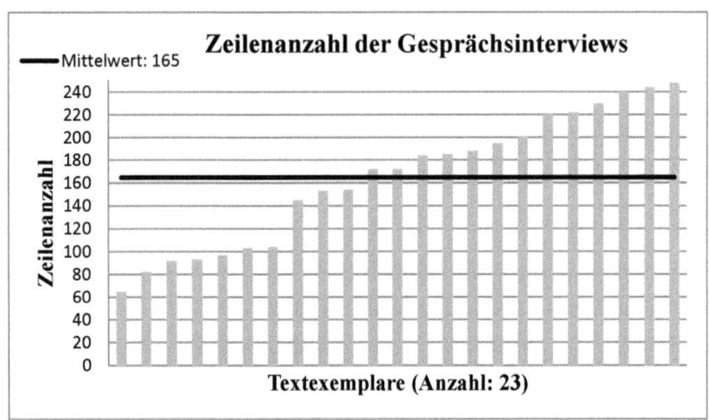

Abb. 79: Zeilenanzahl der Textexemplare der Textsortenvariante ‚Gesprächsinterview‘ im ‚Tagesspiegel‘

211 ‚Gesprächsinterview‘, „Wenn sie es kann, soll sie es werden“, 3. Juni 2007, Seite 25.

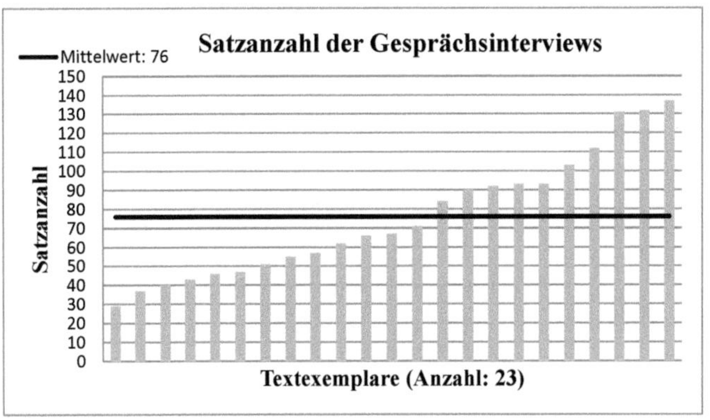

Abb. 80: Satzanzahl der Textexemplare der Textsortenvariante ‚Gesprächsinterview' im ‚Tagesspiegel'

Die TE der TSV ‚Umfrageinterview' weisen sechs, in einem Fall sieben, Absätze auf, obwohl sie nur eine geringe durchschnittliche Textlänge von 43 Zeilen bzw. 14 Sätzen haben.

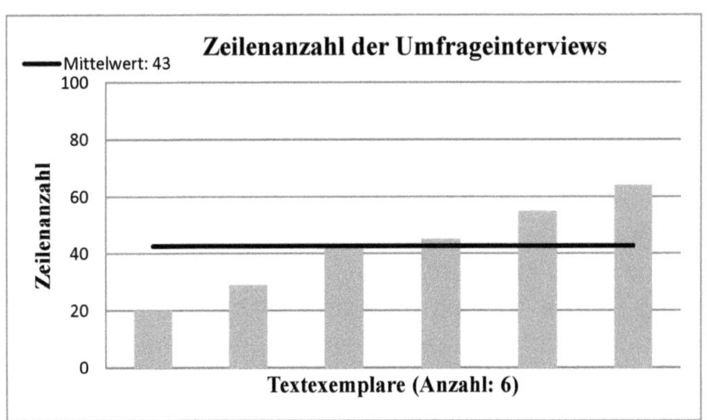

Abb. 81: Zeilenanzahl der Textexemplare der Textsortenvariante ‚Umfrageinterview' im ‚Tagesspiegel'

Die einheitliche Absatz- und ähnliche Zeilenanzahl ist dadurch begründet, dass auf die drei standardisierten Fragen (drei Absätze) vom Interviewten jeweils dreimal eine Antwort gegeben wird (drei Absätze). Nur in einem TE ist die Antwort so lang, dass sie durch einen weiteren Absatz unterteilt wird.

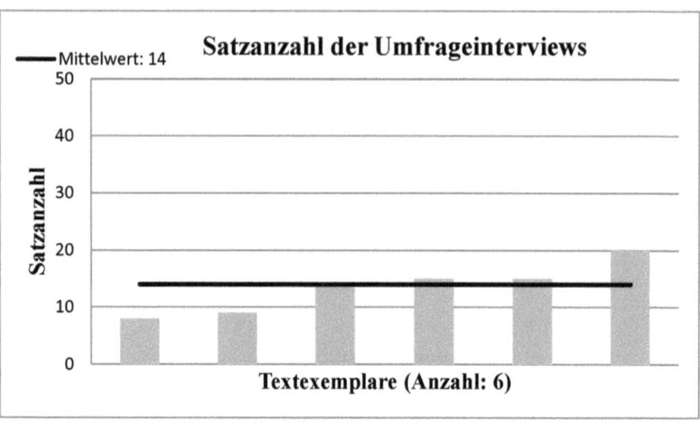

Abb. 82: Satzanzahl der Textexemplare der Textsortenvariante ‚Umfrageinterview' im ‚Tagesspiegel'

Insgesamt zeigen die TE der TS ‚Interview' deutlich mehr Absätze als TE anderer TS bei gleicher Längen, sodass die hohe Absatzanzahl ein wesentliches Merkmal für die TS darstellt. Die hohen Absatzzahlen beruhen auf dem häufigen Sprecherwechsel von Interviewer und interviewter Person, da jede Frage bzw. Antwort in der Regel jeweils einen Absatz einnimmt. Anders als bei allen anderen TS besteht das Textkorpus nicht aus einem einheitlichen Fließtext, sondern ist in drucktechnisch voneinander abgehobene Einheiten zerlegt. Der Redepart des Interviewers weist in allen untersuchten TE Kursiv- und Fettdruck auf, während derjenige des Interviewten Normaldruck zeigt. Die Absätze sind zusätzlich durch einen größeren Zeilenabstand voneinander getrennt (vgl. Anhang 44-46). Werden mehrere Personen interviewt, erscheinen ihre Beiträge ebenfalls als einzelne Absätze. Ihre Äußerungen zu derselben Frage des Interviewers sind dabei einmal durch einen größeren Zeilenabstand voneinander getrennt (vgl. Abb. 83.1), bei dem zweiten Interview mit mehreren Interviewten sind die Antworten direkt untereinander gedruckt (vgl. Abb. 83.2).

Die einzelnen Absätze beginnen dabei jeweils mit dem Namen (vgl. Abb. 83.1) bzw. einem Kürzel (vgl. Abb. 83.2) des Sprechers, hinter dem ein Doppelpunkt steht. Auf diese Weise können die Redebeiträge den verschiedenen Personen eindeutig zugeordnet werden. Die Beiträge des Interviewers wiederum werden durch einen verbreiterten Zeilenabstand von den Absätzen der Interviewten abgehoben. Durch dieses drucktechnische Mittel werden die Rollen des Interviewers und der Interviewten klar getrennt. Jedes Interview beginnt mit einem Beitrag des Interviewers, worauf ein ständiger Redewechsel folgt.

Wo wären denn die Orte in Berlin für solche neuen Bauten?

PUTZ: Es ist ja leider in den letzten Jahren viel gebaut worden. Berlin ist eine schrumpfende Stadt, anders als Wien oder L. A. Es gibt nicht diesen Druck in der Stadt.

KRÜCKEBERG: Aber irgendwann wird er kommen. Dann hat Berlin unglaubliche Potenzialflächen. Hier in der Heidestraße sind wir um die Ecke von Hauptbahnhof und Kanzleramt. Die ganze Lehrter Platte wartet darauf, definiert zu werden.

Herr Wagner, Sie werden dieses Jahr 88 und leiten die Bayreuther Festspiele fast ein Menschenleben lang. Wenn Sie die Leitung einmal abgeben, wird dies eine tiefe Zäsur sein.

WW: Und daraus folgt, das meine Nachfolge vieles ganz anders machen muss. So wie ich damals hier ganz neu angefangen habe, 1951.

KW: Wobei die Nachfolge an ein großes, erfolgreiches Lebenswerk anknüpfen kann. Der Laden läuft, sehr gut sogar. Was aber nicht heißt, bei allem Tun und Lassen daran zu denken, wie würde er es machen, sondern von seinem Mut zu neuen Wegen und von seiner steten Risikofreude zu lernen, diese zu erhalten und fortzuschreiben.

Abb. 83.1+2: Ausschnitt aus den beiden ‚Gesprächsinterviews' mit mehreren Interviewten im ‚Tagesspiegel'[212]

Funktional stellen die Absätze des Interviewers bei der TSV ‚Gesprächsinterview' überwiegend Fragen dar (z.B. „*Hätten Sie je gedacht, dass dieses Projekt ein solcher Erfolg werden würde?*"[213]), seltener Aussagen, die eine Stellungnahme des Interviewten provozieren (z.B. „*Der Film spielt mit den Regeln des Melodramas. Ein ziemlich angestaubtes Genre.*"[214]). Bei der TSV ‚Umfrageinterview' treten ausschließlich (immer dieselben drei) Fragen auf (vgl. Anhang 44). Die interviewende Person bestimmt somit maßgeblich die Themen und die Tiefe ihrer Behandlung. Die Absätze des Interviewten stellen entsprechend die Antworten dar und dienen vorrangig der subjektiven Informationsvermittlung. Überwiegend werden die Personen zu ihrer Sichtweise oder Meinung, ihren Gefühlen, bestimmten Erlebnissen oder ihrer Arbeit befragt.

Die Gliederung des Gesprächs und damit des Textkorpus durch Absätze und deren beschriebene drucktechnische Realisierung stellt das charakteristischste Merkmal der TS ‚Interview' dar und ist ausnahmslos bei allen TE zu finden.

1.2.6.3 Makrostruktur des Bildes

Jedes TE weist mindestens ein Bild auf, wobei dieses entweder als Makrostruktur mit Bildunterschrift auftritt oder Bestandteil der Makrostruktur des Einschubs ist. Im letzteren Fall handelt es sich ausschließlich um

212 Von links: ‚Gesprächsinterview', „Wenn sie es kann, soll sie es werden", 3. Juni 2007, Seite 25 und ‚Gesprächsinterview' „Es weht ein neuer Wind", 20. Juli 2007, Seite 25.

213 ‚Gesprächsinterview', „Die Moral unserer Ohren", 10. August 2007, Seite 25 (Anhang 45).

214 ‚Gesprächsinterview', „Ich liebe Monster", 9. August 2007, Seite 29 (Anhang 46).

Porträtfotos der Interviewten, die nie mit einer Bildunterschrift verbunden sind.[215] Das Vorkommen eines Bildes dominiert deutlich (96 %).

Das Auftreten als Makrostruktur und die Bildgröße korrelieren damit, wie umfangreich das Interview ist. Bei TE mit einer Länge bis ca. 100 Zeilen bzw. unter 60 Sätzen[216] ist die Integration des Bildes in die Makrostruktur des Einschubs zu beobachten. Die sehr einheitliche durchschnittliche Bildabmessung beträgt dabei 2,3 x 3,1 Zentimeter (7 cm^2). In einem Fall tritt ein solches Porträtbild zwar als Makrostruktur auf, allerdings hat dieses dann dieselbe Größenordnung wie die integrierten Bilder und weist zudem als Bildunterschrift lediglich den Namen des Interviewten in Kursivdruck auf.[217] Funktional dienen die kleinen Porträts dazu, dem Leser das Gesicht der betreffenden Personen ins Gedächtnis zu rufen oder diese Personen vorzustellen, falls sie noch gar nicht oder nur namentlich bekannt sind.

Bei TE, die 150 und deutlich mehr Zeilen umfassen bzw. aus mehr als 60 Sätzen bestehen, sind die Bilder fast immer wesentlich größer und bilden gemeinsam mit der dazugehörigen Bildunterschrift eine spezifische Makrostruktur.

Abb. 84.1+2: Beispiele für Bilder als spezifische Makrostruktur bei der Textsortenvariante ‚Gesprächsinterview' im ‚Tagesspiegel'[218]

215 Vgl. Kap. III.B.1.2.6.6.1.

216 Lediglich ein TE weist 67 Sätze auf (‚Gesprächsinterview', „Kunst braucht kein Label", 4. Juni 2007, Seite 25).

217 ‚Gesprächsinterview', „Tanz ins Licht", 19. August 2007, Seite 26.

218 Quellennachweis von links: ‚Gesprächsinterview'„ „Ich hoffe, ich habe sein Auge geerbt", 29. August 2007, Seite 25, Bildgröße 14,8 cm x 12,5 cm und ‚Gesprächsinterview', „Wenn sie es kann, soll sie es werden", 3. Juni 2007, Seite 25, Bildgröße 14,8 cm x 15,7 cm.

Die Bildgrößen liegen fast alle zwischen 130 und 240 Quadratzentimetern. Bei den Bildern handelt es sich durchgängig um Fotos, die bis auf eine Ausnahme[219] in den Fließtext integriert sind. Zwölf von vierzehn Mal sind der (vgl. Abb. 84.1) bzw. die Interviewten (vgl. Abb. 84.2) allein abgebildet, einmal zeigt das Foto den Interviewten in seiner musikalischen Tätigkeit gemeinsam mit anderen Personen (vgl. Anhang 45). Nur bei einem TE zeigt das große Bild eine Stadtlandschaft. Es ist unter einer Oberzeile platziert und bezieht sich wie diese auf zwei Artikel,[220] wie aus der Bildunterschrift hervorgeht. Bei diesem Artikel tritt ein weiteres, deutlich kleineres Bild auf, welches die Interviewten zeigt und im Fließtext platziert ist.

Die großen Bilder besitzen wie die kleinen (für die kulturell nicht ganz versierten Leser) die allgemeine Funktion, an das Aussehen des Interviewten zu erinnern bzw. dem Namen ein entsprechendes Gesicht zuzuordnen. Die Hauptfunktion besteht jedoch darin, die Aufmerksamkeit der Leser auf sich zu ziehen. Wird eine berühmte Person abgebildet (z.B. Katharina und Wolfgang Wagner in Abb. 84.2) weckt dies das Interesse der entsprechend interessierten Leserschaft.

(A) **Der Festivalmacher.** *Jürgen Flimm hat für Salzburg einen Fünf-Jahres-Vertrag.*[221] (**NS** + *VS*)

(B) **Für ihn ist Palermo eine Zwiebel.** *Krimiautor Roberto Alajmo.*[222] (**VS** + *NS*)

(C) **Mit der U-Bahn um die Welt.** *Ludwig vor dem Grips-Mosaik am Hansaplatz, das sein Bruder Rainer Hachfeld entwarf.*[223] (**NS** + *GS (NS + VS)*)

(D) **Maestro aus Omsk.** *Seit 2002 hat Kirill Petrenko als Chefdirigent das Profil der Komischen Oper geprägt. Vor allem der Mozart-Zyklus sowie sein „Rosenkavalier" begeisterten Publikum wie Kritiker. Nun verlässt der 35-Jährige das Haus. Am Sonntag dirigiert er seine letzte Premiere, Lehárs „Land des Lächelns" (Regie: Peter Konwitschny).*[224] (**NS** + *VS* + *VS* + *VS* + *GS (VS + NS)*)

---

219 Bei dem ‚Gesprächsinterview „Es weht ein neuer Wind" (20. Juli 2007, Seite 25) ist eins der zwei vorkommenden Fotos über der Überschrift platziert (vgl. Abb. 76).

220 Vgl. die Ausführungen in Kap. III.B.1.2.6.1. Es handelt sich bei dem Foto um das in der vorausgehenden Fußnote erwähnte Bild, welches als einziges nicht in den Fließtext integriert ist.

221 ‚Gesprächsinterview', „Ich will wissen, wo die Unvernunft siedelt", 26. Juli 2007, Seite 27.

222 ‚Gesprächsinterview', „Wir befinden uns in einer vorrevolutionären Situation", 3. August 2007, Seite 21.

223 ‚Gesprächsinterview', „Gutes Theater ist immer links", 13. Juni 2007, Seite 25.

224 ‚Gesprächsinterview', „Unser Publikum weiß, dass es mitdenken soll", 30. Juni 2007, Seite 23.

Die Bildunterschriften weisen eine durchgängige Zweiteilung auf, die auch in anderen TS auftritt. Der erste Teil, bei dem es sich bis auf eine Ausnahme[225] um einen Satz handelt, steht in Fettdruck. Er stellt bei 87 Prozent der drucktechnisch zweigeteilten Bildunterschriften einen isoliert gebrauchten einfachen Satz dar (A-D), der überwiegend als eingliedriger Nominalsatz realisiert ist (77 %, vgl. Bsp. A+D). Der in Fettdruck gesetzte Satz beinhaltet eine knappe, prägnante Aussage, die sich mehr oder weniger deutlich auf die Interviewten bzw. ihre Tätigkeit bezieht. Funktional weckt er durch seinen überwiegend originellen oder etwas unklaren Inhalt das Interesse des Lesers.

Auch bei dem zweiten Teil der Bildunterschrift handelt es sich bis auf die angeführte Ausnahme um Sätze, die sich durch ihren Kursivdruck deutlich vom ersten Teil abheben. Wie bei dem fettgedruckten Satz kommen isoliert gebrauchte einfache Sätze am häufigsten vor (60 %, vgl. Bsp. A+B), bei denen es sich überwiegend um Nominalsätze handelt (77 %, vgl. Bsp. B). Die übrigen kursiven Sätzen stellen fast immer Gesamtsätze dar (27 %, vgl. Bsp. C). Bei einer Bildunterschrift tritt die Besonderheit auf, dass der kursive Anteil aus vier Sätzen besteht und damit auffallend lang ist (D).

Die kursiven Sätze nennen immer den oder die abgebildeten Interviewten mit Namen (z.B. Abb. 84.1 und Bsp. A-D) bzw. charakterisierenden Spitznamen (z.B. „*Hügel-Chef*“ und „*Kronprinzessin*“ in Abb. 84.2).[226] Der Name kann sowohl als Nominalsatz allein realisiert sein (B) oder der kursivgedruckte Teil der Bildunterschrift gibt als Nominal- oder Verbalsatz zusätzliche Informationen zum Bildinhalt bzw. zum Interviewten. In Beispiel (A) liegt ein Verbalsatz vor, in Beispiel (C) eine Verbindung aus einem Nominalsatz und einem Verbalsatz, einem auf den Nukleus *Grips-Mosaik* bezogenen Attributsatz. Eine Ausnahme stellt ein TE dar, bei dem die biografischen Informationen des Interviewten in die Bildunterschrift verlegt sind (D).

Die TS ‚Interview‘ weist im Zentralbereich immer ein Foto auf, das je nach Textumfang als kleines Porträt ohne Bildunterschrift in die Makrostruktur des Einschubs integriert ist oder in Form einer Makrostruktur als großes Foto mit einer drucktechnisch und funktional zweigeteilten

225 Bei dem ‚Gesprächsinterview‘ „Sein ärgster Freund“ (22. Juni 2007, Seite 25) stellen der kursiv- und der fettgedruckte Teil der Bildunterschrift jeweils einen Teilsatz eines Gesamtsatzes dar („**Ihn will man nicht zum Gegner haben**, *sagt Werner Herzog von sich selbst.*“).

226 ‚Gesprächsinterview‘ „Wenn sie es kann, soll sie es werden“, 3. Juni 2007, Seite 25. Gemeint ist Wolfgang Wagner.

Bildunterschrift vorkommt. Beide Möglichkeiten treten nahezu im gleichen Verhältnis auf. Die TSV ‚Umfrageinterview' weist ausschließlich die erste Realisierung auf.

1.2.6.4 Makrostruktur des Verfassernamens

Bei der TSV ‚Gesprächsinterview' tritt bei allen TE der vollständige Verfassername auf, der in Groß- und Kleinbuchstaben realisiert ist. Drucktechnisch weist dieser denselben Kursivdruck auf, der auch den Redeanteil des Interviewers im Fließtext kennzeichnet, wodurch die Zuordnung zwischen den Äußerungen und ihrem Urheber betont wird. Der Verfassername ist immer in einen weitgehend standardisierten Satz unter dem Fließtext eingebaut, der den Namen klar der Rolle des Interviewers zuordnet. Mit einem Auftreten von 83 Prozent dominiert dabei deutlich die Wendung „*Das Gespräch führte/n*"[227]. Bei einem Interview[228] kommt die fast identische Wendung „*Das Interview führte*..." vor, während die übrigen 13 Prozent, die alle in der Sparte ‚Film' erscheinen, die Kurzform „*Interview: Verfassername*"[229] aufweisen. Funktional zeigen die drei Varianten keine Unterschiede.

Bei den ‚Umfrageinterviews' bleibt der Verfasser anonym, was wesentlich zur Begründung der TSV beiträgt.[230]

1.2.6.5 Makrostruktur des Reihennamens

Bei der TSV ‚Umfrageinterview' ist bei allen TE ein Balken mit dem eingliedrigen Nominalsatz „*Sommer der* **KUNST**" vorhanden, der den Reihennamen darstellt (vgl. Anhang 44). Der Satz ist drucktechnisch in einen kursiven und einen fettgedruckten Bestandteil aufgeteilt. Die Gestaltung des Balkens sowie dessen Funktion stimmen dabei mit derjenigen vieler Serien der TS ‚Kommentar' überein.[231] Der Balken besitzt einen großen Wiedererkennungswert und kennzeichnet die Zusammengehörigkeit einzelner TE zu einer Textexemplargruppe, die eine gemeinsame thematische Ausrichtung hat. So gibt der Nominalsatz des Reihennamens „*Sommer der* **KUNST**" an, dass alle TE unter diesem Initiator etwas mit dem Thema Kunst zu tun haben, die im Zeitraum des Sommers gezeigt wird. Dadurch wird zugleich die Begrenzung der Interviewreihe auf ei-

227 Z.B. ‚Gesprächsinterview', „Kunst braucht kein Label", 4. Juni 2007, Seite 25.
228 ‚Gesprächsinterview', „Tanz ins Licht", 19. August 2007, Seite 26.
229 Z.B. ‚Gesprächsinterview', „Morgens Mini, abends Sari", 7. Juni 2007, Seite 31.
230 Für detailliertere Ausführungen zum Verfasser vgl. Kap. III.A.1.2.
231 Vgl. Kap. III.B.1.2.5.5.

nen festen Zeitraum vorgegeben. Der Reihenname fungiert zudem als allgemeiner Initiator.

1.2.6.6 Biografische Makrostrukturen

Alle TE weisen in irgendeiner Form Informationen über den/die Interviewten auf, welche dem Leser über verschiedene Makrostrukturen oder Makrostrukturteile präsentiert werden.

1.2.6.6.1 Makrostruktur des Einschubs

Bei der TSV ‚Umfrageinterview' weisen alle TE einen Einschub im Textkorpus auf, während diese Makrostruktur bei den ‚Gesprächsinterviews' nur bei 39 Prozent der TE auftritt. Innerhalb dieser TSV stellen Einschübe somit eine variable Makrostruktur dar.

Die Einschübe der TS ‚Interview' sind immer auf dieselbe Art und Weise gestaltet und unterscheiden sich deutlich von denjenigen der TS ‚Bericht'.[232]

Mira Nair (49) ist die wichtigste indische Filmemacherin. **Salaam Bombay** machte sie 1988 weltberühmt. **Monsoon Wedding** holte 2001 den Goldenen Löwen bei Filmfest Venedig.

Susanne Pfeffer (33) leitet als Kuratorin seit Jahresbeginn die Kunst-Werke in der Auguststraße. Gegenwärtig ist dort ihre erste Ausstellung zu sehen: Malerei von Joe Coleman (bis 12. 8.).

Abb. 85.1+2: Beispiele für die Makrostruktur des Einschubs bei den Textsortenvarianten 1) ‚Gesprächsinterview'[233] *und 2) ‚Umfrageinterview'*[234] *im ‚Tagesspiegel'*

Der Einschub wird auch hier oben und unten von horizontalen Linien begrenzt. Die linke Seite des Einschubs wird jedoch immer von einem Bild des Interviewten eingenommen.[235] Der restliche Einschub beinhaltet Informationen zur interviewten Person. Obligatorische Angaben sind dabei immer der Name, das Alter und Angaben zur beruflichen Tätigkeit des Interviewten, die (anders als bei den Einschüben der TS ‚Bericht') in derselben Schriftgröße wie der Fließtext präsentiert werden. Als weitere Angaben werden fünfmal der Geburtsort genannt bzw. Informationen zur Herkunft des Interviewten gegeben und viermal künstlerische Werke

232 Vgl. Kap. III.B.1.2.1.5.

233 ‚Gesprächsinterview', „Morgens Mini, abends Sari", 7. Juni 2007, Seite 31.

234 ‚Umfrageinterview', „Das beste aller Örtchen", 21. Juni 2007, Seite 24. Für den gesamten Artikel siehe Anhang 44.

235 Zur Funktion vgl. die Ausführungen in Kap. III.B.1.2.6.3.

(z.B. Romantitel) namentlich aufgeführt. Der Name des Interviewten wird immer durch Fettdruck hervorgehoben und steht fast durchgängig zu Beginn des Einschubs (vgl. Abb. 85.1+2). Bei drei Einschüben werden zudem weitere Informationen durch Fettdruck betont (z.B. bekannte Filmtitel der interviewten Person, vgl. Abb. 85.1).

Der Einschub dient dazu, die interviewte Person kurz vorzustellen, sodass der Leser sie grob einordnen kann, sofern sie ihm unbekannt sein sollte. Diese Informationen sind wichtig, da der Leser anhand dieser Fakten die Aussagen im Interview beurteilt. So erlangt die Meinung des Interviewten viel mehr Gewicht, wenn er dem Rezipienten als Fachmann auf dem befragten Gebiet vorgestellt wird. Meistens wird die berufliche Tätigkeit zwar schon in der Unterzeile genannt, der Einschub fällt jedoch durch das integrierte Foto und die besondere drucktechnische Gestaltung weit mehr auf und weckt somit die Aufmerksamkeit des Lesers.

Bei der TSV ‚Umfrageinterview' tritt bei allen TE die Makrostruktur des Einschubs auf, während weitere Makrostrukturen mit biografischen Informationen fehlen.

1.2.6.6.2 Makrostruktur der Informationsleiste

Bei neun ‚Gesprächsinterviews' (39 %) befindet sich rechts neben einem großen Bild im Fließtext eine Informationsleiste, die drucktechnisch immer einheitlich realisiert ist. Diese Makrostruktur kommt ausschließlich bei umfangreicheren Interviews vor, die ein großes Foto als Makrostruktur aufweisen (vgl. Anhang 45). Bei der Informationsleiste handelt es sich um eine variable Makrostruktur, deren Auftreten jedoch ein charakteristisches Merkmal darstellt, da sie fast ausschließlich[236] bei dieser TSV vorkommt.

Die Informationsleiste ist halb so breit wie eine Zeitungsspalte. Die Makrostruktur beginnt mit einem braun-gelb hinterlegten Balken. In Großbuchstaben enthält er das Thema der Informationsleiste und fungiert somit als Überschrift. Fünfmal kommt dabei der Nominalsatz „ZUR PERSON", jeweils einmal die Nominalsätze „VITA", „DIE WAGNERS" und „DER REGISSEUR" vor. Allen diesen Sätzen ist gemein, dass sie Zusatzinformationen zu der bzw. den interviewten Personen ankündigen. Lediglich der Balken „DAS PROJEKT" ist thematisch anders orientiert (vgl. Anhang 45).

236 Lediglich fünf TE der ‚Personenporträts' und ein TE der ‚Sachberichte' weisen ebenfalls eine Informationsleiste auf.

Die auf den Balken folgende Schrift weist dieselbe Größe wie diejenige des Fließtextes auf und steht bis auf wenige in Fettdruck gesetzte Wörter in Normaldruck. Vom Blocksatz des Fließtextes hebt sich der Textanteil der Informationsleiste dadurch ab, dass er linksbündig und im Flattersatz gesetzt ist (vgl. Abb. 86.1).

Achtmal enthält die Makrostruktur biografische Zusatzinformationen zur interviewten Person, wobei wie bei der Makrostruktur des Einschubs bestimmte Informationen bei allen Informationsleisten auftreten. Dazu zählen der Name, das Alter und der Geburtsort des Interviewten sowie Angaben zu seiner beruflichen bzw. kulturellen Tätigkeit. Häufiger werden auch der Wohnort und künstlerische Werke erwähnt. Als besonders wichtig erachtete Aspekte werden durch Fettdruck hervorgehoben. Der Name der interviewten Person wird dabei in sieben von acht Informationsleisten besonders betont, indem er in Fettdruck gesetzt ist und zu Beginn der Informationsleiste steht.[237]

Die einzige Informationsleiste ohne biografische Informationen thematisiert das Orchesterprojekt, welches der Interviewte mitbegründet hat und leitet und zu welchem er maßgeblich im Interview befragt wird. Auch diese Leiste beginnt jedoch mit dem Name der interviewten Person, der sich in Fettdruck befindet (vgl. Anhang 45).

Funktionell gleicht die Makrostruktur der Informationsleiste derjenigen des Einschubs, was durch mehrere drucktechnische und inhaltliche Übereinstimmungen deutlich wird. Da die Informationsleiste jedoch etwas umfangreicher ist, liefert sie entsprechend ausführlichere Informationen. Bei der TSV ‚Umfrageinterview' tritt die Makrostruktur der Informationsleiste nicht auf.

1.2.6.6.3 Makrostruktur des Informationskastens

Vier TE der TSV ‚Gesprächsinterview' (17 %) weisen einen Informationskasten auf, der an jeweils unterschiedlicher Stelle in den Fließtext integriert ist. Wie die Informationsleiste ist diese variable Makrostruktur auf längere Interviews mit großen Bildern beschränkt. Dem Namen entsprechend ist die Makrostruktur von einem geschlossenen Kasten umgeben, der ihren Inhalt deutlich vom Fließtext abgrenzt. Dreimal umfasst der Informationskasten eine Spalte, die mit den Abmaßen derjenigen des umgebenden Fließtextes übereinstimmt. Bei einem Exemplar reicht er über drei Spalten, welche drucktechnisch zwei Spalten des Fließtextes entsprechen.[238]

---

237 Vgl. Kap. III.B.1.2.6.6.1.

238 ‚Gesprächsinterview', „Sein ärgster Feind", 22. Juni 2007, Seite 25.

Auch bei dieser Makrostruktur stimmt die Schriftgröße mit derjenigen des Fließtextes überein, der Informationskasten ist linksbündig und im Flattersatz gedruckt und bis auf einige durch Fettdruck hervorgehobene Wörter in normalem Drucktyp gesetzt.

DIE WAGNERS

Wolfgang Wagner wurde am 30. August 1919 in Bayreuth geboren. Er leitet die Bayreuther Festspiele seit **1951**, zunächst an der Seite seines **Bruders Wieland**, der 1966 stirbt. Seit 1973 hat Wolfgang Wagner einen **Vertrag auf Lebenszeit**. Künstlerisch eher konventionell, verpflichtet er immer wieder auch innovative Regisseure wie **Patrice Chéreau** oder **Christoph Schlingensief**. Es heißt, die Festspielleitung ruhe inoffiziell seit Jahren in den Händen seiner zweiten Frau **Gudrun** (63).

Katharina Wagner ist die Tochter von Gudrun und Wolfgang Wagner und wurde am 21. Mai 1978 in Bayreuth geboren. Sie studierte in Berlin **Theaterwissenschaften**, ihre vierte und vorerst letzte Inszenierung war **Puccinis „Trittico“** an der Deutschen Oper. Am 25. Juli debütiert Katharina Wagner mit den **„Meistersingern“** auf dem Grünen Hügel. Nächste Woche beginnen die Proben. Ginge es nach ihren Eltern, soll sie die neue Chefin der Festspiele werden.

BÜROS & BAUTEN

Graft, abgeleitet von Grafting (Aufpfropfen eines Zweigs auf einen Wirt), wurde 1998 von den befreundeten Architekturstudenten Lars Krückeberg und Wolfram Putz in **Los Angeles** gegründet. Seit 2001 gibt es eine **Berliner Dependance**, gemeinsam mit Thomas Willemeit, seit 2005 auch eine in **Peking**, gemeinsam mit Gregor Hoheisel.

In Deutschland bekannt wurde Graft durch die Studiobauten für den Schauspieler **Brad Pitt** in Los Angeles. In Berlin bauten sie unter anderem das **Hotel Q**, eine Zahnklinik und mehrere Lofts. Graft bauen in den USA, **China**, der Dominikanischen Republik, Georgien und Neuseeland. Sie sind auch am Wiederaufbau von **New Orleans** beteiligt.

ZUR PERSON

Hermann Parzinger (48) zeigt seine größten Funde als Archäologe ab 6. Juli im Berliner Martin-Gropius-Bau: **„Die Königsgräber der Skythen“**, die der Präsident des in Berlin beheimateten Deutschen Archäologischen Instituts (DAI) in **Sibirien** und der **Mongolei** entdeckte. Am Freitag wurde der Wissenschaftler zum künftigen Präsidenten der **Stiftung Preußischer Kulturbesitz** gewählt, im März 2008 tritt er die Nachfolge Klaus-Dieter Lehmanns an. Parzinger studierte in München und Saarbrücken und lehrte an den Universitäten in München und Frankfurt/Main. 1995 wurde er Gründungsdirektor der Eurasien-Abteilung des DAI, 2003 dessen Direktor. -ry

Abb. 86.1-3: Beispiele für die Makrostruktur 1) der Informationsleiste[239] *und 2+3) des Informationskastens*[240] *bei der Textsortenvariante ‚Gesprächsinterview' im ‚Tagesspiegel'*

In der linken oberen Ecke des Kastens befindet sich ein Balken, der drucktechnisch und funktional demjenigen der Informationsleiste entspricht. Die Nominalsätze im Balken sind jeweils unterschiedlich (z.B. „LINIENTREUE“[241] und „25. FILMFEST MÜNCHEN: DIE HIGH-

239 ‚Gesprächsinterview', „Wenn sie es kann, soll sie es werden“, 3. Juni 2007, Seite 25.

240 Quellennachweis von links: ‚Gesprächsinterview', „Wie man die Zukunft angräbt“, 11. Juni 2007, Seite 23 und ‚Gesprächsinterview', „Es weht ein neuer Wind“, 20. Juli 2007, Seite 25.

241 ‚Gesprächsinterview', „Gutes Theater ist immer links“, 13. Juni 2007, Seite 25.

LIGHTS"[242]), wobei wie bei der Informationsleiste einmal der Satz „ZUR PERSON" vorkommt (vgl. Abb. 86.3). Dies verweist neben den drucktechnischen Übereinstimmungen zusätzlich auf funktionale Gemeinsamkeiten.

Inhaltlich liefern nur zwei Informationskästen explizit biografische Informationen zur interviewten Person. Name, Alter und Beruf treten dabei bei beiden auf, Geburtsort und künstlerische Werke nur bei einem. Während ein drittes Exemplar über die Firma der Interviewten informiert (vgl. Abb. 86.2), wobei diese namentlich als Gründer erwähnt werden, thematisiert ein vierter Kasten eine Veranstaltung, die nur am Rande im Interview auftaucht.[243] Die interviewte Person tritt hierbei auch nur als ein Name neben anderen auf, auch wenn dieser durch Fettdruck hervorgehoben wird. Biografische Informationen werden bei diesem Interview durch die zusätzlich auftretende Makrostruktur der Informationsleiste geliefert.

Die Funktion des Informationskastens besteht darin, Zusatzinformationen zu bestimmten Aspekten des Interviews zu liefern. Anders als bei der Makrostruktur der Informationsleiste stellen die biografischen Informationen dabei nur ein mögliches Thema dar. Bei einer biografischen Ausrichtung des Informationskastens lassen sich keine funktionellen Unterschiede zur Informationsleiste feststellen, was sie in diesem Fall zu gleichrangigen, äquivalenten Makrostrukturen macht.

Zwei Kästen weisen am Ende ein Verfasserkürzel auf (vgl. Abb. 86.3). Dieses gibt an, dass die Makrostruktur nicht von demselben Autor stammt wie das Interview. Der Aufwand für das Verfassen eines Informationskastens scheint dabei so groß zu sein, dass es für wichtig erachtet wird, den entsprechenden Verfasser kenntlich zu machen. Durch das Kürzel werden die Abgeschlossenheit der Makrostruktur und damit ihre potentielle Eigenständigkeit betont. Aus diesem Grund ist der Informationskasten als Teiltext[244] aufzufassen, der unter bestimmten Bedingungen auch als eigenständiges TE erscheinen könnte.

Bei der TSV ‚Umfrageinterview' kommt die Makrostruktur des Informationskastens nicht vor.

242 ‚Gesprächsinterview', „Sein ärgster Feind", 22. Juni 2007, Seite 25.

243 Der Balken des Informationskastens, „25. FILMFEST MÜNCHEN: DIE HIGHLIGHTS", gibt die thematisierte Veranstaltung an (‚Gesprächsinterview', „Sein ärgster Feind", 22. Juni 2007, Seite 25).

244 Zur Definition des Begriffs ‚Teiltext' siehe SIMMLER (1996: 617ff.) und (2009: 14).

1.2.6.6.4 Weitere biografische Makrostrukturen und Makrostrukturteile

Neben den drei häufiger auftretenden Makrostrukturen mit biografischen Inhalten kommen noch zwei weitere vor, die jedoch jeweils nur bei einem TE erscheinen.

Bei einem ‚Gesprächsinterview' befindet sich zwischen Überschriftengefüge und der ersten Frage des Interviewers ein Informationsabsatz, der durch eine vergrößerte Leerzeile von diesen abgehoben ist.[245] Drucktechnisch steht er in Kursivdruck. Anders als beim Redeanteil des Interviewers fehlt jedoch der Fettdruck. Inhaltlich werden Angaben zum Namen, Alter, Beruf, künstlerischen Stellenwert und aktuellen Aufführungen der interviewten Person gemacht.

Die letzte nachgewiesene Möglichkeit zur Präsentation von biografischen Zusatzinformationen erfolgt lediglich durch einen Makrostrukturteil. Die Bildunterschrift eines Fotos weist zwar die gewohnte drucktechnische Zweiteilung auf, der kursive Anteil ist jedoch erheblich länger als bei allen anderen Bildunterschriften.[246] Sie enthält wie die anderen biografischen Makrostrukturen Angaben zum Namen, Alter, Beruf sowie zu dem Geburtsort und aktuellen Auftritten.

Anhand der Makrostrukturen, die biografische Informationen enthalten, werden für den Leser wichtige Daten zur Person des Interviewten zusammengefasst, sodass auch der uninformierte Leser über entscheidende Aspekte rasch in Kenntnis gesetzt wird. Dadurch wird ihm ermöglicht, die Auswahl der im Interview besprochenen Themen nachzuvollziehen bzw. die Qualität der Äußerungen einzuordnen. Diese Grundfunktion besitzen alle biografischen Makrostrukturen. Unterschiede kommen dabei in ihrem Umfang, der drucktechnischen Präsentation und damit der Hervorhebung dieser Informationen vor.

Im Zentralbereich der beiden TSV ‚Gesprächsinterview' (87 %) und ‚Umfrageinterview' (100 %) tritt immer eine der aufgeführten biografischen Makrostrukturen auf.

1.2.6.7 Informationsabsatz unter dem Fließtext

Neben dem bereits besprochenen Informationsabsatz vor dem Fließtext kommt bei drei TE der TSV ‚Gesprächsinterview' (13 %) ein Informationsabsatz unter dem Fließtext vor (Abb. 87).

---

245 ‚Gesprächsinterview', „Tanz ins Licht", 19. August 2007, Seite 26.

246 ‚Gesprächsinterview', „Unser Publikum weiß, dass es mitdenken soll", 30. Juni 2007, Seite 23. Vgl. die Ausführungen in Kap. III.B.1.2.6.3.

— Das Interview führte Sandra Luzina. „Keeping Still - Part 1", Radialsystem, 19. und 20.8., jeweils 19.30 und 22 Uhr.

— Das Gespräch führte Marcel Anders. „La Radiolina" von Manu Chao erscheint am 31. August bei Warner

Abb. 87.1+2: Beispiele für die Makrostruktur des Informationsabsatzes unter dem Fließtext bei der Textsortenvariante ‚Gesprächsinterview' im ‚Tagesspiegel'[247]

Dieser schließt zweimal direkt an die Schlusswendung mit dem Autorennamen an, einmal ist er von dieser durch eine Leerzeile getrennt. Drucktechnisch ist diese Makrostruktur wie die Schlussfloskel kursiv gedruckt. Bei dem Informationsabsatz über das neuste Buch des Interviewten ist die für Buchangaben typische Hervorhebung des Autors und Buchtitels durch Fettdruck vorhanden, die auch bei fast allen Informationsabsätzen innerhalb der Subgruppe ‚Literaturkritik' der ‚Großkritiken' auftritt.[248]

Inhaltlich liefern die Informationsabsätze knappe Zusatzinformationen zu einer aktuellen Aufführung (vgl. Abb. 87.1) oder einer Neuveröffentlichung (vgl. Abb. 87.2). Funktional erleichtert der Informationsabsatz durch seine Angaben dem Leser, die betreffende Veranstaltung zu besuchen bzw. das künstlerische Werk zu erwerben.

Die Makrostruktur des Informationsabsatzes befindet sich aufgrund ihres geringen Auftretens nicht im Zentralbereich der TS.

1.2.7 Die Makrostrukturen der Textsorte ‚Abdruck'

Die TS ‚Abdruck' stellt gegenüber allen anderen zeitungssprachlichen TS eine Besonderheit dar, weil ihr Fließtext nicht von einem Journalisten oder anderem Autor für die Zeitung verfasst wurde, sondern vollständig einem anderen Medium entnommen ist. Der abgedruckte Text ist dabei immer ein Textauszug[249] eines größeren TE und einer anderen TS (vgl. Anhang 47).[250]

Trotzdem lässt sich das Ansetzen einer TS ‚Abdruck' rechtfertigen, da zu dem Textauszug charakteristische, zeitungssprachliche Makrostrukturen hinzutreten, die eine neue TS konstituieren. Der Textauszug

---

247 Quellennachweis von links: ‚Gesprächsinterview', „Ich hoffe auf tausend kleine Revolutionen", 30. August 2007, Seite 26 und ‚Gesprächsinterview', „Tanz ins Licht", 19. August 2007, Seite 26.

248 Vgl. Kap. III.B.1.2.5.7.

249 Zur Definition des Begriffs vgl. SIMMLER (1996: 624f.).

250 Die verwendete Terminologie folgt der Definition SIMMLERs (1996: 620) und (2009: 14), nach der Makrostrukturen, die eine potentielle Texthaftigkeit besitzen, als ‚Teiltexte' bezeichnet werden, während Textauszüge, die keine eigenständigen, abgeschlossenen Einheiten darstellen, als ‚Textteile' benannt werden.

steht nicht einfach isoliert für sich, sondern erlangt durch die Makrostrukturen der Überschrift und des Informationsabsatzes unterhalb des Fließtextes eine neue spezifische Funktion, die von derjenigen des vollständigen Primärtextes deutlich abweicht.

Da der Fließtext der TE ursprünglich nicht für die TS ‚Abdruck' verfasst wurde, sondern von einer anderen Person als dem ursprünglichen Autor nur ein Textteil des Gesamttextes ausgewählt wurde, werden alle Merkmale, die vor dem Abdruck in der Zeitung feststanden, nicht für die Textsortendefinition berücksichtigt. Dazu zählen insbesondere die lexikalische und syntaktische Gestaltung des Textauszugs sowie die Makrostruktur des Absatzes. Der Schwerpunkt der Untersuchung liegt somit auf den hinzugefügten neuen Elementen, maßgeblich den Makrostrukturen.

Wichtig für die Begründung einer neuen TS ist, dass der jeweilige Textauszug eine andere Funktion übernimmt, als er in seinem ursprünglichen Herkunftstext inne hatte. In den beiden Fällen, bei denen es sich um literarische Ursprungstexte handelt, vermitteln die Textauszüge nicht mehr gemeinsam mit dem restlichen TE eine Gesamtaussage im Sinne des Autors. Sie dienen vielmehr dazu, dem Zeitungsleser einen Eindruck von dem literarischen Werk zu vermitteln, aus dem sie stammen. Es handelt sich daher bei den Textauszügen um besonders aussagekräftige bzw. wichtige Passagen, welche für die Repräsentation des Gesamttextes geeignet erscheinen. Nur durch ihr Lesen soll der Zeitungsrezipient zur genaueren Beschäftigung mit dem Gesamttext angeregt werden. Bei der Grabrede[251] ist der funktionale Unterschied geringer. Ursprünglich diente der Auszug als Teil einer Grabrede der festlichen Gestaltung der Beisetzung sowie der Würdigung und Sympathiebekundung gegenüber dem Verstorbenen. Im Rahmen der neuen TS bestehen diese Funktionen weiter, jedoch kommen durch eine andere Zusammensetzung der externen Faktoren Leser/Hörer, Ort und Zeit weitere hinzu. Die Rede wird nicht vor Trauergästen gehalten, die den Verstorbenen überwiegend persönlich näher kannten. Der Zeitungsleser steht in keiner direkten Beziehung zum Toten, sodass er den Textauszug weniger emotional und mehr informationsinteressiert liest. Auch die Todesmitteilung an sich ist eine weitere Funktion des TE.

Da lediglich drei TE des TS ‚Abdruck' auftreten, ist nur eine vorläufige Bestimmung des Zentralbereichs möglich. Der Schwerpunkt liegt daher auf der Darstellung der Merkmale, die bei allen TE auftreten und zudem einheitlich realisiert sind.

251 ‚Abdruck', „Ein Bett und eine Bühne", 27. August 2007, Seite 23.

1.2.7.1 Makrostruktur der Überschrift

Die drei TE der TS ‚Abdruck' weisen alle eine zweizeilige Überschrift auf:

Ein Bett und eine Bühne

Das Geheimnis eines Theaterzauberers: Aus der Grabrede auf George Tabori / Von Hermann Beil

Abb. 88: Beispiel für eine Überschrift bei der Textsorte ‚Abdruck' im ‚Tagesspiegel'[252]

Die Hauptzeile steht dabei in Fettdruck und ist deutlich größer als die Unterzeile, die sich ihrerseits durch eine etwa doppelt so große Buchstabenhöhe von der Schriftgröße des Fließtextes abhebt. Sowohl zwischen Haupt- und Unterzeile als auch zwischen Unterzeile und Fließtext befindet sich jeweils eine Leerzeile, welche die einzelnen Elemente voneinander trennt.

Die drucktechnische Gestaltung entspricht derjenigen bei den TS ‚Bericht', ‚Porträt' und ‚Interview', wobei sich funktional jedoch deutliche Unterschiede zeigen.[253]

1.2.7.2 Makrostruktur des Verfassernamens

Bei allen TE wird der Autor des Textauszugs mit vollständigem Namen angegeben. Dieser taucht immer in der Unterzeile auf, bei zwei TE zusätzlich im Informationsabsatz unter dem Fließtext. Es wird in allen drei Fällen deutlich angezeigt, dass es sich um einen Textauszug handelt.

Der Mitarbeiter der Zeitung, der den Textauszug ausgewählt, mit neuen zeitungssprachlichen Merkmalen verbunden und so in eine neue TS transferiert hat, bleibt hingegen anonym. Wahrscheinlich wird die Eigenleistung an den TE der neuen TS ‚Abdruck' als so gering eingestuft, dass eine namentliche Nennung unnötig erscheint.

1.2.7.3 Makrostruktur des Informationsabsatzes unter dem Fließtext

Ein weiteres Merkmal, das bei allen TE auftritt, ist der Informationsabsatz unterhalb des Fließtextes. Dieser ist jeweils durch eine Leerzeile vom Fließtext des Textauszugs abgehoben und ist zudem in Kursivdruck gesetzt (Abb. 89).

Funktional verdeutlicht dieser in unterschiedlicher Form, dass es sich bei dem Fließtext des Artikels um einen Textauszug handelt. Teilweise enthält er auch weitere Informationen. Die kürzeste Variante stellt dabei

252 ‚Abdruck', „Ein Bett und eine Bühne", 27. August 2007, Seite 23.

253 Vgl. Kap. III.B.2.3.7.

die Angabe dar, dass der Abdruck vom Verlag des Primärtextes genehmigt ist (vgl. Anhang 47). Die anderen beiden TE liefern genauere Informationen über die Art des Primärtextes und dessen Autor. Im Falle der Grabrede wird zudem auf die Beziehung zwischen dem Autor der Grabrede und dem Verstorbenen sowie auf die geplante Gedenkfeier verwiesen.

— Auszug aus einem längeren Dialog über „Maßstäbe zur Betrachtung neuer gegenständlicher Kunst", den der Malereienthusiast Mosebach in seinen Essayband „Du sollst dir ein Bild machen" (zu Klampen, Springe 2005) aufgenommen hat.

Abb. 89: Beispiel für einen Informationsabsatz unter dem Fließtext bei der Textsorte ‚Abdruck' im ‚Tagesspiegel'[254]

1.2.7.4 Weitere textuelle Merkmale

Bei einem TE wird der Textauszug durch eine Initiale eingeleitet, die drucktechnisch drei Zeitungszeilen umfasst. Sie übernimmt gemeinsam mit der Überschrift Initiatorfunktion.

Das TE, welches den Textauszug aus der Grabrede beinhaltet,[255] weist als weitere Makrostrukturen ein Foto mit Bildunterschrift und zwei Gedichte auf. Das Foto zeigt den Verstorbenen, wobei die drucktechnisch zweigeteilte Bildunterschrift im fettgedruckten Teil den Namen und im kursivgedruckten das Aufnahmedatum und den Aufnahmeort nennt. Anders als bei den Zuhörern der Grabrede bei der Beisetzung des Toten ist dieser dem Zeitungsleser nicht unbedingt bekannt, sodass bei der Verwendung des Textauszugs innerhalb der TS ‚Abdruck' ein Bild sinnvoll erscheint.

Bei den Gedichten handelt es sich um eine gekürzte Form eines fremdsprachigen Gedichts und dessen Übersetzung. Sie sind jeweils durch eine Leerzeile vom übrigen Fließtext getrennt und besitzen eine eigene, fettgedruckte Überschrift. Aufgrund ihrer potentiellen Eigenständigkeit sind sie als Teiltexte aufzufassen. Das Gedicht stammt von dem Lieblingsdichter des Verstorbenen und dient funktional dazu, den Toten durch diese Auswahl zu charakterisieren. Zugleich zeigt es, dass der Autor der Grabrede die Vorlieben des Verstorbenen kennt, wodurch seine Äußerungen mehr Gewicht erhalten.

---

254 ‚Abdruck', „Aus der Mitte", 8. Juni 2007, Seite 25.
255 ‚Abdruck', „Ein Bett und eine Bühne", 27. August 2007, Seite 23.

1.3 *Makrostrukturen bei den Textsorten der Wochenzeitung ,Die Zeit'*

Die folgende Untersuchung der Makrostrukturen baut auf den Erläuterungen und begrifflichen Erklärungen auf, die in dem Kapitel „Makrostrukturen bei den Textsorten der Tageszeitung ,Der Tagesspiegel'"[256] vorgenommen wurden. Generelle erläuternde Aussagen oder Begriffsbestimmungen werden lediglich zu den Makrostrukturen gemacht, die bei dem ,Tagesspiegel' nicht oder nur in stark abweichender Form auftreten.

1.3.1 Die Makrostrukturen der Textsorte ,Bericht'

Im Gegensatz zur Tageszeitung ,Der Tageszeitung'[257] weist die TS ,Bericht' bei der Wochenzeitung ,Die Zeit" mit insgesamt 20 TE nur eine geringe Frequenz auf. Zudem treten nur die beiden TSV ,Erlebnisbericht' und ,Themenbericht' auf, während sich die dritte beim ,Tagesspiegel' auftretende TSV ,Sachbericht' nicht nachweisen lässt.

Aufgrund der geringen Anzahl an TE lassen sich lediglich vorläufige Ergebnisse formulieren. Die ,Berichte' der ,Zeit' zeigen jedoch bei beiden TSV große Übereinstimmungen mit den TE der TSV der TS ,Bericht' innerhalb des ,Tagesspiegels', sodass eine Bestätigung der Ergebnisse bei einer größeren Materialgrundlage wahrscheinlich ist.

Ein Grund für das Fehlen von ,Sachberichten' ist, dass diese vorrangig aktuelle Informationen vermitteln. Bei einer Wochenzeitung ist es jedoch nur sehr bedingt möglich, zeitnah über Ereignisse zu berichten. Aus demselben Grund kommt die TS ,Meldung' in der ,Zeit' nicht vor, während die TS ,Kurzmeldung' vorrangig eine andere funktionale Ausrichtung hat als in der Tageszeitung.[258]

1.3.1.1 Makrostruktur der Überschrift

Alle TE der TS ,Bericht' besitzen eine zweizeilige Überschrift, welche gemeinsam mit einer Initiale[259] am Beginn des Fließtextes als spezifischer Initiator fungiert. Die Hauptzeile ist in einer wesentlich größeren Schrift gedruckt als die Unterzeile und steht in Fettdruck. Bis auf ein TE der ,Erlebnisberichte'[260] enden alle Unterzeilen mit einem Nominalsatz,

256 Vgl. Kap. III.B.1.2.

257 Innerhalb des Untersuchungszeitraums treten 148 TE der TS ,Bericht' auf. Vgl. auch Tab. 51.

258 Vgl. Kap. III.B.1.2.3.2. und Kap. III.B.1.3.2.2.

259 Lediglich das TE „Olympia für die ganze Familie" (19. Juli 2007, Seite 40) der TSV ,Erlebnisbericht' weist keine Initiale auf.

260 ,Erlebnisbericht', „Der absolute Aufbruch", 14. Juni 2007, Seite 50.

der den Verfassernamen angibt. Dieser ist gemeinsam mit der Präposition „VON“ in fettgedruckten Großbuchstaben gesetzt und hebt sich dadurch von der restlichen Unterzeile deutlich ab. Sowohl Haupt- als auch Unterzeile weisen bei ihrer drucktechnischen Anordnung bei beiden TSV keine feste Anzahl von Zeitungszeilen auf. Die Überschriftteile sind durch eine Leerzeile voneinander getrennt:

Der Zensor im Kopf des Autors

Pressefreiheit auf Chinesisch: Die Spielräume für Journalisten sind größer geworden, doch die Partei hat das letzte Wort **VON CHRISTOF SIEMES**

Abb. 90: Beispiel für eine Überschrift bei der Textsorte ‚Bericht‘ in der ‚Zeit‘[261]

Die Überschrift befindet sich entweder über oder umgeben von einem Freiraum in der Mitte des Fließtextes. In letzterem Fall umfassen Haupt- und Unterzeile immer mehrere Zeitungszeilen.

1.3.1.2 Makrostruktur des Absatzes

Die TS ‚Bericht‘ weist ein Absatzspektrum von sechs bis 38 Absätzen auf, wobei 90 Prozent der TE mehr als sieben Absätze haben. Die TE beider TSV zeigen ähnliche Varianzen bei der Absatzanzahl, sodass diese in einem gemeinsamen Diagramm dargestellt werden können:

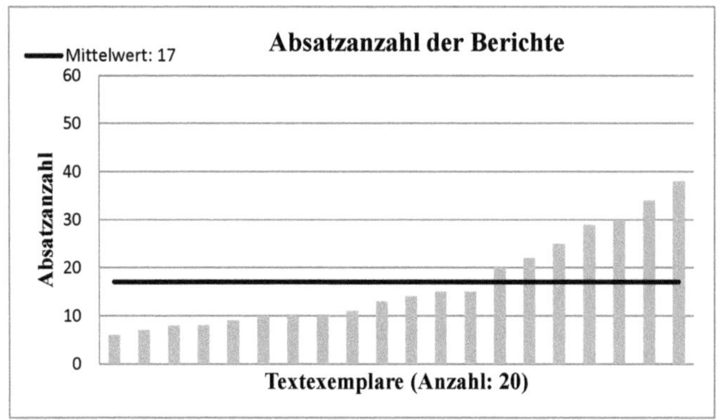

Abb. 91: Absatzanzahl der Textexemplare der Textsorte ‚Bericht‘ in der ‚Zeit‘

261 ‚Erlebnisbericht‘, „Der Zensor im Kopf des Autors“, 19. Juli 2007, Seite 41.

Die großen Schwankungen in der Absatzanzahl lassen sich wie bei der TS ‚Bericht' im ‚Tagesspiegel' durch den sehr unterschiedlichen Textumfang der einzelnen TE begründen.

Generell lässt sich feststellen, dass die ‚Berichte' in der ‚Zeit' im Schnitt deutlich länger sind als im ‚Tagesspiegel'. Innerhalb der TS ‚Bericht' liegt bei der Wochenzeitung eine Spanne von 65 bis 594 Zeitungszeilen bzw. 37 bis 203 Sätzen vor, während diese bei der Tageszeitung 37 bis 402 Zeitungszeilen bzw. acht bis 153 Sätze beträgt.

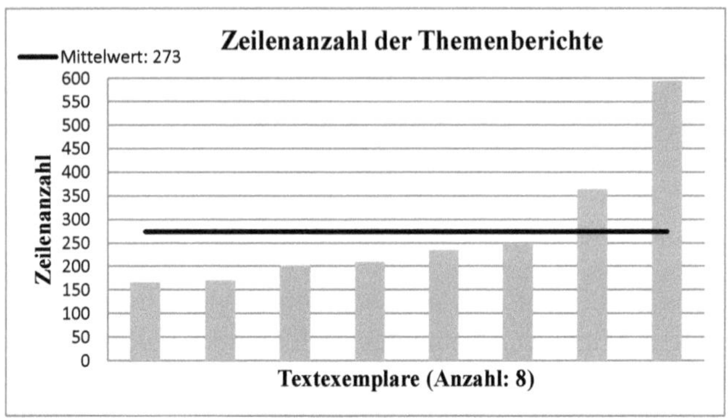

Abb. 92: Zeilenanzahl der Textexemplare der Textsortenvariante ‚Themenbericht' in der ‚Zeit'

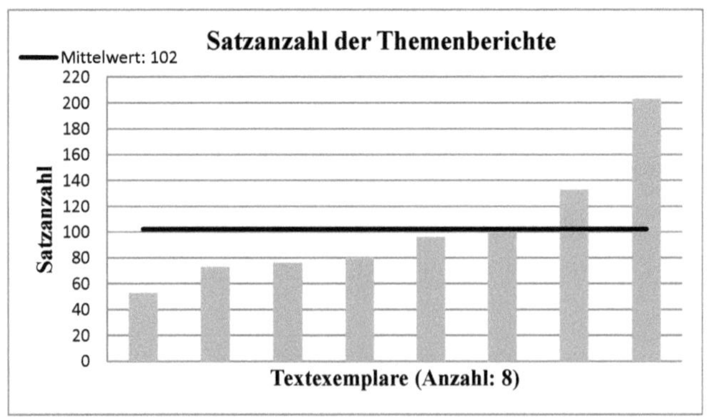

Abb. 93: Satzanzahl der Textexemplare der Textsortenvariante ‚Themenbericht' in der ‚Zeit'

Die TE der TSV ‚Themenbericht' in der ‚Zeit' weisen eine Spanne von 166 bis 594 Zeitungszeilen bzw. 53 bis 203 Sätzen auf, wobei der Durchschnitt bei 273 Zeilen bzw. 102 Sätzen liegt (vgl. Abb. 92 und Abb. 93). Die Durchschnittswerte bei den TE der ‚Themenberichte' des

‚Tagesspiegels' betragen hingegen 211 Zeitungszeilen und 60 Sätze. Bezüglich der Absatzanzahl liegen die TE der ‚Themenberichte' der beiden Zeitungen dichter zusammen. 63 Prozent der TE der ‚Zeit' weisen eine Absatzanzahl aus dem Zentralbereich[262] der ‚Themenberichte' auf, die im ‚Tagesspiegel' erschienen sind. Lediglich ein TE zeigt mit 34 Absätzen einen sehr viel höheren Wert.

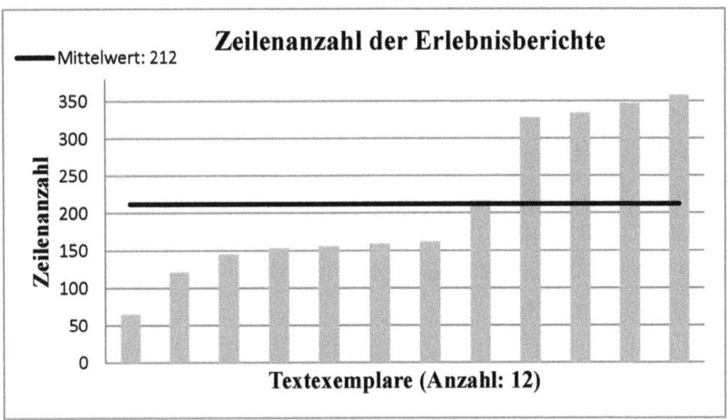

Abb. 94: Zeilenanzahl der Textexemplare der Textsortenvariante ‚Erlebnisbericht' in der ‚Zeit'

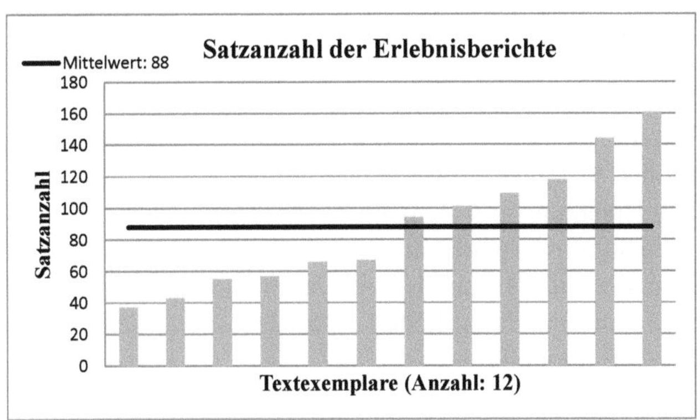

Abb. 95: Satzanzahl der Textexemplare der Textsortenvariante ‚Erlebnisbericht' in der ‚Zeit'

Die TE der TSV ‚Erlebnisbericht' zeigen verglichen mit denen der TSV ‚Themenbericht' einen deutlich geringeren Textumfang. Durchschnittlich bestehen sie aus 212 Zeitungszeilen bzw. 88 Sätzen, wobei insge-

262 Dieser umfasst eine Absatzspanne von acht bis 15 Absätzen. Die acht TE aus der ‚Zeit' weisen je einmal neun, 13, 15, 20, 29 und 34 Absätze und zweimal zehn Absätze auf.

samt eine Spanne von 65 bis 358 Zeilen bzw. 37 bis 161 Sätzen vorliegt (vgl. Abb. 94 und Abb. 95). Die ,Erlebnisberichte' der ,Zeit' sind dennoch deutlich länger als diejenigen des ,Tagesspiegels'.[263]

Die Anzahl der Absätze variiert bei den einzelnen ,Erlebnisberichten' der ,Zeit' stark. So reicht die Spanne ohne klare Präferenzen von sechs bis 38 Absätzen, sodass es nicht möglich ist, eine sinnvolle Eingrenzung auf einen Kernbereich vorzunehmen. Bei 42 Prozent der TE übersteigt die Absatzanzahl die Spanne im Zentralbereich der ,Erlebnisberichte' des ,Tagesspiegels'.[264]

Der größere Textumfang der TE der TS ,Bericht' und die damit verbundene durchschnittlich höhere Absatzanzahl in der ,Zeit' gegenüber den ,Berichten' im ,Tagesspiegel' beruht nicht darauf, dass die TE zusätzliche Absätze mit anderen Funktionen aufweisen, sondern sie ausführlicher in der beim ,Tagesspiegel' für die beiden TSV vorgestellten Absatzgestaltung berichten.

Auch bei den TE der ,Themenberichte' innerhalb der ,Zeit' weist immer ein Teil der Absätze vollständig oder neben der Funktion der sachlichen Informationsvermittlung eine subjektive Informationsvermittlung auf, wobei beide Funktionen bei einigen TE nahezu gleich häufig vorkommen. An dieser Stelle sei ebenfalls darauf verwiesen, dass auch die Fragestellungen, Überlegungen und informierenden Ausführungen des Autors überwiegend Informationen liefern, wenn auch auf subjektivere Art als bei der sachlichen Informationsvermittlung.

Thematisch beschäftigen sich die TE der ,Themenberichte' nicht mit einem aktuellen Ereignis – ein solches stellt eventuell den Anlass für eine Auseinandersetzung mit dem übergeordneten Thema, nie jedoch einen inhaltlichen Schwerpunkt für das TE dar[265] –, sondern sie behandeln ein Thema ausführlich, beispielsweise unter Einbeziehung von verschiedenen Beispielen oder inhaltlichen Aspekten sowie dessen historischer bzw. zeitlicher Entwicklung.

263 Die ,Erlebnisberichte' im Tagesspiegel' zeigen einen Mittelwert von 173 Zeilen bzw. eine durchschnittliche Satzanzahl von 55.

264 Bei den TE der ,Erlebnisberichte' im ,Tagesspiegel' lässt sich ein Zentralbereich von sieben bis 14 Absätzen bestimmen.

265 In dem TE „Jetzt kommen die guten Nazis" (Anhang 53) stellt beispielsweise der zeitnahe Angriff von Rechtsextremen auf Mitglieder des Nordharztheaters in Halberstadt ein derartiges aktuelles Ereignis dar. Dieses wird zu Beginn des ersten Absatzes und zum Ende des neunten Absatzes erwähnt, ohne jedoch ausführlicher behandelt zu werden. Das Hauptthema des TE ist allgemein der Rechtsextremismus und seine Entwicklung in Ostdeutschland.

So handelt der ‚Themenbericht' „Jetzt kommen die guten Nazis" (Anhang 53) von dem Rechtsextremismus und seiner Entwicklung in Ostdeutschland. Dazu werden verschiedene inhaltliche Aspekte wie z.B. das neue Verhalten bzw. der Imagewandel (z.B. Absatz 3, 6 und 8) und die politische Situation (z.B. Absatz 4+5) der NPD und der JN, das rechte Gewaltpotenzial (z.B. Absatz 2+8), die Missstände im Umgang mit rechter Gewalt (z.B. Absatz 2+9) und die Situation von Projekten gegen rechte Gewalt (z.B. letzter Absatz) dargestellt und meistens mit konkreten Beispielen verdeutlicht. Neben vielen sachlichen Informationen (z.B. Absatz 4: „*Der ehemalige Anführer der ‚Ostara-Skinheads', Enrico Marx, ist als Konzertveranstalter, Rechtsrockvertreiber, Fanzineherausgeber nun auch Leiter des JN-Stützpunktes Sangerhausen.*") wird auch an mehreren Stellen die Meinung des Autors deutlich (z.B. Absatz 11: „*Das ist aber alles nicht so harmlos, wie es klingt, denn besonders die Jugendarbeit geht mit finsterster Indoktrination einher.*"), die jedoch durch folgende oder vorangegangene sachliche Informationen nachvollziehbar belegt wird (z.B. Absatz 11: „*Momentan kursieren immer mehr rassistische Aufkleber. An Schulen werden rechtsextreme Schülerzeitungen verteilt.*").

Wie für die TSV ‚Erlebnisbericht' im ‚Tagesspiegel' dargestellt, weisen auch die TE der TSV ‚Erlebnisbericht' in der ‚Zeit' viele Absätze auf, deren einzige Funktion bzw. Teilfunktion das Beschreiben ist (z.B. Anhang 54, Absatz 2, 5 und 13). Der Autor stellt seine Erlebnisse, Beobachtungen und Eindrücke ausführlich dar, um dem Leser so zu ermöglichen, an ihnen teilzunehmen und seine Eindrücke nachzuvollziehen. Detaillierte Beschreibungen sorgen für eine große Anschaulichkeit, Authentizität und Lebendigkeit des TE. Bei der Wiedergabe von Personenäußerungen ist es für den ‚Erlebnisbericht' charakteristisch, teilweise kleine Situationsbeschreibungen, Gesten, Auffälligkeiten im äußeren Erscheinungsbild oder Verhaltensweisen der Personen zu ergänzen, wodurch verdeutlicht wird, dass der Autor diese selbst interviewt bzw. zu einem Thema befragt hat (z.B. Anhang 54, Absatz 9 „*Es ist nicht beabsichtigt, diese ‚Inseln' aufzulösen', ergänzt Reinhard Lorenz, während die 81-jährige Lore Boas sich die nächste Zigarette in die Spitze steckt.*").[266] Durch diese wird häufig zugleich die Atmosphäre bei dem Gespräch vermittelt. Die Funktion der sachlichen Informationsvermittlung ist ebenfalls in allen TE der ‚Erlebnisberichte' stark vertreten und dominiert

266 Die Anführungszeichen in der ‚ZEIT' (>> <<) werden aus Gründen der Einheitlichkeit nicht übernommen.

viele Absätze (z.B. Anhang 54, Absatz 1, 3 und 7). Wie bei den TE der TSV ‚Themenbericht' behandeln die ‚Erlebnisberichte' keine aktuellen Ereignisse, sondern nehmen diese lediglich zum Anlass, sich mit dem übergreifenden Thema detailliert auseinanderzusetzen bzw. speziell bei den ‚Erlebnisberichten' die betreffende Person, Einrichtung etc. aufzusuchen. So stellt in dem TE „There is a house in Eisenach" (Anhang 54) eine größere Spende des Schlagzeugers Trevor Richards an den Jazzclub Eisenach das aktuelle Ereignis dar, aus dem der Autor das Jazzarchiv persönlich besucht und zum Schwerpunkt eines Artikels erhebt.

1.3.1.3 Makrostruktur des Bildes

Bis auf eine Ausnahme[267] weisen alle TE der TS ‚Bericht' mindestens ein Bild auf, womit dieses Merkmal deutlich im Zentralbereich der TS liegt (95 %). Am häufigsten kommt ein einzelnen Bild vor (58 %), gefolgt von zwei (21 %) oder drei Bildern (16 %). Darüber hinaus weist ein TE[268] acht Bilder auf (5 %).

Eine häufige Hauptfunktion der Bilder bei der TS ‚Bericht' ist das Visualisieren bzw. Vorstellen von Personen, Gebäuden, Gegenständen, Örtlichkeiten etc. Als alleinige Hauptfunktion tritt sie bei 86 Prozent der Bilder der TSV ‚Erlebnisbericht' und bei 31 Prozent der Bilder der TSV ‚Themenbericht' auf. Bei den ‚Themenberichten' lässt sie sich zudem bei weiteren 19 Prozent der Bilder als eine von zwei nahezu gleichrangigen Hauptfunktionen nachweisen.

Wie auch die Bilder der ‚Erlebnisberichte' im ‚Tagesspiegel' sind die Bilder der ‚Erlebnisberichte' in der ‚Zeit' direkt bei der Recherche des Autors vor Ort entstanden – oder sie erwecken zumindest diesen Eindruck. Sie zeugen von der Nähe des Autors zum Geschehen bzw. seinem direkten Kontakt zu Personen, die im TE relevant sind. Indem die Bilder beschriebene Personen, Geschehnisse, Örtlichkeiten etc. zeigen, wird die Glaubwürdigkeit seiner Schilderungen erhöht.

So geht beispielsweise aus der Personenbeschreibung im Fließtext hervor, dass das Foto der Restaurantbesitzerin Bing Bing (vgl. Abb. 96) an dem Abend entstanden ist, an dem der Autor mit ihr das Pekinger Nachtleben erkundet hat. Dort heißt es: *„Sie trägt ein schwarz-weißes Blütenkleid, schulterfrei, und hohe Absätze. Ihr langes Haar hat sie einfach zusammengebunden."* Sowohl die Frisur als auch das geblümte Kleid sind auf dem Foto erkennbar.

---

267 ‚Erlebnisbericht', „Der absolute Aufbruch", 14. Juni 2007, Seite 50.

268 ‚Erlebnisbericht', „There is a house in Eisenach", 30. August 2007, Seite 49.

Abb. 96: Beispiel für die Bildfunktion des Visualisierens und Vorstellens bei der Textsortenvariante ‚Erlebnisbericht' in der ‚Zeit'[269]

Abb. 97: Beispiel für die Bildfunktion des Visualisierens und Vorstellens bei der Textsortenvariante ‚Themenbericht' in der ‚Zeit'[270]

269 ‚Erlebnisbericht', „Likör und goldene Bikinis", 19. Juli 2007, Seite 43. Bildgröße 7,1 cm x 8,5 cm.

270 ‚Themenbericht', „Beraubt und betrogen", 6. Juni 2007, Seite 54. Bildgröße 13,8 cm x 11,9 cm.

Bei den Bildern der „Themenberichte‘ erwecken die Bilder fast nie den Eindruck, direkt vom Autor bzw. einem ihm begleitenden Fotografen zu stammen. Teilweise schließen Passagen im Fließtext dies sogar aus. Der ‚Themenbericht‘ „Beraubt und betrogen“ handelt von einem geraubten und seit Jahren verschwundenen Gemälde. Folglich kann das abgedruckte Foto des Kunstwerks nicht im Zuge der Recherche entstanden sein (Abb. 97).

Bei der TSV ‚Themenbericht‘ kommt die Hauptfunktion der Auflockerung am häufigsten vor. Bei 44 Prozent der Bilder stellt sie die alleinige, bei weiteren sechs Prozent gleichrangig mit dem Interessewecken die Hauptfunktion der Bilder dar.

Abb. 98.1+2: Beispiele für die Bildfunktion der Auflockerung bei der Textsortenvariante ‚Themenbericht‘ in der ‚Zeit‘[271]

271 ‚Themenbericht‘, „Feldzug der Worte“, 23. August 2007, Seite 37+38. Bildgrößen 37,2 cm x 19,3 cm und 28,3 cm x 19,8 cm.

In einem sehr umfangreichen TE der TSV ‚Themenbericht', das drei ganze Zeitungsseiten umfasst, kommt pro Seite ein sehr großes Bild oberhalb des Fließtextes vor, das jeweils funktional der Auflockerung dient. Es ermöglicht dem Leser nach jeder Seite eine kleine Pause von der Lektüre. Passend zum Thema „Irakkrieg" des TE zeigen die Fotos verschiedene Szenen aus dem Krieg und der Besatzung des Landes. Diese werden jedoch nicht im Fließtext thematisiert und besitzen somit keine unmittelbare Relevanz für das TE. Die Bildunterschriften haben die Besonderheit, dass sie jeweils mit einem Zitat einer bekannten Person beginnen, das sich auf den Irak oder den Irakkrieg bezieht und dessen Aussage durch das Bild gestützt oder ironisiert wird. So gewinnt der Ausspruch von Günter Grass „*Jedermann kann ahnen, dass es ums Öl geht*" an Glaubwürdigkeit, indem das Bild eine Besetzung der irakischen Ölfelder nahelegt (Abb. 98.1). Die Äußerung von George W. Bush „*Eine Achse des Bösen*"[272] hingegen wirkt angesichts der bombardierten Stadt Bagdad verlogen und scheinheilig, da durch das Foto vielmehr die Zerstörung, das „Böse", dargestellt wird, welches die USA durch den von ihr begonnenen Krieg verursacht hat (Abb. 98.2). An die Zitate schließt die bei den übrigen Bildunterschriften übliche Erklärung des Bildinhalts an.

Abb. 99: Beispiel für die Bildfunktion der Auflockerung bei der Textsortenvariante ‚Erlebnisbericht' in der ‚Zeit'[273]

272 Mit der „Achse des Bösen" (Axis of Evil) bezeichnete der ehemalige US-Präsident George W. Bush 2002 in einer Rede zur Lage der Nation die Länder Nordkorea, Iran und Irak und unterstellte ihnen, durch die Unterstützung von Terroristen und durch Aufrüstung den Weltfrieden zu gefährden (vgl. http://de.wikipedia.org/wiki/Achse_des_B%C3%B6sen, Aufruf am 28.03.2013).

273 ‚Erlebnisbericht', „Der Zensor im Kopf des Autors", 19. Juli 2007, Seite 41. Bildgröße 14,6 cm x 15,7 cm.

Bei den ‚Erlebnisberichten' weisen 14 Prozent der Bilder die Auflockerung als Hauptfunktion auf. Beispielsweise zeigt das Foto in Abbildung 99 einen Zeitungsleser in Peking, was thematisch zu dem Artikelschwerpunkt „Pressefreiheit in China" passt, ohne dass das Foto jedoch konkret eine Relevanz für das TE hat.

Weder wird der abgebildete Mann namentlich erwähnt bzw. im TE interviewt noch wird auf andere dargestellte Elemente des Bildes im Fließtext Bezug genommen. Das Motiv ist zudem nicht ungewöhnlich genug, um ein besonderes Interesse der Leser zu erzeugen. Somit lässt sich die Auflockerung des TE als einzige Hauptfunktion bestimmen.

Abb. 100: Beispiel für ein Bild mit zwei gleichrangigen Hauptfunktionen bei der Textsortenvariante ‚Themenbericht' in der ‚Zeit'[274]

Bei wenigen Bildern lässt sich nicht eindeutig eine Hauptfunktion feststellen, sondern zwei Funktionen treten gleich dominant auf. So zeigt Abbildung 100 ein Gebäude, das in dem TE ausführlich thematisiert wird und dessen ungewöhnlich schräger Bau mehrfach erwähnt wird. Somit lässt sich die Funktion des Visualisierens und Vorstellens als zentrale Aufgabe des Bildes bestimmen, um die Neugier des Lesers zu befriedigen und die Aussagen im Fließtext überprüfbar zu machen. Gleichrangig tritt die Funktion des Interesseweckens hinzu, da der Leser beim Betrachten

274 ‚Themenbericht', „Betonrausch und Stahlgewitter", 19. Juli 2007, Seite 38. Bildgröße 29 cm x 22,8 cm.

dieses sehr großen Bildes – wie im Fließtext als typische Reaktion beim ersten Anblick beschrieben – davon ausgeht, dass die beiden Türme umkippen. Dies wirft für den Leser viele Fragen auf, wie z.B. nach dem Standort der Türme, der Ursache für die Neigung und den Folgen bei einem Einsturz, wodurch er zu einer Lektüre des Artikels angeregt wird.

Bis auf das TE mit acht Bildern, die insgesamt mit drei Bildunterschriften verbunden sind, weisen alle Bilder eine eigene Bildunterschrift auf. Die Bildunterschriften sind drucktechnisch sehr einheitlich gestaltet. Sie bestehen aus einem oder zwei Sätzen, in denen jeweils einzelne Wörter (A), Wortgruppen (B+H), Sätze (C) oder Teilsätze (D) durch Fettdruck und die durchgängige Verwendung von Großbuchstaben hervorgehoben sind. Jeweils bei einem TE weisen ein Wortteil (E), der Satzanfang (F) oder die gesamte Bildunterschrift (G) diese drucktechnischen Hervorhebungsmittel auf:

(A) Probenarbeit mit **PYTHON:** Sänger Abdoulayé Diarra und seine Seelenverwandte, die Schlange[275] (NS + NS)

(B) **MIT KUPPEL** über dem Hauptportal könnte die Berliner Stadtschlossfassade etwa so aussehen[276] (VS)

(C) **EIN ORT, DER DIE ÖFFNUNG ZUR KUNST BEDEUTET:** Ida Heißenbüttel, die Frau des Schriftstellers, vor ihrem Haus in Borsfleth[277] (GS (NS + VS) + NS)

(D) **„JEDERMANN KANN AHNEN, DASS ES UMS ÖL GEHT“** (Günter Grass) – US-Panzer auf südirakischen Ölfeldern[278] (GS (VS + VS + NS + NS))

(E) **MAX-FRISCH-**Brunnen auf dem Rosenhof-Platz[279] (NS)

(F) **WAHRSCHEINLICH HAT DIE PARTEI** immer noch Recht – Zeitungsleser in Peking[280] (GS (VS + NS))

(G) **GISELA BERGMANN-FISCHER**[281] (NS)

(H) **PETER G.,** der angebliche Finder, beim Vermessen des Pissaros. Peter G. arbeitete für den Nazi-Kunsträuber Bruno Lohse und hatte seit Jahren Zugang zu dem Bild[282] (NS+ GS (VS + VS))

Die Hervorhebung von Wortgruppen (55 %) und Wörtern (26 %) kommt am häufigsten vor. Die drucktechnisch vom Rest der Bildunterschrift ab-

275 ‚Erlebnisbericht‘, „Belcanto mit Antilopenhäuten“, 6. Juni 2007, Seite 49.
276 ‚Themenbericht‘, „Alle wollen ins Schloss“, 16. August 2007, Seite 40.
277 ‚Erlebnisbericht‘, „Das Vermächtnis eines Avantgardisten“, 19. Juli 2007, Seite 50.
278 ‚Themenbericht‘, „Feldzug der Worte“, 23. August 2007, Seite 37.
279 ‚Themenbericht‘, „Mit offenen Fenstern“, 26. Juli 2007, Seite 54.
280 ‚Erlebnisbericht‘, „Der Zensor im Kopf des Autors“, 19. Juli 2007, Seite 41.
281 ‚Themenbericht‘, „beraubt und betrogen“, 6. Juni 2007, Seite 54.
282 ‚Themenbericht‘, „beraubt und betrogen“, 6. Juni 2007, Seite 54.

gehobenen Elemente befinden sich überwiegend am Anfang der Bildunterschrift (65 %), gefolgt von einer Platzierung in der Mitte der Bildunterschrift (26 %). Nur sehr selten kommen sie an deren Ende vor (6 %).

Die syntaktische Realisation der Bildunterschrift ist sehr uneinheitlich und lässt keine Präferenz für eine bestimmte Gestaltung erkennen. Sie konstituiert sich sowohl aus einem isoliert gebrauchten einfachen Nominalsatz (E+G) oder Verbalsatz (B), zwei isoliert gebrauchten einfachen Sätzen (A), einem Gesamtsatz (D+F) oder einer Verbindung von einem Gesamtsatz und einem isoliert gebrauchten einfachen Satz (C+H).

Der auffällige Druck von bestimmten Elementen der Bildunterschrift hebt für den Leser die für das Bild relevanten oder besonders interessanten Informationen hervor, sodass beispielsweise der Name einer abgebildeten Person oder eines dargestellten Gegenstandes sofort erkennbar ist.

Insgesamt erläutert die Bildunterschrift den Bildinhalt. Zudem liefert sie häufiger Zusatzinformationen zu dem Abgebildeten, die über eine Erklärung des Dargestellten deutlich hinausgehen (H).

1.3.1.4 Makrostruktur des Verfassernamens

Alle TE der TS ‚Bericht' weisen einen Verfassernamen auf, der den Vor- und Nachnamen umfasst. Bis auf ein TE der TSV ‚Erlebnisbericht',[283] bei dem dieser in normalgedruckten Groß- und Kleinbuchstaben realisiert ist, ist der Verfassername gemeinsam mit der Präposition „VON" in fettgedruckten Großbuchstaben gesetzt. Bei allen TE befindet er sich in der Unterzeile, die er in Form eines Nominalsatzes beschließt.[284] Diese Platzierung ist sehr exponiert und verweist auf die Bedeutung des Autors. Im Vergleich zu den ‚Berichten' des Tagesspiegels sind die TE der TS ‚Bericht' durchschnittlich viel umfangreicher. Entsprechend ist ihre Erstellung mit einem größeren Arbeitsaufwand verbunden.

Nur bei dem TE der ‚Erlebnisberichte', das bezüglich des Verfassernamens mehrere Abweichungen zeigt,[285] ist für den Leser direkt erkennbar, dass es sich bei dem Verfasser nicht um eine Journalistin der ‚Zeit', sondern um eine Künstlerin handelt. Dies geht zum einen aus der in der Unterzeile aufgeführten Berufsbezeichnung „Die Künstlerin Irene Peschik" hervor, zum anderen liefert ein Informationsabsatz unter dem

283 ‚Erlebnisbericht', „Der absolute Aufbruch", 14. Juni 2007, Seite 50.

284 Eine Ausnahme stellt wieder das in der vorherigen Fußnote aufgeführte TE dar, bei dem der Name in den isoliert gebrauchten einfachen Verbalsatz integriert ist, aus dem sich die Unterzeile konstituiert („Die Künstlerin Irene Peschik erinnert sich an die erste Documenta 1955").

285 ‚Erlebnisbericht', „Der absolute Aufbruch", 14. Juni 2007, Seite 50.

Fließtext biografische Eckdaten der Verfasserin. Aus dem Zusatz „AUFGEZEICHNET VON **CHRISTINE MEFFERT**“ unter dem Fließtext und über dem Informationsabsatz wird deutlich, dass der Fließtext des TE zwar von der Künstlerin stammt, dieser jedoch nicht von ihr selbst in Schriftform verfasst wurde, sondern einer Mitarbeiterin der ‚Zeit‘ mündlich diktiert wurde, welche den Fließtext um Überschrift und Informationsabsatz ergänzt hat.

1.3.1.5 Makrostruktur des Einschubs

Einschübe treten bei 63 Prozent der TE der ‚Themenberichte‘ und 42 Prozent der TE der ‚Erlebnisberichte‘ auf, womit sie für beide TSV eine variable Makrostruktur darstellen. Pro TE treten durchschnittlich mehr Einschübe auf als bei den ‚Berichten‘ des ‚Tagesspiegels‘. Während dort überwiegend ein Einschub pro TE vorkommt (80 %) und die Anzahl von zwei Einschüben nur bei einem TE überschritten wird (2 %), liegen bei den ‚Berichten‘ in der ‚Zeit‘ immer mindestens zwei Einschübe gemeinsam vor. 60 Prozent der TE mit dieser Makrostruktur weisen drei oder mehr Einschübe auf.

»Wenn das so weitergeht, wird hier bald ein Starbucks eröffnen«

Die Spekulation blüht, die Bodenpreise schießen in den Himmel

Auch ein Monet und ein Renoir waren im Tresor versteckt

Kritik an Amerika wurde als Antisemitismus gegeißelt

Der Tenor ist auch Fachmann für Übersinnliches. Er vertreibt die Geister

Abb. 101.1-5: Beispiele für die Makrostruktur des Einschubs bei der Textsorte ‚Bericht‘ in der ‚Zeit‘[286]

286 Quellennachweis von links oben: ‚Erlebnisbericht‘, „Das Museum hinterm Maisfeld“, 19. Juli 2007, Seite 42. Die fast wörtlich übernommene Passage im TE lautet „‚*Wenn das so weitergeht, wird hier bald die erste Filiale von Starbucks eröffnet*‘.“ Rechts oben: ‚Themenbericht‘, „Betonrausch und Stahlgewitter“, 19. Juli 2007, Seite 38. Der Einschub gibt Teile des Satzes „*Es blüht die Spekulation, die Bodenpreise schießen in den Himmel, genau wie die Bauten, die dann auf diesem Boden errichtet werden.*“ fast wörtlich wieder. Links Mitte: ‚Themenbericht‘, „Beraubt und betrogen“, 6. Juni 2007, Seite 54. Der Einschub fasst die Passage „*Heute sind außer dem Pissarro nur noch zwei der 14 Bilder übrig: Vue de Vetheuil, l'Hiver (1879) von Claude Monet und La Baie du Moulin Huet a traverse les Arbres – Guernsey (1883) von Auguste Renoir.*“ zusammen. Rechts Mitte: ‚Themenbericht‘, „Feldzug der Worte“, 23. August 2007, Seite 38. Unten Mitte: ‚Erlebnisbericht‘, „Belcanto mit Antilopenhäuten“, 6. Juni 2007, Seite 49. Der Einschub bezieht sich inhaltlich auf die Passage „*Dramane singt, wenn die Jäger auf Jagd gehen, wenn sie zurückkehren und wenn sie beerdigt werden, er singt, wenn sich die Geister versammeln, er singt gebeugt und krächzend, die Saiten des Bolon zupfend, eines Basses, der so dunkel und eindringlich klingt, dass man meint, nicht mit den Ohren, sondern mit dem Bauch*

Die Makrostruktur des Einschubs kommt innerhalb der TE der TS ‚Bericht' in drei Varianten vor. Mit Abstand am häufigsten tritt die Realisation auf, bei welcher der Einschub von einem, bei einem TE auch zwei Sätzen, gebildet wird, die sich durch Fettdruck, eine andere Schriftart und eine höhere Schriftgröße vom umgebenden Textkorpus abheben (Abb. 101). Anders als die Einschübe bei den TE des ‚Tagesspiegels' wird die Makrostruktur des Einschubs oben und unten nicht durch horizontale Linien, sondern ausschließlich durch eine Leerzeile vom Fließtext getrennt.

Funktional dienen diese Einschübe überwiegend wie bei den TE der TS ‚Bericht' innerhalb des ‚Tagesspiegels' dazu, eine Kernaussage oder eine besonders interessante Information des TE hervorzuheben. Dabei kann der Einschub eine längere Passage des TE inhaltlich zusammenfassen (Abb. 101.3) oder fast wörtlich wiedergeben (Abb. 101.2). Nur selten wird ein direktes Zitat aus dem TE verwendet (Abb. 101.1). Bei dem über drei ganze Zeitungsseiten reichenden TE der ‚Themenberichte' tritt als weitere Funktion hinzu, den Fließtext thematisch zu gliedern, indem zentrale Aspekte in den Einschüben herausgestellt werden, die in den folgenden Absätzen näher erläutert werden (Abb. 101.4). Die Einschübe sind wie bei den ‚Berichten' des Tagesspiegels' teilweise so formuliert, dass sie durch die Präsentation ungewöhnlicher Informationen (Abb. 101.5) oder thematische Schlagwörter (Abb. 101.4) das Interesse bzw. die Neugierde der Leser wecken.

Ein ‚Erlebnisbericht' weist vier Einschübe auf, die sich drucktechnisch leicht und funktional stark von der zuvor beschriebenen Einschubvariante abheben. Sie bestehen aus ein bis drei Sätzen in Kursivdruck, die durch eine Leerzeile vom Fließtext getrennt sind. Inhaltsseitig beziehen sie sich jedoch nicht auf Passagen des TE, sondern stellen Sprüche zum Thema olympische Bewegung bzw. Sport dar, die zum Artikelschwerpunkt „Olympia" passen. Der Urheber der Aussagen wird nicht angegeben.[287] Funktional dienen sie der Auflockerung des Fließtextes. Bei dem Ersten tritt überdies die Funktion hinzu, einen Einstieg ins Thema zu liefern, indem er vor den Beginn des Fließtextes platziert ist und sich der erste Satz des Fließtextes auf ihn bezieht:

---

zu hören. Mit seiner Musik beschwört Dramane die Himmelsmächte, manche in der Truppe sagen auch: Er kann Flugzeuge zum Absturz bringen."

287 Lediglich für den ersten Einschub wird die Herkunft des Spruchs präzisiert, indem der Fließtext auf den Einschub Bezug nimmt („*So steht es auf der silbernen Tafel am Eingang zu einem kleinen Park an der Kohlehügelstraße, wenige Meter nördlich der Verbotenen Stadt.*").

Die Fitness des ganzen Volkes soll mit der olympischen Bewegung gehen.

Jeden Tag trainieren, jede Woche aktiv sein, sich jeden Monat messen und sich Jahr für Jahr verbessern. Der Sport wird ein Teil des Lebens, und die Gesundheit und Freude werden ein Teil des Lebens.

Abb. 102.1+2: Die zweite Einschubvariante bei der Textsortenvariante ‚Erlebnisbericht' in der ‚Zeit'[288]

Bei einem ‚Themenbericht' tritt neben zwei Einschüben, die drucktechnisch und funktional der zuerst beschriebenen Einschubvariante entsprechen, eine davon abweichende Realisation auf (Abb. 103). Bereits drucktechnisch unterscheidet sie sich stark von der ersten.

Selbst gediegene rechte Marken wie Lonsdale, Consdaple, Fred Perry oder Thor Steinar sind man-

Freie Kameradschaften

haben seit den Neunzigern ein Klima ständiger Bedrohung geschaffen. Die NPD dagegen bemühte sich um ein Saubermann-Image. Neue Normalität ist eine Doppelstrategie der Einschüchterung und Anbiederung

chen Konsensnazis mittlerweile zu explizit und werden

Matthias Heyder »b Wohnhaus zur Mini

Rechten generiert im

Abb. 103: Die dritte Einschubvariante bei der Textsortenvariante ‚Themenbericht' in der ‚Zeit'[289]

Der Einschub reicht über eine Spalte hinaus zu circa einem Drittel in eine zweite Spalte hinein und ist durch einen größeren Leerraum von dem umgebenden Fließtext getrennt. Der Textanteil des Einschubs ist drucktechnisch an die Überschrift des TE angelehnt, indem das erste Satzglied eine deutlich höhere Schriftgröße und dieselbe Schriftart der Hauptzeile aufweist und durch einen Leerraum vom restlichen Textanteil getrennt ist, der deutlich kleiner und in derselben Schriftart wie die Unterzeile gedruckt ist. Der Unterschied zu einer Überschrift besteht jedoch darin, dass die hervorgehobene Wortgruppe „Freie Kameradschaften" syntaktisch zum folgenden, ansonsten unvollständigen Satz gehört. Sie stellt innerhalb des isoliert gebrauchten einfachen Satzes ein Satzglied im Nominativ dar und übernimmt die Funktion des Subjekts. Gleichzeitig stellt „Freie Kameradschaften" ein Schlagwort dar, um das es in dem Einschub und dem Fließtext des TE geht. Funktional gibt der Einschub eine inhaltliche Zusammenfassung über das Thema des TE.

---

288 ‚Erlebnisbericht', „Olympia für die ganze Familie", 19. Juli 2007, Seite 40.
289 ‚Themenbericht', „Jetzt kommen die guten Nazis", 21. Juni 2007, Seite 43.

1.3.1.6 Makrostruktur des Informationsabsatzes

Informationsabsätze kommen bei 38 Prozent der TE der ‚Themenberichte' und 25 Prozent der TE der ‚Erlebnisberichte' vor. Damit handelt es sich für beide TSV um eine variable Makrostruktur. Sie befindet sich immer unterhalb des Fließtextes und ist drucktechnisch durch einen größeren Leerraum und eine kleinere und andere Schriftart vom Fließtext abgehoben. Anders als bei den ‚Berichten' des ‚Tagesspiegels' beginnen die Informationsabsätze nicht mit einem Spiegelstrich. Sie fungieren als Terminatoren.

Audio www.zeit.de/audio

Die Künstlerin Irene Peschick war Mitglied der Meisterklasse von Arnold Bode, dem Begründer der Documenta. Seit 1965 stellt sie im In- und Ausland aus. 1978 war sie Stipendiatin der Villa Massimo in Rom, 1995 erhielt sie den Sibylla-Merian-Preis

Die Sahel-Oper »Bintou Wéré« ist am 7., 8., und 9. Juni in Amsterdam zu sehen, im Rahmen des niederländischen Musikfestivals »Muziekgebouw aan 't IJ«, Karten über www.hollandfestival.nl. Danach tourt das Ensemble durch Afrika und kehrt im Oktober nach Europa zurück, wo es am 21., 22., und 23. Oktober in Paris im Théâtre du Châtelet auftritt: www.chatelet-theatre.com

Abb. 104.1-3: Beispiele für die Makrostruktur des Informationsabsatzes bei der Textsorte ‚Bericht' in der ‚Zeit'[290]

Funktional verweisen die Informationsabsätze bei den ‚Themenberichten' auf eine Audioversion des TE, indem sie die entsprechende Internetadresse der ‚Zeit' angeben (Abb. 104.1). Auch bei den ‚Erlebnisberichten' tritt ein derartiger Informationsabsatz auf. Daneben kommen zwei weitere vor, die Informationen zum Autor des Artikels (Abb. 104.2) bzw. zu der im TE thematisierten Aufführung (Abb. 104.3) bereitstellen.

1.3.1.7 Weitere Makrostrukturen

Bei der TSV ‚Erlebnisbericht' treten ein, bei der TSV ‚Themenbericht' zwei TE auf, die über mehrere Zeitungsseiten reichen und bei denen die Zusammengehörigkeit der Textteile auf spezifische Weise gekennzeichnet ist. Unterhalb des Fließtextes der ersten Seite steht der zum Teil in Fett- und zum Teil in Kursivdruck gesetzte Nominalsatz „**Fortsetzung** *auf Seite …*". Dem Fließtext der folgenden Seite ist der entsprechend gestalteter Nominalsatz „**Fortsetzung** *von Seite …*" vorangestellt. Über diesem ist zusätzlich erneut die Hauptzeile platziert, die jedoch eine deutlich kleinere Schrifthöhe als diejenige in der zweizeiligen Überschrift zu Beginn des TE aufweist. Des Weiteren wird die Einheit des

290 Quellennachweis: Links oben: ‚Themenbericht', „Schöne Bescherung", 12. Juli 2007, Seite 42; rechts oben: ‚Erlebnisbericht', „Der absolute Aufbruch", 14. Juni 2007, Seite 50; unten: ‚Erlebnisbericht', „Belcanto mit Antilopenhäuten", 6. Juni 2007, Seite 49.

TE dadurch angezeigt, dass der Seitenumbruch teilweise mitten im Satz stattfindet:

ken. Katharinas Chancen stehen offenbar schlechter als allgemein angenommen, denn kürt der Stiftungsrat sie nicht vorschnell zur Nachfolgerin, hat er endlich die Möglichkeit, die Festspiele jenseits der angestammten Familienbande grundsätzlich zu

Fortsetzung *auf Seite 42*

Wer erbt Bayreuth?

Fortsetzung *von Seite 41*

reformieren und die Kandidatensuche offen zu gestalten. Eva Wagner-Pasquier ist nach wie vor an Bayreuth interessiert. Auch Nike Wag-

Abb. 105: Beispiel für die Makrostruktur „Fortsetzung“ bei der Textsorte ‚Bericht‘ in der ‚Zeit‘[291]

Ein sehr umfangreiches, über drei Seiten reichendes TE[292] der TSV ‚Themenbericht‘ weist zwei weitere Makrostrukturen auf. Zum einen beginnt der Fließtext auf der ersten Seite des TE erst in der zweiten Spalte, während sich in der ersten ein Informationstext befindet. Dieser nennt wichtige Daten zum Thema und verweist zugleich auf den Grund und die inhaltliche Ausrichtung des Artikels. Der Informationstext besitzt eine eigene einzeilige Überschrift, die in Fettdruck gesetzt ist und eine höhere Schriftgröße als der folgende Textanteil zeigt, der selbst deutlich größer als der Fließtext des TE ist. Die Schriftart des gesamten Informationstextes unterscheidet sich von derjenigen des Fließtextes, die Buchstaben sind leicht rötlich gefärbt. Zudem ist er linksbündig angeordnet:

Der Krieg hinterm Krieg

Am 20. März 2003 begann Amerikas Angriff auf den Irak. Der Krieg steht im fünften Jahr, das New Yorker Attentat liegt sechs Jahre zurück. Im Herbst muss der amerikanische Kongress über ein weiteres Truppenmandat entscheiden. Während im Irak der Terror eskaliert, bereuen die ersten Intellektuellen ihre Kriegsbegeisterung. Ein Anlass für uns, mit ausgewählten Zitaten und einer Analyse neues Licht auf die erregte Debatte zu werfen, die den Irakkrieg seit Anbeginn begleitet

Abb. 106: Makrostruktur des Informationstextes bei der Textsortenvariante ‚Themenbericht‘ in der ‚Zeit‘[293]

---

291 ‚Themenbericht‘, „Wer erbt Bayreuth“, 28. Juni 2007, Seite 41+42.

292 Dabei handelt es sich um den ‚Themenbericht‘ „Feldzug der Worte“ (23. August 2007, Seite 37-39).

293 ‚Themenbericht‘, „Feldzug der Worte“, 23. August 2007, Seite 37.

Als weitere Makrostruktur kommt eine Zitatensammlung vor, die auf allen drei Seiten des TE jeweils eine ganze Spalte einnimmt. Sie beginnt auf der ersten Seite mit einer fettgedruckten einzeiligen Überschrift, die drucktechnisch derjenigen des Informationstextes entspricht. Auf sie folgenden die einzelnen Zitate bekannter Personen zum Thema „Irakkrieg“:

Der Feind im Kopf

»Die künftige Außenpolitik wird vom festen Boden nationaler Interessen ausgehen statt von den Interessen einer illusorischen internationalen Gemeinschaft.«
US-Außenministerin Condoleezza Rice, »Foreign Affairs«, Januar/Februar 2000

»Großer Gott, steh uns bei!«
»Bild«, 12. 9. 2001, nach den Terroranschlägen in den USA

»Das Regime im Irak hat seit über einem Jahrzehnt im Geheimen Anthrax, Nervengas und atomare Waffen entwickelt ... Staaten wie dieser ... bilden eine Achse des Bösen.«
US-Präsident George W. Bush, 29. 1. 2002

»Es gibt Zeiten, in denen es nicht nur moralisch gerechtfertigt, sondern sogar geboten ist, den Krieg zu erwägen.«
Offener Brief von 58 amerikanischen Intellektuellen, unterzeichnet u. a. von **Michael Walzer, Francis Fukuyama, Amitai Etzioni** und **Samuel Huntington,** 12. 2. 2002

»(Im Fall einer US-Intervention) werden wir wieder deutsche Hausfrauen erleben, die ihren Dutt schnüren, sich bei Aldi einen Vorrat Reiseschokolade kaufen und dann nach Bagdad aufbrechen, um mit ihren fülligen Leibern den Diktator zu schützen.«
Henryk M. Broder, Publizist, »Die Welt«, 23. 2. 2002

Abb. 107: Ausschnitt aus der Makrostruktur der Zitatensammlung bei der Textsortenvariante ‚Themenbericht‘ in der ‚Zeit‘[294]

Unter jedem Zitat stehen die in Fettdruck gesetzten Namen des bzw. der Urheber der Äußerung in einer kleineren Schriftgröße. Diese sind häufig mit dem Beruf oder dem Amt der Personen und einer Angabe zur Herkunft (Publikationsorgan) des Zitats verbunden. Als letzte Angabe steht ausnahmslos eine genaue zeitliche Einordnung der Äußerung. Funktional dienen die zahlreichen Zitate dazu, dem Leser einen Einblick in die Vielzahl der Meinungen zum Thema zu geben und die im Fließtext dargelegten Aspekte und Argumente der Irakkriegs-Debatte zu belegen. Zu-

294 ‚Themenbericht‘, „Feldzug der Worte“, 23. August 2007, Seite 37.

gleich wird auch ein Stimmungsumschwung nahegelegt, wenn zwei Zitate derselben Person mit gegensätzlicher Position abgedruckt sind:

»Ich glaube immer noch, dass Bush Recht hat, wenn er sagt, dass es um den Irak und die Welt besser bestellt sein wird, wenn Saddam entwaffnet ist.«
Michael Ignatieff, kanadischer Politikwissenschaftler, »New York Times Magazine«, 23. 3. 2003

»Warum es ein Fehler war, für den Irakkrieg zu sein«.
Überschrift eines Artikels von **Michael Ignatieff** im »New York Times Magazine«, 5. 8. 2007

Abb. 108: Beispiel für einen Stimmungsumschwung innerhalb der Zitatensammlung bei der Textsortenvariante ,Themenbericht' in der ,Zeit'[295]

1.3.1.8 Textuelle Merkmale

Bis auf eine Ausnahme[296] weisen alle TE der TS ,Bericht' eine Initiale auf, womit dieses Merkmal im Zentralbereich liegt. Diese umfasst vorrangig vier Zeitungszeilen (68 Prozent), daneben kommen gleichhäufig Initialen über drei und fünf Zeitungszeilen (jeweils 16 %) vor. Die Initiale bildet gemeinsam mit der Überschrift ein Initiatorenbündel.

gung.« Die Ampel schaltet auf Rot. »Und Bach ist ohnehin die Integrationsfigur weltweit, auch im Jazz. Das vergessen die nur immer wieder.«

Ein großes Foto von Günter Boas hängt über dem Sofa an der Längsseite des lichten Raums in der malerisch gelegenen Alten Mälzerei. Im Keller der

zeug. Sie rufen »Lang lebe Coca Cola! Lang lebe die First National Bank! Wir sind die Herren des neuen Jahrhunderts!« – dann stürzt das Flugzeug ab.

Wir treffen den Großbauunternehmer Pan Shiyi, einen strahlenden Helden des boomenden Peking, für ein Interview in seiner Konzernzentrale hoch über Peking (siehe Seite 39). Soho China Ltd. re-

Abb. 109.1+2: Beispiele für Hervorhebungen im Fließtext bei der Textsorte ,Bericht' in der ,Zeit'[297]

Bei jeweils 33 Prozent der TE der ,Erlebnisberichte' und einem TE der ,Themenberichte' (13 %) treten Hervorhebungen im Fließtext durch Fettdruck auf (vgl. Abb. 109). Anders als bei den TE des ,Tagesspiegels' werden dadurch nicht einzelne Wörter oder Wortgruppen betont, die besonders relevante Informationen präsentieren, sondern der Satzanfang nach einem Absatz. Dieser ist zudem zusätzlich durch eine Leerzeile vom vorherigen Absatz abgehoben. Der Fettdruck des Satzanfangs und der Leerraum dienen gemeinsam dazu, den Absatz deutlicher hervorzuheben und damit seine Gliederungsfunktion zu verstärken. Derartige Absätze kommen meistens vor einem neuen thematischen Abschnitt

295 ,Themenbericht', „Feldzug der Worte", 23. August 2007, Seite 39.
296 Dabei handelt es sich um den ,Erlebnisbericht' „Olympia für die ganze Familie" (19. Juli 2007, Seite 40).
297 Quellennachweis von links: ,Erlebnisbericht', „There is a house in Eisenach", 30. August 2007, Seite 49; ,Erlebnisbericht', „Peking, Mitte der Welt", 19. Juli 2007, Seite 35.

vor. Im Peking-Feuilleton[298] sind die hervorgehobenen Wörter zusätzlich in roter Farbe[299] gesetzt (Abb. 109.2).

1.3.2 Die Makrostrukturen der Textsorte ‚Kurzmeldung'

Innerhalb der ‚Zeit' treten drei TSV der TS ‚Kurzmeldung' auf. Die ‚Artikelverweise' stellen mit 26 TE die mit Abstand umfangreichste TSV dar, während die TSV ‚Berichtigung' und ‚Literaturhinweis' nur jeweils zwei TE aufweisen. Trotz der geringen Anzahl an TE ist es möglich, die beiden TSV zu unterscheiden, da die beiden vorhandenen TE der TSV jeweils in ihren Merkmalen übereinstimmen.

1.3.2.1 Makrostruktur der Überschrift

Die TSV ‚Artikelverweis' weist bei allen TE eine einzeilige Überschrift auf, die den einzigen spezifischen Initiator der TE darstellt. Sie ist bis auf eine Ausnahme[300] rechtsbündig über dem Fließtext platziert und weist eine andere Schriftart und eine deutlich höhere Schriftgröße als dieser auf. Die Überschrift ist in rötlichen bis lilafarbenen Farbtönen[301] realisiert. Bei 63 Prozent der TE besteht die Überschrift aus Groß- und Kleinbuchstaben (Abb. 110.1), bei 33 Prozent ausschließlich aus Großbuchstaben (Abb. 110.2) und bei einem TE (4 %) kommen sowohl Wörter in Groß- und Kleinbuchstaben als auch ausschließlich in Großbuchstaben vor (Abb. 110.3). Die Überschrift umfasst immer nur eine Zeitungszeile und ist jeweils durch einen größeren Leerraum vom Fließtext getrennt:

Konfetti im Ballon FEUILLETON Der neue LUCHS

Abb. 110.1-3: Beispiele für die drei drucktechnischen Überschriftenvarianten bei der Textsortenvariante ‚Artikelverweis' in der ‚Zeit'[302]

298 Feuilleton in der ‚Zeit'-Ausgabe vom 19.07.2007.

299 In den folgenden Beispielen verweist die von der Verfasserin eingefügte Unterstreichung auf einen Rotdruck im Original.

300 Die Überschrift „Schadensbericht Deutsch" (26. Juli 2007, Seite 41) bezieht sich auf drei ‚Artikelverweise', die alle auf TE zu einem Thema verweisen. Diese erscheinen nicht wie die anderen ‚Artikelverweise' neben der Spartenüberschrift, sondern innerhalb des TE einer anderen TS. Die gemeinsame Überschrift ist linksbündig und in derselben Schriftart wie der Fließtext der drei TE gedruckt.

301 In den folgenden Beispielen verweist die von der Verfasserin eingefügte einfache Unterstreichung auf einen rötlichen und eine doppelte Unterstreichung auf einen lilafarbenen Farbdruck im Original.

302 Quellennachweis von links: ‚Artikelverweis', „Konfetti im Ballon", 16. August 2007, Seite 35; ‚Artikelverweis', „FEUILLETON", 14. Juni 2007, Seite 49; ‚Artikelverweis', „Der neue LUCHS", 14. Juni 2007, Seite 57.

Die zwei TE der TSV ‚Berichtigung' haben eine einzeilige Überschrift, die dem Namen ihrer TSV entspricht. Bei einem TE besteht die Besonderheit, dass die Überschrift drucktechnisch der in der ‚Zeit' üblichen Gestaltung von Reihennamen entspricht, indem sie rechts neben zwei kurzen, dicken Balken platziert und oben über die gesamte Breite des Fließtextes von einer horizontalen Linie begrenzt ist (Abb. 111.1).[303] Die Überschrift des anderen TE stimmt weitgehend mit derjenigen bei den TE der TS ‚Kurzmeldung' im ‚Tagesspiegel' überein. Sie befindet sich linksbündig über dem Fließtext und weist dieselbe Schriftgröße wie dieser auf. Die Abgrenzung vom Fließtext erfolgt über die Verwendung von Fettdruck und einer Leerzeile (Abb. 111.2). Welche Form der Überschriftengestaltung für die TSV ‚Berichtigung' charakteristisch ist, ließe sich nur anhand weiterer TE klären:

BERICHTIGUNG **Berichtigung**

Abb. 111.1+2: Die zwei drucktechnischen Überschriftenvarianten bei der Textsortenvariante ‚Berichtigung' in der ‚Zeit'[304]

Bei den beiden TE der TSV ‚Literaturhinweis' tritt keine Überschrift auf.

1.3.2.2 Makrostruktur des Absatzes

Alle TE der TSV ‚Artikelverweis' und ‚Berichtigung' weisen einen Absatz auf,[305] während bei einem der beiden TE der TSV ‚Literaturhinweis' zwei Absätze vorkommen. Die geringe Absatzanzahl korreliert mit der Textlänge. Die TS ‚Kurzmeldung' zeigt mit einer durchschnittlichen Zeilenanzahl von vier bzw. Satzanzahl von drei den mit Abstand geringsten Umfang aller TS innerhalb der ‚Zeit'.

Die TE der ‚Artikelverweise' sind bezüglich ihres Textumfangs sehr einheitlich. Es kommen abgesehen von drei TE[306] ausschließlich TE über drei (29 %) oder vier (67 %) Zeilen und aus drei (81 %) oder vier (19 %) Sätzen vor (vgl. Abb. 112 und Abb. 113).

---

303 Diese Gestaltung tritt beispielsweise bei zahlreichen Reihen innerhalb der TS ‚Kommentar' auf. Die TSV ‚Literaturhinweis' (vgl. Anhang 52) zeigt ebenfalls einen entsprechend gestalteten Reihennamen.

304 Quellennachweis von links: ‚Berichtigung', „Berichtigung", 6. Juni 2007, Seite 50; ‚Berichtigung', „Berichtigung", 12. Juli 2007, Seite 42.

305 Vgl. Anhang 50 und 51.

306 Die drei unter der Überschrift „Schadensbericht Deutsch" (26. Juli 2007, Seite 41) erschienenen ‚Artikelverweise' umfassen jeweils zwei Zeitungszeilen bzw. bestehen aus drei oder vier Sätzen.

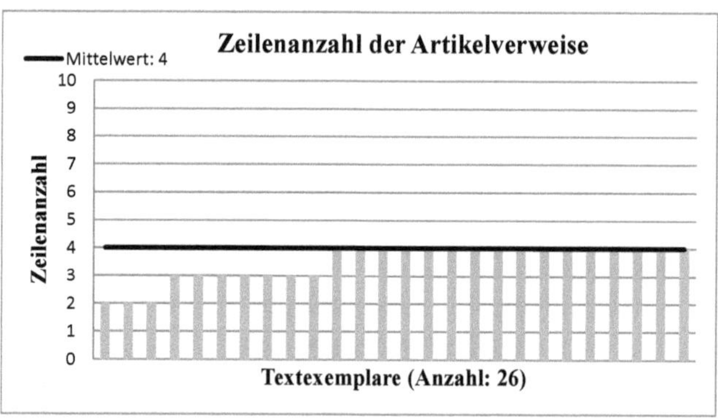

Abb. 112: Zeilenanzahl der Textexemplare der Textsortenvariante ‚Artikelverweis' in der ‚Zeit'

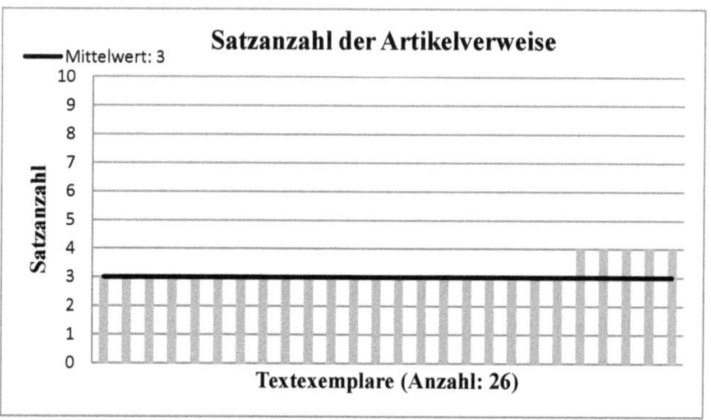

Abb. 113: Satzanzahl der Textexemplare der Textsorte ‚Artikelverweis' in der ‚Zeit'

Die beiden TSV ‚Literaturhinweis' und ‚Berichtigung' weisen mit fünf und sieben bzw. sieben und acht Zeilen etwas höhere Zeilenanzahlen auf als die TE der ‚Artikelverweise'. Diese sind jedoch ebenfalls geringer als bei allen anderen TS und TSV der ‚Zeit'. Die Satzanzahl ist hingegen niedriger als diejenige der TE der ‚Artikelhinweise'. Es kommen keine isoliert gebrauchten einfachen Sätze vor. Bei den ‚Literaturhinweisen' bestehen beide TE aus zwei, bei den ‚Berichtigungen' einmal aus zwei und einmal aus drei Gesamtsätzen.

Die kommunikative Funktion der Absätze bei der TS ‚Kurzmeldung' besteht in der vorrangig sachlichen Informationsvermittlung. Die drei TSV unterscheiden sich dabei in der Art der Informationen.

Bei den ‚Literaturhinweisen' werden unkommentiert ausschließlich die wichtigsten Daten zu einem Buch (Autor, Titel, Verlag, Verlagsort,

Erscheinungsjahr, Seitenzahl und Preis) präsentiert, wobei die Sätze drucktechnisch und bezüglich der dargestellten Angaben den Sätzen innerhalb des Informationsabsatzes zu Büchern entsprechen, die vor allem bei der Subgruppe ‚Literaturkritik' unterhalb des Fließtextes vorkommen.[307]

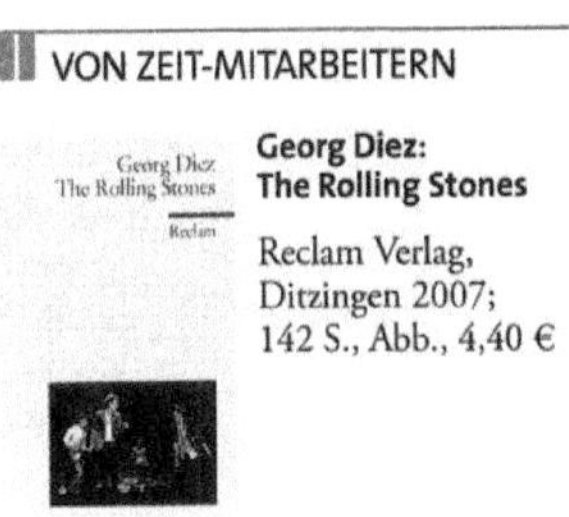

VON ZEIT-MITARBEITERN

Georg Diez:
The Rolling Stones

Reclam Verlag,
Ditzingen 2007;
142 S., Abb., 4,40 €

Abb. 114: Beispieltextexemplar der Textsortenvariante ‚Literaturhinweis' in der ‚Zeit'[308]

Die beiden TE der TSV ‚Berichtigung' geben unter Bezugnahme auf die Zeitungsausgabe einen Darstellungsfehler der Redaktion in einem konkreten TE an und stellen anschließend den Sachverhalt kurz richtig dar.

Berichtigung

Im Info-Kasten zu dem Gespräch mit Ingrid Caven (*ZEIT* Nr. 23/07) ist uns ein Fehler unterlaufen: Ingrid Caven hat nicht an rund 50 Fassbinder-Filmen mitgewirkt, sondern an rund 50 Fassbinder-Produktionen – das heißt neben den Kinofilmen auch an Theaterinszenierungen, Hörspielen et cetera.

Abb. 115: Beispieltextexemplar der Textsortenvariante ‚Berichtigung' in der ‚Zeit'[309]

Die Absätze der TSV ‚Artikelverweis' geben immer das Hauptthema des TE an, auf das sie mit dem letzten Satz des Fließtextes in Form eines fettgedruckten eingliedrigen Nominalsatzes „Seite x" verweisen. Dessen Verfasser wird als weitere sachliche Information bei 92 Prozent der TE genannt. Nur ein ‚Artikelverweis' bezieht sich auf drei verschiedene Bücher, die sich alle auf derselben Seite befinden (Abb. 116.3).

Der Fließtext entspricht bei 69 Prozent der TE ganz oder in Teilen der Unterzeile des TE (Abb. 116.1), auf das der jeweilige ‚Artikelverweis' referiert. Selten stellt der Fließtext eine Mischung aus der Haupt-

307 Vgl. Kap. III.B.1.2.5.7. und III.B.1.3.4.7.
308 ‚Literaturhinweis', 21. Juni 2007, Seite 53.
309 ‚Berichtigung', „Berichtigung", 6. Juni 2007, Seite 50.

und Unterzeile dar (Abb. 116.2). Die teilweise im Fließtext enthaltenen Wertungen gehen somit zu einem großen Teil auf den Verfasser des verwiesenen TE zurück und stammen nur selten von den Mitarbeitern der ‚Zeit', welche die TE der ‚Artikelverweise' erstellen.

LITERATUR

Alberto Vigevanis bezaubernde Erzählung »Sommer am See« ist eine Entdeckung
Von Ulrich Greiner **Seite 43**

FEUILLETON

Der gute Amerikaner – Zum Tode des großen Philosophen Richard Rorty
Von Thomas Assheuer **Seite 53**

Bienen lügen nicht

Nikolaus Nützel erklärt die Sprache, Tomi Ungerer malt ein Bilderbuch, Aline Sax erzählt von der Emigration.
Kinder- und Jugendbuch Seite 43

Abb. 116.1-3: Drei Beispieltextexemplare der Textsortenvariante ‚Artikelverweis' in der ‚Zeit'[310]

1.3.2.3 Makrostruktur des Bildes

Die beiden TE der TSV ‚Literaturhinweis' weisen jeweils ein Bild von dem Cover des Buches auf, zu welchem sie Informationen präsentieren. Dieses ist jeweils unter dem Reihennamen und links vom Textanteil platziert. Eine Bildunterschrift kommt nicht vor (vgl. Abb. 114 bzw. Anhang 52). Die Verbindung des Cover-Bildes mit den wichtigsten Daten eines Buches kommt in derselben Gestaltung bei den Informationsabsätzen der Subgruppe ‚Literaturkritik' innerhalb des ‚Tagesspiegels' vor (vgl. Abb. 71). Bei den TE der ‚Literaturkritiken' in der ‚Zeit' weisen die Informationsabsätze hingegen kein Bild auf.

1.3.2.4 Makrostruktur des Verfassernamens

Die TE der TS ‚Kurzmeldung' haben keinen Verfassernamen. Bei der TSV ‚Berichtigung' treten lediglich die Personalpronomen „wir" oder „uns" im Fließtext auf, die darauf verweisen, dass es sich bei dem Verfasser des TE um einen Mitarbeiter der ‚Zeit' bzw. allgemein um die Redaktion handelt.

Das Fehlen eines Verfassernamens lässt sich damit begründen, dass die TE der TS ‚Kurzmeldung' keine große Eigenleistung einer bestimmten Person darstellen. Die ‚Literaturhinweise' geben ausschließlich die

310 Quellennachweis von links oben: ‚Artikelverweis', „LITERATUR", 2. August 2007, Seite 33; ‚Artikelverweis', „FEUILLETON", 14. Juni 2007, Seite 49; unten: ‚Artikelverweis', „Bienen lügen nicht", 9. August 2007, Seite 41.

wichtigsten Daten zu einem Buch an. Bei den ‚Artikelverweisen' besteht der Fließtext überwiegend aus einer Übernahme der Überschrift der TE, auf die sie verweisen. Auch die ‚Berichtigungen' beziehen sich auf einen anderen (zu einem früheren Zeitpunkt erschienenen) Artikel, bei dem sie lediglich die fehlerhafte Information korrigieren.

1.3.2.5 Makrostruktur des Reihennamens

Die beiden TE der TSV ‚Literaturhinweis' weisen beide den Reihennamen „VON ZEIT-MITARBEITERN" auf, bei dem es sich um einen isoliert gebrauchten einfachen Nominalsatz in Großbuchstaben handelt, der links von zwei dickeren Balken und oben von einer horizontalen Linie begrenzt wird:

VON ZEIT-MITARBEITERN

Abb. 117: Reihenname bei der Textsortenvariante ‚Literaturhinweis' in der ‚Zeit'[311]

Der Reihenname besitzt die Funktion, die Zusammengehörigkeit mehrerer TE zu einer Serie zu signalisieren, und stellt einen spezifischen Initiator für das jeweilige TE dar. Inhaltsseitig verweist er darauf, dass die dort präsentierten Bücher alle die Gemeinsamkeit haben, von einem Angestellten der ‚Zeit' verfasst worden zu sein. Im Gegensatz zu der Serie „SEHENSWERT" der Gruppe ‚Kurzkritik', bei welcher der Reihenname ein Urteil über die im Fließtext ausschließlich mit Titel und Regisseur aufgeführten Filme darstellt, sind bei den ‚Literaturhinweisen' sowohl der Reihenname als auch der Fließtext völlig wertfrei.

Die TSV ‚Artikelverweis' hat keinen Reihennamen, während bei der TSV ‚Berichtigung' eins der beiden TE bezüglich seiner Überschrift eine drucktechnische Gestaltung aufweist, die derjenigen der ‚Literaturhinweise' entspricht (vgl. Abb. 111.1).

1.3.2.6 Textuelle Merkmale

Die beiden TSV ‚Artikelverweis' und ‚Literaturhinweis' weisen bei allen TE im Fließtext Hervorhebungen durch Fettdruck auf. Bei Ersteren endet jedes TE mit dem fettgedruckten Nominalsatz „Seite X", der die Platzierung des bzw. der TE innerhalb der Zeitung angibt, auf welches bzw. welche das entsprechende TE verweist (vgl. Abb. 116.1-3). Zudem wird der Verfasser des TE, auf das sich der ‚Artikelverweis' bezieht, durch Fettdruck betont.

311 ‚Literaturhinweis', 21. Juni 2007, Seite 53.

Der Textanteil der ‚Literaturhinweise' entspricht demjenigen der Informationsabsätze zu Büchern, die vorrangig bei der Subgruppe ‚Literaturkritik' unterhalb des Fließtextes auftreten.[312] Wie dort sind der Autor und der Titel des aufgeführten Buchs in Fettdruck gesetzt (vgl. Abb. 114).

1.3.3 Die Makrostrukturen der Textsorte ‚Porträt'

Innerhalb der Wochenzeitung ‚Die Zeit' lässt sich neben den auch bei der Tageszeitung ‚Der Tagesspiegel' auftretenden drei TSV ‚Personenporträt', ‚Todesporträt' und ‚Geburtstagsporträt' der TS ‚Porträt' eine weitere TSV ‚Selbstporträt' nachweisen. Die TSV ‚Geburtstagsporträt' umfasst dabei nur vier und die TSV ‚Selbstporträt' fünf TE.

1.3.3.1 Makrostruktur der Überschrift

Bis auf ein ‚Geburtstagsporträt'[313] weisen alle TE der TS ‚Porträt' eine zweizeilige Überschrift auf, womit dieses Merkmal im Zentralbereich liegt. Bei den TSV ‚Personenporträt', ‚Todesporträt' und ‚Geburtstagsporträt' ist die Hauptzeile deutlich größer als die Unterzeile und von dieser durch eine Leerzeile getrennt. Die Überschrift kann sowohl über dem Fließtext positioniert als auch umgeben von einem Freiraum in diesen eingebettet sein. Bis auf vier TE der ‚Todesporträts' endet die Unterzeile wie bei der TS ‚Bericht' mit einem fettgedruckten Nominalsatz, der den Verfassernamen angibt:

Gesänge für eine Leiche

Keiner konnte die DDR so beschreiben wie er: Zum Tod des großen Dichters Wolfgang Hilbig **VON IRIS RADISCH**

Abb. 118: Beispiel für eine Überschrift bei der Textsortenvariante ‚Todesporträt' in der ‚Zeit'[314]

Das ‚Geburtstagsporträt',[315] das makrostrukturell und drucktechnisch den TE der Serie „Fettdruck Unterzeile"[316] der ‚Reihenkritiken' entspricht, weist zudem – wie für die Reihe typisch – einen in Fettdruck gesetzten Nominalsatz zu Beginn der Unterzeile auf.

Die TSV ‚Selbstporträt' zeigt eine zweizeilige Überschrift, bei der Haupt- und Unterzeile dieselbe Schriftgröße haben. Die Hauptzeile ist je-

312 Vgl. Kap. III.B.1.2.5.7. und III.B.1.3.4.7.

313 Das ‚Geburtstagsporträt' „Jost Nolte" (23. August 2007, Seite 44) weist eine einzeilige Überschrift auf, die aus dem Namen des Porträtierten besteht.

314 ‚Todesporträt', „Gesänge für eine Leiche", 6. Juni 2007, Seite 58.

315 ‚Geburtstagsporträt', „Ein Vermittler, ein Missionar", 12. Juli 2007, Seite 44.

316 Vgl. Kap. III.B.1.3.4.1.

doch in fettgedruckten Großbuchstaben gesetzt, wodurch sie sich drucktechnisch von der Unterzeile unterscheidet. Die Überschrift befindet sich immer zwischen einem Foto des Porträtierten und dem Fließtext.

GUO ENDE
Bauarbeiter

Abb. 119: Beispiel für eine Überschrift bei der Textsortenvariante ,Selbstporträt' in der ,Zeit'[317]

1.3.3.2 Makrostruktur des Absatzes

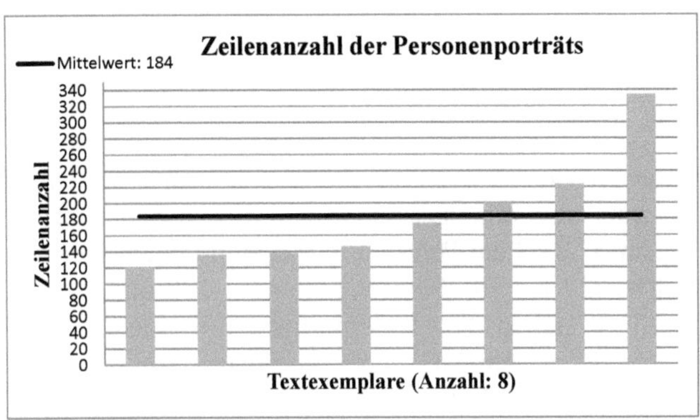

Abb. 120: Zeilenanzahl der Textexemplare der Textsortenvariante ,Personenporträt' in der ,Zeit'

Die drei TSV ,Personenporträt', ,Todesporträt' und ,Geburtstagsporträt' weisen alle ein ähnliches Absatzspektrum auf (,Personenporträt' vier bis 16 Absätze,[318] ,Todesporträt' fünf bis 17 Absätze[319] und ,Geburtstagsporträt' einen bis 12 Absätze[320]). Dieses lässt sich für den Zentralbereich der ,Personenporträts' auf neun bis 16 Absätze (88 %) und bei den ,Geburtstagsporträts' auf acht bis zwölf Absätze (75 %) einengen. Für die ,Todesporträts' ist aufgrund der fehlenden Präferenz für einen Absatzbereich keine weitere Eingrenzung möglich. Die TSV ,Selbstporträt' unterscheidet sich von den anderen dreien durch eine wesentlich geringere Absatzanzahl. Die Spanne reicht hier von einem Absatz bis maximal vier Absätzen, wobei drei Absätze am häufigsten (60 %) vorkommen.[321]

---

317 ,Selbstporträt', „GUO ENDE", 19. Juli 2007, Seite 38.

318 Die genaue Verteilung ist: 4, 10, 13, 14 und 16 Absätze je 13 %, 12 Absätze 25 %.

319 Die genaue Verteilung ist: 12, 13, 14, 16 und 17 Absätze je 8 %, 5, 6, 7 und 8 Absätze je 15 %.

320 Die genaue Verteilung ist: 1, 8 10 und 12 Absätze je 25 %.

321 Die genaue Verteilung ist: 1 und 4 Absätze je 20 %, 3 Absätze 60 %.

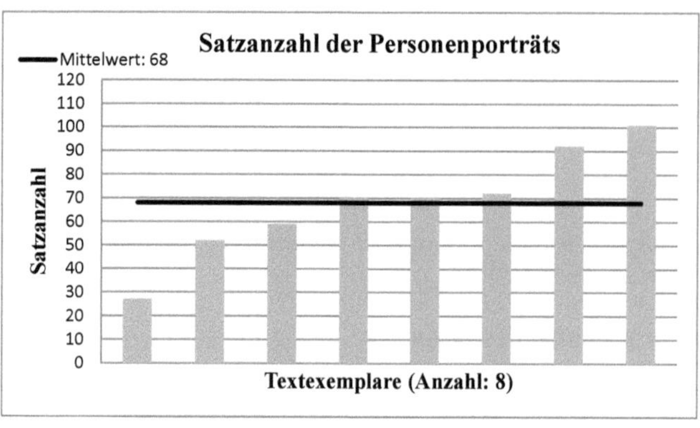

Abb. 121: Satzanzahl der Textexemplare der Textsortenvariante ,Personenporträt' in der ,Zeit'

Die Textlänge der vier TSV der TS ,Porträt' ist sehr unterschiedlich. Die ,Personenporträts' sind mit einer durchschnittlichen Zeilenanzahl von 184 bzw. Satzanzahl von 68 am längsten. Die Spanne reicht hier von 120 bis 334 Zeilen bzw. 27 bis 101 Sätzen (vgl. Abb. 120 und Abb. 121). Die zweitlängste TSV stellen die ,Todesporträts' mit einem Mittelwert von 139 Zeilen bzw. 48 Sätzen dar, wobei die Spanne von 64 bis 276 Zeilen bzw. 22 bis 97 Sätzen reicht (vgl. Abb. 122 und Abb. 123). Die ,Geburtstagsporträts' weisen eine Spanne von 35 bis 151 Zeilen bzw. zwölf bis 54 Sätzen bei einem Mittelwert von 119 Zeilen bzw. 41 Sätzen auf.

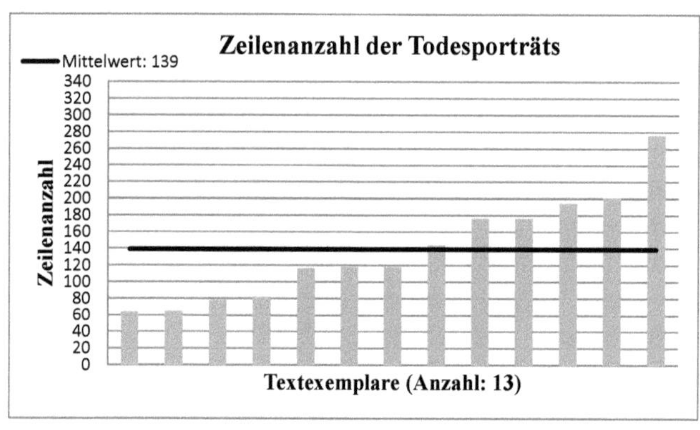

Abb. 122: Zeilenanzahl der Textexemplare der Textsortenvariante ,Todesporträt' in der ,Zeit'

Die TSV ,Selbstporträt' weist den mit Abstand geringsten Textumfang der vier TSV auf, was mit der niedrigen Absatzanzahl korreliert. Die TE zeigen eine durchschnittliche Textlänge von 42 Zeilen bzw. 20 Sätzen, wobei die Spanne von 28 bis 60 Zeilen bzw. elf bis 26 Sätzen reicht (vgl. Abb. 124 und Abb. 125).

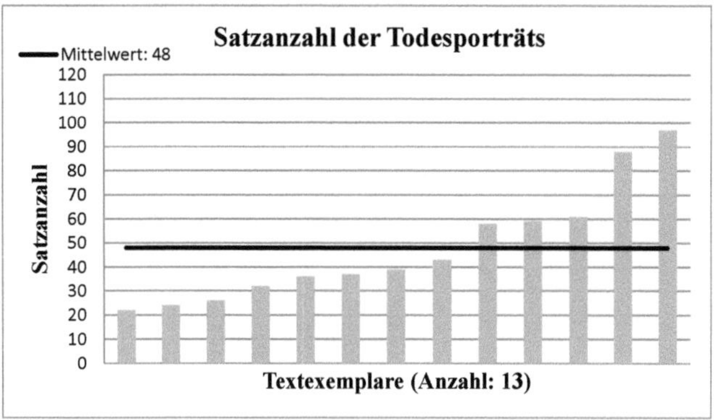

Abb. 123: Satzanzahl der Textexemplare der Textsortenvariante ‚Todesporträt' in der ‚Zeit'

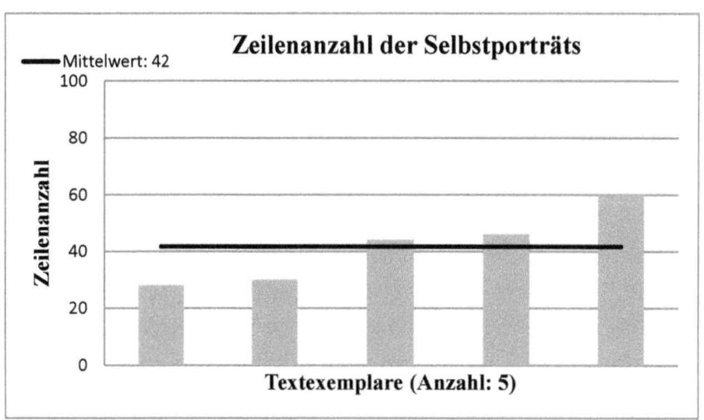

Abb. 124: Zeilenanzahl der Textexemplare der Textsortenvariante ‚Selbstporträt' in der ‚Zeit'

Wie bereits bei der TS ‚Porträt' im ‚Tagesspiegel' lässt sich der sehr unterschiedliche Textumfang der TE und die damit einhergehende Spanne bei den Absätzen damit begründen, dass über Personen mit sehr unterschiedlichem Bekanntheitsgrad informiert wird. Die ‚Selbstporträts' mit ihrer geringen Textlänge thematisieren alle Personen, die unbekannt sind. Die TE befinden sind im Peking-Feuilleton der ‚Zeit' abgedruckt und sollen dem Leser exemplarisch das Leben und die Arbeit von verschiedenen Personengruppen vorstellen. Da es sich nicht um berühmte, besonders auffällige oder interessante Menschen handelt, ist die Länge der TE entsprechend übersichtlich.

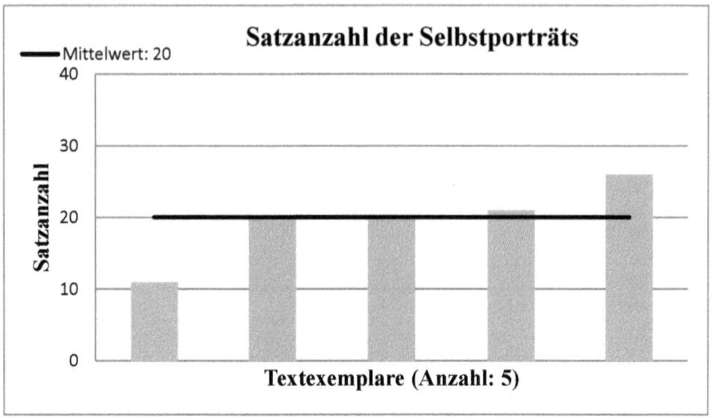

Abb. 125: Satzanzahl der Textexemplare der Textsortenvariante ‚Selbstporträt' in der ‚Zeit'

Die TE der TS ‚Porträt' in der ‚Zeit' weisen im Zentralbereich dieselben drei kommunikativen Funktionen wie im ‚Tagesspiegel' auf. Bei allen TE der ‚Personenporträts', ‚Geburtstagsporträts' und ‚Selbstporträts' werden in mindestens einem Absatz überwiegend sachlich präsentierte biografische Informationen zum Porträtierten geliefert (z.B. ‚Personenporträt' Anhang 57, Absatz 1: „*Uta Kala hatte in der DDR eine Ausbildung als Restauratorin hinter sich und fand keine Arbeit. Anfang der achtziger Jahre nahm sie eine Stelle als Requisiteurin im Malersaal am Theater in Senftenberg an.*" (Zeile 1-6); ‚Geburtstagsporträt' Anhang 60, Absatz 2: „*Meier begann ein Hochbaustudium und gab es wieder auf, heiratete mit zwanzig, arbeitete für eine Lampenfabrik, der er drei Jahrzehnte treu blieb.*" (Zeile 21-23); ‚Selbstporträt' Anhang 59, Absatz 1: „*Ich habe zunächst ganz traditionell überall im Land die chinesischen Regionalküchen erlernt, Kanton, Sichuan, die Pekinger Küche. Aber dann habe ich auch die französische Küche studiert.*" (Zeile 5-9)). Auch 88 Prozent der TE der ‚Todesporträts' zeigen diese Absatzfunktion (z.B. ‚Todesporträt' Anhang 58, Absatz 2: „*Für die Deutschen ist Michael Hamburger, der im Alter von neun Jahren 1933 zusammen mit seiner Familie die Heimatstadt Berlin verließ und nach Großbritannien floh, ein englischer Dichter.*" (Zeile 14-17)). Die abweichenden zwei TE[322] porträtieren die beiden

322 ‚Todesporträt', „Helden des europäischen Kinos", 2. August 2007, Seite 33. Beide TE erscheinen unter einer gemeinsamen Hauptzeile, weisen jedoch jeweils eine eigene Unterzeile auf.

sehr berühmten Regisseure Michelangelo Antonioni und Ingmar Bergman, wobei der Fokus auf ihren wichtigsten Werken und der Charakterisierung und Würdigung ihrer filmischen Arbeit liegt.

Auch die zweite Funktion, das Nennen oder Vorstellen von mindestens einer konkreten künstlerischen oder beruflichen Leistung, tritt außer bei zwei TE der ‚Selbstporträts' bei allen TE der TS ‚Porträt' auf. Diese Informationen werden ebenfalls überwiegend wertneutral vermittelt (z.B. ‚Personenporträt' Anhang 57, Absatz 3: „*Aus der Vielzahl der gemeinsamen Produktionen mit Thomas Bischoff sei die Bühne zu Hans Henny Jahnns* Der gestohlene Gott *(Volksbühne, 1999) erwähnt. Die Bühne war in drei riesige Halbschalen gegliedert, die von einem massiven Rundhorizont begrenzt wurde.*" (Zeile 31-36); ‚Todesporträt' Anhang 58, Absatz 4: „*Hamburger hat eine Autobiografie geschrieben,* Verlorener Einsatz, *vom Berlin seiner Kindheit berichtend, von der ersten harten Zeit in der Fremde, den Jahren in Oxford. Über das London der Fünfziger, über T. S. Eliot, Jesse Thoor und Dylan Thomas, von Reisen durch Italien, der Wiederbegegnung mit Deutschland.*" (Zeile 49-55)). Sie können jedoch auch mit Wertungen (Funktion 3)[323] verknüpft sein (z.B. ‚Geburtstagsporträt' Anhang 60, Absatz 6: „*Der übrigens auch sehr witzig sein kann: Sein Roman* Der Besuch, *wo einer in Zimmer 212 auf einen Besuch wartet, der nie kommt, und sich stattdessen an Besuche erinnert, die er selbst gemacht hat, lässt uns an einem Spagetti-Essen teilnehmen, gegen das Bernhards Brandteigkrapfen eine manierliche Mahlzeit sind.*" (Zeile 69-74)). Bei den ‚Selbstporträts' weisen nur 60 Prozent der TE diese Absatzfunktion auf. Dieses Ergebnis ist dadurch erklärbar, dass die ‚Selbstporträts' nicht immer kulturell bzw. künstlerisch tätige Menschen zum Thema haben, die benennbare Werke geschaffen oder an ihnen mitgewirkt haben. Während im TE in Anhang 59 das vom Porträtierten selbst hergestellte und beschriebene Gericht als eine konkrete Leistung angesehen werden kann (Absatz 1: „*Nehmen Sie hier diese Lammfilets, die wie ein Holzstoß in herbstlicher Landschaft aufgeschichtet sind, davor Fußspuren aus Sauce, ein welkes Blatt – für mich symbolisiert dieses Gericht Einsamkeit.*"), nennt beispielsweise der porträtierte Bauunternehmer eines anderen ‚Selbstporträts'[324] kein von ihm gebautes Gebäude.

Die Charakterisierung des Porträtierten und/oder die Beurteilung seiner künstlerischen bzw. beruflichen Leistung stellt die dritte Absatzfunk-

323 Wertungen sind von der Verfasserin unterstrichen.

324 ‚Selbstporträt', „PAN SHIYI", 19. Juli 2007, Seite 39.

tion der TS ‚Porträt' dar, die ausnahmslos bei allen TE auftritt (z.B. ‚Personenporträt' Anhang 57, Absatz 4: „*Kalas Bühnen sind ins Unbehauste aufgerissene Erinnerungs- und Fantasieräume, Visionen eines bevorstehenden Verfalls oder drohenden Untergangs. Der hohe Abstraktionsgrad lässt dem Betrachter die Freiheit, in den riesigen Welten seinen eigenen Ort zu finden.*" (Zeile 65-71); ‚Todesporträt' Anhang 58, Absatz 5: „*Dieses Zögernde, die Skepsis, ist Teil seiner Kunst. Spröde, splittrig zeigen sich seine Gedichte, wo sie am feinsten und zerbrechlichsten sind, stockend, wo sie am eloquentesten erscheinen. Es bleibt das Misstrauen gegen die große Erzählung der Welt.*" (Zeile 44-48); ‚Geburtstagsporträt' Anhang 60, Absatz 3: „*Eigenwillig, eigensinnig, ja eigenbrötlerisch sind die Bücher dieses Autors, sehr eigen jedenfalls.*" (Zeile 42-44)) Bei der TSV ‚Selbstporträt' wird die Kunstauffassung, Lebenseinstellung etc. des Porträtierten durch seine eigenen Ausführungen erkennbar (z.B. Anhang 59, Absatz 1: „*Chinesische Küche – das ist Wissenschaft plus Kultur plus Kunst.*" (Zeile 1+2) oder „*Aber ich hatte das Bedürfnis, mich selbst, meine Persönlichkeit in den Gerichten auszudrücken.*" (Zeile 12-14))

Anders als bei den ‚Geburtstagsporträts' des ‚Tagesspiegels' findet bei keinem der TE der TSV in der ‚Zeit' eine besondere Würdigung des Gesamtwerks bzw. der (bisherigen) Lebensleistung statt. Bei den ‚Todesporträts' tritt diese Funktion wie bei der Mehrheit der TE im ‚Tagesspiegel' bis auf eine Ausnahme[325] (92 %) bei allen TE in mindestens einem Absatz auf (‚Todesporträt' Anhang 58, Absatz 4: „*Seine Gedichte – Hans Magnus Enzensberger, Reiner Kunze, Adolf Muschg haben sie übersetzt und vor allem Peter Waterhouse – gehören zur europäischen Weltliteratur.*" (Zeile 30-33))

Wie bei den ‚Todesporträts' des ‚Tagesspiegels' kommt bei allen TE der ‚Zeit' die vierte Absatzfunktion hinzu, den Tod des Porträtierten mitzuteilen (z.B. Anhang 58, letzter Satz: „*Am 7. Juni ist Michael Hamburger in seinem Haus bei Saxmundham gestorben.*"). Dies erfolgt bei 69 Prozent der TE im letzten und bei 23 Prozent der TE im ersten Satz. Bei einem TE[326] (8 %) wird das Verscheiden der porträtierten Person sowohl im ersten als auch im vorletzten Satz thematisiert. Die Information über das Ableben ist teilweise mit Angaben zum Sterbealter (77 %), zum Sterbeort (46 %), zum Todesdatum (46 %) und zur Todesursache (23 %) verbunden.

---

325 ‚Todesporträt', „Das Leben, ein Tag", 26. Juli 2007, Seite 45.

326 ‚Todesporträt', „HZ: Helden des europäischen Kinos, UZ: Zum Tod von Ingmar Bergman VON ULRICH GREINER", 2. August 2007, Seite 33+34.

Bei den ‚Geburtstagsporträts' informierten nur zwei der vier TE im Fließtext über den Geburtstag des Porträtierten (Anhang 60, erster Absatz: „*Am 20. Juni wird er neunzig.*" (Zeile 3)). In der Unterzeile wird der Geburtstag bei drei der vier TE erwähnt.

Innerhalb der ‚Geburtstagsporträts' besitzt das Merkmal der Absatzgestaltung besondere Relevanz. Zwei der ‚Geburtstagsporträts' erscheinen innerhalb von Serien der TS ‚Kommentar'.[327] Trotz der makrostrukturellen und drucktechnischen Übereinstimmungen lassen sie sich jedoch nicht als ‚Reihenkommentar' bzw. ‚Reihenkritik' klassifizieren, da ihre Absatzgestaltung funktional derjenigen der TSV ‚Geburtstagsporträt' entspricht.

1.3.3.3 Makrostruktur des Bildes

Bis auf zwei TE[328] weisen alle TE der TS ‚Porträt' die Makrostruktur des Bildes auf, womit dieses Merkmal im Zentralbereich der TS liegt. Das Vorkommen eines Bildes dominiert dabei deutlich (‚Personenporträt' (88 %), ‚Todesporträt' (75 %), ‚Geburtstagsporträt' (100 %) und ‚Selbstporträt' (100 %)). Bei einigen TE der ‚Personenporträts' (12 %) und ‚Todesporträt' (25 %) treten zwei Bilder auf. Jedes TE mit Bild zeigt mindestens auf einem Foto – fast immer als einzige Person – den Porträtierten. Die Bilder haben die Hauptfunktion des Vorstellens und Visualisierens bzw. bei sehr bekannten Personen die des Interesseweckens (Abb. 126).

Bei TE mit zwei Bildern werden darüber hinaus Theater- bzw. Filmszenen gezeigt, an denen die porträtierte Person in irgendeiner Form beteiligt war (Abb. 127.1). Auf einem Bild ist ein Freund des Porträtierten abgebildet, der zugleich der Verfasser des TE ist (Abb. 127.2).

Die im ‚Tagesspiegel' bei der TS ‚Porträt' häufig auftretenden Miniaturporträts kommen in vergleichbarer Form lediglich bei zwei der kürzesten TE der ‚Todesporträts' als einziges Bild und einmal gemeinsam mit einem weiteren Foto bei den ‚Personenporträts' (vgl. Anhang 57) vor. Das geringe Auftreten dieser Bildart lässt sich durch den wesentlich größeren durchschnittlichen Textumfang der TE der TS ‚Porträt' begründen, bei denen ein sehr kleines Bild im Verhältnis zum Fließtext zu unauffällig wäre.

327 Das ‚Geburtstagsporträt' „Jost Nolte" (23. August 2007, Seite 44) erscheint unter dem Reihennamen „ZEITMOSAIK", das ‚Geburtstagsporträt' „Ein Vermittler, ein Missionar" (12. Juli 2007, Seite 44) entspricht drucktechnisch und makrostrukturell den TE der Serie „Fettdruck Unterzeile".

328 Dabei handelt es sich um das ‚Todesporträt', „Partituren bis zur Decke" (21. Juni 2007, Seite 48) und das ‚Geburtstagsporträt' „Jost Nolte" (23. August 2007, Seite 44).

Abb. 126.1-4: Beispiele für Bilder des Porträtierten bei den Textsortenvarianten ‚Personenporträt', ‚Geburtstagsporträt', ‚Todesporträt' und ‚Selbstporträt' in der ‚Zeit'[329]

Abb. 127.1+2: Beispiele für Bilder ohne den Porträtierten bei der Textsortenvariante ‚Todesporträt' in der ‚Zeit'[330]

---

329 Quellennachweis von links oben nach rechts unten: ‚Personenporträt', „Man muss nicht Klavier spielen können", 21. Juni 2007, Seite 48, Bildgröße 6,8 cm x 14,4 cm; ‚Geburtstagsporträt', „Ein Vermittler, ein Missionar", 12. Juli 2007, Seite 44, Bildgröße 21 cm x 11,2 cm; ‚Todesporträt', „Zartheit und Kälte", 2. August 2007, Seite 34, Bildgröße 7 cm x 6,4 cm; ‚Selbstporträt', „GUO ENDE", 19. Juli 2007, Seite 38, Bildgröße 7 cm x 7,4 cm.

330 Quellennachweis von links: ‚Todesporträt', „HZ: Helden des europäischen Kinos, UZ: Zum Tod von Ingmar Bergman", 2. August 2007, Seite 34, Bildgröße 7,2 cm x 10,7 cm und ‚Todesporträt', „Anruf beim Genie", 30. August 2007, Seite 52, Bildgröße 10,3 cm x 8,6 cm.

Abb. 128: Beispiel für ein Miniaturporträt bei der Textsortenvariante ‚Todesporträt' in der ‚Zeit'[331]

Eine Bildunterschrift fehlt lediglich bei dem Foto eines ‚Todesporträts'[332] und eines ‚Geburtstagsporträts'.[333] Bei einem ‚Todesporträt'[334] bezieht sich die Bildunterschrift auf zwei Bilder.

Bis auf zwei Bildunterschriften bei den ‚Personenporträts',[335] die jeweils ausschließlich den Namen des Porträtierten in fettgedruckten Großbuchstaben angeben (A), weisen die Bildunterschriften die bereits bei der TS ‚Bericht' beschriebene drucktechnische Gestaltung auf.[336] Bei dem fettgedruckten Element handelt es sich fast immer um eine Wortgruppe (91 %), die den Namen des Porträtierten (B, C und F) bzw. eine Umschreibung für diesen (D) oder seine Berufsangabe mit Ortsbezug (E) angibt. Bei je einer Bildunterschrift der ‚Personenporträts' und der ‚Geburtstagsporträts' erfolgt die Umschreibung mittels eines einzelnen fettgedruckten Wortes (9 %, Bsp. D). 91 Prozent der Bildunterschriften weisen das fettgedruckte Element am Anfang (A-E), 9 Prozent in der Mitte auf (F).

(A) **JEAN-CLAUDE GALLOTTA**[337] (NS)
(B) **KURT HÜBNER,** 30. Oktober 1916 bis 21. August 2007[338] (GS (NS + NS))
(C) **MICHELANGELO ANTONIONI** 1970 bei den Dreharbeiten zu „Zabriskie Point". Er wurde 1912 in Ferrara geboren und starb am 30. Juli in Rom[339] (NS + GS (VS + VS))

331 ‚Todesporträt', „Unerbetener Erinnerer", 9. August 2007, Seite 37, Bildgröße 3,3 cm x 4,2 cm.
332 ‚Todesporträt', „Sing dein eigenes Lied!", 23. August 2007, Seite 40.
333 ‚Geburtstagsporträt', „Ein Vermittler, ein Missionar", 12. Juli 2007, Seite 44.
334 ‚Todesporträt', „Anruf beim Genie", 30. August 2007, Seite 52.
335 Dabei handelt es sich um die TE „Zum Glück", 12. Juli 2007, Seite 56 und „Ein Familienmensch", 16. August 2007, Seite 40.
336 Vgl. Kap. III.B.1.3.1.3.
337 ‚Personenporträt', „Ein Familienmensch", 16. August 2007, Seite 40.
338 ‚Todesporträt', „Die Welt geht unter", 30. August 2007, Seite 54.
339 ‚Todesporträt', „HZ: Helden des europäischen Kinos, UZ: Zum Tod von Michelangelo Antonioni VON JENS JESSEN", 2. August 2007, Seite 33.

(D) **KRAFTPROTZ** seit über 40 Jahren – Arnold Schwarzenegger auf einer Leistungsschau 1964 in Graz[340] (GS (NS + NS))
(E) **DER BREMER INTENDANT** Klaus Pierwoß beim Ausflug mit dem Theaterfahrrad[341] (NS)
(F) Der Philosoph **ERNST BLOCH** starb vor 30 Jahren[342] (VS)

Bezüglich der syntaktischen Realisation der Bildunterschrift lässt sich keine deutliche Präferenz für eine bestimmte Gestaltung feststellen. Es kommen sowohl isoliert gebrauchte einfache Nominalsätze (A+E) und Verbalsätze (F) vor, als auch Gesamtsätze (B+D) oder eine Verbindung eines isoliert gebrauchten einfachen Satzes und eines Gesamtsatzes (C).

Funktional erklären die Bildunterschriften den Bildinhalt, indem sie die abgebildete Person, den Porträtierten, benennen (A-F) und teilweise weitere Angaben zur Entstehung des Bildes liefern (C, D und E). Darüber hinaus werden teilweise Zusatzinformationen geliefert, die für das Verständnis des Bildes irrelevant sind (F). Bei der TSV ‚Todesporträt' liegt die Gestaltung der Bildunterschrift, bei welcher der Name des Porträtierten und als zusätzliche Angabe die Lebensdaten des Porträtierten angegeben werden (B+C), im Zentralbereich.

Die Bilder der TSV ‚Selbstporträt' weisen keine Bildunterschrift auf. Sie befinden sich immer an derselben Stelle, über der Überschrift. Diese übernimmt die Funktion einer Bildunterschrift, indem die Hauptzeile ausschließlich aus dem Namen des Porträtierten besteht und somit den Bildinhalt benennt.

1.3.3.4 Makrostruktur des Verfassernamens

Im Zentralbereich der TS ‚Porträt' steht ein vollständig ausgeschriebener Verfassername (100 %), der in fettgedruckte Großbuchstaben gesetzt ist. Lediglich ein ‚Todesporträt' weist eine Realisation in Groß- und Kleinbuchstaben auf.[343] Der Verfasser ist in diesem Fall kein Mitarbeiter der ‚Zeit', sondern ein ebenfalls berühmter Freund (Woody Allen) des verstorbenen Regisseurs.

Bei der TSV ‚Personenporträt' tritt der Verfassername ausnahmslos als Teil der Unterzeile auf, die er in Form eines fettgedruckten Nominalsatzes beschließt. Dies ist auch die häufigste Position innerhalb der TSV ‚Todesporträt' (69 %) und ‚Geburtstagsporträt' (75 %). Bei den übrigen TE erscheint der Verfassername rechtsbündig in der letzten Zeile des

340 ‚Geburtstagsporträt', „Der Fleischmetz", 26. Juli 2007, Seite 48.
341 ‚Personenporträt', „Sieger nach 13 Runden", 9. August 2007, Seite 37.
342 ‚Personenporträt', „Das Land, wo noch niemand war", 2. August 2007, Seite 56.
343 ‚Todesporträt', „Anruf beim Genie", 30. August 2007, Seite 52.

Fließtextes. Diese weniger auffällige Platzierung tritt bei den kürzesten TE der TSV auf, bei denen der Arbeitsaufwand und damit die Leistung des Verfassers entsprechend geringer ausfallen.[344] Die TSV ‚Selbstporträt' zeigt die Besonderheit, dass der Porträtierte gleichzeitig der Verfasser des TE ist. Entsprechend exponiert tritt der Name als Hauptzeile auf.[345]

1.3.3.5 Makrostruktur des Informationsabsatzes

Informationsabsätze unterhalb des Fließtextes treten bei den TSV ‚Personenporträt' und ‚Todesporträt' nur relativ selten auf (25 % bzw. 23 %). Bei den ‚Geburtstagsporträts' weisen zwei der vier TE diese Makrostruktur auf, bei den ‚Selbstporträts' kommt sie nicht vor.

Funktional verweisen die Informationsabsätze wie diejenigen der TS ‚Bericht' auf eine Audioversion oder liefern zusätzliche Angaben zum Autor oder einer Veranstaltung. Darüber hinaus gibt der Informationsabsatz je eines TE eine Internetadresse für weiterführende Informationen zum Thema an (Abb. 129.1), nennt Werke der Porträtierten (Abb. 129.2) oder verweist auf einen Übersetzer und die Sprache (Abb. 129.3), in welcher der Artikel ursprünglich verfasst wurde.[346]

Weitere Informationen im Internet:
www.zeit.de/musik/fakesch

Audio www.zeit.de/audio

Charlie Parker: Complete Savoy and Dial Studio Recordings (1944/48; Atlantic/Wea)
The Quintet: Jazz At Massey Hall (1953; Debut)
Ellington/Mingus/Roach: Money Jungle (1962; Blue Note/EMI)
Clifford Brown/Max Roach (1954/56; Verve)
We Insist! Freedom Now Suite (1960; Candid)
Survivors (1984; Soul Note)
To the Max! (1990/91; Enja)

AUS DEM ENGLISCHEN VON **MATTHIAS FIENBORK**

Abb. 129.1-3: Beispiele für Informationsabsätze der Textsorte ‚Porträt' in der ‚Zeit'[347]

1.3.3.6 Makrostruktur des Einschubs

Einschübe treten bei 50 Prozent der TE der TSV ‚Personenporträt' und einem TE der TSV ‚Geburtstagsporträt' (25 %) auf, während sie bei den beiden anderen TSV fehlen.

---

344 Für eine ausführlichere Darstellung der Beziehung von der Platzierung und der Bedeutung des Verfassers vgl. Kap. III.B.1.2.1.4.

345 Vgl. Anhang 59.

346 Bei letzterem TE handelt es sich um das ‚Todesporträt', welches nicht von einem Mitarbeiter der ‚Zeit', sondern von einem Bekannten des Verstorbenen verfasst wurde.

347 Quellennachweis von links oben: ‚Personenporträt', „Prince im Fischgeschäft", 2. August 2007, Seite 37; ‚Todesporträt', „Sing dein eigenes Lied", 23. August 2007, Seite 40; ‚Todesporträt', „Anruf beim Genie", 30. August 2007, Seite 52.

Keine Handlung im üblichen Sinn – und es bewegt sich doch | **Jetzt lässt er die Triosonate erforschen** | **Die abenteuerliche Flussreise nach Berlin**

Abb. 130.1-3: Beispiele für die Makrostruktur des Einschubs bei der Textsorte ‚Porträt‘[348]

Drucktechnisch, syntaktisch und Funktional entspricht die Makrostruktur der ersten Einschubsvariante bei der TS ‚Bericht‘,[349] indem ein bis zwei fettgedruckte Sätze in einer höheren Schriftgröße als der Fließtext Passagen aus dem Fließtext fast wörtlich (Abb. 130.1) oder stärker zusammengefasst (Abb. 130.2) hervorheben. Ein Einschub benennt einen thematischen Aspekt, der im weiteren Fließtext, jedoch nicht direkt nach dem Einschub, behandelt wird (Abb. 130.3). Damit fungiert er wie bei einem TE der ‚Themenberichte‘[350] als Mittel, den Fließtext zu gliedern.

1.3.3.7 Weitere Makrostrukturen

Das kürzeste ‚Geburtstagsporträt‘[351] erscheint zusammen mit dem ‚Freien Kommentar‘ „Der Fall van der Verrat“ unter dem Nominalsatz „ZEITMOSAIK“, der oben von einer horizontalen Linie und links von zwei kleinen dicken Balken begrenzt wird und damit wie ein in der ‚Zeit‘ typischer Reihenname gestaltet ist. Da dieser während des Untersuchungszeitraum nur einmal auftritt, können keine Aussagen darüber getroffen werden, ob unter diesem generell verschiedene TS erscheinen oder der ‚Freie Kommentar‘ bzw. das ‚Geburtstagsporträt‘ eine Ausnahme darstellen.

Bis auf die bei einem TE der ‚Todesporträts‘[352] auftretende und bereits bei der TS ‚Bericht‘ vorgestellte Makrostruktur der Fortsetzung, welche die Zusammengehörigkeit eines über mehrere Seiten reichenden TE anzeigt, weist die TS ‚Porträt‘ keine weiteren Makrostrukturen auf.

---

348 Quellennachweis von links mit zugehöriger Textpassage im Fließtext: ‚Geburtstagsporträt‘, „Umweg, Dienstweg, Abweg“, 21. Juni 2007, Seite 58: *„Kaum Handlung im üblichen Sinn – und es bewegt sich doch.*“; ‚Personenporträt‘, „Man muss nicht Klavier spielen können“, 21. Juni 2007, Seite 48: *„Die Hälfte stiftet er einem Projekt zur Erforschung der Triosonate, der nobelsten Form zwischen 1650 und 1780.*“; ‚Personenporträt‘, „Sieger nach 13 Runden“, 9. August 2007, Seite 37: Der Einschub steht nach dem achten Absatz, erst der zehnte Absatz behandelt das durch den Einschub angekündigte Thema der Flussreise nach Berlin.

349 Vgl. Kap. III.B.1.3.1.5.

350 Vgl. ‚Themenbericht‘, „Feldzug der Worte“, 23. August 2007, Seite 38 und Abb. 101.4.

351 ‚Geburtstagsporträt‘ „Jost Nolte“, 23. August 2007, Seite 44.

352 Todesporträt‘, „Helden des europäischen Kinos“, 2. August 2007, Seite 33+34.

1.3.3.8 Textuelle Merkmale

Das Vorkommen einer Initiale, die über drei oder vier Zeitungszeilen reicht, liegt im Zentralbereich der TSV ‚Personenporträt' (100 %), ‚Todesporträt' (92 %) und ‚Geburtstagsporträt' (75 %). Sie übernimmt gemeinsam mit der Überschrift Initiatorfunktion. Bei der TSV ‚Selbstporträt' treten keine Initialen auf.

Die Hervorhebung von Satzanfängen oder Teilsätzen am Beginn eines Absatzes, der durch eine Leerzeile vom vorherigen Absatz getrennt ist, tritt ebenfalls nur bei den drei TSV ‚Personenporträt' (13 %), ‚Todesporträt' (54 %) und ‚Geburtstagsporträt' (25 %) auf. Wie bei der TS ‚Bericht' dienen die fettgedruckten Satzelemente gemeinsam mit der Leerzeile dazu, den Absatz, und damit die Gliederung des Fließtextes, zu betonen.

1.3.4 Die Makrostrukturen der Textsorte ‚Kommentar'

Die TS ‚Kommentar' ist wie innerhalb des ‚Tagesspiegels' sehr heterogen gestaltet, da sich diese zum einen aus zwei TSV ‚Freier Kommentar' und ‚Kritik' zusammensetzt, die ihrerseits weitere Gruppen umfassen. Die TSV ‚Freier Kommentar' unterteilt sich in die Gruppen ‚Großkommentar' und ‚Reihenkommentar', die TSV ‚Kritik' in die Gruppen ‚Großkritik', ‚Reihenkritik' und ‚Kurzkritik'. Bei den ‚Großkritiken' lassen sich zusätzlich die Subgruppen ‚Literaturkritik' und ‚Kulturkritik' unterschieden. Zum anderen gehören die TE innerhalb der ‚Reihenkommentare', ‚Reihenkritiken' und ‚Kurzkritiken' wiederum einer bestimmten Serie an, die durch spezifische Merkmale, vorrangig einen Reihennamen, gekennzeichnet sind. Wie beim ‚Tagesspiegel' erfolgt die Benennung der Serien nach ihrem Reihennamen oder beim Fehlen eines solchen über ein anderes hervorstechendes Merkmal, durch das die Zusammengehörigkeit der TE zu einer Serie markiert wird. Nach diesem Vorgehen lassen sich bei den ‚Reihenkommentaren' die Serien „*Wörterbericht*", „*Das Letzte*", „HARRY ROWOHLT", „WAS MACHE ICH HIER?", „ZEITMOSAIK"[353] benennen und bei den ‚Reihenkritiken' die Serien „BÜCHERTISCH", „BUCH IM GESPRÄCH", „WILLEMSEN HÖRT", „KRITIK IN KÜRZE", „100 KLASSIKER DER MODERNEN MUSIK", „AUS POLITISCHEN ZEITSCHRIFTEN", „STILLLEBEN MIT BUCH", „TASCHENBUCH", „KRIMINALROMAN", „VOM

353 Unter dem Reihennamen „ZEITMOSAIK" ist nur ein ‚Reihenkommentar' erschienen (siehe Anhang 65). Aufgrund der Ähnlichkeit zu den anderen ‚Reihenkommentaren' wird jedoch davon ausgegangen, dass dies dem begrenzten Untersuchungszeitraum geschuldet ist.

STAPEL“, „Die ZEIT empfiehlt“, „Fettdruck Unterzeile“ und „Großbild“. Die vier Serien „STILLLEBEN MIT BUCH“, „TASCHENBUCH“, „KRIMINALROMAN“ und „VOM STAPEL“ lassen sich dabei zu einer Seriengruppe zusammenschließen, da die Reihennamen, Verfassernamen und die Überschrift eine identische drucktechnische Gestaltung und Platzierung aufweisen und die Serien alternativ in der Sparte ‚Literatur Kaleidoskop‘ erscheinen.

Die Serie „Kursive Überschrift“ zeigt die Besonderheit, dass sich die unter ihr erscheinenden TE zwei Gruppen zuordnen lassen. Mit 22 TE handelt es sich bei der Mehrheit um ‚Reihenkommentare‘, drei TE gehören zu den ‚Reihenkritiken‘.

Die Gruppe ‚Kurzkritik‘ besteht ausschließlich aus der Serie „SEHENSWERT“, die sechs TE umfasst.

1.3.4.1 Makrostruktur der Überschrift

Bezüglich der Makrostruktur der Überschrift zeigen die TE der ‚Großkommentare‘ und ‚Großkritiken‘, die nicht seriell sind, und die TE der ‚Reihenkommentare‘ und ‚Reihenkritiken‘, deren TE in Serien erscheinen, große Übereinstimmungen.

Die Überschriften der TE der ‚Großkommentare‘ und ‚Großkritiken‘ sind durchgängig zweizeilig mit einer großen Hauptzeile in Fettdruck und einer kleineren Unterzeile in Normaldruck realisiert. Bis auf 30 Prozent der TE der Subgruppe ‚Literaturkritik‘ der Gruppe ‚Kritik‘ enden alle Unterzeilen mit einem in Fettdruck gesetzten Nominalsatz, der in Großbuchstaben den Verfasser angibt. Im Zentralbereich der beiden Gruppen ist die Überschrift linksbündig angeordnet (‚Großkommentare‘ 81 % und ‚Großkritiken‘ 86 %). Haupt- und Unterzeile weisen keine festen Zeilenanzahlen auf. Die Überschrift kann sowohl über dem Fließtext platziert sein als sich auch in einer Spalte in der Mitte des Fließtextes befinden. Die Gestaltung der Überschrift der Gruppen ‚Großkommentar‘ und ‚Großkritik‘ entspricht weitgehend derjenigen bei den TS ‚Bericht‘ und ‚Porträt‘.

Bei den ‚Reihenkommentaren‘ weisen drei Serien ausschließlich und eine weitere bei einigen TE eine einzeilige Überschrift auf (46 %), die übrigen Überschriften sind zweizeilig (54 %). Sie sind entweder linksbündig (65 %) oder zentriert (35 %) angeordnet. Die drucktechnische Gestaltung variiert zwischen den einzelnen Reihen stark.

Olympia ist eine Droge

Peking wird für den Sommer 2008 auf Hochglanz poliert. Doch hinter dem schönen Schein hausen oft Elend und Schrecken

VON WANG XIAOSHAN

Abb. 131: Beispiel für eine Überschrift bei der Gruppe ‚Großkommentar' in der ‚Zeit'[354]

Sommerhaus, gestern

Thomas Arslans »Ferien« – ein sanfter Film vom Abschiednehmen VON KATJA NICODEMUS

Abb. 132: Beispiel für eine Überschrift bei der Gruppe ‚Großkritik' in der ‚Zeit'[355]

HARRY ROWOHLT

Pooh's Corner

Meinungen eines Bären von sehr geringem Verstand

Abb. 133: Überschrift der Serie „HARRY ROWOHLT" der Gruppe ‚Reihenkommentar' in der ‚Zeit'[356]

Stille Tage an der Ostsee

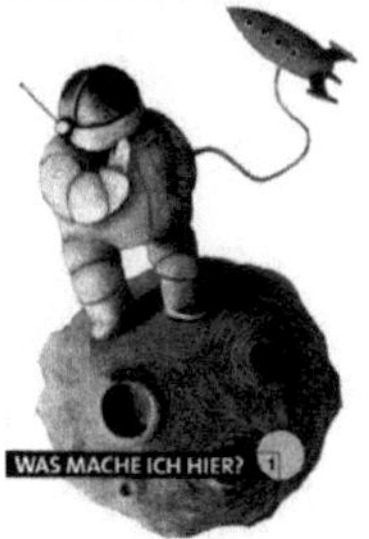

Abb. 134: Beispiel für eine Überschrift bei der Serie „WAS MACHE ICH HIER?" der Gruppe ‚Reihenkommentar' in der ‚Zeit'[357]

354 ‚Großkommentar', „Olympia ist eine Droge", 19. Juli 2007, Seite 36.

355 ‚Großkritik' (Subgruppe ‚Kulturkritik'), „Sommerhaus, gestern", 21. Juni 2007, Seite 47.

356 ‚Reihenkommentar', Serie „HARRY ROWOHLT", „Pooh's Corner", 28. Juni 2007, Seite 45.

357 ‚Reihenkommentar', Serie „WAS MACHE ICH HIER?", „Stille Tage an der Ostsee", 6. Juni 2007, Seite 56.

Die Serien „HARRY ROWOHLT" und „WAS MACHE ICH HIER?" zeigen eine große Hauptzeile in Fettdruck und eine Unterzeile in Normaldruck, die nur unwesentlich größer als der Fließtext ist. Bis auf eine Ausnahme[358] umfasst die Hauptzeile immer eine und die Unterzeile zwei Zeitungszeilen. Die vier einzeiligen Überschriften der Reihe „WAS MACHE ICH HIER?" entsprechen drucktechnisch der Realisation der Hauptzeilen, umfassen jedoch immer zwei Zeitungszeilen. Die Überschrift der Serie „HARRY ROWOHLT" ist zweimal über und zweimal in einer Spalte des Fließtextes positioniert, bei der Serie „WAS MACHE ICH HIER?" nimmt sie immer über dem Logo der Reihe eine der vier Spalten der TE ein.[359] Alle Überschriften der beiden Serien sind linksbündig angeordnet.

Die Serie „Kursive Überschrift" weist immer eine zentriert gesetzte, zweizeilige Überschrift auf, bei der beide Überschriftenteile kursiv gedruckt sind. Dies stellt das auffälligste gemeinsame Merkmal aller TE dieser Serie dar, die keinen Reihennamen aufweist, womit dieses Merkmal namengebend ist. Haupt- und Unterzeile umfassen jeweils entweder eine oder zwei Zeitungszeilen und befinden sich immer über dem Fließtext. Die Hauptzeile ist deutlich größer als die Unterzeile, die sich ihrerseits durch eine etwas höhere Schriftgröße und einen großen Abstand vom Fließtext abhebt:

Mehr Mut!

Die Buchgestalter der meisten Verlage sind einfallslos

Abb. 135: Beispiel für eine Überschrift bei der Serie „Kursive Überschrift" der Gruppe ‚Reihenkommentar' in der ‚Zeit'[360]

Jost Nolte

Abb.136: Überschrift bei der Serie „ZEITMOSAIK" der Gruppe ‚Reihenkommentar' in der ‚Zeit'[361]

Die Serien „*Wörterbericht*", „*Das Letzte*", und „ZEITMOSAIK" haben alle eine einzeilige, linksbündige Überschrift, die immer über eine Zeitungszeile reicht. Die Überschrift des TE der Serie „ZEITMOSAIK"

358 Bei der Serie „HARRY ROWOHLT" umfasst die Unterzeile des TE vom 26. Juli 2007 (Seite 45) nur eine statt zwei Zeitungszeilen.

359 Vgl. Anhang 70.

360 ‚Reihenkommentar', Serie „Kursive Überschrift", „Mehr Mut!", 16. August 2007, Seite 43. Vgl. auch Anhang 67.

361 ‚Reihenkommentar', Serie „ZEITMOSAIK", „Jost Nolte", 23. August 2007, Seite 44.

steht in Normaldruck, ist etwas größer als der Fließtext und durch einen kleinen Leerraum von diesem getrennt.

Bei der Reihe „*Wörterbericht*" ist die Überschrift hingegen durch ihre lila Druckfarbe, Kursivdruck, eine höhere Schriftgröße und eine vom Fließtext abweichende Schriftart sehr auffällig gestaltet. Sie steht jeweils zwischen dem Reihennamen und dem Fließtext und ist halb eingekästelt:

Edelfeder

Abb. 137: Beispiel für eine Überschrift bei der Serie „Wörterbericht" der Gruppe ‚Reihenkommentar' in der ‚Zeit'[362]

Die Überschrift der Serie „*Das Letzte*" hebt sich ebenfalls durch ihre Größe und den Kursivdruck deutlich vom Fließtext ab, über dem sie platziert ist. Hier besteht die Besonderheit, dass sie immer ausschließlich aus dem Nominalsatz „Das Letzte" besteht, womit sie zugleich als Reihenname fungiert.

Das Letzte

Abb. 138: Überschrift der Serie „Das Letzte" der Gruppe ‚Reihenkommentar' in der ‚Zeit'[363]

Innerhalb der ‚Reihenkritiken' weisen acht Serien eine einzeilige (68 Prozent aller TE) und sechs eine zweizeilige Überschrift auf (32 Prozent aller TE). Bis auf die Reihe „Kursive Überschrift" und die Seriengruppe aus den Reihen „STILLLEBEN MIT BUCH", „TASCHENBUCH", „KRIMINALROMAN" und „VOM STAPEL", deren Überschrift zentriert ausgerichtet ist, zeigen die TE der Gruppe ‚Reihenkritik' eine linksbündige Anordnung (86 Prozent der TE).

Die Serien „BUCH IM GESPRÄCH", „WILLEMSEN HÖRT", „KRITIK IN KÜRZE", „100 KLASSIKER DER MODERNEN MUSIK", „AUS POLITISCHEN ZEITSCHRIFTEN" und „Großbild" haben eine ähnlich gestaltete Überschrift, die sich vom Fließtext durch eine höhere Schriftgröße und einen größeren Abstand abhebt. Die einzeilige Überschrift ist zwischen Reihennamen und Fließtext positioniert und reicht fast immer über eine Zeitungszeile.[364]

---

362 ‚Reihenkommentar', Serie „*Wörterbericht*", „Edelfeder", 6. Juni 2007, Seite 56. Vgl. auch Anhang 64.

363 ‚Reihenkommentar', Serie „*Das Letzte*", 6. Juni 2007, Seite 56. Vg. auch Anhang 63.

364 Bei einem der vier TE der Serie „KRITIK IN KÜRZE" und vier der zehn TE der Serie „BUCH IM GESPRÄCH" reicht die Überschrift über zwei, bei einem der elf TE der Serie „Großbild" über drei Zeitungszeilen.

Träumende Männer

Abb. 139: Beispiel für eine Überschrift bei der Serie „WILLEMSEN HÖRT" der Gruppe ‚Reihenkritik' in der ‚Zeit'[365]

Die Überschrift der Serie „Die ZEIT empfiehlt" weist zusätzlich Fettdruck auf, diejenige der Serie „BÜCHERTISCH" ist in fettgedruckten, orangebraunen Großbuchstaben gedruckt. Bei beiden Serien reicht die Überschrift über eine Zeitungszeile und befindet sich zwischen dem Reihennamen und dem Fließtext des ersten von mindestens zwei folgenden TE:

Neue Pop-CDs **SUSANNE MAYER**

Abb. 140.1+2: Beispiele für Überschriften bei den Serien 1) „Die ZEIT empfiehlt"[366] *und 2) „BÜCHERTISCH"*[367] *der Gruppe ‚Reihenkritik' in der ‚Zeit'*

Wie bereits bei der Begründung für das Ansetzen der Seriengruppe aus den Reihen „STILLLEBEN MIT BUCH", „TASCHENBUCH", „KRIMINALROMAN", „VOM STAPEL" erwähnt, sind die Überschriften der vier Serien identisch gestaltet. Beide Überschriftenteile sind kursiv gesetzt, wobei die Hauptzeile deutlich größer ist und zusätzlich Fettdruck aufweist. Sowohl Haupt- und Unterzeile als auch Unterzeile und Fließtext sind durch einen größeren Leerraum voneinander getrennt. Bis auf eine Ausnahme[368] umfasst die Hauptzeile immer eine und die Unterzeile immer zwei Zeitungszeilen. Die Überschrift ist zwischen dem Verfassernamen und dem Fließtext platziert:

Erbaulich

Spanische Geschichten – übersetzt
von Joseph v. Eichendorff

Abb. 141: Beispiel für eine Überschrift bei der Serie „STILLLEBEN MIT BUCH" der Gruppe ‚Reihenkritik' in der ‚Zeit'[369]

Die Überschrift der Serie „Fettdruck Unterzeile" besteht aus einer großen Haupt- und einer deutlich kleineren Unterzeile, die jedoch ihrerseits

365 ‚Reihenkritik', Serie „WILLEMSEN HÖRT", „Träumende Männer", 6. Juni 2007, Seite 48.

366 ‚Reihenkritik', Serie „Die ZEIT empfiehlt", „Neue Pop-CDs", 21. Juni 2007, Seite 46. Vgl. auch Anhang 73.

367 ‚Reihenkritik', Serie „BÜCHERTISCH", „SUSANNE MAYER", 14. Juni 2007, Seite 64. Vgl. auch Anhang 72.

368 Bei einem TE der Serie „KRIMINALROMAN" („Polnisch Kompott", 30. August 2007, Seite 62) reicht die Hauptzeile über zwei statt über eine Zeitungszeile.

369 ‚Reihenkritik', Serie „STILLLEBEN MIT BUCH", „Erbaulich", 16. August 2007, Seite 50.

eine höhere Schriftgröße als der Fließtext aufweist. Die Unterzeile beginnt und endet jeweils mit einem fettgedruckten eingliedrigen Nominalsatz in Großbuchstaben. Der erste kategorisiert den Kritikgegenstand, der zweite nennt, wie bei den ‚Großkommentaren' und ‚Großkritiken' üblich, den Verfasser des TE. Die Überschrift befindet sich linksbündig über dem Fließtext. Bei der Hälfte der TE kommt ein großes Bild vor, das bis auf eine Ausnahme[370] über der Überschrift positioniert ist:

Süßer Selbstgenuss, schwelende Wut

HÖRBUCH: Martin Wuttke liest Karl Philipp Moritz' Lebensroman »Anton Reiser« **VON BENEDIKT ERENZ**

Abb. 142: Beispiel für eine Überschrift bei der Serie „Fettdruck Unterzeile" der Gruppe ‚Reihenkritik' in der ‚Zeit'[371]

Wie bei den TE der Serie „Kursive Überschrift", die zu der Gruppe ‚Reihenkommentar' gehören, sind auch bei den ‚Reihenkritiken' dieser Serie die beiden Überschriftenteile kursiv und zentriert gesetzt, umfassen jeweils eine oder zwei Zeitungszeilen und befinden sich über dem Fließtext (vgl. Abb. 135).

Bei der Gruppe ‚Kurzkritik' tritt keine Überschrift auf. Bei allen sechs TE übernimmt der Reihenname der Serie „SEHENSWERT" die Funktion der Überschrift, indem er als Initiator dient und für den Fließtext einen thematischen Rahmen angibt:

SEHENSWERT

»Zodiac« von David Fincher. **»Black Book«** von Paul Verhoeven. **»Little Children«** von Todd Field

Abb. 143: Textexemplar der Serie „SEHENSWERT" der Gruppe ‚Kurzkritik' in der ‚Zeit'[372]

1.3.4.2 Makrostruktur des Absatzes

Wie bereits bei der Makrostruktur der Überschrift ähneln sich die beiden Gruppen ‚Großkommentar' und ‚Großkritik', deren TE nie in Serien erscheinen, und die beiden Gruppen ‚Reihenkommentar' und ‚Reihenkritik' mit ausschließlich seriellen TE, obwohl sie jeweils nicht zu dersel-

370 Lediglich bei dem TE aus der vorherigen Fußnote ist die Überschrift über dem Fließtext und links neben dem Bild platziert.

371 ‚Reihenkritik', Serie „Fettdruck Unterzeile", „Süßer Selbstgenuss, schwelende Wut", 6. Juni 2007, Seite 48.

372 ‚Kurzkritik', Serie „SEHENSWERT", 21. Juni 2007, Seite 47.

ben TSV gehören. Das Erscheinen bzw. Nichterscheinen in Serien hat demnach einen großen Einfluss auf die Ausprägung der Makrostrukturen sowie anderer Merkmale wie beispielsweise die Textlänge (siehe unten).

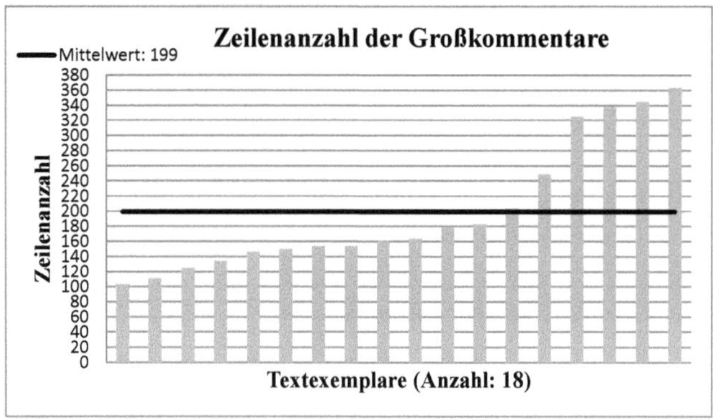

Abb. 144: Zeilenanzahl der Textexemplare der Gruppe ‚Großkommentar' in der ‚Zeit'

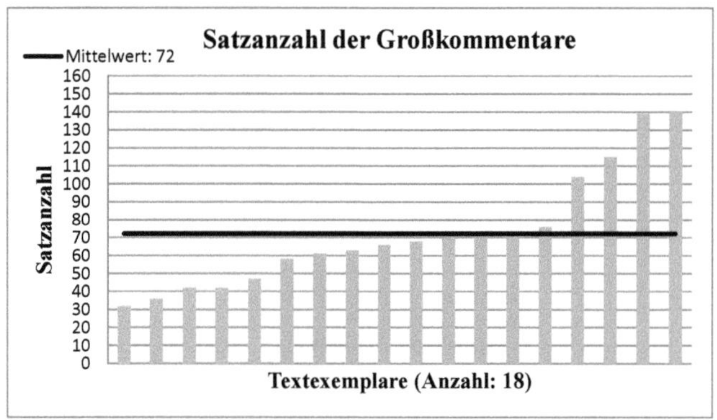

Abb. 145: Satzanzahl der Textexemplare der Gruppe ‚Großkommentar' in der ‚Zeit'

Die Gruppe ‚Großkommentar' weist ein Absatzspektrum vom sechs bis 25 Absätzen[373] auf, das sich auf einen Zentralbereich von sechs bis 16 Absätzen (78 %) eingrenzen lässt. Die Spanne bei den ‚Großkritiken' reicht von drei bis 40 Absätzen[374] und ist auf einen ähnlichen Zentralbe-

373 Die genaue Verteilung ist: 8, 16, 20, 21, 22 und 25 Absätze je 6 %, 6, 10 und 11 Absätze je 11 % und 9 und 13 Absätze je 17 %.

374 Die genaue Verteilung ist: 15, 20, 21, 24, 25, 27 und 40 Absätze je 1 %, 14, 16 und 19 Absätze je 2 %, 3, 13 und 17 Absätze je 3 %, 4 Absätze 4 %, 7, 11 und 12 Absätze je 5 %, 10 Absätze 11 %, 8 und 9 Absätze je 12 %, 6 Absätze 13 % und 5 Absätze 14 %.

reich wie bei den ‚Großkommentaren' einengbar. Bei 93 Prozent der TE liegt die Absatzanzahl zwischen drei und 17 Absätzen.

Die TE der ‚Großkommentare' haben mit durchschnittlich 199 Zeilen bzw. 72 Sätzen einen großen Textumfang. Die Spanne reicht von 103 bis 363 Zeilen bzw. 32 bis 140 Sätzen (vgl. Abb. 144 und Abb. 145). Demgegenüber sind die ‚Großkritiken mit 138 Zeilen bzw. 49 Sätzen im Schnitt etwas kürzer. Die Spanne von 40 bis 351 Zeilen bzw. 19 bis 149 Sätzen zeigt, dass die Maximumwerte zwar annähernd denjenigen der ‚Großkommentare' entsprechen, die kürzesten ‚Großkritiken' jedoch einen deutlich geringeren Textumfang aufweisen (vgl. Abb. 146 und Abb. 147).

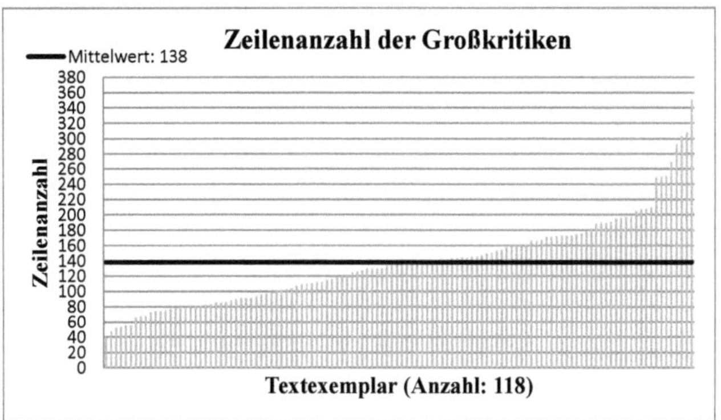

Abb. 146: Zeilenanzahl der Textexemplare der Gruppe ‚Großkritik' in der ‚Zeit'

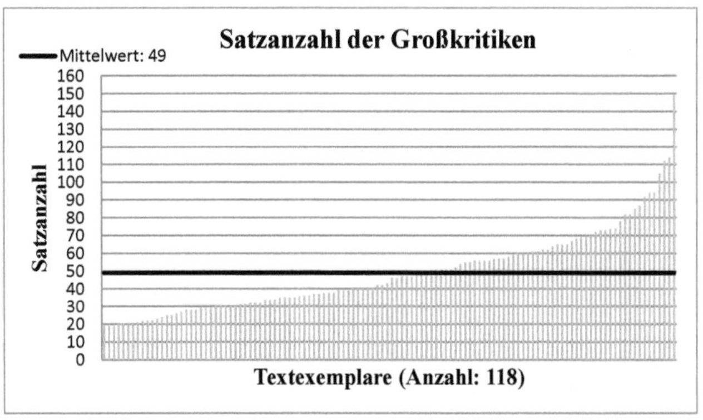

Abb. 147: Satzanzahl der Textexemplare der Gruppe ‚Großkritik' in der ‚Zeit'

79 Prozent der ‚Reihenkommentare' weisen einen bis sechs Absätze auf, wobei das Vorkommen eines Absatzes mit Abstand am häufigsten ist

(38 %).[375] Die ‚Reihenkritiken' zeigen mit einem Zentralbereich von einem bis fünf Absätzen (89 %) eine vergleichbare Spanne.[376] Hier sind drei Absätze (32 %) gefolgt von einem Absatz (26 %) am stärksten vertreten. Bei den ‚Kurzkritiken' weisen alle sechs TE einen Absatz auf.

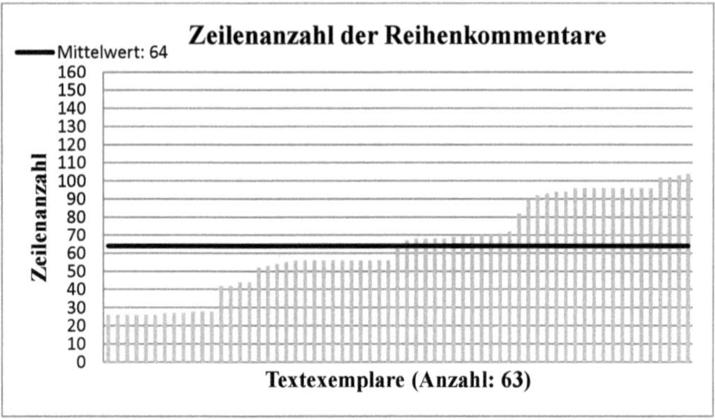

Abb. 148: Zeilenanzahl der Textexemplare der Gruppe ‚Reihenkommentar' in der ‚Zeit'

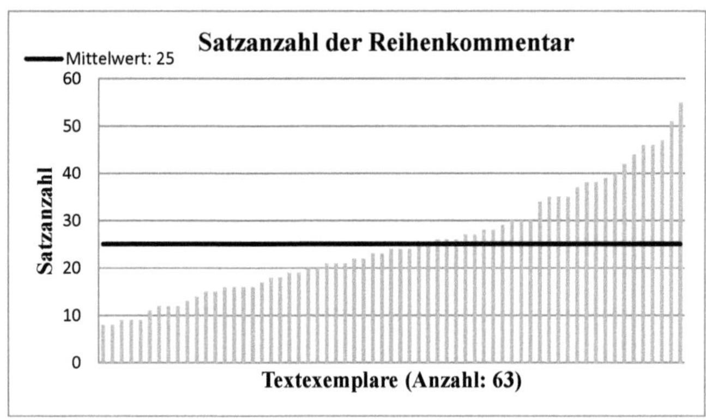

Abb. 149: Satzanzahl der Textexemplare der Gruppe ‚Reihenkommentar' in der ‚Zeit'

Das Erscheinen in Serien bedingt neben den deutlich geringeren Absatzanzahlen gegenüber den Gruppen ‚Großkommentar' und ‚Großkritik' auch einen wesentlich kürzeren Textumfang. Die Gruppe ‚Reihenkom-

375 Die genaue Verteilung ist: 11 Absätze 2 %, 7 und 9 Absätze je 5 %, 3 Absätze 6 %, 5 und 8 Absätze je 10 %, 6 Absätze 11 %, 4 Absätze 14 % und 1 Absatz 38 %.

376 Die genaue Verteilung ist: 2, 8 und 10 Absätze 1 %, 6 und 7 Absätze je 5 %, 5 Absätze 14 %, 4 Absätze 17 %, 1 Absatz 26 % und 3 Absätze 32 %.

mentar‘ weist eine durchschnittliche Textlänge von 64 Zeilen bzw. 25 Sätzen bei einer Spanne von 26 bis 104 Zeilen bzw. acht bis 55 Sätzen auf (vgl. Abb. 148 und Abb. 149). Die TE einer Serie stimmen dabei im Textumfang wesentlich stärker überein. So haben beispielsweise alle TE der Reihe „Wörterbericht“ einen Textumfang von 26 bis 28 Zeilen bzw. acht bis 16 Sätzen.

Die Textlänge der ‚Reihenkritiken‘ beträgt durchschnittlich 39 Zeilen bzw. 13 Sätze. Die Spanne reicht von zwei bis 118 Zeilen bzw. einem bis 39 Sätzen (vgl. Abb. 150 und Abb. 151). Die TE der ‚Reihenkritiken‘ sind damit im Schnitt deutlich kürzer als die ‚Reihenkommentare‘. Besonders die Serie „Die ZEIT empfiehlt“ (durchschnittlich vier Zeilen bzw. zwei Sätze) verringert durch ihren sehr geringen Textumfang die Mittelwerte.

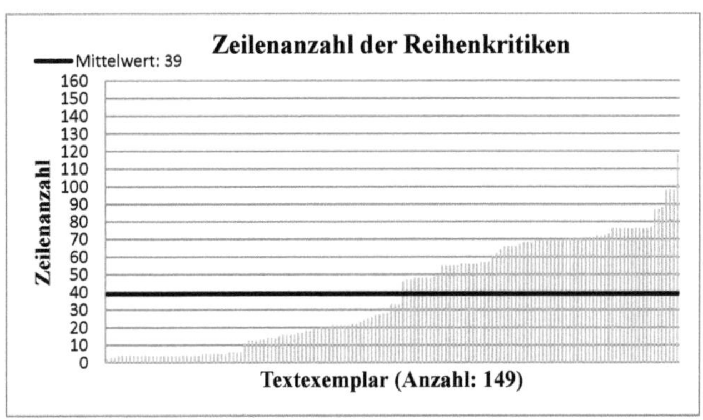

Abb. 150: Zeilenanzahl der Textexemplare der Gruppe ‚Reihenkritik‘ in der ‚Zeit‘

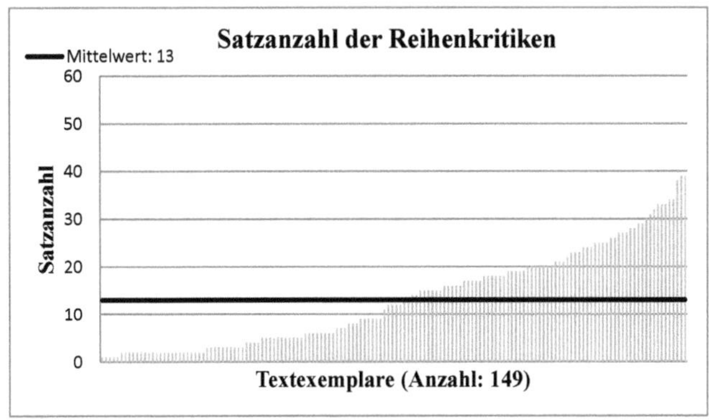

Abb. 151: Satzanzahl der Textexemplare der Gruppe ‚Reihenkritik‘ in der ‚Zeit‘

Die sechs TE der einzigen Serie „SEHENSWERT“ der Gruppe ‚Kurzkritik‘ weisen eine durchschnittliche Textlänge von fünf Zeilen bzw. vier Sätzen auf. Die TE haben dabei sehr ähnliche Werte, wie die Spannen für die Zeilenanzahl (drei bis sechs Zeilen) und Satzanzahl (drei bis vier Sätze) belegen.

Wie bereits für die TS ‚Kommentar‘ im ‚Tagesspiegel‘ dargestellt, ist die Zusammengehörigkeit der Gruppen ‚Großkommentar‘ und ‚Reihenkommentar‘ zu der TSV ‚Freier Kommentar‘ und die der Gruppen ‚Großkritik‘ und ‚Reihenkritik‘ zur TSV ‚Kritik‘ trotz ihrer zahlreichen Unterschiede durch die funktionalen Gemeinsamkeiten in ihrer Absatzgestaltung begründbar. Im Folgenden wird die Absatzgestaltung kurz besprochen, indem die Funktionen der beiden TSV nacheinander aufgeführt und jeweils mit Beispielen belegt werden.

In den TE der beiden Gruppen ‚Großkommentar‘ und ‚Reihenkommentar‘ der TSV ‚Freier Kommentar‘ dominiert die subjektive Informationsvermittlung deutlich die Absatzgestaltung. Große Teile der meisten Absätze geben Erklärungen oder Überlegungen (z.B. ‚Großkommentar‘ Anhang 62, Absatz 2: „*Viel spricht dafür, den Geist einer aufschneiderischen Werbung dabei am Werk zu sehen. Die Deutsche Bahn will sich nicht nur technisch modernisieren; sie will auch modern wirken.*“ (Zeile 16-18)), Fragestellungen (z.B. ‚Großkommentar‘ Anhang 62, Absatz 1: „*Warum ist auf Bahnhöfen kein Schalter für Auskünfte, sondern ein* Service Point*? Was hat der englische Genitiv-Apostroph in* Susi’s Häkelstudio *zu suchen? Welcher Teufel trieb eine deutsche Wissenschaftsministerin zu einer Kampagne mit dem Motto „*Brain up*“, was weder auf Deutsch noch auf Englisch Sinn ergibt?*“ (Zeile 6-12) und ‚Reihenkommentar‘ Anhang 66, Absatz 2: „*Hat die Szene aus den Kontroversen um Rapper wie Sido oder Bushido gelernt?*“ (Zeile 25-27)) oder Ausführungen des Autors zum Thema wieder (z.B. ‚Großkommentar‘ Anhang 62, Absatz 8: „*Es ist nicht so, dass überpersönliche Mächte für den Unfug verantwortlich wären. Es sind identifizierbare Sprecher, die der Sprache Gewalt antun, und nur selten unterläuft es ihnen. In den allermeisten Fällen ist, was uns ärgert, auch beabsichtigt. Der Business-Schwafler will uns ein X für ein U vormachen.*“ (Zeile 113-118) und ‚Reihenkommentar‘ Anhang 66, Absatz 4: „*Es ist die übliche Flucht aus der künstlerischen Verantwortung gegenüber einer zumeist minderjährigen Konsumentengruppe, die menschenverachtende Aussagen als authentische Spiegelung ihrer Lebensumstände interpretiert. Rapper wie G-Hot beklagen sich immer wieder über die verkürzte Darstellung der Textinhalte durch die Medien. Dies ist bloße Taktik. Die Verkürzung haben sie* *längst selbst vorgenommen. Sie ist Teil der Marketingstrategie.*" (Zeile 55-66)), die überwiegend dessen Meinung erkennen lassen.

Die sachliche Informationsvermittlung tritt bei allen TE der ,Großkommentare' und bei 86 Prozent der ,Reihenkommentare' mindestens in einem Absatz auf (z.B. ,Großkommentar' Anhang 62, Absatz 3: „*Der Ausdruck* á tout prix *ist übrigens aus einer älteren Epoche übernommen.*" (Zeile 25+26) oder Absatz 6: „*Es gibt, mit Schweiz, Österreich und Südtirol, kaum 100 Millionen Sprecher des Deutschen.*" (Zeile 73-75) und ,Reihenkommentar' Anhang 66, Absatz 1: „*Die Polizei stellte bei einer Durchsuchung der Berliner Plattenfirma Hirntot Records Anfang Juli Waffen und Datenträger mit gewaltverherrlichenden Inhalten sicher. Der Razzia vorausgegangen waren Morddrohungen gegen die Bundestagsabgeordnete Monika Griefahn (SPD), nachdem diese, entsetzt über die Brutalität in Rapsongs und Videos, eine stärkere Kontrolle bei Radio und Fernsehen gefordert hatte.*" (Zeile 1-11)). Bei einem Großteil der TE kommt diese Funktion in vielen Absätzen vor, da der Autor seine Meinung mit sachlichen Fakten belegt oder verschiedene überprüfbare Aspekte zu einem Thema anführt, auf die er jeweils eingeht.

Die kommunikativen Funktionen des Bewertens und Beschreibens eines künstlerischen Werks, einer Veranstaltung oder einer kulturell tätigen Person kommt bei den ,Großkommentaren' bei 22 bzw. 28 Prozent der TE (z.B. ,Großkommentar',[377] Absatz 7: „*Sie malen schwabbelige Comicquallen wie Inka Essenhigh oder Takashi Murakami, oder sie entwerfen schmucke Oberflächenmuster wie Fiona Rae oder Fred Tomaselli. Oft sind es blickdichte Bilder, von einer Perfektion, die jedem Industriestandard gerecht wird.*" (Zeile 90-95)) und bei den ,Reihenkommentaren' bei 27 bzw. 16 Prozent der TE vor (z.B. Serie ,Reihenkommentar',[378] letzter Absatz: „*Klarer als alle Historiker analysiert dieser Schriftsteller den Psychoterror der Stasi.*" (Zeile 56+57) und ,Reihenkommentar',[379] Absatz 3: „*Der im Oktober anlaufende neueste Pinguinfilm, Könige der Wellen, zeigt seine surfenden Helden samt Brett gleich zu Beginn sogar auf Höhlenmalereien, Hieroglyphenfriesen und alten japanischen Zeichnungen* [sic] *als ob die Zivilisation der Erde von jeher pinguinisch gewesen wäre.*" (Zeile 33-40)). Anders als bei der TSV ,Kritik' nehmen diese Funktionen fast immer nur einen sehr geringen

377 ,Großkommentar', „Einsamkeit, Freiheit, tiefes Glück", 16. August 2007, Seite 37.

378 ,Reihenkommentar', Serie „Kursive Überschrift", „Es ist nicht vorbei", 30. August 2007, Seite 57.

379 ,Reihenkommentar', Serie „Kursive Überschrift", „Abgeschmolzen", 30. August 2007, Seite 47.

Umfang ein. Das häufige Fehlen wird dadurch bedingt, dass ‚Freie Kommentare' im Gegensatz zu den ‚Kritiken' deutlich offener in ihrer Themenwahl sind. Die Besprechung eines konkreten kulturellen Ereignisses, Werks etc. bildet nie den inhaltlichen Schwerpunkt eines TE, sondern findet, wenn überhaupt, nur nebenbei statt.

Bei den Gruppen der TSV ‚Kritik' bilden wie auch im ‚Tagesspiegel' immer ein bzw. mehrere konkrete kulturelle Werke oder Veranstaltungen den thematischen Schwerpunkt der TE. Deren Beschreibung und/ oder Bewertung dominiert die Absatzgestaltung der TE. Die Funktion des Beschreibens tritt bei allen TE der ‚Großkritiken' (z.B. Anhang 85, Absatz 1: *„Sie hat weiße Kniestrümpfe an und ein Oberteil mit überdimensionalen Puffärmeln. Das blonde Haar wallt wie Wolle über die riesige Pappmaske, der Rock ist mühlsteindick und breit: So steht das Mädchen aus Lewis Carrolls, nun ja, Märchen* Alice in Wonderland *auf der Bühne des Münchner Nationaltheaters und sieht sich seinerseits Figuren gegenüber, die noch merkwürdiger ausschauen als sie selbst."* (Zeile 1-9) oder Anhang 84, Absatz 3 und 4 und Anhang 86, Absatz 1) und 96 Prozent der ‚Reihenkritiken' auf (z.B. Anhang 73, Absatz 1: *„Auf dem Akkordeon werden die glasklaren Strukturen der Klassiker neu erfahrbar – und so manche ihrer folkloristischen Wurzeln deutlich."* (Zeile 2-4), Anhang 81, Absatz 4: *„Eine Frau erzählt von einer Freundin (mit dem bedeutungsvollen Namen Luna), die, sich jeder Reflexion und jeder Selbstkritik verweigernd, ganz der obsessiven Liebe zu einem reichen Kerl lebt, der das alles gar nicht wert ist."* (Zeile 21-26) oder Anhang 75, Absatz 2, Anhang 80, Absatz 2+3, Anhang 77, Absatz 2, Anhang 83, Absatz 1). Bewertungen kommen ebenfalls bei allen TE der ‚Großkritiken' (z.B. Anhang 86, Absatz 4: *„Dennoch kann einem dieses Feel-Good-Movie mit seiner ostentativen Lebensfreude speziell für die Dame ab vierzig auch ziemlich auf den Wecker fallen. Lautstark und mit allzu ausgestellter Frechheit feiert der Film seine ‚Grenzverletzung' – Frauen jenseits des Clearasil-Werbesegments tanzend, lachend und trinkend in der Öffentlichkeit zu zeigen."* (Zeile 51-58) oder Anhang 85, Absatz 7 und Anhang 84, Absatz 1) und 97 Prozent der ‚Reihenkritiken' vor (z.B. Anhang 81, Absatz 5: *„Es wäre leicht, dieses Buch als schlichten Girlie-Roman herunterzuputzen, aber es wäre zu einfach. Denn es hat Qualitäten, sprachliche vor allem, und auch solche der Scharfsichtigkeit und Bildhaftigkeit."* (Zeile 29-32) oder Anhang 75, Absatz 5, Anhang 80, Absatz 2+3 und Anhang 83, letzter Absatz). Beide Funktionen lassen sich nicht immer klar voneinander abgrenzen, da Beschreibungen sehr oft bereits starke Wertungen enthalten (z.B. Anhang 68, Absatz 5: *„Ein*

Fest des Nihilismus, der in Donald Fagens rauer, sardonischer Stimme mitzittert, um dann von engelhaften Frauenchören aufgefangen und in einen Moment der kalten Ekstase jenseits von Raum und Zeit verwandelt zu werden." (Zeile 65-70)).

Die sachliche Informationsvermittlung tritt mit einem Vorkommen bei 92 Prozent der ‚Großkritiken' (z.B. Anhang 85, Absatz 2: „*Lewis Carrolls* Alice in Wonderland *hat die 1961 in Seoul geborene und schon seit zwanzig Jahren in Berlin lebende Unsuk Chin als Thema für eine Oper im Sinn, seit sie 1985 Schülerin von György Ligeti wurde.*" (Zeile 28-41)) und 85 Prozent der ‚Reihenkritiken' (z.B. Anhang 81, Absatz 1: „*Als Susanne Heinrich zwanzig Jahre alt war, errang sie beim Wettlesen um den Ingeborg-Bachmann-Preis in Klagenfurt einen Achtungserfolg. Das war vor zwei Jahren. Jetzt sind bereits zwei Bücher von ihr erschienen.*" (Zeile 1-5) oder Anhang 78, Absatz 2 und Anhang 83, Absatz 2+3) ebenfalls bei einem Großteil der TE auf und liegt damit wie die Funktionen des Beschreibens und Bewertens im Zentralbereich der beiden Gruppen. Der Umfang an der Absatzgestaltung variiert zwischen den einzelnen TE stark.

Die subjektive Informationsvermittlung lässt sich hingegen nur bei den ‚Großkritiken' (89 %, z.B. Anhang 84, Absatz 2: „*Wie quälend umständlich und überdeutlich wenden selbst gestandene Autoren ganze Kapitel an die Exposition, bis der Leser endlich genug weiß, um der Handlung überlassen zu werden.*" (Zeile 9-12), Anhang 86, Absatz 4 und Anhang 85, Absatz 6) als eine Funktion des Zentralbereichs bestimmen, während sie bei den ‚Reihenkritiken' nur bei 60 Prozent der TE vorkommt (z.B. Anhang 81, Absatz 2: „*Aber was frisst er denn, der Markt? Bücher, auf denen das Etikett ‚Mit besten Grüßen aus Klagenfurt' klebt? Oder das Etikett ‚Pop'? Oder welches auch immer?*" (Zeile 6-9) oder Anhang 76, Absatz 1 und Anhang 78, Absatz 1). Im Gegensatz zu der TSV ‚Freier Kommentar' nimmt diese Funktion bei der TSV ‚Kritik' fast immer nur einen geringen Umfang bei der Absatzgestaltung ein.

Damit stellt die Absatzgestaltung der beiden Gruppen ‚Großkommentar' und ‚Reihenkommentar' sowie ‚Großkritik' und ‚Reihenkritik' das entscheidende Merkmal dar, welches trotz der vielen Unterschiede, die vor allem durch das Erscheinen der TE in Serien oder als singuläre TE bedingt sind, die Zusammengehörigkeit zu einer TSV begründet.

Die Zuordnung der Gruppe ‚Kurzkritik' zu der TSV ‚Kritik' erfolgt nicht über die Absatzgestaltung. Die sechs sehr kurzen TE[380] der Gruppe

380 Diese haben eine durchschnittliche Textlänge von fünf Zeilen bzw. vier Sätzen.

weisen durchgängig nur einen Absatz auf, wobei der Fließtext ausschließlich aus der Auflistung von Filmnamen mit dem dazugehörigen Regisseur besteht (vgl. Abb. 143 und Anhang 71). Der Fließtext enthält somit keine Bewertungen, Beschreibungen oder subjektiv vermittelte Informationen. Die einzig nachweisbare kommunikative Funktion ist die sachliche Informationsvermittlung. Die Zugehörigkeit zu der TSV ‚Kritik' und nicht zu der TS ‚Kurzmeldung' ist dadurch begründet, das der Reihenname „SEHENSWERT" die folgenden sachlich präsentierten Informationen bewertet, indem er eine Empfehlung für die unkommentiert aufgeführten Filme darstellt. Die Tatsache, dass sie unter dem Reihennamen genannt werden, bedeutet, dass mindestens ein Mitarbeiter der ‚ZEIT' sie angesehen und für empfehlenswert befunden hat. Indem auf eine individuelle Besprechung der einzelnen Filme verzichtet und dem Leser sogar eine grobe thematische Einordnung vorenthalten wird, stellt die Gruppe ‚Kurzkritik' eine stark reduzierte Form der TSV ‚Kritik' innerhalb der ‚Zeit' dar.

1.3.4.3 Makrostruktur des Bildes

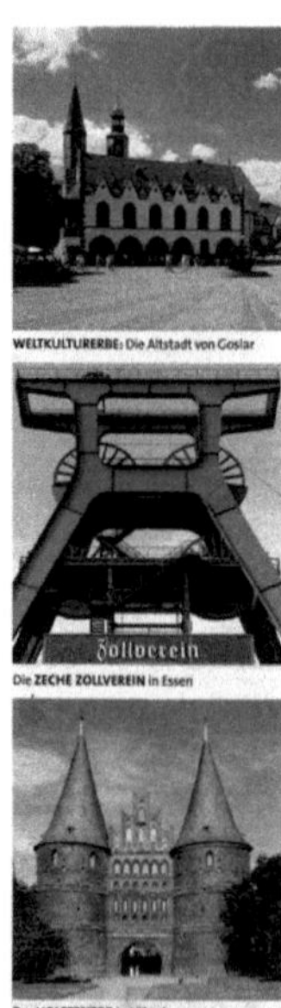

Abb. 152: Beispiel für die Bildfunktion der Auflockerung bei der Gruppe ‚Großkommentar' in der ‚Zeit'[381]

---

381 ‚Großkommentar', „Wir sind wieder wer", 12. Juli 2007, Seite 48. Bildgröße jeweils 7 cm x 7,6 cm.

Das Auftreten der Makrostruktur des Bildes variiert zwischen den einzelnen Gruppen der TS ‚Kommentar' sehr stark. Während es bei den ‚Großkommentaren' im Zentralbereich liegt (83 %) und bei den ‚Großkritiken' ein häufiges Merkmal darstellt (65 %), tritt es bei den ‚Reihenkommentaren' (27 %) und ‚Reihenkritiken' (30 %) nur bei einigen Serien bzw. TE auf. Die TE der Gruppe ‚Kurzkritik' weisen keine Bilder auf.

Bei den ‚Großkommentaren' dominiert das Auftreten eines einzelnen Bildes (73 %), daneben kommen zwei (7 %) oder maximal drei (20 %) Bilder in einem TE vor. Die Hauptfunktion der Bilder besteht größtenteils darin, die zumeist langen TE aufzulockern. Dabei weisen die Bilder einen Bezug zum Hauptthema des TE auf, ohne dass im Fließtext jedoch konkret auf sie eingegangen wird.

23 Prozent der Bilder dienen vorrangig dem Interessewecken, indem sie prominente Personen zeigen. Auch diese werden im Fließtext nur kurz oder gar nicht erwähnt.

Abb. 153.1+2: Beispiele für die Bildfunktion des Interesseweckens bei der Gruppe ‚Großkommentar' in der ‚Zeit'[382]

Abb. 154: Beispiel für die Bildfunktion des Interesseweckens bei der Gruppe ‚Großkommentar' in der ‚Zeit'[383]

---

382 ‚Großkommentar', „Hollywood rettet die Welt", 5. Juli 2007, Seite 49. Bildgröße jeweils 7 cm x 6,4 cm.

383 ‚Großkommentar', „Hat die Freiheit eine Grenze?", 9. August 2007, Seite 38. Bildgröße 28,2 cm x 14,2 cm.

Die Hauptfunktion des Visualisierens tritt nur bei zwei Bildern auf (9 %). Ein Foto stellt die Lebensverhältnisse einer im TE angesprochenen Personengruppe dar. Das andere Bild zeigt eine Person, die eine wichtige Bedeutung für das TE hat, jedoch nicht so berühmt ist, dass ihr Porträt das besondere Interesse der Leser wecken würde.

Die große Mehrheit der Bilder (73 %) weist eine Bildunterschrift auf, wobei sich nur in einem Fall eine Bildunterschrift auf zwei Bilder bezieht. Die drucktechnische Gestaltung entspricht derjenigen, die auch bei den TS ‚Bericht', ‚Porträt' und ‚Interview' anzutreffen ist. In Form von fettgedruckten Wortgruppen (73 %, Bsp. A, B, E und F) oder einzelnen Wörtern (27 %, Bsp. C+D) am Anfang (50 %), in der Mitte (38 %) oder am Ende (12 %) der Bildunterschrift werden bestimmte Aspekte hervorgehoben. Fast immer handelt es sich dabei um den Namen des Abgebildeten (B-F). Bei der Bildunterschrift, die für zwei Bilder steht, sind zwei Wortgruppen in Fettdruck gesetzt (B):

(A) **IN SOMALIA** stehen nach der Dürreperiode Anfang 2006 Hunderte Frauen für Lebensmittel-Hilfsleistungen an[384] (VS)

(B) **FAMILIE NATAMO** aus Kouakourou, Mali (links), und **FAMILIE MELANDER,** Deutschland, mit ihrem Wochenbedarf an Lebensmitteln[385] (GS (NS + NS + NS + NS))

(C) Politik mit großen Emotionen – darauf verstand sich **DIANA.** Viele haben von ihr gelernt[386] (GS (NS + VS) + VS)

(D) Das **HOLSTENTOR** in Lübeck[387] (NS)

(E) Prominente Mitstreiter: **CAMERON DIAZ…** (nominaler Satzgliedteil)

(F) … und **LEONARDO DICAPRIO**[388] (nominaler Satzgliedteil)

Die Bildunterschriften zeigen keine klare Präferenz für eine bestimmte syntaktische Gestaltung. Bis auf zwei Bildunterschriften, die jeweils ein Satzgliedteil eines Nominalsatzes enthalten bzw. sich ausschließlich aus diesem konstituieren (E+F), bestehen die Bildunterschriften syntaktisch aus einem (A, B, und D) oder zwei (C) Sätzen. Funktional dienen die Bildunterschriften dazu, den Bildinhalt zu erläutern und teilweise zusätzliche Informationen zu liefern.

Wie bei den ‚Großkommentaren' kommt auch bei den ‚Großkritiken' ein einzelnes Bild pro TE mit Abstand am häufigsten vor (81 %), bereits

---

384 ‚Großkommentar', „Wir müssen draußen bleiben", 6. Juni 2007, Seite 45.

385 ‚Großkommentar', „Was braucht der Mensch?", 5. Juli 2007, Seite 47.

386 ‚Großkommentar', „Alles mit Gefühl", 30. August 2007, Seite 51.

387 ‚Großkommentar', „Wir sind wieder wer", 12. Juli 2007, Seite 48.

388 ‚Großkommentar', „Hollywood rettet die Welt", 5. Juli 2007, Seite 49.

zwei Bilder sind relativ selten (10 %).[389] Die Hauptfunktion der meisten Bilder (79 %) ist das Visualisieren und Vorstellen. Dabei werden vorrangig Szenen aus den besprochenen Aufführungen oder Filmen, Kunstwerke aus den Ausstellungen oder die Kunstschaffenden abgebildet, sodass der Leser die Ausführungen im Text besser nachvollziehen kann bzw. die betreffenden Personen optisch kennenlernt. Ein Foto ermöglicht es zudem, dass sich der Leser selbst eine Meinung bilden kann und einen authentischen Eindruck von der thematisierten Veranstaltung etc. erhält:

Abb. 155: Beispielbild für eine Filmszene bei der Gruppe ‚Großkommentar' in der ‚Zeit'[390]

Abb. 156: Beispielbild für eine Ausstellung bei der Gruppe ‚Großkommentar' in der ‚Zeit'[391]

---

389 Drei (3 %), vier (4 %), fünf (1 %) und acht Bilder kommen nur sehr selten vor.

390 ‚Großkritik', (Subgruppe ‚Kulturkritik'), „Funkenmariechen aus dem Norden", 5. Juli 2007, Seite 52. Bildgröße 21,2 cm x 9,7 cm.

391 ‚Großkritik', (Subgruppe ‚Kulturkritik'), „Lauter unentschiedene Kämpfe", 14. Juni 2007, Seite 51. Bildgröße 22 cm x 11 cm.

Abb. 157: Beispielbild für eine Theateraufführung bei der Gruppe ,Großkommentar' in der ,Zeit'[392]

Abb. 158: Beispielbild für ein Autorenporträt bei der Gruppe ,Großkommentar' in der ,Zeit'[393]

Weitere sieben Prozent der Bilder weisen gleichrangig die Funktionen des Visualisierens und Vorstellens und des Interesseweckens auf. Auf den Fotos sind jeweils berühmte Personen dargestellt, die durch ihren Bekanntheitsgrad eine Signalwirkung auf den entsprechend vorgebildeten Leser ausüben. Ob eine der beiden Funktionen für den Leser überwiegt, hängt davon ab, ob er die abgebildete Person tatsächlich erkennt – falls nicht, liegt ausschließlich die Hauptfunktion des Visualisierens und Vorstellens vor. Ist der Leser hingegen ein Fan des/der Sängers/in oder der Band, stellt das Interessewecken die alleinige Hauptfunktion dar. Ist die Person bei der im TE besprochenen Veranstaltung (z.B. Konzert) abgebildet, dient das Foto immer auch der Visualisierung ihres Auftritts, der erwähnten Kleidung, Haltung etc.

392 ,Großkritik', (Subgruppe ,Kulturkritik'), „In den Müllberg gerammelt", 28. Juni 2007, Seite 48. Bildgröße 14,4 cm x 10,1 cm.

393 ,Großkritik', (Subgruppe ,Literaturkritik'), „Lauter schöne Episoden, durchtrieben und ironisch", 26. Juli 2007, Seite 50. Bildgröße 3,3 cm x 4,2 cm.

Abb. 159: Beispiel für die Bildfunktion des Visualisierens und Vorstellens bei der Gruppe ‚Großkritik' in der ‚Zeit'[394]

Abb. 160: Beispiel für die Bildfunktion der Auflockerung bei der Gruppe ‚Großkritik' in der ‚Zeit'[395]

Die Hauptfunktion der Auflockerung zeigen 12 Prozent der Bilder, die bis auf eine Ausnahme alle innerhalb von TE der Subgruppe ‚Literaturkritik' erschienen sind. Dies lässt sich damit begründen, dass es bis auf den Schriftsteller selbst kaum Möglichkeiten gibt, ein Bild zu einem Buch zu finden, auf das auch im Fließtext eingegangen wird bzw. das

394 ‚Großkritik' (Subgruppe ‚Kulturkritik'), „Der Star hat keine Sternstunde", 21. Juni 2007, Seite 44. Bildgröße 21 cm x 14,4 cm.

395 ‚Großkritik', (Subgruppe ‚Literaturkritik'), „Wenn es nicht mehr geht", 16. August 2007, Seite 45. Bildgröße 22,2 cm x 18 cm.

Aspekte aus dem Fließtext visualisiert. Ausnahmen stellen hier Bildbände dar, wie sie beispielsweise in der Serie ‚Großbild' der ‚Reihenkritiken' besprochen werden. Zur Auflockerung des Textkorpus wird daher öfter auf passende Motive zum Thema des Buches zurückgegriffen, ohne dass diese einen konkreten Bezug zu diesem haben. So steht die alte Frau in Abb. 160 stellvertretend für das Thema Pflege im Alter, es handelt sich bei ihr jedoch nicht um eine im Buch vorkommende Person.

Abb. 161: Beispiel für die Bildfunktion des Interesseweckens bei der Gruppe ‚Großkritik' in der ‚Zeit'[396]

Die Hauptfunktion des Interesseweckens tritt nur bei zwei Prozent der Bilder auf und ist daher für die Gruppe ‚Großkritik' zu vernachlässigen.

Die Mehrheit der Bilder der Gruppe ‚Großkritik' (92 %) ist mit einer Bildunterschrift verbunden, die sich überwiegend nur auf ein einzelnes Bild bezieht. Lediglich bei 15 Prozent der Bilder der Subgruppe ‚Literaturkritik' fehlt eine Bildunterschrift.

Die drucktechnische Gestaltung entspricht weitgehend derjenigen bei den ‚Großkommentaren'. Neben Wortgruppen (64 %, Bsp. C) und Wörtern (22 %, Bsp. B) werden seltener auch Sätze (9 %, Bsp. D) oder Teilsätze (4 %, Bsp. E) durch Fettdruck betont. Die hervorgehobenen Elemente befinden sich überwiegend am Anfang der Bildunterschrift (73 %). Daneben kommt die Positionierung in der Mitte (23 %) und am Ende (3 %) vor. Fünf Bilder der ‚Literaturkritiken' weisen eine drucktechnisch einheitlich in Fettdruck realisierte Bildunterschrift auf, die immer mit einem kleinen Porträt des Schriftstellers verbunden ist (vgl.

396 ‚Großkritik', (Subgruppe ‚Literaturkritik'), „Der Diana-Code", 30. August 2007, Seite 62. Bildgröße 13,8 cm x 18,2 cm.

Abb. 158) und ausschließlich dessen Namen in Form eines Nominalsatzes angibt (A):

(A) **ARNOLD STADLER**[397] (NS)
(B) Unterhaltsam sind in **TRANSFORMERS** nur die Auftritte der Riesenroboter[398] (VS)
(C) Bilder aus Kreide von **JÜRGEN STOLLHANS**[399] (NS)
(D) **BEWUNDERUNG STATT KRITIK.** Sidney Pollack drehte „Sketches of Frank Gehry"[400] (NS + VS)
(E) **DIE STREISAND IN ZÜRICH** – ihre erste Conference handelt von Uhren und Rösti[401] (GS (NS + VS))

Die Bildunterschriften zeigen keine klare Präferenz für eine bestimmte syntaktische Gestaltung. Funktional erklären sie den Bildinhalt und liefern teilweise Zusatzinformationen.

Abb. 162: Logo der Serie „HARRY ROWOHLT" der Gruppe ‚Reihenkommentar' in der ‚Zeit'[402]

Bei der Gruppe ‚Reihenkommentar' der TSV ‚Freier Kommentar' weisen die TE von zwei Serien (25 Prozent aller TE) durchgängig ein Bild auf. Bei der Serie „HARRY ROWOHLT" kommt jeweils dieselbe Zeichnung vor, die „Pu den Bären" (englisch Winnie the Pooh), eine bekannte Figur aus einem Kinderbuch, zeigt[403] (vgl. Abb. 162). Sowohl die immer identische Hauptzeile („Pooh's Corner") als auch die Unterzeile („Meinungen eines Bären von sehr geringem Verstand"[404]) stehen im

397 ‚Großkritik' (Subgruppe ‚Literaturkritik'), „Der Sommer des Lebens", 21. Juni 2007, Seite 53.

398 ‚Großkritik' (Subgruppe ‚Kulturkritik'), „Triumph der Hirnlosigkeit", 2. August 2007, Seite 42.

399 ‚Großkritik' (Subgruppe ‚Kulturkritik'), „Wo bleibt die Utopie?", 14. Juni 2007, Seite 51.

400 ‚Großkritik' (Subgruppe ‚Kulturkritik'), „Biografie als Idiotie", 9. August 2007, Seite 34.

401 ‚Großkritik' (Subgruppe ‚Kulturkritik'), „Der Star hat keine Sternstunde", 21. Juni 2007, Seite 44.

402 ‚Reihenkommentar', Serie „HARRY ROWOHLT", „Pooh's Corner", 28. Juni 2007, Seite 45. Bildgröße ca. 4 cm x 4 cm.

403 Harry Rowohlt ist zugleich der Übersetzung der deutschen Gesamtausgabe des Kinderbuchs „Pu der Bär" von A.A. Milne.

404 In dem Kinderbuch sagt Pu der Bär „Manche haben Verstand und manche haben keinen", wobei er sich zur zweiten Gruppe zählt (vgl. A.A. Milne: Pu der Bär. Gesamtausgabe. Übersetzt von Harry Rowohlt. Hamburg 2009, Seite 13).

Bezug zu der Zeichnung. Gemeinsam mit dem Reihennamen begründen diese wiederkehrenden Makrostrukturen die Zusammengehörigkeit der einzelnen TE zu einer Serie. Indem immer dieselbe Zeichnung auftritt, hat diese einen hohen Wiedererkennungswert und vereinfacht das Finden der Serie. Das Bild ist nicht platzfest, sondern befindet sich entweder links, rechts oder unter der Überschrift.

Dieselbe Funktion haben die jeweils sehr ähnlichen Zeichnungen der Serie „WAS MACHE ICH HIER?"

Abb. 163.1-3: Drei Beispiele für ähnliche Logos bei der Serie „WAS MACHE ICH HIER?" der Gruppe ‚Reihenkommentar' in der ‚Zeit'[405]

Bei der neutralen Grundzeichnung steht ein Astronaut, der mit einer Raumfähre über ein Kabel verbunden ist, auf einem Planeten (Abb. 163.1). Bei den meisten TE findet eine Bearbeitung der Abbildung dahingehend statt, dass durch sie bereits auf das grobe Thema des TE verwiesen wird. Dabei ist der Planet durch einen passenden runden bzw. kreisförmigen Gegenstand ersetzt (Abb. 163.2). Bei einer Zeichnung sind Fledermäuse in die Grundzeichnung eingefügt, wodurch ebenfalls das Thema angedeutet wird (Abb. 163.3).[406] Generell passt die Zeichnung zum Reihennamen „WAS MACHE ICH HIER?", indem der Astronaut das Erkunden eines für den Verfasser neuen Gebiets symbolisiert.

405 Quellennachweis von links nach rechts: ‚Reihenkommentar', Serie „WAS MACHE ICH HIER?", „Stille Tage an der Ostsee", 6. Juni 2007, Seite 56; ‚Reihenkommentar', Serie „WAS MACHE ICH HIER?", „Abheben in Braunschweig?", 21. Juni 2007, Seite 50; ‚Reihenkommentar', Serie „WAS MACHE ICH HIER?", „Es flattert", 16. August 2007, Seite 42. Bildgröße jeweils ca. 7 cm x 10 cm.

406 Die Fledermausart „Kleine Hufeisennase" ist durch den Bau der Waldschlösschenbrücke in Dresden bedroht, was immer wieder in den Medien im Rahmen des umstrittenen Brückenbaus thematisiert wird.

Das Serienlogo nimmt immer gemeinsam mit der Überschrift die gesamte zweite oder dritte Spalte der durchgängig vierspaltigen TE ein.

Außer bei den beiden Serien „HARRY ROWOHLT“ und „WAS MACHE ICH HIER?“ kommt die Makrostruktur des Bildes innerhalb der Gruppe ‚Reihenkommentar‘ nur noch bei einem TE der Serie ‚Kursive Überschrift‘ vor. Dieses beschäftigt sich mit der Kreativlosigkeit von Buchgestaltern. Das Bild belegt die Ausführungen des Autors, indem es zwei identisch gestaltete Buchcover von zwei verschiedenen Verlagen aus dem aktuellen Erscheinungsjahr zeigt.

Abb. 164: Bild bei der Serie „Kursive Überschrift“ der Gruppe ‚Reihenkommentar‘ in der ‚Zeit‘[407]

Charakteristisch für alle Bilder der Gruppe ‚Reihenkommentar‘ ist, dass sie nie mit einer Bildunterschrift verbunden sind.

Die Gruppe ‚Reihenkritik‘ weist drei Serien auf („Großbild“, „WILLEMSEN HÖRT“ und „100 KLASSIKER DER MODENEN MUSIK“), deren TE alle mindestens ein Bild haben. Bei der Serie „Fettdruck Unterzeile“ kommt bei der Hälfte der TE ein Bild vor. In der Regel treten pro Zeitungsausgabe zwei TE der Reihe auf, von denen eins die Makrostruktur aufweist, während sie beim zweiten fehlt. Damit tritt die Makrostruktur bei 30 Prozent aller TE der Gruppe ‚Reihenkritik‘ auf. Bis auf eine Ausnahme[408] sind die Bilder wie bei den ‚Reihenkommentaren‘ nicht mit einer Bildunterschrift verbunden.

Die TE der Serie „WILLEMSEN HÖRT“ weisen alle dieselbe Zeichnung des Verfassers auf, die sich immer in der rechten oberen Ecke oberhalb des Reihennamens befindet.

407 ‚Reihenkommentar‘, Serie „Kursive Überschrift“, „Mehr Mut!“, 16. August 2007, Seite 43. Bildgröße 6,1 cm x 4,7 cm.

408 ‚Reihenkritik‘, Serie „Fettdruck Unterzeile“, „Mehr als ein Biedermeiermann“, 16. August 2007, Seite 38.

Abb. 165: Zeichnung des Verfassers bei der Serie „WILLEMSEN HÖRT“ der Gruppe ‚Reihenkritik‘ in der ‚Zeit‘[409]

Funktional dient sie wie die Bilder bei den ‚Reihenkommentaren‘ dazu, den Wiedererkennungswert der Reihe zu steigern und die Zusammengehörigkeit der einzelnen TE zu betonen. Überdies wird die Bedeutung des Verfassers hervorgehoben, indem der Reihenname nicht nur seinen Nachnamen enthält, sondern zudem sein Porträt abgebildet wird.

Die TE der Serie „100 KLASSIKER DER MODERNEN MUSIK“ zeigen jeweils im Einschub ein Bild des besprochenen Musikers bzw. der behandelten Band. Es befindet sich immer in der Mitte des einspaltigen Fließtextes (vgl. Abb. 166).

Abb. 166.1+2: Beispiele für ein Bild im Einschub von 1) dem besprochenen Musiker und 2) der behandelten Band bei der Serie „100 KLASSIKER DER MODERNEN MUSIK“ der Gruppe ‚Reihenkritik‘ in der ‚Zeit‘[410]

Die Fotos dienen dem Visualisieren und Vorstellen der Musiker. Die Funktion des Interesseweckens dominiert nie, da die Bilder sehr klein und damit unauffällig sind. Eine explizite Bildunterschrift liegt zwar nicht vor, funktional übernimmt jedoch der Textanteil des Einschubs teilweise diese Aufgabe, indem dieser immer auch den Namen des Musikers bzw. der Band enthält.

---

409 „Reihenkritik‘, Serie „WILLEMSEN HÖRT“, „Träumende Männer“, 6. Juni 2007, Seite 48. Bildgröße 3,2 cm x 2,2 cm.

410 Quellennachweis von links: ‚Reihenkritik‘, Serie „100 KLASSIKER DER MODERNEN MUSIK“, „Ins Schwarze“, 14. Juni 2007, Seite 52 und ‚Reihenkritik‘, Serie „100 KLASSIKER DER MODERNEN MUSIK“, „London Calling“, 12. Juli 2007, Seite 44. Bildgröße jeweils 3,2 cm x 3,2 cm.

Die TE der Serie „Großbild“ besprechen immer einen Bildband bzw. ein Buch, dessen Abbildungen eine zentrale Bedeutung besitzen. In den TE werden ein bis maximal zwei Bilder aus den vorgestellten Büchern präsentiert. Die Bedeutung der Makrostruktur wird dadurch betont, dass es sich um große Bilder handelt, die immer deutlich mehr Druckplatz einnehmen als der Fließtext.

Abb. 167: Beispiel für ein Bild bei der Serie „Großbild“ der Gruppe ‚Reihenkritik‘ in der ‚Zeit‘[411]

Funktional dienen sie dem Vorstellen und Visualisieren, indem sie ein Beispiel für die im TE angesprochenen Fotos geben. Dem Leser wird durch sie zugleich die Kaufentscheidung erleichtert, da sie ihm eine generelle Vorstellung von den Motiven und der Machart der Bilder vermitteln.

Die Bilder der Serie „Fettdruck Unterzeile“ befinden sich bis auf eine Ausnahme über der Überschrift und reichen wie der Fließtext über drei Spalten.[412] Bis auf ein TE, bei dem sechs Bilder vorkommen, tritt immer ein Bild auf. Funktional dienen diese fast immer dazu, den bzw. die Künstler (Schriftsteller, Musiker etc.) des besprochenen Werks zu visualisieren und vorzustellen. Es fehlt zwar eine Bildunterschrift, die Identifikation wird dem Leser jedoch leicht gemacht, da die Künstler in der

411 „Reihenkritik‘, Serie „Großbild“, „Das Drama Amerikas in den Gesichtern der Menschen“, 5. Juli 2007, Seite 56. Bildgröße 14,6 cm x 18,2 cm. Vgl. auch Anhang 74.

412 Bei dem TE „Der Grantler und seine Spießgesellen“ (21. Juni 2007, Seite 46) befindet sich das Bild rechts neben der Überschrift und reicht nur über zwei Spalten, während die Überschrift die dritte Spalte einnimmt.

Unterzeile genannt werden und ansonsten keine logische Zuordnung möglich ist:

Stücke wie aus Zuckerwatte

POP: Richard Hawleys hoffnungslos romantische Balladen **VON MARKUS ZINSMAIER**

Abb. 168: Beispiel für ein Bild bei der Serie „Fettdruck Unterzeile" der Gruppe ‚Reihenkritik' in der ‚Zeit'[413]

In je einem Fall werden mehrere behandelte Werke, eine Szene aus dem kritisierten Film oder ein thematisch passendes Gemälde, das der Auflockerung dient, abgebildet.

1.3.4.4 Makrostruktur des Verfassernamens

Im Zentralbereich der vier Gruppen ‚Großkommentar' (100 %), ‚Reihenkommentar' (100 %), ‚Großkritik' (100 %) und ‚Reihenkritik' (93 %) steht ein vollständig ausgeschriebener Verfassername in Großbuchstaben, der fast immer Fettdruck aufweist. Die ‚Reihenkritiken' ohne Verfassername gehören alle der Serie „Großbild" an. Bei acht der elf TE fehlen Angaben zum Verfasser vollständig, bei drei TE steht ein Kürzel. Die Serie ‚Die ZEIT empfiehlt" der ‚Reihenkritiken' zeigt die Besonderheit, dass es sich bei dem Verfasser nicht um eine konkrete Person handelt, sondern allgemein die Zeitung ‚Die Zeit' im Reihennamen als Autor genannt wird. Die Gruppe ‚Kurzkritik' der TSV ‚Kritik' zeigt bei keinem der sechs TE einen Verfasser. Da der Fließtext ausschließlich aus der Aufzählung von Filmnamen und den dazugehörigen Regisseuren

413 „Reihenkritik', Serie „Fettdruck Unterzeile", „Stücke wie aus Zuckerwatte", 9. August 2007, Seite 36. Bildgröße 21,2 cm x 11,1 cm.

besteht, ist die Erstellung der TE kaum mit Arbeitsaufwand verbunden und beinhaltet bis auf die allgemeine Empfehlung „sehenswert“ im Reihennamen keine Meinungen und Wertungen. Das Ausweisen eines Verfassernamens ist daher nicht notwendig.

Die ‚Großkommentare‘ und ‚Großkritiken‘ zeigen im Zentralbereich dieselbe Position des Verfassernamens. Dieser befindet sich, wie bei dem Großteil des TE der TS ‚Bericht‘ und ‚Porträt‘, am Ende der Unterzeile und ist in Form eines fettgedruckten Nominalsatzes realisiert. Lediglich bei 20 Prozent der TE der Subgruppe ‚Literaturkritik‘ ist der Verfassername rechtsbündig in die letzte Zeile des Fließtextes integriert. Dies stellt für die Gruppe ‚Reihenkommentar‘ die Position im Zentralbereich dar (94 %). Ausschließlich bei der Serie „HARRY ROWOHLT“ ist der Verfassername gleichzeitig der Reihenname und ist, wie bei vielen Serien in der ‚Zeit‘ üblich, in der linken oberen Ecke neben zwei kleinen Balken und unter einer horizontalen Linie platziert.[414]

Innerhalb der ‚Reihenkritiken‘ ist die Position des Verfassernamens weniger einheitlich. Bei 46 Prozent der TE[415] befindet sich der Verfassername rechtsbündig in der letzten Zeile des Fließtextes. Die TE der Serie „WILLEMSEN HÖRT“ weisen darüber hinaus den Nachnamen des Autors als Bestandteil des Reihennamens auf. Bei den TE der Reihe „Die ZEIT empfiehlt“ tritt der Verfasser, die ‚Zeit‘, ausschließlich im Reihennamen auf (24 %). Als Überschrift oder Bestandteil der Überschrift kommt der Verfassername bei zwei Serien vor (32 %). Die TE der Reihe „Fettdruck Unterzeile“ weisen wie im Zentralbereich der ‚Großkommentare‘ und ‚Großkritiken‘ den Namen am Ende der Unterzeile auf. Bei den TE der Serie „BÜCHERTISCH“ besteht die einzeilige Überschrift ausschließlich aus dem Verfassernamen. Eine besondere Position hat der Verfassername bei den TE der Seriengruppe aus den vier Reihen „STILLLEBEN MIT BUCH“, „TASCHENBUCH“, „KRIMINALROMAN“ und „VOM STAPEL“ (8 %). Hier befindet er sich zwischen dem Reihennamen und der Hauptzeile und ist wie diese zentriert ausgerichtet.

Wie bereits im ‚Tagesspiegel‘ tritt bei den ‚Reihenkommentaren‘ und ‚Reihenkritiken‘ die Besonderheit auf, dass einige Serien immer denselben Autoren bzw. dasselbe Verfasserpseudonym aufweisen. Bei den ‚Reihenkommentaren‘ trifft dies auf die Serie „HARRY ROWOHLT“

414 Vgl. Anhang 69.

415 Dabei handelt es sich um alle TE der Serien „BUCH IM GESPRÄCH“, „100 KLASSIKER DER MODERNEN MUSIK“, „AUS POLITISCHEN ZEITSCHRIFTEN“, „KRITIK IN KÜRZE“, „WILLEMSEN HÖRT“, „Kursive Überschrift“ und die drei TE mit Kürzel der Serie „Großbild“.

zu (sechs Prozent aller TE). Bei der Serie *„Das Letzte“* wird als Autor immer das Pseudonym „FINIS“ angegeben, das übersetzt für „Schluss, Ende“ steht oder in einer veralteten Bedeutung einen „Schlussvermerk in Druckwerken“[416] bezeichnet. Dies suggeriert dem Leser, dass es sich immer um denselben Autor handelt. Tatsächlich stellt „FINIS“ jedoch ein Sammelpseudonym dar, unter dem mehrere Autoren schreiben. Die Informationen, wer welches TE verfasst hat, sind durch eine Recherche im Internet nicht zu bekommen und müssten entsprechend direkt bei der ‚Zeit‘ erfragt werden.

Bei den ‚Reihenkritiken‘ werden die vier ähnlichen Serien „STILLLEBEN MIT BUCH“, „TASCHENBUCH“, „KRIMINALROMAN“ und „VOM STAPEL“ sowie die Reihen „AUS POLITISCHEN ZEITSCHRIFTEN“, „WILLEMSEN HÖRT“ und „Die ZEIT empfiehlt“ (42 Prozent aller TE) immer von demselben Autor geschrieben. Bei der letztgenannten Serie handelt es sich bei dem Verfasser um die ‚Zeit‘.

1.3.4.5 Makrostruktur des Reihennamens

Bis auf drei Reihen[417] besitzen alle Serien der TS ‚Kommentar‘ einen spezifischen, drucktechnisch hervorgehobenen Reihennamen. Überdies wird die Zusammengehörigkeit aller Serien durch wiederkehrende, charakteristische Elemente angezeigt, wodurch sie einen hohen Wiedererkennungswert haben. Der Reihenname fungiert, fast immer gemeinsam mit der Überschrift, als Initiator. Unter einem Reihennamen können auch mehrere TE erscheinen.[418]

HARRY ROWOHLT   ZEITMOSAIK

Abb. 169.1+2: Reihennamen bei den Serien 1) „HARRY ROWOHLT“ und 2) „ZEITMOSAIK“ der Gruppe ‚Reihenkommentar‘ in der ‚Zeit‘[419]

Innerhalb der ‚Reihenkommentare‘ weisen fünf der sechs Serien (65 Prozent der TE) einen dezidierten Reihennamen auf. Bei den Serien „HARRY ROWOHLT“ und „ZEITMOSAIK“ befindet sich der Reihen-

416 DUDEN. Das Fremdwörterbuch (2001: 314).

417 Dabei handelt es sich um die beiden Serien „Großbild“ und „Fettdruck Unterzeile“ der Gruppe ‚Reihenkritik sowie die Serie „Kursive Überschrift“, deren TE überwiegend der Gruppe ‚Reihenkommentar‘ und in geringer Anzahl der Gruppe ‚Reihenkritik‘ zuzuordnen sind.

418 Dies trifft auf die Serie „ZEITMOSAIK“ der ‚Reihenkommentare‘ und die Serien „Die ZEIT empfiehlt“ und „BÜCHERTISCH“ der ‚Reihenkritiken‘ zu.

419 Quellennachweis von links: ‚Reihenkommentar‘, Serie „HARRY ROWOHLT“, „Pooh’s Corner“, 5. Juli 2007, Seite 52 und ‚Reihenkommentar‘, Serie „ZEITMOSAIK“, „Der Fall van der Verrat“, 23. August 2007, Seite 44.

name in der linken oberen Ecke des TE. Es handelt sich in beiden Fällen um einen eingliedrigen Nominalsatz, der in Großbuchstaben gesetzt ist. Er befindet sich rechts neben zwei kleinen Balken und ist oben von einer horizontalen Linie begrenzt, die sich über die gesamte Breite des TE zieht. Inhaltlich gibt der Reihenname einmal den Verfasser der Serie und einmal einen groben Verweis auf die inhaltliche Ausrichtung der Serie an.

Abb. 170: Reihenname bei der Serie „WAS MACHE ICH HIER?" der Gruppe ‚Reihenkommentar' in der ‚Zeit'[420]

Der Reihenname der Serie „WAS MACHE ICH HIER?" befindet sich in weißen Großbuchstaben in einem schwarzen Balken und ist unter dem Serienlogo platziert bzw. ragt in dieses hinein. Er gibt eine Fragestellung vor, die der jeweilige Verfasser zu einem bestimmten Ort bzw. Thema beantwortet (Abb. 170).

Wörterbericht

Edelfeder

Abb. 171: Reihenname bei der Serie „Wörterbericht" der Gruppe ‚Reihenkommentar' in der ‚Zeit'[421]

Auch bei der Serie „*Wörterbericht*" ist der Reihenname in der linken oberen Ecke platziert und besteht aus einem eingliedrigen Nominalsatz.

420 ‚Reihenkommentar', Serie „WAS MACHE ICH HIER", „Stille Tage an der Ostsee", 6. Juni 2007, Seite 56.

421 ‚Reihenkommentar', Serie „*Wörterbericht*", „Edelfeder", 6. Juni 2007, Seite 56.

Dieser ist in Kursivdruck gesetzt und wird von der einzeiligen, auffälligen Überschrift durch eine Linie abgegrenzt. Er gibt das Thema der Reihe vor.

Der Reihenname der Serie „*Das Letzte*" unterscheidet sich insofern von den übrigen, als er zugleich die Überschrift der jeweiligen TE darstellt. Es handelt sich um einen eingliedrigen Nominalsatz in Kursiv- und Fettdruck, der eine deutlich höhere Schriftgröße als der Fließtext aufweist. Inhaltsseitig ist er doppeldeutig im Sinne von „das Letzte, was noch zu sagen ist" oder „das ist wirklich das Letzte/unerhört" zu verstehen:

Das Letzte

Abb. 172: Reihenname der Serie „Das Letzte" der Gruppe ‚Reihenkommentar' in der ‚Zeit'[422]

Die einzige Serie der ‚Reihenkommentare', die keinen dezidierten Reihennamen aufweist, ist nach ihrer auffällig gestalteten Überschrift benannt („Kursive Überschrift"). In dieser Serie erscheinen auch drei TE, die aufgrund ihrer Absatzgestaltung zu der Gruppe ‚Reihenkritik' zählen:

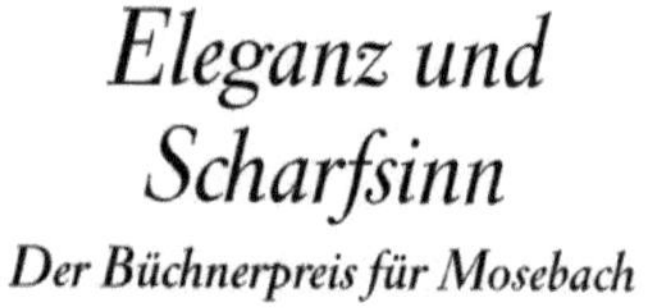

Eleganz und Scharfsinn

Der Büchnerpreis für Mosebach

Abb. 173: Beispiel für die namengebende kursive Überschrift der Serie „Kursive Überschrift" der Gruppe ‚Reihenkommentar' in der ‚Zeit'[423]

Innerhalb der Gruppe ‚Reihenkritik' haben elf der vierzehn Serien (77 Prozent der TE) einen klar erkennbaren Reihennamen. Am häufigsten ist dabei die bereits bei den Serien „HARRY ROWOHLT" und „ZEITMOSAIK" der ‚Reihenkommentare' beschriebene Gestaltung, bei der sich der Reihenname in Großbuchstaben in der linken oberen Ecke des TE neben zwei kleinen Balken und unter einer horizontalen Linie befindet. Diese Realisation tritt bei den Serien „BUCH IM GESPRÄCH", „AUS POLITISCHEN ZEITSCHRIFTEN", „KRITIK IN KÜRZE", „BÜ-

422 ‚Reihenkommentar', Serie „*Das Letzte*", 6. Juni 2007, Seite 56.

423 ‚Reihenkommentar', Serie „Kursive Überschrift", „Eleganz und Scharfsinn", 14. Juni 2007, Seite 49.

CHERTISCH“, „100 KLASSIKER DER MODERNEN MUSIK“ und „WILLEMSEN HÖRT“ auf. Bei der letzten Reihe befindet sich der Reihenname unter einem gezeichneten Porträt des Autors und über der Überschrift. Der Reihenname gibt die thematische Ausrichtung der Serien an:

KRITIK IN KÜRZE Träumende Männer

Abb. 174.1+2: Reihennamen der Serien 1) „KRITIK IN KÜRZE“ und 2) „WILLEMSEN HÖRT“ der Gruppe ‚Reihenkritik‘ in der ‚Zeit‘[424]

Bei der Serie „Die ZEIT empfiehlt“ befindet sich der Reihenname linksbündig über der Überschrift. Der Nominalsatz ist in Normaldruck gesetzt, lediglich der Zeitungsname „ZEIT“ steht in Großbuchstaben. Auch hier verweist der Reihenname auf den Inhalt der unter ihm erscheinenden TE:

Die ZEIT empfiehlt

Neue Pop-CDs

Abb. 175: Reihenname der Serie „Die ZEIT empfiehlt“ der Gruppe ‚Reihenkritik‘ in der ‚Zeit‘[425]

STILLLEBEN MIT BUCH
ROLF VOLLMANN

Erbaulich

Spanische Geschichten – übersetzt von Joseph v. Eichendorff

Abb. 176: Reihenname der Serie „STILLLEBEN MIT BUCH“ der Gruppe ‚Reihenkritik‘ in der ‚Zeit‘[426]

Die vier sehr ähnlichen Serien „STILLLEBEN MIT BUCH“, „TASCHENBUCH“, „KRIMINALROMAN“ und „VOM STAPEL“ zeigen

424 Quellennachweis von links: ‚Reihenkritik‘, Serie „KRITIK IN KÜRZE“, „Ein Mädchen überlebt“, 12. Juli 2007, Seite 53 und ‚Reihenkritik‘, Serie „WILLEMSEN HÖRT“, „Träumende Männer“, 6. Juni 2007, Seite 48.

425 ‚Reihenkritik‘, Serie „Die ZEIT empfiehlt“, „Neue Pop-CDs“, 21. Juni 2007, Seite 46.

426 ‚Reihenkritik‘, Serie „STILLLEBEN MIT BUCH“, „Erbaulich“, 16. August 2007, Seite 50.

einen identisch gestalteten Reihennamen. Dieser befindet sich zentriert über dem Verfassernamen und der Überschrift. Es handelt sich jeweils um einen eingliedrigen Nominalsatz in Großbuchstaben, der bei allen vier Reihen auf eine literarische Kritik der TE verweist (vgl. Abb. 176).

Auch die beiden noch nicht beschriebenen Serien ohne Reihennamen lassen sich durch spezifische, durchgängig auftretende Merkmale ihrer TE zusammenfassen. Bei der Serie „Fettdruck Unterzeile" beginnt die Unterzeile aller TE mit einem fettgedruckten Nominalsatz in Großbuchstaben, der den Kritikgegenstand klassifiziert. Dies erfolgt entweder nach dem Medium (z.B. „HÖRBUCH" oder „KINO-DVD") oder nach der Musikrichtung (z.B. „POP" oder „KLASSIK") des besprochenen Werks. Zusätzlich stimmen alle TE auch in der übrigen Gestaltung der Überschrift überein, weisen eine Initiale über drei Zeitungszeilen auf, haben einen Informationsabsatz unter dem Fließtext mit Angaben zu dem Kritikgegenstand und erscheinen in derselben Sparte und am selben Platz auf der Zeitungsseite (vgl. Anhang 83). In der Regel kommen zwei TE der Serie pro Zeitungsausgabe untereinander vor, wobei eins ein Bild aufweist, während bei dem zweiten diese Makrostruktur fehlt.

Die Serie „Großbild" ist nach den im Verhältnis zum Fließtext auffällig großen Bildern benannt, die bei allen TE auftreten. Gemeinsam sind den TE zudem die drucktechnische Gestaltung ihrer einzeiligen Überschrift, der Verzicht auf einen vollständigen Verfassernamen und der Kasten, der das gesamte TE einrahmt (vgl. Anhang 74). Bis auf eine Ausnahme weisen alle TE angrenzend an die Makrostruktur des Bildes die beiden kleinen Balken auf, die links neben vielen Reihennamen stehen.

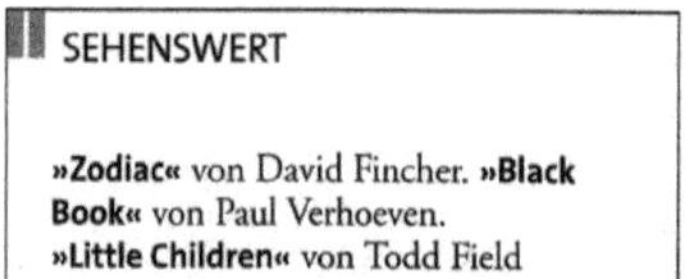

SEHENSWERT

»Zodiac« von David Fincher. **»Black Book«** von Paul Verhoeven. **»Little Children«** von Todd Field

Abb. 177: Reihenname der Serie „SEHENSWERT" der Gruppe ‚Kurzkritik' in der ‚Zeit'[427]

Die Gruppe ‚Kurzkritik' umfasst sechs TE, die alle zu der Serie „SEHENSWERT" gehören. Der Reihenname entspricht der bei den ‚Reihenkommentaren' und ‚Reihenkritiken' häufigen Gestaltung, die eine Platzierung eines Nominalsatzes in Großbuchstaben neben zwei kleinen Balken zeigt. Bei dieser Serie kommt jedoch keine horizontale Linie vor,

427 ‚Kurzkritik', Serie „SEHENSWERT", 21. Juni 2007, Seite 47.

sondern das gesamte TE ist von einem dünnen Kasten umgeben. Der Reihenname nimmt zugleich eine Klassifizierung und eine Bewertung des Kritikgegenstandes der Serie vor.

1.3.4.6 Makrostruktur des Einschubs

Die Makrostruktur des Einschubs ist innerhalb der TS ‚Kommentar' nicht sehr verbreitet. Bei den Gruppen ‚Reihenkommentar' und Kurzkritik' fehlen Einschübe vollständig, bei der Gruppe ‚Reihenkritik' treten sie lediglich bei der Serie „100 KLASSIKER DER MODERNEN MUSIK" (8 % aller TE) auf. Jedes TE weist dabei einen fast identisch gestalteten Einschub auf, der durch einen Leerraum vom Fließtext abgehoben ist:

Abb. 178.1+2: Beispiele für die Makrostruktur des Einschubs bei der Serie „100 KLASSIKER DR MODERNEN MUSIK" der Gruppe ‚Reihenkritik' in der ‚Zeit'[428]

Auf der rechten Seite des Einschubs befindet sich ein Foto des Musikers bzw. der Band, die in dem TE thematisiert wird. Links neben dem Bild steht eine große Ziffer in Fettdruck, die auf die Folgennummer der Serie verweist. Darunter befindet sich der Name des Musikers bzw. der Band. Durch einen Doppelpunkt ist dieser von dem Titel des besprochenen Albums getrennt. Der Einschub hat die Funktion, die im TE besprochenen Werke und Musiker für den Leser hervorzuheben und diese visuell vorzustellen. Die große Nummer verweist auf das Erscheinen der TE in einer Reihe. Bei einem Einschub ist diese Reihenfolge von Musikername und Titel des Albums vertauscht (Abb. 178.2). Zusätzlich befindet sich hinter den Namen der Bandmitglieder eine Klammer mit einem Zuordnungshinweis der Namen zu dem Bandfoto. In diesem Fall hat der Textanteil des Einschubs funktional größere Gemeinsamkeiten zu einer Bildunterschrift, da ein direkter, erläuternder Bezug zum Foto hergestellt wird.

Bei den Gruppen ‚Großkommentar' und ‚Großkritik' treten Einschübe etwas häufiger auf (33 % bzw. 27 %). Pro TE mit dieser Makrostruktur

428 Quellennachweis von links: ‚Reihenkritik', Serie „100 KLASSIKER DER MODERNEN MUSIK", „Präzise Ekstase", 26. Juli 2007, Seite 44 und ‚Reihenkritik', Serie „100 KLASSIKER DER MODERNEN MUSIK", „Gitarren-Inferno", 6. Juni 2007, Seite 48.

kommen mindestens zwei Einschübe vor. Dabei lässt sich bei den ‚Großkommentaren' ausschließlich und bei den ‚Großkritiken' überwiegend (88 %) die einspaltige Variante nachweisen, die auch bei der TS ‚Bericht' am häufigsten auftritt, sich aus einem bis maximal zwei Sätzen in Fettdruck konstituiert und Passagen aus dem Text zusammenfasst (Abb. 179.1) oder teilweise fast wörtlich wiedergibt (Abb. 179.2). Die Komprimierung einer Aussage kann dabei bewusst so formuliert werden, dass sie überspitzt und dadurch besonders auffällig und interessant ist (Abb. 179.3). Sehr selten dienen die Einschübe als eine Art Zwischenüberschrift, die auf das Thema der folgenden Absätze verweist (Abb. 179.4).

Sie verbindet Beethoven mit Ravel, Gershwin und Scott Joplin

Der Grüne Hügel erlebt die Revolution der weißen Turnschuhe

Ach, hätte man doch 1794 den polnischen König gehenkt!

Warum die Medienindustrie die Kunstbilder nicht verdrängen kann

Abb. 179.1-4: Beispiele für die Makrostruktur des Einschubs bei den Gruppen ‚Großkommentar' und ‚Großkritik' in der ‚Zeit'[429]

Bei drei TE der ‚Großkritiken' kommt ein größerer Einschub vor, der eine Zeitungsspalte umfasst und in eine zweite zum Teil hineinragt (Abb. 180).

Die Einschübe beginnen mit einer Überschrift, die deutlich größer ist als der folgende Textanteil des Einschubs und durch einen Leerraum von diesem abgehoben ist. In einem Fall stellt die Überschrift keinen Satz dar, sondern einen Satzgliedteil, der gemeinsam mit dem Beginn des folgenden Textanteils einen Nominalsatz bildet. Funktional gibt ein Einschub eine Übersicht und Bewertung der drei im TE besprochenen Stücke, die beiden anderen liefern Zusatzinformationen zum Buchthema

---

429 Quellennachweis von links oben nach rechts unten: ‚Großkritik' (Subgruppe ‚Kulturkritik'), „Keine Angst, die will nur spielen", 14. Juni 2007, Seite 56. Die Referenzstelle im Fließtext lautet: *„Erst einmal sind es die schwer hängenden Gewänder Maurice Ravels, unter deren Rauschen Beethovens Thema bedeutungsschwer einherstolziert, wie ein Schatten, der sich nach Sonne sehnt. Keine Mühe des Fortspinnens, keine Leerstelle, kein billiges Rattern der Pattern. Jetzt riskiert sie – immer noch Beethoven als Sprungbrett – eine Luftnummer aus Scott Joplin und George Gershwin."* ‚Großkritik' (Subgruppe ‚Kulturkritik'), „Bayreuth nach der Party", 2. August 2007, Seite 38. Die Referenzstelle im Fließtext lautet: *„Ein schönes Symbolbild: Der Grüne Hügel erlebt die Revolution der weißen Turnschuhe."* ‚Großkommentar', „Es müssen Köpfe rollen", 28. Juni 2007, Seite 46. Die Referenzstelle im Fließtext lautet: *„Nun rekonstruierte er minutiös die Vorgänge in Warschau während des Kościuszko-Aufstands 1794. Hätten die Warschauer damals, seufzt Rymkiewicz, nicht nur zehn kümmerliche Galgen in der Hauptstadt aufgestellt – wie tatsächlich geschehen –, sondern Hunderte und Tausende, allen voran den polnischen König, aufgehängt, dann hätten die Polen heute mehr Grund zur Selbstachtung und würden in Europa als Königsmörder bewundert."* ‚Großkommentar', „Einsamkeit, Freiheit, tiefes Glück", 16. August 2007, Seite 37.

bzw. stellen ein zentrales inhaltliches Konzept der Buchreihe vor und bewerten die Bücher. Auch diese Einschubvariante tritt bei der TS ‚Bericht' auf.[430]

Thieme spielt diesen Mann im Schnee, und ein neun- … Wechsel, und seine …

Gefühlsphänomene

statt Theaterfiguren: Andrea Breth inszeniert einen schwelgerisch-kalten »Eugen Onegin«. Luk Perceval wirft ein giftiges Licht auf Molière. Christiane Pohle lässt ein frühes Drama von Thomas Bernhard verpuffen

köpfiges Ensemble umgibt ihn in wechselnden Rol- … Aber nein. Im Fest…

Abb. 180: Beispiel für einen spaltenübergreifenden Einschub bei der Gruppe ‚Großkritik' in der ‚Zeit'[431]

Bei einem TE der ‚Großkritiken' tritt ein biografischer Einschub auf, wie er bei der TSV ‚Gesprächsinterview' innerhalb des ‚Tagesspiegels' vorkommt.[432] Links im Einschub ist ein Porträt des Autors platziert, der das TE verfasst hat. Rechts daneben befinden sich biografische Informationen zu seinem Beruf, dem Geburtsjahr und -ort, seinem Studium, dem aktuellen Wohnort und einem Werk. Der Name ist durch Großbuchstaben und Fettdruck hervorgehoben:

Der Schriftsteller **SAID** wurde 1947 in Teheran geboren; 1965 kam er zum Studium nach Deutschland; heute lebt er in München. Jüngst erschien: »Psalmen« beim Verlag C.H. Beck

Abb. 181: Beispiel für einen biografischen Einschub bei der Gruppe ‚Großkritik' in der ‚Zeit'[433]

1.3.4.7 Makrostruktur des Informationsabsatzes

Die Häufigkeit und die Funktion der Informationsabsätze variieren sehr stark zwischen den einzelnen Gruppen der TS ‚Kommentar'. Innerhalb

---

430 Vgl. Kap. III.B.1.3.1.5.

431 ‚Großkritik' (Subgruppe ‚Kulturkritik'), „Das kalte Fest der Gegenwart", 2. August 2007, Seite 35.

432 Vgl. Kap. III.B.1.2.6.6.1.

433 ‚Großkritik' (Subgruppe ‚Kulturkritik'), „Kommt und erobert mich!", 23. August 2007, Seite 44.

der ‚Großkommentare' weisen 67 Prozent der TE mindestens einen (28 %) oder zwei (39 %%) Informationsabsätze unterhalb des Fließtextes auf. Es kommen Informationsabsätze in zwei Schriftgrößen vor. Fast immer liefert der bzw. einer der beiden Informationsabsätze Zusatzinformationen zum Verfasser des TE (Abb. 182.1+2). Diese werden in einer kleineren Schriftgröße als der Fließtext präsentiert. Da die Meinung des Autors in dieser Gruppe sehr präsent ist, helfen die Zusatzinformationen dem Leser, die Aussagen im TE zu gewichten, Beweggründe zu erkennen und Informationen zu beurteilen. In derselben Schriftgröße wird zweimal auf eine Audioversion (Abb. 182.2) und einmal auf eine im TE vorkommende Powerpoint-Präsentation (Abb. 182.3) im Internet verwiesen:

AUS DEM CHINESISCHEN VON **QIANG ZHAOHUI**
Wang Xiaoshan, 40, ist Redakteur beim Pekinger Sportmagazin »Tiyu Huabao«, der chinesischen Ausgabe von »Sports Illustrated«. Bis Januar 2006 leitete er die Kulturredaktion der Pekinger Tageszeitung »Xinjingbao«

Der Autor ist Publizist und lebt in Wien. Im September erscheint von ihm im Aufbau-Verlag »Das Kultbuch. Glanz und Elend der Kommerzkultur«

Audio www.zeit.de/audio

Perikles als Powerpoint-Präsentation: **www.zeit.de/perikles**

Siehe auch Seite 48: Fritz J. Raddatz über Thomas Karlaufs monumentale George-Biografie

Abb. 182.1-4: Beispiele für Informationsabsätze bei der Gruppe ‚Großkommentar' in der ‚Zeit'[434]

Die Informationsabsätze in derselben Größe wie der Fließtext geben den Übersetzer des TE und die Originalsprache in Großbuchstaben an, wobei der Name des Übersetzers zusätzlich fettgedruckt ist (Abb. 182.1). Zwei weitere Informationsabsätze verweisen auf einen thematisch ähnlich ausgerichteten Artikel in der Zeitungsausgabe (Abb. 182.4).

Innerhalb der Gruppe ‚Reihenkommentar' treten Informationssätze durchgängig ausschließlich bei der Serie „*Das Letzte*" auf (19 % aller TE) und verweisen dort auf eine Audioversion der TE im Internet.[435] Darüber hinaus zeigt nur noch ein TE der Reihe „WAS MACHE ICH HIER?" einen Informationsabsatz, der Zusatzinformationen zum TE liefert.

Ein Großteil der Serien der ‚Reihenkritiken' hat einen Informationsabsatz (74 %), der sich bei sechs Serien[436] unter und bei einer Serie[437] über dem Fließtext befindet. Alle Informationsabsätze dienen dazu, die

---

434 Quellennachweis von links oben nach rechts unten: ‚Großkommentar', „Olympia ist eine Droge", 19. Juli 2007, Seite 36; ‚Großkommentar', „Hollywood rettet die Welt", 5. Juli 2007, Seite 49; ‚Großkommentar', „An die Wand geworfen", 26. Juli 2007, Seite 42; ‚Großkommentar', „Die Dunkelseher", 30. August 2007, Seite 47.

435 Vgl. Anhang 63.

436 Dabei handelt es sich um alle TE der Serien „Fettdruck Unterzeile", „KRITIK IN KÜRZE", „BÜCHERTISCH", „100 KLASSIKER DER MODERNEN MUSIK" und „BUCH IM GESPRÄCH" und ein TE der Serie „Großbild".

437 Dabei handelt es sich um die Serie „Die ZEIT empfiehlt".

wichtigsten Angaben zu einem konkreten Werk gebündelt darzustellen. Obligatorische Angaben sind dabei der Name des Künstlers und der Titel des Werks, die durch Fettdruck hervorgehoben sind. Je nach Kritikgegenstand folgen beispielsweise Angaben zu dem Verlag, dem Verlagsort, dem Erscheinungsjahr, der Seitenanzahl, dem Preis und zu dem Namen des Übersetzers und der Originalsprache bei einem literarischen Werk oder Angaben zur Filmfirma, zur DVD-Anzahl und zur Minutenanzahl bei einem Film:

AUS DEM CHINESISCHEN VON **QIANG ZHAOHUI**
Wang Xiaoshan, 40, ist Redakteur beim Pekinger Sportmagazin »Tiyu Huabao«, der chinesischen Ausgabe von »Sports Illustrated«. Bis Januar 2006 leitete er die Kulturredaktion der Pekinger Tageszeitung »Xinjingbao«

Die ZEIT empfiehlt

Neue Kino-DVDs

Mike Nichols: Die Reifeprüfung
Arthaus, 2 DVDs, 161 Min.
Hey, Mrs. Robinson! Auch wenn Dustin Hoffman gerade 70 Jahre alt geworden ist: Er wird immer der linkische, schüchterne Benjamin Braddock bleiben, der einer unwiderstehlich lasziven Anne Bancroft verfällt. Als Extra: Ein ausführliches Interview mit dem Oscar-Preisträger

Abb. 183.1+2: Beispiele für Informationsabsätze bei der Gruppe ‚Reihenkritik' in der ‚Zeit'[438]

Die Serie „Großbild" weist zwar keinen Informationsabsatz auf, dessen typische Angaben zu einem literarischen Werk sind jedoch in den Fließtext verlagert. Eine Abhebung vom Fließtext erfolgt zum einen dadurch, dass Teile der Informationen in Klammer gesetzt sind. Zum anderen werden teilweise der Autor und der Titel des Werks durch Fettdruck hervorgehoben, was der Gestaltung innerhalb der Informationsabsätze entspricht:

bibliothek in Wien aufbewahrt werden. Eine Auswahl präsentiert nun der österreichische Fotohistoriker **Anton Holzer** in einem eindrucksvollen Bild-Text-Band: **Die andere Front** (Fotografie und Propaganda im Ersten Weltkrieg; Primus Verlag, Darmstadt 2007, 368 S., 39,90 €). Das Buch erinnert daran, dass der Erste Weltkrieg auch der erste moderne Medienkrieg der Geschichte war.

Abb. 184: Beispiel für die Integration von Buchinformationen in den Fließtext bei der Serie „Großbild" der Gruppe ‚Reihenkritik' in der ‚Zeit'[439]

438 Quellennachweis von links: ‚Reihenkritik', Serie „BUCH IM GESPRÄCH", „Das Bush-Desaster", 19. Juli 2007, Seite 47 und ‚Reihenkritik', Serie „Die ZEIT empfiehlt", „Neue Kino-DVDs", 9. August 2007, Seite 36.

439 ‚Reihenkritik', Serie „Großbild", „Der Krieg der Bilder", 12. Juli 2007, Seite 51.

Bei der Serie „Die ZEIT empfiehlt“ dienen die Informationsabsätze vor dem Fließtext zugleich als spezifischer Initiator der TE, da bei dieser Reihe immer drei TE unter einem Reihennamen und einer gemeinsamen Überschrift erscheinen (vgl. Anhang 73). Diese Funktion tritt beim ‚Tagesspiegel‘ ebenfalls innerhalb der ‚Reihenkritiken‘ bei den Serien „**AUFGESCHLAGEN** *Zugeschlagen*“ und „LESESTOFF“ auf, da bei der ersten Reihe mehrere TE unter einem Reihennamen und einer Überschrift gesammelt sind und bei der zweiten Serie nur ein Reihenname, jedoch keine dezidierte Überschrift vorkommt (vgl. Anhang 18 und 19).

Franz Fühmann/Jacky Gleich:
Ein Sommernachtstraum
Verlag Hinstorff, Rostock 2007;
48 S.,14,90 € (ab 8 Jahren)

DIE LUCHSJURY EMPFIEHLT AUSSERDEM:

Tomi Ungerer: Neue Freunde
Diogenes Verlag, Zürich 2007; 36 S., 14,90 €
(Bilderbuch ab 5 Jahren)
Vom Großmeister liebenswert und gemein erzählt, mit scharfem Stift und warmen Farben

Sandi Toksvig: Hitlers Kanarienvogel
Aus dem Englischen von Tanja Ohlsen;
Boje Verlag, Köln 2007; 256 S., 12,90 €
(Kinderroman ab 10 Jahren)
Der »kleine« Widerstand in Dänemark zur Zeit der deutschen Besatzung. Mit Humor

Digne M. Marcovicz: Massel – Letzte Zeugen
Hanser, München 2007; 384 S., 24,90 €
(Sachbuch ab 14 Jahren)
Im Layout eines Comicstrips berichten zwölf Überlebende vom Holocaust. Kontrovers!

Abb. 185: Beispiel für vier Informationsabsätze bei der Subgruppe ‚Literaturkritik‘ in der ‚Zeit‘[440]

Innerhalb der Gruppe ‚Großkritik‘ weist die Subgruppe ‚Literaturkritik‘ wie beim ‚Tagesspiegel‘ im Zentralbereich (91 %) einen Informationsabsatz unter dem Fließtext auf, der die wichtigsten Angaben zu dem besprochenen literarischen Werk enthält. Die Gestaltung entspricht derjenigen innerhalb der Reihenkritiken. Bei einigen TE treten mehrere Informationsabsätze auf, wenn mehrere Bücher besprochen werden bzw. auf ein weiteres Werk des Autors verwiesen wird. Bei drei TE, die jeweils

440 ‚Großkritik‘ (Subgruppe ‚Literaturkritik‘), „Applaus! Applaus! Applaus!“, 14. Juni 2007, Seite 60.

ein von der LUCHS-Jury ausgezeichnetes Jugendbuch vorstellen, folgen auf den Informationsabsatz zum Preisträger-Buch unter der Überschrift „DIE LUCHS-JURY EMPFIEHLT AUSSERDEM“ drei weitere Informationsabsätze (Abb. 185).

Bei vier weiteren TE (5 %) sind die Angaben aus dem Informationsabsatz in den Fließtext integriert. Von diesem heben sich die Informationen ab, indem der Titel in Kursivdruck steht und ergänzende Angaben in eine Klammer gefasst sind (Abb. 186).

Und nichts an diesem Buch ist harmlos. Ariane Breidensteins Debüt *Und nichts an mir ist freundlich* (140 S., 14,80 €) ist ein gefährliches Buch. Lesen Sie es bloß nicht, wenn Ihnen Ihr Wohlergehen wichtig ist!

Abb. 186: Beispiel für die Integration von Buchinformationen in den Fließtext bei der Gruppe ,Großkritik' in der ,Zeit'[441]

Anders als bei den ,Literaturkritiken' im ,Tagesspiegel' kommen keine Bilder im Informationsabsatz vor, die das Titelblatt des besprochenen Buches visualisieren. Fünf TE der ,Literaturkritiken' zeigen einen zweiten Informationsabsatz in einer kleineren Schriftgröße, wie er auch bei den ,Großkommentaren' auftritt. Dieser beinhaltet Informationen zum Erscheinen des besprochenen Werks in Deutschland, zum Buchautor oder Verfasser des TE sowie einen Verweis auf ausführlichere Informationen oder ein Interview mit dem Buchautor in derselben Zeitungsausgabe:

J. K.Rowling:
Harry Potter and the Deathly Hallows
Bloomsbury, London 2007; 600 S., ca. 18,90 €

Am 27. Oktober erscheint der siebte Band auf Deutsch unter dem Titel »Harry Potter und die Heiligtümer des Todes« im Carlsen Verlag, Hamburg

Abb. 187: Beispiel für zwei Informationsabsätze bei der Subgruppe ,Literaturkritik' in der ,Zeit'[442]

Bei den übrigen ,Großkritiken' haben nur 26 Prozent der TE einen Informationsabsatz. Am häufigsten dient er dem Hinweis auf eine Audioversion des TE im Internet. Daneben liefert er Daten zu Veranstaltungen, die im TE thematisiert werden, Informationen zum Autor des TE oder verweist auf eine weiterführende Informationsmöglichkeit.

441 ,Großkritik' (Subgruppe ,Literaturkritik'), „Ariane Breidenstein“, 6. Juni 2007, Seite 57.
442 ,Großkritik' (Subgruppe ,Literaturkritik'), „Am Boden des Zauberkessels“, 26. Juli 2007, Seite 49.

1.3.4.8 Weitere Makrostrukturen

Neben den besprochenen Makrostrukturen treten keine weiteren gehäuft auf. Ein TE der ‚Großkommentare' und zwei TE der ‚Großkritiken' reichen über zwei Zeitungsseiten. Die Zusammengehörigkeit der Textteile wird, wie bereits bei der TS ‚Bericht' besprochenen,[443] durch die Nominalsätze „**Fortsetzung** *auf Seite* ..." und „**Fortsetzung** *von Seite* ..." signalisiert. Bei den ‚Großkritiken' werden zusätzlich Teile der Hauptzeile bzw. die gesamte Hauptzeile auf der zweiten Zeitungsseite vor der Fortsetzungsinformation wiederholt.

Drei TE der ‚Großkommentare' erscheinen unter einer gemeinsamen Überschrift, die in dem abschließenden Nominalsatz der Unterzeile die drei Verfasser in fettgedruckten Großbuchstaben benennt. Den einzelnen TE ist keine weitere Überschrift vorangestellt. Den Beginn der TE markiert jeweils ein Zitat des Autors, welches mit dessen in Fettdruck gesetzten Namen endet. Auf diese Weise wird die Autorenschaft eindeutig zugeordnet. Das Zitat enthält eine wesentliche Aussage aus dem TE:

»Die Hälfte der indischen Bevölkerung
hat keinen Strom. Es ist nicht fair,
wenn wir für die Energiesünden
der reichen Länder bezahlen sollen«
ANTARA DEV SEN

Abb. 188: Autorenzitat als weitere Makrostruktur bei der Gruppe ‚Großkommentar' in der ‚Zeit'[444]

Ein weiterer ‚Großkommentar' enthält fünf Folien einer Powerpoint-Präsentation, die auf ironische Weise die Grundaussage des TE, die Verknappung der Sprache bis zum Absurden bzw. bis zur Inhaltslosigkeit, darstellen. Die einzelnen Folien weisen dabei die typische Powerpoint-Gestaltung mit einer dickeren Überschrift und mehreren Aufzählungspunkten auf. Ein Informationsabsatz unter dem Fließtext verweist auf die Internetadresse, unter der sich der Leser die Präsentation in Folienform ansehen kann (Abb. 189).

Innerhalb der Subgruppe ‚Literaturkritik' der Gruppe ‚Großkritik' kommen bei drei TE (4 %) Informationskästen vor. Diese sind identisch gestaltet und befinden sich jeweils in einem TE, das ein von der ‚Zeit' und Radio Bremen ausgezeichnetes Buch vorstellt (Abb. 190).

443 Vgl. Kap. III.B.1.3.1.7.

444 ‚Großkommentar', „Wir müssen draußen bleiben", 6. Juni 2007, Seite 45.

☞ **REALISIERUNG VON BASIS-ZIELEN**
- ☞ Ehre bezeugen
- ☞ Vorfahren gedenken
- ☞ Message gut für die Zuhörer

☞ **CORPORATE IDENTITY & MORALISCHE ASSETS**
- ☞ Verfassung self-made
- ☞ Bürgertum ist cool
- ☞ Vertrauen in eigenen Mut
- ☞ Liebe des Schönen
- ☞ Schule von Hellas

☞ **EXZELLENZ UNSERER HEROES**
- ☞ Im edlen Kampf für die Firma gefallen
- ☞ Gefordert: Höhere Leistung der Überlebenden
- ☞ Eltern (»Best-Ager«) trösten

☞ **AGENDA & PROBLEMLÖSUNGEN**
- ☞ Output/Geburtenrate maximieren
- ☞ Ehrliebe promovieren
- ☞ Konkurrenz wird tougher: Marktanteile steigern

☞ **IMMEDIATES AKTIONSPROGRAMM**
- ☞ Die Loser (»Toten«) loben
- ☞ Tugend der Frauen highlighten
- ☞ Klageruf initiieren
- ☞ Nach Hause gehen

Abb. 189: Powerpointfolien als weitere Makrostruktur bei der Gruppe ‚Großkommentar‘[445]

LUCHS 245

wurde ausgewählt von Gabi Bauer, Marion Gerhard, Franz Lettner, Hilde Elisabeth Menzel und Konrad Heidkamp. Am 12. Juli, 16.40 Uhr, stellt Radio Bremen-Funkhaus Europa das Buch vor (Redaktion: Libuse Cerna). Das Gespräch zum Buch ist abrufbar im Internet unter **www.radiobremen.de**

Abb. 190: Beispiel für einen Informationskasten zur Jury bei der Subgruppe ‚Literaturkritik‘ in der ‚Zeit‘[446]

Der Kasten ist oben von dem Satzglied „LUCHS …“ unterbrochen, welches den Namen des Preises und die Nummer der Verleihung in fettgedruckten Großbuchstaben angibt. Es fungiert zugleich als Überschrift des Kastens und als Wiedererkennungsmerkmal. Der weitere Textanteil des Informationskastens nennt namentlich die Mitglieder der Jury und

445 ‚Großkommentar‘, „An die Wand geworfen“, 26. Juli 2007, Seite 42.

446 ‚Großkritik‘ (Subgruppe ‚Literaturkritik‘), „Ein wirklich böses Mädchen“, 12. Juli 2007, Seite 52.

verweist auf die Vorstellung des Buchs im Radio. Er schließt mit einem Internetverweis zu einem Gespräch zum Buch. Links vom Textanteil befindet sich immer dieselbe Zeichnung, die als Logo für den Preis fungiert und einen Luchs zeigt, der in ein Buch beißt.

EINTRAG VOM 21. APRIL 1921

Schachbrett-Traum

Patientin: Freunde von A und W [ihre beiden Brüder] waren da aber sie waren alle etwas jünger. Sie schwammen in den See hinaus und die Sonne schien. O war da und war sehr klein, ich half ihm über eine Mauer, da er es allein nicht konnte und drüben im Garten warf er sich plötzlich auf mich und umarmte mich. Ich war etwas erstaunt, dass so ein Büblein das wagte und es war mir nicht ganz recht wegen der Leute die zuschauten. Dann hatte ich eine herzige kleine Schatulle. Ich sagte: Sie ist wie ein Schachbrett auf dem Deckel. Es hatte allerliebste Sachen drin. Z. B. eine kleine Hochzeit, lauter Figuren aus Papier ausgeschnitten zum Aufstellen. Ich wollte M [der Kusine] etwas davon geben, aber es reute mich. (...)
Freud: Der Traum zeigt sehr schön die Tendenzen aus der Vergangenheit. Die Schatulle ist wie ein Schachbrett d. h. sie setzen sich an Stelle der Mutter, aber nachher: Sie ist doch keines, d. h. – Sie wenden sich ab vom Vater. Die Freunde, die »kleinen«, die da herumschwimmen sind Symbole für d. männliche Glied. Sie helfen ihm die Mauer überwinden d. h. Sie wollen eine richtige Defloration, die dann zur Ehe führt (kleine Hochzeit in d Schatulle) – Sie gönnen die Hochzeit nicht d. Kousine M. – Die Sonne ist immer der Vater.
P: Einmal, aber nur ein einziges Mal als Papa dem A [Bruder] drohte, er werde ihn schlagen, wenn wir zu Hause seien, hatte ich ein Gefühl des Grausens mit etwas Interesse verbunden, sobald die Drohung Tat wurde aber nicht mehr. Es war eben die einzige Drohung.
Fr: Es ist der Wunsch selbst geschlagen zu werden. Später nimmt es dann die Formen des bloss Geschimpftseinwollens. In der Analyse, wenn die Widerstände kommen benehmen Sie sich dann ähnlich, da ich den Vater vertrete, z. B. die Idee, dass die Kur nicht nütze etc. sind schon Anfänge davon. – Die Besorgnis, dass Sie nachher eine andere noch dümmere Heirat schliessen weil Sie es nicht aushalten würden ist sinnlos, denn es ist ja der Zweck der Kur, dass Sie diesen Trieb beherrschen lernen u. also heiraten können in freier Wahl, nicht aus Angst vor dem Trieb.

Abb.: privat

Abb. 191: Informationskasten mit Textauszug bei der Subgruppe ‚Literaturkritik' in der ‚Zeit'[447]

447 ‚Großkritik' (Subgruppe ‚Literaturkritik'), „Sie streifen so nah am Geheimnis", 2. August 2007, Seite 40.

Bei einem weiteren TE der ‚Literaturkritiken' tritt ebenfalls ein von einer dünnen Linie eingerahmter Kasten auf (Abb. 191). Dieser enthält jedoch keine weiterführenden Informationen zum Thema bzw. Buch, sondern einen Textauszug aus dem vorgestellten Tagebuch einer Freud-Patientin. Der Kasten weist eine zweizeilige Überschrift auf, wobei der erste Teil in Großbuchstaben das Datum des Eintrags nennt und der zweite das Thema angibt. Der weitere Textanteil der Makostruktur besteht aus einer Wiedergabe des notierten Therapiegesprächs. Für das Verständnis wichtige Angaben sind in eckigen Klammern ergänzt. Die Redeanteile sind der Patientin und Freud zugeordnet, nach einer ersten Nennung werden die Abkürzungen „P" und „F" verwendet. Bei der Makrostruktur handelt es sich um einen Teiltext, da der Kasten durch seine eigene Überschrift, die inhaltsseitige Abgeschlossenheit und die drucktechnische Trennung vom Rest des TE potentielle Eigenständigkeit besitzt.[448] Der Kasten liefert ein Beispiel für einen Textauszug aus dem Tagebuch und stellt damit die Art und die Genauigkeit der niedergeschriebenen Therapiegespräche beispielhaft für den Leser dar.

1.3.4.9 Textuelle und sonstige Merkmale

Das Auftreten einer Initiale gehört in den Zentralbereich der Gruppen ‚Großkommentar' (100 %) und ‚Großkritik' (97 %). Anders als beim ‚Tagesspiegel', bei dem Initialen nur bei der TS ‚Kommentar' auftreten, kommt dieses textuelle Merkmal innerhalb der ‚Zeit' auch bei den TS ‚Bericht' und den beiden TSV ‚Personenporträt', und ‚Todesporträt' im Zentralbereich vor. Die Initialen umfassen bei den ‚Großkommentaren' und ‚Großkritiken' drei (17 % bzw. 44 %), vier (56 % bzw. 52 %) oder fünf Zeitungszeilen (22 % bzw. 4 %). Es handelt sich bei ihnen um einen fettgedruckten Großbuchstaben der Schriftart, in welcher auch der Fließtext gedruckt ist. Lediglich bei einem TE der ‚Großkommentare' (6 %) befindet sich der Großbuchstabe in einem Rahmen und reicht über acht Zeitungszeilen. Die Gestaltung ist entsprechend auffälliger und zieht mehr Aufmerksamkeit auf sich (Abb. 192).

Innerhalb der Gruppen ‚Reihenkommentar' und ‚Reihenkritik' weisen jeweils nur die TE einer Serie[449] eine Initiale auf (19 bzw. 13 Pro-

---

448 Eine potentielle Eigenständigkeit tritt ebenfalls bei den Informationskästen der TS ‚Interview' innerhalb der ‚Zeit' und der TSV ‚Gesprächsinterview' innerhalb des ‚Tagesspiegels' auf.

449 Dabei handelt es sich um die Serie „WAS MACHE ICH HIER?" der ‚Reihenkommentare' und die Serie „Fettdruck Unterzeile" der ‚Reihenkritiken'.

zent aller TE), die bei allen TE über drei Zeitungszeilen reicht. Bei der Gruppe ‚Kurzkritik‘ tritt dieses textuelle Merkmal nicht auf.

Abb. 192: Hervorgehobene Initiale bei der Subgruppe ‚Großkommentar‘ in der ‚Zeit‘[450]

Die Hervorhebung von Teilen des Fließtextes durch Fettdruck kommt bis auf die ‚Reihenkommentare‘ bei allen Gruppen der TS ‚Kommentar‘ vor, weist jedoch bei den ‚Großkommentaren‘ (39 %) und ‚Großkritiken‘ (23 %) eine andere Funktion auf als bei den ‚Reihenkritiken‘ (21 %) und ‚Kurzkritiken‘ (100 %).

Bei den umfangreicheren TE der ‚Großkommentare‘ und ‚Großkritiken‘ werden Satzanfänge, selten auch ganze Sätze oder Teilsätze, zu Beginn eines Absatzes, der vom vorherigen zusätzlich durch eine Leerzeile abgehobenen ist, durch Fettdruck betont. Das Hervorhebungsmittel dient somit wie bei den TS ‚Bericht‘ und ‚Porträt‘ der Textgliederung.

Bei allen TE der ‚Kurzkritiken‘ und 21 Prozent der ‚Reihenkritiken‘ werden innerhalb des Fließtextes einzelne Wörter oder Wortgruppen durch Fettdruck hervorgehoben.[451] Dabei handelt es sich um zentrale Informationen der TE. Bei den ‚Kurzkritiken‘ werden die Namen der empfohlenen Filme (z.B. „***Zodiac***“, „***Black Book***“ und „***Little Children***“[452]) und bei den ‚Reihenkritiken‘ die Namen der Künstler (z.B. „***Art Pepper***“[453] oder „***Kate Atkinsons***“[454]) und/oder die Titel der vorgestellten Werke (z.B. „***Modern Art***“[455] oder „***Liebesdienste***“[456]) drucktechnisch betont. Diese Art der Hervorhebung tritt auch bei 63 Prozent der TE der ‚Reihenkritiken‘ innerhalb des ‚Tagesspiegels‘ auf.[457] Auf diese Weise sieht der Leser bereits bei einer oberflächlichen Betrachtung der TE, wo-

450 ‚Großkommentar‘, „Einsamkeit, Freiheit, tiefes Glück“, 16. August 2007, Seite 37.
451 Vgl. z.B. Anhang 71 und Anhang 74, 76, 77, 78, 79, 80 und 82.
452 ‚Kurzkritik‘, Serie „SEHENSWERT“, 21. Juni 2007, Seite 47.
453 ‚Reihenkritik‘, Serie „WILLEMSEN HÖRT“, „Peppers Sommerzeit“, 2. August 2007, Seite 36.
454 ‚Reihenkritik‘, Serie „KRIMINALROMAN“, „Der böse Blick“, 28. Juni 2007, Seite 56.
455 ‚Reihenkritik‘, Serie „WILLEMSEN HÖRT“, „Peppers Sommerzeit“, 2. August 2007, Seite 36.
456 ‚Reihenkritik‘, Serie „KRIMINALROMAN“, „Der böse Blick“, 28. Juni 2007, Seite 56.
457 Vgl. Kap. III.B.1.2.5.8.

mit diese sich auseinandersetzen, und kann sich nach seinen Interessen für die Lektüre entscheiden.

Die TE der beiden Serien „Großbild“ und „Die ZEIT empfiehlt“ der ‚Reihenkritiken‘[458] sowie die TE der einzigen Serie „SEHENSWERT“ der ‚Kurzkritiken‘ sind vollständig von einem Kasten umgeben. Bei den sehr kurzen ‚Kurzkritiken‘ befördert der Kasten die Wahrnehmung als eigenständiges TE, da sie teilweise im oder direkt unterhalb des Fließtextes eines längeren TE platziert sind. Unter einem Reihennamen der Serie „Die ZEIT empfiehlt“ erscheinen immer drei kurze TE. Durch den Kasten wird für den Leser die Zusammengehörigkeit der TE betont. Bei den TE der Serie „Großbild“ wird durch den Kasten deutlich, dass die Bilder bzw. das Bild und der Fließtext mit Überschrift gemeinsam ein TE bilden (vgl. Anhang 74). Da die Bilder keine Bildunterschriften aufweisen, die inhaltsseitig einen Bezug zum Fließtext oder der Überschrift herstellen, wäre die Zuordnung ansonsten nicht immer eindeutig.

1.3.5 Die Makrostrukturen der Textsorte ‚Interview‘

Innerhalb des Untersuchungszeitraums sind sieben ‚Interviews‘ erschienen. Eine Unterteilung in verschiedene TSV wie beim ‚Tagesspiegel‘ findet bei der TS ‚Interview‘ in der ‚Zeit‘ nicht statt.

Wie bei den TE im ‚Tagesspiegel‘ weisen die ‚Interviews‘ in der ‚Zeit‘ verschiedene Makrostrukturen und Makrostrukturteile auf, die Informationen zur Person des Interviewten liefern. Aufgrund der geringen Textexemplaranzahl werden diese alle unter dem gemeinsamen Gliederungspunkt „Biografische Makrostrukturen und Makrostrukturteile“ behandelt.

1.3.5.1 Makrostruktur der Überschrift

Die TE der TS ‚Interview‘ weisen ausnahmslos eine zweizeilige Überschrift auf. Die Hauptzeile ist in einer deutlich höheren Schriftgröße gedruckt als die Unterzeile, die ihrerseits etwas größer als der Fließtext ist. Die Position der ganzen Überschrift bzw. der beiden Überschriftenteile ist von TE zu TE sehr unterschiedlich. Wie bei den TS ‚Bericht‘ und ‚Porträt‘ befindet sich die ganze Überschrift über (Abb. 193.1) oder umgeben von einem Leerraum (Abb. 193.2) im Fließtext. Daneben treten TE auf, bei denen die beiden Überschriftenteile räumlich stärker getrennt sind, indem die Hauptzeile über dem Fließtext und die Unterzeile auf einem Bild oder umgeben von einem Leerraum im Fließtext postiert

458 Die TE der beiden Serien stellen 32 Prozent aller ‚Reihenkritiken‘ dar.

ist (Abb. 193.3). Nur bei einem TE tritt die bei den TS ‚Bericht‘ und ‚Porträt‘ übliche drucktechnische Gestaltung auf, dass die Unterzeile mit einem durch Fettdruck hervorgehobenen Nominalsatz schließt, der den Verfasser angibt (Abb. 193.1).

Neue Parteimitglieder

Walser, Lenz und Hildebrandt waren in der NSDAP. Was heißt das? Fragen an den Historiker **NORBERT FREI**

»Ich posiere ja nur«

Die Masken der Schönheit und der Ekel vor den Dingen: Ein Gespräch mit der amerikanischen Foto- und Verwandlungskünstlerin Cindy Sherman

»Wir sind die heilige Allianz«

DIE ZEIT: Herr Roth, Herr Schuster, Herr Baumstark, eigentlich sind Sie Konkurrenten. Wie kommt es, dass Sie sich nun plötzlich verbünden?
Reinhold Baumstark: Diese Idee wurde in China geboren. Vor zwei Jahren, als wir auf Einladung der chinesischen Regierung dort weilten, ist uns klar geworden: Wenn es um deutsche Kunst geht, dann sind eben Berlin, Dresden und München die besonders guten Botschafter. Als solche gemeinsam aufzutreten, das haben wir uns in China versprochen.
Peter-Klaus Schuster: Uns stellte sich die Frage: Was stellt Deutschland eigentlich in der Museumswelt dar? Und wie können wir dem Erwartungsdruck, der auf dem wiedervereinten Deutschland lastet, entsprechen? Bei uns gibt es ja nicht das eine Museum, das für uns »der Louvre« oder das »British Museum« wäre. Gemeinsam aber haben wir mindestens ein solches Gewicht.
ZEIT: Reagieren Sie damit auf die gewachsene internationale Konkurrenz? Der Louvre bekommt

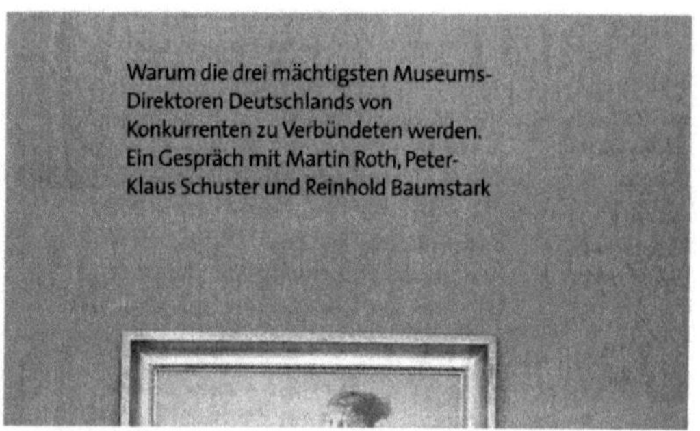
Warum die drei mächtigsten Museums-Direktoren Deutschlands von Konkurrenten zu Verbündeten werden. Ein Gespräch mit Martin Roth, Peter-Klaus Schuster und Reinhold Baumstark

Abb. 193.1-3: Beispiele für Überschriften bei der Textsorte ‚Interview‘ in der ‚Zeit‘[459]

459 Quellennachweis von oben nach unten: ‚Interview‘, „Neue Parteimitglieder“, 5. Juli 2007, Seite 48; ‚Interview‘, „Ich posiere ja nur“, 21. Juni 2007, Seite 45; ‚Interview‘, „Wir sind die heilige Allianz“, 2. August 2007, Seite 39.

1.3.5.2 Makrostruktur des Absatzes

Der charakteristische Sprecherwechsel zwischen Interviewer und Interviewtem bei der TS ,Interview' bedingt eine hohe Absatzanzahl, da jeder Redebeitrag jeweils einen Absatz einnimmt.[460]

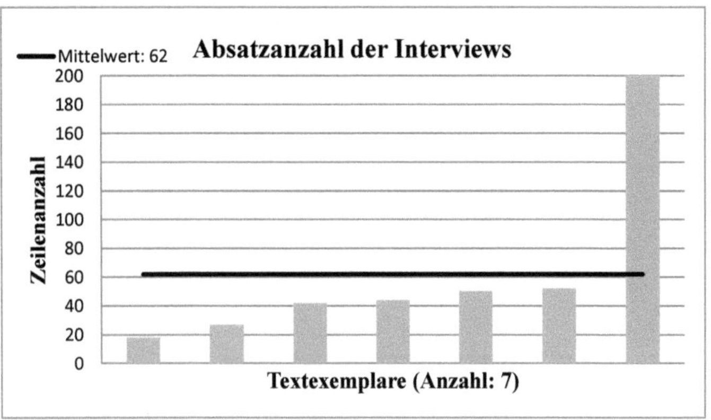

Abb. 194: Absatzanzahl der Textexemplare der Textsorte ,Interview' in der ,Zeit'

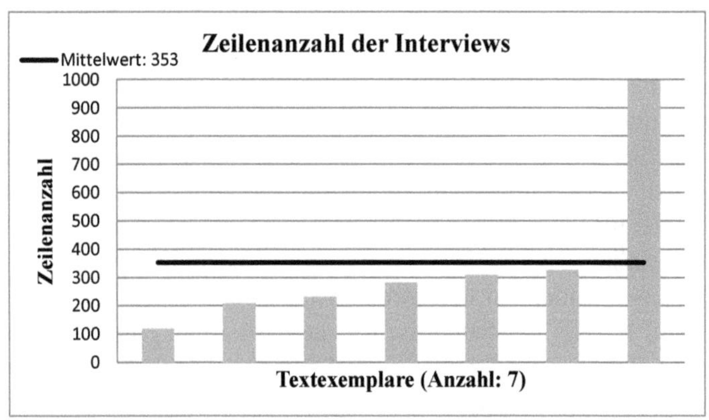

Abb. 195: Zeilenanzahl der Textexemplare der Textsorte ,Interview' in der ,Zeit'

Die TE der ,Interviews' weisen eine Absatzspanne von 18 bis 202 Absätzen bei einem Mittelwert von 62 Absätzen auf (vgl. Abb. 194). Ein mehrseitiges TE hebt sich dabei von den übrigen durch eine besonders hohe Absatzanzahl ab, die durch den großen Textumfang (997 Zeilen

460 Vgl. Anhang 87.

bzw. 787 Sätze) bedingt ist. Dadurch wird der Mittelwert verfälscht, der ohne dieses TE 39 Absätze betragen würde.

Denselben Einfluss hat dieses TE auf die Mittelwerte zur Textlänge. Diese liegen bei 353 Zeilen bzw. 262 Sätzen, wobei die Spannen von 119 bis 997 Zeilen bzw. 70 bis 787 Sätzen reichen (vgl. Abb. 195 und Abb. 196). Das längste TE herausgerechnet lägen die Mittelwerte nur bei 246 Zeilen bzw. 175 Sätzen.

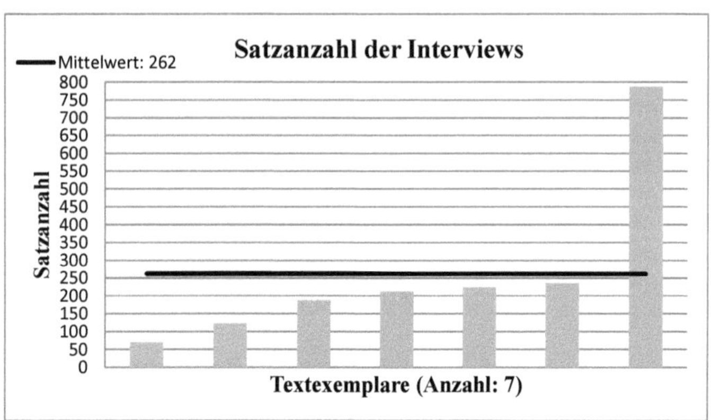

Abb. 196: Satzanzahl der Textexemplare der Textsorte ‚Interview' in der ‚Zeit'

Wie bei den TE der TS ‚Interview' innerhalb des ‚Tagesspiegels' weisen auch die ‚Interviews' in der ‚Zeit' deutlich mehr Absätze als TE anderer TS bei gleicher Längen auf, womit die hohe Absatzanzahl ein zentrales Merkmal der TS ist. Dieses wird durch den häufigen Sprecherwechsel und den damit jeweils einhergehenden Beginn eines neuen Absatzes bedingt.[461]

Anders als im ‚Tagesspiegel' werden die Redeanteile von Interviewer und Interviewtem nicht in unterschiedlichen Drucktypen wiedergegeben, sondern sind jeweils in Standardschrift gesetzt. Auch eine Abhebung der Äußerungen durch eine Leerzeile erfolgt nicht. Die Sprecherzuordnung erfolgt ausschließlich durch den fettgedruckten Namen des jeweiligen Sprechers gefolgt von einem Doppelpunkt, mit denen die Absätze ausnahmslos beginnen. Dem ersten Absatz des Interviewten ist dessen vollständiger Name vorangestellt, allen weiteren nur noch der Nachname. Der bzw. die Interviewer treten nicht namentlich auf. Ihr Redeanteil ist mit dem Zeitungsnamen ‚DIE ZEIT' markiert, der in den folgenden Absätzen auf ‚ZEIT' reduziert wird (vgl. Abb. 197). Jedes Interview beginnt mit einem Beitrag des Interviewers, worauf ein ständiger Redewechsel folgt.

461 Für genauere Ausführungen vgl. Kap. III.B.1.2.6.2.

DIE ZEIT: Was für einen Wagen fahren Sie?
Richard Ford: Einen Chevrolet-Kleintransporter. Kein sehr grünes Gefährt. Aber ich brauche Vierradantrieb, um auf ungeteertem Gelände voranzukommen.
ZEIT: Ihr Protagonist Frank Bascombe verbringt in Ihrer Bascombe-Trilogie *Die Lage des Landes* viel Zeit hinter dem Steuer seines Suburban. Glauben Sie, dass man ist, was man fährt?
Ford: Nein. Sonst wäre ich ein Republikaner, ein knallharter Bursche und ein Malocher. Kein Eindruck könnte falscher sein. Frank hat sich ganz bewusst und früh für ein Leben in der Vorstadt entschieden.

Abb. 197: Ausschnitt aus einem Textexemplar der Textsorte ‚Interview' in der ‚Zeit'[462]

Funktional dienen die Absätze des Interviewers überwiegend dazu, eine Frage an den Interviewten zu formulieren (z.B. „***ZEIT:*** *Sind Sie frei in der Auswahl dessen, was Sie dort zeigen?*"[463]) und diese gegebenenfalls zu begründen bzw. vorzubereiten (z.B. „***ZEIT:*** *Ihr ganzes Werk wirkt sehr strukturiert und gradlinig. Wie gehen Sie vor? Arbeiten Sie immer nur an einem Thema?*"[464]). Teilweise übernehmen auch Aussagesätze die Funktion von Fragen, indem sie den Interviewten zu einer Stellungnahme veranlassen („***ZEIT:*** *Die Mezzosopranistin Christa Ludwig schreibt in ihrer Autobiografie, dass sie vor wichtigen Auftritten oft tagelang nur mit Zetteln kommuniziert hat. Sozial verträglich ist das nicht.*"). Der Interviewer hat gegenüber den oft ausführlichen Antworten des Interviewten insgesamt einen deutlich geringeren Sprechanteil. Zugleich lenkt er mit seinen Fragen den Ablauf des ‚Interviews' und bestimmt somit, welche Themen in welchem Umfang besprochen werden. Der Redeanteil des Interviewten dient überwiegend der Beantwortung der Fragen. Dabei werden dessen Meinung, Gefühle, sein Wissen und seine Erfahrungen zu einem Thema ausgedrückt.

Bei dem sehr langen ‚Interview' „Wer ein Jahr jünger ist, hat keine Ahnung" ist die klassische Interviewabfolge, der Wechsel aus einer Frage des Interviewers und der Antwort des Interviewten, stellenweise durchbrochen. Die beiden Interviewten antworten nicht bloß auf die Fragen, sondern fordern ihrerseits die beiden Interviewer zu einer Stellungnahme bzw. Rechtfertigung heraus, womit die einseitige Gesprächslenkung teilweise unterbrochen wird (z.B. „***ZEIT:*** *Aber was werfen Sie uns*

462 ‚Interview', „Ich zähle mich zum Fußvolk", 12. Juli 2007, Seite 50.
463 ‚Interview', „Wir sind die heilige Allianz", 2. August 2007, Seite 39.
464 ‚Interview', „Ich posiere ja nur", 21. Juni 2007, Seite 45.

vor? Dass wir falsch lesen?“ oder *„**ZEIT**: Wo wir noch von Kritik reden, sprechen Sie bereits von Kampagne.“*[465]). Das Gespräch verläuft zudem wesentlich emotionaler als bei den übrigen TE, was dem Leser durch in Klammern eingefügte Sprechweisen bzw. Gefühlsäußerungen vermittelt wird (z.B. ***Walser:*** *(schreit noch immer) Hat diese Kultur des Verdachts existiert oder nicht?“* oder *„**Walser:** (empört) Nicht?“*[466]).

Wie beim ‚Tagesspiegel‘ ist die Gliederung des Gesprächs – und damit die des Fließtextes – durch Absätze und deren beschriebene drucktechnische Realisierung das auffälligste Merkmal der TS ‚Interview‘.

1.3.5.3 Makrostruktur des Bildes

Die Makrostruktur des Bildes gehört in den Zentralbereich der TS ‚Interview‘. Bis auf eine Ausnahme[467] weisen alle TE mindestens ein Bild auf. Überwiegend kommt ein einzelnes Fotos vor (67 %), je ein TE (17 %) hat zwei bzw. acht Bilder. Bei den TE mit einem oder zwei Fotos zeigen diese ausschließlich den bzw. die Interviewten in einer für sie typischen Umgebung (z.B. Abb. 198.1+2). Bei dem TE mit acht Bildern sind auf vier Fotos die beiden Interviewten alleine, zusammen oder gemeinsam mit den Interviewern abgebildet (z.B. Abb. 198.3), auf den restlichen vier sind die Frau eines der Interviewten, dessen Garten und zwei Alltagsgegenstände zu sehen (z.B. Abb. 198.4).[468]

Funktional dienen die Bilder dem Visualisieren und Vorstellen der Interviewten. Lediglich bei dem dreiseitigen ‚Interview‘ mit Günter Grass und Martin Walser zeigen die Bilder verschiedene Hauptfunktionen. Das große Bild von den beiden Schriftstellern sowie die zwei großen Einzelporträts von ihnen dienen dem Interessewecken, da es sich bei diesen um sehr berühmte Personen handelt. Bei den Fotos der Ehefrau, des Gartens und der Alltagsgegenstände steht die Funktion der Auflockerung im Vordergrund, da die Bildinhalte im TE nicht konkret angesprochen werden. Die Bilder von dem Glas und der Pfeife sind überdies nicht einmal mit einer erklärenden Bildunterschrift verbunden. Lediglich das Gruppenbild mit den Interviewern zeigt wie in den anderen ‚Interviews‘ die Hauptfunktion des Visualisierens und Vorstellens, indem es für den Leser die Interviewsituation im Garten von Günter Grass abbildet (vgl. Abb. 198.3).

---

465 ‚Interview‘, „Wer ein Jahr jünger ist, hat keine Ahnung“, 14. Juni 2007, Seite 58.
466 ‚Interview‘, „Wer ein Jahr jünger ist, hat keine Ahnung“, 14. Juni 2007, Seite 58.
467 ‚Interview‘, „Neue Parteimitglieder“, 5. Juli 2007, Seite 48.
468 Es sind nicht alle Fotos abgebildet, sondern nur ein Beispiel für einen Alltagsgegenstand.

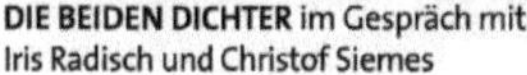

DIE BEIDEN DICHTER im Gespräch mit Iris Radisch und Christof Siemes

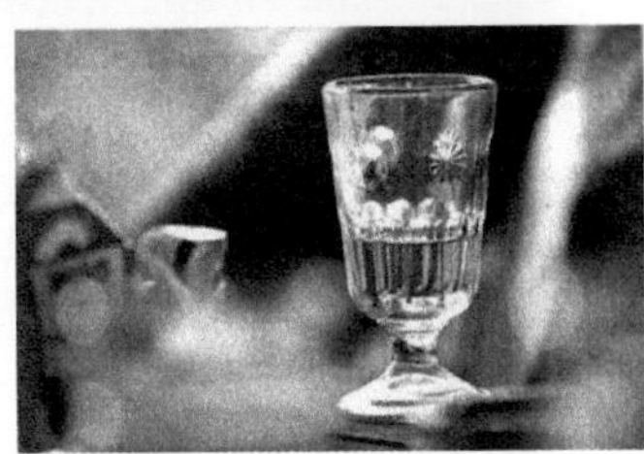

Abb. 198.1-4: Beispiele für die Makrostruktur des Bildes bei der Textsorte ‚Interview' in der ‚Zeit'[469]

Die Bilder der TS ‚Interview' sind überwiegend mit einer Bildunterschrift verbunden (79 %), wobei keine klare Präferenz für eine bestimmte syntaktische Gestaltung erkennbar ist:

(A) **VESSELINA KASAROVA** als Ruggiero in Händels „Alcina" in München[470] (NS)

(B) **WANG HUI**, Jahrgang 1959, ist Professor an der Tsinghua-Universität in Peking und Herausgeber der einflussreichen philosophischen Zeitschrift „Dushu". Er gilt als Begründer der akademischen „neuen Linken", die auf die sozialen Defizite der wirtschaftsliberalen Pekinger Reformpolitik aufmerksam macht[471] (GS + GS)

(C) **DIE BEIDEN DICHTER** im Gespräch mit Iris Radisch und Christof Siemes[472] (NS)

(D) **UTE GRASS** hört dem Gespräch zu[473] (VS)

469 Quellennachweis von oben nach unten rechts: ‚Interview', „Ich zähle mich zum Fußvolk", 12. Juli 2007, Seite 50; ‚Interview', „Von Mao bleibt nichts als die Mode", 19. Juli 2007, Seite 37; ‚Interview', „Wer ein Jahr jünger ist, hat keine Ahnung", 14. Juni 2007, Seite 57+58.

470 ‚Interview', „Manchmal hasse ich diesen Beruf!", 12. Juli 2007, Seite 43.

471 ‚Interview', „Von Mao bleibt nichts als die Mode", 19. Juli 2007, Seite 37.

472 ‚Interview', „Wer ein Jahr jünger ist, hat keine Ahnung", 14. Juni 2007, Seite 57.

473 ‚Interview', „Wer ein Jahr jünger ist, hat keine Ahnung", 14. Juni 2007, Seite 58.

In je einem TE teilen sich zwei Bilder eine Bildunterschrift bzw. weist ein Bild zwei Bildunterschriften auf (B).[474] Die Bildunterschriften sind in diesen Fällen sehr ausführlich und liefern biografische Informationen zu den Interviewten. Die Zuordnung der jeweiligen Bildunterschrift zu dem richtigen Interviewten erfolgt bei dem Bild mit zwei Bildunterschriften durch die räumliche Positionierung (Abb. 198.2).

Warum die drei mächtigsten Museums-Direktoren Deutschlands von Konkurrenten zu Verbündeten werden. Ein Gespräch mit Martin Roth, Peter-Klaus Schuster und Reinhold Baumstark

DIE DIREKTOREN

Kunstsinnige Dreifaltigkeit

Martin Roth, Peter-Klaus Schuster und Reinhold Baumstark (von links, in der Brüsseler Ausstellung *Blicke auf Europa*) sind die ein- umsinsel vollendet noch ein Nachfolger in Sicht. Baumstark, ein Jahr jünger, hat die Bayerischen Staatsgemäldesammlungen mit der

Abb. 199: Beispiel für ein Bild ohne direkte Bildunterschrift bei der Textsorte ‚Interview' in der ‚Zeit'[475]

474 Aus Gründen der funktionalen Übereinstimmung wird nur eine Bildunterschrift zitiert.

475 ‚Interview', „Wie sind die heilige Allianz", 2. August 2007, Seite 39.

Alle Bildunterschriften beginnen mit einer fettgedruckten Wortgruppe in Großbuchstaben, die fast immer den Namen des bzw. der Interviewten (A+B) oder in einem Fall eine Umschreibung von ihnen (C) angibt. Diese drucktechnische Gestaltung entspricht weitgehend der bei den TS ‚Bericht' und ‚Porträt' bereits vorgestellten. Auch funktional zeigen sich keine Unterschiede, indem sie den Bildinhalt benennen und erklären (A, C und D) sowie teilweise Zusatzinformationen liefern (B).

Bei einem Bild ohne Bildunterschrift wird deren Funktion teilweise von einem direkt unter dem Foto postierten Informationskasten übernommen. Dieser ist mit dem Nominalsatz „DIE DIREKTOREN" überschrieben und nennt im folgenden Informationstext die Namen sowie biografische Angaben zu den darüber abgebildeten Interviewten. Die Hauptzeile „Kunstsinnige Dreifaltigkeit" verweist zudem auf deren Bedeutung und Zusammenarbeit im Kunstbereich. Zusätzlich nennt auch die auf dem oberen Bildteil gedruckte Unterzeile der Überschrift des TE den Namen und die berufliche Tätigkeit der drei interviewten Personen (vgl. Abb. 199).

1.3.5.4 Makrostruktur des Verfassernamens

Bei allen TE der TS ‚Interview' kommt ein Verfassername vor, der den Vor- und Nachnamen des bzw. der Interviewer in fettgedruckten Großbuchstaben angibt. Er ist unter dem Fließtext platziert und durch einen Leerraum von diesem getrennt. Der Verfassername tritt bei 86 Prozent der TE in der festen Wendung „DAS GESPRÄCH FÜHRTE/N …" auf. Ein TE zeigt die inhaltlich entsprechende Formulierung „DIE FRAGEN STELLTE …".[476] Auch diese Wendung ist durchgängig in Großbuchstaben gesetzt, zeigt aber im Gegensatz zum Verfassernamen keinen Fettdruck.

DAS GESPRÄCH FÜHRTE **CHRISTINE LEMKE-MATWEY**

Abb.200: Beispiel für die Integration des Verfassernamens in eine feste Wendung bei der Textsorte ‚Interview' in der ‚Zeit'[477]

1.3.5.5 Makrostruktur des Einschubs

Die Makrostruktur des Einschubs kommt bei 57 Prozent der TE der TS ‚Interview' vor. In dem dreiseitigen ‚Interview' treten vier Einschübe auf, in den übrigen TE mit Einschub zwei. Diese sind drucktechnisch immer auf ähnliche Art gestaltet. Die Einschübe weisen Fettdruck und

---

476 ‚Interview', „Neue Parteimitglieder', 5. Juli 2007, Seite 48.

477 ‚Interview', „Manchmal hasse ich diesen Beruf!", 12. Juli 2007, Seite 43.

eine höhere Schriftart als der Fließtext auf und sind zusätzlich durch einen Leerraum von diesem getrennt. Inhaltsseitig stellen sie immer Zitate eines Interviewten dar, wodurch besonders interessante Aussagen aus dem Gespräch hervorgehoben werden. Der Zitatcharakter wird jeweils deutlich durch Anführungszeichen gekennzeichnet.

»Es gibt etliche Sänger, die zu Drogen greifen, um dieses Leben überhaupt aushalten zu können«

»Die meisten Ehen scheitern nicht am Ehebruch, sondern an einem Mangel an Fantasie«

MARTIN WALSER
»Es war noch nie so unerlaubt, älter zu werden als arbeitender Mensch, wie jetzt!«

WANG HUI
»Die Reichen brauchen keine Demokratie. Nur die Bauern und Arbeiter brauchen sie«

Abb. 201.1-4: Beispiele für die Makrostruktur des Einschubs bei der Textsorte ,Interview' in der ,Zeit'[478]

Die Einschübe sind entweder in Schwarz (Abb. 201.1), in Grau (Abb. 201.2) oder in zwei verschiedenen Farben gedruckt. Letzteres tritt auf, wenn mehrere Interviewte in einem TE vorkommen und dem Zitat der entsprechende Name in roten Großbuchstaben vorangestellt ist. Das Zitat folgt dann jeweils in grüner (Abb. 201.3) oder schwarzer (Abb. 201.4) Farbe.

Eine andere drucktechnische oder inhaltsseitige Gestaltung der Makrostruktur kommt bei der TS ,Interview' nicht vor. Damit besteht ein deutlicher Unterschied zu den Realisationen der TS ,Bericht', ,Porträt' und ,Kommentar'.

1.3.5.6 Biografische Makrostrukturen und Makrostrukturteile

Bis auf eine Ausnahme[479] weisen alle TE der TS ,Interview' Makrostrukturen oder Teile von Makrostrukturen auf, die biografische Informationen zum Interviewten vermitteln.

1.3.5.6.1 Makrostruktur des Informationskastens

Drei TE der TS ,Interview' (43 %) weisen einen Informationskasten auf. Dieser befindet sich zweimal unmittelbar unter dem einzigen Bild des

---

478 Quellennachweis von links oben nach rechts unten: ,Interview', „Manchmal hasse ich diesen Beruf!", 12. Juli 2007, Seite 43; ,Interview', „Ich zähle mich zum Fußvolk", 12. Juli 2007, Seite 50; ,Interview', „Wer ein Jahr jünger ist, hat keine Ahnung", 14. Juni 2007, Seite 59; ,Interview', „Von Mao bleibt nichts als die Mode", 19. Juli 2007, Seite 37.

479 ,Interview', „Ich zähle mich zum Fußvolk", 12. Juli 2007, Seite 50.

TE, einmal füllt er gemeinsam mit der Unterzeile, unter der er platziert ist, eine Spalte in der Mitte des Fließtextes aus. Gemäß ihrer Bezeichnung ist die Makrostruktur von einem Kasten umgeben, der sie deutlich vom Fließtext absetzt (Abb. 202).

DAS GIPFELTREFFEN

Unterm Nussbaum

Ein herrlicher Sommertag im Mai. Von seinem Domizil am Bodensee ist Martin Walser nach Hamburg gekommen, zu dritt fahren wir in Richtung Norden, nach Behlendorf, zu Günter Grass. Walser ist bester Laune, packt den Fahrer im Eifer des Gesprächs heftig am Arm, erzählt, er werde im Alter immer unduldsamer. Zwischenstopp in Mölln: Es müssen noch Rosen sein, Freiland natürlich, für Ute Grass. Walser ist begeistert von der Hilfsbereitschaft der Möllner Blumenverkäufer, so etwas, meint er, gebe es nur in Deutschland. Die Begrüßung in Behlendorf ist überaus herzlich, Grass umarmt Walser, Walser umarmt Grass. Der Hausherr führt durch sein Atelier neben der Villa, vorbei am Stehpult (mit aktuellem Manuskript) und der legendären Olivetti. Im Garten serviert Grass unter dem riesigen Nussbaum Cidre und portugiesischen Weißwein, als stumme Zeugen stehen seine Skulpturen im kniehohen Gras. Wir reden und trinken, mückenumtost, bis zum Einbruch der Dämmerung. Zuletzt stehen beide Arm in Arm auf der Terrasse und schauen ins Grün.

DIE BEIDEN DICHTER im Gespräch mit Iris Radisch und Christof Siemes

Vesselina Kasarova

ist gebürtige Bulgarin und hat ihre Gesangsausbildung in Sofia erhalten. Ihr rasanter Weg zum Ruhm führte über Wien und Zürich an die New Yorker Metropolitan Opera, nach München und zu den Salzburger Festspielen. Sie ist ein Koloraturmezzosopran, wie er der Musikwelt seit Marilyn Horne nicht mehr vergönnt war. Vesselina Kasarova hat viel Händel gesungen, dazu vor allem Rossini, Mozart, Gluck und Donizetti. Zu ihren Paraderollen gehört der Sesto in Mozarts Oper »La Clemenza di Tito«.

Abb. 202.1+2: Beispiele für die Makrostruktur des Informationskastens bei der Textsorte ‚Interview' in der ‚Zeit'[480]

Bei einem Infokasten reicht der Informationstext über eine Spalte, bei den beiden anderen über zwei. Die Spaltenbreite ist dabei etwas schmaler als beim Fließtext der TE, die Schriftgröße und die Schriftanordnung im Blocksatz entsprechen diesem. Eine Hervorhebung von Informationen durch Fettdruck wie beim Informationskasten innerhalb des ‚Tagesspiegels' tritt nicht auf. In der linken oberen Ecke des Kastens befinden sich zwei kleine, dicke Balken, die auch häufig vor Reihennamen von Serien anderer TS[481] auftreten. Zwei Informationskästen beginnen

480 Quellennachweis von oben nach unten: ‚Interview', „Manchmal hasse ich diesen Beruf!", 12. Juli 2007, Seite 43 und ‚Interview', „Wer ein Jahr jünger ist, hat keine Ahnung", 14. Juni 2007, Seite 57.

481 Vgl. z.B. Kap. III.B.1.3.4.5.

mit einer zweizeiligen Überschrift, wobei die Oberzeile vollständig in Großbuchstaben gesetzt ist und das grobe Thema des Informationskastens vorgibt, während die deutlich größere Hauptzeile in Groß- und Kleinbuchstaben gehalten ist und das Interesse der Leser wecken soll (Abb. 202.2). Die einzeilige Überschrift des dritten Informationskastens besteht aus dem Namen der Interviewten und gibt damit ebenfalls das Thema der Makrostruktur an. Syntaktisch besteht die Besonderheit, dass die Überschrift das erste Satzglied des ersten Satzes des folgenden, durch einen Leerraum und eine kleinere Schriftgröße abgehobenen Informationstextes darstellt (Abb. 202.1).

Funktional liefert die Makrostruktur Zusatzinformationen. Zwei der drei Informationskästen geben dabei biografische Informationen zur interviewten Person (Abb. 202.1). Der dritte beschreibt die Anreise, das Verhalten der Interviewten und die Interviewsituation. Er enthält als einziger ein kleines Bild mit Bildunterschrift, welches die Beteiligten beim Gespräch zeigt (Abb. 202.2).

Wie die Informationskästen innerhalb des ,Tagesspiegels' lassen sich auch diejenigen der ,Zeit' als Teiltexte[482] auffassen, da sie durch ihre Abgrenzung zum Fließtext, ihre Überschrift und die inhaltliche Abgeschlossenheit der von ihnen präsentierten Informationen eine potentielle Eigenständigkeit besitzen.

1.3.5.6.2 Weitere biografische Makrostrukturen und Makrostrukturteile

Ein TE weist einen Informationsabsatz unter dem Fließtext auf, der Informationen zum Interviewten enthält (Abb. 203.1). Daneben kommt nur ein anderer Informationsabsatz vor, der jedoch vor dem Fließtext positioniert ist und die Interviewumgebung beschreibt (Abb. 203.2).

DIE FRAGEN STELLTE **EVELYN FINGER**

Norbert Frei lehrt Neuere und Neueste Geschichte an der Universität Jena. Zuletzt erschien von ihm »1945 und wir« (C. H. Beck)

Eine Solisten-Garderobe im Zürcher Opernhaus. Waschbecken, ein kleiner Flügel, an der Wand eine breite Spiegelfront. Es riecht nach Mottenkiste. Vesselina Kasarova setzt sich in die Mitte des Raumes.

Abb. 203.1+2: Informationsabsätze bei der Textsorte ,Interview' in der ,Zeit'[483]

Bei drei TE (43 Prozent) werden biografische Zusatzinformationen in dem Makrostrukturteil der Bildunterschrift geliefert. Bei zwei dieser TE handelt es sich um die einzigen ,Interviews', die mehrere Interviewte befragen. Als feste Information neben dem Namen in Fettdruck wird im-

482 Zur Definition des Begriffs ,Teiltext' siehe SIMMLER (1996: 617ff.) und (2009: 14).

483 Quellennachweis von links nach rechts: ,Interview', „Neue Parteimitglieder', 5. Juli 2007, Seite 48 und ,Interview', „Manchmal hasse ich diesen Beruf!", 12. Juli 2007, Seite 43.

mer das Geburtsjahr bzw. das genaue Geburtsdatum genannt (A+B). Daneben kommen Angaben zum Geburtstort (A) und der beruflichen Laufbahn vor (B).

(A) **MARTIN WALSER,** geboren am 24 März 1927 in Wasserburg, hat seinen 80. Geburtstag schon hinter sich[484]

(B) **CINDY MORRIS SHERMAN**, 1954 in der Nähe von New York geboren, ist mit kunstvoll arrangierten Selbstporträts weltberühmt geworden. Seit den siebziger Jahren setzt sich die Fotokünstlerin in den verschiedensten Rollen und Maskeraden in Szene – sei es parodistisch als Vamp, als Reklamegirl oder wie hier als historische Figur. – In Berlin wurde am Wochenende im Martin-Gropius-Bau eine große Werkschau quer durch alle Schaffensperioden eröffnet (bis zum 17. September; Katalog 49,90 €)[485]

Die biografischen Informationen liefern dem Leser wichtige Daten zur Person des Interviewten. Auf diese Weise wird der Leser gerade bei unbekannteren Personen in die Lage versetzt, den Grund für das Interview nachzuvollziehen bzw. die Qualität der Antworten zu beurteilen.

1.3.6 Die Makrostrukturen der Textsorte ‚Abdruck‘

Die Besonderheit der TS ‚Abdruck‘ wurde bei der entsprechenden Untersuchung der TS im ‚Tagesspiegel‘ ausführlich dargelegt.[486] Der wesentliche Unterschied zu anderen TS besteht darin, dass der Fließtext einem anderen Medium entnommen ist. Durch das Hinzufügen von spezifischen Makrostrukturen wird aus dem ursprünglichen Textauszug ein TE einer neuen TS.

Bis auf ein TE[487] gehören alle in der ‚Zeit‘ erschienenen ‚Abdrucke‘ der TSV ‚Reihenabdruck‘ an. Diese besteht ausschließlich aus den TE der Serie „Gedicht“, die in jeder Zeitungsausgabe entsprechend des Reihennamens ein Gedicht – jedoch nicht zum ersten Mal – veröffentlicht. Ein TE lässt sich aufgrund abweichender Merkmale[488] nicht der TSV ‚Reihenabdruck‘ zuordnen, sodass trotz des singulären Vorkommens eine eigene, vorläufige TSV ‚Textteilabdruck‘ angesetzt wird. Dieses Vorgehen wird dadurch unterstützt, dass große Übereinstimmungen zu den drei TE der TS ‚Abdruck‘ innerhalb des ‚Tagesspiegels‘ bestehen, die in denselben Merkmalen klare Oppositionen zu den TE der ‚Reihenabdru-

484 ‚Interview‘, „Wer ein Jahr jünger ist, hat keine Ahnung“, 14. Juni 2007, Seite 59.
485 ‚Interview‘, „Ich posiere ja nur“, 21. Juni 2007, Seite 45.
486 Vgl. Kap. III.B.1.2.7.
487 ‚Textteilabdruck‘, „Tödliche Gebote“, 9. August 2007, Seite 33.
488 So hat das TE beispielsweise keinen Reihennamen und eine andere Überschriftengestaltung und Funktion der Überschriftenteile.

cke‘ zeigen. In der abschließenden Definition der TS ‚Abdruck‘ erfolgt die Definition der vorläufigen TSV ‚Textteilabdruck‘ daher auf der gemeinsamen Grundlage dieser vier TE.

1.3.6.1 Makrostruktur der Überschrift

MATTHIAS KEHLE

Rolltreppe Karstadt

JORGE LUIS BORGES (1899–1986)

Vorstadt

Abb. 204.1+2: Beispiele für Überschriften der Serie „GEDICHT“ der Textsortenvariante ‚Reihenabdruck‘ in der ‚Zeit‘[489]

Bis auf eine Ausnahme[490] weisen alle TE der TSV ‚Reihenabdruck‘ eine zweizeilige Überschrift auf. Die Hauptzeile ist in fettgedruckten, rötlichen Großbuchstaben gesetzt und linksbündig angeordnet. Auch die einzige einzeilige Überschrift ist auf diese Weise gestaltet. Die Unterzeile weist eine höhere Schriftgröße auf als die Hauptzeile und ist ebenfalls linksbündig gedruckt. Sie besteht aus schwarzen Groß- und Kleinbuchstaben und ist bis auf zwei Ausnahmen, die kursiv gedruckt sind (Abb. 204.1), in Normaldruck gesetzt (Abb. 204.2).

Die beiden Überschriftenteile sind durch einen größeren Freiraum sowohl voneinander als auch vom Fließtext getrennt.

Tödliche Gebote

Wir brauchen eine Aids-Theologie für Afrika. Ein klares Wort des Papstes könnte Millionen Leben retten VON STEFAN HIPPLER

Abb. 205: Die Überschrift des nicht seriellen Textexemplars der Textsortenvariante ‚Textteilabdruck‘ in der ‚Zeit‘[491]

489 Quellennachweis von links nach rechts: ‚Reihenabdruck‘, „MATTHIAS KEHLE“, 23. August 2007, Seite 52 und ‚Reihenabdruck‘, „JORGE LUIS BORGES (1899-1986)“, 19. Juli 2007, Seite 50.

490 ‚Reihenabdruck‘, „GALSAN TSCHINAG“, 12. Juli 2007, Seite 56.

491 ‚Textteilabdruck‘, „Tödliche Gebote“, 9. August 2007, Seite 33.

Die Überschrift des einzigen TE der TSV ‚Textteilabdruck' ist wie die Überschriften der TS ‚Bericht' und Porträt' sowie der Gruppen ‚Großkommentar' und ‚Reihenkommentar' gestaltet, indem sie aus einer sehr großen Hauptzeile und einer kleineren Unterzeile besteht, die jedoch eine etwas höhere Schriftgröße als der Fließtext aufweist und mit einem fettgedruckten Nominalsatz endet, der den Namen des Verfassers (hier des Primärtextes) angibt (Abb. 205).

1.3.6.2 Makrostruktur des Verfassernamens

Der Autor des Textauszugs wird bei allen TE mit Vor- und Nachnamen angegeben. Er steht vollständig in Großbuchstaben und ist in Fettdruck gesetzt. Der Name ist bei allen TE der TS ‚Abdruck' in der Überschrift platziert. Bei der TSV ‚Reihenabdruck' bildet er alleine oder gemeinsam mit den Lebensdaten des Autors die Hauptzeile,[492] bei dem TE der TSV ‚Textteilabdruck' beschließt er als Nominalsatz die Unterzeile (vgl. Abb. 205). Die drucktechnische Realisation entspricht dabei der Angabe des Verfassernamens, wie sie beispielsweise bei der TS ‚Bericht' auftritt. Bei 78 Prozent der TE der TS tritt der Autorenname zusätzlich in einem Informationsabsatz unterhalb des Fließtextes auf.

Wie bei den ‚Abdrucken' des ‚Tagesspiegels' bleibt der Mitarbeiter der Zeitung, der das Gedicht bzw. den Textauszug ausgewählt, mit neuen zeitungssprachlichen Merkmalen verbunden und so in eine neue TS transferiert hat, anonym.

1.3.6.3 Makrostruktur des Informationsabsatzes unter dem Fließtext

Alle TE der TS ‚Abdruck' weisen mindestens einen Informationsabsatz unter dem Fließtext auf, womit dieses Merkmal wie bei der TS im ‚Tagesspiegel' im Zentralbereich liegt. Dabei kommen verschiedene Funktionen und drucktechnische Gestaltungen der Makrostruktur vor. Bei allen TE der Serie „GEDICHT" und damit der TSV ‚Reihenabdruck' befindet sich unter dem Gedicht ein Informationsabsatz, der dem Quellennachweis dient. Funktional und drucktechnisch entspricht er weitgehend demjenigen, der bei den ‚Literaturkritiken' unterhalb des Fließtextes auftritt. Er nennt in Fettdruck den Ort der Veröffentlichung, wobei meistens der betreffende Dichter mit seinem Werk angegeben wird, in je einem Fall auch eine Zeitschrift bzw. eine Anthologie. Es folgen überwiegend Angaben zum Verlag und Verlagsort, zu dem Erscheinungsjahr, der Seitenzahl und dem Kaufpreis (Abb. 206).

---

492 Vgl. Abb. 204.1+2 und Anhang 90. Bei dem einzigen TE mit einzeiliger Überschrift stellt der Name alleine die Überschrift dar.

Manfred Enzensperger:
Zimmerflimmern
Horlemann Verlag, Bad Honnef 2007;
79 S., 12,90 €

Abb. 206: Beispiel für einen Informationsabsatz bei der Serie „GEDICHT" der Textsortenvariante ‚Reihenabdruck' in der ‚Zeit'[493]

Lediglich bei einem TE mit mehreren Informationsabsätzen weicht die drucktechnische Gestaltung des Quellennachweises von der eben beschriebenen ab. Der Informationsabsatz ist ohne größeren Abstand direkt unter das Gedicht gesetzt und weist eine sehr kleine Schriftgröße ohne Hervorhebungsmittel auf. Die Angaben zum Buch entsprechen denen der anderen Quellennachweise. Auf einen weiteren Informationsabsatz zum Autor folgen weitere, die unter dem Nominalsatz „Lieferbare Gedichtbände" drei weitere Werke des Dichters aufführen. Die Informationen werden hier in der drucktechnischen Gestaltung präsentiert, die derjenigen bei den anderen TE der Serie „GEDICHT" für den Quellennachweis entspricht:

© Bechtle Verlag (aus: »Lichtwechsel«; Esslingen 1955;
nur noch antiquarisch erhältlich)

Der Dichter Wolfgang Bächler war der
jüngste Mitbegründer der Gruppe 47. Am
24. Mai 2007 ist er in München gestorben.

Lieferbare Gedichtbände:
Nachtleben
S. Fischer Verlag; 1982; 88 S., 11,– €
Türen aus Rauch
Lyrikedition 2000; 80 S., 19,– €
Wo die Wellenschrift endet
Babel Verlag; 2000; 68 S., 17,– €

Abb. 207: Mehrere Informationsabsätze bei einem Textexemplar der Serie „GEDICHT" der Textsortenvariante ‚Reihenabdruck' in der ‚Zeit'[494]

Bei einem TE kommt unter dem Quellennachweis ein weiterer Informationsabsatz vor, der die Übersetzerin des Gedichts angibt (Abb. 208.1). Ein weiteres TE zeigt vor dem Quellennachweis einen Informationsabsatz, der zusätzliche Angaben zum Autor und dem Dichter liefert, dem er sein Gedicht gewidmet hat (Abb. 208.2). Diese beiden zusätzlichen Informationsabsätze sind in einer kleineren Schriftgröße als das Gedicht und die Informationsabsätze zum Quellennachweis gesetzt.

493 ‚Reihenabdruck', „MANFRED ENZENSPERGER", 2. August 2007, Seite 48.
494 ‚Reihenabdruck', „WOLFGANG BÄCHLER (1925-2007)", 6. Juni 2007, Seite 62.

Michael Hamburger:
Unterhaltung mit der Muse des Alters
Gedichte; a. d. Engl. von Richard Anders u.v.a.;
Hanser Verlag, München; 190 S., 16,90 €
»Ave Atque Vale« wurde von Friederike Mayröcker übersetzt

Paul Wühr wird am 10. Juli 80 Jahre alt, Harig am 18. Juli

manuskripte
Zeitschrift für Literatur, Nr. 176
Graz 2007; 171 S., 10,– €

Abb. 208.1+2: Weitere Gestaltungsvarianten bei den Informationsabsätzen der Serie „GEDICHT" der Textsortenvariante ‚Reihenabdruck' in der ‚Zeit'[495]

Stefan Hippler ist katholischer Priester in Kapstadt. Sein Text ist ein Vorabdruck aus dem Buch »Gott, Aids, Afrika«, das er zusammen mit dem ZEIT-Autor Bartholomäus Grill verfasst hat. Die Streitschrift erscheint am 27. August bei Kiepenheuer & Witsch, Köln

Abb. 209: Informationsabsatz des nicht seriellen Textexemplars der Textsortenvariante ‚Textteilabdruck' in der ‚Zeit'[496]

Bei dem TE der TSV ‚Textteilabdruck' enthält der Informationsabsatz Angaben zum Autor und informiert darüber, dass es sich bei dem Fließtext des Artikels um einen Vorabdruck aus einem Buch handelt. Im Informationstext der Makrostruktur werden die Autoren des Buches, dessen Titel, der Verlag und Verlagsort sowie das Erscheinungsdatum genannt, womit wie bei den TE der ‚Reihenabdrucke' alle wesentlichen Angaben für den Quellennachweis enthalten sind (Abb. 209).

1.3.6.4 Makrostruktur des Reihennamens

Bei allen TE der TSV ‚Reihenabdruck' tritt der Reihenname „GEDICHT" auf. Neben funktionalen und drucktechnischen Gemeinsamkeiten bezüglich der Überschrift, des Informationsabsatzes, der einspaltigen Anordnung und der TS des abgedruckten Textes (Gedicht) wird die Zusammengehörigkeit der einzelnen TE besonders über diesen Reihennamen betont. Er befindet sich über der Überschrift. Oben ist er von einer horizontalen Linie, die über die ganze Spaltenbreite reicht, und links ist er von zwei kleinen, dicken Balken begrenzt:

GEDICHT

Abb. 210: Der Reihenname der Serie „GEDICHT" der Textsortenvariante ‚Reihenabdruck' in der ‚Zeit'[497]

495 Quellennachweis von links nach rechts: ‚Reihenabdruck', „MICHAEL HAMBURGER (1924-2007)", 21. Juni 2007, Seite 58 und ‚Reihenabdruck', „LUDWIG HARIG", 5. Juli 2007, Seite 60.

496 ‚Textteilabdruck', „Tödliche Gebote", 9. August 2007, Seite 33.

497 ‚Reihenabdruck', „WOLFGANG BÄCHLER (1925-2007)", 6. Juni 2007, Seite 62. Vgl. auch Anhang 90.

Der Nominalsatz „GEDICHT“ verweist auf die TS, die innerhalb der Serie wöchentlich abgedruckt wird. Entsprechend interessierte Leser können die TE so gezielt suchen bzw. schneller finden. Die drucktechnische Gestaltung des Reihennamens tritt auch bei vielen anderen Serien innerhalb der ‚Zeit‘ auf, sodass sie einen generellen Hinweis auf ein Erscheinen in Serie liefert.[498]

Das TE der TSV ‚Textteilabdruck‘ weist keinen Reihennamen auf.

1.3.6.5 Weitere Makrostrukturen und textuelle Merkmale

Das TE der TSV ‚Textteilabdruck‘ weist als weitere Makrostruktur ein Bild mit Bildunterschrift auf (Abb. 211).

Abb. 211: Bild des nicht seriellen Textexemplars der Textsortenvariante ‚Textteilabdruck‘ in der ‚Zeit‘[499]

Das Foto zeigt eine aidskranke, afrikanische Frau und dient vorrangig der Auflockerung, da es allgemein zum behandelten Thema „Aids in Afrika“ passt, jedoch nicht explizit im Fließtext darauf Bezug genommen

498 Vgl. z.B. Kap. III.B.1.3.4.5.

499 ‚Textteilabdruck‘, „Tödliche Gebote“, 9. August 2007, Seite 33.

wird.[500] Die Bildunterschrift beginnt wie bereits bei anderen TS mit einem Satzglied, das in fettgedruckten Großbuchstaben gesetzt ist und die Funktion hat, den Bildinhalt zu erklären.

Bei demselben TE wird der Textauszug durch eine Initiale eingeleitet, die drucktechnisch über vier Zeitungszeilen reicht. Sie übernimmt gemeinsam mit der Überschrift Initiatorfunktion.

2. Die linguistische Ebene der Syntax

Die folgende syntaktische Analyse dient der Ermittlung von charakteristischen syntaktischen Merkmalen für den Zentralbereich der einzelnen TS. Da eine vollständige syntaktische Analyse des Fließtextes aller TE weder leistbar noch sehr gewinnbringend für die Textsortendifferenzierung ist, findet eine Konzentration auf einige wenige syntaktische Phänomene statt. Der Schwerpunkt liegt dabei auf der Analyse der Überschriften. Daneben wird die Satzanzahl aller TE erfasst, wobei zusätzlich angegeben wird, wie das Verhältnis von Gesamtsätzen und isoliert gebrauchten einfachen Sätzen ist sowie bei Letzteren das prozentuale Auftreten von Nominal- und Verbalsätzen. Da diese Ergebnisse zur Syntaxanalyse des Fließtextes Aussagen zur Textlänge der TE der TS beinhalten, werden die Diagramme zur Satzanzahl auf der linguistischen Ebene der Makrostrukturen bei der Behandlung der Makrostruktur des Absatzes den Diagrammen zur Zeilenanzahl der TE vergleichend zur Seite gestellt, während auf der Ebene der Syntax jeweils unter dem Punkt ‚Fließtext‘ auf die syntaktische Gestaltung des Fließtextes näher eingegangen wird.

Bei den TE der TS ‚Meldung‘ und ‚Kurzmeldung‘ erfolgt eine differenziertere Betrachtung dahingehend, wie viele Teilsätze die Gesamtsätze umfassen und aus wie vielen Satzgliedern diese und die isoliert gebrauchten einfachen Sätze bestehen. Beide TS weisen einen begrenzten Textumfang auf, sodass der zusätzliche, bewältigbare Aufwand dahingehend gerechtfertigt erscheint, dass eine genauere syntaktische Analyse weitere Gemeinsamkeiten bzw. Unterschiede der beiden ähnlichen TS aufzeigt.

Daneben werden Aussagen dazu gemacht, ob in einzelnen TS neben Aussagesätzen auch Frage- und Ausrufe- bzw. Aufforderungssätze sowie neben Verbalsätzen auch Nominalsätze auftreten bzw. üblich sind und zur Textsortendifferenzierung beitragen. Des Weiteren wird untersucht, inwiefern das Phänomen der Parzellierung in einzelnen TS vertreten ist und sie charakterisiert.

500 Vgl. dazu das gesamte TE (Anhang 89).

Eine über die mit den Makrostrukturen verbundenen syntaktischen Auswertungen hinausgehende Analyse der Syntax von Makrostrukturen wie dem Einschub, der Informationsleiste oder des Informationskastens sowie von dem Makrostrukturteil der Bildunterschrift erfolgt nicht. Hiervon sind keine zusätzlichen Erkenntnisse zu erwarten, die der Textsortendifferenzierung stärker als die entsprechende gesamte Makrostruktur dienen. Auf relevante syntaktische Aspekte sowie die Funktion der Bildunterschrift wird bei der Behandlung der Makrostruktur des Bildes detaillierter eingegangen.

2.1 Theoretische Grundlagen

2.1.1 Der Satz

Für den Terminus ‚Satz' gibt es in der Sprachwissenschaft keine allgemein anerkannte Definition. Die Festlegung des Begriffs variiert stark danach, welche theoretische Konzeption ihm zugrunde gelegt wird.[501]

In dieser Arbeit wird ein Satz im Deutschen nach FLÄMIG[502] als Einheit der Intonation, der Form, der Fügung und des Sinns verstanden, die eine kommunikative und pragmatische Funktion besitzt.[503] Unter ‚Intonation' wird dabei ein spezifischer Verlauf von Tonhöhen verstanden, der bei der Bestimmung der Satzarten eine wesentliche Rolle spielt[504] und zum Teil durch die Verwendung von Interpunktionszeichen in der geschriebenen deutschen Gegenwartssprache signalisiert wird. Die ‚Form' zielt auf die Gliederung des Satzes, wobei u.a. die Anzahl, die Position und der Aufbau der Satzglieder entscheidend sind. So bestehen bei Verbalsätzen Beziehungen zwischen der Verbstellung und der Satzart. Unter dem Aspekt der ‚Fügung' werden die Beziehungen zwischen den Satzgliedern eines Satzes zusammengefasst. Neben Verben können dabei auch andere Wortarten Valenz besitzen, wodurch sie andere Satzglieder fakultativ oder obligatorisch an sich binden können. Mit ‚Sinn' wiederum ist der Satzinhalt gemeint, während das Kriterium der ‚kom-

501 Vgl. BUßMANN (2008: 601), CLÉMENT (2005: 30), DUDEN (2009: 763), DÜRSCHEID (2010: 55), PAFEL (2011: 3).

502 Vgl. FLÄMIG (Bd. 2, 1970: 908).

503 Zur Erweiterung der Einheit „mit *kommunikativer und pragmatischer Funktion*" vgl. SIMMLER (1985: 462) sowie FLÄMIG (1991: 93).

504 So weisen der Aussagesatz, die Ergänzungsfrage, der Befehlssatz (Aufforderungssatz) und der Ausrufesatz eine terminale Melodieführung auf, d.h. das Ende wird tiefer gesprochen als der Anfang. Im Gegensatz dazu ist bei der Entscheidungsfrage, bei Aussagesätzen in interrogativer Melodieführung und bei Aufforderungen mit warnendem Unterton das Ende höher als der Anfang.

munikativen Funktion‘ besagt, dass jeder Satz einer bestimmten Satzart angehört. Die pragmatische Funktion beinhaltet, dass jeder Satz in Bezug zu außersprachlichen Faktoren gesehen werden muss. Er wird vom Sprecher/Schreiber mit einer speziellen Absicht geäußert und erzielt beim Hörer/Leser eine bestimmte Wirkung.[505]

Nach dieser Satzdefinition können zwei Satztypen im Deutschen unterschieden werden: der Verbalsatz und der Nominalsatz. Während bei Ersterem ein Verb[506] das strukturelle Zentrum des Satzes bildet, umfasst der Nominalsatz sprachliche Äußerungen, die ausschließlich aus einem bis mehreren nominalen Satzgliedern bestehen.[507] In der Forschung ist die Existenz von Nominalsätzen umstritten.[508] Teilweise wird ihnen gänzlich ein Satzstatus abgesprochen[509] oder sie werden auf Verbalsätze zurückgeführt und als Verbalellipsen angesehen.[510] Diese Auffassung ist jedoch nicht widerspruchsfrei, da die Äußerungen mit und ohne Verbum finitum nicht inhaltsidentisch sind und die Rekonstruktion des Verbalsatzes auf bloßen Annahmen beruht, deren Zuverlässigkeit sich nicht überprüfen lässt. Zudem stellen Ellipsen keine ad hoc-Phänomene dar, sondern sind nur unter drei bestimmten Bedingungen anzusetzen: Es muss eine Vor- bzw. Nacherwähntheit des ausgelassenen Satzgliedes vorliegen, die Äußerungen mit und ohne Ellipse müssen inhaltsidentisch sein und nebeneinander in einem synchronen sprachlichen Zustand vorkommen.[511] All diese Ellipsenmerkmale treffen auf den Nominalsatz nicht zu, wohingegen dieser sich mit den Kriterien der Satzdefinition uneingeschränkt beschreiben lässt.

In aktueller Literatur zur deutschen Syntax sucht man nach der Behandlung von Nominalsätzen bzw. Lösungen für den Umgang von sprachlichen Äußerungen ohne Verb häufig vergeblich. PAFEL (2011: 52) übernimmt für seine Darstellung die Ansicht, „dass man sich, will

505 Für eine ausführliche Behandlung der sechs Komponenten der Satzdefinition siehe ENDERS (2010: 51-60).

506 ENDERS (2010: 62) führt schlüssig an, dass Verbalsätze kein finites Verb beinhalten müssen, da ansonsten der Infinitivsatz, „der als VeS ein verbales Zentralregens, das durch eine infinite Verbform konstituiert wird, besitzt“, nicht widerspruchsfrei zu den Verbalsätzen gezählt bzw. von den Nominalsätzen abgegrenzt werden könne.

507 Zur Definition des Nominalsatzes siehe SIMMLER (1992a: 153) und ENDERS (2010: 60-62).

508 Für eine umfassende Darlegung und Diskussion dieses Problemfelds vgl. ENDERS (2010: II Theoretischer Teil, S. 19-150).

509 Vgl. CLÉMENT (2005: 31).

510 Vgl. HEIDOLPH (1981: 191-193) und STEINITZ (1981: 143).

511 Kriterien nach SIMMLER (1985: 450). Zur Ablehnung des Nominalsatzes als Ellipse vgl. auch ENDERS (2010: 25f.).

man die Syntax des deutschen Satzes verstehen, an der Stellung der finiten und infiniten Verben orientieren sollte". Für sein „Basismodell des deutschen Satzes" (ebd.: 57) gibt er drei grundlegende Schemata samt Restriktionen an, die alle mindestens ein Verb enthalten. An späterer Stelle erweitert er das Modell um zwei weitere Schemata, die jedoch ebenfalls ein Verb aufweisen. Den selbst angeführten Mangel, dass es dennoch Sätze gibt, die sich nicht mit dem Basismodell beschreiben lassen,[512] nimmt er aufgrund der hohen „Leistungskraft des Modells" hin (ebd.). Problematische Äußerungen ohne Verbum finitum behandelt er nicht bzw. erwähnt nicht einmal deren Existenz. DÜRSCHEID (2010) gibt eine Satzdefinition (aufbauend auf derjenigen der Dudengrammatik von 1998[513]), die nicht zwingend das Auftreten eines Verbs fordert (ebd.: 56). Des Weiteren klassifiziert sie innerhalb ihrer allgemeinen Ausführungen zur Definition von Sätzen – jedoch mehr nebenbei und ohne näher darauf einzugehen – die Äußerung „Feuer!" als einphrasigen Satz. Bei der folgenden ausführlichen Behandlung der Aufbauprinzipien von Sätzen bespricht sie allerdings nur Beispieläußerungen mit Verb und auch im Schlagwortregister ist der Terminus ‚Nominalsatz' oder eine sinngemäße Entsprechung[514] nicht vorhanden.

Sehr problematisch ist CLÉMENTs Umgang mit Äußerungen wie „Feuer!", „Hilfe!" oder „Achtung!". Da er Sätze als eine Kombination miteinander verbundener Einheiten auffasst, „können sog. Einwortsätze nicht Gegenstand syntaktischer Arbeit sein. Einen ‚Einwortsatz' können wir daher nicht als Satz bezeichnen" (2005: 31). Nach dieser Auffassung können auch eingliedrige Verbalsätze wie „Komm!", „Arbeitet!" und „Kommen!" und „Arbeiten!" keine Sätze sein.[515] Anstatt eine offensichtlich nicht praktikable Lösung aufzugeben, gibt er an, derartige nominale Ausdrücke aus einem Wort „wie ihnen situativ und kontextuell äquivalente Ausdrücke (syntaktische Sätze)" zu interpretieren (ebd.). Eine syntaktische Struktur spricht er ihnen jedoch ab und fasst sie als einzelne Wörter auf (ebd.: 31f.). Lediglich dann erkennt er ihnen einen Satzstatus zu, wenn sie durch die Annahme einer Ellipse auf Sätze mit mehreren

512 Er scheint damit jedoch auch Verbalsätze zu meinen.

513 DUDEN (1998: 609).

514 BEHR (2013) verwendet beispielsweise synonym zu dem Terminus ‚Nominalsatz' die Bezeichnungen ‚Nominalkonstruktion', ‚satzwertige nominale Konstruktion' oder ‚verblose Sätze'.

515 Nach CLÉMENTs Auffassung bestünde somit auch die Hauptzeile „Klingt gut. Kaufen." (‚Erlebnisbericht', 20. Juni 2007, Seite 22, vgl. auch Kap. III.B.2.3.1.1.) nicht aus zwei isoliert gebrauchten einfachen Verbalsätzen, da für ihn „Kaufen." keinen Satzstatus besitzt.

Wörtern zurückgeführt werden können (ebd.: 32). Mit dieser Auffassung ignoriert CLÉMENT jedoch genau die in der Satzdefinition von FLÄMIG auftretenden Kriterien für einen Satz, nämlich z.B. dass „Feuer!" eine spezifische Intonation aufweist und nicht mehr die Wortbedeutung „Form der Verbrennung mit Flammenbildung, bei der Licht und Wärme entstehen"[516] besitzt. Vielmehr wird in Form eines Ausrufesatzes (kommunikative Funktion) ausgedrückt, dass es brennt, und zwar mit dem Ziel, andere Menschen auf das Feuer hinzuweisen bzw. Maßnahmen für dessen Bekämpfung einzuleiten (pragmatische Funktion). CLÉMENT übergeht zudem völlig, dass die „einwortigen Ausdrücke" (ebd.: 31) auch nicht als isolierte Wörter auftreten, sondern mit einem satzbegrenzenden Interpunktionszeichen.

Die Forderungen, dass alle Sätze aus mehreren Einheiten bestehen und ein Verb aufweisen müssen, werden der sprachlichen Realität nicht gerecht und sind daher aufzugeben.

2.1.2 Die Parzellierung

Eine Parzellierung ist nach SIMMLER (2001: 24)

> die Abgrenzung syntaktisch in isoliert gebrauchte einfache Sätze oder Gesamtsätze integrierter Elemente (Teilsätze, Satzglieder, Satzgliedteile) mit Hilfe von Interpungierungen (Punkt, Fragezeichen, Ausrufezeichen), die im selben synchronen sprachlichen Zustand zur Begrenzung von isoliert gebrauchten einfachen Sätzen und Gesamtsätzen verwendet werden, um ihnen inhaltsseitig ein stärkeres Gewicht zu verleihen und sie so hervorzuheben.

So bleibt die Modaladverbiale „*Zumindest temporär*" in „*Der große Erfolg von ‚White Cube', so damals der Ausstellungstitel, animierte die beiden, auch nach dem endgültigen Abriss der Palastruine dort einen Kunstort zu installieren. <u>Zumindest temporär</u>.*"[517] „trotz der Verwendung des Punktes […] ein syntaktisch und inhaltsseitig integriertes Element"[518] des Gesamtsatzes. Dies lässt sich durch verschiedene Proben ermitteln. Im obigen Beispiel ist das parzellierte Satzglied ohne Veränderungen durch Umstellung in den Satz integrierbar: „*Der große Erfolg von ‚White Cube', so damals der Ausstellungstitel, animierte die beiden, auch nach dem endgültigen Abriss der Palastruine dort zumindest temporär einen Kunstort zu installieren.*" Bei anderen Beispielen zeigt das Weg-

516 http://www.duden.de/rechtschreibung/Feuer (Aufruf 06.03.2015).

517 ‚Sachbericht', „Schweben, schwinden, schwelgen", 20. Juli 2007, Seite 25 (Zeitung: ‚Der Tagesspiegel'). Die Parzellierung ist unterstrichen.

518 SIMMLER (2007: 23).

lassen der Interpunktion an, dass die ausgegrenzten Elemente Teil des vorherigen Satzes sind. So verdeutlicht sich der Status von „*Und ihr.*“ in dem Beispiel „*Man wünscht es sich. Und ihr.*“[519] durch Wegfall des Punktes als Satzgliedteil des Dativobjektes: „*Man wünscht es sich und ihr.*“ Auch die Ersetzung von Interpunktionsmitteln kann zur Klärung beitragen. Der parzellierte Teilsatz in der Funktion eines Nebensatzes lässt sich in dem Beispiel „*Das tat der Geschichte gut und war möglicherweise mit Bedacht so konzipiert. Weil auf Dauer diese Gesprächsprotokolle doch anöden.*“[520] durch den Austausch des Punktes durch ein Komma ohne Unstimmigkeiten wieder in den Gesamtsatz integrieren: „*Das tat der Geschichte gut und war möglicherweise mit Bedacht so konzipiert, weil auf Dauer diese Gesprächsprotokolle doch anöden.*“

Bei wenigen Sätzen sind prinzipiell verschiedene Bestimmungen der parzellierten Elemente möglich. So lässt sich in dem Beispiel „*Da lacht einem Fachmann für Investor Relations wie Haubrok das Herz. Und einem Sammler mit Sinn für den öffentlichen Auftritt ebenso.*“[521] die Parzellierung zum einen als ein parzellierter Teilsatz in der Funktion eines Hauptsatzes auffassen, der über die Verbal-Ellipse[522] „*lacht*“ und die Subjekt-Ellipse „*das Herz*“ aufgrund von Vorerwähntheit mit dem vorangegangenen Teilsatz verbunden ist. Zum anderen kann sie als Satzgliedteil bestimmt werden, das zusammen mit „*einem Fachmann für Investor Relations wie Haubrok*“ das Dativobjekt des Satzes bildet. Da sich die parzellierten Elemente durch Weglassen des Punktes und Umstellen des Subjekts an den Schluss ohne Veränderungen sinnvoll integrieren lassen („*Da lacht einem Fachmann für Investor Relations wie Haubrok und einem Sammler mit Sinn für den öffentlichen Auftritt ebenso das Herz.*“), ist die Bestimmung des parzellierten Elements als Satzgliedteil vorzuziehen.

Ein wesentlicher Unterschied zwischen Parzellierungen und Nominalsätzen, die formal übereinstimmen können, besteht darin, dass Nominalsätze syntaktisch und inhaltsseitig selbständig sind. In dem Beispiel „*Bei den Insassen der Anstalt folgte auf ein kurzes geniales Flackern oft*

519 ‚Freier Kommentar‘, Serie „C“, „In der Wagner-Wiege“, 11. Juli 2007, Seite 21 (Zeitung: ‚Der Tagesspiegel‘).

520 ‚Großkritik‘ (Subgruppe ‚Literaturkritik‘), „Rache des Rangierers“, 9. August 2007, Seite 28 (Zeitung: ‚Der Tagesspiegel‘).

521 ‚Personenporträt‘, „Ein kapitaler Hirsch“, 14. Juli 2007, Seite 24 (Zeitung: ‚Der Tagesspiegel‘).

522 Es wird der allgemeine Terminus ‚Verbal-Ellipse‘ verwendet, da mit diesem sowohl ausgelassene finite als auch infinite Prädikatsteile sowie ganze Prädikate bezeichnet werden können.

der Zusammenbruch. Schnitt. Und aus.“[523] handelt es sich bei „*Schnitt. Und aus.*“ um zwei isoliert gebrauchte einfache Nominalsätze. Das Ansetzen einer Parzellierungen lässt sich nicht wie in dem obigen Beispiel „*Man wünscht es sich. Und ihr.*“ rechtfertigen, da *Schnitt* und *aus* zwei verschiedenen Wortarten angehören, keine gemeinsame inhaltsseitige Funktion übernehmen, sondern vielmehr eine Aktion und die Folge bezeichnen, und daher nicht als ein Satzglied aufgefasst werden können. Die Konjunktion *und* verbindet hier keine Satzgliedteile, sondern hat die textuelle Funktion, den unmittelbaren Anschluss und damit den engen Zusammenhang zwischen den beiden Sätzen zu markieren.

2.2 *Textsortenübergreifende Beobachtungen*

Der Analyse der einzelnen TS wird eine Besprechung der Aspekte vorangestellt, die für alle TS gelten. Auch wenn diese nicht für die Unterscheidung der einzelnen TS in dieser Arbeit nutzbar gemacht werden können, besteht ihre Relevanz darin, dass sie dazu beitragen, die zeitungssprachlichen TS von TS anderer Kommunikationsbereiche abzugrenzen.

2.2.1 *Die Oberzeile*

Eine Oberzeile tritt nur in der Tageszeitung ‚Der Tagesspiegel‘ auf. Sie wird an dieser Stelle besprochen, da sie nie ausschließlich Teil des Überschriftengefüges eines einzigen TE ist. Während des Untersuchungszeitraums treten 15 Oberzeilen auf, die immer für jeweils zwei Artikel stehen, die überwiegend unterschiedlichen TS angehören. Sie besitzen daher für die zeitungssprachlichen TS eine textsortenübergreifende Funktion.

Zunächst fungiert die Oberzeile für die beiden unter ihr erscheinenden TE als spezifischer Initiator. Sie verbindet dabei die beiden Artikel auf zweierlei Weise zu einer Einheit: drucktechnisch und inhaltlich.

Elf Mal ist die Oberzeile über zwei nebeneinander gedruckten TE platziert, die sie dadurch bereits optisch verbindet. Die vier übrigen Oberzeilen gelten für jeweils zwei Artikel, die untereinander angeordnet sind. Dies wird dadurch deutlich, dass die normalerweise vorhandene horizontale Linie fehlt, welche die Einzelartikel auf einer Zeitungsseite voneinander trennt. Innerhalb der Zeitungsseite treten sie somit als eine Einheit unter einer gemeinsamen Oberzeile auf.

Die inhaltliche Verbindung erfolgt, indem die Oberzeile ein Hauptthema nennt, welches beide TE auf unterschiedliche Weise behandeln

---

523 ‚Personenporträt‘, „Panther sind auch nur Menschen“, 10. Juni 2007, Seite 27 (Zeitung: ‚Der Tagesspiegel‘).

bzw. wozu sie einen Bezug haben. Die Oberzeile weist dabei einen charakteristischen Druck auf, der bei allen Exemplaren auftritt. Sie ist drucktechnisch zweigeteilt in einen ersten fettgedruckten, in roten Großbuchstaben gesetzten Teil und in einen ebenfalls fettgedruckten, jedoch in kursiven schwarzen Groß- und Kleinbuchstaben gehaltenen zweiten Teil. Bis auf eine Ausnahme sind die beiden Einzelteile syntaktisch voneinander unabhängig:

(1) OZ: **BIENNALE, DOCUMENTA, SKULPTUR PROJEKTE** *Es beginnt ein spektakulärer Kunstsommer – von Venedig bis Münster*[524]

(2) OZ: **DIE REISE NACH OSWIECIM** *Robert Thalheim und sein Film über Auschwitz*[525]

(3) OZ: **WESTDEUTSCHLAND VON SCHRÄG UNTEN** *Erinnerungen an Jörg* Fauser[526]

Der erste Teil zieht durch die farbige Hervorhebung die Aufmerksamkeit des Lesers auf sich. Inhaltlich nennt er dabei in gleichen Anteilen entweder direkt das übergeordnete Thema (1), vermittelt eine ungefähre Vorstellung von der Themenrichtung (2) oder beinhaltet eine zunächst unverständliche Aussagen (3). Präsentiert werden die Informationen vorherrschend durch einen eingliedrigen Nominalsatz (1-3), der sich auf wesentliche lexikalische Informationen in Nuklei und Attributen beschränkt.

Der zweite Teil erläutert den ersten Teil der Oberzeile näher. Dabei präzisiert (1+2) bzw. nennt er zum ersten Mal das Hauptthema (3) für die TE und gibt teilweise schon die inhaltliche Ausrichtung der Einzelartikel an (4):

(4) OZ: **SPANIEN-DOPPEL** *Ein skurriles Dorf-Porträt aus den Pyrenäen und ein sensibles Großstadtmelodram*[527]

Auch bei dem zweiten Teil der Oberzeile dominieren die Nominalsätze, die ebenfalls überwiegend eingliedrig sind (2-4) und die wesentlichen Informationen knapp präsentieren.

2.2.2 *Fehlende Interpunktionszeichen der Überschriften*

Bei den Überschriften aller TS fällt auf, dass überwiegend auf satzbegrenzende Interpunktionszeichen am Satzende verzichtet wird.[528] Anzu-

524 4. Juni 2007, Seite 25. Da sich die Oberzeile auf zwei TE bezieht, entfällt die Angabe einer TS und einer Überschrift bei den Quellenverweisen. Aufgrund der roten Hervorhebung lässt sich die Oberzeile dennoch einfach auf der entsprechenden Zeitungsseite lokalisieren.

525 16. August 2007, Seite 23.

526 16. Juli 2007, Seite 23.

527 21. Juni 2007, Seite 27.

528 Vgl. HÖLSCHER (2011: 86f.).

treffen sind diese lediglich bei bestimmten syntaktischen Strukturen, die im Folgenden beschrieben werden (vgl. Bsp. 5-14). Dazu zählt die Begrenzung von Ausrufe- und Fragesätzen, die durchgängig erfolgt.

Innerhalb des Kulturteils des ‚Tagesspiegels' tritt viermal ein Fragesatz bei einer einzeiligen Überschrift auf, zwölfmal bei einer Hauptzeile und 23-mal bei einer Unterzeile in einem zweizeiligen Überschriftengefüge. Bei den ausgewerteten TE der ‚Zeit' bilden Fragesätze zweimal alleine eine einzeilige Überschrift, elfmal kommen sie bei einer Hauptzeile und vierzehnmal bei einer Unterzeile vor. Bildet der Fragesatz gemeinsam mit einem oder weiteren Sätzen die Überschrift bzw. einen Teil eines Überschriftengefüges, sind die übrigen Sätze entweder durch einen Doppelpunkt oder Punkt vom Fragesatz (5, 8 und 10) bzw. voneinander getrennt (6, 8 und 10) oder stehen ohne Interpunktionszeichen am Ende (6+7). Eine Hauptzeile wird von einem Frage- und einem Ausrufesatz gebildet (9), in einer Unterzeile kommen mehrere Fragesätze vor (10):

(5) UZ: Expedition in die Berliner Kulturwüste: Was wird aus Schiller- und Schlossparktheater?[529]

(6) UZ: Tragödie, Komödie? Wie das Theater mit sich selber kämpft: Ein Blick nach vorn auf die vergangene Spielzeit[530]

(7) UZ: Keine Experimente? Das Konzertprogramm der Salzburger Festspiele wagt behutsame Neuerungen[531]

(8) UZ: Längst ist die Kunstwelt globalisiert. Doch in den Länderpavillons der Biennale ringen die Nationen noch immer um den Preis für das beste Kunstwerk. Geht das noch? **VON TOBIAS TIMM**[532]

(9) HZ: Alles eine Sache des Geschmacks? Von wegen![533]

(10) UZ: Günter Grass und Martin Walser feiern in diesem Jahr ihren 80. Geburtstag. Zeit für die große Inventur: Was trennt, was verbindet die beiden berühmtesten deutschen Schriftsteller? Wie schwer wird das Schreiben im Alter? Und was ist mit der Liebe?[534]

Ausrufesätze treten bei den untersuchten TE des ‚Tagesspiegels' 20-mal bei Hauptzeilen und einmal bei einer einzeiligen Überschrift auf. Innerhalb des Kulturteils der ‚Zeit' lassen sie sich 13-mal bei Hauptzeilen und

529 ‚Sachbericht', „Weißer Westen", 19. Juli 2007, Seite 28 (Zeitung: ‚Der Tagesspiegel').

530 ‚Großkritik' (Subgruppe ‚Kulturkritik'), „Ein bisschen Krieg im falschen Frieden", 24. Juni 2007, Seite 25 (Zeitung: ‚Der Tagesspiegel').

531 ‚Großkritik' (Subgruppe ‚Kulturkritik'), „Dichterliebe, unerhört", 4. August 2007, Seite 22 (Zeitung: ‚Der Tagesspiegel').

532 ‚Großkritik' (Subgruppe ‚Kulturkritik'), „Lauter unentschiedene Kämpfe", 14. Juni 2007, Seite 51 (Zeitung: ‚Die Zeit').

533 ‚Großkommentar', „Alles eine Sache des Geschmacks? Von wegen!", 26. Juli 2007, Seite 43 (Zeitung: ‚Die Zeit').

534 ‚Interview', „Wer ein Jahr jünger ist, hat keine Ahnung", 14. Juni 2007, Seiten 57-59.

je einmal bei einer Unterzeile und einer einzeiligen Überschrift nachweisen. Ausrufesätze bilden die Überschrift bzw. Überschriftenteile fast immer alleine (11), nur selten konstituieren sie diese gemeinsam mit weiteren Ausrufesätzen (12) oder einem Aussagesatz (13):

(11) HZ: Es lebe die Illusion![535]

(12) HZ: Und eins! Und zwei![536]

(13) UZ: Die Frauenbewegung kommt als Buch. Vier neue Titel! Sie geben sich erstaunlich moderat **VON SUSANNE MAYER**[537]

Aussagesätze werden häufig dann durch einen Punkt begrenzt, wenn sie mit einem weiteren Satz zusammen die einzeilige Überschrift bzw. einen Überschriftenteil einer zweizeiligen Überschrift bilden und nicht am Ende stehen (8, 10 und 14). Bis auf drei Ausnahmen innerhalb des Kulturteils des ‚Tagesspiegels' fehlen die Interpunktionszeichen des Satzes, mit dem die einzeilige Überschrift bzw. der Überschriftenteil endet:

(14) UZ: Deutscher Hiphop entwickelt sich zur Hasskultur. Freundeskreis demonstrieren, wie es anders geht[538]

Bei den Unterzeilen innerhalb der ‚Zeit', die als letzten Satz den Verfassernamen angeben (13), und den Oberzeilen innerhalb des ‚Tagesspiegels' (15) werden Aussagesätze nicht durch einen Punkt getrennt, sondern durch verschiedene Drucktypen. Auch hier weist der letzte Satz kein Interpunktionszeichen auf:

(15) OZ: **DIE SKYTHEN IN BERLIN** *Goldfunde im Martin-Gropius-Bau – und ein Gespräch mit ihrem Entdecker*[539]

Bei einem großen Teil der Überschriften lässt sich das Fehlen der satzbegrenzenden Interpunktionszeichen zwischen zwei Sätzen dadurch erklären, dass zwischen diese ein Doppelpunkt gesetzt wird. Es stellt sich dabei jedoch die Frage, ob die Äußerungen vor und nach dem Doppelpunkt jeweils isoliert gebrauchte einfache Sätze oder Gesamtsätze darstellen oder als Teilsätze mit folgenden Teilsätzen einen Gesamtsatz bilden. Als ein wesentlicher Hinweis sollte dabei die Groß- bzw. Kleinschreibung des ersten Wortes nach dem Doppelpunkt aufgefasst werden,

535 ‚Großkritik' (Subgruppe ‚Kulturkritik'), „Es lebe die Illusion!", 31. August 2007, Seite 28 (Zeitung: ‚Der Tagesspiegel').

536 ‚Erlebnisbericht', „Und eins! Und zwei!", 15. Juli 2007, Seite 27 (Zeitung: ‚Der Tagesspiegel').

537 ‚Großkritik' (Subgruppe ‚Literaturkritik'), „Mädels, darf es etwas mehr sein?", 6. Juni 2007, Seite 62 (Zeitung: ‚Die Zeit').

538 ‚Themenbericht', „Negativ wird positiv", 7. Juli 2007, Seite 22 (Zeitung: ‚Der Tagesspiegel').

539 5. Juli 2007, Seite 25.

sofern es sich hierbei nicht um ein generell großgeschriebenes Wort handelt.[540] Wie jedoch die Gestaltung nahezu identischer Überschriften zeigt (16+17), wird die Groß- und Kleinschreibung von den verschiedenen Verfassern im Kulturteil keineswegs einheitlich gehandhabt:

(16) UZ: Denker der Demokratie: zum Tod des amerikanischen Philosophen Richard Rorty[541]

(17) UZ: Elegischer Duft: Zum Tod der französischen Sopranistin Regine Crespin[542]

So kommt die Präposition ‚zum' bei der TSV ‚Todesporträt' im ‚Tagesspiegel' dreimal nach dem Doppelpunkt in Kleinschreibung und sechsmal in Großschreibung vor. Für die Auffassung, dass es sich bei den Äußerungen vor und nach dem Doppelpunkt um jeweils selbstständige Sätze handelt, spricht jedoch nicht nur das häufigere Auftreten der großgeschriebenen Variante. Auch bei den Überschriften anderer TS erfolgt nach dem Doppelpunkt mal eine Groß- und mal eine Kleinschreibung, sodass diesem Merkmal für die Bestimmung des Satzstatus in der vorliegenden Materialgrundlage keine große Bedeutung zugesprochen werden kann, zumal der Umgang mit Äußerungen, die nach einem Doppelpunkt mit einem Substantiv beginnen, auf diese Weise unklar bliebe. Wesentlich entscheidender als die Großschreibung erscheint daher die Tatsache, dass es sich in den Beispielen (16+17) bei den Unterzeilenteilen nach dem Doppelpunkt sowohl formal als auch inhaltlich um isoliert gebrauchte einfache Sätze handelt, die nicht von den Sätzen vor dem Doppelpunkt abhängig sind bzw. in einer syntaktisch bestimmbaren Beziehung zu diesen stehen. Dafür spricht auch, dass innerhalb der TSV zwei weitere Unterzeilen mit der Wendung „zum Tod …" vorkommen:

(18) UZ: Ein Menschenfischer und Künstlerkönig, so hat er die Bühne geprägt. Zum Tod des großen Theatermannes Kurt Hübner[543]

(19) UZ: Zum Tod der Erzählerin Grace Paley[544]

Beispiel (18) zeigt einen ähnlichen Aufbau wie (16) und (17), nur ist der Doppelpunkt hier durch einen Punkt ersetzt, sodass der Status als isoliert

540 Die Grammatik des DUDENs (2009: 87) gibt vor, dass „[d]ie erste Wortform eines Ganzsatzes" nach einem Doppelpunkt großgeschrieben wird und nennt als Beispiel „Die Konsequenz: Der Dollar fiel erneut".

541 ‚Todesporträt', „Mitleid kann man lernen", 11. Juni 2007, Seite 23 (Zeitung: ‚Der Tagesspiegel').

542 ‚Todesporträt', „La vie et l'amour", 7. Juli 2007, Seite 23 (Zeitung: ‚Der Tagesspiegel').

543 ‚Todesporträt', „Der Herausforderer", 24. August 2007, Seite 25 (Zeitung: ‚Der Tagesspiegel').

544 ‚Todesporträt', „Ellipsenkönigin", 29. August 2007, Seite 25 (Zeitung: ‚Der Tagesspiegel').

gebrauchter einfacher Satz unstrittig ist.[545] Für Beispiel (19) kann ebenfalls nur ein Satzstatus angesetzt werden, da die Äußerung hier allein die Unterzeile konstituiert.[546]

Im Folgenden werden Äußerungen nach dem Doppelpunkt auch im Falle einer Kleinschreibung als Sätze behandelt, es sei denn, sie lassen sich syntaktisch eindeutig als Teilsätze bestimmen. Dabei besteht jedoch die Besonderheit, dass zwischen den durch einen Doppelpunkt getrennten Sätzen ein stärkerer inhaltlicher Bezug existiert als bei solchen Sätzen, zwischen denen ein Punkt gesetzt ist.

Die auf den Doppelpunkt folgenden Sätze werden fast nie durch ein Interpunktionszeichen begrenzt, wenn diese einen Aussagesatz darstellen. Wird die Überschrift bzw. der Überschriftenteil nur von einem Satz gebildet, bei dem es sich um einen Aussagesatz handelt, fehlen die Interpunktionszeichen ausnahmslos. Das Weglassen von Satzbegrenzungszeichen ist ein typisches Merkmal von Überschriften, das auch bei anderen TS (z.B. Gedichten) auftritt.

Dass es sich bei den Überschriften um Sätze handelt, die normalerweise durch ein Interpunktionszeichen begrenzt werden müssten, ist dabei unstrittig.[547] So stellt der unbegrenzte zweite Satz in Beispiel (14) einen verbalen Gesamtsatz aus zwei Teilsätzen dar, der sich formal eindeutig bestimmen lässt (HS + TS in Form eines Objektsatzes). In Beispiel (4) besteht die Oberzeile aus zwei Nominalsätzen. Die Großschreibung zu Beginn des zweiten, kursiv gesetzten Satzes unterstützt neben den formalen Gegebenheiten in diesem Zusammenhang, dass es sich bei den beiden drucktechnisch unterschiedlich gestalteten Teilen der Oberzeile jeweils um einen isoliert gebrauchten Satz handelt. Sie betont das Ende des vorangegangenen Satzes und markiert gleichzeitig den Anfang des neuen.

Nach der Grammatik des Duden[548] gelten Sätze unter drei Bedingungen als relativ selbstständig und abgeschlossen: Sie besitzen einen bestimmten grammatischen Bau, eine relative inhaltliche Abgeschlossenheit sowie bei geschriebener Sprache ein Satzschlusszeichen. Da die ersten beiden Kriterien erfüllt sind und dem letzten Gesichtspunkt von der Grammatik nur eine geringe Bedeutung zugesprochen wird, erscheint

545 Auch das Phänomen der Parzellierung ist hier auszuschließen, welches die letzte Möglichkeit darstellen würde, die Äußerung nach dem Punkt nicht als eigenständigen Satz aufzufassen.

546 Unterzeilen mit einem Aufbau wie in Beispiel (16) treten in der TSV ‚Todesporträt‘ am häufigsten auf (achtmal).

547 Vgl. HÖLSCHER (2011: 86f.).

548 Vgl. DUDEN (1998: 609).

auch aus Sicht der Grammatik des DUDEN die Behandlung derjenigen Überschriften bzw. Überschriftenteile unproblematisch, bei denen formal ein Satzschlusszeichen stehen müsste. Im DUDEN Rechtschreibung wird zudem in dem Kapitel „Kennzeichnung des Schlusses von Ganzsätzen" explizit aufgeführt, dass nach freistehenden Zeilen wie Überschriften kein Punkt gesetzt wird.[549]

2.3 Die Syntax bei den Textsorten der Tageszeitung ‚Der Tagesspiegel'

Die folgende Analyse der Überschriften wird nach TS getrennt nacheinander durchgeführt. Weist eine TS eine mehrzeilige Überschrift auf, werden die Haupt- und Unterzeile nacheinander analysiert.[550]

In einem ersten Schritt wird jeweils ausgewertet, in welchem Verhältnis die Überschriften bzw. Überschriftenteile aller TE einer TS aus Gesamtsätzen oder isoliert gebrauchten einfachen Sätzen bestehen.[551] Anschließend wird das Vorkommen der Satztypen (Verbal- oder Nominalsätze) quantitativ ausgewertet und gegebenenfalls ihre Wertigkeit bzw. Gliedrigkeit bestimmt. Je mehr TE für eine TS vorliegen und je mehr Gemeinsamkeiten diese zeigen, umso aussagekräftiger ist die Auswertung. Es ist hingegen nicht sinnvoll, bei sehr vielen verschiedenen syntaktischen Realisationen oder gar dem völligen Fehlen von Übereinstimmungen alle auftretenden Varianten näher aufzuführen, ohne dadurch relevante Merkmale für die Textsortenbestimmung zu erhalten. Ziel der Syntaxanalyse ist es vielmehr, Regelmäßigkeiten innerhalb der Überschriftengestaltung einer TS aufzuzeigen, um so deren Zentralbereich festlegen zu können. Mit der syntaktischen Analyse geht immer eine Funktionsbestimmung der Überschriften bzw. Überschriftenteile einher.

An die syntaktische Analyse der Überschriften schließen Auswertungen zu der Syntax des Fließtextes, den auftretenden Satzarten, dem Vorkommen von Nominalsätzen sowie dem Phänomen der Parzellierung innerhalb der Fließtexte der TS an.

---

549 DUDEN (2006: 1196f.).

550 Die Besprechung der Oberzeile erfolgt für alle TS gemeinsam, da diese immer für zwei Artikel steht und somit keine spezifische oder gar differenzierende Funktion für eine bestimmte TS besitzt (vgl. Kap. III.B.2.2.1.).

551 Aus Tab. 51 ist die Textexemplaranzahl für alle TS, TSV, Gruppen und Subgruppen als Grundlage für die folgenden prozentualen Berechnungen zu entnehmen.

2.3.1 Die Syntax der Textsorte ‚Bericht'

2.3.1.1 Die Überschrift

Die TS ‚Bericht' besitzt im Zentralbereich eine zweizeilige Überschrift.

Tab. 17: Syntaktische Realisation der Hauptzeile bei den Textexemplaren der drei Textsortenvarianten der Textsorte ‚Bericht' im ‚Tagesspiegel'

Textsortenvariante	**ein i.g.e. Satz**		**ein Gesamtsatz**	**2 i.g.e. Sätze**
	NoS	**VeS**		
‚Sachbericht'	80 %	16 %	4 %	–
‚Themenbericht'	58 %	33 %	6 %	3 %
‚Erlebnisbericht'	50 %	25 %	–	25 %

Die Hauptzeile besteht im Zentralbereich aller drei TSV aus einem isoliert gebrauchten einfachen Satz (‚Sachbericht' 96 %, ‚Themenbericht' 91 % und ‚Erlebnisbericht' 75 %), wobei jeweils deutlich mehr Nominal- als Verbalsätze vorkommen (vgl. Tab. 17).

Beispiele für eingliedrige Nominalsätze:

(1) HZ: Rücken-Fall[552]

(2) HZ: Der dritte Gott[553]

(3) HZ: Die Kompromisshalle[554]

Beispiele für zweigliedrige Nominalsätze:

(4) HZ: Unter Umständen farbenblind[555]

(5) HZ: Kampf um die Mitte[556]

Die bei den drei TSV vorkommenden Verbalsätze sind überwiegend einwertig. Seltener kommen zweiwertige Realisationen vor.

Beispiel für einwertige Verbalsätze:

(6) HZ: Die Pirole heben ab[557]

(7) HZ: Der Kosmos raunt[558]

Beispiel für zweiwertige Verbalsätze:

(8) HZ: Harry und Homer schönen die Bilanz[559]

(9) HZ: Als Erfurt noch in Preußen lag[560]

552 ‚Sachbericht', „Rücken-Fall", 4. Juli 2007, Seite 22.

553 ‚Themenbericht', „Der dritte Gott", 19. Juni 2007, Seite 23.

554 ‚Erlebnisbericht', „Die Kompromisshalle", 24. August 2007, Seite 27.

555 ‚Sachbericht', „Unter Umständen farbenblind", 8. Juli 2007, Seite 25.

556 ‚Themenbericht' „Kampf um Mitte", 1. Juni 2007, Seite 27.

557 ‚Sachbericht', „Die Pirole heben ab", 27. Juni 2007, Seite 26.

558 ‚Erlebnisbericht', „Der Kosmos raunt", 3. August 2007, Seite 23.

559 ‚Sachbericht', „Harry und Homer schönen die Bilanz", 22. August 2007, Seite 21.

560 ‚Sachbericht', „Als Erfurt noch in Preußen lag", 16. Juli 2007, Seite 21.

Beispiel für einen Gesamtsatz:
(10) HZ: Wo ich bin, ist unten oben[561]

Nur bei sehr wenigen TE der ‚Sachberichte' und ‚Themenberichte' wird die Hauptzeile aus einem Gesamtsatz gebildet (vgl. Tab. 17 und Bsp. 10), bei den ‚Erlebnisberichten' kommt diese Variante nicht vor. Dafür konstituieren sich 23 Prozent der Hauptzeilen bei dieser TSV aus zwei isoliert gebrauchten einfachen Sätzen. Die Sätze bestehen jedoch nur aus wenigen Satzgliedern, sodass sich der Umfang der Hauptzeilen kaum von denjenigen unterscheidet, die lediglich aus einem isoliert gebrauchten einfachen Satz bestehen:

Beispiel für zwei isoliert gebrauchte einfache Sätze:
(11) HZ: Klingt gut. Kaufen.[562]

Bei den ‚Sachberichten' kommt diese syntaktische Gestaltung nicht und bei den ‚Themenberichten' nur bei einem TE vor.

Die maßgebliche Funktion der Hauptzeile besteht darin, das Interesse der Leser zu wecken. Sie enthält fast nie einen klaren Verweis auf den Inhalt des TE, sondern besteht überwiegend aus originellen und nicht gleich erschließbaren Äußerungen[563] (1-10). Sowohl die vorherrschende Realisation durch einen isoliert gebrauchten einfachen Satz als auch deren geringe Gliedrigkeiten bzw. deren niedrige Verbvalenz bei Verbalsätzen bewirken, dass die Hauptzeile eine kurze und prägnante Formulierung darstellt. Um diese entschlüsseln und somit die Neugier stillen zu können, muss häufig der ganze ‚Bericht' gelesen werden.

Tab. 18: Syntaktische Realisation der Unterzeile bei den Textexemplaren der drei Textsortenvarianten der Textsorte ‚Bericht' im ‚Tagesspiegel'

Textsortenvariante	ein i.g.e.S.		ein Gesamtsatz	mehrere Sätze
	NoS	VeS		
‚Sachbericht'	21 %	37 %	6 %	37 %
‚Themenbericht'	–	9 %	9 %	82 %
‚Erlebnisbericht'	–	8 %	17 %	75 %

Die Unterzeile ist bei den drei TSV unterschiedlich gestaltet. Bei den ‚Sachberichten' wird diese am häufigsten von einem isoliert gebrauchten einfachen Satz gebildet, wobei Verbalsätze etwas häufiger vorkommen als Nominalsätze. Bei den anderen beiden TSV kommen ausschließlich iso-

561 ‚Themenbericht', „Wo ich bin, ist unten oben", 25. August 2007, Seite 21.

562 ‚Erlebnisbericht', „Klingt gut. Kaufen.", 20. Juni 2007, Seite 22.

563 Den Leseanreiz als Funktion der Überschrift sprechen auch LÜGER (1996: 10) und HRUSKA (1999: 144) an.

liert gebrauchte einfache Verbalsätze vor, jedoch jeweils nur bei einem geringen Prozentsatz der TE. Die Realisation der Unterzeile durch einen Gesamtsatz tritt bei allen drei TSV nur relativ selten auf (vgl. Tab. 18). Bei den ‚Themenberichten' und ‚Erlebnisberichten' konstituiert sich die Unterzeile im Zentralbereich aus mehreren Sätzen. Dabei kommen jeweils zwei isoliert gebrauchte einfache Sätze am häufigsten vor (‚Themenberichte' 39 % und ‚Erlebnisberichte' 42 %), gefolgt von drei isoliert gebrauchten einfachen Sätzen (‚Themenberichte' 27 % und ‚Erlebnisberichte' 33 %). Bei den ‚Themenberichten' wird die Unterzeile bei 15 Prozent der TE zudem aus einer Kombination von einem Gesamtsatz und einem (in einem Fall auch zwei) isoliert gebrauchten einfachen Sätzen gebildet. Auch bei den ‚Sachberichten' konstituiert sich die Unterzeile bei 37 Prozent der TE aus zwei isoliert gebrauchten einfachen Sätzen, bei einem TE besteht sie aus einem Gesamtsatz und einem isoliert gebrauchten einfachen Satz.

Generell trifft auf die Unterzeile der drei TSV die Aussage zu, dass sie fast immer wesentlich umfangreicher als die Hauptzeile ist. Dies erfolgt dadurch, dass mehrere Sätze bzw. Teilsätze auftreten, die einzelnen Sätze eine höhere Gliedrigkeit und die Verben in Verbalsätzen eine höhere Valenz besitzen oder beide Möglichkeiten kombiniert werden.

Die Hauptfunktion der Unterzeile besteht darin, das Thema des Artikels zu nennen. Diese Funktion tritt unabhängig von der syntaktischen Realisierung bei allen TE mit einer zweizeiligen Überschrift auf und liegt damit im Zentralbereich aller TSV:

Ein isoliert gebrauchter einfacher Satz:

(12) UZ: Bundeskunsthalle wehrt sich gegen Vorwürfe[564]

(13) UZ: Der Stararchitekt Richard Meier pflanzt einen Museumsneubau nach Rolandseck in die Hänge am Rhein[565]

Zwei isoliert gebrauchte einfache Sätze:

(14) UZ: Katja Fuhrmann ist Chefkleiderin bei den Musiksendern MTV und Viva. Jetzt hat sie ihr eigenes Label gegründet[566]

(15) UZ: Mit dem Lonely Planet auf Weltreise. Die Geschichte des erfolgreichsten Reiseführers der Gegenwart[567]

Drei isoliert gebrauchte einfache Sätze:

(16) UZ: Schönheit alleine genügt nicht. Gebäude brauchen Atmosphäre. Ein Plädoyer zum Tag der Architektur[568]

---

564 ‚Sachbericht', „Krach in Bonn", 6. Juni 2007, Seite 25.

565 ‚Sachbericht', „Der Weißheit letzter Schluss", 11. August 2007, Seite 23.

566 ‚Sachbericht', „Ein Kleid – mehr nicht", 9. Juni 2007, Seite 34.

567 ‚Themenbericht', „Mein Ort. Irgendwo", 18. Juli 2007, Seite 21.

568 ‚Themenbericht', „Das gefühlte Haus", 24. Juni 2007, Seite 26.

(17) UZ: Lenz, Walser, Eppler, Luhmann: Immer wieder spuckt das Bundesarchiv Brisantes aus. Ein Besuch in Lichterfelde[569]

Gesamtsatz:

(18) UZ: Die Elbphilharmonie kommt – und stellt das Hamburger Musikleben auf den Prüfstand[570]

Gesamtsatz + ein isoliert gebrauchter einfacher Satz:

(19) UZ: Reiche Sammler streiten, das Publikum applaudiert. Auktionen werden immer mehr zu Schaukämpfen[571]

Bei 54 Prozent der ‚Sachberichte', 55 Prozent der ‚Themenberichte' und 58 Prozent der ‚Erlebnisberichte' übernimmt die Unterzeile zusätzlich die Funktion, die inhaltsseitig allgemeinen Informationen der Hauptzeile näher zu bestimmen bzw. einen deutlichen Hinweis zur Entschlüsselung zu liefern:

(20) HZ: Krach in Bonn
UZ: Bundeskunsthalle wehrt sich gegen Vorwürfe[572]

(21) HZ: Verlust und Wiederkehr
UZ: Berlins Museen erhalten Barock-Skulpturen zurück[573]

Die beiden Unterzeilen (20+21) geben explizit an, um was für einen „Krach" es sich handelt bzw. welche verlorengegangenen Objekte zurückkehren. In anderen Fällen (22) ist die Entschlüsselung der Hauptzeile nur möglich, wenn der Leser ein bestimmtes Vorwissen besitzt:

(22) HZ: Löwenjagd
UZ: Morgen eröffnet das Filmfestival in Venedig[574]

Ohne die Kenntnis, dass die Preise des Filmfestivals in Venedig ihrer Form nach Goldener bzw. Silberner Löwe heißen, hilft die Unterzeile bei der Erschließung der Hauptzeile nicht weiter.

Bei den übrigen Überschriften reicht das Lesen der Unterzeile nicht aus, um die Bedeutung der Hauptzeile zu verstehen bzw. mehr als nur eine sehr vage Vorstellung zu bekommen:

(23) HZ: Nachtaktive Säugetiere
UZ: Vor 15 Jahren begann sich die Kleinkunst neu zu definieren. Mittendrin: die Bar jeder Vernunft[575]

---

569 ‚Erlebnisbericht', „Aktenschrank der Republik", 22. Juli 2007, Seite 27.

570 ‚Sachbericht', „Sinfonie einer Hafenstadt", 17. August 2007, Seite 22.

571 ‚Themenbericht', „Wie die Stiere", 11. August 2007, Seite 24.

572 ‚Sachbericht', „Krach in Bonn", 6. Juni 2007, Seite 25.

573 ‚Sachbericht', „Verlust und Wiederkehr", 1. August 2007, Seite 21.

574 ‚Sachbericht', „Löwenjagd", 28. August 2007, Seite 21.

575 ‚Themenbericht', „Nachtaktive Säugetiere", 5. Juni 2007, Seite 27.

(24) HZ: Verstrickung und Bedrängnis
UZ: Jubiläums-Matinee der Berliner Philharmoniker[576]
(25) HZ: Der Weißheit letzter Schluss
UZ: Der Stararchitekt Richard Meier pflanzt einen Museumsneubau nach Rolandseck in die Hänge am Rhein[577]

In den ersten beiden Überschriften (23+24) bleibt trotz der Unterzeile völlig unklar, worauf die Hauptzeile innerhalb des durch die Unterzeile aufgezeigten thematischen Rahmens abzielt. Im letzten Beispiel (25) wird die Entschlüsselung zusätzlich dadurch erschwert, dass der Leser nicht sicher sein kann, ob die Hauptzeile einen Rechtschreibfehler enthält. Die Unterzeile selbst lässt die weiße Farbe des neuen Gebäudes unerwähnt, worauf die Analogiebildung zu „Weisheit" beruht. Diese wird jedoch durch ein Bild ersichtlich.

Innerhalb der ‚Themenberichte' lassen sich drei Gestaltungsmöglichkeiten feststellen, die bei einer Vielzahl der Unterzeilen auftreten. Bei einem Drittel aller TE wird der letzte Teil der Unterzeile von einem isoliert gebrauchten einfachen Nominalsatz gebildet, der das Hauptthema des Artikels in Verbindung mit einem Schlagwort zur Präsentationsform angibt:

(26) UZ: Fassbinders Witwen streiten um sein Erbe. Aber es geht um mehr als um Eifersucht und Familienkrach. Szenen einer Schlacht[578]
(27) UZ: Schönheit alleine genügt nicht. Gebäude brauchen Atmosphäre. Ein Plädoyer zum Tag der Architektur[579]
(28) UZ: Stillstand auf Schienen, Flug der Gedanken: Eine kleine Geschichte des Eisenbahnverkehrs[580]
(29) UZ: Werbung statt Urteil: Mit Helmut Merkers WDR-„Filmtip" verabschiedet sich das Fernsehen von der Filmkritik – Chronik eines Niedergangs[581]
(30) UZ: Baustopp in Dresdner Elbtal: Aufschub und Chance. Zeit für einen Blick auf die Kunst des Überspannens[582]
(31) UZ: Nun wird's heiß: Der Mensch dreht am Thermometer. Überlegungen zum neuen Klimaismus[583]

Durch den Nominalsatz wird der Leser nicht nur explizit über das Thema des Artikels informiert, sondern er erfährt auch, dass dieses sehr aus-

576 ‚Sachbericht', „Verstrickung und Bedrängnis", 26. August 2007, Seite 25.
577 ‚Sachbericht', „Der Weißheit letzter Schluss", 11. August 2007, Seite 23.
578 ‚Themenbericht', „Die Ehe des Rainer Werner F.", 5. Juni 2007, Seite 25.
579 ‚Themenbericht', „Das gefühlte Haus", 24. Juni 2007, Seite 26.
580 ‚Themenbericht', „Mr. Hallidays Höllenmaschine", 12. Juli 2007, Seite 29.
581 ‚Themenbericht', „Zeigen ist Gold", 12. August 2007, Seite 26.
582 ‚Themenbericht', „Mut zur Brücke", 13. August 2007, Seite 23.
583 ‚Themenbericht', „Wir Wettermacher", 2. Juni 2007, Seite 25.

führlich behandelt wird und schwerpunktmäßig keine neuen Informationen präsentiert werden. Der Leser weiß somit ziemlich genau, was er bei der Lektüre des TE zu erwarten hat. Da es sich bei den Themenberichten um sehr lange TE handelt, setzt die Lektüre ein entsprechendes Interesse für das behandelte Thema voraus.

Die nächste Unterzeilenvariante, die bei 24 Prozent der TE auftritt, zielt ebenfalls darauf ab, den Leser möglichst genau über den Inhalt des Artikels zu informieren. In Form von alleinstehenden, d.h. selbständig gebrauchten Nebensätzen (Adverbialsätzen) wird das Kernthema des Artikels dargestellt, wobei die Einleitungswörter auf eine ausführliche Behandlung verweisen:

(32) UZ: Wie die UN jetzt mit Hilfe von Therapeuten Weltkonflikte zu lösen versuchen[584]

(33) UZ: Glauben oder Wissen: Warum der Kreationismus sich ausbreitet – und trotzdem das Problem der Schöpfung nicht löst[585]

Funktional identisch ist auch die letzte Gestaltung. Dabei wird in der Unterzeile eine Frage gestellt, mit der sich der Artikel auseinandersetzt. Auch diese syntaktische Realisation lässt den Leser erkennen, dass ein Thema eingehend betrachtet wird und so letztlich eine fundierte Beantwortung der Fragestellung ermöglicht. Diese Unterzeilenvariante lässt sich bei zwölf Prozent aller ‚Themenberichte' feststellen:

(34) UZ: Risse im Beton, regnende Backsteine – Pfusch am Bau gab es immer. Wie solide planen die Architekten von heute?[586]

Bei der TSV ‚Erlebnisbericht' zeigen 58 Prozent der TE bereits durch die Unterzeile an, dass der folgende Artikel auf persönlichen Erfahrungen, Beobachtungen oder Erlebnissen des Autors beruht. Bis auf eine Ausnahme erfolgt diese Mitteilung durch einen isoliert gebrauchten einfachen Nominalsatz, der den letzten Teil der Unterzeile bildet. Diesem sind ein oder zwei isoliert gebrauchte einfache Sätze vorangestellt, die das Thema des Artikels nennen. Die syntaktische Gestaltung entspricht somit der ersten Unterzeilenvariante der ‚Themenberichte'.

(35) UZ: Lenz, Walser, Eppler, Luhmann: Immer wieder spuckt das Bundesarchiv Brisantes aus. Ein Besuch in Lichterfelde[587]

(36) UZ: Das Haus der Kulturen der Welt ist wieder da. Jetzt sucht es nach Sinn. Eindrücke vom Eröffnungsmarathon[588]

---

584 ‚Themenbericht', „Die Psychodiplomaten", 29. Juli 2007, Seite 25.

585 ‚Themenbericht', „Am Anfang war die Nudel", 19. Juli 2007, Seite 27.

586 ‚Themenbericht', „Das feste Haus", 28. August 2007, Seite 21.

587 ‚Erlebnisbericht', „Aktenschrank der Republik", 22. Juli 2007, Seite 27.

(37) UZ: Tatort Tirana: Wie Osteuropa mit deutscher Lektüre versorgt wird. Ein Erfahrungsbericht[589]

Der Leser weiß somit vor der Lektüre des TE, dass er mit lebendigen und detaillierten Schilderungen rechnen kann, diese jedoch auf der subjektiven Wahrnehmung einer Einzelperson beruhen und somit auch stark deren Sichtweise transportieren.

2.3.1.2 Der Fließtext

Die TSV ‚Sachbericht' weist eine durchschnittliche Textlänge von 28 Sätzen auf, während die TSV ‚Themenbericht' und ‚Erlebnisbericht' mit einem Durchschnitt von 60 bzw. 56 Sätzen pro TE deutlich länger sind.[590] Das Verhältnis von isoliert gebrauchten einfachen Sätzen (‚Sachbericht' 40 %, ‚Themenbericht' 37 % und ‚Erlebnisbericht' 36 %) zu Gesamtsätzen (‚Sachbericht' 60 %, ‚Themenbericht' 63 % und ‚Erlebnisbericht' 64 %) ist bei allen drei TSV etwas gleich. Bei den isoliert gebrauchten einfachen Sätzen überwiegen jeweils deutlich die Verbalsätze (‚Sachbericht' 94 %,Themenbericht' 95 % und ‚Erlebnisbericht' 87 %).

Das Textkorpus der TE der drei TSV wird fast ausschließlich von Aussagesätzen konstituiert. Einzelne bis wenige Ausrufe- bzw. Aufforderungssätze kommen nur bei relativ wenigen TE vor:

Tab. 19: Überblick über das mindestens einmalige Auftreten von Ausrufesätzen, Fragesätzen, Nominalsätzen und Parzellierungen innerhalb der Textexemplare der drei Textsortenvarianten der Textsorte ‚Bericht' im ‚Tagesspiegel'

Textsortenvariante	Ausrufesätze	Fragesätze	Nominalsätze im Fließtext	Parzellierungen
‚Sachbericht'	12 %	21 %	90 %	39 %
‚Erlebnisbericht'	17 %	33 %	100 %	58 %
‚Themenbericht'	18 %	67 %	94 %	52 %

Dieser Befund passt zu der Funktion der TSV. Besonders die ‚Sachberichte' informieren überwiegend neutral über ein Thema. Ein Ausrufezeichen hingegen soll immer eine bestimmte Äußerung betonen und verweist auf eine emotionale Beteiligung des Autors. Bei den ‚Themenberichten' und ‚Erlebnisberichten', in denen der Autor stärker in Erscheinung tritt, kommt diese Satzart häufiger vor als bei den ‚Sachberichten'

588 ‚Erlebnisbericht', „Die Kompromisshalle“, 26. August 2007, Seite 27.

589 ‚Erlebnisbericht', „Bücher im Gepäck“, 7. August 2007, Seite 22.

590 Vgl. Abb. 4, Abb. 95 und Abb. 8.

(z.B. *„Oberstes Gebot der ganzen Veranstaltung: ‚Einander beschenken‘ und bloß niemandem zu nahe treten!“*[591]).

Fragesätze sind bei den drei TSV unterschiedlich häufig vertreten. Wie die Ausrufesätze kommt auch diese Satzart bei den ‚Sachberichten‘ am wenigsten vor (21 %). Funktional verbalisieren sie größtenteils Fragen, die sich bei der Lektüre des Artikels ergeben (z.B. *„Wer zahlt?“*[592] oder *„Was war geschehen?“*[593]). Anschließend werden diese vom Autor beantwortet. Die TSV ‚Themenbericht‘ und ‚Erlebnisbericht‘ weisen deutlich mehr Fragesätze auf (67 % bzw. 33 %). Neben der reinen Fragefunktion (mit gegebener Antwort) dienen sie auch dazu, einen Sachverhalt zugespitzt zu formulieren und den Leser zum Nachdenken anzuregen. Entsprechend gibt der Autor auf sie keine Antwort (z.B. *„Und wie hoch muss der Leidensdruck werden, damit sich etwas ändert?“*[594]) Bei einem TE der TSV ‚Themenbericht‘ richtet der Autor eine Frage direkt an den Leser (*„Oder kennen Sie etwa eine Hexe?“*[595]), wodurch er ihn stärker in seinen Text einbezieht. Bei den ‚Erlebnisberichten‘ tritt die Funktion auf, dass der Autor im Fließtext Fragen wiederholt, die so während seiner Recherche, z.B. der Teilnahme an einer Veranstaltung, gestellt wurden bzw. von ihm als wahrscheinliche Fragestellungen abgeleitet wurden (*„Was darf der Erzähler? Was kann er wissen? Darf er erläutern und kommentieren? Wie kann man fremde Sprachen in deutschsprachige Texte einweben?“*[596] und *„Gleich morgens ein Gang an eins der Klaviere? Ein Blick in die Bibliothek? Oder doch die Bergwanderung? An den Pool? Zur Massage?“*[597]).

Tab. 20: Überblick über das mindestens einmalige Auftreten von Nominalsätzen (isoliert gebrauchten einfachen Nominalsätzen und nominalen Teilsätzen) innerhalb der Textexemplare der drei Textsortenvarianten der Textsorte ‚Bericht‘ im ‚Tagesspiegel‘

Textsortenvariante	Nominalsätze im Fließtext	i.g.e. NS	nominale TS
‚Sachbericht‘	90 %	43 %	87 %
‚Erlebnisbericht‘	100 %	67 %	100 %
‚Themenbericht‘	94 %	48 %	94 %

591 ‚Erlebnisbericht‘, „Die Kompromisshalle“, 26. August 2007, Seite 27.
592 ‚Sachbericht‘, „Was lange währt“, 17. Juni 2007, Seite 26.
593 ‚Sachbericht‘, „Schludern und staubsaugen“, 24. Juli 2007, Seite 21.
594 ‚Themenbericht‘, „Wir Wettermacher“, 2. Juni 2007, Seite 25.
595 ‚Themenbericht‘, „Im Anfang war die Nudel“, 19. Juli 2007, Seite 27.
596 ‚Erlebnisbericht‘, „Ein Rezept für Peking-Ente“, 11. August 2007, Seite 22.
597 ‚Erlebnisbericht‘, „Zurück im Zauberberg“, 5. August 2007, Seite 25.

Das Auftreten mindestens eines isoliert gebrauchten einfachen Nominalsatzes und/oder eines nominalen Teilsatzes liegt bei allen drei TSV deutlich im Zentralbereich. Dabei kommen nominale Teilsätze jeweils bei wesentlich mehr TE vor als isoliert gebrauchte einfache Nominalsätze.

Bei den Nominalsätzen lassen sich mehrere Funktionen feststellen, die innerhalb aller oder einer einzelnen TSV häufiger auftreten. Isoliert gebrauchte einfache Nominalsätze werden in allen drei TSV dazu verwendet, kurze, meist aus einem bis zwei Satzgliedern bestehende Fragen zu formulieren (z.B. „*Und die Deutschen?*“,[598] „*Narretei oder überlegenes Kunstverständnis?*“[599] oder „*Ein Blick in die Bibliothek?*“[600]). Sehr selten folgt auf eine derartige Frage direkt eine kurze Antwort in Form eines isoliert gebrauchten einfachen Nominalsatzes (z.B. „*Profit? Egal.*“[601]). Ebenfalls bei allen drei TSV kommen isoliert gebrauchte einfache Nominalsätze häufiger in der Funktion vor, dass sie eine kurze, prägnante Aussage formulieren, auf die sich der folgende, durch einen Doppelpunkt abgetrennte Satz inhaltsseitig bezieht, bzw. das Thema benennen, das der folgende Satz näher erläutert (z.B. „*Ein Generationenkonflikt: Während der wertkonservative Dirigent Marketing-Tools des avancierten audience developments für modischen Schnickschnack hält, denkt der Musikmanager Rehrl geschmeidiger.*“,[602] „*Auch eine Form von Migration: Themen und Geschichten wandern, man kann sie auf Dauer ebenso wenig aussperren wie Menschen.*“[603] oder „*Das berühmte Rob-Grinsen: Die Lage ist hoffnungslos, aber nicht ernst.*“[604]).

Innerhalb der ‚Sachberichte‘, ‚Themenberichte‘ und ‚Erlebnisberichte‘ werden gelegentlich knappe Wertungen über Nominalsätze abgegeben. Dies erfolgt sowohl über isoliert gebrauchte einfache Nominalsätze (z.B. „*Ein schönes Kompliment an das Berliner Publikum.*“,[605] „*Eine knifflige ästhetische Frage.*“[606] oder „*Keine schlechte Basis für Scherers ambitioniertes Programm.*“[607]) als auch über nominale Teilsätze[608] (z.B. „*<u>Unan-</u>*

598 ‚Sachbericht‘, „Löwenjagd“, 28. August 2007, Seite 21.

599 ‚Themenbericht‘, „Wie die Stiere“, 11. August 2007, Seite 24.

600 ‚Erlebnisbericht‘, „Zurück im Zauberberg“, 5. August 2007, Seite 25.

601 ‚Themenbericht‘, „Die Ehe des Rainer Werner F.“, 5. Juni 2007, Seite 25.

602 ‚Sachbericht‘, „Der Quartettspieler“, 16. Juli 2007, Seite 24.

603 ‚Themenbericht‘, „Ferner Westen, Naher Osten“, 19. August 2007, Seite 25.

604 ‚Erlebnisbericht‘, „Und eins! Und zwei!“, 15. Juli 2007, Seite 27.

605 ‚Sachbericht‘, „Catwalk junger Meister“, 8. Juni 2007, Seite 27.

606 ‚Themenbericht‘, „Die Ehe des Rainer Werner F.“, 5. Juni 2007, Seite 25.

607 ‚Erlebnisbericht‘, „Die Kompromisshalle“, 26. August 2007, Seite 27.

608 Für eine größere Übersichtlichkeit werden die nominalen Teilsätze in den Beispielen unterstrichen.

genehme Fragen, denen sich die Verantwortlichen bei Bund und Senat noch nicht gestellt zu haben scheinen.“,[609] „*Auch das ein gravierender Vorwurf, denn die Fassbinder-Familie ist Bestandteil seiner Filmkunst.*“[610] oder „*Harte Anforderungen – doch für viele die einzige Möglichkeit, sich auf einem Instrument weiterzuentwickeln, das ihren Fähigkeiten entspricht.*“[611]). Der letzte Satz ist zugleich ein Beispiel für einen der seltenen Gesamtsätze, die mehr als einen nominalen Teilsatz enthalten. Die Wertung steckt dabei im ersten Teilsatz („*Harte Anforderungen*“).

Bei einigen TE der ‚Sachberichte' und ‚Themenberichte' wird die Quelle für ein Zitat über einen nominalen Teilsatz angegeben. Dies kann entweder über die Wendung „so + Name und/oder Amt“ erfolgen, wobei der nominale Teilsatz durch Kommata (z.B. „*Damit, so Pflaum, hat sie Fassbinder ein Stück Identität zu nehmen versucht.*“[612]) oder durch Spiegelstriche (z.B. „*Das Denkmal – so Florian Mausbach, Chef der Bundesbaubehörde – müsse sich ‚an eine breite Öffentlichkeit wenden' und ‚sinnlich erfahrbar' sein.*“[613]) vom restlichen Gesamtsatz abgehoben wird. Die zweite Möglichkeit besteht darin, den Namen in Form einer in Klammern gesetzten Parenthese in den Satz einzuschieben (z.B. „*Nun gilt es, die ‚geniale Idee Klaus-Dieter Lehmanns' (Volker Hassemer), im wieder aufgebauten Schloss ein Humboldt-Forum unterzubringen, hastig in konkrete Formen zu gießen.*“[614] oder „*Das Kyoto-Protokoll gilt als ‚nahezu irrelevant' (Schellhuber), was die physikalischen Auswirkungen dieser Selbstbeschränkung anbelangt.*“[615]).

Nominale Teilsätze werden darüber hinaus bei allen drei TSV dazu verwendet, kurze Zusatzinformationen, fast immer zu einer Person, zu liefern. Sie stellen Parenthesen dar, die überwiegend in Klammern (z.B. „*Nichts ärgert Peymann (69) mehr, als von der Öffentlichkeit übersehen zu werden.*“[616]), selten in Kommata eingefasst (z.B. „*Eisenbach, 38, ist Chef des Kölner Auktionshauses Van Ham, für manchen Händler mit Ladengeschäft und festen Warenbeständen so etwas wie der natürliche Feind.*“[617]) in den Gesamtsatz eingeschoben sind. Diese eingliedgrigen nominalen Teilsätze geben zum Beispiel das Alter (s.o.) oder die berufli-

609 ‚Sachbericht', „Zeitgeist im Erdgeschoss“, 10. Juni 2007, Seite 26.
610 ‚Themenbericht', „Die Ehe des Rainer Werner F.“, 5. Juni 2007, Seite 25.
611 ‚Erlebnisbericht', „Klingt gut. Kaufen“, 20. Juni 2007, Seite 22.
612 ‚Themenbericht', „Die Ehe des Rainer Werner F.“, 5. Juni 2007, Seite 25.
613 ‚Sachbericht', „Symbol fürs deutsche Freiheitsdenken“, 13. Juni 2007, Seite 25.
614 ‚Sachbericht', „Zeitgeist im Erdgeschoss“, 10. Juni 2007, Seite 26.
615 ‚Themenbericht', „Wir Wettermacher“, 2. Juni 2007, Seite 25.
616 ‚Sachbericht', „Vor dem Ruhestand“, 4. Juni 2007, Seite 27.
617 ‚Sachbericht', „Der Feind auf meinem Podium“, 21. Juli 2007, Seite 24.

che Zugehörigkeit einer Person (z.B. „*Hertling (Akademie der Künste) verwies darauf, dass diese Art des transnationalen Zusammenkommens in der Kunst ohnehin gang und gäbe sei.*“[618]), den Zeitraum einer Veranstaltung (z.B. „*Mit einer Gerichtsentscheidung vor der Unesco-Tagung in Neuseeland (23.6.-1.7.), bei der auch über Dresden beraten wird, ist nicht zu rechnen. Falls bis dahin nicht ohnehin vollendete Tatsachen geschaffen sind.*“[619]) oder die Aufgabenverteilung in einer Band (z.B. „*Sieben Jahre sind Max (Rap), Don Phillipe (Musik) und Friction (Beats) nicht mehr gemeinsam aufgetreten, jetzt begehen sie ihr Zehnjähriges mit einer Festival-Tour und einer Jubiläumsplatte.*“[620]) an.

Bei der TSV ‚Erlebnisbericht‘ tritt die zusätzliche Funktion der Nominalsätze auf, eine Situation, eine Örtlichkeit oder einen Gegenstand schlaglichtartig durch charakterisierende Begriffe bzw. Wortgruppen darzustellen, um dem Leser kurz und prägnant einen Eindruck zu vermitteln. Dies erfolgt meistens in Form von isoliert gebrauchten einfachen Nominalsätzen, die nur ein Satzglied aus einem Wort (z.B. „*Laptopgeklapper. Papiergeraschel.*“[621]) oder aus mehreren gereihten Nuklei („*Schwarze Vorhänge auf der Bühne, metallene Geländer an den Wänden, Klebestreifen auf dem Boden, Linoleumgeruch, schwitzende Schüler und Lehrer.*“[622]) umfassen können. Derartige nominale Teilsätze kommen nur selten vor (z.B. „*Anfang Juli wurde Schloss Elmau wiedereröffnet – indische Stoffe, italienische Lampen, Holz und Gold, Natursteine und unlackierte Oberflächen, ‚geschmackvoller Nichtgeschmack‘ (Dietmar Müller-Elmau), eine natürlich-auserlesene Atmosphäre.*“[623]).

Das Phänomen der Parzellierung tritt bei 38 Prozent der ‚Sachberichte‘, 52 Prozent der Themenberichte‘ und 58 Prozent der ‚Erlebnisberichte‘ mindestens einmal im Fließtext auf. Weil mit der Hervorhebungsfunktion der Parzellierungen zugleich eine gewisse Wertung verbunden ist, da bestimmten Elementen des Satzes mehr Gewicht verliehen wird, passt es zu dem größtenteils sachlichen Stil der ‚Sachberichte‘, dass dieses Phänomen hier am seltensten anzutreffen ist.

618 ‚Sachbericht‘, „Zeitgeist im Erdgeschoss“, 10. Juni 2007, Seite 26.

619 ‚Sachbericht‘, „Brücken verrücken“, 21. Juni 2007, Seite 26.

620 ‚Themenbericht‘, „Negativ wird positiv“, 7. Juli 2007, Seite 22.

621 ‚Erlebnisbericht‘, „Aktenschrank der Republik“, 22. Juli 2007, Seite 27.

622 ‚Erlebnisbericht‘, „Und eins! Und zwei!“, 15. Juli 2007, Seite 27.

623 ‚Erlebnisbericht‘, „Zurück im Zauberberg“, 5. August 2007, Seite 25. Bei der nicht unterstrichenen Parenthese „*(Dietmar Müller-Elmau)*“ handelt es sich ebenfalls um einen nominalen Teilsatz, jedoch nicht mit der besprochenen Funktion, dem Leser einen kurzen Eindruck des Erlebten bzw. Gesehenen zu vermitteln. Vielmehr dient die Parenthese dazu, die Quelle zu einem Zitat anzugeben.

Häufig parzellierte Elemente stellen bei allen drei TSV Satzgliedteile dar (‚Sachberichte' 53 %, Themenberichte' 39 % und ‚Erlebnisberichte' 45 %). In den Beispielsätzen werden die parzellierten Elemente unterstrichen, um Missverständnisse zu vermeiden und eine bessere Orientierung vor allem bei umfangreichen Sätzen zu ermöglichen.

(a) Da braucht es eine belastbare Persönlichkeit für den Intendantenposten. Zum Beispiel einen Kulturmanager wie Gernot Rehrl.[624]

(b) Berlin strotzt vor Selbstbewusstsein, und plötzlich hat der Regierende Bürgermeister alles richtig gemacht. Auch und vor allem die Sache mit der Kultur.[625]

(c) Die zwei nämlich haben mittlerweile einen für wahre Weltreisende ziemlich unentbehrlichen Reisebegleiter erfunden. Den „Lonely Planet".[626]

(d) Außerdem besteht die Nautilus aus dem Holz eines Kleiderschranks, dem Hals einer Mandoline, der Saitenmechanik einer Zither und der Walze einer Spieluhr. Und aus unzähligen Kabeln natürlich.[627]

Bei den TSV ‚Themenbericht' und ‚Erlebnisbericht' handelt es sich bei 50 bzw. 48 Prozent der Parzellierungen um Teilsätze, bei den ‚Sachberichten' hingegen nur bei 27 Prozent. Bei allen drei TSV dominieren hierbei deutlich die Nebensätze (‚Sachbericht' 78 %, ‚Themenbericht' 77 % und ‚Erlebnisbericht' 71 %):

(e) Dann wird man sehen, ob die Monet-Preise seither nur mangels überzeugender Angebote stagnieren. Oder ob Monet eben doch ein bisschen aus der Mode gekommen ist.[628]

(f) Der Song brachte ihn damals auf seinen Verlagsnamen, nur hatte er sich bei der zweiten Textzeile leicht verhört. Weshalb der reizende Erdball zum einsamen, aber irgendwie auch einzigartigen wurde.[629]

(g) All das sollte ein Schriftsteller-Ego befriedigen und locker machen. Zumal diese Schmidt-Hausse nicht zu erwarten war: Schließlich gewann er in Klagenfurt keinen Preis.[630]

Die syntaktische Funktion der Teilsätze in den Beispielen (e) bis (g) als Nebensatz ist anhand der Einleitungswörter (*ob* (e), *weshalb* (f), *zumal* (g)) und der Endstellung der finiten Verben (*ist* (e), *wurde* (f), *war* (g)) eindeutig erkennbar.

Die parzellierten Hauptsätze lassen sich sicher als Teilsätze eines Gesamtsatzes auffassen, da sie jeweils durch eine Ellipse mit dem vorange-

---

624 ‚Sachbericht', „Der Quartettspieler", 16. Juli 2007, Seite 24.
625 ‚Sachbericht', „König auf der Wolke", 6. Juli 2007, Seite 25.
626 ‚Themenbericht', „Mein Ort. Irgendwo", 18. Juli 2007, Seite 21.
627 ‚Erlebnisbericht', „Der Kosmos raunt", 3. August 2007, Seite 23.
628 ‚Sachbericht', „Bis der Arzt kommt", 16. Juni 2007, Seite 25.
629 ‚Themenbericht', „Mein Ort. Irgendwo", 18. Juli 2007, Seite 21.
630 ‚Erlebnisbericht', „Sieg des Verlierers", 18. August 2007, Seite 21.

gangenen Teilsatz verbunden sind, in welchem die ausgelassenen Satzglieder vorerwähnt werden:

(h) Doch erste Schritte wie die Wettbewerbsausschreibung und die Errichtung einer Infobox auf dem Schlossplatz will Lehmann schon noch anschieben. Und auch in Zukunft das Thema mitbestimmen.[631]
(i) Daraus haben wir uns selbst vertrieben. Oder wurden vertrieben.[632]
(j) „Nicht mit allem“, sagt sie. Und lacht.[633]

Fast immer handelt es sich bei den Ellipsen um die Subjekte der Teilsätze (z.B. *Lehmann* (h), *wir* (i) und *sie* (j)). Nur selten wird die Verbindung der Teilsätze (allein oder zusammen mit der Subjekt-Ellipse) durch eine Ellipse des finiten Verbs (z.B. *will* (h)) hergestellt.

Satzglieder werden bei den ‚Sachberichten‘ (20 %), Themenberichten‘ (11 %) und ‚Erlebnisberichten‘ (7 %) am seltensten parzelliert:

(k) Fehlt eigentlich nur noch eine Kunstmesse in Kassel. Alle fünf Jahre natürlich.[634]
(l) Während Levi's nostalgisch in Erinnerungen schwelgte, machte die Konkurrenz ihre Hausaufgaben. Gründlich, flink und kompromisslos.[635]
(m) Mit dem Musical „Cabaret“ schließt sich der Kreis. Gewissermaßen.[636]

Parzellierte Satzgliedteile, Satzglieder und Teilsätze bilden nicht immer den Abschluss eines Satzes.[637] An sie können ein bis mehrere Teilsätze anschließen:

(n) Strick war lange eben nur der dunkelblaue V-Ausschnitt-Pullover, gern als Basic von Benneton. Eben ein Kleidungsstück, das man vor allem zu Jeans kombiniert.[638]
(o) Wenn nun aber zwei oder mehrere gleichzeitig zahlen und unterschiedliche Wünsche hegen, führt das zu Auseinandersetzungen. Zum Beispiel zwischen Produzenten, Redakteuren und den Regisseuren, die längst nicht mehr die Alleinherrschaft über ihre Projekte haben.[639]
(p) Kempowski genießt das Interesse an seiner Person. Weil er dem Tod nahe ist, aber auch, weil er gerade mit einer Ausstellung in der Berliner Akademie der Künste geehrt wird.[640]

---

631 ‚Sachbericht‘, „Museum für die Zukunft“, 10. Juli 2007, Seite 21.
632 ‚Themenbericht‘, „Arkadien ist abgebrannt“, 29. August 2007, Seite 26.
633 ‚Erlebnisbericht‘, „Zurück im Zauberberg“, 5. August 2007, Seite 25.
634 ‚Sachbericht‘, „Gondeln“, 9. Juni 2007, Seite 33.
635 ‚Sachbericht‘, „Es ist genug Stoff für alle da“, 9. Juni 2007, Seite 34.
636 ‚Themenbericht‘, „Nachtaktive Säugetiere“, 5. Juni 2007, Seite 27.
637 Vgl. SIMMLER (2007: 23f.).
638 ‚Sachbericht‘, „Die große Wolllust“, 11. August 2007, Seite 23.
639 ‚Themenbericht‘, „Als die Bilder hinken lernten“, 27. August 2007, Seite 23.
640 ‚Erlebnisbericht‘, „Es ist noch längst nicht alles erzählt“, 25. Juni 2007, Seite23.

(q) Geht es wirklich nur um Geld und Quoten? Oder, wie Pessimisten glauben, um eine zielstrebige Nivellierung aller Kultur?[641]

In Beispiel (n) folgt auf einen parzellierten Satzgliedteil, in Beispiel (o) auf ein parzelliertes Satzglied ein Teilsatz, bei dem es sich jeweils um einen Nebensatz (einen Attributsatz) handelt. Beispielsatz (p) weist einen parzellierten Teilsatz (Nebensatz) auf, an den sich zwei weitere Teilsätze, ein elliptischer Hauptsatz und ein Nebensatz, anschließen. Beide Nebensätze (Kausalsätze) werden mit der Konjunktion *weil* eingeleitet. Beispiel (q) zeigt die Besonderheit, dass die Parzellierung nicht durch einen Punkt, sondern durch ein Fragezeichen erfolgt. Der abgetrennte Hauptsatz ist durch die Ellipse des finiten Verbs (*geht*) und des Subjekts (*es*) mit dem vorherigen Teilsatz verbunden. In den parzellierten Teilsatz ist ein weiterer Teilsatz eingeschoben, bei dem es sich um einen Infinitivsatz handelt.

Funktional stellen Parzellierungen ein Hervorhebungsmittel dar, das den parzellierten Elementen „inhaltsseitig ein stärkeres Gewicht"[642] verleiht. Durch das Satzabschlusszeichen erwartet der Leser, dass der Satz zu Ende ist. Die folgende Parzellierung stört somit den Lesefluss, da nicht, wie erwartet, ein neuer Satz beginnt, sondern Elemente des scheinbar abgeschlossenen Satzes anschließen. Der Leser muss diese inhaltsseitig nachträglich in den vorherigen Satz integrieren, wodurch sie mehr Aufmerksamkeit auf sich ziehen und somit betont werden. Je unerwarteter und störender die Abgrenzung ist, desto stärker werden die Elemente hervorgehoben. Eine starke Betonung wird zum Beispiel erreicht, wenn wie in Beispiel (b) der parzellierte Satzgliedteil (*Auch und vor allem die Sache mit der Kultur*) außerhalb der Satzklammer (*hat…gemacht*) liegt und die für das Verständnis notwendige inhaltsseitige Integration durch die Trennung vom restlichen Satzglied (*alles*) erschwert wird. Demgegenüber hemmt die Parzellierung eines Nebensatzes (z.B. (e)) den Lesefluss weit weniger, da der Leser nach der durch den Punkt erzwungenen Pause ohne zusätzliche Denkleistungen weiterlesen kann.

Die Hervorhebungsfunktion der Parzellierung wird zudem gesteigert, wenn mehrere Parzellierungen innerhalb eines Satzes auftreten:

(r) Wo da die Vertrauensbasis bleibe, fragen die skeptischen Kollegen. Das Menschliche? Die fachkundige Beratung?[643]

(s) Beifall, heißt es, sei der wahre Lohn der Künstler, mehr wert als höchste Gagen. Ein Trinkgeld, das besoffen macht. Und an dem sich eben auch der

641 ‚Themenbericht', „Als die Bilder hinken lernten", 27. August 2007, Seite 23.

642 SIMMLER (2007: 24).

643 ‚Sachbericht', „Der Feind auf meinem Podium", 21. Juli 2007, Seite 24.

ganze Saal berauschen kann – wie archaische Krieger bei einem rituellen Tanz, wenn sie durch synchrones Aufstampfen mit den Füßen wahrlich furchteinflößende Geräusche entfesseln.[644]

(t) Wolpert erzählt. Von den alten Punkzeiten in Bremen. Von seinem Brotjob als Schlagzeuger in der Bar Jeder Vernunft, wo gerade Sommerpause ist, weshalb er mehr Zeit hat für seine Maschinengitarre, sein künstlerisches Haupt- und Herzensprojekt. Von seinen Touren über die Berliner Flohmärkte, wo Wolpert regelmäßig Schrottschätze hebt, die in seinem Atelier die Regale füllen.[645]

In Beispiel (r) wird der parzellierte Satzgliedteil (*Das Menschliche? Die fachkundige Beratung?*), der aus zwei gereihten Nuklei besteht, nochmals parzelliert. Die Parzellierung des zweiten Satzgliedteils (*Die fachkundige Beratung?*) erfolgt durch ein Fragezeichen. Beispielsatz (s) zeigt ebenfalls einen parzellierten Satzgliedteil, auf den drei Teilsätze folgen, bei denen es sich um Nebensätze handelt. Bei dem zweiten Teilsatz findet eine neuerliche Parzellierung statt. In (t) findet neben der Parzellierung eines Satzgliedes, das aus drei gereihten Nuklei besteht und in das vier Teilsätze in der syntaktischen Funktion von Nebensätzen integriert sind, die Parzellierung von zwei Satzgliedteilen statt. Bei diesen handelt es sich jeweils um einen der gereihten Nuklei des parzellierten Satzgliedes („*Von seinem Brotjob als Schlagzeuger in der Bar Jeder Vernunft*" und „*Von seinen Touren über die Berliner Flohmärkte*"), an die jeweils zwei der Teilsätze anschließen.

Die mehrmalige Unterbrechung des Leseflusses, die durch die Satzbegrenzungsmittel bewirkt wird, stört den Leser entsprechend stärker bei der Lektüre, was eine stärkere Betonung und inhaltsseitige Auseinandersetzung mit den parzellierten Elementen bewirkt.

Die Parzellierungen werden auch dann zusätzlich betont, wenn sie nicht nur durch ein Satzbegrenzungsmittel, sondern darüber hinaus durch einen Absatz von dem Satz oder Teilsatz, in den sie integriert sind, abgegrenzt werden:

(u) Das Prinzip der aktiven Förderung wurde nicht angegriffen. [Absatz] Bis zum letzten Sitzungstag des Supreme Courts vor der Sommerpause.[646]

In Beispiel (u) wird ein Satzglied parzelliert. Inhaltsseitig bekommt der Satz durch dieses eine völlig neue Bedeutung, da es die Satzaussage ins

644 ‚Themenbericht', „Hände hoch!", 23. Juli 2007, Seite 23.
645 ‚Erlebnisbericht', „Der Kosmos raunt", 3. August 2007, Seite 23.
646 ‚Sachbericht', „Unter Umständen farbenblind", 8. Juli 2007, Seite 25.

Gegenteil verkehrt. Durch die Parzellierung wird dieses inhaltsseitig entscheidende Satzglied, eine Temporaladverbiale, entsprechend betont.

2.3.2 Die Syntax der Textsorte ‚Meldung'

2.3.2.1 Die Überschrift

Die TS ‚Meldung' besitzt im Zentralbereich (94 %) eine einzeilige Überschrift, die bei 65 Prozent aus einem und bei 27 Prozent aller TE aus zwei Aussagesätzen besteht. Letztere Überschriften sind immer so aufgebaut, dass zwischen den beiden isoliert gebrauchten einfachen Sätzen ein Doppelpunkt steht. Eine signifikante Präferenz für Verbal- oder Nominalsätze lässt sich nicht feststellen:

(1) Ü: Oliver Reese wird Intendant in Frankfurt[647]
(2) Ü: Asturien-Preis für Bob Dylan[648]
(3) Ü: Nazi-Vorwurf: Dirigent Reuter schweigt[649]

Anders als beispielsweise die Hauptzeilen der TS ‚Bericht' und ‚Interview' versucht die Überschrift der ‚Meldung' nicht, durch kreative oder zunächst unverständliche Aussagen das Interesse der Leserschaft zu wecken. Sie zielt einzig darauf ab, den Leser möglichst knapp und genau über das Thema des TE zu informieren (1-3). Das Lesen der ‚Meldung' ist somit eine bewusste Entscheidung für die angebotenen Informationen und findet nur dann statt, wenn sich der Leser für das spezielle Thema interessiert. Anders als beim ‚Bericht' weiß der Leser sehr genau, was ihn beim Lesen erwartet, da die Überschrift schon die wichtigsten Informationen oder die Kernaussage des TE enthält.

Besteht die Überschrift aus zwei Einzelsätzen, erläutert der zweite isoliert gebrauchte einfache Satz den ersten inhaltsseitig näher, der fast immer aus einem eingliedrigen Nominalsatz besteht und durch ein Schlagwort das TE mit einer bestimmten Themenrichtung in Verbindung bringt (Bsp. 3).

Bei vier TE (8 %) taucht eine zweizeilige Überschrift auf, die sich funktional jedoch kaum von den einzeiligen, speziell denen aus zwei Aussagesätzen, unterscheidet.

(4) HZ: Die Brücke
UZ: Es wird gebaut: Dresden unterliegt in Karlsruhe[650]

647 ‚Meldung', „Oliver Reese wird Intendant in Frankfurt", 10. Juni 2007, Seite 25.
648 ‚Meldung', „Asturien-Preis für Bob Dylan", 14. Juni 2007, Seite 25.
649 ‚Meldung', „Nazi-Vorwurf: Dirigent Reuter schweigt", 27. Juli 2007, Seite 23.
650 ‚Meldung', „Die Brücke", 7. Juni 2007, Seite 29.

Die Hauptzeile benennt dabei die Themenrichtung des TE. Für den kulturell interessierten Leser war zur Veröffentlichung des Artikels klar, dass es sich bei der „Brücke“ um die umstrittene Waldschlößchenbrücke in Dresden handelt, deren geplanter Bau samt Konsequenzen vielfach im Kulturteil thematisiert wurde. Die Unterzeile präzisiert die Hauptzeile inhaltsseitig näher, indem sie die neuen Ereignisse zu dem bekannten Grundproblem angibt.

2.3.2.2 Der Fließtext

Die TE der TS ‚Meldung‘ weisen im Durchschnitt neun Sätzen auf. Weniger als fünf und mehr als 20 Sätze treten bei keinem TE auf.[651] Der Fließtext der ‚Meldungen‘ konstituiert sich zu 58 Prozent aus isoliert gebrauchten einfachen Sätzen, die im Schnitt vier Satzglieder haben und bei denen es sich zu 99 Prozent um Verbalsätze handelt. Die übrigen 42 Prozent der Sätze sind Gesamtsätze, die überwiegend aus zwei Teilsätzen bestehen (78 %). 17 Prozent der Gesamtsätze umfassen drei Teilsätze, noch umfangreichere Sätze sind sehr selten.[652] Im Schnitt besteht ein Teilsatz aus drei Satzgliedern.

Tab. 21: Überblick über das mindestens einmalige Auftreten von Ausrufesätzen, Fragesätzen, Nominalsätzen und Parzellierungen innerhalb der Textexemplare der Textsorte ‚Meldung‘ im ‚Tagesspiegel‘

Textsorte	**Ausrufesätze**	**Fragesätze**	**Nominalsätze im Fließtext**	**Parzellierungen**
‚Meldung‘	–	2 %	57 %	2 %

Im Zentralbereich handelt es sich bei den Sätzen des Fließtextes um verbale Aussagesätze. Ausrufe- bzw. Aufforderungssätze kommen bei keinem TE vor, ein Fragesatz lediglich bei einem einzigen.[653]

Bei 57 Prozent der Meldungen tritt mindestens ein Nominalsatz auf, wobei es sich fast ausschließlich um nominale Teilsätze handelt (96 %). Lediglich zwei TE (4 %) weisen einen isoliert gebrauchten einfachen Nominalsatz auf (z.B. *„Nach all den Aufregungen seit der heftig umstrittenen Premiere des „Parsifal“ (2004) mit seinen Fruchtbarkeits- und Multi-Kulti-Symbolen nun also Jubel und das Bad in der Menge.“*[654]).

651 Vgl. auch Abb. 20 und Kap. III.B.1.2.2.2.

652 Lediglich 5 Prozent der Gesamtsätze konstituieren sich aus vier Teilsätzen und ein Prozent aus fünf Teilsätzen.

653 Dabei handelt es sich um den Fragesatz *„Ob es das Land aus seinem Sarkozy-Taumel reißt?“* (‚Meldung‘, „Yasmina Reza porträtiert Sarkozy“, 24. August 2007, Seite 25).

654 ‚Meldung‘, „Schlingensief: Wiedersehen in Bayreuth?“, 28. August 2007, Seite 22.

Innerhalb der nominalen Teilsätze treten bestimmte Formen und Funktionen gehäuft auf. Bei 40 Prozent der nominalen Teilsätze handelt es sich um Parenthesen, die von einer Klammer umgeben in den Gesamtsatz eingeschoben sind und kurze, aus nur einem Satzglied bestehende Zusatzinformationen liefern. Dabei handelt es sich beispielsweise um das Alter (z.B. „*Die Ehefrau des 70-Jährigen, die Schauspielerin Dagmar Havlova (54), habe verärgert ihre Teilnahme an dem für Mai 2008 geplanten Drama „Odchazeni" („Abgang") wegen eines Streits um die weibliche Hauptrolle abgesagt, berichtet die Zeitung „Lidove noviny".*“[655]), die Lebensdaten (z.B. „*Der Briefwechsel des Universalgelehrten Gottfried Wilhelm Leibniz (1646-1716) wird Weltdokumentenerbe der Unesco.*“[656]), die Parteizugehörigkeit (z.B. „*Kulturstaatsminister Bernd Neumann (CDU) sieht das am Freitag verabschiedete Gesetz zur Stärkung des bürgerlichen Engagements als ‚großen Gewinn' für den Kulturbereich.*“[657]) oder ein bekanntes Werk einer Person (z.B. „*‚Was mich interessiert, ist das politische Schicksal des Menschen Sarkozy, nicht die Politik', gab die für ihre scharfzüngigen Theaterstücke bekannte Autorin (‚Kunst') vorab zu verstehen.*“[658]). Auch die Beteiligung einer Person an einer Veranstaltung wird über eine Parenthese angegeben (z.B. „*Am 1. Juli leitet Petrenko dann die Neuproduktion von Lehárs ‚Land des Lächelns' (Regie: Peter Konwitschny).*“[659]). Des Weiteren verweisen nominale Teilsätze auf den Preis (z.B. „*Der Renaissance-Künstler Bramante ist mit einer Quittung von 1542 (12 000 Euro) vertreten, eine Grußpostkarte von Gustav Klimt soll für 1200 versteigert werden.*“[660]) oder das Erscheinungsjahr (z.B. „*Auch der österreichische Filmemacher wird Mühe würdigen, seit ‚Benny's Video' (1991) hatten beide oft zusammengearbeitet.*“[661]) eines künstlerischen Werks sowie auf eine weiterführende Informationsmöglichkeit zu einer kulturellen Veranstaltung (z.B. „*Nach Stationen in Paris und Madrid locken die ‚Rencontres Internationales Paris/Berlin' nun zum Crossover zwischen Film und Kunst nach Berlin ins Babylon Mitte (www.art-action.org).*“[662]). Diese

---

655 ‚Meldung', „Krach in Prag um Stück von Vaclav Havel“, 18. August 2007, Seite 21.

656 ‚Meldung', „Welterbe-Liste: Leibniz' Briefe, neue Stätten“, 28. Juni 2007, Seite 27.

657 ‚Meldung', „Neumann: Steuern runter für die Kultur“, 7. Juli 2007, Seite 21.

658 ‚Meldung', „Yasmina Reza porträtiert Sarkozy“, 24. August 2007, Seite 25.

659 ‚Meldung', „Countdown für Petrenko an der Komischen Oper“, 15. Juni 2007, Seite 27.

660 ‚Meldung', „Grüße von Matisse“, 23. Juni 2007, Seite 29.

661 ‚Meldung', „Schaubühne: Gedenk-Matinee für Ulrich Mühe“, 25. August 2007, Seite 21.

662 ‚Meldung', „Film trifft Kunst: ein Berliner Bilder-Festival“, 24. Juni 2007, Seite 29.

äußerst knappe Form der Informationspräsentation passt zu der komprimierten Wissensvermittlung der TS.

20 Prozent der nominalen Teilsätze dienen dazu, über die feste Wendung „so X“ die Quelle zu einem Zitat bzw. einer Aussage zu benennen (z.B. „*Dylan, so die Jury, repräsentiere ‚den Geist einer Generation‘ und sei zu einem ‚lebenden Mythos‘ geworden.*“[663]). Häufiger kommen zudem nominale Teilsätze vor, die mit dem Adverb „darunter“ eingeleitet werden (z.B. „*Vor allem nach der Wende waren Hilbigs Werke stark gefragt, darunter auch das Hörbuch ‚Der Geruch der Bücher‘.*“[664]).

Das Phänomen der Parzellierung tritt nur bei einem TE auf:

(a) Christoph Schlingensief macht sich derweil erst einmal auf den Weg nach Bonn, wo am kommenden Sonntag Moritz Eggerts Oper ‚Freax‘ uraufgeführt wird. Konzertant, wohlgemerkt, und Schlingensief erzählt in der Pause, was ihm zu Behinderten und ‚Fremdverstümmelungen‘ in diesem Zusammenhang so alles eingefallen wäre.[665]

Es wird ein Satzglied parzelliert, an das sich zwei Teilsätze, ein Haupt- und ein Nebensatz, anschließen. Parzellierungen besitzen demnach für die TS ‚Meldung‘ keine Relevanz. Da sie ein Element innerhalb eines Satzes durch die Ausgrenzung hervorheben und damit betonen, passt das Fehlen von Parzellierungen zu dem sachlichen Stil der TS ‚Meldung‘.

Die Ergebnisse zur syntaktischen Gestaltung des Fließtexts stimmen mit der bereits anhand der Analyse der Makrostrukturen erkannten Funktion der TS ‚Meldung‘ überein, möglichst knapp und ohne sprachliche Auffälligkeiten über ein Thema zu informieren.

2.3.3 Die Syntax der Textsorte ‚Kurzmeldung‘

2.3.3.1 Die Überschrift

Die TS ‚Kurzmeldung‘ besitzt im Zentralbereich eine einzeilige Überschrift. Diese besteht bei der TSV ‚Berichtigung‘ immer und bei der TSV ‚Kurzmeldung i.e.S.‘ überwiegend (84 %) aus einem isoliert gebrauchten einfachen Satz. Dabei kann es sich sowohl um einen Nominalsatz (67 % bzw. 38 %) als auch um einen Verbalsatz (33 % bzw. 46 %) handeln. Die Nominalsätze sind bei den ‚Kurzmeldungen i.e.S.‘ fast ausschließlich mindestens zweigliedrig (99 %, Bsp. (1)) und bei den ‚Berichtigungen‘ immer eingliedrig (2). Die Verbalsätze weisen bei den ‚Kurzmeldungen i.e.S.‘ mindestens eine Zweiwertigkeit des Verbs auf

663 ‚Meldung‘, „Asturien-Preis für Bob Dylan“, 14. Juni 2007, Seite 25.

664 ‚Meldung‘, „Schriftsteller Wolfgang Hilbig ist tot“, 3. Juni 2007, Seite 26.

665 ‚Meldung‘, „Schlingensief: Wiedersehen in Bayreuth?“, 28. August 2007, Seite 22.

(93 %, Bsp. (3)), während der einzige Verbalsatz der ‚Berichtigungen' eine Einwertigkeit des Verbs zeigt (4):

(1) Ü: Grimmelshausen-Preis für Zaimoglu[666]
(2) Ü: Nachtrag[667]
(3) Ü: Berliner Philharmoniker spenden für Berliner Musikschule[668]
(4) Ü: Simon Stephens „Motortown" ist der ausländische Kritiker-Hit[669]

Das relativ seltene Auftreten von Verbalsätzen mit einwertigen Verben bzw. eingliedrigen Nominalsätzen lässt sich damit begründen, dass die Überschrift der TS ‚Kurzmeldung' immer nur einzeilig ist und bereits einen größeren inhaltsseitigen Überblick geben soll. Daher beinhaltet sie nicht nur ein Schlagwort, sondern eine komplexere Aussage, die aus mehreren Satzgliedern besteht.

Bei 16 Prozent der untersuchten TE der ‚Kurzmeldungen i.e.S.' tritt eine Überschrift auf, die aus zwei isoliert gebrauchten einfachen Sätzen besteht. Diese sind wie bei der TS ‚Meldung' durch einen Doppelpunkt getrennt:

(5) Ü: Stiftung Haus der Geschichte: Hans Walter Hütter neuer Präsident[670]

Auch hier handelt es sich bei dem ersten Satz fast immer um einen Nominalsatz, der das Themenfeld vorgibt und durch den Satz nach dem Doppelpunkt näher erläutert wird.

Funktional stimmt die Überschrift der ‚Kurzmeldungen' mit derjenigen der ‚Meldung' überein. Auch diese hat die Funktion, das Thema des TE möglichst knapp und präzise zu benennen und dem Leser so eine inhaltliche Orientierung zu ermöglichen. Auch die einzige zweigliedrige Überschrift (6) übernimmt diese Funktion. Haupt- und Unterzeile verhalten sich dabei wie die beiden Sätze der einzeiligen Überschriften, die durch einen Doppelpunkt getrennt sind:

(6) HZ: Edle Stifter
UZ: Statue für Bode-Museum[671]

666 ‚Kurzmeldung i.e.S', „Grimmelshausen-Preis für Zaimoglu", 28. Juni 2007, Seite 27.

667 ‚Berichtigung', „Nachtrag", 9. Juni 2007, Seite 31.

668 ‚Kurzmeldung i.e.S', „Berliner Philharmoniker spenden für Berliner Musikschule", 5. Juni 2007, Seite 25.

669 ;Berichtigung', „Simon Stephens „Motortown" ist der ausländische Kritiker-Hit", 31. August 2007, Seite 27.

670 ‚Kurzmeldung i.e.S', „Stiftung Haus der Geschichte: Hans Walter Hütter neuer Präsident", 7. Juni 2007, Seite 29.

671 ‚Kurzmeldung i.e.S', „Edle Stifter", 21. Juli 2007, Seite 24.

Zwei der drei TE der TSV ‚Berichtigung' zeigen gegenüber den übrigen Überschriften der TS ‚Kurzmeldung' eine Besonderheit. Der Themenhinweis dieser Überschriften zeigt zugleich an, dass die TE eine Richtigstellung bzw. Ergänzung der Redaktion beinhalten („Berichtigung"[672] und „Nachtrag"[673]).

2.3.3.2 Der Fließtext

Die TE der ‚Kurzmeldung i.e.S.' weisen eine durchschnittliche Textlänge von vier Sätzen auf. Das kürzeste TE konstituiert sich aus einem Satz, mehr als 13 Sätze treten bei keinem TE auf.[674] Die TE der ‚Berichtigungen' sind mit durchschnittlich zwei Sätzen nochmals kürzer. Der Fließtext der ‚Kurzmeldungen' wird zu einem noch größeren Prozentsatz als derjenige der ‚Meldungen' (58 %) aus isoliert gebrauchten einfachen Sätzen gebildet (‚Kurzmeldung i.e.S. 67 % und ‚Berichtigung' 71 %). Damit ist von allen untersuchten TS und TSV der Anteil der isoliert gebrauchten einfachen Sätze am Fließtext mit Abstand bei den ‚Kurzmeldungen' am höchsten. Bezüglich der übrigen Ergebnisse sind starke Übereinstimmungen mit der TS ‚Meldung' festzustellen. Wie bei dieser TS konstituieren sich auch hier die isoliert gebrauchten einfachen Sätze durchschnittlich aus vier Satzgliedern und die Verbalsätze dominieren deutlich (98 %). Innerhalb der Gesamtsätze ist ebenfalls die Realisation mit zwei Teilsätzen am stärksten vertreten (75 %), mehr als drei Teilsätze (18 %) kommen nur selten vor.[675] Im Schnitt besteht ein Teilsatz wie bei den ‚Meldungen' aus drei Satzgliedern.

Tab. 22: Überblick über das mindestens einmalige Auftreten von Ausrufesätzen, Fragesätzen, Nominalsätzen und Parzellierungen innerhalb der Textexemplare der zwei Textsortenvarianten der Textsorte ‚Kurzmeldung' im ‚Tagesspiegel'

Textsortenvariante	Ausrufesätze	Fragesätze	Nominalsätze im Fließtext	Parzellierungen
‚Kurzmeldung i.e.S.'	–	–	27 %	–
‚Berichtigung'	–	–	33 %	–

672 ‚Berichtigung', „Berichtigung", 6. Juni 2007, Seite 25.

673 ‚Berichtigung', „Nachtrag", 9. Juni 2007, Seite 31.

674 Vgl. auch Abb. 23 und Kap. III.B.1.2.3.2.

675 Vier Prozent der Gesamtsätze weisen vier, zwei Prozent fünf und ein Prozent sechs Teilsätze auf.

Der Fließtext der TS ‚Kurzmeldung' konstituiert sich im Zentralbereich aus verbalen Aussagesätzen. Andere Satzarten treten bei keinem der untersuchten TE auf. Parzellierungen fehlen ebenfalls vollständig.

Bei 27 Prozent der TE der ‚Kurzmeldungen i.e.S.' kommt mindestens ein Nominalsatz im Fließtext vor. Dabei weisen deutlich mehr TE mindestens einen nominalen Teilsatz (24 %) als einen isoliert gebrauchten einfachen Satz (4 %) auf. Bei 91 Prozent der nominalen Teilsätze handelt es sich um Parenthesen. Diese sind wie bei der TS ‚Meldung' von einer Klammer umgeben in den Gesamtsatz eingeschoben und liefern kurze, aus nur einem Satzglied bestehende Zusatzinformationen. Diese beziehen sich wie bei der TS ‚Meldung' zum Beispiel auf das Alter (z.B. *„Oscar-Preisträger Florian Henckel von Donnersmarck (34) wird als neues Mitglied in die amerikanische Filmakademie aufgenommen.“*[676]), die Lebensspanne (z.B. *„Der Preis erinnert an den in Pforzheim geborenen Humanisten Johannes Reuchlin (1455-1522).“*[677]), die Parteizugehörigkeit (z.B. *„Deren Vorsitzende Erika Steinbach (CDU-MdB) überreichte den mit 10 000 Euro dotierten Preis in der Paulskirche.“*[678]) oder bekannte Werke (z.B. *„Andrea Maria Schenkel (‚Tannöd') sowie die Schauspielerin Monica Bleibtreu erhalten den Corine-„Weltbild“-Leserpreis.“*[679]) einer Person sowie das Erscheinungsjahr (z.B. *„In ‚A Brighter Summer Day' (1991) erzählte er von Jugendgangs, die vom Leben in Amerika träumen.“*[680]) oder den Schätzpreis eines kulturellen Werks (z.B. *„So erzielte ein Gemälde des Symbolisten Ludwig von Hofmann 202 300 Euro (Schätzpreis 25 000 Euro), ein Frauenkopf von Tom Wesselmann kletterte auf 92 820 Euro (Schätzpreis 20 000 Euro) und Rainer Fettings ‚Mondnacht' auf 97 820 Euro (Schätzpreis 15 000 Euro).“*[681]). Daneben nennen nominale Teilsätze eine Kontaktmöglichkeit zu einer Veranstaltung (z.B. *„Zu hören sind unter anderem Werke von Bach, Beethoven, Ligeti, Kurtág und Berio (www.bebersee.de).“*[682]). Ei-

676 ‚Kurzmeldung i.e.S', „Florian Henckel von Donnersmarck in Oscar-Akademie aufgenommen“, 19. Juni 2007, Seite 23.

677 ‚Kurzmeldung i.e.S', „Reuchlinpreis an Historiker Christian Meier vergeben“, 16. Juli 2007, Seite 23.

678 ‚Kurzmeldung i.e.S', „György Konrád erhält Franz-Werfel-Menschenrechtspreis“, 18. Juni 2007, Seite 29.

679 ‚Kurzmeldung i.e.S', „Wilhelm Genazino erhält Corine-Belletristikpreis“, 25. Juli 2007, Seite 21.

680 ‚Kurzmeldung i.e.S', „Filmregisseur Edward Yang gestorben“, 4. Juli 2007, Seite 22.

681 ‚Kurzmeldung i.e.S', „Mehr als 23 Millionen Euro bei der 149. Auktion der Villa Grisebach“, 11. Juni 2007, Seite 23.

682 ‚Kurzmeldung i.e.S', „Klassik auf dem Militärflughafen: das Bebersee Festival 2007“, 13. Juli 2007, Seite 23.

ne weitere Verwendung besteht darin, die Höhe eines Preisgeldes (z.B. *„Die Leipziger Schriftstellerin Angela Krauß ist mit dem Hermann-Lenz-Preis (15 000 Euro) ausgezeichnet worden.“*[683]) oder einen Veranstaltungszeitraum (z.B. *„An der ‚ShContemporary‘ (6. bis 9. September) werden über 120 internationale Galerien und Kunsthändler teilnehmen.“*[684]) zu benennen. Der einzige Nominalsatz innerhalb der TSV ‚Berichtigung‘ verweist ebenfalls in Form einer Parenthese auf eine bestimmte Zeitungsausgabe (z.B. *„Unter der Timberlake-Kritik (8.6.) fehlte der Name der Autorin Nadine Lange.“*[685]). Ein derartiger Nachweis findet sich auch bei den ‚Kurzmeldungen i.e.S.‘ (*„‚Meine Zukunft liegt ganz klar in Frankfurt‘, sagte Hollein der ‚Frankfurter Rundschau‘ (Dienstagsausgabe).“*[686]).

Sechs Prozent der nominalen Teilsätze dienen dazu, eine Quelle für ein Zitat bzw. eine Aussage anzugeben (z.B. *„Er wolle das ‚Suhrkamp-Syndrom‘ vermeiden und den Verlag in fünf Jahren in guten Händen wissen, so Lunkewitz.“*[687]).

Die Hälfte der isoliert gebrauchten einfachen Nominalsätze verweist den Leser auf eine Möglichkeit, sich weiterführende Informationen zu dem Thema des TE zu beschaffen (z.B. *„Details unter www.dresdner-literaturbuero.de.“*[688]). Da ‚Kurzmeldungen‘ nur die nötigsten Informationen präsentieren, vereinfachen die Nominalsätze für den thematisch interessierten Leser eine weitere Auseinandersetzung mit dem Artikelgegenstand. Weitere 38 Prozent der isoliert gebrauchten einfachen Nominalsätze präsentieren eine knappe Aussage, auf die sich der folgende, durch einen Doppelpunkt abgetrennte Satz inhaltsseitig bezieht und die er näher erläutert (z.B. *„Nach Berlin nun der Bund: Auch der Kulturhaushalt des Bundes erhöht sich 2008, auf rund 1,1 Milliarden Euro.“*[689]).

Die Ergebnisse der Syntaxanalyse der TS ‚Kurzmeldung‘ entsprechen in großen Teilen denjenigen der TS ‚Meldung‘. Der größte Unter-

---

683 ‚Kurzmeldung i.e.S‘, „Angela Krauß mit Hermann-Lenz-Preis geehrt“, 24. Juni 2007, Seite 25.

684 ‚Kurzmeldung i.e.S‘, „Neue Messe für zeitgenössische Kunst in Schanghai“, 11. August 2007, Seite 24.

685 ‚Berichtigung‘, „Nachtrag“, 9. Juni 2007, Seite 31.

686 ‚Kurzmeldung i.e.S‘, „Museumschef Max Hollein will nicht nach Berlin“, 11. Juli 2007, Seite 21.

687 ‚Kurzmeldung i.e.S‘, „Aufbau-Verleger Bernd F. Lunkewitz sucht Nachfolger“, 4. Juli 2007, Seite 22.

688 ‚Kurzmeldung i.e.S‘, „Dresdner Lyrikpreis ausgeschrieben“, 29. Juli 2007, Seite 25.

689 ‚Kurzmeldung i.e.S‘, „Der Bund legt nach: Mehr Geld für die Kultur 2008“, 5. Juli 2007, Seite 25.

schied besteht in dem deutlich häufigeren Auftreten von Nominalsätzen im Fließtext (‚Meldung' 57 % gegenüber ‚Kurzmeldung' 27 %).

2.3.4 Die Syntax der Textsorte ‚Porträt'

2.3.4.1 Die Überschrift

Die Überschrift der drei TSV der TS ‚Porträt' ist immer zweizeilig. Die Hauptzeile wird dabei im Zentralbereich von einem isoliert gebrauchten einfachen Satz gebildet, bei dem es sich überwiegend um einen Nominalsatz handelt. Der Nominalsatz ist dabei fast immer eingliedrig (‚Personenporträt' 95 %, ‚Todesporträt' 81 % und ‚Geburtstagsporträt' 100 %).

Tab. 23: Syntaktische Realisation der Hauptzeile bei den Textexemplaren der drei Textsortenvarianten der Textsorte ‚Porträt' im ‚Tagesspiegel'

Textsortenvariante	**ein i.g.e. Satz**		**ein Gesamt-satz**	**2 i.g.e. Sätze**
	NoS	**VeS**		
‚Personenporträt'	70 %	15 %	15 %	–
‚Todesporträt'	77 %	18 %	5 %	–
‚Geburtstagsporträt'	92 %[690]	–	–	–

Bei den ‚Personenporträts' und den ‚Todesporträts' konstituieren sich die übrigen Hauptzeilen aus einem Gesamtsatz. Bei einem TE der ‚Geburtstagsporträts' besteht die Besonderheit, dass die Hauptzeile aus einem Satzglied besteht, welches gemeinsam mit dem Beginn der Unterzeile einen Teilsatz eines Gesamtsatzes bildet.[691]

Beispiele für eingliedrige Nominalsätze:

(1) HZ: Der Spätling[692]
(2) HZ: Der Zeichensetzer[693]
(3) HZ: Der Beat-Revolutionär[694]
(4) HZ: Wunderwerke[695]
(5) HZ: Ordnung der Undinge[696]

690 Bei einem TE wird die Hauptzeile von einem Satzglied konstituiert: HZ: „Der Theaterkracher"; UZ: „…kriegt eine Rose und geht mit uns essen: Heute feiert Claus Peymann am Berliner Ensemble seinen 70. Geburtstag." (‚Geburtstagsporträt', „Der Theaterkracher", 7. Juni 2007, Seite 29).

691 Vgl. vorherige Fußnote.

692 ‚Personenporträt', „Der Spätling", 3. Juli 2007, Seite 23.

693 ‚Geburtstagsporträt', „Der Zeichensetzer", 11. August 2007, Seite 21.

694 ‚Todesporträt', „Der Beat-Revolutionär", 18. August 2007, Seite 21.

695 ‚Todesporträt', „Wunderwerke", 9. Juni 2007, Seite 32.

696 ‚Personenporträt', „Ordnung der Undinge", 6. Juli 2007, Seite 27.

Beispiele für einwertige Verbalsätze:

(6) HZ: Applausordnung muss sein[697]

(7) HZ: Der Autor lebt[698]

Funktional dient die Hauptzeile bei allen drei TSV dazu, durch nicht gleich verständliche Aussagen das Interesse der Leser zu wecken. Diese Aufgabe übernimmt sie auch bei einigen anderen TS (z.B. ‚Bericht').

Bei allen TSV beschreibt die Hauptzeile bei einigen TE zusätzlich in Form eines eingliedrigen Nominalsatzes mit einem Schlagwort den Porträtierten (1-3). Bei den ‚Personenporträts' tritt diese Art der Hauptzeilengestaltung bei 30 Prozent, bei den ‚Todesporträts' bei 41 Prozent und bei den ‚Geburtstagsporträt' sogar bei über der Hälfte aller TE auf (54 %).

Neben der Bezeichnung des Porträtierten kann sich die Hauptzeile auch auf dessen künstlerische Werke (4), eine Aussage oder Lebenseinstellung von ihm (6) oder auf sein künstlerisches Schaffen (5) beziehen. Unabhängig davon, worauf die Hauptzeile genau abzielt, wird nach der Lektüre des Artikels immer ein Bezug zum Porträtierten erkennbar.

Tab. 24: Syntaktische Realisation der Unterzeile bei den Textexemplaren der drei Textsortenvarianten der Textsorte ‚Porträt' im ‚Tagesspiegel'

Textsortenvariante	**ein i.g.e.Satz**		**ein Gesamtsatz**	**mehrere Sätze**
	NoS	**VeS**		
‚Personenporträt'	8 %	22 %	4 %	67 %
‚Todesporträt'	41 %	5 %	–	55 %
‚Geburtstagsporträt'	38 %	–	–	62 %[699]

Die Unterzeile der ‚Personenporträts' besteht bei 30 Prozent der TE aus einem isoliert gebrauchten einfachen Satz, wobei deutlich mehr Verbal- als Nominalsätze vorkommen. Bei den ‚Todesporträts' und ‚Geburtstagsporträts' tritt diese syntaktische Gestaltung bei 46 bzw. 38 Prozent der TE auf, wobei jedoch anders als bei den ‚Personenporträts' die Nominalsätze dominieren bzw. überhaupt keine Verbalsätze nachzuweisen sind (vgl. Tab. 24). Am häufigsten wird die Unterzeile bei allen drei TSV durch zwei Sätze gebildet, wobei zwei verschiedene Varianten vorkommen: Entweder besteht sie aus zwei isoliert gebrauchten einfachen Sätzen (‚Personenporträt' 48 %, ‚Todesporträt' 41 % und ‚Geburtstags-

697 ‚Personenporträt', „Applausordnung muss sein", 8. Juli 2007, Seite 27.

698 ‚Todesporträt', „Der Autor lebt", 18. Juni 2007, Seite 21.

699 Bei einer Überschrift wird die Unterzeile von einem Gesamtsatz und einem isoliert gebrauchten einfachen Satz gebildet, wobei die Hauptzeile ein Satzglied des ersten Teilsatzes des Gesamtsatzes darstellt (vgl. Ausführungen zur Hauptzeile).

porträt‘ 54 %) oder aus einem Gesamtsatz und einem isoliert gebrauchten einfachen Satz (‚Personenporträt‘ 15 %, ‚Todesporträt‘ 14 % und ‚Geburtstagsporträt‘ 8 %). Bei einem TE der ‚Personenporträts‘ konstituiert sich die Unterzeile überdies aus drei isoliert gebrauchten einfachen Sätzen.

Die Realisation der Unterzeile durch einen Gesamtsatz kommt bei den ‚Personenporträts‘ lediglich bei vier Prozent der TE und bei den beiden anderen TSV überhaupt nicht vor.

Beispiele für einen isoliert gebrauchten einfachen Satz:

(8) UZ: Der Berliner Schriftsteller Richard Anders erhält den F.-C.-Weiskopf-Preis[700]

(9) UZ: Der Althistoriker Hans-Joachim Gehrke wird Präsident des Deutschen Archäologischen Instituts[701]

(10) UZ: Der Kunsttheoretiker Rudolf Arnheim ist tot[702]

(11) UZ: Dem Dirigenten Vladimir Ashkenazy zum 70.[703]

Beispiele für zwei isoliert gebrauchte einfache Sätze:

(12) UZ: Kleine weite Welt: Die Fotogalerie Friedrichshain würdigt den DDR-Bildreporter Peter Leske[704]

(13) UZ: Kohle, Kacheln, Ziegelschutt: Zum Tod des Berliner Bildhauers Rainer Mang[705]

(14) UZ: Leichter leben: Zum 70. Geburtstag von Hollywood-Star Robert Redford[706]

Beispiele für einen Gesamtsatz und einen isoliert gebrauchten einfachen Satz:

(15) UZ: Alec Empire führte die Popmusik an eine Schmerzgrenze, wurde berühmt und Berlin für ihn zu klein. Nun kehrt er zurück[707]

(16) UZ: Ein Menschenfischer und Künstlerkönig, so hat er die Bühne geprägt. Zum Tod des großen Theatermannes Kurt Hübner[708]

Die Unterzeile der ‚Porträts‘ hat die Hauptfunktion, den Anlass des Artikels mitzuteilen (‚Personenporträt‘ 74 %, ‚Todesporträt‘ 100 % und ‚Geburtstagsporträt‘ 100 %). Dabei kann es sich bei den ‚Personenporträts‘ um eine Preisverleihung (8), eine aktuelle Veranstaltung (12) oder Neu-

---

700 ‚Personenporträt‘, „Uhren mit Ausgangssperre“, 30. Juni 2007, Seite 22.

701 ‚Personenporträt‘, „Antike auf Chinesisch“, 12. Juli 2007, Seite 29.

702 ‚Todesporträt‘, „Der Seher“, 12. Juni 2007, Seite 25.

703 ‚Geburtstagsporträt‘, „Kämpferherz“„ 6. Juli 2007, Seite 25.

704 ‚Personenporträt‘, „Der Mann, der Marx stürzte“, 7. August 2007, Seite 23.

705 ‚Todesporträt‘, „Kopftänzer der Großstadt“, 20. Juli 2007, Seite 27.

706 ‚Geburtstagsporträt‘, „Der Frieden von Utah“, 18. August 2007, Seite 22.

707 ‚Personenporträt‘, „Der Aufreißer“, 5. August 2007, Seite 27.

708 ‚Todesporträt‘, „Der Herausforderer“, 24. August, Seite 25.

besetzung einer Stelle (9) handeln. Bei den TSV ,Todesporträt' und ,Geburtstagsporträt' ist der Grund für den Artikel entsprechend der Tod (10+13) bzw. der Geburtstag (11+14) der porträtierten Person und wird ausnahmslos in der Unterzeile erwähnt. Entscheidend ist jedoch, dass die TE den Anlass für den Artikel nur am Rande thematisieren und primär der Porträtierte selbst bzw. sein künstlerisches Schaffen im Vordergrund steht.

Die Nennung des Themas bzw. eines Aspektes, der im Artikel ausführlicher behandelt wird, bei TS mit zweizeiliger Überschrift sonst die dominierende Aufgabe der Unterzeile, kommt nur bei den ,Personenporträts' häufiger vor (44 %).[709] Bei den TSV ,Todesporträt' und ,Geburtstagsporträt' tritt diese Funktion nur bei neun Prozent der TE[710] bzw. überhaupt nicht auf. Den Zweck, die Hauptzeile (mehr oder weniger deutlich) zu erklären, übernimmt die Unterzeile bei 27 Prozent der ,Todesporträts',[711] bei den TE der TSV ,Personenporträt' und ,Geburtstagsporträt' kommt diese Funktion seltener vor (19 %[712] bzw. 15 %[713]).

Der Name des Porträtierten tritt bei den ,Todesporträts' und ,Geburtstagsporträts' immer innerhalb der Unterzeile auf, bei den ,Personenporträts' bei 93 Prozent der TE. Die beiden Ausnahmen stellen dabei TE dar, die mehrere Künstler porträtieren. Im Zentralbereich der ,Todesporträts' (91 %) und ,Geburtstagsporträts' (77 %) wird der Name mit dem Beruf des Porträtierten verbunden, bei den ,Personenporträts' tritt diese Nennung nur bei gut der Hälfte der TE auf (56 %).[714] Zusätzlich zu diesen beiden Angaben enthält die Unterzeile der ,Geburtstagsporträts' immer die Geburtstagsmitteilung und das Alter des Geburtstagskindes und die der ,Todesporträts' entsprechend die Nachricht über das Ableben des Porträtierten. Bei beiden Textsortenvarianten treten diese Informationen in einer begrenzten Anzahl von Formulierungen auf.

709 Z.B. UZ: „In den nächsten Wochen geht die Kunstwelt auf Reisen. Wir stellen die Künstler vor, die man kennen muss" (,Personenporträt', „Hin und weg", 4. Juni 2007, Seite 25).

710 Z.B. UZ: „Trauer um Ulrich Mühe: Künstler, Politiker und Weggefährten über den großen Schauspieler" (,Todesporträt', „Klarheit und Eleganz", 26. Juli 2007, Seite 27).

711 Z.B. HZ: „Die Akten zum Sprechen bringen" und UZ: „Zuständig für das Wie, nicht das Warum: Zum Tod des unbeirrbaren Pioniers und Holocaustforschers Raul Hilberg" (,Todesporträt', 7. August 2007, Seite 21).

712 Z.B. HZ: „Was bleibt, wenn sie geht?" Und UZ: „Ursula Prinz gehört zu den festen Größen des Berliner Kunstbetriebs. Nach mehr als 30-jähriger Kuratorentätigkeit verlässt sie nun die „Berliner Galerie"" (,Personenporträt', 8. Juli 2007, Seite 27).

713 Z.B. HZ: „Die Albtraumdeuterin" und UZ: „Was der Feminismus Freud verdankt: Zum 90. Geburtstag der Psychoanalytikerin Margarete Mitscherlich" (,Geburtstagsporträt', 17. Juli 2007, Seite 21).

714 Vgl. für alle drei TSV die Beispiele 8 bis 14.

Bei den ‚Todesporträts' dominiert mit einem Vorkommen bei 86 Prozent aller TE die Wendung „Zum Tod des/der/von…", die durch den Namen und häufig den Beruf des Porträtierten komplettiert wird (13+16). Syntaktisch handelt es sich immer um einen eingliedrigen Nominalsatz, der entweder allein oder in Verbindung mit weiteren Sätzen die Unterzeile konstituiert.

Die ‚Geburtstagsporträts' weisen zwei sehr ähnliche Formulierungen auf, die bei einem Großteil der TE auftreten. Bei 54 Prozent aller TE erscheint die Wendung „(Dem)… zum…", wobei die erste Lücke für den Namen, teilweise in Verbindung mit dem Beruf, und die zweite für die genaue Angabe des Geburtstages steht (11). Das Wort „Geburtstag" wird dabei jedoch nicht ausgeschrieben. Stattdessen wird nur eine Ziffer mit einem Punkt verwendet. Bei der zweiten festen Formulierung „Zum …Geburtstag von/der…" sind die beiden Lücken inhaltlich vertauscht, indem die erste durch die genaue Geburtstagszahl und die zweite durch den Namen und eventuell den Beruf vervollständigt wird (14). Diese tritt bei 31 Prozent aller TE auf. Wie bei den ‚Todesporträts' handelt es sich bei den Wendungen um Nominalsätze, die allein oder gemeinsam mit weiteren Sätzen auftreten.

In beiden TSV bilden die Wendungen syntaktisch den Abschluss der Unterzeile.

2.3.4.2 Der Fließtext

Die ‚Personenporträts' weisen im Durchschnitt 36 Sätze auf, die ‚Todesporträts' 26 und die ‚Geburtstagsporträts' 32. Noch stärker stimmen die drei TSV in ihrem Verhältnis von isoliert gebrauchten einfachen Sätzen zu Gesamtsätzen überein (‚Personenporträts' 35 % zu 65 %, Todesporträts' 38 % zu 62 % und ‚Geburtstagsporträts' 37 % zu 63 %). Innerhalb der isoliert gebrauchten einfachen Sätze dominieren jeweils die Verbalsätze (‚Personenporträts' 95 %, Todesporträts' 94 % und ‚Geburtstagsporträts' 79 %).

Tab. 25: Überblick über das mindestens einmalige Auftreten von Ausrufesätzen, Fragesätzen, Nominalsätzen und Parzellierungen innerhalb der Textexemplare der drei Textsortenvarianten der Textsorte ‚Porträt' im ‚Tagesspiegel'

Textsortenvariante	Ausrufesätze	Fragesätze	Nominalsätze im Fließtext	Parzellierungen
‚Personenporträt'	–	19 %	88 %	56 %
‚Todesporträt'	9 %	18 %	100 %	50 %
‚Geburtstagsporträt'	23 %	38 %	100 %	77 %

Ausrufesätze kommen bei der TSV ‚Personenporträt' nicht vor. Bei den ‚Geburtstagsporträts' weisen drei der 13 TE, bei den ‚Todesporträts' zwei der 32 TE (mindestens) einen Ausrufesatz auf bzw. in einem Fall (s.u.) einen durch ein Ausrufezeichen hervorgehobenen Satzgliedteil. Die Ausrufesätze dienen dazu, die Aussage des Autors zu betonen. In allen fünf Fällen sind die Ausrufesätze (bzw. der Satzgliedteil) mit einem weiteren Hervorhebungsmittel verbunden: In dem Satz *„Ja, ruft der Bürostellwerkangestellte in uns, jaaa!*"[715] dienen die drei As in dem Wort *„jaaa*" der zusätzlichen Bekräftigung der Aussage. Bei dem Nominalsatz *„In diesem Sinne!*"[716] handelt es sich um den letzten Satz des Fließtexts, wodurch er eine exponierte Stellung besitzt. Die beiden Ausrufesätze in dem Gesamtsatz *„Vom bewegend geläuterten Vater in ‚Kramer gegen Kramer' (1979, erster Oscar für Hoffman) bis zum anrührenden Autisten in ‚Rain Man' (1988, zweiter Oscar), vom tragikomischen Frauenfummel-Mimen in ‚Tootsie' (1982) bis jüngst zum lustigen Althippie in ‚Meine Frau, ihre Schwiegereltern und ich' – was hat dieser 1,68 Meter kleine Hollywood-Riese nicht alles gespielt! Und vor allem: von Kontrast zu Kontrast immer wieder überzeugend verkörpert!*"[717] sind zum einen voneinander parzelliert, zum anderen wird der zweite durch einen Doppelpunkt nach dem ersten Satzglied zusätzlich unterteilt. Beides dient der Hervorhebung, indem der Lesefluss bewusst gestört und der Leser so zu einem genaueren Hinsehen veranlasst wird. Ein Ausrufesatz der ‚Todesporträts' ist durch Spiegelstriche vom übrigen Satz abgehoben (*„Ich bin überzeugt, dass Prigow – und das ist eine sehr russische Eigenschaft! – alles sehr ernst meinte.*"[718]), bei einem zweiten TE wird ein Satzgliedteil durch ein Ausrufezeichen und durch die Klammersetzung vom restlichen Satz getrennt und somit stark betont (*„Wilsons popmusikalische Initiation (und die des Punk!) war das erste Konzert der Sex Pistols 1976 in Manchester.*"[719]). Nach den Regeln der Zeichensetzung dürfte in beiden Fällen kein Ausrufezeichen gesetzt werden, da dieses zum einen ausschließlich am Satzende steht und zum anderen nur der Begrenzung von Sätzen dient. Indem diese Regeln bewusst missachtet werden, wird die Aufmerksamkeit des Lesers auf den Teilsatz bzw. den Satzgliedteil gelenkt.

Auch Fragesätze treten am häufigsten bei den ‚Geburtstagsporträts' auf (38 %), bei den beiden anderen TSV weist etwa jedes fünfte TE diese

715 ‚Geburtstagsporträt', „Keine andre Zeit als diese", 7. Juni 2007, Seite 30.
716 ‚Geburtstagsporträt', „Das Dahlemer Gefühl", 15. Juni 2007, Seite 25.
717 ‚Geburtstagsporträt', „Der Unbestechliche", 8. August 2007, Seite 24.
718 ‚Todesporträt', „Der Autor lebt", 18. Juli 2007, Seite 21.
719 ‚Todesporträt', „Partylegende", 14. August 2007, Seite 21.

Satzart auf (‚Personenporträt‘ 19 %, Todesporträt‘ 18 %). Funktional dienen die Fragesätze überwiegend dazu, Fragen, die sich zu dem Porträtierten, seiner Arbeit etc. ergeben, zu formulieren, um im Anschluss eine Antwort zu präsentieren (z.B. *„Seine größte Rolle also? Natürlich nicht. Die bleibt fürs Kino.“*[720] oder *„Und was macht ein Berliner Bildhauer-Urgestein, das seine ersten Erfahrungen als Baulehrling und Schreinereipraktikant sammelte, aus den zartgliedrigen Figuren des Florentiner Quattrocento? Die italienische Läuterung führte Mang zur Figürlichkeit.“*[721]). Diese erfolgt entweder wie in den obigen Beispielen durch den Autor oder durch Zitate bzw. eine zusammenfassende Meinungswiedergabe des Porträtierten. Im letzten Fall ist anhand der Antworten oft erkennbar, dass die Fragen dem Porträtierten vom Autor tatsächlich gestellt worden sind (z.B. *„Was muss ein guter Inspizient eigentlich können? ‚Schnelle Entscheidungen treffen, Technik beherrschen, Stück beherrschen, drüberstehen.‘ Drüberstehen? ‚Ja, man muss...“*[722]).

Bei allen drei TSV kommt eine weitere Fragefunktion vor, die jedoch jeweils nur bei einem, maximal zwei TE auftritt. Der Autor nutzt dort die Fragen, um seine Überlegungen zu einem Thema in Worte zu fassen (z.B. *„Man kommt auch ziemlich durcheinander zurzeit. Macht nicht das Comedy-Duo Icke & Er jetzt ebenfalls auf Reggae samt berlinisch eingefärbter Sprach-Parodie? Und was, bitte, unterscheidet Kantates Coverversionen berühmter Achtziger-Jahre-Hits von den Albernheiten der fernsehüblichen Retro-Shows? Reicht es, über eine vielleicht etwas feiner justierte Ironie zu verfügen?“*[723]). Anders als beim zuvor behandelten Fragetyp erfolgt keine Antwort im folgenden Fließtext, wodurch der Leser dazu angehalten wird, selbst über die Fragen nachzudenken.

Bei einem TE der ‚Geburtstagsporträts‘ kommt als dritte Funktion der Fragen hinzu, durch diese die Meinung des Autors zu einem bestimmten Aspekt zum Ausdruck zu bringen. Die Frage ist so formuliert, dass sie nur eine Beantwortung zulässt und den Leser gezielt auf einen bestimmten Aspekt hinweist (*„Das Theater hat sich der Gesellschaft bis zur Unkenntlichkeit assimiliert, und wenn Claus Peymann unermüdlich Christian Klar einen Praktikumsplatz am BE andient (wird Klar dafür nicht langsam zu alt?), bedeutet das auch, dass die alten Erregungsmuster fadenscheinig geworden sind.“*[724]). Dementsprechend fehlt auch hier

720 ‚Geburtstagsporträt‘, „Der Unbestechliche“, 8. August 2007, Seite 24.

721 ‚Todesporträt‘, „Kopftänzer der Großstadt“, 20. Juli 2007, Seite 27.

722 ‚Personenporträt‘, „Applausordnung muss sein“, 8. Juli 2007, Seite 27.

723 ‚Personenporträt‘, „König von Kreuzberg“, 19. August 2007, Seite 27.

724 ‚Geburtstagsporträt‘, „Der Theaterkracher“, 7. Juni 2007, Seite 29.

eine Antwort im weiteren Fließtext. Durch die Klammer wird der Fragesatz zusätzlich hervorgehoben.

Tab. 26: Überblick über das mindestens einmalige Auftreten von Nominalsätzen (isoliert gebrauchten einfachen Nominalsätzen und nominalen Teilsätzen) innerhalb der Textexemplare der drei Textsortenvarianten der Textsorte ,Porträt' im ,Tagesspiegel'

Textsortenvariante	**Nominalsätze im Fließtext**	**i.g.e. NS**	**nominale TS**
,Personenporträt'	88 %	28 %	88 %
,Todesporträt'	100 %	27 %	100 %
,Geburtstagsporträt'	100 %	69 %	100 %

Das Auftreten mindestens eines Nominalsatzes liegt bei allen drei TSV im Zentralbereich, wobei isoliert gebrauchte einfache Nominalsätze jeweils deutlich seltener auftreten als nominale Teilsätze.

Funktional dienen nominale Teilsätze öfter dazu, in Form von eingeklammerten Parenthesen kurze Zusatzinformationen zu liefern. Diese treten jedoch weder so häufig auf wie bei den TS ,Bericht', ,Meldung' und ,Kurzmeldung', noch sind sie inhaltsseitig so verschieden. Sie dienen fast immer dazu, das Erscheinungsjahr eines bekannten Werks des Porträtierten anzugeben (z.B. *„Gehrke schreibt historische Überblickswerke wie die ,Kleine Geschichte der Antike' (1999) oder seine vielbeachtete Biografie Alexanders des Großen.*",[725] *„Von ihrer politischen Seite zeugen unter anderem die Wortmeldungen ,Just As I Thought' (1998).*"[726] oder *„Thematisch am nächsten dran an jenem fulminanten Berliner Auftritt ist wohl sein Reporter Carl Bernstein in ,Die Unbestechlichen' (1976), der zusammen mit Bob Woodward alias Robert Redford dem US-Präsidenten Nixon als hartnäckiger Watergate-Rechercheur politisch den Garaus machte.*"[727]). Bei den ,Personenporträts' geben sie selten auch den Titel eines Werkes an (z.B. *„Es ist Musik für das Volk über das Volk, vertonte Sozialstudien (,Castingallee') und tanzbare Ohrwürmer (,Doreen aus Mecklenburg'), mit denen sich Reinald Grebe auf eine Safari durch die Republik begibt.*"[728]) und bei den ,Geburtstagsporträts' vermitteln sie gelegentlich weiterführende Angaben zu einem künstlerischen Produkt der porträtierten Person (z.B. *„Mit historischen Techniken experimentiert hat David Hockney schon immer – und sich*

725 ,Personenporträt', „Antike auf Chinesisch", 12. Juli 2007, Seite 29.
726 ,Todesporträt', „Die Ellipsenkönigin", 29. August 2007, Seite 25.
727 ,Geburtstagsporträt', „Der Unbestechliche", 8. August 2007, Seite 24.
728 ,Personenporträt', „Panther sind auch nur Menschen", 10. Juni 2007, Seite 27.

Klassiker zum Vorbild genommen, wie er in seinem faszinierenden Buch ‚Geheimes Wissen' erläutert (Knesebeck, 2001).“[729]).

Bei mehreren TE aller drei TSV beginnen Gesamtsätze mit einem nominalen Teilsatz, der aus den Satzäquivalenten „ja“ oder „nein“ besteht (z.B. „*Ja, und Lyrikerin war sie auch.*“[730] oder „*Nein, das Thema ‚Frau und Komposition' hat Ruth Zechlin nie sonderlich interessiert.*“[731]) oder aus einem Satzglied aus maximal zwei Wörtern (z.B. „*Klar, wer so vielseitig ist, hasst Etiketten.*“,[732] „*Nicht, dass Leske nicht mitverfolgt hätte, was sich bei der Konkurrenz jenseits der Grenzen tat, was bei ‚Stern', ‚Geo' oder ‚Life' so alles möglich war.*“[733] oder „*Kein Wunder, dass er sich stets zu den traditionsreichen ostdeutschen Orchestern hingezogen fühlte, die ebenfalls für ihren großen Ernsten* [sic] *im Umgang mit den Monumenten der Tonkunst gerühmt werden.*“[734]) und der dem oder den folgenden Teilsätzen eine kurze Einschätzung oder Bewertung voranstellt.

Nur sehr wenige nominale Teilsätze dienen dazu, die Quelle zu einem Zitat oder einer Aussage in Form einer Parenthese in Klammern (z.B. „*Dieser ‚berlinischste aller Bildhauer' (Heinz Ohff) arbeitete zwar weiterhin mit seinem groben Material, doch nahm es nun konkrete Formen an und bekam Menschengestalt.*“[735]) oder in der Wendung „so X“ anzugeben (z.B. „*Physisch, so Ashkenazy, sei er für das Klavierspiel eigentlich gar nicht geschaffen.*“[736]), was bei den TS ‚Bericht' und ‚Meldung' häufiger auftritt.

In allen drei TSV werden bei einigen TE mit Hilfe isoliert gebrauchter einfacher Nominalsätze (z.B. „*Eine monumentale, komplexe Reflexion über Schein und Sein, in der Tier- wie in der Kunstwelt.*“,[737] „*Unglauben zunächst, und ein fast makabres Déjà vu.*“[738] oder „*Schöner Spuk.*“[739]) oder nominale Teilsätze (z.B. „*Ein unsichtbarer Typ, dessen Gang etwas Schleichendes hat.*“,[740] „*Im Rückblick eine revolutionäre Tat, der sich Roach jedoch nicht bewusst war:* “[741] oder „*Die frustrieren-*

729 ‚Geburtstagsporträt', „Splash!“, 9. Juli 2007, Seite 26.
730 ‚Geburtstagsporträt', „Der Theaterkracher“, 7. Juni 2007, Seite 2.
731 ‚Todesporträt', „Farben und Felder“, 7. August 2007, Seite 21.
732 ‚Personenporträt', „Der Zeremonienmeister“, 25. August 2007, Seite 22.
733 ‚Personenporträt', „Der Mann, der Marx stürzte“, 7. August 2007, Seite 23.
734 ‚Geburtstagsporträt', „Nordlichter“, 11. Juli 2007, Seite 21.
735 ‚Todesporträt', „Kopftänzer der Großstadt“, 20. Juli 2007, Seite 27.
736 ‚Geburtstagsporträt', „Kämpferherz“, 6. Juli 2007, Seite 25.
737 ‚Personenporträt', „Von Wespen und Menschen“, 28. Juli 2007, Seite 24.
738 ‚Todesporträt', „Hundert Stunden Einsamkeit“, 1. August 2007, Seite 21.
739 ‚Geburtstagsporträt', „Keine andere Zeit als diese“, 7. Juni 2007, Seite 30.
740 ‚Personenporträt', „Der Umweg ist das Ziel“, 24. Juli 2007, Seite 23.
741 ‚Todesporträt', „Der Beat-Revolutionär“, 18. August 2007, Seite 21.

de Erkenntnis, dass der Kommunismus russischer wie chinesischer, albanischer wie kubanischer Prägung auf der Entmündigung des Individuums und der Vergötzung des Staates beruhte – Totalität war das richtige Wort dafür.“[742]) kurze Bewertungen abgegeben.

Isoliert gebrauchte einfache Nominalsätze werden bei einigen TE auch dazu verwendet, das Thema des folgenden, durch einen Doppelpunkt abgetrennten Satzes zu benennen bzw. einen ersten inhaltsseitigen Bezug zu liefern (z.B. „*Die letzte ‚Manon'-Aufführung vor acht Wochen: Es hatte ihn heftig erwischt.*“,[743] „*Sächsische Herkunft, Studienort Leipzig, Musikszene DDR, Cembalo, Orgel: Ruth Zechlin war zunächst auf eher konservative Weise geprägt von Bachs Polyphonie.*“[744] oder „*Der Popkünstler, der Lebenskünstler, der Erfolgskünstler: Hockney, der heute vor 70 Jahren in dem britischen Arbeiterort Bradford geboren wurde und seit den Sechzigern in Kalifornien lebt, gilt als einer der beliebtesten Künstler der Gegenwart – passionierter Raucher, bekennender Homosexueller und einer der reichsten Maler der Welt.*“[745]). Im letzten Beispielsatz beinhaltet der auf den Doppelpunkt folgende Gesamtsatz einen weiteren nominalen Teilsatz, der dazu dient, den Porträtierten durch drei gereihte Nuklei zu beschreiben.

Kurze Fragesätze aus überwiegend eingliedrigen isoliert gebrauchten einfachen Nominalsätzen, wie sie bei den TS ‚Bericht', ‚Kommentar' und ‚Interview' häufig vorkommen, treten bei den ‚Geburtstagsporträts' vereinzelt auf (z.B. „*Nachfolger?*“[746] oder „*Der philharmonische Geist als unverrückbare Größe?*“[747]). Bei den ‚Personenporträts' und ‚Todesporträts' fehlen sie vollständig.

Bei den ‚Personenporträts' weisen 56 Prozent, bei den ‚Todesporträts' 50 Prozent und bei den ‚Geburtstagsporträts' 77 Prozent der TE mindestens eine Parzellierung im Fließtext auf. Häufig handelt es sich bei den parzellierten Elementen um Satzgliedteile (‚Personenporträts' 32 %, ‚Todesporträts' 43 % und ‚Geburtstagsporträts' 33 %):

(a) Kicken blieb im Kunsthandel und wurde einer der wichtigsten Galeristen für Fotografie, während Schürmann perfektionierte, was ihn ohnehin mehr interessierte – das Sammeln. Und das eigene Fotografieren.[748]

742 ‚Geburtstagsporträt', „Wasser und Champagner“, 19. Juni 2007, Seite 23.
743 ‚Personenporträt', „Applausordnung muss sein“, 8. Juli 2007, Seite 27.
744 ‚Todesporträt', „Farben und Felder“, 7. August 2007, Seite 21.
745 ‚Geburtstagsporträt', „Splash“, 9. Juli 2007, Seite 26.
746 ‚Geburtstagsporträt', „Der Theaterkracher“, 7. Juni 2007, Seite 29.
747 ‚Geburtstagsporträt', „Das Dahlemer Gefühl“, 15. Juni 2007, Seite 25.
748 ‚Personenporträt', „Böse Buben“, 21. Juli 2007, Seite 24.

(b) Hinzu kommen Fernseharbeiten, wie nach der Wende „Der Laden“ und vor allem „Liebling Kreuzberg“, mit Manfred Krug als eigensinnigen Anwalt. Und Theaterstücke, „Buridans Esel“, „Zeit der Wölfe“ oder „Mörderkind“.[749]

(c) Tatsächlich gleicht der funkeläugige, den kahlen Rundschädel mit mächtigem Bart umrahmende Autor bisweilen einem bayerischen Jupiter. Einem mal wütenden, mal liebenden Gott, der nicht nur keine anderen Götter neben sich duldet.[750]

Neben Satzgliedteilen werden oft Teilsätze parzelliert (‚Personenporträts‘ 58 %, ‚Todesporträts‘ 38 % und ‚Geburtstagsporträts‘ 57 %). Bei den TSV ‚Personenporträt‘ und ‚Todesporträt‘ weisen die parzellierten Teilsätze größtenteils die syntaktische Funktion eines Nebensatzes auf (‚Personenporträts‘ 70 %, ‚Todesporträts‘ 80 %), während diese Funktion bei den ‚Geburtstagsporträt‘ weniger deutlich gegenüber der eines Hauptsatzes überwiegt (59 %):

(d) Die Musik spielt währenddessen unbeirrt weiter. Bis sich die Ruinen alter Volksweisen beinahe beiläufig mit Trinkliedern, Schnappi oder Xavier Naidoo vermischen.[751]

(e) Sie waren aber anders, diese Gedichte, habe ich später gemerkt. Weil in ihnen eine ernste und clevere Dümmlichkeit steckte.[752]

(f) Süffiger Wohllaut. Wobei Leister die Diskussion um den „deutschen Klang“, den die Philharmoniker unter Simon Rattle eingebüßt haben sollen, gelassen sieht.[753]

Die syntaktische Funktion der Nebensätze lässt sich über die Einleitungswörter (*bis* (d), *weil* (e), *wobei* (f)) und die Endstellung der finiten Verben (*vermischen* (d), *steckte* (e), *sieht* (f)) eindeutig bestimmen. Die parzellierten Hauptsätze sind über Ellipsen aufgrund von Vorerwähntheit mit den vorangegangenen Teilsätzen verbunden, was sie als Teilsätze der Gesamtsätze ausweist:

(g) Es hat sie offenbar nur einsamer gemacht. Und ihnen, zur Strafe, die Sehnsucht gelassen.[754]

(h) Jetzt will Peymann noch einmal den „Faust“ stemmen. Und wohl noch ein paar Jahre dranhängen, bis 2011.[755]

749 ‚Todesporträt‘, „Schwebende Legende vom Glück“, 10. August 2007, Seite 25.
750 ‚Geburtstagsporträt‘, „Der falsche Feminist“, 10. Juli 2007, Seite 21.
751 ‚Personenporträt‘, „Panther sind auch nur Menschen“, 10. Juni 2007, Seite 27.
752 ‚Todesporträt‘, „Der Autor lebt“, 18. Juli 2007, Seite 21.
753 ‚Geburtstagsporträt‘, „Das Dahlemer Gefühl“, 15. Juni 2007, Seite 25.
754 ‚Todesporträt‘, „Hundert Stunden Einsamkeit“, 1. August 2007, Seite 21.
755 ‚Geburtstagsporträt‘, „Der Theaterkracher“, 7. Juni 2007, Seite 29.

(i) „Einen [sic] Sommerhit macht noch keinen Schwalbenschwarm“, sagt er nüchtern. Und singt auf seiner neuen Platte auch von den Regeln, die hinter den Kulissen über Triumph oder Vergessen entscheiden.[756]

In den Beispielsätzen (g) und (h) liegen jeweils eine Verbal-Ellipse (*hat* (g), *will* (h)) und eine Subjekt-Ellipse (*es* (g), *Peymann* (h)) vor, in Beispiel (i) lediglich eine Subjekt-Ellipse (*er*).

Bei allen drei TSV handelt es sich bei den parzellierten Elementen am seltensten um Satzglieder (‚Personenporträts‘ 11 %, ‚Todesporträts‘ 20 % und ‚Geburtstagsporträts‘ 10 %):

(j) Das werden sie auch weiterhin tun. Definitiv.[757]

(k) Diese wiederum wissen seine herzliche Aufgeschlossenheit zu schätzen. Beim DSO und demnächst auch bei den Philharmonikern in Berlin.[758]

(l) Und zum Hit dieser Tage avancierte ein raffiniert gebauter Dancehall-Stampfer namens „Görli, Görli“. Zumindest in Berlin, das immer dankbar für eine Hymne ist.[759]

Die parzellierten Satzgliedteile, Nebensätze, Hauptsätze oder Satzglieder stellen nicht immer das Ende des Gesamtsatzes dar, sondern an sie können ein bis mehrere Teilsätze anschließen ((c), (i) und (l)). In einen parzellierten Teilsatz kann zudem ein weiterer Teilsatz eingeschoben sein (f).

Auch bei der TS ‚Porträt‘[760] treten TE auf, die mehrere Parzellierungen innerhalb eines Satzes aufweisen. Dies bewirkt eine noch stärkere Hervorhebung der parzellierten Elemente:

(m) In die Lindenoper kommt alles, was Rang und Namen hat. Bernd Eichinger zum Beispiel, der hier „Parsifal“ inszeniert hat. Vincent Paterson, der vor „Manon“ Musikvideos mit Madonna und Michael Jackson drehte. Sasha Waltz, die mit „Dido und Aeneas“ ihre erste Oper choreografierte und viele berühmte Solisten, die in der Presse als „schwierig“ beschrieben werden.[761]

(n) Und so kommt’s, dass sein Gesicht sich trotz vier Dutzend Kinofilmen in vier Jahrzehnten keineswegs verbraucht hat. Dass es, weil neugierig auf das Neue, auch immer wieder neugierig macht auf das Neue in sich selbst. Wovon sich so mancher Hollywood-Star, zur Feier dieses Tages, gleich drei Scheiben abschneiden könnte.[762]

756 ‚Personenporträt‘, „König von Kreuzberg“, 19. August 2007, Seite 27.

757 ‚Todesporträt‘, „Der Autor lebt“, 18. Juli 2007, Seite 21.

758 ‚Geburtstagsporträt‘, „Kämpferherz“, 6. Juli 2007, Seite 25.

759 ‚Personenporträt‘, „König von Kreuzberg“, 19. August 2007, Seite 27.

760 Die mehrfache Parzellierung eines Satzes tritt auch bei den TS ‚Bericht‘ und ‚Kommentar‘ auf.

761 ‚Personenporträt‘, „Applausordnung muss sein“, 8. Juli 2007, Seite 27.

762 ‚Geburtstagsporträt‘, „Der Unbestechliche“, 8. August 2007, Seite 24.

Im Beispielsatz (m) finden drei Parzellierungen eines Satzgliedteils statt, bei denen es sich jeweils um die Beispiele für bekannte Personen handelt, die in der Lindenoper auftreten. An alle parzellierten Satzgliedteile schließt jeweils ein Teilsatz in der Funktion eines Nebensatzes an. In Beispiel (n) werden zwei Teilsätze in der Funktion eines Nebensatzes parzelliert, wobei in den ersten ein weiterer nominaler Teilsatz integriert ist.

2.3.5 Die Syntax der Textsorte ‚Kommentar'

2.3.5.1 Die Überschrift

Die TSV ‚Freier Kommentar' und die beiden Gruppen der TSV ‚Kritik' besitzen im Zentralbereich eine zweizeilige Überschrift (‚Freier Kommentar' 100 %, ‚Großkritik' 98 % und ‚Reihenkritik' 87 %). Die Hauptzeile wird dabei meistens von einem isoliert gebrauchten einfachen Satz gebildet (‚Großkommentar' 100 %, ‚Reihenkommentar' 97 %, ‚Großkritik' 93 % und ‚Reihenkritik' 93 %), bei dem es sich außer bei den ‚Großkommentaren' (33 %) überwiegend um einen Nominalsatz handelt (‚Reihenkommentar' 89 %, ‚Großkritik' 84 % und ‚Reihenkritik' 90 %), der vorrangig eingliedrig ist (‚Reihenkommentar' 69 %, ‚Großkritik' 68 % und ‚Reihenkritik' 85 %). Die TSV ‚Freier Kommentar' und ‚Kritik' zeigen bei der Konstitution der Hauptzeile in etwa dieselben Ergebnisse. Bezüglich der syntaktischen Gestaltung der Unterzeile und teilweise in den Funktionen der beiden Überschriftenteile unterscheiden sich jedoch sowohl die TSV ‚Freier Kommentar' und ‚Kritik' als auch die beiden Gruppen der TSV jeweils erheblich, sodass diese im Folgenden separat behandelt werden.

Alle drei Hauptzeilen der ‚Großkommentare' erregen durch ungewöhnliche (1) oder offene (2+3) Aussagen das Interesse der Leser, wobei zwei von ihnen zusätzlich einen Verweis auf das Thema der TE liefern (2+3):

(1) HZ: Stirnbänderdehnung
UZ: Die deutsche Autoren-Nationalmannschaft beim Fußball-Word-Cup in Malmö / Von Moritz Rinke[763]

(2) HZ: Worüber wir reden
UZ: Schießbefehl, Nazivergangenheit, Klimawandel: Wie Debatten die Welt nicht verändern / Von Thomas Brussig[764]

763 ‚Großkommentar', „Stirnbänderdehnung", 14. Juni 2007, Seite 26.
764 ‚Großkommentar', „Worüber wir reden", 16. August 2007, Seite 21.

(3) HZ: Nur die Wurst hat zwei
UZ: Die Welt zittert um Harry Potters Schicksal. Aber wozu braucht die Kunst überhaupt ein Ende?[765]

Die Unterzeilen bestehen jeweils aus zwei isoliert gebrauchten einfachen Sätzen, die syntaktisch unterschiedlich gestaltet sind. Funktional verweisen sie auf das Thema des TE und erklären die Hauptzeile näher. Die Unterzeile, unter der fünf TE erschienen (3), endet mit einer Fragestellung, auf welche die Einzelkommentare thematisch eingehen. Die anderen beiden schließen mit einem isoliert gebrauchten einfachen Nominalsatz, der den Namen des Verfassers angibt und durch eine Virgel vom vorherigen Satz abgehoben wird (1+2).

Allen Hauptzeilen der ‚Reihenkommentare' ist gemein, dass sie vorrangig dazu dienen, das Interesse des Lesers zu wecken (100 %). Dazu werden neben nicht gleich erschließbaren Sätzen (4+5) auch bewusst absurde, rätselhafte Formulierungen (5+6) verwendet. Einige Hauptzeilen (32 %) enthalten zudem einen mehr oder weniger deutlichen Themenhinweis (8+9). Bei der Serie „**DER** *feine* **UNTERSCHIED**" stellt die Hauptzeile immer zwei Aspekte gegenüber, die durch ein *oder* getrennt sind und auf den Inhalt verweisen (8):

(4) HZ: Das Kapital unter Verdacht[766]
(5) HZ: Der, die, daß[767]
(6) HZ: Das menschliche Störfeld[768]
(7) HZ: Der Download Gottes[769]
(8) HZ: Episch oder lakonisch[770]
(9) HZ: In der Wagner-Wiege[771]

Die Unterzeile der Gruppe ‚Reihenkommentar' besteht bei 92 Prozent aller TE aus einem isoliert gebrauchten einfachen Satz, womit dieses Merkmal im Zentralbereich liegt. Bei diesem handelt es sich zu etwa gleichen Anteilen um einen Nominalsatz (13-16) oder Verbalsatz (10-12). Funktional gibt die Unterzeile das Thema des Artikels bzw. einen mehr oder weniger konkreten Hinweis darauf an (76 %) und enthält immer den Namen

765 ‚Großkommentar', „Nur die Wurst hat zwei", 21. Juli 2007, Seite 21.
766 ‚Reihenkommentar', „Serie C", „Das Kapital unter Verdacht", 20. Juni 2007, Seite 21.
767 ‚Reihenkommentar', „Serie C", „Der, die, daß", 1. August 2007, Seite 21.
768 ‚Reihenkommentar', Serie „**AUF** *Schlag*", „Das menschliche Störfeld", 18. Juni 2007, Seite 29.
769 ‚Reihenkommentar', Serie „**AUF** *Schlag*", „Der Download Gottes", 4. Juni 2007, Seite 27.
770 ‚Reihenkommentar', Serie „**DER** *feine* **UNTERSCHIED**", „Episch oder lakonisch", 27. Juli 2007, Seite 23.
771 ‚Reihenkommentar', „Serie C", „In der Wagner-Wiege", 11. Juli 2007, Seite 21.

des Verfassers. Indem die Themen häufig nur angedeutet werden, wird zugleich die Neugierde bzw. das Interesse der Leser geweckt. Eine Erklärung der Hauptzeile findet nur bei 22 Prozent der TE statt.[772]

Die drei Serien zeigen jeweils eine charakteristische drucktechnische und teilweise syntaktische Gestaltung:

(10) UZ: THOMAS LACKMANN SCHÄFER *untersucht die Korkschichten des Bewusstseins*[773]
(11) UZ: KAI MÜLLER *überlegt, welche Wahl er als E-Gitarrist treffen würde*[774]
(12) UZ: RAINER MORITZ *macht sich Sorgen um das Gesundheitswesen*[775]
(13) UZ: RAINER MORITZ *über allerlei abendliche Gewohnheiten*[776]
(14) UZ: FREDERIK HANSSEN *über die Zukunft der Ku'damm-Bühnen*[777]
(15) UZ: *Ein* **LEXIKON-EINTRAG** VON JENS MÜHLING[778]
(16) UZ: *Eine* **HÜGEL-BEGEHUNG** VON CHRISTINE LEMKE-MATWEY[779]

Die Unterzeile der Reihe „**DER** *feine* **UNTERSCHIED**" konstituiert sich überwiegend (85 %) aus einem isoliert gebrauchten einfachen Verbalsatz, dessen Verb meistens zweiwertig ist. Der Verfassername stellt jeweils das Satzglied im Nominativ dar, welches in Kapitälchen am Anfang des Satzes steht. Das Verb und ein weiteres Satzglied geben das Thema an, mit dem sich der Autor auseinandersetzt. Die Formulierungen sind dabei meistens bewusst vage gehalten, sodass die Neugier der Leser geweckt wird (10). Nur sehr selten wird das Thema explizit genannt, wobei die Unterzeile dann nicht aus einem isoliert gebrauchten Verbalsatz besteht (11). Die Bedeutung des Autors wird betont, indem die Unterzeile explizit angibt, dass der folgende Artikel auf Erlebnissen, Überlegungen etc. des Autors beruht.

Bei der Serie „**AUF** *Schlag*" kommen Verbal- und Nominalsätze etwa gleich häufig vor, wobei sie inhaltsseitig gleich aufgebaut sind. Auch hier beginnt die Unterzeile mit dem großgedruckten Verfassernamen. Bei den Verbalsätzen folgen auf diesen das Verb sowie ein bis drei wei-

---

772 Z.B. HZ: „Gibson oder Fender" und UZ: „KAI MÜLLER *überlegt, welche Wahl er als E-Gitarrist treffen würde*" (‚Reihenkommentar', Serie „**DER** *feine* **UNTERSCHIED**", 25. Juli 2007, Seite 21).

773 ‚Reihenkommentar', Serie „**DER** *feine* **UNTERSCHIED**", „Baum oder Borke", 29. Juli 2007, Seite 25.

774 ‚Reihenkommentar', Serie „ **DER** *feine* **UNTERSCHIED**", „Gibson oder Fender", 25. Juli 2007, Seite 21.

775 ‚Reihenkommentar', Serie „**AUF** *Schlag*", „Das menschliche Störfeld", 18. Juni 2007, Seite 29.

776 ‚Reihenkommentar', Serie „**AUF** *Schlag*", „Der Download Gottes", 4. Juni 2007, Seite 27.

777 ‚Reihenkommentar', „Serie C", „Eigentor vom Investor", 12. Juli 2007, Seite 29.

778 ‚Reihenkommentar', „Serie C", „Der, die, daß", 1. August 2007, Seite 21.

779 ‚Reihenkommentar', „Serie C", „In der Wagner-Wiege", 11. Juli 2007, Seite 21.

tere Satzglieder, welche eine Information über den Autor liefern und zugleich auf das ungefähre Thema des Artikels verweisen (12). Die Nominalsätze, die fast immer zweigliedrig sind, stellen demgegenüber eine verkürzte Variante dar. Das Satzglied nach dem Verfassernamen gibt einen mehr oder weniger klaren Inhaltshinweis und wird immer mit der Präposition „über" eingeleitet (13). Die Bedeutung des Autors ist gegenüber den TE, bei denen die Unterzeile aus einem Verbalsatz besteht, etwas abgeschwächt. Es wird lediglich explizit darauf verwiesen, von wem die folgenden Ausführungen stammen, ohne dass jedoch eine aktive Beteiligung erkennbar wird.

Bei der „Serie C" kommen zu etwa gleichen Teilen zwei drucktechnisch und funktional verschiedene Unterzeilen vor. Die Zusammengehörigkeit aller TE zu einer gemeinsamen Serie wird durch Merkmale wie die horizontalen Linien über und unter der Unterzeile, eine über zwei Zeitungszeilen reichende Hauptzeile, eine Initiale und eine ähnliche Absatzgestaltung gewährleistet (vgl. Anhang 13-15). Die Hälfte der TE folgt drucktechnisch und syntaktisch der Unterzeilengestaltung der Serien „**DER** *feine* **UNTERSCHIED**" und „**AUF** *Schlag*", wobei das Thema jedoch immer explizit genannt wird (14). Die andere Hälfte beginnt mit einem Satzglied, welches die (nachgeahmte) Art des TE (15) bzw. die unternommene Tätigkeit, auf der dieses beruht (16), in fettgedruckten Großbuchstaben angibt. Dadurch erhält der Leser lediglich eine sehr grobe Vorstellung vom Inhalt des Artikels, die zudem teilweise nur für kulturell sehr kundige Leser erkennbar ist. So kann sich in Beispiel 16 nur jemand, der den „Grünen Hügel" als Ausrichtungsort der Bayreuther Festspiele kennt, erschließen, womit sich die „Hügelbegehung" thematisch auseinandersetzt. Das zweite Satzglied nennt nach der Präposition „von" den Autor in Großbuchstaben. Die Unterzeilen der gesamten „Serie C" werden von zweigliedrigen Nominalsätzen gebildet (14-16).

Bei der Gruppe ‚Großkritik' der TSV ‚Kritik' ähnelt die Überschrift syntaktisch und funktional derjenigen der TS ‚Bericht'. Die Hauptzeile übernimmt die Funktion, das Interesse der Leser zu wecken. Dies kann beispielsweise über Wortspiele (17), widersprüchliche Aussagen (18) oder inhaltlich völlig unspezifizierte Wortgruppen erfolgen (19).

(17) HZ: Diva noch nie da[780]
(18) HZ: Freundlich brutal[781]

---

780 ‚Großkritik' (Subgruppe ‚Kulturkritik'), „Diva noch nie da", 20. Juni 2007, Seite 22.
781 ‚Großkritik' (Subgruppe ‚Kulturkritik'), „Freundlich brutal", 9. Juni 2007, Seite 33.

(19) HZ: Hin und weg[782]

Zwei Prozent der TE, die bis auf eine Ausnahme alle aus der Subgruppe ‚Literaturkritik' stammen, weisen eine einzeilige Überschrift auf, die funktional wie die Hauptzeile der zweizeiligen das Interesse der Leser wecken soll:

(20) Ü: Pasta la vista![783]

Die Unterzeilen der ‚Großkritiken' sind syntaktisch sehr unterschiedlich gestaltet. Am häufigsten kommen zwei isoliert gebrauchte einfache Sätze vor (54 %, Beispiel 21+22), wobei diese fast immer durch einen Doppelpunkt voneinander getrennt sind (21). Bezüglich der Verwendung von Nominal- und Verbalsätzen lassen sich keine generellen Aussagen machen, da hier sehr viele Kombinationen vorhanden sind:

(21) UZ: „Gigantische Amnestie": Hubertus Knabe warnt vor der Verklärung der SED-Diktatur[784]

(22) UZ: Beim 61. Theaterfestival in Avignon enttäuschen die französischen Autoren und Regisseure. Nur die Gastspiele überzeugen[785]

Bei 37 Prozent der TE besteht die Unterzeile nur aus einem isoliert gebrauchten einfachen Satz, wobei auch hier keiner der beiden Satztypen deutlich dominiert:

(23) UZ: Musical-Uraufführung an der Neuköllner Oper[786]

(24) UZ: Luc Bondys Inszenierung des „König Lear" triumphiert bei den Wiener Festwochen mit Gert Voss in der Titelrolle[787]

Komplexe Sätze treten nur bei sieben Prozent der TE auf, alle anderen Varianten der Unterzeilengestaltung sind vernachlässigbar selten:

(25) HZ: Liebe kommt, Liebe geht[788]

Unabhängig von der syntaktischen Gestaltung besteht die vorrangige Funktion der Unterzeile darin, das Thema des Artikels zu benennen (100 %). Anders als bei der TS ‚Bericht' erklärt die Unterzeile zusätzlich nur bei 16 Prozent der TE die Hauptzeile näher (21).

782 ‚Großkritik' (Subgruppe ‚Literaturkritik'), „Hin und weg", 3. Juni 2007, Seite 28.

783 ‚Großkritik' (Subgruppe ‚Literaturkritik'), „Pasta la vista!", 17. Juni 2007, Seite 28.

784 ‚Großkritik' (Subgruppe ‚Literaturkritik'), „Die Täter sind unter uns", 11. Juni 2007, Seite 6.

785 ‚Großkritik' (Subgruppe ‚Kulturkritik'), „Das Schwatzen der Männer", 23. Juli 2007, Seite 23.

786 ‚Großkritik' (Subgruppe ‚Kulturkritik'), „Wunschkinder", 25. Juni 2007, Seite 24.

787 ‚Großkritik' (Subgruppe ‚Kulturkritik'), „Engel der Geschichte", 1. Juni 2007, Seite 25.

788 ‚Großkritik' (Subgruppe ‚Literaturkritik'), „Liebe kommt, Liebe geht", 29. Juli 2007, Seite 28.

Die Subgruppe ‚Kulturkritik' zeigt bezüglich der inhaltlichen Gestaltung der Unterzeile bei einer größeren Anzahl an TE wiederkehrende Muster, die teilweise mit einer festen syntaktischen Struktur einhergehen. So enthält etwa ein Fünftel der Unterzeilen einen zweigliedrigen Nominalsatz, bei dem die beiden Satzglieder inhaltsseitig immer auf ähnliche Art und Weise besetzt sind. Das erste Satzglied nennt dabei den Namen einer Person (26) bzw. seltener einer Veranstaltung (27). Bei den ‚Kulturkritiken', die Aufführungen im Theater etc. besprechen, kann dieses Satzglied auch den Namen des aufgeführten Stücks angeben (unterstrichener Satz in Beispiel 28). Das andere Satzglied ergänzt das erste um einen Ort, an dem das Konzert, die Ausstellung, die Aufführung etc. stattfindet (26-28). Teilweise wird anstatt einer konkreten Örtlichkeit auch die übergeordnete Veranstaltung benannt, in deren Rahmen die Künstler zu sehen sind (29):

(26) UZ: Liv Mette Larsen in der Berliner Galerie Hilgemann[789]
(27) UZ: Das Festival „Umweg über China" im HAU[790]
(28) UZ: Große Oper in Cinemascope: Verdis „Nabucco" in der Arena di Verona[791]
(29) UZ: Das Bundesjugendorchester bei Young Euro Classic[792]

Die beiden Satzglieder treten auch in anderen syntaktischen Realisationen auf, die hier nicht weiter behandelt werden. Insgesamt gehört die Nennung des Namens von künstlerisch tätigen Personen etc. in der Unterzeile in den Zentralbereich der Subgruppe ‚Kulturkritik'. Der Auftrittsort etc. wird häufig erwähnt (70 %).

Innerhalb der ‚Kulturkritiken' treten zudem bei den TE, die sich mit der Besprechung von Filmen beschäftigen, inhaltsseitige Aspekte auf, die bei fast allen oder zumindest einem Teil der Unterzeilen nachzuweisen sind. So ist der Name des Regisseurs bei 45 Prozent und der Name des besprochenen Films bei 88 Prozent dieser TE in der Unterzeile enthalten. Die TE ohne Filmtitel beziehen sich auf mehrere Filme, die auf einem Festival etc. gezeigt werden. Bei 48 Prozent der TE, die Filme besprechen, beginnt die Unterzeile mit einem sehr kurzen Satz, bei dem es sich in 81 Prozent der Fälle um einen eingliedrigen Nominalsatz handelt. Dieser enthält eine meist wertende Aussage zum Film (30-32). Nach einem Doppelpunkt folgt überwiegend ein weiterer isoliert gebrauchter einfacher Satz, der bei gut der Hälfte dieser Unterzeilen ebenfalls ein

789 ‚Großkritik' (Subgruppe ‚Kulturkritik'), „Freundlich brutal", 9. Juni 2007, Seite 33.
790 ‚Großkritik' (Subgruppe ‚Kulturkritik'), „Jahr des Hundes", 5. Juni 2007, Seite 26.
791 ‚Großkritik' (Subgruppe ‚Kulturkritik'), „Sterne sehen", 26. Juni 2007, Seite 24.
792 ‚Großkritik' (Subgruppe ‚Kulturkritik'), „Plan & Pointe", 8. August 2007, Seite 24.

eingliedriger Nominalsatz ist. Dieser beinhaltet immer, manchmal sogar ausschließlich den Filmnamen (30). Daneben treten häufig der Name des Regisseurs (31) sowie seltener weitere Informationen zum Film auf (32). Einen ähnlichen syntaktischen und inhaltsseitigen Aufbau zeigen weitere elf Prozent der TE der ,Kulturkritiken, die sich mit Filmen auseinandersetzen. Der eingliedrige Nominalsatz vor dem Doppelpunkt besteht dabei immer aus der Wortgruppe „Im Kino", worauf bis auf eine Ausnahme ein weiterer eingliedriger Nominalsatz folgt, dessen inhaltsseitige Besetzung den zuvor beschriebenen Unterzeilen entspricht (33):

(30) UZ: Sanfte Sommerkomödie: „Kann das Liebe sein?"[793]
(31) UZ: Kühl: „Glück im Spiel" von Curtis Hanson[794]
(32) UZ: Mit sanftem Touch: Marianne Faithfull als Hausfrau auf Abwegen im Berlinale-Hit „Irina Palm"[795]
(33) UZ: Im Kino: Volker Koepps Dokumentarfilm „Söhne"[796]

Bei der Subgruppe ,Literaturkritik' treten ebenfalls einige inhaltsseitige Aspekte in den Unterzeilen gehäuft auf. So lässt sich der Name des Schriftstellers bei 80 Prozent, der Buchtitel bei 37 Prozent und eine Textklassifikation des besprochenen Werks bei 25 Prozent der Unterzeilen nachweisen. 42 Prozent der ,Literaturkritiken' zeigen eine syntaktische und inhaltsseitige Gestaltung, die auf ähnliche Weise auch bei den ,Kulturkritiken' auftritt, die Filme besprechen, und im vorangegangenen Absatz behandelt wurde. Auch bei den ,Literaturkritiken' werden viele Unterzeilen aus zwei isoliert gebrauchten einfachen Sätzen gebildet, die durch einen Doppelpunkt getrennt sind und deren erster Satz überwiegend (bei 70 Prozent der derartig aufgebauten Unterzeilen) ein eingliedriger Nominalsatz ist. Der Satz vor dem Doppelpunkt stellt eine kurze, teilweise bewertende Aussage zu dem besprochenen Werk dar (34). Der zweite Satz enthält fast immer den Namen des Schriftstellers (34-36) und häufig Informationen zum Buchinhalt (35+36). Bei deutlich weniger als der Hälfte dieser Unterzeilen treten der Buchtitel und eine Textklassifikation auf (34+35):

(34) UZ: Klasse Unterhaltung: Thomas von Steinaeckers Debütroman „Wallner beginnt zu fliegen"[797]

793 ,Großkritik' (Subgruppe ,Kulturkritik'), „Wittern", 19. Juli 2007, Seite 29.
794 ,Großkritik' (Subgruppe ,Kulturkritik'), „Rote Augen", 28. Juni 2007, Seite 29.
795 ,Großkritik' (Subgruppe ,Kulturkritik'), „Handwerk in der Kammer", 12. Juni 2007, Seite 25.
796 ,Großkritik' (Subgruppe ,Kulturkritik'), „Findelkinder", 2. Juni 2007, Seite 26.
797 ,Großkritik' (Subgruppe ,Literaturkritik'), „Leben mit Pop", 24. Juni 2007, Seite 28.

(35) UZ: Dämon des Sextus: Ian McEwans Roman „Am Strand“ analysiert eine missglückte Hochzeitsnacht[798]

(36) UZ: Nervöse Zone: Lutz Hachmeister über das Verhältnis zwischen Politik und Medien in der Berliner Republik[799]

Bei der Gruppe ‚Reihenkritik‘ der TSV ‚Kritik‘ weisen sieben Prozent der TE (drei Serien) keine eigene Überschrift auf.[800] Die Initiatorfunktion der Überschrift wird bei zwei Reihen durch andere Elemente übernommen.[801]

Weitere sechs Prozent der TE haben eine einzeilige Überschrift, wobei diese bis auf das TE der Reihe „HÖRTEST“ immer für mehrere Einzelkommentare gilt. Bei der Serie „**AUFGESCHLAGEN** *Zugeschlagen*“ weckt die einzeilige Überschrift das Interesse der Leser, indem sie eine für den Leser unklare Aussage präsentiert (37). Die in rotem Fettdruck gehaltene Überschrift der Serie „SOUNDCHECK“ ist immer identisch aufgebaut (38) und gibt das Themenfeld der Artikel an. Der Beginn des Fließtextes ist bei den Einzelkommentaren beider Serien durch Fettdruck[802] hervorgehoben:

(37) Ü: Kitsch der grauen Gänse[803]

(38) Ü: CD-Neuerscheinungen[804]

Die restlichen 87 Prozent der ‚Reihenkritiken‘ haben dem Zentralbereich der TS ‚Kommentar‘ folgend eine zweizeilige Überschrift.

Die Hauptzeilen der einzelnen Serien zeigen insgesamt zwei verschiedene Funktionen. 34 Prozent der Hauptzeilen[805] sollen durch inhaltlich unverständlich und absurd (39+40) oder deplatziert bzw. zusammenhangslos (41) wirkende Aussagen das Interesse der Leser wecken:

(39) HZ: Die Revolution der Giraffen[806]

(40) HZ: Diktatur des Suffs[807]

---

798 ‚Großkritik‘ (Subgruppe ‚Literaturkritik‘), „Das letzte Mal“, 24. Juli 2007, Seite 21.

799 ‚Großkritik‘ (Subgruppe ‚Literaturkritik‘), „Bericht aus der Höhle“, 16. Juli 2007, Seite 7.

800 Dabei handelt es sich um die drei Serien „NEU AUF DVD“, „LESESTOFF“ und „FILMBUCH“.

801 Vgl. Kap. III.B.1.2.5.1.

802 Bei der Serie „SOUNDCHECK“ ist das erste Wort, welches die Musikrichtung angibt, zusätzlich rot gedruckt.

803 ‚Reihenkritik‘, Serie „**AUFGESCHLAGEN** *Zugeschlagen*“, 1. Juli 2007, Seite 25.

804 ‚Reihenkritik‘, Serie „SOUNDCHECK“, z.B. 1. Juni 2007, Seite 27.

805 Dabei handelt es sich um die Hauptzeilen der elf Serien „**PAUKEN &** *Trompeten*“, „**SCHREIB** *Waren*“, „**SPIEL** *Sachen*“, „**KUNST** *Stücke*“, „**CITY** *Lights*“, „*Neues vom Planeten* MODE“, „*Verbrecher* **JAGD**“, „*Hör* **BÜCHER**“, „*Zeit* **SCHRIFTEN**“, „*Jurjews* **KLASSIKER**“ und „*Literatur* **BETRIEB**“.

806 ‚Reihenkritik‘, Serie „**SCHREIB** *Waren*“, 5. Juni 2007, Seite 27.

807 ‚Reihenkritik‘, Serie „*Hör* **BÜCHER**“, 26. August 2007, Seite 28.

(41) HZ: Spaghetti mit Tomatensoße[808]

Die übrigen 66 Prozent der zweizeiligen ‚Reihenkritiken' weisen eine Hauptzeile auf, die funktional das Themengebiet des Artikels angibt. Bei der Serie „KURZ & KRITISCH" wird in rotem Fettdruck das kulturelle Oberthema genannt, zu welchem der im TE besprochene Gegenstand gehört. Da unter jedem Reihennamen mehrere Einzelkritiken erscheinen, hilft dies dem Leser bei der inhaltlichen Orientierung. Die Hälfte aller Hauptzeilen gibt dabei eine Musikrichtung an (z.B. „KLASSIK",[809] „POP"[810] oder „ROCK"[811]). Einige Hauptzeilen bestehen auch aus dem Nominalsatz „YOUNG EURO CLASSIC",[812] womit zunächst eine Veranstaltung, jedoch indirekt auch die Musikrichtung ‚Klassik' gemeint ist. Der Nominalsatz „KUNST"[813] ist mit einem Auftreten bei knapp einem Fünftel der Hauptzeilen am zweithäufigsten vertreten. Hauptzeilen, die auf verschiedene Formen von Aufführungen (z.B. „THEATER",[814] „OPER"[815] oder „TANZ"[816]) oder andere kulturelle Themen (z.B. „ARCHITEKTUR",[817] „FOTOGRAFIE"[818] oder „LITERATUR"[819]) verweisen, kommen maximal bei fünf TE identisch vor, teilweise stellen sie auch Einzelerscheinungen dar.

Bei der Serie „**DER FILM** *Tipp...*"[820] gibt die immer identische Hauptzeile, die als Besonderheit gleichzeitig den Reihennamen darstellt,[821] ebenfalls das kulturelle Gebiet an, welches in den TE thematisiert wird. Die Reihe beschäftigt sich dabei ausschließlich mit Filmen. Syntaktisch besteht bei der Hauptzeile die Besonderheit, dass es sich bei dieser nicht um einen Satz, sondern um ein nominales Satzglied handelt. Erst gemeinsam mit der Unterzeile, die ebenfalls ein nominales Satzglied darstellt und den Namen des Autors angibt, bildet sie einen zweigliedrigen Nominalsatz:

808 ‚Reihenkritik', Serie „**SPIEL** *Sachen*", 6. Juli 2007, Seite 27.
809 ‚Reihenkritik', Serie „KURZ & KRITISCH", z.B. 5. Juni 2007, Seite 27.
810 ‚Reihenkritik', Serie „KURZ & KRITISCH", z.B. 15. Juni 2007, Seite 26.
811 ‚Reihenkritik', Serie „KURZ & KRITISCH", z.B. 10. Juni 2007, Seite 26.
812 ‚Reihenkritik', Serie „KURZ & KRITISCH", z.B. 6. August 2007, Seite 24.
813 ‚Reihenkritik', Serie „KURZ & KRITISCH", z.B. 8. Juni 2007, Seite 27.
814 ‚Reihenkritik', Serie „KURZ & KRITISCH", z.B. 18. Juni 2007, Seite 30.
815 ‚Reihenkritik', Serie „KURZ & KRITISCH", z.B. 16. Juni 2007, Seite 22.
816 ‚Reihenkritik', Serie „KURZ & KRITISCH", z.B. 14. Juni 2007, Seite 26.
817 ‚Reihenkritik', Serie „KURZ & KRITISCH", z.B. 16. Juni 2007, Seite 22.
818 ‚Reihenkritik', Serie „KURZ & KRITISCH", 8. Juni 2007, Seite 27.
819 ‚Reihenkritik', Serie „KURZ & KRITISCH", z.B. 18. Juni 2007, Seite 30.
820 ‚Reihenkritik', Serie „**DER FILM** *Tipp...*", z.B. 7. Juni 2007, Seite 31.
821 Vgl. Kap. III.B.1.2.5.1.

(42) HZ: **DER FILM** *Tipp...*
UZ: *...von Jan Schulz-Ojala*[822]

Die Hauptzeile der Serie „**HIT** *Parade*" gibt kein generelles Oberthema, sondern jeweils eine konkrete Band (z.B. „Sportfreunde Stiller"[823]) bzw. einen bestimmten Sänger (z.B. „Mark Medlock"[824]) an, die in den TE besprochen werden.

Die ‚Reihenkritiken' mit einer zweizeiligen Überschrift sind in Bezug auf ihre Unterzeilen syntaktisch recht einheitlich gestaltet, da diese bei 85 Prozent der TE aus einem isoliert gebrauchten einfachen Satz bestehen. Sowohl bezüglich der Verwendung von Nominal- und Verbalsätzen als auch deren Gliedrigkeit bzw. Verbvalenz treten jedoch teilweise zwischen und oft auch innerhalb vieler Serien große Unterschiede auf:

(43) UZ: Die besten Bälle fliegen ins Grenzenlose[825]
(44) UZ: 170 Hymnen in zehn Minuten[826]
(45) UZ: CHRISTINE WAHL *besteigt einen Bus nach Unbekannt*[827]
(46) UZ: JENS SPARSCHUH *bildet sich mit viel Alkohol weiter*[828]
(47) UZ: JÖRG KÖNIGSDORF *über ein Gleichstellungsdefizit bei den Bläsern*[829]
(48) UZ: SILVIA HALLENSLEBEN *empfiehlt Werke jüngst verstorbener Meister*[830]
(49) UZ: ...von Jan Schulz-Ojala[831]
(50) UZ: *Diese Woche auf Platz 4 mit: „La Bum"*[832]

Bei den meisten Serien treten zwei Funktionen auf, die jedoch nicht jedes TE aufweist. Die Unterzeilen von 86 Prozent der zweizeiligen ‚Reihenkritiken' dienen überwiegend dazu, das Interesse der Leser zu wecken. Dies kann darüber erfolgen, dass die Unterzeile bewusst thematisch vage bzw. inhaltsseitig unverständlich formuliert ist und zudem ungewöhnlich klingt (43-46). Auf diese Weise wird der Leser neugierig, was in dem Artikel besprochen wird. Auch eine Andeutung des Themas kann das Interesse wecken. So fragt sich der Leser bei der Unterzeile (47) unwillkürlich, um

822 ‚Reihenkritik', Serie „**DER FILM** *Tipp...*", 28. Juni 2007, Seite 29.
823 ‚Reihenkritik', Serie „**HIT** *Parade*", 24. August 2007, Seite 26.
824 ‚Reihenkritik', Serie „**HIT** *Parade*", 29. Juni 2007, Seite 26.
825 ‚Reihenkritik', Serie „KURZ & KRITISCH", „THEATER", 23. Juni 2007, Seite 26.
826 ‚Reihenkritik', Serie „KURZ & KRITISCH", „KLASSIK", 19. Juni 2007, Seite 25.
827 ‚Reihenkritik', Serie „**SPIEL** *Sachen*", „Aktive Sterbehilfe", 29. Juni 2007, Seite 27.
828 ‚Reihenkritik', Serie „*Hör* **BÜCHER**", „Diktatur des Suffs", 26. August 2007, Seite 28.
829 ‚Reihenkritik', Serie „**PAUKEN &** *Trompeten*", „Da fliegt doch das Blech weg", 12. August 2007, Seite 27.
830 ‚Reihenkritik', Serie „**CITY** *Lights*", „Lächelt, ihr Nächte", 9. August 2007, Seite 29.
831 ‚Reihenkritik', Serie „**DER FILM** *Tipp...*", 7. Juni 2007, Seite 31.
832 ‚Reihenkritik', Serie „**HIT** *Parade*", „Sportfreunde Stiller", 24. August 2007, Seite 26.

was für ein Gleichstellungsdefizit es sich handelt bzw. welche konkreten Werke von welchen Autoren in der Unterzeile (48) besprochen werden. Eine derartige, mehr oder weniger grobe inhaltsseitige Einordnung nimmt die Unterzeile bei insgesamt 37 Prozent der TE vor.[833] Neben der Themenandeutung liefert die Unterzeile dem Leser somit auch eine inhaltsseitige Orientierung, welche die Leseentscheidung beeinflusst.

Bei zwölf Serien mit zweizeiliger Überschrift[834] (40 %) tritt zusätzlich der Verfassername in der Unterzeile auf. Die Unterzeile der Reihe „**DER FILM** *Tipp…*" konstituiert sich dabei ausschließlich aus einem einzigen Satzglied, welches den Namen des Autors angibt (49). Die übrigen Reihen entsprechen von der Gestaltung der Unterzeile den Serien „**DER** *feine* **UNTERSCHIED**" und „**AUF** *Schlag*", die zu den ‚Freien Kommentaren' gehören. Auch hier beginnt die Unterzeile mit dem großgedruckten Verfassernamen; weitere Satzglieder geben an, womit sich der Verfasser in dem TE beschäftigt. Dies geschieht durch ein oder mehrere weitere nominale Satzglieder – wobei das Satzglied nach dem Namen immer mit der Präposition *über* anfängt (47) – oder durch ein verbales und mindestens ein weiteres nominales Satzglied (45, 46 und 48).

In der Serie „**HIT** *Parade*" hat die Unterzeile abweichend von allen anderen Serien die Funktion, dem Leser eine zentrale Information zu vermitteln. Bei allen TE ist dieser Überschriftenteil identisch aufgebaut und konstituiert sich aus einem dreigliedrigen Nominalsatz (50). Das erste Satzglied besteht immer aus der Wortgruppe *„diese Woche"*, während das zweite den Chartplatz (*„auf Platz …"*) bezeichnet, welchen ein bestimmtes Lied, dessen Name das dritte Satzglied nennt, belegt. Das dritte Satzglied weist dabei bei allen TE die Besonderheit auf, dass der Songtitel, der syntaktische Nukleus des Satzgliedes und nicht das ganze Satzglied, durch einen Doppelpunkt hervorgehoben wird. Die sehr einheitliche Gestaltung der Unterzeile dient neben der Informationsvermittlung auch dazu, die Zugehörigkeit der einzelnen TE zu einer gemeinsamen Reihe zu betonen.

Bei der Serie „KURZ & KRITISCH" übernehmen einige Unterzeilen zusätzlich die Funktion, eine stärkere Zusammengehörigkeit der TE, die unter einem Reihennamen erscheinen, zu signalisieren. Dies erfolgt über

833 Dabei handelt es sich um die Serien „KURZ & KRITISCH", „**PAUKEN &** *Trompeten*", „**SCHREIB** *Waren*", „**SPIEL** *Sachen*", „**KUNST** *Stücke*", „**CITY** *Lights*", *„Neues vom Planeten* MODE", *„Verbrecher* **JAGD**", *„Hör* **BÜCHER**", *„Zeit* **SCHRIFTEN**", *„Jurjews* **KLASSIKER**" und *„Literatur* **BETRIEB**".

834 Dabei handelt es sich um dieselben Serien wie in der vorherigen Fußnote, außer dass die Reihe „KURZ & KRITISCH" fehlt und die Reihe „**DER FILM** *Tipp…* " hinzukommt.

syntaktisch (51a bis 53c) und teilweise zusätzlich lexikalisch (52a+b und 53a-c) sehr ähnlich gestaltete Unterzeilen:

(51a) UZ: Shakespeare versenken[835]
(51b) UZ: Drachen entdecken[836]
(51c) UZ: Hinterköpfe gucken[837]
(52a) UZ: Volle Kanne Schweiß[838]
(52b) UZ: Volle Ladung Marmor[839]
(53a) UZ: Kleine Bilder, große Wirkung[840]
(53b) UZ: Große Brüder, kleine Brüder[841]
(53c) UZ: Kleine Räume, große Blicke[842]

2.3.5.2 Der Fließtext

Die ‚Großkommentare' konstituieren sich durchschnittlich aus 28 und die ‚Reihenkommentare' aus 23 Sätzen, während die ‚Großkritiken' im Schnitt aus 32 und die ‚Reihenkritiken' aus 13 Sätzen bestehen. Dabei überwiegen bei allen vier Gruppen die Gesamtsätze gegenüber den isoliert gebrauchten einfachen Sätzen (‚Großkommentare' 68 % zu 32 %, ‚Reihenkommentare' 60 % zu 40 %, ‚Großkritiken' 59 % zu 41 % und ‚Reihenkritiken' 57 % zu 43 %). Wie bei den anderen TS auch, dominieren innerhalb der isoliert gebrauchten einfachen Sätze deutlich die Verbalsätze (‚Großkommentare' 85 %, ‚Reihenkommentare' 81 %, ‚Großkritiken' 88 % und ‚Reihenkritiken' 84 %), der Anteil der Nominalsätze ist jedoch mit über 10 Prozent bei allen drei TSV für die TS ‚Kommentar' relativ hoch.[843]

Ausrufesätze kommen bei den beiden TSV der TS ‚Kommentar' häufiger vor als bei den meisten anderen TS. Die Gruppe ‚Reihenkommentar' der TSV ‚Freier Kommentar' zeigt sogar das stärkste Vorkommen dieser Satzart innerhalb aller untersuchten zeitungssprachlichen TS und TSV (41 %), wobei die Serie **„AUF** *Schlag*" nochmals deutlich mehr Exemplare mit Ausrufesätzen aufweist (69 %). Dies stellt den höchsten Prozentsatz innerhalb der TS ‚Kommentar' und der übrigen TS dar. Bei den ‚Großkommentaren', ‚Großkritiken' und ‚Reihenkritiken' kommen

---

835 ‚Reihenkritik', Serie „KURZ & KRITISCH", „THEATER", 22. Juni 2007, Seite 26.
836 ‚Reihenkritik', Serie „KURZ & KRITISCH", „OPER", 22. Juni 2007, Seite 26.
837 ‚Reihenkritik', Serie „KURZ & KRITISCH", „POP", 22. Juni 2007, Seite 26.
838 ‚Reihenkritik', Serie „KURZ & KRITISCH", „POP", 27. Juni 2007, Seite 26.
839 ‚Reihenkritik', Serie „KURZ & KRITISCH", „ANTIKE", 27. Juni 2007, Seite 26.
840 ‚Reihenkritik', Serie „KURZ & KRITISCH", „KUNST", 11. Juli 2007, Seite 22.
841 ‚Reihenkritik', Serie „KURZ & KRITISCH", „ROCK", 11. Juli 2007, Seite 22.
842 ‚Reihenkritik', Serie „KURZ & KRITISCH", „KUNST", 11. Juli 2007, Seite 22.
843 Die Funktionen der Nominalsätze werden weiter unten in diesem Kapitel ausgeführt.

deutlich weniger Ausrufesätze vor (vgl. Tab. 40), wobei das Auftreten dieser Satzart bei der letzten Gruppe zwischen den einzelnen Serien stark variiert. So kommen bei der Reihe „**CITY** *Lights*" bei keinem TE Ausrufesätze vor, während die Serie „**SPIEL** *Sachen*" mit einem Auftreten bei 64 Prozent der TE fast an die Serie „**AUF** *Schlag*" der ‚Reihenkommentare' heranreicht.

Tab. 27: Überblick über das mindestens einmalige Auftreten von Ausrufesätzen, Fragesätzen, Nominalsätzen und Parzellierungen innerhalb der Textexemplare der vier Gruppen der Textsorte ‚Kommentar' im ‚Tagesspiegel'

Gruppe	**Ausrufesätze**	**Fragesätze**	**Nominalsätze im Fließtext**	**Parzellierungen**
‚Großkommentar'	29 %	43 %	100 %	43 %
‚Reihenkommentar'	41 %	68 %	84 %	51 %
‚Großkritik'	21 %	43 %	89 %	57 %
‚Reihenkritik'	16 %	23 %	84 %	23 %

Durch Ausrufesätze wird eine Aussage betont. Auf diese Weise kann der Autor bewusst zentrale, besonders überraschende etc. Aspekte seiner Ausführungen hervorheben. Der Einsatz von Ausrufezeichen stellt somit immer auch eine Wertung dar (z.B. „Allen *Ernstes: er sagte ‚Download Gottes'!*",[844] „*Als ob wir das nicht wüssten!*",[845] „*Nie im Leben ist dieser Elektrosoul ein Ventil für irgendwas!*"[846] und „*Courtney Love ist von zuletzt 90 Kilo runter, weil sie den makrobiotischen Rezepten ihrer Freundin Gwyneth Paltrow abgeschworen und sogar ein Vorhängeschloss am Kühlschrank angebracht hat!*"[847]). In wenigen Fällen begrenzt das Ausrufezeichen auch Aufforderungssätze (z.B. „*Wo aber ist Ihr Platz, Frau Merkel? Lichten Sie den Nebel!*"[848]) oder reine Ausrufe (z.B. „*Buh!*"[849]).

Wie bereits bei der TS ‚Porträt' gezeigt,[850] werden nicht nur Sätze am Ende durch ein Ausrufezeichen begrenzt, sondern auch eingeschobene verbale (z.B. „*Es mag unlauter sein, die Beethoven-Ergüsse eines 24-Jährigen – <u>das vierte Konzert spielte er mit 16 Jahren!</u> – mit der Tiefen-*

844 ‚Reihenkommentar', Serie „**AUF** *Schlag*", „Der Download Gottes", 4. Juni 2007, Seite 27.

845 ‚Reihenkommentar', „Serie C", „Gute Nacht, Salzburg", 21. Juli 2007, Seite 21.

846 ‚Reihenkritik', Serie „SOUNDCHECK", dritter Kommentar, 29. Juni 2007, Seite 27.

847 ‚Großkritik' (Subgruppe ‚Literaturkritik'), „Die Höllenfeuersüchtige", 10. Juli 2007, Seite 22.

848 ‚Freier Kommentar', Serie „**DER** *feine* **UNTERSCHIED**", „Rechts oder links", 19. August 2007, Seite 25.

849 ‚Reihenkritik', Serie „**HIT** *Parade*", „Ozzy Osbourne", 8. Juni 2007, Seite 26.

850 Vgl. Kap. III.B.2.3.4.2.

schärfe großer Interpreten zu kontern:"[851]) oder nominale Teilsätze (z.B. *„Zu Atmo-Regulierungs- und Szenenwechselzwecken werden immer mal wieder herumhastende (Anonymität in der Menge!) oder wild zappelnde (Gefühlschaos!) Silhouetten auf den Bühnenhintergrund projiziert."*[852]) sowie Satzglieder (z.B. *„Die Stimmen dieser Untoten hallen gespenstisch (in beklagenswert mangelhafter Mikroporttechnik!) durch den hohen Raum, aber ihre Körper bersten immer noch von unerlöster Leidenschaft."*[853]) oder Satzgliedteile (z.B. *„Ernest Hemingways Enkeltochter hat man, sicher sehr im Sinne ihres Großvaters, Margaux genannt: weil sie nach dem Genuss von – mindestens! – einer Bouteille des gleichnamigen Prestige-Bordeaux' gezeugt worden sein soll."*[854]). Dies geht immer mit weiteren Hervorhebungsmitteln wie der Verwendung von Klammern oder Spiegelstrichen einher.

Daneben treten als zusätzliche Betonungsmittel für Ausrufesätze die Einklammerung (z.B. *„(Was für eine Band, dass sie ihren Schlagzeuger zum Sänger machen!)"*[855]), die Parzellierung (z.B. *„Er wagt einen Kopfsprung in den engen Zuber. Und verschwindet darin!"*[856]) und das mehrfache Verwenden von Ausrufesätzen hintereinander auf (z.B. *„Ruhestand wäre definitiv null Grad! Und das mit 65?! Nee!"*[857]).

Häufiger stellen die Ausrufesätze bei beiden TSV den letzten Satz des Fließtextes dar. Durch das Ausrufezeichen wird die Schlussbemerkung oder das Fazit des Autors zusätzlich zur exponierten Position hervorgehoben (z.B. *„PS: Damit gewinn ich die Documenta!"*,[858] *„Immer wieder schön!"*,[859] *„Wenn da nicht die Geschlechterdebatte wieder hochkocht!"*[860] und *„Hallelujah!"*[861]).

Bei acht TE der ‚Großkritiken' wird das Ausrufezeichen als reines Betonungszeichen verwendet, indem es isoliert in Klammern hinter einen bestimmten Aspekt im Satz gesetzt wird, der für den Autor besonde-

851 ‚Großkritik' (Subgruppe ‚Kulturkritik'), „Fluch des Virtuosen", 23. Juni 2007, Seite 25.
852 ‚Großkritik' (Subgruppe ‚Kulturkritik'), „Einsame Witze", 11. Juni 2007, Seite 24.
853 ‚Großkritik' (Subgruppe ‚Kulturkritik'), „Walzer der Untoten", 14. August 2007, Seite 22.
854 ‚Freier Kommentar', Serie „**DER** *feine* **UNTERSCHIED**", „Bordeaux oder Burgunder", 17. August 2007, Seite 25.
855 ‚Großkritik' (Subgruppe ‚Kulturkritik'), „Hart, aber herzlich", 5. Juli 2007, Seite 26.
856 ‚Großkritik' (Subgruppe ‚Kulturkritik'), „Kopfsprung in den Zuber", 30. August 2007, Seite 26.
857 ‚Freier Kommentar', Serie „**AUF** *Schlag*", „Jetzt ist Anpfiff!", 20. August 2007, Seite 23.
858 ‚Freier Kommentar', Serie „**AUF** *Schlag*", „Lass Heide reden", 9. Juli 2007, Seite 25.
859 ‚Reihenkritik', Serie „KURZ & KRITISCH", „Regen gibt es heute nicht", 12. Juli 2007, Seite 30.
860 ‚Reihenkritik', Serie „**SPIEL** *Sachen*", „Spaghetti mit Tomatensauce", 6. Juli 2007, Seite 27.
861 ‚Großkritik' (Subgruppe ‚Kulturkritik'), „Im Tiegel der Triebe", 5. Juli 2007, Seite 27.

re Relevanz besitzt (z.B. *„Steven Scharf, Jean-Pierre Cornu und Hans Kremer spielen die siebenundzwanzig (!) Personen, die Maria Braun umkreisen“*[862]).

Fragesätze kommen bei den ‚Kommentaren‘ im Schnitt deutlich häufiger vor als Ausrufesätze, die beiden TSV und zudem die jeweiligen Gruppen zeigen jedoch sehr unterschiedliche Werte. Auch hier kommt die Satzart mit einem Auftreten bei 63 Prozent der TE am häufigsten bei den ‚Reihenkommentaren‘ vor, bei den ‚Großkommentaren‘ haben 43 Prozent der TE mindestens einen Fragesatz im Fließtext. Innerhalb der TSV ‚Kritik‘ weisen 43 Prozent aller ‚Großkritiken‘ und nur 23 Prozent aller Reihenkritiken mindestens einen Fragesatz auf.

Innerhalb der TS ‚Kommentar‘ werden Fragesätze überwiegend dazu verwendet, einen Sachverhalt (teilweise provokant) zusammenzufassen bzw. zu problematisieren (z.B. „*Hollywood, Wolfsschanze, ein Scientologe gegen Hitler? Mission Impossible, jetzt aber wirklich?!*“[863] oder „*Wo steht dann aber jemand wie Michael Moore, der für das Gute mit dubiosen Mitteln kämpft, indem er vereinfacht und nachlässig recherchiert? Oder Al Gore, dessen ‚unbequeme Wahrheit‘ so unbequem nicht sein kann, wenn sie mit riesigem Werbeaufwand in die Multiplexe gelangt?*“[864]) oder Fragen auszusprechen, die sich zum Thema stellen („*Doch stimmt es, dass Jim das große Abenteuer verkörpert und was spannend ist im Leben, und Jules den Spießer, den Langweiler, das Mittelmaß?*“[865] oder „*Wie viel Drill steckt im Genie? Saß Mozart damals genauso vor seinem Publikum? Kann man musikalisches Gefühl ähnlich einüben wie Geläufigkeit?*“[866]), wobei diese oft auch schon implizit die Meinung des Autors dazu erkennen lassen. Teilweise kommen dabei ganze Reihungen an Fragen vor, anhand derer verschiedene Aspekte des Themas angerissen werden (z.B. „*Will ich das alles wirklich hören? Welche Musik ist die richtige für meine Stimmung? Oder, grundsätzlicher: Kann ich Musik überhaupt noch genießen, wenn sie mich überall begleitet? Setzt wahrer Kunstgenuss nicht Maß und Beschränkung voraus?*“[867] oder „*Und wer hat denn keine Leiche im Keller, wer hat noch*

---

862 ‚Großkritik‘ (Subgruppe ‚Kulturkritik‘), „Allein im Wunderland“, 12. Juni 2007, Seite 25.

863 ‚Reihenkommentar‘, Serie „**DER** *feine* **UNTERSCHIED**“, „Sein oder Nichtsein“, 22. Juli 2007, Seite 25.

864 ‚Reihenkritik‘, Serie „**CITY** *Lights*“, „New Orleans Blues“, 21. Juni 2007, Seite 27.

865 ‚Reihenkommentar‘, Serie „**DER** *feine* **UNTERSCHIED**“, „Jules oder Jim“, 9. August 2007, Seite 27.

866 ‚Großkritik‘ (Subgruppe ‚Kulturkritik‘), „Größer als Lang Lang?“, 20 August 2007, Seite 23.

867 ‚Reihenkommentar‘, Serie „**DER** *feine* **UNTERSCHIED**“, „Platte oder Player“, 2. August 2007, Seite 21.

nie das Falsche gesagt und wollte sich dafür nicht entschuldigen, wer hat sich niemals unter zwielichtige Freunde begeben, wer hatte noch nie Lust, jemandem etwas auszuwischen?"[868]).

In einem ‚Reihenkommentar' richtet der Autor am Ende eines TE eine Frage direkt an eine hochrangige Politikerin („*Wo aber ist Ihr Platz, Frau Merkel? Lichten Sie den Nebel*!"[869]). Da sie diese jedoch nicht lesen bzw. sehr wahrscheinlich nicht beantworten wird, stellt die Frage ein Mittel der Kritik dar, den Leser auf die fehlende Positionierung der Politikerin aufmerksam zu machen. In wenigen Fällen beginnen TE mit einer Frage an den Leser, um auf das Thema einzustimmen und zur Meinung bzw. den Ausführungen des Autors überzuleiten („*Warum gehen Sie zur Arbeit? Ich gehe einer geregelten Beschäftigung nach, um mit Leuten zusammenzukommen* [...]"[870] oder „*Erinnern Sie sich noch an Mike Leon Grosh? An Gracia Baur, Tobias Regner oder Juliette Schoppmann? Aber vielleicht an Daniel Küblböck und Alexander Klaws?*"[871]).

Gemeinsam ist den Fragen, dass sie ein Mittel darstellen, die Aufmerksamkeit der Leser zu gewinnen bzw. zu erhalten. Das Fragezeichen hat einen hohen Aufforderungscharakter, da es den Leser automatisch dazu bringt, die gestellte Frage – und sei sie rhetorisch oder nicht ernst gemeint – für sich zu beantworten. In vielen Fällen dienen die Fragesätze auch dazu, die Meinung des Autors zum Ausdruck zu bringen bzw. den Leser in eine bestimmte Denkrichtung zu lenken.

Tab. 28: Überblick über das mindestens einmalige Auftreten von Nominalsätzen (isoliert gebrauchten einfachen Nominalsätzen und nominalen Teilsätzen) innerhalb der Textexemplare der vier Gruppen der Textsorte ‚Kommentar' im ‚Tagesspiegel'

Gruppe	Nominalsätze im Fließtext	i.g.e. NS	nominale TS
‚Großkommentar'	100 %	57 %	100 %
‚Reihenkommentar'	84 %	68 %	78 %
‚Großkritik'	89 %	60 %	81 %
‚Reihenkritik'	84 %	46 %	76 %

868 ‚Großkommentar', „Worüber wir reden", 16. August 2007, Seite 21.

869 ‚Reihenkommentar', Serie „**DER** *feine* **UNTERSCHIED**", „Rechts oder links", 19. August 2007, Seite 25.

870 ‚Reihenkommentar', Serie „**AUF** *Schlag*" „Das menschliche Störfeld", 18. Juni 2007, Seite 29.

871 ‚Reihenkritik', Serie „**HIT** *Parade*", „Mark Medlock", 29. Juni 2007, Seite 26.

Nominalsätze kommen bei allen vier Gruppen der TS ‚Kommentar' im Zentralbereich vor. Dabei treten nominale Teilsätze häufiger auf als isoliert gebrauchte einfache Nominalsätze.

Funktional dienen die isoliert gebrauchten einfachen Nominalsätze bei den Gruppen ‚Reihenkritik' und ‚Großkritik' häufig dazu, eine knappe Bewertung zu dem Gegenstand der Kritik abzugeben (z.B. *„Großartig."*,[872] *„Statt Feinarbeit grober Effekt."*,[873] *„Guter Schluss übrigens."*,[874] *„Ein Schmöker zum Träumen und Schwärmen."*,[875] *„Fabelhaft."*,[876] *„Gruselig Faszinierend."*,[877] *„Ein Meisterwerk des poetischen Alltagsrealismus."*[878]). Dieselbe Funktion kann auch von nominalen Teilsätzen übernommen werden (z.B. *„<u>Eine sentimentale Reverenz an jene Stadt</u>, die ihm am Anfang seiner Karriere so viel bedeutet hat:"*,[879] *„<u>Ein revolutionärer Blockbuster</u>, der für die Freiheit kämpft – auf verlorenem Posten."*[880] oder *„Bei Kathlyn Pope streiten zwei Diven um das schrillste Outfit – <u>eine mäßig komische Nummer</u>."*[881]), wobei hier meist in Form verbaler Teilsätze weitere, zum Teil ebenfalls wertende Informationen geliefert werden. Bei den ‚Freien Kommentaren' sind Wertungen in Form von Nominalsätzen weniger häufig (z.B. *„Ein furchtbarer Trost."*[882] oder *„<u>Stramme Worte</u>, die beweisen, dass die Bandchemie bei New Order nach Hits wie ‚Blue Monday' (<u>1982</u>) und ‚Chrystal' (<u>2005</u>) wirklich nicht mehr stimmt. Die zum anderen aber Fragen aufwerfen:"*[883]). Im zweiten Beispielsatz kommen zwei weitere nominale Teilsätze vor, die in Klammern die Erscheinungsjahre von zwei veröffentlichten Liedern angeben.

Isoliert gebrauchte einfache Nominalsätze werden überdies in allen vier Gruppen verwendet, um kurze Fragen zu formulieren (z.B. *„Und die*

---

872 ‚Großkritik' (Subgruppe ‚Kulturkritik'), „Dauerfeuer", 5. Juli 2007, Seite 26.

873 ‚Großkritik' (Subgruppe ‚Kulturkritik'), „Grobes Schlachten", 23. Juli 2007, Seite 24.

874 ‚Großkritik' (Subgruppe ‚Literaturkritik'), „Funkelfinten", 9. Juli 2007, Seite 26.

875 ‚Großkritik' (Subgruppe ‚Literaturkritik'), „Liebe mit Biss", 1. Juli 2007, Seite 28.

876 ‚Reihenkritik', Serie „KURZ & KRITISCH", „Fünf Frauen im Schredder", 19. Juni 2007, Seite 25.

877 ‚Reihenkritik', Serie „NEU AUF DVD", 7. Juni 2007, Seite 31.

878 ‚Reihenkritik', Serie „**DER FILM** *Tipp...*", 26. Juli 2007, Seite 29.

879 ‚Großkritik' (Subgruppe ‚Kulturkritik'), „Süßer Vogel Tugend", 3. Juli 2007, Seite 25.

880 ‚Reihenkritik', Serie „**DER FILM** *Tipp...*", 21. Juni 2007, Seite 27.

881 ‚Reihenkritik', Serie „KURZ & KRITISCH", „Invasion der Fremdkörper", 29. Juni 2007, Seite 26.

882 ‚Reihenkommentar', Serie „**DER** *feine* **UNTERSCHIED**", „Sein oder Nichtsein", 22. Juli 2007, Seite 25.

883 ‚Reihenkommentar', „Serie C", „Alles in Order", 3. August 2007, Seite 21.

Risiken?",[884] *„Das natürliche Gegenteil des Verstandeskinos?"*[885] oder *„Psychokram?"*[886]), die der Autor aus dem Thema ableitet bzw. die für den Leser naheliegend sind und die der Verfasser meistens in den folgenden Ausführungen beantwortet. In einigen Fällen folgt eine knappe Antwort ebenfalls in Form eines Nominalsatzes (z.B. *„Der schlimmste Schlussverräter? Wolfgang Neuss."*[887] oder *„Langsame Einsätze? Erwachsenenkram!"*[888])

Bei der TSV ‚Kritik' werden Informationen zum besprochenen Gegenstand oft in Form eines nominalen Teilsatzes in Klammern präsentiert, der eine Parenthese darstellt. Dabei kann es sich um Termine, Uhrzeiten und Adressen von Veranstaltungen (z.B. *„Der kann sich unter Motto ‚Faust – Die Komödie' (17., 22. und 24.8., 20 Uhr) herrlich durchgeknalltem Goethe-Trash hingeben."*[889] oder *„Doch man könnte sich natürlich ein Haus extra für die Kunst bauen (Koppenplatz 6, bis 28.7.)"*[890]), Preise für Kunstwerke (z.B. *„Jeppe Hein hat einen ‚Triangular Water Pavilion' mit dreieckigem Grundriss gebaut (135 000 Euro)."*[891]), Verlagsangaben von Büchern (z.B. *„Sie verwickelte ihn schon 1991 in eine Korrespondenz über ‚Cultural Otherness' (Oxford University Press)."*[892]) oder bekannte Filme der Schauspieler (z.B. *„Die britische Schauspielerin Imelda Staunton (‚Vera Drake') stattet ihre Figur genüsslich mit dem ganzen Terror der kleinbürgerlichen Spießerin aus."*[893]) handeln. Bei den ‚Freien Kommentaren' kommen derartige nominale Parenthesen in Klammern seltener vor (z.B. *„Beide Damen (62) fischen gerade wieder ihre alten Konzepte aus der Schublade."*[894]).

Bei den ‚Reihenkommentaren' werden nominale Teilsätze auch dazu verwendet, einen Sachverhalt knapp auf den Punkt zu bringen (z.B. *„Kein Wort darüber, dass Goslar noch 1819 seinen hochbedeutenden, 800 Jahre alten Kaiserdom verlor, der achselzuckend als baufällig ab-*

---

884 ‚Reihenkommentar', Serie „**DER** *feine* **UNTERSCHIED**", „Zu mir oder zu dir", 12. August 2007, Seite 25.

885 ‚Großkritik' (Subgruppe ‚Kulturkritik'), „Das Schlösschen", 9. August 2007, Seite 29.

886 ‚Reihenkritik', Serie „**Hit** *Parade*", „Travis", 1. Juni 2007, Seite 26.

887 ‚Großkommentar', „Nur die Wurst hat zwei", 21. Juli 2007, Seite 21, erstes TE.

888 ‚Großkritik' (Subgruppe ‚Kulturkritik'), „Größer als Lang Lang?", 20. August 2007, Seite 23.

889 ‚Reihenkritik', Serie „**SPIEL** *Sachen*", „Verrutscht und verschaukelt", 17. August 2007, Seite 23.

890 ‚Reihenkritik', Serie „**KUNST** *Stücke*", „Talentschuppen", 14. Juli 2007, Seite 24, drittes TE.

891 ‚Reihenkritik', Serie „**KUNST** *Stücke*", „Elementares", 9. Juni 2007, Seite 33, zweites TE.

892 ‚Reihenkritik', Serie „*Hör* **BÜCHER**", „Diktatur des Suffs", 26. August 2007, Seite 28.

893 ‚Großkritik' (Subgruppe ‚Kulturkritik'), „Auch ein Pubertist", 8. Juli 2007, Seite 26.

894 ‚Freier Kommentar', „Serie C", „In der Wagner-Wiege", 11. Juli 2007, Seite 31.

gerissen wurde.“[895]). Der Verzicht auf ein Verb sorgt zudem für eine stärkere Handlungsdynamik, vor allem wenn mehrere Teilsätze, die sich alle auf dieselbe Situation beziehen, auftreten (z.B. „*Mondnacht, Licht fiel auf die Küchentür, ein riesiger Schatten von einen* [sic] *Mann plötzlich frontal vor mir.*“[896]).

In wenigen TE der Gruppe ‚Reihenkommentar‘ verwendet der Autor Nominalsätze dazu, die Leser anzusprechen. Dies kann ganz konkret (z.B. „*Hallo!*“, „*Liebe Leserin, lieber Leser, man muss* […].“ oder „*Aus Ungarn, Ihr MR*“[897]) oder eher indirekt (z.B. „*Mal ehrlich: Pink Floyd auf dem MP3-Player zu hören – es fühlt sich wie Betrug an.*“[898] oder „*Keine Angst, zu den Regelungen der neuen, gemäßigten oder revidierten Schreibung, diesem Lieblingsfeld aller beckmessernden Oberlehrer, sage ich nichts; stattdessen will ich* […].“[899]) erfolgen. Indem der Verfasser die Rezipienten auf diese Weise in den Text bzw. seine Überlegungen einbezieht, fördert er deren Lesemotivation, da sie sich wichtig und als Adressaten wahrgenommen fühlen.

Häufig werden bei allen vier Gruppen isoliert gebrauchte einfache Nominalsätze dazu verwendet, eine erste Einordnung des folgenden, durch einen Doppelpunkt getrennten Satzes zu liefern. Der Nominalsatz kann dabei den folgenden Ausführungen wertend vorausgreifen („*Laszive Lakonik ohne Feinsinn: Shahnoza ist Stripteasetänzerin und der weiblich Akt auf eine Tabledance-Silhouette reduziert.*“[900] oder „*Eine Sammlung für gemäßigte Anhänger und echte Fanatiker: Die einen können Glitzerkostüme bestaunen, die anderen endlich erfahren, welches Deo Elvis benutzte.*“[901]), diese funktional und/oder inhaltlich einordnen (z.B. „*Das traurige Ergebnis: Kompetenz weiß sich nicht zu verkaufen.*“,[902] „*Die Begründung: Der Name gehöre der ganzen Band.*“,[903] „*Sein Fazit: Das sozialistische Regime gerate immer mehr in Vergessenheit.*“[904] oder „‚*La Valse*‘ *von 1920 zur Eröffnung der 8. Ausgabe von Young Euro*

---

895 ‚Reihenkommentar‘, „Serie C“, „Feiern, schön und gut“, 2. Juni 2007, Seite 25.

896 ‚Reihenkommentar‘, Serie „**AUF** *Schlag*“, „Hallo Fremder!“, 25. Juni 2007, Seite 23.

897 Alle drei Nachweise entstammen dem TE: ‚Reihenkommentar‘, Serie „**AUF** *Schlag*“, „Jetzt ist Anpfiff!“, 20. August 2007, Seite 23.

898 ‚Reihenkommentar‘, Serie „**DER** *feine* **UNTERSCHIED**“, „Platte oder Player“, 2. August 2007, Seite 21.

899 ‚Reihenkommentar‘, Serie „**AUF** *Schlag*“, „Email und Emaille“, 30. Juli 2007, Seite 23.

900 ‚Reihenkritik‘, Serie „**KUNST** *Stücke*“, „Bilderbücher“, 23. Juni 2007, Seite 29.

901 ‚Großkritik‘ (Subgruppe ‚Kulturkritik‘), „Kings Kisten“, 14. August 2007, Seite 21.

902 ‚Großkommentar‘, „Worüber wir reden“, 16. August 2007, Seite 21.

903 ‚Reihenkommentar‘, „Serie C“, „Alles in Order“, 3. August 2007, Seite 21.

904 ‚Großkritik‘ (Subgruppe ‚Literaturkritik‘), „Die Täter sind unter uns“, 11. Juni 2007, Seite 6.

Classic: Die jungen Musiker vom fünften Kontinent – der fehlte noch bei den Weltreisenden des Berliner Musiksommers – fordern zum Tanz auf, wie andere zum Duell auffordern.“[905]) sowie thematische Schlagwörter oder eine passende Aussage voranstellen („*Hibiskus, Lilie, Stockrose: Blumenbilder haben ihren festen Platz in der japanischen Tokugawa-Epoche.*“[906] oder „*Schwesternpaar im Doppelpack: Mit gleich zwei Auftritten zieht das New Yorker Duo CocoRosie die Zuschauer im Lido in den Bann skurriler Klangwelten.*“[907]).

Ein Quellennachweis über nominale Teilsätze, der bei den informationsbetonten TS häufig anzutreffen ist, kommt bei der TS ‚Kommentar‘ so gut wie nicht vor (z.B. „*‚Keine erfreuliche Lösung, aber eine notwendige‘, so der Archäologe, nach dessen Beschreibung der Parthenon-Fries wie mit Trauerflor präsentiert zu sein scheint.*“[908] oder „*Hier braut sich etwas zusammen, hier wird spürbar, dass einst hoffnungsvolle literarische Talente in die Jahre kommen und nicht recht wissen, wie sie die ‚große Grauzone‘ (Sibylle Berg) zwischen nicht mehr jung und noch nicht vergreist sinnvoll ausfüllen sollen.*“[909]).

Parzellierungen treten innerhalb der TS ‚Kommentar‘ am häufigsten bei den ‚Großkritiken‘ (57 %) auf, dicht gefolgt von den ‚Reihenkommentaren‘ (51 %) und ‚Großkommentaren‘ (43 %). Bei den ‚Reihenkritiken‘ kommen sie deutlich seltener vor (22 %).

Häufig werden bei den ‚Großkommentaren‘ (40 %), ‚Reihenkommentaren‘ (51 %), ‚Großkritiken‘ (47 %) und ‚Reihenkritiken‘ (39 %) Teilsätze parzelliert. Bei den Teilsätzen überwiegen fast immer die Nebensätze (‚Reihenkritik‘ 85 %, ‚Reihenkommentar‘ 80 %, ‚Großkritik‘ 60 % und ‚Großkommentar‘ 50 %):

(a) Er erschüttert sie auch. Weil er den Blick ungerührt auf ihren blinden Fleck richtet.[910]

(b) Bei allem Interesse am Wohlbefinden der Mütter finden die Kinder so viel Amüsierlaune doch eher peinlich. Was die beiden kein bisschen schert.[911]

---

905 ‚Großkritik‘ (Subgruppe ‚Kulturkritik‘), „Komm, tanz mit mir“, 5. August 2007, Seite 27.

906 ‚Reihenkritik‘, Serie „KURZ&KRITISCH“, „Fischaugen schauen dich an“, 29. Juli 2007, Seite 26.

907 ‚Reihenkritik‘, Serie „KURZ&KRITISCH“, „Schönheit der Veloglocke“, 15. August 2007, Seite 222.

908 ‚Reihenkritik‘, Serie „KURZ&KRITISCH“, „Volle Ladung Marmor“, 27. Juni 2007, Seite 26.

909 ‚Reihenkommentar‘, Serie „**AUF** *Schlag*“, „Mein Badearzt“, 13. August 2007, Seite 23

910 ‚Reihenkommentar‘, Serie „**DER** *feine* **UNTERSCHIED**“, „Episch oder lakonisch“, 27. Juli 2007, Seite 23.

911 ‚Großkritik‘ (Subgruppe ‚Kulturkritik‘), „Erst Disco, dann Dildo“, 5. Juli 2007, Seite 27.

(c) Das Album ist eine zehnteilige Suite, die aufzeigt, wie frei Rock sein kann. Wenn man ihn nur lässt.[912]

Die parzellierten Hauptsätze lassen sich sicher als Teilsätze eines Gesamtsatzes auffassen, da sie jeweils durch eine Ellipse mit dem vorangegangenen Teilsatz verbunden sind, in welchem die ausgelassenen Satzglieder vorerwähnt werden. Fast immer handelt es sich dabei um Subjekt-Ellipsen (*Neuss* (d) und *er* (e)). Verbal-Ellipsen (*ist* (f)) und die Verbindung von Subjekt- und Verbal-Ellipsen (*Saviano* und *schreibt* (g)) sind selten:

(d) Neuss spottete damals über Fernsehdeutschland, das millionenfach über den Täter im Durbridge-Krimi „Das Halstuch“ spekulierte. Und warb damit nebenbei für den eigenen Kinofilm.[913]
(e) Er wird möglichst originalgetreu präsentiert, umlaufend auf einem Riesenquader. Und mit einigen Repliken ergänzt.[914]
(f) Ist die Kirche folglich eine Benutzeroberfläche? Der Messdiener ein Screensaver und Jesus der oberste Webmaster?[915]
(g) Saviano schreibt mal wie ein Reporter aus eigenem Erleben, kühl und sachlich. Dann wieder, einem Romancier gleich, in Ausbrüchen der Emotion, Wut, Verzweiflung, Verwünschung.[916]

In Beispiel (f) besteht die Besonderheit, dass an den parzellierten Hauptsatz ein weiterer Teilsatz anschließt, der ebenfalls die syntaktische Funktion eines Hauptsatzes aufweist und über die Verbal-Ellipse *ist* mit dem ersten Teilsatz verbunden ist. Zudem erfolgt die Parzellierung nicht über einen Punkt, sondern ein Fragezeichen.

Parzellierte Satzgliedteile kommen bei den ‚Großkommentaren‘ (60 %), ‚Reihenkommentaren (38 %), ‚Großkritiken‘ (38 %) und ‚Reihenkritiken‘ (34 %) ebenfalls öfter vor:

(h) Man wünscht es sich. Und ihr.[917]
(i) Man darf hinter vinologischen Vorlieben ein höheres Prinzip von Persönlichkeit vermuten. Eine Art Analogie zwischen dem Geist des Trinkers und seinem bevorzugten Weingeist.[918]

---

912 ‚Reihenkritik‘, Serie „SOUNDCHECK“, 8. Juni 2007, Seite 27, letztes TE.
913 ‚Großkommentar‘, „Nur die Wurst hat zwei“, 21. Juli 2007, Seite 21, erstes TE.
914 ‚Reihenkritik‘, Serie „KURZ & KRITISCH“, „Volle Ladung Marmor“, 27. Juni 2007, Seite 26.
915 ‚Reihenkommentar‘, Serie „**AUF** *Schlag*“, „Der Download Gottes“, 4. Juni 2007, Seite 27.
916 ‚Großkritik‘ (Subgruppe ‚Literaturkritik‘), „Der Blick in den Abgrund“, 27. August 2007, Seite 6.
917 ‚Reihenkommentar‘, „Serie C“, „In der Wagner-Wiege“, 11. Juli 2007, Seite 21.
918 ‚Reihenkommentar‘, Serie „**DER** *feine* **UNTERSCHIED**“, „Bordeaux oder Burgunder“, 17. August 2007, Seite 21.

(j) Auch „Il Caimano“ (der auf Berlusconis reptilienhafte Gestik anspielt und in Deutschland unter dem eher blöd- als hintersinnigen Titel „Der Italiener“ läuft) ist ein sehr privater Film, und in dieser Privatheit liegt seine Kraft. Und eine seltsame, anrührende Bitterkeit.[919]

(k) Die Ich-Sager von damals dagegen macht das Wissen schweigsam, dass die verstörendsten, die prägendsten Dinge ohnehin nicht mitteilbar sind. Etwa der Klang der Gleich-Schritte auf den Metalltreppen.[920]

Innerhalb der Parzellierungen stellen abgegrenzte Satzglieder bei den ‚Reihenkommentaren‘ (13 %), ‚Großkritiken‘ (15 %) und ‚Reihenkritiken‘ (27 %) jeweils die kleinste Gruppe dar und fehlen bei den ‚Großkommentaren‘ völlig:

(l) Unterdessen schreibt die Wagnerwelt das Jahr 2007, und die Dinge verschärfen sich. Zum einen aus biologischen Gründen.[921]

(m) Friebe, auch deutscher Indie-Songwriter, liest seine launigen Alltagsgeschichten in einem kleinen Nebenraum des Berliner Radialsystems V. Um ein Uhr nachts.[922]

(n) Um Enrique Iglesias richtig würdigen zu können, braucht man ein gewisses Level. Hormonell.[923]

Die parzellierten Satzgliedteile, Satzglieder oder Teilsätze bilden dabei nicht immer den Abschluss des Satzes. An sie können weitere Teilsätze anschließen:

(o) Da erinnern wir uns an Edmund Stoibers verzweifelt kraftvolle Aschermittwochsreden. Oder an den Porsche-Betriebsratsvorsitzenden und Ex-Europameister im Thai-Boxen Uwe Hück, wie er in einer der letzten „Sabine Christiansen“-Sendungen mit Schaum vor dem Mund seinen sensationellen Aufstieg beschrieb und wie ein losgelassener Kampfhund gesellschaftliche Defizite geißelte.[924]

(p) Mit jedem zart aufblühenden Motiv ebenso wie mit der konsequenten Zurücknahme der Lautstärke gelingt Thielemann die Überwindung der Wagner’schen Schwerkraft. Was nicht heißt, dass nicht wichtig wäre, was die Musik sagt.[925]

(q) Der Kreuzberger, um den es seit seinem Sommerhit „Görli Görli“ von 2003 etwas ruhiger geworden war, hat die Songs seiner Jugend auf Berlinerisch nachgedichtet und ihnen geniale Reggae-Dancehall-Outfits verpasst. Mit dem Effekt, dass selbst durchgenudelte ZDF-Hitparaden-Stücke wie „Karl

---

919 ‚Großkritik‘ (Subgruppe ‚Kulturkritik‘), „Kaimane und Krokodile“, 12. Juli 2007, Seite 31.

920 ‚Reihenkritik‘, Serie „NEU AUF DVD“, 5. Juli 2007, Seite 27.

921 ‚Freier Kommentar‘, „Serie C“, „In der Wagner-Wiege“, 11. Juli 2007, Seite 21.

922 ‚Großkritik‘ (Subgruppe ‚Kulturkritik‘), „Tod den Supermärkten“, 25. August 2007, Seite 22.

923 ‚Reihenkritik‘, Serie „**HIT** *Parade*“, „Enrique Iglesias“, 13. Juli 2007, Seite 26.

924 ‚Freier Kommentar‘, Serie „**AUF** *Schlag*“, „Männer, die schreien“, 2. Juli 2007, Seite 21.

925 ‚Großkritik‘ (Subgruppe ‚Kulturkritik‘), „Aufstand der Zwerge“, 29. Juli 2007, Seite 25.

der Käfer" (jetzt: Karl der Kiffer") plötzlich grooven, wie man es ihnen nie zugetraut hätte.[926]

In Beispiel (o) schließen an die Parzellierung eines Satzgliedteils zwei Teilsätze an, bei denen es sich um Nebensätze handelt. Bei Beispiel (p) folgen auf den parzellierten Nebensatz zwei weitere. Im Beispielsatz (q) grenzen an das parzellierte Satzglied drei Teilsätze an. Von denen stellen zwei Nebensätze dar, während es sich bei dem dritten um einen nominalen Hauptsatz handelt, der in Klammern in den Gesamtsatz eingeschoben ist. Die syntaktische Funktion der Teilsätze als Nebensatz wird in allen drei Beispielsätzen durch die Einleitungswörter und die Endstellung der finiten Verben angezeigt.

Bei einigen TE treten innerhalb eines Satzes mehrere Parzellierungen auf, was einer noch stärkeren Hervorhebung dient:

(r) Ich hätte nichts dagegen, wenn es U- und E-Debatten gäbe. Oder White-Collar wie Blue-Collar-Debatten. Oder Vergangenheits- und Zukunfts-Debatten.[927]

(s) Diese etwas eifernde, zwangsläufig rhetorische Frage stellte Joachim Kaiser in der „Süddeutschen Zeitung". Und blieb die Antwort, nun ja, schuldig. Dem Künstler, dem gewiefteren Teil des Publikums – und sich selbst gegenüber.[928]

(t) Aber die Produktion ist nahe am Kult. Weil aus der wüsten Vision des Premierenjahrs ein tief bewegender Theaterabend geworden ist. Weil Schlingensief in seinem heiligen Ernst die Herzen des Publikums gewinnt.[929]

In Beispiel (r) werden zweimal Satzgliedteile parzelliert. Beim Beispielsatz (s) folgt auf einen parzellierten Hauptsatz, der durch die Subjekt-Ellipse (*Joachim Kaiser*) mit dem vorherigen Teilsatz verbunden ist und in den parenthetisch ein nominaler Teilsatz (*nun ja*) integriert ist, eine weitere, durch einen Punkt abgetrennte Parzellierung. Bei dieser handelt es sich um ein Satzglied. In Beispiel (t) werden hintereinander zwei Teilsätze parzelliert, bei denen es sich um Nebensätze handelt, die beide mit der Konjunktion *weil* eingeleitet werden.

Wie bei der TS ‚Bericht' wird bei wenigen TE der ‚Großkritiken' die Hervorhebungsfunktion der Parzellierung gesteigert, indem die parzellierten Elemente nicht nur durch ein Satzbegrenzungsmittel, sondern zusätzlich durch einen Absatz abgegrenzt werden:

(u) Ob Zuneigung oder Ablehnung, die drei provozieren Leidenschaftlichkeit. [Absatz] Wobei Isa Genzken die Sperrige, Schwierigste, sicher auch Schrul-

926 ‚Reihenkritik', Serie „KURZ & KRITISCH", „Det is 'n Juter", 8. Juli 2007, Seite 26.
927 ‚Großkommentar', „Worüber wir reden", 16. August 2007, Seite 21.
928 ‚Großkritik' (Subgruppe ‚Kulturkritik'), „Fluch des Virtuosen", 23. Juni 2007, Seite 25.
929 ‚Großkritik' (Subgruppe ‚Kulturkritik'), „Der letzte Liebende", 4. August 2007, Seite 21.

ligste im Trio ist – verglichen mit der eher läppischen Doppelbespielung Scheibitz/Sehgal 2005, steht sie so imponierend weltraumfremd im marktbestimmten Ausstellungszirkus wie die Astronauten, die sie im Deutschen Pavillon von der Decke hängen lässt.[930]

(v) Der Erfinder des Esperanto war nämlich dort und hat seine Sprache zu so etwas wie einer Staatssprache gemacht, und natürlich wäre es jetzt naheliegend, auch die Liebe als eine Art Esperanto auftreten zu lassen, aber so plump lesen wir es hier nicht, Dagmar Leupold ist eine kluge Autorin. [Absatz] Und eine großzügige, denn sie gibt ihre Klugheit gern und immer wieder an ihre beiden Roman-Menschen weiter, die sie sich da aus der Wirklichkeit geborgt hat, und so reden die viel Gescheites, auch im Alltag, wo unsereins ja oft einfach so daherredet, und manchmal so viel, dass es ihnen selbst auffällt.[931]

(w) Wenn ich „Moral" sage, müsste ich spätestens in der zweiten Satzhälfte irgendwie zu Immanuel Kant hinüberleiten oder zu Friedrich Schiller, einfach so „Moral" wie Frings geht nicht. [Absatz] Obwohl ich ein bisschen aussehe wie Frings, ich spiele mit Stirnband.[932]

In Beispiel (u) ist ein Teilsatz (Nebensatz) parzelliert, der als weiterführender Nebensatz inhaltsseitig und syntaktisch eindeutig zum Teilsatz (Hauptsatz) vor dem Absatz gehört. Auf den parzellierten Teilsatz folgen zwei weitere Teilsätze, ein Haupt- und ein Nebensatz, die durch einen Gedankenstrich von diesem abgehoben werden. Beispielsatz (v) weist nach dem Absatz einen parzellierten Satzgliedteil auf, an den fünf weitere Teilsätze anschließen. Beispielsatz (w) zeigt die Parzellierung eines Teilsatzes in der syntaktischen Funktion eines Nebensatzes, an den ein weiterer Teilsatz anschließt. Bei diesem handelt es sich um einen Hauptsatz, wie anhand der Zweitstellung des finiten Verbs zu erkennen ist. Auch hier wird der Satz durch den Absatz für den Leser besonders überraschend fortgesetzt und eine inhaltsseitig unerwartete Information, eine tatsächliche Ähnlichkeit zwischen dem Autor und dem bekannten Fußballspieler Frings, präsentiert.

2.3.6 Die Syntax der Textsorte ‚Interview'

2.3.6.1 Die Überschrift

Im Zentralbereich der beiden TSV der TS ‚Interview' befindet sich eine zweizeilige Überschrift, die bei allen TE auftritt. Dabei wird die Haupt-

930 ‚Großkritik' (Subgruppe ‚Kulturkritik'), „Stadt der Frauen", 9. Juni 2007, Seite 31.

931 ‚Großkritik' (Subgruppe ‚Literaturkritik'), „Wer gerne in den süßen Apfel beißt", 10. Juni 2007, Seite 28.

932 ‚Großkommentar', „Stirnbänderdehnung", 14. Juni 2007, Seite 26.

zeile der ‚Gesprächsinterviews' bei 74 Prozent der TE von einem isoliert gebrauchten einfachen Satz gebildet, bei dem es sich etwas häufiger um einen Verbalsatz (2+3) als um einen Nominalsatz (1) handelt. Die übrigen Hauptzeilen bestehen aus einem Gesamtsatz aus zwei verbalen Teilsätzen (4). Bei der TSV ‚Umfrageinterview' ist die Hauptzeile ausnahmslos ein isoliert gebrauchter einfacher Satz, wobei die Nominalsätze deutlich dominieren (83 %, Bsp. (5)).

(1) HZ: Mein großer Patron[933]
(2) HZ: Asien liegt um die Ecke[934]
(3) HZ: Ich hoffe auf tausend kleine Revolutionen[935]
(4) HZ: „Unser Publikum weiß, dass es mitdenken soll"[936]
(5) HZ: Das beste aller Örtchen[937]

Die Hauptzeile hat bei beiden TSV die Funktion, die Aufmerksamkeit des Lesers zu wecken. Dies geschieht auf zwei verschiedene Arten, die etwa gleich häufig auftreten. Entweder ist die Hauptzeile so formuliert, dass sich dem Leser ihre Bedeutung nicht erschließt (2+5). Sie klingt interessant und macht neugierig, das Interview zu lesen und so den Sinn der Hauptzeile zu entschlüsseln. Die andere Variante besteht darin, dass der erste Teil des Überschriftengefüges aus einem – meistens mehr oder weniger stark veränderten – Zitat der interviewten Person besteht. Dabei kann es sich um eine Kernaussage oder eine besonders interessante oder ungewöhnliche Äußerung handeln. Dadurch wird der Leser dazu angehalten, das Interview zu lesen, um diese in einen Kontext betten zu können. Das Zitat kann direkt durch Anführungszeichen gekennzeichnet sein (4), diese können jedoch auch fehlen (1+3). Der Zitatcharakter wird aber auch in diesen Fällen fast immer durch Personal- oder Possessivpronomen in der ersten Person deutlich.

Die Unterzeile der ‚Gesprächsinterviews' wird bei 70 Prozent der TE aus einem isoliert gebrauchten einfachen Satz gebildet, der überwiegend ein Nominalsatz ist (81 %, Bsp. (6+7)). Daneben konstituiert sich die Unterzeile bei 17 Prozent der TE aus zwei (8) und bei einem TE aus drei isoliert gebrauchten einfachen Sätzen (9). Die übrigen 9 Prozent stellen Gesamtsätze dar (10):

933 ‚Gesprächsinterview', „Mein großer Patron", 26. Juni 2007, Seite 23.

934 ‚Gesprächsinterview', „Asien liegt um die Ecke", 5. Juli 2007, Seite 25.

935 ‚Gesprächsinterview', „Ich hoffe auf tausend kleine Revolutionen", 30. August 2007, Seite 26.

936 ‚Gesprächsinterview', „Unser Publikum weiß, dass es mitdenken soll", 30. Juni 2007, Seite 23.

937 ‚Umfrageinterview', „Das beste aller Örtchen", 21. Juli 2007, Seite 24.

(6) UZ: Regisseur Ozon über Melodramen, Künstlerschicksale und einen Horror namens Hollywood[938]
(7) UZ: Der Regisseur über seinen Idealismus, die Tragik der Zeitzeugen und Alltag im heutigen Oswiecim[939]
(8) UZ: Abschied von Berlin: Dirigent Kirill Petrenko über den Avantgardisten Lehar und die Vorzüge des Stadttheaters[940]
(9) UZ: Kinder, Karriere, Kritik: Heute wird Grips-Gründer Volker Ludwig 70. Ein Gespräch über jungen Mut – und alte Zeiten[941]
(10) UZ: Werner Herzog über Grizzly-Bären, Arbeitswut, Menschenwürde – und die Kunst, Joaquin Phoenix das Leben zu retten[942]
(11) UZ: Ingo Schulze rühmt den Stilreichtum seiner literarischen Leitfigur[943]
(12) UZ: Kuratoren erklären, was man sehen muss und was nicht[944]

Als häufige syntaktische Realisationen ist bei 66 Prozent der TE ein zweigliedriger Nominalsatz Bestandteil der Unterzeile bzw. bildet diese alleine. Dieser weist immer dieselben Satzglieder in der festen Wendung „X über Y" auf (6-8). Bis auf eine Ausnahme lassen sich auch alle übrigen Unterzeilen inhaltlich auf die Formel „Jemand sagt etwas über ..." zurückführen. Das Satzglied im Nominativ kann inhaltsseitig durch den Namen des Interviewten (10+11), durch seinen Beruf (7) oder eine Verbindung von Namen und Beruf (6+8) besetzt sein. Die Unterzeile dient bei der TSV ‚Gesprächsinterview' nicht vorrangig dazu, die Hauptzeile ganz oder teilweise zu erläutern. Zwar übernimmt sie häufiger auch diese Funktion, indem sie beispielweise ein Zitat einer Person zuordnet und für die Hauptzeile kontextuelle Bezugspunkte liefert. Die Hauptaufgabe besteht jedoch darin, dem Leser mitzuteilen, wer die interviewte Person ist und worüber diese sich äußert. Meistens werden dabei verschiedene Themen schlagwortartig benannt, was die Wahrscheinlichkeit erhöht, dass sich der Leser für das Interview interessiert (6-10). Teilweise werden inhaltsseitige Aspekte auch bewusst überspitzt oder unklar formuliert (6), um die grobe thematische Richtung vorzugeben, gleichzeitig jedoch auch die Neugier zu wecken. Da es sich bei den interviewten Personen um bekannte Persönlichkeiten oder ausgewiesene Fachleute han-

938 ‚Gesprächsinterview', „Ich liebe Monster", 9. August 2007, Seite 29.
939 ‚Gesprächsinterview', „Wer dort wohnt, geht am Lager vorbei – zum Schwimmen", 16. August 2007, Seite 23.
940 ‚Gesprächsinterview', „Unser Publikum weiß, dass es mitdenken soll", 30. Juni 2007, Seite 23.
941 ‚Gesprächsinterview', „Gutes Theater ist immer links", 13. Juni 2007, Seite 25.
942 ‚Gesprächsinterview', „Sein ärgster Freund", 29. Juni 2007, Seite 25.
943 ‚Gesprächsinterview', „Mein großer Patron", 26. Juni 2007, Seite 23.
944 ‚Umfrageinterview', z.B. „Das beste aller Örtchen", 21. Juli 2007, Seite 24.

delt, üben sie eine Signalwirkung auf die Leser aus und fördern somit eine Auseinandersetzung mit dem TE.

Die Unterzeile der TSV ‚Umfrageinterview' besteht aus einem Gesamtsatz aus drei Teilsätzen (12). Dabei folgen auf einen verbalen Hauptsatz zwei verbale Objektsätze, bei denen der letzte eine elliptische Auslassung des Subjekts und des Verbs aufgrund von Vorerwähntheit zeigt.[945] Die Unterzeile ist bei allen sechs TE der TSV identisch, was unter anderem ihre Zusammenfassung zu einer Serie begründet. Funktional hat diese Unterzeile dieselbe Aufgabe wie diejenige der TS ‚Gesprächsinterview'. Auch sie lässt sich auf die Formel „Jemand sagt etwas über..." zurückführen. Hinzu tritt jedoch die Funktion, dass die Bedeutung des Interviewten als Individuum gegenüber seiner beruflichen Tätigkeit für das Interview herabgesetzt wird. Die interviewte Person erscheint nicht namentlich, und durch den Plural in „*Kuratoren*" wird ausgedrückt, dass das TE nur eines von mehreren darstellt, da entsprechend identische Interviews mit weiteren Personen desselben Berufs geführt wurden bzw. werden.

2.3.6.2 Der Fließtext

Die TSV ‚Gesprächsinterview' weist mit einer durchschnittlichen Satzanzahl von 76 Sätzen den höchsten Wert aller untersuchter TS und TSV auf. Das Verhältnis von Gesamtsätzen zu isoliert gebrauchten einfachen Sätzen ist nahezu ausgeglichen (53 % zu 47 %). Innerhalb der isoliert gebrauchten einfachen Sätze dominieren die Verbalsätze (86 %).

Ausschlaggebend für die hohe Satzanzahl ist, dass der ständige Wechsel zwischen dem Redeanteil des Interviewers und dem des Interviewten jeweils mit einem neuen Satzbeginn einhergeht, wobei die Redeanteile relativ knapp gehalten sind, um verschiedene Fragen und deren Beantwortung in einem TE unterzubringen.

Die TE der TSV ‚Umfrageinterview' bestehen im Durchschnitt aus 14 Sätzen. Diese geringe Anzahl – besonders im Vergleich zu der TSV ‚Gesprächsinterview' – lässt sich dadurch begründen, dass der Umfang der TE durch drei standardisierte Fragen sehr begrenzt ist. Das Verhältnis von Gesamtsätzen zu isoliert gebrauchten einfachen Sätzen ist im Vergleich zur TSV ‚Gesprächsinterview' umgekehrt (47 % zu 53 %), isoliert gebrauchte einfache Nominalsätze kommen fast nicht vor (2 %).

945 Aufgrund der Vorerwähntheit der ausgelassenen Satzglieder im ersten Gliedsatz lässt sich der zweite Gliedsatz eindeutig inhaltsidentisch auf die Äußerung „... und was man nicht sehen muss" zurückführen.

Tab. 29: Überblick über das mindestens einmalige Auftreten von Ausrufesätzen, Fragesätzen, Nominalsätzen und Parzellierungen innerhalb der Textexemplare der zwei Textsortenvarianten der Textsorte ‚Interview' im ‚Tagesspiegel'

Textsortenvariante	Ausrufe-sätze	Frage-sätze	Nominalsätze im Fließtext	Parzellierungen
‚Gesprächsinterview'	30 %	100 %	100 %	52 %
‚Umfrageinterview'	–	100 %	50 %	17 %

Ein charakteristisches Merkmal der TS ‚Interview' ist, dass bei allen TE Fragesätze auftreten. Diese Satzart bestimmt maßgeblich den Wechsel der Redebeiträge zwischen Interviewer und Interviewten und somit den typischen Aufbau der TS. Auch wenn Fragesätze gelegentlich auch innerhalb der Fließtexte anderer TS auftreten, kommt eine derart häufige Verwendung der Satzart, die an die Makrostruktur des Absatzes gebunden ist, ausschließlich beim ‚Interview' vor. Funktional fassen die Fragesätze des Interviewers nie einen Sachverhalt zusammen oder formulieren Fragen, die sich der Autor zu einem Thema stellt.[946] Sie haben beim ‚Interview' fast ausschließlich die Funktion, die Fragen wiederzugeben, die der Interviewer der interviewten Person gestellt hat, um so zur Antwort des Interviewten im folgenden Absatz überzuleiten (z.B. *„Wie nah sind sie an Elisabeth Taylors Roman geblieben?"*[947]). Ausnahmen stellen lediglich Fragen dar, welche der Interviewte bei seinen Antworten verwendet. Sie sind jedoch sehr selten (z.B. *„Aber was kann man daraus lernen?"*[948]).

Bei der TSV ‚Umfrageinterview' kommt die Besonderheit hinzu, dass die Fragen, der Redeanteil des anonym bleibenden Interviewers, bei allen TE wörtlich übereinstimmen. Dies belegt, dass Nachfragen oder vertiefende Fragen bei dieser TSV nicht von Interesse sind, sondern eine möglichst knappe Antwort zu drei festen Fragen gewünscht wird. Damit bestimmen die identischen Fragesätze neben der Unterzeile den Umfragecharakter der TSV wesentlich mit, bei dem die Meinung einer klar definierten Berufsgruppe zu einem bestimmten Thema im Vordergrund steht.

Ausrufe- oder Aufforderungssätze fehlen bei den ‚Umfrageinterviews' vollständig, während sie bei den ‚Gesprächsinterviews' bei 30 Prozent der TE auftreten. Dies stellt nach der Gruppe ‚Reihenkommen-

946 Vgl. z.B. die Funktionen der Fragesätze bei den TS ‚Kommentar' (Kap. III.B.2.3.5.2.) und ‚Bericht' (Kap. III.B.2.3.1.2.).

947 ‚Gesprächsinterview', „Ich liebe Monster", 9. August 2007, Seite 29.

948 ‚Gesprächsinterview', „Ich will wissen, wo die Unvernunft siedelt", 26. Juli 2007, Seite 27.

tar‘ der TSV ‚Freier Kommentar‘ das zweithäufigste Vorkommen dieser Satzart innerhalb einer TS oder TSV dar. Bis auf eine Ausnahme, bei der zudem neben dem Ausrufezeichen ein Fragezeichen verwendet wird („*Wie bitte?!*“[949]), um die Ungläubigkeit des Interviewers über eine Antwort der interviewten Person zum Ausdruck zu bringen, treten Ausrufesätze nur in dem Redeanteil der Interviewten auf. Funktional dienen sie dazu, eine Aussage (z.B. „*Nur zum Vergleich: Ein solches Orchester aus Italienern und Norwegern würde nie funktionieren!*“[950]) bzw. eine Antwort („*Nein!*“[951]) des Interviewten zu betonen. Die Kombination mit weiteren Hervorhebungsmitteln wie Klammern oder Spiegelstrichen[952] tritt nur bei wenigen Ausrufesätzen auf (z.B. „*Diese frühen Stücke von Reich – sie sind wirklich minimalistisch!*“[953]). Am Ende des Fließtextes kommen Ausrufesätze nicht vor.

Tab. 30: Überblick über das mindestens einmalige Auftreten von Nominalsätzen (isoliert gebrauchten einfachen Nominalsätzen und nominalen Teilsätzen) innerhalb der Textexemplare der zwei Textsortenvarianten der Textsorte ‚Interview‘ im ‚Tagesspiegel‘

Textsortenvariante	**Nominalsätze im Fließtext**	**i.g.e. NS**	**nominale TS**
‚Gesprächsinterview‘	100 %	74 %	96 %
‚Umfrageinterview‘	50 %	33 %	33 %

Bei allen TE der ‚Gesprächsinterviews‘ kommt mindestens ein Nominalsatz im Fließtext vor, bei den ‚Umfrageinterviews‘ treten sie bei 50 Prozent der TE auf. Fast alle TE der ‚Gesprächsinterviews‘ weisen einen nominalen Teilsatz auf (96 %), isoliert gebrauchte einfache Nominalsätze zeigen mit einem Vorkommen bei 74 Prozent aller TE den höchsten Wert aller untersuchten TS. Bei den TE der ‚Umfrageinterviews‘ haben jeweils zwei TE (33 %) nominale Teilsätze und isoliert gebrauchte einfache Nominalsätze.

Bei 74 Prozent der ‚Gesprächsinterviews‘ kommt ein nominaler Teilsatz vor, der dem Redeanteil des Interviewers angehört und die Funktion hat, den Interviewten namentlich anzusprechen. Die verwendete Anrede der interviewten Person bzw. deren Fehlen trägt dazu bei, den Interviewten einzuordnen. So lassen die Anreden Rückschlüsse auf die Nationalität

949 ‚Gesprächsinterview‘, „Sein ärgster Freund“, 22. Juni 2007, Seite 25.
950 ‚Gesprächsinterview‘, „Die Moral unserer Ohren“, 10. August 2007, Seite 25.
951 ‚Gesprächsinterview‘, „Wenn sie es kann, soll sie es werden“, 3. Juni 2007, Seite 25.
952 Vgl. die entsprechenden Kapitel für die TS ‚Porträt‘ (III.B.2.3.4.2.) und ‚Kommentar‘ (III.B.2.3.5.2.).
953 ‚Gesprächsinterview‘, „Tanz ins Licht“, 19. August 2007, Seite 26.

bzw. darauf zu, dass es sich nicht um einen Deutschen handelt (z.B. „*Signor Alajmo, ‚Palermo sehen und sterben' ist das erste Buch von Ihnen, das ins Deutsche übersetzt wurde.*"[954] oder „*Mr. Farah, Sie sind 1974, fünf Jahre nachdem der Diktator Siyad Barre in Somalia durch einen Militärputsch an die Macht kam, ins Exil gegangen.*"[955]), während die ausschließliche Verwendung des Vornamens vermittelt, dass der Interviewte noch jünger ist und auf eine förmliche Anrede keinen Wert legt (z.B. „*Manu, Ihr letztes Album haben Sie vor fünf Jahren veröffentlicht.*"[956]). Die Verwendung einer besonderen Anrede (z.B. „*Maestro, um Sie beim Wort zu nehmen:*"[957]) verweist auf die Stellung bzw. das Ansehen der interviewten Person. Der nominale Teilsatz bildet bis auf eine Ausnahme („*Über ihre Nachfolge, Herr Wagner, entscheiden nicht Sie, sondern der Stiftungsrat der Festspiele, nach den in der Stiftungssatzung festgelegten Regeln.*"[958]) den ersten Teilsatz des Gesamtsatzes, bei dem es sich fast immer um den ersten Satz des Fließtextes handelt. Nur in einem TE,[959] in dem zwei Personen interviewt werden, kommen mehrere Gesamtsätze mit derartigen nominalen Teilsätzen vor. Durch sie kann der Interviewer anzeigen, an wen eine bestimmte Frage gerichtet ist.

Der Interviewer gebraucht isoliert gebrauchte einfache Nominalsätze dazu, eine kurze Frage zu stellen („*Warum Auschwitz?*",[960] „*Ein Fluch oder ein Segen?*"[961] oder „*Die klassische Musik als Menetekel unserer politischen Gegenwart?*"[962]) bzw. bei einer gegebenen Antwort nachzufragen (z.B. „*Inwiefern?*",[963] „*Zum Beispiel?*"[964] oder „*Wie bitte?!*"[965]). Von Seiten des Interviewten werden nominale Teilsätze (z.B. „*Doch, aber er hatte noch nicht diese analytische Durchdringung.*",[966] „*Im Ge-*

954 ‚Gesprächsinterview', „Wir befinden uns in einer vorrevolutionären Situation", 3. August 2007, Seite 21.

955 ‚Gesprächsinterview', „Mogadischu, mon amour", 29. Juni 2007, Seite 25.

956 ‚Gesprächsinterview', „Ich hoffe auf tausend kleine Revolutionen", 30. August 2007, Seite 26.

957 ‚Gesprächsinterview', „Die Moral unserer Ohren", 10. August 2007, Seite 25.

958 ‚Gesprächsinterview', „Wenn sie es kann, soll sie es werden", 3. Juni 2007, Seite 25.

959 ‚Gesprächsinterview', „Wenn sie es kann, soll sie es werden", 3. Juni 2007, Seite 25.

960 ‚Gesprächsinterview', „Wer dort wohnt, geht am Lager vorbei – zum Schwimmen", 16. August 2007, Seite 23.

961 ‚Gesprächsinterview', „Ich hoffe auf tausend kleine Revolutionen", 30. August 2007, Seite 26.

962 ‚Gesprächsinterview', „Die Moral unserer Ohren", 10. August 2007, Seite 25.

963 ‚Gesprächsinterview', „Sonnenbrillen machen feige", 11. Juli 2007, Seite 21.

964 ‚Gesprächsinterview', „Beethoven fordert Gott heraus", 18. Juli 2007, Seite 22.

965 ‚Gesprächsinterview', „Sein ärgster Feind", 22. Juni 2007, Seite 25.

966 ‚Gesprächsinterview', „Elefant am Seil", 28. Juni 2007, Seite 27.

genteil, das offizielle Interesse am Holocaust nimmt zu.“[967] oder „*Ja doch, ich mache mir Hoffnung auf deutsche Leser.*“[968]) und isoliert gebrauchte einfache Nominalsätze (z.B. „*Nein.*“,[969] „*Keine Ahnung.*“,[970] „*Genau.*“[971] oder „*China natürlich.*“[972]) häufig verwendet, um eine knappe Antwort auf eine Frage des Interviewers zu geben. Diese fast immer aus einem Satzglied bestehenden Nominalsätze werden teilweise durch weitere Teilsätze oder Sätze ergänzt, welche die erste knappe Antwort näher ausführen bzw. erläutern (z.B. „*Nein, das war Joaquin Phoenix.*“[973] oder „*Ja. Die andere Hälfte wird aber nachgeliefert.*“[974]).

Bei zwei TE mit mehreren Interviewten dienen isoliert gebrauchte einfache Nominalsätze dazu, jede Antwort einer bestimmten Person zuzuordnen. Bei dem Nominalsatz kann es sich dabei um ein Kürzel (z.B. „WW“[975]), den Vor- und Nachnamen (z.B. „KATHARINA WAGNER“[976]) oder ausschließlich den Nachnamen (z.B. „KRÜCKEBERG“[977]) der interviewten Person handeln, die jeweils in Großbuchstaben gedruckt sind.

Wertungen werden im Vergleich zur TS ‚Kommentar‘[978] relativ selten über nominale Teilsätze oder isoliert gebrauchte einfache Sätze ausgedrückt. Die erfassten Nominalsätze stammen dabei sowohl vom Interviewer (z.B. „*Die Paare der Verwechslung sind einander musikalisch näher als jene der Grundkonstellation – ein fragwürdiges Happy End.*“[979] oder „*Ein ziemlich angestaubtes Genre.*“[980]) als auch von den interviewten Personen (z.B. „*Ein wunderbares Modell für die Karibik, wo jeder Felsen einen eigenen Pass und eine eigene Währung hat.*“[981] oder „*Ein*

---

967 ‚Gesprächsinterview‘, „Wer dort wohnt, geht am Lager vorbei – zum Schwimmen“, 16. August 2007, Seite 23.

968 ‚Gesprächsinterview‘, „Wir befinden uns in einer vorrevolutionären Situation“, 3. August 2007, Seite 21.

969 ‚Gesprächsinterview‘, „Tanz ins Licht“, 19. August 2007, Seite 26.

970 ‚Gesprächsinterview‘, „Sein ärgster Feind“, 22. Juni 2007, Seite 25.

971 ‚Gesprächsinterview‘, „Sonnenbrillen machen feige“, 11. Juli 2007, Seite 21.

972 ‚Gesprächsinterview‘, „Es weht ein neuer Wind“, 20. Juli 2007, Seite 25.

973 ‚Gesprächsinterview‘, „Sein ärgster Feind“, 22. Juni 2007, Seite 25.

974 ‚Gesprächsinterview‘, „Unser Publikum weiß, dass es mitdenken soll“, 30. Juni 2007, Seite 23.

975 ‚Gesprächsinterview‘, „Wenn sie es kann, soll sie es werden“, 3. Juni 2007, Seite 25. Das Kürzel steht für Wolfgang Wagner.

976 ‚Gesprächsinterview‘, „Wenn sie es kann, soll sie es werden“, 3. Juni 2007, Seite 25.

977 ‚Gesprächsinterview‘, „Es weht ein neuer Wind“, 20. Juli 2007, Seite 25.

978 Vgl. Kap. III.B.2.3.5.2.

979 ‚Gesprächsinterview‘, „Ich will wissen, wo die Unvernunft siedelt“, 26. Juli 2007, Seite 27.

980 ‚Gesprächsinterview‘, „Ich liebe Monster“, 9. August 2007, Seite 29.

981 ‚Gesprächsinterview‘, „Schwarz bin ich nur anderswo“, 30. Juli 2007, Seite 24.

geiler Film in einer blöden Stadt.“[982]). Auch die Funktion von isoliert gebrauchten einfachen Nominalsätzen, einen Inhaltshinweis auf den folgenden, durch einen Doppelpunkt abgetrennten Satz zu liefern, kommt bei der TSV ‚Gesprächsinterview‘ nur sehr selten vor (z.B. „*Ein Beispiel dazu: Mein Kinderstück ‚Max und Milli‘ wurde in dreißig Ländern nachgespielt, auch in Indien.*“[983]). Die bei den informationsbetonten TS produktive Funktion von nominalen Teilsätzen, einen Quelle zu Zitaten oder Aussagen anzugeben, kommt bei der TS ‚Interview‘ nicht vor.

Eine Funktionsanalyse der Nominalsätze der ‚Umfrageinterviews‘ erfolgt nicht, da insgesamt nur vier Nominalsätze auftreten (z.B. „*Eigentlich nichts.*“[984]), die keine generellen Aussagen für die TSV ermöglichen.

Parzellierungen kommen bei den ‚Gesprächsinterviews‘ bei 52 Prozent der TE vor. Mit Abstand am häufigsten werden Teilsätze parzelliert (48 %), wobei die Nebensätze (81 %, Bsp. (a+b)) deutlich gegenüber den Hauptsätzen (19 %, Bsp. (c+d)) dominieren:

(a) Langeweile ist eigentlich ein dramatisch unangenehmes Gefühl. Weil es einen auf sich selbst zurückwirft.[985]
(b) Wir kämpften entweder im Namen der Kolonialmächte oder gegen sie, aber waren nicht in der Lage, uns untereinander zu einigen. Weshalb uns nun so viel von dem heimsucht, was lange überlagert war.[986]
(c) Das hat mich beeindruckt. Und bestätigt.[987]
(d) Ich wollte einen Deutschen an dem Ort zeigen. Und helfe mir selbst ein wenig mit Svens Blick auf Krzeminski, weil ich auch nicht ganz in diesen Mann hineinschauen kann.[988]

Die Zugehörigkeit der Teilsätze mit der syntaktischen Funktion eines Hauptsatzes zu einem Gesamtsatz lässt sich anhand von Ellipsen erkennen, die im vorangegangenen Teilsatz vorerwähnt sind. In Beispielsatz (c) liegen eine Verb-Ellipse (*hat*), eine Subjekt-Ellipse (*das*) und eine Objekt-Ellipse (*mich*) vor, in Beispiel (d) lediglich eine Subjekt-Ellipse (*ich*).

Im Vergleich zu den TS ‚Bericht‘, Porträt und ‚Kommentar‘ sind parzellierte Satzgliedteile weniger stark vertreten (27 %, Bsp. (e)) und kommen ungefähr so häufig vor wie parzellierte Satzglieder (24 %, Bsp. (f+g)).

---

982 ‚Gesprächsinterview‘, „Sonnenbrillen machen feige“, 11. Juli 2007, Seite 21.
983 ‚Gesprächsinterview‘, „Gutes Theater ist immer links“, 13. Juni 2007, Seite 25.
984 ‚Umfrageinterview‘, „Eine Debatte für alle“, 11. August 2007, Seite 24.
985 ‚Gesprächsinterview‘, „Sonnenbrillen machen feige“, 11. Juli 2007, Seite 21.
986 ‚Gesprächsinterview‘, „Mogadischu, mon amour“, 29. Juni 2007, Seite 25.
987 ‚Gesprächsinterview‘, „Die Moral unserer Ohren“, 10. August 2007, Seite 25.
988 ‚Gesprächsinterview‘, „Wer dort wohnt, geht am Lager vorbei – zum Schwimmen“, 16. August 2007, Seite 23.

(e) Vielleicht wird der prägende Mann hier Muti. Oder Barenboim.[989]
(f) Wenn wir arbeiten, dann arbeiten wir. Ganz professionell.[990]
(g) Vorher war ich in Hongkong, Bangkok, Bombay, Kairo, Kreta, Athen, Venedig. Für mein neues Buch, das nächstes Jahr erscheint.[991]

Auch bei der TSV ‚Gesprächsinterview' stellen die Parzellierungen nicht immer das Ende des Satzes dar, sondern es können weitere Teilsätze an sie anschließen (b, d, g). Die mehrfache Parzellierung eines Satzes kommt bei keinem TE vor.

Alle Parzellierungen kommen in Sätzen vor, die zum Redeanteil der interviewten Person gehören. Da die Fragen dem bzw. den Interviewten in einem Gespräch und nicht in Form eines Fragebogens gestellt worden sind, wie sich anhand von Nachfragen bzw. des Eingehens des Interviewers auf die Antworten des Interviewten[992] erkennen lässt, gehen die Parzellierungen im später erscheinenden TE nicht direkt auf den Interviewten zurück. Vielmehr setzt der Verfasser des TE sie ein, um Pausen oder Betonungen der mündlichen Antworten in der Schriftform wiederzugeben und so die sprachliche Hervorhebung bestimmter Aspekte zu erhalten.

Bei den ‚Umfrageinterviews' weist lediglich ein TE (17 %) zwei Parzellierungen auf (z.B. einen parzellierten Satzgliedteil in „*Über Bruce Naumann in Münster. Und natürlich über den Streichelzoo von Mike Kelley.*“[993]). Da alle TE der ‚Umfrageinterviews' drei identische Fragen aufweisen, stammen die Antworten des Interviewten nicht unbedingt aus einem Gespräch, sondern können auch durch einen Fragebogen in schriftlicher Form erfolgt sein. In diesem Fall stammen die Parzellierungen direkt vom Interviewten und stellen keine Übertragung von Betonungen aus der mündlichen Rede dar.

2.3.7 Die Syntax der Textsorte ‚Abdruck'

Die Überschriften der drei TE der TS ‚Abdruck' sind alle zweizeilig. Dabei wird die Hauptzeile von einem isoliert gebrauchten einfachen Satz gebildet, der sowohl nominal als auch verbal sein kann:

989 ‚Gesprächsinterview', „Ich will wissen, wo die Unvernunft siedelt“, 26. Juli 2007, Seite 27.
990 ‚Gesprächsinterview', „Wenn sie es kann, soll sie es werden“, 3. Juni 2007, Seite 25.
991 ‚Gesprächsinterview', „Sonnenbrillen machen feige“, 11. Juli 2007, Seite 21.
992 Z.B. Interviewter: „*Aber diese Klischees stimmen ja auch nicht.*“ Interviewer: „*Kein einziges?*“ Interviewter: „*Doch, eins. Er kann kein Hochdeutsch und spricht nur Fränkisch.*“ (‚Gesprächsinterview', „Wenn sie es kann, soll sie es werden“, 3. Juni 2007, Seite 25).
993 ‚Umfrageinterview', „Ein Notlager für die Kunst“, 18. August 2007, Seite 24.

(1) HZ: Der Schimmel kommt immer durch
UZ: Lokaltermin in der Potsdamer Straße – aus Jörg Fausers letztem Manuskript „Die Tournee“[994]

Funktional dient sie wie bereits bei anderen TS dazu, durch ihre zunächst sinnlose Aussage das Interesse der Leser zu wecken.

Die Unterzeile konstituiert sich aus ein bis drei isoliert gebrauchten einfachen Nominalsätzen. Sie erläutert die Hauptzeile nicht näher, sondern gibt vielmehr an, dass es sich bei dem folgenden Fließtext um einen Textauszug aus einem größeren TE handelt. Dazu werden der Autor und die TS des Gesamttextes genannt (1).

Syntaktische Aussagen zu dem Fließtext der TE werden nicht vorgenommen, da sich dieser ausschließlich aus den Textauszügen konstituiert und somit vom Stil und der jeweils gewünschten Wirkung, die der Autor für den Gesamttext beabsichtigt hat, abhängt. Daher ist es auszuschließen, dass eine syntaktische Analyse entscheidende Erkenntnisse für den Zentralbereich der TS liefert. Differenzierende Merkmale können nur aus den Elementen gewonnen werden, die den Textauszügen hinzugefügt worden sind, um ein TE der neuen TS ‚Abdruck‘ zu schaffen.

2.4 Die Syntax bei den Textsorten der Wochenzeitung ‚Die Zeit'

2.4.1 Die Syntax der Textsorte ‚Bericht‘

2.4.1.1 Die Überschrift

Die TS ‚Bericht‘ besitzt im Zentralbereich (100 %) eine zweizeilige Überschrift. Dabei wird die Hauptzeile bei allen TE von einem isoliert gebrauchten einfachen Satz gebildet, bei dem es sich überwiegend um einen Nominalsatz handelt, der immer eingliedrig ist.

Tab. 31: Syntaktische Realisation der Hauptzeile bei den Textexemplaren der zwei Textsortenvarianten der Textsorte ‚Bericht‘ in der ‚Zeit‘

Textsortenvariante	**ein i.g.e. Satz**		**ein Gesamtsatz**	**2 i.g.e. Sätze**
	NoS	**VeS**		
‚Erlebnisbericht‘	83 %	17 %	–	–
‚Themenbericht‘	63 %	38 %	–	–

Beispiele für eingliedrige Nominalsätze:
(1) HZ: Schöne Bescherung[995]

994 ‚Abdruck‘, „Der Schimmel kommt immer durch“, 16. Juli 2007, Seite 23.
995 ‚Themenbericht‘, „Schöne Bescherung“, 12. Juli 2007, Seite 42.

(2) HZ: Likör und goldene Bikinis[996]

Die vorkommenden Verbalsätze sind bei den ‚Erlebnisberichten' immer einwertig und bei den ‚Themenberichten' einwertig oder zweiwertig.

Beispiel für einwertige Verbalsätze:

(3) HZ: Jetzt kommen die guten Nazis[997]

(4) HZ: There is a house in Eisenach[998]

Beispiel für zweiwertige Verbalsätze:

(5) HZ: Alle wollen ins Schloss[999]

Wie bei der TS ‚Bericht' im ‚Tagesspiegel' ist auch in der ‚Zeit' die vorrangige Funktion der Hauptzeile, das Interesse des Lesers zu wecken. Dies erfolgt, indem sie nicht gleich zu erschließende Aussagen (1, 2 und 4) oder einen scheinbaren Widerspruch (3) enthält. Bei 38 Prozent der ‚Themenberichte' und 42 Prozent der ‚Erlebnisberichte' enthält die Hauptzeile zudem einen mehr oder weniger starken Hinweis auf das Thema des TE (3+5). Die Hauptzeilen stellen aufgrund ihrer Realisation als isoliert gebrauchter einfacher Satz mit einer geringen Gliedrigkeit bzw. Verbvalenz knappe, prägnante Formulierungen dar. Für die Entschlüsselung ist meistens die Lektüre des Fließtextes notwendig.

Tab. 32: Syntaktische Realisation der Unterzeile bei den Textexemplaren der drei Textsortenvarianten der Textsorte ‚Bericht' in der ‚Zeit'

Textsortenvariante	**ein Satz**	**zwei Sätze**	**drei Sätze**	**vier Sätze**
‚Erlebnisbericht'	8 %	42 %	25 %	25 %
‚Themenbericht'	–	13 %	38 %	50 %

Für die Unterzeile der TS ‚Bericht' gilt, dass sie im Zentralbereich aus mehreren Sätzen besteht, von denen der letzte ein isoliert gebrauchter einfacher Nominalsatz in Fettdruck ist, der den Verfasser nennt (92 %, Bsp. (6-11)). Ansonsten ist die syntaktische Realisation sehr unterschiedlich. Die Unterzeile wird von zwei (6+7), drei (8+9) oder vier Sätzen (10+11) gebildet, wobei isoliert gebrauchte einfache Sätze und Gesamtsätze in unterschiedlichen Zusammensetzungen vorkommen:

(6) UZ: Ein Spaziergang durch das literarische Zürich **VON BERNADETTE CONRAD**[1000] (NS_2 + **NS_1**)

996 ‚Erlebnisbericht' „Likör und goldene Bikinis", 19. Juli 2007, Seite 43.

997 ‚Themenbericht', „Jetzt kommen die guten Nazis", 21. Juni 2007, Seite 43.

998 ‚Erlebnisbericht', „There is a house in Eisenach", 30. August 2007, Seite 49.

999 ‚Themenbericht', „Alle wollen ins Schloss", 16. August 2007, Seite 40.

1000 ‚Themenbericht', „Mit offenen Fenstern", 26. Juli 2007, Seite 54.

(7) UZ: Goethes „Werther“ wird es in China bald als Hörbuch geben – eine Begegnung mit Su Yang, dem Sprecher **VON WILHELM TRAPP**[1001] (GS_2 (VS_2 + NS_2) + **NS_1**)

(8) UZ: Chinas Avantgarde wohnt auf dem Dorf. Ein Besuch in der größten Künstlerkommune der Welt **VON HANNO RAUTERBERG**[1002] (VS_2 + NS_2 + **NS_1**)

(9) UZ: Die Gewalt ist nur ein Teil des Problems. Rechtsextreme betreiben in Ostdeutschland systematische Kulturarbeit und beeinflussen damit die Gesellschaft **VON EVELYN FINGER**[1003] (VS_1 + GS_2 (VS_2 + VS_2) + **NS_1**)

(10) UZ: Am Fuß der Wartburg türmt sich ein sagenhaftes Bluesarchiv. Es besteht aus dem Nachlass des Jazz-Papstes Günter Boas und wird ständig ergänzt. Nun ist eine Schiffsladung aus New Orleans angekommen **VON KONRAD HEIDKAMP**[1004] (VS_1 + GS_2 (VS_2 + VS_1) +VS_1 + **NS_1**)

(11) UZ: 1938 stahlen die Nazis einer jüdischen Familie ihre Gemälde. Jetzt sollen die Erben „Finderlohn“ für die Raubkunst zahlen. Protokoll eines doppelten Verbrechens **VON TOBIAS TIMM**[1005] (VS_3 + VS_3 + NS_1 + **NS_1**)

Funktional gibt die Unterzeile bei allen TE der TS ‚Bericht‘ das Thema an und nennt den Verfasser (6-11). Im Zentralbereich der TSV ‚Themenbericht‘ (88 %, Bsp. (12)) erklärt sie zudem die Hauptzeile näher. Diese Funktion übernimmt sie auch bei 67 Prozent der TE der TSV ‚Erlebnisbericht‘ (13):

(12) HZ: Feldzug der Worte
UZ: Um den amerikanischen Irakkrieg ist ein Meinungskampf von beispielloser Härte geführt worden. Er hat den Westen tief gespalten. Dieser Streit um eine neue Weltordnung hält bis heute an **VON JENS JESSEN**[1006]

(13) HZ: There is a house in Eisenach
UZ: Am Fuß der Wartburg türmt sich ein sagenhaftes Bluesarchiv. Es besteht aus dem Nachlass des Jazz-Papstes Günter Boas und wird ständig ergänzt. Nun ist eine Schiffsladung aus New Orleans angekommen **VON KONRAD HEIDKAMP**[1007]

Bei den ‚Erlebnisberichten‘ der ‚Zeit‘ enthalten 42 Prozent der Unterzeilen wie bei den TE des ‚Tagesspiegels‘ einen Verweis darauf, dass der Autor für die Erstellung des TE selbst tätig geworden ist bzw. viele Informationen auf eigenen Erfahrungen, Beobachtungen und Gesprächen beruhen (7+8).

1001 ‚Erlebnisbericht‘, „Leidenschaftliche Seelenmusik“, 16. August 2007, Seite 50.
1002 ‚Erlebnisbericht‘, „Das Museum hinterm Maisfeld“, 19. Juli 2007, Seite 42.
1003 ‚Themenbericht‘, „Jetzt kommen die guten Nazis“, 21. Juni 2007, Seite 43.
1004 ‚Erlebnisbericht‘, „There is a house in Eisenach“, 30. August 2007, Seite 49.
1005 ‚Themenbericht‘, „Beraubt und betrogen“, 6. Juni 2007, Seite 54.
1006 ‚Themenbericht‘, „Feldzug der Worte“, 23. August 2007, Seite 39.
1007 ‚Erlebnisbericht‘, „There is a house in Eisenach“, 30. August 2007, Seite 49.

2.4.1.2 Der Fließtext

Die TE der TSV ‚Themenbericht' haben eine durchschnittliche Textlänge von 102 Sätzen, während diejenigen der TSV ‚Erlebnisbericht' mit einem Durchschnitt von 88 Sätzen etwas kürzer sind. Beide TSV zeigen dasselbe Verhältnis von isoliert gebrauchten einfachen Sätzen (41 %) zu Gesamtsätzen (59 %). Bei den isoliert gebrauchten einfachen Sätzen dominieren jeweils klar die Verbalsätze (Themenbericht' 90 % und ‚Erlebnisbericht' 94 %).

Tab. 33: Überblick über das mindestens einmalige Auftreten von Ausrufesätzen, Fragesätzen, Nominalsätzen und Parzellierungen innerhalb der Textexemplare der beiden Textsortenvarianten der Textsorte ‚Bericht' in der ‚Zeit'

Textsortenvariante	**Ausrufesätze**	**Fragesätze**	**Nominalsätze im Fließtext**	**Parzellierungen**
‚Erlebnisbericht'	17 %	58 %	100 %	75 %
‚Themenbericht'	13 %	100 %	100 %	38 %

Der Fließtext der TE der beiden TSV wird überwiegend von Aussagesätzen konstituiert. Ausrufesätze treten nur bei einem TE der ‚Themenberichte' (13 %) und zwei TE der ‚Erlebnisberichte' (17 %) auf. Zwei TE zeigen dabei genau einen Ausrufesatz,[1008] im dritten TE kommen sie gehäuft vor (z.B. „*Kassel, Graz, Venedig, Zürich, Antwerpen, Amsterdam, Chicago, Luxemburg, New York – wo hat sie nicht überall ausgestellt!*" oder „*Einen Roman als Skulptur!*")[1009]. Der Verzicht auf diese Satzart, die auf eine emotionale Beteiligung des Autors verweist und zugleich immer eine Wertung beinhaltet, fördert einen informationsbetonten Stil.

Fragesätze gehören in den Zentralbereich der TSV ‚Themenbericht' (100 %) und treten auch bei der TSV ‚Erlebnisbericht' bei mehr als der Hälfte der TE auf (58 %). Damit kommt diese Satzart bei beiden TSV deutlich häufiger vor als bei den TE der ‚Themenberichte' und ‚Erlebnisberichte' innerhalb des ‚Tagespiegels'. Funktional geben sie häufig solche Fragen wieder, die sich der Verfasser – und häufig auch der Leser – zu dem behandelten Thema gestellt hat. An diese schließt in der Regel eine Beantwortung an (z.B. „*Was werden sie zu hören bekommen? Wie klingt der chinesischer* [sic] Werther *eigentlich? Könnte auch die Maobibel sein, was Su Yang da liest, ulkt einer – aber das könnte es nicht. Man*

1008 ‚Themenbericht', „Jetzt kommen die guten Nazis", 21. Juni 2007, Seite 43 und ‚Erlebnisbericht', „Peking, Mitte der Welt", 19. Juli 2007, Seite 35+36.

1009 ‚Erlebnisbericht', „Die Weise der Kunst", 6. Juni 2007, Seite 47.

verlässt das Studio, verblüfft darüber, dass sich Werthers Gefühlsgewitter auf Chinesisch nicht anders anfühlt als auf Deutsch. Su Yang pflegt eine recht klassische, doch höchst verständliche Vortragskunst: Er spielt, seufzt und lächelt Werthers frühlingshafte Weltumarmung, sein Glück, braust gegen Albert auf und verdüstert – so klar, dass man den deutschen Text mitlesen kann, allein die Namen, Lüdi und Aorlbeit, Lotte und Albert, geben Anhalt genug.“[1010]). Auch tatsächliche oder vom Verfasser angenommene Fragen, die von anderen, für das TE relevanten Personen stammen, werden in einigen TE aufgeführt. Sie können auf problematische Aspekte hinweisen (z.B. „*Sie bewegt viel mehr die Frage nach den Kosten – wozu eine Oper, wenn man nichts zu essen hat?*“[1011]) oder dem Leser das Beschriebene nahe bringen, indem er Entscheidungsprozesse bzw. das Vorgehen einer Person nachvollziehen kann (z.B. „*Soll das Rot nun gleich sein oder nur ähnlich oder bewusst anders?*“[1012]). Konkrete Fragen, die der Verfasser einer Person im Zuge seiner Recherche gestellt hat und wie sie bei der TS ‚Interview‘ üblich sind, werden nur innerhalb der ‚Erlebnisberichte‘ und auch dort nur selten wiedergegeben (z.B. „*Wie halten Sie es mit der Pressefreiheit, Herr Hu?*“[1013]). Teilweise werden Fragesätze dazu verwendet, kritische Einwände und Zweifel des Verfassers auszudrücken (z.B. „*Und ausgerechnet in diesem Verlautbarungsorgan von Partei und Regierung soll den Herrschenden am schärfsten auf die Finger geschaut werden?*“[1014]) oder auf Missstände hinzuweisen (z.B. „*Warum werden die Opfer allein gelassen? Warum legt die Polizei bei Notrufen der Antifa oft einfach auf?*“[1015]). Indem sie wie rhetorische Fragen formuliert werden, dienen sie verstärkt der Meinungsbeeinflussung des Lesers (z.B. „*Welche Nutzung ist in einer Demokratie höher einzuschätzen als die der Breitenbildung, als die der Erkenntnis der Weltkulturen?*“[1016] oder „*Sollen wir also nicht über Fragen nachdenken, die keine richtigen Antworten kennen?*“[1017]).

1010 ‚Erlebnisbericht‘, „Leidenschaftliche Seelenmusik“, 16. August 2007, Seite 50.
1011 ‚Erlebnisbericht‘, „Belcanto mit Antilopenhäuten“, 6. Juni 2007, Seite 49.
1012 ‚Erlebnisbericht‘, „Die Weise der Kunst“, 6. Juni 2007, Seite 47.
1013 ‚Erlebnisbericht‘, „Der Zensor im Kopf des Autors“, 19. Juli 2007, Seite 41.
1014 ‚Erlebnisbericht‘, „Der Zensor im Kopf des Autors“, 19. Juli 2007, Seite 41.
1015 ‚Themenbericht‘, „Jetzt kommen die guten Nazis“, 21. Juni 2007, Seite 43.
1016 ‚Themenbericht‘, „Alle wollen ins Schloss“, 16. August 2007, Seite 40.
1017 ‚Themenbericht‘, „Schöne Bescherung“, 12. Juli 2007, Seite 42.

Tab. 34: Überblick über das mindestens einmalige Auftreten von Nominalsätzen (isoliert gebrauchten einfachen Nominalsätzen und nominalen Teilsätzen) innerhalb der Textexemplare der beiden Textsortenvarianten der Textsorte ‚Bericht' in der ‚Zeit'

Textsortenvariante	Nominalsätze im Fließtext	i.g.e. NS	nominale TS
‚Erlebnisbericht'	100 %	58 %	100 %
‚Themenbericht'	100 %	88 %	100 %

Bei allen TE der ‚Themenberichte' und ‚Erlebnisberichte' tritt mindestens ein isoliert gebrauchter einfacher Nominalsatz und/oder ein nominaler Teilsatz auf. Dabei kommen nominale Teilsätze bei allen TE vor, isoliert gebrauchte einfache Nominalsätze bei einem Großteil.

Funktional lassen sich für die Nominalsätze überwiegend dieselben Funktionen wie bei den TE der TS ‚Bericht' im ‚Tagesspiegel' feststellen. Auch in der ‚Zeit' werden bei wenigen TE beider TSV isoliert gebrauchte einfache Nominalsätze dazu verwendet, kurze Fragen zu formulieren (z.B. „*Und der Glaube?*"[1018] oder „*Wozu denn noch?*"[1019]) oder sie stellen eine prägnante Aussage dar, die durch den folgenden, durch einen Doppelpunkt getrennten Satz erläutert wird (z.B. „*Claudia Lux' Problem: Sie ist kaum in die kulturpolitischen Hinterzimmerrunden Berlins eingebunden.*"[1020] oder „*Jüngstes Beispiel: Der Skandal um die Sklavenarbeiter in den Ziegeleien.*"[1021]). Ebenfalls werden bei beiden TSV gelegentlich knappe Wertungen über isoliert gebrauchte einfache Nominalsätze (z.B. „*Eine surreale Veranstaltung.*"[1022] oder „*Schade.*"[1023]) oder nominale Teilsätze (z.B. „*Denn das Dach wellt sich sanft, es schwingt auf und nieder – eine Architektur gewordene La-Ola-Welle.*"[1024] oder „*Breit und öde der Asphalt, daran aufgereiht geduckte Flachbauten, hier und da Neonwerbung, über allem der Smog der Hauptstadt.*"[1025]) abgegeben. Der letzte Satz ist zugleich ein Beispiel für einen Gesamtsatz, der aus vier nominalen Teilsätzen besteht. Gesamtsätze mit mehreren nominalen Teilsätzen kommen nur sehr selten vor.

Bei den TSV ‚Sachbericht' und ‚Themenbericht' des ‚Tagesspiegels' wird die Quelle für ein Zitat teilweise über nominale Teilsätze angege-

1018 ‚Themenbericht', „Schöne Bescherung", 12. Juli 2007, Seite 42.
1019 ‚Erlebnisbericht', „Peking, Mitte der Welt", 19. Juli 2007, Seite 35+36.
1020 ‚Themenbericht', „Alle wollen ins Schloss", 16. August 2007, Seite 40.
1021 ‚Erlebnisbericht', „Der Zensor im Kopf des Autors", 19. Juli 2007, Seite 41.
1022 ‚Themenbericht', „Alle wollen ins Schloss", 16. August 2007, Seite 40.
1023 ‚Erlebnisbericht', „Die Wiese der Kunst", 6. Juni 2007, Seite 47.
1024 ‚Themenbericht', „Betonrausch und Stahlgewitter", 19. Juli 2007, Seite 38+39.
1025 ‚Erlebnisbericht', „Das Museum hinterm Maisfeld", 19. Juli 2007, Seite 42.

ben. Diese Funktion tritt bei der TS ‚Bericht‘ innerhalb der ‚Zeit‘ nicht auf. Im Vergleich zum ‚Tagesspiegel‘ werden Nominalsätze relativ selten dazu genutzt, Zusatzinformationen zu einer Person (z.B. *„Ida Heißenbüttel, 1922 geboren, ein Jahr jünger als ihr Mann, geht die steilen Wendeltreppen behände rauf und runter.“*[1026]) oder einem künstlerischen Werk (z.B. *„Loetscher hatte 1985 in seinem Roman* Der Immune *(Diogenes Verlag, 1985) zum ‚Proletarier-Sightseeing‘ nach Außersihl eingeladen, jenem Arbeiterstadtteil hinter dem Bahnhof, wo er aufgewachsen ist: am ‚minderen Fluss‘ Sihl, der irgendwo mit dem ‚bürgerlichen Fluss‘ Limmat zusammenfließt.“*[1027]) in Form einer Parenthese zu liefern.

Wie bei den ‚Erlebnisberichten‘ im ‚Tagesspiegel‘ tritt auch in der ‚Zeit‘ bei dieser TSV die zusätzliche Funktion der Nominalsätze auf, eine Situation oder eine Örtlichkeit schlaglichtartig darzustellen, um dem Leser kurz und prägnant einen Eindruck zu vermitteln. Diese Aufgabe übernehmen Nominalsätze jedoch seltener als bei den ‚Erlebnisberichten‘ im ‚Tagesspiegel‘. Zudem werden hierfür ausschließlich nominale Teilsätze und keine isoliert gebrauchten einfachen Nominalsätze verwendet (z.B. *„Kein Gedränge, keine Zaungäste, kaum Presse, wenige Nichtberliner.“*[1028] oder *„Breit und öde der Asphalt, daran aufgereiht geduckte Flachbauten, hier und da Neonwerbung, über allem der Smog der Hauptstadt.“*[1029]).

Bei mehreren TE beider TSV dienen Nominalsätze dazu, eine kurze Einschätzung bzw. Beurteilung des Autors zu einem Aspekt des TE abzugeben. Dies erfolgt überwiegend über nominale Teilsätze, mit denen die Gesamtsätze beginnen. Die folgenden verbalen Teilsätze erläutern die nominalen Teilsätze näher bzw. liefern für das Verständnis wichtige Informationen (z.B. *„Unglaublich, wie die links abbiegenden Autos in einem betörend sorglosen Bogen in den Gegenverkehr hineinkurven!“*[1030] oder *„Gut möglich, dass im Festspielhaus demnächst wieder Regie- und Dirigentenverträge bis weit in die Zukunft hinein abgeschlossen werden, um unliebsame Nachfolgerinnen vor vollendete Tatsachen zu stellen.“*[1031]). Isoliert gebrauchte einfache Nominalsätze treten in dieser Funktion nur selten auf (z.B. *„So viel zum Schweizer Patriotismus.“*[1032]).

1026 ‚Erlebnisbericht‘, „Das Vermächtnis eines Avantgardisten“, 19. Juli 2007, Seite 50.
1027 ‚Themenbericht‘, „Mit offenen Fenstern“, 26. Juli 2007, Seite 54.
1028 ‚Erlebnisbericht‘, „Als sie noch jung waren, die Winde“, 14. Juni 2007, Seite 64.
1029 ‚Erlebnisbericht‘, „Das Museum hinterm Maisfeld“, 19. Juli 2007, Seite 42.
1030 ‚Erlebnisbericht‘, „Peking, Mitte der Welt“, 19. Juli 2007, Seite 35+36.
1031 ‚Themenbericht‘, „Wer erbt Bayreuth?“, 28. Juni 2007, Seite 41+42.
1032 ‚Themenbericht‘, „Mit offenen Fenstern“, 26. Juli 2007, Seite 54.

Das Phänomen der Parzellierung tritt bei 63 Prozent der Themenberichte' und 75 Prozent der ,Erlebnisberichte' mindestens einmal im Fließtext auf. Bei den parzellierten Elementen handelt es sich bei den ,Erlebnisberichten' am häufigsten um Satzgliedteile (45 %), bei den ,Themenberichten' hingegen stellt nur jede vierte Parzellierung einen Satzgliedteil dar:

(a) Es wäre eine Wiedergutmachung, vor allem eine symbolische. Und eine sehr späte.[1033]

(b) Dramane Zié sitzt im Schatten eines Mangobaums und vertreibt Fliegen. Und böse Geister – mit einem Fetischwedel, der aus den Nackenhaaren des Wildschweins geknüpft ist.[1034]

Auch die Parzellierung von Teilsätzen ist bei beiden TSV produktiv (,Themenbericht' 63 % und ,Erlebnisbericht' 32 %), bei denen es sich häufiger um Nebensätze handelt (,Themenbericht' 60 % und ,Erlebnisbericht' 86 %):

(c) Das ist so ähnlich wie ein Auftritt der Rolling Stones in Deutschland: eine echte Rock-and-Roll-Revoluzzershow, aber es kommen nur ältere Leute. Wenngleich die Neunundachtziger in China natürlich noch nicht so alt sind wie die Achtundsechziger in Deutschland.[1035]

(d) Hat sie Erfolg, so der Plan, rückt sie endgültig in die Nähe des Intendantenamts. Auch wenn unklar bleibt, was sich eigentlich aus einer wie auch immer gelungenen Regiearbeit für die Eignung zur Festspielleitung ableiten lässt.[1036]

Der Status als Nebensatz lässt sich anhand der Einleitungswörter (*wenngleich* (c) und *auch wenn* (d)) und der Position des finiten Verbs erkennen.

Die Zugehörigkeit der parzellierten Hauptsätze zu einem Gesamtsatz wird durch das Vorkommen von Ellipsen angezeigt. Die im Hauptsatz ausgelassenen Satzglieder sind im vorangegangenen Teilsatz vorerwähnt:

(e) Die Rückfahrt durch die Marsch wirkt erhellend, anerkennend huldigen wir der Blomeschen Wildnis. Und graben nach dem alten My Favourite Things von John Coltrane.[1037]

(f) Unterlagen waren verschwunden, der Kurator später wegen Betrugs verhaftet worden. Und dann verstorben.[1038]

Fast immer handelt es sich bei den Ellipsen ausschließlich um die Subjekte der Teilsätze (z.B. *wir* (e)). Nur in einem Fall wird die Verbindung

1033 ,Themenbericht', „Beraubt und betrogen", 6. Juni 2007, Seite 54.
1034 ,Erlebnisbericht', „Belcanto mit Antilopenhäuten", 6. Juni 2007, Seite 49.
1035 ,Erlebnisbericht', „Likör und goldene Bikinis", 19. Juli 2007, Seite 43.
1036 ,Themenbericht', „Wer erbt Bayreuth?", 28. Juni 2007, Seite 41+42.
1037 ,Erlebnisbericht', „Das Vermächtnis eines Avantgardisten", 19. Juli 2007, Seite 50.
1038 ,Themenbericht', „Beraubt und betrogen", 6. Juni 2007, Seite 54.

durch eine Ellipse des Subjekts und des finiten Verbs (*der Kurator* und *war* (f)) hergestellt.

Satzglieder werden bei den ‚Themenberichten' (13 %) und ‚Erlebnisberichten' (23 %) am seltensten parzelliert:

(g) Aber die Band spielt chinesischen Punk. Knallhart.[1039]

(h) Es fällt aus der Ordnung, es kippt, es stürzt [sic] es tut genau das, was die beiden Türme des World Trade Center taten. Mit dem kleinen Unterschied, dass die chinesischen Türme beständig fallen und doch nicht zu Boden gehen.[1040]

Die parzellierten Elemente bilden nicht immer den Abschluss eines Satzes.[1041] An sie können ein bis mehrere Teilsätze anschließen (d+h). In Beispiel (b) folgt auf den parzellierten Satzgliedteil zunächst ein Satzglied („*mit einem Fetischwedel*"), an das ein Teilsatz anschließt.

2.4.2 Die Syntax der Textsorte ‚Kurzmeldung'

2.4.2.1 Die Überschrift

Die TSV ‚Artikelverweis' weist bei allen TE eine einzeilige Überschrift auf. Diese besteht durchgängig aus einem isoliert gebrauchten einfachen Satz, bei dem es sich überwiegend um einen Nominalsatz handelt (92 %), der fast immer eingliedrig ist (95 %). Dadurch sind die Überschriften sehr kurz und prägnant:

(1) Ü: Konfetti im Ballon[1042]
(2) Ü: LITERATUR[1043]
(3) Ü: Hillary Clinton[1044]
(4) Ü: FESTIVAL[1045]

Bei 46 Prozent der Überschriften besteht die Funktion der Überschrift darin, durch inhaltlich sehr offene bzw. nicht selbsterklärende Aussagen das Interesse der Leser zu wecken (1). Knapp die Hälfte dieser Überschriften gehen auf die Hauptzeile des TE zurück, auf das sie verweisen. In je einem Fall ist die Überschrift mit der Hauptzeile identisch bzw. ist die Hauptzeile leicht verändert worden,[1046] bei den übrigen ist diese für

---

1039 ‚Erlebnisbericht', „Likör und goldene Bikinis", 19. Juli 2007, Seite 43.

1040 ‚Themenbericht', „Betonrausch und Stahlgewitter", 19. Juli 2007, Seite 38+39.

1041 Vgl. SIMMLER (2007: 23f.).

1042 ‚Artikelverweis', „Konfetti im Ballon", 16. August 2007, Seite 35.

1043 Z.B. ‚Artikelverweis', „LITERATUR", 28. Juni 2007, Seite 41.

1044 ‚Artikelverweis', „Hillary Clinton", 28. Juni 2007, Seite 49.

1045 ‚Artikelverweis', „FESTIVAL", 5. Juli 2007, Seite 47.

1046 „Bienen lügen nicht" (‚Artikelverweis', 9. August 2007, Seite 41) statt „Warum Bienen nicht lügen" (‚Großkritik' (Subgruppe ‚Literaturkritik'), 9. August 2007, Seite 43).

die Überschrift der ‚Artikelverweise' leicht gekürzt worden.[1047] Bei weiteren 29 Prozent gibt die Überschrift die Hauptsparte an (bis auf eine Ausnahme immer ‚Literatur'), in welcher das TE, auf das der ‚Artikelverweis' referiert, erscheint (2). Als dritte Funktion liefert die Überschrift einen mehr oder weniger eindeutigen Hinweis auf das Thema des verwiesenen Artikels (21 %). Der Leser kann somit gezielt nach dem TE suchen, wenn er sich für dessen thematische Ausrichtung interessiert (3). Lediglich eine Überschrift gibt einen allgemeinen Oberbegriff an (4), unter den sich das TE, auf das verwiesen wird, einordnen lässt (4 %).

Die zwei TE der TSV ‚Berichtigung' haben eine einzeilige Überschrift, die aus dem eingliedrigen Nominalsatz „Berichtigung" besteht. Die Überschrift gibt den Grund und die inhaltsseitige Ausrichtung, die Richtigstellung eines Berichterstattungsfehlers, für die TE an. Die beiden TE der ‚Literaturhinweise' weisen keine Überschrift auf.

2.4.2.2 Der Fließtext

Die TE der TSV ‚Artikelverweis' weisen eine durchschnittliche Textlänge von drei Sätzen auf. Die beiden ‚Literaturhinweise' konstituieren sich jeweils aus einem, die beiden ‚Berichtigungen' aus zwei und drei Sätzen. Somit zeigt die TS ‚Kurzmeldung' bezüglich ihrer Satzanzahl die sehr geringe Spanne von einem bis vier Sätzen.

Der Fließtext der ‚Artikelverweise' setzt sich überwiegend (90 %) aus isoliert gebrauchten einfachen Sätzen zusammen, die im Durchschnitt ein bis zwei Satzglieder aufweisen. Es dominieren deutlich die Nominalsätze (80 %). Gesamtsätze treten hingegen bei der TSV nur selten auf. Zudem liegt nie mehr als ein Gesamtsatz pro TE vor. Bis auf eine Ausnahme[1048] bestehen alle Gesamtsätze aus drei Teilsätzen, die im Durchschnitt zwei Satzglieder aufweisen.

Der Fließtext der beiden TE der TSV ‚Literaturhinweis' konstituiert sich jeweils aus einem Gesamtsatz, der sieben Teilsätze umfasst, die bis auf eine Ausnahme immer aus einem Satzglied bestehen. Auch die zwei TE der TSV ‚Berichtigung' setzen sich ausschließlich aus zwei oder drei Gesamtsätzen zusammen, die zwei bis vier Teilsätze umfassen und sich durchschnittlich aus drei Satzgliedern konstituieren.

1047 Z.B. „Umgang mit den Tätern" (‚Artikelverweis', 21. Juni 2007, Seite 51) statt „Der milde Umgang mit den Tätern" (‚Großkritik' (Subgruppe ‚Literaturkritik'), 21. Juni 2007, Seite 54).

1048 Bei dem TE „Bienen lügen nicht" (‚Artikelverweis', 9. August 2007, Seite 41) umfasst der Gesamtsatz drei Teilsätze.

Tab. 35: Überblick über das mindestens einmalige Auftreten von Ausrufesätzen, Fragesätzen, Nominalsätzen und Parzellierungen innerhalb der Textexemplare der drei Textsortenvarianten der Textsorte ‚Kurzmeldung' in der ‚Zeit'

Textsortenvariante	Ausrufesätze	Fragesätze	Nominalsätze im Fließtext	Parzellierungen
‚Artikelverweis'	–	4 %	100 %	–
‚Berichtigung'	–	–	100 %	–
‚Literaturhinweis'	–	–	100 %	–

Der Fließtext der TS ‚Kurzmeldung' besteht bis auf einen Fragesatz bei einem TE der TSV ‚Artikelverweis'[1049] ausschließlich aus Aussagesätzen. Parzellierungen kommen nicht vor.

Alle TE der TSV ‚Artikelverweis' weisen mindestens einen isoliert gebrauchten einfachen Nominalsatz auf. Der Grund für dieses häufige Auftreten ist, dass bei 92 Prozent der TE zwei der durchschnittlich drei Sätze Nominalsätze sind, die einmal auf die Seitenzahl und einmal auf den Verfasser des Artikels verweisen, auf den sich das TE bezieht.[1050] Darüber hinaus haben die isoliert gebrauchten einfachen Nominalsätze die Funktion, nähere Informationen zu dem besprochenen Werk, wie beispielsweise den Autor und das Thema, zu liefern (z.B. „*Horst Bredekamp über Galileis ästhetische Erkenntnis*"[1051]). Diese Aufgabe übernehmen überwiegend auch die wenigen nominalen Teilsätze, die bei 15 Prozent der TE vorkommen (z.B. „*Unordnung und Leid – der neue Roman des großen Schriftstellers Richard Ford*"[1052]).

Die beiden TE der TSV ‚Literaturhinweis' bestehen aus einem Gesamtsatz mit ausschließlich nominalen Teilsätzen. Die einzelnen Teilsätze liefern jeweils eine Information zu dem aufgeführten Buch. Typische Angaben sind dabei der Autor, der Titel, der Verlag, der Verlagsort und das Erscheinungsjahr, sowie die Seitenzahl und der Preis des Buchs („***George Diez: The Rolling Stones*** *Reclam Verlag, Dietzingen 2007; 142 S., Abb., 4,40 €*"[1053]). Autor und Buchtitel sind durch Fettdruck und

1049 ‚Artikelverweis', „Schadensbericht Deutsch", 26. Juli 2007, Seite 41, drittes TE.

1050 Bei einem TE (‚Artikelverweis', „FESTIVAL", 5. Juli 2007, Seite 47) kommt nur ein Nominalsatz vor, da lediglich auf die Seitenzahl und nicht auf den Autor des betreffenden TE verwiesen wird. Bei einem weiteren TE (‚Artikelverweis', „Bienen lügen nicht", 9. August 2007, Seite 41), das auf drei TE verweist, gibt einer der beiden Nominalsätze statt des Verfassers die Sparte an.

1051 ‚Artikelverweis', „LITERATUR", 21. Juni 2007, Seite 43.

1052 ‚Artikelverweis', „LITERATUR", 12. Juli 2007, Seite 41.

1053 ‚Literaturhinweis', 21. Juni 2007, Seite 53.

bei einem TE zusätzlich durch einen Leerraum von den restlichen Angaben abgehoben, wobei auf ein Komma zur Trennung der Teilsätze und einen Punkt am Ende des Satzes verzichtet wird. Diese drucktechnische, syntaktische und inhaltsseitige Gestaltung entspricht derjenigen bei den Informationsabsätzen der Subgruppe ‚Literaturkritik'.[1054]

Bei der TSV ‚Berichtigung' kommen bei beiden TE keine isoliert gebrauchten einfachen Nominalsätze vor, während sie jeweils einen nominalen Teilsatz aufweisen. Dieser stellt eine Parenthese in Klammern dar, durch die auf die Zeitungsnummer verwiesen wird, in welcher der im TE korrigierte Fehler auftrat („*Im Info-Kasten zu dem Gespräch mit Ingrid Caven* (*ZEIT Nr. 23/07*) *ist uns ein Fehler unterlaufen:*"[1055]).

Sowohl die Häufigkeit der Nominalsätze als auch deren Funktionen innerhalb der TS ‚Kurzmeldung' der ‚Zeit' unterscheiden sich deutlich von denen innerhalb derselben TS des ‚Tagesspiegels'.[1056] Dies wird durch die TSV ‚Artikelverweis' bedingt, zu welcher der Großteil der TE der TS ‚Kurzmeldung' innerhalb der ‚Zeit' gehört. Die spezifische Funktion der TSV, auf die Seitenzahl und den Verfasser eines anderen TE in Form eines isoliert gebrauchten einfachen Nominalsatzes zu verweisen, führt zu einer Dominanz der Nominal- über die Verbalsätze.

2.4.3 Die Syntax der Textsorte ‚Porträt'

2.4.3.1 Die Überschrift

Die Überschrift der vier TSV der TS ‚Porträt' ist bis auf eine Ausnahme[1057] immer zweizeilig.

Tab. 36: Syntaktische Realisation der Hauptzeile bei den Textexemplaren der vier Textsortenvarianten der Textsorte ‚Porträt' in der ‚Zeit'

Textsortenvariante	**ein i.g.e. Satz NoS**	**ein i.g.e. Satz VeS**	**ein Gesamtsatz**	**2 i.g.e. Sätze**
‚Personenporträt'	75 %	13 %	13 %	–
‚Todesporträt'	85 %	15 %	–	–
‚Geburtstagsporträt'	100 %	–	–	–
‚Selbstporträt'	100 %	–	–	–

1054 Vgl. Kap. III.B.1.3.4.7.

1055 ‚Berichtigung', 6. Juni 2007, Seite 50.

1056 Vgl. Kap. III.B.2.3.3.2.

1057 Das ‚Geburtstagsporträt', „Jost Nolte" (23. August 2007, Seite 44) weist eine einzeilige Überschrift aus einem isoliert gebrauchten einfachen Nominalsatz auf, der funktional den Namen des Porträtierten nennt.

Die Hauptzeile wird im Zentralbereich aller vier TSV von einem isoliert gebrauchten einfachen Nominalsatz gebildet. Der Nominalsatz ist dabei überwiegend eingliedrig (‚Personenporträt' 83 %, ‚Todesporträt' 64 %, ‚Geburtstagsporträt' 100 % und ‚Selbstporträt' 100 %):

(1) HZ: Ein Familienmensch[1058]
(2) HZ: Der Fleischmetz[1059]
(3) HZ: Zartheit und Kälte[1060]
(4) HZ: PAN SHIYI[1061]

Funktional dient die Hauptzeile bei den TSV ‚Personenporträt' ‚Todesporträt' und ‚Geburtstagsporträt' dazu, durch nicht gleich verständliche (1-3) und teilweise ungewöhnliche (2) Aussagen das Interesse der Leser zu wecken. Darüber hinaus charakterisiert sie, wie bei den drei TSV im ‚Tagesspiegel', bei einigen TE (‚Personenporträt' 50 %, ‚Todesporträt' 38 % und ‚Geburtstagsporträt' 50 %) zusätzlich den Porträtierten (1+2).

Innerhalb der TSV ‚Selbstporträt' gibt die Hauptzeile ausschließlich den Namen des Porträtierten an (4).

Tab. 37: Syntaktische Realisation der Unterzeile bei den Textexemplaren der vier Textsortenvarianten der Textsorte ‚Porträt' in der ‚Zeit'

Textsortenvariante	ein i.g.e. Satz		ein GS	zwei i.g.e. Sätze	drei i.g.e. Sätze	vier i.g.e. Sätze	mindestens ein i.g.e. Satz + ein GS
	NoS	VeS					
‚Personenporträt'	–	–	–	25 %	38 %	25 %	13 %
‚Todesporträt'	23 %	–	8 %	46 %	8 %	–	15 %
‚Geburtstagsporträt'	–	–	–	–	67 %	–	33 %
‚Selbstporträt'	100 %	–	–	–	–	–	–

Die syntaktische Gestaltung der Unterzeile ist bei den drei TSV ‚Personenporträt', ‚Todesporträt' und ‚Geburtstagsporträt' sehr unterschiedlich. Gemeinsam ist ihnen, dass diese im Zentralbereich aus mehr als einem Satz besteht, während die TSV ‚Selbstporträt' immer eine Unterzeile aus einem eingliedrigen isoliert gebrauchten einfachen Nominalsatz aufweist.

Beispiele für einen isoliert gebrauchten einfachen Satz:

(5) UZ: Zum Tod des Musikjournalisten und Autors Ulrich Schreiber[1062]

1058 ‚Personenporträt', „Ein Familienmensch", 16. August 2007, Seite 40.
1059 ‚Geburtstagsporträt', „Der Fleischmetz", 26. Juli 2007, Seite 48.
1060 ‚Todesporträt', „Zartheit und Kälte", 2. August 2007, Seite 34.
1061 ‚Selbstporträt', „PAN SHIYI", 19. Juli 2007, Seite 39.
1062 ‚Todesporträt', „Partituren bis zur Decke", 21. Juni 2007, Seite 48.

(6) UZ: Bauunternehmer[1063]

Beispiele für zwei isoliert gebrauchte einfache Sätze:

(7) UZ: Der große Regisseur und Dramatiker Georg Tabori ist tot **VON PETER KÜMMEL**[1064]

(8) UZ: Der Musiker Michael Fakesch aus dem bayerischen Rosenheim digitalisiert den Funk **VON ULRICH STOCK**[1065]

Beispiele für drei isoliert gebrauchte einfache Sätze:

(9) UZ: Robert Walser lebt noch. Und der Schweizer Gerhard Meier wird 90. **VON JOCHEN JUNG**[1066]

(10) UZ: Der Choreograf Jean-Claude Gallotta hat die französische Szene revolutioniert. Jetzt kommt er zum „Tanz im August" nach Berlin **VON ELISABETH WELLERSHAUS**[1067]

Beispiele für vier isoliert gebrauchte einfache Sätze:

(11) UZ: Ludwig Fischer ist Herausgeber des größten Lexikon-Projekts der Musikwissenschaft. Gerade ist der letzte Band erschienen. Ein Porträt **VON VOLKER HAGEDORN**[1068]

Beispiele für einen Gesamtsatz

(12) UZ: Nachruf auf den Schriftsteller und Drehbuchautor Ulrich Plenzdorf, der mit seinen „Neuen Leiden des jungen W." unsterblich wurde[1069]

Beispiele für einen Gesamtsatz und einen isoliert gebrauchten einfachen Satz:

(13) UZ: Zum Tod von Kurt Hübner, der für das deutsche Theater mehr bewirkt hat als jeder andere **VON MORITZ RINKE**[1070]

Beispiele für einen Gesamtsatz und zwei isoliert gebrauchte einfache Sätze:

(14) In Wahrheit ist Arnold Schwarzenegger ein Bildhauer und hat Beuys vieles voraus. Ein kunstwissenschaftlicher Geburtstagsgruß **VON JÖRG SCHELLER**[1071]

Funktional teilt die Unterzeile bei vielen TE der TSV ‚Personenporträt' (50 %), ‚Todesporträt' (92 %) und ‚Geburtstagsporträt' (100 %) den Anlass für den Artikel mit, bei dem es sich beispielsweise um ein aktuelles

1063 ‚Selbstporträt', „PAN SHIYI", 19. Juli 2007, Seite 39.

1064 ‚Todesporträt', „Das Leben, ein Tag", 26. Juli 2007, Seite 45.

1065 ‚Personenporträt', „Prince im Fischgeschäft", 2. August 2007, Seite 37.

1066 ‚Geburtstagsporträt', „Umweg, Dienstweg, Abweg", 21. Juni 2007, Seite 58.

1067 ‚Personenporträt', „Ein Familienmensch", 16. August 2007, Seite 40.

1068 ‚Personenporträt', „Man muss nicht Klavier spielen können", 21. Juni 2007, Seite 48.

1069 ‚Todesporträt', „Mitten ins Herz", 16. August 2007, Seite 46.

1070 ‚Todesporträt', „Die Welt geht unter", 30. August 2007, Seite 54.

1071 ‚Geburtstagsporträt', „Der Fleischmetz", 26. Juli 2007, Seite 48.

Projekt (11) oder eine Veranstaltung (10) des Porträtierten sowie dessen Tod (5, 7, 12, 13) oder Geburtstag (9+14) handeln kann. Wie im ,Tagesspiegel' wird der Anlass für den Artikel bei den TE der drei TSV jedoch nur nebenbei thematisiert, während primär der Porträtierte selbst bzw. sein künstlerisches Schaffen behandelt werden. Der Name des Porträtierten tritt ausnahmslos bei allen TE der drei TSV in der Unterzeile auf. Häufig wird er um den Beruf der porträtierten Person ergänzt (,Personenporträt' 75 %, ,Todesporträt' 85 % und ,Geburtstagsporträt' 33 %). Ein TE[1072] enthält zudem Angaben zur Herkunft des Porträtierten, zwei ,Geburtstagsporträts' und ein ,Personenporträt' nennen zudem dessen Alter. Wie bei anderen TS der ,Zeit'[1073] beschließt auch bei den drei TSV der TS ,Porträt' der Verfassername in Fettdruck einen Großteil der Unterzeilen (,Personenporträt' 100 %, ,Todesporträt' 69 % und ,Geburtstagsporträt' 100 %).

Die Unterzeile der ,Geburtstagsporträts' enthält zudem immer eine Geburtstagsmitteilung (9 und 14) und diejenige der ,Todesporträts' informiert bis auf eine Ausnahme[1074] über das Ableben des Porträtierten (5, 7, 13). Anders als bei der TSV ,Geburtstagsporträt' im ,Tagesspiegel' zeigen die drei TE der TSV in der ,Zeit' unterschiedliche Formulierungen dieser Botschaft. Lediglich bei einem TE kommt die im ,Tagesspiegel' produktive Wendung „Zum…Geburtstag des…" vor.[1075] Bei den TE der ,Todesporträts' dominiert hingegen wie bei der betreffenden TSV im ,Tagesspiegel' die Formulierung „Zum Tod von/des…" (77 %), die immer durch den Namen und meistens durch den Beruf (5) oder das Tätigkeitsfeld (13) des Porträtierten ergänzt wird. Syntaktisch handelt es sich immer um einen eingliedrigen Nominalsatz, der entweder allein (5) oder in Verbindung mit weiteren Teilsätzen und Sätzen (13) die Unterzeile konstituiert. Daneben treten zwei deutlich abweichende Formulierungen auf (7+12).

Die Unterzeile aller TE der TSV ,Selbstporträt' nennt ausschließlich den Beruf, welchen der Porträtierte ausübt (6). Dadurch wird die Bedeutung des Berufs stark betont und zugleich darauf verwiesen, dass die

1072 ,Geburtstagsporträt', „Umweg, Dienstweg, Abweg", 21. Juni 2007, Seite 58.

1073 Vgl. z.B. für die TS ,Bericht' Kap. III.B.2.4.1.1.

1074 Bei dem ,Todesporträt' „Anruf beim Genie" (30. August 2007, Seite 52) lässt sich lediglich indirekt anhand der Verwendung des Imperfekts auf den Tod des Porträtierten schließen: „Für Woody Allen war Ingmar Bergman der ,Allergrößte'. Hier schreibt der amerikanische Regisseur, worüber er mit dem schwedischen Kollegen telefonierte und warum er ihn nie besuchte: er fürchtete das Mittagessen"

1075 ,Geburtstagsporträt', „Ein Vermittler, ein Missionar", 12. Juli 2007, Seite 44.

Porträtierten repräsentativ für eine bestimmte Gruppe sind. Die fünf ‚Selbstporträts' erscheinen alle im Peking-Feuilleton anlässlich der Olympiade und stellen dem Leser die Lebensverhältnisse, Arbeitsbedingungen, Einstellungen etc. verschiedenster Menschen in China vor.

2.4.3.2 Der Fließtext

Bezüglich der syntaktischen Gestaltung ihres Fließtextes ähneln sich die drei TSV ‚Personenporträt', Todesporträt' und ‚Geburtstagsporträt' sehr stark. Die TE der ‚Personenporträts' konstituieren sich im Durchschnitt aus 68 Sätzen, die ‚Todesporträts' aus 48 und die ‚Geburtstagsporträts' aus 41. Die ‚Selbstporträts' sind mit durchschnittlich 20 Sätzen deutlich kürzer. Alle vier TSV weisen ein sehr ähnliches Verhältnis von isoliert gebrauchten einfachen Sätzen zu Gesamtsätzen auf (‚Personenporträts' 37 % zu 63 %, Todesporträts' 33 % zu 67 %, ‚Geburtstagsporträts' 35 % zu 65 % und ‚Selbstporträts' 34 % zu 66 %), womit die drei auch im ‚Tagesspiegel' vorkommenden TSV mit den dortigen Verhältnissen weitgehend übereinstimmen.[1076] Bei den isoliert gebrauchten einfachen Sätzen kommen deutlich mehr Verbalsätze vor (‚Personenporträts' 92 %, Todesporträts' 90 %, ‚Geburtstagsporträts' 91 % und ‚Selbstporträts' 100 %).

Tab. 38: Überblick über das mindestens einmalige Auftreten von Ausrufesätzen, Fragesätzen, Nominalsätzen und Parzellierungen innerhalb der Textexemplare der vier Textsortenvarianten der Textsorte ‚Porträt' in der ‚Zeit'

Textsortenvariante	Ausrufesätze	Fragesätze	Nominalsätze im Fließtext	Parzellierungen
‚Personenporträt'	38 %	63 %	100 %	63 %
‚Todesporträt'	15 %	46 %	92 %	46 %
‚Geburtstagsporträt'	50 %	25 %	50 %	–
‚Selbstporträt'	20 %	40 %	60 %	–

Der Fließtext der TS ‚Porträt' besteht größtenteils aus verbalen Aussagesätzen. Ausrufesätze kommen nur bei einem Teil der TE aller vier TSV vor, wobei nie mehr als maximal zwei pro TE auftreten. Die Ausrufesätze betonen Aussagen des Verfassers, die sich überwiegend wertend auf den Porträtierten beziehen (z.B. „*Pierwoß, das Schwergewicht im deutschen Stadttheaterring!*",[1077] „*Was für ein seltsames Bekenntnis für einen Dichter!*"[1078] oder „*Hallo, ihr in den Leseecken, das ist (die*

1076 Vgl. Kap. III.B.2.3.4.2.

1077 ‚Personenporträt', „Sieger nach 13 Runden", 9. August 2007, Seite 37.

1078 ‚Todesporträt', „Die Wörter, die Äpfel", 14. Juni 2007, Seite 64.

Bücher gibt es bei Suhrkamp) euer Autor!“[1079]). Anders als bei der TS ‚Porträt‘ im ‚Tagesspiegel‘ sind sie nicht mit weiteren Hervorhebungsmitteln verbunden.

Fragesätze treten bei den einzelnen TSV unterschiedlich häufig auf, am stärksten sind sie bei den ‚Personenporträts‘ vertreten (vgl. Tab. 38). Wie im ‚Tagesspiegel‘ dient diese Satzart fast immer dazu, Fragen zu formulieren, die sich zu dem Porträtierten, seiner Arbeit etc. oder einem thematisch verwandten Aspekt ergeben. Diese werden fast immer direkt im Anschluss beantwortet (z.B. „*Harmonielehre, Notenlesen? Nix da. Auf seinem Studiotisch steht nicht einmal eine Klaviatur; geht ja auch ohne. Er macht es mit Intuition und Informatik und gleitet* [...]“,[1080] „*Man spielt nicht Theater mit Toten? Man lacht nicht im Konzentrationslager? Tabori war anderer Ansicht. Tabus, so sagte er, müssten zerstört werden, wenn man nicht daran ersticken wolle.*“[1081] oder „*Handelt es sich hierbei nur um das für die Sechziger und Siebziger so typische Kokettieren der Subkultur mit der Hochkultur? Keinesfalls.*“[1082]). Öfter wird anhand der Antworten deutlich, dass es sich um tatsächliche Fragen des Autors an den Porträtierten handelt, die er diesem in Vorbereitung auf seinen Artikel gestellt hat (z.B. „*Wie fand er zu dieser Welt? ‚Am Anfang‘, sagt der 77-Jährige, ‚war es schlicht Neugier: Was ist alles passiert?*‘“[1083]). Bei den ‚Selbstporträts‘ ist durch ihre Wiederholung teilweise erkennbar, dass den Porträtierten bestimmte Fragen vorgegeben worden sind, auf die sie in ihren Ausführungen eingehen sollen, bzw. dass der Fließtext durch ein Gespräch entstanden und von einem Zeitmitarbeiter nachträglich schriftlich fixiert worden ist („*Ob die Stadt meine Heimat ist? Ich weiß nicht.*“[1084]).

Bei einem TE der ‚Todesporträt‘ wird der Fragesatz dazu verwendet, die Meinung des Autors und damit eine Würdigung des Porträtierten auszudrücken. Die Frage ist so formuliert, dass sie nur eine Beantwortung zulässt. Entsprechend wird auf die Frage im folgenden Fließtext nicht weiter eingegangen („*Und wer außer ihm hätte solche Kärrnerarbeit in dieser aberwitzigen Souveränität leisten können?*“[1085]).

1079 ‚Geburtstagsporträt‘, „Umweg, Dienstweg, Abweg“, 21. Juni 2007, Seite 58.
1080 ‚Personenporträt‘, „Prince im Fischgeschäft“, 2. August 2007, Seite 37.
1081 ‚Todesporträt‘, „Das Leben, ein Tag“, 26. Juli 2007, Seite 45.
1082 ‚Geburtstagsporträt‘, „Der Fleischmetz“, 26. Juli 2007, Seite 48.
1083 ‚Personenporträt‘, „Applausordnung muss sein“, 8. Juli 2007, Seite 27.
1084 ‚Selbstporträt‘, „GUO ENDE“, 19. Juli 2007, Seite 38.
1085 ‚Todesporträt‘, „Partituren bis zur Decke“, 21. Juni 2007, Seite 48.

Tab. 39: Überblick über das mindestens einmalige Auftreten von Nominalsätzen (isoliert gebrauchten einfachen Nominalsätzen und nominalen Teilsätzen) innerhalb der Textexemplare der vier Textsortenvarianten der Textsorte ‚Porträt' in der ‚Zeit'

Textsortenvariante	**Nominalsätze im Fließtext**	**i.g.e. NS**	**nominale TS**
‚Personenporträt'	100 %	50 %	100 %
‚Todesporträt'	92 %	54 %	92 %
‚Geburtstagsporträt'	50 %	50 %	50 %
‚Selbstporträt'	60 %	–	60 %

Nominalsätze kommen bei allen vier TSV der TS ‚Porträt' bei einem Großteil der TE vor, bei den TSV ‚Personenporträt' und ‚Todesporträt' liegt ihr Auftreten im Zentralbereich. Bei den ‚Geburtstagsporträts' kommen isoliert gebrauchte einfache Nominalsätze und nominale Teilsätze gleich häufig vor, bei den anderen drei TSV dominieren deutlich die nominalen Teilsätze.

Nominale Teilsätze haben öfter die Funktion, in Form von eingeklammerten oder selten in Kommata gesetzten Parenthesen kurze Zusatzinformationen zu liefern. Diese beziehen sich bei den ‚Todesporträts' fast ausschließlich auf Werke des Porträtierten, indem sie das Erscheinungsjahr (z.B. „*Die Zahl seiner Drehbücher ist gewaltig, und zu seinen bekanntesten Filmen zählen Die Legende von Paul und Paula (<u>1973</u>), Der König und sein Narr (<u>1980</u>) oder Liebling Kreuzberg (<u>1994</u>).*"[1086]), weitere Angaben zu einem literarischen Werk („*Immer wieder überwältigt beim Lesen in den chronologisch voranschreitenden Bänden (<u>Bärenreiter Verlag Kassel, 3738 Seiten, 199 Euro</u>), wie wenig man den Zettelkasten des Autors merkt.*"[1087]) oder einen Schauspieler (z.B. „*Die junge Frau (<u>Harriet Andersson</u>) leidet offenbar unter Schizophrenie, aber sie ist die Einzige, die der Sprachlosigkeit und der im Diesseits verkrampften Hoffnungslosigkeit der anderen entkommt.*"[1088]) benennen. In einem Fall verweist die Parenthese auf eine Zeitschriftennummer *(„‚Roachs Schlagzeugkunst ist Körperkunst', schrieb der Schweizer Kritiker Peter Rüedi in der Sondernummer der Zeitschrift* DU *(<u>12/1996</u>), die Beine, die Arme sind Klang gewordene Instrumente.*"[1089]). Innerhalb der ‚Personenporträts' referieren sie hingegen bei zwei TE auf

1086 ‚Todesporträt', „Mitten ins Herz", 16. August 2007, Seite 46. Die Werktitel sind drucktechnisch nicht gekennzeichnet.

1087 ‚Todesporträt', „Partituren bis zur Decke", 21. Juni 2007, Seite 48.

1088 ‚Todesporträt', HZ „Helden des europäischen Kinos", UZ „Zum Tod von Ingmar Bergman VON ULRICH GREINER", 2. August 2007, Seite 33.

1089 ‚Todesporträt', „Sing dein eigenes Lied!", 23. August 2007, Seite 40.

die porträtierte Person, indem sie ihr Alter angeben (z.B. „*Das ist Swetlana Geier, 84 Jahre alt, die vielfach preisgekrönte Übersetzerin, die zuletzt Tausende Seiten Dostojewskij aus dem Russischen neu ins Deutsche gebracht hat, über fast sechzehn hoch konzentrierte Jahre hinweg.*“[1090]). Bei den beiden anderen TSV kommen keine nominalen Teilsätze in dieser Funktion vor.

Wie bei der TS ‚Porträt‘ im ‚Tagesspiegel‘ haben nur sehr wenige nominale Teilsätze die Funktion, die Quelle zu einem Zitat oder einer Aussage in Form einer Parenthese in Klammern (z.B. „*‚Sind die physischen Schlachten geschlagen, brechen die metaphorischen Kriege an‘ (Peter Sloterdijk)*“[1091]) oder in der Wendung „so X“ anzugeben (z.B. „*Je komplizierter und wahnwitziger die Welt werde, so Hübner, umso idiotischer und schwachsinniger werde das Theater in seinem Tralala und Firlefanz, während* [...]“[1092]). Bei der TSV ‚Selbstporträt‘ tritt diese Funktion nicht auf.

Außer bei den TE der TSV ‚Selbstporträt‘ werden isoliert gebrauchter einfacher Nominalsätze (z.B. „*Auch so eine verrückte Pierwoß-Idee.*“,[1093] „*Kein schlechter Weg übrigens.*“[1094] oder „*Seltsam.*“[1095]) oder nominale Teilsätze (z.B. „*Eine zarte Greisin, das weiße Haar hochgesteckt, darunter ein feines, schönes Vogelgesichtchen, das vor allem aus taghellen Augen besteht:*“,[1096] „*Ein großer Kollege, der uns als ein wahrhaft Fortgeschrittener in Erinnerung bleibt.*“[1097] oder „*Kaum Handlung im üblichen Sinn – und es bewegt sich doch.*“[1098]) bei den übrigen drei TSV häufiger dazu verwendet, Bewertungen abgegeben.

Nur sehr selten dienen isoliert gebrauchte einfache Nominalsätze dazu, das Thema des folgenden, durch einen Doppelpunkt abgetrennten Satzes zu benennen bzw. einen ersten inhaltsseitigen Bezug zu liefern (z.B. „*Überhaupt das Mediale: Ohne die Verbindung mit den neuen Übertragungswegen, dem aufstrebenden Fernsehen und später dem Film, wäre der Rock'n'Roll eine eindimensionale Angelegenheit geblieben.*“[1099] oder

---

1090 ‚Personenporträt‘, „Zum Glück“, 12. Juli 2007, Seite 56.
1091 ‚Geburtstagsporträt‘, „Der Fleischmetz“, 26. Juli 2007, Seite 48.
1092 ‚Todesporträt‘, „Die Welt geht unter“, 30. August 2007, Seite 54.
1093 ‚Personenporträt‘, „Sieger nach 13 Runden“, 9. August 2007, Seite 37.
1094 ‚Todesporträt‘, „Mitten ins Herz“, 16. August 2007, Seite 46.
1095 ‚Geburtstagsporträt‘, „Umweg, Dienstweg, Abweg“, 21. Juni 2007, Seite 58.
1096 ‚Personenporträt‘, „Zum Glück“, 12. Juli 2007, Seite 56.
1097 ‚Todesporträt‘, „Partituren bis zur Decke“, 21. Juni 2007, Seite 48.
1098 ‚Geburtstagsporträt‘, „Umweg, Dienstweg, Abweg“, 21. Juni 2007, Seite 58.
1099 ‚Personenporträt‘, „Noch immer Vorbild für alle“, 9. August 2007, Seite 35.

„*Anfang der Achtziger das gleiche Prinzip: Die Lust der Künstler auf reinweiße Leinwände und minimalistische Medienkunst schwindet.*“[1100]).

Bei der TS ‚Porträt‘ weisen 63 Prozent der TE der TSV ‚Personenporträt‘ und 46 Prozent der TE der TSV ‚Todesporträt‘ mindestens eine Parzellierung im Fließtext auf, während sie bei den beiden anderen TSV durchgängig fehlen. Häufig werden dabei Satzgliedteile parzelliert (‚Personenporträts‘ 42 % und ‚Todesporträts‘ 63 %):

(a) Ein Extremfall freilich, neben dem auch konventionelle Texte stehen. Und schlechte.[1101]

(b) Hamburger hat eine Autobiografie geschrieben, *Verlorener Einsatz,* vom Berlin seiner Kindheit berichtend, von der ersten harten Zeit in der Fremde, den Jahren in Oxford. Über das London der Fünfziger, über T.S. Eliot, Jesse Thoor und Dylan Thomas, von Reisen durch Italien, der Wiederbegegnung mit Deutschland.[1102]

Parzellierte Satzglieder kommen bei beiden TSV nicht vor. Neben Satzgliedteilen kann es sich bei den parzellierten Elementen um Teilsätze handeln, die bei den ‚Todesporträts‘ immer (d) und bei den ‚Personenporträts‘ häufig (57 %, Bsp. (c+e)) die syntaktische Funktion eines Nebensatzes haben, was aus den Einleitungswörtern (*bis* (c), *als ob* (d) und *obwohl* (e)) und der Endstellung der finiten Verben (*ist* (c), *könnte* (d) und *hat* (e)) ersichtlich wird:

(c) Dreht und wendet es, baut es zusammen, stellt es um, über Stunden, Tage, manchmal Wochen. Bis ein Grundschwung da ist, der alles andere trägt.[1103]

(d) Weil ich mich in all den Jahren so enthusiastisch über ihn geäußert habe, wollten nach seinem Tod viele Zeitungen und Zeitschriften Kommentare von mir haben, Interviews mit mir führen. Als ob ich, außer abermals auf Bergmans Größe hinzuweisen, zu der traurigen Nachricht etwas Gehaltvolles hinzufügen könnte.[1104]

(e) Nach zwei Jahren ging der private Musicalpalast pleite, und Pierwoß hatte einmal mehr triumphiert. [Absatz] Obwohl er in seiner Intendantenzeit beileibe nicht nur das Leichte und Gängige gemacht hat.[1105]

In Beispiel (e) wird der Nebensatz zusätzlich zu seiner Parzellierung dadurch betont, dass er durch einen Absatz vom vorangehenden Teilsatz getrennt wird. Dies bewirkt eine stärkere Unterbrechung des Leseflus-

1100 ‚Geburtstagsporträt‘, „Der Fleischmetz“, 26. Juli 2007, Seite 48.
1101 ‚Personenporträt‘, „Man muss nicht Klavier spielen können“, 21. Juni 2007, Seite 48.
1102 ‚Todesporträt‘, „Die Wörter, die Äpfel“, 14. Juni 2007, Seite 64.
1103 ‚Personenporträt‘, „Prince im Fischgeschäft“, 2. August 2007, Seite 37.
1104 ‚Todesporträt‘, „Anruf beim Genie“, 30. August 2007, Seite 52.
1105 ‚Personenporträt‘, „Sieger nach 13 Runden“, 9. August 2007, Seite 37.

ses. Der Leser setzt sich genauer mit dem Nebensatz auseinander, da der Gesamtsatz für den Leser unerwartet weitergeht.

Die parzellierten Hauptsätze der ‚Personenporträts' stellen Teilsätze eines Gesamtsatzes dar und sind über Ellipsen aufgrund von Vorerwähntheit mit den vorangegangenen Teilsätzen verbunden. Dabei kommen vorrangig Subjektellipsen (*er* (f)) und Verbalellipsen (*möchte* (f)) gemeinsam vor:

(f) Das möchte er jetzt an Mozarts Kammermusik klarmachen. Und dabei auch sich selbst korrigieren.[1106]

Die parzellierten Satzgliedteile und Teilsätze stellen nicht immer das Ende eines Satzes dar, sondern an sie können ein bis mehrere Teilsätze anschließen (c). In einen parzellierten Teilsatz kann zudem ein weiterer Teilsatz eingeschoben sein (d).

2.4.4 Die Syntax der Textsorte ‚Kommentar'

2.4.4.1 Die Überschrift

Die TE der Gruppen ‚Großkommentar' und ‚Großkritik' zeigen bezüglich der syntaktischen und funktionalen Gestaltung ihrer Überschrift viele Gemeinsamkeiten, weshalb sie zusammen besprochen werden. Beide Gruppen weisen ausschließlich eine zweizeilige Überschrift auf, bei der die Hauptzeile im Zentralbereich von einem isoliert gebrauchten einfachen Satz gebildet wird (‚Großkommentar' 94 % und ‚Großkritik' 91 %). Bei den ‚Großkritiken' handelt es sich hierbei größtenteils um einen Nominalsatz (91 %), der vorrangig eingliedrig ist (90 %, Bsp. (4-6)). Bei den ‚Großkommentaren' überwiegen knapp die Verbalsätze (53 %, Bsp. (1+2)) gegenüber den Nominalsätzen (3). Bei den ‚Großkritiken' bestehen weitere acht Prozent der Hauptzeilen aus einem Gesamtsatz (7).

(1) HZ: Es müssen Köpfe rollen[1107]
(2) HZ: Hat die Freiheit eine Grenze?[1108]
(3) HZ: Die Dunkelseher[1109]
(4) HZ: Ein Kühlschrank voll mit Studentenrappern[1110]
(5) HZ: Kunstvolle Löcher[1111]

1106 ‚Personenporträt', „Man muss nicht Klavier spielen können", 21. Juni 2007, Seite 48.
1107 ‚Großkommentar', „Es müssen Köpfe rollen", 28. Juni 2007, Seite 46.
1108 ‚Großkommentar', „Hat die Freiheit/eine Grenze?", 9. August 2007, Seite 38.
1109 ‚Großkommentar', „Die Dunkelseher", 30. August 2007, Seite 47.
1110 ‚Großkritik' (Subgruppe ‚Kulturkritik'), „Ein Kühlschrank voll mit Studentenrappern", 23. August 2007, Seite 42.
1111 ‚Großkritik' (Subgruppe ‚Literaturkritik'), „Kunstvolle Löcher", 28. Juni 2007, Seite 51.

(6) HZ: Ariane Breidenstein:[1112]
(7) HZ: Keine Angst, die will nur spielen[1113]

Die Hauptzeilen der TE der ‚Großkommentare' und ‚Großkritiken' dienen vorrangig dazu, das Interesse des Lesers zu wecken (100 % bzw. 96 %). Dies erfolgt darüber, dass der inhaltsseitige Bezug der Hauptzeile für den Leser zunächst unklar ist (1+6) oder vom Verfasser bewusst absurde, rätselhafte Formulierungen (2-5) benutzt werden. Bei vier TE der Subgruppe ‚Literaturkritik', die gesammelt unter einem Hauptthema erscheinen, nennt die Hauptzeile ausschließlich den Namen des Buchautors (6). 25 Prozent der ‚Großkommentare' weisen als Hauptzeile eine Frage auf (2). Worauf sich diese konkret bezieht bzw. wodurch sie motiviert ist, ist für den Leser nicht gleich ersichtlich. Das Lesen der Unterzeile bzw. des Fließtextes liefert hierzu genauere Informationen.

Die Unterzeilen der TE der beiden Gruppen ‚Großkommentar' und ‚Großkritik' werden im Zentralbereich (100 % bzw. 89 %) aus mehreren Sätzen gebildet, wobei die unterschiedlichsten syntaktischen Realisationen vorkommen. Bei den ‚Großkommentaren' lassen sich Unterzeilen aus zwei bis fünf isoliert gebrauchten einfachen Sätzen (8-11) sowie aus einem Gesamtsatz und ein bis drei isoliert gebrauchten einfachen Sätzen nachweisen (12). Die Unterzeilen der ‚Großkritiken' bestehen aus einem bis fünf isoliert gebrauchten einfachen Sätzen (13-17), einem Gesamtsatz (18), einem Gesamtsatz und einem oder zwei isoliert gebrauchten einfachen Sätzen (19) oder aus zwei Gesamtsätzen und drei isoliert gebrauchten einfachen Sätzen (20):

(8) UZ: Eine Erinnerung an die überwältigende Schauspielkunst des Tony Blair **VON RAYMOND GEUSS**[1114] (NS_2 + $\mathbf{NS_1}$)
(9) UZ: Das Unesco-Welterbe-Komitee will Dresden wegen des geplanten Brückenbaus die Daumenschrauben anlegen. Darf es das überhaupt? **VON THOMAS ASSHEUER**[1115] (VS_2 + VS_2 + $\mathbf{NS_1}$)
(10) UZ: Der Philosoph Alain Badiou erregt in Frankreich wütenden Protest. Seine Gegner werfen ihm Antisemitismus vor. Eine Verteidigung **VON SLAVOJ ZIZEK**[1116] (VS_2 + VS_3 + NS_1 + $\mathbf{NS_1}$)
(11) UZ: Am Wochenende beginnt auf sieben Kontinenten „Live Earth". Die Popkonzerne kämpfen für die Umwelt – mit allen Tricks des Marketings.

1112 ‚Großkritik' (Subgruppe ‚Literaturkritik'), „Ariane Breidenstein:", 6. Juni 2007, Seite 57.
1113 ‚Großkritik' (Subgruppe ‚Kulturkritik'), „Keine Angst, die will nur spielen", 14. Juni 2007, Seite 56.
1114 ‚Großkommentar', „Die Lüge als höhere Wahrheit", 14. Juni 2007, Seite 54.
1115 ‚Großkommentar', „Wir sind wieder wer", 12. Juli 2007, Seite 48.
1116 ‚Großkommentar', „Hat die Freiheit eine Grenze?", 9. August 2007, Seite 38.

Die wichtigste Botschaft: Kapitalismus ist gut für uns **VON ROBERT MISIK**[1117] ($VS_1 + VS_2 + NS_1 + VS_2 +$ **NS_1**)

(12) UZ: Englisch als Wissenschaftssprache ist nicht das Problem, sondern der Kotau vor der Wissenschaftssupermacht USA **VON CLAUS LEGGEWIE UND ELKE MÜHLLEITNER**[1118] (GS ($VS_1 + VS_1$) + **NS_1**)

(13) UZ: Die junge belgische Autorin Aline Sax erzählt die spannende Geschichte einer zweifachen Auswanderung nach New York[1119] (VS_2)

(14) UZ: In dem Berlinale-Siegerfilm „Tuyas Hochzeit" erzählt Wang Qan'an vom ergreifenden Dilemma seiner Heldin **VON HILAL SEZGIN**[1120] (VS_2 + **NS_1**)

(15) UZ: Katharina Wagner inszeniert die „Meistersinger" ihres Uropas als Orgie mit Knallchargen. Jetzt macht sich der Premieren-Blues breit **VON CLAUS SPAHN**[1121] ($VS_2 + VS_1$ + **NS_1**)

(16) UZ: Längst ist die Kunstwelt globalisiert. Doch in den Länderpavillons der Biennale ringen die Nationen noch immer um den Preis für das beste Kunstwerk. Geht das noch? **VON TOBIAS TIMM**[1122] $VS_1 + VS_2 + VS_1$ + **NS_1**)

(17) UZ: Der Journalist als Schriftsteller: Jörg Fauser schrieb schneller, härter, schöner als alle anderen. Vor zwanzig Jahren starb er. Jetzt erscheint sein letzter Roman ‚Die Tournee' **VON GEORG DIEZ**[1123] ($NS_1 + VS_2 + VS_1 + VS_1$ + **NS_1**)

(18) UZ: Afghanistan und Mexiko – zwei Romane über Kinder auf der Flucht[1124] (GS ($NS_1 + NS_2$))

(19) UZ: Deutscher Rap leidet an Stumpfsinn. Die Berliner Band K.I.Z. zeigt, dass auch harte Reime Niveau haben können **VON MATTHIAS SCHÖNEBÄUMER**[1125] (VS_2 + GS ($VS_1 + VS_1$) + **NS_1**)

(20) UZ: Die Erde bewegt sich, hatte Galilei erkannt. Horst Bredekamp zeigt, dass der große Gelehrte als Künstler seine Einsichten gewann. Der Beweis: Zeichnungen vom Mond, verschollen seit Jahrhunderten, nun wiederent-

1117 ‚Großkommentar', „Hollywood rettet die Welt", 5. Juli 2007, Seite 49.

1118 ‚Großkommentar', „Anglais oblige?", 26. Juli 2007, Seite 41.

1119 ‚Großkritik' (Subgruppe ‚Literaturkritik'), „Wir schicken euch Geld", 9. August 2007, Seite 43.

1120 ‚Großkritik' (Subgruppe ‚Kulturkritik'), „Mongolische Menage", 23. August 2007, Seite 42.

1121 ‚Großkritik' (Subgruppe ‚Kulturkritik'), „Bayreuth nach der Party", 2. August 2007, Seite 38.

1122 ‚Großkritik' (Subgruppe ‚Kulturkritik'), „Lauter unentschiedene Kämpfe", 14. Juni 2007, Seite 51.

1123 ‚Großkritik' (Subgruppe ‚Literaturkritik'), „Die Wahrheit liegt auf der Straße", 19. Juli 2007, Seite 46.

1124 ‚Großkritik' (Subgruppe ‚Literaturkritik'), „Durch die Wüste", 12. Juli 2007, Seite 52.

1125 ‚Großkritik' (Subgruppe ‚Kulturkritik'), „Ein Kühlschrank voll mit Studentenrappern", 23. August 2007, Seite 42.

deckt **VON ACHATZ VON MÜLLER**[1126] (GS (VS_1 + VS_1) + GS (VS_1 + VS_2) + NS_1 + NS_1 + **NS_1**)

Funktional dient die Unterzeile bei allen ‚Großkommentaren' und 97 Prozent der ‚Großkritiken' dazu, mehr oder weniger genau das Thema des Artikels anzugeben (8 bis 20). Bei der Hälfte der TE der ‚Großkommentare' und 42 Prozent der TE der ‚Großkritiken' kommt die Funktion hinzu, die Bedeutung der Hauptzeile zu erklären bzw. einen Hinweis für die Entschlüsselung zu geben (8, 10, 11, 12, 13, 14, 15, 18 und 20). Wie auch bei anderen TS innerhalb der ‚Zeit' üblich,[1127] bildet ein in Fettdruck gesetzter, eingliedriger Nominalsatz, der den Namen des Verfassers angibt, den Abschluss aller Unterzeilen der ‚Großkommentare' und einer Vielzahl der Unterzeilen der ‚Großkritiken' (87 %, Bsp. (8, 9, 10, 11, 12, 14, 15, 16, 17, 19, 20)).

Innerhalb der ‚Großkritiken' lassen sich bei bestimmten Kritikgegenständen (Theater, Kunst, Musik, Literatur und Film) wie im ‚Tagesspiegel' teilweise wiederkehrende Gestaltungen der Unterzeile feststellen. Bei einem Großteil der TE, die eine Aufführung, einen Auftritt oder eine Ausstellung besprechen, werden der Künstler und/oder der Stück- bzw. Ausstellungsname in Verbindung mit einem Ort genannt. Anders als im ‚Tagesspiegel' erfolgt dies jedoch nur bei wenigen TE in Form eines zweigliedrigen Nominalsatzes:

(21) UZ: Simon Stephens' Schauspiel „Pornographie" in Hannover **VON ROLAND MÜLLER**[1128]

Die Informationen werden öfter mittels isoliert gebrauchter Verbalsätze (22) oder verbaler Teilsätze (23) präsentiert. Sie können auch auf mehrere Sätze aufgeteilt sein (24):

(22) UZ: Barbra Streisand begann ihre erste Europa-Tournee in Zürich. Ein großer Auftritt – aber sie wird ihrem Nimbus als Broadway-Diva nicht gerecht **VON ROGER WILLEMSEN**[1129]

(23) UZ: In München wurde Unsuk Chins „Alice in Wonderland" uraufgeführt – und ging in den Bilderfluten unter **VON MIRKO WEBER**[1130]

1126 ‚Großkritik' (Subgruppe ‚Literaturkritik'), „Oh schöner Mond", 21. Juni 2007, Seite 51-53.

1127 Vgl. z.B. für die TS ‚Bericht' Kap. III.B.2.4.1.1.

1128 ‚Großkritik' (Subgruppe ‚Kulturkritik'), „Bomben auf Superman", 21. Juni 2007, Seite 44.

1129 ‚Großkritik' (Subgruppe ‚Kulturkritik'), „Der Star hat keine Sternstunde", 21. Juni 2007, Seite 44.

1130 ‚Großkritik' (Subgruppe ‚Kulturkritik'), „Wunder des Wahnsinns", 5. Juli 2007, Seite 54.

(24) UZ: Die Bilder des Fotografen Hiroshi Sugimoto spielen klug mit Wahrheit, Zeit und Raum. Jetzt werden sie in Düsseldorf gezeigt **VON SUSANNE SCHMETKAMP**[1131]

Bei ‚Großkritiken', die sich mit einem Film auseinandersetzen, wird bei 93 Prozent der TE der Filmtitel, bei 60 Prozent das Filmthema und bei je 53 Prozent der Regisseur und eine Filmbewertung in der Unterzeile aufgeführt (14). Eine feste syntaktische Gestaltung lässt sich dabei nicht feststellen.

Auch bei der Subgruppe ‚Literaturkritik' gibt es einige inhaltsseitige Aspekte, die bei einer größeren Anzahl der TE vorkommen. So tritt der Name des Schriftstellers bei 83 Prozent und der Buchtitel bei 22 Prozent der TE auf. Auf das Thema des Buchs verweisen 64 Prozent der Unterzeilen. Bei 30 Prozent wird zudem eine Textklassifikation und bei 29 Prozent eine Bewertung des literarischen Werks vorgenommen. Diese Informationen werden über verschiedene syntaktische Realisationen vermittelt (13, 18, 20).

Die ‚Reihenkommentare' weisen je nach Serie sehr unterschiedliche syntaktische und funktionale Gestaltungen ihrer Überschriften auf, sodass die Besprechung nach Serien getrennt erfolgt.

Die Überschrift ist bei drei Serien durchgängig und bei einer Serie teilweise einzeilig (46 Prozent aller TE) und besteht bis auf zwei Ausnahmen[1132] immer aus einem isoliert gebrauchten einfachen Nominalsatz, der eingliedrig ist:

(25) Ü: Popikone[1133]
(26) Ü: Bätscheler[1134]
(27) Ü: Der Fall van der Verrat[1135]
(28) Ü: Das Letzte[1136]
(29) Ü: Unter Holländern[1137]

Bei der Reihe „*Wörterbericht*" gibt die Überschrift den Begriff an, der in dem jeweiligen TE thematisiert wird (25+26). Ein Wort ist dabei be-

1131 ‚Großkritik' (Subgruppe ‚Kulturkritik'), „Sehen, wie ein Urzeitmensch sah", 9. August 2007, Seite 40.

1132 Zwei der vier einzeiligen Überschriften der Serie „WAS MACHE ICH HIER?" bestehen aus isoliert gebrauchten einfachen Verbalsätzen.

1133 ‚Reihenkommentar', Serie „*Wörterbericht*", „Popikone", 21. Juni 2007, Seite 50.

1134 ‚Reihenkommentar', Serie „*Wörterbericht*", „Bätscheler", 14. Juni 2007, Seite 56.

1135 ‚Reihenkommentar', Serie „ZEITMOSAIK", „Der Fall van der Verrat", 23. August 2007, Seite 44.

1136 ‚Reihenkommentar', Serie „*Das Letzte*", 6. Juni 2007, Seite 56.

1137 ‚Reihenkommentar', Serie „WAS MACHE ICH HIER?", „Unter Holländern", 28. Juni 2007, Seite 48.

wusst, seiner Aussprache entsprechend falsch geschrieben (26), wodurch es mehr auffällt und zugleich auf die Einstellung des Autors zu diesem Begriff verweist.

Die Überschrift des einzigen TE der Reihe ‚ZEITMOSAIK“ dient dazu, das Interesse der Leser zu wecken, indem sie zunächst eine unklare Inhaltsseite aufweist, die auf einen Schreibfehler hindeutet (27). Der Satz ist jedoch bewusst vom Autor so konstruiert und geht auf eine Vermischung des Namens eines bekannten Fußballspielers (Rafael van der Vaart) und seines thematisierten Verhaltens (ein geplanter Vereinswechsel wird als Verrat empfunden) zurück. Für Leser, die dieses Wortspiel durchschauen, verweist die Überschrift zugleich auf das Thema des TE.

Alle TE der Serie *„Das Letzte“* weisen dieselbe mit dem Reihennamen identische Überschrift auf (28). Funktional dient sie somit vorrangig der Wiedererkennung und der Zuordnung der TE zu der Serie.

Die einzeiligen Überschriften der Reihe „WAS MACHE ICH HIER?“ (33 Prozent der TE der Serie) haben überwiegend die Funktion, das Interesse der Leser durch inhaltsseitig nicht gleich zu erschließende Äußerungen zu wecken (29). Zudem geben sie einen Hinweis auf das Thema bzw. einen Aspekt des TE. Bei den zweizeiligen Überschriften besteht die Hauptzeile immer aus einem isoliert gebrauchten einfachen Satz, bei dem es sich fast ausschließlich um einen eingliedrigen Nominalsatz handelt (88 %). Wie die einzeiligen Überschriften dient dieser Überschriftenteil dazu, durch zunächst zusammenhangslose Aussagen das Interesse der Leserschaft zu erregen (30). Die Unterzeilen sind syntaktisch unterschiedlich gestaltet. Sie haben immer die Funktion, das Thema des TE mehr oder weniger deutlich anzugeben (30). Darüber hinaus helfen 38 Prozent der Unterzeilen, die Bedeutung der Hauptzeile zu verstehen.

(30) HZ: Empor!
UZ: Bad Segeberg, Deutschland: Der neue Winnetou kommt aus Istanbul[1138]

(31) HZ: Pooh's Corner
UZ: Meinungen eines Bären von sehr geringem Verstand[1139]

(32) HZ: Späte Reue
UZ: Michael Ignatieff bedauert sein Plädoyer für den Irakkrieg[1140]

1138 ‚Reihenkommentar‘, Serie „WAS MACHE ICH HIER?“, „Empor!“, 12. Juli 2007, Seite 48.

1139 Z.B. ‚Reihenkommentar‘, Serie „HARRY ROWOHLT“, „Pooh's Corner“, 5. Juli 2007, Seite 52.

1140 ‚Reihenkommentar‘, Serie „Kursive Überschrift“, „Späte Reue“, 16. August 2007, Seite 36.

(33) HZ: Lasst Tom Cruise in Berlin spielen!
UZ: Auch wenn er Scientologe ist[1141]

Zwei weitere Serien der Gruppe ‚Reihenkommentar' weisen eine zweizeilige Überschrift auf. Beide Überschriftenteile der Serie „HARRY ROWOHLT" sind bei allen TE identisch. Sowohl die Hauptzeile als auch die Unterzeile konstituieren sich aus einem eingliedrigen, isoliert gebrauchten einfachen Nominalsatz und stehen inhaltsseitig beide im Bezug zum Logo der Reihe, das Pu den Bären[1142] mit einem Honigtopf zeigt (31).[1143] Wie die Zeichnung hat die Überschrift einen hohen Wiedererkennungswert und sorgt dafür, dass die Leser die TE problemlos der Serie zuordnen können bzw. bei Interesse an der Serie diese schnell in der Zeitung finden.

Bei der Reihe ‚Kursive Überschrift' besteht die Hauptzeile überwiegend aus einem isoliert gebrauchten einfachen Satz (91 %), der fast immer ein Nominalsatz ist (90 %). Funktional dient sie größtenteils dem Interessewecken (86 %, Bsp. (32)) oder gibt selten (14 %, Bsp. (33)) das Thema des TE an. Eine Hauptzeile zeigt die Besonderheit, dass sie einen Teilsatz in der Funktion eines Hauptsatzes darstellt, der gemeinsam mit der Unterzeile, die von einem Teilsatz in der Funktion eines Nebensatzes konstituiert wird, einen Gesamtsatz bildet (33). Zwar endet der Teilsatz der Hauptzeile mit einem Ausrufezeichen, der Anschluss des zweiten Teilsatzes wird jedoch mit den Einleitungswörtern „*auch wenn*", die einen eindeutigen inhaltlichen Bezug zur Hauptzeile herstellen, signalisiert. Die Unterzeilen bestehen bei den übrigen TE aus einem isoliert gebrauchten einfachen Satz, wobei die Verbalsätze überwiegen (62 %). Sie haben die Aufgabe, auf das Thema der TE zu verweisen. 59 Prozent der Unterzeilen helfen überdies dabei, die Bedeutung der Hauptzeile zu erklären. Bei knapp einem Drittel der TE stellen die Unterzeilen alleinstehende, d.h. selbständig gebrauchte Nebensätze dar, was jeweils durch ein Einleitungswort (*warum* (34), *wie* (35) und *wenn* (36)) und die Endstellung des finiten Verbs (*sind* (34), *ordnet* (35) und *machen* (36)) ein-

1141 ‚Reihenkommentar', Serie „Kursive Überschrift", „Lasst Tom Cruise in Berlin spielen", 5. Juli 2007, Seite 47.

1142 „Pu der Bär" wird als ein Begriff verwendet, sodass der Nukleus „Pu" von der Apposition „der Bär" nicht durch ein Komma getrennt wird.

1143 Pooh ist der englische Name des abgebildeten Bären. In dem Kinderbuch sagt Pu der Bär „Manche haben Verstand und manche haben keinen", wobei er sich zur zweiten Gruppe zählt (vgl. A.A. Milne: Pu der Bär. Gesamtausgabe. Übersetzt von Harry Rowohlt. Hamburg 2009, Seite 13).

deutig erkennbar ist. Sie verweisen auf eine Fragestellung, ein Problem oder ein Thema, das im Fließtext geklärt bzw. behandelt wird:

(34) UZ: Warum Pinguine plötzlich so beliebt sind[1144]
(35) UZ: Wie man Bücher ordnet[1145]
(36) UZ: Wenn Pophelden gegen Armut mobil machen[1146]

Acht der vierzehn Serien der Gruppe ‚Reihenkritik' (68 %) weisen eine einzeilige Überschrift auf, die im Zentralbereich aus einem isoliert gebrauchten einfachen Satz besteht („KRITIK IN KÜRZE" (100 %), „100 KLASSIKER DER MODERNEN MUSIK" (100 %), „AUS POLITISCHEN ZEITSCHRIFTEN" (100 %), „BUCH IM GESPRÄCH" (80 %), „WILLEMSEN HÖRT" (100 %), „Großbild" (82 %), „Die ZEIT empfiehlt" (100 %) und „BÜCHERTISCH" (100 %)). Bei diesem handelt es sich überwiegend um einen eingliedrigen Nominalsatz („KRITIK IN KÜRZE" (75 %), „100 KLASSIKER DER MODERNEN MUSIK" (92 %), „AUS POLITISCHEN ZEITSCHRIFTEN" (50 %), „BUCH IM GESPRÄCH" (75 %), „WILLEMSEN HÖRT" (75 %), „Großbild" (89 %), „Die ZEIT empfiehlt" (100 %) und „BÜCHERTISCH" (100 %)):

(37) Ü: Frau unter Einfluss[1147]
(38) Ü: Präzise Ekstase[1148]
(39) Ü: Giftige Gaben[1149]
(40) Ü: Das Bush-Desaster[1150]
(41) Ü: Auf Zehenspitzen[1151]
(42) Ü: Kunst am Bau[1152]
(43) Ü: Charlotte Rampling, fotografiert von Bettina Rheims[1153]

1144 ‚Reihenkommentar', Serie „Kursive Überschrift", „Abgeschmolzen", 30. August 2007, Seite 47.

1145 ‚Reihenkommentar', Serie „Kursive Überschrift", „Im Dschungel", 9. August 2007, Seite 41.

1146 ‚Reihenkommentar', Serie „Kursive Überschrift", „Berühmt sein, gut sein", 6. Juni 2007, Seite 46.

1147 ‚Reihenkritik', Serie „KRITIK IN KÜRZE", „Frau unter Einfluss", 23. August 2007, Seite 49.

1148 ‚Reihenkritik', Serie „100 KLASSIKER DER MODERNEN MUSIK", „Präzise Ekstase", 26. Juli 2007, Seite 44.

1149 ‚Reihenkritik', Serie „AUS POLITISCHEN ZEITSCHRIFTEN", „Giftige Gaben", 9. August 2007, Seite 42.

1150 ‚Reihenkritik', Serie „BUCH IM GESPRÄCH", „Das Bush-Desaster", 19. Juli 2007, Seite 47.

1151 ‚Reihenkritik', Serie „WILLEMSEN HÖRT", „Auf Zehenspitzen", 9. August 2007, Seite 36.

1152 ‚Reihenkritik', Serie „Großbild", „Kunst am Bau", 28. Juni 2007, Seite 52.

1153 ‚Reihenkritik', Serie „Großbild", „Charlotte Rampling, fotografiert von Bettina Rheims", 9. August 2007, Seite 44.

(44) Ü: Neue Pop-CDs[1154]
(45) Ü: IRIS RADISCH[1155]

Funktional dienen die Überschriften der Serien „KRITIK IN KÜRZE", „100 KLASSIKER DER MODERNEN MUSIK", „AUS POLITISCHEN ZEITSCHRIFTEN", „BUCH IM GESPRÄCH" und „WILLEMSEN HÖRT" dazu, durch inhaltlich offene und interessante Aussagen das Interesse der Leser zu wecken (37 bis 41). Darüber hinaus geben wenige Überschriften zusätzlich einen Hinweis auf das Thema des TE (40). Diese beiden Funktionen treten auch bei den Überschriften der Reihe „Großbild" auf (42). Davon abweichend übernehmen zwei Überschriften die Aufgabe einer Bildunterschrift, indem sie sich konkret auf das Bild der TE beziehen und dieses erklären. Syntaktisch handelt es sich bei ihnen nicht um isoliert gebrachte einfache Nominalsätze, sondern um Gesamtsätze aus mindestens zwei nominalen Teilsätzen (43). Auch die Position unterhalb des Bildes entspricht einer der in der ‚Zeit' auftretenden Positionen für Bildunterschriften.

Die Überschriften der Serie „Die ZEIT empfiehlt" geben die Kategorie an, zu der die Kritikgegenstände der TE gehören (44). Dabei erscheinen immer drei TE unter einer Überschrift. Der Textbeginn der Einzelkritiken wird dabei durch einen vorangestellten Informationsabsatz angezeigt, der mit den in Fettdruck gesetzten Künstlernamen und Werktiteln beginnt und in einer höheren Schriftgröße als der Fließtext gedruckt ist. Der Leser kann anhand der Überschrift entscheiden, ob die im Folgenden vorgestellten Werke thematisch in seinem Interessensbereich liegen.

Bei der Reihe „BÜCHERTISCH" besteht die Überschrift ausschließlich aus dem Namen des Verfassers (45). Diesem wird durch die exponierte Lage eine große Bedeutung zugemessen. Teilweise handelt es sich um bekannte Journalisten, die zudem eigene Bücher veröffentlicht haben und daher durch ihren Namen eine Signalwirkung auf die entsprechend vorgebildete Leserschaft ausüben.[1156]

Sechs Serien der Gruppe ‚Reihenkritik' weisen eine zweizeilige Überschrift auf. Haupt- und Unterzeile der drei TE der Reihe „Kursive Überschrift" zeigen dabei dieselben syntaktischen und funktionalen Realisationen wie die TE, die zu derselben Serie, jedoch zu der Gruppe ‚Reihenkommentar' gehören (siehe weiter oben). Auch hier konstituiert sich

1154 ‚Reihenkritik', Serie „Die ZEIT empfiehlt", „Neue Pop-CDs", 21. Juni 2007, Seite 46.
1155 ‚Reihenkritik', Serie „BÜCHERTISCH", „IRIS RADISCH", 28. Juni 2007, Seite 56.
1156 Z.B. der Journalist, Buchautor und Kritiker Konrad Heidkamp oder die Journalistin Iris Radisch.

die Hauptzeile bei zwei TE aus einem eingliedrigen, isoliert gebrauchten einfachen Nominalsatz. Eine Hauptzeile besteht aus einem Satzgliedteil, der gemeinsam mit dem Satzgliedteil der Unterzeile einen eingliedrigen Nominalsatz bildet (46). Die beiden übrigen Unterzeilen stellen einen isoliert gebrauchten einfachen Nominal- bzw. Verbalsatz dar. Funktional wecken die Hauptzeilen das Interesse der Leser, während die Unterzeilen das Thema der TE angeben und teilweise die Hauptzeile erklären.

(46) HZ: Die Besten
UZ: und die Bestsellerlisten[1157]

Bei der Serie „Fettdruck Unterzeile" wird die Hauptzeile bei 90 Prozent der TE von einem isoliert gebrauchten einfachen Satz gebildet, bei dem es sich überwiegend (89 %) um einen Nominalsatz handelt (47+48). Durch zunächst unverständliche und teilweise absurde Aussagen erregt sie das Interesse der Leser. Die Unterzeile wird bei 85 Prozent der TE von drei isoliert gebrauchten einfachen Sätzen konstituiert (47), bei 15 Prozent aus zwei isoliert gebrauchten einfachen Sätzen und einem Gesamtsatz (48). Der erste und der letzte Satz sind immer eingliedrige Nominalsätze. Ersterer verweist auf die Kategorie, zu welcher der im Fließtext besprochene Kritikgegenstand zählt. Der letzte nennt den Verfasser des TE. Der mittlere Satz gibt das Thema des TE an und erklärt bei einigen TE zusätzlich die Hauptzeile (47+48).

(47) HZ: Elektronische Frösche im Frühling
UZ: **KLASSIK-CD:** Das Argento Ensemble erkundet mit Tristan Murail das Klangspektrum der Natur **FRANK HILBERG**[1158]

(48) HZ: Drei Freunde in der Wortspielhölle
UZ: **POP:** Man kann auch ohne Fußball lustig sein – Neues von den Sportfreunden Stiller **VON ARNO FRANK**[1159]

Bei der Seriengruppe aus den Reihen „STILLLEBEN MIT BUCH", „TASCHENBUCH", „KRIMINALROMAN" und „VOM STAPEL" sind die Überschriften der vier Serien nahezu identisch gestaltet. Die Hauptzeile besteht immer aus einem isoliert gebrauchten einfachen Satz, bei dem es sich fast immer um einen eingliedrigen Nominalsatz handelt (83 %). Auch hier übernimmt sie die häufig anzutreffende Funktion, durch zunächst unklare, offene Aussagen das Interesse der Leser zu erregen (49).

1157 ‚Reihenkritik', Serie „Kursive Überschrift", „Die Besten", 26. Juli 2007, Seite 49.

1158 ‚Reihenkritik', Serie „Fettdruck Unterzeile", „Elektronische Frösche im Frühling", 6. Juni 2007, Seite 48.

1159 ‚Reihenkritik', Serie „Fettdruck Unterzeile", „Drei Freunde in der Wortspielhölle", 2. August 2007, Seite 36.

Auch die Unterzeile konstituiert sich überwiegend aus einem isoliert gebrauchten einfachen Satz (83 %), wobei jedoch die Verbalsätze dominieren (80 %). Sie gibt das Thema des TE an, wobei fast immer der Schriftsteller des vorgestellten Werks namentlich erwähnt wird (83 %):

(49) HZ: Des Endes Ende
UZ: Ria Endres hat ein sehr feines Buch über Beckett geschrieben[1160]

Die TE der Gruppe ‚Kurzkritik' weisen keine Überschrift auf. Hier fungiert der Reihenname als Initiator und gibt einen thematischen Rahmen für die TE vor.

2.4.4.2 Der Fließtext

Die Gruppen der TS ‚Kommentar', die nicht in Serien erscheinen, stimmen untereinander in der syntaktischen Gestaltung ihres Fließtextes stärker überein als mit den seriellen Gruppen, die zu ihrer TSV gehören. So konstituieren sich die Gruppen ‚Großkommentar' und ‚Großkritik' durchschnittlich aus 72 bzw. 49 Sätzen, wobei deutlich mehr Gesamtsätze (‚Großkommentar' 67 % und ‚Großkritik' 64 %) als isoliert gebrauchte einfache Sätze an der Bildung des Fließtextes beteiligt sind. Bei Letzteren überwiegen deutlich die Verbalsätze (‚Großkommentar' 91 % und ‚Großkritik' 88 %).

Die Gruppe ‚Reihenkommentar' weist mit einem Textumfang von durchschnittlich 25 Sätzen etwa doppelt so viele Sätze auf wie die Gruppe ‚Reihenkritik' (durchschnittlich 13 Sätze) und etwa sechsmal so viele wie die Gruppe ‚Kurzkritik' (durchschnittlich vier Sätze). Der Anteil an isoliert gebrauchten einfachen Sätzen an der Konstituierung des Fließtextes ist bei den ‚Reihenkommentaren' und ‚Reihenkritiken' etwas höher als bei den nicht seriellen Gruppen (41 % bzw. 39 %). Innerhalb der isoliert gebrauchten einfachen Sätze dominieren bei beiden Gruppen die Verbalsätze (86 % bzw. 84 %). Die TE der Gruppe ‚Kurzkritik' zeigen die Besonderheit, dass ihr Fließtext ausschließlich aus isoliert gebrauchten einfachen Nominalsätzen besteht.

Ausrufesätze kommen mit Ausnahme der ‚Kurzkritiken' bei einem Teil der TE aller Gruppen der TS ‚Kommentar' vor. Die einzelnen Serien der ‚Reihenkommentare' und ‚Reihenkritiken' zeigen dabei teilweise sehr unterschiedliche Werte. So tritt bei der Reihe „100 KLASSIKER DER MODERNEN MUSIK" der ‚Reihenkritiken' bei 25 Prozent der TE mindestens ein Ausrufesatz auf, während bei der Serie „WILLEMSEN HÖRT" nur 8 Prozent der TE einen solchen aufweisen. Bei den ‚Reihen-

1160 ‚Reihenkritik', Serie „TASCHENBUCH", „Des Endes Ende", 21. Juni 2007, Seite 58.

kommentaren‘ reicht die Spanne von einem Auftreten bei 23 Prozent der TE bei der Serie „Kursive Überschrift“ bis zu einem Vorkommen von 58 Prozent der TE bei der Serie „WAS MACHE ICH HIER?“.

Tab. 40: Überblick über das mindestens einmalige Auftreten von Ausrufesätzen, Fragesätzen, Nominalsätzen und Parzellierungen innerhalb der Textexemplare der fünf Gruppen der Textsorte ‚Kommentar‘ in der ‚Zeit‘

Textsortenvariante	**Ausrufesätze**	**Fragesätze**	**Nominalsätze im Fließtext**	**Parzellierungen**
TSV ‚Freier Kommentar‘				
Gruppe ‚Großkommentar‘	28 %	94 %	89 %	44 %
Gruppe ‚Reihenkommentar‘	33 %	68 %	87 %	33 %
TSV ‚Kritik‘				
Gruppe ‚Großkritik‘	28 %	62 %	96 %	56 %
Gruppe ‚Reihenkritik‘	16 %	27 %	83 %	19 %
Gruppe ‚Kurzkritik‘	–	–	100 %	–

Ausrufesätze betonen eine Aussage, indem sie zentrale, besonders wichtige Aspekte hervorheben. (z.B. „*Aber die Fremdwörter müssen sich – grammatisch – integrieren lassen!*“,[1161] „*Nach der Formel 3 + 3 = 2 bildet das Zusammentreffen eines Weltkulturerbes mit einem Weltnaturerbe nämlich ein Welterbe im engeren Sinn, was selten vorkommt, unter 851 Unesco-Welterbestätten nur 25 Mal!*“,[1162] „*Und bitte: Sie ist die Streisand!*“[1163] oder „*Zuerst faszinierten die Plattenhüllen mit dem orangeschwarzen Rücken – zum Aufklappen!*“[1164]). Zudem werden Ausrufesätze dazu verwendet, ironisch gemeinte Aussagen herauszustellen (z.B. „*Das war kein qualifizierter Markenauftritt, Perry!*“,[1165] „*Liebe Werbetexter, gebt uns mehr kosmopolitische Ironie! Wehrt Euch gegen Geiz-ist-Geil-Purismus! Lasst Euch nicht von teutonischen Sprachpflegern einschüchtern!*“[1166] oder „„*Dass man jeden Sadismus fernhalten soll, ist allzu selbstverständlich, auch dass man bei fremdem Missgeschick keine tiefe Genugtuung empfindet, einen leichten Anflug vielleicht, tiefe Schaden-*

1161 ‚Großkommentar‘, „Alles eine Sache des Geschmacks? Von wegen!“, 4. Juni 2007, Seite 43.

1162 ‚Reihenkommentar‘, „*Wörterbericht*“, „Welterbe“, 23. August 2007, Seite 46.

1163 ‚Großkritik‘, (Subgruppe ‚Kulturkritik‘) „Der Star hat keine Sternstunde“, 21. Juni 2007, Seite 44.

1164 ‚Reihenkritik‘, Serie „BÜCHERTISCH“, „KONRAD DEIDKAMP“, 6. Juni 2007, zweites TE, Seite 62.

1165 ‚Großkommentar‘, „An die Wand geworfen“, 26. Juli 2007, Seite 42. Mit Perry ist Perikles gemeint.

1166 ‚Reihenkommentar‘, „*Wörterbericht*“, „Fliesen Easy“, 5. Juli 2007, Seite 54.

freude aber auf keinen Fall' – gut aber, dass das Selbstverständliche noch einmal erwähnt wurde!"[1167]) oder bei der TSV ‚Kritik' der Bewertung des besprochenen Werks mehr Gewicht zu verleihen (z.B. „*Wenn sie dabei nur nicht so grässlich simplifizierend vorgehen würde!*"[1168] oder „*Großartige Dramaturgie!*"[1169]). In sehr wenigen Fällen begrenzt das Ausrufezeichen auch Aufforderungssätze (z.B. „*Nur Mut!*"[1170]) oder reine Ausrufe (z.B. „*Puh!*"[1171] oder „*Ramazotti noch einmal!*"[1172]).

Bei den drei Gruppen ‚Reihenkommentar', ‚Großkritik' und ‚Reihenkritik' werden nicht nur Sätze am Ende durch ein Ausrufezeichen begrenzt, sondern auch eingeschobene verbale Teilsätze (z.B. „*Seit uns der Dokumentarfilm* Die Reise der Pinguine *vorführte, dass diese Vögel so mitreißend lieben und leiden wie Scarlett O'Hara und Rhett Butler (dafür gab es sogar einen Oscar!), gibt es offenbar kein Halten mehr.*"[1173]), nominale Teilsätze (z.B. „*Während die Pavillons der einzelnen Staaten, diesmal 76!, in schönster Beliebigkeit mal dieses und mal jenes zeigen, hat sich Storr etwas Grundsätzliches vorgenommen:*"[1174]) oder Satzglieder (z.B. „*Nachdem man aber aus den vorangegangenen Kapiteln die Erkenntnis mitgenommen hat, dass das Leben kurz ist und man es – in den Grenzen des Anstands! – genießen sollte, ist man hier versucht, einiges zu überblättern.*"[1175]). Diese sind von Kommata, Klammern oder Spiegelstrichen eingefasst.

Selten werden mehrere Ausrufesätze hintereinander verwendet, um die Aussagen stärker zu betonen („*Die Faszination des Fliegens! Die Magie der Technik!*"[1176]). Bei einem TE wird das Wort „Ausrufezeichen" mit dem Satzzeichen Ausrufezeichen verbunden („*Selbstverständlich bekommt in der Geschichte die Frau den Mann, alles ergänzt sich, Ausrufe-*

1167 ‚Großkritik' (Subgruppe ‚Literaturkritik'), „Kant gut, alles gut", 30. August 2007, Seite 59.
1168 ‚Großkritik' (Subgruppe ‚Kulturkritik'), „Bayreuth nach der Party", 2. August 2007, Seite 38.
1169 ‚Reihenkritik', Serie „Fettdruck Unterzeile", „Tränen für die Mädchenfrau", 26. Juli 2007, Seite 44.
1170 ‚Freier Kommentar', Serie „Kursive Überschrift", „Mehr Mut", 16. August 2007, Seite 43.
1171 ‚Reihenkritik', Serie „KRIMINALROMAN", „Durchs Feuer", 26. Juli 2007, Seite 54.
1172 ‚Reihenkritik', Serie „WILLEMSEN HÖRT", „Der Huhu-Macher", 14. Juni 2007, Seite 52.
1173 ‚Reihenkommentar', Serie „Kursive Überschrift", „Abgeschmolzen", 30. August 2007, Seite 47.
1174 ‚Großkritik' (Subgruppe ‚Kulturkritik'), „Lauter unentschiedene Kämpfe", 14. Juni 2007, Seite 51.
1175 ‚Großkritik' (Subgruppe ‚Literaturkritik'), „Kant gut, alles gut", 30. August 2007, Seite 59.
1176 ‚Reihenkommentar', Serie „WAS MACHE ICH HIER?", „Abheben in Braunschweig", 21. Juni 2007, Seite 50.

zeichen!, nach ein paar Seiten aufs Herzlichste.“[1177]). Funktional entspricht dies der Verwendung eines Ausrufezeichens als reines Betonungszeichen, bei dem es isoliert in Klammern steht, um so einen für den Verfasser besonders relevanten Aspekt hervorzuheben.[1178] Durch das zusätzliche Ausschreiben des Satzzeichens wird diese Wirkung verstärkt und die Aussage durch die übertriebene Betonung zudem ironisiert.

Fragesätze kommen bei fast allen TE der ‚Großkommentare‘ vor (94 %), womit das Auftreten mindestens eines Fragesatzes im Zentralbereich der Gruppe liegt. Auch bei den TE der Gruppen ‚Reihenkommentar‘ (68 %) und ‚Großkommentar‘ (62 %) tritt diese Satzart häufig auf. Bei den ‚Reihenkritiken‘ weist nur etwa ein Viertel der TE (27 %) Fragesätze auf, bei der Gruppe ‚Kurzkritik‘ fehlen sie durchgängig. Während das prozentuale Auftreten von Fragesätzen bei den einzelnen Serien der ‚Reihenkommentare‘ relativ dicht beieinander liegt, sind bei den ‚Reihenkritiken‘ große Unterschiede zwischen den einzelnen Serien feststellbar. So weisen bei der Reihe „KRITIK IN KÜRZE“ 75 Prozent der TE einen Fragesatz auf, bei der Serie „Die ZEIT empfiehlt“ hingegen nur 6 Prozent.

Innerhalb der TS ‚Kommentar‘ dienen Fragesätze zu einem großen Teil dazu, Fragen, die sich dem Verfasser bei der Beschäftigung mit einem bestimmten Thema stellen, zu formulieren (z.B. *„Was also ist gutes Deutsch?“*,[1179] *„Warum ist der ‚Gutmensch‘ eigentlich ein Schimpfwort?“*,[1180] *„Aber wie macht man großes Kino mit Hauptdarstellern, die knallgelb sind und mit lächerlichen Quakstimmen sprechen?“*[1181] oder *„Aber was ist dies Eigene, das anfangs noch entfernt an Errol Garner erinnerte?“*[1182]). Diese werden überwiegend im weiteren Fließtext beantwortet. Zudem werden Fragesätze dazu verwendet, einen Sachverhalt zusammenzufassen oder zu problematisieren (z.B. *„Aber muss deshalb neu gegründeten Universitäten in Deutschland gleich das Englische als Unterrichtssprache aufgezwungen werden?“*,[1183] *„Ist jemals ein Musiker*

1177 ‚Reihenkritik‘, Serie „TASCHENBUCH“, „Ich hab's versucht“, 19. Juli 2007, Seite 50.
1178 Vgl. Kap. III.B.2.3.5.2.
1179 ‚Großkommentar‘, „Alles eine Sache des Geschmacks? Von wegen!“, 26. Juli 2007, Seite 43.
1180 ‚Reihenkommentar‘, Serie „*Wörterbericht*“, „Gutmensch“, 26. Juli 2007, Seite 48.
1181 ‚Großkritik‘ (Subgruppe ‚Kulturkritik‘), „Von Homer bis Homer“, 26. Juli 2007, Seite 46.
1182 ‚Reihenkritik‘, Serie „WILLEMSEN HÖRT“, „Großer Nervöser“, 23. August 2007, Seite 40.
1183 ‚Großkommentar‘, „Die verkaufte Sprache“, 26. Juli 2007, Seite 41.

irrwitziger um die Welt gehetzt?",[1184] „*Denn wo, bitte, finden wir eine derart einfach gestrickte moralische Welt, in der Loyalität keinen Preis hat, in der Lüge einfach Lüge und jede mögliche Schuld an ihrem Kainsmal zu erkennen ist?*"[1185] oder „*Aber stellt man sich das geistige Klima der Glücksfrage nicht fern der Rechthaberei vor? Und den geistigen Kontext nicht gefärbt von jener Großzügigkeit, die Glücksmomente ausmacht?*"[1186]), wobei sie fast immer die Meinung des Autors vermitteln. Eine konkrete Beantwortung findet bei dieser Fragenart nicht statt.

Wenige Fragesätze nutzt der Verfasser dazu, einen bestimmten Aspekt ironisch bzw. absurd darzustellen. Die Fragen sind nicht ernst gemeint, sodass sich eine Antwort erübrigt (z.B. „*Klingen der hohe Vokal und der sirrende Zischlaut nicht wie Vogelgezwitscher? Und ist es nicht komisch, wie die solide niederdeutsche Fliese mit dem altenglischen Ausdruck für unschwer harmoniert?*"[1187] oder „*Thiemes Sätze sind nun eine einzige Turboblähung, der schwere Mann, geschwollen von seinen Körpergasen, wird doch nicht gleich davonfliegen?*"[1188]).

Selten wendet der Verfasser sich mit einer Frage direkt an die Leser, um sie stärker in seine Ausführungen einzubinden (z.B. „*Erinnern Sie, liebe Leser, sich in Douglas Adams Per Anhalter durch die Galaxis an die Szene, als der Astronaut ein letztes Mal auf den blau schimmernden Planeten Erde hinunterblickt, ehe dieser von der intergalaktischen Abrissfirma der Vogonen gesprengt wird?*"[1189] oder „*Hätten Sie's gewusst?*"[1190]).

Allen Fragesätzen ist gemein, dass sie durch ihren Aufforderungscharakter die Aufmerksamkeit des Lesers erhöhen, da er sich automatisch mit der gestellten Frage auseinandersetzt und dadurch den Lesefluss kurz unterbricht. Öfter treten Reihungen von Fragen auf, wodurch diese Funktion verstärkt wird. Zugleich werden verschiedene Aspekte eines Themas angesprochen (z.B. „*Warum ist auf Bahnhöfen kein Schalter für Auskünfte, sondern ein Service Point? Was hat der englische Genitiv-Apostroph in Susi's Häkelstudio zu suchen? Welcher Teufel trieb*

1184 ‚Reihenkommentar', Serie „Kursive Überschrift", „Morgen in Las Vegas", 21. Juni 2007, Seite 43.

1185 ‚Großkritik' (Subgruppe ‚Literaturkritik'), „Kant gut, alles gut", 30. August 2007, Seite 59.

1186 ‚Reihenkritik', Serie „VOM STAPEL", „Besserwisser", 5. Juli 2007, Seite 60.

1187 ‚Reihenkommentar', Serie „*Wörterbericht*", „Fliesen Easy", 5. Juli 2007, Seite 54.

1188 ‚Großkritik' (Subgruppe ‚Kulturkritik'), „Das kalte Fest der Gegenwart", 2. August 2007, Seite 35.

1189 ‚Reihenkommentar', Serie „WAS MACHE ICH HIER?", „Es flattert", 16. August 2007, Seite 42.

1190 ‚Großkritik' (Subgruppe ‚Literaturkritik'), „Sinnverlust ist Lustgewinn", 26. Juli 2007, Seite 50.

eine deutsche Wissenschaftsministerin zu einer Kampagne mit dem Motto ‚Brain up‘, was weder auf Deutsch noch auf Englisch Sinn ergibt?“[1191] oder „*Süffelt man sich deswegen im Strandkorb lieber hingebungsvoll durch die neueste Prinzessinnenbiografie? Hängt man mal richtig ab mit dem himmelblauen Sommersonnen-Programm des Mare Verlags? Oder sollte man nicht doch endlich nachholen, was man im Philosophischen Seminar auf Nimmerwiedersehen liegen ließ? Schellings Philosophie der Offenbarung zum Beispiel, Leibniz‘ Monadologie oder Richard Rortys Spiegel der Natur? Und was ist mit den Grundsatzbüchern zu den Fragen: Warum schweigt das Universum? Was kommt nach dem Tod? Warum hält die Liebe nie, was sie verspricht? Wann, wenn nicht in den tariflich vereinbarten Urlaubstagen, passen solche Bücher in ein Angestelltenleben?*“[1192]).

Wie bei den Ausrufesätzen lässt sich auch bei wenigen Fragesätzen beobachten, dass das Fragezeichen nicht nur am Ende eines Satzes steht, sondern auch hinter Teilsätzen (z.B. „*Einen Geigerzähler hat der Autor bei sich, den er – gibt es auch ernste Kalauer? – seinen Erzähler nennt und unter dem Pullover verborgen hält.*“[1193]) oder einmal hinter einem Satzgliedteil („*Mitverantwortlich für den Schock, den man beim Hören noch heute erlebt, ist sicher der (bewusst?) miserable Sound des Produzenten Jack Endino, fürs Ur-Grunge-Label SupPop in drei Tagen gemixt.*“[1194]). Diese Fragesätze sind durch Klammern und einmal auch durch Spiegelstriche eingefasst.

Nominalsätze gehören bei allen fünf Gruppen der TS ‚Kommentar‘ in den Zentralbereich. Bei den ‚Kurzkritiken‘ besteht die Besonderheit, dass der Fließtext ausschließlich von isoliert gebrauchten einfachen Nominalsätzen gebildet wird. Über diese werden wichtige Informationen über die aufgeführten Filme – der Filmtitel und der Name des Regisseurs – vermittelt (z.B. „*‚Am Ende kommen Touristen‘ von Robert Thalheim.*“[1195]). Nominale Teilsätze sowie Verbalsätze treten bei keinem TE auf. Bei den übrigen vier Gruppen kommen mehr TE mit nominalen Teilsätzen als mit isoliert gebrauchten einfachen Sätzen vor (vgl. Tab. 41), wobei auch

---

1191 ‚Großkommentar‘, „Die verkaufte Sprache“, 26. Juli 2007, Seite 41.

1192 ‚Reihenkommentar‘, Serie „Kursive Überschrift“, „Leben im Stand-by-Modus“, 12. Juli 2007, Seite 49.

1193 ‚Großkritik’ (Subgruppe ‚Kulturkritik‘), „Damit nichts Zufälliges mehr Zulass hat“, 5. Juli 2007, Seite 60.

1194 ‚Reihenkommentar‘, Serie „100 KLASSIKER DER MODERNEN MUSIK“, „Wut, warenförmig“, 23. August 2007, Seite 40.

1195 ‚Kurzkritik‘, Serie „SEHENSWERT“, 23. August 2007, Seite 43.

letztere Art an Nominalsätzen bei einem vergleichsweise hohen Prozentsatz der TE auftritt.

Tab. 41: Überblick über das mindestens einmalige Auftreten von Nominalsätzen (isoliert gebrauchten einfachen Nominalsätzen und nominalen Teilsätzen) innerhalb der Textexemplare der fünf Gruppen der Textsorte ‚Kommentar' in der ‚Zeit'

Textsortenvariante	**Nominalsätze im Fließtext**	**i.g.e. NS**	**nominale TS**
TSV ‚Freier Kommentar'			
Gruppe ‚Großkommentar'	89 %	72 %	89 %
Gruppe ‚Reihenkommentar'	87 %	63 %	81 %
TSV ‚Kritik'			
Gruppe ‚Großkritik'	96 %	64 %	92 %
Gruppe ‚Reihenkritik'	83 %	46 %	70 %
Gruppe ‚Kurzkritik'	100 %	100 %	–

Bei der TS ‚Kommentar' innerhalb der ‚Zeit' lassen die Nominalsätze überwiegend dieselben Funktionen erkennen wie bei derselben TS innerhalb des ‚Tagesspiegels'. Funktional werden auch hier isoliert gebrauchte einfache Nominalsätze bei den Gruppen ‚Reihenkritik' und ‚Großkritik' häufig dazu verwendet, eine knappe Bewertung zu dem Gegenstand der Kritik abzugeben (z.B. „*Ein Buch von stupender Kenntnis.*"[1196] oder „*Der akustische Existenzbeweis für die Macht des Bösen.*"[1197]). Dieselbe Funktion wird auch von nominalen Teilsätzen ausgeübt (z.B. „*Im* Requiem *graben sich zu Beginn Nackte aus Blumenbergen heraus, sinnliches Bild einer albtraumhaften Auferstehung.*"[1198] und „*Kino als Zumutung im besten Sinne – denn die Grausamkeit dieser Bilder steigt mit fürchterlicher Konsequenz aus den Tiefen der koreanischen Geschichte und Gesellschaft auf.*"[1199]). Bei den ‚Freien Kommentaren' kommen Wertungen in Form von Nominalsätzen seltener vor (z.B. „*Ein dem Thermaltourismus zweifellos abträglicher Anblick.*"[1200] oder „*Sexy und modern, aber letztlich nur ein Feigenblatt.*"[1201]).

1196 ‚Großkritik' (Subgruppe ‚Literaturkritik'), „Führers Geheimnis", 30. August 2007, Seite 48.

1197 ‚Reihenkritik', Serie „WILLEMSEN HÖRT", „Der Huhu-Macher", 14. Juni 2007, Seite 52.

1198 ‚Großkritik' (Subgruppe ‚Kulturkritik'), „Ruhe unsanft", 30. August 2007, Seite 56.

1199 ‚Reihenkritik', Serie „Die ZEIT empfiehlt", „Neue DVDs", 14. Juni 2007, erstes TE, Seite 52.

1200 ‚Reihenkommentar', Serie „WAS MACHE ICH HIER?", „Alles Müll", 5. Juli 2007, Seite 54.

1201 ‚Großkommentar', „Wir müssen draußen bleiben", 6. Juni 2007, zweites TE, Seite 45+46.

Isoliert gebrauchte einfache Nominalsätze dienen bei beiden Gruppen der TSV ‚Freier Kommentar' und den Gruppen ‚Großkritik' und ‚Reihenkritik' der TSV ‚Kritik' dazu, kurze Fragen zu formulieren (z.B. *„Übertrieben?"*,[1202] *„Warum?"*,[1203] *„Aber wie?"*[1204] und *„Cembalo oder Hammerklavier?"*[1205]).

Bei denselben Gruppen werden häufiger kurze Zusatzinformationen zu einer Person (z.B. *„Rückert, damals 62, hatte sich ein paar Jahre davor noch in Berlin von allen Ämtern [...]"*,[1206] *„Was Oswald Spengler (1880 bis 1936) angeht, hat Strauß allerdings recht:"*,[1207] *„Döring (Benjamin Blümchen) spricht auch im Schlaf"*,[1208] *„Sachsens Ministerpräsident Milbradt (CDU) spricht von ‚Erpressung';"*[1209]), einem künstlerischen Werk (z.B. *„Peter Tschaikowsky hat in seiner gleichnamigen Oper (1879) die beerenpflückenden Mädchen wiedererweckt, ihnen [...]"*.[1210] *„Sollen sie so sein, dann sind Cannonball Adderleys Ballads (Blue Note) ideale Balladen und balladeske Miniaturen."*[1211] oder *„In seinem sechsten Kriminalroman Forellen-quintett (btb, München 2007; 384 S., 17,95 €) kehrt Ritzel zurück an den Tatort Friedrichshafen, aber mit Literatur."*[1212]) oder einer kulturellen Veranstaltung bzw. Aufführung mit ihren Akteuren (*„Am 31. August öffnet im Hamburger Museum für Kunst und Gewerbe die Ausstellung ‚Haare' (bis 18. November), die später in die Münchner Villa Stuck weiterzieht (13.3.-15.6.2008)."*,[1213] *„Er ficht gegen wirbelndes Papier, und Lears Narr (Birgit Minichmayr) wirft Laub in die Windmaschine."*[1214] und *„Zum Beispiel sind da acht Geschworene, die*

1202 ‚Großkommentar', „Die Dunkelseher", 30. August 2007, Seite 47.

1203 ‚Reihenkommentar', Serie *„Das Letzte"*, 23. August 2007, Seite 46.

1204 ‚Großkritik' (Subgruppe ‚Kulturkritik'), „Wo bleibt die Utopie?", 14. Juni 2007, Seite 51.

1205 ‚Reihenkritik', Serie „Die ZEIT empfiehlt", „Neue Klassik-CDs", 28. Juni 2007, erstes TE, Seite 44.

1206 ‚Reihenkritik', Serie „STILLLEBEN MIT BUCH", „Weltvollkommnis", 6. Juni 2007, Seite 62.

1207 ‚Großkommentar', „Die Dunkelseher", 12. Juli 2007, Seite 47.

1208 ‚Reihenkommentar', Serie „WAS MACHE ICH HIER?", „Als ich einmal Frings war",14. Juni 2007, Seite 56.

1209 ‚Großkommentar', „Wir sind wieder wer", 12. Juli 2007, Seite 48.

1210 ‚Großkritik' (Subgruppe ‚Kulturkritik'), „Das kalte Fest der Gegenwart", 2. August 2007, Seite 35.

1211 ‚Reihenkritik', Serie „WILLEMSEN HÖRT", „Ich verehre dich", 16. August 2007, Seite 38.

1212 ‚Reihenkritik', Serie „KRIIMINALROMAN", „Polnisch Kompott", 30. August 2007, Seite 62.

1213 ‚Reihenkritik', Serie „Großbild", „Wuschel, Stoppel, Fluten, Kringel", 30. August 2007, Seite 59.

1214 ‚Großkritik' (Subgruppe ‚Kulturkritik'), „Heult doch! Heult!", 6. Juni 2007, Seite 51.

alle dem Dichter selbst gleichen – mit eisgrauen Locken und Kopfbedeckungen, für die ein Hutmachersalon Wochen schuften muss (Kostüme, Masken und Puppen: Nina Weitzner).“[1215]) in Form eines oder seltener mehrerer nominaler Teilsätze präsentiert, die als Parenthesen in Klammern oder seltener Kommata in den Satz eingeschoben sind.

Im Gegensatz zum ‚Tagesspiegel‘ wird auch häufiger ein Quellennachweis bei der TS ‚Kommentar‘ über nominale Teilsätze angeben. Dies geschieht entweder über die Wendung „so…“, wobei die Parenthese in Kommata (z.B. „*Rund 200 Millionen Menschen, so die UN, sind derzeit unterwegs, seit 1980 hat sich die Zahl verdoppelt.*“[1216]), Klammern (z.B. „*Die ‚Desillusionierten‘ der alten Avantgarde (so der ägyptische Künstler und Redakteur Hassan Kahn) müssen sich etwas Neues einfallen lassen.*“[1217]) oder Spiegelstriche (z.B. „*Es ist also nicht – so Bredekamp – die Instrumentalisierung der Empirie, die den Erkenntnisgewinn sichert, sondern die ihr vorausgehende Theorie.*“[1218]) gefasst ist, oder die bloße Nennung des Namens in Klammern hinter der betreffenden Aussage (z.B. „*Die ‚Moralisierung der Märkte‘ (Nico Stehr) kann ein Hebel zur Verbesserung der Welt sein*“[1219]).

In wenigen TE werden Nominalsätze dazu verwendet, Personen direkt anzusprechen. Lediglich bei der Serie „*Das Letzte*“ der ‚Reihenkommentare‘ tritt diese Funktion bei einem Drittel der TE auf. Der Verfasser redet je nach Thema des TE verschiedene Personen oder Personengruppen an. Dabei richten sich einige Anreden an die Leser der Zeitung, wodurch sich diese persönlich angesprochen fühlen und ihre Adressatenrolle für den Artikel betont wird (z.B. „*Erinnern Sie, liebe Leser, sich in Douglas Adams Per Anhalter durch die Galaxis an die Szene, als* […]*?*“[1220]). Öfter wird eine Person angeredet, die den Artikel wahrscheinlich nicht lesen wird. Die Anrede dient somit dem Erregen von Aufmerksamkeit, da es sich um bekannte Menschen handelt. Zudem steigert sie teilweise die Komik des TE, wenn die folgenden, übertriebenen und absurden Ausführungen angeblich an einen Politiker etc. gerichtet sind (z.B. „*Hochverehrter Herr Verteidigungsminister Dr. Franz Josef Jung!*“[1221]). Die Anrede wird

1215 ‚Großkritik‘ (Subgruppe ‚Kulturkritik‘), „Wunder des Wahnsinns“, 5. Juli 2007, Seite 54.
1216 ‚Reihenkritik‘, Serie „BUCH IM GESPRÄCH“, „Multikulti in der Festung“, 26. Juli 2007, Seite 52.
1217 ‚Großkritik‘ (Subgruppe ‚Kulturkritik‘), „Wo bleibt die Utopie?“, 14. Juni 2007, Seite 51.
1218 ‚Großkritik‘ (Subgruppe ‚Literaturkritik‘), „Oh schöner Mond“, 21. Juni 2007, Seite 51-53.
1219 ‚Großkommentar‘, „Hollywood rettet die Welt“, 5. Juli 2007, Seite 49.
1220 ‚Reihenkommentar‘, Serie „WAS MACHE ICH HIER?“, „Es flattert“, 16. August 2007, Seite 42.
1221 ‚Reihenkommentar‘, Serie „*Das Letzte*“, 5. Juli 2007, Seite 54.

in einem TE dazu genutzt, die Herabwürdigung von guten Redekriterien in der heutigen Gesellschaft anzuzeigen („*Das war kein qualifizierter Markenauftritt, Perry!*“[1222]). Der Verfasser redet den bekannten Athener Staatsmann Perikles, der für sein rhetorisches Geschick bekannt ist, mit der salopp verkürzten und unpassend vertrauten Anrede „Perry“ an, nachdem er ihn zuvor für seine Redequalitäten auf ironische Weise kritisiert hat. Die unangemessene Anredeform spiegelt dabei die Unangemessenheit des Inhalts bewusst wider. Bei einem TE der Gruppe ‚Großkritik‘ verleiht der Autor seiner Kritik ein stärkeres Gewicht, indem er sie direkt an die betreffenden Personen richtet. Er zeigt damit, dass er zu seiner Aussage steht und diese unmissverständlich mitteilt („*Und das, liebe Jury, war nicht Höflichkeit, das war leider einfach feige.*“[1223]).

Bei einigen TE aller vier Gruppen nutzt der Verfasser isoliert gebrauchte einfache Nominalsätze, um dem folgenden, durch einen Doppelpunkt getrennten Satz eine erste Einordnung voranzustellen. Diese kann den folgenden Ausführungen zum Beispiel wertend vorausgreifen (z.B. „*Einziger Nachteil des edel gestalteten Buches im Schuber: Selbstkritisches ist einer Autobiografie naturgemäß fremd.*“[1224]) oder sie funktional bestimmen (z.B. „*Ein Beispiel: Die Stiftung Warentest pflegt bekanntlich Waschmaschinen zu testen und nicht zu verkaufen.*“[1225]).

Teilweise werden isoliert gebrauchte Nominalsätze („*Ja.*“[1226] oder „*Aber nein.*“[1227]) oder nominale Teilsätze („*Vielleicht, weil der ‚Staatsfeind Nummer eins‘, so nannte ihn das MfS während seines Westberliner Exils, mittlerweile tot ist.*“[1228] oder „*Nein, die Gefahr dräut anderswo.*“[1229]) dazu verwendet, eine kurze Einschätzung des Verfassers abzugeben.

Auch Interjektionen, welche die kommunikative Funktion der Verstärkung („*Das ist alles nichts weiter als ein amüsantes Spiel, ach was,*

1222 ‚Großkommentar‘, „An die Wand geworfen“, 26. Juli 2007, Seite 42. Mit Perry ist Perikles gemeint.

1223 ‚Großkritik‘ (Subgruppe ‚Kulturkritik‘), „Damit nichts Zufälliges mehr Zulass hat“, 5. Juli 2007, Seite 60.

1224 ‚Reihenkritik‘, Serie „BÜCHERTISCH“, „KONRAD HEIDKAMP“, 12. Juli 2007, zweites TE, Seite 56.

1225 ‚Reihenkommentar‘, Serie „Kursive Überschrift“, „Fassbinder im Dunkeln“, 21. Juni 2007, Seite 43.

1226 ‚Großkritik‘ (Subgruppe ‚Kulturkritik‘), „In den Müllberg gerammelt“, 28. Juni 2007, Seite 48.

1227 ‚Großkritik‘ (Subgruppe ‚Kulturkritik‘), „Das kalte Fest der Gegenwart“, 2. August 2007, Seite 35.

1228 ‚Reihenkommentar‘, Serie „Kursive Überschrift“, „Es ist nicht vorbei“, 30. August 2007, Seite 57.

1229 ‚Großkommentar‘, „An die Wand geworfen“, 26. Juli 2007, Seite 42.

ein Geklimper auf dem Klavier bürgerlicher Bildungsstandards.“[1230]), Betonung („*Jiddisch kam hinzu* […] *und zum Schluss, als veritabler, äh, wahrer Tsunami, das Englische.*“[1231]) oder der Gefühlsäußerung („*Na, hängt wohl vom Song ab. Oder, hahaha, von der Produktion.*“[1232]) haben, werden in Form von nominalen Teilsätzen syntaktisch integriert. Nur in einem Fall stellt eine Interjektion einen isoliert gebrauchten einfachen Satz dar („*Hm.*“[1233]).

Parzellierungen treten innerhalb der einzelnen Gruppen der TS ‚Kommentar‘ unterschiedlich häufig auf. Während sie innerhalb der TSV ‚Kritik‘ bei den ‚Kurzkritiken‘ vollständig fehlen und lediglich bei 19 Prozent der TE der ‚Reihenkritiken‘ vorkommen, weisen 56 Prozent der TE der ‚Großkritiken‘ mindestens eine Parzellierung auf. Innerhalb der TSV ‚Freier Kommentar‘ zeigen 33 Prozent der TE der ‚Reihenkommentare‘ und 44 Prozent der TE der ‚Großkommentare‘ eine Parzellierung. Bei den parzellierten Elementen handelt es sich bei den Gruppen ‚Großkommentar‘ (50 %), ‚Großkritik‘ (44 %) und ‚Reihenkritik‘ (44 %) am häufigsten um Teilsätze, bei den ‚Reihenkommentaren‘ ist ihr Anteil geringer (29 %). Die parzellierten Teilsätze haben dabei überwiegend die syntaktische Funktion eines Nebensatzes (‚Großkommentar‘ 80 %, ‚Reihenkommentar‘ 90 %, ‚Großkritik‘ 81 % und ‚Reihenkritik‘ 59 %), was an ihren Einleitungswörtern und der Endstellung der finiten Verben erkennbar ist:

(a) Die Zufriedenheit wächst dabei nicht, eher wächst ein Gefühl der Schwäche. Weswegen es naheläge, sich das neuartige Grundbedürfnis nach unbefriedigendem Neuem wieder abzugewöhnen.[1234]

(b) Tragisch soll diese Oper sein, sie handelt von einem, der sich selbst groß gemacht hat und gescheitert ist. Den die Medien und die Bussi-Gesellschaft im Stich gelassen haben.[1235]

(c) Die Jury hatte dazu mehr oder weniger keinen eigenen Text. [Absatz] Was nicht gut war.[1236]

1230 ‚Großkritik‘ (Subgruppe ‚Literaturkritik‘), „Die Welt als Wecker“, 28. Juni 2007, Seite 50.

1231 ‚Großkommentar‘, „An die Wand geworfen“, 26. Juli 2007, Seite 42.

1232 ‚Großkritik‘ (Subgruppe ‚Kulturkritik‘), „Neues aus Punkrockhausen“, 21. Juni 2007, Seite 50. Der Satz beginnt ebenfalls mit einer Interjektion („*Na*“), die das Ergebnis einer Überlegung ankündigt.

1233 ‚Großkritik‘ (Subgruppe ‚Literaturkritik‘), „Mädels, darf es etwas mehr sein?“, 6. Juni 2007, Seite 62.

1234 ‚Großkommentar‘, „Was braucht der Mensch?“, 5. Juli 2007, Seite 47.

1235 ‚Reihenkommentar‘, Serie „WAS MACHE ICH HIER?“, „Armes Schwein“, 30. August 2007, Seite 56.

1236 ‚Großkritik‘ (Subgruppe ‚Kulturkritik‘), „Damit nichts Zufälliges mehr Zulass hat“, 5. Juli 2007, Seite 60.

(d) Oder die Sache ist nicht so einfach – und zwar deshalb, weil auch alle später als 68 Geborenen bei dem Gedanken an Erbsen und Möhren in weißer Soße erbleichen. Weil immer weniger Menschen sich gern zwangsverrenten lassen wollen. Weil die Vorstellung, dass Liebe und Sexualität auch im Alter möglich sein können, eine erfreuliche ist. Weil niemand, den ich kenne, am Ende des Lebens lieber in einem Pflegeheim als in einer Freundes-WG landen möchte. Weil wir in alternden Gesellschaften nicht auf die berufliche und politische Erfahrung älterer Leute verzichten können.[1237]

Die Zugehörigkeit zu einem Gesamtsatz wird bei den parzellierten Teilsätzen mit der syntaktischen Funktion eines Hauptsatzes überwiegend über Subjektellipsen (e, f, h) angezeigt, die im vorherigen Teilsatz vorerwähnt sind. Verbalellipsen treten nur selten auf (g):

(e) Sie versprechen Nutzen, haben ihn aber nicht. Und suchen deshalb in der Kunst eine Freiheit, die es für sie nicht geben kann.[1238]
(f) Alles lesen ist unmöglich. Und verwirrt nur.[1239]
(g) So sehen also Katharina Wagners Revolutionsfantasien aus. Und so ihre Albträume:[1240]
(h) Sie fühlen sich im Einklang mit den Gutmenschen. Und werden von den singenden, klingenden Geldorfs und Grönemeyers auch noch angefeuert.[1241]

Die Parzellierung von Satzgliedteilen ist ebenfalls bei allen vier Gruppen produktiv (‚Großkommentar' 30 %, ‚Reihenkommentar' 43 %, ‚Großkritik' 37 % und ‚Reihenkritik' 42 %):

(i) Spricht aus ihrer archivarischen Energie nicht ein abgründiges Misstrauen gegen die Zukunft? Die stille Panik, die Menschheit habe ihre besten Zeiten längst hinter sich und müsse ihr Erbe in die Arche Noah der Unesco retten – gleichsam als kulturelle Deckungsreserve für die kommende Katastrophe?[1242]
(j) In der militanten Leere kampfloser Zeit reift die Sehnsucht wie der Fußpilz im Stiefel des Soldaten. Die Sehnsucht nach Speicherplatz für einen kulturell wertvollen Spielfilm. Für *Terminator IV*. Für ein hauchzartes Killerspiel.[1243]
(k) Stärker als Ligeti jedoch liebt die Koreanerin Perkussives. Und Zitate.[1244]

1237 ‚Reihenkommentar', Serie „BUCH IM GESPRÄCH", „Die jungen Alt-68er", 5. Juli 2007, Seite 57.
1238 ‚Großkommentar', „Einsamkeit, Freiheit, tiefes Glück", 16. August 2007, Seite 37.
1239 ‚Reihenkommentar', Serie „Kursive Überschrift", „Leben im Stand-by-Modus", 12. Juli 2007, Seite 49.
1240 ‚Großkritik' (Subgruppe ‚Kulturkritik'), „Bayreuth nach der Party", 2. August 2007, Seite 38.
1241 ‚Reihenkommentar', Serie „AUS POLITISCHEN ZEITSCHRIFTEN", „Giftige Gaben", 9. August 2007, Seite 42.
1242 ‚Großkommentar', „Wir sind wieder wer", 12. Juli 2007, Seite 48.
1243 ‚Reihenkommentar', Serie „*Das Letzte*", 5. Juli 2007, Seite 54.
1244 ‚Großkritik' (Subgruppe ‚Kulturkritik'), „Wunder des Wahnsinns", 5. Juli 2007, Seite 54.

(l) Es riecht nach verbranntem Menschenfleisch. Und nach Klassenhass.[1245]

Satzglieder werden bei der TS ‚Kommentar' am seltensten parzelliert (‚Großkommentar' 20 %, ‚Reihenkommentar' 29 %, ‚Großkritik' 19 % und ‚Reihenkritik' 14 %):

(m) Tatsache ist, dass seit einigen Jahren drei Namen in der angelsächsischen Welt für politische Philosophie aus Frankreich stehen: Alain Badiou, Jacques Rancière, Etienne Balibar. Und zwar verdientermaßen.[1246]

(n) Und wie in der Schlussszene eines spektakulären Hollywood-Thrillers marschieren Musiker, Piloten und Tontechniker unter dem Jubel des Publikum [sic] über die Rollbahn. Im Gegenlicht der Abendsonne, als hätten sie gerade die Welt vor dem Untergang gerettet.[1247]

(o) Tatsächlich hat er den Teufel im Leib. Buchstäblich. Bis er ihn auf die Welt kotzt.[1248]

(p) Kalteis trifft ins Herz. Nicht nur durch die Schilderung des Milieus, die Schenkel den Erzählungen ihrer Großmütter und Tanten verdankt.[1249]

Die parzellierten Elemente stellen nicht immer den Abschluss des Satzes dar. An sie können weitere Teilsätze anschließen (a, e, i, m, p). Neben der mehrfachen Parzellierung (d, j, o) weist ein TE (c) zur Steigerung der Hervorhebungsfunktion einen Absatz vor dem parzellierten Element auf, wodurch die Trennung durch das Satzzeichen zusätzlich verstärkt wird.

2.4.5 Die Syntax der Textsorte ‚Interview'

2.4.5.1 Die Überschrift

Alle TE der TS ‚Interview' weisen eine zweizeilige Überschrift auf. Die Hauptzeile besteht bei 86 Prozent der TE aus einem isoliert gebrauchten einfachen Satz, bei dem es sich im Unterschied zu den anderen TS fast immer um einen Verbalsatz (83 %) handelt:

(1) HZ: „Manchmal hasse ich diesen Beruf!"[1250]

(2) HZ: Ich zähle mich zum Fußvolk[1251]

1245 ‚Reihenkommentar', Serie „KRIMINALROMAN", „Durchs Feuer", 26. Juli 2007, Seite 54.

1246 ‚Großkommentar', „Hat die Freiheit eine Grenze?", 9. August 2007, Seite 38.

1247 ‚Reihenkommentar', Serie „WAS MACHE ICH HIER?", „Abheben in Braunschweig", 21. Juni 2007, Seite 50.

1248 ‚Großkritik' (Subgruppe ‚Literaturkritik'), „Die Welt als Wecker", 28. Juni 2007, Seite 50. Bei dem ersten parzellierten Element handelt es sich um ein Satzglied (*Buchstäblich*), bei dem zweiten um einen Teilsatz in der syntaktischen Funktion eines Nebensatzes (*Bis er ihn auf die Welt kotzt.*)

1249 ‚Reihenkommentar', Serie „KRIMINALROMAN", „Kalteis", 9. August 2007, Seite 48.

1250 ‚Interview', „Manchmal hasse ich diesen Beruf!", 12. Juli 2007, Seite 43.

1251 ‚Interview', „Ich zähle mich zum Fußvolk", 12. Juli 2007, Seite 50.

(3) HZ: „Wir sind die heilige Allianz“[1252]
(4) HZ: Von Mao bleibt nichts als die Mode[1253]

Die Hauptzeile weckt funktional das Interesse des Lesers. Dies geschieht bei den meisten TE durch die Wiedergabe eines Zitats, das vom Interviewten stammt. Dabei handelt es sich um besonders interessante oder überraschende Aussagen. Der Zitatcharakter wird dabei durch Anführungszeichen (1+3) und/oder Personalpronomen der ersten Person (1-3) angezeigt. Bei den übrigen TE ist die Hauptzeile so formuliert, dass sich ihr Inhalt nicht gleich erschließt und sie neugierig auf das TE macht (4).

Die Unterzeile konstituiert sich im Zentralbereich (86 %) aus mehr als einem Satz, am häufigsten (57 %) kommen zwei isoliert gebrauchte einfache Sätze vor:

(5) UZ: Die Mezzosopranistin Vesselina Kasarova hat die Nase voll vom internationalen Starsängerzirkus. Ein Gespräch über den Niedergang der Gesangskultur, die Macht der Imagestrategen und die wahre Erotik auf der Opernbühne[1254]
(6) UZ: Lassen sich Kapitalismus und Kommunismus versöhnen? Ein Gespräch mit dem Soziologen Wang Hui und der Designerin Feng Ling über das große chinesische Experiment[1255]

Die Unterzeile hat bei allen TE die Funktion, den Namen und den Beruf des Interviewten zu nennen sowie Themen, die angesprochen werden. Anders als bei den ‚Gesprächsinterviews‘ des ‚Tagesspiegels‘ tritt dabei die feste Wendung „X über Y“ nur sehr selten auf (6), inhaltsseitig lassen sich jedoch ebenfalls alle Unterzeilen auf die Formel „Jemand sagt etwas über...“ zurückführen (5). Bei 57 Prozent der TE enthält die Unterzeile die Wendung „Ein Gespräch mit...“, wobei der Gesprächsinhalt zu gleichen Teilen mit einem durch „über“ eingeleiteten Satzglied ergänzt wird (6) oder aus einem oder mehreren weiteren Sätzen hervorgeht. Ein weiteres TE, bei dem zwei Personen interviewt werden, zeigt die ähnliche Formulierung „Ein ZEIT-Gespräch zwischen ... und ...“. Zusätzlich dient die Unterzeile dazu, die Hauptzeile näher zu erläutern, indem sie zum Beispiel ein Zitat zuordnet oder einen kontextuellen Bezug herstellt (z.B. die Relationen von (1) zu (5) oder (4) zu (6)).

1252 ‚Interview‘, „Wir sind die heilige Allianz“, 2. August 2007, Seite 39.
1253 ‚Interview‘, „Von Mao bleibt nichts als die Mode“, 19. Juli 2007, Seite 37.
1254 ‚Interview‘, „Manchmal hasse ich diesen Beruf!“, 12. Juli 2007, Seite 43.
1255 ‚Interview‘, „Von Mao bleibt nichts als die Mode“, 19. Juli 2007, Seite 37.

2.4.5.2 Der Fließtext

Die TS ‚Interview' hat mit einer durchschnittlichen Satzanzahl von 262 Sätzen wie bereits die TSV ‚Gesprächsinterview' im ‚Tagesspiegel' den höchsten Wert aller untersuchter TS, TSV und Textsortenvariantengruppen innerhalb der ‚Zeit'. Der Mittelwert wird zwar durch ein sehr umfangreiches TE[1256] (787 Sätze) nach oben verfälscht, aber selbst wenn dieses nicht berücksichtigt wird, liegt der Durchschnitt der übrigen TE bei 175 Sätzen. Dabei überwiegen leicht die isoliert gebrauchten einfachen Sätze (59 %), wobei das Verhältnis von Verbalsätzen (53 %) zu Nominalsätzen (47 %) nahezu ausgeglichen ist. Der hohe Anteil an Nominalsätzen beruht darauf, dass anders als beim ‚Tagesspiegel', bei dem die Unterscheidung durch den Drucktyp vorgenommen wird, vor jedem Redebeitrag der Name des Sprechers in Form eines isoliert gebrauchten einfachen Nominalsatzes steht. Sätze mit dieser Funktion machen knapp ein Viertel (24 %) der Gesamtsatzzahl aus und beeinflussen entsprechend stark auch das Verhältnis von isoliert gebrauchten einfachen Sätzen zu Gesamtsätzen.

Ausschlaggebend für die hohe Satzanzahl ist neben den eingliedrigen Nominalsätzen, die den Namen des Sprechers angeben, dass wie bei der TS ‚Interview' im ‚Tagesspiegel' der häufige Sprecherwechsel fast immer mit einem neuen Satzbeginn einhergeht. Zudem sind die Redeanteile überwiegend knapp gehalten.

Tab. 42: Überblick über das mindestens einmalige Auftreten von Ausrufesätzen, Fragesätzen, Nominalsätzen und Parzellierungen innerhalb der Textexemplare der Textsorte ‚Interview' in der ‚Zeit'

Textsortenvariante	Ausrufesätze	Fragesätze	Nominalsätze im Fließtext	Parzellierungen
‚Interview'	71 %	100 %	100 %	71 %

Charakteristisch für die TS ‚Interview' ist, dass bei allen TE mehrere Fragesätze vorkommen. Diese stammen bei 57 Prozent der TE neben dem Interviewer zusätzlich auch vom Interviewten. Die Satzart bestimmt den Ablauf des Interviews, indem der Interviewer mit dieser zu einem neuen Thema überleitet (z.B. „***ZEIT***: *Machen Sie sich eigentlich Sorgen um Ihren Nachruhm?*"[1257]), eine Rückfrage zur Vertiefung stellt (z.B. „***ZEIT***: *Tatsächlich? Sie könnten also auf die künstlerische Erfüllung,*

1256 ‚Interview', „Wer ein Jahr jünger ist, hat keine Ahnung", 14. Juni 2007, Seite 57-59.
1257 ‚Interview', „Wer ein Jahr jünger ist, hat keine Ahnung", 14. Juni 2007, Seite 57-59.

den Ruhm, das Reisen, das Geld und all das verzichten?"[1258]) oder der Interviewte seinerseits nachfragt (z.B. „***Ford***: *(scharf) Wie soll ich es damit gehalten haben?*"[1259]). Interviewte können mit dieser Satzart auch ihre Empörung zum Ausdruck bringen (z.B. „***Walser***: *Moment, Moment: nicht als Schriftsteller. Haben Sie das nicht kapiert?*"[1260]), wobei selten der Äußerung die entsprechende Emotion vom Verfasser in Klammern vorangestellt ist (z.B. „***Walser***: *(empört) Nicht?*"). Auf diese Weise kann der Leser besser bzw. überhaupt erkennen, welcher Aspekt dem Interviewten wichtig ist, worüber er sich ärgert etc. Gemein ist den Fragen, dass sie so oder ähnlich im Rahmen des Gesprächs zwischen Interviewer und Interviewtem tatsächlich gestellt wurden und vom jeweils anderen Sprecher fast immer beantwortet werden. Nur selten handelt es sich um Fragen, mit denen einer der Sprecher seine Meinung ausdrückt, wobei keine Antwort erwartet wird (z.B. „***Frei***: *Warum sollten sie die Unwahrheit sagen?*"[1261]).

Bei 71 Prozent der TE tritt mindestens ein Ausrufesatz im Fließtext auf. Bei dem sehr emotionalen TE mit Grass und Walser,[1262] bei dem die Interviewer deutlich provokanter und kritischer fragen als bei den anderen (z.B. „***ZEIT***: *Nur eine verständnisvolle Kritik wäre also zulässig?*" oder „*Aber warum ist es nicht möglich, Ihnen kritische Fragen zu stellen?*"), kommt diese Satzart entsprechend gehäuft bei den Antworten vor (z.B. „***Walser***: *Natürlich widerspreche ich!*" oder „*Sie haben doch als Journalisten eine Sorgfaltspflicht!*"). In dem Redeanteil der Interviewer tritt bei keinem TE ein Ausrufesatz auf. Anders als bei anderen TS dient diese Satzart bei einem Teil der Sätze hauptsächlich dazu, eine Antwort (z.B. „*Nein!*"[1263]) oder eine Aussage zu betonen (z.B. „***Kasarova***: *Der ganze Beruf ist nicht sozial verträglich!*"[1264]). Häufig wird durch Ausrufesätze die Empörung des Interviewten zum Ausdruck gebracht (z.B. „***Grass***: *Aber was reden Sie denn da!*" oder „***Walser***: *Sie haben doch nicht widersprochen, als ich in der* ZEIT *zum Neuheiden gemacht wurde!*").

Alle TE der TS ‚Interview' weisen Nominalsätze auf, wobei isoliert gebrauchte einfache Nominalsätze bei allen und nominale Teilsätze bei fast allen ‚Interviews' auftreten:

1258 ‚Interview', „Manchmal hasse ich diesen Beruf!", 12. Juli 2007, Seite 43.
1259 ‚Interview', „Ich zähle mich zum Fußvolk", 12. Juli 2007, Seite 50.
1260 ‚Interview', „Wer ein Jahr jünger ist, hat keine Ahnung", 14. Juni 2007, Seite 57-59.
1261 ‚Interview', „Neue Parteimitglieder", 5. Juli 2007, Seite 48.
1262 ‚Interview', „Wer ein Jahr jünger ist, hat keine Ahnung", 14. Juni 2007, Seite 57-59.
1263 ‚Interview', „Ich zähle mich zum Fußvolk", 12. Juli 2007, Seite 50.
1264 ‚Interview', „Manchmal hasse ich diesen Beruf!", 12. Juli 2007, Seite 43.

Tab. 43: Überblick über das mindestens einmalige Auftreten von Nominalsätzen (isoliert gebrauchten einfachen Nominalsätzen und nominalen Teilsätzen) innerhalb der Textexemplare der Textsorte ‚Interview' in der ‚Zeit'

Textsorte	**Nominalsätze im Fließtext**	**i.g.e. NS**	**nominale TS**
‚Interview'	100 %	100 %	86 %

Der hohe Anteil an isoliert gebrauchten einfachen Nominalsätzen beruht darauf, dass sie in allen TE dazu verwendet werden, die Redeanteile dem Interviewer bzw. dem oder den Interviewten zuzuordnen. Dementsprechend tritt pro Sprecherwechsel ein derartiger in Fettdruck gesetzter Nominalsatz auf. Für den bzw. die Interviewer steht immer der Zeitungsname in Großbuchstaben, wobei der Nominalsatz „DIE ZEIT" vor dem ersten Redeanteil im weiteren Verlauf auf „ZEIT" verkürzt wird. Ähnlich verhält es sich mit den Nominalsätzen der Interviewten. Für den ersten Redebeitrag wird der Vor- und Nachname verwendet, alle weiteren werden nur noch durch den Nachnamen markiert. Die Nominalsätze sind in Groß- und Kleinbuchstaben gedruckt. Im ‚Tagesspiegel' tritt diese Funktion innerhalb der TS ‚Interview' nur bei den TE auf, bei denen mehrere Interviewte befragt werden.

Wie beim ‚Tagesspiegel' kommt bei vielen TE (71 %) im Redeteil des Interviewers ein nominaler Teilsatz vor, der den Namen des Interviewten angibt („***ZEIT:*** *Aber Ihre Sammler, Feng Ling, sind meist Ausländer.*"[1265] oder „***ZEIT:*** *Herr Schuster, Herr Baumstark, würden Sie in einem solchen Fall mit Herrn Roth zusammen in den Widerstand gehen?*"[1266]). Anders als im ‚Tagesspiegel' kommen bei einigen TE mehrere dieser nominalen Anredesätze vor. Zudem stehen diese nicht immer am Anfang des TE. Als weiterer Unterschied sprechen sich in einem TE die Interviewten gegenseitig mit Vornamen („***Walser:*** *Aber, Günter, keine Gewerkschaft, kein Schriftstellerverband kümmert sich darum!*") und zweimal die Interviewerin mit Nachnamen („***Grass:*** *Im Gegensatz zu Ihrer Kritik seinerzeit, Frau Radisch, glaube ich, dass* […]"[1267]) an.

Der Interviewer verwendet isoliert gebrauchte einfache Nominalsätze dazu, kurze Fragen („*China als Modell für Europa?*"[1268] oder „*Ein Entschuldungsargument?*"[1269]) bzw. Nachfragen (z.B. „*Tatsächlich?*"[1270]

1265 ‚Interview', „Von Mao bleibt nichts als die Mode", 19. Juli 2007, Seite 37.
1266 ‚Interview', „Wir sind die heilige Allianz", 2. August 2007, Seite 39.
1267 ‚Interview', „Wer ein Jahr jünger ist, hat keine Ahnung", 14. Juni 2007, Seite 57-59.
1268 ‚Interview', „Von Mao bleibt nichts als die Mode", 19. Juli 2007, Seite 37.
1269 ‚Interview', „Neue Parteimitglieder", 5. Juli 2007, Seite 48.
1270 ‚Interview', „Manchmal hasse ich diesen Beruf!", 12. Juli 2007, Seite 43.

oder „*Aber was genau?*“[1271]) zu stellen. In einem TE gebrauchen zusätzlich die Interviewten Nominalsätze in dieser Funktion („***Walser:*** (empört) *Nicht?*“[1272]). Die interviewten Personen ihrerseits geben häufiger mit isoliert gebrauchten einfachen Nominalsätzen (z.B. „***Ford:*** *Kompletter Schwachsinn.*“,[1273] „*Unterschiedlich.*“[1274] oder „***Walser:*** *Ja.*“[1275]) oder nominalen Teilsätzen (z.B. „***Martin Roth:*** *Nein, so ist es nicht.*“[1276] oder „*Doch, das kann ich mir sehr gut vorstellen!*“[1277]) eine knappe Antwort, die anschließend meistens durch weitere Sätze oder Teilsätze näher erläutert wird (z.B. „***Kasarova:*** *Eigentlich nicht. Aber ich habe auch eine andere Karriere gemacht – und eine andere Krise durchlebt.*“[1278]).

Wertungen werden nur selten über isoliert gebrauchte einfache Sätze („***Grass:*** *Schöne Formulierung.*“[1279]) oder nominale Teilsätze („***Ford:*** *Eine interessante Frage, die ich nicht mit Sicherheit beantworten kann.*“[1280]) ausgedrückt und stammen dann überwiegend von den Interviewten.

Parzellierungen treten bei 71 Prozent der TE der TS ‚Interview‘ auf:

(a) **ZEIT:** Fürchten Sie, dass die chinesischen Traditionen untergehen? Dass China am Ende nur schlechte Kopien westlicher Vorbilder produziert?[1281]
(b) Die meisten Regisseure und Dirigenten wissen gar nicht, was sie einem Sänger antun. Und wundern sich, wenn die Stimmen schon bald nicht mehr so frisch sind und flexibel.[1282]
(c) Ich verdanke mein Glück genauso wie mein Unglück allein den Entscheidungen, die ich im Lauf meines Lebens getroffen habe. Den guten wie den schlechten.[1283]
(d) Ich habe. Trotz Schalkragen.[1284]
(e) Ich habe ja einen Glauben. Dass alles, was da ist, alles Lebendige, zählt. Und dass jeder dem gegenüber auch ein Verantwortungsgefühl hat.[1285]

1271 ‚Interview‘, „Von Mao bleibt nichts als die Mode“, 19. Juli 2007, Seite 37.
1272 ‚Interview‘, „Wer ein Jahr jünger ist, hat keine Ahnung“, 14. Juni 2007, Seite 57-59.
1273 ‚Interview‘, „Ich zähle mich zum Fußvolk“, 12. Juli 2007, Seite 50.
1274 ‚Interview‘, „Ich posiere ja nur“, 21. Juni 2007, Seite 45.
1275 ‚Interview‘, „Wer ein Jahr jünger ist, hat keine Ahnung“, 14. Juni 2007, Seite 57-59.
1276 ‚Interview‘, „Wir sind die heilige Allianz“, 2. August 2007, Seite 39.
1277 ‚Interview‘, „Wer ein Jahr jünger ist, hat keine Ahnung“, 14. Juni 2007, Seite 57-59.
1278 ‚Interview‘, „Manchmal hasse ich diesen Beruf!“, 12. Juli 2007, Seite 43.
1279 ‚Interview‘, „Wer ein Jahr jünger ist, hat keine Ahnung“, 14. Juni 2007, Seite 57-59.
1280 ‚Interview‘, „Ich zähle mich zum Fußvolk“, 12. Juli 2007, Seite 50.
1281 ‚Interview‘, „Von Mao bleibt nichts als die Mode“, 19. Juli 2007, Seite 37.
1282 ‚Interview‘, „Manchmal hasse ich diesen Beruf!“, 12. Juli 2007, Seite 43.
1283 ‚Interview‘, „Ich zähle mich zum Fußvolk“, 12. Juli 2007, Seite 50.
1284 ‚Interview‘, „Wer ein Jahr jünger ist, hat keine Ahnung“, 14. Juni 2007, Seite 57-59.
1285 ‚Interview‘, „Wer ein Jahr jünger ist, hat keine Ahnung“, 14. Juni 2007, Seite 57-59.

Wie bei der TS ‚Interview' im ‚Tagesspiegel' werden Teilsätze am häufigsten parzelliert (51 %), wobei diese überwiegend die syntaktische Funktion eines Nebensatzes aufweisen (87 %). In Beispiel (a) erfolgt die Parzellierung durch ein Fragezeichen. Der Status als Nebensatz ist eindeutig anhand des Einleitungswortes (*dass*) und der Endstellung des finiten Verbs (*produziert*) erkennbar. Die Zugehörigkeit des parzellierten Hauptsatzes in Beispiel (b) zum vorangegangenen Teilsatz ist anhand der vorerwähnten Subjekt-Ellipse (*Die meisten Regisseure und Dirigenten*) erkennbar.

Satzgliedteile (27 %) und Satzglieder (22 %, Bsp. (d)) werden annähernd gleich häufig parzelliert. Bei dem parzellierten Satzgliedteil in Beispiel (c) besteht die Besonderheit, dass es sich um einen Satzgliedteil aus Determinans (*den*) und gereihten und mit „*wie*" verbundenen Adjektivattributen zum elliptisch (Vorerwähntheit) ausgelassenen und in Fernstellung stehenden Nukleus „*Entscheidungen*" handelt. Wie bei den anderen TS auch, stellen die parzellierten Elemente nicht immer das Ende des Satzes dar, sondern an sie können weitere Teilsätze anschließen (b+e).

Mehrfachparzellierungen wie in Beispiel (e), bei dem ein Nebensatz mit einem eingeschobenen Teilsatz und anschließend ein weiterer Nebensatz parzelliert sind, stellen die Ausnahme dar.

Fast alle Parzellierungen kommen im Redeanteil der Interviewten vor (b-e). Dabei ist, wie bereits bei den Parzellierungen der TS ‚Interview' im ‚Tagesspiegel' zu beachten, dass die Parzellierungen nicht direkt von den Interviewten stammen, sondern vom Verfasser verwendet werden, um Pausen und Betonungen aus der gesprochenen Sprache in der Schriftsprache auszudrücken und so für den Leser zu erhalten.

Als weitere syntaktische Auffälligkeit endet bei 71 Prozent der ‚Interviews' mindestens ein Satz des Interviewers oder des Interviewten mit drei Punkten. Bei dem Interviewer signalisiert dies eine Aussage, die in der Form einer Impulsgebung (eventuell mit folgender Pause) geäußert ist, sodass sie eine Stellungnahme des Interviewten verlangt („***ZEIT***: *Dann kam irgendwann der erste große Erfolg...* ***Sherman***: *Ich habe das Anfangs* [sic] *nicht als Erfolg empfunden.*"[1286]), oder er fügt auf diese Weise eine Erklärung zu der Antwort des Interviewten ein, sodass der Leser diese vollständig versteht („***Kasarova:*** *Ich spreche immer leise. Meine Mutter spricht leise. Von Natur aus. Das ist keine Sängerinnen-Allüre wie in der Art: Hört her, ich muss meine Stimme schonen! Fragen Sie einen guten Laryngologen...* ***ZEIT:*** *...einen Kehlkopfspezialisten...*

1286 ‚Interview', „Ich posiere ja nur", 21. Juni 2007, Seite 45.

Kasarova: *...der wird Ihnen sagen: Wer seine Stimme schonen will, der sollte entweder schweigen oder ganz normal sprechen.*“[1287]). Bei den Interviewten zeigen die Punkte an, dass ihre Antwort noch um weitere Beispiele ergänzt bzw. weiter ausgeführt werden könnte (z.B. „***Walser:*** *Ich habe den Uwe ja in meinem Fiat immer mitgenommen...*“[1288] oder „*Es gibt heutzutage viele kluge Menschen, die diesen Beruf ausüben, Christoph Loy, Martin Kušej... Daneben aber gibt es genauso viele, die wenig bis gar nichts vom Theater verstehen.*“[1289]) oder dass ihnen ein anderer Interviewter ins Wort fällt (z.B. „***Grass****: Nein, nein, nein, das ist ja erst der Anfang eines Satzes! Ich stehe, auch das ist eine Folge des Alters, staunender...* ***Walser****: Gut!* ***Grass****: ...staunender vor der Natur, auch vor der beschädigten Natur.*“[1290]) bzw. der Interviewer den Gedanken weiter ausformuliert (z.B. „***Ford:*** *Wir sind so sehr mit etwas beschäftigt, dass es uns kaum möglich ist, uns dieses Nichts vorzustellen. Dazu müssten wir gewissermaßen aus uns selber heraustreten...* ***ZEIT:*** *...fast schon ein bisschen tot sein...* ***Ford:*** *...ja, fast.*“[1291]).

2.4.6 Die Syntax der Textsorte ‚Abdruck‘

Bei der TS ‚Abdruck‘ liegt eine zweizeilige Überschrift im Zentralbereich vor.

Die TE der TSV ‚Reihenabdruck‘ weisen bis auf eine Ausnahme[1292] alle eine Überschrift aus Haupt- und Unterzeile auf:

(1) HZ: MANFRED ENZENSPERGER
UZ: und wenn du aus dem Haus gehst ist dort der Tag **(TEIL 1)**[1293]
(2) HZ: JORGE LUIS BORGES (1899-1986)[1294]
UZ: Vorstadt

Die Hauptzeile besteht entweder aus einem eingliedrigen, isoliert gebrauchten einfachen Nominalsatz, der den Namen des Dichters angibt (1) oder aus einem Gesamtsatz aus zwei nominalen Teilsätzen, wenn zu dem Namen des Dichters die Lebensdaten in Klammern hinzutreten (2). Letzteres erfolgt nur bei verstorbenen Autoren.

1287 ‚Interview‘, „Manchmal hasse ich diesen Beruf!“, 12. Juli 2007, Seite 43.
1288 ‚Interview‘, „Wer ein Jahr jünger ist, hat keine Ahnung“, 14. Juni 2007, Seite 57-59.
1289 ‚Interview‘, „Manchmal hasse ich diesen Beruf!“, 12. Juli 2007, Seite 43.
1290 ‚Interview‘, „Wer ein Jahr jünger ist, hat keine Ahnung“, 14. Juni 2007, Seite 57-59.
1291 ‚Interview‘, „Ich zähle mich zum Fußvolk“, 12. Juli 2007, Seite 50.
1292 ‚Textteilabdruck‘, „GALSAN TSCHINAG“, 12. Juli 2007, Seite 56. Die einzeilige Überschrift entspricht der Hauptzeile der zweizeiligen, indem diese ausschließlich aus dem Namen des Dichters besteht.
1293 ‚Textteilabdruck‘, „MANFRED ENZENSPERGER“, 2. August 2007, Seite 48.
1294 ‚Textteilabdruck‘, „JORGE LUIS BORGES (1899-1986)“, 19. Juli 2007, Seite 50.

Die Unterzeile nennt bei allen TE den Titel des Gedichts (1+2). Bei zwei TE tritt eine Zusatzinformation in Klammern hinzu (1).

(3) HZ: Tödliche Gebote
UZ: Wir brauchen eine Aids-Theologie für Afrika. Ein klares Wort des Papstes könnte Millionen Leben retten **VON STEFAN HIPPLER**[1295]

Auch das TE der TSV ‚Textteilabdruck' hat eine zweizeilige Überschrift, wobei sich die Hauptzeile ebenfalls aus einem eingliedrigen, isoliert gebrauchten einfachen Nominalsatz konstituiert (3). Sie hat die Funktion, durch eine interessante, inhaltsseitig nicht gleich erschließbare Aussage das Interesse der Leser zu wecken. Die Unterzeile besteht aus drei isoliert gebrauchten einfachen Sätzen, von denen die ersten beiden auf das Thema des TE verweisen und der letzte den Namen des Verfassers nennt.

Wie bereits bei der TS ‚Abdruck' im ‚Tagesspiegel' ausgeführt, erfolgt keine syntaktische Analyse des Fließtextes. Da dieser mit der entsprechenden Passage des Primärtextes übereinstimmt, kann eine Untersuchung keine Erkenntnisse für die TS ‚Abdruck' liefern, sondern nur für die TS des Gesamttextes.

3. Die linguistische Ebene der Lexik

Wie bereits bei der syntaktischen Analyse ist auch auf der Ebene der Lexik eine vollständige lexikalische Untersuchung des Fließtextes weder zu bewältigen noch notwendig. Eine quantitative Erhebung der Wortarten und Wortbildungsprinzipien der Fließtexte ist für die Gewinnung differenzierender Merkmale für die einzelnen TS wenig erfolgversprechend und daher überflüssig. Der zeitliche Aufwand stünde in keiner Relation zu der als sehr gering einzustufenden Wahrscheinlichkeit, wirklich verwendbare Ergebnisse zur Textsortentypologie zu erzielen, zumal ein erstes Durcharbeiten aller untersuchten TE keine Auffälligkeiten diesbezüglich erkennen ließ. Daher ist für die Untersuchung eine Begrenzung auf bestimmte lexikalische Aspekte gerechtfertigt, die einzelne TS über die bereits erfolgte Analyse hinaus zusätzlich charakterisieren.

Bezüglich der verwendeten Wörter des Fließtextes werden nur diejenigen erfasst, bei denen es sich um Wortneubildungen handelt. Diesem Vorgehen liegt die Annahme zugrunde, dass diese vom jeweiligen Verfasser bewusst kreiert und verwendet werden, weshalb bei ihnen gegenüber den übrigen Wörtern eine besondere Funktion zu erwarten ist. Un-

1295 ‚Textteilabdruck', „Tödliche Gebote", 9. August 2007, Seite 33.

ter Wortneubildungen werden im Rahmen dieser Arbeit alle Wörter verstanden, die nicht lexikalisiert sind. Als Grundlage der Entscheidung dient der 10-bändige Duden[1296] sowie der Duden online,[1297] der eine schnellere Überprüfung ermöglicht und zugleich umfangreicher und aktueller ist.[1298]

Der Begriff ‚Wortneubildung' meint folglich nicht, dass das betreffende Wort noch nie zuvor von einer anderen Person geäußert wurde. So ein Verständnis des Begriffes brächte das unlösbare Problem mit sich, dass sich in keiner Form überprüfen ließe, ob ein Wort tatsächlich eine Wortneubildung ist. Daher wird der Duden als das bekannteste deutsche Wörterbuch als Referenz herangezogen, das eine Zuordnung ermöglicht. Nach diesem Verfahren werden jedoch sehr viele Wörter als Wortneubildungen eingestuft, bei denen man diesen Status nicht vermuten würde, da sie als üblich und bekannt erscheinen. Dies liegt zum einen daran, dass bestimmte Wörter zwar in der Alltagssprache durchaus gängig sein können (z.B. *Projektmittel*[1299] oder *Leitfrage*[1300]), jedoch noch nicht vom Duden aufgenommen worden sind. Zum anderen wirken Wortbildungen, deren Konstituenten beispielsweise bei einem Kompositum aus gängigen Grundmorphemen bestehen (z.B. *Aluminiumschrank* oder *Schuhdesigner*[1301]), die in einem eindeutig ersichtlichen Verhältnis zueinander stehen und eine leicht zu bestimmende Inhaltsseite aufweisen, nicht unbekannt bzw. „neu".[1302] Entsprechend ist eine Untersuchung dieser Wortneubildungen ebenso wenig gewinnbringend wie diejenige vergleichbarer lexikalisierter Wörter. Aus diesem Grund findet innerhalb der Wortneubildungen zusätzlich eine Beschränkung auf ‚Originelle Wortneubildungen' statt, die wirklich als eine bewusste Bildung der Verfasser aufzufassen sind.[1303]

Weiter wird untersucht, ob in den TE der einzelnen TS Personal- und Possessivpronomen der ersten Person sowie der Höflichkeitsform auftreten. Dies ist relevant für die Textsortentypologie, da sie darauf verwei-

---

1296 Duden (1999).

1297 www.duden.de.

1298 Zur Definition des Begriffs ‚Wortneubildung' und den Abgrenzungsschwierigkeiten in der wissenschaftlichen Literatur vgl. Kap. III.B.3.1.3.1.

1299 ‚Sachbericht', „Was lange währt", 17. Juni 2007, Seite 26.

1300 ‚Sachbericht', „Kunst & Raub", 20. Juni 2007, Seite 22.

1301 ‚Sachbericht', „Bis der Arzt kommt", 16. Juni 2007, Seite 25.

1302 Vgl. dazu die Arbeit von BARZ (1998), die sich mit dem Neuheitseffekt von Wortneubildungen auseinander setzt.

1303 Welche Kriterien die Wortneubildungen erfüllen müssen, um als originell eingestuft zu werden, wird in Kapitel III.B.3.1.3.2. erläutert.

sen, inwieweit der Verfasser in seinem TE in Erscheinung tritt und eventuell den Leser anspricht bzw. ihn in seine Ausführungen einbezieht, was nicht in jeder TS geschieht. Dabei ist von der Grundannahme auszugehen, dass ein TE umso subjektiver geschrieben ist, je häufiger persönliche Fürwörter verwendet werden.

Des Weiteren wird ausgewertet, inwiefern wertende Begriffe in den einzelnen TS üblich sind und welche allgemeinen Schlüsse sich daraus ergeben.

Es folgen Angaben auf der lexikalischen Ebene dazu, ob direkte und indirekte Zitate innerhalb einzelner TS vorkommen und welche Funktionen diese übernehmen.

Sind innerhalb der einzelnen TS bezüglich der Lexik weitere Auffälligkeiten festzustellen, werden diese jeweils abschließend unter dem Punkt ‚Sonstige lexikalische Besonderheiten' behandelt.

Den einzelnen Kapiteln wird eine Definition und Abgrenzung der wesentlichen Grundbegriffe vorangestellt, die in der Untersuchung verwendet werden.

3.1 Theoretische Grundlagen

3.1.1 Zur theoretischen Unterscheidung von Wort, Wortform und Morphem

Die Termini Wort, Wortform und Morphem werden von vielen Sprachwissenschaftlern nicht exakt definiert und widerspruchsfrei verwendet. Beispielsweise wird der Terminus ‚Wort' oft gleichermaßen für verschiedene linguistischen Abstraktionsebenen angewandt. Um dies zu vermeiden, ist eine eindeutige Bestimmung des Begriffes notwendig. Diese Arbeit folgt dabei der Definition von SIMMLER (1998: 37):

> Ein Wort ist eine komplexe Einheit aus einer Wortform oder mehreren Wortformen mit einem Wortformteil oder mehreren Wortformteilen, die aus Ausdrucks- und Inhaltsseite besteht und über eine begriffliche Vorstellung im Bewusstsein der Sprecher auf eine außersprachliche Realität bezogen ist. Das Wort ist ausdrucksseitig an den Kriterien der Zusammenschreibung, der Hervorhebbarkeit, der syntaktischen Funktionsgemeinschaft, der bedingten Umstellbarkeit, der internen morphologischen und internen phonologischen Struktur zu erkennen. Inhaltsseitig zeigt jedes Wort eine kategoriale Bedeutung, die entweder mit einer grammatischen Bedeutung und einer merkmalsarmen Inhaltskomponente oder mit grammatischer und lexikalischer Bedeutung gekoppelt ist, wobei die lexikalische Bedeutung aus einem Semem oder mehreren Sememen besteht und jedes Semem ein Bündel von Semen darstellt.

Jedes Wort kann einer bestimmten Wortart zugeordnet werden. „Innerhalb der nichtflektierbaren Wortarten […] besitzt ein Wort gewöhnlich nur eine einzige Wortform.“[1304] Flektierbare Wörter bestehen hingegen aus einer bestimmten Anzahl von mehreren Wortformen. So umfasst beispielsweise das Wort „Hase“ gemäß seines Deklinationsparadigmas die beiden Wortformen <Hase> = /hāzə/ und <Hasen> = /hāzən/, womit Wortformen als Bestandteile von Wörtern auf einer niedrigeren Abstraktionsebene als diese liegen.[1305]

Die distinktiven Einheiten ‚Wort‘ und ‚Wortform‘ werden von Morphemen konstituiert, welche sich terminologisch klar von diesen abgrenzen lassen. Nach SIMMLER (1998: 65) ist ein Morphem

> die kleinste, ausdrucksseitig und inhaltsseitig distinktive Einheit der *langue*. Allein oder in Verbindung mit einem oder weiteren Morphemen ist es am Aufbau von einer Wortform oder von Wortformen der Einheit des Wortes beteiligt. Inhaltsseitig signalisiert das Morphem eine lexikalische, eine grammatische oder eine lexikalische und grammatische Bedeutung. In Verbindung mit einem Grundmorphem kann bei einer Wortformkonstitution ein Relationsmorphem auch Null sein.

Grundmorpheme sind an der Konstitution von Wörtern bzw. Wortformen maßgeblich beteiligt, da sie bei Lexemen überwiegend die lexikalische bzw. eine lexikalische und grammatische Bedeutung signalisieren und somit bezüglich des Sinngehalts fast immer den wichtigsten oder gar den einzigen Bestandteil von Wörtern bilden. Die Wortform <Hasen> besteht beispielsweise aus dem Grundmorphem {hāzə} und dem Relationsmorphem {n}, welches die wortartenspezifischen grammatischen Kategorien signalisiert.[1306]

In der Literatur zur Wortbildung fehlt häufig eine konsequente Unterscheidung und Abgrenzung zwischen Grundmorphemen als Wortbildungskonstituenten und Wörtern als Wortbildungsprodukt. So bestätigt beispielsweise ERBEN (2006: 27f.), dass bei einer allgemeinen Beschreibung der Wortbildung diese auf Grundlage von Morphemen vorzunehmen ist. Obwohl er sogar verschiedene Morphemtypen voneinander abgrenzt,[1307] spricht er bei dem Wortbildungsprinzip der Komposition wieder von Grundwort und Bestimmungswort anstatt von Morphemen.[1308]

1304 SIMMLER (1998: 30).

1305 Vgl. ebd.

1306 Vgl. ebd.: 40f.

1307 Ebd.: 28f.

1308 ERBEN (2006, z.B. Seite 68). So auch DUDEN (2009: 664f.). Auch DONALIES (2005: 57) verwendet die Begriffe ‚Grundwort‘ und ‚Bestimmungswort‘. Zudem weist sie da-

DONALIES (2007: 9ff.) vertritt die Ansicht, dass Wörter im Deutschen überwiegend aus Wörtern gebildet werden.[1309]

Besonders die Annahme von DONALIES,[1310] FLEISCHER/BARZ[1311] und ERBEN,[1312] Komposita können aus Wörtern aufgebaut sein, kollidiert mit der Wortdefinition. Denn die Erstkonstituente eines Kompositums besitzt keine Worteigenschaften mehr, da sie keinen Relationsmorphemsatz und keine paradigmatischen Strukturen besitzt, keine Artikelfähigkeit zeigt, keine grammatischen Kategorien signalisiert und keine syntaktischen Funktionen hat.[1313] Hinzu kommt, dass es terminologisch problematisch ist, wenn die Segmente einer Einheit und die neue Einheit selbst mit demselben Terminus ‚Wort' bezeichnet werden und somit teilweise erkannte *differentiae specificae* metasprachlich nicht zum Ausdruck kommen.

3.1.2 Die Wortbildungsprinzipien

Bei den untersuchten Wortneubildungen handelt es sich fast nie um phonologisch völlig neue Simplizia,[1314] sondern um Wörter, die von bekann-

---

rauf hin, dass diese Termini bei Wortbildungsprodukten, die ein Affix enthalten, nicht verwendet werden sollten, da es sich bei diesen nicht um Wörter handelt.

1309 Daneben auch aus Phrasen, Buchstaben, Konfixen, Wortbildungsaffixen, unikalen Einheiten und Fugenelementen (ebd.: 9).

1310 DONALIES (2005: 15, 20, 51) und (2007: 35).

1311 FLEISCHER/BARZ (1995: z.B. 95+96). FLEISCHER/BARZ (2012: 51) präzisieren die Verwendung von Wörtern zur Wortbildung wie folgt: „Richtet man seinen Blick auf das Wort als (Ausgangs-)Einheit für die Bildung von Lexemen, zeigt sich, dass nicht alle grammatischen Formen eines Wortes als Input fungieren, sondern in der Regel nur der sog. Wortstamm." HENTSCHEL/VOGEL (2009: 465f.) geben an, dass „in der Wortbildung […] Wortformen verwendet [werden], überwiegend Stämme, also Wortformen ohne Flexionsaffix: *Apfel* in *Apfeltorte*, *süß* in *süßen, back-* in *Bäcker*. […] Die meisten Wörter werden mit Wörtern gebildet."

1312 ERBEN (2006: 27, 68ff.).

1313 FLEISCHER/BARZ (1995: 22) gehen auf dieses Phänomen bei den Abgrenzungsproblemen zwischen Wortbildungskonstruktion und Wortgruppe ein, übertragen es aber nicht auf ihre Verwendung von ‚Wort' und ‚Morphem'. Auch DONALIES (2005: 21) erkennt, dass sich „Wörter [in Wortbildungsprodukten] in der Regel anders als in der Syntax [verhalten]; sie werden in das Wortbildungsprodukt eingefroren". Problematisch findet sie dies nicht. Bei ELSEN (2014: 5+27) fügen sich bei der Komposition „mindestens zwei Wurzeln zu einem Wort zusammen", wobei sie unter ‚Wurzel' „sowohl ein lexikalisches Grundmorphem […] als auch historisch gesehen die Ausgangsform" versteht. Die Bildung von Komposita aus Wörtern ist nach ihr jedoch nur aus dem Grund „nicht ganz korrekt, weil sie nicht Fälle von Konfixen, unikalen Morphemen oder Allomorphen mit einschließt (*Himbeere*, *Philologe*, *Schultür*), denn *him*, *phil(o)* und *schul* sind im Deutschen keine Wörter, sie existieren in dieser Form nicht selbstständig" (ebd.: 27).

1314 Derartige „Neuschöpfungen ohne analoge Wortbildungsmuster" sind „sehr selten" (KINNE (1998: 83).

ten Wörtern abgeleitet oder aus bekannten Morphemen neu zusammengesetzt sind. Daher werden im Folgenden kurz die wesentlichen Prinzipien zur Wortbildung im Deutschen vorgestellt, die in den Kapiteln über die Wortneubildungen eine Rolle spielen.

Die deutsche Sprache weist drei relevante Wortbildungsprozesse auf: die Ausdruckserweiterungen, den Wortartenwechsel und die Ausdruckskürzungen.

Die Ausdruckserweiterungen umfassen die beiden Wortbildungsprinzipien Komposition und Derivation. Unter einem Kompositum versteht man ein Wort, das aus mindestens zwei Grundmorphemen, einem Grundmorphem und einem Suppletivmorphem oder einem Grundmorphem und einem Pseudomorphem[1315] besteht. Die erste Konstituente eines Kompositums besitzt anders als die zweite Konstituente keine Artikelfähigkeit, keinen RM-Satz und keine syntaktische Funktion. Zudem signalisiert sie keine grammatischen Kategorien[1316] (z.B. *Klangereignis*[1317]). Sobald ein weiteres Grundmorphem zu einem Kompositum hinzutritt, spricht man von einem Dekompositum[1318] (z.B. *Jugendbuchverlag*[1319]).

Bei den Kompositionen treten neben Wortbildungen, bei denen die beiden Konstituenten einen direkten Anschluss zeigen, auch solche auf, die zwischen den beiden Konstituenten ein Fugenmorphem oder ein Fugenzeichen aufweisen. Ein Fugenmorphem lässt sich auf ein erstarrtes Relationsmorphem zurückführen und kann durch Paraphrasierung ermittelt werden (Bsp. *Misserfolgsgeschichte* → die Geschichte des Misserfolgs[1320]), während dies bei einem Fugenzeichen nicht möglich ist (Bsp. *Handlungslogik*[1321]). Sowohl Fugenmorphem als auch Fugenzeichen gehören morphologisch zur ersten Konstituente.[1322] Innerhalb der Komposita lassen sich Determinativ-, Kopulativ und Possessivkomposita unterscheiden. Bei den Determinativkomposita legt die zweite Konstituente „die Bezeichnungsklasse in allgemeiner Weise fest“.[1323] Die erste Konstituente ist in der Regel der zweiten untergeordnet und spezifiziert (de-

1315 Zur Definition von Pseudomorphem und Suppletivmorphem siehe SIMMLER (1998: 54f.+59).

1316 Vgl. ebd.: 363f.

1317 ‚Todesporträt‘, „Farben und Felder“, 7. August 2007, Seite 21.

1318 Vgl. SIMMLER (1998: 395).

1319 ‚Großkritik‘ (Subgruppe ‚Literaturkritik‘), „Liebe mit Biss“, 1. Juli 2007, Seite 28.

1320 ‚Großkritik‘ (Subgruppe ‚Kulturkritik‘), „Einsame Witze“, 11. Juni 2007, Seite 24.

1321 ‚Großkritik‘ (Subgruppe ‚Kulturkritik‘), „Party im Erlebnispark“, 19. Juni 2007, Seite 24.

1322 Vgl. SIMMLER (1998: 368ff.).

1323 Ebd.: 378.

terminiert) diese inhaltsseitig (z.B. *Babystimme*[1324]).[1325] Die umgekehrte Relation (z.B. *Berlin-Schöneberg*[1326]) ist eher selten. Bei den Kopulativkomposita gehören die einzelnen Kompositionsglieder (im Vergleich zu ihrer Verwendung als Simplizia) zur selben Wortart und zum selben Wortfeld. Sie werden in einer parataktischen Relation so aufeinander bezogen, dass „die Inhaltsmerkmale der Kompositionsglieder im Hinblick auf die bezeichnete außersprachliche Realität addiert erscheinen, wobei die Addition antonymische oder sich ergänzende Relationen umfassen kann"[1327] (z.B. *Komponisten-Dirigent*[1328]).

Bei den Possessivkomposita ist die erste Konstituente zwar wie bei den Determinativkomposita der zweiten untergeordnet (hypotaktische Relation), jedoch können „Erstglied und Zweitglied erst gemeinsam die außersprachliche Realität nach einem hervorstechenden Merkmal bezeichnen"[1329] (z.B. *Punk-Fossil*[1330]).

Ein Derivatum setzt sich aus mindestens einem Grundmorphem, Pseudomorphem oder Suppletivmorphem und mindestens einem Formationsmorphem zusammen, wobei die Variante aus Grundmorphem und Formationsmorphem ungleich produktiver ist[1331] (z.B. *Kaputtheit*[1332]). Steht das Formationsmorphem vor dem Grundmorphem, spricht man von einem Präfix. Ist es hinter dem Grundmorphem positioniert, bezeichnet man dieses als Suffix. Bei den so genannten Präfix-Suffixbildungen erfolgt die Wortbildung durch gleichzeitiges Hinzutreten eines Präfixes und eines Suffixes. Die in der Literatur für dieses Phänomen auftretenden Bezeichnungen „Zirkumfix"[1333] oder „diskontinuierliches Morphem"[1334] sind inkonsequent. Zum einen können entsprechende Wortbildungen mittels bereits definierter Begriffe zutreffend beschrie-

---

1324 ‚Gesprächsinterview', „Gutes Theater ist immer links", 13. Juni 2007, Seite 25.

1325 Vgl. SIMMLER (1998: 378).

1326 Das Beispiel stammt von SIMMLER (1998: 379). Für weitere Beispiele und Ausführungen zu Determinativkomposita mit inhaltsseitiger Determination durch das Zweitglied siehe ebd.: 379ff.

1327 Ebd.: 381).

1328 ‚Reihenkritik', Serie „KURZ & KRITISCH", **„Klänge in der Zelle"**, 16. Juni 2007, Seite 22.

1329 SIMMLER (1998: 391).

1330 ‚Reihenkritik', Serie „SOUNDCHECK", 8. Juni 2007, Seite 27.

1331 Vgl. SIMMLER (1998: 491).

1332 ‚Reihenkritik', Serie „KURZ KRITISCH", „Punk ist tot, kein Freispiel drin", 10. Juni 2007, Seite 26.

1333 Vgl. VATER (2002: 64+65), HENTSCHEL/VOGEL (2009: 467), FLEISCHER/BARZ (2012: 54f.), ELSEN (2014: 5).

1334 Vgl. NAUMANN (1986: 19).

ben werden, sodass die Einführung einer neuen Bezeichnung überflüssig ist. Zum anderen wird bei diesen Begriffen von einer diskontinuierlichen Phonemfolge eines Morphems ausgegangen, wobei eine derartige Annahme der Morphemdefinition widerspricht[1335] bzw. zu einer neuen Morphemdefinition führen müsste.

Bei dem Wortartenwechsel, der Konversion, findet eine Transposition in eine neue Wortart statt, indem Grundmorpheme, Wortformen oder Wortformteile ohne die Verwendung eines Formationsmorphems und Veränderung ihrer Phonotaktik in eine andere Wortart überführt werden.[1336]

Zu dem dritten Wortbildungsprozess, der Ausdruckskürzung, zählen die Initialwörter und die Kurzwörter. FLEISCHER definiert die Initialwörter als „aneinandergereihte Großbuchstaben, die die Anfangslaute der Vollform bezeichnen, die der abgekürzten Form zugrunde liegt“ und die Kurzwörter als solche Kurzformen „die als zusammenhängender Teil einer Vollform (deren Anfang oder Ende oder als Kombination von Anfang und Ende) erscheinen“.[1337] Bei den Ausdruckskürzungen handelt es sich somit um sprachliche Zeichen zweiten Grades. Da diese jedoch bezogen auf die Vollform inhaltsseitige Veränderungen aufweisen können und ihr Bezug zur Vollform in einigen Fällen verloren gehen kann, werden sie zu den Wortbildungsprozessen gezählt.[1338]

3.1.3 Neologismen

3.1.3.1 Definition und Reichweite des Begriffs

Der Begriff Neologismus stammt aus dem Französischen und wurde in der zweiten Hälfte des 18. Jahrhunderts ins Deutsche entlehnt.[1339] Laut Aussage der Forschungsliteratur wird er unterschiedlich definiert.[1340] Es lassen sich jedoch Kriterien ausmachen, die in einer Vielzahl der Definitionen vorkommen:

1. Neuheit (über eine gewisse Zeit hinweg)

1335 Vgl. SIMMLER (1998: 85ff.+544ff.).
1336 Vgl. ebd.: 619f.
1337 FLEISCHER (1975: 230f.).
1338 Vgl. ebd.: 233f.
1339 Vgl. HERBERG/KINNE (1998: 1) und KINNE (1998: 68). Zur Wortgeschichte des Begriffs Neologismus im Französischen und Deutschen siehe KINNE (1998: 68-73).
1340 Vgl. ELSEN (2011: 19), HELLER/HERBERG/LANGE/SCHNERRER/STEFFENS (1988: 4f.), HERBERG/KINNE (1998: 1), HERBERG (2001: 92), HERBERG/KINNE/STEFFENS (2004: XI), KINNE (1998: 74f.), WORBS (2009: 14).

2. Einbeziehung von neuen lexikalischen Einheiten (neue Ausdrucks- und Inhaltsseite) und neuen Bedeutungen bereits lexikalisierter Einheiten (nur neue Inhaltsseite)
3. Sprachlicher Integrationsprozess des Neologismus
4. Beschränkung auf einen bestimmten Zeitraum

Zu 1.: In allen Definitionen wird dem Begriff Neologismus das Merkmal „neu" zugeordnet. Zum einen werden die Neologismen selbst als „neue lexikalische Einheit bzw. die neue Bedeutung einer etablierten lexikalischen Einheit"[1341] beschrieben. Zum anderen gilt in vielen Definitionen als Kriterium, dass diese Neuheit von der überwiegenden Anzahl der Sprachbenutzer als solche empfunden wird.[1342]

Das Kriterium der Neuheit ist jedoch in mehrfacher Hinsicht problematisch. So stellt WORBS (2009: 15) die Frage danach, wie „man den Zeitpunkt des Aufkommens eines Wortes möglichst exakt bestimmen" kann, ob hierfür nur datierte Belege infrage kommen und inwiefern diese wirklich zuverlässig die Entstehungszeit angeben. Da „die einem Wort nur zeitweise anhaftende Eigenschaft Neuheit weder formal noch semantisch zuverlässig am Wort zu erkennen"[1343] ist, stellt das Identifizieren von Neologismen einige Schwierigkeiten dar. ELSEN (2011: 21f.) gibt an, dass dies nur über umfangreiche empirische Untersuchungen erfolgen kann, die sowohl eine breite Textbasis als auch die Befragung einer Vielzahl von Sprechern umfassen müssen. Sie wendet jedoch ein, dass „[g]roßangelegte Sprecherbefragungen [...] für eine Studie mit mehreren tausend Lexemen aber nicht möglich [sind]". Auch MATUSSEK (1994: 34) verweist auf die Schwierigkeit, „Kriterien dafür anzugeben, wann ein Wort als ‚neu' definiert werden soll, da es dafür höchstens relative Anhaltspunkte gibt".

1341 STEFFENS (2009: 166). Vergleichbare Formulierungen finden sich auch bei BUßMANN (2008: 470), ELSEN (2011: 22), HERBERG/KINNE/STEFFENS (2004: XI), KINNE (1998: 85) und TEUBERT (1998: 132+135). In vielen Definitionen ist alternativ bzw. zusätzlich enthalten, dass die Neologismen neu bzw. zu einem bestimmten Zeitpunkt „aufkommen" (vgl. HELLER/HERBERG/LANGE/SCHNERRER/STEFFENS (1988: 9), HERBERG/KINNE (1998: 2), HERBERG (2001: 92), KINNE (1998: 85), STEFFENS (2009: 166) und WORBS (2009: 14)). In beiden Fällen wird inhaltsseitig ausgedrückt, dass Neologismen tatsächlich neu sind (und nicht nur so empfunden werden).

1342 Vgl. BUßMANN (2008: 470), HELLER/HERBERG/LANGE/SCHNERRER/STEFFENS (1988: 9), HERBERG/KINNE (1998: 2), HERBERG (2001: 92), HERBERG/KINNE/STEFFENS (2004: XI), KINNE (1998: 85), SCHIPPAN (1992: 244) und STEFFENS (2009: 166)

1343 BARZ (1998: 12).

Da das Empfinden von Neuheit subjektiv bestimmt ist und u.a. von der Bildung, den Interessen und dem sozialen Umfeld eines Menschen abhängt, sind bei einer Beurteilung des Neuheitswertes einer Wortneubildung von Person zu Person unterschiedliche Ergebnisse zu erwarten.[1344] So offenbaren „[s]pontane Urteile über die Neuheit lexikalischer Einheiten, aber auch die Stichwortlisten einsprachiger Wörterbücher [...] erhebliche Normunsicherheiten bei der Entscheidung neu/nicht neu".[1345] Zudem ist der Neuheitseffekt von neuen lexikalischen Einheiten und Bedeutungen sehr verschieden. Während einige unverkennbar neu sind, fallen andere kaum auf.[1346]

Hinzu kommt das Problem, dass nicht überprüfbar ist, ob die Mehrheit der Sprachbenutzer einer Kommunikationsgemeinschaft eine lexikalische Einheit bzw. eine Bedeutung als neu empfindet. Darüber hinaus handelt es sich bei der Angabe „Mehrheit der Sprachbenutzer" um eine vage, unbestimmte Größe.

„Neu" im Sinne der meisten Neologismusdefinitionen meint nicht, dass ein Wort zum ersten Mal auftritt, sondern „neu im Sinne des allgemeinen Gebrauchs, der gesamtgesellschaftlichen Verständlichkeit und Verwendbarkeit".[1347] Bei einem lediglich einmal neu belegten Wort handelt es sich jedoch nicht um einen Neologismus, sondern um einen Okkasionalismus.[1348] Ein Neologismus

> muß über einen längeren Zeitraum verteilt auf mehrere Texte, Textsorten bzw. Genres vorkommen. [...] Das führt zu der paradoxen Einsicht, daß man von einem Neologismus erst dann sprechen kann, wenn das betreffende

1344 Vgl. BARZ (1996: 300+302) und BARZ (1998: 12+13f.).

1345 BARZ (1998: 13).

1346 BARZ (1998) beschäftigt sich mit dem Neuheitseffekt von Wortneubildungen. Sie kommt in ihrer empirischen Untersuchung zu dem Ergebnis, dass der Neuheitseffekt stark von den Merkmalen Serialität (dem Bilden von Wörtern nach bekannten, regelmäßigen Mustern), Singularität (dem unregelmäßigen Bilden von Wörtern, in den von Barz untersuchten Beispielen dem Bilden von Komposita aus kompositionsinaktiven Konstituenten) und Selbstdeutigkeit abhängig ist (ebd.: 26f.). „Am stärksten ist der Neuheitseffekt bei singulären, nicht selbstdeutigen Wortneubildungen" (ebd.), am geringsten bei seriellen, selbstdeutigen Wortneubildungen (ebd.: 27). „Je stärker eine Wortneubildung zu dem Wissen des Rezipienten in Widerspruch gerät, um so stärker ist ihr Neuheitseffekt. Umgekehrt ist er um so geringer, je geringer der Widerspruch aufgrund gespeicherter Wissenselemente ist, je mehr „Bekanntes" das neue Wort enthält bzw. aktiviert" (ebd.: 14). Vgl. auch (ebd.: 12) und BARZ (1996).

1347 HELLER/HERBERG/LANGE/SCHNERRER/STEFFENS (1988: 6).

1348 Die Abgrenzung von Neologismus und Okkasionalismus erfolgt an späterer Stelle dieses Kapitels.

Wort, bezogen auf das Korpus, über einen längeren Zeitraum in einer bestimmten Häufigkeit belegt ist – also nicht mehr neu ist.[1349]

TEUBERT gibt als notwendige Belegdauer für einen Neologismus mindestens ein Jahr an, wobei er in Klammern die Frage „oder zwei Jahre?“[1350] ergänzt. Dies zeigt, dass die Zeitspanne mehr oder weniger willkürlich gewählt ist. Da die sprachliche Integration bei den einzelnen Neologismen unterschiedlich schnell erfolgt,[1351] ist die Vorgabe eines festen Zeitraums nicht sinnvoll. Erkenntnisträchtiger in diesem Zusammenhang sind die ebenfalls von TEUBERT (1998: 135) aufgeführten Kriterien der Beleghäufigkeit und Distribution eines Neologismus.

Zu 2.: In der Forschungsliteratur herrscht überwiegend Konsens darüber, dass zu den Neologismen sowohl neue lexikalische Einheiten zählen als auch Neubedeutungen von etablierten lexikalischen Einheiten.[1352] Im ersten Fall ist sowohl die Inhalts- als auch die Ausdrucksseite neu, im zweiten ausschließlich die Inhaltsseite. Diese beiden unterschiedlichen Neologismentypen werden in der Forschungsliteratur teilweise terminologisch differenziert. Handelt es sich bei einem Neologismus um eine neue lexikalische Einheit, wird dieser auch als ‚Neulexem‘[1353] bezeichnet. Betrifft die Neuheit ausschließlich eine neue Inhaltsseite, die bei einem „etablierten mono- oder polysemen Lexem zu dessen vorhandenem Semem bzw. zu dessen vorhandenen Sememen“[1354] hinzukommt, wird der Neologismus auch als ‚Neubedeutung‘[1355] bezeichnet. Daneben werden zum Teil die Begriffe ‚Neusemem‘[1356] oder ‚Neosemantismus‘[1357]

1349 TEUBERT (1998: 134).

1350 TEUBERT (1998: 135).

1351 Vgl. KINNE (1998: 78+86).

1352 Diese Auffassung vertreten z.B. BUßMANN (2008: 470), ELSEN (2011: 22), HERBERG/KINNE (1998: 1f.), HERBERG (2001: 92), HERBERG/KINNE/STEFFENS (2004: XI), KINNE (1998: 85), STEFFENS (2009: 166), TEUBERT (1998: 132+135) und WORBS (2009: 14).

1353 Vgl. HERBERG/KINNE (1998: 1f.), HERBERG (2001: 92), HERBERG/KINNE/STEFFENS (2004: XI) und KINNE (1998: 82ff.). In dem etwas älteren Werk von HELLER/HERBERG/LANGE/SCHNERRER/STEFFENS (1988: 8) findet sich hinter dem Terminus ‚Neulexeme‘ als Synonym in Klammern der Begriff ‚Neubildungen‘. Auch BARZ (1998: 12) verwendet den Begriff ‚Wortneubildung‘.

1354 HERBERG/KINNE (1998: 2).

1355 Vgl. HELLER/HERBERG/LANGE/SCHNERRER/STEFFENS (1988: 8), HERBERG/KINNE (1998: 1f), HERBERG (2001: 92), HERBERG/KINNE/STEFFENS (2004: XI) und KINNE (1998: 82+84).

1356 Vgl. HELLER/HERBERG/LANGE/SCHNERRER/STEFFENS (1988: 8), HERBERG/KINNE (1998: 1f.) und KINNE (1998: 82+84).

1357 Vgl. BARZ (1998: 12), HERBERG/KINNE (1998: 1f), HERBERG (2001: 92) und KINNE (1998: 82+84).

verwendet bzw. angegeben. HELLER/HERBERG/LANGE/SCHNERRER/STEFFENS (1988: 8) unterscheiden eine dritte Form von Neologismen, bei denen eine neue Ausdrucksseite entsteht, die sich auf „bereits benannte Erscheinungen oder Sachverhalte der objektiven Realität (z.B. Raumpflegerin statt Reinemachfrau, Sekundärrohstoffe statt Altstoffe)"[1358] bezieht. Derartige Neologismen mit neuer Ausdrucks- und etablierter Inhaltsseite, nennen sie ‚Neuformative'.[1359]

Nach QUASTHOFF (2007: 9) ist bei der Einteilung der Neologismen in verschiedene Typen unklar, „inwiefern neue kommunikative und konnotative Bedeutungsaspekte schon den Begriff *Neubedeutung* als einer Form des Neologismus rechtfertigen". Zudem gibt er an, dass sich neue Bedeutungen schwer identifizieren lassen.[1360] Letzterer Aspekt trifft nicht auf alle Neubedeutungen zu. So kam zu der lexikalischen Einheit „Maus" mit dem Hauptsemem „kleines [graues] Nagetier mit spitzer Schnauze, das [als Schädling] in menschlichen Behausungen, auf Feldern und in Wäldern lebt".[1361] zu einem späteren Zeitraum das Neusemem „[auf Rollen] gleitendes, über ein Kabel oder per Funk mit einem PC verbundenes Gerät, das auf dem Tisch hin und her bewegt wird, um den Cursor oder ein anderes Markierungssymbol auf dem Monitor des Computers zu steuern [und durch Drücken einer Taste ein Programm zu starten]"[1362] hinzu, das sich grundsätzlich von dem ursprünglichen Semen unterscheidet und sich einfach identifizieren lässt. Nachvollziehbar sind QUASTHOFFs Unsicherheiten bei der Zuordnung von neuen konnotativen Bedeutungsaspekten zu den Neologismen. Werden derartige Verschiebungen bestehender lexikalisierter Inhaltsseiten prinzipiell als Neologismen anerkannt, stellt sich das Problem, ab welchem Grad das Hinzutreten von wertenden Bedeutungsaspekten eine Inhaltsseite so stark verändert, dass sie als neues, eigenständiges Semem der lexikalischen Einheit aufgefasst werden muss. Auch SCHIPPAN sieht das Problem, dass „die Annahme von Neosemantismen […] zu wenig die Beweglichkeit der Wortbedeutungen [berücksichtigt] und […] die Gefahr einer statischen Zeichenauffassung in sich [birgt]".[1363] Sie sieht daher Neosemantismen nur dann als Neuwörter an, „wenn es sich um eine bewußte Neuzuordnung von Formativ und Bedeutung handelt, durch die

1358 HELLER/HERBERG/LANGE/SCHNERRER/STEFFENS (1988: 8).

1359 Ebd.: 8.

1360 Ebd.: 9. Vgl. auch SCHIPPAN (1992: 245).

1361 http: //www.duden.de/rechtschreibung/Maus_Nagetier (Aufruf 09.03.2015).

1362 http: //www.duden.de/rechtschreibung/Maus_Nagetier (Aufruf 09.03.2015).

1363 SCHIPPAN (1992: 245).

eine neue lexikalische Einheit entsteht".[1364] Bedeutungserweiterungen konnotativer oder anderer Art werden bei ihr nicht zu den Neologismen gezählt.

Die Entscheidung, ob konnotative Veränderungen als Neubedeutungen aufgefasst werden oder nicht, berührt auch das Ansetzen von ‚Neuformativen'[1365] als weiteren Neologismustyp. HELLER/HERBERG/LANGE/SCHNERRER/STEFFENS (1988: 8) nennen als Beispiele „Raumpflegerin" statt „Reinemachfrau" und „Sekundärrohstoffe" statt „Altstoffe". Die Bezeichnungen beziehen sich zwar jeweils beide auf dieselbe außersprachliche Realität, jedoch besitzen *Raumpflegerin* und *Sekundärrohstoffe* eine deutlich positivere Konnotation. Mit „Pflegerin" verbindet man einen Menschen, der sich verantwortungsbewusst und sorgfältig um einen hilfsbedürftigen Menschen kümmert. Die zweite Konstituente des Kompositums „Raumpflegerin" stellt den Bezug zu dieser positiven Tätigkeit her, wodurch der Begriff gegenüber „Reinemachfrau" aufgewertet wird. Ebenso besitzt „alt" eine negative Begleitvorstellung im Sinne von „verbraucht" oder „abgenutzt", während „sekundär" gehobener, inhaltsseitig durch die fremdsprachliche Herkunft unbestimmter und dadurch deutlich positiver klingt. Wird die Auffassung vertreten, dass eine konnotative Veränderung bzw. Belegung der ursprünglichen Inhaltsseite zu einem neuen Semem führt und somit als Neubedeutung aufzufassen ist, lassen sich „Raumpflegerin" und „Sekundärstoffe" zu den Neulexemen rechnen, da sie in diesem Fall eine neue Ausdrucks- und Inhaltsseite besitzen. SCHIPPAN (1992: 245) lehnt das Ansetzen von Neuformativen generell ab, da Wörter wie „Raumpflegerin" nicht nur eine neue Ausdrucksseite besitzen, „sondern [...] generell eine neue Formativ-Bedeutungs-Zuordnung [erfolgt]. Das betrifft jede Wortbildung, so daß eine Kategorie ‚Neuformativ' irreführend ist."[1366]

Zu 3: Die Mehrheit der Definitionen beinhaltet, dass ein Neologismus verschiedene Entwicklungsstufen der sprachlichen Akzeptanz durchlaufen muss, um als solcher zu gelten. So enthalten viele der Definitionen die Formulierung, dass ein Neologismus „in einem bestimmten Abschnitt der Sprachentwicklung in einer Kommunikationsgemeinschaft aufkommt, sich ausbreitet, als sprachliche Norm allgemein akzeptiert

1364 Ebd.: 246.
1365 So z.B. bei HELLER/HERBERG/LANGE/SCHNERRER/STEFFENS (1988: 8).
1366 SCHIPPAN (1992: 245). ELSEN (2011: 20) geht auf den strittigen Status von Neuformativen ein und nennt Vertreter für beide Auffassungen.

[…] wird“.[1367] Als Stufen des sprachlichen Integrationsprozesses eines Neologismus gibt WORBS (2009: 15) verschiedene Phasen an: In der Initialphase tritt der Neologismus zum ersten Mal auf. Zu diesem Zeitpunkt handelt es sich bei diesem noch um einen Okkasionalismus.[1368] In der Usualisierungs- bzw. Akzeptanzphase breitet er sich aus und wird „von größeren sozialen Gruppen übernommen“.[1369] Die Lexikalisierungsphase endet mit dem „Übergang eines neuen Wortes in den standardsprachlichen Wortschatz“.[1370] Eine ähnliche Gliederung findet sich auch bei anderen Autoren.[1371]

Die Voraussetzung eines sprachlichen Integrationsprozesses bedingt, dass eine lexikalische Einheit bzw. eine neue Bedeutung einer etablierten lexikalischen Einheit erst dann als Neologismus zählt, wenn sie nicht mehr „neu“ ist bzw. nicht mehr als neu empfunden wird. Der Status ‚Neologismus‘ kann somit immer nur rückblickend verliehen werden. Wortneubildungen der unmittelbaren Gegenwart können demnach nie als Neologismen, sondern (zunächst) immer nur als Okkasionalismus bezeichnet werden, da sich erst nach einiger Zeit erkennen lässt, ob es sich bei diesen um einmalige bzw. nur selten auftretende Bildungen handelt oder sie die für den Neologismus notwendigen Phasen der sprachlichen Integration durchlaufen haben.[1372]

Das Hauptmerkmal für den Abschluss der sprachlichen Integration eines Neologismus ist der „allgemeinsprachliche Gebrauch eines neuen Wortes“.[1373] Dieses Kriterium ist jedoch mit einigen Problemen verbunden. Nach HEUSINGER (2004: 33) ist es in der Sprachpraxis

---

1367 Vgl. HELLER/HERBERG/LANGE/SCHNERRER/STEFFENS (1988: 9), HERBERG/KINNE (1998: 2), HERBERG (2001: 92), KINNE (1998: 85), STEFFENS (2009: 166). Inhaltlich vergleichbar ist dieser Prozess auch bei WORBS (2009: 14) enthalten. Bei ELSEN (2011: 46) findet sich ebenfalls der Aspekt einer zunehmenden sprachlichen Akzeptanz von Neologismen (im engeren Sinne), ebenso bei HEUSINGER (2004: 32) und TEUBERT (1998: 134).

1368 Auf den Unterschied zwischen Neologismus und Okkasionalismus wird weiter unten in den Ausführungen eingegangen.

1369 WORBS (2011: 15).

1370 Ebd.: 15.

1371 Nach KINNE (1998: 86) durchläuft ein Neologismus die Phasen „Entstehung → Usualisierung → Akzeptierung → Lexikalisierung/Integration“, HERBERG/KINNE (1998: 2) führen die Phasen Usualisierung, Akzeptierung und Lexikalisierung, HERBERG (2001: 92) nur noch die Phasen Usualisierung und Lexikalisierung und HERBERG/KINNE/STEFFENS (2004: XII) Usualisierung, Lexikalisiserung und Integration als Abgrenzungskriterien zum Okkasionalismus an.

1372 Vgl. ELSEN (2011: 21).

1373 Ebd.

nur schwer möglich, zwischen lexikalisierten und nicht lexikalisierten Elementen zu unterscheiden, weil beispielsweise Okkasionalismen aus dem Kontext in der Regel durchaus verständlich sind und ihre „Einmaligkeit" im Moment der Wahrnehmung nicht nachgewiesen werden kann bzw. vom Rezipienten auch nicht unbedingt als „einmalig" empfunden wird.

Die Aufnahme in ein Standardwörterbuch ist das verlässlichste Zeichen dafür, dass ein Wort Teil der Standardsprache geworden ist. WORBS (2009: 15) macht auf den Widerspruch aufmerksam, dass in diesem Fall „einige Autoren von sog. lexikografischen oder Wörterbuchneologismen [sprechen], für andere [...] in diesem Moment der Neologismus auf [hört], ein Neologismus zu sein".[1374] Von diesen unterschiedlichen Auffassungen abgesehen, ist der Nachweis des Lexikalisiertheitsgrades oft mit Schwierigkeiten verbunden.[1375] Nimmt man Wörterbücher als Referenz, besteht das Problem, dass diese nicht vollständig sind.[1376] Es kann nie mit Sicherheit gewährleistet werden, dass tatsächlich alle lexikalisierten Einheiten in einem Wörterbuch erfasst sind. Ein Begriff kann in der Erstauflage vergessen[1377] oder nicht als solcher identifiziert worden sein. Nach TEUBERT (1998: 132) „sind auch in unseren Großwörterbüchern nicht mehr als dreißig Prozent des Gesamtwortschatzes [verläßlich] beschrieben; damit werden bei weitem nicht einmal die Vokabulare abgedeckt, die in der fachexternen Kommunikation, beispielsweise in Sachwörterbüchern, Verwendung finden". Folglich kann ein Wort auch schon lange existieren, wenn es nicht in einem Wörterbuch steht.[1378] Ein Lexikon lässt sich somit „höchstens als negatives Kriterium"[1379] anwenden: „Wenn ein Wort bereits hier aufgeführt ist, ist es nicht neu."[1380]

WORBS (2009: 15) spricht weitere Probleme an, die bei dem Kriterium eines sprachlichen Integrationsprozesses für Neologismen auftreten. So fragt sie nach der Anzahl und der Art der sozialen Gruppen, die ein neues Wort in ihr sprachliches Repertoire aufgenommen haben müssen, um ihm den Status einer standardsprachlichen neuen Einheit zuzusprechen. Es fehlen in den Definitionen generell exakte, messbare und

1374 Vgl. auch HELLER/HERBERG/LANGE/SCHNERRER/STEFFENS (1988: 4).

1375 Vgl. BARZ (1998: 17) und ELSEN (2011: 21). BARZ (1998: 17) führt aus, dass es eine „differenzierte[n] Skala von Lexikalisiertheitsgraden" gibt, „deren Pole Okkasionalismen einerseits und Lexikalisiertheit andererseits darstellen".

1376 Vgl. MATUSSEK (1994: 34f.) und TEUBERT (1998: 132).

1377 Vgl. ELSEN (2011: 46).

1378 Vgl. TEUBERT (1998: 132) und ELSEN (2011: 22).

1379 MATUSSEK (1994: 34).

1380 Ebd.

überprüfbare Kriterien, nach denen die einzelnen Phasen der sprachlichen Integration eines Neologismus bestimmt werden können.[1381]

Die Ausbreitung bzw. der allgemeinsprachliche Gebrauch eines neuen Wortes bzw. einer neuen Bedeutung muss an einer bestimmten, festgelegten Beleghäufigkeit und Distribution gemessen werden können,[1382] wenn die einzelnen Phasen wirklich klar und nachvollziehbar voneinander getrennt werden und nicht nur auf der subjektiven Beurteilung einer oder weniger Personen beruhen sollen. Dieser Nachweis bedeutet jedoch einen enormen Aufwand, der kaum für alle potentiellen Neologismen leistbar ist und zudem überwiegend auf schriftliche Texte beschränkt bleiben würde.

Zu 4.: Der Prozess der sprachlichen Integration bedingt, dass der Begriff Neologismus

> ein relativer und historisch gebundener Begriff [ist]. Die Bezugnahme auf den (mehr oder weniger exakt zu bestimmenden) Zeitpunkt des Aufkommens sowie auf die sich anschließende Ausbreitungs- und Durchsetzungsphase (bis zur Lexikalisierung) ist für die Definition des Neologismus entscheidend.[1383]

Die zeitliche Begrenzung des Neologismusstatus wird in den Definitionen beispielsweise über die Formulierung „in einem bestimmten Abschnitt der Sprachentwicklung in einer Kommunikationsgemeinschaft“[1384] oder bezogen auf eine konkrete Arbeit durch Nennung des Untersuchungszeitraums (z.B. „Erfasst werden die in den letzten fünfzehn bis zwanzig Jahren (im [W]esentlichen nach 1989/90, in einigen Fällen ab 1985) neu aufgekommenen heimischen wie entlehnten Wörter, Wortbedeutungen und festen Wortgruppen (Mehrworttermini und Phraseme) [...].“[1385]) angegeben.

HELLER/HERBERG/LANGE/SCHNERRER/STEFFENS (1988: 6) geben an, dass es „allerdings nur im konkreten Falle und nur im Blick

---

1381 Vgl. HELLER/HERBERG/LANGE/SCHNERRER/STEFFENS (1988: 4) und WORBS (2009: 15).

1382 Diese Kriterien nennt TEUBERT (1998: 135) wichtig, ohne sie jedoch zu konkretisieren. Vgl. auch ebd.: 132.

1383 HERBERT/KINNE (1998: 2). Fast wörtlich so auch bei HERBERG (2001: 92), HERBERG/KINNE/STEFFENS (2004: XII) und KINNE (1998: 85).

1384 Diese Formulierung tritt bei den sehr ähnlichen Definitionen von HELLER/HERBERG/LANGE/SCHNERRER/STEFFENS (1988: 9), HERBERG/KINNE (1998: 1+2), HERBERG (2001: 92), KINNE (1998: 85) und STEFFENS (2009: 166) auf. HELLER/HERBERG/LANGE/SCHNERRER/STEFFENS (1988: 6) geben weitere Beispiele für Formulierungen in Definitionen, die eine Zeitabhängigkeit erkennen lassen.

1385 WORBS (2009: 14).

auf historische Epochen gelingen“ kann, einen derartigen festen Zeitabschnitt anzugeben. In Zeiten eines politischen Wandels beispielsweise ist davon auszugehen, dass bestimmte neue Begriffe zur Benennung neuer Institutionen, Ämter, ideologischer Vorstellungen etc. eingeführt werden, deren Lexikalisierung sich entsprechend zeitlich besser bestimmen lässt. Auch KINNE verweist auf „eine dringliche Notwenigkeit zur Benennung und Bezeichnung“ in Umbruchszeiten. Er relativiert dies jedoch mit der Aussage, dass „Aufkommen und Entwicklung von Neologismen [...] aber nicht nur und vermutlich auch gar nicht vorrangig an solche historischen Umbruchssituationen gebunden [sind]“.[1386] Wird die Zeitspanne jedoch willkürlich gewählt (z.B. die Neologismen der Fünfziger Jahre), besteht das Problem, dass sich ein neuer Begriff erst im Anschluss an den untersuchten Zeitraum sprachlich durchsetzen kann und ihm dadurch der Status eines Neologismus zu Unrecht vorenthalten wird. Für die unmittelbare Gegenwart stellt sich zudem die Frage, „wie weit zurückgegriffen werden kann und muß und darf“.[1387]

Die kritische Betrachtung des Neologismusbegriffs zeigt, dass dieser mit zahlreichen, teilweise auch in Zukunft schwer zu lösenden Problemen und Unsicherheiten verbunden ist. Dennoch vermittelt eine Neologismusdefinition, welche die vier genannten Kriterien umfasst, eine gute Vorstellung davon, was einen Neologismus prinzipiell ausmacht. Als Beispiel wird hier die Definition von STEFFENS (2009: 166) aufgeführt, die sich fast identisch auch bei anderen Autoren[1388] findet:

> Ein Neologismus ist eine neue lexikalische Einheit bzw. die neue Bedeutung einer etablierten lexikalischen Einheit, die in einem bestimmten Abschnitt der Sprachentwicklung in einer Kommunikationsgemeinschaft aufkommt, sich ausbreitet, als sprachliche Norm allgemein akzeptiert und in diesem Entwicklungsabschnitt von der Mehrheit der Sprachbenutzer eine gewisse Zeit lang als neu empfunden wird.

Diese Definition erlaubt in vielen Punkten eine Abgrenzung von anderen sprachlichen Innovationen, maßgeblich von den Okkasionalismen.[1389] Bei Letzteren handelt es sich ebenfalls um neue Wörter bzw. Bedeutun-

---

1386 KINNE (1998: 87).

1387 HELLER/HERBERG/LANGE/SCHNERRER/STEFFENS (1988: 6).

1388 Vgl. Vgl. HERBERG/KINNE (1998: 2), HERBERG (2001: 92), HERBERG/KINNE/STEFFENS (2004: XII) und KINNE (1998: 85).

1389 Unter „diversen Neuerungen“, die KINNE (1998: 86f.) neben den Okkasionalismen und Neologismen als dritte Gruppe der „Lexikalischen Neuerungen“ aufführt, versteht KINNE z.B. den Valenzwandel, die Gebrauchszunahme/-abnahme von Lexemen sowie eine entstehende Bedeutungsdominanz oder Konnotation einer bestehenden Bedeutung (ebd.: 87).

gen. Anders als Neologismen werden diese jedoch nur selten oder teilweise nur einmal verwendet[1390] und sind „zudem beschränkt […] auf wenige Texte, die nur zu einer oder zwei Textsorten bzw. Genres gehören".[1391] Sie können auch ausschließlich auf eine konkrete Benennungssituation bezogen bleiben. Entscheidend ist, dass Okkasionalismen (noch) nicht Teil des allgemeinen Sprachgebrauchs sind.[1392] „Usualisierung, Akzeptierung, Lexikalisierung und somit Integration sind wesentliche Abgrenzungskriterien des Neologismus gegenüber dem Okkasionalismus."[1393]

Als weiterer Unterschied wird von KINNE (1998: 85) aufgeführt, dass ein Neologismus „vor allem (aber nicht ausschließlich) aufgrund kommunikativer Bedürfnisse aufkommt und sich ausbreitet",[1394] während ein Okkasionalismus „seine Existenz meist keinem allgemeinen kommunikativen Bedürfnis verdankt".[1395] Auch wenn KINNE auf wenige Ausnahmen verweist, eignet sich dieses Merkmal zur Unterscheidung und liefert zugleich einen Grund für die unterschiedliche Ausbreitung der beiden Wortneubildungstypen. Einschränkend muss ergänzt werden, dass das Merkmal des fehlenden allgemeinen kommunikativen Bedürfnisses nur auf die Okkasionalismen zutrifft, die sich nicht zu Neologismen weiterentwickeln.

Schwierig wird die Unterscheidung von Neologismus und Okkasionalismus unter dem Gesichtspunkt, dass jeder Neologismus bei seinem Aufkommen zunächst ein Okkasionalismus ist bzw. dass einige Okkasionalismen sprachlich integriert und somit zu Neologismen werden.[1396] Auf diesen Sachverhalt verweist auch BARZ (1998: 17), indem sie Okkasionalismen, Neologismen und dauerhaft lexikalisierte Wörter nicht

1390 Vgl. TEUBERT (1998: 133).

1391 Ebd.: 133f.

1392 Vgl. BUßMANN (2008: 470), CHRISTOFIDOU (1994: 16) und HEUSINGER (2004: 32).

1393 KINNE (1998: 86). Vgl. auch HELLER/HERBERG/LANGE/SCHNERRER/STEFFENS (1988: 9), HERBERG/KINNE (1998: 2), HERBERG/KINNE/STEFFENS (2004: XII) und TEUBERT (1998: 132+133).

1394 Vgl. auch KINNE (1998: 78) und SCHIPPAN (1992: 246). HELLER/HERBERG/LANGE/SCHNERRER/STEFFENS (1988: 9) geben als Grund für das Aufkommen von Neologismen in ihrer Neologismusdefinition ebenfalls die kommunikativen Bedürfnisse der Kommunikationsgemeinschaft an. Anders als KINNE verweisen sie hierbei nicht auf Ausnahmen.

1395 KINNE (1998: 86). Vgl. auch HELLER/HERBERG/LANGE/SCHNERRER/STEFFENS (1988: 9).

1396 Vgl. BUßMANN (2008: 492), ELSEN (2011: 21), GREWENDORF/HAMM/STERNEFELD (1993: 268), HEUSINGER (2004: 32), KINNE (1998: 78) und SCHIPPAN (1992: 244).

als diskrete Gruppen auffasst, sondern eine „differenzierte[] Skala von Lexikalisiertheitsgraden" annimmt, „deren Pole Okkasionalismen einerseits und Lexikalisiertheit andererseits darstellen".[1397] Dies führt zu dem Problem, wo exakt die Grenze zwischen Neologismus und Okkasionalismus zu ziehen ist,[1398] welche (wie auch immer messbare) Stufe der sprachlichen Integration erreicht bzw. nicht überschritten werden darf.

Die Klärung der in den Ausführungen zum Terminus Neologismus aufgeworfenen Fragen ist nicht Ziel und Interesse dieser Arbeit, sondern bleibt entsprechenden Spezialuntersuchungen vorbehalten. Die terminologische Differenzierung zwischen Neologismus und Okkasionalismus besitzt für die Textsortenbestimmung dieser Arbeit keine Relevanz. Im Rahmen der Untersuchung werden allgemein besonders originelle und auffällige neue Wörter in Relation zu ihrer Textsortengebundenheit analysiert, wobei als Referenz für den Neuheitsgrad die fehlende Erfassung im „DUDEN. Das große Wörterbuch der deutschen Sprache in zehn Bänden (1999)" sowie das aktuellere und umfassendere Wörterbuch unter www.duden.de gilt. Um dennoch die existierenden begrifflichen Unterscheidungen nicht zu ignorieren und die Begriffe Neologismus oder Okkasionalismus unüblich bzw. dem allgemeinen Forschungsstand nach fehlerhaft zu verwenden, wird das Vorgehen von BARZ (1998: 17) übernommen, die auf eine terminologische Unterscheidung verzichtet und den allgemeinen Begriff ‚Wortneubildung' verwendet.[1399]

3.1.3.2 Bestimmung von ‚Originalität' und ‚Originellen Wortneubildungen'

Das Wort „Originalität" leitet sich vom französischen „originalité" ab, das seinerseits vom lateinischen „originalis" (= ursprünglich) stammt. Neben seiner anfänglichen Bedeutung im Sinne von „Ursprünglichkeit, Echtheit, Selbstständigkeit" hat sich im Laufe der Zeit eine weitere entwickelt, die sich mit „Besonderheit, wesenhafte Eigentümlichkeit" angeben lässt.[1400]

Originalität beruht auf mehreren Eigenschaften, von denen „die Fähigkeit zum ‚Querdenken'", „die Gabe freien Assoziierens oder die Auf-

1397 Vgl. auch MATUSSEK (1994: 37f.).

1398 Vgl. HELLER/HERBERG/LANGE/SCHNERRER/STEFFENS (1988: 4).

1399 Vgl. auch MATUSSEK (1994: 33), die ebenfalls bei ihrer Untersuchung den Terminus ‚Wortneubildung' verwendet.

1400 Vgl. DUDEN (2010: 747), http://de.pluspedia.org/wiki/Originalit%C3%A4t. Vgl. auch http://synonyme.woxikon.de/synonyme/originalit%C3%A4t.php und http://www.duden.de/rechtschreibung/Originalitaet (Aufruf 11.03.2015).

merksamkeit für Ungewöhnliches“ sowie „ein höheres Maß an Phantasie oder ein spezieller Humor“[1401] für die Bildung von Wortneubildungen besonders relevant erscheinen.

In der Wortgruppe ‚Originelle Wortneubildungen‘ schließt die Inhaltsseite des Adjektivs an die zweite Bedeutung von ‚Originalität‘ an. Als entsprechende Synonyme finden sich u.a. die Wörter „außergewöhnlich“, „einmalig“, „kreativ“, „erfinderisch“, „fantasievoll“, „geistreich“, „kurios“, „seltsam“ und „komisch“.[1402] Bei ‚Originellen Wortneubildungen‘ handelt es sich entsprechend der Adjektivbedeutung somit um Wörter, die in irgendeiner Art und Weise dem Leser neu und besonders auffällig erscheinen. ‚Originell‘ sind Wortneubildungen in dieser Arbeit unter folgenden Bedingungen:[1403]

1. Es werden zwei oder mehr Morpheme kombiniert, die scheinbar nicht zusammenpassen bzw. aus verschiedenen Bereichen stammen und ein Kompositum mit (zunächst) unklarer Inhaltsseite konstituieren (z.B. *„Reihenhaus-Heroin“*[1404] oder *„Gefriertruhen-Fetischismus“*[1405])
2. Eine Konstituente wird metaphorisch gebraucht (z.B. *„Bibelsurfer“*[1406])
3. Die Wortneubildung beinhaltet eine umgangssprachliche (z.B. *„Potenzprotz“*[1407] oder *„Vivaldi-Stückerl“*[1408]), übertriebene (z.B. *„Riesenblume“*[1409] oder *„überdick“*[1410]) oder vulgärsprachlichen Konstituente (z.B. *„Kackwurst“*[1411])
4. Die Wortneubildung besteht aus sehr vielen Morphemen, sodass ein auffällig langes neues Wort entsteht (z.B. *„Liebesquasselstrippenzieherei“*[1412])

1401 http: //de.pluspedia.org/wiki/Originalit%C3%A4t (Aufruf 11.03.2015).

1402 Vgl. http://synonyme.woxikon.de/synonyme/originell.php und http://www.duden.de/rechtschreibung/originell (Aufruf 11.03.2015).

1403 Die folgenden Beispiele entstammen alle dem ‚Tagesspiegel‘. Entsprechende ‚Originelle Wortneubildungen‘ der ‚Zeit‘ werden bei den jeweiligen TS auf der Ebene der Lexik behandelt.

1404 ‚Reihenkritik‘, Serie „**CITY** *Lights*“, „Süßholz und Sauertopf“, 26. Juli 2007, Seite 29.

1405 ‚Reihenkritik‘, Serie „**SPIEL** *Sachen*“, „Oh Pein, oh Schmerz“, 10. August 2007, Seite 27.

1406 ‚Freier Kommentar‘, Serie „**AUF** *Schlag*“, „Der Download Gottes“, 4. Juni 2007, Seite 27.

1407 ‚Freier Kommentar‘, Serie „**DER** *feine* **UNTERSCHIED**“, „Episch oder lakonisch“, 27. Juli 2007, Seite 23.

1408 ‚Reihenkritik, Serie „KURZ & KRITISCH“, „Ein Erster unter Gleichen“, 10. Juni 2007, Seite 26.

1409 ‚Reihenkritik‘, Serie „**KUNST** *Stücke*“, „Vexierspiele“, 7. Juli 2007, Seite 25.

1410 ‚Reihenkritik‘, Serie „*Jurjews* **KLASSIKER**“, „Buch ohne Rücken“, 5. August 2007, Seite 28.

1411 ‚Freier Kommentar‘, Serie „**AUF** *Schlag*“, „Mein Weg“, 6. August 2007, Seite 23.

1412 ‚Reihenkritik‘, Serie „**DER FILM** *Tipp…*“, 28 Juni 2007, Seite 29.

5. Die Wortneubildung ahmt in erkennbarer Weise ein bereits existierendes Wort oder gängige Bildungsweisen nach bzw. stellt ein Wortspiel dar (z.B. „*Vermurksung*",[1413] „*Doofel-Ich*"[1414] und „*One-Summer-Stand*"[1415])
6. Eine Konstituente des neuen Wortes ist sehr komplex (z.B. eine Zusammenrückung wie in „*Einmal-im-Leben-Philosophie*"[1416] oder „,*Alles, was zu Hause so rumsteht*'-*Lesen*"[1417])
7. Es werden fremdsprachige Grundmorpheme verwendet (z.B. „*Chillout-Groove*"[1418])

Nicht alle Wortneubildungen, auf die eines der Kriterien zutrifft, sind als gleichermaßen originell und damit auffällig einzustufen.[1419] Auch innerhalb der ‚Originellen Wortneubildungen' gibt es Unterschiede im Grad ihrer Kreativität. So können auf eine ‚Originelle Wortneubildung' gleich mehrere der genannten Kriterien zutreffen (z.B. „*Self-made-Philosophie*"[1420]), während bei anderen eventuell schon strittig ist, ob ein Kriterium ausreichend erfüllt ist (z.B. „*Hysteriefaktor*"[1421]). Im Rahmen dieser Untersuchung werden die Kriterien eher großzügiger ausgelegt, d.h. im Zweifelsfall gilt die Wortneubildung als originell.

Nicht zu den ‚Originellen Wortneubildungen' zählen die Komposita, die vorrangig praktischen Zwecken wie der kurzen, präzisen Benennung einer Person oder Sache dienen. Sie sind zwar häufig durch das Vorhandensein eines Bindestrichs als Wortneubildung erkennbar, jedoch sind sie inhaltsseitig sofort eindeutig bestimmbar, da sich ihre Konstituenten logisch aufeinander beziehen. Die erste Konstituente besteht bei diesen oft aus einem Namen (z.B. „*Hitler-Attentäter*"[1422] oder „*Goethe-Ar-*

1413 ‚Freier Kommentar', „Serie C", „Das Kapital unter Verdacht", 20. Juni 2007, Seite 21.

1414 ‚Reihenkritik', Serie „**AUFGESCHLAGEN** *Zugeschlagen*", „Denken Sie sich satt", 3. Juni 2007, Seite 25. Das Wort stellt eine Analogiebildung zu dem Buchtitel *Moppel-Ich* dar.

1415 ‚Gesprächsinterview', „Es weht ein neuer Wind", 20. Juli 2007, Seite 25.

1416 ‚Reihenkritik', Serie „**AUFGESCHLAGEN** *Zugeschlagen*", „Kitsch der grauen Gänse", 1. Juli 2007, Seite 25.

1417 ‚Reihenkritik', Serie „*Jurjews* **KLASSIKER**", „Buch ohne Rücken", 5. August 2007, Seite 28.

1418 ‚Reihenkritik', Serie „KURZ & KRITISCH", „POP", 24. Juni 2007, Seite 26.

1419 Vgl. auch MATUSSEKs (1994: 38ff.) Ausführungen zur unterschiedlichen Auffälligkeit von Wortneubildungen und BARZ (1998).

1420 ‚Reihenkritik', Serie „**AUFGESCHLAGEN** *Zugeschlagen*", „Denken Sie sich satt", 3. Juni 2007, Seite 25.

1421 ‚Reihenkritik', Serie „**HIT** *Parade*", „Enrique Iglesias", 13. Juli 2007, Seite 26.

1422 ‚Meldung', „Stauffenberg-Enkel versteht Streit um ‚Valkyrie' nicht", 5. August 2007, Seite 26.

chiv"[1423]).[1424] ‚Originelle Wortneubildungen' unterscheiden sich von diesen neuen Komposita gerade dadurch, dass sich ihre Konstitution nicht primär an bekannten Benennaspekten orientiert, sondern sie durch spezifische Mittel (siehe oben) bewusst auffallen wollen.

Ebenfalls nicht zu den ‚Originellen Wortneubildungen' werden Eigennamen gerechnet, da diese nicht aus einem bestimmten Grund als kreative Leistung vom Verfasser des TE gebildet wurden, sondern wie andere „gewöhnliche" Namen nur zur Benennung einer Person, Sache oder Ähnlichem verwendet werden.

3.1.3.3 Bedeutungsentschlüsselung der Wortneubildungen

Besonders zahlreich treten Wortneubildungen bei dem Wortbildungsprinzip der Komposition auf. Vor allem bei den Dekomposita handelt es sich fast ausschließlich um neue Wörter. Der bei vielen Wortneubildungen auftretende Bindestrich weist auf die Neuheit der Verbindung und auf deren noch geringe Festigkeit hin. Zugleich sorgt er für eine bessere Lesbarkeit des neuen Begriffs. Es kann vorkommen, dass innerhalb eines TE dieselbe Wortneubildung mit und ohne Bindestrich auftritt. Die Variante mit Bindestrich steht dabei immer zuerst. Ist der Rezipient mit dem neuen Begriff vertraut, erscheint der Strich oft nicht mehr nötig.

Für das richtige Verständnis von *ad hoc*-Komposita in verschiedenen TS sind drei Grundlagen nötig:

> Die erste Grundlage ist die Kenntnis von Kompositionsregeln, die zweite die Kenntnis der Inhaltsseiten der Kompositionsglieder und die dritte „das gemeinsame Wissen der Partner". Alle drei Grundlagen fließen in die „allgemeine Deutungsregel" ein, dass die Kompositionsglieder etwas miteinander zu tun haben; sie bilden den Beginn einer Bedeutungsindizierung. Über das gemeinsame Wissen, das „Bestandteil jeder Kommunikation" ist, erfolgt die Präzisierung der Bedeutungsindizierung.[1425]

Beispielhaft soll dieser Verständnisprozess an der Wortneubildung „*Hügelchef*"[1426] dargelegt werden. Hierzu werden zunächst die Inhaltsseiten der beiden Grundmorpheme {ˈhyːgl̩} und {ʃɛf} isoliert betrachtet. Bei der ersten Konstituente des Determinativkompositums handelt es sich um das substantivische Grundmorphem {ˈhyːgl̩}. Dieses ist inhaltsseitig definiert

1423 ‚Meldung', „Klassik Weimar: Mehr Geld, mehr Stellen", 15. Juni 2007, Seite 25.

1424 Vgl. MATUSSEK (1994: 65ff.).

1425 SIMMLER (1998: 48f.). Vgl. auch die Ausführungen von MATUSSEK (1994: 30f.) zu den Voraussetzungen für das Verstehen der intendierten Bedeutung einer Wortbildung.

1426 ‚Freier Kommentar', „Serie C", „In der Wagner-Wiege", 11. Juli 2007, Seite 21.

als „kleinere, sanft ansteigende Bodenerhebung, kleiner Berg“.[1427] Die zweite Konstituente {ʃɛf}, die ebenfalls ein substantivisches Grundmorphem darstellt, besitzt die Inhaltsseite „Leiter, Anführer“.[1428]

Um nun die treffende Bedeutung des gesamten Kompositums herauszufinden, muss der Inhalt des Artikels näher betrachtet werden, da die Bedeutungsannäherung „Leiter einer Bodenerhebung“ keinen Sinn ergibt.

Das TE handelt von der Nachfolgersuche für Wolfgang Wagner, der die Bayreuther Festspiele leitet, die jedes Jahr in einem Festspielhaus auf dem ‚Grünen Hügel‘ in Bayreuth stattfinden. Das Kompositum „*Hügelchef*“ wird als Bezeichnung für Wolfgang Wagner verwendet. Durch die kontextuellen Informationen lässt sich die Inhaltsseite von „*Hügel*“ dahingehend präzisieren, dass damit nicht irgendeine Erderhebung gemeint ist, sondern der ‚Grüne Hügel‘ in Bayreuth. In dem Kompositum fungiert „*Hügel*“ darüber hinaus als Synonym für die Bayreuther Festspiele an sich, die auf diesem stattfinden. Das Semem der Wortbildung „*Hügelchef*“ kann hiernach mit „Leiter der Bayreuther Festspiele“ angegeben werden.

Wortneubildungen, die durch die Wortbildungsprinzipien Derivation und Konversion gebildet werden, sind eher selten. Die Inhaltsseite der Derivata lässt sich dabei auch ohne Kontextbezug immer eindeutig bestimmen, da die Bedeutung des Grundmorphems im Kern erhalten bleibt und meist nur durch ein Formationsmorphem in eine andere Wortart transformiert wird. Die Derivata können insofern für den Leser auffällig sein, da sie für diesen falsch klingen (z.B. „*Kaputtheit*“[1429]) bzw. die Formationsmorpheme typischerweise in einem bestimmten Fachvokabular auftreten, zu dem das neue Derivatum nicht zählt (z.B. „*russophil*“[1430]). Auch neugebildete Konversionen besitzen eine klar erkennbare Bedeutung, welche das Grundmorphem beim Wortartenwechsel fast unverändert von der Ausgangsbasis mitnimmt. Daher handelt es sich bei diesen nur sehr selten um ‚Originelle Wortneubildungen‘ (z.B. *das Zartnervige*[1431]).

1427 http://www.duden.de/rechtschreibung/Huegel (Aufruf 11.03.2015).

1428 http: //www.duden.de/rechtschreibung/Chef (Aufruf 11.03.2015).

1429 ‚Reihenkritik‘, Serie „KURZ & KRITISCH“, „Punk ist tot, kein Freispiel drin“, 10. Juni 2007, Seite 26.

1430 ‚Reihenkritik‘, Serie „KURZ & KRITISCH“, „Slowenien oder Slowakei?“, 21. August 2007, Seite 22.

1431 ‚Reihenkritik‘, Serie „KURZ & KRITISCH“, „Aus der Mitte entspringt ein Feuer“, 24. August 2007, Seite 27.

3.2 Die Lexik bei den Textsorten der Tageszeitung ‚Der Tagesspiegel'

3.2.1 Die Lexik der Textsorte ‚Bericht'

3.2.1.1 Wortneubildungen

Bei den drei TSV lassen sich zwar häufiger eine oder wenige ‚Originelle Wortneubildungen' pro TE feststellen, nur bei sieben Prozent der ‚Sachberichte', 14 Prozent der ‚Themenberichte' und 33 Prozent der ‚Erlebnisberichte' treten diese jedoch gehäuft auf. Zudem erfüllen viele der Wortneubildungen nur knapp die oben aufgeführten Anforderungen, als ‚originell' bezeichnet zu werden. Sehr auffällig sind daher nur sehr wenige der neuen Wörter. Das stärkere Vorkommen bei den ‚Erlebnisberichten' lässt sich damit begründen, dass es sich bei diesen um die subjektivste TSV der TS ‚Bericht' handelt, da der Autor stärker in Erscheinung tritt.

Bei der Mehrheit der ‚Originellen Wortneubildungen' handelt es sich um substantivische Komposita. Diese werden funktional häufig dazu verwendet, Personen (z.B. „*Dativ-Diktator*",[1432] „*Unterhaltungsapokalyptiker*" und „*Wettermagier*"[1433] oder „*Dreadlock-Pärchen*"[1434]) und seltener Veranstaltungen (z.B. „*Bietschlacht*",[1435] „*Nonstop-Eröffnungsparty*"[1436] oder „*Luftschiff-Sightseeing*"[1437]) und Dinge (z.B. „*Multikulti-Brutzelbude*",[1438] „*Soundschnipsel*"[1439] oder „*Fremdfuß*"[1440]) zu beschreiben bzw. zu benennen. Dabei wird als zweite bzw. letzte Konstituente eine Bezeichnung verwendet, aus der hervorgeht, was grundsätzlich mit dem Kompositum bezeichnet werden soll (Mensch, Gegenstand etc.). Dies erfolgt häufig mit einem übertriebenen und wertenden Grundmorphem. Die erste bzw. die vorangegangenen Konstituenten präzisieren die letzte Konstituente inhaltsseitig, indem sie diese um eine hervorstechende, für den Kontext relevante Eigenschaft bzw. Information ergänzen. Die Begriffe fallen dem Leser durch ihre Kreativität und teilweise durch ihre Übertreibung auf, wodurch sie zu einer genaueren Auseinandersetzung

---

1432 ‚Sachbericht', „Weißer Westen", 19. Juli 2007, Seite 28.
1433 ‚Themenbericht', „Wir Wettermacher", 2. Juni 2007, Seite 25.
1434 ‚Erlebnisbericht', „M – Eine Stadt sucht ihren Milchcafe", 17. August 2007, Seite 23.
1435 ‚Sachbericht', „Medizin für Maler", 23. Juni 2007, Seite 29.
1436 ‚Erlebnisbericht', „Die Kompromisshalle", 26 August 2007, Seite 27.
1437 ‚Themenbericht', „Mr. Hallidays Höllenmaschine", 12. Juli 2007, Seite 29.
1438 ‚Sachbericht', „Die Kreativwirtschaftler", 22. August 2007, Seite 22.
1439 ‚Themenbericht', „Müssen Männer mit Bärten sein", 1. Juni 2007, Seite 26.
1440 ‚Erlebnisbericht', „Die Kompromisshalle", 26 August 2007, Seite 27.

mit dem Begriff und damit des betreffenden inhaltlichen Aspekts anregen. Hinzu kommt eine unterhaltende Komponente.

Bei der TS ‚Bericht' gehört die letzte Konstituente der Komposita üblicher Weise zu derselben Grundkategorie wie die außersprachliche Realität, die sie bezeichnet. So stellt „*Sozialbaufestung*"[1441] zwar eine übertriebene Benennung für ein Wohnhaus für sozial schwache Menschen dar, das Grundmorphem zweiten Grades {'fɛstʊŋ} gehört dennoch in den Bereich „Gebäudebezeichnung". Passt zumindest die durch {'fɛstʊŋ} implizierte Grundannahme, dass mit dem Kompositum ein – wie auch immer gestaltetes – Bauwerk zum Wohnen gemeint ist, vereinfacht dies die vollständige Bedeutungsfindung.

Komposita, deren Bezeichnungskonstituente einem völlig anderen Bereich entstammen als demjenigen, welchem die bezeichnete außersprachliche Realität angehört (z.B. „*Apartmentgebirge*"[1442] oder „*Preiskomet*"[1443]) treten nur sehr selten auf. So verweist das Grundmorphem {gə'bɪrgə} der Wortneubildung „*Apartmentgebirge*" anders als in dem obigen Beispiel nicht auf ein Gebäude, sondern auf eine geografische Gegebenheit. Erst die erste Konstituente des Kompositums stellt den Bezug her, dass es sich um ein besonders großes Wohnhaus handelt.

Zwei der auffälligsten Wortneubildungen („*Alles-hängt-mit-allem-zusammen-Denken*"[1444] und „‚*Europa-in-8-Tagen*'*-Vision*"[1445]), die beide bei der TSV ‚Themenbericht' auftreten, besitzen eine Zusammenrückung als Erstkonstituente. Die entstandenen Wörter sind beide sehr lang, wodurch der Rezipient automatisch in seinem Lesefluss gestört wird und genauer hinsieht. Diese Form der Wortneubildung stellt jedoch innerhalb der TS ‚Bericht' eine Randerscheinung dar. Mit „*Auf-dem-Wasser-Feiern*"[1446] tritt ebenfalls bei den ‚Themenberichten' die einzige reine Zusammenrückung auf.

Originelle substantivische Derivationen kommen ebenfalls selten und bis auf eine Ausnahme[1447] ausschließlich bei den ‚Themenberichten' vor. Die auftretenden Bildungen sind sehr auffällig und kreativ. So wird etwa das Derivatum „*Klimaismus*"[1448] als Analogiebildung zu den im voran-

---

1441 ‚Themenbericht', „Negativ wird positiv", 7. Juli 2007, Seite 22.

1442 ‚Sachbericht', „Auf Sand gegründet, auf Öl gebaut", 24. Juli 2007, Seite 21.

1443 ‚Sachbericht', „Medizin für Maler", 23. Juni 2007, Seite 29.

1444 ‚Themenbericht', „Wir Wettermacher", 2. Juni 2007, Seite 25.

1445 ‚Themenbericht', „Mr. Hallidays Höllenmaschine", 12. Juli 2007, Seite 29.

1446 ‚Themenbericht', „Aus Mitte entspringt ein Fluss", 29. Juli 2007, Seite 27.

1447 Bei einem ‚Erlebnisbericht' kommt das Derivatum „*Literaturbetriebler*" vor (‚Erlebnisbericht', „Und still ruht im Abendlicht der See", 27. August 2007, Seite 24).

1448 ‚Themenbericht', „Wir Wettermacher", 2. Juni 2007, Seite 25.

gegangenen Satz aufgezählten und negativ gemeinten Begriffen „*Kommunismus*“, „*Faschismus*“, „*Sozialismus*“ und „*Idealismus*“ gebildet, um überspitzt die drohenden Auswirkungen des Klimawandels auf das Leben der Menschen auszudrücken. Der Begriff „*Nudeligkeit*“[1449] ist analog zu „Heiligkeit“ gebildet, und dient der Beschreibung eines fiktiven göttlichen „*Fliegenden Spaghettimonsters*“. Der Autor nutzt diesen Begriff, um die Absurdität dieser Lehre – und damit diejenige des in zentralen Punkten im Artikel gleichgesetzten Kreationismus, von dem das TE hauptsächlich handelt, aufzuzeigen. Eine Bildung wie „*Revolutiönchen*“[1450] fällt hingegen dadurch auf, dass die Verkleinerungsform für einen Begriff mit der Bedeutung „auf radikale Veränderung der bestehenden politischen und gesellschaftlichen Verhältnisse ausgerichteter, gewaltsamer Umsturz[versuch]“[1451] unpassend ist.

Adjektivische Wortneubildungen, die als originell einzustufen sind, treten bei 20 Prozent aller ‚Sachberichte‘ und 33 Prozent aller ‚Themenberichte‘ auf. Hervorsticht hierbei die TSV ‚Erlebnisbericht‘, bei der 58 Prozent der TE mindestens ein derartiges Adjektiv enthalten, da sehr anschauliche und detailreiche Beschreibungen für die ‚Erlebnisberichte‘ typisch sind. Fehlen dem Autor entsprechende Adjektive, um seine Beobachtungen bzw. Erlebnisse in Worte zu fassen, oder möchte er durch eine sehr kreative Bildung die Aufmerksamkeit auf einen bestimmten Aspekt lenken, bietet sich das Schöpfen neuer, auf die individuellen Bedürfnisse zugeschnittener Adjektive an. Wie im Bereich der Substantive dominiert auch hier das Wortbildungsprinzip der Komposition. Die Determinativkomposita sind bei den Adjektiven am stärksten vertreten (z.B. „*tintenfeucht*“,[1452] „*literaturbetriebssatirisch*“[1453] und „*todglücklich*“[1454]), gefolgt von den Kopulativkomposita (z.B. „*rotsamten-golden*“,[1455] „*schmutzignikotingelb*“[1456] und „*melancholisch-neblig*“[1457]). Originelle Derivata kommen eher selten vor (z.B. „*unwankbar*“ und „*untötbar*“[1458]).

Bei jeweils 18 Prozent der ‚Sachberichte‘ und ‚Themenberichte‘ und 42 Prozent der ‚Erlebnisberichte‘ treten mindestens drei Wortneubildun-

1449 ‚Themenbericht‘, „Im Anfang war die Nudel“, 19. Juli 2007, Seite 27.
1450 ‚Themenbericht‘, „Der dritte Gott“, 19. Juni 2007, Seite 23.
1451 http://www.duden.de/rechtschreibung/Revolution (Aufruf 11.03.2015).
1452 ‚Sachbericht‘, „Sinfonie einer Hafenstadt“, 17. August 2007, Seite 22.
1453 ‚Erlebnisbericht‘, „Und still ruht im Abendlicht der See“, 27. August 2007, Seite 24.
1454 ‚Themenbericht‘, „Deutschland im Dreck, eia weia weg“, 3. Juni 2007, Seite 27.
1455 ‚Sachbericht‘, „Gefangen im Spiegelland“, 24. August 2007, Seite 27.
1456 ‚Erlebnisbericht‘, „M – Eine Stadt sucht ihren Milchcafe“, 17. August 2007, Seite 23.
1457 ‚Themenbericht‘, „Müssen Männer mit Bärten sein“, 1. Juni 2007, Seite 26.
1458 ‚Sachbericht‘, „Entspanntes Vorspiel“, 1. Juni 2007, Seite 25.

gen auf, die in einem Grundmorphem übereinstimmen.[1459] Bei diesen handelt es sich zwar eher selten um ‚Originelle Wortneubildungen', da die Begriffe in ihrer Gesamtheit jedoch sehr auffällig sein können, wird auf dieses Phänomen an dieser Stelle ebenfalls eingegangen.

Das wiederkehrende Grundmorphem stellt inhaltsseitig einen thematischen Schlüsselbegriff für das TE dar. Allein anhand der Komposita, die dasselbe Grundmorphem enthalten, lässt sich in vielen Fällen der ungefähre inhaltliche Rahmen eines Artikels rekonstruieren. So lässt sich mittels der Kompositagruppen *„Potter-**Zahl**"*, *„Simpson-**Zahl**"*, *„Kinobesucher**zahlen**"*, *„Kino**zahl**"*, *„Quartals**zahl**"*, *„Halbjahres**zahl**"*[1460] und *„**Kino**betreiber"*, *„**Kino**besucherzahlen"*, *„**Kino**wirtschaft"*, *„**Kino**zahl"*, *„**Kino**jahr"*[1461] ziemlich genau vorhersagen, dass der Artikel von der Besucherbilanz der Kinos handelt, verschiedene Zeiträume betrachtet werden und zwei Filme dabei eine besondere Rolle spielen. Dies zeigt, dass die Komposita wesentliche Inhaltsträger sind und dem sprachlichen Bedürfnis des Autors gerecht werden, kurz und knapp verschiedene Aspekte eines Themas anzusprechen. Die Verwendung eines wiederkehrenden Grundmorphems innerhalb von Komposita hat gegenüber derjenigen als Simplizia den Vorteil, dass auf lange Umschreibungen (z.B. Besucherzahlen des Kinofilms „Die Simpsons" statt *„Simpson-Zahl"*) bzw. den eintönigen Genitiv (z.B. „Betreiber des Kinos" statt *„Kinobetreiber"*, „Besucherzahlen der Kinos" statt *„Kinobesucherzahlen"*) verzichtet werden kann.

Das übereinstimmende Grundmorphem kann sowohl als erste (z.B. *„**Kultur**begriff"*), als letzte (z.B. *„Bürger**kultur**"*) oder bei Dekomposita als mittlere Konstituente (z.B. *„Hauptstadt**kultur**politik"*) auftreten. Bei einigen TE konstituiert es nicht nur Substantive mit, sondern ist auch Bestandteil adjektivischer Komposita (z.B. *„**kultur**programmatisch"*). In einem Fall lässt sich zusätzlich eine verkürzte Grundmorphemvariante (*„Multi**kulti**-Brutzelbude"*) feststellen.[1462]

1459 Das übereinstimmende Grundmorphem wird in den Beispielen durch Fettdruck hervorgehoben.

1460 Bei *„Quartalszahl"* und *„Halbjahreszahl"* handelt es sich nicht um Wortneubildungen.

1461 ‚Sachbericht,' „Harry und Homer schönen die Bilanz", 22. August 2007, Seite 21.

1462 Alle Beispiele entstammen dem ‚Sachbericht' „Die Kreativwirtschaftler" vom 22. August 2007 auf Seite 22. Mit dem Grundmorphem {kʊlˈtuːɐ̯} treten in dem TE zudem die Wortneubildungen *„Kiez**kultur**"*, *„Migranten**kultur**"*, *„Leit**kultur**-Debatte"* und *„CDU-**Kultur**staatsminister"* sowie das lexikalisierte Wort *„**Kultur**staatsminister"* auf.

3.2.1.2 Wertende Begriffe

Im Gegensatz zu den nicht leicht zu erfassenden Wertungen, die durch ganze Sätze ausgedrückt werden, und Stilmitteln wie Ironie lassen sich wertende Begriffe gut erheben und ermöglichen nachvollziehbare, vergleichende Aussagen zum Faktor „Wertung im Fließtext".

Bei allen drei TSV der TS ‚Bericht' treten bei den meisten TE mehrere wertende Begriffe, vornehmlich Adjektive und Substantive, auf. Im Gegensatz zu den TS ‚Meldung' und ‚Kurzmeldung' sind die TE dieser TS deutlich länger. Das Verwenden einer rein sachlichen und emotionslosen Sprache würde daher dazu führen, dass die Artikel trocken und langweilig wirken und man kann davon ausgehen, dass kaum ein Leser die Lektüre abschließen würde. Bei längeren TE wird ein ansprechender Fließtext erwartet, der neben aller Information auch unterhält. Diese Annahme wirkt sich entsprechend auf die Sprache aus, was den publizistischen präskriptiven Anforderungen an ‚Berichte' bzw. ihren Gattungsdefinitionen häufig widerspricht.[1463] Man darf dabei nicht vergessen, dass es den rein objektiven, neutralen ‚Bericht' sowieso nicht geben kann, da bereits Aspekte wie die Themenauswahl, die Ausführlichkeit der Behandlung und die Platzierung auf der Zeitungsseite eine Wertung beinhalten und den Leser beeinflussen.

Trotzdem überwiegt in den ‚Berichten' eine überprüfbare Informationsvermittlung. Bei den ‚Erlebnisberichten' treten besonders viele wertende Adjektive auf (z.B. „*ungewöhnlich*", „*nervös*", „*lauernd*", „*enttäuscht*", „*verständlich*", „*schön*", „*ungerecht*", „*bewusst*", „*anmaßend*, „*pur*", „*lustig*", „*schön*", „*leicht*", „*humorvoll*", „*dezent*", „*pointenverliebt*", „*unruhig*", „*mutig*", „*selbstbewusst*", „*fröhlich*"[1464]), da der Autor in mehreren Absätzen seine Beobachtungen und Erlebnisse beschreibt. Nur ein TE (8 %) weist weniger als zehn wertende Adjektive auf, bei 42 Prozent der TE treten mindestens zwanzig derartige Wörter im Fließtext auf. Daneben enthalten alle ‚Erlebnisberichte' jedoch auch viele Passa-

1463 Vgl. KLUTE (2006: 23), MAST (2004: 2004), PÜRER (1996: 75), STÖBER (2000: 314) und WEISCHENBERG (2001: 50). HRUSKA (1999: 135) verweist hingegen darauf, dass viele ‚Berichte' „in das straffe Korsett der Nachricht nicht mehr hineinpassen". Im Folgenden nennt sie hierfür Kriterien, u.a. die Sprache betreffend folgendes: „Der Sprachstil kann deutlich abweichen von der um Sachlichkeit bemühten Nachrichtensprache hin zu wertenden, analysierenden, schlußfolgernden, ironisierenden oder feuilletonistischen Formen." (Ebd: 137)

1464 Alle Adjektive stammen aus dem ‚Erlebnisbericht' „Sieg des Verlierers" (18. August 2007, Seite 21).

gen, in denen überwiegend wertfrei und sachlich Informationen weitergegeben werden.

Als weitere, von der standardsprachlichen Berichterstattung abweichende Form kommen bei gut einem Fünftel aller ‚Themenberichte' abgekürzte Wortformen vor (z.B. „*ist's*" und „*geht's*"[1465]). Diese wirken sehr umgangssprachlich und salopp, wodurch der Fließtext aufgelockert wird. Bei den ‚Sachberichten' sind sie nur in Ausnahmefällen (3 %) zu beobachten, bei den ‚Erlebnisberichten' fehlen sie vollständig.

3.2.1.3 Pronomen

Personal- oder Possessivpronomen der ersten Person treten bei den drei TSV der TS ‚Bericht' unterschiedlich häufig auf. Während bei den TSV ‚Themenbericht' und ‚Erlebnisbericht' viele der TE diese Formen aufweisen (42 % bzw. 50 %), kommen sie bei den TE der ‚Sachberichte' nur selten vor (9 %). Zudem treten bei den ‚Sachberichten' ausschließlich Personalpronomen der ersten Person Plural auf (z.B. 1x „*wir*"[1466]), während bei den ‚Themenberichten' und ‚Erlebnisberichten' zusätzlich selten Personalpronomen der ersten Person Singular und Possessivpronomen vorkommen (z.B. 2x „*wir*", 2x „*uns*", 2x „*ich*", 1x „*meines*", 1x „*unseres*"[1467] und 1x „*wir*", 1x „*uns*", 3x „*ich*", 1x „*meiner*", 1x „*meinem*"[1468]).[1469]

In den beiden TSV ‚Themenbericht' und ‚Erlebnisbericht' tritt der Autor – wie bereits bei der Makrostruktur des Absatzes behandelt – viel stärker hervor, was sich auch durch die Verwendung persönlicher Pronomen äußert. Durch diese wird oft direkt und unmissverständlich angegeben, dass der Autor von seinen Erlebnissen etc. erzählt bzw. seine Sichtweise mitteilt („*Nach meiner Ankunft war ich gespannt darauf, die mehrere Tausend Euro teuren Bücher, die nach Albanien geschickt worden waren, in Augenschein nehmen zu können. Zu meinem Erstaunen stand aber nur ein Bruchteil in den Regalen.*"[1470]). Auf diese Weise weiß der Leser genau, welche Passagen des Artikels subjektiver berichten, was bei der Beurteilung der Informationen hilfreich ist.

1465 ‚Themenbericht', „Wo ich bin, ist unten oben", 25. August 2007, Seite 21.

1466 ‚Sachbericht', „Gondeln", 9. Juni 2007, Seite 33.

1467 ‚Themenbericht', „Arkadien ist abgebrannt", 29. August 2007, Seite 26.

1468 ‚Erlebnisbericht', „Bücher im Gepäck", 7. August 2007, Seite 22.

1469 Diese Ergebnisse widersprechen den Ausführungen von HOPPENKAMPS (1977: 74), nach dem Personalpronomen der ersten Person im ‚Bericht' „nur im wörtlichen Zitat vorkommen".

1470 ‚Erlebnisbericht', „Bücher im Gepäck", 7. August 2007, Seite 22. Im Folgenden werden die betreffenden Pronomen in den Beispielsätzen unterstrichen.

Des Weiteren werden diese Pronomen häufig dazu verwendet, einen persönlichen Bezug zwischen dem behandelten Thema und dem Leser herzustellen. So fühlt sich beispielsweise der Leser durch die Fragen des Autors „*Wie wirkt sich die Vermessung der Biosphäre auf unseren Welt-Begriff aus? Und worauf verlassen wir uns überhaupt, wenn ein Anstieg des Meeresspiegels von einem Meter vorausgesagt wird?*“[1471] dazu angehalten, diese für sich zu beantworten und sich entsprechend stärker mit dem Thema auseinanderzusetzen.

Nur bei zwei TE der ‚Themenberichte' kommen Pronomen der Höflichkeitsform vor. Damit wird der Leser vom Verfasser direkt angesprochen, um ihn zum Nachdenken bzw. Nachvollziehen der Argumentation anzuregen oder zu einer Positionierung aufzufordern (z.B. „*Oder kennen Sie etwa eine Hexe? Na sehen Sie.*“[1472]).

3.2.1.4 Zitate

Bei einem Zitat handelt es sich um eine wörtlich oder inhaltlich übernommene Aussage einer Person bzw. einer Textstelle aus einem literarischen Werk etc. Da die Zitate teilweise nur aus einzelnen Wörtern oder Wortgruppen bestehen, werden sie nicht auf der linguistischen Ebene der Syntax, sondern der Lexik behandelt. Auf diese Weise können unter dem Aspekt, dass verfasserfremde Wörter erfasst werden, alle Zitate gemeinsam untersucht werden. Eine genauere syntaktische Analyse der Zitate bzw. deren Einbettungen in den Fließtext findet zudem nicht statt, da erste Stichproben keine charakteristischen Unterschiede zwischen den einzelnen TS ergeben haben.

Im Zentralbereich aller drei TSV ‚Bericht' kommt mindestens ein Zitat im Textkorpus vor (‚Sachbericht' 78 %, z.B.: „*Auch gegen die ins Einzelne gehenden Beanstandungen wehrt Ganzweiler sich. So bezweifelt er, dass der Rechnungshof ‚über die erforderliche Fach- und Sachkompetenz verfügt, das erforderliche Reisevolumen der KAH auch nur annähernd sachgemäß einzuschätzen bzw. zu kritisieren.* ‘“,[1473] ‚Themenbericht' 94 %, z.B. „‚*Wenn wir nach Dutzenden von Konsultationen durchsetzen, dass in dem Text der UN-Kinderrechtskonvention nicht nur das physische, sondern auch das psychische Wohl der Kinder als Zielvorgabe genannt wird, dann ist das ein ziemlicher Erfolg', erklärt Mahfouz erfreut.*“[1474] und ‚Erlebnisbericht' 92 %, z.B. „*Die Erkundigung bei*

1471 ‚Themenbericht', „Wir Wettermacher“, 2. Juni 2007, Seite 25.
1472 ‚Themenbericht', „Im Anfang war die Nudel“, 19. Juli 2007, Seite 27.
1473 ‚Sachbericht', „Krach in Bonn“, 6. Juni 2007, Seite 25.
1474 ‚Themenbericht', „Die Psychodiplomaten“, 29. Juli 2007, Seite 25.

der auffällig desinteressierten Bibliotheksleitung brachte allein die Auskunft, es müssten von deutscher Seite nochmals 8000 Euro für neue Regale bezahlt werden.“[1475]).

Bei den TE mit Zitaten dominieren diejenigen, die ausschließlich wörtliche Zitate enthalten (‚Sachbericht‘ 48 %[1476] ‚Themenbericht‘ 68 % und ‚Erlebnisbericht‘ 45 %), gefolgt von TE, die mindestens ein wörtliches und ein indirektes Zitat (‚Sachbericht‘ 46 %,Themenbericht‘ 29 % und ‚Erlebnisbericht‘ 45 %) enthalten. Ausschließlich indirekte Zitate kommen nur selten vor (‚Sachbericht‘ 6 %, ‚Themenbericht‘ 3 % und ‚Erlebnisbericht‘ 8 %).

Funktional dienen die Zitate dazu, überprüfbare Aussagen und Informationen zu liefern und dem Leser so das Gefühl zu geben, den Auskünften der ‚Berichte‘ vertrauen zu können.

3.2.2 Die Lexik der Textsorte ‚Meldung‘

3.2.2.1 Wortneubildungen

Im Zentralbereich der TS kommen keine ‚Originellen Wortneubildungen‘ vor. Insgesamt treten nur bei zwei TE (4 %) Wortneubildungen auf, die nicht Teil eines Zitates sind, sondern direkt vom Verfasser stammen und zu dieser Kategorie gerechnet werden können.[1477] Zudem ist keine davon übermäßig kreativ.

Generell treten Wortneubildungen in fast allen TE auf, wobei es sich fast ausnahmslos um substantivische Komposita handelt (z.B. „*Strukturdebatte*“,[1478] „*Barockmaler*“[1479] oder „*Literaturarchiv*“[1480]). Diese sind jedoch häufig nicht als Wortneubildungen erkennbar, da sie nicht durch besondere Kreativität die Aufmerksamkeit des Lesers erwecken sollen, sondern fast ausschließlich der kurzen, prägnanten Benennung dienen. Dies entspricht der Funktion der TS, den Leser möglichst knapp und sachlich über ein klar umrissenes Thema zu informieren.

1475 ‚Erlebnisbericht‘, „Bücher im Gepäck“, 7. August 2007, Seite 22.

1476 Die Prozentzahl bezieht sich nur auf die TE, die ein Zitat enthalten.

1477 „*Multi-Kulti-Symbol*“ (‚Meldung‘, „Schlingensief: Wiedersehen in Bayreuth?“, 28. August 2007, Seite 22) und „*Sarkozy-Taumel*“ (‚Meldung‘, „Yasmina Reza porträtiert Sarkozy“, 24. August 2007, Seite 25) erfüllen Bedingung 3, „*200-Seiten-Werk*“ (‚Meldung‘, „Yasmina Reza porträtiert Sarkozy“, 24. August 2007, Seite 25) Bedingung 6 (vgl. Kap. B.3.1.3.2.).

1478 ‚Meldung‘, „McKinsey war da: Goethe-Institut will effektiver sein“, 26. Juni 2007, Seite 23.

1479 ‚Meldung‘, „Preußenstiftung gibt Crespi-Bild an Erbin zurück“, 18. Juli 2007, Seite 21.

1480 ‚Meldung‘ „Klassik Weimar: Mehr Geld, mehr Stellen“, 15. Juni 2007, Seite 25.

3.2.2.2 Wertende Begriffe

Bei 80 Prozent der TE kommen keine wertenden Wörter[1481] vor, die vom Verfasser selbst stammen, womit dieses Merkmal im Zentralbereich der TS liegt. Durch den Verzicht von Begriffen, die eine subjektive Meinung transportieren, wird ein neutraler Sprachstil gefördert. Indem der Verfasser die Informationen des Artikels nicht bewertet, gewinnen diese für den Leser an Glaubwürdigkeit.

3.2.2.3 Pronomen

Im Zentralbereich der TS ‚Meldung' kommen keine Pronomen in der ersten Person oder der Höflichkeitsform vor. Bei keinem TE tritt der Verfasser durch diese Form in Erscheinung bzw. spricht die Leser direkt an. Auch dies entspricht der sachlichen Informationsvermittlung, bei welcher der Autor und speziell dessen Meinung zum Thema keine Relevanz besitzen.

3.2.2.4 Zitate

67 Prozent der TE weisen ein bzw. mehrere Zitate in ausschließlich direkter (22 %, z.B. „*Der 79-Jährige erhalte die Auszeichnung, so die Jury, ‚für sein übersetzerisches Gesamtwerk und seine theoretischen Arbeiten über ‚Freud und die deutsche Sprache'.*"[1482]), ausschließlich indirekter (12 %, z.B. „*Europas historische Altstädte, so hieß es, seien überrepräsentiert*")[1483] oder direkter und indirekter Rede (33 %, z.B. „‚*Die Entscheidung ist gefallen', sagte Frankfurts Oberbürgermeisterin Petra Roth.*" und „*Elisabeth Schweeger hatte in der vorherigen Woche bekannt gegeben, dass sie ihren 2009 auslaufenden Vertrag nicht verlängern wolle.*"[1484]) auf. Bei 39 Prozent aller TE wird zudem auf eine Quelle für die präsentierten Informationen verwiesen (z.B. „*Der Historiker Peter Steinbach, Leiter des Instituts für Geschichte und der Forschungsstelle Widerstand an der Universität Karlsruhe, wechselt nach Angaben des Südwestrundfunks mit seinem Lehrstuhl nach Mann-*

1481 Zu den wertenden Wörtern zählen z.B. die Adjektiv „*scharfzüngig*" (‚Meldung', „Yasmina Reza porträtiert Sarkozy", 24. August 2007, Seite 25) und „*heftig*" (‚Meldung', „Bayreuth: mancherlei Wagner-Theater", 9. August 2007, Seite 28) und die Substantive „*Meisterregisseur*" (‚Meldung', „Am Bildersee", 2. August 2007, Seite 22) und „*Beifallssturm*" (‚Meldung', „Schlingensief: Wiedersehen in Bayreuth?", 28. August 2007, Seite 22).

1482 ‚Meldung', „Übersetzerpreis für Georges-Arthur Goldschmidt", 28. Juli 2007, Seite 21.

1483 ‚Meldung', „Heidelberg als Unesco-Welterbe abgelehnt", 30. Juni 2007, Seite 30.

1484 ‚Meldung', „Oliver Reese wird Intendant in Frankfurt", 10. Juni 2007, Seite 25.

heim.“[1485]). Auf diese Weise wird dem Leser vermittelt, dass die Aussagen des TE fundiert und überprüfbar sind, wodurch ihre Glaubwürdigkeit erhöht wird.

3.2.3 Die Lexik der Textsorte ‚Kurzmeldung‘

3.2.3.1 Wortneubildungen

Das Auftreten von ‚Originellen Wortneubildungen‘ entspricht in etwa demjenigen bei der TS ‚Meldung‘. Auch bei den ‚Kurzmeldungen‘ weisen lediglich fünf Prozent aller TE kreative Wortneubildungen im Fließtext auf, wobei bis auf eine Ausnahme ein bis maximal zwei pro TE vorkommen. Die Hälfte aller ‚Originellen Wortneubildungen‘ bezeichnet Filme. Diese Komposita besitzen häufig mehr als zwei Konstituenten (z.B. „*Irakkriegs-Heimkehrerdrama*“[1486]) oder haben eine Zusammenrückung als erste Konstituente (z.B. „*Verlorene-Jugend-Story*“[1487]). Dadurch entstehen sehr komplexe Inhaltsseiten. Auf diese Weise können mit nur einem Wort komprimiert sehr viele Informationen mitgeteilt werden, was der Funktion der ‚Kurzmeldung‘, möglichst knapp zu informieren, entgegenkommt. Fast immer liefert dabei die erste Konstituente Aussagen zum Thema des Films, während die zweite das Filmgenre angibt.

Bei 17 Prozent aller TE fehlen jegliche Wortneubildungen, bei 78 Prozent kommen, wie bei den ‚Meldungen‘, Wortneubildungen vor, die ausdrucksseitig nicht besonders auffällig sind und inhaltsseitig der knappen, aber präzisen Benennung von Personen, Veranstaltungen und Ähnlichem dienen (z.B. „*Oscarpreisträger*“,[1488] „*Musikexperte*“,[1489] „*Ballett-Gala*“,[1490] „*Opernstiftung*“,[1491] „*Schauspielerpreis*“[1492]). Somit gehören ‚Originelle Wortneubildungen‘ nicht in den Zentralbereich der TS.

1485 ‚Meldung‘, „Historiker Peter Steinbach verlässt Karlsruhe im Streit“, 13. Juli 2007, Seite 23.

1486 ‚Berichtigung‘, „Simon Stephens ‚Motortown‘ ist der ausländische Kritiker-Hit“, 31. August 2007, Seite 27.

1487 ‚Kurzmeldung i.e.S‘, „First Steps Award: Nominierungen für die Nachwuchsfilmpreise“, 5. August 2007, Seite 27.

1488 ‚Kurzmeldung i.e.S‘, „Woody Allen inszeniert Oper von Puccini“, 23. Juni 2007, Seite 25.

1489 ‚Kurzmeldung i.e.S‘, „Musikkritiker Ulrich Schreiber tot“, 16. Juni 2007, Seite 21.

1490 ‚Kurzmeldung i.e.S‘, „Startänzer Malakhov erneut am Knie operiert“, 24. August 2007, Seite 25.

1491 ‚Kurzmeldung i.e.S‘, „Michael Schindhelm will in Dubai bleiben“, 21. Juli 2007, Seite 21.

1492 ‚Kurzmeldung i.e.S‘, „First Step Award: Nominierungen für die Nachwuchsfilmpreise“, 5. August 2007, Seite 26.

3.2.3.2 Wertende Begriffe

Im Zentralbereich der TS ‚Kurzmeldung' kommen keine wertenden Wörter vor. Lediglich elf Prozent der untersuchten ‚Kurzmeldungen i.e.S.' weisen entsprechende Begriffe auf, die direkt vom Verfasser und nicht aus Zitaten stammen. Dabei handelt es sich bis auf eine Ausnahme[1493] um Adjektive (z.B. „*schrill*",[1494] „*heftig*",[1495] „*schmeichelhaft*" und „*erfreulich*"[1496]). Bei der TSV ‚Berichtigung' kommen in einem der drei TE zwei wertende Begriffe vor („*furios*" und „*erziehungswütig*"[1497]). Abgekürzte Wortformen fehlen bei der TS ‚Kurzmeldung' vollständig. Funktional lässt sich dieser Befund wie bei den ‚Meldungen' damit erklären, dass ein sachlicher, informationsbetonter Stil angestrebt wird. Wertende Wörter fehlen, da es dem Autor nicht um die Vermittlung seiner eigenen Meinung, sondern um eine wertfreie Darstellung der Sachverhalte geht.

3.2.3.3 Pronomen

Von den untersuchten Pronomenformen treten ausschließlich bei den drei TE der TSV ‚Berichtigung' Personalpronomen in der ersten Person Plural auf. Die TE haben dabei alle gemein, dass sie inhaltsseitig keine neuen Informationen zu einem bestimmten Thema vermitteln, sondern auf zuvor erschienene Zeitungsartikel Bezug nehmen, bei denen der Redaktion ein Fehler unterlaufen ist. Dieser wird korrigiert, wobei die Redaktion als Verursacher der falschen bzw. fehlenden Information in Form der Personalpronomen „wir" oder „uns" in Erscheinung tritt. Diese Funktion der ‚Berichtigungen' wird zweimal bereits durch die Überschrift angekündigt, indem diese aus dem Nominalsatz „Nachtrag"[1498] bzw. „Berichtigung"[1499] besteht.

1493 Es kommt das wertende Verb „*vorpreschen*" vor (‚Kurzmeldung i.e.S', „Schwaches erstes Kinohalbjahr: fünf Millionen Besucher weniger", 25. August 2007, Seite 21).

1494 ‚Kurzmeldung i.e.S', „Rudolph Mooshammer wird Opernstar in Neukölln", 10. August 2007, Seite 26.

1495 ‚Kurzmeldung i.e.S', „Wowereit: Berichte über Intendantin für Staatskapelle sind „Quatsch"", 26. Juni 2007, Seite 23.

1496 ‚Kurzmeldung i.e.S', „Schwaches erstes Kinohalbjahr: fünf Millionen Besucher weniger", 25. August 2007, Seite 21.

1497 ‚Berichtigung', „Simon Stephens ‚Motortown' ist der ausländische Kritiker-Hit", 31. August 2007, Seite 27.

1498 ‚Berichtigung', „Nachtrag", 9. Juni 2007, Seite 31.

1499 ‚Berichtigung', „Berichtigung", 6. Juni 2007, Seite 25. Das dritte TE mit Pronomen der 1. Peron Plural (‚Berichtigung', „Simon Stephens ‚Motortown' ist der ausländische Kritiker-Hit", 31. August 2007, Seite 27) nimmt ebenfalls eine inhaltsseitige Berichtigung eines von der Redaktion begangenen Fehlers vor.

Bei den ‚Kurzmeldungen im engeren Sinne' fehlen entsprechende Pronomenformen durchgängig. Sie weisen wie die TS ‚Meldung' einen sachlichen Stil auf und präsentieren die Informationen möglichst neutral.

3.2.3.4 Zitate

39 Prozent aller ‚Kurzmeldungen i.e.S.' enthalten ein bzw. mehrere Zitate in ausschließlich direkter (14 %, z.B. „*‚Wir fordern, dass auch die Schneiderin exkommuniziert wird, obwohl sie ja keine große Arbeit geleistet hat, da in dem Stück ja alle nackt sind', meint der Verband der katholischen Traditionalisten.*"[1500]), ausschließlich indirekter (9 %, z.B. „*Nach der Machtübernahme Hitlers 1933 hätten über tausend politisch verfolgte Wissenschaftler und Intellektuelle in der Türkei Asyl gefunden, sagte Duru, die bis vor kurzem Generalsekretärin des türkischen PEN war.*"[1501]) oder direkter und indirekter Rede (16 %, z.B. „*Das Gemälde von Francesco Guardi (1712-1793) stamme ursprünglich aus dem Warschauer Nationalmuseum, erklärte der Sprecher des baden-württembergischen Kunstministeriums, Jochen Laun, am Freitag in Stuttgart.*" und „*‚Eine Rückgabe soll an uns nicht scheitern', erklärte Sprecher Laun.*"[1502]) auf. Bei der TSV ‚Berichtigung' weist ein TE ein direktes Zitat auf. Zitate liegen somit nicht im Zentralbereich der TS ‚Kurzmeldung', sie sind jedoch eine gelegentlich anzutreffende Erscheinung.

Bei einigen TE der ‚Kurzmeldungen i.e.S.' (16 %) wird innerhalb des Fließtextes eine Quelle für die präsentierten Informationen genannt (z.B. „*31,4 Prozent lehnten das Vorhaben laut Umfrage des Meinungsforschungsinstituts Omniquest ganz ab.*"[1503]). Wie bei der TS ‚Meldung' dienen die Zitate und Quellenangaben dazu, dass dem Leser die Angaben verlässlich, nachprüfbar und damit glaubhaft erscheinen. Bei dem einzigen Zitat der TSV ‚Berichtigung' wird die Aussage wiederholt, welche die Redaktion aus Versehen der falschen Person zugeordnet hat. Darauf folgt die Nennung des eigentlichen Sprechers („*Nicht Ignatz Bubis hat 1986 bei der Eröffnung des Jüdischen Gemeindezentrums Frankfurt die Worte gesprochen ‚Wer ein Haus baut, will bleiben.' Es war vielmehr Salomon Korn.*"[1504]).

1500 ‚Kurzmeldung i.e.S', „Venedig: Choreograf Felix Ruckert hat Ärger mit der Kirche", 27. Juni 2007, Seite 25.

1501 ‚Kurzmeldung i.e.S', „Übersetzerin regt Dokumentation der deutsch-türkischen Geschichte an", 24. Juni 2007, Seite 25.

1502 ‚Kurzmeldung i.e.S', „Ministerium bestätigt Fund polnischer Beutekunst in Stuttgart", 4. August 2007, Seite 21.

1503 ‚Kurzmeldung i.e.S', „Kölner Moscheebau mit kleineren Minaretten", 15. Juli 2007, Seite 26.

1504 ‚Berichtigung', „Berichtigung", 6. Juni 2007, Seite 25.

3.2.4 Die Lexik der Textsorte ‚Porträt'

3.2.4.1 Wortneubildungen

Das Vorkommen von ‚Originellen Wortneubildungen' ist Bestandteil des Zentralbereichs der drei TSV der TS ‚Porträt'. Bei 75 Prozent der ‚Personenporträts', 77 Prozent der ‚Todesporträts' und 92 Prozent der ‚Geburtstagsporträts' treten mindestens ein, meistens mehrere dieser Begriffe auf. Bei fast jedem dritten TE (32 %) der TSV ‚Personenporträt' treten ‚Originelle Wortneubildungen' stark gehäuft auf und sind dadurch besonders auffallend. Bei den ‚Geburtstagsporträts' zeigen nur 15 Prozent der TE eine derartige Häufung. Bei der TSV ‚Todesporträt' lassen sich nur bei einem Artikel viele ‚Originelle Wortneubildungen' feststellen. Dies geschieht aus Gründen der Pietät gegenüber dem Verstorbenen, da kreative Begriffe meistens auch eine humorvolle, provozierende oder unterhaltende Komponente besitzen, die in diesem Fall unpassend ist.

Die auftretenden ‚Originellen Wortneubildungen' bezeichnen sehr Unterschiedliches. Eine bei mehreren TE auftretende Funktion besteht darin, den Porträtierten auf kreative, ungewöhnliche oder stark auf einen bestimmten Aspekt fokussierte Art zu benennen. Dabei steht immer eine bestimmte Person (sehr selten mehrere) im Vordergrund. Auch viele Wortneubildungen, die nicht als originell eingestuft sind, besitzen diese Funktion. Morphologisch handelt es sich bei fast allen Wörtern um Determinativkomposita (z.B. „*Mundart-Künstler*",[1505] „*Archivreisender*"[1506] oder „*Watergate-Rechercheur*", „*Frauenfummel-Mime*", „*Althippie*" und „*Hollywood-Riese*"[1507]). Besonders hervorsticht dabei die ungewöhnliche Wortbildung „*Wührpaul*",[1508] bei welcher der Vorname „*Paul*" durch den Nachnamen „*Wühr*", der als erste Konstituente fungiert, präzisiert wird. Indem die gewöhnliche Reihenfolge von Vor- und Nachname des Porträtierten durch das neue Determinativkompositum vertauscht wird, fällt der Name beim Lesen besonders auf. Zugleich verweist der Autor des Artikels damit auf eine literarische Eigenart des Porträtierten, von der normalen, „richtigen" Sprachverwendung abzuweichen. Lediglich in einem ‚Personenporträt' kommt ein Kopulativkompositum vor, um einen Künstler in dem Umkreis des Porträtierten zu beschreiben („*Maler-Dichter*"[1509]).

1505 ‚Personenporträt', „König von Kreuzberg", 19. August 2007, Seite 27.
1506 ‚Todesporträt', „Die Akten zum Sprechen bringen", 7. August 2007, Seite 21.
1507 ‚Geburtstagsporträt', „Der Unbestechliche", 8. August 2007, Seite 24.
1508 ‚Geburtstagsporträt', „Der falsche Feminist", 10. Juli 2007, Seite 21.
1509 ‚Personenporträt', „Die Waffe Wahrheit", 30. August 2007, Seite 27.

Extrem auffällige oder kreative Wortneubildungen treten bei der TS ‚Porträt' nur sehr selten auf. So fehlen beispielsweise Komposita, die eine Zusammenrückung als Erstkonstituente aufweisen, völlig. Sehr originell ist lediglich das Kompositum „*Bush-Trommel*",[1510] bei dem die lautliche Ähnlichkeit zwischen dem Nachnamen des amerikanischen Präsidenten George W. Bush und dem Substantiv „Busch" dazu genutzt wird, ein Wort mit einer doppelten Bedeutung zu bilden. Daneben fällt lediglich noch das Dekompositum „*Nachtprogramm-Whiskey-Stimme*"[1511] durch seine Länge besonders auf.

Originelle adjektivische Wortneubildungen treten bei 42 Prozent der ‚Personenporträts', 36 Prozent der ‚Todesporträts' und 38 Prozent der ‚Geburtstagsporträts' auf. Wie bei den Substantiven gehören auch bei dieser Wortart die meisten der Neubildungen zum Wortbildungsprinzip der Komposition. Dabei sind sowohl Kopulativkomposita, bei denen die beiden Konstituenten durch einen Bindestrich getrennt und additiv aufeinander bezogen sind (z.B. „*schwelgerisch-virtuos*",[1512] „*gedanklich-empathisch*"[1513] oder „*musikalisch-subjektiv*"[1514]), als auch Determinativkomposita produktiv (z.B. „*pointenverliebt*",[1515] „*zeitungsfern*"[1516] oder „*sprachozeanisch*", „*gedankenozeanisch*" und „*trauerfröhlich*"[1517]). Durch sie kann der Autor sehr kurz und prägnant verschiedene Eigenschaften einer Person, Sache etc. beschreiben oder bewerten. Adjektive, bei denen es sich um Derivata handelt, kommen nur bei wenigen TE vor (z.B. „*funkeläugig*"[1518] und „*unfriedfertig*"[1519])

Mehr als zwei Wörter mit demselben Grundmorphem treten pro TE nur sehr selten auf (‚Personenporträts' 3 %, ‚Todesporträts' 14 % und ‚Geburtstagsporträts' 15 %). Anders als bei der TS ‚Bericht' geht es in den ‚Porträts' um eine konkrete Person und nicht um die Auseinandersetzung mit einem bestimmten Thema. Da zu dem Porträtierten meist sehr verschiedene Aspekte behandelt werden, treten Häufungen eines bestimmten Grundmorphems kaum auf, welches bei den ‚Berichten' auf

1510 ‚Geburtstagsporträt', „Der Unbestechliche", 8. August 2007, Seite 24.
1511 ‚Todesporträt', „Der Mann mit dem Twang", 8. August 2007, Seite 24.
1512 ‚Personenporträt', „Frankfurt sehen und hassen", 8.Juni 2007, Seite 25.
1513 ‚Todesporträt', „Mitleid kann man lernen", 11. Juni 2007, Seite 23.
1514 ‚Geburtstagsporträt', „Der Leuchtturm", 20. Juli 2007, Seite 26.
1515 ‚Personenporträt', „Der Spätling", 3. Juli 2007, Seite 23.
1516 ‚Todesporträt', „Wunderwerke", 9. Juni 2007, Seite 32.
1517 ‚Geburtstagsporträt', „Der falsche Feminist", 10. Juli 2007, Seite 21.
1518 ‚Geburtstagsporträt', „Der falsche Feminist", 10. Juli 2007, Seite 21.
1519 ‚Geburtstagsporträt', „Die Albtraumdeuterin", 17. Juli 2007, Seite 21.

das ausführliche bzw. unter verschiedenen Gesichtspunkten betrachtete Hauptthema des Artikels verweist.

3.2.3.2 Wertende Begriffe

Die TSV ‚Personenporträt' weist bei 78 Prozent aller TE einige bis viele wertende Wörter im Fließtext auf. Bei den übrigen 22 Prozent der ‚Personenporträts' kommen fast keine oder nur wenige Wörter vor, die man als wertend bezeichnen kann. Bei den TSV ‚Todesporträt' und ‚Geburtstagsporträt' treten Wörter mit einer Wertung bei 72 bzw. 92 Prozent der TE sehr gehäuft auf. Abgekürzte Wortformen, die durch ihren Bezug zur Umgangssprache ebenfalls in diese Kategorie fallen, kommen nur bei je einem TE der ‚Todesporträts'[1520] (5 %) und ‚Geburtstagsporträts'[1521] (8 %) vor.

Das häufige Verwenden von wertenden Begriffen lässt sich damit erklären, dass in den meisten ‚Porträts' die Beschreibung und Bewertung des Porträtierten und seines Schaffens eine zentrale Bedeutung besitzt. Entsprechend bietet sich hierfür kein sachlicher Stil an, sondern eine lebhafte, anschauliche Sprache. Bei den wertenden Wörtern handelt es sich zu einem großen Teil um Adjektive („*geheimnisvoll*",[1522] „*spektakulär*"[1523] und „*fadenscheinig*"[1524]), daneben kommen jedoch auch öfter Substantive (z.B. „*Zivilisationskritik*",[1525] „*Knarzigkeit*"[1526] und „*Sprachwitz*"[1527]), Verben (z.B. „*verschlimmbessern*",[1528] „*verschandeln*"[1529] und „*andienen*"[1530]) und Adverbien (z.B. „*bestimmt*",[1531] „*zutiefst*"[1532] und „*beileibe*"[1533]) vor. Besonders bei den beiden TSV ‚Todesporträt' und ‚Geburtstagsporträt', bei denen fast immer eine stärkere Würdigung der porträtierten Person enthalten ist, kann auf Wörter, die eine Beurteilung enthalten, nicht verzichtet werden.

1520 Dabei handelt es sich um die Formen „*gab's*" und „*wir's*" in dem ‚Todesporträt', „Der Herausforderer" (24. August 2007, Seite 25).

1521 Dabei handelt es sich um die Form „*kommt's*" in dem ‚Geburtstagsporträt', „Der Unbestechliche" (8. August 2007, Seite 24).

1522 ‚Personenporträt', „Der Spätling", 3. Juli 2007, Seite 23.

1523 ‚Todesporträt', „La vie et l'amour", 7. Juli 2007, Seite 23.

1524 ‚Geburtstagsporträt', „Der Theaterkracher", 7. Juni 2007, Seite 29.

1525 ‚Personenporträt', „Hin und weg", „YEHUDIT SASPORTAS", 4. Juni 2007, Seite 25.

1526 ‚Todesporträt', „Der Mann mit dem Twang", 8. August 2007, Seite 24.

1527 ‚Geburtstagsporträt', „Keine andre Zeit als diese", 7. Juni 2007, Seite 30.

1528 ‚Personenporträt', „Hin und weg", „MONIKA SOSNOWSKA", 4. Juni 2007, Seite 25.

1529 ‚Todesporträt', „Der Herausforderer", 24. August 2007, Seite 25.

1530 ‚Geburtstagsporträt', „Der Theaterkracher", 7. Juni 2007, Seite 29.

1531 ‚Personenporträt' „„Hin und weg", „MONIKA SOSNOWSKA", 4. Juni 2007, Seite 25.

1532 ‚Todesporträt', „Die Ellipsenkönigin", 29. August 2007, Seite 25.

1533 ‚Geburtstagsporträt', „Das Dahlemer Gefühl", 15. Juni 2007, Seite 25.

Das Auftreten von vielen bis einigen wertenden Begriffen ist somit ein Merkmal des Zentralbereichs der TS ‚Porträt'.

3.2.4.3 Pronomen

Pronomen der ersten Person treten bei der TSV ‚Personenporträt' im Fließtext nicht auf. Bei einem TE kommt das Personalpronomen „wir" jedoch in der Unterzeile,[1534] bei einem weiteren in einem Informationsabsatz vor dem Fließtext[1535] vor. Bei den TSV ‚Todesporträt' und ‚Geburtstagsporträt' treten diese Pronomen zwar etwas öfter auf (27 % bzw. 23 %), ohne jedoch für diese relevant zu sein (z.B. 1x *„wir"*, 4x *„ich"*, 3x *„mich"*, 1x *„meiner"*[1536] und 1x *„wir"* und 1x *„uns"*[1537]). Pronomen der Höflichkeitsform sind bei keinem TE der TS ‚Porträt' nachzuweisen.

3.2.4.4 Zitate

Zitate kommen bei allen drei TSV häufig vor. Bei den ‚Personenporträts' treten sie bei 72 Prozent, bei den ‚Todesporträts' bei 77 Prozent der TE auf. Die ‚Geburtstagsporträts' weisen ausnahmslos mindestens ein Zitat pro TE auf. Bei den ‚Todesporträts' (65 %, z.B. *„Dieser ‚berlinischste aller Bildhauer' (Heinz Ohff) arbeitete zwar weiterhin mit seinem großen Material, doch nahm es nun konkrete Formen an und bekam Menschengestalt."*[1538]) und den ‚Geburtstagsporträts' (54 %, z.B. *„All das ist zumeist im Münchner Hanser Verlag erschienen, dessen selber dichtender Chef und Lektor Michael Krüger den Wührpaul einen ‚sanften Liebhaber der Apokalypse' genannt hat."*[1539]) dominiert das ausschließliche Vorkommen von wörtlichen Zitaten, während dies bei den ‚Personenporträts' (43 %, z.B. *„Ein ‚grauenhaftes, ärgerliches Dasein', nennt der Augenmensch Hoepker heute diese Episode in einem Land, das ihm nur nichtssagende Fassaden zeigte."*[1540]) die zweithäufigste Variante darstellt. Bei den ‚Personenporträts' ist die Verbindung von mindestens einem direkten und einem indirekten Zitat am stärksten vertreten (57 %, z.B. *„‚Das war die Kunst', sagt Leske. ‚So zu fotografieren, dass ein kleiner Stachel blieb, der es trotzdem ins Blatt schaffte.'"* und *„Etwa neun von zehn Ausstellungsbildern habe er am Rande seiner Auftragsreisen fotografiert, sagt Leske, und wieder schwingt da dieser Stolz mit,*

1534 ‚Personenporträt', „Hin und weg", 4. Juni 2007, Seite 25.

1535 ‚Personenporträt', „Ein kapitaler Hirsch", 14. Juli 2007, Seite 24.

1536 ‚Todesporträt', „Die Akten zum Sprechen bringen", 7. August 2007, Seite 21.

1537 ‚Geburtstagsporträt', „Keine andre Zeit als diese", 7. Juni 2007, Seite 30.

1538 ‚Todesporträt', „Kopftänzer der Großstadt", 20. Juli 2007, Seite 27.

1539 ‚Geburtstagsporträt', „Der falsche Feminist", 10. Juli 2007, Seite 21.

1540 ‚Personenporträt', „Der Umweg ist das Ziel", 14. Juli 2007, Seite 23.

dem System etwas abgetrotzt zu haben, das eigentlich nicht vorgesehen war.“[1541]). Bei den ‚Todesporträts kommt diese Kombination bei 24 Prozent (z.B. „*‚Ich bin kein Dichter', sagte er, ‚ich bin das multimediale Projekt ‚Dimitrij Alexandrowitsch Prigow*‘“ und „*Als gelernter Bildhauer hatte er sein Leben zum Gesamtkunstwerk geformt, und er glaubte, dass das Künstlersein nur so zeitgemäß sei.*“[1542]) und bei den ‚Geburtstagsporträts‘ bei 23 Prozent der TE vor (z.B. „*‚Urlaub', fragt er, einen Brocken Deutsch hervorkramend, ‚was ist das?*‘“ und „*Er habe sich, sagt der Architekt, wie ein Bischof gefühlt, wenn sich die Kirche zur Ostermesse füllt.*“[1543]). Ausschließlich indirekte Zitate fehlen bei den ‚Personenporträts‘ vollständig. Bei den ‚Geburtstagsporträts‘ enthalten 23 Prozent der TE diese Zitatform (z.B. „*Physisch, so Ashkenazy, sei er für das Klavierspiel eigentlich gar nicht geschaffen.*“[1544]), bei den ‚Todesporträts‘ 12 Prozent (z.B. „*Margalit Fox hat in der ‚New York Times' den schönen Satz geschrieben, dass Paleys Werk in gewissem Sinn davon handle, was geschehe, nachdem Philip Roths, Saul Bellows und Bernard Malamuds männliche Protagonisten ihre Frauen verlassen hätten.*“[1545]).

Untersucht man genauer, von wem die Zitate stammen bzw. über wen sie inhaltlich etwas aussagen, stehen sie fast ausnahmslos in Beziehung zum Porträtierten. So enthalten 72 Prozent der ‚Personenporträts‘ und 50 Prozent der ‚Todesporträts‘ ein Zitat des Porträtierten. Bei der TSV ‚Geburtstagsporträt‘ tritt bei 92 Prozent aller TE eine Äußerung des Porträtierten auf, sodass diese Zitatform deutlich im Zentralbereich liegt. 28 Prozent der ‚Personenporträts‘, 32 Prozent der ‚Todesporträts‘ und 46 Prozent der ‚Geburtstagsporträts‘ weisen zudem ein Zitat auf, welches eine Aussage zur porträtierten Person wiedergibt. In einigen TE kommen beide Formen vor.

Zitate des Porträtierten bewirken, dass der Leser ein besseres, authentisches Bild von der Person bekommt. Eigene Aussagen verdeutlichen die Meinung eines Menschen am direktesten und glaubhaftesten, da man auf diese Weise nicht auf die richtige Auslegung bzw. Darstellung des Autors vertrauen muss. Auch Zitate anderer, meist bekannter Menschen über den Porträtierten haben eine ähnliche Wirkung. Auch hier wird die Darlegung des Autors durch andere, von dessen Meinung unabhängige Ansichten, gestützt.

1541 ‚Personenporträt‘, „Der Mann, der Marx stürzte“, 7. August 2007, Seite 23.

1542 ‚Todesporträt‘, „Der Autor lebt“, 18. Juli 2007, Seite 21.

1543 ‚Geburtstagsporträt‘, „Der Zeichensetzer“, 11. August 2007, Seite 21.

1544 ‚Geburtstagsporträt‘, „Kämpferherz“, 6. Juli 2007, Seite 25.

1545 ‚Todesporträt‘, „Ellipsenkönigin“, 29.August 2007, Seite 25.

3.2.5 Die Lexik der Textsorte ‚Kommentar'

3.2.5.1 Wortneubildungen

‚Originelle Wortneubildungen' sind bei der TS ‚Kommentar' weit verbreitet und dazu häufig besonders auffallend und kreativ. Bei den Gruppen ‚Reihenkommentar' und ‚Großkritik' kommt im Zentralbereich mindestens eine solche Wortneubildung vor (89 % bzw. 85 %). Bei den Gruppen ‚Reihenkritik' und ‚Großkommentar' kommen derartige Begriffe bei weniger TE vor (70 % bzw. 57 %). Eine starke Häufung ‚Origineller Wortneubildungen' ist für alle Gruppen nicht repräsentativ (‚Großkommentar' 29 %, ‚Reihenkommentar' 27 %, ‚Großkritik' 30 %, ‚Reihenkritik' 20 %).

Besonders auffällig sind solche Wortneubildungen, die eine Zusammenrückung enthalten (z.B. „*Gras-war-bei-der-SS-Debatte*",[1546] „*1,5-Liter-Plastikungetüm*",[1547] „‚*Alles, was zu Hause so rumsteht*'*-Lesen*"[1548] und „*Männer-wollen-dies-Frauen-aber-das-Ding*" sowie „*Männer-und-Frauen-verstehen-sich-nicht-Einlage*"[1549]) oder Dekomposita mit mehr als drei Konstituenten (z.B. „*Ex-Spiegel-Hauptstadtbüroleiter*",[1550] „*Lebenszeitschneckenhaus*"[1551] und „*Realpolithorroractionpsychokatastrophenfilm*"[1552]). Allein durch ihre Länge wird der Rezipient in seinem Lesefluss gestört, wodurch sie die Aufmerksamkeit auf sich ziehen. Zudem enthalten viele Bildungen zusätzlich noch eine humorvolle Komponente. Innerhalb der TSV ‚Kritik' werden viele der ‚Originellen Wortneubildungen' dazu verwendet, die besprochene Person (z.B. „*Lärmguru*"[1553] oder „*Reibeisenstimme*"[1554]) bzw. Veranstaltung (z.B. „*Knall-und-Rauch-Spektakel*"[1555] oder „*Castorfiade*"[1556]) oder das besprochene Werk (z.B. „*Jugendsportheimgeschrammel*"[1557] oder „*Heiße-Frauen-am-Steuer-*

1546 ‚Großkommentar', „Worüber wir reden", 16. August 2007, Seite 21.

1547 ‚Reihenkommentar', Serie „**AUF** *Schlag*", „Aus dem Fließgleichgewicht", 16. Juli 2007, Seite 23.

1548 ‚Reihenkritik', Serie „*Jurjews* **KLASSIKER**", „Buch ohne Rücken", 5. August 2007, Seite 28.

1549 ‚Großkritik' (Subgruppe ‚Kulturkritik'), „Geh, lass mich doch!", 5. August 2007, Seite 27.

1550 ‚Reihenkritik', Serie „LESESTOFF", 9. Juli 2007, Seite 27.

1551 ‚Reihenkommentar', „Serie C", „In der Wagner-Wiege", 11. Juli 2007 , Seite 21.

1552 ‚Großkritik' (Subgruppe ‚Kulturkritik'), „Das verstrahlte Amerika", 15. August 2007, Seite 21.

1553 ‚Großkritik' (Subgruppe ‚Kulturkritik'), „Stunde der Tagträumer", 29. Juni 2007, Seite 26.

1554 ‚Reihenkritik', Serie „KURZ & KRITISCH" „Moritat mit Mandoline", 15. August 2007, Seite 22.

1555 ‚Großkritik' (Subgruppe ‚Kulturkritik'), „Knall und Rauch", 7. Juli 2007, Seite 22.

1556 ‚Großkritik' (Subgruppe ‚Kulturkritik'), „Des Teufels Korporal", 9. Juni 2007, Seite 32.

1557 ‚Reihenkritik', Serie „**HIT** *Parade*", „Sportfreunde Stiller", 24. August 2007, Seite 26.

Film"[1558]) zu benennen, zu beschreiben bzw. zu charakterisieren. Durch eine originelle Wortwahl kann der Autor seine Aussage besonders eingängig vermitteln und zugleich unterhalten.

Originelle adjektivische Wortneubildungen treten bei den Gruppen ‚Großkommentar' und ‚Reihenkommentar' der TSV ‚Freier Kommentar' bei 29 bzw. 35 Prozent und bei der Gruppe ‚Reihenkritik' der TSV ‚Kritik' nur bei 25 Prozent der TE auf, wobei es sich zudem jeweils nur um ein bis zwei Wortbildungen handelt. Bei der zweiten Gruppe ‚Großkritik' hingegen sind sie bei der Hälfte aller TE anzutreffen und häufig auch in einer höheren Anzahl vertreten. Die Adjektive der TSV ‚Kritik' sind dabei wesentlich kreativer und auffälliger als diejenigen der TSV ‚Freier Kommentar'. Generell dominieren bei den adjektivischen Wortneubildungen Kompositionen. Sowohl Determinativkomposita (z.B. „*hittauglich*",[1559] „*querflötenhoch*",[1560] „*flötentrillergrell*",[1561] „*seelenmondfinster*",[1562] „*dudelradiokompatibel*"[1563]) als auch Kopulativkomposita (z.B. „*klug-couragiert*",[1564] „*humorlos-schlampig*",[1565] „*düster-knollennasig*"[1566]) sind dabei produktiv. Originelle Derivationen, wie z.B. das sehr umgangssprachlich anmutende „*unokay*"[1567] oder „*urfröhlich*",[1568] kommen nur selten vor. Die Häufungen besonders vieler origineller adjektivischer Wortneubildungen bei den ‚Kritiken' passen zu der übergreifenden Textfunktion, ein künstlerisches Werk oder eine kulturelle Veranstaltung für den Leser zu besprechen. Beschreibungen und Bewertungen über derartige Adjektive bieten sich dabei besonders an, um dem Leser den besprochenen Gegenstand möglichst anschaulich und zugleich unterhaltsam näherzubringen.

Innerhalb der ‚Großkritiken' treten öfter Adjektive auf, die den Namen eines Künstlers enthalten. Sie dienen fast immer dazu, ein Werk, Verhalten etc. als besonders charakteristisch für diese Person zu kenn-

1558 ‚Großkritik' (Subgruppe ‚Kulturkritik'), „Highway, Hölle, heiße Hexen", 15. Juli 2007, Seite 25.

1559 ‚Großkommentar', „Worüber wir reden", 16. August 2007, Seite 21.

1560 ‚Reihenkommentar', „**DER** *feine* **UNTERSCHIED**", „Kastrat oder Counter", 17. Juli 2007, Seite 21.

1561 ‚Großkritik' (Subgruppe ‚Kulturkritik'), „Die Feuerreiter", 1. Juli 2007, Seite 25.

1562 ‚Großkritik' (Subgruppe ‚Kulturkritik'), „Ein Kuss für immer", 23. August 2007, Seite 23.

1563 ‚Reihenkritik', Serie „**HIT** *Parade*" „Enrique Iglesias", 13. Juli 2007, Seite 26.

1564 ‚Reihenkommentar', „Serie C", „Lehmann for President", 3. Juli 2007, Seite 23.

1565 ‚Reihenkritik', Serie „KURZ & KRITISCH" „ROCK", 10. Juni 2007, Seite 26.

1566 ‚Großkritik' (Subgruppe ‚Kulturkritik'), „Nichts dreht mehr", 18. August 2007, Seite 22.

1567 ‚Großkritik' (Subgruppe ‚Kulturkritik'), „Die Spaßgesellschaft vom Wörthersee", 2. Juli 2007, Seite 22.

1568 ‚Reihenkommentar', Serie „**AUF** *Schlag*", „Der Download Gottes", 4. Juni 2007, Seite 27.

zeichnen (z.B. „*Boney-M-haft*",[1569] „*Pessoa-mäßig*",[1570] „*Bono-artig*",[1571] „*paulig*"[1572] und „*Auster-typisch*"[1573]) bzw. in einem Fall als unüblich („*unausterisch*"[1574]). Bei diesen Adjektiven handelt es sich fast ausschließlich um Derivationen. Bei den ‚Reihenkritiken' und ‚Freien Kommentaren' sind derartige Bildungen die Ausnahme.

In einem TE lässt sich eine auffällige verbale Wortneubildung feststellen. Bei „*verzweisamen*"[1575] handelt es sich um eine kreative Analogiebildung zu dem Verb „vereinsamen". Die Inhaltsseite lässt sich mit „ein Liebespaar bilden" angeben und stellt somit den Gegensatz zu „vereinsamen" dar.

Mehr als zwei Wortneubildungen mit demselben Grundmorphem kommen bei allen vier Gruppen (‚Großkommentar' 14 %, ‚Reihenkommentar' 22 %, ‚Großkritik' 14 % und ‚Reihenkritik' 6 %) relativ selten vor (z.B. „***New-Order**-Bassist*", „***New-Order**-Sänger*", „***New-Order**-Gitarrist*", „***New-Order**-Drummer*", „***New-Order**-Stammbuch*", „***New-Order**-Sound*"[1576]). Komposita mit demselben Grundmorphem stellen ein geeignetes Mittel dar, auf kurze Art und Weise verschiedene inhaltsseitige Aspekte eines Themengebiets zu benennen. Diese Wortneubildungen lassen sich jedoch fast nie als originell einstufen, sondern dienen dazu, verschiedene Aspekte des Artikelthemas kurz zu benennen. Nur bei zwei TE der ‚Freien Kommentare' stellt die Häufung eine bewusste Wortspielerei dar, um die Aufmerksamkeit der Leser zu erregen. So bezeichnen die Komposita „*Noch-**Single***", „*Wieder-**Single***", „*Zwischendurch-**Single***" und „*Sowieso-**Single***" in dem ‚Reihenkommentar' „Zu mir oder zu dir"[1577] letztlich alle dasselbe, nämlich einen Menschen ohne festen Partner. Die erste Konstituente präzisiert dabei, wie die Person zu diesem Status steht und macht sich über die verschiedenen Einschätzungen des Single-Status lustig. In dem ‚Großkommentar' „Worüber wir re-

1569 ‚Großkritik' (Subgruppe ‚Literaturkritik'), „Nachladen, entsichern", 23. August 2007, Seite 22.

1570 ‚Großkritik' (Subgruppe ‚Literaturkritik'), „L.A. Theorie", 26. Juli 2007, Seite 28.

1571 ‚Großkritik' (Subgruppe ‚Literaturkritik'), „Viel Spaß, Mr. Goodnight", 20. Juli 2007, Seite 26.

1572 ‚Großkritik' (Subgruppe ‚Literaturkritik'), „Am Ende ist noch lange nicht Schluss", 18. Juni 2007, Seite 29.

1573 ‚Großkritik' (Subgruppe ‚Literaturkritik'), „Blank in Brooklyn", 5. August 2007, Seite 28.

1574 Siehe vorherige Fußnote.

1575 ‚Reihenkommentar', Serie „**DER** *feine* **UNTERSCHIED**", „Zu mir oder zu dir", 12. August 2007, Seite 25.

1576 ‚Reihenkommentar', „Serie C", „Alles in Order", 3. August 2007, Seite 21.

1577 ‚Reihenkommentar', Serie „**DER** *feine* **UNTERSCHIED**", „Zu mir oder zu dir", 12. August 2007, Seite 25.

den"[1578] kommen gleich 17 Wortneubildungen mit demselben Grundmorphem vor, welches zugleich das Thema des Artikels, Debatten in Deutschland, angibt und stets präsent hält. Viele der Wortneubildungen sind auffallend lang und originell. Die Absurdität einiger Debatteninhalte wird so auf der Ebene der Lexik widergespiegelt, indem der Autor aberwitzig lange Dekomposita zur Bezeichnung der Debatten kreiert (z.B. „*Holocaustmahnmalgraffitischutz-**Debatte***", „*Nazivergangenheitsbewältigungs**debatte***"[1579]).

3.2.5.2 Wertende Begriffe

Die Verwendung von einer größeren Anzahl an wertenden Begriffen im Fließtext gehört zum Zentralbereich der TS ‚Kommentar'. Die meisten TE weisen dabei viele (84 %) oder zumindest einige (11 %) auf. Adjektive dominieren dabei deutlich. So kommen in dem ‚Großkommentar' „Nur die Wurst hat zwei" (zweites TE) die Adjektive „*scharfsinnig*", „*wahnwitzig*", „*knatternd*", „*melancholisch*", „*atmosphärisch*", „*dicht*", „*extravagant*", „*berühmt*", „*lustig*", „*lakonisch*", „*knapp*", „*schillernd*" und „*vermutlich*", die Substantive „*Problem*", das „*Schöne*" und „*Verdorbenheit*" sowie die Verben „*ausmachen*" und „*eingestehen*"[1580] vor. Der ‚Reihenkommentar' „Episch oder lakonisch" zeigt die Adjektive „*groß*", „*großzügig*", „*überflüssig*", „*ungerührt*", „*magisch*", „*offenherzig*", „*pfauhaft*", „*vereinfacht*", „*schlicht*" und „*hoch*", die Verben „*verlachen*", „*mitreißen*", „*langweilen*" und „*lauern*", die Adverbien „*natürlich*", „*gern*" und „*zutiefst*" sowie die Substantive „*Eitelkeit*", „*Demut*" und „*Pathos*"[1581]. Die ‚Reihenkritik' „555 Pralinen" weist die Adjektive „*berühmt*", „*hochrangig*", „*ausgezeichnet*", „*expressiv*", „*beliebt*" und „*gefährlich*", das Verb „*interessieren*" und die Substantive „*Kühnheit*", „*Ideenreichtum*", „*Konfrontation*", „*Wagnis*", „*Spielwitz*" und „*Stilsicherheit*"[1582]auf und die ‚Großkritik' „Zarte Haut" die Adjektive „*strahlend*", „*unberührt*", „*traurig*", „*ängstlich*", „*innig*", „*ungelenk*", „*bru-*

1578 ‚Großkommentar' „Worüber wir reden", 16. August 2007, Seite 21.

1579 Ebenfalls mit dem Grundmorphem {de'batə} treten die Wortneubildungen „*Walser-Friedenspreis-**Debatte***", „*Walser-Tod-eines-Kritikers-**Debatte***", „*Gras-war-bei-der-SS-**Debatte***", „*Schießbefehl-**Debatte***", „*U-**Debatte***", „*E-**Debatte***", „*White-Collar-**Debatte***", „*Blue-Collar-**Debatte***", „*Vergangenheits-**Debatte***", „*Zukunfts-**Debatte***", „*DDR-Vergangenheitsbewältigungs**debatte***", „***Debatten**anstoßer*", „***Debatten**-Quotierung*", „*Feuilleton-**Debatte***" und „***Debatten**kultur*" auf.

1580 ‚Großkommentar', „Nur die Wurst hat zwei", 21. Juli 2007, Seite 21, zweites TE.

1581 ‚Reihenkommentar', Serie „**DER** *feine* **UNTERSCHIED**", „Episch oder lakonisch", 27. Juli 2007, Seite 23.

1582 ‚Reihenkritik', Serie „**PAUKEN &** *Trompeten*", „555 Pralinen", 17. Juni 2007, Seite 27.

tal“, „*streng*“, „*wunderschön*“, „*einsam*“, „*überschaubar*“, „*behäbig*“, „*arg*“ und „*schwierig*“, das Verb „*scheinen*“, die Adverbien „*offenbar*“ und „*immerhin*“ sowie die Substantive „*Unheil*“, „*Kitsch*“, „*Relevanz*“ und „*Angst*“.[1583] Lediglich bei einer geringen Anzahl von TE sind nur wenige Begriffe, die eine klare Bewertung vornehmen, anzutreffen (5 %). Die beiden TSV zeigen dabei kaum Unterschiede.

Dieses Ergebnis war für die meinungsbetonte TS ‚Kommentar‘ zu erwarten, da die Meinung des Autors und deutliche Bewertungen bereits einen wesentlichen Anteil der Absatzgestaltung ausmachen, sodass eine Korrelation zwischen Makrostruktur und Lexik existiert. In ‚Kommentaren‘ sollen die Wertungen zudem nicht versteckt vermittelt werden. Vielmehr erwartet der Leser beim ‚Freien Kommentar‘ deutlich subjektive Ausführungen zu einem Thema bzw. bei der ‚Kritik‘ eine klare Stellungnahme und Beurteilung zu einem künstlerischen Werk oder einer kulturellen Veranstaltung. Dies wird maßgeblich durch wertende Begriffe erreicht.

Abgekürzte Wörter, die sehr umgangssprachlich und salopp wirken, kommen bei der TS ‚Kommentar‘ wider Erwarten nur sehr selten vor. Innerhalb der ‚Freien Kommentare‘ treten sie bei beiden Gruppen bei je 14 Prozent,[1584] bei den ‚Großkritiken‘ bei neun Prozent[1585] und bei den ‚Reihenkritiken‘ lediglich bei sechs Prozent der TE[1586] auf.

3.2.5.3 Pronomen

Pronomen der ersten Person sind bei den einzelnen Gruppen der TS ‚Kommentar‘ unterschiedlich stark vertreten, wobei jedoch die Personal- gegenüber den Possessivpronomen deutlich überwiegen. Bei den ‚Großkommentaren‘ weisen nur die beiden TE mit eigener Überschrift Pronomen der ersten Person auf. Sie kommen bei diesen in großer Frequenz vor (z.B. 7x „*uns*“, 2x „*ich*“, 2x „*mich*“, 10x „*wir*“, 3x „*unser*“, 2x „*unserer*“, 1x „*unseren*“ und 1x „*meinen*“[1587]). Bei den ‚Reihenkommentaren‘ zeigen 70 Prozent der TE mindestens eine derartige Form. Dies stellt neben der TS ‚Interview‘, bei der alle TE diese Pronomen aufwei-

---

1583 ‚Großkritik‘ (Subgruppe ‚Kulturkritik‘), „Zarte Haut“, 28. Juni 2007, Seite 29.

1584 Z.B. die Form „*wir's*“ in dem ‚Reihenkommentar‘ „Das Kapital unter Verdacht“ („Serie C“, 28. August 2007, Seite 21) und die Form „*bin's*“ in dem ‚Großkommentar‘ „Stirnbänderdehnung“ (14. Juni 2007, Seite 26).

1585 Z.B. die Form „*gibt's*“ in der ‚Großkritik‘ (Subgruppe ‚Kulturkritik‘) „Von Göttinnen und Gattinnen“ (28. August 2007, Seite 21).

1586 Z.B. die Form „*nimmt's*“ in der ‚Reihenkritik‘ „Selbstgespräch der Schwadroneure“ (Serie „**SPIEL** *Sachen*“, 22. Juni 2007, Seite 27).

1587 ‚Großkommentar‘, „Worüber wir reden“, 16. August 2007, Seite 21.

sen, den höchsten Wert für die untersuchten TS bzw. TSV dar. Die Serie „**DER** *feine* **UNTERSCHIED**" übersteigt diese Prozentzahl noch einmal deutlich (77 %, z.B. 1x „*wir*" und 1x „*unserer*"[1588]), während bei der Reihe „**AUF** *Schlag*" sogar jedes TE ein derartiges Pronomen enthält (z.B. 6x „*ich*" und 1x „*mich*", 3x „*mir*"[1589]). Bei der TSV ‚Freier Kommentar' tritt der Autor sehr stark in Erscheinung. Seine Meinung, Beobachtungen und Erlebnisse dominieren bereits die Absatzgestaltung. In den beiden genannten Reihen erzählen die Verfasser häufig Begebenheiten aus ihrem Privatleben, was zwangsläufig mit einem gehäuften Einsatz der entsprechenden Pronomen einhergeht. Durch diese wird für den Leser zugleich eindeutig angezeigt, dass die Texte keine sachlichen Informationen liefern, sondern der Inhalt stark subjektiv geprägt ist.

Bei der TSV ‚Kritik' kommen Pronomen der ersten Person wesentlich seltener vor (17 %). Nur bei den insgesamt zehn TE der sehr ähnlichen Serien „*Verbrecher* **JAGD**", „*Hör* **BÜCHER**", „*Zeit* **SCHRIFTEN**", „*Jurjews* **KLASSIKER**" und „*Literatur* **BETRIEB**" der Gruppe ‚Reihenkritik' ist eine extreme Abweichung von diesem Prozentsatz festzustellen, indem 80 Prozent der TE Pronomen der ersten Person und/oder der Höflichkeitsform aufweisen (z.B. 3x „*Sie*", 1x „*Ihnen*", 2x „*wir*"[1590] oder 5x „*ich*", 2x „*wir*", 1x „*meine*", 1x „*uns*"[1591]). Das insgesamt geringere Auftreten lässt sich damit begründen, dass bei den ‚Kritiken' trotz der erkennbaren Meinung des Autors nicht dieser, sondern der besprochene Gegenstand im Mittelpunkt steht. Es geht vorrangig um dessen Beschreibung und Bewertung und nicht um die Person, die diese vornimmt. Bei den Serien mit vielen Pronomen wird den Autoren eine größere Bedeutung eingeräumt, wie bereits anhand der Makrostruktur des Einschubs, die jeweils ein Bild und den Verfassernamen in Fettdruck enthält, und der Benennung einer der Reihen nach dem Autor („*Jurjews* **KLASSIKER**") erkennbar ist.

Pronomen der Höflichkeitsform und damit eine direkte Anrede des Lesers treten bei der TS ‚Kommentar' selten auf. Lediglich bei bestimm-

---

1588 ‚Reihenkommentar', Serie „**DER** *feine* **UNTERSCHIED**", „Baum oder Borke", 29. Juli 2007, Seite 25.

1589 ‚Reihenkommentar', Serie „**AUF** *Schlag*", „Das menschliche Störfeld", 18. Juni 2007, Seite 29.

1590 ‚Reihenkritik', Serie „*Literatur* **BETRIEB**", „Die große Erwartung", 12. August 2007, Seite 28.

1591 ‚Reihenkritik', Serie „*Jurjews* **KLASSIKER**", „Der Jüngste unter den Vögeln", 24. Juni 2007, Seite 28.

ten Serien der ‚Reihenkommentare‘[1592] oder ‚Reihenkritiken‘[1593] kommen diese Formen etwas häufiger vor (z.B. 1x *„Ihr“*, 1x *„Ihnen“* und 1x *„Sie“*[1594] oder 2x *„Sie“* und 1x *„Ihr“*[1595]). Bei den ‚Großkommentaren‘ fehlen Pronomen der Höflichkeitsform vollständig, bei den ‚Großkritiken‘ zeigen nur sehr wenige TE diese Formen (1 %).

3.2.5.4 Zitate

Zitate werden bei den zwei Gruppen ‚Großkommentar‘ und ‚Reihenkommentar‘ der TSV ‚Freier Kommentar‘ (71 % bzw. 57 %) und der Gruppe ‚Großkritik‘ der TSV ‚Kritik‘ (66 %) häufig verwendet. Bei der Gruppe ‚Reihenkritik‘ sind sie mit einem Vorkommen bei 33 Prozent der TE weitaus weniger vertreten, allerdings gibt es dabei starke Abweichungen zwischen den einzelnen Serien. So kommen vor allem bei den Reihen, deren TE einen sehr geringen Textumfang haben, nur sehr wenige bis gar keine TE mit Zitaten vor,[1596] während andere Serien mit der TSV ‚Freier Kommentar‘ und der Gruppe ‚Großkritik‘ vergleichbare Prozentzahlen zeigen.[1597] Bei den beiden Gruppen der ‚Freien Kommentare‘ (‚Großkommentar‘ 80 %, ‚Reihenkommentar‘ 86 %, z.B. *„Gleich zu Anfang seiner Ausführungen – ich schreckte aus dem Ohrensessel hoch – ging Monsignore in die Vollen: ‚Man könnte sagen, der Heilige Geist, das ist so etwas wie ein Download Gottes‘!“*[1598]), den ‚Reihenkritiken‘ (87 %, z.B. *„‚Solange wir nur ganz wenige Frauen in Film und Fernsehen altern sehen, solange wir das Gefühl haben, ab fünfzig das eigene Haltbarkeitsdatum langsam zu überschreiten, so lange werden wir dem Jugendwahn mit allen seinen Folgen Vorschub leisten‘, schreibt Gerster in ihrem lesenswerten Buch.“*[1599]) und den ‚Großkritiken (60 %,

---

1592 Bei der Serie „**AUF** *Schlag*“ weisen 23 Prozent der TE ein Pronomen der Höflichkeitsform auf, z.B. *„Ihr“*, *„Ihnen“* und *„Sie“* im TE „Der Download Gottes“ (4. Juni 2007, Seite 27).

1593 Bei dem einzigen TE der Serie „*Literatur* **BETRIEB**“ („Die große Erwartung“, 12. August 2007, Seite 28) kommen die Höflichkeitsformen *„Sie“* und *„Ihnen“* vor. Zudem zeigen zwei der 14 TE der Serie „**HIT** *Parade*“ (z.B. *„Sie“* und *„Ihr“* im TE „Mark Medlock“ vom 29. Juni 2007, Seite 26) derartige Pronomen. Bei der Reihe „**AUFGESCHLAGEN** Zugeschlagen“ gehören zwei der neun erfassten Pronomen der Höflichkeitsform an (z.B. *„Sie“* im TE „Denken Sie sich satt“, 3. Juni 2007, Seite 26, fünftes TE). Bei den übrigen Reihen kommt maximal eine derartige Pronomenform vor.

1594 ‚Freier Kommentar‘, Serie „**AUF** *Schlag*“, „Der Download Gottes“, 4. Juni 2007, Seite 27.

1595 ‚Reihenkritik‘, Serie „**HIT** *Parade*“, „Mark Medlock“, 29. Juni 2007, Seite 26.

1596 Z.B. die Serien „**SOUNDCHECK**“ und „**DER FILM** *Tipp...* “.

1597 Z.B. die Serien „**LESESTOFF**“ und „**SPIEL** *Sachen* “.

1598 ‚Freier Kommentar‘, Serie „**AUF** *Schlag*“, „Der Download Gottes“, 4. Juni 2007, Seite 27.

1599 ‚Reihenkritik‘, „**AUFGESCHLAGEN** Zugeschlagen“, „Denken Sie sich satt“, 3. Juni 2007, Seite 25, neuntes TE.

z.B. „*Nicht der Fahrer wählt das Auto', sagt der Händler weise. ,Das Auto wählt den Fahrer.*"[1600]) dominieren jeweils TE mit ausschließlich direkten Zitaten.[1601] Ausnahmslos indirekte Zitate kommen bei den ,Großkritiken' (8 %, z.B. „*Wenn ein reifer Herr im Schottenrock die Bühne betritt und mit charmantem Akzent davon erzählt, dass seine Landsleute dank einer angeborenen Vorliebe für den Beruf des Ingenieurs eigentlich überall zu finden seien – man denke nur an Scotty vom Raumschiff Enterprise! –, dann macht das gute Stimmung im Konzerthaus.*"[1602]), den ,Reihenkritiken' (7 %, z.B. „*Er sei Anfang der siebziger Jahre nach China gegangen, sagte Jullien in einem Interview, um die griechischen Texte besser lesen, durch die Außenperspektive allzu Vertrautes in ein neues, distanzierteres Licht rücken zu können.*"[1603]) und den beiden Gruppen der ,Freien Kommentare' (,Großkommentar' 20 %,[1604] ,Reihenkommentar' 5 %, z.B. „*Albert Einstein hat einmal gesagt, die natürliche Lebensdauer eines Menschen stehe auch in einem mathematischem Verhältnis zu seiner Wachzeit.*"[1605]) nur relativ selten vor. Die Kombination aus mindesten einem direkten und einem indirekten Zitat weist nur ein größerer Prozentsatz der ,Großkritiken' auf (32 %, z.B. „*Das wurde auf der gestrigen Pressekonferenz deutlich, als auf ein Statement der palästinensischen Künstlerin Ahlam Shibli die reflexhafte Frage kam, ob denn auch ein Künstler aus Israel vertreten sei. ,Wir laden Künstler nur wegen ihrer Kunst, nicht als Repräsentanten einer geografischen Region oder politischen Konstellation ein', stellte Ruth Noack sehr klar.*"[1606]), während diese bei den ,Reihenkritiken' (6 %, z.B. „*Alfred Kurella, Direktor am Leipziger Literaturinstitut, an dem Loest studierte, hatte vor seinen Studenten den Tod des eigenen Bruders während Stalins ,Säuberungen' gerechtfertigt: Die Revolution fordere Opfer und er sei dennoch Kommunist geblieben.*" und „*Erich Loest kommentiert das: ,Ich betrete Bautzen II nicht, und denen, die das nicht verstehen, sage ich: Ihr habt keine Ahnung, Kinder.*'"[1607]) und ,Reihenkommentaren' (10 %, z.B. „*Da lesen wir, dass Franz Müntefering in Koali-*

1600 ,Großkritik' (Subgruppe ,Kulturkritik'), „Das Knallkörpergefühl", 30. Juli 2007, Seite 23.

1601 Die Prozentzahlen beinhalten als Grundwert nur die TE, die ein Zitat enthalten.

1602 ,Großkritik' (Subgruppe ,Kulturkritik'), „Beam me up!", 10. August 2007, Seite 26.

1603 ,Reihenkritik', „**SPIEL** *Sachen*", „Die besten Griechen kommen aus China", 1. Juni 2007, Seite 27.

1604 Dabei handelt es sich um ein TE der ,Großkommentare'.

1605 ,Freier Kommentar', Serie „**AUF** *Schlag*", „Jetzt ist Anpfiff", 20. August 2007, Seite 23.

1606 ,Großkritik' (Subgruppe ,Kulturkritik'), „Indisch, zeitgenössisch, bunt", 14. Juni 2007, Seite 25.

1607 ,Reihenkritik', Serie „LESESTOFF", 4. Juni 2007, Seite 7.

tionsgesprächen verbal entglitten sei, wenn auch ‚auf Berliner Art gedämpft'." und „*Auf der Internetseite www.feminissima.de wird unser Mann als ‚Demagoge' bezeichnet, mit einfacher Begründung: ‚Außerdem hasst Feminissima schreiende Männer.*'"[1608]) kaum und bei den ‚Großkommentaren' gar nicht auftreten.

Funktional dienen die Zitate bei den ‚Freien Kommentaren' dazu, passende Aussagen anderer Personen (z.B. „*Als einmal die Betrachterin einer Picasso-Skizze zu dem Künstler sprach, ‚das kann meine kleine Tochter auch', antwortete Pablo P.: ‚Natürlich. Aber erst, nachdem ich es gemacht habe!*'"[1609]) und aus literarischen Werken (z.B. „*‚Was du ererbt von deinen Vätern hast/erwirb es, um es zu besitzen', lässt Goethe seinen Faust sagen.*"[1610]) zum Hauptthema des TE zu liefern, welche der Autor als Themenanstoß, zur Auflockerung oder zur Unterstützung seiner Position verwendet. Werden Romane oder andere Werke zitiert, erfolgt dies nie, um selbige dem Leser vorzustellen bzw. sie zu besprechen. Sie werden nie zum eigentlichen Thema des TE erhoben. Bei der TSV ‚Kritik' hingegen ist dies eine wichtige Funktion der Zitate. Über sie werden Textbeispiele aus Romanen, Filmen etc. geliefert, um die ‚Kritiken' lebendiger zu gestalten, dem Leser einen direkten Eindruck von dem besprochenen Werk zu geben oder die Meinung des Autors zu belegen (z.B. „*Die Satire ist böse, wirkt aber oft sehr plump (‚Yo Mann, meinst du, ich bin blind für die Scheiße und weiß nicht was abgeht in unserem Staat?').*"[1611]). Daneben kommen häufig die Künstler bzw. verantwortliche oder beteiligte Personen zu Wort oder dritte äußern sich zum Gegenstand der Kritik (z.B. „*Ihren Sound findet sie ‚kantig' und ‚gewagt'.*"[1612] oder „*Der Tagesspiegel zeigte sich bestürzt ob all der ‚Rat- und Tatlosigkeiten', die ‚FAZ' mokierte sich über den ‚Pseudopostmodernen Verhau', Joachim Kaiser zitierte in der ‚Süddeutschen*' *die Spottrede vom ‚szenischen Oratorium', und ‚Die Zeit' bescheinigte eine ‚Wagner-Beerdigung erster Klasse'.*"[1613]). Dieser ist fast immer direkter Ausgangs- oder Bezugspunkt der Zitate.

1608 ‚Reihenkommentar', Serie „**AUF** *Schlag*", „Männer, die schreien", 2. Juli 2007, Seite 21.
1609 ‚Reihenkommentar', „Serie C", „Das Kapital unter Verdacht", 20. Juni 2007, Seite 21.
1610 ‚Freier Kommentar', „Serie C", „Weimarer Aufbruch", 5. Juli 2007, Seite 25.
1611 ‚Großkritik' (Subgruppe ‚Literaturkritik'), „Polens Paranoia", 11. Juni 2007, Seite 24.
1612 ‚Reihenkritik', Serie „**HIT** *Parade*", „Rihanna feat. Jay-Z", 15. Juni 2007, Seite 26.
1613 ‚Großkritik' (Subgruppe ‚Kulturkritik'), „Aufstand der Zwerge", 29. Juli 2007, Seite 25.

3.2.6 Die Lexik der Textsorte ‚Interview'

3.2.6.1 Wortneubildungen

Bei den ‚Gesprächsinterviews' weisen 83 Prozent aller TE mindestens eine ‚Originelle Wortneubildung' auf, womit deren Vorkommen im Zentralbereich der TSV liegt. Gehäuft treten sie jedoch lediglich bei zwei TE[1614] auf. Originelle adjektivische Wortneubildungen sind ebenfalls nur bei wenigen TE (13 %) nachzuweisen und kommen überdies immer nur einzeln vor (z.B. „*konsumfreundlich*"[1615]).

Bezüglich der Kreativität der Wortneubildungen und deren Anzahl ist zu beachten, dass diese bei den einzelnen TE sehr variieren, da jeweils unterschiedliche Personen interviewt werden (und interviewen) und somit die Lexik eines TE stark vom persönlichen Stil abhängt. So kommen neben TE mit mehreren sehr kreativen neuen Wörtern auch solche vor, die keinerlei ‚Originelle Wortneubildungen' aufweisen. Fantasievolle und außergewöhnliche Begriffe wie die ‚Originellen Wortneubildungen' tragen dazu bei, entsprechende Eigenschaften auch für den Sprachverwender anzunehmen.

Innerhalb der ‚Originellen Wortneubildungen' dominieren deutlich die Komposita, bei denen einige sehr auffällige Bildungen auftreten. Bereits durch ihre Länge fällt eine Gruppe von Komposita auf, deren erste Konstituente von einer Zusammenrückung gebildet wird. Hierbei handelt es sich oft um eine Ziffer, welche die Größenordnung einer bestimmten Sache angibt (z.B. „*60-Millionen-Dollar-Film*",[1616] „*9-Zimmer-Riad*"[1617] oder „*6-Milliarden-Welt*"[1618]). Durch sie wird eine Information, die eigentlich einen ganzen Teilsatz einnehmen würde, durch ein einziges Wort präsentiert („*60-Millionen-Dollar-Film*" = Ein Film, der 60 Millionen Dollar kostet). Bei 22 Prozent der TE kommen mindestens drei Wortneubildungen vor, die in einer Konstituente übereinstimmen.[1619] Einzeln sind diese nicht besonders auffällig, durch die wiederkehrende Konstituente heben sie sich jedoch vom restlichen Fließtext ab. Durch sie werden innerhalb eines Themas (gemeinsame Konstituente) verschiedene Aspekte thematisiert (unterschiedliche Konstituente). Eine derarti-

1614 Z.B. ‚Gesprächsinterview', „Es weht ein neuer Wind", 20. Juli 2007, Seite 25.

1615 ‚Gesprächsinterview', „Kunst braucht kein Label", 4. Juni 2007, Seite 25.

1616 ‚Gesprächsinterview', „Sein ärgster Freund", 22. Juni 2007, Seite 25.

1617 ‚Gesprächsinterview', „Sonnenbrillen machen feige", 11. Juli 2007, Seite 21.

1618 ‚Gesprächsinterview', „Es weht ein neuer Wind", 20. Juli 2007, Seite 25.

1619 Z.B. die substantivischen Determinativkomposita „***Mozart**-Ton*", „***Mozart**bild*", „***Mozart**-Pause*" und „***Mozart**-Sinfonie*" (‚Gesprächsinterview', „Unser Publikum weiß, dass es mitdenken soll", 30. Juni 2007, Seite 23).

ge Sammlung an verwandten Wortneubildungen erscheint nur bei den sehr umfangreichen TE. Dies lässt sich damit erklären, dass ihr Auftreten nur ab einem gewissen Textumfang Sinn ergibt, wenn ein Thema ausführlich und hinsichtlich verschiedener Aspekte besprochen wird.

Zur Bezeichnung von Personen treten bei der TSV ‚Gesprächsinterview' teilweise sehr originelle Bildungen auf. Komposita wie „*Bayreuth-Hase*"[1620] oder „*Nach-Volker*"[1621] erscheinen dadurch kreativ, dass sie auf ähnliche Wörter anspielen. „*Bayreuth-Hase*" zielt auf die Redensart „ein alter Hase" ab, womit „ein erfahrener, kundiger Mensch"[1622] gemeint ist. Da diese Wendung sehr bekannt ist, fällt die Bedeutungsentschlüsselung der Wortneubildung mit „ein bezüglich der Bayreuther Festspiele erfahrener, kundiger Mensch" nicht schwer. Bei dem Kompositum „*Nach-Volker*"[1623] hat sich der Interviewer die Ähnlichkeit von „-folger" und dem Vornamen der interviewten Person „Volker" zunutze gemacht, um diese auf witzige Art und Weise nach ihrem beruflichen „Nachfolger" zu fragen. Diese Bildung zeigt zudem, dass ‚Originelle Wortneubildungen' in der TS ‚Interview' keineswegs nur von den Interviewten verwendet werden. Daran lässt sich erkennen, dass die Person des Interviewers deutlich in Erscheinung tritt und ebenso wie der oder die Interviewten durch einfallsreiche Bildungen bewusst zur Unterhaltung beiträgt. Darin besteht auch ein weiterer Unterschied zur TSV ‚Umfrageinterview', bei welcher der Interviewer anonym bleibt. Hier konstituiert sich der Frageteil jeweils aus denselben drei relativ sachlichen Fragen, die keinerlei Wortneubildungen oder andere sprachliche Auffälligkeiten aufweisen (siehe Anhang 44).

Mit der Zusammenrückung „*One-Summer-Stand*"[1624] tritt eine weitere sehr originelle Analogiebildung zu dem lexikalisierten und gängigen Begriff „One-Night-Stand" auf. Sowohl durch seine Länge als auch die Ähnlichkeit zu dem bekannten Begriff hebt sich die Wortneubildung vom übrigen Fließtext ab.

‚Originelle Wortneubildungen', die durch das Wortbildungsprinzip der Derivation gebildet werden, kommen nur bei fünf TE vor und sind auch weniger auffällig und kreativ als die Komposita. Bildungen wie

---

1620 ‚Gesprächsinterview', „Wenn sie es kann, soll sie es werden", 3. Juni 2007, Seite 25.

1621 ‚Gesprächsinterview', „Gutes Theater ist immer links", 13. Juni 2007, Seite 25.

1622 Siehe Suchbegriff „alter Hase" auf http://www.redensarten-index.de/suche.php (Aufruf: 11.03.2015).

1623 ‚Gesprächsinterview', „Gutes Theater ist immer links", 13. Juni 2007, Seite 25.

1624 ‚Gesprächsinterview', „Es weht ein neuer Wind", 20. Juli 2007, Seite 25.

„*Gutmenschentum*“[1625] und „*Menschenwürdigkeit*“[1626] fallen dadurch auf, dass sie durch ihre Ableitungsbasis zunächst bekannt erscheinen, dann jedoch durch das unbekannte und somit häufig für den Leser falsch klingende Formationsmorphem ein Bruch beim Lesen entsteht. Dennoch ist ihre Inhaltsseite leicht zu bestimmen und weicht auch nur geringfügig von derjenigen der Ausgangsbasis ab. Eine Ausnahme hiervon stellt das Derivatum „*Berlusconismus*“[1627] dar, dessen Bedeutung sehr komplex ist[1628] und für welches die Ausgangsbasis, der Eigenname Berlusconi, nur eine erste Vorstellung vermittelt.

Innerhalb der TSV ‚Umfrageinterview‘ treten nur bei einem TE (17 %) ‚Originelle Wortneubildungen‘ auf.[1629] Dies passt zu der Ausrichtung der TSV, den Fokus stark auf die berufliche Sichtweise der Interviewten zu legen und durch die vorgegebenen Fragen Vertiefungen bzw. eine interessegeleitet Entwicklung des Interviews auszuschließen. Dementsprechend ist die interviewte Person wesentlich stärker in ihrer kreativen Gestaltung des Gesprächs eingeschränkt. Bei einem Drittel der TE kommen drei Wortneubildungen mit einem übereinstimmenden Grundmorphem vor.[1630]

3.2.6.2 Wertende Begriffe

Alle TE weisen viele wertende Begriffe auf, wobei die Adjektive klar dominieren. Da in einem ‚Interview‘ die Meinung des Interviewten zu bestimmten Themen sowie Fragen zu seinem Beruf und Privatleben im Vordergrund stehen, lassen die Antworten durch wertende Begriffe häufig eine starke Subjektivität erkennen (z.B. „*Im Roman ist Angel ein echtes Monster – das ist im Buch ein großer Genuss, aber für einen Film ein bisschen langweilig, weil sich die Figur nicht ändert.*“[1631]).

1625 ‚Gesprächsinterview‘, „Kunst braucht kein Label“, 4. Juni 2007, Seite 25.

1626 ‚Gesprächsinterview‘, „Wer dort wohnt, geht am Lager vorbei – zum Schwimmen“, 16. August 2007, Seite 23.

1627 ‚Gesprächsinterview‘, „Wir befinden uns in einer vorrevolutionären Situation“, 3. August 2007, Seite 21.

1628 Das Online-Lexikon ‚Wikipedia‘ erläutert unter dem Stichwort „Berlusconismus“ diesen Begriff, den es als Neologismus bezeichnet. Im Online-Duden (www.duden.de) ist er nicht erfasst.

1629 Dabei handelt es sich um die substantivischen Determinativkomposita „*Riesenenttäuschung*“ und „*Kunstsommer*“ sowie das adjektivische Determinativkompositum „*kunstfrei*“ (‚Umfrageinterview‘, „Grotten und Glaspaläste“, 4. August 2007, Seite 24).

1630 Z.B. die drei substantivischen Determinativkomposita „*Moma-Ausstellung*“, „‚*Barney Beuys*‘-*Ausstellung*“ und „*Ausstellungsteil*“ (‚Umfrageinterview‘, „Ein Notlager für die Kunst“, 18. August 2007, Seite 24).

1631 ‚Gesprächsinterview ‘, „Ich liebe Monster‘, 9. August 2007, Seite 29.

Auch bei der TSV ‚Umfrageinterview' kommen viele Wörter vor, die eine Wertung enthalten (z.B. „*Wie üblich legen die Institutionen der Stadt großartige Ausstellungen vor und bieten eine unglaubliche Vielfalt von Visionen.*"[1632]). Dieses Ergebnis passt dazu, dass zwei der drei standardisierten Fragen[1633] sehr stark auf den emotionalen Bereich abzielen.

3.2.6.3 Pronomen

Sehr charakteristisch für die TS ‚Interview' ist das Auftreten von Pronomen, die auf den Interviewten oder den Interviewer referieren. Bei der TSV ‚Gesprächsinterview' kommen auf hundert Zeilen im Schnitt 30, auf hundert Sätze 64 dieser Pronomen. Die größte Gruppe bilden hierbei mit 63 Prozent aller Pronomen die Personalpronomen der ersten Person, gefolgt von den Höflichkeitsformen mit 25 Prozent und den Possessivpronomen der ersten Person mit zwölf Prozent. Bei den Pronomen der ersten Person überwiegen jeweils deutlich die Singularformen. Bei der TSV ‚Umfrageinterview' kommen mit durchschnittlich 17 Pronomen auf 100 Zeilen bzw. 54 Pronomen auf hundert Sätze weniger Pronomen vor als bei den ‚Gesprächsinterviews'. Auch hier treten am häufigsten Personalpronomen der ersten Person auf (52 %). Pronomen der Höflichkeitsform bilden die zweitstärkste Gruppe (41 %), Possessivpronomen der ersten Person sind relativ selten (7 %). Bei den Personal- und Possessivpronomen der ersten Person besteht die Besonderheit, dass keine Pronomen im Plural vorkommen.

Personalpronomen der ersten Person und Pronomen der Höflichkeitsform treten ausnahmslos bei allen TE der beiden TSV auf, Possessivpronomen der ersten Person fehlen bei 50 Prozent der ‚Umfrageinterviews' und bei einem TE der ‚Gesprächsinterviews' (4 %). Damit gehört das Vorkommen aller drei Pronomenarten in den Zentralbereich der TSV ‚Gesprächsinterview', während dort bei den ‚Umfrageinterviews' die Possessivpronomen fehlen.

Das Auftreten von Personal- und Possessivpronomen der ersten Person zeigt unmissverständlich, dass in den TE der TS ‚Interview' eine Person vornehmlich über sich selbst, ihre Tätigkeiten, Gefühle und Einstellungen zu bestimmten Themen spricht. Dabei werden bei den ‚Umfrageinterviews' diese Pronomen ausschließlich (z.B. 3x „*ich*", 5x „*mich*" und 1x „*meine*"[1634]), bei den ‚Gesprächsinterviews' die überwiegende

---

1632 ‚Umfrageinterview', „Weinen können", 28. Juli 2007, Seite 24.

1633 „*Was hat Sie am meisten geärgert?*" *und* „*Worüber haben Sie sich besonders gefreut?*" (z.B. ‚Umfrageinterview', „Das beste aller Örtchen", 21. Juli 2007, Seite 24).

1634 ‚Umfrageinterview', „Ein Notlager für die Kunst", 18. August 2007, Seite 24.

Mehrheit (z.B. 5x „*ich*“, 2x „*mich*“, 5x „*wir*“, 4x „*uns*“, 1x „*meine*“, 1x „*meinen*“ und 1x „*unserem*“[1635]) von den Interviewten gebraucht. Bei 35 Prozent der ‚Gesprächsinterviews‘ benutzt zusätzlich der Interviewer wenige Personal- und bzw. oder Possessivpronomen der ersten Person (z.B. 1x „*wir*“[1636] oder 1x „*unserer*“[1637]). Der Fokus liegt bei dieser TS somit primär auf der Präsentation relativ subjektiver Eindrücke und Informationen. Dies wird auch durch die vielen wertenden Wörter, die in allen untersuchten TE vorkommen, unterstützt.[1638] Da im Kulturteil keine Interviewvariante vorkommt, in der ein Experte sachlich über ein Thema informiert, um Wissen zu vermitteln, lässt sich die TS ‚Interview‘ im Kulturteil zu den ‚meinungsbetonten Textsorten‘ zählen.

Personalpronomen der Höflichkeitsform treten bei den ‚Gesprächsinterviews‘ bei allen TE auf, Possessivpronomen der Höflichkeitsform fehlen lediglich bei einem TE. Anders als bei den oben besprochenen Personal- und Possessivpronomen der ersten Person werden diese größtenteils vom Interviewer verwendet (z.B. 16x „*Sie*“, 3x „*Ihnen*“, 1x „*Ihr*“, 2x „*Ihre*“, 1x „*Ihres*“ und 1x „*Ihrem*“[1639]). Während dieser mindestens ein Höflichkeitskeitspronomen pro TE gebraucht, benutzen die interviewten Personen sie nur bei 30 Prozent der TE (z.B. 1x „*Sie*“ und 1x „*Ihre*“[1640]). Die Pronomen der Höflichkeitsform verdeutlichen den Gesprächscharakter der TS ‚Interview‘, indem sich Interviewer und Interviewter durch das Pronomen „Sie“ gegenseitig direkt ansprechen, in Überlegungen einbeziehen oder Rückfragen stellen.

In der TSV ‚Umfrageinterview‘ ist die Interaktion zwischen den Gesprächsteilnehmern eingeschränkter. Zum einen tritt in allen TE als einzige Höflichkeitsform das Personalpronomen „Sie“ auf, das Teil aller drei standardisierten Fragen ist. Zum anderen werden durchweg keine Höflichkeitsformen von den Interviewten verwendet. Der Fokus liegt bei der TSV auf der relativ knappen Beantwortung der drei festgelegten Fragen, während eine Vertiefung bzw. Diskussion zwischen den Gesprächspartnern nicht vorgesehen ist.

1635 ‚Gesprächsinterview‘, „Asien liegt um die Ecke“, 5. Juli 2007, Seite 25.
1636 ‚Gesprächsinterview‘, „Unser Publikum weiß, dass es mitdenken soll“, 30. Juni 2007, Seite 23.
1637 ‚Gesprächsinterview‘, „Die Moral unserer Ohren“, 10. August 2007, Seite 25.
1638 Siehe Kap. III.B.3.2.6.2.
1639 ‚Gesprächsinterview‘, „Mogadischu, mon amour“, 29. Juni 2007, Seite 25.
1640 ‚Gesprächsinterview‘, „Mogadischu, mon amour“, 29. Juni 2007, Seite 25.

3.2.6.4 Zitate

Bei der TS ‚Interview' existiert die Besonderheit, dass genau genommen der gesamte Fließtext aus Zitaten besteht, da sich dieser aus den wörtlich wiedergegebenen Redeanteilen von Interviewer und Interviewtem zusammensetzt. Auch wenn das fertige TE meistens eine stark verkürzte und bearbeitete Variante des ursprünglichen Gesprächs darstellt, kann davon ausgegangen werden, dass die Aussagen der interviewten Person zutreffend dargestellt sind. Es ist gängige Praxis, den fertigen Artikel dem Interviewten vor der Veröffentlichung zu zeigen und genehmigen zu lassen.

Bei der TSV ‚Gesprächsinterview' werden bei 48 Prozent der TE zusätzlich Personen zitiert, bei denen es sich nicht um den Interviewer oder den Interviewten handelt und deren Zitate somit den Strukturen der anderen TS entsprechen. Dabei kommen am häufigsten TE vor, die mindestens ein wörtliches und ein indirektes Zitat enthalten (45 %, z.B. *„Fünf Minuten nach Beginn des Konzerts haben sie dann vor laufender Kamera gesagt: ‚Es tut uns schrecklich leid, aber Manu Chao ist nicht hier. Er hat versprochen zu kommen, aber er ist nicht da.'“* und *„Nun, sie haben mich gefragt, ob ich bei dem Konzert in Paris auftreten könne.“*[1641]), gefolgt von TE, die ausschließlich Zitate in direkter Rede aufweisen (36 %, z.B. *„Dann drohte man mir mit dem Finger und erklärte: Sei vorsichtig! Wenn du so etwas noch mal machst, sperren wir dich ein.“*[1642]). TE mit ausnahmslos indirekten Zitaten sind eher selten (18 %, z.B. *„Edward Said hat einmal gesagt, Ignoranz sei keine Strategie für ein nachhaltiges Überleben.“*[1643])

In der TSV ‚Umfrageinterview' kommen derartige Zitate nicht vor.

3.2.6.5 Sonstige lexikalische Besonderheiten

Im Zentralbereich der TSV ‚Gesprächsinterview' tritt der Name der Interviewten mindestens dreimal (78 %)[1644] deutlich sichtbar im TE auf. Typische Platzierungen sind hierbei die Unterzeile (83 %), die Anrede im ersten Absatz (70 %), der Einschub (35 %), die Bildunterschrift (57 %) sowie die Informationsleiste (39 %) oder der Informationskasten

1641 ‚Gesprächsinterview', „Ich hoffe auf tausend kleine Revolutionen“, 30. August 2007, Seite 26.

1642 ‚Gesprächsinterview', „Mogadischu, mon amour“, 29. Juni 2007, Seite 25.

1643 ‚Gesprächsinterview', „Die Moral unserer Ohren“, 10. August 2007, Seite 25.

1644 Der Name des Interviewten tritt bei je 4 % der TE einmal bzw. sechsmal, bei 17 % der TE zweimal, bei 39 % der TE dreimal und bei 35 % der TE fünfmal auf.

(17 %). Werden mehrere Personen interviewt, tritt zudem der Name bzw. bei den folgenden Absätzen ein Kürzel vor die Antworten.

Neben der namentlichen Nennung wird der Interviewte zudem teilweise mit seinem Beruf gleichgesetzt (z.B. UZ: „Der Regisseur über seinen Idealismus, die Tragik der Zeitzeugen und Alltag im heutigen Oswiecim“[1645]) oder durch einen Spitznamen bezeichnet (Bildunterschrift: „**116 Jahre Wagner**. *Der amtierende Hügel-Chef (87) mit seiner Kronprinzessin (29).*“).[1646]

Die starke Präsenz des Namens der interviewten Person verdeutlicht einmal mehr, dass im Fokus der TS die Meinungen, Erlebnisse, Erfahrungen und Ansichten einer bzw. mehrerer Personen stehen. Um welche Menschen es sich dabei handelt, muss daher für den Leser rasch erkennbar sein. Da es sich meist um bekannte Persönlichkeiten handelt, haben ihre Namen eine Signalwirkung auf den Leser und fördern sein Interesse an dem Artikel. Eine vergleichbare Funktion nehmen in diesem Zusammenhang die Makrostruktur des Bildes sowie die biografischen Makrostrukturen ein.

Bei der TSV ‚Umfrageinterview‘ tritt der Name des Interviewten pro TE nur einmal auf, und zwar in Fettdruck in der Makrostruktur des Einschubs. In der Unterzeile findet zudem eine Identifikation der interviewten Person mit ihrem Beruf statt, wie dies auch bei TE außerhalb der TSV zu beobachten ist. Die Besonderheit besteht hier jedoch darin, dass die Berufsbezeichnung im Plural steht („*Kuratoren erklären, was man sehen muss und was nicht*“), obwohl pro TE immer nur eine Person interviewt wird. Auf diese Weise wird zum einen auf den Reihencharakter der TSV verwiesen, zum anderen das Interesse an dem Interviewten stark auf seine berufliche Tätigkeit fokussiert.

3.2.7 Die Lexik der Textsorte ‚Abdruck‘

Da der Fließtext der TS ‚Abdruck‘ ausschließlich aus einem Auszug des Primärtextes besteht, ist eine Untersuchung der Lexik hier nicht zielführend. Entscheidende Erkenntnisse für die TS lassen sich nur aus den Elementen gewinnen, die dem Textauszug zur Konstitution der neuen, zeitungssprachlichen TS hinzugefügt worden sind. Die Auszüge an sich können aus den verschiedensten TS stammen, weshalb es ausgeschlos-

---

1645 ‚Gesprächsinterview‘, „Wer dort wohnt, geht am Lager vorbei – zum Schwimmen“, 16. August 2007, Seite 23.

1646 ‚Gesprächsinterview‘, „Wenn sie es kann, soll sie es werden“, 3. Juni 2007, Seite 25.

sen ist, dass Aussagen zu ihrer Lexik für die Definition der neuen TS ‚Abdruck' verwendbar sind.

3.3 Die Lexik bei den Textsorten der Wochenzeitung ‚Die Zeit'

3.3.1 Die Lexik der Textsorte ‚Bericht'

3.3.1.1 Wortneubildungen

Bei den beiden TSV der TS ‚Bericht' kommen in fast allen TE ‚Originelle Wortneubildungen' vor, eine Häufung tritt jedoch nur bei 38 Prozent der ‚Themenberichte' und 25 Prozent der ‚Erlebnisberichte' auf. Wie bei der TS im ‚Tagesspiegel' sind nur sehr wenige stark auffällige Wortneubildungen dabei, während viele die Kriterien, als ‚originell' zu gelten, nur knapp erfüllen.

Fast alle ‚Originellen Wortneubildungen' stellen morphologisch substantivische Komposita dar. Sie bezeichnen häufig Personen (z.B. „*Konsensnazi*"[1647] oder „*Luxusemigrant*"[1648]), Dinge (z.B. „*Angeberhorn*"[1649] oder „*Kampfknigge*"[1650]), Örtlichkeiten (z.B. „*Theater-Saftladen*"[1651] oder „*Karaokeschuppen*"[1652]) sowie Vorgänge (z.B. „*68er-Bashing*"[1653] oder „*Stadtoperation*"[1654]), wodurch zugleich durch die erste („*Luxusemigrant*"[1655]) oder zweite Konstituente („*Theater-Saftladen*"[1656]) eine Charakterisierung stattfindet. Die Bedeutungsentschlüsselung ist fast immer ohne kontextuellen Bezug problemlos möglich.

Wortneubildungen, deren Konstituenten aus so unterschiedlichen Bereichen stammen, dass eine Bedeutungsindizierung nur mithilfe des Kontextes möglich ist, kommen nur selten vor (z.B. „*Obstgedanke*"[1657] oder „*Genfolklore*"[1658]).

Teilweise treten zwei oder mehrere Bildungen auf, die nach demselben Prinzip der inhaltsseitigen Zuordnung der Kompositionsglieder gebildet sind. Bei einem ‚Themenbericht' finden sich die Komposita „*Kon-*

1647 ‚Themenbericht', „Jetzt kommen die guten Nazis", 21. Juni 2007, Seite 43.
1648 ‚Erlebnisbericht', „Belcanto mit Antilopenhäuten", 6. Juni 2007, Seite 49.
1649 ‚Erlebnisbericht', „Peking, Mitte der Welt", 19. Juli 2007, Seite 35+36.
1650 ‚Themenbericht', „Jetzt kommen die guten Nazis", 21. Juni 2007, Seite 43.
1651 ‚Themenbericht', „Wer erbt Bayreuth?", 28. Juni 2007, Seite 41+42.
1652 ‚Erlebnisbericht', „Likör und goldene Bikinis", 19. Juli 2007, Seite 43.
1653 ‚Themenbericht', „Jetzt kommen die guten Nazis", 21. Juni 2007, Seite 43.
1654 ‚Themenbericht', „Betonrausch und Stahlgewitter", 19. Juli 2007, Seite 38+39.
1655 ‚Erlebnisbericht', „Belcanto mit Antilopenhäuten", 6. Juni 2007, Seite 49.
1656 ‚Themenbericht', „Wer erbt Bayreuth?", 28. Juni 2007, Seite 41+42.
1657 ‚Erlebnisbericht', „Die Wiese der Kunst", 6. Juni 2007, Seite 47.
1658 ‚Themenbericht', „Wer erbt Bayreuth?", 28. Juni 2007, Seite 41+42.

sensnazi“, „*NPD-Bonbon*“ und „*Kampfknigge*“, bei denen eine Konstituente etwas Positives und eine etwas Negatives bezeichnet. Durch die Unvereinbarkeit der Konstituenten verweist der Autor auf den Widerspruch zwischen dem angestrebten Bild der Nazis in der Öffentlichkeit und ihrer tatsächlichen Ideologie. So ist ein Nazi niemals an einem Konsens mit der moralischen Einstellung der meisten Menschen interessiert, das Verteilen von harmlosen Süßigkeiten steht im Gegensatz zu dem rechtsextremen Parteiprofil und der Begriff „*Kampfknigge*“ enttarnt, dass ihr Benimmratgeber nicht auf gute Umgangsformen abzielt.

Teilweise kommen Wortneubildungen vor, die aufgrund ihrer Länge sehr auffällig sind (z.B. „*Altbundespräsidentenriege*“,[1659] „*Fußgängerzonenmetropole*“[1660] oder „*Musik-und-Kunst-Szene*“ und „*89er-Dissidenten-Intimität*“[1661]). Sie stören den Lesefluss der Rezipienten und fördern so eine genauere Auseinandersetzung mit dem Begriff. Zugleich bündeln sie eine Fülle von Informationen in einem einzigen Wort. Die Grenze der Kompositionsglieder liegt jeweils vor dem letzten Element („*-riege*“, „*-metropole*“, „*-Szene*“, „*-Intimität*“).

Insgesamt tritt nur eine einzige Wortneubildung auf, die ein Wortspiel darstellt und dadurch besonders originell und auffällig ist. „*One-Woman-Show*“[1662] ist nach dem bekannten und auch im Duden aufgenommenen Begriff „One-Man-Show“ gebildet, womit eine „Show, die ein Unterhaltungskünstler allein bestreitet“,[1663] bezeichnet wird. Das Ersetzen von „Man“ durch „Woman“ betont, dass es sum eine Frau handelt.

Originelle substantivische Derivationen kommen bei beiden TSV nicht vor. Bei einem ‚Erlebnisbericht‘ tritt die Konversion „*das Modelleisenbahnmäßige*“[1664] auf, die durch ihre Länge auffällt.

‚Originelle Wortbildungen‘ der Wortart Adjektiv treten bei 63 Prozent der ‚Themenberichte‘ und 67 Prozent der ‚Erlebnisberichte‘ auf, wobei es sich wie bei den Substantiven fast ausschließlich um Komposita handelt. Determinativkomposita (z.B. „*prügelfreudig*“[1665] oder „*häkeldeckchenbewehrt*“[1666]) kommen dabei häufiger vor als Kopulativkompo-

1659 ‚Themenbericht‘, „Wer erbt Bayreuth?“, 28. Juni 2007, Seite 41+42.
1660 ‚Erlebnisbericht‘, „Die Wiese der Kunst“, 6. Juni 2007, Seite 47.
1661 ‚Erlebnisbericht‘, „Likör und goldene Bikinis“, 19. Juli 2007, Seite 43.
1662 ‚Erlebnisbericht‘, „Die Wiese der Kunst“, 6. Juni 2007, Seite 47.
1663 http://www.duden.de/rechtschreibung/One_Man_Show (Aufruf: 14.03.2015).
1664 ‚Erlebnisbericht‘, „Die Wiese der Kunst“, 6. Juni 2007, Seite 47.
1665 ‚Themenbericht‘, „Jetzt kommen die guten Nazis“, 21. Juni 2007, Seite 43.
1666 ‚Erlebnisbericht‘, „Der Zensor im Kopf des Autors“, 19. Juli 2007, Seite 41.

sita (z.B. „*heterogen-harmonisch*“[1667] oder „*sozialistisch-realistisch*“[1668]). Lediglich ein ‚Erlebnisbericht‘ weist ein originelles Derivatum („*unpompös*“[1669]) auf.

Bei 38 Prozent der ‚Themenberichte‘ und acht Prozent der ‚Erlebnisberichte‘ treten mindestens drei Wortneubildungen auf, die in einem Grundmorphem übereinstimmen. Teilweise kommen auch zwei verschiedene Grundmorpheme mindestens in drei neuen Komposita vor. Allein anhand dieser Wörter lassen sich thematische Schwerpunkte der TE erkennen. So verweisen die Wortneubildungen „***Bayreuth**-Geschäft*“, „***Bayreuth**-Recherche*“, „***Bayreuth**-Nachfolge*“[1670] auf verschiedene Aspekte, die im Zusammenhang mit den Bayreuther Festspielen behandelt werden. Dass zudem die Familie Wagner eng mit dieser kulturellen Veranstaltung verknüpft ist, zeigt die zweite Gruppe aus den Komposita „***Wagner**gemeinde*“, „***Wagner**werk*“, „***Wagner**familie*“ an.

3.3.1.2 Wertende Begriffe

Bei den beiden TSV ‚Themenbericht‘ und ‚Erlebnisbericht‘ treten bei allen TE einige bis viele wertende Begriffe auf, bei denen es sich vorrangig um Adjektive (z.B. „*stur*“[1671] oder „*angriffslustig*“[1672]) und Substantive (z.B. „*Rekonstruktionsgelüst*“[1673] oder „*Pathos*“[1674]) handelt. Wie bereits für die TS ‚Bericht‘ im ‚Tagesspiegel‘ dargestellt, würde der Verzicht von wertenden Wörtern zu einer trockenen Sprache führen. Dies wäre der Lesemotivation abträglich, da der Unterhaltungswert durch eine lebendige, anschauliche Sprache gefördert wird. Auch wenn die TE der TS ‚Berichte‘ vorrangig informationsbetont sind, erwartet der Leser – besonders bei dem durchschnittlich hohen Textumfang – eine ansprechende Lektüre.

Abgekürzte Wortformen, die durch ihre saloppe, umgangssprachliche Wirkung ebenfalls eine auflockernde Funktion besitzen, kommen bei einem Viertel der ‚Themenberichte‘ vor (z.B. „*wenn's*“ und „*steht's*“[1675]). Bei den ‚Erlebnisberichten‘ lassen sie sich nicht nachweisen.

1667 ‚Themenbericht‘, „Betonrausch und Stahlgewitter“, 19. Juli 2007, Seite 38+39.
1668 ‚Erlebnisbericht‘, „Olympia für die ganze Familie“, 19. Juli 2007, Seite 40.
1669 ‚Erlebnisbericht‘, „Als sie noch jung waren, die Winde“, 14. Juni 2007, Seite 64.
1670 ‚Themenbericht‘, „Wer erbt Bayreuth?“, 28. Juni 2007, Seite 41+42.
1671 ‚Themenbericht‘, „Wer erbt Bayreuth?“, 28. Juni 2007, Seite 41.
1672 ‚Erlebnisbericht‘, „Olympia für die ganze Familie“, 19. Juli 2007, Seite 40.
1673 ‚Themenbericht‘, „Alle wollen ins Schloss“, 16. August 2007, Seite 40.
1674 ‚Erlebnisbericht‘, „Als sie noch jung waren, die Winde“, 14. Juni 2007, Seite 64.
1675 ‚Themenbericht‘, „Schöne Bescherung“, 12. Juli 2007, Seite 42.

3.3.1.3 Pronomen

Bei der TSV ‚Themenbericht' treten bei zwei TE (25 %) Personalpronomen und Possessivpronomen der ersten Person auf. Dabei kommen einmal vier und einmal acht dieser Pronomen vor (z.B. 4x „*wir*", 3x „*uns*", 1x „*mein*"[1676]). Pronomen der Höflichkeitsform fehlen durchgängig.

Die TE der TSV ‚Erlebnisbericht' zeigen deutlich öfter Pronomen der ersten Person bzw. der Höflichkeitsform. Bei 58 Prozent der TE tritt mindestens eine derartige Pronomenform auf, wobei mehrere TE über fünfzehn dieser Pronomen im Fließtext aufweisen (z.B. 9x „*wir*", 4x „*uns*", 1x „*ich*", 1x „*unsere*", 1x „*unseren*", 1x „*unseresgleichen*"[1677]). Personalpronomen der ersten Person sind mit einem Vorkommen bei 50 Prozent der TE mit Abstand am häufigsten, Possessivpronomen der ersten Person treten bei 17 Prozent der TE auf. Nur ein TE (8 %) zeigt eine Höflichkeitsform, mit welcher der Leser angesprochen wird („*Bauen Sie mal 39 Kunstwerke nach!*"[1678]). Wie bereits bei den ‚Erlebnisberichten' im ‚Tagesspiegel' dargestellt, lässt sich das gehäufte Vorkommen der Pronomenformen bei der TSV dadurch erklären, dass der Verfasser deutlicher in den TE hervortritt. Die Personalpronomen der ersten Person verdeutlichen dabei an den entsprechenden Stellen im Fließtext, dass es sich bei den beschriebenen Beobachtungen, Erlebnissen und Erfahrungen um diejenigen des Autors handelt. Zugleich wird dadurch ihre Subjektivität herausgestellt.

3.3.1.4 Zitate

Im Zentralbereich der TSV ‚Themenbericht' (100 %) und ‚Erlebnisbericht' (92 %) kommt mindestens ein Zitat pro TE vor. Mit Abstand am häufigsten treten bei beiden TSV (‚Themenbericht' 57 % und ‚Erlebnisbericht' 83 %) TE auf, die gleichzeitig mindestens ein direktes und ein indirektes Zitat enthalten (z.B. „*‚Wir waren keine Staatskünstler', sagt Zhao.*" oder „*Dabei schätze er die Tradition durchaus, sagt er, nur wolle er sich nicht sklavisch daran binden.*"[1679]). TE, die ausnahmslos direkte Zitate enthalten, kommen jeweils bei einem TE der beiden TSV vor (‚Themenbericht' 13 % und ‚Erlebnisbericht' 8 %, z.B. „*‚Es ist nicht beabsichtigt, diese ‚Inseln' aufzulösen', ergänzt Reinhard Lorenz, während die 81-jährige Lore Boas sich die nächste Zigarette in die Spitze*

1676 ‚Themenbericht', „Schöne Bescherung", 12. Juli 2007, Seite 42.
1677 ‚Erlebnisbericht', „Peking, Mitte der Welt", 19. Juli 2007, Seite 35+36.
1678 ‚Erlebnisbericht', „Die Wiese der Kunst", 6. Juni 2007, Seite 47.
1679 ‚Erlebnisbericht', „Das Museum hinterm Maisfeld", 19. Juli 2007, Seite 42.

steckt.“[1680]). Ausschließlich indirekte Zitate treten bei den ‚Erlebnisberichten‘ nicht und bei den ‚Themenberichten‘ ebenfalls nur bei einem TE (13 %) auf (z.B. „*Als Wolfowitz unklug ausplauderte, der Verdacht auf Massenvernichtungswaffen sei nur ein Vorwand zum Krieg gewesen, wurde sogleich an den Spanisch-Amerikanischen Krieg im vorletzten Jahrhundert erinnert, der* […]“[1681]).

Zitate erhöhen die Glaubwürdigkeit von Informationen und damit des TE, indem sie für den Leser überprüfbare Aussagen liefern. Dies vermittelt den Eindruck von Objektivität. Entsprechend häufig treten sie bei der informationsbetonten TS ‚Bericht‘ auf.

3.3.2 Die Lexik der Textsorte ‚Kurzmeldung‘

3.3.2.1 Wortneubildungen

Bei allen drei TSV der TS ‚Kurzmeldung‘ treten keine ‚Originellen Wortneubildungen‘ auf. Selbst Wortneubildungen, die nicht als kreativ eingestuft sind, kommen nur bei 15 Prozent der TE der ‚Artikelverweise‘ vor (z.B. „*DDR-Diktatur*“[1682]) und fehlen bei den ‚Literaturhinweisen‘ vollständig. Lediglich die TSV ‚Berichtigung‘ weist in beiden TE eine bzw. zwei Wortneubildungen auf. Bei einer ‚Berichtigung‘ werden diese maßgeblich dazu verwendet, den Fehler im ursprünglichen TE richtigzustellen. Die beiden Komposita stimmen in einem Grundmorphem überein, während das zweite auf unterschiedliche Kategorien von Werken verweist („*Fassbinder-Film*“ und „*Fassbinderproduktion*“). Der Fehler lag in der Behauptung, eine Person wäre an 50 Filmen des Regisseurs und Produzenten Fassbinder beteiligt gewesen, wobei es sich jedoch um 50 Produktionen handelte – eine Kategorie, die beispielsweise auch Hörspiele und Theaterinszenierungen umfasst. Die Wahl des Grundmorphems {film} war somit unzutreffend und hat eine Korrektur von Seiten der Redaktion notwendig gemacht, die durch die Schöpfung des veränderten Kompositums „*Fassbinderproduktion*“ erfolgte.

3.3.2.2 Wertende Begriffe

Im Fließtext der TE der TSV ‚Berichtigung‘ und ‚Literaturhinweis‘ kommen keine wertenden Begriffe vor, während 42 Prozent der ‚Artikelverweise‘ einen bis maximal zwei derartige Begriffe aufweisen (z.B.

1680 ‚Erlebnisbericht‘, „There is a house in Eisenach“, 30. August 2007, Seite 49.
1681 ‚Themenbericht‘, „Feldzug der Worte“, 23. August 2007, Seite 37-39 .
1682 ‚Artikelverweis‘, „Umgang mit Tätern“, 21. Juni 2007, Seite 51.

„*wunderbar*“[1683]). Einschränkend ist dabei anzufügen, dass der Fließtext vieler TE vollständig oder teilweise aus Überschriftenteilen der TE besteht, auf die sie verweisen. 73 Prozent aller wertenden Wörter gehen auf diese Weise nicht auf den Verfasser der ‚Artikelverweise‘ zurück. So kommen beispielsweise die Begriffe „*bezaubernd*“ und „*Entdeckung*“[1684] in der Unterzeile des TE vor, auf das der ‚Artikelverweis‘ referiert („*Wahrheit einer Entdeckung: Alberto Vigevanis bezaubernde Erzählung über einen Sommer am See und die erotischen Verwirrungen eines Jungen* ***VON ULRICH GREINER***“[1685]). Die Funktion der TSV besteht darin, durch die kurze Vermittlung der inhaltlichen Ausrichtung das Interesse der Leser zu wecken und zugleich mittels der hervorgehobenen Seitenzahl das Finden des Artikels zu erleichtern (vgl. Abb. 116.1-3). Da die Unterzeile zumeist die wesentlichen Informationen enthält, bietet sich eine teilweise Übernahme an. Die Wertungen sind in diesem Fall relevante Informationen, da der Verfasser des TE sie selbst so entscheidend fand, dass er sie in die Überschrift aufgenommen hat. Es geht im Fließtext der ‚Artikelverweise‘ also primär nicht darum, selbst eine Bewertung des jeweiligen Kritikgegenstandes vorzunehmen, sondern auf das entsprechende TE zu verweisen, das diesen ausführlich bespricht, und zugleich die grundsätzliche Einschätzung des Autors anzuzeigen.

Abgekürzte Wortformen fehlen bei allen drei TSV.

3.3.2.3 Pronomen

Von den untersuchten Pronomenformen tritt nur bei einem TE (4 %) der TSV ‚Artikelverweis‘ ein Personalpronomen der ersten Person (1x „*uns*“[1686]) auf, bei der TSV ‚Literaturhinweis‘ fehlen diese vollständig.

Bei der TSV ‚Berichtigung‘ hingegen kommt wie bei derselben TSV im ‚Tagesspiegel‘ immer eins der Personalpronomen „wir“[1687] oder „uns“[1688] vor. Durch diese tritt die Redaktion unmissverständlich in Erscheinung und macht deutlich, dass ihr in einem bestimmten Artikel ein Fehler unterlaufen ist, den sie mit dem vorliegenden TE korrigieren will.

1683 ‚Artikelverweis‘, „Der neue LUCHS“, 14. Juni 2007, Seite 57.

1684 ‚Artikelverweis‘, „LITERATUR“, 2. August 2007, Seite 33.

1685 ‚Großkritik‘ (Subgruppe ‚Literaturkritik‘), „Die Liebe ist ein doppeltes Spiel“, 2. August 2007, Seite 43.

1686 ‚Artikelverweis‘, „Schadensbericht Deutsch“, 26. Juli 2007, zweites TE, Seite 41.

1687 ‚Berichtigung‘, 12. Juli 2007, Seite 42.

1688 ‚Berichtigung‘, 6. Juni 2007, Seite 50.

3.3.2.4 Zitate

Innerhalb der TS ‚Kurzmeldung' kommt nur bei einem TE der TSV ‚Berichtigung' ein indirektes Zitat vor („*Im Interview mit Norbert Frei über die NSDAP-Mitgliedschaft von Martin Walser und anderen (ZEIT Nr. 28/07) wurde in einer Frage irrtümlich behauptet, Günter Grass lege Wert auf die Feststellung, Joseph Ratzinger sei Mitglied der NSDAP gewesen.*"[1689]). Dieses wird dazu verwendet, die fehlerhafte Äußerung aus einem früheren TE zu wiederholen, die den Grund für die ‚Berichtigung' darstellt. Im anschließenden Satz wird die Aussage richtiggestellt.

3.3.3 Die Lexik der Textsorte ‚Porträt'

3.3.3.1 Wortneubildungen

Bei den TSV ‚Personenporträt' (88 %),Todesporträt' (85 %) und ‚Geburtstagsporträt' (75 %) liegt das Auftreten von mindestens einer ‚Originellen Wortbildung' im Zentralbereich vor. Innerhalb der ‚Selbstporträts' weisen nur 40 Prozent der TE einen derartigen Begriff auf. Gehäuft treten ‚Originelle Wortbildungen' nur bei einem TE der ‚Personenporträts'[1690] auf.

Die ‚Originellen Wortneubildungen' benennen bzw. umschreiben innerhalb der TS ‚Porträt' sehr Unterschiedliches, wie beispielsweise künstlerische Werke (z.B. „*Tanzbodenstampfer*"[1691] oder „*Fünf-Stunden-Film*"[1692]), die Verwendung von Stilmitteln (z.B. „*Teenage-Schmerzenzmetaphorik*"[1693]) oder eines Zustands (z.B. „*das Noch-Nicht-Bewusste*"[1694]). Die Porträtierten werden nur selten mit einem kreativen neuen Wort bezeichnet (z.B. „*Fleischmetz*"[1695] oder „*Formgenie*"[1696]).

Insgesamt überwiegen bei den Wortneubildungen substantivische Komposita. Mit „*Schlawinertum*"[1697] tritt lediglich ein kreatives Derivatum auf, welches die schauspielerische Darstellungsart des verstorbenen Porträtierten beschreibt.

1689 ‚Berichtigung', 12 Juli 2007, Seite 42.

1690 ‚Personenporträt', „Noch immer Vorbild für alle", 9. August 2007, Seite 35.

1691 ‚Personenporträt', „Prince im Fischgeschäft", 2. August 2007, Seite 37.

1692 ‚Todesporträt', „HZ: Helden des europäischen Kinos, UZ: Zum Tod von Ingmar Bergman **von Jens Jessen**", 2. August 2007, Seite 33.

1693 ‚Personenporträt', „Noch immer Vorbild für alle", 9. August 2007, Seite 35.

1694 ‚Personenporträt', „Das Land, wo noch niemand war", 2. August 2007, Seite 45.

1695 ‚Geburtstagsporträt', „Der Fleischmetz", 26. Juli 2007, Seite 48.

1696 ‚Todesporträt', „HZ: Helden des europäischen Kinos, UZ: Zum Tod von Michelangelo Antonioni **von Ulrich Greiner**", 2. August 2007, Seite 33+34.

1697 ‚Todesporträt', „Zartheit und Kälte", 2. August 2007, Seite 34.

Originelle adjektivische Wortneubildungen kommen bei 25 Prozent der ‚Personenporträts', 54 Prozent der ‚Todesporträts', 50 Prozent der ‚Geburtstagsporträts' und einem ‚Selbstporträt' (20 %) vor. Wie im Substantivbereich handelt es sich auch bei den kreativen Adjektiven fast ausschließlich um Komposita. Während sich bei den ‚Personenporträts' und ‚Geburtstagsporträts' ausnahmslos adjektivische Determinativkomposita (z.B. „*digitalüblich*"[1698] und „*metaphysikfrei*"[1699]) zeigen, treten bei den ‚Todesporträts' mehr Kopulativkomposita (z.B. „*spöttisch-respektvoll*"[1700]) als Determinativkomposita (z.B. „*parteitagshell*"[1701]) auf. Ein TE fällt durch die gehäufte Verwendung von Kopulativkomposita auf, deren Konstituenten nicht additiv wie diejenigen der anderen TE, sondern antonymisch aufeinander bezogen sind („*wissend-unwissend*", „*laut-leise*", „*schroff-sanft*", „*polternd-zärtlich*" und „*alt-jung*"[1702]). Durch sie wird die Vielschichtigkeit und Gegensätzlichkeit des Porträtierten hervorgehoben.

Mehr als zwei Wörter mit demselben Grundmorphem treten nur innerhalb der TE der TSV ‚Personenporträt' häufiger auf (38 %). Bei den ‚Geburtstagsporträts' kommen sie gar nicht vor und bei den anderen beiden TSV maximal bei zwei TE (‚Todesporträt' 15 %, ‚Selbstporträt' 20 %). Ein TE der ‚Personenporträts' weist ein adjektivisches („***elvis**-fern*") und sechs substantivische („***Elvis**-Maschine*", „*Themenpark-**Elvis***", „***Elvis**-Kult*", „***Elvis**-Film*", „***Elvis**-Verschwörungstheorie*", „***Elvis**-Schock*"[1703]) Komposita auf, bei denen der Name des Porträtierten die erste oder letzte Konstituente darstellt. Zusätzlich kommt ein Kompositum mit dem Nachnamen der porträtierten Person vor („***Presley**-Folklore*"). Die Komposita zeigen verschiedene Aspekte an, die bezüglich des Porträtierten angesprochen werden.

3.3.3.2 Wertende Begriffe

Alle TE der TSV ‚Personenporträt', ‚Todesporträt' und ‚Geburtstagsporträt' weisen viele wertende Wörter, größtenteils Adjektive (z.B. „*spröde*",[1704] „*revolutionär*"[1705] und „*einzigartig*"[1706]) und Substantive (z.B.

1698 ‚Personenporträt', „Prince im Fischgeschäft", 2. August 2007, Seite 37.

1699 ‚Geburtstagsporträt', „Der Fleischmetz", 26. Juli 2007, Seite 48.

1700 ‚Todesporträt', „HZ: Helden des europäischen Kinos, UZ: Zum Tod von Ingmar Bergman **von Jens Jessen**", 2. August 2007, Seite 33.

1701 ‚Todesporträt', „Gesänge für eine Leiche", 6. Juni 2007, Seite 58.

1702 ‚Todesporträt', „Die Welt geht unter", 30. August 2007, Seite 54.

1703 ‚Personenporträt', „Noch immer Vorbild für alle", 9. August 2007, Seite 35.

1704 ‚Personenporträt', „Wir Menschen im Kellerloch", 12. Juli 2007, Seite 46.

1705 ‚Todesporträt', „Sing dein eigenes Lied!", 23. August 2007, Seite 40.

1706 ‚Geburtstagsporträt', „Umweg, Dienstweg, Abweg", 21. Juni 2007, Seite 58.

„Tiefenschärfe“,[1707] *„Meister“*[1708] und *„Sorgfalt“*[1709]), in ihrem Fließtext auf. Bei den ‚Selbstporträts' trifft dies nur auf ein TE zu. Die anderen zeigen einige bis wenige derartige Begriffe.

Die hohe Frequenz von Wörtern, die eine Wertung vermitteln, ist wie bei der TS ‚Porträt' im ‚Tagesspiegel' dadurch erklärbar, dass die Charakterisierung des Porträtierten und seiner künstlerischen Werke bzw. beruflichen Tätigkeit einen Schwerpunkt der TE darstellt. Dies kann nicht ohne Beschreibungen und Bewertungen erfolgen, wofür wertende Begriffe notwendig sind. In den ‚Selbstporträts' erzählt der Porträtierte selbst über sich, seine Arbeit, seine Lebensumstände etc. Er beurteilt sich selbst dabei nur selten. Die Darstellung seines Lebens erfolgt überwiegend ohne größere Emotionen, wodurch über weite Passagen eine sachliche Informationsvermittlung vorliegt.

Abgekürzte Wortformen, die durch ihren Bezug zur Umgangssprache salopp wirken und dadurch auffällig sind, kommen nur bei zwei TE der ‚Personenporträts' vor (z.B. *„geht's“*, *„gibt's“* und *„weil's“*[1710]).

3.3.3.3 Pronomen

Anders als bei der TS ‚Porträt' im ‚Tagesspiegel' kommen innerhalb der ‚Zeit' bei allen TSV Pronomen der ersten Person bei einer größeren Anzahl von TE vor. Derartige Pronomenformen liegen sogar im Zentralbereich der TSV ‚Todesporträt' (77 %) und ‚Selbstporträt' (100 %), bei den ‚Personenporträts' und ‚Geburtstagsporträts' treten sie jeweils bei der Hälfte der TE auf. Personalpronomen der ersten Person (z.B. 6x *„wir“*, 4x *„uns“*,[1711] 9x *„wir“*, 3x *„uns“*, 1x *„ich“*, 1x *„mich“*,[1712] 1x *„wir“*[1713] und 13x *„ich“*, 2x *„mir“*, 3x *„wir“*, 1x *„mich“*[1714]) kommen dabei wesentlich öfter vor als entsprechende Possessivpronomen (z.B. 1x *„unsere“*, 1x *„unserer“*,[1715] 1x *„meiner“*[1716] und 1x *„meiner“*, 1x *„meinen“*, 2x *„meine“*[1717]). Letztere fehlen bei den ‚Geburtstagsporträts' vollständig.

1707 ‚Personenporträt', „Man muss nicht Klavier spielen können“, 21. Juni 2007, Seite 48.
1708 ‚Todesporträt', „Der gute Amerikaner“, 14. Juni 2007, Seite 53.
1709 ‚Geburtstagsporträt', „Der Fleischmetz“, 26. Juli 2007, Seite 48.
1710 ‚Personenporträt', „Prince im Fischgeschäft“, 2. August 2007, Seite 37.
1711 ‚Personenporträt', „Das Land, wo noch niemand war“, 2. August 2007, Seite 45.
1712 ‚Todesporträt', „HZ: Helden des europäischen Kinos, UZ: Zum Tod von Ingmar Bergman **von Jens Jessen**“, 2. August 2007, Seite 33.
1713 ‚Geburtstagsporträt', „Der Fleischmetz“, 26. Juli 2007, Seite 48.
1714 ‚Selbstporträt', „PAN SHIYI“, 19. Juli 2007, Seite 39.
1715 ‚Personenporträt', „Noch immer Vorbild für alle“, 9. August 2007, Seite 35.
1716 ‚Todesporträt', „Anruf beim Genie“, 30. August 2007, Seite 52.
1717 ‚Selbstporträt', „GUO ENDE“, 19. Juli 2007, Seite 38.

Das zahlreiche Auftreten der untersuchten Pronomenformen bei der TSV ‚Selbstporträt' – durchschnittlich kommen 23 pro TE vor – lässt sich dadurch erklären, dass die Porträtierten über sich selbst und dementsprechend in der Ich-Form schreiben. Entsprechend dominieren Pronomen der ersten Person Singular, während in den anderen drei TSV Pronomen der ersten Person Plural vorherrschen. Dort werden die Pronomen dazu verwendet, einen Bezug zu den Menschen allgemein, den Verfasser und die Leser eingeschlossen, herzustellen (z.B. „*Rortys Attacken auf die Metaphysik sollten uns zeigen, dass wir die Natur der Dinge nie ‚an sich' erkennen können.*"[1718]). Lediglich bei zwei TE der ‚Todesporträts',[1719] die von Bekannten der Verstorbenen und aus ihrer persönlichen Sicht verfasst sind, treten wie bei den ‚Selbstporträts' sehr viele Pronomen der ersten Person Singular auf.

Pronomen der Höflichkeitsform kommen außer bei einem TE der ‚Selbstporträts' innerhalb der TS ‚Porträt' nicht vor. In diesem Fall spricht der Porträtierte einen Mitarbeiter der ‚Zeit' an, dem er ein von ihm gekochtes Gericht präsentiert („*Nehmen Sie hier diese Lammfilets, die wie ein Holzstoß in herbstlicher Landschaft aufgeschichtet sind, davor* [...]"[1720]).

3.3.3.4 Zitate

Das Vorkommen mindestens eines Zitates gehört in den Zentralbereich der TSV ‚Personenporträt' (88 %), ‚Todesporträt' (92 %) und ‚Geburtstagsporträt' (100 %), während sie sich bei der TSV ‚Selbstporträt' nur bei 40 Prozent der TE zeigen.

Innerhalb der TSV kommen viele TE vor, die ausschließlich direkte Zitate aufweisen (‚Personenporträt' 50 %, ‚Todesporträt' 38 %, ‚Geburtstagsporträt' 100 % und ‚Selbstporträt' 20 %). Daneben ist das gleichzeitige Auftreten mindestens eines direkten und eines indirekten Zitats pro TE bei den TSV ‚Personenporträt' (25 %), ‚Todesporträt' (46 %) und ‚Selbstporträt' (20 %) produktiv. Ausschließlich indirekte Zitate kommen nur bei jeweils einem TE der ‚Personenporträts' (13 %) und ‚Todesporträts' (8 %) vor.

Bei den meisten Zitaten handelt es sich um Aussagen des Porträtierten („*Früher hat er auch als Journalist gearbeitet, noch immer sieht er sein Hauptmotiv neben der Neugier darin, Musik ‚zu beschreiben und*

1718 ‚Todesporträt', „Der gute Amerikaner", 14. Juni 2007, Seite 53.

1719 ‚Todesporträt', „Anruf beim Genie", 30. August 2007, Seite 52 und ‚Todesporträt', „Die Welt geht unter", 30. August 2007, Seite 54.

1720 ‚Selbstporträt', „DA DONG", 19. Juli 2007, Seite 38.

dem Publikum näherzubringen. Wir schreiben ja nicht für Musikwissenschaftler! Auch, aber nicht nur!“[1721]), um die Wiedergabe von Passagen aus dessen Werk (z.B. „*Und an anderer Stelle, wo W. begeistert von seiner Entdeckung Salingers berichtet, sagt er: ‚Alle forzlang kommt einer und will hören, ob man ein Vorbild hat und welches. Einmal hab ich geschrieben: Mein größtes Vorbild ist Edgar Wibeau. Ich möchte so werden, wie er mal wird.‘ Das traf die jugendliche Leserschaft mitten ins Herz.*“[1722]) oder um Äußerungen über den Porträtierten, die diesen oder sein Werk betreffen (z.B. „*Das ‚idol of his rivals‘ nannte ihn der Jazzkritiker Leonard Feather schon 1949, und eine Umfrage unter hundert führenden Jazzmusikern erklärte ihn zum ‚größten Drummer aller Zeiten‘ – dem ist nichts hinzuzufügen.*“[1723]). Zitate unterstützen die Ausführungen des Verfassers, da seine Ansichten durch entsprechende Zitate glaubhafter wirken. Die Einstellung oder Meinung des Porträtierten zu einer bestimmten Thematik wird mittels zitierter Aussagen unverfälscht wiedergegeben, und Äußerungen zum Werk werden direkt belegt. Das geringere Vorkommen von Zitaten bei den ‚Selbstporträts‘ ist dadurch erklärbar, dass der Fließtext von den Porträtierten selbst stammt, womit zitierte Aussagen von diesen entsprechend wegfallen.

3.3.4 Die Lexik der Textsorte ‚Kommentar‘

3.3.4.1 Wortneubildungen

Das Auftreten von mindestens einer ‚Originellen Wortneubildung‘ gehört bei den Gruppen ‚Großkommentar‘ (83 %), ‚Reihenkommentar‘ (75 %) und ‚Großkritik‘ (85 %) in den Zentralbereich. Bei der Gruppe ‚Reihenkritik‘ (52 %) kommen sie bei gut der Hälfte der TE vor. Eine starke Häufung von kreativen Wortneubildungen lässt sich für alle vier Gruppen nur bei einer relativ geringen Anzahl an TE feststellen (‚Großkommentar‘ 17 %, ‚Reihenkommentar‘ 29 %, ‚Großkritik‘ 31 % ‚Reihenkritik‘ 28 %). Innerhalb der ‚Kurzkritiken‘ fehlen Wortneubildungen vollständig, da sich der Fließtext ausschließlich aus den Namen der Regisseure und den Filmtiteln konstituiert.

Im Vergleich mit den anderen TS innerhalb der ‚Zeit‘ treten bei der TS ‚Kommentar‘ öfter Wortneubildungen auf, die einen hohen Kreativitätsgrad aufweisen. Wie im ‚Tagesspiegel‘ sind dabei vor allem solche Wortneubildungen besonders auffällig, die eine Zusammenrückung ent-

---

1721 ‚Personenporträt‘, „Man muss nicht Klavier spielen können“, 21. Juni 2007, Seite 48.
1722 ‚Todesporträt‘, „Mitten ins Herz“, 16. August 2007, Seite 46.
1723 ‚Todesporträt‘, „Sing dein eigenes Lied!“, 23. August 2007, Seite 40.

halten (z.B. „*Pro-Kopf-Energieverbrauch*",[1724] „*Dann-eben-nicht-Geknüll*",[1725] „*Sich-aus-dem-Stand-woanders-hin-Zaubern*"[1726] und „*Samt-und-Seide-Symphonie*"[1727]) oder Dekomposita mit mehr als drei Konstituenten darstellen (z.B. „*Weltbruttonationaleinkommen*",[1728] „*Pfefferkuchenhochhaus*",[1729] „*Grinhouse-Action-Horror-Thriller-Double-Feature-Projekt*"[1730] und „*Architektur-Kunst-Kultur-Zeitschrift*"[1731]). Die Länge dieser Wörter hemmt den Lesefluss und erfordert zudem meistens eine genauere Auseinandersetzung bei der Entschlüsselung der Inhaltsseite. Zudem haben sie öfter eine humorvolle Komponente, was zusätzlich der Unterhaltung dient.

Bei sehr wenigen TE treten Wortneubildungen auf, die Analogiebildungen zu bekannten Begriffen und damit Wortspiele darstellen. So sind die Adjektive „*affenteuerlich*" und „*froschgeheuerlich*"[1732] den Adjektiven „abenteuerlich" und „ungeheuerlich" nachempfunden. Auf kreative und zugleich unterhaltsame Art beschreibt der Verfasser so ein literarisches Werk, das den Neubildungen gemäß Tierfabeln enthält. „*Augenbetäubend*"[1733] ist dem lexikalisierten Adjektiv „ohrenbetäubend" nachempfunden und kennzeichnet die stumpfsinnige Bilderflut eines Films als so unerträglich für die Augen, wie dies ein zu lauter Ton für die Ohren ist. Das Substantiv „*Globalesisch*"[1734] besteht aus dem adjektivischen Grundmorphem {glo'ba:l} und dem neugeschaffenen Formationsmorphem {e:zɪʃ}, das hier neben dem üblichen FM {is} zur Bezeichnung von Sprachen verwendet wird.[1735] Es ist durch eine andere Segmentie-

---

1724 ‚Großkommentar', „Wir müssen draußen bleiben", 6. Juni 2007, Seite 45+46, zweites TE.

1725 ‚Reihenkommentar', Serie „HARRY ROWOHLT", „Pooh's Corner", 28. Juni 2007, Seite 45.

1726 ‚Großkritik' (Subgruppe ‚Kulturkritik'), „Die verlorene Augenbraue", 12. Juli 2007, Seite 45.

1727 ‚Reihenkritik', Serie „100 KLASSIKER DER MODERNEN MUSIK", „Kalte Ekstase", 21. Juni 2007, Seite 46.

1728 ‚Großkommentar', „Wir müssen draußen bleiben", 6. Juni 2007, erstes TE von MAHI NINEBINE, Seite 45.

1729 ‚Reihenkommentar', Serie „WAS MACHE ICH HIER?", „Es flattert", 16. August 2007, Seite 42.

1730 ‚Großkritik' (Subgruppe ‚Kulturkritik'), „Wer hat Gras", 26. Juli 2007, Seite 46.

1731 ‚Reihenkritik', Serie „BÜCHERTISCH", „MANFRED SACK", 5. Juli 2007, erstes TE, Seite 60.

1732 ‚Reihenkritik', Serie „Fettdruck Unterzeile", „Affen auf Bordeaux und Speed", 16. August 2007, Seite 38.

1733 ‚Großkritik' (Subgruppe ‚Kulturkritik'), „Triumph der Hirnlosigkeit", 2. August 2007, Seite 42.

1734 ‚Großkommentar', „Anglais oblige?", 26. Juli 2007, Seite 41.

1735 Vgl. SIMMLER (1998a: 564).

rung von „Chinesisch“ – „Chin-esisch“ statt „Chines-isch“ (zu Chinese) – entstanden.[1736] *„Globalesisch“* wird als Synonym für die englische Sprache verwendet und verweist auf deren weltweite Verbreitung. Kontrastiv wird dem Begriff die Wortneubildung *„Provinz-Deutsch“* gegenübergestellt, welche ihrerseits die geringe Bedeutung der deutschen Sprache zum Ausdruck bringt. Bei zwei TE der ‚Literaturkritiken‘ ist bei je einem substantivischen Kompositum die ursprünglich negativ konnotierte zweite Konstituente durch eine positiv belegte ersetzt (*„Fremdenfreundlichkeit“*[1737] statt „Fremdenfeindlichkeit“ und *„Kollateralgewinn“*[1738] statt „Kollateralschaden“). Da es sich bei den ursprünglich negativen Wörtern um sehr gängige Begriffe handelt, denkt der Rezipient zunächst, er hätte sich verlesen. Dadurch fallen die kontrastiven Wortneubildungen sehr auf. Bei dem Adjektiv *„(haut-) farbenblind“*[1739] ist bei dem bekannten Kompositum „farbenblind“ nicht eine Konstituente ersetzt worden, sondern es ist durch ein zusätzliches Grundmorphem zu einem Dekompositum erweitert worden. Das Grundmorphem {haot} steht dabei in Klammern und bewirkt eine entscheidende Veränderung der Inhaltsseite von „farbenblind“. Das Adjektiv bezeichnet nicht mehr eine krankheitsbedingte Unfähigkeit, bestimmte Farben wahrzunehmen, sondern die begrüßenswerte Einstellung, der Hautfarbe eines Menschen keine Bedeutung zuzumessen.

Wie bei der TS ‚Kritik‘ im ‚Tagesspiegel‘ lässt sich auch in der ‚Zeit‘ feststellen, dass ‚Originelle Wortbildungen‘ bei den Gruppen ‚Großkritik‘ und ‚Reihenkritik‘ öfter dazu verwendet werden, Künstler (z.B. *„Ideen-auf-den-Kopf-Steller“*[1740] und *„Do-it-yourself-Musiker“*[1741]), ein besonders Merkmal der Künstler (z.B. *„Märchenonkelstimme“*[1742] und *„Charakterfresse“*[1743]), Veranstaltungen (z.B. *„Orgienschocktheater“*[1744] und

---

1736 Auch die Sprache „Vietnamesisch“ wird auf dieselbe Weise segmentiert.

1737 ‚Großkritik‘ (Subgruppe ‚Literaturkritik‘), „Was kann Gott dafür?“, 5. Juli 2007, Seite 55.

1738 ‚Großkritik‘ (Subgruppe ‚Literaturkritik‘), „Mädels, darf es etwas mehr sein?“, 6. Juni 2007, Seite 62.

1739 ‚Reihenkritik‘, Serie „100 KLASSIKER DER MODERNEN MUSIK“, „Utopische Familie“, 9. August 2007, Seite 36.

1740 ‚Großkritik‘ (Subgruppe ‚Kulturkritik‘), „Bayreuth nach der Party“, 2. August 2007, Seite 38.

1741 ‚Reihenkritik‘, Serie „Fettdruck Unterzeile“, „Vorsprung durch Handwerk“, 28. Juni 2007, Seite 44.

1742 ‚Großkritik‘ (Subgruppe ‚Kulturkritik‘), „Projekt Flausen“, 5. Juli 2007, Seite 51.

1743 ‚Reihenkritik‘, Serie „Fettdruck Unterzeile“, „Ein bisschen konfus, aber cool“, 26. Juli 2007, Seite 44.

1744 ‚Großkritik‘ (Subgruppe ‚Kulturkritik‘), „In den Müllberg gerammelt“, 28. Juni 2007, Seite 48.

„*Literatursternstunde*"[1745]) oder Werke (z.B. „*Drei-Akkord-Knaller*"[1746] und „*Samt-und-Seide-Symphonie*"[1747]) zu bezeichnen und gleichzeitig zu bewerten bzw. zu charakterisieren. Auch hier fördern kreative Bildungen den Unterhaltungswert des TE und damit die Lesemotivation.

Zur Bezeichnung von Personen allgemein sind substantivische Derivata mit dem Formationsmorphem {ər} bei einigen TE anzutreffen (z.B. „*Dunkelseher*",[1748] „*Theatergeher*"[1749] und „*Nichtmitmacher*"[1750]). Auch Derivata mit dem Formationsmorphem {xən}, das eine diminuierende Funktion besitzt, treten bei mehreren TE auf (z.B. „*Filmchen*"[1751]). Die Verkleinerungsform wirkt teilweise unpassend und daher auffällig, wenn der Verfasser sie für Begriffe verwendet, deren Ableitungsbasis negativ konnotiert ist („*Plattenbauzimmerchen*"[1752] oder „*Ablehnungsbriefchen*"[1753]).

Mindestens eine originelle adjektivische Wortneubildung kommt innerhalb der seriellen Gruppen (‚Reihenkommentar' 32 % und ‚Reihenkritik' 20 %) seltener vor als bei den Gruppen, die nicht in Serien erscheinen (‚Großkommentar' 44 % und ‚Großkritik' 48 %). Wie im ‚Tagesspiegel' sind die Adjektive der TSV ‚Kritik' wesentlich kreativer und auffälliger als diejenigen der TSV ‚Freier Kommentar'. Auch im Adjektivbereich dominiert deutlich das Wortbildungsprinzip der Komposition. Dabei kommen Determinativkomposita (z.B. „*bildersatt*",[1754] „*lichtblau*",[1755] „*gedankengymnastisch*"[1756] und „*wildbunt*"[1757]) etwas

1745 ‚Reihenkritik', Serie „Fettdruck Unterzeile", „Süßer Selbstgenuss, schwelende Wut", 6. Juni 2007, Seite 48.

1746 ‚Großkritik' (Subgruppe ‚Kulturkritik'), „Projekt Flausen", 5. Juli 2007, Seite 51.

1747 ‚Reihenkritik', Serie „100 KLASSIKER DER MODERNEN MUSIK", „Kalte Ekstase", 21. Juni 2007, Seite 46.

1748 ‚Großkommentar', „Die Dunkelseher", 30. August 2007, Seite 47.

1749 ‚Großkritik' (Subgruppe ‚Literaturkritik'), „Applaus! Applaus! Applaus!", 14. Juni 2007, Seite 60.

1750 ‚Reihenkritik', Serie „BUCH IM GESPRÄCH", „Das Stigma des Kriegsverrats", 16. August 2007, Seite 47.

1751 ‚Großkommentar', „Hollywood rettet die Welt", 5. Juli 2007, Seite 49.

1752 ‚Großkritik' (Subgruppe ‚Kulturkritik'), „Wir können auch ganz anders", 16. August 2007, Seite 39.

1753 ‚Reihenkommentar', Serie „HARRY ROWOHLT", „Pooh's Corner", 26. Juli 2007, Seite 45.

1754 ‚Großkommentar', „Einsamkeit, Freiheit, tiefes Glück", 16. August 2007, Seite 37.

1755 ‚Reihenkommentar', Serie „WAS MACHE ICH HIER?", „Das 14. Lächeln", 26. Juli 2007, Seite 48.

1756 ‚Großkritik' (Subgruppe ‚Literaturkritik'), „Das Glück steckt in der Kunst", 28. Juni 2007, Seite 52.

1757 ‚Reihenkritik', Serie „STILLLEBEN MIT BUCH", „Nimm dir eins", 12. Juli 2007, Seite 56.

häufiger vor als Kopulativkomposita (z.B. *„abstrakt-universell"*,[1758] *„historisch-ästhetisch"*,[1759] *„peinlich-dämmerig"* und *„schnulzig-betörend"*[1760]), deren Konstituenten bis auf eine Ausnahme[1761] additiv aufeinander bezogen sind.

Originelle adjektivische Derivata kommen bei der TS ‚Kommentar' nur sehr selten vor (z.B. *„pinguinisch"*,[1762] *„pullovrig"*,[1763] *„unbeschunkelt"*[1764] und *„welthaltig"*[1765]). Innerhalb der ‚Großkritiken' treten wie bei derselben Gruppe im ‚Tagesspiegel' öfter Adjektive auf, die den Namen eines Künstlers enthalten. Sie werden dazu genutzt, ein Werk, Verhalten etc. als besonders charakteristisch für diese Person zu kennzeichnen (z.B. *„Robert-Walsersch"*,[1766] *„Marguerite-Duras-haft"*,[1767] *„Oscar-Peterson-mäßig"*[1768] und *„dylanesk"*[1769]). Je ein Adjektiv bezieht sich auf den Namen einer Band (*„tocotronisch"*[1770]) oder den Ort einer bekannten Veranstaltung (*„klagenfurtmäßig"*[1771]), der synonym für diese verwendet wird. Bei den Gruppen ‚Reihenkritik' und ‚Reihenkommentar' kommen nur sehr selten derartige Bildung vor (*„instettenhaft"*,[1772] *„Karl-May-*

1758 ‚Großkommentar', „Hat die Freiheit eine Grenze?", 9. August 2007, Seite 38.

1759 ‚Reihenkommentar', Serie „Kursive Überschrift", „Eleganz und Scharfsinn", 14. Juni 2007, Seite 49.

1760 ‚Reihenkritik', Serie „KRIMINALROMAN", „Polnisch Kompott", 30. August 2007, Seite 62.

1761 Bei dem Adjektiv *„freundlich-knurrig"* (‚Reihenkritik', Serie „KRIMINALROMAN", „Durchs Feuer", 26. Juli 2007, Seite 54.) stehen die Konstituenten antonymisch zueinander.

1762 ‚Reihenkommentar', Serie „Kursive Überschrift", „Abgeschmolzen", 30. August 2007, Seite 47.

1763 ‚Großkritik' (Subgruppe ‚Kulturkritik'), „Neues aus Punkrockhausen", 21. Juni 2007, Seite 50.

1764 ‚Großkritik' (Subgruppe ‚Kulturkritik'), „Lächeln kann die Hölle sein", 28. Juni 2007, Seite 45.

1765 ‚Reihenkritik', Serie „KRIMINALROMAN", „Polnisch Kompott", 30. August 2007, Seite 62.

1766 ‚Großkritik' (Subgruppe ‚Literaturkritik'), „Also, das wär's", 16. August 2007, Seite 44.

1767 ‚Großkritik' (Subgruppe ‚Literaturkritik'), „Paul Brodowsky:", 6. Juni 2007, Seite 57.

1768 ‚Großkritik' (Subgruppe ‚Kulturkritik'), „Keine Angst, die will nur spielen", 14. Juni 2007, Seite 56.

1769 ‚Großkritik' (Subgruppe ‚Kulturkritik'), „Lächeln kann die Hölle sein", 28. Juni 2007, Seite 45.

1770 ‚Großkritik' (Subgruppe ‚Kulturkritik'), „Projekt Flausen", 5. Juli 2007, Seite 51. Das Adjektiv enthält den Namen der deutschen Rock-Band „Tocotronic".

1771 ‚Großkritik' (Subgruppe ‚Kulturkritik'), „Damit nichts Zufälliges mehr Zulass hat", 5. Juli 2007, Seite 60. Der Ingeborg-Bachmann-Preis, eine der wichtigsten deutschen Auszeichnungen für Literatur, wird jährlich in Klagenfurt verliehen.

1772 ‚Reihenkritik', Serie „VOM STAPEL", „Besserwisser", 5. Juli 2007, Seite 60.

haft"[1773] und *„unwagnerianisch*"[1774]). Bei all diesen Adjektiven handelt es sich bis auf die Kompositionen *„spätnietzscheanisch*"[1775] und *„Koelbltypisch*"[1776] um Derivationen.

Bei allen vier Gruppen treten bei einzelnen TE Wortneubildungen auf, bei denen es sich um Verben handelt. Dabei überwiegt das Wortbildungsprinzip der Derivation. So stellt beispielsweise *„erlieben*"[1777] eine Kontrastbildung zu „erwerben" dar und zeigt den Weg an, wie man Freunde gewinnen kann. *„Spenglern*"[1778] wird dazu benutzt, ein für die Person Oswald Spengler[1779] typisches Verhalten zu bezeichnen. Verbale Kompositionen wie beispielsweise *„zwangsverrenten*",[1780] das den unfreiwilligen, durch eine andere Person herbeigeführten Arbeitsausstieg und den Beginn der Rentenzahlung bezeichnet, sind sehr selten. Verglichen mit den originellen substantivischen und adjektivischen Wortneubildungen ist das Kreativitätsniveau der verbalen Wortneubildungen deutlich geringer und sie sind entsprechend weniger auffällig.

Mehr als zwei Wortneubildungen mit demselben Grundmorphem kommen bei den seriellen Gruppen ‚Reihenkritik' (2 %) und ‚Reihenkommentar' (10 %) nur selten vor. Bei der ‚Großkritik' (18 %) treten diese etwas öfter auf. Bei den ‚Großkommentaren' zeigen 39 Prozent der TE mindestens drei Wortneubildungen mit übereinstimmendem Grundmorphem (*„**Sprach**ungetüm*", *„**Sprach**purist*" und *„**Sprach**verkümmerung*"[1781]). 22 Prozent der TE weisen sogar zwei oder mehr verschiedene Wortgruppen auf, deren identische Grundmorpheme thematisch verwandt sind (z.B. *„**Sprach**äußerung*", *„**Sprach**produktion*", *„**Sprach**be-*

1773 ‚Reihenkommentar', Serie „Kursive Überschrift", „Sir Salman Rushdie", 28. Juni 2007, Seite 49.

1774 ‚Reihenkommentar', Serie „Kursive Überschrift", „Die Zukunft ist verplant", 16. August 2007, Seite 35.

1775 ‚Großkritik' (Subgruppe ‚Kulturkritik'), „Projekt Flausen", 5. Juli 2007, Seite 51. Auch dieses Kompositum enthält jedoch als zweite Konstituente ein Grundmorphem zweiten Grades, das mit dem Wortbildungsprinzip der Derivation gebildet wurde (vgl. SIMMLER (1998: 44f.)).

1776 ‚Reihenkritik', Serie „Großbild", „Wuschel, Stoppel, Fluten, Kringel", 30. August 2007, Seite 59.

1777 ‚Großkritik' (Subgruppe ‚Literaturkritik'), „Mein Hase Frederick", 12. Juli 2007, Seite 52.

1778 ‚Großkommentar', „Die Dunkelseher", 30. August 2007, Seite 47.

1779 Oswald Arnold Gottfried Spengler (1880 bis 1936) war ein deutscher Kultur- und Geschichtsphilosoph.

1780 ‚Reihenkritik', Serie „BUCH IM GESPRÄCH", „Die jungen Alt-68er", 5. Juli 2007, Seite 57.

1781 ‚Großkommentar', „Anglais oblige?", 26. Juli 2007, Seite 41.

wusstsein“, „***sprach****rassig*“ und „*Internet***deutsch**“, „*Boulevard***deutsch**“, „*Medien***deutsch**“[1782]).

Anhand der Wörter, die in einem Grundmorphem übereinstimmen, lässt sich bereits ein Themenfeld des TE bestimmen (z.B. der Roman „Harry Potter“). Die weiteren Grundmorpheme bei Kompositionen („***Potter***-*Fan*“, „***Potter***-*Film*“, „***Potter***-*Band*“, „***Potter***-*Verfilmung*“, „***Potter***-*Buch*“, „***Potter***-*Welt*“[1783]) bzw. Formationsmorpheme bei Derivationen („***Potter****ei*“, „***Potter****ianer*“) zeigen verschiedene Aspekte an, die hierbei behandelt werden. Dieselbe Funktion übernehmen entsprechende Adjektive, durch die ein Bezug zum Themenfeld angezeigt wird („***Potter****sches Universum*“).

3.3.4.2 Wertende Begriffe

Das Auftreten von vielen wertenden Begriffen gehört in den Zentralbereich der TSV ‚Freier Kommentar‘ und der Gruppen ‚Großkritik‘ und ‚Reihenkritik‘ der TS ‚Kritik‘. Dabei dominieren deutlich die Adjektive (z.B. „*bitter*“, „*wenig*“, „*kindisch*“, „*unvermeidbar*“, „*ernsthaft*“, „*besinnungslos*“, „*grimassierend*“, „*komisch*“, „*hektisch*“, „*kopflos*“, „*operettenhaft*“, „*dümmlich*“, „*geschmacklos*“, „*legitim*“, „*illegitim*“, „*merkwürdig*“, „*bettelnd*“, „*demütigend*“, „*abergläubisch*“, „*animistisch*“, „*massenkompatibel*“, „*verzweifelt*“, „*glaubwürdig*“, „*nichtswürdig*“, „*nachvollziehbar*“, „*zuverlässig*“, „*populär*“, „*poetisch*“, „*schweflig*“, „*umjubelt*“ und „*ausgleichend*“;[1784] „*dumm*“, „*intellektuell*“, „*künstlerisch*“, „*frohgemut*“, „*bedrohlich*“, „*zart*“, „*melancholisch*“, „*schön*“, „*stark*“, „*schrill*“, „*unverwechselbar*“ und „*wertvoll*“;[1785] „*männlich-sensibel*“, „*hilflos*“, „*feinsinnig*“, „*stilisiert*“, „*klassisch*“, „*Marguerite-Duras-haft*“, „*präsent*“, „*stilvoll*“, „*üblich*“, „*bewundert*“, „*aktiv*“, „*klassisch*“, „*abendfüllend*“, „*gut*“, „*stilsicher*“, „*wortgewandt*“, „*temporeich*“ und „*geheimnisvoll*“;[1786] „*kläglich*“, „*kühn*“, „*explosiv*“, „*gut*“, „*vollendet*“, „*wetzend*“, „*plättend*“, „*rau*“, „*tief*“, „*unbändig*“, „*unerschöpflich*“, „*still*“, „*umschwirrt*“, „*hysterisch*“, „*klagend*“, „*befeuert*“, „*schwirrend*“, „*klug*“ und „*introvertiert*“[1787]), gefolgt von den Substantiven (z.B. „*Gewusel*“, „*Würde*“, „*Plausibilität*“, „*Ungereimtheit*“, „*Maniac*“, „*Ge-*

1782 ‚Großkommentar‘, „Alles eine Sache des Geschmacks? Von wegen!“, 26. Juli 2007, Seite 43.

1783 ‚Großkritik‘ (Subgruppe ‚Kulturkritik‘), „Die verlorene Augenbraue“, 12. Juli 2007, Seite 45.

1784 ‚Großkommentar‘, „Tom Cruise soll Stauffenberg retten:“, 12. Juli 2007, Seite 46.

1785 ‚Reihenkommentar‘, Serie „Kursive Überschrift“, „Mehr Mut!“, 16. August 2007, Seite 43.

1786 ‚Großkritik‘ (Subgruppe ‚Literaturkritik‘), „Paul Brodowsky:“, 6. Juni 2007, Seite 57.

1787 ‚Reihenkritik‘, Serie „WILLEMSEN HÖRT“, „Vogeltöne spielen“, 5. Juli 2007, Seite 50.

schmacklosigkeit“, „*Unverfrorenheit*“, „*Glaubwürdigkeit*“, „*Verkennung*“, „*Hingabe*“, „*Aberglaube*“, „*Animismus*“, „*Gerechtigkeit*“ und „*Schwermut*“;[1788] „*das Schwärmen*“, „*Ehre*“, „*Geschmackspopulismus*“, „*Kitsch*“, „*Konvention*“, „*Geist*“ und „*Originalität*“;[1789] „*das Weltläufige*“, „*Tragikomik*“, „*Atemlosigkeit*“, „*Angst*“, „*der Schwächere*“, „*das Zeitgenössische*“ und „*das Gejammer*“;[1790] „*Meister*“, „*der Besessene*“, „*Ausdruckswille*“, „*Trompeten-Wunderkind*“, „*Radikalität*“, „*Empathie*“ und „*Aufrichtigkeit*“[1791]). Auch einige wertende Verben kommen fast immer vor (z.B. „*eignen*“, „*beharren*“, „*verkennen*“, „*scheinen*“, „*schockieren*“ und „*bewundern*“;[1792] „*schmücken*“, „*entgegenleuchten*“, „*fürchten*“ und „*danken*“;[1793] „*durchdringen*“, „*schaffen*“ und „*sich verlieren*“;[1794] „*scheinen*“, „*entfesseln*“, „*zollen*“ und „*befreien*“[1795]). Adverbien, die eine Wertung enthalten, treten nur bei einem Teil der TE und in geringer Anzahl auf (z.B. „*glücklicherweise*“, „*augenscheinlich*“ und „*leider*“;[1796] „*sicherlich*“ und „*wahrscheinlich*“;[1797] „*besonders*“[1798]).

Wie bereits im ‚Tagesspiegel‘ aufgeführt, war dieses Ergebnis für diese vier Gruppen zu erwarten. In ‚Freien Kommentaren‘ bringt der Autor unmissverständlich seine Meinung zum Ausdruck, was häufig mit der Verwendung von wertenden Begriffen einhergeht. Der Schwerpunkt der Gruppen ‚Großkritik‘ und ‚Reihenkritik‘ ist das Besprechen eines Kritikgegenstandes, wobei dieser beschrieben und bewertet wird. Auch hierbei sind wertende Wörter unverzichtbar. Für die Gruppe ‚Kurzkritik‘ hingegen ist das vollständige Fehlen derartiger Begriffe im Fließtext charakteristisch. Eine Bewertung der aufgeführten Filme findet ausschließlich durch den Reihennamen „Sehenswert“ statt, unter dem alle TE erscheinen.

Abgekürzte und dadurch umgangssprachlich wirkende Wörter kommen wie bereits bei der TS ‚Kommentar‘ im ‚Tagesspiegel‘ nur bei sehr wenigen TE vor (‚Großkommentar‘ 6 %, Reihenkommentar‘ 2 %, Großkritik‘ 9 % und ‚Reihenkritik‘ 7 %). Diese gehören unterschiedlichen

1788 ‚Großkommentar‘, „Tom Cruise soll Stauffenberg retten:“, 12. Juli 2007, Seite 46.
1789 ‚Reihenkommentar‘, Serie „Kursive Überschrift“, „Mehr Mut!“, 16. August 2007, Seite 43.
1790 ‚Großkritik‘ (Subgruppe ‚Literaturkritik‘), „Paul Brodowsky:“, 6. Juni 2007, Seite 57.
1791 ‚Reihenkritik‘, Serie „WILLEMSEN HÖRT“, „Vogeltöne spielen“, 5. Juli 2007, Seite 50.
1792 ‚Großkommentar‘, „Tom Cruise soll Stauffenberg retten:“, 12. Juli 2007, Seite 46.
1793 ‚Reihenkommentar‘, Serie „Kursive Überschrift“, „Mehr Mut!“, 16. August 2007, Seite 43.
1794 ‚Großkritik‘ (Subgruppe ‚Literaturkritik‘), „Paul Brodowsky:“, 6. Juni 2007, Seite 57.
1795 ‚Reihenkritik‘, Serie „WILLEMSEN HÖRT“, „Vogeltöne spielen“, 5. Juli 2007, Seite 50.
1796 ‚Großkommentar‘, „Tom Cruise soll Stauffenberg retten:“, 12. Juli 2007, Seite 46.
1797 ‚Reihenkommentar‘, Serie „Kursive Überschrift“, „Mehr Mut!“, 16. August 2007, Seite 43.
1798 ‚Reihenkritik‘, Serie „WILLEMSEN HÖRT“, „Vogeltöne spielen“, 5. Juli 2007, Seite 50.

Wortarten an (z.B. *„badet's“*,[1799] *„wie 's“*,[1800] *„ob's“*,[1801] *„sich's“*[1802] und *„Sie's“*[1803]), wobei Verben am häufigsten auftreten. Bei den ‚Kurzkritiken‘ fehlen derartige Formen vollständig.

3.3.4.3 Pronomen

Pronomen der ersten Person und Höflichkeitsform kommen bei den einzelnen Gruppen der TS ‚Kommentar‘ unterschiedlich häufig vor. Während sie mit einem Auftreten bei 89 Prozent aller TE bei der Gruppe ‚Großkommentar‘ im Zentralbereich liegen und auch bei den TE der Gruppen ‚Reihenkommentar‘ und ‚Großkritik‘ oft vorhanden sind (jeweils bei 60 Prozent der TE), weisen nur wenige ‚Reihenkritiken‘ (17 %) und kein TE der ‚Kurzkritiken‘ diese Pronomenformen auf. Bei der letzten Gruppe war dieses Ergebnis zu erwarten, da der Fließtext der ‚Kurzkritiken‘ ausschließlich aus einer Aufzählung von Filmtiteln und den dazugehörigen Regisseurnamen besteht. Innerhalb der ‚Reihenkritiken‘ ist die Frequenz der Pronomen zwischen den einzelnen Serien sehr verschieden. Mehrere Serien wie „Die ZEIT empfiehlt“ und „BÜCHERTISCH“, welche die Reihen mit den meisten (insgesamt 42 Prozent aller TE der ‚Reihenkritiken‘) und zugleich kürzesten TE darstellen,[1804] weisen keine Pronomen der ersten Person und Höflichkeitsform auf. Bei anderen Reihen sind sie hingegen stark vertreten (z.B. „TASCHENBUCH“ und „KRIMINALROMAN“ je 100 %, „WILLEMSEN HÖRT“ 58 %). Bei den ‚Reihenkommentaren‘ sind die Schwankungen zwischen den einzelnen Reihen nicht so stark. Die Pronomen lassen sich bei TE aller Serien nachweisen, wobei sie mit einem Vorkommen von 32 Prozent der TE bei der Serie „Kursive Überschrift“ am seltensten auftreten. Die Serien *„Das Letzte“* und „HARRY ROWOHLT“ zeigen bei allen TE Pronomen der ersten Person.

Bei allen Gruppen kommen am häufigsten Personalpronomen der ersten Person im Fließtext der TE vor (‚Großkommentar‘ 89 %, z.B. 1x

---

1799 ‚Großkommentar‘, „An die Wand geworfen“, 26. Juli 2007, Seite 42.

1800 ‚Reihenkommentar‘, Serie „HARRY ROWOHLT“, „Pooh's Corner“, 28. Juni 2007, Seite 45.

1801 ‚Großkritik‘ (Subgruppe ‚Literaturkritik‘), „Soldier, soldier, kill, kill!“, 9. August 2007, Seite 48.

1802 ‚Reihenkritik‘, Serie „BÜCHERTISCH“, „KONRAD HEIDKAMP“, 12. Juli 2007, zweites TE, Seite 45.

1803 ‚Reihenkritik‘, Serie „VOM STAPEL“, „Besserwisser“, 5. Juli 2007, zweites TE, Seite 60.

1804 Die Serien „Die ZEIT empfiehlt“ und „BÜCHERTISCH“ unterschreiten mit ihren durchschnittlich zwei und sechs Sätzen bzw. vier und 17 Zeilen deutlich die bei den TE der Gruppe ‚Reihenkritik‘ im Durchschnitt auftretende Textlänge von 13 Sätzen bzw. 39 Zeilen.

„uns“, 2x *„wir“*;[1805] ‚Reihenkommentar‘ 56 %, z.B. 15x *„ich“*, 4x *„wir“*, 5x *„mir“*, 1x *„uns“*, 5x *„mich“*;[1806] ‚Großkritik‘ 58 %, z.B. 3x *„wir“*, 1x *„uns“*;[1807] ‚Reihenkritik‘ 15 %, z.B. 2x *„ich“*, 1x *„mir“*[1808]), das Auftreten derartiger Possessivpronomen ist sehr unterschiedlich. Bei den ‚Großkommentaren‘ sind auch sie bei einem großen Teil der TE vertreten (67 %, z.B. 1x *„meinem“*, 1x *„unsere“*[1809]), während sie sich bei den ‚Reihenkommentaren (32 %, z.B. 1x *„unseres“*, 1x *„mein“*[1810]) und ‚Großkritiken‘ (24 %, z.B. 1x *„unserer“*[1811]) deutlich weniger und bei den ‚Reihenkritiken‘ (5 %, z.B. 1x *„unserer“*, 1x *„unser“*[1812]) kaum nachweisen lassen. Insgesamt treten bei den nicht seriellen Gruppen deutlich mehr Pronomen der ersten Person Plural auf als bei den seriellen Gruppen. Dies lässt sich dadurch begründen, dass der Verfasser bei seriellen Kommentaren als Person stärker in Erscheinung tritt (z.B. *„Für meinen zweiten Einsatz im Dienste der Völkerverständigung ist hier kein Platz mehr. Mit dem werde ich nächste Woche angeben.“*[1813] oder *„Ich habe keine Flugangst. Aber ich habe Angst, dass die Lufthansa zum Start Eros Ramazzotti spielt und ich nicht raus kann.“*[1814]), während bei den ‚Großkommentaren‘ und ‚Großkritiken‘ die Pluralformen oft dazu verwendet werden, eine Gruppe von Menschen zu bezeichnen, der auch der Verfasser und der Leser angehören (z.B. *„Die Korruption unserer Sprache kommt nicht von* Big Brother. *Wir verdummen uns selber, wenn wir nichts mehr sagen, sondern nur noch reden.“*[1815] oder *„Fast alle Filme betonen die große Entfernung, die uns Zuschauer von den Künstlern, den Außergewöhnlichen trennt: unüberbrückbar die Kluft zwischen ihnen und uns.“*[1816]).

1805 ‚Großkommentar‘, „Wir sind wieder wer“, 12. Juli 2007, Seite 48.

1806 ‚Reihenkommentar‘, Serie „HARRY ROWOHLT“, „Pooh's Corner“, 28. Juni, Seite 45.

1807 ‚Großkritik‘ (Subgruppe ‚Literaturkritik‘), „Am Boden des Zauberkessels“, 26. Juli 2007, Seite 49.

1808 ‚Reihenkritik‘, Serie „WILLEMSEN HÖRT“, „Hochseilartisten“, 30. August, Seite 50.

1809 ‚Großkommentar‘, „Alles eine Sache des Geschmacks? Von wegen!“, 26. Juli 2007, Seite 43.

1810 ‚Reihenkommentar‘, Serie „WAS MACHE ICH HIER?“, „Als ich einmal Frings war“, 14. Juni, Seite 56.

1811 ‚Großkritik‘ (Subgruppe ‚Kulturkritik‘), „Unser heiliger Kaufrausch“, 5. Juli 2007, Seite 52.

1812 ‚Reihenkritik‘, Serie „VOM STAPEL“, „Gut gelogen“, 2. August, Seite 48.

1813 ‚Reihenkommentar‘, Serie „HARRY ROWOHLT“, „Pooh's Corner“, 28. Juni 2007, Seite 45.

1814 ‚Reihenkritik‘, Serie „WILLEMSEN HÖRT“, „Der Huhu-Macher“, 14. Juni, Seite 52.

1815 ‚Großkommentar‘, „An die Wand geworfen“, 26. Juli 2007, Seite 42.

1816 ‚Großkritik‘ (Subgruppe ‚Kulturkritik‘), „Biografie als Idiotie“, 9. August 2007, Seite 34.

Wie im ‚Tagesspiegel' lässt sich das häufige Auftreten von Pronomen der ersten Person bei der TSV ‚Freier Kommentar' dadurch begründen, dass der Autor sehr stark in Erscheinung tritt. Er teilt seine Ansichten, Beobachtungen, Erlebnisse oder Erfahrungen mit, wobei die entsprechenden Pronomen der ersten Person auf ihn verweisen bzw. die Relevanz für einen Personenkreis angeben, zu dem der Verfasser und auch die Leser gehören. Die TE der ‚Großkritiken' in der ‚Zeit' weisen deutlich mehr Pronomen der ersten Person auf als bei derselben Gruppe im ‚Tagesspiegel'. In der Wochenzeitung stellt der Verfasser seine Beobachtungen häufiger so dar, dass sie den Leser bzw. das Publikum einbeziehen (z.B. „*Und wenn er zu seinen Zeitgenossen und zu uns im Saal sagt: ‚Heult doch! Heult!', so ist das die unschuldigste, kindlichste Einladung an uns, teilzuhaben an seinem Schmerz.*"[1817]). Zudem benutzt er die Pluralform, um seine Wahrnehmung als so zutreffend und damit allgemeingültig darzustellen, dass sie als die einzig mögliche erscheint (z.B. „*Wir wundern uns über die wackelige Gestalt, fragen, was sie auf diese Kunstausstellung verschlagen haben könnte. Doch solange wir auch schauen und rätseln, ihre Geschichte offenbart diese Giraffe nicht.*"[1818]).

Pronomen der Höflichkeitsform kommen innerhalb der TS ‚Kommentar' nur sehr selten vor. Bei den ‚Großkommentaren' fehlen sie vollständig, bei der Subgruppe ‚Literaturkritik' der Gruppe ‚Großkritik' weisen drei TE mindestens eine derartige Form auf (3 %, z.B. 1x „*Sie*", 1x „*Ihnen*"[1819]) und bei den ‚Reihenkritiken' nur ein TE (1 %, 1x „*Sie's*"[1820]).

Bei den ‚Literaturkritiken' kommt das einzige Possessivpronomen der Höflichkeitsform innerhalb der TS ‚Kommentar' vor (1x „*Ihr*"[1821]). Lediglich bei den ‚Reihenkommentaren' treten Höflichkeitspronomen etwas öfter auf (13 %, z.B. 2x „*Sie*"[1822]), wobei es sich ausschließlich um das Personalpronomen „Sie" handelt. Die meisten TE mit einem Pronomen der Höflichkeitsform (63 %) gehören der Serie „*Das Letzte*" an. Bei zwei TE dieser Serie wird mit dem Pronomen „Sie" nicht der Leser angesprochen, wie es bei allen anderen TE der TS ‚Kommentar' der Fall ist, sondern zwei bekannte Personen,[1823] an die das TE angeblich gerich-

1817 ‚Großkritik' (Subgruppe ‚Kulturkritik'), „Heult doch! Heult", 6. Juni 2007, Seite 51.
1818 ‚Großkritik' (Subgruppe ‚Kulturkritik'), „Kunst kommt von Knallen", 21. Juni 2007, Seite 49+50.
1819 ‚Großkritik' (Subgruppe ‚Literaturkritik'), „Ariane Breidenstein:", 6. Juni 2007, Seite 57.
1820 ‚Reihenkritik', Serie „VOM STAPEL", „Besserwisser", 5. Juli 2007, zweites TE, Seite 60.
1821 ‚Großkritik' (Subgruppe ‚Literaturkritik'), „Ariane Breidenstein:", 6. Juni 2007, Seite 57.
1822 ‚Reihenkommentar', Serie „*Das Letzte*", 26. Juli, Seite 48.
1823 Dabei handelt es sich um den ehemaligen deutschen Verteidigungsminister Franz Josef Jung und den ehemaligen Nato-Generalsekretär Jakob Gijsbert de Hoop Scheffer.

tet ist und die der Verfasser zu Beginn namentlich anredet (z.B. *„Hochverehrter Herr Verteidigungsminister Dr. Franz Josef Jung!“*[1824]).

3.3.4.4 Zitate

Im Zentralbereich der Gruppen ‚Großkommentar‘ (83 %) und ‚Großkritik‘ (83 %) kommt mindestens ein Zitat pro TE vor. Bei den ‚Reihenkommentaren‘ (68 %) sind zitierte Äußerungen häufig, bei den ‚Reihenkritiken‘ (44 %) gelegentlich anzutreffen, wobei der niedrige Prozentsatz bei den ‚Reihenkritiken‘ darauf beruht, dass wie bei den untersuchten Pronomenarten die kurzen, jedoch zahlreichen TE der Serien „Die ZEIT empfiehlt“ und „BÜCHERTISCH“ keine bzw. nur relativ wenige (30 %) Zitate aufweisen. Bei den ‚Kurzkritiken‘ kommen keine Zitate vor.

Insgesamt dominieren bei allen vier Gruppen (‚Großkommentar‘ 50 %, ‚Reihenkommentar‘ 56 %, ‚Großkritik‘ 83 % und ‚Reihenkritik‘ 38 %) deutlich TE, die ausschließlich direkte Zitate enthalten (z.B. *„Deren Aktionen könnten durchaus ‚nützlich sein, die Dinge in die richtige Richtung zu bewegen‘, schreibt der britische Marketingexperte Wally Olins in seinem Buch On Brands.“*[1825]). Die zweitgrößte Gruppe (‚Großkommentar‘ 28 %, ‚Reihenkommentar‘ 10 %, ‚Großkritik‘ 12 % und ‚Reihenkritik‘ 5 %) stellen TE mit mindestens einem direkten und einem indirekten Zitat dar (z.B. *„Was frauenpolitisch anliegt, erzählt Silvana Koch-Mehrin, habe sie erst verstanden, als sie 2005 ihr zweites Kind zur Welt gebracht habe – unter dem Druck der Erwartungen.“* und *„‚Das Land muss sich für die Frauen verändern, damit es wieder Freude macht, Frau in Deutschland zu sein‘, steht hier.“*[1826]). Ausschließlich indirekte Zitate kommen bei den ‚Großkommentaren‘ (6 %), ‚Reihenkommentaren‘ (3 %), ‚Großkritiken‘ (4 %) und ‚Reihenkritiken‘ (1 %) nur bei wenigen TE vor (z.B. *„Aber moralische Empörung, schreibt Ignatieff, sei kein guter Ratgeber für politisches Handeln, und diese Lektion habe er lernen müssen.“*[1827]).

Wie im ‚Tagesspiegel‘ haben die Zitate bei der TSV ‚Freier Kommentar‘ überwiegend die Funktion, passende Aussagen anderer Personen (z.B. *„Ein besonders hartes, aber treffendes Urteil über ihn hat seine ehemalige Kabinettskollegin Claire Short gefällt: ‚Blair ist es eigentlich ganz gleich, welches Stück gespielt wird, solange er die Hauptrolle*

1824 ‚Reihenkommentar‘, Serie „*Das Letzte*“, 5. Juli, Seite 54.

1825 ‚Großkommentar‘, „Hollywood rettet die Welt“, 5. Juli 2007, Seite 49.

1826 ‚Großkritik‘ (Subgruppe ‚Literaturkritik‘), „Mädels, darf es etwas mehr sein?“, 6. Juni 2007, Seite 62.

1827 ‚Reihenkommentar‘, Serie „Kursive Überschrift“, „Späte Reue“, 16. August, Seite 36.

hat. "[1828]) zum Hauptthema des TE zu liefern, um letztlich die Meinung des Autors zu unterstützen. Selten erfolgt der Einstieg über ein Zitat, welches das Thema aufzeigt und zu dem der Autor im Anschluss Stellung nimmt (z.B. „*‚Sicher ist die Frage erlaubt', schreibt der* Spiegel, *‚ob ein Star wie Tom Cruise noch alle Tassen im Schrank hat, wenn er in der bizarren Sci-Fi-Kirche der Scientologen mental auftankt.' Die gleiche Frage könnte man an Madonna und Kollegen richten, die einer profitablen Pop-Version jüdischer Mystik (‚Kabbala') anhängen und mit rotem Armbändchen das ‚Böse Auge' abwehren wollen.*"[1829]).

Bei der TSV ‚Kritik' dienen Zitate häufig dazu, eine Passage aus einem literarischen Werk, Film, Musikstück etc. wiederzugeben. Dies ermöglicht dem Leser, einen direkten Eindruck von der Sprache, dem Inhalt oder dem Höreindruck zu bekommen. Zugleich belegt der Autor damit seine Ausführungen (z.B. „*‚Verschwör dich gegen dich/Die Gegner, sie ergeben sich/Von selbst, denn du bist nachtumweht/Unter dein Bett hat man ein Rosenblatt gelegt.' Das ist wahrhaft schön gesagt, so ähnlich stand es bereits in den alten Balladen geschrieben, oder in den Manifesten der surrealistischen Dichter.*"[1830] oder „*In einer charakteristischen Passage wird in kritischem Unterton Richard Schröder, damals Vorsitzender der SPD-Volkskammerfraktion, mit seinem Bekenntnis zitiert: ‚Wir gehen mit euch anders um, als ihr mit uns umgehen wolltet.' Dann folgt Knabes merkwürdige Kontrastierung: ‚Wie anders gingen dagegen die Alliierten nach 1945 vor.*'"[1831]). Der Verfasser setzt Zitate auch ein, um die Meinung anderer Personen zum Kritikgegenstand oder Künstler zum Ausdruck zu bringen (z.B. „*Steely Dans Ästhetik sei ‚one step beyond perfection', sagte später einer der Musiker, die in die Mühlen des Aja-Aufnahmeprozesses geraten waren: Ein Schritt über die Perfektion hinaus.*"[1832]). Öfter stammen die zitierten Aussagen auch direkt von den Schriftstellern, Musikern, Regisseuren oder anderen kunstschaffenden Personen, die sich zu ihrem Werk oder ihrer Kunstauffassung äußern. Dies liefert dem Leser zusätzliche Informationen und verschafft

1828 ‚Großkommentar', „Die Lüge als höhere Wahrheit", 14. Juni 2007, Seite 54.
1829 ‚Reihenkommentar', Serie „Kursive Überschrift", „Lasst Tom Cruise in Berlin spielen", 5. Juli 2007, Seite 47.
1830 ‚Großkritik' (Subgruppe ‚Kulturkritik'), „Projekt Flausen", 5. Juli 2007, Seite 51.
1831 ‚Großkritik' (Subgruppe ‚Literaturkritik'), „Der milde Umgang mit den Tätern", 21. Juni 2007, Seite 54.
1832 ‚Reihenkritik', Serie „100 KLASSIKER DER MODERNEN MUSIK", „Kalte Ekstase", 21. Juni 2007, Seite 46.

tiefere Einblicke ihr Werk (z.B. „*Das Größte jenseits einer guten Technik, sagte Ahmad Jamal, sei Stil.*“[1833]).

3.3.5 *Die Lexik der Textsorte ‚Interview‘*

3.3.5.1 Wortneubildungen

Bei der TS ‚Interview‘ weisen nur 57 Prozent aller TE mindestens eine ‚Originelle Wortneubildung‘ auf, lediglich bei einem TE (14 %) treten sie gehäuft auf. Zudem zeichnen sich die nachgewiesenen Wortneubildungen nicht durch ein sehr hohes Kreativitätsniveau aus und erfüllen die Kriterien, als originell zu gelten, oft nur knapp.

Wie bei den anderen TS auch sind bei der TS ‚Interview‘ fast alle ‚Originellen Wortneubildungen‘ nach dem Wortbildungsprinzip der Komposition gebildet. Sie werden für die Bezeichnung von ganz Unterschiedlichem verwendet. Als eine Gemeinsamkeit lässt sich feststellen, dass drei der vier TE mit ‚Originellen Wortneubildungen‘ mindestens ein Kompositum aufweisen, das eine Konstituente zur Steigerung bzw. Übertreibung beinhaltet („*Seniorenschwemme*“, „*Rentenkatastrophe*“, „*Zeugungswut*“, „*hypermoralisch*“ und „*überkritisch*“;[1834] „*Hyperprofessionalität*“ und „*Riesenoperation*“;[1835] „*Hochgeschwindigkeitszeit*“[1836]). Diese Begriffe sollen den Aussagen der Interviewten Nachdruck verleihen und die Leser auf ein bestimmtes Problem aufmerksam machen („*Das geht so weit, dass Sänger sich den Magen verkleinern lassen, denken Sie, eine Riesenoperation, nur weil ihr Gewicht nicht dem landläufigen Schönheitsideal entspricht!*“[1837]).

Originelle adjektivische Wortneubildungen kommen lediglich bei zwei TE (29 %) vor, wobei ein TE nur ein Adjektiv aufweist („*konfliktfreudig*“[1838]). Bei dem anderen treten viele originelle Adjektive auf, bei denen es sich überwiegend um Determinativkomposita (z.B. „*erfahrungsgesättigt*“[1839]) handelt. Daneben kommt ein Kopulativkompositum („*politisch-moralisch*“) und eine Derivation („*unhintergehbar*“) vor.

Bei 43 Prozent der TE treten drei Wortneubildungen auf, die in einer Konstituente übereinstimmen. Sie verweisen auf ein Themenfeld, dass

1833 ‚Reihenkritik‘, Serie „WILLEMSEN HÖRT“, „Großer Nervöser“, 23. August 2007, Seite 40.
1834 ‚Interview‘, „Wer ein Jahr jünger ist, hat keine Ahnung“, 14. Juni 2007, Seite 57-59.
1835 ‚Interview‘, „Manchmal hasse ich diesen Beruf!“, 12. Juli 2007, Seite 43.
1836 ‚Interview‘, „Von Mao bleibt nichts als die Mode“, 19. Juli 2007, Seite 37.
1837 ‚Interview‘, „Manchmal hasse ich diesen Beruf!“, 12. Juli 2007, Seite 43.
1838 ‚Interview‘, „Manchmal hasse ich diesen Beruf!“, 12. Juli 2007, Seite 43.
1839 ‚Interview‘, „Wer ein Jahr jünger ist, hat keine Ahnung“, 14. Juni 2007, Seite 57-59.

innerhalb des ‚Interviews' eine größere Relevanz besitz (z.B. *„**Sänger**innen-Allüre"*, *„**Sänger**wahrheit"* und *„**Sänger**zirkus"*[1840]).

3.3.5.2 Wertende Begriffe

Bei allen TE der TS ‚Interview' treten viele wertende Begriffe auf. Mittels Adjektiven (z.B. *„Das wirkt bedrohlich, aber wir waren auch immer ein gastfreundliches Land und nie so aggressiv und expansiv wie etwa die USA."*[1841]) und Substantiven (z.B. *„Außerdem hat die Kannibalisierung der freien Gelder doch längst begonnen."*[1842]), seltener über Verben (z.B. *„Manchmal beneide ich Maler oder Leute, die für ihre Arbeit einfach nur ein Blatt Papier brauchen."*[1843]) oder Adverbien (z.B. *„Interessanterweise hat keiner meiner amerikanischen Rezensenten darüber ein Wort verloren."*[1844]) lässt der Interviewte seine Meinung bzw. emotionale Einstellung zu einem bestimmten Thema in seinen Antworten erkennen.

Insgesamt kommt nur bei einem TE eine abgekürzte Wortform vor (*„bleibt's"*[1845]), womit Abkürzungen nicht als typisch für die TS angesehen werden können.

3.3.5.3 Pronomen

Wie bereits im ‚Tagesspiegel' für die TS ‚Interview' dargestellt, ist das Auftreten von Pronomen der ersten Person sowie der Höflichkeitsform ein charakteristisches Merkmal der TS, welches sie deutlich von allen anderen TS unterscheidet. Durchgängig alle TE weisen sowohl Personal- als auch Possessivpronomen der ersten Person und Höflichkeitsform in großer Anzahl auf, die sich auf den Interviewten oder den Interviewer beziehen (z.B. 48x *„ich"*, 7x *„wir"*, 9x *„uns"*, 5x *„mir"*, 10x *„mich"*, 5x *„mein"*, 1x *„meiner"*, 9x *„meine"*, 1x *„meines"*, 2x *„meinen"*, 2x *„meinem"*, 1x *„unsere"*, 18x *„Sie"*, 1x *„Ihnen"*, 3x *„Ihr"*, 1x *„Ihrer"*, 1x *„Ihren"*, 1x *„Ihres"*[1846]). Auf hundert Zeilen kommen dabei im Schnitt 41 und auf hundert Sätze 61 dieser Pronomen. Bei den meisten der Pronomenformen handelt es sich um Personalpronomen der ersten Person (71 %), Possessivpronomen der ersten Peron treten deutlich seltener auf (11 %). Dabei benutzen die Interviewten überwiegend Pronomen der ersten Person Singular (82 %), während bei den Interviewern die erste

1840 ‚Interview', „Manchmal hasse ich diesen Beruf!", 12. Juli 2007, Seite 43.
1841 ‚Interview', „Von Mao bleibt nichts als die Mode", 19. Juli 2007, Seite 37.
1842 ‚Interview', „Wir sind die heilige Allianz", 2. August 2007, Seite 39.
1843 ‚Interview', „Ich posiere ja nur", 21. Juni 2007, Seite 45.
1844 ‚Interview', „Ich zähle mich zum Fußvolk", 12. Juli 2007, Seite 50.
1845 ‚Interview', „Wer ein Jahr jünger ist, hat keine Ahnung", 14. Juni 2007, Seite 57-59.
1846 ‚Interview', „Ich zähle mich zum Fußvolk", 12. Juli 2007, Seite 50.

Person Plural deutlich dominiert (94 %). Fast alle Personal- und Possessivpronomen der ersten Person (98 %) werden jedoch von den interviewten Personen verwendet.

Die Höflichkeitsformen haben einen Anteil von 18 Prozent an den festgestellten Pronomenformen, wobei Personalpronomen (87 %) ungleich stärker vertreten sind als Possessivpronomen (13 %). Diese Pronomen werden vorrangig von den Interviewern verwendet (73 %).

Durch die Personal- und Possessivpronomen der ersten Person wird deutlich, dass in den TE eine Person über sich selbst, ihre Arbeit und Ansichten spricht. Ihre Meinung und ihre Einstellung zu bestimmten Themen stehen klar im Zentrum des TE. Die Pronomenformen verweisen dabei auf die Subjektivität der mitgeteilten Informationen. Die Höflichkeitsformen zeigen den Gesprächscharakter der TE an, indem sich Interviewer und Interviewte gegenseitig anreden, um Fragen bzw. Rückfragen zu stellen, sich gegenseitig in ihre Überlegungen einzubeziehen oder Ähnliches.

3.3.5.4 Zitate

Bei dem Fließtext der TS ‚Interview' handelt es sich größtenteils um Zitate, indem die Fragen und Antworten der Beteiligten – wenn auch bearbeitet – wiedergegeben werden.[1847] Daneben weisen 57 Prozent der TE ein Zitat einer Person auf, die nicht an dem Gespräch beteiligt ist. Dabei werden überwiegend (75 %) ausschließlich indirekte Zitate verwendet. Nur ein TE mit Zitaten weist ausnahmslos eine direkte Wiedergabe von Äußerungen auf.

Die Zitate werden vom Interviewer dazu verwendet, ein bestimmtes Thema anzuschneiden („*Ihr Galerist sagte mir, Sie seien sehr schüchtern und würden grundsätzlich nicht gerne Auskunft über Ihre Arbeit geben, stimmt das?*"[1848]) bzw. eine Position des Interviewten durch Zitate von ihm aufzuzeigen („*In einem Ihrer Aufsätze, Herr Walser, heißt es: ‚Ich vertraue auf ältere Erbschaften. Natürliche. Unzerstörte. Deren Universalität oder Globalität nur darin besteht, dass der Planet aus lauter lokalen Bemessenheiten besteht. Die Natur ist der Inbegriff des Lokalen, des Hiesigen, also des überall Hiesigen.' Ist das Ihr Glaubensbekenntnis?*"[1849]). Die interviewten Personen benutzen sie dafür, Argumente für ihre Ansicht anzuführen („*Hildebrandt sagt, beide Eltern seien Parteimitglieder gewesen. Es ist durchaus denkbar, dass die Mutter für*

1847 Vgl. Kap. III.B.3.2.6.4.

1848 ‚Interview', „Ich posiere ja nur", 21. Juni 2007, Seite 45.

1849 ‚Interview', „Wer ein Jahr jünger ist, hat keine Ahnung", 14. Juni 2007, Seite 57-59.

den Sohn den Aufnahmeschein unterschrieb, wenn der HJ-Führer damit vor der Tür stand."[1850]) oder eine Erinnerung möglichst genau wiederzugeben („*Walser: Ich weiß noch genau deinen Satz, und darüber könnte ich, wenn wir ins Jenseits kommen, tagelang diskutieren. ‚So was kann man denken für sich', hast du gesagt, ‚aber so was kann man nicht öffentlich sagen.*'"[1851]).

3.3.5.5 Sonstige lexikalische Besonderheiten

Der Name des Interviewten tritt bei allen ‚Interviews' an drei bis fünf[1852] verschiedenen Positionen im TE auf, wobei er sich bei allen TE in der Unterzeile und zu Beginn der Absätze befindet, um den Redeteil zu kennzeichnen. Darüber hinaus lässt er sich häufig als Bestandteil der Bildunterschrift (71 %) oder eines Informationskastens (43 %) nachweisen. In einem Einschub oder einem Informationsabsatz kommt er jeweils bei 29 Prozent der TE vor.

Das häufige Auftreten des Namens verweist auf die Bedeutung, die der interviewten Person beigemessen wird. Sie steht mit ihren Ansichten, Erlebnissen und Erfahrungen im Fokus des TE. Für den Leser ist schnell erkennbar, um wen es in dem TE geht. Da es sich (zumindest für kulturell interessierte Leser) meistens um bekannte Persönlichkeiten handelt, übt ihr Name eine Signalwirkung auf den Leser aus.

3.3.6 Die Lexik der Textsorte ‚Abdruck'

Der Fließtext der TS ‚Abdruck' konstituiert sich ausschließlich aus einem Auszug oder dem vollständigen Abdruck eines Primärtextes, weshalb dessen lexikalische Untersuchung keine Ergebnisse für die Textsortenbestimmung der TS ‚Abdruck' beitragen kann.

1850 ‚Interview', „Neue Parteimitglieder", 5. Juli 2007, Seite 48.

1851 ‚Interview', „Wer ein Jahr jünger ist, hat keine Ahnung", 14. Juni 2007, Seite 57-59.

1852 Der Name kommt bei 57 % der TE dreimal vor, bei 14 % viermal und bei 29 % fünfmal.

C. Definition der Textsorten im Kulturteil der Tageszeitung ‚Der Tagesspiegel' und der Wochenzeitung ‚Die Zeit'

1. Vorgehen bei der Definition der Textsorten

In diesem Kapitel werden die TS, ihre TSV, Gruppen und Subgruppen definiert, die in dem Kulturteil der beiden Zeitungen ‚Der Tagesspiegel' und ‚Die Zeit' auftreten. Dazu wird für jede TS zusammenfassend eine tabellarische Übersicht über ihre externen und internen Merkmale erstellt, wobei die Ergebnisse der beiden Zeitungen einander gegenübergestellt werden. Dies erleichtert, die Gemeinsamkeiten für den Zentralbereich der TS und möglicher Untergruppen für die Definitionen zu erkennen. Die Definition der TS enthält die Merkmale, in denen die Mehrheit der TE übereinstimmen. Durch das Hinzutreten, Wegfallen sowie die Präzisierung von Merkmalen lassen sich TSV, Gruppen und Subgruppen definieren, wobei nicht erneut aufgeführte Merkmale denen der Textsortendefinition entsprechen.

Bei den externen Merkmalen werden die beiden Faktoren ‚Leser' und ‚Ort' nicht in der Tabelle aufgeführt, da sie für alle TS pro Zeitung gleich besetzt sind. Auf Angaben zum externen Faktor des ‚Schreibers' verweist das interne Merkmal der Makrostruktur des Verfassernamens. Zum externen Faktor ‚Zeit' erfolgen über die allgemein angesetzte Lesezeit hinaus zusätzliche Angaben dazu, ob die TS feste Erscheinungstage aufweist und wie oft sie mindestens mit einem TE in den Zeitungsausgaben des Untersuchungszeitraums auftritt. Die internen Merkmale sind nach den drei linguistischen Ebenen der Makrostruktur, der Syntax und der Lexik gegliedert. Auch das Fehlen eines Merkmals wird angezeigt. Das Merkmal der Überschrift wird in der Tabelle – wie bei der ausführlichen Untersuchung für die einzelnen TS – auf den linguistischen Ebenen der Makrostruktur und der Syntax erfasst. Makrostrukturell wird auf die einzeilige oder zweizeilige Realisation sowie die drucktechnische Gestaltung der Überschrift eingegangen. Dabei stellt eine Hauptzeile, die deutlich größer ist als die Unterzeile, welche ihrerseits eine etwas höhere Schriftgröße als der Fließtext aufweist, den Normalfall dar. Nur bei Abweichungen von dieser Realisation enthält die Definition zusätzliche Angaben. Syntaktisch werden die Anzahl und Art der Sätze sowie deren spezifische Funktionen betrachtet. Generell gilt für die Merkmale, dass deren Funktionen nur dann hervorgehoben werden, wenn sie einheitlich auftreten und für die Abgrenzung von anderen TS oder TSV relevant sind. Dies geschieht, um eine größtmögliche Prägnanz und Kürze in den Definitionen zu erreichen. Detaillierte Angaben sind für alle TS in den entsprechenden Kapiteln[1] enthalten.

Die Ergebnisse innerhalb der Tabelle werden entweder für die gesamte TS angegeben, wenn eine deutliche Präferenz vorliegt, oder nach TSV, Gruppen und Subgruppen aufgeschlüsselt, wenn zentrale Unterschiede bestehen. Ein Merkmal, das bei weniger als fünf Prozent der TE auftritt, wird als irrelevant für die Textsortendefinition betrachtet. Kommt ein Merkmal bei fünf bis 24 Prozent der TE vor, wird es als selten eingestuft. Das Vorkommen bei 25 bis 49 Prozent der TE stellt ein gelegentliches Merkmal dar, während ein Merkmal bei 50 bis 74 Prozent der TE als häufig bezeichnet wird. Kommt ein Merkmal bei mindestens 75 Prozent der TE vor, befindet es sich im Zentralbereich der TS. Auf Grundlage dieser Merkmale erfolgt die Textsortendefinition. Anschließend wird auf Merkmale des Peripheriebereichs eingegangen, indem deren Relevanz für die TS dargestellt wird. Es folgt ein Verweis auf fehlende Merkmale, die eine Opposition zu anderen TS oder TSV begründen. Auf dieselbe Art werden im Anschluss auftretende TSV, Gruppen und Subgruppen der TS definiert. Abschließend werden zeitungsspezifische Ausprägungen und Besonderheiten des ‚Tagesspiegels' und der ‚Zeit' wie zusätzliche oder fehlende Untergliederungen der TS oder weitere Merkmale dargestellt. Auf Grundlage der Textsortendefinitionen erfolgt in Kapitel C.1.9. eine Einordnung von Sonderformen.

Da alle TS in den zwei zeitungssprachlichen Medien ‚Der Tagesspiegel' und ‚Die Zeit' erscheinen, ergeben sich übereinstimmende Angaben für die externen Faktoren Schreiber, Leser, Ort und Zeit, wobei das Merkmal des Schreibers in Form eines Verfassernachweises zugleich als internes Merkmal auftritt, das für die einzelnen TS unterschiedlich gestaltet ist und auf das auf der Ebene der Makrostrukturen spezifisch eingegangen wird. Für die TS, die innerhalb des Untersuchungszeitraums in der Tageszeitung ‚Der Tagesspiegel' und der Wochenzeitung ‚Die Zeit' auftreten, existiert folgendes externes Merkmalbündel:[2] Die TS sind von einem Schreiber verfasst, welcher der Berufsgruppe der Journalisten angehört oder der ein zeitungsexterner Fachmann für ein bestimmtes Thema ist. Bei den Lesern handelt es sich um kulturell interessierte, überdurchschnittlich gebildet Personen mit guter beruflicher Positionierung.

1 Vgl. Kap. III.B.
2 Vgl. Kap. III.A.

Der Ort entspricht mit dem Hauptverbreitungsgebiet der Zeitungen vorrangig der Bundesrepublik Deutschland. Die Zeitungen werden schwerpunktmäßig einen bis sieben Tage lang nach ihrem Erscheinen gelesen.

1.1 Definition der Textsorte ‚Bericht'

Tab. 44: Merkmaltabelle der Textsorte ‚Bericht'[3]

		Textsorte ‚Bericht' im ‚Tagesspiegel'	**Textsorte ‚Bericht' in der ‚Zeit'**
EXTERNE MERKMALE			
Medium	Platzierung	keine feste Grob- und Feinplatzierung	
	Spaltenanzahl	- TSV ‚SB': 1-4 Spalten (89 %) - TSV ‚TB': 4-5 Spalten (91 %) - TSV ‚EB': 3-5 Spalten (75 %)	- TSV ‚TB': 5 Spalten – Spalten auf mehreren Seiten (75 %) - TSV ‚EB': 3-5 Spalten (83 %)
	Zeit	- in 91 % der Zeitungsausgaben - kein fester Erscheinungstag	- in 46 % der Zeitungsausgaben
INTERNE MERKMALE			
linguistische Ebene der Makrostruktur			
Überschrift	Aufbau	- zweizeilige Überschrift (98 %)	- zweizeilige Überschrift (100 %)
	Gestaltung	größere HZ als UZ	
Absatz	Anzahl	- TSV ‚SB': 3-10 Absätze (91 %) - TSV ‚TB': 8-15 Absätze (91 %) - TSV ‚EB': 7-14 Absätze (75 %)	- TSV ‚TB': >8 Absätze (100 %) - TSV ‚EB': >5 Absätze (100 %)
	Gestaltung	TSV ‚SB ': - vorrangig sachliche Informationsvermittlung - neue Informationen und Hintergrundinformationen TSV ‚TB': - sachliche und subjektive Informationsvermittlung - umfangreiche, nicht aktuelle Informationen zu einem Thema TSV ‚EB ': - sachliche Informationsvermittlung und detaillierte, beschreibende Wiedergabe von Erlebnissen und Beobachtungen aus Recherche des Autors - wenige aktuelle, viele Detailinformationen von Besuch	TSV ‚TB': - sachliche und subjektive Informationsvermittlung - umfangreiche, nicht aktuelle Informationen zu einem Thema TSV ‚EB': - sachliche Informationsvermittlung und detaillierte, beschreibende Wiedergabe von Erlebnissen und Beobachtungen aus Recherche des Autors - wenige aktuelle, viele Detailinformationen von Besuch
Bild	Vorkommen	- TSV ‚SB': 47 % (zu 82 % ein Bild) - TSV ‚TB': 97 % (zu 75 % ein Bild) - TSV ‚EB': 75 % (zu 100 % ein Bild)	- TSV ‚TB': 100 % (zu 50 % ein Bild) - TSV ‚EB': 92 % (zu 64 % ein Bild)

3 Die in den Tabellen verwendeten Abkürzungen für die Textsorten, Textsortenvarianten, Gruppen und Subgruppen sind im Abkürzungsverzeichnis erläutert.

		Textsorte ‚Bericht' im ‚Tagesspiegel'	Textsorte ‚Bericht' in der ‚Zeit'
	Funktion	- TSV ‚SB': Visualisieren/Vorstellen (82 %), Auflockerung (18 %) - TSV ‚TB ': Visualisieren/Vorstellen (67 %), Auflockerung (29 %), Interesse wecken (4 %) - TSV ‚EB': Visualisieren/Vorstellen (100 %)	- TSV ‚TB': Visualisieren/Vorstellen (31 %), Visualisieren/ Vorstellen + Interesse wecken (19 %), Auflockerung (44 %), Auflockerung + Interesse wecken (6 %) - TSV ‚EB': Visualisieren/Vorstellen (86 %), Auflockerung (16 %)
	Bildunterschrift	- bei 99 % der Bilder - Erklärung Bildinhalt + teilw. Zusatzinformationen - drucktechnisch zweigeteilt (96 %)	- bei 100 % der Bilder - Erklärung Bildinhalt + teilw. Zusatzinformationen - mit drucktechnischen Hervorhebungen
Verfassername	Vorkommen	- TSV ‚SB': vollständiger Name (84 %)/Kürzel (16 %) - TSV ‚EB' und ‚TB': vollständiger Name (100 %)	- TSV ‚EB' und ‚TB': vollständiger Name (100 %)
	Position	- TSV ‚SB': zwischen UZ und FT 50 %, unter FT 50 % - TSV ‚TB': zwischen UZ und FT 91 %, in UZ 9 % - TSV ‚EB': zwischen UZ und FT 92 %, letzte Zeile 8 %	- TSV ‚TB' und ‚EB': UZ (100 %)
Einschub	Vorkommen	überwiegend ein Einschub pro TE (80 %) - TSV ‚SB': 22 % - TSV ‚TB': 67 % - TSV ‚EB': 50 %	mindestens zwei Einschübe pro TE (100 %) - TSV ‚TB': 63 % - TSV ‚EB': 42 %
	Funktion	- fasst Aussage aus TE zusammen und hebt sie hervor (100 %)	- TSV ‚TB': fasst Aussage aus TE zusammen und hebt sie hervor (94 %), inhaltliche Zusammenfassung Thema TE (6 %) - TSV ‚EB': fasst Aussage aus TE zusammen und hebt sie hervor (71 %), passende Sprüche zum Thema des TE (29 %)
	Informationsabsatz	- TSV ‚SB': 28 % - TSV ‚TB': 27 % - TSV ‚EB': 25 %	- TSV ‚TB': 38 % - TSV ‚EB': 25 %
	Reihenname	–	
	Informationsleiste	- 1 %	–
	Informationskasten	- 1 %	–
	Layout-Merkmale	–	Initiale: - TSV ‚TB' 100 % - TSV ‚EB' 92 % Hervorhebungen im FT: - TSV ‚TB' 13 % - TSV ‚EB' 33 %

		Textsorte ‚Bericht' im ‚Tagesspiegel'	Textsorte ‚Bericht' in der ‚Zeit'
linguistische Ebene der Syntax			
Textumfang	Mindestlänge	> 13 Sätze 90 % (> 50 Zeilen 94 %)	
	durchschnittliche Textlänge	- TSV ‚SB': Ø SA 28 (ZA 101) - TSV ‚TB': Ø SA 60 (ZA 211) - TSV ‚EB': Ø SA 56 (ZA 190)	- TSV ‚TB': Ø SA 102 (ZA 273) - TSV ‚EB': Ø SA 88 (ZA 212)
	Zusammen--setzung FT (i.g.e.S. zu GS)	- TSV ‚SB': 40 %/60 % - TSV ‚TB': 37 %/63 % - TSV ‚EB': 36 %/64 %	- 41 %/59 %
Überschrift	syntaktische Gestaltung	Hauptzeile - TSV ‚SB': i.g.e. NoS 80 % und VeS 16 % - TSV ‚TB': i.g.e. NoS 58 % und VeS 33 % - TSV ‚EB': i.g.e. NoS 50 % und VeS 25 % Unterzeile - TSV ‚SB': i.g.e.S 58 %, mehrere Sätze 37 % - TSV ‚TB': mehrere Sätze 82 % - TSV ‚EB': mehrere Sätze 75 %	Hauptzeile - TSV ‚TB': i.g.e. NoS 63 % und VeS 38 % - TSV ‚EB': i.g.e. NoS 83 % und VeS 17 % Unterzeile - TSV ‚TB': mehrere Sätze 100 % - TSV ‚EB': mehrere Sätze 92 %
	Funktion	- Hauptzeile: Interesse wecken (98 %), Themenhinweis (13 %) - Unterzeile: Nennung Thema TE (98 %), Entschlüsselung/ Erklärungshinweis HZ (54 %) - Bei ‚EB' zusätzlich Hinweis auf aktive Beteiligung des Verfassers (58 %)	- Hauptzeile: Interesse wecken (100 %), Themenhinweis (40 %) - Unterzeile: Nennung Thema TE und Verfasser (100 %), Entschlüsselung/Erklärungshinweis HZ (75 %) - Bei ‚EB' zusätzlich Hinweis auf aktive Beteiligung des Verfassers (42 %)
Fließtext	Fragesätze	- TSV ‚SB': 21 % - TSV ‚TB': 67 % - TSV ‚EB': 33 %	- TSV ‚TB': 100 % - TSV ‚EB': 58 %
	Ausrufesätze	- TSV ‚SB': 12 % - TSV ‚TB': 18 % - TSV ‚EB': 17 %	- TSV ‚TB': 13 % - TSV ‚EB':17 %
	Nominalsätze	- TSV ‚SB': 90 % (i.g.e.NoS 43 %/nom. TeS 87 %) - TSV ‚TB': 94 % (i.g.e.NoS 48 %/nom. TeS 94 %) - TSV ‚EB': 100 % (i.g.e.NoS 67 %/nom. TeS 100 %)	- TSV ‚TB': 100 % (i.g.e.NoS 88 %/nom. TeS 100 %) - TSV ‚EB': 100 % (i.g.e.NoS 58 %/nom. TeS 100 %)
	Parz.	- TSV ‚SB': 38 % - TSV ‚TB': 52 % - TSV ‚EB': 58 %	- TSV ‚TB': 38 % - TSV ‚EB': 75 %
linguistische Ebene der Lexik			
WNB	viele ‚Originelle WNB'	- TSV ‚SB': 7 % - TSV ‚TB': 14 % - TSV ‚EB': 33 %	- TSV ‚TB': 38 % - TSV ‚EB': 25 %
	mehr als zwei WNB mit identischem GM	- TSV ‚SB': 18 % - TSV ‚TB': 18 % - TSV ‚EB': 42 %	- TSV ‚TB': 38 % - TSV ‚EB': 8 %

		Textsorte ‚Bericht‘ im ‚Tagesspiegel‘	Textsorte ‚Bericht‘ in der ‚Zeit‘
Wertungs-träger	wertende Begriffe	100 %	
	abgekürzte Wortformen	- TSV ‚SB‘: 3 % - TSV ‚TB‘: 21 % - TSV ‚EB‘: –	- TSV ‚TB‘: 25 % - TSV ‚EB‘: –
Pronomen	Pronomen der 1. Person	- TSV ‚SB‘: 9 % - TSV ‚TB‘: 42 % - TSV ‚EB‘: 50 %	- TSV ‚TB‘: 25 % - TSV ‚EB‘: 50 %
	Pronomen der HF	- TSV ‚SB‘: – - TSV ‚TB‘: 6 % - TSV ‚EB‘: –	- TSV ‚TB‘: – - TSV ‚EB‘: 8 %
Zitate	Vorkommen	- TSV ‚SB‘: 78 % - TSV ‚TB‘: 94 % - TSV ‚EB‘: 92 %	- TSV ‚TB‘: 100 % - TSV ‚EB‘: 92 %

Auf der Grundlage der über den Untersuchungszeitraum in den TE der beiden Zeitungen ‚Der Tagesspiegel‘ und ‚Die Zeit‘ konstant und damit obligatorisch auftretenden Merkmale ergibt sich für die TS ‚Bericht‘ folgende Definition:

> Die **Textsorte ‚Bericht‘** besteht aus den drei Textsortenvarianten ‚Sachbericht‘ (61 %), ‚Erlebnisbericht‘ (14 %) und ‚Themenbericht‘ (24 %). Ihre Textexemplare weisen keine feste Platzierung im Kulturteil auf. Sie zeigt textintern makrostrukturell eine zweizeilige Überschrift und ist durch eine informationsbetonte Absatzgestaltung gekennzeichnet. In mindestens drei Absätzen in ein- bis fünfspaltiger Anordnung werden Informationen sachlich und teilweise subjektiv präsentiert. Der Verfasser wird mit vollständigem Namen genannt. Syntaktisch besteht der Fließtext aus mindestens 14 Sätzen (bzw. 50 Zeilen), wobei mehr Gesamtsätze als isoliert gebrauchte einfache Sätze vorkommen. Verbale Aussagesätze dominieren deutlich. Nominalsätze treten in geringer Anzahl auf. Die Hauptzeile konstituiert sich aus einem isoliert gebrauchten einfachen Nominal- oder Verbalsatz und weckt das Interesse der Leser, während die Unterzeile das Thema des Textexemplars angibt. Lexikalisch treten wertende Begriffe und mindestens ein Zitat auf.

Über den Zentralbereich hinaus kommt im Peripheriebereich textintern makrostrukturell häufig die Makrostruktur des Bildes in Verbindung mit einer Bildunterschrift vor. Informationsabsätze und Einschübe treten gelegentlich auf, wobei Letztere eine Aussage aus dem Fließtext zusammenfassen und hervorheben. Syntaktisch sind Ausrufesätze selten, Fragesätze und Parzellierungen kommen gelegentlich vor. Die Unterzeile besitzt häufig erläuternde Funktion für die Hauptzeile. Lexikalisch ist eine Häufung von ‚Originellen Wortneubildungen‘ selten. Pronomen der ersten Person kommen gelegentlich vor.

Die Merkmale aus dem Peripheriebereich besitzen wie diejenigen aus dem Zentralbereich Relevanz für die Abgrenzung zu anderen TS, da ihr Auftreten ein wichtiges Differenzierungskriterium darstellt. So lassen sich durch sie vor allem die beiden anderen informationsbetonten TS ‚Meldung‘ und ‚Kurzmeldung‘ zusätzlich abgrenzen. Nur bei einer ‚Meldung‘ und zwei ‚Literaturhinweisen‘ der TS ‚Kurzmeldung‘ kommt makrostrukturell ein Miniaturbild vor, das jeweils keine Bildunterschrift aufweist. Die Makrostruktur des Einschubs tritt nur bei einer ‚Meldung‘ auf, Informationsabsätze fehlen bei den TS ‚Meldung‘ und ‚Kurzmeldung‘ vollständig. Syntaktisch zeigen die TS ‚Meldung‘ und ‚Kurzmeldung‘ keine Ausrufesätze. Fragesätze und Parzellierungen treten jeweils nur bei einer ‚Meldung‘ auf. Lexikalisch fehlen Pronomen der ersten Person bei der TS ‚Meldung‘ durchgängig, bei der TS ‚Kurzmeldung‘ kommen sie bei der TSV ‚Artikelverweis‘ sehr selten vor, während sie bei der TSV ‚Berichtigung‘ obligatorisch auftreten.

Auch die bei der TS ‚Bericht‘ makrostrukturell fehlenden Merkmale des Reihennamens, der Informationsleiste und des Informationskastens sowie lexikalisch der Pronomen der Höflichkeitsform und das Fehlen einer festen Grob- oder Feinplatzierung innerhalb einer Zeitung begründen die Opposition zu anderen TS mit. So weisen die TSV ‚Kurzmeldung i.e.S‘, ‚Umfrageinterview‘ und ‚Reihenabdruck‘ sowie die Gruppen ‚Reihenkommentar‘, ‚Reihenkritik‘ und ‚Kurzkritik‘ im Zentralbereich einen Reihennamen auf, während die Makrostrukturen der Informationsleiste und des Informationskastens innerhalb der TS ‚Interview‘ ein gelegentliches bzw. seltenes Merkmal darstellen. Pronomen der Höflichkeitsform wiederum gehören dem Zentralbereich der TS ‚Interview‘ an. Die TSV ‚Umfrageinterview‘ sowie die Gruppen ‚Reihenkommentar‘[4] und ‚Reihenkritik‘ zeigen im Zentralbereich eine feste Grob- und Feinplatzierung.

Die **Textsortenvariante ‚Sachbericht‘** hat einen durchschnittlichen Textumfang von 28 Sätzen (bzw. eine Zeilenanzahl von 101), der mit drei bis zehn Absätzen und einer ein- bis vierspaltigen Anordnung verbunden ist. Makrostrukturell ist die Absatzgestaltung durch eine vorrangig sachliche Informationsvermittlung gekennzeichnet, die

4 Hier tritt eine feste Feinplatzierung bei 73 Prozent der TE auf und liegt somit zwei Prozent unterhalb der Aufnahme in den Zentralbereich. Es handelt sich jedoch um ein sehr häufiges Merkmal, das sich zur Abgrenzung von der TS ‚Bericht‘ eignet.

sich schwerpunktmäßig auf neue Informationen und Hintergrundinformationen richtet.

Im Peripheriebereich der TSV ‚Sachbericht' kommen makrostrukturell gelegentlich Bilder und selten Einschübe vor. Syntaktisch wird die Unterzeile häufig von einem isoliert gebrauchten einfachen Satz und gelegentlich von mehreren Sätzen konstituiert. Fragesätze treten selten, Parzellierungen gelegentlich auf. Lexikalisch ist charakteristisch, dass nur selten Pronomen der ersten Person vorkommen.

Durch die Merkmale des Peripheriebereichs wird die Abgrenzung zu den beiden anderen TSV der TS ‚Bericht' unterstützt. Sowohl bei den ‚Themenberichten' als auch den ‚Erlebnisberichten' gehört die Makrostruktur des Bildes sowie eine Unterzeile aus mehreren Sätzen in den Zentralbereich. Zudem kommen bei den ‚Themenberichten' Einschübe und Fragesätze häufig und Pronomen der ersten Person gelegentlich vor. Bei den ‚Erlebnisberichten' treten Einschübe und Fragesätze gelegentlich auf, während Parzellierungen und Pronomen der ersten Person häufig sind.

Die **Textsortenvariante ‚Themenbericht'** konstituiert sich durchschnittlich aus 68 Sätzen (bzw. 223 Zeilen), weist mindestens acht Absätze und eine vier- bis fünfspaltige Anordnung auf. Die Makrostruktur des Absatzes ist funktional durch eine sachliche und subjektive Informationsvermittlung geprägt, die durch umfangreiche, überwiegend nicht aktuelle Informationen ein Thema ausführlich darstellt. Es tritt mindestens ein Bild mit Bildunterschrift auf, welches dem Visualisieren und Vorstellen oder der Auflockerung dient. Syntaktisch besteht die Unterzeile der TSV aus mehreren Sätzen.

Im Peripheriebereich der TSV ‚Themenbericht' kommen makrostrukturell häufig Einschübe vor. Syntaktisch liegen Fragesätze nahezu im Zentralbereich, während Parzellierungen im Fließtext fast den Status „häufig" erreichen. Lexikalisch treten gelegentlich Pronomen der ersten Person auf. Diese Merkmale begründen die Opposition zu den TSV ‚Sachbericht' und ‚Erlebnisbericht' mit.

Die **Textsortenvariante ‚Erlebnisbericht'** besteht aus mindestens sechs Absätzen mit durchschnittlich 72 Sätzen (bzw. 193 Zeilen) und zeigt eine drei- bis fünfspaltige Anordnung. Makrostrukturell wird bei der Absatzgestaltung eine sachliche Informationsvermittlung mit genauen Beschreibungen von Eindrücken, Beobachtungen und Erlebnissen, die der Autor bei seiner Recherche gewonnen hat, verbunden. Die Absatzinformationen zeichnen sich durch einen großen

Detailreichtum aus, ein aktueller Anlass wird, falls vorhanden, nur am Rande thematisiert. Es tritt mindestens ein Bild in Verbindung mit einer Bildunterschrift auf, das dem Visualisieren und Vorstellen relevanter Aspekte dient. Syntaktisch besteht die Unterzeile aus mehreren Sätzen.

Der Peripheriebereich der TSV ‚Erlebnisbericht' zeigt makrostrukturell gelegentlich Einschübe. Syntaktisch verweist die Unterzeile häufig auf eine aktive Beteiligung des Verfassers bei der Recherche und Vorbereitung des TE. Fragesätze treten gelegentlich, Parzellierungen häufig auf. Lexikalisch sind Pronomen der ersten Person häufig.

Die Merkmaltabelle zeigt einige Unterschiede zwischen der Tageszeitung ‚Der Tagesspiegel' und der Wochenzeitung ‚Die Zeit' bezüglich der TS ‚Bericht' und ihrer drei TSV. Die stärkste Abweichung besteht darin, dass in der ‚Zeit' die TSV ‚Sachbericht' nicht auftritt, während sie innerhalb des ‚Tagesspiegels' die mit Abstand umfangreichste TSV darstellt. Da deren Absatzgestaltung primär auf die Vermittlung sachlicher Informationen mit einem großen Aktualitätswert ausgelegt ist, stellt sie keine adäquate TSV für die einmal wöchentlich erscheinende ‚Zeit' dar. Dies hat Auswirkungen darauf, dass innerhalb des Untersuchungszeitraums deutlich mehr Zeitungsausgaben des ‚Tagesspiegels' (91 %) als der ‚Zeit' (46 %) mindestens ein TE der TS ‚Bericht' aufweisen.

Relativ ähnlich sind sich die TSV innerhalb der beiden Zeitungen bezüglich ihrer Mindestabsatzanzahl, weshalb sich für die Textsortendefinition keine Absatzspanne, sondern die Angabe eines Mindestwerts anbietet. Der Hauptunterschied zwischen den TSV ‚Erlebnisbericht' und ‚Themenbericht' innerhalb der beiden Zeitungen besteht in einem durchschnittlich größeren Textumfang der TE, die in der ‚Zeit' auftreten. Die TE der ‚Erlebnisberichte' im ‚Tagesspiegel' umfassen durchschnittlich 56 Sätze (bzw. 190 Zeilen), diejenigen in der ‚Zeit' 88 Sätze (bzw. 212 Zeilen). Bei den TE der ‚Themenberichte' sind die Abweichungen noch stärker. Hier stehen den durchschnittlich 60 Sätzen (bzw. 211 Zeilen) eines TE des ‚Tagesspiegels' die durchschnittlich 102 Sätze (bzw. 273 Zeilen) eines TE der ‚Zeit' gegenüber.[5] Die Unterschiede in der Textlänge wirken sich dabei auf weitere Merkmale aus. So zeigen die ‚Erlebnisberichte' und ‚Themenberichte' der ‚Zeit' ein wesentlich größeres Absatzspektrum (sechs bis 38 bzw. neun bis 34 Absätze) als dieselben TSV innerhalb des ‚Tagesspiegels' (vier bis 17 bzw. acht bis 23 Absätze).

5 Vgl. den ähnlichen Befund bei der TS ‚Porträt' und der TSV ‚Gesprächsinterview'.

Auch die Verwendung des textuellen Merkmals der Hervorhebung im Fließtext, das bei den ‚Erlebnisberichten' der ‚Zeit' gelegentlich und bei den ‚Themenberichten' selten auftritt und funktional einer deutlicheren Gliederung des Fließtextes dient, wird durch den größeren Textumfang begünstigt. Innerhalb der TS ‚Bericht' im ‚Tagesspiegel' treten Hervorhebungen im Fließtext bei keiner der drei TSV auf. Die Makrostruktur des Bildes gehört bei den TSV ‚Erlebnisbericht' und ‚Themenbericht' beider Zeitungen in den Zentralbereich, die umfangreicheren TE der ‚Zeit' weisen jedoch noch häufiger Bilder auf. Zugleich kommen öfter mehrere Bilder pro TE vor. Bei den ‚Themenberichten' der ‚Zeit' zeigen zudem mehr Bilder die Funktion der Auflockerung, wodurch besonders lange TE ohne themenrelevantes Bildmaterial lesemotivierender gestaltet werden.

Der Verfassername befindet sich bei den TSV ‚Erlebnisbericht' und ‚Themenbericht' in beiden Zeitungen jeweils über dem Fließtext, wobei er innerhalb der TSV im ‚Tagesspiegel', oben und unten von horizontalen Linien umgeben, zwischen der Unterzeile und dem Fließtext positioniert ist, während er innerhalb der ‚Zeit' als durch Fettdruck hervorgehobener Nominalsatz die Unterzeile beschließt. Die in der syntaktischen und drucktechnischen Gestaltung stattfindende Integration des Verfassernamens in die Unterzeile stellt ein für mehrere TS typisches und daher teilweise zeitungsspezifisches Merkmal innerhalb der ‚Zeit' dar.[6] Ebenso verhält es sich mit dem textuellen Merkmal der Initiale, die bei fast allen TE der ‚Erlebnisberichte' und ‚Themenberichte' innerhalb der ‚Zeit' auftritt. Anders als beim ‚Tagesspiegel', bei dem Initialen auf die TS ‚Kommentar' beschränkt sind, kommt dieses Merkmal bei mehreren TS innerhalb der ‚Zeit'[7] vor.

Bei der Makrostruktur des Einschubs stimmen die TE der TS ‚Bericht' innerhalb der beiden Zeitungen dahingehend überein, dass sie bei den ‚Erlebnisberichten' und ‚Themenberichten' jeweils fast gleichhäufig auftritt und überwiegend der Zusammenfassung und Hervorhebung einer Aussage aus dem Fließtext dient. Ein Unterschied besteht darin, dass in den durchschnittlich kürzeren TE des ‚Tagesspiegels' meist ein Einschub pro TE auftritt, während die im Schnitt umfangreicheren TE der ‚Zeit' immer mindestens zwei Einschübe pro TE aufweisen.

---

6 Der Verfassername tritt in dieser Gestaltung und Platzierung im Zentralbereich der TS ‚Porträt' und den Gruppen ‚Großkommentar' und ‚Großkritik' auf sowie bei je einem TE der TS ‚Interview', ‚Stellungnahme' und ‚Abdruck'.

7 Z.B. TS ‚Porträt' oder die Gruppen ‚Großkommentar' und ‚Großkritik' der TS ‚Kommentar'.

Syntaktisch tritt innerhalb der TSV ‚Erlebnisbericht' und ‚Themenbericht' der ‚Zeit' häufiger mindestens ein Fragesatz auf.

1.2 Definition der Textsorte ‚Meldung'

Die Definition der TS ‚Meldung' beruht ausschließlich auf den im Kulturteil des ‚Tagesspiegels' erhobenen Merkmalen, da diese TS in der ‚Zeit' nicht auftritt.

Tab. 45: Merkmaltabelle der Textsorte ‚Meldung'

		Textsorte ‚Meldung' im ‚Tagesspiegel'
EXTERNE MERKMALE		
Medium	Platzierung	- Grobplatzierung: 96 % Sparte ‚Kultur' - Feinplatzierung: unterschiedlich
	Spaltenanzahl	1 Spalte (100 %)
	Zeit	- in 43 % der Zeitungsausgaben - kein fester Erscheinungstag
INTERNE MERKMALE		
linguistische Ebene der Makrostruktur		
Überschrift	Aufbau	- einzeilige Überschrift (94 %)
	Gestaltung	- höhere Schriftgröße als FT (100 %) - umfasst drei Zeitungszeilen (94 %)
Absatz	Anzahl	- 1-2 Absätze (90 %)
	Gestaltung	- sachliche Informationsvermittlung - neue Informationen
	Bild	- 2 %
Verfassername	Vorkommen	- Kürzel (98 %) - vollständiger Name (2 %)
	Position	- rechtsbündig unter FT (100 %)
	Einschub	- 2 %
	Informationsabsatz	–
	Reihenname	–
	Informationsleiste	–
	Informationskasten	–
	Layout-Merkmale	–
linguistische Ebene der Syntax		
Textumfang	Maximallänge	- < 14 Sätze 92 % (< 50 Zeilen 92 %)
	durchschnittliche Textlänge	- Ø SA 9 (ZA 31)
	Zusammensetzung FT (i.g.e.S. zu GS)	- 58 %/42 %
Überschrift	syntaktische Gestaltung	einzeilige Überschrift - i.g.e.S 65 % - 2 i.g.e.S 27 %
	Funktion	- Themennennung (100 %)
Fließtext	Fragesätze	- 2 %
	Ausrufesätze	–
	Nominalsätze	- 57 % (i.g.e.NoS 4 %/nom. TeS 55 %)
	Parz.	- 2%

		Textsorte ‚Meldung' im ‚Tagesspiegel'
linguistische Ebene der Lexik		
WNB	viele ‚Originelle WNB'	– (nur 4 % weisen überhaupt ‚Originelle WNB' auf)
	mehr als zwei WNB mit identischem GM	–
Wertungsträger	wertende Begriffe	- 20 %
	abgekürzte Wortformen	–
Pronomen	Pronomen der 1. Person	–
	Pronomen der HF	–
Zitate	Vorkommen	- 67 %

Die **Textsorte ‚Meldung'** zeigt textintern makrostrukturell eine einzeilige Überschrift über drei Zeitungszeilen, die eine höhere Schriftgröße als der Fließtext aufweist. Sie ist durch eine informationsbetonte Absatzgestaltung gekennzeichnet. In ein bis zwei Absätzen in einspaltiger Anordnung werden die wichtigsten Informationen zu einem aktuellen Ereignis knapp und sachlich präsentiert. Der Verfassernachweis erfolgt in Form eines Kürzels rechtsbündig in der letzten Zeile des Fließtextes. Syntaktisch liegt ein maximaler Textumfang des Fließtextes von 13 Sätzen (bzw. 49 Zeilen) vor. Die durchschnittliche Textlänge umfasst neun Sätze (bzw. 31 Zeilen), wobei mehr isoliert gebrauchte einfache Sätze als Gesamtsätze vorkommen. Der Fließtext konstituiert sich aus verbalen Aussagesätzen. Die Überschrift besteht aus ein bis zwei isoliert gebrauchten einfachen Sätzen und gibt das Thema des TE an.

Im Peripheriebereich der TS ‚Meldung' kommen in Gesamtsätze integrierte nominale Teilsätze häufig vor. Lexikalisch sind wertende Begriffe selten, Zitate treten häufig auf. Damit lässt sich die TS ‚Meldung' weiter von der TS ‚Kurzmeldung' abgrenzen, bei der nominale Teilsätze genau auf der Schwelle von selten zu gelegentlich vorkommen und Zitate nur gelegentlich auftreten. Bei der TS ‚Bericht' wiederum liegen nominale Teilsätze, wertende Begriffe und Zitate im Zentralbereich.

Das Fehlen der makrostrukturellen Merkmale des Bildes, des Einschubs, des Informationsabsatzes und des Reihennamens, der syntaktischen Merkmale der isoliert gebrauchten einfachen Nominalsätze, Ausrufe- und Fragesätze sowie Parzellierungen und der lexikalischen Merkmale der ‚Originellen Wortneubildungen' begründet eine Opposition zu den informationsbetonten TS bzw. TSV, bei denen diese Merkmale auftreten. So kommt bei der TS ‚Bericht' die Makrostruktur des Bildes häufig, diejenige des Einschubs und des Informationsabsatzes gelegentlich vor. Die TS ‚Kurzmeldung' zeigt im Zentralbereich die Makrostruktur des Reihennamens. Syntaktisch treten isoliert gebrauchte einfache Nominalsätze bei der TSV ‚Sachbericht' gelegentlich und bei den TSV ‚Themenbericht' und ‚Erlebnisbericht' häufig auf. Ausrufesätze sind bei der TS ‚Bericht' selten, Fragesätze und Parzellierungen kommen gelegentlich vor. Zudem zeigt die TS ‚Bericht' im Zentralbereich ‚Originelle Wortneubildungen', die jedoch nur selten gehäuft auftreten.

TE der TS ‚Meldung' weisen eine feste Grob- und eine unterschiedliche Feinplatzierung innerhalb des Kulturteils auf. Die Textsorte gehört mit ihrem gelegentlichen Auftreten nicht zum festen Textsortenrepertoire. Sie ist nicht in TSV unterteilt.

1.3 Definition der Textsorte ‚Kurzmeldung'

Tab. 46: Merkmaltabelle der Textsorte ‚Kurzmeldung'

		Textsorte ‚Kurzmeldung' im ‚Tagesspiegel'	**Textsorte ‚Kurzmeldung' in der ‚Zeit'**
EXTERNE MERKMALE			
Medium	Platzierung	- Grobplatzierung: 97 % feste Sparte - Feinplatzierung: unterschiedlich	- TSV ‚AV': 88 % feste Platzierung - TSV ‚BE' und ‚LH': keine feste Grob- und Feinplatzierung
	Spaltenanzahl	1 Spalte (99 %)	1 Spalte (97 %)
	Zeit	- in 90 % der Zeitungsausgaben - kein fester Erscheinungstag	- in allen Zeitungsausgaben
INTERNE MERKMALE			
linguistische Ebene der Makrostruktur			
Überschrift	Aufbau	- einzeilige Überschrift (99 %)	- TSV ‚AV': einzeilig - TSV ‚BE': einzeilig - TSV ‚LH': –
	Gestaltung	- Fettdruck, gleiche Schriftart und -größe wie FT	- TSV ‚AV': höhere Schriftgröße und andere Schriftart - TSV ‚BE': 50 % Fettdruck, gleiche Schriftgröße wie FT, 50 % Reihenname
Absatz	Anzahl	- 1 Absatz (98 %)	- 1 Absatz (100 %)
	Gestaltung	TSV ‚KM i.e.S': - sachliche Informationsvermittlung - neue Informationen TSV ‚BE': - sachliche Informationsvermittlung - Korrektur/Ergänzung von Informationen	TSV ‚AV': - sachliche Informationsvermittlung - Hauptthema und Seitenzahl von Bezugstextexemplar TSV ‚BE': - sachliche Informationsvermittlung - Korrektur von Informationen TSV ‚LH': - sachliche Informationsvermittlung

		Textsorte ‚Kurzmeldung' im ‚Tagesspiegel'	Textsorte ‚Kurzmeldung' in der ‚Zeit'
			- Informationen zu Buch
	Bild	–	- TSV ‚AV': – - TSV ‚BE': – - TSV ‚LH': Buchcover ohne Bildunterschrift
Verfasser-name	Vorkommen	- Kürzel (100 %) - bei TSV ‚BE' immer Zeitungs-kürzel ‚Tsp'	–
	Position	- rechtsbündig unter FT 100 %	–
	Einschub	–	
	Informati-onsabsatz	–	
	Reihenname	- TSV ‚KM i.e.S': 99 % - TSV ‚BE ': 100 %	- TSV ‚AV': – - TSV ‚BE': 50 % - TSV ‚LH': 100 %
	Informati-onsleiste	–	
	Informati-onskasten	–	
	Layout-Merkmale	–	Hervorhebungen im FT: - TSV ‚AV': 100 % - TSV ‚BE': – - TSV ‚LH': 100 %
linguistische Ebene der Syntax			
Textum-fang	Maximallänge	< 7 Sätze 91 % (< 21 Zeilen 91 %)	
	durchschnitt-liche Text-länge	- TSV ‚KM i.e.S': Ø SA 4 (ZA 13) - TSV ‚BE': Ø SA 2 (ZA 7)	- TSV ‚AV': Ø SA 3 (ZA 4) - TSV ‚BE': Ø SA 3 (ZA 8) - TSV ‚LH': SA 1 (Ø ZA 6)
	Zusammen-setzung FT (i.g.e.S. zu GS)	- TSV ‚KM i.e.S': 67 %/33 % - TSV ‚BE': 71 %/29 %	- TSV ‚AV': 90 %/10 % - TSV ‚BE': 0 %/100 % - TSV ‚LH': 0 %/100 %
Überschrift	syntaktische Gestaltung	- TSV ‚KM i.e.S': i.g.e. NoS 38 % und VeS 46%, 2 i.g.e.S 16 % - TSV ‚BE': i.g.e. NoS 67 % und VeS 33 %	- TSV ‚AV': i.g.e. NoS 92 % und VeS 8 % - TSV ‚BE': i.g.e. NoS 100 % - TSV ‚LH': –
	Funktion	- TSV ‚KM i.e.S': Themennen-nung (100 %) - TSV ‚BE': Themenhinweis (33 %), Verweis auf Korrektur (67 %)	- TSV ‚AV': Interesse wecken (46 %), Verweis auf Erschei-nungssparte (29 %) oder Oberthema (4 %), Themen-hinweis (21 %) - TSV ‚BE ': Verweis auf Kor-rektur (100 %) - TSV ‚LH': –
Fließtext	Fragesätze	–	- 3 %
	Ausrufesätze	–	
	Nominalsät-ze	- TSV ‚KM i.e.S': 27 % (i.g.e.NoS 4 %/nom. TeS 24 %) - TSV ‚BE': 33 % (i.g.e.NoS 0%/nom. TeS 33 %)	- TSV ‚AV': 100 % (i.g.e.NoS 100 %/nom. TeS 15 %) - TSV ‚BE': 100 % (i.g.e.NoS 0 %/nom. TeS 100 %) - TSV ‚LH': 100 % (i.g.e.NoS 0 %/nom. TeS 100 %)
	Parz.	–	

		Textsorte ‚Kurzmeldung' im ‚Tagesspiegel'	**Textsorte ‚Kurzmeldung' in der ‚Zeit'**
linguistische Ebene der Lexik			
WNB	viele ‚Originelle WNB'	(nur 5 % weisen ‚Originelle WNB' auf)	(kein TE weist eine ‚Originelle WNB' auf)
	mehr als zwei WNB mit identischem GM	–	
Wertungsträger	wertende Begriffe	- TSV ‚KM i.e.S': 11 % - TSV ‚BE': 33 %	- TSV ‚AV': 42 % - TSV ‚BE': – - TSV ‚LH': –
	abgekürzte Wortformen	–	
Pronomen	Pronomen der 1. Person	- TSV ‚KM i.e.S': – - TSV ‚BE': 100 %	- TSV ‚AVs': 4 % - TSV ‚BE': 100 % - TSV ‚LH': –
	Pronomen der HF	–	
Zitate	Vorkommen	- TSV ‚KM i.e.S': 39 % - TSV ‚BE': 33 %	- TSV ‚AV': – - TSV ‚BE': 50 % - TSV ‚LH': –

Die **Textsorte ‚Kurzmeldung'** besteht aus den vier Textsortenvarianten ‚Kurzmeldung im engeren Sinne' (85 %), ‚Artikelverweis' (12 %), ‚Berichtigung' (2 %) und ‚Literaturhinweis' (1 %) und gehört zum festen Textsortenrepertoire des Kulturteils. Ihre Textexemplare weisen eine feste Grob- und eine unterschiedliche Feinplatzierung auf. Sie zeigt textintern makrostrukturell eine einzeilige Überschrift und ist durch eine informationsbetonte Absatzgestaltung gekennzeichnet. In einem Absatz in einspaltiger Anordnung werden die wichtigsten Informationen zu einem aktuellen Ereignis knapp und sachlich präsentiert. Der Verfassernachweis erfolgt entweder in Form eines Kürzels rechtsbündig in der letzten Zeile des Fließtextes oder fehlt. Es tritt ein Reihenname auf. Syntaktisch besteht der Fließtext aus maximal sieben Sätzen (bzw. 21 Zeilen). Die durchschnittliche Textlänge umfasst vier Sätze (bzw. zwölf Zeilen), wobei deutlich mehr isoliert gebrauchte einfache Sätze als Gesamtsätze vorkommen. Der Fließtext konstituiert sich größtenteils aus verbalen Aussagesätzen. Die Überschrift besteht aus einem isoliert gebrauchten einfachen Satz und gibt das Thema an.

Im Peripheriebereich kommen syntaktisch gelegentlich Nominalsätze vor, wobei nominale Teilsätze gegenüber isoliert gebrauchten einfachen Nominalsätzen überwiegen. Lexikalisch sind wertende Begriffe selten und Zitate treten gelegentlich auf. Wie bereits bei der TS ‚Meldung' dargestellt unterstützen die peripheren Merkmale die Abgrenzung zwischen den informationsbetonten TS. So zeigt die TS ‚Meldung' häufig nominale Teilsätze und Zitate, bei der TS ‚Bericht' gehören Nominalsätze, Zitate und wertende Begriffe in den Zentralbereich.

Makrostrukturell kommen bei der TS ‚Kurzmeldung' keine Bilder, Einschübe und Informationsabsätze vor, syntaktisch fehlen Ausrufe- und Fragesätze sowie Parzellierungen, lexikalisch treten keine Pronomen der ersten Person sowie irrelevant wenige ‚Originelle Wortneubildungen' auf, wodurch wie bei der TS ‚Meldung' die Opposition zu der TS ‚Bericht' unterstützt wird. Diese zeigt häufig die Makrostrukturen des Bildes und gelegentlich die Makrostrukturen des Einschubs und des Informationsabsatzes, während syntaktisch Ausrufesätze selten sind und Fragesätze und Parzellierungen gelegentlich vorkommen. Überdies gehören in den Zentralbereich der TS ‚Bericht' ‚Originelle Wortneubildungen'.

> Die **Textsortenvariante ‚Kurzmeldung im engeren Sinne'** zeigt textintern makrostrukturell eine einzeilige Überschrift, die in Fettdruck gesetzt ist und dieselbe Schriftgröße und -art aufweist wie der Fließtext. Sie ist durch eine sachliche Informationsvermittlung gekennzeichnet, durch die dem Leser die wesentlichsten neuen, aktuellen Informationen zu einem bestimmten kulturellen Thema präsentiert werden. Der Verfassernachweis erfolgt über ein Kürzel rechtsbündig unter dem Fließtext. Es tritt ein Reihenname auf, unter dem ein bis vier Textexemplare der Textsortenvariante ‚Kurzmeldung im engeren Sinne' allein oder gemeinsam mit einem Textexemplar der Textsortenvariante ‚Berichtigung' erscheinen.

Da die TSV ‚Kurzmeldung im engeren Sinne' 85 Prozent aller erschienenen TE der TS ‚Kurzmeldung' umfasst, sind die Übereinstimmungen zu der Textsortendefinition entsprechend groß. Abweichungen im Peripheriebereich der TSV zu demjenigen der TS lassen sich nicht feststellen.

> Die Textexemplare der **Textsortenvariante ‚Artikelverweis'** haben eine feste Platzierung innerhalb der Zeitung. Die Textsortenvariante zeigt textintern makrostrukturell eine einzeilige Überschrift, die eine höhere Schriftgröße und andere Schriftart als der Fließtext aufweist. Durch eine rein oder bei Übernahme von wertenden Überschriftteilen des verwiesenen Textexemplars überwiegend sachliche Informationsvermittlung wird der Leser über die Existenz eines bestimmten Textexemplars innerhalb derselben Zeitungsausgabe in Kenntnis gesetzt, indem dessen Thema und die durch Fettdruck hervorgehobene Seitenzahl angegeben werden. Syntaktisch konstituiert sie sich durchschnittlich aus drei Sätzen (bzw. vier Zeilen) und maximal aus vier

Sätzen (bzw. vier Zeilen), wobei sich der Fließtext fast ausschließlich aus isoliert gebrauchten einfachen Sätzen zusammensetzt. Die Überschrift besteht aus einem isoliert gebrauchten einfachen Nominalsatz, der das Interesse der Leser weckt oder auf die Sparte oder das Thema des referierten Textexemplars verweist. Im Fließtext tritt ein eingliedriger, isoliert gebrauchter einfacher Nominalsatz auf, der die Seitenzahl des referierten Textexemplars angibt.

Im Peripheriebereich der TSV ‚Artikelverweis' kommen lexikalisch im Fließtext gelegentlich wertende Begriffe vor, die aus der teilweisen Übernahme von Überschriftteilen des referierten TE stammen. Dies unterscheidet sie von den übrigen TSV der TS ‚Kurzmeldung', bei denen wertende Begriffe selten sind oder fehlen.

Das Fehlen eines Verfassernachweises, eines Reihennamens und von Zitaten unterstützt zusätzlich die Opposition zu den anderen drei TSV: Bei den ‚Kurzmeldungen i.e.S' tritt ein Kürzel im Zentralbereich auf, bei den ‚Berichtigungen' kommt ein Verfassernachweis häufig vor. Die drei TSV ‚Kurzmeldung i.e.S', ‚Berichtigung' und ‚Literaturhinweis' zeigen alle einen Reihennamen. Bei den ‚Kurzmeldungen i.e.S' und den ‚Berichtigungen' treten gelegentlich Zitate auf.

Die **Textsortenvariante ‚Berichtigung'** zeigt textintern makrostrukturell eine einzeilige Überschrift, die in Fettdruck gesetzt ist und dieselbe Schriftgröße aufweist wie der Fließtext. Sie ist durch eine sachliche Informationsvermittlung gekennzeichnet, durch die der Leser in Form der wesentlichen Angaben zu einem Fehler oder einem Versäumnis der Zeitungsredaktion bezüglich eines bestimmten, früher erschienenen Textexemplars unterrichtet wird und durch die zugleich eine Richtigstellung bzw. ein Nachtrag der fehlenden Informationen erfolgt. Der Verfassernachweis besteht aus einem Kürzel der Zeitung rechtsbündig unter dem Fließtext oder fehlt. Es kommt ein Reihenname vor, unter dem die Textexemplare der Textsortenvariante ‚Berichtigung' allein oder gemeinsam mit Textexemplaren der Textsortenvariante ‚Kurzmeldung im engeren Sinne' erscheinen. Syntaktisch konstituiert sich der Fließtext durchschnittlich aus zwei Sätzen (bzw. sieben Zeilen) und maximal aus drei Sätzen (bzw. zehn Zeilen). Die Überschrift besteht aus einem eingliedrigen, isoliert gebrauchten einfachen Nominalsatz, der funktional auf die Korrektur verweist. Lexikalisch tritt die Redaktion durch die Verwendung von Personalpronomen der ersten Person Plural im Fließtext als Verfasser auf.

Im Peripheriebereich der TSV ‚Berichtigung' kommt im Fließtext häufig ein nominaler Teilsatz vor, der in Form einer Parenthese die Zeitungsausgabe angibt, in der das fehlerhafte TE erschienen ist.

Die **Textsortenvariante ‚Literaturhinweis'** ist textintern makrostrukturell durch eine sachliche Informationsvermittlung gekennzeichnet, durch die der Leser über die wichtigsten Angaben zu einem literarischen Werk unterrichtet wird. Der Autor und der Buchtitel sind ohne explizite Überschrift durch Fettdruck hervorgehoben. Es kommen ein Reihenname und ein Bild ohne Bildunterschrift vor, welches das Buchcover zeigt. Syntaktisch konstituiert sich die Textsortenvariante aus einem Gesamtsatz, der sieben nominale Teilsätze umfasst. Lexikalisch treten der Name des Autors, der Buchtitel, der Verlagsname und -ort, die Seitenzahl sowie der Buchpreis auf.

Der Verzicht auf eine Überschrift unterscheidet die TSV ‚Literaturhinweis' von den übrigen drei TSV. Das Fehlen eines Verfassernachweises und von Zitaten grenzt sie zusätzlich von den TSV ‚Kurzmeldung i.e.S' und ‚Berichtigung' ab.

Bezüglich der TS ‚Kurzmeldung' zeigen die beiden Zeitungen ‚Der Tagesspiegel' und ‚Die Zeit' einige zentrale Unterschiede. So kommt die TSV ‚Kurzmeldung im engeren Sinne' ausschließlich im ‚Tagesspiegel' vor, während die TSV ‚Artikelverweis' und ‚Literaturhinweis' nur in der ‚Zeit' auftreten. Das Fehlen der im ‚Tagesspiegel' sehr häufigen TSV ‚Kurzmeldung im engeren Sinne' lässt sich wie bei der TS ‚Meldung' und der TSV ‚Sachbericht' damit begründen, dass diese TSV aktuelle, neue Informationen vermittelt und dementsprechend nicht in das Profil einer Wochenzeitung passt. Die TSV ‚Artikelverweis' wiederum besitzt für den Kulturteil des ‚Tagesspiegel' insofern keine Relevanz, als dieser nur wenige Seiten umfasst und so ein Verweis auf einen bestimmten Artikel aufgrund der Übersichtlichkeit nicht notwendig ist. Auf dem Titelblatt des ‚Tagesspiegels' tritt die TSV hingegen obligatorisch auf.[8] Die TSV ‚Literaturhinweis' verweist ausschließlich auf Bücher, die von Mitarbeitern der ‚Zeit' veröffentlicht worden sind. Dies geht aus dem Reihennamen „VON ZEIT-MITARBEITERN" hervor. Ein entsprechender Hinweis ist im ‚Tagesspiegel' entweder nicht gewünscht oder nicht notwendig, weil keine regelmäßigen Publikationen von Mitarbeitern auftreten. Auch auf Bücher zeitungsexterner Autoren wird nicht in dieser sachlichen Form verwiesen. Die ‚Berichtigung' lässt sich als einzige

8 Vgl. Kap. III.A.1.1.1.

TSV mit wenigen TE in beiden Zeitungen nachweisen. Ihre Hauptfunktion, einen Fehler zu korrigieren bzw. eine Information nachzutragen, ist für beide Zeitungen dieselbe.

Ein weiterer Unterschied zwischen den beiden Zeitungen besteht darin, dass alle TE der TS ‚Kurzmeldung‘ innerhalb des ‚Tagesspiegels‘ ein Kürzel als Verfassernachweis haben, während innerhalb der ‚Zeit‘ durchgehend jeglicher Verfassernachweis fehlt. Dies lässt sich nicht nur auf Unterschiede zwischen der TSV ‚Kurzmeldung im engeren Sinne‘ des ‚Tagesspiegels‘ und den TSV ‚Artikelverweis‘ und ‚Literaturhinweis‘ der ‚Zeit‘ zurückführen, da auch die TSV ‚Berichtigung‘ je nach Erscheinungsort bei einigen TE ein Kürzel zeigt bzw. ein Verfassernachweis fehlt. Vielmehr verzichtet die ‚Zeit‘ generell auf einen Verfassernachweis, wenn es sich um kurze TE aus wenigen Sätzen handelt, die keine größere Eigenleistung eines Verfassers erkennen lassen.[9]

1.4 Definition der Textsorte ‚Porträt‘

Tab. 47: Merkmaltabelle der Textsorte ‚Porträt‘

		Textsorte ‚Porträt‘ im ‚Tagesspiegel‘	**Textsorte ‚Porträt‘ in der ‚Zeit‘**
EXTERNE MERKMALE			
Medium	Platzierung	- TSV ‚PP‘: keine feste Grob- und Feinplatzierung - TSV ‚TP‘, ‚GP‘: feste Grob- und unterschiedliche Feinplatzierung	- TSV ‚PP‘, ‚TP‘, ‚GP‘: keine feste Grob- und Feinplatzierung - TSV ‚SP‘: feste Grob- und Feinplatzierung
	Spaltenanzahl	- 1-5 Spalten (99 %)	- TSV ‚PP‘: 3-5 Spalten (88 %) - TSV ‚TP‘: 2-5 Spalten (77 %) - TSV ‚GP‘: 3-4 Spalten (100 %) - TSV ‚SP‘: 1 Spalte (100 %)
	Zeit	- in 52 % der Zeitungsausgaben - kein fester Erscheinungstag	- in 85 % der Zeitungsausgaben
INTERNE MERKMALE			
linguistische Ebene der Makrostruktur			
Überschrift	Aufbau	- zweizeilige Überschrift (100 %)	- zweizeilige Überschrift (97 %)
	Gestaltung	- größere HZ als UZ	- TSV ‚PP‘, ‚TP‘, ‚GP‘: größere HZ als UZ (100 %), UZ endet mit fettgedruckten NoS, der den Verfassernamen angibt (83 %) - TSV ‚SP‘: HZ und UZ gleiche Schriftgröße, aber HZ in fettgedruckten Großbuchstaben

9 Auch die Gruppe ‚Kurzkritik‘ der TSV ‚Kritik‘ weist keinen Verfassernamen auf.

		Textsorte ‚Porträt' im ‚Tagesspiegel'	Textsorte ‚Porträt' in der ‚Zeit'
Absatz	Anzahl	- TSV ‚PP': 1-11 Absätze (91 %) - TSV ‚TP': 3-10 Absätze (95 %) - TSV ‚GP': 3-8 Absätze (92 %)	- TSV ‚PP': 9-16 Absätze (88 %) - TSV ‚TP': 5-17 Absätze (100 %) - TSV ‚GP': 8-12 Absätze (75 %) - TSV ‚SP': 3-4 Absätze (80 %)
	Gestaltung	Absätze enthalten im Zentralbereich drei Funktionen 1. Vermittlung biografischer Informationen 2. Nennung oder Vorstellung mindestens einer konkreten künstlerischen oder beruflichen Leistung 3. Charakterisierung des Porträtierten und/oder Beurteilung seiner künstlerischen bzw. beruflichen Leistung - Bei TSV ‚TP' zusätzlich Würdigung Gesamtwerk/Lebensleistung (73 %) und Todesmitteilung (100 %) mit Sterbealter (77 %), Todesdatum (73 %) und Todesort (50 %) - Bei TSV ‚GP' zusätzlich Würdigung Gesamtwerk/ Lebensleistung (46 %), Geburtstagsmitteilung (69 %) mit Altersangabe (69 %)	Absätze enthalten im Zentralbereich drei Funktionen 1. Vermittlung biografischer Informationen 2. Nennung oder Vorstellung mindestens einer konkreten künstlerischen oder beruflichen Leistung 3. Charakterisierung des Porträtierten und/oder Beurteilung seiner künstlerischen bzw. beruflichen Leistung - Bei TSV ‚TP' zusätzlich Würdigung Gesamtwerk/ Lebensleistung (92 %) und Todesmitteilung (100 %) mit Sterbealter (77 %) - Bei TSV ‚GP' zusätzlich Geburtstagsmitteilung (50 %)
Bild	Vorkommen	- 99 % (zu 88 % ein Bild)	- 93 % (zu 86 % ein Bild)
	Funktion	- Visualisieren/Vorstellen (100 %) (oder nach Bekanntheitsgrad Interesse wecken) - 85 % der Bilder zeigen Porträtierten	- Visualisieren/Vorstellen (88 %) (oder nach Bekanntheitsgrad Interesse wecken) - 88 % der Bilder zeigen Porträtierten
	Bildunterschrift	- Erklärung Bildinhalt + teilw. Zusatzinformationen TSV ‚PP': - bei 92 % der Bilder - alle enthalten Namen oder Umschreibung des Porträtierten - drucktechnisch einheitlich (44 %), nur Name Porträtierter - mit drucktechnischer Hervorhebung (56 %) TSV ‚TP': - bei 100 % der Bilder - alle enthalten Namen des Porträtierten - 21 % enthalten Lebensdaten - drucktechnisch einheitlich (58 %), nur Name Porträtierter - mit drucktechnischer Hervorhebung (42 %)	- Erklärung Bildinhalt + teilw. Zusatzinformationen TSV ‚PP': - bei 100 % der Bilder - alle enthalten Namen oder Umschreibung des Porträtierten - drucktechnisch einheitlich (22 %), nur Name Porträtierter - mit drucktechnischer Hervorhebung (88 %) TSV ‚TP': - bei 93 % der Bilder - alle enthalten Namen des Porträtierten - 77 % enthalten Lebensdaten - mit drucktechnischer Hervorhebung (100 %)

		Textsorte ‚Porträt' im ‚Tagesspiegel'	Textsorte ‚Porträt' in der ‚Zeit'
		TSV ‚GP': - bei 100 % der Bilder - alle enthalten Namen des Porträtierten - drucktechnisch einheitlich (46 %), nur Name Porträtierter - mit drucktechnischer Hervorhebung (54 %)	TSV ‚GP': - bei 67 % der Bilder - alle enthalten Namen des Porträtierten - mit drucktechnischer Hervorhebung (100 %) TSV ‚SP': - keine BU (100 %)
Verfassername	Vorkommen	- TSV ‚PP': vollständiger Name (81 %), Kürzel (19 %) - TSV ‚TP': vollständiger Name (82 %), Kürzel (18 %) - TSV ‚GP': vollständiger Name (100 %)	- vollständiger Name (100 %)
	Position	- TSV ‚PP': zwischen UZ und FT 72 %, letzte Zeile FT 28 % - TSV ‚TP': zwischen UZ und FT 55 %, letzte Zeile FT 45 % - TSV ‚GP': zwischen UZ und FT 62 %, letzte Zeile FT 38 %	- TSV ‚PP': UZ 100 % - TSV ‚TP': UZ 69 %, letzte Zeile FT 31 % - TSV ‚GP': UZ 75 %, letzte Zeile FT 25 % - TSV ‚SP': HZ 100 %
Einschub	Vorkommen	- TSV ‚PP': 28 % - TSV ‚TP': 18 % - TSV ‚GP': 31 %	- TSV ‚PP': 50 % - TSV ‚TP': – - TSV ‚GP': 25 % - TSV ‚SP': –
	Funktion	fasst Aussage aus TE zusammen und hebt sie hervor	
	Informationsabsatz	- TSV ‚PP': 56 % - TSV ‚TP': 14 % - TSV ‚GP': 38 %	- TSV ‚PP': 25 % - TSV ‚TP': 23 % - TSV ‚GP': 50 % - TSV ‚SP': –
	Reihenname	–	
	Informationsleise	- TSV ‚PP': 16 % - TSV ‚TP': – - TSV ‚GP': –	–
	Informationskasten	- TSV ‚PP': 3 % - TSV ‚TP': 5 % - TSV ‚GP': –	–
	textuelle Merkmale	–	Initiale: - TSV ‚PP': 100 % - TSV ‚TP': 92 % - TSV ‚GP': 75 % - TSV ‚SP': – Hervorhebungen im FT: - TSV ‚PP': 13 % - TSV ‚TP': 54 % - TSV ‚GP': 25 % - TSV ‚SP': –
linguistische Ebene der Syntax			
Textumfang	Mindestlänge	> 14 Sätze 87 % (> 50 Zeilen 87 %)	
	durchschnittliche Textlänge	- TSV ‚PP': Ø SA 36 (ZA 126) - TSV ‚TP': Ø SA 26 (ZA 102) - TSV ‚GP': Ø SA 32 (ZA 108)	- TSV ‚PP': Ø SA 68 (ZA 184) - TSV ‚TP': Ø SA 48 (ZA 139) - TSV ‚GP': Ø SA 41 (ZA 119) - TSV ‚SP': Ø SA 20 (ZA 42)

		Textsorte ‚Porträt' im ‚Tagesspiegel'	Textsorte ‚Porträt' in der ‚Zeit'
	Zusammen-setzung FT (i.g.e.S zu GS)	- TSV ‚PP': 35 %/65 % - TSV ‚TP': 38 %/62 % - TSV ‚GP': 37 %/63 %	- TSV ‚PP': 37 %/63 % - TSV ‚TP': 33 %/67 % - TSV ‚GP': 35 %/65 % - TSV ‚SP': 34 %/66 %
Überschrift	syntaktische Gestaltung	Hauptzeile - TSV ‚PP': i.g.e. NoS 70 % und VeS 15 % - TSV ‚TP': i.g.e. NoS 77 % und VeS 18 % - TSV ‚GP': i.g.e. NoS 92 % Unterzeile - TSV ‚PP': mehrere Sätze 67 % und i.g.e.S 30 % - TSV ‚TP': mehrere Sätze 55 % und i.g.e.S 45 % - TSV ‚GP': mehrere Sätze 62 % und i.g.e.S 38 %	Hauptzeile - TSV ‚PP': i.g.e. NoS 75 % und VeS 13 % - TSV ‚TP': i.g.e. NoS 85 % und VeS 15 % - TSV ‚GP': i.g.e. NoS 100 %[10] - TSV ‚SP': i.g.e. NoS 100 % Unterzeile - TSV ‚PP': mehrere Sätze 100 % - TSV ‚TP': mehrere Sätze 69 % und i.g.e. NoS 23 % - TSV ‚GP': mehrere Sätze 100 % - TV ‚SP': i.g.e. NoS 100 %
	Funktion	Hauptzeile - TSV ‚PP': Interesse wecken (100 %), Umschreibung des Porträtierten (30 %) - TSV ‚TP': Interesse wecken (100 %), Umschreibung des Porträtierten (41 %) - TSV ‚GP': Interesse wecken (100 %), Umschreibung des Porträtierten (54 %) Unterzeile - TSV ‚PP': enthält Anlass (74 %), Name (93 %) und Beruf (56 %) des Porträtierten - TSV ‚TP': enthält Anlass/Todesmitteilung (100 %), Name (100 %) und Beruf (91 %) des Porträtierten - TSV ‚GP': enthält Anlass/Geburtstagsmitteilung (100 %), Name (100 %) und Beruf (77 %) des Porträtierten	Hauptzeile - SV ‚PP': Interesse wecken (100 %), Umschreibung des Porträtierten (50 %) - TSV ‚TP': Interesse wecken (100 %), Umschreibung des Porträtierten (38 %) - TSV ‚GP': Interesse wecken (100 %), Umschreibung des Porträtierten (67 %) - TSV ‚SP': Nennung Name des Porträtierten (und damit zugleich des Verfassers) (100 %) Unterzeile - TSV ‚PP': enthält Anlass (50 %), Name (100 %) und Beruf (75 %) des Porträtierten, Verfassername (100 %) - TSV ‚TP': enthält Anlass/ Todesmitteilung (92 %), Name (100 %) und Beruf (85 %) des Porträtierten, Verfassername (69 %) - TSV ‚GP': enthält Anlass/ Geburtstagsmitteilung (100 %), Name (100 %) und Beruf (33 %) des Porträtierten, Verfassername (100 %) - TSV ‚SP': Beruf des Porträtierten (100 %)

10 Zudem tritt eine einzeilige Überschrift auf, die in Form eines isoliert gebrauchten einfachen Nominalsatzes den Namen des Porträtierten nennt.

		Textsorte ‚Porträt' im ‚Tagesspiegel'	Textsorte ‚Porträt' in der ‚Zeit'
Fließtext	Fragesätze	- TSV ‚PP': 19 % - TSV ‚TP': 18 % - TSV ‚GP': 38 %	- TSV ‚PP': 63 % - TSV ‚TP': 46 % - TSV ‚GP': 25 % - TSV ‚SP': 40 %
	Ausrufesätze	- TSV ‚PP': – - TSV ‚TP': 9% - TSV ‚GP': 23%	- TSV ‚PP': 38 % - TSV ‚TP': 15 % - TSV ‚GP': 50 % - TSV ‚SP': 20 %
	Nominalsätze	- TSV ‚PP': 88 % (i.g.e.NoS 28 %/nom. TeS 88 %) - TSV ‚TP': 100 % (i.g.e.NoS 27 %/nom. TeS 100 %) - TSV ‚GP': 100 % (i.g.e.NoS 69 %/nom. TeS 100 %)	- TSV ‚PP': 100 % (i.g.e.NoS 50 %/nom. TeS 100 %) - TSV ‚TP': 92 % (i.g.e.NoS 54 %/nom. TeS 92 %) - TSV ‚GP': 50 % (i.g.e.NoS 50 %/nom. TeS 50 %) - TSV ‚SP': 60 % (i.g.e.NoS 0 %/nom. TeS 60 %)
	Parz.	- TSV ‚PP': 56 % - TSV ‚TP': 50 % - TSV ‚GP': 77 %	- TSV ‚PP': 63 % - TSV ‚TP': 46 % - TSV ‚GP': – - TSV ‚SP': –
linguistische Ebene der Lexik			
WNB	viele ‚Originelle WNB'	- TSV ‚PP': 32 % - TSV ‚TP': 5 % - TSV ‚GP': 15 %	- TSV ‚PP': 13 % - TSV ‚TP': – - TSV ‚GP': – - TSV ‚SP': –
	mehr als zwei WNB mit identischem GM	- TSV ‚PP': 3 % - TSV ‚TP': 14 % - TSV ‚GP': 15 %	- TSV ‚PP': 38 % - TSV ‚TP': 15 % - TSV ‚GP': – - TSV ‚SP': 20 %
Wertungsträger	wertende Begriffe	100 %	
	abgekürzte Wortformen	- TSV ‚PP': – - TSV ‚TP': 5 % - TSV ‚GP': 8 %	- TSV ‚PP': 25 % - TSV ‚TP': – - TSV ‚GP': – - TSV ‚SP': –
Pronomen	Pronomen der 1. Person	- TSV ‚PP': – - TSV ‚TP': 27 % - TSV ‚GP': 23 %	- TSV ‚PP': 50 % - TSV ‚TP': 77 % - TSV ‚GP': 50 % - TSV ‚SP': 100 %
	Pronomen der HF	- TSV ‚PP': – - TSV ‚TP': – - TSV ‚GP': –	- TSV ‚PP': – - TSV ‚TP': – - TSV ‚GP': – - TSV ‚SP': 20 %
Zitate	Vorkommen	- TSV ‚PP': 72 % - TSV ‚TP': 77 % - TSV ‚GP': 100 %	- TSV ‚PP': 88 % - TSV ‚TP': 92 % - TSV ‚GP': 100 % - TSV ‚SP': 40 %

Die **Textsorte ‚Porträt'** besteht aus den vier Textsortenvarianten ‚Personenporträt' (41 %), ‚Todesporträt' (36 %), ‚Geburtstagsporträt' (18 %) und ‚Selbstporträt' (5 %). Ihre Textexemplare weisen keine feste Platzierung im Kulturteil auf. Sie zeigt textintern makrostrukturell eine zweizeilige Überschrift. Die Absatzgestaltung ist durch die drei Funktionen der überwiegend sachlichen Vermittlung von biografischen Informationen des Porträtierten, der Nennung oder Vorstellung mindestens einer konkreten künstlerischen oder beruflichen Leistung und der Charakterisierung des Porträtierten und/oder der Beurteilung seiner künstlerischen bzw. beruflichen Leistung gekennzeichnet. Die letzten beiden Funktionen sind fast immer mit Beschreibungen und Wertungen des Autors verbunden. Der Verfasser wird mit vollständigem Namen genannt. Es kommt ein Bild vor, das den Porträtierten zeigt und mit einer Bildunterschrift verbunden ist. Diese enthält immer den Namen oder seltener eine Umschreibung des Porträtierten. Je nach Bekanntheitsgrad der porträtierten Person dient das Bild dem Vorstellen und Visualisieren oder dem Interessewecken. Syntaktisch besteht der Fließtext aus mindestens 15 Sätzen (bzw. 50 Zeilen) mit deutlich mehr Gesamtsätzen als isoliert gebrauchten einfachen Sätzen. Die verbalen Aussagesätze dominieren deutlich gegenüber den Nominalsätzen. Die Hauptzeile konstituiert sich aus einem isoliert gebrauchten einfachen Nominalsatz und weckt das Interesse der Leser, während die Unterzeile den aktuellen Anlass für das Textexemplar sowie den Namen und den Beruf der porträtierten Person angibt. Lexikalisch kommen wertende Begriffe und mindestens ein Zitat vor.

Der Peripheriebereich der TS ‚Porträt' zeigt makrostrukturell selten einen Einschub, der eine Aussage aus dem Fließtext zusammenfasst und hervorhebt, und gelegentlich einen Informationsabsatz. Die Hauptzeile besteht gelegentlich aus einer Umschreibung des Porträtierten. Ausrufesätze sind selten, Fragesätze treten gelegentlich und Parzellierungen häufig auf. Lexikalisch kommen gelegentlich Pronomen der ersten Person vor.

Das seltene bis gelegentliche Auftreten der Makrostrukturen des Einschubs und des Informationsabsatzes sowie die Frequenz der Ausrufe- und Fragesätze, Parzellierungen und Pronomen der ersten Person stellen weitere Abgrenzungskriterien zu den TS ‚Meldung' und ‚Kurzmeldung' dar, bei denen diese Merkmale nicht vorkommen. Stellt die Hauptzeile eine Umschreibung des Porträtierten dar, ist dies ein charakteristisches Merkmal, das ausschließlich bei der TS ‚Porträt' vorkommt.

Die TSV ‚Personenporträt' entspricht im Zentralbereich der Textsortendefinition der TS ‚Porträt'. Sie kann lediglich dahingehend präzisiert werden, dass der Fließtext durchschnittlich 42 Sätze (bzw. 138 Zeilen) umfasst, die auf vier bis 13 Absätze verteilt und in ein bis fünf Spalten angeordnet sind.

Im Peripheriebereich kommen makrostrukturell häufig ein Informationsabsatz und gelegentlich ein Einschub vor. Pronomen der ersten Person sind selten. Diese Merkmale unterstützen eine Opposition zu den anderen TSV der TS ‚Porträt'. Die beiden Makrostrukturen fehlen bei den ‚Selbstporträts', während sie bei den ‚Todesporträts' selten auftreten. Bei den ‚Geburtstagsporträts' kommt gelegentlich ein Informationsabsatz vor. Lexikalisch gehören bei der TSV ‚Selbstporträt' Pronomen der ersten Person in den Zentralbereich, während sie bei den TSV ‚Todesporträt' und ‚Geburtstagsporträt' gelegentlich vorkommen.

> Die **Textsortenvariante ‚Todesporträt'** zeigt textintern makrostrukturell in drei bis zehn Absätzen in ein- bis fünfspaltiger Anordnung neben den drei Absatzfunktionen aus dem Zentralbereich der Textsorte ‚Porträt' die zusätzlichen Funktionen, dem Leser das Ableben des Porträtierten in Verbindung mit dessen Sterbealter mitzuteilen und eine zusätzliche Würdigung seines Gesamtwerkes bzw. seiner Lebensleistung vorzunehmen. Syntaktisch konstituiert sich der Fließtext durchschnittlich aus 34 Sätzen (bzw. 115 Zeilen). Die Unterzeile informiert über den Tod des Porträtierten.

Im Peripheriebereich der TSV ‚Todesporträt' enthält die Absatzgestaltung häufig Angaben zum Todesdatum der porträtierten Person und gelegentlich Informationen zum Sterbeort und der Todesursache. Die Bildunterschrift nennt häufig die Lebensdaten des Porträtierten. Treten diese Merkmale auf, sind sie charakteristisch für die TSV. Das gelegentliche Auftreten von Pronomen der ersten Person grenzt die ‚Todesporträts' nicht nur gegen die TSV ‚Personenporträt' und ‚Selbstporträt' weiter ab, bei denen diese Pronomenform selten vorkommt bzw. in den Zentralbereich gehört, sondern auch gegen die TSV ‚Sachbericht', die in Merkmalen wie dem Aufbau der Überschrift und dem ungefähren Textumfang mit den ‚Todesporträts' übereinstimmt.

> Die **Textsortenvariante ‚Geburtstagsporträt'** zeigt textintern makrostrukturell drei bis acht Absätze in ein- bis dreispaltiger Anordnung. Syntaktisch konstituiert sich der Fließtext durchschnittlich aus 34 Sätzen (bzw. 110 Zeilen). Die Unterzeile informiert über den Geburtstag des Porträtierten.

Im Peripheriebereich enthält die Absatzgestaltung häufig die zusätzliche Funktion, über den Geburtstag des Porträtierten und dessen Alter zu informieren. Gelegentlich erfolgt eine zusätzliche Würdigung seines Gesamtwerkes bzw. seiner Lebensleistung. Syntaktisch kommen gelegentlich Ausrufesätze, lexikalisch gelegentlich Pronomen der ersten Person vor.

Treten die zusätzlichen Angaben in der Absatzgestaltung auf, stellen sie charakteristische Merkmale für die TSV dar. Mit Ausnahme der zusätzlichen Würdigung, die auch bei der TSV ‚Todesporträt' vorkommt, sind sie auf diese TSV beschränkt. Syntaktisch hat das gelegentliche Auftreten von Ausrufesätzen eine abgrenzende Funktion, da diese Satzart bei den übrigen drei TSV der TS ‚Porträt', der TS ‚Bericht' und der TSV ‚Kritik' nur selten auftritt und bei den TS ‚Meldung' und ‚Kurzmeldung' fehlt. Das gelegentliche Auftreten von Pronomen der ersten Person unterstützt wie bei den ‚Todesporträts' eine Abgrenzung zu den TSV ‚Personenporträt', ‚Selbstporträt' und ‚Sachbericht'.

Die Textexemplare der **Textsortenvariante ‚Selbstporträt'** weisen eine feste Platzierung innerhalb der Zeitung auf. Die Textsortenvariante zeigt textintern makrostrukturell eine zweizeilige Überschrift, bei der die Haupt- und Unterzeile dieselbe Schriftgröße aufweisen, die Hauptzeile jedoch in fettgedruckten Großbuchstaben gesetzt ist. In drei bis vier Absätzen in einspaltiger Anordnung stellt sich der Porträtierte, bei dem es sich nie um eine bekannte Person handelt, selbst vor. Die Makrostruktur des Bildes ist konstitutiv, aber nicht mit einer Bildunterschrift verbunden. Syntaktisch konstituiert sich der Fließtext durchschnittlich aus 20 Sätzen (bzw. 42 Zeilen). Die Haupt- und die Unterzeile der Überschrift bestehen jeweils aus einem eingliedrigen, isoliert gebrauchten einfachen Nominalsatz. Bei der Hauptzeile gibt dieser den Namen des Porträtierten und damit zugleich den Verfasser an, bei der Unterzeile nennt er den Beruf des Porträtierten. Lexikalisch zeigt die häufige Verwendung von Personal- und Possessivpronomen der ersten Person an, dass der Porträtierte sich selbst vorstellt.

Im Peripheriebereich der TSV ‚Selbstporträt' kommen syntaktisch häufig Nominalsätze vor, bei denen es sich ausschließlich um nominale Teilsätze handelt. Lexikalisch treten gelegentlich Zitate und selten Pronomen der Höflichkeitsform auf. Diese drei Merkmale grenzen die ‚Selbstporträts' weiter von den übrigen drei TSV der TS ‚Porträt' ab, bei denen Zitate und Nominalsätze im Zentralbereich liegen und die neben nominalen Teilsätzen gelegentlich bis häufig auch isoliert gebrauchte einfache Nominalsätze zeigen. Pronomen der Höflichkeitsform fehlen bei diesen TSV durchgängig. Des Weiteren wird die Opposition zu den drei übrigen TSV makrostrukturell durch die Abwesenheit von Einschüben und Informationsabsätzen und syntaktisch durch das Fehlen von Parzellierungen unterstützt. Die Makrostrukturen des Einschubs und des Informationsabsatzes treten bei den ,Todesporträts' selten und bei den ,Personenporträts' und ,Geburtstagsporträts' gelegentlich auf, während Parzellierungen bei den TSV ,Todesporträt' und ,Geburtstagsporträt' gelegentlich und bei der TSV ,Personenporträt' häufig vorkommen.

Der deutlichste Unterschied zwischen den beiden Zeitungen besteht darin, dass die TSV ,Selbstporträt' ausschließlich in der ,Zeit' vorkommt. Auch in der Wochenzeitung tritt sie lediglich in einer Zeitungsausgabe auf. Alle fünf TE sind im ,Peking-Feuilleton' erschienen, einer thematischen Sonderform des eigentlichen Feuilletons. Daher ist die Frequenz der TSV generell als gering einzustufen.

Insgesamt kommt die TS ,Porträt' deutlich häufiger in der ,Zeit' als im ,Tagesspiegel' vor. Während 85 Prozent der untersuchten Ausgaben der Wochenzeitung mindestens ein TE dieser TS aufweisen, sind es bei der Tageszeitung nur 58 Prozent. Die drei TSV ,Personenporträt', ,Todesporträt' und ,Geburtstagsporträt' setzen einen speziellen personenbezogenen Anlass voraus wie beispielsweise eine Preisverleihung oder die Übernahme eines wichtigen Postens bzw. einen runden Geburtstag oder den Tod des Porträtierten. Für die wöchentlich erscheinende ,Zeit' ist die Wahrscheinlichkeit höher, dass innerhalb von sieben Tagen ein Grund vorliegt, über eine kulturell bedeutsame Person ein ,Porträt' zu verfassen, als einen solchen Anlass täglich für den ,Tagesspiegel' zu finden.

Einen generellen Unterschied zwischen den drei übereinstimmenden TSV innerhalb der beiden Zeitungen stellt – wie bereits bei der TS ,Bericht – der durchschnittlich höhere Textumfang der TE innerhalb der ,Zeit' dar. Während die ,Personenporträts', ,Todesporträts' und ,Geburtstagsporträts' im ,Tagesspiegel' Durchschnittswerte von 36, 26 und 32 Sätzen (bzw. 126, 102 und 108 Zeilen) aufweisen, umfassen die TE in der ,Zeit' durchschnittlich 68, 48 und 41 Sätze (bzw. 184, 139 und 119 Zeilen). Der größere Textumfang lässt sich damit begründen, dass der Kulturteil der ,Zeit' deutlich mehr Seiten umfasst als derjenige des ,Tagesspiegels' und die TE entsprechend ausführlicher ausfallen können.[11] Die höhere Textlänge bedingt weitere Unterschiede zwischen den beiden Zeitungen. So weisen die drei TSV der TS ,Porträt' in der ,Zeit' im Schnitt eine höhere Absatzanzahl auf als dieselben TSV innerhalb des ,Tagesspiegels' (vgl. Tab. 47) und zeigen bei einem Teil ihrer TE Hervorhebungen im Fließtext, die der Gliederung dienen.

11 Vgl. den ähnlichen Befund z.B. bei der TS ,Bericht' und der TSV ,Gesprächsinterview'.

Bei den TE der drei TSV ‚Personenporträt' (50 %), ‚Todesporträt' (77 %) und ‚Geburtstagsporträt' (50 %) innerhalb der ‚Zeit' kommen deutlich häufiger Pronomen der ersten Person vor als bei denselben TSV innerhalb des ‚Tagesspiegels' (0 %, 27 % und 23 %). Dies verweist auf eine stärkere Präsenz der Verfasser innerhalb der TSV bei der Wochenzeitung.

Wie für den Verfassernamen innerhalb der ‚Zeit' häufig festzustellen, tritt er auch bei den TSV ‚Personenporträt' und ‚Geburtstagsporträt' im Zentralbereich und bei der TSV ‚Todesporträt' häufig in Form eines fettgedruckten, isoliert gebrauchten einfachen Nominalsatzes am Ende der Unterzeile auf. Dieser zusätzliche Satz bedingt, dass die Unterzeilen häufiger aus mehreren Sätzen bestehen als bei denselben TSV innerhalb des ‚Tagesspiegels' (vgl.Tab. 47). Auch das textuelle Merkmal der Initiale, das bei der ‚Zeit' ebenfalls für mehrere TS, TSV und Gruppen charakteristisch ist, gehört bei den drei TSV ‚Personenporträt', ‚Todesporträt' und ‚Geburtstagsporträt' in den Zentralbereich.

Syntaktisch liegt bei der TSV ‚Geburtstagsporträt' innerhalb des ‚Tagesspiegels' mindestens eine Parzellierung im Zentralbereich, während dieses Phänomen bei derselben TSV innerhalb der ‚Zeit' bei keinem TE auftritt.

1.5 Definition der Textsorte ‚Kommentar'

Tab. 48: Merkmaltabelle der Textsorte ‚Kommentar'

		Textsorte ‚Kommentar' im ‚Tagesspiegel'	**Textsorte ‚Kommentar' in der ‚Zeit'**
EXTERNE MERKMALE			
Medium	Platzierung	TSV ‚Freier Kommentar' - GR ‚GKo': feste Grob- und unterschiedliche Feinplatzierung - GR ‚RKo': feste Grob- und Feinplatzierung TSV ‚Kritik' - GR ‚GKr': keine feste Grob- und Feinplatzierung - GR ‚RKr': häufig feste Grob- und Feinplatzierung (62 % bzw. 52 %)	TSV ‚Freier Kommentar' - GR ‚GKo': feste Grob- und unterschiedliche Feinplatzierung - GR ‚RKo': häufig feste Grob- und Feinplatzierung (63 bzw. 57 %) TSV ‚Kritik' - GR ‚GKr': keine feste Grob- und Feinplatzierung - GR ‚RKr': feste Grob- und Feinplatzierung - GR ‚KK': feste Grob- und unterschiedliche Feinplatzierung
	Spaltenanzahl	TSV ‚Freier Kommentar' - GR ‚GKo': 1-3 Spalten (86 %) - GR ‚RKo': 1 Spalte (97 %) TSV ‚Kritik' - GR ‚GKr': > 1 Spalte (80 %) - GR ‚RKr': 1 Spalte (90 %)	TSV ‚Freier Kommentar' - GR ‚GKo': > 2 Spalten (89 %) - GR ‚RKo': 1-2 Spalten (77 %) TSV ‚Kritik' - GR ‚GKr': > 2 Spalten (76 %) - GR ‚RKr': 1-2 Spalten (80 %) - GR ‚KK': 1 Spalte (100 %)

		Textsorte ‚Kommentar' im ‚Tagesspiegel'	Textsorte ‚Kommentar' in der ‚Zeit'
	Zeit	TSV ‚Freier Kommentar' - GR ‚GKo': in 3 % der Zeitungsausgaben, kein fester Erscheinungstag - GR ‚RKo': in 40 % der Zeitungsausgaben, 1 Serie hat einen festen, 2 Serien keinen festen Erscheinungstag TSV ‚Kritik' - GR ‚GKr': in 98 % der Zeitungsausgaben, kein fester Erscheinungstag - GR ‚RKr': in 85 % der Zeitungsausgaben, 17 Serien haben einen festen, 1 Serie keinen festen Erscheinungstag, bei 2 Serien ist aufgrund nur eines TE keine Aussage möglich	TSV ‚Freier Kommentar' - GR ‚GKo': in 77 % der Zeitungsausgaben - GR ‚RKo': in jeder Zeitungsausgabe TSV ‚Kritik' - GR ‚GKr': in jeder Zeitungsausgabe - GR ‚RKr': in jeder Zeitungsausgabe - GR ‚KK': in 46 % der Zeitungsausgaben
INTERNE MERKMALE			
linguistische Ebene der Makrostruktur			
Überschrift	Aufbau	TSV ‚Freier Kommentar': - zweizeilige Überschrift (100 %) TSV ‚Kritik' - GR ‚GKr': zweizeilige Überschrift (98 %) - GR ‚RKr': zweizeilige Überschrift (87 %), keine Überschrift (7 %), einzeilige Überschrift (6 %)	TSV ‚Freier Kommentar' - GR ‚GKo': zweizeilige Überschrift (100 %) - GR ‚RKo': zweizeilige Überschrift (54 %), einzeilige Überschrift (46 %) TSV ‚Kritik' - GR ‚GKr': zweizeilige Überschrift (100 %) - GR ‚RKr': zweizeilige Überschrift (32 %), einzeilige Überschrift (68 %) - GR ‚KK': keine Überschrift
	Gestaltung	TSV ‚Freier Kommentar': - größere HZ als UZ (100 %) TSV ‚Kritik' - GR ‚GKr': größere HZ als UZ (98 %)	TSV ‚Freier Kommentar' - GR ‚GKo': größere HZ als UZ (100 %), UZ endet mit fettgedrucktem NoS, der den Verfassernamen angibt (100 %) - GR ‚RKo': bei zweizeiliger Überschrift größere HZ als UZ, bei einzeiliger Überschrift deutliche Abhebung der Überschrift vom FT durch Größe und teilw. weitere Hervorhebungsmittel TSV ‚Kritik' - GR ‚GKr': größere HZ als UZ (100 %), UZ endet mit fettgedrucktem NoS, der den Verfassernamen angibt (87 %)

		Textsorte ‚Kommentar' im ‚Tagesspiegel'	Textsorte ‚Kommentar' in der ‚Zeit'
		- GR ‚RKr': größere HZ als UZ (35 %), farbliche Abhebung der HZ von der gleichgroßen UZ (47 %)	- GR ‚RKr': bei zweizeiliger Überschrift größere HZ als UZ, bei einzeiliger Überschrift deutliche Abhebung der Überschrift vom FT durch Größe und teilw. weitere Hervorhebungsmittel - GR ‚KK': –
Absatz	Anzahl	TSV ‚Freier Kommentar' - GR ‚GKo': 1-16 Absätze (100 %) - GR ‚RKo': 3-6 Absätze (81 %) TSV ‚Kritik' - GR ‚GKr': 3-9 Absätze (79 %) - GR ‚RKr': 1-4 Absätze (85 %)	TSV ‚Freier Kommentar' - GR ‚GKo': 6-16 Absätze (78 %) - GR ‚RKo': 1-6 Absätze (79 %) TSV ‚Kritik' - GR ‚GKr': 3-17 Absätze (93 %) - GR ‚RKr': 1-5 Absätze (89 %) - GR ‚KK': 1 Absatz (100 %)
	Gestaltung	TSV ‚Freier Kommentar': - Kulturelles Ereignis oder Werk ist nie Schwerpunkt des TE, die subjektive Informationsvermittlung dominiert - GR ‚GKo': Beschreibung (29 %) oder Bewertung (29 %) eines Kritikgegenstandes, sachliche Informationsvermittlung (86 %), subjektive Informationsvermittlung (100 %) - GR ‚RKo': Beschreibung (11 %) oder Bewertung (16 %) eines Kritikgegenstandes, sachliche Informationsvermittlung (70 %), subjektive Informationsvermittlung (100 %) TSV ‚Kritik': - Kulturelles Ereignis oder Werk, das bewertet und beschrieben wird, ist immer Schwerpunkt des TE - GR ‚GKr': Beschreibung (97 %) oder Bewertung (99 %) eines Kritikgegenstandes, sachliche Informationsvermittlung (88 %), subjektive Informationsvermittlung (53 %) - GR ‚RKr': Beschreibung (85 %) oder Bewertung (97 %) eines Kritikgegenstandes, sachliche Informationsvermittlung (72 %), subjektive Informationsvermittlung (32 %)	TSV ‚Freier Kommentar': - Kulturelles Ereignis oder Werk ist nie Schwerpunkt des TE, die subjektive Informationsvermittlung dominiert - GR ‚GKo': Beschreibung (28 %) oder Bewertung (22 %) eines Kritikgegenstandes, sachliche Informationsvermittlung (100 %), subjektive Informationsvermittlung (100 %) - GR ‚RKo': Beschreibung (16 %) oder Bewertung (27 %) eines Kritikgegenstandes, sachliche Informationsvermittlung (86 %), subjektive Informationsvermittlung (100 %) TSV ‚Kritik' - Kulturelles Ereignis oder Werk, das bewertet und beschrieben wird, ist immer Schwerpunkt des TE - GR ‚GKr': Beschreibung (100 %) oder Bewertung (100 %) eines Kritikgegenstandes, sachliche Informationsvermittlung (92 %), subjektive Informationsvermittlung (89 %) - GR ‚RKr': Beschreibung (96 %) oder Bewertung (97 %) eines Kritikgegenstandes, sachliche Informationsvermittlung (85 %), subjektive Informationsvermittlung (60 %) - GR ‚KK': sachliche Informationsvermittlung (100%) (Bewertung erfolgt bei allen TE durch den Reihennamen)

		Textsorte ‚Kommentar' im ‚Tagesspiegel'	Textsorte ‚Kommentar' in der ‚Zeit'
Bild	Vorkommen	TSV ‚Freier Kommentar' - GR ‚GKo': 86 % (zu 100 % ein Bild) - GR ‚RKo': 70 % (zu 100 % ein Bild) TSV ‚Kritik' - GR ‚GKr': 75 % (zu 88 % ein Bild) - GR ‚RKr': 56 % (zu 91 % ein Bild)	TSV ‚Freier Kommentar' - GR ‚GKo': 83 % (zu 73 % ein Bild) - GR ‚RKo': 27 % (zu 100 % ein Bild) TSV ‚Kritik' - GR ‚GKr': 65 % (zu 81 % ein Bild) - GR ‚RKr': 30 % (zu 98 % ein Bild) - GR ‚KK': –
	Funktion	TSV ‚Freier Kommentar' - GR ‚GKo': Auflockerung (100 %) - GR ‚RKo': Wiedererkennung der Serie (100 %) TSV ‚Kritik' - GR ‚GKr': Visualisieren und Vorstellen (100 %) - GR ‚RKr': Wiedererkennung der Serie (100 %), zusätzlich möglich: Vorgabe der thematischen Richtung der Serie (57 %), Visualisierung des Autors (32 %) oder Kritikgegenstands (25 %)	TSV ‚Freier Kommentar' - GR ‚GKo': Auflockerung (68 %), Interesse wecken (23 %) - GR ‚RKo': Wiedererkennung der Serie (94 %) TSV ‚Kritik' - GR ‚GKr': Visualisieren und Vorstellen (79 %), Auflockerung (12 %) - GR ‚RKr': Wiedererkennung der Serie (100 %), zusätzlich möglich: Visualisierung des Autors (26 %) oder Kritikgegenstands (74 %)
	Bildunterschrift	TSV ‚Freier Kommentar' - GR ‚GKo': bei 100 % der Bilder - drucktechnisch zweigeteilt (100 %) - Erklärung Bildinhalt + teilw. Zusatzinformationen - GR ‚RKo': – TSV ‚Kritik' - GR ‚GKr': bei 84 % der Bilder - einheitlich (9 %) - drucktechnisch zweigeteilt (91 %) - Erklärung Bildinhalt + teilw. Zusatzinformationen - GR ‚RKr': bei 1 % der Bilder	TSV ‚Freier Kommentar' - GR ‚GKo': bei 73 % der Bilder - mit drucktechnischen Hervorhebungen (100 %) - Erklärung Bildinhalt + teilw. Zusatzinformationen - GR ‚RKo': – TSV ‚Kritik' - GR ‚GKr': bei 92 % der Bilder - mit drucktechnischen Hervorhebungen (95 %) - Erklärung Bildinhalt + teilw. Zusatzinformationen - GR ‚RKr': bei 2 % der Bilder
Verfassername	Vorkommen	TSV ‚Freier Kommentar' - GR ‚GKo': vollständiger Name (100 %), verschiedene Autoren - GR ‚RKo': vollständiger Name (100 %), feste Autoren (35%)[12] TSV ‚Kritik' - GR ‚GKr': vollständiger Name (99 %), verschiedene Autoren	TSV ‚Freier Kommentar' - GR ‚GKo': vollständiger Name (100 %), verschiedene Autoren - GR ‚RKo': vollständiger Name (97 %), fester Autor (6 %)[14] TSV ‚Kritik' - GR ‚GKr': vollständiger Name (100 %), verschiedene Autoren

12 Dabei handelt es sich um die Serie „**AUF** *Schlag*".

		Textsorte ,Kommentar' im ,Tagesspiegel'	**Textsorte ,Kommentar' in der ,Zeit'**
		- GR ,RKr': vollständiger Name (100 %), fester Autor (36 %)[13]	- GR ,RKr': vollständiger Name (93 %), fester Autor (42 %)[15] - GR ,KK': kein Verfassername oder Kürzel (100 %)
	Position	TSV ,Freier Kommentar' - GR ,GKo': letzte Zeile FT 71 %, UZ 29 % - GR ,RKo': UZ 100 % TSV ,Kritik' - GR ,GKr': zwischen UZ und FT 71 %, letzte Zeile FT 2 9% - GR ,RKr': letzte Zeile FT 60 %, UZ 31 %, unter Logobild und vor FT 10 %	TSV ,Freier Kommentar' - GR ,GKo': UZ (100 %) - GR ,RKo': letzte Zeile FT (94 %) TSV ,Kritik' - GR ,GKr': UZ (87 %) - GR ,RKr': letzte Zeile FT (34 %), zwischen Reihennamen und HZ (9 %), UZ (15 %), komplette einzeilige Überschrift (20 %), Reihenname (36 %)[16]
Einschub	Vorkommen	TSV ,Freier Kommentar' - GR ,GKo': 29 % (zu 50 % ein Einschub pro TE) - GR ,RKo': 5 % TSV ,Kritik' - GR ,GKr': 37 % (zu 92 % ein Einschub pro TE) - GR ,RKr': 4 %	TSV ,Freier Kommentar' - GR ,GKo': 33 % (immer mindestens zwei Einschübe pro TE) - GR ,RKo': – TSV ,Kritik' - GR ,GKr': 27 % (immer mindestens zwei Einschübe pro TE) - GR ,RKr': 8 % - GR ,KK': –
	Funktion	TSV ,Freier Kommentar': - fasst Aussage aus TE zusammen und hebt sie hervor (100 %) TSV ,Kritik' - GR ,GKr': fasst Aussage aus TE zusammen und hebt sie hervor (100 %) - GR ,RKr': liefert Informationen zur Serie (45 %), fasst Aussage aus TE zusammen und hebt sie hervor (55 %)	TSV ,Freier Kommentar' - GR ,GKo': fasst Aussage aus TE zusammen und hebt sie hervor (100 %) TSV ,Kritik' - GR ,GKr': fasst Aussage aus TE zusammen und hebt sie hervor (88 %) - GR ,RKr': Hervorhebung der Namen der besprochenen Werke und Musiker und deren visuelle Vorstellung, Nennung der Folgennummer der Serie (100 %)

14 Dabei handelt es sich um die Serie „HARRY ROWOHLT".

13 Dabei handelt es sich um die Serien „**PAUKEN &** *Trompeten*", „**SCHREIB** *Waren*", „**SPIEL** *Sachen*", „**CITY** *Lights*", „*Neues vom Planeten* MODE", „*Verbrecher* **JAGD**", „*Hör* **BÜCHER**", „*Zeit* **SCHRIFTEN**", „*Jurjews* **KLASSIKER**", „*Literatur* **BETRIEB**", „**AUFGESCHLAGEN** *Zugeschlagen*", „**HIT** *Parade*".

15 Dabei handelt es sich um die Serien „STILLLEBEN MIT BUCH", „TASCHENBUCH", „KRIMINALROMAN", „VOM STAPEL", „AUS POLITISCHEN ZEITSCHRIFTEN", „WILLEMSEN HÖRT" und „Die ZEIT empfiehlt".

16 Bei der Serie „WILLEMSEN HÖRT" tritt der Verfassername sowohl im Reihennamen als auch in der letzten Zeile des Fließtextes auf.

		Textsorte ‚Kommentar' im ‚Tagesspiegel'	Textsorte ‚Kommentar' in der ‚Zeit'
	Informationsabsatz	TSV ‚Freier Kommentar' - GR ‚GKo': 29 % - GR ‚RKo': – TSV ‚Kritik' - GR ‚GKr': 75 % - SG ‚LK': 97 % - SG ‚KuKr': 67 % - GR ‚RKr': 29 %	TSV ‚Freier Kommentar' - GR ‚GKo': 67 % - GR ‚RKo': 21 % TSV ‚Kritik' - GR ‚GKr': 68 % - SG ‚LK': 91 % - SG ‚KuKr': 26 % - GR ‚RKr': 74 % - GR ‚KK': –
	Reihenname	TSV ‚Freier Kommentar' - GR ‚GKo': – - GR ‚RKo': 70 % TSV ‚Kritik' - GR ‚GKr': – - GR ‚RKr': 100 %	TSV ‚Freier Kommentar' - GR ‚GKo': – - GR ‚RKo': 65 % TSV ‚Kritik' - GR ‚GKr': – - GR ‚RKr': 77 % - GR ‚KK': 100 %
	Informationsleise	–	
	Informationskasten	–	TSV ‚Freier Kommentar': – TSV ‚Kritik' - GR ‚GKr' - SG ‚LK': 5 % - SG ‚KuKr': – - GR ‚RKr': – - GR ‚KK': –
	textuelle Merkmale	Initiale TSV ‚Freier Kommentar' - GR ‚GKo': 71 % - GR ‚RKo': 30 % TSV ‚Kritik' - GR ‚GKr ' - SG ‚LK': 59 % - SG ‚KuKr': 2 % - GR ‚RKr': 3 % Hervorhebung von Wörtern im FT durch Fettdruck TSV ‚Freier Kommentar' - GR ‚GKo': 71 % - GR ‚RKo': 3 % TSV ‚Kritik' - GR ‚GKr': 1 % - GR ‚RKr': 77 %	Initiale TSV ‚Freier Kommentar' - GR ‚GKo': 100 % - GR ‚RKo': 19 % TSV ‚Kritik' - GR ‚GKr': 97 % - GR ‚RKr': 13 % - GR ‚KK': – Hervorhebung von Wörtern im FT durch Fettdruck TSV ‚Freier Kommentar' - GR ‚GKo': 39 % - GR ‚RKo': 2 % TSV ‚Kritik' - GR ‚GKr': 23 % - GR ‚RKr': 21 % - GR ‚KK': 100 %
linguistische Ebene der Syntax			
Textumfang	Mindestlänge	TSV ‚Freier Kommentar' - GR ‚GKo': > 9 Sätze 100 % (> 42 Zeilen 100 %) - GR ‚RKo': > 15 Sätze 86 % (> 55 Zeilen 81 %)	TSV ‚Freier Kommentar' - GR ‚GKo': > 40 Sätze 89 % (> 120 Zeilen 89 %) - GR ‚RKo': > 15 Sätze 79 % (> 40 Zeilen 81 %)

		Textsorte ,Kommentar' im ,Tagesspiegel'	**Textsorte ,Kommentar' in der ,Zeit'**
		TSV ,Kritik' - GR ,GKr': > 18 Sätze 80 % (> 60 Zeilen 83 %) - GR ,RKr': > 6 Sätze 80 % (> 15 Zeilen 81 %)	TSV ,Kritik' - GR ,GKr': > 30 Sätze 76% (> 80 Zeilen 84%) - GR ,RKr': > 2 Sätze 82 % (> 10 Zeilen 76 %) - GR ,KK': 3-4 Sätze 100 % (3-6 Zeilen 100 %)
	durchschnittliche Textlänge	TSV ,Freier Kommentar' - GR ,GKo': Ø SA 28 (ZA 93) - GR ,RKo': Ø SA 23 (ZA 69) TSV ,Kritik' - GR ,GKr': Ø SA 32 (ZA 113) - GR ,RKr': Ø SA 13 (ZA 41)	TSV ,Freier Kommentar' - GR ,GKo': Ø SA 72 (ZA 199) - GR ,RKo': Ø SA 25 (ZA 64) TSV ,Kritik' - GR ,GKr': Ø SA 49 (ZA 138) - GR ,RKr': Ø SA 13 (ZA 39) - GR ,KK': Ø SA 4 (ZA 5)
	Zusammensetzung FT (i.g.e.S. zu GS)	TSV ,Freier Kommentar' - GR ,GKo': 32 %/68 % - GR ,RKo': 40 %/60 % TSV ,Kritik' - GR ,GKr': 41 %/59 % - GR ,RKr': 43 %/57 %	TSV ,Freier Kommentar' - GR ,GKo': 33 %/67 % - GR ,RKo': 41 %/59 % TSV ,Kritik' - GR ,GKr': 36 %/64 % - GR ,RKr': 39 %/61 % - GR ,KK': 100 %/0 %
Überschrift	syntaktische Gestaltung	Hauptzeile TSV ,Freier Kommentar' - GR ,GKo': ein i.g.e.S (100 %) - GR ,RKo': ein i.g.e. NoS (88 %) TSV ,Kritik' - GR ,GKr': ein i.g.e. NoS (78 %) - GR ,RKr': ein i.g.e. NoS (84 %) Unterzeile TSV ,Freier Kommentar' - GR ,GKo': zwei i.g.e.S (100 %) - GR ,RKo': ein i.g.e.S (92 %) TSV ,Kritik' - GR ,GKr': ein i.g.e.S (37 %), zwei i.g.e.S (54 %) - GR ,RKr': ein i.g.e.S (85 %)	Einzeilige Überschrift - GR ,RKo': ein i.g.e. NoS (93 %) - GR ,RKr': ein i.g.e.NoS (86 %) Hauptzeile TSV ,Freier Kommentar' - GR ,GKo': ein i.g.e.S (94 %) - GR ,RKo': ein i.g.e. NoS (85 %) TSV ,Kritik' - GR ,GKr': ein i.g.e.NoS (77 %) - GR ,RKr': ein i.g.e. NoS (80 %) Unterzeile TSV ,Freier Kommentar' - GR ,GKo': mehrere Sätze (100 %) - GR ,RKo': ein i.g.e.S (85 %) TSV ,Kritik' - GR ,GKr': mehrere Sätze (89 %) - GR ,RKr': ein i.g.e.S (34 %), drei i.g.e.S. (49 %)
	Funktion		Einzeilige Überschrift - GR ,RKo': Interesse wecken (59 %), nennt Textgegenstand (41 %), ist gleichzeitig Reihenname (41 %) - GR ,RKr': Interesse wecken (62 %), nennt Verfasser (17 %), Thema/Besprechungskategorie 16 %, gibt Themenhinweis (13 %)

		Textsorte ‚Kommentar' im ‚Tagesspiegel'	**Textsorte ‚Kommentar' in der ‚Zeit'**
		Hauptzeile TSV ‚Freier Kommentar' - GR ‚GKo': Interesse wecken (100 %), nennt grobes Thema (66 %) - GR ‚RKo': Interesse wecken (100 %), grobe inhaltliche Ausrichtung (32 %) TSV ‚Kritik' - GR ‚GKr': Interesse wecken (98 %) - GR ‚RKr': nennt kulturelles Oberthemas/Stilrichtung (59 %), Interesse wecken (34 %), nennt Sänger/Bandname (7 %) Unterzeile TSV ‚Freier Kommentar' - GR ‚GKo': nennt Thema (100 %) und Autor (66 %), erklärt HZ (66 %) - GR ‚RKo': nennt Autor (100 %), nennt Thema/Inhaltshinweis (76 %), erklärt HZ (21 %) TSV ‚Kritik' - GR ‚GKr': nennt Thema (98 %), erklärt teilw. HZ (11 %) - SG ‚LK': nennt zusätzlich Buchautor (80 %), Buchthema (67 %), Textklassifikation (24 %) und Buchtitel (37 %) - GR ‚RKr': Interesse wecken (83 %), nennt Verfasser (40 %), grobes Thema (35 %), Chartplatz und Song (7 %)	Hauptzeile TSV ‚Freier Kommentar' - GR ‚GKo': Interesse wecken (100 %), nennt grobes Thema (13 %) - GR ‚RKo': Interesse wecken (100 %), grobe inhaltliche Ausrichtung (12 %) TSV ‚Kritik' - GR ‚GKr': Interesse wecken (96 %) - GR ‚RKr': Interesse wecken (100 %) Unterzeile TSV ‚Freier Kommentar' - GR ‚GKo': nennt Thema (100 %) und Autor (100 %), erklärt HZ (50 %) - GR ‚RKo': nennt Thema/Inhaltshinweis (88 %), erklärt HZ (47 %), Interesse wecken (12 %) TSV ‚Kritik' - GR ‚GKr': nennt Thema (97 %), nennt Verfasser (87 %), erklärt teilw. HZ (42 %) - SG ‚LK': nennt zusätzlich Buchautor (83 %), Buchthema (64 %), Textklassifikation (30 %) und Buchtitel (22 %) - GR ‚RKr': nennt Thema/Kritikgegenstand (100 %), Verfasser (57 %), Kritikrichtung (57 %), erklärt HZ (29 %)
Fließtext	Fragesätze	TSV ‚Freier Kommentar' - GR ‚GKo': 43 % - GR ‚RKo': 68 % TSV ‚Kritik' - GR ‚GKr': 43 % - GR ‚RKr': 23 %	TSV ‚Freier Kommentar' - GR ‚GKo': 94 % - GR ‚RKo': 68 % TSV ‚Kritik' - GR ‚GKr': 62 % - GR ‚RKr': 27 % - GR ‚KK': –
	Ausrufesätze	TSV ‚Freier Kommentar' - GR ‚GKo': 29 % - GR ‚RKo': 41 % TSV ‚Kritik' - GR ‚GKr': 21% - GR ‚RKr': 16%	TSV ‚Freier Kommentar' - GR ‚GKo': 28 % - GR ‚RKo': 33 % TSV ‚Kritik' - GR ‚GKr': 28% - GR ‚RKr': 16% - GR ‚KK': –

		Textsorte ,Kommentar' im ,Tagesspiegel'	Textsorte ,Kommentar' in der ,Zeit'
	Nominalsätze	TSV ,Freier Kommentar' - GR ,GKo': 100 % (i.g.e.NoS 57 %/nom. TeS 100 %) - GR ,RKo': 84 % (i.g.e.NoS 68 %/nom. TeS 78 %) TSV ,Kritik' - GR ,GKr': 89 % (i.g.e.NoS 60 %/nom. TeS 81 %) - GR ,RKr': 84 % (i.g.e.NoS 46 %/nom. TeS 76 %)	TSV ,Freier Kommentar' - GR ,GKo': 89 % (i.g.e.NoS 72 %/nom. TeS 89 %) - GR ,RKo': 87 % (i.g.e.NoS 63 %/nom. TeS 81 %) TSV ,Kritik' - GR ,GKr': 96 % (i.g.e.NoS 64 %/nom. TeS 92 %) - GR ,RKr': 83 % (i.g.e.NoS 46 %/nom. TeS 70 %) - GR ,KK': 100 % (i.g.e.NoS 100 %/nom. TeS 0 %)
	Parz.	TSV ,Freier Kommentar' - GR ,GKo': 43 % - GR ,RKo': 54 % TSV ,Kritik' - GR ,GKr': 56 % - GR ,RKr': 23 %	TSV ,Freier Kommentar' - GR ,GKo': 44 % - GR ,RKo': 33 % TSV ,Kritik' - GR ,GKr': 56 % - GR ,RKr': 19 % - GR ,KK': –
linguistische Ebene der Lexik			
WNB	viele ,Originelle WNB'	TSV ,Freier Kommentar' - GR ,GKo': 29 % - GR ,RKo': 27 % TSV ,Kritik' - GR ,GKr': 30 % - GR ,RKr': 20 %	TSV ,Freier Kommentar' - GR ,GKo': 17 % - GR ,RKo': 29 % TSV ,Kritik' - GR ,GKr': 31 % - GR ,RKr': 28 % - GR ,KK': –
	mehr als zwei WNB mit identischem GM	TSV ,Freier Kommentar' - GR ,GKo': 14 % - GR ,RKo': 22 % TSV ,Kritik' - GR ,GKr': 14 % - GR ,RKr': 6 %	TSV ,Freier Kommentar' - GR ,GKo': 39 % - GR ,RKo': 10 % TSV ,Kritik' - GR ,GKr': 18 % - GR ,RKr': 2 % - GR ,KK': –
Wertungsträger	wertende Begriffe	100%	
	abgekürzte Wortformen	TSV ,Freier Kommentar': 14 % TSV ,Kritik' - GR ,GKr': 9 % - GR ,RKr': 6 %	TSV ,Freier Kommentar' - GR ,GKo': 6 % - GR ,RKo': 2 % TSV ,Kritik' - GR ,GKr': 9 % - GR ,RKr': 7 % - GR ,KK': –
Pronomen	Pronomen der 1. Person	TSV ,Freier Kommentar' - GR ,GKo': 29 % - GR ,RKo': 70 % TSV ,Kritik' - GR ,GKr': 19% - GR ,RKr': 14%	TSV ,Freier Kommentar' - GR ,GKo': 89 % - GR ,RKo': 60 % TSV ,Kritik' - GR ,GKr': 60 % - GR ,RKr': 17 % - GR ,KK': –

		Textsorte ‚Kommentar' im ‚Tagesspiegel'	Textsorte ‚Kommentar' in der ‚Zeit'
	Pronomen der HF	TSV ‚Freier Kommentar' - GR ‚GKo': – - GR ‚RKo': 8 % TSV ‚Kritik' - GR ‚GKr': 1 % - GR ‚RKr': 2 %	TSV ‚Freier Kommentar' - GR ‚GKo': – - GR ‚RKo': 13 % TSV ‚Kritik' - GR ‚GKr': 3 von 118 - GR ‚RKr': 1 % - GR ‚KK': –
Zitate	Vorkommen	TSV ‚Freier Kommentar' - GR ‚GKo ': 71 % - GR ‚RKo': 57 % TSV ‚Kritik' - GR ‚GKr ': 66 % - GR ‚RKr': 33 %	TSV ‚Freier Kommentar' - GR ‚GKo': 83 % - GR ‚RKo': 68 % TSV ‚Kritik' - GR ‚GKr': 83 % - GR ‚RKr': 44 % - GR ‚KK': –
	lexikalische Besonderheit	–	

Die **Textsorte ‚Kommentar'** besteht aus den beiden Textsortenvarianten ‚Freier Kommentar' (11 %) und ‚Kritik' (89 %). Sie hat textintern makrostrukturell eine zweizeilige Überschrift. Die Absatzgestaltung wird durch die persönliche Meinung des Verfassers bestimmt, die sich funktional durch die subjektive Informationsvermittlung oder das Beschreiben und Bewerten eines Kritikgegenstandes zeigt. Der Verfasser wird mit vollständigem Namen genannt. Syntaktisch besteht der Fließtext aus mehr Gesamtsätzen als isoliert gebrauchten einfachen Sätzen. Die verbalen Aussagesätze dominieren deutlich gegenüber den Nominalsätzen. Die Hauptzeile konstituiert sich aus einem isoliert gebrauchten einfachen Satz und dient dazu, das Interesse der Leser zu wecken. Die Unterzeile nennt das Thema des Textexemplars bzw. liefert einen Hinweis auf den Inhalt. Lexikalisch kommen wertende Begriffe vor.

Der Peripheriebereich der TS ‚Kommentar' wird nicht näher definiert, da sowohl die TSV als auch die Gruppen so heterogen sind, dass bestimmte Merkmale immer nur für einen Teil von ihnen charakteristisch sind. Entsprechend schließt sich direkt eine Definition der einzelnen Textsortenvarianten, Gruppen und Subgruppen an.

Die **Textsortenvariante ‚Freier Kommentar'** besteht aus den Gruppen ‚Großkommentar' (20 %) und ‚Reihenkommentar' (80 %). Sie zeigt textintern makrostrukturell eine Dominanz der Absatzfunktion der subjektiven Informationsvermittlung, wobei nie ein bestimmter Kritikgegenstand im Zentrum der Ausführungen steht. Daneben findet in mindestens einem Absatz auch eine sachliche Informationsvermittlung statt.

Im Peripheriebereich der TSV ‚Freier Kommentar' kommen makrostrukturell selten die Absatzfunktionen des Beschreibens und Bewertens eines Kritikgegenstandes vor. Syntaktisch treten gelegentlich Ausrufesätze und Parzellierungen auf, lexikalisch sind Pronomen der ersten Person häufig.

Das geringe Auftreten der Absatzfunktion des Beschreibens und Bewertens ist ein zentraler Unterschied zu der TSV ‚Kritik', bei der diese beiden Funktionen im Zentralbereich liegen. Das gelegentliche Vorkommen von Ausrufesätzen stellt für die TS im Kulturteil einen hohen Wert dar. Lediglich bei der TS ‚Interview' und der TSV ‚Geburtstagsporträt' tritt diese Satzart in vergleichbarer Frequenz auf. Bei allen übrigen TS und TSV sind Ausrufesätze selten oder fehlen. Das gelegentliche Auftreten von Parzellierungen unterstützt die Abgrenzung zu der TSV ‚Kritik', da diese bei den ‚Großkritiken' häufig und bei den ‚Reihenkritiken' selten sind, während sie bei den ‚Kurzkritiken' fehlen. Auch die hohe Frequenz der Pronomen der ersten Person stellt einen weiteren Unterschied zu der TSV ‚Kritik' dar, weil derartige Pronomenformen bei den ‚Großkritiken' nur gelegentlich, bei den ‚Reihenkritiken' selten und bei den ‚Kurzkritiken' gar nicht auftreten.

Die Textexemplare der **Gruppe ‚Großkommentar'** weisen eine feste Grob- und eine unterschiedliche Feinplatzierung im Kulturteil auf. Textintern kommen makrostrukturell drei bis sechs Absätze in einer mehrspaltigen Anordnung vor. Es tritt ein Bild auf, das überwiegend der Auflockerung dient und mit einer Bildunterschrift verbunden ist. Diese erklärt den Bildinhalt und liefert teilweise zusätzliche Informationen. Als textuelles Merkmal kommt eine Initiale vor. Syntaktisch konstituiert sich der Fließtext durchschnittlich aus 60 Sätzen (bzw. 169 Zeilen). Die Unterzeile besteht aus mehreren Sätzen und gibt neben dem groben Thema den Verfasser des Textexemplars an. Es tritt mindestens ein Fragesatz auf. Lexikalisch kommt mindestens ein Zitat vor.

Im Peripheriebereich der Gruppe ‚Großkommentar' tritt makrostrukturell gelegentlich ein Einschub auf, der eine Aussage aus dem Fließtext zusammenfasst und hervorhebt. Informationsabsätze sind häufig. Gelegentlich finden sich Hervorhebungen im Fließtext durch Fettdruck. Lexikalisch zeigen sich gelegentlich mehr als zwei Wörter mit demselben Grundmorphem.

Die Frequenz der Einschübe hebt die Gruppe ‚Großkommentar' von den seriellen Kommentargruppen ‚Reihenkommentar', ‚Reihenkritik' und ‚Kurzkritik' ab, bei denen die Makrostruktur selten oder gar nicht auftritt. Ebenso verhält es sich mit der Makrostruktur des Informationsabsatzes, die bei den ‚Reihenkommentaren' selten, den ‚Reihenkritiken' gelegentlich und bei den ‚Kurzkritiken' überhaupt nicht vorkommt. Hervorhebungen im Fließtext wiederum zeigen sich bei den ‚Großkritiken' und ‚Reihenkommentaren' selten, während sie bei den ‚Reihenkritiken' häufig sind und bei den ‚Kurzkritiken' sogar im Zentralbereich liegen. Mehr als zwei Wörter mit demselben GM kommen bei allen übrigen Gruppen der TS ‚Kommentar' selten vor oder fehlen.

Bei der Gruppe ‚Großkommentar' fehlt die Makrostruktur des Reihennamens durchgängig. Dies stellt einen wichtigen Unterschied zu den Gruppen ‚Reihenkommentar', ‚Reihenkritik' und ‚Kurzkritik' dar, bei der TE häufig oder im Zentralbereich unter einem festen Reihennamen erscheinen. Anders als bei den ‚Reihenkommentaren', bei denen Pronomen der Höflichkeitsform selten sind, fehlt diese Pronomenart bei den ‚Großkommentaren.

> Die Textexemplare der **Gruppe ‚Reihenkommentar'** weisen eine feste Grobplatzierung im Kulturteil auf. Textintern kommen makrostrukturell ein bis sechs Absätze in einer einspaltigen Anordnung vor. Syntaktisch konstituiert sich der Fließtext durchschnittlich aus 24 Sätzen (bzw. 66 Zeilen). Die einzeilige Überschrift oder die Haupt- und Unterzeile der zweizeiligen Überschrift bestehen aus isoliert gebrauchten einfachen Sätzen.

Im Peripheriebereich der Gruppe ‚Reihenkommentar' ist eine feste Feinplatzierung der TE sehr häufig und befindet sich im Übergangsbereich zum Zentralbereich. Die Überschrift ist gelegentlich einzeilig und konstituiert sich aus einem isoliert gebrauchten einfachen Nominalsatz, der funktional häufig dem Interessewecken und gelegentlich der Nennung des groben Themas des TE dient. Häufig tritt eine zweizeilige Überschrift auf, wobei die Hauptzeile aus einem isoliert gebrauchten einfachen Nominalsatz besteht. Die Unterzeile gibt neben dem Thema des TE häufig den Verfasser an. Gelegentlich kommt ein Bild ohne Bildunterschrift vor, das der Wiedererkennung der Serie dient. Selten sind die TE einer Serie von einem festen Autor verfasst. Die TE einer Serie sind häufig durch einen Reihennamen verbunden. Einschübe und Informationsabsätze sowie die textuellen Merkmale der Initiale und Hervorhebungen innerhalb des Fließtextes durch Fettdruck sind selten. Syntaktisch kommen häufig Fragesätze und gelegentlich Ausrufesätze und Parzellierungen vor. Lexikalisch treten Pronomen der Höflichkeitsform selten und Zitate häufig auf.

Die häufig auftretende feste Feinplatzierung betont die Gemeinsamkeit zu der ebenfalls seriellen Gruppe ‚Reihenkritik', bei der dieses Merkmal im Zentralbereich liegt. Durch die Platzfestigkeit von TE einer Serie wird deren Auffinden erleichtert und der Wiedererkennungswert erhöht. Bei den ‚Reihenkommentaren' liegt wie bei den ‚Reihenkritiken' die zweizeilige Überschrift knapp außerhalb des Zentralbereichs, was diese beiden seriellen Gruppen von den ‚Großkommentaren' und ‚Großkritiken' unterscheidet. Das gelegentliche Auftreten eines Bildes ohne Bildunterschrift, das der Wiedererkennung der Serie dient, verbindet die seriellen Gruppen ‚Reihenkommentar' und ‚Reihenkritik'. Bei den ‚Großkommentaren' und ‚Großkritiken' gehört ein Bild mit Bildunterschrift zum Zentralbereich bzw. kommt häufig vor. Funktional dienen die Bilder nie der Wiedererkennung. Das Merkmal eines festen Autors tritt zwar selten auf, lässt sich jedoch ausschließlich bei den seriellen Gruppen ‚Reihenkommentar' und ‚Reihenkritik' der TS ‚Kommentar' nachweisen. Ähnlich verhält es sich mit der Makrostruktur des Reihennamens. Die meisten Serien des Kulturteils gehören der TS ‚Kommentar' an,[17] womit das serielle Auftreten von TE einen starken Hinweis auf die TS liefert.

Das seltene Auftreten der Makrostruktur des Einschubs und des Informationsabsatzes sowie der textuellen Merkmale der Initiale und der Hervorhebung von Wörtern durch Fettdruck im Fließtext grenzt die Gruppe ‚Reihenkommentar' weiter von der Gruppe ‚Großkommentar' ab, bei der diese Merkmale gelegentlich bis häufig auftreten. Die hohe Frequenz an Fragesätzen ist für die TSV ‚Freier Kommentar' charakteristisch. Bei der Gruppe ‚Großkommentar' liegen sie sogar im Zentralbereich. Mit einem höheren Prozentsatz kommt diese Satzart lediglich bei der TS ‚Interview' und der TSV ‚Themenbericht' vor. Pronomen der Höflichkeitsform treten zwar bei den ‚Reihenkommentaren' nur selten auf; abgesehen von der TS ‚Interview', bei der diese Pronomenart im Zentralbereich liegt, sind sie im Kulturteil bei dieser Gruppe jedoch am zweithäufigsten vertreten.[18] Die

17 Die einzigen Ausnahmen stellen die Serien „Sommer der Kunst" der TSV ‚Umfrageinterview' und „Gedicht" der TSV ‚Reihenabdruck' dar.

18 Bei der TSV ‚Selbstporträt' treten Pronomen der Höflichkeitsform rein rechnerisch zwar bei 20 Prozent der TE auf, dabei handelt es sich absolut jedoch nur um eins der insgesamt fünf TE, die sich dieser TSV zuordnen lassen. Daher ist die Prozentzahl wenig aussagekräftig.

TSV ‚Freier Kommentar' unterscheidet sich von der TSV ‚Kritik' unter anderem durch die starke Verbreitung von Zitaten. Anders als bei den ‚Großkommentaren' liegen diese bei den ‚Reihenkommentaren' zwar nicht im Zentralbereich, sind jedoch sehr häufig.

Die **Textsortenvariante ‚Kritik'** besteht aus den Gruppen ‚Großkritik' (48 %), ‚Reihenkritik' (52 %) und ‚Kurzkritik' (1 %) und ist fester Bestandteil des Kulturteils. Sie zeigt textintern makrostrukturell bezüglich ihrer Absatzgestaltung die Funktionen der Beschreibung, der Bewertung und der sachlichen Informationsvermittlung, wobei immer ein bestimmter Kritikgegenstand im Zentrum der Ausführungen steht. Syntaktisch konstituiert sich die Hauptzeile aus einem isoliert gebrauchten einfachen Nominalsatz.

Im Peripheriebereich der TSV ‚Kritik' treten syntaktisch wenige Ausrufesätze auf, lexikalisch zeigen sich fast keine Pronomen der Höflichkeitsform.

Das geringe Auftreten von Ausrufesätzen stellt einen Unterschied zur TSV ‚Freier Kommentar' dar, bei der diese Satzart gelegentlich vorkommt. Das nahezu völlige Fehlen von Pronomen der Höflichkeitsform unterstützt die Abgrenzung von der Gruppe ‚Reihenkommentar', bei der diese Pronomenart zwar ebenfalls selten, aber im Vergleich zu anderen TS, TSV und Gruppen am zweithäufigsten im Kulturteil auftritt.

Die **Gruppe ‚Großkritik'** besteht aus den Subgruppen ‚Literaturkritik' (37 %) und ‚Kulturkritik' (63 %). Ihre Textexemplare weisen keine feste Grob- und Feinplatzierung innerhalb des Kulturteils auf. Sie besteht textintern makrostrukturell aus drei bis zehn Absätzen in mindestens zweispaltiger Anordnung. Syntaktisch konstituiert sich der Fließtext durchschnittlich aus 36 Sätzen (bzw. 119 Zeilen).

Im Peripheriebereich der Gruppe ‚Großkritik' kommt makrostrukturell häufig die Absatzfunktion der subjektiven Informationsvermittlung vor. Ein Bild mit einer den Bildinhalt erläuternden und teilweise ergänzenden Bildunterschrift, das dem Visualisieren und Vorstellen dient, liegt nahezu im Zentralbereich. Gelegentlich kommt ein Einschub vor, der eine Aussage aus dem Fließtext zusammenfasst und hervorhebt. Das textuelle Merkmal der Hervorhebung von Teilen des Fließtextes durch Fettdruck tritt selten auf. Syntaktisch besteht die Unterzeile häufig aus mehreren Sätzen und gelegentlich aus einem isoliert gebrauchten einfachen Satz. Fragesätze kommen gelegentlich, Parzellierungen häufig vor. Lexikalisch zeigen sich gelegentlich Pronomen der ersten Person.

Die subjektive Informationsvermittlung nimmt, anders als bei der TSV ‚Freier Kommentar', meistens nur wenig Raum bei der Absatzgestaltung ein, bei der Gruppe ‚Reihenkritik' verhält sich dies ebenso. Zudem kommt diese Absatzfunktion dort nur gelegentlich vor. Das häufige Auftreten eines Bildes grenzt die Gruppe ‚Großkritik' zusätzlich von den Gruppen ‚Reihenkommentar' und ‚Reihenkritik' ab, bei denen diese Makrostruktur lediglich gelegentlich vorkommt, vorrangig dem Wiedererkennen der Serie dient und zudem nicht mit einer Bildunterschrift verbunden ist. Die Frequenz der Makrostruktur des Einschubs unterstützt die Abgrenzung zu den TSV ‚Sachbericht' und ‚Themenbericht', die aufgrund einer oft übereinstimmenden Gestaltung der Überschrift sowie einer ähnlichen Absatz- und Spaltenspanne vom ersten optischen Eindruck teilweise mit den ‚Großkritiken' übereinstimmen. Die Makrostruktur tritt bei diesen selten bzw. häufig auf. Zugleich unterscheiden sich die seriellen Kommentargruppen bezüglich ihrer Einschubfrequenz von den ‚Großkritiken' und ‚Großkommentaren', da die Makrostruktur bei diesen nur selten oder überhaupt nicht vorkommt.

Das lediglich seltene Auftreten von Hervorhebungen im Fließtext grenzt die Gruppe ‚Großkritik' von den Gruppen ‚Reihenkritik' und ‚Kurzkritik' der TSV ‚Kritik' weiter ab, da sie bei diesen häufig sind bzw. im Zentralbereich liegen. Bezüglich der Gestaltung der Unterzeile zeigen die seriellen Gruppen eine deutliche Differenz zu den ‚Großkritiken', da bei den ‚Reihenkommentaren' und ‚Reihenkritiken' ein isoliert gebrauchter einfacher Satz im Zentralbereich liegt, während bei den ‚Kurzkritiken' keine Überschrift vorkommt. Bei den ‚Großkommentaren' wiederum steht die Realisation aus mehreren Sätzen im Zentralbereich. Auch die Frequenz der syntaktischen Merkmale der Fragesätze und Parzellierungen fördert eine Abgrenzung von den übrigen Kommentargruppen. Während diese bei den ‚Reihenkritiken' jeweils selten auftreten und bei den ‚Kurzkritiken' fehlen, sind Fragesätze bei den ‚Reihenkommentaren' häufig und liegen bei den ‚Großkommentaren' im Zentralbereich. Parzellierungen kommen bei der TSV ‚Freier Kommentar' gelegentlich vor.

Das gelegentlich Auftreten von Pronomen der ersten Person stellt einen weiteren Unterschied zu der TSV ‚Freier Kommentar' dar, bei der sie häufig sind, und den Gruppen ‚Reihenkritik' und ‚Kurzkritik', bei denen sie selten vorkommen bzw. fehlen. Des Weiteren fördert es die Abgrenzung zu den makrostrukturell ähnlich gestalteten TSV ‚Sachbericht' und ‚Themenbericht', bei denen sie selten bzw. häufig sind.

Bei der Gruppe ‚Großkritik' fehlt durchgängig die Makrostruktur des Reihennamens, was einen wesentlichen Unterschied zu den seriellen Kommentargruppen ‚Reihenkommentar', ‚Reihenkritik' und ‚Kurzkritik' darstellt.

Die **Subgruppe ‚Kulturkritik'** stimmt im Zentralbereich mit der Gruppe ‚Großkritik' überein. Im Peripheriebereich zeigt sie makrostrukturell häufig einen Informationsabsatz und selten das textuelle Merkmal der Initiale. Lexikalisch kommen häufig Zitate vor.

Die **Subgruppe ‚Literaturkritik'** weist makrostrukturell einen Informationsabsatz unter dem Fließtext auf, der die wesentlichen Informationen zu dem oder den vorgestellten Büchern wie Autor, Titel, Verlag, Verlagsort, Erscheinungsjahr und Preis nennt. Syntaktisch gibt die Unterzeile neben dem Thema des Artikels den Buchautor an. Lexikalisch kommen Zitate vor.

Im Übergang vom Peripherie- zum Zentralbereich der Subgruppe tritt eine Initiale auf. Syntaktisch nennt die Unterzeile häufig das Buchthema und gelegentlich den Titel sowie eine Textklassifikation des Buches.

Beide Merkmale des Peripheriebereichs unterstützen die Abgrenzung zu der Subgruppe ‚Kulturkritik', bei der Initialen nur selten auftreten und die Unterzeile keine Angaben zu Büchern enthält.

Die Textexemplare der **Gruppe ‚Reihenkritik'** weisen eine feste Grob- und Feinplatzierung innerhalb des Kulturteils auf. Die ‚Reihenkritiken' bestehen textintern makrostrukturell aus ein bis vier Absätzen in einspaltiger Anordnung. Es tritt ein Reihenname auf. Syntaktisch konstituiert sich der Fließtext durchschnittlich aus 13 Sätzen (bzw. 40 Zeilen).

Im Peripheriebereich der Gruppe ‚Reihenkritik' kommt makrostrukturell häufig eine zweizeilige Überschrift vor, wobei sich Haupt- und Unterzeile jeweils aus einem isoliert gebrauchten einfachen Satz konstituieren. Die Hauptzeile gibt funktional häufig das Oberthema bzw. die Stilrichtung vor, zu welcher der besprochene Kritikgegenstand gehört. Gelegentlich dient sie dem Interessewecken. Bei der Unterzeile ist diese Funktion hingegen häufig. Daneben nennt sie gelegentlich den Autor und nimmt eine grobe inhaltliche Einordnung vor. Eine einzeilige Überschrift oder das Fehlen der Überschrift sind selten. Tritt Erstere auf, besteht sie aus einem isoliert gebrauchten einfachen Nominalsatz und dient häufig dem Interessewecken. Selten gibt sie den Verfasser, die Besprechungskategorie oder einen Themenhinweis an. Die Absatzfunktion der subjektiven Informationsvermittlung tritt gelegentlich auf, ebenso die Makrostruktur des Bildes. Dieses dient vorrangig der Wiedererkennung der Serien. Gelegentlich kommen die Funktionen hinzu, die thematische Richtung der Serie anzuzeigen oder den Kritikgegenstand oder den Verfasser des TE zu visualisieren. Die Bilder sind nicht mit einer Bildunterschrift verbunden. Gelegentlich werden die TE einer Serie von einem festen Autor verfasst. Einschübe kommen selten vor, zeigen jedoch neben der verbreiteten Funktion, eine Aussage aus dem Fließtext zusammenzufassen und hervorzuheben, zwei weitere, ausschließlich bei der Gruppe ‚Reihenkritik' vorkommende Funktionen. So liefern sie zum einen Informationen zu der Serie oder heben zum anderen die Namen der besprochenen Werke und Musiker hervor und verweisen durch eine Folgennummer auf die Zugehörigkeit des TE zu einer Serie. Bei letzterer Funktion befindet sich immer ein Bild im Einschub, welches die Musiker oder das Musikalbum visualisiert und vorstellt. Ein Informationsabsatz tritt gelegentlich auf. Das textuelle Merkmal der Initiale ist selten, das der Hervorhebung von Wörtern oder Wortgruppen im Fließtext durch Fettdruck häufig. Syntaktisch kommen Fragesätze und Parzellierungen selten vor. Lexikalisch zeigen sich selten Pronomen der ersten Person, während Zitate gelegentlich auftreten.

Viele Merkmale aus dem Peripheriebereich stimmen mit den Realisationen bei der Gruppe ‚Reihenkommentar' überein, da diese durch das Auftreten in Serien bedingt sind. Dazu zählen eine feste Grob- und Feinplatzierung, das lediglich häufige Auftreten einer zweizeiligen Überschrift, das gelegentliche Auftreten eines Bildes ohne Bildunterschrift, welches vorrangig der Wiedererkennung der Serie dient, das mögliche Auftreten eines festen Autors und die geringe Frequenz von Einschüben und Initialen.[19] Entsprechend fördern diese Merkmale die Abgrenzung von den nichtseriellen Kommentargruppen ‚Großkommentar' und ‚Großkritik'.

Die Häufigkeit und der Umfang der Absatzfunktion der subjektiven Informationsvermittlung stellt, wie bei den ‚Großkritiken' beschrieben, ein wichtiges Abgrenzungskriterium der ‚Großkritiken' und ‚Reihenkritiken' gegenüber der TSV ‚Freier Kommentar' dar.

Das gelegentliche Auftreten eines Informationsabsatzes und die häufigen Hervorhebungen im Fließtext durch Fettdruck grenzen die ‚Reihenkritiken' von den in vielen Merkmalen ähnlich gestalteten ‚Reihenkommentaren' ab, bei denen diese Merkmale nur selten auftreten.

---

19 Vgl. die Ausführungen zum Peripheriebereich der Gruppe ‚Reihenkommentar'.

Die Frequenz der Fragesätze, Parzellierungen und Zitate unterstützt die Abgrenzung von den übrigen Kommentargruppen, da diese bei den ‚Kurzkritiken' fehlen und bei den anderen Gruppen deutlich häufiger vorkommen. Ähnlich verhält es sich bei den Pronomen der ersten Person. Während diese bei der Gruppe ‚Reihenkritik' selten sind, treten sie bei der TSV ‚Freier Kommentar' häufig und bei der Gruppe ‚Großkritik' gelegentlich auf.

Die Textexemplare der **Gruppe ‚Kurzkritik'** weisen eine feste Grob- und unterschiedliche Feinplatzierung innerhalb des Kulturteils auf. Textintern werden makrostrukturell in einem Absatz in einspaltiger Anordnung durch eine sachliche Informationsvermittlung Filme und deren Regisseure aufgezählt. Es tritt ein Reihenname auf, der zugleich eine Sehempfehlung der Filme gibt. Die Filmtitel im Fließtext sind durch Fettdruck hervorgehoben. Syntaktisch konstituiert sich der Fließtext aus drei bis vier Sätzen (bzw. drei bis sechs Zeilen), bei denen es sich ausschließlich um isoliert gebrauchte einfache Nominalsätze handelt.

Bei der Gruppe ‚Kurzkritik' kommt kein Peripheriebereich vor. Eine Besonderheit der Gruppe besteht vielmehr darin, dass diese durch das vollständige Fehlen einer Vielzahl von Merkmalen gekennzeichnet ist, die bei den übrigen Kommentargruppen und anderen TS des Kulturteils zumindest selten auftreten. So kommen makrostrukturell keine Überschrift, kein Verfassername, kein Einschub und kein Informationsabsatz vor. Auch das textuelle Merkmal der Initiale fehlt. Syntaktisch zeigen sich keine Ausrufe- und Fragesätze sowie Parzellierungen, lexikalisch keine ‚originellen Wortneubildungen', wertende Begriffe im Fließtext, Pronomen der ersten Person oder Zitate.

Ein großer Unterschied zwischen den beiden Zeitungen liegt darin, dass die Gruppe ‚Kurzkritik' der TSV ‚Kritik' nur in der ‚Zeit' auftritt. Dort lässt sie sich bei knapp der Hälfte der untersuchten Zeitungsausgaben nachweisen.

Insgesamt kommen die einzelnen Gruppen der TS ‚Kommentar' deutlich häufiger in der ‚Zeit' als im ‚Tagesspiegel' vor. So ist in allen Zeitungsausgaben der ‚Zeit' mindestens ein TE der Gruppen ‚Reihenkommentar', ‚Großkritik' und ‚Reihenkritik' erschienen, TE der ‚Großkommentare' treten in 77 Prozent der Zeitungsausgaben auf. Im ‚Tagesspiegel' kommen lediglich die ‚Großkritiken' in nahezu allen Ausgaben vor, die ‚Reihenkritiken' sind in einem Großteil der Zeitungsausgaben vertreten. Die TSV ‚Freier Kommentar' gehört im ‚Tagesspiegel' hingegen nicht zum festen Repertoire. TE der ‚Großkommentare‘ stellen eine Seltenheit dar, während TE der ‚Reihenkommentare‘ gelegentlich auftreten (vgl. Tab. 48). Die stärkere Präsenz der ‚Freien Kommentare‘ in der ‚Zeit‘ entspricht dem größeren Platzangebot des Kulturteils in dieser Zeitung. Es existiert Raum für kritische Betrachtungen aktueller kultureller Themen. In der Tageszeitung ‚Der Tagesspiegel‘ erscheinen fast ausschließlich ‚Reihenkommentare‘ mit ihrem relativ geringen Textumfang und hohen Unterhaltungswert, während für die ausführliche Beleuchtung und Bewertung eines kulturellen Themas in Form eines ‚Großkommentars‘ nur äußerst selten Ressourcen zur Verfügung gestellt werden. Die Behandlung gegenwärtiger Ereignisse steht hier gegenüber einer umfassenden Betrachtung eines zwar gerade aktuellen, jedoch nicht akut neuartigen Themas im Fokus.

Wie bereits bei den vorherigen TS beschrieben, weisen auch die Gruppen ‚Großkommentar‘ und ‚Großkritik‘ innerhalb der ‚Zeit‘ aufgrund des größeren Umfang des Kulturteils einen deutlich höheren durchschnittlich Textumfang gegenüber denjenigen des ‚Tagesspiegels‘ auf, der zugleich mit einer im Durchschnitt größeren Anzahl an Absätzen und Einschüben, sofern diese auftreten, verbunden ist (vgl. Tab. 48). Zudem sind bei den beiden Gruppen innerhalb der ‚Zeit‘ Pronomen der ersten Person deutlich häufiger vertreten als bei denselben Gruppen innerhalb des ‚Tagesspiegels‘, was auf eine stärkere Präsenz des Verfassers verweist. Bei den ‚Großkommentaren‘ und ‚Großkritiken‘ der ‚Zeit‘ tritt im Zentralbereich der Verfassername in Form eines fettgedruckten, isoliert gebrauchten einfachen Nominalsatzes am Ende der Unterzeile auf, wobei diese Platzierung zeitungstypisch ist und auch bei anderen TS innerhalb der ‚Zeit‘ vorkommt.[20] Auch die Initiale als typisches textuelles Merkmal der ‚Zeit‘ kommt bei den beiden Gruppen im Zentralbereich vor, wobei es im Gegensatz zu den TS ‚Bericht‘ und ‚Porträt‘, bei denen im ‚Tagesspiegel‘ Initialen durchgängig fehlen, auch häufig bei den ‚Großkommentaren‘ und ‚Großkritiken‘ innerhalb der Tageszeitung vorkommt.

Bei den seriellen Gruppen ‚Reihenkommentar‘ und ‚Reihenkritik‘ sind die Unterschiede zwischen den beiden Zeitungen bei den eben besprochenen Merkmalen nur sehr gering ausgeprägt. Größere Abweichungen bestehen bei diesen darin, dass die ‚Reihenkommentare‘ innerhalb der ‚Zeit‘ gelegentlich und die ‚Reihenkritiken‘ häufig eine einzeilige Überschrift aufweisen, während diese innerhalb des ‚Tagesspiegels‘ bei

20 Vgl. die Ausführungen bei den TS ‚Bericht‘ und ‚Porträt‘.

beiden Gruppen im Zentralbereich zweizeilig ist. Zudem zeigen die ‚Reihenkommentare' und ‚Reihenkritiken' innerhalb des ‚Tagesspiegels' deutlich häufiger die Makrostruktur des Bildes, um den Wiedererkennungswert der Serien zu erhöhen. Die Anzahl der Serien pro Gruppe ist bei den ‚Reihenkommentaren' innerhalb der Wochenzeitung (sechs Serien) doppelt so hoch wie in der Tageszeitung (drei Serien), während die Serienanzahl bei den ‚Reihenkritiken' innerhalb des ‚Tagesspiegels' höher ist (20 gegenüber 14 Serien).

Ein weiterer Unterschiede zwischen den Gruppen der beiden Zeitungen bestehen darin, dass bei den ‚Großkommentaren', ‚Reihenkommentaren' und ‚Reihenkritiken' der ‚Zeit' deutlich häufiger mindestens ein Informationsabsatz auftritt als bei den entsprechenden Gruppen innerhalb des ‚Tagesspiegels'. Bei den ‚Großkommentaren' dienen die Informationsabsätze oft dazu, zusätzliche Informationen zu dem Verfasser zu liefern oder auf einen Übersetzer und das Herkunftsland des TE zu verweisen. Dies zeigt an, dass innerhalb der ‚Zeit' regelmäßig international wichtige Personen und Schriften veröffentlicht werden. Bei den ‚Reihenkommentaren' weisen fast alle Informationsabsätze auf eine Audioversion des TE hin, ein Service, der vom ‚Tagesspiegel' nicht geboten wird. Bei den ‚Reihenkritiken' der Wochenzeitung liefert der Informationsabsatz häufig wichtige Angaben zu dem besprochenen Werk, was innerhalb der Tageszeitung nur bei den ‚Großkritiken' verbreitet ist. Der Informationsabsatz bei den ‚Literaturkritiken' innerhalb des ‚Tagesspiegels' enthält bei knapp der Hälfte der TE ein Bild des Buchcovers. Diese Gestaltung tritt bei der Subgruppe innerhalb der ‚Zeit' nicht auf.

1.6 Definition der Textsorte ‚Interview'

Tab. 49: Merkmaltabelle der Textsorte ‚Interview'

		Textsorte ‚Interview' im ‚Tagesspiegel'	**Textsorte ‚Interview' in der ‚Zeit'**
EXTERNE MERKMALE			
Medium	Platzierung	- TSV ‚GI': keine feste Grob- und Feinplatzierung - TSV ‚UI': feste Grob- und Feinplatzierung	- keine feste Grob- und Feinplatzierung
	Spaltenanzahl	- TSV ‚GI': 3-5 Spalten (83 %) - TSV ‚UI': 1 Spalte (100 %)	- 5 Spalten auf ein bis drei Seiten (86 %)
	Zeit	- in 32 % der Zeitungsausgaben - TSV ‚GI': kein fester Erscheinungstag - TSV ‚UI': fester Erscheinungstag	- in 46 % der Zeitungsausgaben

		Textsorte ‚Interview' im ‚Tagesspiegel'	Textsorte ‚Interview' in der ‚Zeit'
INTERNE MERKMALE			
linguistische Ebene der Makrostruktur			
Überschrift	Aufbau	zweizeilige Überschrift (100 %)	
	Gestaltung	größere HZ als UZ (100 %)	
Absatz	Anzahl	- TSV ‚GI': >12 Absätze (100 %) - TSV ‚UI': 6 Absätze (83 %)	- >17 Absätze (100 %)
	Gestaltung	- überwiegend Wechsel zwischen Frage (Interviewer) und Antwort (Interviewte) - drucktechnisch gekennzeichnete, sich abwechselnde Redeanteile zwischen mindestens zwei Personen	- überwiegend Wechsel zwischen Frage (Interviewer) und Antwort (Interviewte) - namentlich gekennzeichnete, sich abwechselnde Redeanteile zwischen mindestens zwei Personen
Bild	Vorkommen	- 100 % (zu 96 % ein Bild)	- 86 % (zu 67 % ein Bild)
	Funktion	- TSV ‚GI': Visualisieren/Vorstellen der Interviewten oder Interesse wecken (je nach Bekanntheit) - TSV ‚UI': Visualisieren/Vorstellen der Interviewten	- pro TE mit Bild mindestens ein Foto zum Visualisieren/ Vorstellen der Interviewten oder Interesse wecken (je nach Bekanntheit)
	Bildunterschrift	TSV ‚GI': - ohne BU im Einschub (35 %) - mit BU (65 %), davon 94 % mit drucktechnisch zweigeteilter BU - BU erklärt Bildinhalt (Nennung Interviewten) und gibt teilw. Zusatzinformationen TSV ‚UI': - ohne BU im Einschub (100 %)	- 21 % der Bilder ohne BU - 79 % mit BU mit drucktechnischen Hervorhebungen - BU erklärt Bildinhalt (82 % nennen Interviewten) und gibt teilw. Zusatzinformationen - 45 % der BU liefern biografische Informationen
Verfassername	Vorkommen	- TSV ‚GI': vollständiger Name in Kursivdruck (100 %) - TSV ‚UI': kein Verfassername oder Kürzel (100 %)	- vollständiger Name (100 %)
	Position	- TSV ‚GI: in Wendung unter FT (100 %)	- in Wendung unter FT (100 %)
Einschub	Vorkommen	- TSV ‚GI': 39 % - TSV ‚UI': 100 %	- 57 %
	Funktion	- liefert biografische Informationen und Foto des Interviewten	- Zitate von Interviewten, hebt relevante Aussagen hervor
	Informationsabsatz	- TSV ‚GI': 17 % - TSV ‚UI': –	- ein Informationsabsatz vor (14 %, Informationen zur Interviewumgebung) und einer unter (14 %, Informationen zum Interviewten) dem FT
	Reihenname	- TSV ‚GI': – - TSV ‚UI': 100 %	–
	Informationsleiste	- TSV ‚GI': 39 %, liefert zu 89 % Informationen zur Biografie - TSV ‚UI': –	–
	Informationskasten	- TSV ‚GI': 17 %, liefert Informationen zur Biografie (50 %) oder einem bestimmten Thema (50 %) - TSV ‚UI': –	- 43 %, liefert Informationen zur Biografie (67 %) oder einem bestimmten Thema (33 %)

		Textsorte ‚Interview' im ‚Tagesspiegel'	Textsorte ‚Interview' in der ‚Zeit'
	textuelle Merkmale	–	
linguistische Ebene der Syntax			
Textumfang	Mindestlänge	> 39 Sätze 78 % (> 90 Zeilen 78 %)	
	durchschnittliche Textlänge	- TSV ‚GI': Ø SA 76 (ZA 165) - TSV ‚UI': Ø SA 14 (ZA 43)	- Ø SA 175 (ZA 246)[21]
	Zusammensetzung FT (i.g.e.S. zu GS)	- TSV ‚GI': 47 %/53 % - TSV ‚UI': 53 %/47 %	- 59 %/41 %
Überschrift	syntaktische Gestaltung	TSV ‚GI': - HZ: i.g.e.S 74 % und GS 26 % - UZ: i.g.e.S 70 % und 2 i.g.e.S (17 %) TSV ‚UI': - HZ: i.g.e.NoS 83% u. VeS 17 % - UZ: identischer GS (100 %)	- HZ: i.g.e.S 86 % - UZ: mehrere Sätze (86 %)
	Funktion	- HZ: Interesse wecken (100 %) - UZ: nennt Interviewten und angesprochene Themen (100 %) - TSV ‚UI': Bei UZ wird Berufsgruppe statt Name genannt	- HZ: Interesse wecken (100 %) - UZ: nennt Interviewten mit Beruf und angesprochene Themen (100 %)
Fließtext	Fragesätze	100 %	
	Ausrufesätze	- TSV ‚GI': 30 % - TSV ‚UI': –	- 71 %
	Nominalsätze	- TSV ‚GI': 100 % (i.g.e.NoS 74 %/nom. TeS 96 %) - TSV ‚UI': 50 % (i.g.e.NoS 33 %/nom. TeS 33 %)	- 100 % (i.g.e.NoS 100 %/nom. TeS 86 %)
	Parz.	- TSV ‚GI': 52 % - TSV ‚UI': 17 %	- 71 %
linguistische Ebene der Lexik			
WNB	viele ‚Originelle WNB'	- TSV ‚GI': 9 % (83 % weisen überhaupt ‚Originelle WNB' auf) - TSV ‚UI': 0 % (17 % weisen überhaupt ‚Originelle WNB' auf)	- 14 % (57 % weisen überhaupt ‚Originelle WNB' auf)
	mehr als zwei WNB mit identischem GM	- TSV ‚GI': 22 % - TSV ‚UI': 33 %	- 43 %
Wertungsträger	wertende Begriffe	100 %	
	abgekürzte Wortformen	–	- 14 %
Pronomen	Pronomen der 1. Person	100 %	

21 Das sehr umfangreiches TE „Wer ein Jahr jünger ist, hat keine Ahnung" (14. Juni, Seite 57-59) ist bei den Durchschnittswerten nicht berücksichtigt, da es diese stark verfälschen würde (SA 787, ZA 997).

		Textsorte ‚Interview' im ‚Tagesspiegel'	Textsorte ‚Interview' in der ‚Zeit'
	Pronomen der HF	100 %	
Zitate	Vorkommen	- TSV ‚GI': 48 % - TSV ‚UI': –	- 57 %
	lexikalische Besonderheit	Nennung Name der Interviewten: - TSV ‚GI': Name tritt an mind. drei Positionen im TE auf (78 %) - TSV ‚UI': Name tritt an einer Position (Einschub) auf (100 %)	Nennung Name der Interviewten: - Name tritt an drei bis sechs Positionen (davon immer in der UZ und zu Beginn der Absätze) im TE auf (100 %)

In der ‚Zeit' weist die TS ‚Interview' keine Unterteilung in TSV auf. Die TS entspricht in ihren Merkmalen jedoch weitgehend der TSV ‚Gesprächsinterview' im ‚Tagesspiegel', sodass sie bei der folgenden Auswertung in Abgrenzung zu der TSV ‚Umfrageinterview' ebenfalls als TSV ‚Gesprächsinterview' gewertet wird. Die TSV ‚Gesprächsinterview' umfasst den Großteil der TE der TS ‚Interview' und entspricht damit weitgehend dem Zentralbereich der TS.

Die **Textsorte ‚Interview'** besteht aus den zwei Textsortenvarianten ‚Gesprächsinterview' (83 %) und ‚Umfrageinterview' (17 %). Ihre Textexemplare weisen keine feste Platzierung im Kulturteil auf und gehören nicht zum festen Textsortenrepertoire. Sie zeigt textintern makrostrukturell eine zweizeilige Überschrift. Die mindestens zwölf Absätze, die auf wenigstens drei Spalten angeordnet sind, zeigen absatzweise einen Wechsel von Fragen eines Interviewers und Antworten mindestens einer interviewten Person, wobei die verschiedenen Redeanteile drucktechnisch oder namentlich gekennzeichnet sind. Der Verfasser wird mit vollständigem Namen in einer Wendung unter dem Fließtext genannt, aus der die Rolle des Verfassers als Interviewer hervorgeht. Es kommt ein Bild vor, das den Interviewten zeigt und je nach dessen Bekanntheitsgrad primär dem Visualisieren und Vorstellen oder dem Interessewecken dient. Tritt das Bild nicht als Teil der Makrostruktur des Einschubs auf, ist es mit einer Bildunterschrift verbunden, die den Interviewten benennt und teilweise Zusatzinformationen zum Bildinhalt liefert. Syntaktisch besteht der Fließtext aus mindestens 39 Sätzen (bzw. 90 Zeilen) bei einer durchschnittlichen Satzanzahl von 82 (bzw. Zeilenanzahl von 157), wobei sich das Verhältnis von Gesamtsätzen zu isoliert gebrauchten einfachen Sätzen ungefähr entspricht. Die Hauptzeile konstituiert sich aus einem isoliert gebrauchten einfachen Nominal- oder Verbalsatz und weckt das Interesse der Leser, während die Unterzeile den Namen des Interviewten und/oder seinen Beruf sowie im Textexemplar angesprochene Themen nennt. Es treten mehrere Fragesätze auf, die fast ausschließlich dem Redeanteil des Interviewers entstammen. Mindestens ein nominaler Teilsatz ist obligatorisch. Lexikalisch kommen wertende Begriffe, mindestens eine ‚Originelle Wortneubildung' sowie mehrere Pronomen der ersten Person und der Höflichkeitsform vor. Der Name des Interviewten tritt mindestens dreimal auf.

Der Peripheriebereich der TS ‚Interview' zeigt makrostrukturell häufig einen Einschub, der entweder eine relevante Aussage des Interviewten hervorhebt oder ein Miniaturbild der interviewten Person enthält und biografische Informationen zu dieser liefert. Informationsabsätze sowie Informationsleisten und Informationskästen, die funktional vorrangig biografische Informationen vermitteln, treten selten auf. Ausrufesätze kommen gelegentlich vor, Parzellierungen sind häufig. Isoliert gebrauchte einfache Nominalsätze liegen knapp außerhalb des Zentralbereichs. Lexikalisch kommen gelegentlich mehr als zwei Wörter mit demselben Grundmorphem und Zitate vor.

Die Einschübe mit biografischen Informationen in Verbindung mit einem Foto des Interviewten sowie die Informationsleiste und der Informationskasten sind Makrostrukturen, die ausschließlich bei der TS ‚Interview' auftreten und dadurch trotz ihrer Lage außerhalb des Zentralbereichs Bedeutung für die Abgrenzung der einzelnen TS besitzen.

Die Merkmale des Peripheriebereichs begründen die Opposition gegenüber den TS ‚Bericht' und ‚Porträt' mit, bei denen Informationsabsätze gelegentlich auftreten, Ausrufesätze selten sind und Zitate im Zentralbereich liegen. Bei der TS ‚Bericht' stellen Parzellierungen zudem nur ein gelegentliches Merkmal dar.

Die TSV ‚Gesprächsinterview' entspricht im Zentralbereich der Textsortendefinition der TS ‚Interview'. Sie kann lediglich dahingehend präzisiert werden, dass der Fließtext mindestens 50 Sätze (bzw. 100 Zeilen) umfasst bei einer durchschnittlichen Satzanzahl von 96 (bzw. Zeilenanzahl von 181) und isoliert gebrauchte einfache Nominalsätze im Zentralbereich liegen.

Die Textexemplare der **Textsortenvariante ‚Umfrageinterview'** weisen eine feste Platzierung innerhalb der Zeitung und einen festen Erscheinungstag auf. Makrostrukturell bestehen sie aus sechs Absätzen in einspaltiger Anordnung. Die Makrostruktur des Bildes weist keine Bildunterschrift auf. Sie ist in die obligatorisch auftretende Makrostruktur des Einschubs integriert, die biografische Informationen zu der interviewten Person liefert, die nie allgemein bekannt ist, und diese mittels des Bildes visualisiert und vorstellt. Es kommt ein Reihenname vor. Syntaktisch konstituiert sich der Fließtext aus acht bis 20 Sätzen (bzw. 20 bis 64 Zeilen) bei einer durchschnittlich Satzanzahl von 14 (bzw. Zeilenanzahl von 43). Die Hauptzeile besteht aus einem isoliert gebrauchten einfachen Nominalsatz, die Unterzeile aus einem inhaltsseitig festgelegten Gesamtsatz, der auf die Zusammengehörigkeit mehrerer Textexemplare zu einer Reihe verweist, deren Interviewte alle derselben Berufsgruppe angehören. Lexikalisch wird der Name der interviewten Person ausschließlich im Einschub genannt.

Der Peripheriebereich der TSV ‚Umfrageinterview' zeigt syntaktisch selten Parzellierungen und lexikalisch selten ‚Originelle Wortneubildungen'. Dies grenzt die TSV von den ‚Gesprächsinterviews' ab, bei denen Parzellierungen häufig vorkommen und ‚Originelle Wortneubildungen' im Zentralbereich liegen. Die Abgrenzung der beiden TSV der TS ‚Interview' erfolgt zusätzlich dadurch, dass der TSV ‚Umfrageinterview' mehrere Merkmale fehlen, die bei der TSV ‚Gesprächsinterview' auftreten. So zeigen sich makrostrukturell nie ein Verfassernachweis und ein Informationsabsatz, syntaktisch fehlen Ausrufesätze und lexikalisch Zitate.

Ein zentraler Unterschied zwischen den beiden Zeitungen besteht darin, dass die TSV ‚Umfrageinterview' ausschließlich im ‚Tagesspiegel' vorkommt. Auch in der Tageszeitung tritt sie lediglich in sechs Zeitungsausgaben auf, weshalb ihre Frequenz generell als gering einzustufen ist,

Wie bei den übereinstimmenden TSV der TS ‚Bericht' und ‚Porträt' zeigen auch die TE der TSV ‚Gesprächsinterview' innerhalb der ‚Zeit' einen durchschnittlich höheren Textumfang als die TE derselben TSV im Tagesspiegel. So weisen die ‚Gesprächsinterviews' im ‚Tagesspiegel' im Durchschnitt 76 Sätze (bzw. 165 Zeilen) und diejenigen in der ‚Zeit' 175 Sätze (bzw. 246 Zeilen) auf. Durch den größeren Umfang des Kulturteils wird den ‚Interviews' in der ‚Zeit' mehr Raum zur Verfügung gestellt.[22] Die höhere Textlänge bedingt weitere Unterschiede zwischen den beiden Zeitungen. Die TSV ‚Gesprächsinterview' in der ‚Zeit' hat eine im Schnitt höhere Absatz- und Spaltenanzahl als dieselbe TSV innerhalb des ‚Tagesspiegels'. Zudem treten fast alle Makrostrukturen der TSV innerhalb der ‚Zeit' etwas häufiger auf als im ‚Tagesspiegel'. Einschübe kommen in der Wochenzeitung häufig vor, während diese Makrostruktur innerhalb der Tageszeitung nur gelegentlich auftritt. Zu-

22 Vgl. den ähnlichen Befund bei den TS ‚Bericht' und ‚Porträt'.

dem hat diese bei den Zeitungen unterschiedliche Funktionen: Während die Einschübe in der ‚Zeit' relevante Aussagen des Interviewten aus dem Fließtext hervorheben, liefern Sie im ‚Tagesspiegel' biografische Informationen zum Interviewten und visualisieren bzw. stellen ihn mittels eines integrierten Miniatur-Porträts vor. Auch die Makrostrukturen des Informationsabsatzes und des Informationskastens weisen in der ‚Zeit' eine höhere Frequenz auf (vgl. Tab. 49). Die im ‚Tagesspiegel' gelegentlich auftretende Makrostruktur der Informationsleiste fehlt hingegen in den ‚Gesprächsinterviews' der ‚Zeit' durchgängig.

Syntaktisch lassen sich die Unterschiede in der Zusammensetzung des Fließtextes zugunsten der isoliert gebrauchten einfachen Sätze und das obligatorische Auftreten mindestens eines isoliert gebrauchten einfachen Nominalsatzes im Fließtext innerhalb der ‚Zeit' dadurch erklären, dass die Kennzeichnung der Redeanteile über die Angabe des Namens bzw. eines Kürzels des Sprechers in Form eines isoliert gebrauchten einfachen Nominalsatzes erfolgt. Innerhalb der ‚Gesprächsinterviews' des ‚Tagesspiegels' findet die Abgrenzung der Äußerungen von Interviewer und Interviewten über drucktechnische Mittel statt.

Bei den ‚Gesprächsinterviews' des ‚Tagesspiegels' wird die Unterzeile vorrangig aus einem isoliert gebrauchten einfachen Satz konstituiert, bei denen der ‚Zeit' aus mehreren Sätzen. Dies beruht, anders als bei den TS ‚Bericht' und ‚Porträt' innerhalb der ‚Zeit', nicht darauf, dass der Verfassername als isoliert gebrauchter einfacher Nominalsatz die Unterzeile der ‚Gesprächsinterviews' beschließt. Er tritt wie bei den ‚Gesprächsinterviews' des ‚Tagesspiegels' in einer festen Wendung unterhalb des Fließtextes auf. Die höhere Satzanzahl geht auf ein stärkeres Informationsbedürfnis des Verfassers zurück, den Leser ausführlicher über die Gesprächsinhalte des umfangreichen TE in Kenntnis zu setzen.

Ein weiterer syntaktischer Unterschied zwischen der TSV ‚Gesprächsinterview' der beiden Zeitungen besteht darin, dass innerhalb der ‚Zeit' deutlich mehr Ausrufesätze auftreten. Dies kann sowohl auf eine tiefere Behandlung emotionaler Themen als auch auf einen kritischeren bzw. aggressiveren Interviewstil mit entsprechend gefühlsbetonten Reaktionen der Interviewten verweisen.[23]

23 Vgl. z.B. das TE „Wer ein Jahr jünger ist, hat keine Ahnung" (14. Juni 2007, Seite 57-59), in dem sehr viele Ausrufesätze vorkommen.

1.7 Definition der Textsorte ,Abdruck'

Tab. 50: Merkmaltabelle der Textsorte ,Abdruck'

		Textsorte ,Abdruck' im ,Tagesspiegel'	**Textsorte ,Abdruck' in der ,Zeit'**
EXTERNE MERKMALE			
Medium	Platzierung	- keine feste Grob- und Feinplatzierung	- TSV ,TTA': keine Angaben möglich[24] - TSV ,RA': feste Grob- und Feinplatzierung
	Spaltenanzahl	- 1 Spalte (33 %), 4 Spalten (33 %), 5 Spalten (33 %)	- TSV ,TTA': 4 Spalten - TSV ,RA': 1 Spalte (100 %)
	Zeit	- in 3 % der Zeitungsausgaben - kein fester Erscheinungstag	- TSV ,TTA': keine Angaben möglich - TSV ,RA': tritt in jeder Zeitungsausgabe auf
INTERNE MERKMALE			
linguistische Ebene der Makrostruktur			
Überschrift	Aufbau	- zweizeilige Überschrift (100 %)	- TSV ,TTA': zweizeilige Überschrift - TSV ,RA': zweizeilige Überschrift (92 %)
	Gestaltung	- größere HZ als UZ (100 %)	TSV ,TTA': größere HZ als UZ TSV ,RA': - HZ: rötlich gedruckte Großbuchstaben (100 %) - UZ: schwarze Groß- und Kleinbuchstaben (100 %) in Normaldruck (83 %), andere Schriftart als HZ (100 %), größer als HZ (100 %)
Absatz		unberücksichtigt	
Bild	Vorkommen	- 33 %	- TSV ,TTA': vorhanden - TSV ,RA': –
	Funktion	- Visualisieren/Vorstellen	- TSV ,TTA': Auflockerung - TSV ,RA': –
	Bildunterschrift	- drucktechnisch zweigeteilt - Erklärung Bildinhalt	TSV ,TTA': - mit drucktechnischer Hervorhebung - Erklärung Bildinhalt - TSV ,RA': –
Verfassername	Vorkommen	- immer vollständiger Name der Autoren des verwendeten Primärtextes - ein Verfasser der Zeitung, der den Artikel gefertigt hat, tritt nicht auf	

24 Da die TSV in der ,Zeit' nur ein TE aufweist, ist eine Aussage zur regelmäßigen Platzierung nicht möglich. Auf Prozentangaben wird bei der TSV aus demselben Grund verzichtet. Tritt ein Merkmal auf, wird dies mit der Bezeichnung „vorhanden" angegeben,

		Textsorte ‚Abdruck' im ‚Tagesspiegel'	Textsorte ‚Abdruck' in der ‚Zeit'
	Position	- Autor des Primärtextes tritt in der UZ auf (100 %)	- TSV ‚TTA': Autor des Primärtextes tritt in der UZ auf - TSV ‚RA': Autor des Primärtextes tritt in HZ (92 %) bzw. einzeiliger Überschrift (8 %) auf
Einschub		–	
	Informationsabsatz	- ein Informationsabsatz (100 %) - Funktion: Hinweis darauf, dass es sich um einen Abdruck handelt (Quellennachweis oder Abdruckgenehmigung des Verlags)	- TSV ‚TTA': Informationen zum Autor und ein Hinweis mit Quellennachweis, dass es sich um einen Vorabdruck handelt - TSV ‚RA': mindestens ein Informationsabsatz mit Quellennachweis (100 %), zusätzlich weitere Informationsabsätze mit Informationen zu weiteren Gedichtbänden des Autors (23 %) oder über den Autor (8 %)
	Reihenname	–	- TSV ‚TTA': – - TSV ‚RA': 100 %
	Informationsleise	–	
	Informationskasten	–	
	textuelle Merkmale	Initiale: - 33 %	Initiale: - TSV ‚TTA': vorhanden - TSV ‚RA': –
linguistische Ebene der Syntax			
Textumfang		unberücksichtigt	
Überschrift	syntaktische Gestaltung	HZ: - ein i.g.e.S (100 %) UZ: - ein i.g.e.S (33 %) - mehrere i.g.e.S (67 %)	HZ: - TSV ‚TTA': i.g.e.NS - TSV ‚RA': ein i.g.e.S (58 %) oder ein GS aus zwei TS (42 %) UZ: - TSV ‚TTA': 3 i.g.e.S - TSV ‚RA': ein i.g.e.S (83 %), zu 90 % ein NS
	Funktion	HZ: - Interesse wecken (100 %) UZ: - nennt Autor (100 %), Textart (67 %) und Titel (33 %) des Primärtext (100 %), nennt grobes Thema (67 %)	HZ: - TSV ‚TTA': Interesse wecken - TSV ‚RA': nennt Dichter (100 %) und seine Lebensdaten (42 %) UZ: - TSV ‚TTA': nennt Autor und Thema - TSV ‚RA': nennt Gedichttitel (100 %)
Fließtext		unberücksichtigt	
linguistische Ebene der Lexik		unberücksichtigt	

Im ‚Tagesspiegel' zeigen die drei TE der TS ‚Abdruck' keine wesentlichen Merkmalsunterschiede, weshalb dort keine Unterteilung in TSV erfolgte. Die TS entspricht in ihren Merkmalen jedoch größtenteils dem einen TE der TSV ‚Textteilabdruck' in der ‚Zeit', das sich deutlich von den TE der TSV ‚Reihenabdruck' unterscheidet. Aufgrund der großen Übereinstimmungen zu den drei TE des ‚Tagesspiegels' und der klaren Opposition zu der TSV ‚Reihenabdruck' ist das Ansetzen einer TSV ‚Textteilabdruck' trotz der geringen Textexemplaranzahl mit dem Hinweis auf die Vorläufigkeit der Ergebnisse gerechtfertigt. Die drei TE des ‚Tagesspiegels' werden bei der Auswertung und Definition zu der TSV ‚Textteilabdruck' gerechnet.

Bei der Definition der TS ‚Abdruck' und ihrer beiden TSV können, anders als bei den anderen TS, viele syntaktische und alle lexikalischen Merkmale, die im Vorfeld für die Textsortenbestimmung als relevant bestimmt worden und Teil der Textsortentabellen sind, nicht berücksichtigt werden. Da es sich bei dem Fließtext um eine wörtliche Übernahme eines Primärtextes oder von Teilen von diesem handelt, ist dessen Untersuchung für die TS ‚Abdruck' nicht zielführend, sondern nur für die Definition der TS des Primärtextes. Prinzipiell können TE aller TS in Gänze oder in Teilen die Textgrundlage darstellen, auf die der Fließtext der TS ‚Abdruck' zurückgeht.

> Die **Textsorte ‚Abdruck'** besteht aus den zwei Textsortenvarianten ‚Reihenabdruck' (76 %) und ‚Textteilabdruck' (24 %). Sie zeigt textintern makrostrukturell eine zweizeilige Überschrift. Der Fließtext besteht ausschließlich aus der wörtlichen Übernahme von Teilen oder eines ganzen Primärtextes. Der Autor des Primärtextes wird mit vollständigem Namen in der Überschrift genannt, während ein Verweis auf den Mitarbeiter der Zeitung, der den Artikel gestaltet hat, fehlt. Es kommt ein Informationsabsatz unter dem Fließtext vor, der dem Leser anzeigt, dass es sich bei dem Fließtext um einen ganzen oder teilweisen Abdruck eines Primärtextes handelt.

Ein Peripheriebereich lässt sich bei der TS nicht nachweisen. Es fehlt die Makrostruktur des Einschubs, die bei vielen anderen TS des Kulturteils wie ‚Bericht', ‚Porträt' und ‚Kommentar' auftritt.

> Die Textexemplare der **Textsortenvariante ‚Reihenabdruck'** weisen eine feste Grob- und Feinplatzierung innerhalb der Zeitung auf. Die Textsortenvariante zeigt makrostrukturell eine in rötlichen Großbuchstaben gesetzte Hauptzeile und eine in schwarzen Groß- und Kleinbuchstaben gedruckte Unterzeile, die eine andere Schriftart und

eine höhere Schriftgröße als die Hauptzeile aufweist. Der Fließtext ist einspaltig angeordnet und besteht vollständig aus der Übernahme eines Gedichtes, das zuvor bereits in einem anderen Medium zu einem früheren Zeitpunkt veröffentlicht wurde. Es tritt ein Reihenname auf. Syntaktisch konstituiert sich die Unterzeile aus einem isoliert gebrauchten einfachen Nominalsatz, der den Gedichttitel nennt. Die Hauptzeile gibt den Namen des Dichters an.

Der Peripheriebereich der TSV ‚Reihenabdruck' zeigt syntaktisch häufig eine Hauptzeile, die aus einem isoliert gebrauchten einfachen Nominalsatz besteht. Daneben konstituiert sie sich gelegentlich aus einem Gesamtsatz aus zwei nominalen Teilsätzen. Letztere Realisation tritt auf, wenn bei einem verstorbenen Dichter zusätzlich zum Namen die Lebensdaten angegeben werden, die in Form eines isoliert gebrauchten einfachen Nominalsatzes in Klammern die Hauptzeile beschließen.

Die Merkmale des Peripheriebereichs grenzen die TSV ‚Reihenabdruck' zusätzlich von der TSV ‚Textteilabdruck' ab, bei der die Hauptzeile immer aus einem isoliert gebrauchten einfachen Satz besteht und funktional dazu dient, dass Interesse der Leser zu wecken.

Die Makrostruktur des Bildes und das textuelle Merkmal der Initiale kommen bei der TSV ‚Reihenabdruck' nicht vor, während sie bei der TSV ‚Textteilabdruck' häufig sind.

Die Textexemplare der **Textsortenvariante ‚Textteilabdruck'** weisen keine feste Grob- und Feinplatzierung innerhalb der Zeitung auf. Die Textsortenvariante zeigt makrostrukturell eine Hauptzeile, die sich durch eine höhere Schriftgröße von der Unterzeile abhebt. Der Fließtext ist mindestens dreispaltig angeordnet und besteht vollständig aus der Übernahme eines Textteils eines Primärtextes. Syntaktisch konstituiert sich die Hauptzeile aus einem isoliert gebrauchten einfachen Nominalsatz, die Unterzeile besteht aus mehreren Sätzen. Funktional weckt die Hauptzeile das Interesse der Leser. Die Unterzeile nennt den Autor des Primärtextes und das grobe Thema des Textexemplars.

Im Peripheriebereich der TSV ‚Textteilabdruck' kommt makrostrukturell häufig ein Bild mit Bildunterschrift vor, die den Bildinhalt erklärt. Das textuelle Merkmal der Initiale ist häufig. Als zusätzliche Funktion der Unterzeile tritt häufig eine Textklassifikation des Primärtextes auf.

Durch diese Merkmale lassen sich die beiden TSV der TS ‚Abdruck' zusätzlich abgrenzen.[25] Einen weiteren Unterschied stellt das Fehlen ei-

25 Vgl. die Ausführungen weiter oben bei der TSV ‚Reihenabdruck'.

nes Reihennamens dar, der bei der TSV ‚Reihenabdruck' obligatorisch ist.

Der einzige zentrale Unterschied der TS ‚Abdruck' zwischen den beiden Zeitungen ist, dass die TSV ‚Reihenabdruck' ausschließlich in der ‚Zeit' vorkommt. Dort erscheint sie in jeder Zeitungsausgabe und gehört somit zum festen Repertoire der Wochenzeitung. Die TSV ‚Textteilabdruck' tritt demgegenüber in beiden Zeitungen nur sehr selten auf.

1.8 Definition vorläufiger Textsorten

In beiden Zeitungen tritt jeweils eine TS auf, deren Zentralbereich aufgrund der geringen Materialgrundlage von wenigen TE nicht fundiert bestimmt werden kann. Die Ergebnisse sind somit als vorläufig zu betrachten und müssen durch weitere Untersuchungen validiert, modifiziert oder widerlegt werden. Die Merkmale der vorläufigen TS werden aus diesem Grund lediglich ausführlich dargestellt, während eine zusammenfassende Textsortendefinition nicht stattfindet.

1.8.1 Die vorläufige Textsorte ‚Stellungnahme'

Innerhalb der ‚Zeit' lässt sich die vorläufige TS ‚Stellungnahme' feststellen, die nur neun TE umfasst, von denen zudem sieben unter einer gemeinsamen Überschrift erscheinen. Darüber hinaus unterteilt sich die TS in die TSV ‚Öffentliche Stellungnahme' (sechs TE) und ‚Gegendarstellung' (drei TE).

Insgesamt treten innerhalb der TS ‚Stellungnahme' nur drei Überschriften auf, da sieben TE unter einer gemeinsamen erscheinen und keine zusätzlichen eigenen aufweisen. Alle Überschriften der TS ‚Stellungnahme' sind zweizeilig, wobei keiner der beiden Überschriftenteile eine Präferenz für eine bestimmte syntaktische Gestaltung erkennen lässt:

(1) HZ: Widerrede
UZ: Im ZEIT-Interview erinnert sich Martin Walser an Reaktionen auf seine Friedenspreis-Rede – nicht ganz korrekt, meint Ulla Berkéwicz[26]

(2) HZ: Stellen Sie sich, Herr von Mythenmetz!
UZ: Eine Erwiderung auf die haltlosen Vorwürfe des größten zamonischen Dichters **VON WALTER MOERS**[27]

(3) HZ: Wer darf, wer soll über Fassbinders Erbe bestimmen?
UZ: Rainer Werner Fassbinders ehemalige Frau Ingrid Caven und der Kameramann Michael Ballhaus haben in der ZEIT schwere Vorwürfe gegen

---

26 ‚Gegendarstellung', „Widerrede", 21. Juni 2007, Seite 53.

27 ‚Gegendarstellung', „Stellen Sie sich, Herr von Mythenmetz!", 23. August 2007, Seite 49.

die Fassbinder Foundation und ihren Umgang mit dem Werk des Regisseurs erhoben – eine Auswahl an Reaktionen[28]

Funktional verweist die Hauptzeile der TSV ‚Gegendarstellung' direkt (1) oder indirekt (2) darauf, dass eine Person in dem TE auf eine Unwahrheit bzw. ein begangenes Unrecht Bezug nehmen will. In Beispiel (1) wird gleichzeitig die Art des folgenden Textes charakterisiert, während Beispiel (2) den Urheber der Anschuldigung gegen den Verfasser nennt und diesen seinerseits zu einer Stellungnahme auffordert.

Die gemeinsame Hauptzeile für eine ‚Gegendarstellung' und sechs ‚Öffentliche Stellungnahmen' (3) zeigt funktional in der Form einer Frage das Thema bzw. Problemfeld auf, zu dem die TE Stellung beziehen. Auch sie verweist, wie die Hauptzeilen der TSV ‚Gegendarstellung', auf die kontroverse Beurteilung eines bestimmten Sachverhalts.

Die Unterzeile der ‚Gegendarstellungen' gibt genauer an, wer die Verfasser der TE und somit die beschuldigten Personen sind, warum sie sich zu einer Richtigstellung veranlasst sehen und um wen es sich bei ihren Anklägern handelt (1+2). In Beispiel (1) wird zudem erwähnt, in welchem Zusammenhang und welchem Medium die fragliche Aussage getätigt wurde.

Die Unterzeile in Beispiel (3) entspricht funktional in einigen Punkten derjenigen der TSV ‚Gegendarstellung'. Auch hier wird aufgeführt, wer von wem für was und in welchem Medium beschuldigt wurde. Der Unterschied zur TSV ‚Gegendarstellung ' besteht darin, dass es sich um ein Thema von großem öffentlichen Interesse handelt, in das viele Personen involviert sind, die nicht einer Falschaussage oder Ähnlichem beschuldigt werden. Sie fühlen das Bedürfnis, sich zu dem Sachverhalt zu äußern und ihre Sicht der Dinge zur Diskussion beizusteuern. Lediglich das erste TE ist von Juliane Lorenz verfasst, die stellvertretend für die Anklage gegen die Fassbinder Foundation steht und gegen die damit die Vorwürfe gerichtet sind. Bei diesem TE handelt es sich entsprechend um eine ‚Gegendarstellung', da sie die Vorwürfe konkret aufgreift und argumentativ zurückweist.[29] Mit dem nominalen Teilsatz „eine Auswahl an Reaktionen" wird auf die inhaltliche Ausrichtung der TE verwiesen, die unter der gemeinsamen Überschrift erscheinen. Eine ‚Gegendarstellung'

28 ‚Öffentliche Stellungnahme', „Wer darf, wer soll über Fassbinders Erbe bestimmen?", 6. Juni 2007, Seite 50. Unter dieser erscheinen sechs ‚Allgemeine Stellungnahmen' und eine ‚Gegendarstellung'. Bei den folgenden Quellennachweisen wird eine verkürzte Hauptzeile verwendet.

29 Die Unterschiede und Gemeinsamkeiten der TSV ‚Gegendarstellung' und ‚Öffentliche Stellungnahme' in ihrer Absatzgestaltung werden an späterer Stelle ausführlich dargestellt.

und mehrere ‚Öffentliche Stellungnahmen' sind dabei passende und erwartbare TSV für die auftretenden TE, da in beiden von einem Verfasser Position zu einem strittigen Thema bezogen wird.

Ein zentraler Unterschied zwischen den beiden TSV besteht in der Person des Verfassers. Bei den ‚Gegendarstellungen' ist der Verfasser immer eine Person, die von einer anderen Partei eines bestimmten Vergehens beschuldigt wurde und dieses in dem TE begründet dementieren will. Bei der ‚Öffentlichen Stellungnahme' äußern sich Personen, die selbst am Rande von dem Konflikt betroffen sind, eine der Konfliktparteien näher kennen oder ein sonstiges Interesse an der Thematik bzw. dem Streit haben. Sie sind jedoch nie direkt Angeklagte. Bei allen TE der TS ‚Stellungnahme' tritt der vollständige Verfassername auf, der bis auf eine Ausnahme[30] in fettgedruckte Großbuchstaben gesetzt ist. Bei den sechs ‚Öffentlichen Stellungnahmen' und der einen ‚Gegendarstellung', die unter einer gemeinsamen Überschrift erscheinen, tritt der Verfasser meist in Verbindung mit seinem Beruf und dem Ort, an dem er die ‚Stellungnahme' verfasst hat, in einem Informationsabsatz unter dem Fließtext auf:

PETER BERLING, FASSBINDER-PRODUZENT UND SCHAUSPIELER, AUTOR HISTORISCHER ROMANE, FIKTIVER INTERVIEWPARTNER IN ALEXANDER KLUGES FERNSEHSENDUNGEN, ROM

Abb. 212: Beispiel für einen Informationsabsatz bei der vorläufigen Textsorte ‚Stellungnahme' in der ‚Zeit'[31]

Teilweise geht bereits aus diesen Informationen die Beziehung des Verfassers zu der in der Unterzeile aufgezeigten Kontroverse hervor. Da die einzelnen TE keine eigene Überschrift besitzen, fungiert der fettgedruckte Informationsabsatz sowohl als direkter Terminator für sein TE als auch als indirekter Initiator für das folgende. Die Eigenständigkeit der TE wird zusätzlich dadurch betont, dass die TE durch einen größeren Abstand voneinander getrennt sind. Bei den übrigen beiden ‚Gegendarstellungen' ist der Verfassername in der Unterzeile[32] bzw. in der Unterzeile und in einer Abschiedsformel am Ende des Fließtextes[33] positioniert.

Eine der beiden ‚Gegendarstellungen' weist ein Bild auf, bei dem es sich um eine Zeichnung von Büchern und (Fantasie-)Tieren handelt.

---

30 Bei der ‚Gegendarstellung' „Widerrede" ist der Name des Autors in normalgedruckten Groß- und Kleinbuchstaben gedruckt. Dafür tritt er jedoch sowohl in der Unterzeile als auch in einer Verabschiedungsformel am Ende des TE auf.

31 ‚Stellungnahme', „Wer darf, wer ...?", 6. Juni 2007, Seite 50, zweites TE.

32 ‚Gegendarstellung', „Stellen Sie sich, Herr von Mythenmetz!", 23. August 2007, Seite 49.

33 ‚Gegendarstellung', „Widerrede", 21. Juni 2007, Seite 53. Vgl. Anhang 92.

Rechts neben dem Bild befindet sich ein Informationsabsatz zu dem Buch, welches Grundlage der Auseinandersetzung ist. Bei den wichtigsten Angaben zu dem Werk treten die beiden im Streit liegenden Parteien auf: Der Autor des Buchs Hildegunst von Mythenmetz und der Übersetzer Walter Moers, der Verfasser der ‚Gegendarstellung'. Der Informationsabsatz klärt somit den Leser über das Verhältnis der beiden Personen auf. Dem Fließtext ist ein zweiter Informationsabsatz vorangestellt, der eine andere Schriftart aufweist als dieser und die genauen Hintergründe und die Vorwürfe gegen den Verfasser der ‚Gegendarstellung' aufzeigt (Abb. 213.1). Ein derartiger Informationsabsatz tritt auch bei einer weiteren ‚Gegendarstellung' auf (Abb. 213.2):

Am 24. August erscheint der neue Zamonien-Roman »Der Schrecksenmeister« von Hildegunst von Mythenmetz in der Übersetzung von Walter Moers. Während Moers nie persönlich auftritt, hat sich nun Hildegunst von Mythenmetz erstmals dem Publikum präsentiert. In einem Interview mit der »Frankfurter Allgemeinen Zeitung« hat der zamonische Dichter den Übersetzer Moers auf das Übelste beschimpft. Er wirft ihm geistigen Diebstahl, miserable Übersetzung und willkürliche Kürzungen vor. Walter Moers antwortet:

Stellungnahme der Rainer Werner Fassbinder Foundation zu dem Artikel *Man kann uns nicht einfach ausradieren* in der *ZEIT* Nr. 22/07 (Seite 47):

Abb. 213.1+2: Informationsabsätze vor dem Fließtext bei der vorläufigen Textsortenvariante ‚Gegendarstellung' in der ‚Zeit'[34]

Auch bei der Textexemplarsammlung unter einer gemeinsamen Überschrift kommt die Makrostruktur des Bildes vor. Es handelt es sich um ein Foto von Rainer Maria Fassbinder, das zwischen den Überschriftenteilen am oberen Bildrand platziert ist. Durch die Bekanntheit der Person zieht es die Aufmerksamkeit der Leser auf sich und verweist auf das Thema der TE. Zugleich dient es der Auflockerung und Gliederung der Textexemplarsammlung, da es gemeinsam mit dem Informationskasten sowohl diese als auch die beiden Überschriftenteile zweiteilt. Das Bild weist keine Bildunterschrift auf. Als weitere gemeinsame Makrostruktur kommt ein Informationskasten mit der Überschrift „Streit um den Nachlass" vor. Er liefert Informationen zu dem Streit um die Verwaltung von Fassbinders Werkhinterlassenschaft und führt dabei näher aus, was in der Unterzeile bezüglich des Streits bereits zusammenfassend dargestellt ist. Diese Hintergrundinformationen sind wichtig, um die sechs ‚Stel-

34 Quellennachweis von links nach rechts: ‚Gegendarstellung', „Stellen Sie sich, Herr von Mythenmetz!", 23. August 2007, Seite 49 und ‚Gegendarstellung', „Wer darf, wer …?", 6. Juni 2007, Seite 50, erstes TE.

lungnahmen‘ und die ‚Gegendarstellung‘ besser zu verstehen und kontextuell einordnen zu können.

Bei dem TE der Textsammlung, das der TSV ‚Gegendarstellung‘ angehört, tritt ein vorangestellten Informationsabsatz auf, der sich nur auf dieses TE bezieht (Abb. 213.2). Wie die Unterzeile und der Informationskasten nennt er die Publikation, in der die Vorwürfe gegen die Verfasserin geäußert wurden, als Bezugspunkt für die folgende ‚Gegendarstellung‘.

Die ‚Gegendarstellung‘ „Stellen Sie sich, Herr von Mythenmetz!“ weist als textuelle Merkmale zu Beginn des Fließtextes eine Initiale über vier Zeitungszeilen und eine Hervorhebung der ersten Wörter von zwei Absätzen auf, die durch eine Leerzeile vom vorherigen getrennt sind. Dies verstärkt die Gliederungsfunktion.

Die ‚Gegendarstellungen‘ „Widerrede“ und das erste TE aus der Textexemplarsammlung von Juliane Lorenz, die einen deutlich geringeren Textumfang haben als das dritte TE, sind sehr sachlich formuliert. Sie enthalten nur wenige wertende Begriffe (z.B. „*bedeutend*“[35] oder „*angeblich*“[36]) und keine ‚Originellen Wortneubildungen‘. Auf diese Weise wirken die Texte glaubwürdig, da auf Ausschmückungen und übertriebene, emotionsgefärbte Darstellungen verzichtet wird. Auch das dritte TE „Stellen Sie sich, Herr von Mythenmetz!“ zeigt nur wenige als kreativ einzustufende Wortneubildungen (z.B. „*Zungenschlägerei*“[37]), dafür jedoch sehr viele wertende Begriffe (z.B. „*willkürlich*“, „*Geplauder*“ und „*befremden*“). Der Verfasser setzt sich, verglichen mit den beiden anderen ‚Gegendarstellungen‘, sehr emotional mit der Kritik auseinander und greift seinerseits seinen Ankläger an („*Dennoch: Ausgerechnet Hildegunst von Mythenmetz, der Gofid Letterkerls schmale Novelle zum dicken Roman ausbaut, sich also schamlos eines vorhandenen Fundamentes bedient, macht mir den Vorwurf des geistigen Diebstahls.*“).

Bei den sechs ‚Öffentlichen Stellungnahmen‘ treten nur wenige ‚Originelle Wortneubildungen‘ auf (z.B. „‚*Lebensgefährtin*‘-*Legende*“[38]). Bei den TE, die unter einer gemeinsamen Überschrift auftreten, lassen sich jedoch bei vier der sechs ‚Öffentlichen Stellungnahmen‘ nicht lexikalisierte Komposita feststellen, deren erste Konstituente der Name „Fassbinder“ ist (z.B. „*Fassbinder-Zeit*“[39] oder „*Fassbinder-Komponist*“[40]). Ein TE

35 ‚Gegendarstellung‘, „Widerrede“, 21. Juni 2007, Seite 53.
36 ‚Gegendarstellung‘, „Wer darf, wer ...?“, 6. Juni 2007, Seite 50, erstes TE.
37 ‚Gegendarstellung‘, „Stellen Sie sich, Herr von Mythenmetz!“, 23. August 2007, Seite 49.
38 ‚Öffentliche Stellungnahme‘, „Wer darf, wer ...?“, 6. Juni 2007, Seite 50, viertes TE.
39 ‚Öffentliche Stellungnahme‘, „Wer darf, wer ...?“, 6. Juni 2007, Seite 50, zweites TE.

weist sogar fünf dieser Bildungen auf.[41] Bei der ‚Gegendarstellung', die ebenfalls unter der Überschrift erscheint, kommt bei je einem Kompositum die Abkürzung RWF (Rainer Werner Fassbinder) oder RWFF (Rainer Werner Fassbinder Foundation) als Erstkonstituente vor („*RWF-Mitarbeiter*" und „*RWFF-Anteile*"[42]). Durch die übereinstimmende erste Konstituente wird das gemeinsame Thema aller TE zum Ausdruck gebracht, wobei verschiedene Aspekte betrachtet werden (zweite Konstituente). In allen TE kommen einige bis viele wertende Begriffe vor (z.B. „*nebulös*",[43] „*Schönheit*",[44] „*herausdrängen*"[45] und „*sicherlich*"[46]). Dieser Befund passt dazu, dass es sich bei der ‚Stellungnahme' um eine meinungsbetonte TS handelt. Die Verfasser stellen ihre Sicht der Dinge dar, wobei ihren Gefühlen und Einschätzungen häufig durch wertende Wörter Ausdruck verliehen wird.

Zwei der drei TE der TSV ‚Gegendarstellung' weisen Zitate auf. Über diese wird zum einen die Anklage wiedergegeben, welche die Verfasser mit dem TE richtigstellen wollen. Die Zitatform gewährleistet, dass dem Leser unmissverständlich und ohne Deutung die Äußerung mitgeteilt wird, auf die sich die ‚Gegendarstellung' bezieht („„*Diese Rede war vorher gelesen worden von Siegfried Unseld und Ulla Berkéwicz, und nachher haben beide nicht merken lassen, dass sie vorher gesagt haben, das sei eine ganz tolle Rede.* ""[47] und „*Drei Vorwürfe hat Hildegunst von Mythenmetz gegen mich erhoben. Erstens: Ich hätte sein Werk* Der Schrecksenmeister *willkürlich gekürzt. Zweitens: Ich hätte es miserabel übersetzt. Drittens: Ich plünderte seine Bücher für eigene Zwecke.*"[48]). In dem dritten TE nimmt die Verfasserin ebenfalls auf Anklagepunkte direkt Bezug, ohne dass dabei jedoch die Vorwürfe zitiert werden („*Die RWFF oder ich haben nie gedroht, Filme zurückzuhalten, wenn angeblich unliebsame RWF-Mitarbeiter von Veranstaltern eingeladen würden.*"). Zum anderen werden Zitate als Beweise verwendet, um die Anklage glaubhaft und nachvollziehbar zu widerlegen. In dem TE „Wi-

40 ‚Öffentliche Stellungnahme', „Wer darf, wer ...?", 6. Juni 2007, Seite 50, sechstes TE.
41 ‚Öffentliche Stellungnahme', „Wer darf, wer ...?", 6. Juni 2007, Seite 50, siebtes TE. Es treten die Komposita „***Fassbinder**-Erbe*", „***Fassbinder**-Geschichte*", „***Fassbinder**-Schau*", „***Fassbinder**-Buch*" und „***Fassbinder**-Erinnerung*" auf.
42 ‚Gegendarstellung', „Wer darf, wer ...?", 6. Juni 2007, Seite 50, erstes TE.
43 ‚Öffentliche Stellungnahme', „Wer darf, wer ...?", 6. Juni 2007, Seite 50, fünftes TE.
44 ‚Öffentliche Stellungnahme', „Wer darf, wer ...?", 6. Juni 2007, Seite 50, drittes TE.
45 ‚Öffentliche Stellungnahme', „Wer darf, wer ...?", 6. Juni 2007, Seite 50, siebtes TE.
46 ‚Öffentliche Stellungnahme', „Wer darf, wer ...?", 6. Juni 2007, Seite 50, sechstes TE.
47 ‚Gegendarstellung', „Widerrede", 21. Juni 2007, Seite 53.
48 ‚Gegendarstellung', „Stellen Sie sich, Herr von Mythenmetz!", 23. August 2007, Seite 49.

derrede“ wird eine Notiz des verstorbenen Ehemanns der Verfasserin, der ebenfalls eines unehrenhaften Verhaltens beschuldigt wird, zitiert, deren Aussage der Beschuldigung klar widerspricht („*„Zur eigentlichen Sensation der Buchmesse entwickelt sich im nachhinein* [sic] *der Friedenspreis an Martin Walser. Die Friedenspreisrede von ihm wurde im vollbesetzten Plenum der Paulskirche (noch nie war die Kartennachfrage so groß) von den anwesenden 1200 Gästen stehend mit Ovationen bedacht. Auch der Bundespräsident, die Bundesminister, Ministerpräsidenten beteiligten sich an dieser Zustimmung. Ich hatte die Rede vorher gelesen und ihm, Walser, zwei Dinge gesagt: 1. ich sei sicher, daß die Rede einem Mißverständnis ausgesetzt sein würde, was Auschwitz beträfe und 2. ich bat ihn dringend, den Schlußsatz mit dem Zitat der Autorin Johanna Walser zu unterlassen. (Dies hat er auch gemacht, im FAZ-Abdruck hat er aber dann das Zitat wieder eingefügt.)* ““). Im TE „Stellen Sie sich, Herr von Mythenmetz!“ nutzt der Autor das Zitat einer Passage aus der ungekürzten Fassung dazu, seine kritisierten Kürzungen bei der Übersetzung zu begründen und anschaulich nachvollziehbar zu machen. Zudem begegnet er dem ihm gemachten Vorwurf des Plagiats, indem er seinerseits eine Textstelle aufzeigt, die der Schriftsteller von Mythenmetz unkommentiert von einem anderen Autor übernommen hat.

Bei der TSV ‚Stellungnahme‘ weist nur ein TE (17 %) Zitate auf. Diese verwendet der Verfasser, um seine Position, die Kritik an dem Herausdrängen von Ingrid Caven, die nach seinen Erfahrungen für Fassbinder die wichtigste Bezugsperson darstellte, nachvollziehbar darzulegen. Er gibt hierfür eigene Erinnerungen und Aussagen Dritter wörtlich bzw. sinngemäß wieder (z.B. „*Beunruhigt und verstört durch die Fernsehnachricht vom Tod der Baader-Meinhof-Bande, ist sein erster Reflex: ‚Ruf Ingrid in Paris an.* ‘“ oder „*Während des zweiten Interviews, das ich mit Fassbinders Mutter Lilo Eder nach Fassbinders Tod für ein Fassbinder-Buch machte, sagte sie über Rainers Schwierigkeiten, im Leben auszudrücken, was ihn quälte, dass dies viele Szenen seiner Filme erkläre. ‚Selbst mit Ingrid war es so‘, sagte sie, ‚der Person, die ihn doch am besten verstanden hat und die bis zum Schluss sein Fixpunkt war.* ‘“[49]).

Im vorläufigen Zentralbereich (100 %) der TS ‚Stellungnahme‘ kommt mindestens ein Pronomen der ersten Person und/oder der Höflichkeitsform pro TE vor. Personalpronomen der ersten Person stellen innerhalb der erhobenen Pronomenarten die mit Abstand größte Gruppe dar (‚Gegendarstellung‘ 67 % und ‚Öffentliche Stellungnahme‘ 84 %),

49 ‚Öffentliche Stellungnahme‘, „Wer darf, wer ... ?“, 6. Juni 2007, Seite 50, siebtes TE.

wobei die Singularformen deutlich überwiegen (‚Gegendarstellung‘ 87 % und ‚Öffentliche Stellungnahme‘ 91 %). Possessivpronomen der ersten Person und Pronomen der Höflichkeitsform kommen in beiden TSV etwa im selben Verhältnis vor (‚Gegendarstellung‘ 16 % bzw. 18 % und ‚Öffentliche Stellungnahme‘ jeweils 8 %). Bei Ersteren dominieren wie bei den entsprechenden Personalpronomen die Singularformen (‚Gegendarstellung‘ 100 % und ‚Öffentliche Stellungnahme‘ 67 %).

Das regelmäßige Auftreten der Pronomen der ersten Person (z.B. (1x *„ich“*, 1x *„mich“*, 1x *„meine“*[50] und 6x *„ich“*, 2x *„mir“*, 1x *„meinem“*, 2x *„mich“*[51]) liegt darin begründet, dass beide TSV aus der Sicht des Verfassers geschrieben sind. Er äußert seine eigenen Erfahrungen, Erinnerungen und Meinungen zu dem Problemfeld bzw. zu den gegen ihn erhobenen Vorwürfen und gibt seine persönliche Sichtweise wieder.

In beiden TSV werden die Höflichkeitsformen von den Verfassern dazu verwendet, Mitarbeiter der ‚Zeit‘ bzw. die Redaktion anzusprechen. Dabei wird immer auf ein in der ‚Zeit‘ abgedrucktes ‚Interview‘ Bezug genommen (z.B. *„In der ZEIT vom 14. Juni 2007 drucken Sie ein Gespräch zwischen Günter Grass und Martin Walser, in dem Martin Walser* […]“[52] und *„Es ist Ihnen sehr für Ihr Interview mit Ingrid Caven zu danken.“*[53]). In der ‚Gegendarstellung‘ „Stellen Sie sich, Herr von Mythenmetz!“ spricht der Autor mit der Höflichkeitsform „Sie“ seinen Ankläger im letzten Absatz mehrfach direkt an. In den vorherigen Absätzen, in denen er seine Position zu den Vorwürfen der Öffentlichkeit darlegt, fehlen derartige Pronomen.

Die TE der TSV ‚Öffentliche Stellungnahme‘ weisen einen durchschnittlichen Textumfang von 37 Zeilen bzw. neun Sätzen auf, wobei die Gesamtsätze überwiegen (71 %). Bei den isoliert gebrauchten einfachen Sätzen kommen ausschließlich Verbalsätze vor.

Bei den ‚Gegendarstellungen‘ treten zwei TE auf,[54] die bezüglich ihrer Textlänge etwa denjenigen der TSV ‚Öffentliche Stellungnahme‘ entsprechen (32 bzw. 40 Zeilen und 14 bzw. 13 Sätze). Das dritte TE[55] ist hingegen bedeutend länger (174 Zeilen und 79 Sätze), wodurch die Durchschnittswerte (82 Zeilen und 35 Sätze) ihre Aussagekraft verlie-

50 ‚Gegendarstellung‘, „Widerrede“, 21. Juni 2007, Seite 53.

51 ‚Öffentliche Stellungnahme‘, „Wer darf, wer …?“, 6. Juni 2007, Seite 50, zweites TE.

52 ‚Gegendarstellung‘, „Widerrede“, 21. Juni 2007, Seite 53.

53 ‚Öffentliche Stellungnahme‘, „Wer darf, wer …?“, 6. Juni 2007, Seite 50, drittes TE.

54 ‚Gegendarstellung‘, „Widerrede“, 21. Juni 2007, Seite 53 und ‚Gegendarstellung‘, „Wer darf, wer …?“, 6. Juni 2007, Seite 50, erstes TE.

55 ‚Gegendarstellung‘, „Stellen Sie sich, Herr von Mythenmetz!“, 23. August 2007, Seite 49.

ren. Die TE weisen im Durchschnitt mehr Gesamtsätze als isoliert gebrauchte einfache Sätze auf (62 %). Bei Letzteren dominieren die Verbalsätze (90 %).

Bei der TSV ‚Gegendarstellung' kommen lediglich bei dem längsten TE „Stellen Sie sich, Herr von Mythenmetz!" mehrere Ausrufe- und Fragesätze vor. Die beiden anderen TE konstituieren sich ausschließlich aus Aussagesätzen. Innerhalb der ‚Öffentlichen Stellungnahme' treten jeweils zwei TE auf, die mindestens einen Frage- bzw. Ausrufesatz aufweisen (jeweils 33 %). Durch die Ausrufesätze betont der Autor eine Aussage, die ihm besonders wichtig ist (z.B. „*Nach erheblichen künstlerischen und praktischen Konflikten mit dem Theatereigner – der definitiv nicht Fassbinder war! – wurde er auch zeitweise des Hauses verwiesen.*"[56]). Bei der ‚Gegendarstellung' „Stellen Sie sich, Herr von Mythenmetz!" kommt die Funktion hinzu, einer Aufforderung Nachdruck zu verleihen („*Stellen Sie sich, Herr von Mythenmetz!*"). Deren Wichtigkeit kommt auch darin zum Ausdruck, dass sie für die Hauptzeile ausgewählt wurde. Durch Fragesätze gibt der Verfasser innerhalb der TS ‚Stellungnahme' Fragen wieder, die er sich im Zusammenhang mit der übergeordneten Thematik selbst gestellt hat. Sie werden im folgenden Text fast nie beantwortet, implizieren jedoch mehr oder weniger deutlich eine bestimmte Antwort, welche die Position bzw. Argumentation des Autors unterstützt (z.B. „*Mit welchem Recht entzieht der Verwalter einer Stiftung den künstlerischen und wirtschaftlichen Köpfen der Stiftungswerke deren eigentliche Vision?*"[57] oder „*Welcher Schriftsteller kann reinen Gewissens behaupten, ausschließlich aus sich selbst zu schöpfen?*"[58]).

Bei allen TE der TSV ‚Gegendarstellung' tritt mindestens ein Nominalsatz auf, wobei nominale Teilsätze und isoliert gebrauchte einfache Nominalsätze gleich häufig vorkommen. Innerhalb der TSV ‚Stellungnahme' weisen nur zwei TE Nominalsätze auf (33 %), bei denen es sich jeweils um einen nominalen Teilsatz handelt. Funktional werden die Nominalsätze vorrangig dazu verwendet, Wertungen abzugeben (z.B. „*Schwere Vorwürfe, die umso schwerer wiegen, als sie vom größten Dichter Zamoniens stammen.*" und „*Es scheint, Juliane Lorenz will sich an Rainer Werner Fassbinder für ihre nicht gelebte ‚Lebensgefährtin'-Legende (ein Hirngespinst, denn unter anderem hatte sie zur Zeit seines Todes die Anschrift Schellingstrasse 57 in München) rächen, oder warum*

56 ‚Öffentliche Stellungnahme', „Wer darf, wer …?", 6. Juni 2007, Seite 50, fünftes TE.
57 ‚Öffentliche Stellungnahme', „Wer darf, wer …?", 6. Juni 2007, Seite 50, siebtes TE.
58 ‚Gegendarstellung', „Stellen Sie sich, Herr von Mythenmetz!", 23. August 2007, Seite 49.

[…]“[59]), Zusatzinformationen in Form von Parenthesen zu liefern („*Fassbinder (Text) und Peer Raben (Komposition) haben 12 Lieder verfasst.*“[60] oder „*Man denke etwa an die kleine autobiografische Szene in Deutschland im Herbst (1978), wo Fassbinder sich* […]“[61]) oder kurze Fragen zu stellen (z.B. „*Als Huldigung an Jamser?*“[62]). Auch die Verabschiedungsformel der ‚Gegendarstellung‘ „Widerrede“ erfolgt über einen Nominalsatz („*Mit herzlichen Grüßen Ihre Ulla Unseld-Berkéwicz*“).

Parzellierungen treten jeweils bei einem TE der TSV ‚Gegendarstellung‘ (33 %) und ‚Öffentliche Stellungnahme‘ (17 %) auf. In beiden Fällen werden ausschließlich Teilsätze parzelliert:

(a) Leider kann der tote Peer Raben, dem jeder Streit zuwider war (er war auch zu krank, um sich zu streiten), jetzt nicht mehr erleben, wie seinem Anteil an Fassbinders Arbeiten hoffentlich bald Gerechtigkeit widerfahren wird, denn es ist die Pflicht aller Wegbegleiterinnen und Wegbegleiter dieses großen Regisseurs, die wahre (in den letzten Jahren völlig verdrängte) Geschichte seines Werks hervorzuholen und diejenigen, die daran Anteil hatten, vor allem, als dieses Werk noch in seinen Anfängen war und die Weichen für die Zukunft gestellt wurden, endlich zu würdigen, so wie sie es verdienen. Und wie Fassbinders Werk es verdient.[63]

(b) Lesen Sie meine Bücher – dann werden Sie erkennen, dass es sich dabei um wortgetreue Übersetzungen, liebevolle Bearbeitungen und ehrfürchtige Hommagen handelt. Und nicht, wie Sie sagen, um die „Beutekunst eines Leichenfledderers“.[64]

(c) Der Text ist gar nicht von Hildegunst von Mythenmetz. Sondern von Hubert Jamser, der lange vor Mythenmetz wirkte und schrieb.[65]

In Beispiel (a) und (b) weist der parzellierte Teilsatz jeweils die syntaktische Funktion eines Nebensatzes auf. In Beispiel (a) ist dies an dem Einleitungswort „*wie*“ und der Endstellung des finiten Verbs „*verdient*“ zu erkennen. In Beispiel (b) sind die Konjunktion „*dass*“, das Subjekt „*es*“, die Pronominaladverbiale „*dabei*“ und das Prädikat „*sich handelt*“, die im vorangegangenen Teilsatz vorerwähnt sind, elliptisch ausgelassen. Dadurch wird die Bestimmung des syntaktischen Status erschwert, zumal zusätzlich ein weiterer Teilsatz („*wie Sie sagen*“) in den parzellierten Teilsatz eingeschoben ist. Werden die ausgelassenen Satzglieder je-

59 ‚Öffentliche Stellungnahme‘, „Wer darf, wer …?“, 6. Juni 2007, Seite 50, viertes TE.
60 ‚Gegendarstellung‘, „Wer darf, wer …?“, 6. Juni 2007, Seite 50, erstes TE.
61 ‚Öffentliche Stellungnahme‘, „Wer darf, wer …?“, 6. Juni 2007, Seite 50, siebtes TE.
62 ‚Gegendarstellung‘, „Stellen Sie sich, Herr von Mythenmetz!“, 23. August 2007, Seite 49.
63 ‚Öffentliche Stellungnahme‘, „Wer darf, wer …?“, 6. Juni 2007, Seite 50, drittes TE.
64 ‚Gegendarstellung‘, „Stellen Sie sich, Herr von Mythenmetz!“, 23. August 2007, Seite 49.
65 ‚Gegendarstellung‘, „Stellen Sie sich, Herr von Mythenmetz!“, 23. August 2007, Seite 49.

doch wieder ergänzt, kann die Bestimmung als Nebensatz wie in Beispiel (a) anhand des Einleitungswortes und der Stellung des finiten Verbs am Satzende leicht erfolgen (*Und* dass es sich dabei *nicht, wie Sie sagen, um die ,Beutekunst eines Leichenfledderers'* handelt.).

In Beispiel (c) ist ein Teilsatz in der Funktion eines Hauptsatzes parzelliert, an den ein weiterer Teilsatz anschließt. Dessen Zugehörigkeit zu dem vorangegangenen Teilsatz ist anhand der Subjekt-Ellipse „*der Text*" und der Verbal-Ellipse „*ist*" erkennbar, die in diesem vorerwähnt werden.

Die Zugehörigkeit der einzelnen TE zu der TS ‚Stellungnahme' und eine Unterteilung in die beiden TSV ‚Gegendarstellung' und ‚Öffentliche Stellungnahme' lässt sich trotz vieler aufgezeigter Unterschiede mittels der Gemeinsamkeiten in der Absatzgestaltung begründen. Allen TE der TS ‚Stellungnahme' ist gemein, dass sie in mindestens einem Absatz einen Anklagepunkt aus einer anderen Veröffentlichung (zitiert, sinngemäß oder indirekt) wiedergeben, zu diesem Stellung beziehen und ihre Position mit Argumenten, Beispielen und Belegen stützen.

Bei der TSV ‚Gegendarstellung' werden die Anklagepunkte, die immer gegen den Verfasser selbst gerichtet sind, ausführlich aufgegriffen, indem sie in direkter („„*Diese Rede war vorher gelesen worden von Siegfried Unseld und Ulla Berkéwicz, und nachher haben beide nicht merken lassen, dass sie vorher gesagt haben, das sei eine ganz tolle Rede.*""[66]) oder indirekter Rede („*Drei Vorwürfe hat Hildegunst von Mythenmetz gegen mich erhoben. Erstens: Ich hätte sein Werk Der Schrecksenmeister willkürlich gekürzt. Zweitens: Ich hätte es miserabel übersetzt. Drittens: Ich plünderte seine Bücher für eigene Zwecke.*"[67]) zitiert werden oder nacheinander indirekt in Verbindung mit einer Positionierung wiederholt werden (z.B. „*Die RWFF oder ich haben nie gedroht, Filme zurückzuhalten, wenn angeblich unliebsame RWF-Mitarbeiter von Veranstaltern eingeladen würden.*"). Auch bei der TSV ‚Öffentliche Stellungnahme' werden überwiegend Vorwürfe aufgegriffen, die direkt oder indirekt[68] gegen eine Person, bei der es sich nie um den Autor handelt, gerichtet sind (z.B. „*Das von Michael Ballhaus beschriebene Mobbing der Rainer Werner Fassbinder Foundation bekam ich danach unverzüglich zu spüren:*"). In einem Fall wird auch eine Aussage wiedergegeben, bei der es sich nicht um eine Anklage handelt („*Das sehr selektiv*

66 ‚Gegendarstellung', „Widerrede", 21. Juni 2007, Seite 53.

67 ‚Gegendarstellung', „Stellen Sie sich, Herr von Mythenmetz!", 23. August 2007, Seite 49.

68 Die Vorwürfe gegen die Fassbinder Foundation beziehen sich auf die alleinige Gesellschafterin Juliane Lorenz.

auf Fassbinders kreative Potenz zugeschnittene Interview fand ich insoweit interessant, als Frau Fassbinder die wichtigen Anfänge nur nebulös benennt: mit Fassbinder, Peer Raben, sich und ‚sehr vielen' anderen, die beteiligt waren."). In diesem Fall weicht die Meinung des Verfassers von der Darstellung der interviewten Person in dem ‚Interview' ab, auf dass sich alle sieben TE unter der gemeinsamen Überschrift beziehen.

Anders als bei der ‚Gegendarstellung' werden bei der ‚Öffentlichen Stellungnahme' nie alle auftretenden Anklagepunkte aufgegriffen, sondern die Verfasser suchen sich einen bestimmten Punkt heraus, zu dem sie sich aufgrund eigener Erfahrungen oder Meinungen äußern.

In der Absatzgestaltung aller TE der TS ‚Stellungnahme' nimmt der Verfasser Stellung zu den aufgeführten Anklagepunkten. In allen TE der TSV ‚Gegendarstellung' werden die Vorwürfe ausnahmslos und unmissverständlich dementiert (z.B. „*Hier erinnert sich Martin Walser nicht richtig, oder er sagt die Unwahrheit.*",[69] „*Erstens: Ich habe nicht willkürlich gekürzt.*"[70] oder „*Die in dem Artikel gegen die Rainer Werner Fassbinder Foundation (RWFF) und mich aufgestellten Behauptungen sind unwahr.*"[71]). Bei den TE der TSV ‚Öffentliche Stellungnahme' stimmen die Verfasser den aufgegriffenen Beschuldigungen immer zu (z.B. „*Was Ingrid Caven hier sagt, hat die unabweisbare Schönheit der Wahrheit. Dem ist nichts hinzuzufügen. Sämtliche Wegbegleiter dieses bedeutendsten Filmemachers der deutschen Nachkriegsgeschichte wurden seit Fassbinders Tod systematisch aus der Rezeptionsgeschichte seines Werks verdrängt und eliminiert.*"[72] oder „*Das von Michael Ballhaus beschriebene Mobbing der Rainer Werner Fassbinder Foundation bekam ich danach unverzüglich zu spüren:*"[73]). Die Wiederholung der Anklage und die Stellungnahme dazu sind teilweise direkt miteinander verknüpft („*Die RWFF oder ich haben nie gedroht, Filme zurückzuhalten, wenn angeblich unliebsame RWF-Mitarbeiter von Veranstaltern eingeladen würden.*"[74]).

In beiden TSV stützt der Autor seine Position durch Argumente, Beispiele und Belege. Bei den ‚Gegendarstellungen' werden diese immer zur Entlastung des Verfassers und der Richtigstellung der Anklage verwendet. In der ‚Gegendarstellung' „Widerrede" nimmt dabei ein langes

69 ‚Gegendarstellung', „Widerrede", 21. Juni 2007, Seite 53.
70 ‚Gegendarstellung', „Stellen Sie sich, Herr von Mythenmetz!", 23. August 2007, Seite 49.
71 ‚Gegendarstellung', „Wer darf, wer ...?", 6. Juni 2007, Seite 50, erstes TE.
72 ‚Öffentliche Stellungnahme', „Wer darf, wer ...?", 6. Juni 2007, Seite 50, drittes TE.
73 ‚Öffentliche Stellungnahme', „Wer darf, wer ...?", 6. Juni 2007, Seite 50, zweites TE. Vgl. auch Anhang 91.
74 ‚Gegendarstellung', „Wer darf, wer ...?", 6. Juni 2007, Seite 50, erstes TE.

Zitat des mit beschuldigten, verstorbenen Ehemanns der Verfasserin, welches der Anklage entgegensteht, fast die Hälfte des Fließtextes ein („„[…] *Ich hatte die Rede vorher gelesen und ihm, Walser, zwei Dinge gesagt: 1. ich sei sicher, daß die Rede einem Mißverständnis ausgesetzt sein würde, was Auschwitz beträfe und 2. ich bat ihn dringend, den Schlußsatz mit dem Zitat der Autorin Johanna Walser zu unterlassen. (Dies hat er auch gemacht, im FAZ-Abdruck hat er aber dann das Zitat wieder eingefügt.)* ‘). Die Erwähnung der Tatsache, dass ihr Mann trotz seiner Vorbehalte gegen die Rede zu dem Ankläger stand, lassen dessen Vorwürfe noch unverschämter und ihn moralisch fragwürdig erscheinen („*Trotz seiner Bedenken hat sich Siegfried Unseld im Oktober Ignatz Bubis gegenüber vor seinen Autor gestellt.*“). In dem TE „Stellen Sie sich, Herr von Mythenmetz!“[75] widerlegt der Autor seine Anklage einerseits mit kurzen, eindeutigen Argumenten („*Ich möchte stattdessen entgegnen: Hildegunst von Mythenmetz hat meine Übersetzungen nie gelesen.*“). Bei anderen Anklagepunkten versucht er sich zu entlasten, indem er sein bemängeltes Verhalten erklärt. So begründet er seine kritisierten massiven Kürzungen bei der Übersetzung mit den Mängeln des Ausgangstextes (z.B. „*Das Original ist durchsetzt – beinahe möchte man sagen: vollgestopft – mit Kochrezepten, Kalorientabellen, Diätvorschriften und Garzeiten.*“ oder „*Es war eine Abmagerungskur, die aus einer nahezu unlesbaren Schwarte ein wohlproportioniertes, attraktives Buch gemacht hat.*“), womit er seinerseits die literarischen Fähigkeiten des Anklägers kritisiert. Zum Beleg seiner Ausführungen zitiert er das ungekürzte Original (z.B. „*Ausgerechnet während einer atemberaubenden Verfolgungsjagd, etwa in der Mitte des Buchs, hebt Mythenmetz völlig unvermittelt ab: ‚Kalbsbäckchen à la Mythenmetz: Lassen Sie sich vom Metzger fünf Pfund Kalbsbäckchen parieren! Marinieren Sie sie über Nacht in Rotwein (auf keinen Fall bei der Qualität des Rotweins sparen!) und fügen Sie noch ein Bouquet Garni hinzu. Am nächsten Tag die Kalbsbäckchen aus der Marinade nehmen, trockentupfen und auf ein Tuch legen. Pfeffern, salzen und mehlieren Sie das Fleisch, und braten Sie es dann fünf Minuten bei großer Hitze in Butter, bis es goldbraun ist. Gießen Sie nun die Marinade in einen Bräter und erhitzen Sie den Backofen auf... ‘ Und so weiter und so fort, Seite um Seite, einschließlich des achtstündigen Garvorgangs, den er minutiös beschreibt.*“). Den Vorwurf des Plagiats bestreitet er zwar, widerlegt ihn jedoch nicht konkret. Vielmehr spielt er ihn herunter, indem er Anleihen bei anderen Werken als

75 ‚Gegendarstellung‘, „Stellen Sie sich, Herr von Mythenmetz!“, 23. August 2007, Seite 49.

gängige literarische Praxis darstellt („*Die Literaturgeschichte ist nicht arm an solchen Beispielen. Ist nicht letztendlich jede Reiseerzählung eine Odyssee? Ist nicht jedes epische Märchen ein Abklatsch der Nibelungen- oder Artussage? Jede Detektivgeschichte* […] *Sind deshalb alle Autoren von Märchen, von Detektiv- oder Science-Fiction-Romanen Diebe und Plagiatoren?*“). Zudem beschuldigt er – begründet und nachprüfbar – seinerseits seinen Ankläger des Plagiats, womit er von seinem eigenen Fehlverhalten ablenkt und diesen unglaubwürdig macht („*Dennoch: Ausgerechnet Hildegunst von Mythenmetz, der Gofid Letterkerls schmale Novelle zum dicken Roman ausbaut, sich also schamlos eines vorhandenen Fundamentes bedient, macht mir den Vorwurf des geistigen Diebstahls.*“). Bei der dritten ‚Gegendarstellung‘[76] streitet die Verfasserin alle Vorwürfe ab, wobei Beweise oder Argumente vollständig fehlen oder nicht sehr glaubhaft sind („*Man stößt nicht auf eisiges Schweigen, wenn man bei uns nach Ingrid Caven fragt, sondern wir verweisen an ihre Agenten.*“ oder „*Jedem steht es frei, RWFs Werk zu diskutieren, denn aus ihm kann keiner verdrängt werden, der mitgewirkt hat. Dies wäre nur der Fall, wenn das Werk nicht gezeigt würde*“.)

Bei den ‚Öffentlichen Stellungnahmen‘ führen die Verfasser überwiegend eigene Erlebnisse und Erfahrungen auf, um bestimmte, für sie besonders wichtige Anklagepunkte zu untermauern („*Filmfestivals oder Retrospektiven, die auf das Zeigen der Fassbinder-Produktionen angewiesen waren, etwa das letztjährige Festival von Sevilla, baten mich – eindeutig auf Druck der Fassbinder Foundation –, von der ursprünglich an mich ergangenen Einladung keinen Gebrauch zu machen, auch dann nicht zu erscheinen, wenn ich selbst in den Filmen auftrat oder mitwirkte.*“[77]). Nachprüfbar sind daher nur wenige Argumente, da keine prüfbaren Beweise, beispielsweise für Gespräche (z.B. „*Ihr amoralisches Verhalten zeigte Juliane Lorenz schon zur Zeit der Dreharbeiten zu Berlin Alexanderplatz, als sie mich aufforderte, einen Meineid zu ihren Gunsten zu leisten, was sie in einer weiteren Sache später mit anderen ebenfalls tat.*“[78]), vorliegen. Bei unabhängigen Zeugen fehlen konkrete Namen (z.B. „*Buchhändler haben mir den auf sie ausgeübten Druck mehrfach bestätigt.*“[79]). Die Glaubwürdigkeit hängt somit von der Person selbst ab, der Art der Darstellung, dem persönlichen Verhältnis zu An-

76 ‚Gegendarstellung‘, „Wer darf, wer …?“, 6. Juni 2007, Seite 50, erstes T.
77 ‚Öffentliche Stellungnahme‘, „Wer darf, wer …?“, 6. Juni 2007, Seite 50, zweites TE.
78 ‚Öffentliche Stellungnahme‘, „Wer darf, wer …?“, 6. Juni 2007, Seite 50, viertes TE.
79 ‚Öffentliche Stellungnahme‘, „Wer darf, wer …?“, 6. Juni 2007, Seite 50, zweites TE.

kläger und Beschuldigtem sowie der eigenen Beteiligung und der (teilweise dargelegten) Motivation für das Verfassen des TE (z.B. „*Ich schreibe dies weder aus Nostalgie noch aus Sentimentalität, sondern einfach als jemand, der Erinnerung ablegen kann.*“[80]).

Als weiteres charakteristisches Element kommt bei der TSV ‚Gegendarstellung‘ hinzu, dass zu Beginn der TE die wichtigsten Informationen zum Nachvollziehen des Konflikts – wer, wann und in welchem Medium Anklage erhoben hat – dargelegt werden. Dies erfolgt bei dem TE „Widerrede“ im ersten Absatz und zusätzlich in der Unterzeile und bei dem TE „Stellen Sie sich, Herr von Mythenmetz!“ durch einen dem Fließtext vorangestellten Informationsabsatz sowie die Überschrift. Die ‚Gegendarstellung‘, die zusammen mit sieben ‚Öffentlichen Stellungnahmen‘ unter einer gemeinsamen Überschrift erscheint,[81] weist als einziges TE der Textexemplargruppe vor dem Fließtext einen Informationsabsatz auf, der mit Titel, Zeitungsnummer und Seitenzahl auf den Artikel mit den Beschuldigungen verweist. Hinzu kommen die Informationen aus der gemeinsamen Unterzeile und dem Informationskasten für alle TE, die den Konflikt auch für die ‚Öffentlichen Stellungnahmen‘ darstellen.

Die Hälfte der ‚Öffentlichen Stellungnahmen‘ weist zusätzlich zu dem Informationsabsatz unter dem Fließtext in den Absätzen Informationen zum Autor auf (z.B. „*Da ich die letzten 15 Jahre vor dem Tod des Fassbinder-Komponisten Peer Raben nicht nur dessen Geschäfte leitete, sondern ihn auch wegen seiner Behinderung, bedingt durch einen Schlaganfall, betreute, möchte ich nun diese kurzen Zeilen schreiben.*“), die seine persönliche Verbindung zu der übergeordneten Thematik „Fassbinder“ deutlich machen.

Bis auf eine ‚Gegendarstellung‘ richten sich alle TE der TS ‚Stellungnahme‘ ausschließlich an die Öffentlichkeit. Dies wird bei der ‚Gegendarstellung‘ „Widerrede“ sogar konkret am Ende des TE ausgedrückt („*Ich bitte Sie, diese Richtigstellung zu veröffentlichen.*“[82]). Gemeinsam mit der Verabschiedungsfloskel („*Mit herzlichen Grüßen Ihre Ulla Unseld-Berkéwicz*“) wird das TE als eine Art Brief charakterisiert, den die Verfasserin an ‚Die Zeit‘ gesendet hat. Auch die ersten neun der zehn Absätze der ‚Gegendarstellung‘ „Stellen Sie sich, Herr von Mythenmetz!“ sind an die Öffentlichkeit gerichtet. Im letzten Absatz spricht der Verfasser seinen Ankläger jedoch direkt an, indem er gegen diesen Ge-

80 ‚Öffentliche Stellungnahme‘, „Wer darf, wer …?“, 6. Juni 2007, Seite 50, siebtes TE.

81 ‚Gegendarstellung‘, „Wer darf, wer …?“, 6. Juni 2007, Seite 50, erstes TE.

82 ‚Gegendarstellung‘, „Widerrede“, 21. Juni 2007, Seite 53.

genvorwürfe erhebt („*Mir bleibt angesichts einer so schwammigen Anklage nichts anderes übrig, als meinen Gegenvorwurf zu wiederholen: dass Sie weder meine Übersetzungen noch meine Romane gelesen haben.*“) und ihn zu einem öffentlichen Streitgespräch herausfordert („*Ich stehe für jedes Wortduell, für jede Zungenschlägerei zur Verfügung. Stellen Sie sich, Herr von Mythenmetz!*“).[83]

1.8.2 Die vorläufige Textsorte ‚Fiktiver Brief‘

Innerhalb der Tageszeitung ‚Der Tagesspiegel‘ tritt das TE „Als wär’s ein Stück von Dir“[84] auf, das sich nicht – auch nicht als Sonderform – einer der definierten TS zuordnen lässt. Formal erinnert es aufgrund der charakteristischen Begrüßungs- und Verabschiedungsformel „*Servus Rainer*“ und „*Nix für ungut! Bis dann. Servus. Dein Harry*“ an ein TE der TS ‚Brief‘. Es besteht jedoch die Besonderheit, dass der Adressat, Rainer Werner Fassbinder, tot ist. Im Folgenden wird der Artikel als einziges TE der vorläufigen TS ‚Fiktiver Brief‘ bezüglich seiner externen und internen Merkmale bestimmt, wobei es sich aufgrund der minimalistischen Textgrundlage nur eines TE lediglich um vorläufige Ergebnisse handeln kann.

Das TE nimmt eine ganze Zeitungsseite ein und ist entsprechend fünfspaltig angeordnet. Es weist damit einen für den ‚Tagesspiegel‘ großen Textumfang auf. Bei dem Schreiber handelt es sich nicht um einen Journalisten, sondern um einen Freund des verstorbenen Rainer Werner Fassbinder. Der Verfassername tritt sowohl in der Unterzeile als auch in einer Verabschiedungsformel auf. Durch beide Erwähnungen wird darauf verwiesen, dass es sich bei dem TE um einen Brief handelt. Die Unterzeile gibt dies konkret an (UZ: „Was seitdem in der Welt geschah: Harry Baer schreibt Rainer Werner Fassbinder einen Brief – zum 25. Todestag“), die Verabschiedungsformel („*Dein Harry*“) entspricht der in Briefen gängigen Form. Die dritte Erwähnung des Verfassers erfolgt zu Beginn des Informationsabsatzes unterhalb des Fließtextes, der Hintergrundinformationen zu diesem liefert. Besonders die inhaltsseitige und funktionale Gestaltung dieser Makrostruktur ist für einen Brief untypisch, da dem Empfänger bzw. Leser der Verfasser bei einem persönlichen Brief bekannt ist.

Der externe Faktor des Lesers stellt bei dem ‚Fiktiven Brief‘ eine Besonderheit dar. Der verstorbene Rainer Werner Fassbinder wird sowohl in der Unterzeile als auch in der Anrede explizit als Adressat genannt. Da dieser jedoch tot ist, scheidet er als tatsächlicher Empfänger aus. Der

83 ‚Gegendarstellung‘, „Stellen Sie sich, Herr Mythenmetz“, 23. August 2007, Seite 49.

84 ‚Fiktiver Brief‘, „Als wär’s ein Stück von Dir“, 10. Juni 2007, Seite 25. Siehe Anhang 49.

Brief richtet sich daher an die Zeitungsleser, die aufgrund der vertraulichen Anrede jedoch das Gefühl vermittelt bekommen, an den privaten Ausführungen eines Freundes an einen anderen teilzuhaben. Dies ist für den Leser umso interessanter, als es sich bei den beiden Personen um bekannte Persönlichkeiten handelt.

Textintern zeigt das TE makrostrukturell eine zweizeilige Überschrift. Diese ist ein wichtiges Merkmal, da sie typisch für zeitungssprachliche TS und bei der TS ‚Brief' nicht anzutreffen ist. Sie gibt einen wichtigen Hinweis darauf, dass es sich bei dem TE um eine besondere Form der TS ‚Brief' handeln muss:

Als wär's ein Stück von Dir

Was seitdem in der Welt geschah: Harry Baer schreibt Rainer Werner Fassbinder einen Brief – zum 25. Todestag

Abb. 214: Die Überschrift bei der vorläufigen Textsorte ‚Fiktiver Brief' im ‚Tagesspiegel'

In 18 Absätzen (bzw. 296 Zeilen) erinnert sich der Verfasser an gemeinsame Erlebnisse mit dem Adressaten, die vielfach gemeinsame Filmdrehs betreffen (z.B. „*Warum hast Du mich in den frühen Filmen eigentlich immer mit neuen Frisuren traktiert? Bis auf einen Glatzkopf musste ich fast alles über mich ergehen lassen. Bei ‚Whity' wurden mir sogar die Augenbrauen gefärbt. Wie ein Albino sah ich aus.*" (Zeile 100-106)). Dazwischen informiert er diesen über wichtige Zeitgeschehnisse (z.B. „*Apropos Kanzler. Wir haben jetzt eine Frau an der Spitze.*" (Zeile 91+92)) oder technische Neuerungen (z.B. „*Videos kennst Du ja noch, aber jetzt gibt es so handliche Scheiben, die heißen DVDs, und da passen locker mehrere Filme drauf.*" (Zeile 139-143)) seit dessen Ableben. Er spricht Rainer Werner Fassbinder oft direkt an („*Ich erzähl Dir noch was, wovon Du nichts wissen kannst:*"), vermeidet aber das Erwähnen seines Todes durch mehrdeutige Umschreibungen, die sich auch auf einen Rückzug aus der Filmbranche bzw. der Öffentlichkeit beziehen könnten (z.B. „*nach Deinem Weggang*" (Zeile 51) oder („*der ist neuerdings ja auch da, wo Du bist.*" (75+76)). Funktional geben die Absätze dem Leser persönliche Eindrücke von der Person und der Arbeitsweise des berühmten Regisseurs Fassbinder. Die aktuellen politischen, technischen und sozialen Veränderungen und Neuerungen werden immer in Beziehung zu der Person Fassbinder gesetzt, indem sie im Unterschied zu den Bedingungen zu seiner Lebenszeit oder seinen persönlichen Verhältnissen gesehen werden. Der zur Veröffentlichung aktuell vielfach diskutierte Streit um den Nachlass Fassbinders und den Umgang mit seinen ehemaligen Vertrauten wird nur sehr knapp zu Beginn und zum Ende des Artikels von dem Verfasser angesprochen.

In den Fließtext ist ein Bild des Adressaten Fassbinder integriert, welches diesen in Fußballkleidung zeigt. Die Bildunterschrift stellt die Bedeutung dieses Hobbys heraus und nennt das exakte Todesdatum mit Sterbeort. Der Makrostrukturteil durchbricht somit klar die im Fließtext aufgebaute Illusion, dass Fassbinder noch am Leben ist und es sich um einen tatsächlich an ihn gerichteten Brief handelt:

Film war sein Leben. *Und Fussball seine Leidenschaft. Am 10. Juni 1982 starb Rainer Werner Fassbinder im Alter von 37 Jahren in München.*

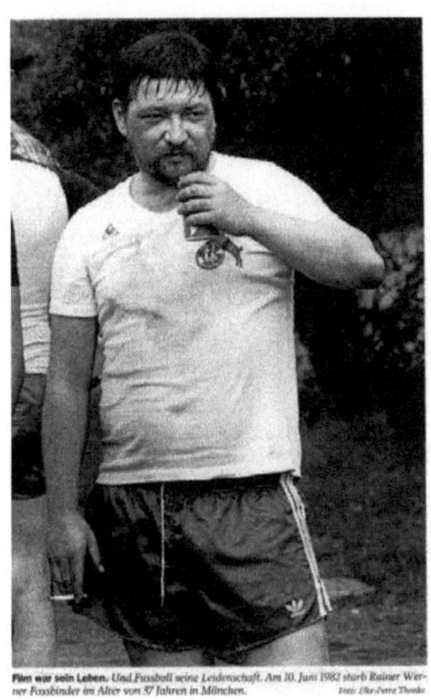

Abb. 215: Makrostruktur des Bildes bei der vorläufigen Textsorte ‚Fiktiver Brief' im ‚Tagesspiegel'

Auch die Makrostruktur des Einschubs und des Informationsabsatzes unter dem Fließtext kommen bei der TS ‚Brief' nicht vor, während sie bei vielen zeitungssprachlichen TS wie bei diesem TE dazu genutzt werden, eine zentrale Aussage aus dem Fließtext hervorzuheben bzw. dem Leser zusätzliche Informationen zum Verfasser zu liefern (Abb. 215).

Jetzt gibt es wieder gute deutsche Filmemacher

— Harry Baer, geboren 1947, war von 1969 bis 1982 – als Schauspieler, Regieassistent, Produktionsleiter – an fast allen Produktionen Fassbinders beteiligt. Der engste und treueste Freund schrieb nach dem Tod des Regisseurs 1982 die legendäre Biografie „Schlafen kann ich, wenn ich tot bin". Seine Website: www.regie.de

Abb. 215.1+2: Makrostruktur 1) des Einschubs und 2) des Informationsabsatzes bei der vorläufigen Textsorte ‚Fiktiver Brief' im ‚Tagesspiegel'

Syntaktisch kommen in dem TE viele Ausrufe-, Frage- und Nominalsätze vor. Durch die Ausrufesätze betont der Verfasser seine emotionale Beteiligung bei einer Aussage (z.B. „*Was hat mich das schlaflose Nächte gekostet!*“), bekräftigt eine Information (z.B. „*Ohne Schmarrn!*“) oder weist damit auf für den Adressaten besonders interessante oder überraschende Mitteilungen hin (z.B. „*Jetzt dürfen sogar Männer heiraten, wirklich, fast überall!*“). In einem Fall hebt er die Höhe einer Zahl hervor, indem er direkt hinter diese ein Ausrufezeichen in Klammern setzt („*Der hat erst nach 76 (!) Einstellungen auf meine zwei Zehnerl reagiert und einen Gewinn ausgespuckt.*“). Zusätzlich wirkt der Text durch die Ausrufesätze lebendiger.

Den Fragesatz „*Warum hast Du mich in den frühen Filmen eigentlich immer mit neuen Frisuren traktiert?*“ nutzt der Verfasser dazu, erneut auf die enge Bindung und gemeinsame Vergangenheit mit dem Adressaten zu verweisen. Zugleich unterstützt dieser die Illusion, dass der Adressat des Briefes noch lebt.

Nominalsätze sind in dem TE sowohl in isoliert gebrauchter Form als auch als Teilsätze häufig vertreten. Über sie erfolgt die für einen Brief typische Anrede des Adressaten („*Servus Rainer, eigentlich wollte ich Dir schon lange schreiben.*“) und Verabschiedung des Verfassers („*Nix für ungut! Bis dann. Servus. Dein Harry*“). Isoliert gebrauchte einfache Nominalsätze (z.B. „*Apropos Kanzler*“) oder nominale Teilsätze (z.B. „*Ach so, das weißt Du ja nicht, aber die DDR gibt es nicht mehr.*“) werden zudem dazu verwendet, Floskeln aus der mündlichen Rede einzubauen, die der Sprache etwas Spontanes und Ungezwungenes verleihen. Einmal wird über eine nominale Parenthese ein vom Adressaten und Verfasser verwendeter Spitzname für einen gemeinsamen Bekannten einem vollständigen Namen zugeordnet („*Du müsstet dieses Jahr ein paar Freunde treffen, den Daniel Schmid, den Willy (Peer Raben) und den Laurens Straub zum Beispiel.*“). Daran wird erneut deutlich, dass der Brief nicht ernsthaft an Fassbinder gerichtet ist, für den eine derartige Erläuterung überflüssig wäre, sondern an die Zeitungsleser.

Die Lexik des Fließtextes verweist auf ein vertrautes Verhältnis zwischen Schreiber und Adressat. Es kommen viele wertende Wörter vor, durch die der Verfasser seine Erinnerungen und Einstellungen zum Ausdruck bringt (z.B. „*grauenhaft*“, „*rumzicken*“, „*leider*“ und „*Ungeheuer*“). Daneben verweisen ‚Originelle Wortneubildungen‘ wie „*Gremien-Kack*“ und „*Spätzle-Schwabe*“ auf einen lockeren Umgangston. Der Verfasser flicht zudem wörtliche Zitate des Adressaten Rainer Werner Fassbinder (z.B. „*Du sagtest: ‚Was is jetzt, wenn ich einen lila Elefanten brauche? Oder ein Telefon, hier und jetzt?' Und Du stampftest mit den klobigen Stiefeln in den sumpfigen Boden.*") oder anderer erwähnter Personen (z.B. „*Am Ende sagte doch die linksrheinische Frohnatur: ,Nehmen Sie ihn doch mit!' Dem präsidialen Befehl kamen wir nach;*") ein, wodurch er seine Erinnerungen glaubhafter macht und seine Anwesenheit bei den erzählten Ereignissen hervorhebt. Die enge, freundschaftliche Beziehung wird ebenfalls durch die vertrauliche Verwendung von Personal- und Possessivpronomen der zweiten Person Singular betont (z.B. „*Du*", „*Dir*" und „*Dein*"), wobei deren Großschreibung auf die TS ,Brief' verweist. Durch Personal- und Possessivpronomen der ersten Person Plural zeigt der Verfasser ebenfalls an, dass er und der Adressat ein enges Verhältnis und eine gemeinsame Vergangenheit haben (z.B. „*wir*", „*uns*" und „*unsere*").

1.9 Einordnung von Sonderformen

In beiden Zeitungen kommen wenige TE vor, die sich aufgrund ihres Merkmalbündels nicht problemlos einer bestimmten TS, TSV oder Gruppe zuordnen lassen. Dies beruht darauf, dass sie entweder spezifische zusätzliche oder anders gestaltete Merkmale aufweisen oder ihnen charakteristische Merkmale fehlen. Auch diese TE lassen sich jedoch durch eine detaillierte Einzelanalyse einer bestimmten TS oder TSV als Sonderform zuordnen, die in zentralen Aspekten mit diesen übereinstimmt, zugleich jedoch funktional oder formal bedingte Unterschiede aufweist.

1.9.1 Sonderform „Thematischer Abdruck" der Textsorte ,Abdruck'

Die Textexemplarsammlung „Das Zug-Gefühl"[85] aus dem ,Tagesspiegel' enthält 22 TE, die unter einer gemeinsamen Überschrift auftreten und sich alle mit dem Thema Eisenbahn bzw. Zugfahren auseinandersetzen. Sowohl die einzelnen TE als auch die textexemplarübergreifenden Makrostrukturen weisen charakteristische Übereinstimmungen zu dem Merkmalbündel der TS ,Abdruck' auf. Im Folgenden wird aufgezeigt, dass die einzelnen TE der Textexemplarsammlung trotz einiger Besonderheiten als Sonderform ,Thematischer Abdruck' dieser TS angehören.

Die Textexemplarsammlung weist eine gemeinsame zweizeilige Überschrift auf, wobei die Hauptzeile, wie für die TSV ,Textteilabdruck' typisch, aus einem isoliert gebrauchten einfachen Satz besteht und vorrangig dem Interessewecken dient. Hinzu kommt die Funktion,

85 ,Thematischer Abdruck', „Das Zug-Gefühl", 8. August 2007, Seite 23. Siehe Anhang 48.

auf das grobe gemeinsame Thema aller TE der Sammlung zu verweisen. Die Unterzeile gibt an, dass es sich bei den folgenden Textexemplaren um Literaturempfehlungen handelt, die durch die streikbedingten Verspätungen und Zugausfälle thematisch passend die Wartezeit verkürzen können. Dass es sich bei den TE um ‚Abdrucke' und nicht um ‚Literaturkritiken' handelt, geht aus der Unterzeile nicht hervor:

Das Zug-Gefühl

Alle Räder stehen still. Was tun, wenn die Lokführer streiken? Lektüretipps für den Wartesaal

Abb. 217: Die gemeinsame Überschrift bei der Textexemplarsammlung der Sonderform ‚Thematischer Abdruck' der Textsorte ‚Abdruck' im ‚Tagesspiegel'

Zusätzlich hat jedes TE eine eigene einzeilige Überschrift, die aus einem isoliert gebrauchten einfachen Nominalsatz in rotem Fettdruck besteht und den gewählten Textausschnitt mit einem Schlagwort charakterisiert:

Speisewagen Nachtzug

Abb. 218.1+2: Beispiele für Einzelüberschriften bei der Textexemplarsammlung der Sonderform ‚Thematischer Abdruck' der Textsorte ‚Abdruck' im ‚Tagesspiegel'

Alle TE zeigen das einzig bei der TS ‚Abdruck' auftretende Merkmal, dass ihr Fließtext ausschließlich aus der wörtlichen Übernahme von Teilen eines Primärtextes besteht. Der Quellennachweis erfolgt jeweils in Form eines Informationsabsatzes unterhalb des Fließtextes, der kursiv gesetzt ist und sich in Klammern befindet. Handelt es sich bei dem Primärtext um ein literarisches Werk, nennt der Quellennachweis den Autor, den Buchtitel, das Erscheinungsjahr und den Verlag. Der Fließtext von zwei TE beruht auf einem Lied, bei einem TE sogar nur auf dessen Titel.[86] In diesen Fällen enthält der Informationsabsatz Angaben zu den Sängern und dem Erscheinungsjahr, während auf den Primärtext nicht namentlich, sondern lediglich mit der Kategorisierung „Schlager"[87] oder „Song"[88] verwiesen wird. Eine weitere Funktion der Informationsabsätze neben dem Quellennachweis besteht darin, dem Leser anzuzeigen, dass

86 ‚Thematischer Abdruck', „Das Zug-Gefühl", TE „Zug des Lebens", 8. August 2007, Seite 23.

87 ‚Thematischer Abdruck', „Das Zug-Gefühl", TE „Zug der Liebe", 8. August 2007, Seite 23.

88 ‚Thematischer Abdruck', „Das Zug-Gefühl", TE „Zug des Lebens", 8. August 2007, Seite 23.

der Fließtext auf einem teilweisen Abdruck eines Primärtextes beruht. Dem Zentralbereich der TS ,Abdruck' entsprechend fehlt ein Verweis auf den Mitarbeiter der Zeitung, der den Artikel gestaltet hat.

In die Textexemplarsammlung sind zwei Bilder mit Bildunterschrift integriert, die thematisch passende Motive zeigen. Bei dem kleineren Bild besteht die Bildunterschrift überwiegend aus einem Quellennachweis, der funktional auf ein weiteres geeignetes Buch zum Thema Eisenbahn verweist. Bei dem größeren Bild fehlt ein entsprechender Verweis. Es dient einzig der Auflockerung (vgl. Anhang 48).

Die Besonderheit der TE besteht darin, dass die ,Abdrucke' für sich alleine wenig aussagekräftig und teilweise völlig aus dem Kontext gerissen sind:

Weichensteller
Aber Jakob ist immer quer über die Gleise gegangen.
(Der erste Satz aus Uwe Johnson: Mutmaßungen über Jakob, 1959. Suhrkamp)

Fernreise
Der Zug fährt in Buenos Aires ab, legt anderthalbtausend Kilometer zurück, hält mitten in der Wüste an, und du steigst aus. Du siehst dich um: Du bist allein.
(Paul Theroux: Der alte Patagonienexpress, 1979. Hoffmann & Campe)

Abb. 219: Beispieltextexemplare der Sonderform ,Thematischer Abdruck' der Textsorte ,Abdruck' im ,Tagesspiegel'

Die Auszüge sind zu kurz, um einen tatsächlichen Einblick in das Werk zu vermitteln und damit einen Kaufwunsch anzuregen. Vielmehr besteht das Auswahlkriterium darin, einen klaren Bezug zum Thema Eisenbahn erkennen zu lassen, auch wenn das restliche Werk sich nicht oder nur am Rande mit dieser Thematik auseinandersetzt. Die Zusammenstellung der „Lektüretipps" beruht auf einem humorvollen Aufgreifen des zur Zeit des Erscheinens der Textexemplarsammlung aktuellen Lokführerstreiks und der damit zwangsweise einhergehenden Wartezeiten bei den Reisenden. Die TE zeigen unterhaltsam auf, wie weit verbreitet die Zugthematik in der Literatur und der Musik ist. Damit unterscheiden sich die TE der Textexemplarsammlung deutlich von den übrigen ,Abdrucken', die im ,Tagesspiegel' und in der ,Zeit' erschienen sind. Bei diesen geht es primär immer darum, den Primärtext ganz oder in repräsentativen Teilen vorzustellen, um dem Leser einen authentischen Eindruck von dem Werk zu vermitteln.

1.9.2 Sonderform ‚Aufzählungskritik' der Gruppe ‚Kurzkritik'

Innerhalb des ‚Tagesspiegels' unterscheidet sich das TE „Die Heat-Parade"[89] aufgrund des reinen Aufzählungscharakters seines Fließtextes deutlich von allen anderen TE innerhalb der Tageszeitung. Es weist jedoch starke Übereinstimmungen zu den TE der Gruppe ‚Kurzkritik' der TS ‚Kommentar' innerhalb der ‚Zeit' auf. Im Folgenden wird es daher als Sonderfall ‚Aufzählungskritik' dieser Gruppe begründet.

Wie bei den TE der ‚Kurzkritiken' liegt makrostrukturell eine Absatzgestaltung vor, bei der in Form einer sachlichen Informationsvermittlung kulturelle Werke und deren Erschaffer aufgezählt werden. Anders als bei den ‚Kurzkritiken' in der ‚Zeit' handelt es sich dabei nicht um Filme mit den dazugehörigen Regisseuren, sondern um Songtitel und deren Sänger bzw. Band. Wie bei der Gruppe innerhalb der Wochenzeitung sind im Fließtext keinerlei Wertungen enthalten. Eine Empfehlung für die aufgelisteten Werke erfolgt auch bei dem TE „Heat-Parade" einzig über eine dem Fließtext vorangestellte Makrostruktur, wobei es sich jedoch nicht um einen Reihennamen handelt, sondern um die Überschrift (Abb. 220).

Bereits der isoliert gebrauchte einfache Nominalsatz der Hauptzeile verweist darauf, dass es sich bei der Zusammenstellung der Musikstücke um eine positive, repräsentative Sammlung handelt.[90] Der isoliert gebrauchte einfache Nominalsatz der Unterzeile spricht eine noch deutlichere Empfehlung aus. Die Musikstücke werden als „Unsere Top 50" bezeichnet, wobei das Possessivpronomen auf die Redaktion verweist.

Die Heat-Parade

Unsere Top 50
des Klimawandels

Abb. 220: Die Überschrift der Sonderform ‚Aufzählungskritik' der Gruppe ‚Kurzkritik' im ‚Tagesspiegel'

Eine weitere Gemeinsamkeit zu den ‚Kurzkritiken' der ‚Zeit' besteht darin, dass die Titel der Lieder wie die Filmnamen durch Fettdruck hervorgehoben sind.

Auch syntaktisch zeigen sich große Übereinstimmungen, da sich der Fließtext wie bei den TE innerhalb der Wochenzeitung ausschließlich aus Nominalsätzen konstituiert, auch wenn es sich nicht um isoliert ge-

89 ‚Aufzählungskritik', „Die Heat-Parade", 7. Juli 2007, Seite 21. Siehe Anhang 38.

90 Unter www.duden.de ist der Begriff „Parade" im militärischen Sinne mit „großer [prunkvoller] Aufmarsch militärischer Einheiten, Verbände" definiert.

brauchte einfache Sätze, sondern um Gesamtsätze aus ausschließlich nominalen Teilsätzen handelt.

Wie bei der Gruppe ‚Kurzkritik' der ‚Zeit' zeichnet sich auch das TE ‚Die Heat-Parade' durch das Fehlen von Merkmalen aus, die bei den übrigen Kommentargruppen und anderen TS des Kulturteils öfter auftreten. So fehlen makrostrukturell ein Verfassername, ein Einschub oder ein Informationsabsatz. Syntaktisch kommen keine Ausrufe- und Fragesätze sowie Parzellierungen vor, während sich lexikalisch keine ‚originellen Wortneubildungen', wertende Begriffe im Fließtext, Pronomen der ersten Person oder Zitate nachweisen lassen.

Ein deutlicher Unterschied gegenüber den TE der Gruppe ‚Kurzkritik' besteht darin, dass das TE des ‚Tagesspiegels' mit seinen 50 Sätzen wesentlich umfangreicher ist als diese mit ihren drei bis vier Sätzen. Während bei dem TE „Heat-Parade" eine Überschrift vorkommt, hingegen ein Reihenname fehlt, verhält es sich bei der Gruppe ‚Kurzkritik' genau anders. Funktional entsprechen sich die jeweils auftretenden Makrostrukturen hingegen weitgehend, indem sie als Initiator fungieren und eine Empfehlung für die im Fließtext aufgeführten Werke beinhalten.

1.9.3 Sonderform ‚Verdecktes Interview' der Textsorte ‚Interview'

Das TE „Schwer zugerüstet"[91] aus der ‚Zeit' weist nicht die für ein ‚Interview' charakteristische Aufteilung des Fließtextes in einen Redeanteil des Interviewers und einen der interviewten Person auf. Dennoch zeigt das TE sehr viele Merkmale, die eine Zuordnung zu dieser TS als Sonderform ‚Verdecktes Interview' begründen.

Im ersten Absatz gibt der Verfasser den Grund an, warum es sich bei dem TE nicht um ein reguläres ‚Interview' handelt, indem er die Antwort auf seine Interviewanfrage überspitzt wiedergibt („*Dem Gesuch kann leider nicht stattgegeben werden. Die Künstlerin gibt keine Interviews. Nichts zu machen. Oder vielleicht doch? Vielleicht ein Treffen. Vielleicht auch nicht. Vielleicht später. Vielleicht bald.*"). Aus dem Satz „*Und dann öffnet sich die Tür, und der Hausierer von der Presse wird hereingebeten.*" wird deutlich, dass sich der Journalist schlecht behandelt fühlt. Um das Interviewverbot zu umgehen, gibt er das Gespräch nicht – wie für ein ‚Interview' in der ‚Zeit' typisch – aufgeteilt nach Redebeiträgen, denen ein Name vorangestellt ist, wieder. Vielmehr benutzt er in bewusst monotoner Weise das Verb „sagen", um verschiedene

91 Sonderform ‚Verdecktes Interview', „Schwer zugerüstet", 6. Juni 2007, Seite 56. Siehe Anhang 88.

Sprechanteile in indirekter oder wörtlicher Rede zuzuordnen. Indem bis auf zwei Ausnahmen[92] keine Synonyme verwendet werden, wird der ständige Sprecherwechsel, insgesamt 28-mal,[93] durch dieses Verb angezeigt (z.B. „*Wir sagen, immer habe sich das Werk von Isa Genzken mit der Tradition auseinandergesetzt. Isa Genzken sagt, ach so. Mit der Tradition der Moderne, sagen wir. Isa Genzken sagt, das stimmt. Der deutsche Kaiser sagt nichts. Der deutsche Pavillon, sagen wir, und dieses Mandat, das Land auf der Biennale in Venedig vertreten zu sollen. Schrecklich, sagt Isa Genzken, aber es wird sehr schön werden.*"). Dies verdeutlicht, dass es sich um ein ‚Interview' handelt, auch wenn das TE diese Klassifikation offiziell nicht tragen darf, wie der Verfasser ironisch im TE einfließen lässt („*Und der Concierge sagt, wir sollten unser Gespräch, das ja kein Interview sei, gefälligst gedämpfter führen.*"). An späterer Stelle erwähnt der Verfasser, dass er – wie ansonsten bei einem ‚Interview', aber auch bei anderen TS üblich – bei dem Gespräch nicht mitschreiben durfte („*Und den Satz haben wir verbotenerweise mitgeschrieben:*"). Daher werden nur bei der folgenden Äußerung Anführungszeichen zum Signalisieren der wörtlichen Rede verwendet („„*Ich bin eine selbstständige Person, mich interessieren die Unselbstständigen nicht so sehr.* ""), während sie bei allen anderen Fragen und Antworten fehlen, obwohl öfter direkte statt indirekte Rede verwendet wird („*Man muss sich wehren, sagt Isa Genzken.*"). Dies verweist darauf, dass die Redebeiträge sinngemäß, aber nicht wörtlich wiedergegeben werden. Zusätzlich zu den Redebeiträgen hat der Verfasser immer wieder kurze Beobachtungen aus dem Gespräch in den Fließtext eingearbeitet, welche dem Leser einen guten Eindruck von der Situation verschaffen und zugleich auf die Unlust der interviewten Künstlerin verweisen (z.B. „*Isa Genzken, tief im Sessel der Hotellobby. Nur ihre Basecap schaut heraus.*"). Zudem werden teilweise kurze Zusatzinformationen vom Verfasser eingestreut (z.B. „*Er ist der Kommissar des deutschen Pavillons.*").

Die Wiedergabe von Personenäußerungen mit zugehörigen Szenenbeschreibungen kommt häufig bei der Absatzgestaltung der TSV ‚Erlebnisbericht' vor, wenn der Verfasser im Zuge seiner Recherche eine Person selbst aufgesucht und interviewt hat. Diese Absatzgestaltung trifft jedoch immer nur auf einen Teil der Absätze der ‚Erlebnisberichte' zu,

---

92 Es handelt sich um die Sätze „Alles im grünen Bereich, beruhigt der Kurator seine Künstlerin." und „Stimmt das?, fragt die Künstlerin ihren Kurator.".

93 Das Verb „sagen" tritt drei weitere Male auf, markiert dabei jedoch keinen Sprecherwechsel.

in anderen dominieren die sachliche oder subjektive Informationsvermittlung.[94]

Neben der beschriebenen Absatzgestaltung weist das TE weitere Merkmale der TS ‚Interview‘ auf. Die Hauptzeile der zweizeiligen Überschrift weckt durch ihre Unbestimmtheit das Interesse der Leser:

Schwer zugerüstet

Isa Genzken bespielt den deutschen Pavillon auf der Biennale in Venedig. Doch wer ist sie eigentlich? Eine Begegnung **VON HANS-JOACHIM MÜLLER**

Abb. 221: Die Überschrift bei der Sonderform ‚Verdecktes Interview‘ der Textsorte ‚Interview‘ in der ‚Zeit‘[95]

Erst nach der Lektüre des Fließtextes wird erkennbar, dass es sich um eine doppeldeutige Aussage handelt. Sie trifft sowohl auf den von der Künstlerin gestalteten Ausstellungspavillon zu, den sie mit einem mit Gaze bespannten Gerüst versehen hat, als auch auf die Künstlerin selbst, die sich während des Interviewgesprächs hinter ihrer Mütze verschanzt. In der Unterzeile treten wie bei der TS ‚Interview‘ der Name der Interviewten und ein Hauptthema des Artikels auf. Der Name des Interviewers bzw. des Verfassers bildet in Form eines isoliert gebrauchten einfachen Nominalsatzes in Fettdruck den Abschluss der Unterzeile, was beispielweise für die TS ‚Bericht‘ und ‚Porträt‘ in der ‚Zeit‘ charakteristisch ist, während der Verfasser bei der TS ‚Interview‘ in einer standardisierten Wendung unterhalb des Fließtextes auftritt. Diese Positionierung entspricht jedoch dem Bestreben, alle eindeutigen Merkmale der TS ‚Interview‘ zu vermeiden, um der Vorgabe der Gesprächspartnerin oberflächlich zu entsprechen. Anstatt des für ein ‚Interview‘ typischen Begriffs „Gespräch“ wird mit dem Nominalsatz „Eine Begegnung“ darauf verwiesen, dass der Verfasser die Künstlerin direkt getroffen hat.

Als weiteres charakteristisches Merkmal aus dem Zentralbereich der TS ‚Interview‘ kommt ein großes Bild der interviewten Künstlerin vor, das mit einer Bildunterschrift verbunden ist. In dieser werden der Name der Künstlerin erwähnt sowie Zusatzinformationen zu ihrer Ausstellung geliefert (Abb. 222).

Auch das mehrfache Auftreten des Namens der interviewten Künstlerin ist ein Merkmal, das im Zentralbereich der TS ‚Interview‘ steht. Ihr vollständiger Name tritt jeweils einmal in der Unterzeile und der Bildun-

94 Vgl. Kap. III.B.1.2.1.2. und III.B.1.3.1.2.

95 Sonderform ‚Verdecktes Interview‘, „Schwer zugerüstet“, 6. Juni 2007, Seite 56.

terschrift auf sowie 17-mal im Fließtext. Letzteres Auftreten entspricht funktonal weitgehend den in Form eines isoliert gebrauchten einfachen Nominalsatzes auftretenden Namen der Interviewten bei der TS ‚Interview' in der ‚Zeit', welche den einzelnen Äußerungen vorangestellt sind, um diese eindeutig einem Sprecher zuzuordnen.

Abb. 222: *Makrostruktur des Bildes bei der Sonderform ‚Verdecktes Interview' der Textsorte ‚Interview' in der ‚Zeit'*

In dem TE treten verhältnismäßig viele Pronomen der ersten Person auf (3x „*ich*", 1x „*mich*", 11x „*wir*", 1x „*uns*"), jedoch weniger als in einem durchschnittlichen ‚Interview'.[96] Pronomen der Höflichkeitsform fehlen vollständig. Dies liegt daran, dass ein großer Teil des Gesprächs in indirekter Rede wiedergegeben wird, bei der keine Pronomen der ersten Person oder Höflichkeitsform verwendet werden. In direkter Rede werden eher kürzere Äußerungen präsentiert („*Ach so, sagt Isa Genzken.*"). Da dem Verfasser eine Mitschrift verboten war, war ein Mitschreiben längerer Aussagen nicht möglich, da die interviewte Künstlerin und der befragte Kommissar des Deutschen Pavillons dagegen hätten Einspruch erheben können. Nur in einem Satz tritt zweimal das Personalpronomen „ich" auf („*Und Isa Genzken sagt, seit 35 Jahren mache <u>ich</u> Kunst, <u>ich</u> glaube, so viele waren es nicht, die das gemerkt haben.*"). Die Häufigkeit des Personalpronomen „wir" lässt sich dadurch begründen, dass mit diesem der Verfasser und offensichtlich ein weiterer Mitarbeiter der

96 Vgl. Kap. III.B.3.2.6.3. und III.B.3.3.5.3.

,Zeit' bezeichnet werden und es ihren Redeanteil markiert (z.B. „*Und wir sagen noch, dass ,Oil' vielleicht ein Kennwort für die Moderne sei, für ihren* [...].").[97]

Die Ausführungen zeigen, dass sich das TE „Schwer zugerüstet" als Sonderform ,Verdecktes Interview' begründet der TS ,Interview' zuordnen lässt. Die charakteristischen Unterschiede beruhen dabei auf der Umgehung des Interviewverbots, indem auf bestimmte, für ein ,Interview' besonders markante Merkmale verzichtet wird.

1.9.4 Sonderform ,Familienporträt' der Textsortenvariante ,Personenporträt'

Bei dem in der ,Zeit' erschienenen TE „Unsere Wagners"[98] handelt es sich um eine Sonderform der TSV ,Personenporträt'. Der zentrale Unterschied besteht darin, dass nicht eine einzelne Person, sondern eine berühmte Familie, die Wagners, durch die ausschnittartige Betrachtung einzelner Familienmitglieder und Begebenheiten porträtiert wird, womit es sich um ein ,Familienporträt' handelt. Dies wird bereits in der zweizeiligen Überschrift deutlich angezeigt. Das TE reicht über zwei Zeitungsseiten, wobei die Hauptzeile über dem Fließtext auf der ersten Seite und die Unterzeile über der Bildersammlung und dem Fließtext auf der zweiten Seite platziert ist:

HZ: Unsere Wagners
UZ: Das Leben ist ein Ränkespiel: Die Geschichte von Richard Wagners Nachkommen ist voll von politischen Irrtümern, Ehebruch, verstoßenen Töchtern und bestraften Söhnen. Ein Blick in das Familienalbum einer berühmten deutschen Sippe **VON VOLKER HAGEDORN**

Die Hauptzeile nennt in Form eines eingliedrigen Nominalsatzes den Familiennamen, womit das Thema des TE klar angezeigt wird. Die Unterzeile besteht aus vier isoliert gebrauchten einfachen Sätzen. Die ersten beiden verweisen auf Themen, die innerhalb des TE angesprochen werden und das Interesse und die Sensationslust der Leser wecken sollen. Erneut wird die porträtierte Personengruppe namentlich aufgeführt. Der dritte Satz gibt einen Ausblick auf die Textgestaltung: Anhand von Fotos werden einzelne Episoden verschiedener Nachkommen von dem

97 Neben dem Interviewer wird zwar kein weiterer Mitarbeiter namentlich im TE aufgeführt, die Verwendung des Personalpronomens „wir" im Sinne eines Pluralis Majestatis als Ausdruck der Macht ist jedoch unwahrscheinlich, da der Interviewer mehrfach auf seine herabgesetzte Position durch die Interviewte verweist (z.B. „*Hausierer von der Presse*").

98 Sonderform ,Familienporträt', „Unsere Wagners", 28. Juni 2007, Seite 42. Siehe Anhang 61.

Verfasser herausgegriffen und näher betrachtet. Die Unterzeile endet wie bei allen TE der TSV ‚Personenporträt' mit einem Nominalsatz in fettgedruckten Großbuchstaben, der den Verfasser nennt.

Der Fließtext des TE konstituiert sich aus 409 Zeilen bzw. 184 Sätzen, womit es deutlich länger ist als ein durchschnittliches TE der TSV ‚Personenporträt' mit 184 Zeilen bzw. 68 Sätzen. Der größere Textumfang geht damit einher, dass in dem TE nicht nur eine Person, sondern eine ganze Familie porträtiert wird. Bezüglich der Absatzgestaltung treten dieselben Funktionen auf wie bei den ‚Personenporträts'. Die Absätze enthalten sachliche, biografische Informationen (z.B. „*Wieland stirbt 1966 an Lungenkrebs. Wolfgang wird alleiniger Leiter der Festspiele und bleibt es bis heute.*"), bewerten, beschreiben und charakterisieren die Familienmitglieder (z.B. „*Friedelind ist die Querulantin unter den Siegfriedskindern, sie ist 1940 emigriert, gegen die Drohung ihrer Mutter, die sie zum Dableiben zwingen wollte:*") und teilweise ihre künstlerischen Leistungen (z.B. „*Das liest sich aber ungleich steiniger als Friedelinds Buch.*"). Konkrete Werke, Aufführungen oder sonstige künstlerische Leistungen werden namentlich genannt (z.B. „*Er sieht sich zum Komponieren verpflichtet und schreibt 14 Märchenopern mit kuriosen Titeln wie* Bruder Lustig *oder* An allem ist Hütchen schuld."). Bedingt durch die unterschiedlichen Biografien und die künstlerischen Tätigkeiten variieren die verschiedenen Funktionen bei den einzelnen Personen. Eine Besonderheit bei der Textgestaltung besteht darin, dass fast alle Absätze eine Zwischenüberschrift aufweisen, die auf den Inhalt (z.B. „Noch eine Affäre") oder auf die behandelte Person innerhalb der Familie (z.B. „Wieland putzt die Scheibe") verweisen. Dadurch ergeben sich fünfzehn Einzelabschnitte, die jeweils eine Episode aus der Familiengeschichte behandeln. Neun davon beginnen mit einer Jahreszahlangabe, die meistens mit einem Ort verbunden ist. Öfter schließt sich daran die Beschreibung eines Fotos an, über das zu dem Thema, meist einem bestimmten Wagnernachkommen, übergeleitet wird („*Bayreuth, 1976. Der dominante Typ im weißen Dinnerjackett, der nach Weltmann mit einem Hauch Halbwelt aussieht und rauchend seine Gäste übers Festspielareal führt, als seien sie zu Besuch auf seiner Jacht, ist Wummi. So lautet bis heute der Spitzname des zweiten Urenkels von Richard, Wolf-Siegfried, 1943 geboren. Er gilt als der Lebemann des Clans.*"). Dabei ist irritierend, dass nicht alle Bilder, auf die Bezug genommen wird, abgebildet sind. Da das TE viele Fotos aufweist, sucht der Leser erst länger vergeblich, bevor er ein Bild sicher als fehlend einstufen kann.

Im Gegensatz zu den ‚Personenporträts' wird nicht eine einzelne Person ausführlich thematisiert, sondern durch viele kurze Betrachtungen verschiedener Familienmitglieder werden die Vielschichtigkeit der Familie, ihre Vergangenheit, Leistungen und Probleme aufgezeigt.

Auf der zweiten Seite des TE tritt die Makrostruktur des Bildes sechsmal auf. Alle Fotos sind mit einer eigenen Bildunterschrift verbunden, die entweder links oder rechts von diesen platziert ist. Der Beginn der Bildunterschrift ist jeweils durch fettgedruckte Elemente hervorgehoben, wobei es sich viermal um Satzglieder (A) und je einmal um einen Satzgliedteil (B) und einen Satz (C) handelt:

(A) **WIELAND UND WOLFGANG** fotografieren Adolf Hitler in der „Villa Wahnfried". Bayreuth 1934

(B) **RICHARDS SOHN** Siegfried Wagner mit Ehefrau Winifred und den Kindern Friedelind, Verena, Wieland und Wolfgang. Um 1929

(C) **WOLFGANGS TRIUMPH:** Gwyneth Jones (links), Wolfgang Wagner und sein Sohn Gottfried (rechts) feiern den „Jahrhundert-Ring" von Patrice Chéreau (Mitte). Bayreuth 1976

Die hervorgehobenen Elemente bestehen fast ausschließlich aus den Namen der abgebildeten Wagnernachkommen, einmal wird das dargestellte berühmte Haus der Familie benannt. Funktional erläutert die Bildunterschrift den Bildinhalt. Zudem endet jede Bildunterschrift mit einem Nominalsatz, der dem Bild eine Jahreszahl (B) und in der Hälfte der Fälle zusätzlich den Aufnahmeort des Bildes (A+C) zuordnet.

Die Bilder dienen funktional dazu, verschiedene Nachkommen von Richard Wagner (z.B. Abb. 223.2) sowie einen bekannten Wohnort (Abb. 223.1) zu visualisieren und dem Leser vorzustellen:

Als weitere Makrostruktur tritt die Abbildung eines Stammbaums auf, bei dem sieben Personen ein Porträtbild zugeordnet ist (vgl. Anhang 61). Dieser hilft dem Leser, die komplexen Verwandtschaftsbeziehungen zu verstehen und die im Fließtext erwähnten Personen einzuordnen. Die Porträtbilder lenken die Aufmerksamkeit auf bestimmte Personen, die entweder im TE ausführlicher behandelt werden oder in dem damals aktuellen Nachfolgestreit um die Leitung der Bayreuther Festspiele eine Rolle gespielt haben.

Dem Fließtext ist ein Informationsabsatz vorangestellt, der die Nachkommen von Wagner beschreibt und charakterisiert. Zudem nennt er den Aktualitätsbezug für das ‚Porträt', die bevorstehende Ernennung eines neuen Leiters für die Bayreuther Festspiele (Abb. 224).

DIE »VILLA WAHNFRIED« nach einem Bombentreffer im April 1945

KATHARINA probt die »Meistersinger«. Bayreuth, Juni 2007

Abb. 223.1+2: Zwei Beispielbilder der Sonderform ‚Familienporträt' der Textsortenvariante ‚Personenporträt' in der ‚Zeit'

Man kann sie bis heute an der ausgeprägten Nase erkennen, am markanten Kinn und an den leicht hängenden Augenlidern. Oder sie sehen, mit schmalen Wangen und bleichem Teint, Cosima ähnlich, der Tochter von Franz Liszt. Richard Wagners Nachkommen – in ihrer Familiensaga fallen Kunst und Verwandtschaftsrankühne, deutsche Geschichte und fränkischer Provinzialismus auf atemberaubende Weise zusammen. Von ihrem genialen Ahnen haben sie den Instinkt fürs Theatralische geerbt und eisernen Durchsetzungswillen. Sie spielen im richtigen Leben immer wieder zwanghaft nach, was sich Richard in seinen Musikdramen ausgedacht hat: Sie hüten fafnergleich den Bayreuth-Hort und bauen ihre Macht wie Wotan auf Verträge. Es gibt brünnhildenhaft verstoßene Töchter, Ehebruch und Hagensche Speerstöße in den Rücken. Götterdämmerung allenthalben. Jetzt, wo am Grünen Hügel eine Zeitenwende naht, lohnt es sich noch einmal, das große Familienalbum der Sippe hervorzuholen und darin zu blättern.

Abb. 224: Vorangestellter Informationsabsatz der Sonderform ‚Familienporträt' der Textsortenvariante ‚Personenporträt' in der ‚Zeit'

Wie alle ‚Personenporträts' in der ‚Zeit' weist das TE eine Initiale auf. Diese reicht über vier Zeitungszeilen.

Auch bezüglich der syntaktischen Gestaltung des Fließtextes treten keine Ergebnisse auf, die denjenigen der TSV ‚Personenporträt' grundsätzlich entgegenstehen. Der Fließtext setzt sich zu etwa gleichen Teilen aus Gesamtsätzen (51 %) und isoliert gebrauchten einfachen Sätzen (49 %) zusammen. Wie bei den TE der TSV ‚Personenporträt' überwiegen bei Letzteren deutlich die Verbalsätze (87 %). Es kommt ein Ausrufesatz vor („*Siegfried ist nie richtig aus dem Glashaus herausgekommen, das seine Mutter Cosima um ihn errichtete, den einzigen Sohn, den Erben des Meisters!*"), Fragesätze treten nicht auf. Es kommen mehrere isoliert gebrauchte einfache Nominalsätze und nominale Teilsätze vor. Diese zeigen gegenüber denjenigen innerhalb der ‚Personenporträts' die zusätzliche Funktion, dass sie die einzelnen Abschnitte des Fließtextes zeitlich einordnen (z.B. „*Bayreuth, 1925.*" und „*April 1945 – wieder gehen Wagners an Bord, in Nußdorf.*"). Wie 63 Prozent der TE der TSV ‚Personenporträt' weist das TE Parzellierungen auf:

(a) Er flieht jetzt in die Schweiz. Mal wieder. Zu seiner Freundin Eliza.

(b) Wieland, ältester Enkel Richards, mit seiner schwangeren Frau und zwei Kindern, außerdem seine schwangere Schwester Verena, genannt Nickelchen, und ihr Mann Bodo. Bodo Lafferentz.

In Beispiel (a) werden in einem Satz nacheinander zwei Satzglieder parzelliert, in Beispiel (b) ein Satzgliedteil.

Wie bei 38 Prozent der ‚Personenporträts' kommen auch bei dem TE „Unsere Wagners" mehr als zwei Wortneubildungen vor, die in einem Grundmorphem übereinstimmen. Es treten dabei zwei umfangreiche Gruppen auf, die sich auf die beiden wichtigen Themen „Wagner" („***Wagner**metaphern-Folklore*", „***Wagner**-Liebe*", „***Wagner**-Buch*", „***Wagner**werk*" und „***Wagner**nachkommen*") und „Festspiel" („***Festspiel**chef*", „***Festspiel**chefin*", „***Festspiel**leiter*", „***Festspiel**hügel*", „***Festspiel**areal*", „***Festspiel**gast*", „***Festspiel**parkplatz*" und „***Festspiel**karte*") beziehen und die auf unterschiedliche Aspekte in diesen Themenfeldern verweisen. Daneben treten nur wenige ‚Originelle Wortneubildungen' auf (z.B. „*Schulkameraden-Imperium*").

In dem TE kommen mehrere Zitate vor, was dem Zentralbereich der TSV ‚Personenporträt' entspricht. Die Zitate dienen dazu, Personen über originale Aussagen von anderen (z.B. „*‚Meine Frau kämpft wie eine Löwin für Hitler', schwärmte Siegfried, ‚großartig!'*") oder sich selbst („*Sein Sohn Franz Wilhelm, Jurist, Musikwissenschaftler und Philosoph,* *floh aus Hitlers Deutschland in die Schweiz: ‚National unzuverlässig, marxistisch verseucht und jüdisch versippt, wie ich nun einmal bin und natürlich auch bleibe, habe ich in der lieben Heimat nichts mehr zu suchen.'*“) zu beschreiben und charakterisieren. Auch die Meinung eines Familienmitglieds über ein anderes wird über ein Zitat ausgedrückt („*Drei Kandidatinnen standen zur Auswahl: Wolfgangs Ehefrau Gudrun, die scharfzüngige Nike, die ihren Onkel einen ‚Striese seines Ahnen' nannte und vieles am Grünen Hügel ändern wollte, und die gemäßigtere Eva, Wolfgangs Tochter aus erster Ehe.*“), wodurch der Autor des ‚Familienporträts‘ demonstriert, dass er gut recherchiert hat und seine Informationen glaubwürdig sind. Zudem wird die – zum Teil sehr problematische – Sichtweise von Wagnernachkommen über Zitate mitgeteilt, wodurch der Verfasser eine eigene Darlegung umgeht (z.B. „*Er bleibt für sie ‚USA' – ‚unser seliger Adolf'. In ihrem berühmt gewordenen Fernsehinterview mit Hans-Jürgen Syberberg erklärte die 87-Jährige: ‚Der Teil von ihm, sagen wir mal, den ich kenne, den schätze ich auch heute noch, genauso wie früher. Und dieser ganze abzulehnende Hitler, der existiert innerlich für mich eigentlich nicht... Verstehen Sie, alles in meiner Beziehung zu ihm beruht auf absolut Persönlichem.'*“). Der Verfasser lässt das TE mit einem Zitat Nietzsches enden, das er statt wie ursprünglich auf Richard Wagner auf das Verhalten seiner Nachkommen allgemein bezieht („*Für Wagners Leben findet er Worte, die auf die ganze Dynastie bis heute passen: Es sei ‚eine groteske Komödie'.*“). Dadurch signalisiert der Autor eine Kontinuität in der Lebens- und Verhaltensweise von dem Ahnherrn bis zur jüngsten Generation.

Wie bei der Hälfte der ‚Personenporträts‘ tritt auch bei dem TE „Unsere Wagners“ ein Personalpronomen der ersten Person im Fließtext auf, womit der Verfasser einschließlich der Leser gemeint ist („*Zürich 1957, hier sehen wir ihn in seinem ‚Asyl', einem kleinen Fachwerkhaus, das* [...]“). Zudem kommt das Possessivpronomen „*unsere*“ in der Hauptzeile („Unsere Wagners“) vor, womit auf die Bekanntheit und Bedeutung der Familie für den Autor und die Leserschaft bzw. die deutsche Bevölkerung allgemein verwiesen wird.[99]

99 Es lässt sich anhand des TE nicht eindeutig festlegen, ob das Possessivpronomen „unsere“ im Hinblick auf seine Inhaltsseite neutral oder mit einer ironisierenden Komponente zu verstehen ist.

1.9.5 Sonderformen ‚Textsortenintegrierender Erlebnisbericht' und ‚Fiktiver Erlebnisbericht' der Textsortenvariante ‚Erlebnisbericht'

Innerhalb der Wochenzeitung ‚Die Zeit' treten zwei TE auf, deren Einordnung dadurch erschwer wird, dass sie – besonders was ihre Absatzgestaltung betrifft – charakteristische Merkmale verschiedener TS aufweisen. Ihre Zuordnung als Sonderformen der TSV ‚Erlebnisbericht' beruht darauf, dass die Merkmale dieser TSV dominieren und sich die Merkmale anderer TS funktional nachvollziehbar integrieren lassen.

Das TE „Ein Ritter in leerer Landschaft"[100] enthält neben deutlichen Merkmalen der TSV ‚Erlebnisbericht' zusätzlich solche, die für die TS ‚Interview', die TSV ‚Personenporträt' und die Subgruppe ‚Literaturkritik' spezifisch sind. Diese lassen sich jedoch funktional in einen ‚Erlebnisbericht' einbinden, wobei durch die dadurch entstehenden Abweichungen zur TSV ‚Erlebnisbericht' die Sonderform ‚Textsortenintegrierender Erlebnisbericht' angesetzt wird.

Das TE hat eine zweizeilige Überschrift, wobei die deutlich größere Hauptzeile aus einem isoliert gebrauchten einfachen Nominalsatz besteht (Abb. 225).

Abb. 225: Die Überschrift bei der Sonderform ‚Textsortenintegrierender Erlebnisbericht' der Textsortenvariante ‚Erlebnisbericht' in der ‚Zeit'

Funktional dient sie dazu, das Interesse der Leser durch eine offen gehaltene Aussage zu wecken. Zudem wird mit ihr, wie häufiger bei der TS ‚Porträt' zu beobachten,[101] der Schriftsteller Ondaatje bezeichnet, der in dem TE interviewt wird, dessen Buch vorgestellt wird und den der Verfasser besucht hat.

Die deutlich kleinere Unterzeile konstituiert sich aus vier Sätzen, von denen die ersten drei inhaltsseitig auf das Thema des TE verweisen. Der

---

100 ‚Textsortenintegrierender Erlebnisbericht', „Ein Ritter in leerer Landschaft", 30. August 2007, Seite 57+58. Siehe Anhang 55.

101 Vgl. Kap. III.B.2.3.4.1. und III.B.2.4.3.1.

dritte Satz „Ein Besuch bei dem Dichter in Toronto“ zeigt dabei, wie bei ‚Erlebnisberichten‘ typisch, an, dass der Verfasser die Person aus dem Artikel selbst aufgesucht hat und seine Informationen und Ausführungen auf eigenen Erlebnissen, Beobachtungen und Befragungen beruhen. Bei dem letzten Satz handelt es sich um einen durch Fettdruck hervorgehobenen Nominalsatz in Großbuchstaben, der wie bei vielen TS in der ‚Zeit‘ den Verfasser des TE mit vollständigem Namen nennt.

Das TE weist drei Bilder auf, die ein aktuelles Porträt, ein Kinderporträt und einmal den Schriftsteller als Kind gemeinsam mit seinen Geschwistern zeigen (vgl. Abb. 226 und Anhang 55). Alle Bilder haben eine Bildunterschrift, wobei sich die beiden Kinderbilder eine gemeinsame teilen. Die Bildunterschrift erklärt jeweils den Bildinhalt, indem sie den Namen des Schriftstellers nennt und bei den Kinderbildern die zusätzlichen Personen, den Ort und die Kleidung erläutert. Zudem enthalten beide Zusatzinformationen, die für das Verständnis der Bilder nicht relevant sind. Die TS ‚Interview‘ und ‚Personenporträt‘ weisen im Zentralbereich ein Bild der interviewten bzw. porträtierten Personen auf. Auch bei der TSV ‚Erlebnisbericht‘ kommt es vor, dass eine Person, die für die Erstellung des TE aufgesucht wurde und im Fließtext thematisiert wird, mit einem Foto im TE auftritt. Die ‚Literaturkritiken‘ zeigen ebenfalls bei einigen TE ein Bild des Autors, dessen Buch im TE vorgestellt wird.

WIE EIN PARADIES erinnert Michael Ondaatje seine Kindheit in Sri Lanka. Toben in Wasserfällen mit seinen Geschwistern! Dann, mit elf Jahren, der Umzug nach England. Schon steckte er in einer englischen Schuluniform

Abb. 226: Makrostruktur des Bildes bei der Sonderform ‚Textsortenintegrierender Erlebnisbericht‘ der Textsortenvariante ‚Erlebnisbericht‘ in der ‚Zeit‘

Unterhalb des Fließtextes treten zwei Informationsabsätze auf. Der erste liefert die wichtigsten Informationen zu dem im Fließtext thematisierten neuen Roman des Schriftstellers, indem der Name des Autors und der Buchtitel in Fettdruck angegeben werden, auf die eine Textklassifikation, Angaben zur Originalsprache und dem Übersetzer, der Verlag, der Verlagsort, das Erscheinungsjahr, die Seitenzahl und der Preis in Normaldruck folgen. Diese drucktechnische und inhaltsseitige Realisation entspricht der Gestaltung, die bei den Informationsabsätzen im Zentralbereich der ‚Literaturkritiken' auftritt. Der zweite Informationsabsatz weist eine deutlich kleinere Schriftgröße auf als der erste und informiert über den Verlag anderer im TE erwähnter Bücher des Autors. Auch bei den ‚Literaturkritiken' treten bei einigen TE zwei Absätze auf, bei denen einer eine deutlich kleinere Schriftgröße zeigt.[102]

Michael Ondaatje: Divisadero
Roman; Aus dem Englischen
von Melanie Walz; Carl Hanser Verlag,
München 2007; 377 S., 21,50 €

Die erwähnten anderen Bücher
von Michael Ondaatje
sind im Carl Hanser Verlag oder Deutschen
Taschenbuch Verlag erhältlich

Abb. 227: *Makrostruktur des Informationsabsatzes bei der Sonderform ‚Textsortenintegrierender Erlebnisbericht' der Textsortenvariante ‚Erlebnisbericht' in der ‚Zeit'*

Das TE beginnt mit einer Initiale, die über vier Zeitungszeilen reicht. Dieses textuelle Merkmal gehört in den Zentralbereich der ‚Erlebnisberichte', ‚Personenporträts' und ‚Literaturkritiken', während es bei der TS ‚Interview' nicht vorkommt. Auch die Hervorhebung durch Fettdruck der ersten Wörter nach einem Absatz, der durch eine Leerzeile vom vorherigen getrennt ist, tritt bei einigen TE der ‚Erlebnisberichte', ‚Personenporträts' und ‚Literaturkritiken' auf. Dieses Mittel dient gemeinsam mit der Leerzeile dazu, den Absatz zu betonen und damit seine Gliederungsfunktion zu verstärken.

Die Untersuchung auf der linguistischen Ebene der Lexik ergibt für das TE, dass wenige ‚Originelle Wortneubildungen' (z.B. „*Fastschwester*" und „*multischattiert*"), viele wertende Begriffe (z.B. „*großartig*", „*Komplexität*" und „*starren*") sowie eine abgekürzte Wortform („*ging's*"), die vom Verfasser des TE verwendet wird, auftreten. Es kommen mehrere direkte Zitate vor, die aus dem im TE vorgestellten Roman stammen. Diese dienen, wie bei den ‚Literaturkritiken' üblich, dazu, dem Leser einen originalen Eindruck von dem vorgestellten Werk

102 Vgl. Kap. III.B.1.3.4.7.

zu vermitteln und zugleich die Ausführungen des Verfassers zu stützen (z.B. „*Coop wird später von seinem Adoptivvater mit Anna beim Liebesakt erwischt, zwei Geschwister, die ja auch keine sind, ‚keiner von beiden tat den ersten Schritt‘, heißt es. ‚Es war, als triebe beide ein Herzschlag an.‘ Es gibt kaum jemanden, der wie Ondaatje die Liebe beschreibt, unsentimental, kraftvoll, unausweichlich.*“). Des Weiteren entspricht das TE in großen Passagen einem ‚Interview‘, wobei der Redeanteil des interviewten Schriftstellers im Gegensatz zu demjenigen des Verfassers überwiegend in Anführungszeichen steht (vgl. Abb. 228).

Was für eine Welt war die englische Schule, worum ging's, was konnten Sie da lernen?

»Sport, Teamgeist, diese englischen Schuldinge, Sie wissen schon.«

Sie hassten es.

»Nein. Es war mir nicht wichtig. Ich machte viel Sport. Es ging mir gut. Auch wenn ich Englische Literatur, in der ich am besten abschnitt, nicht bis zum Schluss machen konnte, weil ich schlecht in Mathematik war. Es war ein Lernerlebnis erster Sorte. Wie man sich zu benehmen hatte.«

Ein Schnellkurs in sozialer Semiotik?

»Wenn man sein Jackett zuknöpfte, war man ein Präfekt, aber wenn man kein Präfekt war, und das Jackett zugeknöpft hatte, war man in Schwierigkeiten. Der Farbe des Schlipses, die Abzeichen am Jackett! Kennen Sie *If*?«

Abb. 228: Beispiel für eine interviewähnliche Absatzgestaltung bei der Sonderform ‚Textsortenintegrierender Erlebnisbericht‘ der Textsortenvariante ‚Erlebnisbericht‘ in der ‚Zeit‘

Als weitere Auffälligkeit weist das TE eine große Anzahl an Pronomen der ersten Person und der Höflichkeitsform auf, die nahezu alle in den Interviewpassagen verwendet werden. Auf hundert Zeilen des TE kommen 20 dieser Pronomenformen vor, auf hundert Sätze 40. Dabei stellen die Personalpronomen der ersten Person die größte Gruppe dar (63 %). Es sind überwiegend Singularformen (89 %, 40x „*ich*“, 4x „*mir*“, 5x „*mich*“), die vom Interviewten benutzt werden. Bei den sechs Pluralformen handelt es sich immer um das Pronomen „wir“. Es sind die einzigen untersuchten Pronomen, die außerhalb der Interviewpassagen vorkommen. Sie werden vom Verfasser verwendet, um seine gemeinsamen Erlebnisse mit dem Schriftsteller bei seinem Besuch zu schildern (z.B. „*Wir rollen über verschlungene Autobahntrassen nach Süden.*“). Diese Verwendung tritt bei der TSV ‚Erlebnisbericht‘ häufig auf. Possessivpronomen der ersten Person (1x „*mein*“, 1x „*meine*“, 1x „*meiner*“, 1x „*meinem*“) machen nur fünf Prozent der gesamten untersuchten Pronomenformen aus. Sie stehen ebenfalls immer im Singular und werden von dem interviewten Schriftsteller verwendet. Höflichkeitspronomen stellen mit einem Anteil von 33 Prozent die zweitgrößte Gruppe dar, wobei Personalpronomen (69 %, 20x „*Sie*") häufiger vorkommen als Possessivpronomen (31 %, 1x „*Ihre*", 4x „*Ihrer*", 4x „*Ihren*"). Sie werden fast immer (90 %) vom Verfasser des TE in seiner Funktion als Interviewer gebraucht.

Das TE weist mit 448 Zeilen bzw. 226 Sätzen einen großen Textumfang auf. Das Verhältnis von Gesamtsätzen und isoliert gebrauchten einfachen Sätzen ist ausgeglichen, bei Letzteren überwiegen die Verbalsätze (64 %).

In dem TE kommen acht Ausrufe- und 26 Fragesätze vor, womit beide Satzarten häufig auftreten. Der hohe Anteil an Fragesätzen lässt sich dadurch begründen, dass längere Passagen des TE einem ‚Interview' entsprechen. Es wird ein Dialog zwischen dem Verfasser und dem Schriftsteller wiedergegeben, wobei der Autor des TE in der Rolle des Interviewers die Fragen stellt (z.B. „*Können Sie sich an den ersten Tag in England erinnern?*" oder „*Macht Gewalt Ihnen Angst?*"). Vier Fragesätze stammen in diesen Passagen vom interviewten Schriftsteller. Er stellt mit ihnen Rückfragen (z.B. „*‚England? Nein!'*") oder fragt den Interviewer seinerseits etwas (z.B. „*Kennen Sie If?*"). Nur drei der Fragesätzen kommen in Absätzen vor, die funktional nicht einem ‚Interview' entsprechen. Sie geben Fragen wieder, die sich der Verfasser selbst gestellt hat bzw. die naheliegen („*Die Geschichte seiner Familie in Sri Lanka, mit Ehetragödien, spleenigen Tanten, exzentrischen Dandys, alle am Ende der Welt oder darüber hinaus – wen könnte so was interessieren, außerhalb des Clans?*").

Auch fünf der acht Ausrufesätze kommen in den Interviewpassagen vor. Fast alle werden dabei vom Interviewten verwendet. Er nutzt sie dazu, einer Aussage bzw. Antwort Nachdruck zu verleihen (z.B. „*Niemand machte sich Sorgen, es war eine unschuldige Zeit!*" oder „*Nein!*"). Außerhalb der Interviewpassagen verleiht der Verfasser mit dieser Satzart seiner Überraschung Ausdruck („*Ondaatje lenkt den Wagen wortlos in einem flüssigen Schwenk zurück auf die Straße. Okay!*") oder betont einen bestimmten Sachverhalt („*Edle graue Fassaden – und verlassen. Semesterferien!*").

In dem TE kommen sehr viele isoliert gebrauchte einfache Nominalsätze und nominale Teilsätze vor. Ihre Funktionen variieren danach, welcher TS, TSV bzw. Subgruppe die Absatzgestaltung entspricht. In den Interviewpassagen werden isoliert gebrauchte einfache Nominalsätze (z.B. „*O ja.*" oder „*Schon irgendwie.*") und nominale Teilsätze (z.B.

„*Ja, da war was.*“) von dem interviewten Schriftsteller häufig verwendet, um eine knappe Antwort auf eine Frage zu geben, die vom folgenden Satz bzw. Teilsatz meistens näher ausgeführt wird (z.B. „*Nein. Es war mir nicht wichtig.*“ oder „*Ja, wenn ich zurückblicke, jetzt, wo das Buch fertig ist, kann ich sehen, dass es so ist.*“). Zudem werden mit ihnen kurze Fragen formuliert (z.B. „*Alleine? Mit elf?*“ oder „*Sie weinen, wenn Sie von Ihrer Familie in Sri Lanka träumen, warum?*“). Es tritt ebenfalls die für die TS ‚Interview‘ charakteristische Funktion auf, mittels eines nominalen Teilsatzes den Interviewten anzusprechen („*Mr. Ondaatje, ganz schön gewagt, was Sie da machen.*“).

In den Absätzen, die gestalterisch der TSV ‚Erlebnisbericht‘ entsprechen, dienen nominale Teilsätze dazu, knappe Bewertungen („*Wir rollen über verschlungene Autobahntrassen nach Süden. Eine Landschaft verstaubter Industriebauten.*“) und Details („*Keine Schilder.*“ oder „*Auf einer Campingbank aus Beton hockt eine Gruppe Männer. Trainierte nackte Oberarme.*“) in die geschilderten Erlebnisse des Verfassers einzustreuen und die Dynamik der Schilderung anzuzeigen („*Mitten in einer Unkrautbrache hat jemand eine braun gerostete Fußgängerbrücke abgesetzt und vergessen, Kinder stehen auf der Brücke, als warteten sie auf etwas. Vorbei.*“).[103]

Innerhalb des ganzen TE werden hin und wieder über isoliert gebrauchte einfache Nominalsätze (z.B. „*Ein Albtraum.*“) und nominale Teilsätze (z.B. „*Ein Relikt der sechziger Jahre, das sich mit zeittypischer Unverfrorenheit in seiner Remise aus Backstein gegen die herandrängenden Türme der Finanzwelt behauptet.*“) Wertungen abgegeben.

In dem TE kommen sechs Parzellierungen vor, wobei es sich bei dem parzellierten Element fünfmal um einen Teilsatz in der Funktion eines Nebensatzes (a) und einmal um einen Satzgliedteil (b) handelt:

(a) Es ging mir gut. Auch wenn ich Englische Literatur, in der ich am besten abschnitt, nicht bis zum Schluss machen konnte, weil ich schlecht in Mathematik war.

(b) Ich fange mit gar nichts an. Mit einem Sandkorn.

Auch bei diesem TE stellt die Parzellierung nicht immer das Ende eines Satzes dar, sondern an sie können ein bis mehrere Teilsätze anschließen (a).

Die Zuordnung des TE zur TSV ‚Erlebnisbericht‘ erfolgt über die Absatzgestaltung. So zeigen eine sehr umfangreiche (Zeile 138 bis 237)

103 Im Fließtext folgen die hier funktional getrennt behandelten Beispiele unmittelbar aufeinander.

und eine kurze (Zeile 445 bis 448) Passage die für ‚Erlebnisberichte‘ charakteristische Gestaltung, bei welcher der Autor seine Erlebnisse, Beobachtungen und Eindrücke schildert und zugleich sachliche Informationen vermittelt (z.B. „*Der Wagen hält am Straßenrand, ein wenig erschöpft von den Ondaatjeschen Wanderschleifen. Einen Steinwurf von hier entfernt sind wir gestartet. Nur ein paar Schritte über die Straße, einen Fußweg entlang und dann um mehrere Häuser herum befindet sich der Verlag Coach House Books. Ein Relikt der sechziger Jahre, das sich mit zeittypischer Unverfrorenheit in seiner Remise aus Backstein gegen die herandrängenden Türme der Finanzwelt behauptet. Über ein Vierteljahrhundert lang war Ondaatje ein Mitglied des Herausgeberteams, Coach House Books ist so etwas wie seine Heimat.*“).

Daneben kommen Absatzgestaltungen vor, die zwar für andere TS typisch sind, sich jedoch funktional am besten mit der TSV ‚Erlebnisbericht‘ vereinbaren lassen.

Auffällig ist die hohe Absatzanzahl des TE (72 Absätze). Derart hohe Werte treten ausschließlich bei der TS ‚Interview‘ auf. Die Absatzgestaltung lässt den Grund für die hohe Anzahl erkennen. Gut ein Drittel des Fließtextes (Zeile 50 bis 107, 267 bis 298, 309 bis 335 und 366 bis 408) stellt wie bei der TS ‚Interview‘ ein Gespräch zwischen dem Verfasser des TE, dem Interviewer, und dem Schriftsteller Ondaatje, dem Interviewten, dar. Der Sprecherwechsel ist dadurch gekennzeichnet, dass jeweils ein neuer Absatz beginnt, der immer eingerückt ist.[104] Fast durchgängig befinden sich zudem die Antworten des Interviewten in Anführungszeichen, während sie bei dem Redeanteil des Interviewers, der wie bei der TS ‚Interview‘ vorrangig aus Fragen besteht, vollständig fehlen. Auch das gehäufte Auftreten von Pronomen der ersten Person und der Höflichkeitsform erleichtert eine Zuordnung der Redebeiträge zu einem Sprecher und verweist zugleich auf den Gesprächscharakter der Textpassage. Die Sprecher werden anders als bei der TS ‚Interview‘ in der ‚Zeit‘ nie durch Nominalsätze markiert, die den Redeteilen einen Namen voranstellen. Das Auftreten der Absätze, die eine starke Übereinstimmung zu der Gestaltung bei der TS ‚Interview‘ aufweisen, stellt in diesem Ausmaß für einen ‚Erlebnisbericht‘ eine Besonderheit dar. Prinzipiell ist es für die TSV jedoch sogar charakteristisch, dass der Verfasser Teile von seinen Gesprächen, die er im Zuge seiner Recherche vor Ort durch-

104 Bei der Online-Version des TE sind die einzelnen Absätze und damit die Redeanteile zusätzlich durch eine Leerzeile voneinander getrennt, sodass die Zuordnung für den Leser erleichtert wird (vgl. http://www.zeit.de/2007/36/SM-Ondaatje/seite-1, Aufruf: 10.08.2014).

geführt hat, in den Fließtext eingehen lässt. Die wörtliche Rede hat den gewünschten Effekt, auf den direkten Kontakt mit einer Person und der damit einhergehenden Authentizität der Ausführungen zu verweisen. In dem TE steigert der Verfasser diesen Eindruck, indem er nicht nur Einzeläußerungen einstreut, sondern größere Abschnitte seines Gesprächs mit dem Schriftsteller wörtlich wiedergibt. Funktional lässt sich dieses Vorgehen mit den Zielen der TSV ‚Erlebnisbericht' vereinbaren.

Auch drei für eine ‚Literaturkritik' typische Textstellen treten in dem TE auf (Zeile 1 bis 49, 238 bis 266 und 423 bis 444), in denen der Inhalt des Romans und seine Machart thematisiert und dieser bewertet wird (z.B. „*Eben war man beispielsweise noch in einem Haus am Lake Tahoe, in dem ein junger Mann, Cooper, eine der Waisen, später ein ausgebuffter Pokerspieler, blutig geschlagen an einen Stuhl gefesselt liegt, jetzt geht es um anderes. Eine barfüßige Frau verteilt Dünger auf bracher Erde, ein Mann beobachtet sie, dieser Mann wird später ein berühmter Schriftsteller mit dem Namen Lucien Segura, im hohen Alter beschließt er, sein Leben zu verlassen, noch einmal alles zu wagen, aber das ist schon wieder eine neue Geschichte, eine von vielen im Buch.* [...]. *Die Episoden der Geschichten taumeln durch den Kosmos dieses großartigen Romans, dass einem schwindelig wird, nur lose sind sie verbunden, zum Beispiel so: Figuren und Motive spiegeln sich. Geschwister, die keine sind, unerlaubte Lieben, Sehnsüchte, nie geäußert, Tonarten des Lebens überlagern sich, manchmal nur in einzelnen Takten. Sie vertiefen sich dann gegenseitig, wie Schatten, die sich kurz begegnen.*“). Derartige Passagen sind für einen ‚Erlebnisbericht' untypisch, werden in dem TE jedoch dem konkreten Anlass für den Artikel gerecht: Dem Erscheinen des neuen Buches des aufgesuchten Schriftstellers. Das Vorstellen diese Buches steht nicht im Zentrum des TE, besitzt aber eine große aktuelle Relevanz, sodass der Verfasser die Besprechung in seinen ‚Erlebnisbericht' integriert.

Drei weitere Passagen (Zeile 108 bis 138, 336 bis 365 und 409 bis 422) entsprechen in ihrer Absatzgestaltung vorrangig derjenigen der TSV ‚Personenporträt'. Es werden sachliche Informationen zur Biografie des Schriftstellers vermittelt, sein Verhalten und Aussehen werden beschrieben und bewertet, Charakteristika seiner Bücher und seines Vorgehens beim Schreiben aufgeführt und konkrete Werke genannt (z.B. „*Ondaatje geht mit 19 Jahren zu seinem Bruder nach Kanada, studiert Literatur, unterrichtet Literatur, fängt irgendwann an zu schreiben. In seinen Büchern sind die Figuren für sich. Sie handeln, als säße in ihnen ein Autopilot, den sie nicht selber einstellen können. Schicksal wäre da-*

für vielleicht ein großes, aber richtiges Wort. Rationalität spielt keine Rolle, was man vielleicht auch nicht erwarten kann bei einem Autor, der seine Texte aus den Eingebungen heraus erfühlt."). Eine derartige Absatzgestaltung kommt auch bei ‚Erlebnisberichten' vor, bei denen eine bestimmte Person thematisch im Zentrum steht. Auffällig ist bei diesem TE lediglich der größere Umfang, in dem dies erfolgt.

Die zweite Sonderform innerhalb der ‚Erlebnisberichte' der ‚Zeit' stellt das TE „Wagner ist unter uns"[105] dar. Auch dieses weist in seiner Absatzgestaltung Elemente auf, die über die Gestaltung im Zentralbereich der TSV hinausgehen. So zeigen einige Textpassagen starke Übereinstimmungen zu der TS ‚Interview', der TSV ‚Personenporträt' und der Gruppe ‚Großkritik'. Hinzu kommt bei dem TE eine fiktionale Komponente, indem der Verfasser von Erlebnissen und einem Treffen berichtet, die für den Leser eindeutig erkennbar real nicht stattgefunden haben. Das TE wird der TSV ‚Erlebnisbericht' als Sonderform ‚Fiktiver Erlebnisbericht' zugeordnet.

Das TE besitzt eine zweizeilige Überschrift, bei der die Hauptzeile deutlich größer ist als die Unterzeile. Die Überschrift wird links und rechts jeweils von einem Bild flankiert.

Abb. 229: Die Überschrift bei der Sonderform ‚Fiktiver Erlebnisbericht' der Textsortenvariante ‚Erlebnisbericht' in der ‚Zeit'

105 ‚Fiktiver Erlebnisbericht', „Wagner ist unter uns", 16. August 2007, Seite 35+36. Siehe Anhang 56.

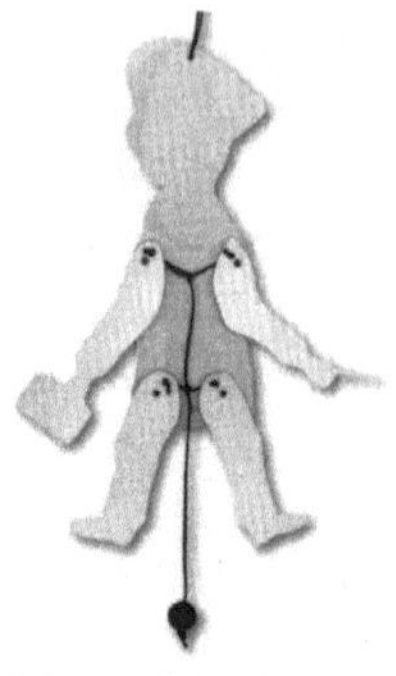

ZWEI SZENEN aus den aktuellen Bayreuther »Meistersingern«, links mit Michael Volle als Beckmesser und rechts mit Norbert Ernst als David zwischen deutschen Geistesgrößen

Abb. 230: Beispiel für die Makrostruktur des Bildes bei der Sonderform ‚Fiktiver Erlebnisbericht' der Textsortenvariante ‚Erlebnisbericht' in der ‚Zeit'

Die Hauptzeile besteht aus einem isoliert gebrauchten einfachen Verbalsatz und gibt funktional einen deutlichen Hinweis auf das Thema des Artikels. Erst nach der Lektüre des TE erkennt der Leser jedoch, dass die Hauptzeile nicht im übertragenden Sinn, sondern wörtlich zu verstehen ist, da der Verfasser in großen Teilen sein fiktives Treffen mit Richard Wagner beschreibt und wiedergibt. Auch die Unterzeile aus zwei isoliert gebrauchten einfachen Nominalsätzen zeigt diese funktionale Gestaltung. Das Wort „*fantastisch*" im ersten Satz ist nicht bzw. nicht nur im Sinne von „großartig" zu verstehen, sondern besitzt hauptsächlich die Bedeutung „auf Fantasie beruhend". Der zweite Nominalsatz in Fettdruck gibt den Verfasser in Großbuchstaben an.

Das TE weist fünf Bilder auf (vgl. Anhang 56), von denen drei, die jeweils Richard Wagner als Hampelmann zeigen, keine Bildunterschrift aufweisen. Sie dienen der Auflockerung und sind einmal rechts und links neben der Überschrift (vgl. Abb. 229) und einmal zwischen den beiden übrigen Bildern angeordnet (vgl. Abb. 230). Die Figuren sind an einem Band befestigt, das über die gesamte Breite des TE reicht. Auf den anderen beiden Fotos ist – wie für die TE der Gruppe ‚Großkritik', die kulturelle Veranstaltungen thematisieren, üblich – jeweils eine Szene von der im TE besprochenen Aufführung abgebildet.

In dem TE kommt ein Einschub vor, welcher drucktechnisch der Gestaltung bei der TSV ‚Themenbericht' und der Gruppe ‚Großkritik' entspricht, die über eine Spalte hinausreichen (Abb. 231).

Bayreuther Festspiele

Um Richard Wagner hat der Regisseur Hans Neuenfels lange einen großen Bogen gemacht. Erst jetzt ist er zum ersten Mal in seinem Leben nach Bayreuth gereist – im Auftrag der ZEIT, wie in den Jahren zuvor schon Patti Smith, Michel Houellebecq und Slavoj Žižek

schon die Leberknödelsuppe und das knusprige Hähnchen, das mir so oft in den verschiedensten Städten ... verglich sein Leben mit de... rerbands und Störtebeker...

Abb. 231: Makrostruktur des Einschubs bei der Sonderform ‚Fiktiver Erlebnisbericht' der Textsortenvariante ‚Erlebnisbericht' in der ‚Zeit'

Der Einschub weist eine Überschrift auf, die deutlich größer ist als der übrige Textanteil der Makrostruktur. Sie führt den Ort bzw. die Veranstaltung auf, die der Verfasser für das TE aufgesucht hat. Der folgende Informationstext liefert kurze Informationen zum Verfasser und gibt an, dass dieser von der ‚Zeit' mit dem Besuch der Bayreuther Festspiele beauftragt wurde. Aus dem Einschub geht hervor, dass der Verfasser, wie für einen ‚Erlebnisbericht' typisch, selbst die Veranstaltung aufgesucht hat und sein TE somit (zumindest teilweise) auf seine eigenen Erfahrungen und Beobachtungen zurückgeht.

Wie bei der zuvor besprochenen Sonderform ‚Textsortenintegrierender Erlebnisbericht' kommt als textuelles Merkmal eine Initiale über vier Zeitungszeilen vor. Zudem beginnen zwei Absätze zur Verstärkung der Gliederungsfunktion mit Wörtern in Fettdruck und sind durch eine Leerzeile vom vorherigen Absatz abgehoben.

Das TE weist nur sehr wenige ‚Originelle Wortbildungen' auf (z.B. „*Entweder-oder-Haltung*" und „*Bekennerrausch*"). Wertende Begriffe sind dafür stark vertreten (z.B. „*schön*", „*Ekel*" und „*genießen*"), was durch die subjektiven, lebhaften Schilderungen aus der Sicht des Autors in vielen Absätzen bedingt wird.

Es kommen sehr viele Zitate vor. Der Autor gibt oft Teile von Gesprächen in direkter Rede wieder, die er während seiner Reise geführt hat (z.B. „*‚Hört einmal', rief Nelly und las uns die Inschrift vor, die in einen Stein ein paar Meter von der Grabstätte entfernt eingemeißelt war: ‚Hier ruht und wacht Wagners Russ. Wer mag das sein?!' – ‚Sein Hund!', wusste Tilman Bescheid. ‚Wie menschlich', meinte Nelly, und das wurde mein bevorzugter Ausspruch.*"). Diese Art von Zitaten werden auch bei der TSV ‚Erlebnisbericht' häufiger verwendet. Darüber hinaus bestehen längere Textpassagen vorrangig aus direkter Rede, in denen der Autor sein fiktives Gespräch mit dem Komponisten Richard Wagner wiedergibt. Anders als bei der TS ‚Interview' sind die beiden Redeanteile jedoch nicht durch Absätze und vorangestellte Namen gekennzeichnet. Der Sprecherwechsel wird durch die Begleitsätze der direkten Rede deutlich, welche die Äußerungen durch Pronomen oder Namen dem Verfasser oder dem Komponisten zuordnen (z.B. „*‚Aber der König‘, beharrte ich, ‚regierte, übrigens oft sehr klug, baute Schlösser…‘ – ‚Jaja‘, unterbrach mich Wagner ungeduldig, ‚aber es ist nicht die Arbeit, die ich meine. Das alles sind Ornamente, erkaltete* […]. ‘“). Einmal ergibt sich der Sprecherwechsel auch dadurch, dass an eine Aussage in Anführungszeichen direkt eine weitere anschließt, die nur durch einen Gedankenstrich abgegrenzt ist („*‚Haben Sie den König gemocht?‘ – ‚Wie?‘, Wagner überlegte kurz.*“).

Das TE weist sehr viele Pronomen der ersten Person und der Höflichkeitsform auf. Werden auch die Pronomen berücksichtigt, die innerhalb der wörtlichen Rede und des fiktiven Briefs von Richard Wagner an den Verfasser vorkommen, weist das TE auf hundert Zeilen 51 und auf 100 Sätze 243 dieser Pronomen auf. Die größte Gruppe stellen dabei die Personalpronomen der ersten Person dar (74 %, 75x „*ich*“, 22x „*mir*“, 24x „*mich*“, 10x „*wir*“, 2x „*uns*“), wobei Formen im Singular deutlich überwiegen (91 %). Am nächsthäufigen treten Possessivpronomen der ersten Person auf (17 %, z.B. 11x „*meine*“, 2x „*meines*“, *3x* „*meiner*“, 5x „*meinen*“, 9x „*mein*“, 1x „*unserem*“), wobei wiederum deutlich die Singularformen dominieren (97 %). Die meisten Pronomen der ersten Person werden vom Verfasser während der Textpassagen verwendet, in denen er seine Reise bzw. seinen Besuch in Bayreuth (z.B. „*Ich wollte unbedingt mit meinen jungen Freunden Wagners Haus Wahnfried besuchen, in dessen Garten er mit seiner Frau Cosima begraben liegt.*“) oder sein Gespräch mit Richard Wagner (z.B. „*Ich schaute ihn verblüfft an. Wagner freute sich: ‚Ich liebe ineinander verschränkte Gedanken. Sie* […] ‘“) beschreibt. Daneben treten auch viele dieser Formen in dem fiktiven Redeanteil von Richard Wagner auf (z.B. „*‚Durch meine – umschreiben wir es so – Eigenartigkeit war ich sozusagen aus dem Schneider, und den Frauen gefiel sie. Ich meine, ich musste mich schon mühen, oho, doch es war eine Arbeit, die mir sehr, sehr gefiel! Ich spielte auf allen Registern, und oft glaubte ich mir selbst* […] ‘“).

Personalpronomen der Höflichkeitsform stellen die kleinste Gruppe dar (8 %, 14x „*Sie*“, 1x „*Ihnen*“). Sie werden nur im Rahmen des fiktiven Gesprächs mit Richard Wagner und dessen erfundenen Briefes an den Verfasser verwendet. Innerhalb des Gesprächs benutzt Richard Wagner wesentlich häufiger Höflichkeitsformen als der Verfasser. Da dies funktional eher der Rolle des Interviewers entspricht, weicht der

Befund von demjenigen der TS ‚Interview' ab. Erklärbar ist dies damit, dass nur teilweise eine (wenn auch fiktive) Interviewsituation vorliegt. Der Verfasser stellt Richard Wagner zwar Fragen, dieser erzählt jedoch oft auch von selbst und bezieht den Verfasser mit den Pronomen in seine Überlegungen ein (z.B. „*‚Das ist nachvollziehbar', meinte er, ‚obwohl Sie vielleicht beim ersten Mal überfordert sind, aber sicher wäre ich, was ich schon seit Längerem vermute, der größte Filmkomponist aller Zeiten geworden* [...]. '") oder fordert ihn direkt zu etwas auf (z.B. „‚[...] *Und jetzt sollten Sie gehen!* '").

Das TE besteht aus 354 Zeilen bzw. 125 Sätzen, wobei Gesamtsätze (62 %) häufiger vorkommen als isoliert gebrauchte einfache Sätze. Bei Letzteren dominieren deutlich die Verbalsätze (91 %).

In dem TE kommen sowohl Frage- als auch Ausrufesätze vor. Mittels der Fragesätze teilt der Verfasser Fragen mit, die er sich (angeblich) in einer bestimmten Situation während seines Aufenthalts gestellt hat („*Oder war es ein Knappe?*" und „*Während ich am nächsten Mittag glücklich in einem thailändischen Restaurant am Hofgarten eine Ente aß, trat der Mensch, der mich ins Konferenzzimmer geführt hatte, an meinen Tisch – woher wusste er, dass ich da war? – und überreichte mir einen Brief, den ich hastig öffnete:*"). Beide Fragen beziehen sich jedoch auf eine ausgedachte Situation, sodass es auf sie keine Antwort geben kann. Zusätzlich treten viele Fragesätze in den Absätzen auf, in welchen das fiktive Gespräch des Verfassers mit Richard Wagner wiedergegeben wird. (z.B. „‚*Haben Sie den König gemocht?* '").

Zwei der Ausrufesätze betonen eine Aussage des Verfassers, wobei sich einer wieder auf das fiktive Treffen mit Wagner bezieht (z.B. „*Er war ja jetzt ganz Geist, ganz Progression!*"). Daneben verwendet Richard Wagner in dem fiktiven Dialog sehr viele Ausrufesätze, wodurch er als energisch und selbstsicher gekennzeichnet wird (z.B. „*Zu Ende bringen, alles um jeden Preis zu Ende bringen – das war meine Devise, mein einziger Glaube an die Welt, meine Freiheit! Und was bedeutete denn meine sogenannte Verschwendungssucht anderes, als den Zufall zu reizen, sein wahres Gesicht zu zeigen, die beiläufige Fratze preiszugeben, die wir wie Opfertiere ‚unser Schicksal' nennen! Erinnern Sie sich!*").

In dem TE kommen viele isoliert gebrauchte einfache Nominalsätze und nominale Teilsätze vor, und zwar besonders in den Absätzen mit dem fiktiven Gespräch zwischen dem Verfasser und Richard Wagner. Dort dienen sie einerseits dazu, kurze Antworten auf eine Frage zu liefern (z.B. „*<u>Nein</u>, Ludwig und ich, das war alles in allem nicht Liebe, sondern Wahnsinn auf den ersten Blick.*"). Andererseits werden durch eingeschobene Interjektionen Gefühle des Sprechers deutlich gemacht und der mündliche Charakter der Sprache betont (z.B. *„Ich meine, ich musste mich schon mühen, oho, doch es war eine Arbeit, die mir sehr, sehr gefiel!*“). Auch die meisten Wertungen über Nominalsätze kommen in diesen Absätzen vor (z.B. *„Was für ein Glück!*“ und *„Das fruchtbarste Missverständnis zwischen zwei Männern, das ich mir vorstellen kann.*“). Zudem redet Wagner den Verfasser mehrfach mit einem nominalen Teilsatz an (z.B. *„Wohin verführen Sie mich, junger Mann!*“). Auch im letzten Absatz, in dem ein fiktiver Brief Richard Wagners an den Verfasser wiedergegeben wird, dienen Nominalsätze der Anrede (z.B. *„Junger Mann!*“) und teilen darüber hinaus die Verabschiedungsformel mit (*„Mit letzten Grüßen Richard Wagner!*“). Sie sind damit wesentlich daran beteiligt, den fiktiven Brief als potentiell eigenständige TS und damit innerhalb des TE als Teiltext zu kennzeichnen.

Der Fließtext ist durch 16 Absätze unterteilt. Mehrere Absätze übernehmen dabei Funktionen, die statt für die TSV ‚Erlebnisbericht‘ für eine andere TS (‚Interview‘), TSV (‚Personenporträt‘) oder Gruppe (‚Großkritik‘) typisch sind.

In den ersten drei Absätzen gibt der Autor seine Erlebnisse, Beobachtungen und Eindrücke von seiner Reise nach und seiner Ankunft in Bayreuth durch lebhafte, detailreiche Schilderungen wieder, die für die TSV ‚Erlebnisbericht‘ charakteristisch sind (z.B. *„Die Kurven nahm er, als ob er die Baumwipfel begrüßen wollte, und in den kurzen, geraden Strecken wiegte er sich ausschweifend weit nach rechts und links. Er war überfüllt, und ich genoss schamlos die Leere der ersten Klasse, die ich mit zwei Damen teilte, die* […].“). Im vierten und fünften Absatz teilt der Verfasser dem Leser – durchsetzt mit Angaben zu seiner eigenen Biografie – seine Erfahrungen mit der Musik Wagners mit und bewertet diese gleichzeitig. Die Absatzgestaltung enthält Elemente der Gruppe ‚Großkritik‘ (z.B. *„Da wich jede Klammheit, jede Skepsis. Die Bewunderung der unerbittlichen Genauigkeit seiner Musik, die Entlarvung der deutschen Idylle als Nest verborgener Aggressionen und Denunziationen – sie schlugen in der Figur des Hans Sachs in Liebe um.*“) und der TSV ‚Selbstporträts‘ (z.B. *„Mit Wagner habe ich mich erstmals ausführlich 1981 beschäftigt, als ich 40 Jahre alt war.*“). Für einen ‚Erlebnisbericht‘ ist es unüblich, dass im Fließtext ausführlichere Informationen zum Verfasser auftreten. Bei diesem handelt es sich jedoch auch nicht um einen Journalisten der ‚Zeit‘. Der Einschub informiert den Leser darüber, dass die Wochenzeitung den Regisseur Hans Neuenfels beauftragt hat, über die Bayreuther

Festspiele zu berichten. Dies erklärt die größere Präsenz im Fließtext und auch die kreative, fiktionale Gestaltung des TE.

Der nächste Absatz entspricht gestalterisch wieder einem ‚Erlebnisbericht', indem der Autor seinen Besuch von Wagners Haus und einer Veranstaltung im Festspielhaus ausführlich schildert. Es folgen zwei kurze Absätze, die jeweils aus einem Satz bestehen, der direkte Rede und einen Begleitsatz enthält. Sie geben einen kurzen Dialog zwischen dem Verfasser und seinem Freund wieder. Die Sprecherzuordnung erfolgt über einen Namen oder ein Pronomen. Im neunten Absatz beschreibt und bewertet der Verfasser die Aufführung, was eine typische Absatzgestaltung der TSV ‚Kritik' darstellt. Die nächsten vier sehr umfangreichen Absätze zeigen die Besonderheit, dass sie größtenteils ein fiktives Gespräch zwischen dem Verfasser und Richard Wagner wiedergeben, das sich angeblich in den Pausen der Aufführung im Bayreuther Festspielhaus zugetragen hat. Ein ausgedachtes Gespräch, das fast ausschließlich aus direkter Rede besteht und als real dargestellt wird, tritt in keiner der untersuchten TS auf. Der Autor nutzt es dazu, auf kreative, unterhaltsame und zugleich Authentizität suggerierende Weise Informationen zu vermitteln, welche die Biografie von Richard Wagner betreffen und auf realen Tatsachen beruhen (z.B. „„[…] *Am 29. April 1864 kam ich, der Schöpfer des* Tannhäusers, *des Lohengrins*, *des Tristans und der Skizzen zu den Nibelungen in Stuttgart an, allein, von den Gläubigern verfolgt, ohne jede Hoffnung auf eine Veränderung.* […]"“). Zugleich wird Richard Wagner durch seine Redeanteile charakterisiert und als selbstbewusster, humorvoller und direkter Mensch dargestellt (z.B. „‚*Das ist nachvollziehbar', meinte er, ‚obwohl Sie vielleicht beim ersten Mal überfordert sind, aber sicher wäre ich, was ich schon seit Längerem vermute, der größte Filmkomponist aller Zeiten geworden.* […]'“ oder „‚[…] *Was für ein Glück! Wäre ich schön gewesen, hätte ich ihm gefallen, wie schrecklich!' Wagner kicherte. ‚Durch meine – umschreiben wir es so – Eigenartigkeit war ich sozusagen aus dem Schneider, und den Frauen gefiel sie. Ich meine, ich musste mich schon mühen, oho, doch es war eine Arbeit, die mir sehr, sehr gefiel!* […]'“). Der Gesprächscharakter stellt eine deutliche Übereinstimmung zu der TS ‚Interview' dar, während sich die Fiktionalität der Äußerungen, das Vorkommen von Begleitsätzen sowie die fehlende Aufteilung der einzelnen Redebeiträge auf eigene Absätze von der Gestaltung innerhalb der TS klar abheben. Wie bereits für die zuvor besprochene Sonderform innerhalb der ‚Erlebnisberichte' ausgeführt, ist der Einbau von direkter Rede für die TSV

‚Erlebnisbericht' charakteristisch. Auch bei diesem TE stellt – neben der Fiktionalität – vorrangig der Umfang der wiedergegebenen Gesprächsteile die Besonderheit dar.

Im vierzehnten Absatz nimmt der Autor eine abschließende Bewertung der besuchten Veranstaltung und der Bayreuther Festspiele vor. Der vorletzte Absatz beginnt wieder mit einer für einen ‚Erlebnisbericht' typischen, detailreichen Schilderung eines Erlebnisses des Verfassers. Wie bei dem fiktiven Gespräch mit Richard Wagner ist auch dieses ganz oder zumindest größtenteils ausgedacht, da es die Überbringung eines Briefes von Richard Wagner beinhaltet. Der restliche Absatz besteht aus der Wiedergabe des Briefes, der in freundschaftlichem Ton an den Verfasser gerichtet ist (z.B. *„Was die Akustik anbelangt, diese Nuss müssen Sie selbst knacken! Sie sind sehr spät gekommen, mein Lieber!"*) und in dem sich der Komponist verabschiedet. Aus dem Brief geht hervor, dass Richard Wagner tot ist (*„Ich starb bekanntlich mit siebzig Jahren."*), womit für den Leser abschließend die Fiktivität des Gesprächs und des Briefes hervorgehoben wird. Der letzte Absatz besteht aus dem Namen des Komponisten und stellt die Signatur des Briefs dar.

2. Vergleich der Textsorten in den beiden Zeitungen

Anhand der Textsortendefinitionen lassen sich alle TE aus den Kulturteilen der beiden Zeitungen einer TS, TSV, Gruppe oder Subgruppe zuordnen. Nur sehr wenige TE erhalten dabei aufgrund eines vom Zentralbereich in spezifischer Weise abweichenden Merkmalbündels den Status einer Sonderform. Aus dieser Zuordnung ergibt sich folgendes Auftreten der einzelnen TS:

Tab. 51: Übersicht über den prozentualen Anteil der Textsorten und die Textexemplaranzahl der Textsorten, Textsortenvarianten, Gruppen und Subgruppen innerhalb der Kulturteile der Tageszeitung ‚Der Tagesspiegel' und der Wochenzeitung ‚Die Zeit'

	‚Der Tagesspiegel'	**‚Die Zeit'**
‚Bericht' (gesamt: 170)	TS ‚Bericht': 148 (12 %) - TSV ‚Sachbericht': 103 - TSV ‚Erlebnisbericht': 12 - TSV ‚Themenbericht': 33	TS ‚Bericht': 22 (5 %) - TSV ‚Erlebnisbericht': 12 - Sonderform ‚Textsortenintegrierender Erlebnisbericht': 1 - Sonderform ‚Fiktiver Erlebnisbericht': 1 - TSV ‚Themenbericht': 8
‚Meldung' (gesamt: 49)	- 49 (4 %)	–

	‚Der Tagesspiegel'	‚Die Zeit'
‚Kurzmeldung' **(gesamt: 218)**	TS ‚Kurzmeldung': 188 (15 %) - TSV ‚Kurzmeldung i.e.S.: 185 - TSV ‚Berichtigung': 3	TS ‚Kurzmeldung': 30 (6 %) - TSV ‚Artikelverweis': 26 - TSV ‚Berichtigung': 2 - TSV ‚Literaturhinweis': 2
‚Porträt' **(gesamt: 98)**	TS ‚Porträt': 67 (5 %) - TSV ‚Personenporträt': 32 - TSV ‚Todesporträt': 22 - TSV ‚Geburtstagsporträt': 13	TS ‚Porträt': 31 (7 %) - TSV ‚Personenporträt': 8 - Sonderform ‚Familienporträt': 1 - TSV ‚Todesporträt': 13 - TSV ‚Geburtstagsporträt': 4 - TSV ‚Selbstporträt': 5
‚Kommentar' **(gesamt: 1089)**	TS ‚Kommentar': 735 (59 %) - TSV ‚Freier Kommentar': 44, - Gruppe ‚Großkommentar': 7 - Gruppe ‚Reihenkommentar': 37 - TSV ‚Kritik': 691 - Gruppe ‚Großkritik': 386 - Subgruppe: Literaturkritik: 110 - Subgruppe Kulturkritik: 276 - Gruppe ‚Reihenkritik': 304 - Sonderform ‚Aufzählungskritik': 1	TS ‚Kommentar': 354 (76 %) - TSV ‚Freier Kommentar': 81 - Gruppe ‚Großkommentar': 18 - Gruppe ‚Reihenkommentar': 63 - TSV ‚Kritik': 273 - Gruppe ‚Großkritik': 118 - Subgruppe: Literaturkritik: 76 - Subgruppe Kulturkritik: 42 - Gruppe ‚Reihenkritik': 149 - Gruppe ‚Kurzkritik': 6
‚Interview' **(gesamt: 37)**	TS ‚Interview': 29 (2 %) - TSV ‚Gesprächsinterview': 23 - TSV ‚Umfrageinterview': 6	TS ‚Interview': 8 (2 %) - TSV ‚Gesprächsinterview': 7 - Sonderform ‚Verdecktes Interview': 1
‚Abdruck' **(gesamt: 39)**	TS ‚Abdruck': 25 (2 %) - TSV ‚Textteilabdruck': 3 - Sonderform ‚Thematischer Abdruck': 22	TS ‚Abdruck': 14 (3 %) - TSV ‚Textteilabdruck': 1 - TSV ‚Reihenabdruck': 13
vorläufige TS ‚Stellungnahme' **(gesamt: 9)**	–	TS ‚Stellungnahme': 9 (2 %) - TSV ‚Öffentliche Stellungnahme': 6 - TSV ‚Gegendarstellung': 3
vorläufige TS ‚Fiktiver Brief" **(gesamt: 1)**	- 1 (0 %)	–
gesamt: 1.710	gesamt: 1.242 (73 %)	gesamt: 468 (27 %)

Fast drei Viertel der untersuchten TE sind im ‚Tagesspiegel' erschienen. Dies liegt vorrangig daran, dass durch das tägliche Erscheinen der Zeitung deutlich mehr Zeitungsausgaben im Untersuchungszeitraum vorliegen als von der ‚Zeit'. Auch der deutlich größere Umfang des Kulturteils der Wochenzeitung kann dieses Ungleichgewicht nicht kompensieren.

Die Kulturteile der Tageszeitung ‚Der Tagesspiegel' und der Wochenzeitung ‚Die Zeit' konstituieren sich größtenteils aus denselben TS. So treten in beiden Zeitungen die TS ‚Bericht'. ‚Kurzmeldung', ‚Porträt', ,Kommentar', ,Interview' und ,Abdruck' auf, wobei jeweils die TS ,Kommentar' deutlich dominiert. Bei dieser TS wiederum ist die TSV ,Kritik' am produktivsten (vgl. Tab. 51). Diese Verteilung zeigt an, dass eine Hauptfunktion des Kulturteils das Vorstellen und kritische Bewerten von kulturellen Werken ist.

Im ,Tagesspiegel' nehmen die informationsbetonten TS ,Bericht', ,Kurzmeldung' und ,Meldung' mit insgesamt 31 Prozent aller TE eine wichtige Stellung ein. Es ist damit eine wesentliche Aufgabe des Kulturteils der Tageszeitung, über aktuelle Geschehnisse im kulturellen Bereich sachliche Informationen zu liefern. In der ,Zeit' ist diese Funktion durch das Erscheinen im Wochenrhythmus nachrangig. Nur elf Prozent der TE gehören den TS ,Bericht' und ,Kurzmeldung' an, die TS ,Meldung' tritt nicht auf.

Die TS ,Porträt', ,Interview' und ,Abdruck' treten bei beiden Zeitungen etwa gleichhäufig auf. Ihnen lässt sich jeweils nur ein geringer Anteil der TE zuordnen. Es handelt sich um TS, die nicht in jeder Zeitungsausgabe vorkommen und deren Anzahl in der Regel auf ein TE beschränkt bleibt: Bei der TS ,Porträt' setzt das Erscheinen eines TE einen besonderen Anlass bei einer Person voraus, die von allgemeinem kulturellen Interesse ist. TE der TS ,Interview' sind oft umfangreich, thematisch von der interviewten Person abhängig und sehr subjektiv. Dies steht einem häufigeren, flexiblen Einsatz der TS entgegen. ,Abdrucke' beruhen auf einem bereits veröffentlichten Primärtext, weshalb ihre Anzahl in dem Medium Zeitung, das an neuen Informationen, Meinung, kulturellen Angeboten etc. orientiert ist, stark limitiert ist.

Bezüglich der TSV zeigen die beiden Zeitungen größere Unterschiede. Während die TSV ,Sachbericht' innerhalb des ,Tagesspiegels' bei der TS ,Bericht' deutlich dominiert, kommt sie innerhalb der ,Zeit' nicht vor. Da bei dieser TSV die Absatzgestaltung von einer sachlichen Informationsvermittlung bestimmt wird, die sich auf aktuelle Geschehnisse bezieht, ist ihr Fehlen dem lediglich wöchentlichen Erscheinen der ,Zeit' geschuldet.

Die TS ,Kurzmeldung' weist bis auf die übereinstimmende TSV ,Berichtigung' verschiedene TSV bei der Tages- und der Wochenzeitung auf. Im ,Tagesspiegel' gehören fast alle TE der TSV ,Kurzmeldung i.e.S.' an, die in wenigen Sätzen die wesentlichen Informationen zu einem bestimmten aktuellen Ereignis aufführt. Aufgrund dieses starken Aktualitätsbezugs tritt sie wie die TSV ,Sachbericht' in der ,Zeit' nicht auf. In der Wochenzeitung gehört die TSV ,Artikelverweis' zum festen Repertoire, bei der die TE innerhalb des umfangreichen Kulturteils an exponierter Stelle auf bestimmte Artikel verweisen. Bei der Tageszeitung besitzt eine derartige TSV aufgrund des geringen Umfangs sowie der stärkeren thematischen Aufspaltung des Kulturteils in mehrere Sparten keine Relevanz. Die TSV ‚Literaturhinweis' referiert innerhalb der ‚Zeit' auf literarische Werke von Mitarbeitern der Zeitung. Beim ‚Tagesspiegel' finden derartige Verweise nicht statt. Ob dies der Tatsache geschuldet ist, dass derartige Hinweise nicht gewünscht oder mangels Publikationen von Mitarbeitern nicht notwendig sind, lässt sich nicht bestimmen.

Beide Zeitungen zeigen bei der TS ‚Porträt' eine Untergliederung in die TSV ‚Personenporträt', ‚Todesporträt' und ‚Geburtstagsporträt'. Innerhalb der ‚Zeit' kommt ausschließlich im „Peking-Feuilleton", einem thematisch fokussierten Feuilleton anlässlich der Olympiade in China, eine vierte TSV ‚Selbstporträt' vor, durch die verschiedene Berufsgruppen in China exemplarisch an Einzelpersonen vorgestellt werden. Diese wenig produktive TSV lässt sich während des Untersuchungszeitraums im ‚Tagesspiegel' nicht nachweisen. Bei einem entsprechenden thematischen Anlass wäre sie jedoch auch hier denkbar.

Die umfangreiche TS ‚Kommentar' ist im ‚Tagesspiegel' und der ‚Zeit' nahezu in dieselben TSV, Gruppen und sogar Subgruppen unterteilt. Lediglich eine sehr geringe, jedoch äußerst einheitlich gestaltete Anzahl von TE begründen innerhalb der ‚Zeit' eine dritte Gruppe ‚Kurzkritik' als weitere Unterteilung der TSV ‚Kritik'. Alle TE gehören dabei einer Serie an, die in knapper Form auf sehenswerte Filme verweist. Beim ‚Tagesspiegel' lässt sich diese Gruppe nicht belegen. Es tritt jedoch ein TE auf, dass sich, gemessen am Merkmalsbündel der Gruppe, in der ‚Zeit' als eine Sonderform ‚Aufzählungskritik' der ‚Kurzkritiken' bestimmen lässt. Dies zeigt an, dass die Gruppe im Untersuchungszeitraum im ‚Tagesspiegel' zwar nicht vorkommt, prinzipiell jedoch nichts gegen ihr Auftreten spricht.

Bei der TS ‚Interview' zeigt sich im ‚Tagesspiegel' die zusätzliche TSV ‚Umfrageinterview'. Alle TE dieser TSV gehören einer zeitlich begrenzten Serie an, bei der Personen der Berufsgruppe „Kurator" dieselben Fragen gestellt werden. In der ‚Zeit' treten keine vergleichbaren TE auf. Die TS ‚Abdruck' betreffend verhält es sich anders. Diese weist in der ‚Zeit' die TSV ‚Reihenabdruck' auf, die im ‚Tagesspiegel' nicht vorkommt. Diese umfasst ebenfalls ausschließlich TE, die einer Serie angehören, in der in jeder Zeitungsausgabe ein bereits veröffentlichtes Gedicht erneut abgedruckt wird.

3. Ausblick

Mit dieser Arbeit wurden die TS, TSV, Gruppen und Subgruppen in den Kulturteilen der Tageszeitung ‚Der Tagesspiegel' und der Wochenzeitung ‚Die Zeit' anhand der Bestimmung ihres Zentralbereichs definiert. Die beiden TS ‚Stellungnahme' und ‚Fiktiver Brief' sind aufgrund der geringen Anzahl an TE als vorläufige TS klassifiziert. Weitere Untersuchungen zu den beiden Zeitungen oder anderen zeitungssprachlichen Medien sind hier notwendig, um anhand weiterer TE die bisherigen Ergebnisse zu validieren, zu modifizieren oder zu revidieren.

Aufbauend auf den Ergebnissen dieser Arbeit wäre es von Interesse, die TS und TSV im Kulturteil weiterer Tages- und Wochenzeitungen zu bestimmen. Auf diese Weise ließe sich überprüfen, ob die Unterschiede zwischen dem ‚Tagesspiegel' und der ‚Zeit' auf dem Erscheinen als Tages- oder Wochenzeitung beruhen oder rein zeitungsspezifisch sind. Bei einer entsprechend umfangreichen Materialgrundlage könnte ein charakteristisches Repertoire an TS, TSV und Gruppen für Tages- und Wochenzeitungen bestimmt werden.

Bei den Zeitungen dieser Arbeit handelt es sich um Publikationen, die sich vorrangig an eine gebildete Leserschaft richten und als sehr seriös gelten. Interessant wäre es daher auch, Boulevardzeitungen in die Untersuchung einzubeziehen, bei denen der Unterhaltungswert im Vordergrund steht und die eine sensationsheischende Aufmachung aufweisen. Es ließe sich daran auch untersuchen, inwiefern eine derartige Ausrichtung der Zeitung Unterschiede bei den Merkmalen auf den linguistischen Ebenen der Makrostrukturen, der Syntax und der Lexik bedingt.

Einen Anknüpfungspunkt für weitere Forschungen stellt ebenfalls der Vergleich mit den TS und TSV in anderen Sparten des ‚Tagesspiegels' bzw. der ‚Zeit' dar. Dies würde Aufschluss darüber geben, ob spartenspezifische Unterschiede in der Art und der Anzahl der TS und TSV bestehen und das Erscheinen in einer bestimmten Sparte Auswirkungen auf eine TS hat, sodass weitere TSV oder Gruppen angesetzt werden müssen (z.B. ‚Kultureller Sachbericht' und ‚Politischer Sachbericht').

Zusammenfassung der Ergebnisse

In der Tageszeitung ‚Der Tagesspiegel‘ und der Wochenzeitung ‚Die Zeit‘ treten die Textsorten ‚Bericht‘, ‚Kurzmeldung‘, ‚Porträt‘, ‚Kommentar‘, ‚Interview‘ und ‚Abdruck‘ auf, die sich anhand klarer Oppositionen mithilfe der internen Merkmalbündel aus Initiatoren, Terminatoren, Makrostrukturen sowie syntaktischen und lexikalischen Merkmalen in ihren Zentralbereichen definieren und abgrenzen lassen. Im ‚Tagesspiegel‘ kommt zusätzlich die Textsorte ‚Meldung‘ vor.

Bis auf die Textsorte ‚Meldung‘ umfassen alle Textsorten mehrere Textsortenvarianten, bei der Textsorte Kommentar treten zudem Gruppen und Subgruppen auf. So weist die Textsorte ‚Bericht‘ die Textsortenvarianten ‚Sachbericht‘, ‚Erlebnisbericht‘ und ‚Themenbericht‘ auf, wobei die erste ausschließlich beim ‚Tagesspiegel‘ vorkommt. Die Textsorte ‚Kurzmeldung‘ zeigt bei beiden Zeitungen die Textsortenvariante ‚Berichtigung‘, beim ‚Tagesspiegel‘ tritt zusätzlich die Textsortenvariante ‚Kurzmeldung im engeren Sinne‘ auf, bei der ‚Zeit‘ die Textsortenvarianten ‚Artikelverweis‘ und ‚Literaturhinweis‘. Die Textsorte ‚Porträt‘ unterteilt sich in die Textsortenvarianten ‚Personenporträt‘, ‚Todesporträt‘ und ‚Geburtstagsporträt‘. Bei der ‚Zeit‘ lässt sich die weitere Textsortenvariante ‚Selbstporträt‘ nachweisen. Die umfangreiche Textsorte ‚Kommentar‘ setzt sich aus der Textsortenvariante ‚Freier Kommentar‘ mit den Gruppen ‚Großkommentar‘ und ‚Reihenkommentar‘ und der Textsortenvariante ‚Kritik‘ zusammen. Letztere umfasst die Gruppen ‚Großkritik‘, die sich zusätzlich in die Subgruppen ‚Literaturkritik‘ und ‚Kulturkritik‘ unterteilt, und ‚Reihenkritik‘. Bei der ‚Zeit‘ kommt als weitere Gruppe die ‚Kurzkritik‘ hinzu. Die Textsorte ‚Interview‘ zeigt bei beiden Zeitungen die Textsortenvariante ‚Gesprächsinterview‘, beim ‚Tagesspiegel‘ lässt sich zudem die Textsortenvariante ‚Umfrageinterview‘ nachweisen. Bei der Textsorte ‚Abdruck‘ tritt die Textsortenvariante ‚Textteilabdruck‘ auf, bei der ‚Zeit‘ zusätzlich die Textsortenvariante ‚Reihenabdruck‘.

Lediglich unter zwei Prozent der untersuchten Textexemplare der beiden Zeitungen werden aufgrund eines vom Zentralbereich in spezifischer Weise abweichenden Merkmalbündels als Sonderform einer Textsorte klassifiziert.

Weitere Gemeinsamkeiten der beiden Zeitungen bestehen neben dem weitgehenden Übereinstimmen der auftretenden Textsorten darin, dass jeweils die Textsorte ‚Kommentar‘ deutlich dominiert. Am häufigsten kommen dabei Textexemplare der Textsortenvariante ‚Kritik' vor. Die Textsorten ‚Porträt', ‚Interview' und ‚Abdruck' treten hingegen bei beiden Zeitungen nur mit wenigen Textexemplaren auf.

Ein klarer Unterschied zwischen der Tages- und der Wochenzeitung zeigt sich bezüglich des Anteils der informationsbetonten Textsorten ‚Bericht', ‚Kurzmeldung' und ‚Meldung'. Textexemplare dieser Textsorten treten prozentual beim ‚Tagesspiegel' knapp dreimal häufiger auf als in der ‚Zeit'.

Literaturverzeichnis

ADAMZIK, Kirsten: Forschungsstrategien im Bereich der Textsortenlinguistik. In: Zeitschrift für Germanistik, Neue Folge I – 1/1991. Berlin/Bern/Frankfurt a.M./New York/Paris/Wien 1991. S. 99-109.

ADAMZIK, Kirsten: Zum Textsortenbegriff am Beispiel von Werbeanzeigen. In: Satz, Text, Diskurs, Akten des 27. Linguistischen Kolloquiums Münster 1992, Band 2. [Hrsg.] Peter-Paul König und Helmut Wiegers. Tübingen 1994. S. 173-180.

ADAMZIK, Kirsten: Textsorten – Texttypologie. Eine kommentierte Bibliographie. Studien Sprachwissenschaft, Band 12. Münster 1995.

ADAMZIK, Kirsten [Hrsg.]: Textsorten. Reflexionen und Analysen. Bd. 1. Tübingen 2000.

ADAMZIK, Kirsten: Zum Problem des Textbegriffs. Rückblick auf eine Diskussion. In: Brauchen wir einen neuen Textbegriff? Antworten auf eine Preisfrage. [Hrsg.] Ulla Fix, Kirsten Adamzik, Gerd Antos und Michael Klemm. Forum Angewandte Linguistik, Bd. 40. Frankfurt a.M./Berlin/Bern/Bruxelles/New York/Oxford/Wien 2002. S. 163-182.

ADAMZIK, Kirsten: Textlinguistik. Eine einführende Darstellung. Germanistische Arbeitshefte 40. Tübingen 2004.

ADAMZIK, Kirsten: Textsorten und ihre Beschreibung. In: Textlinguistik. 15 Einführungen. [Hrsg.] Nina Janich. Tübingen 2008. S. 145-175.

AGRICOLA, Erhard; FLEISCHER, Wolfgang; PROTZE, Helmut [Hrsg.]: Die deutsche Sprache. Kleine Enzyklopädie in zwei Bänden. Leipzig 1969-1970.

ANDROUTSOPOULOS, Janis K.: Die Textsorte Flyer. In: Textsorten. Reflexionen und Analysen. [Hrsg.] Kirsten Adamzik, Bd. 1. Tübingen 2000. S. 175-211.

ANTOS, Gerd; TIETZ Heike [Hrsg.]: Die Zukunft der Textlinguistik. Traditionen, Transformationen, Trends. Reihe Germanistische Linguistik 188. Tübingen 1997.

ANTOS, Gerd; TIETZ, Heike: Quo vadis, Textlinguistik? In: Die Zukunft der Textlinguistik. Traditionen, Transformationen, Trends. Reihe Germanistische Linguistik, Bd. 188. Tübingen 1997. S. VII-X.

BARZ, Irmhild: Die Neuheit von Wörtern im Urteil der Sprecher. In: Sprache und Kommunikation im Kulturkontext: Beiträge zum Ehrenkolloquium aus Anlaß des 60. Geburtstages von Gotthard Lerchner. [Hrsg.] Volker Hertel, Regine Metzler und Brigitte Uhlig. Frankfurt a.M,/Berlin/Bern 1996. S. 299-313.

BARZ, Irmhild: Neologie und Wortbildung. Zum Neuheitseffekt von Wortneubildungen. In: Neologie und Korpus. [Hrsg.] Wolfgang Teubert. Studien zur deutschen Sprache, Bd. 11. Tübingen 1998. S. 11-30.

BAUMANN, Klaus-Dieter; KALVERKÄMPER, Hartwig: Curriculum vitae – cursus scientiae – progressus linguisticae. Fachtextsorten als Thema: Zur Einführung. Zugleich eine Würdigung des wissenschaftlichen Werks von

Lothar Hoffmann (Leipzig) anläßlich seines 65. Geburtstages am 23. Oktober 1993. In: Fachliche Textsorten. Komponenten – Relationen – Strategien. Forum für Fachsprachen-Forschung, Bd. 25. Tübingen 1996. S. 13-34.

BEAUGRANDE, Robert-Alain de; DRESSLER, Wolfgang Ulrich: Einführung in die Textlinguistik. Konzepte der Sprach- und Literaturwissenschaft, Bd. 28. Tübingen 1981.

BEAUGRANDE, Robert de: Textlinguistik: Zu neuen Ufern? In: Die Zukunft der Textlinguistik. Traditionen, Transformationen, Trends. Reihe Germanistische Linguistik, Bd. 188. Tübingen 1997. S. 1-11.

BEHR, Irmtraud: Nominalsätze am Textanfang. Ein (text-)grammatischer Beitrag. In: Textlinguistik als Querschnittsdisziplin. [Hrsg.] Zofia Berdychowska, Zofia Bilut-Homplewicz und Beate Mikolajczyk. Studien zur Text- und Diskursforschung, Bd. 5. Frankfurt a.M. 2013. S. 151-172.

BELKE, Horst: Literarische Gebrauchsformen. Grundstudium Literaturwissenschaft, hochschuldidaktische Arbeitsmaterialien, Bd. 9. Düsseldorf 1973.

BENCKISER, Nikolas: Zeitungssprache. In: Handbuch der Publizistik. [Hrsg.] Emil Dovifat. Band 3, Praktische Publizistik, 2. Teil. Berlin 1969. S. 166-177.

BENSE, Max: Theorie der Texte. Eine Einführung in neuere Auffassungen und Methoden. Köln 1962.

BRANDT, Wolfgang: Zeitungssprache heute: Überschriften. Eine Stichprobe. In: Germanistische Linguistik 106-107 (1991). S. 213-244.

BRAUN, Christian: Zur Sprache der Freimaurerei. Eine textsortenspezifische und lexikalisch-semantische Untersuchung. Berliner Sprachwissenschaftliche Studien, Bd. 5. Berlin 2001.

BRENDEL, Detlef; GROBE, Bernd E.: Journalistisches Grundwissen. Darstellung der Formen und Mittel journalistischer Arbeit und Einführung in die Anwendung empirischer Daten in den Massenmedien. München 1976.

BRIELMAIER, Peter; WOLF, Eberhard: Zeitungs- und Zeitschriftenlayout. Reihe Praktischer Journalismus, Bd. 30. Konstanz 1997.

BRINKER, Klaus: Zur Gegenstandsbestimmung und Aufgabenstellung der Textlinguistik. In: Text vs. sentence. Basic Questions of Text Linguistics. [Hrsg.] János S. Petöfi. Papiere zur Textlinguistik. Bd. 20,1. S. 3-12.

BRINKER, Klaus: Aspekte der Textlinguistik. Zur Einführung. In: Germanistische Linguistik, 106-107. 1991. S. 7-17.

BRINKER, Klaus: Textlinguistik. Studienbibliographien Sprachwissenschaft, Bd. 7. Heidelberg 1993.

BRINKER, Klaus; ANTOS, Gerd; HEINEMANN, Wolfgang; SAGER, Sven F. [Hrsg.]: Text- und Gesprächslinguistik. Ein internationales Handbuch zeitgenössischer Forschung. 1. Halbbd. Berlin/New York 2000.

BRINKER, Klaus: Linguistische Textanalyse. Eine Einführung in Grundbegriffe und Methoden. 6., überarbeitete und erweiterte Auflage. Grundlagen der Germanistik, Bd. 29. Berlin 2005.

BRINKER, Klaus: Linguistische Textanalyse. Eine Einführung in Grundbegriffe und Methoden. 7. Aufl. Grundlagen der Germanistik, Bd. 29. Berlin 2010.

BURGER, Harald: Textsorten in den Massenmedien. In: Text- und Gesprächslinguistik 1. Ein internationales Handbuch zeitgenössischer Forschung. 1. Halbb. [Hrsg.] Klaus Brinker, Gerd Antos, Wolfgang Heinemann, Sven F. Sager. Berlin/New York 2000. S. 614-628.

BURKHARDT, Steffen: Praktischer Journalismus. Lehr- und Handbücher der Kommunikationswissenschaft. München 2009.

BUßMANN, Hadumod [Hrsg.]: Lexikon der Sprachwissenschaft. 4., durchgesehene und bibliografisch ergänzte Aufl. (unter Mitarbeit von Hartmut Lauffer). Stuttgart 2008.

CHRISTOFIDOU, Anastasia: Okkasionalismen in poetischen Texten. Eine Fallstudie am Werk von O. Elytis. Tübinger Beiträge zur Linguistik, Bd. 394. Tübingen 1994.

CLÉMENT, Danièle: Syntaktisches Grundwissen. Eine Einführung für Deutschlehrer. Wiesbaden 2005.

COSERIU, Eugenio : Textlinguistik. Eine Einführung. Tübinger Beiträge zur Linguistik, Bd. 500. 4. Aufl. Tübingen 2007.

DANEŠ, František; VIEHWEGER, Dieter [Hrsg.]: Probleme der Textgrammatik II. Akademie der Wissenschaften der DDR. Zentralinstitut für Sprachwissenschaft. Studia grammatica XVIII. Berlin 1977.

DEUTSCHES FREMDWÖRTERBUCH. Begonnen von Hans Schulz, fortgeführt von Otto Basler. 2. Aufl., völlig neubearbeitet im Institut für Deutsche Sprache. Bd. 5: Eau de Cologne – Futurismus. Berlin/New York 2004.

Van DIJK, Teun A.; IHWE, Jens; PETÖFI, János S.; RIESER, Hannes: Thesen. In: Textsorten. Differenzierungskriterien aus linguistischer Sicht. [Hrsg.] Elisabeth Gülich und Wolfgang Raible. Athenäum-Skripten Linguistik. Frankfurt a.M. 1972. S. 7+8.

Van DIJK, Teun A.: Textwissenschaft. Eine interdisziplinäre Einführung. Tübingen 1980.

DIMTER, Matthias: Textklassenkonzepte heutiger Alltagssprache. Kommunikationssituation, Textfunktion und Textinhalt als Kategorien alltagssprachlicher Textklassifikationen. Reihe Germanistische Linguistik, Bd. 32. Tübingen 1981.

DONALIES, Elke: Die Wortbildung des Deutschen. Ein Überblick. 2., überarbeitete Aufl. Studien zur deutschen Sprache, Bd. 27. Tübingen 2005.

DONALIES, Elke: Basiswissen deutsche Wortbildung. Tübingen/Basel 2007.

DONSBACH, Wolfgang: Journalist. In: Publizistik. Massenkommunikation. Das Fischer Lexikon. Aktualisierte, vollständig überarbeitete und ergänzte 5. Aufl. [Hrsg.] Elisabeth Noelle-Neumann, Winfried Schulz und Jürgen Wilke. Frankfurt a.M. 2009. S. 81-128.

DOVIFAT, Emil: Feuilleton. In: Handbuch der Zeitungswissenschaft. Bd. I. [Hrsg.] Walther Heide. Leipzig 1940. Sp. 976-1010.

DOVIFAT, Emil [Hrsg.]: Handbuch der Publizistik. Bd. 3, Praktische Publizistik, 2. Teil. Berlin 1969.

DOVIFAT, Emil: Zeitungslehre. Bd. 1-2. 6., neubearbeitete Aufl. von Jürgen Wilke. Berlin/New York 1976.

DUDEN. Das Fremdwörterbuch. [Hrsg.] Wissenschaftlicher Rat der Dudenredaktion, 10., aktualisierte Auflage. Duden Bd. 5. Mannheim/Zürich 2010.

DUDEN. Grammatik der deutschen Gegenwartssprache. [Hrsg.] Wissenschaftlicher Rat der Dudenredaktion, 6., neu bearbeitete Aufl. Duden Bd. 4. Mannheim/Leipzig/Wien/Zürich 1998.

DUDEN. Die Grammatik: Unentbehrlich für richtiges Deutsch. [Hrsg.] Wissenschaftlicher Rat der Dudenredaktion, 8., überarbeitete Aufl. Duden Bd. 4. Mannheim/Zürich 2009.

DUDEN. Das große Wörterbuch der deutschen Sprache in zehn Bänden. [Hrsg.] Wissenschaftlicher Rat der Dudenredaktion, 3., völlig neu bearbeitete und erweiterte Aufl. (Studienausgabe). Mannheim/Leipzig/Wien/Zürich 1999.

DUDEN. Die deutsche Rechtschreibung. [Hrsg.] Dudenredaktion. 24., völlig neu bearbeitete und erweiterte Aufl. Duden Bd. 1. Mannheim/Leipzig/Wien/Zürich 2006.

DUDEN. Das Herkunftswörterbuch. Etymologie der deutschen Sprache. 4., neu bearb. Aufl. [Hrsg.] Dudenredaktion. Auf der Grundlage der neuen amtlichen Rechtschreibregeln. Duden Bd. 7. Mannheim/Leipzig/Wien/Zürich 2007.

DÜRSCHEID, Christa: Syntax. Grundlagen und Theorien. Mit einem Beitrag von Martin Businger. 5., durchgesehene Aufl. Göttingen 2010.

ECKER, Hans-Peter; LANDWEHR, Jürgen; SETTEKORN, Wolfgang; WALTHER, Jürgen: Textform Interview. Darstellung und Analyse eines Kommunikationsmodells. Düsseldorf 1977.

EGLI VON MATT, Sylvia; VON PESCHKE, Hans-Peter; RINIKER, Paul: Das Porträt. Unter Mitarbeit von Nadine Olonetzky. Reihe Praktischer Journalismus, Bd. 54. Konstanz 2003.

EHLICH, Konrad: Zum Textbegriff. In: Text – Textsorten – Semantik. Linguistische Modelle und maschinelle Verfahren. [Hrsg.] Annely Rothkegel und Barbara Sandig. Papiere zur Textlinguistik, Bd. 52. Hamburg 1984. S. 9-25.

EHLICH, Konrad: Die Entwicklung von Kommunikationstypologien und die Formbestimmtheit des sprachlichen Handelns. In: Kommunikationstypologie. Handlungsmuster, Textsorten, Situationstypen. Sprache der Gegenwart. Jahrbuch 1985 des Instituts für Deutsche Sprache. [Hrsg.] Werner Kallmeyer. Düsseldorf 1986. S. 47-73.

EHLICH, Wolfgang: ‚Textsorten' – Überlegungen zur Praxis der Kategorienbildung in der Textlinguistik. In: Textsorten, Textmuster in der Sprech- und Schriftkommunikation. [Hrsg.] Roger Mackeldey. Leipzig 1990, S. 17-30.

EHLICH, Konrad: Zum Satzbegriff. In: Deutsche Syntax. Ansichten und Aussichten. Institut für deutsche Sprache, Jahrbuch 1991. [Hrsg.] Ludger Hoffmann. Berlin/New York 1992. S. 386-395.

ELSEN, Hilke: Neologismen. Formen und Funktionen neuer Wörter in verschiedenen Varietäten des Deutschen. 2., überarbeitete Auflage. Tübinger Beiträge zur Linguistik, Bd. 477. Tübingen 2011.

ELSEN, Hilke: Grundzüge der Morphologie des Deutschen. 2., aktualisierte Aufl. Berlin/Bosten 2014.

ENDERS, Alexander: Nominalsätze. Ihre Strukturen und Funktionen in den Romanen Goethes. Berliner Sprachwissenschaftliche Studien, Bd. 18. Berlin 2010.

ERBEN, Johannes: Einführung in die deutsche Wortbildung. 5., durchgesehene und ergänzte Aufl. Grundlagen der Germanistik, Bd. 17. Berlin 2006.

EROMS, Hans-Werner: Zur Analyse kompakter Texte. In: Sprachwissenschaft, Bd. 7. Heidelberg 1982. S. 329-347.

FANDRYCH, Christian; THURMAIER, Maria: Textsorten im Deutschen. Linguistische Analysen aus sprachdidaktischer Sicht. Linguistik, Bd. 57. Tübingen 2011.

FEARNS, Anneliese: Textsorten als didaktische Chance für die Fachsprachen-Vermittlung. In: Fachliche Textsorten. Komponenten – Relationen – Strategien. [Hrsg.] Hartwig Kalverkämper und Klaus-Dieter Baumann. Forum für Fachsprachen-Forschung, Bd. 25. Tübingen 1996. S. 501-537.

FIGGE, Udo L.: Zur Konstitution einer eigentlichen Textlinguistik. In: Text vs sentence. Basic Questions of Text Linguistics. [Hrsg.] János S. Petöfi. Papiere zur Textlinguistik. Bd. 20,1. Hamburg 1979. S. 13-23.

FIX, Ulla: Texte und Textsorten – sprachliche, kommunikative und kulturelle Phänomene. Sprachwissenschaft, Bd. 5. Berlin 2008a.

FIX, Ulla: Text und Textlinguistik. In: Textlinguistik. 15 Einführungen. [Hrsg.] Nina Janich. Tübingen 2008b. S. 15-34.

FLÄMIG, Walter: Grammatik des Deutschen. Einführung in Struktur- und Wirkungszusammenhänge. Erarbeitet auf der theoretischen Grundlage der „Grundzüge einer deutschen Grammatik“. Berlin 1991.

FLÄMIG, Walter in: Die deutsche Sprache. [Hrsg.] Erhard Agricola, Wolfgang Fleischer und Helmut Protze unter Mitwirkung von W. Ebert. Kleine Enzyklopädie in zwei Bänden. Leipzig 1969-1970.

FLEISCHER, Wolfgang; BARZ, Irmhild: Wortbildung der deutschen Gegenwartssprache. Unter Mitarbeit von Marianne Schröder. 2., durchgesehene und ergänzte Aufl. Tübingen 1995.

FLEISCHER, Wolfgang; BARZ, Irmhild: Wortbildung der deutschen Gegenwartssprache. 4. Aufl.; völlig neu bearbeitet von Irmhild Barz unter Mitarbeit von Marianne Schröder. Tübingen 2012.

FRANK, Bernward; MALETZKE, Gerhard; MÜLLER-SACHSE, Karl H.: Kultur und Medien. Angebote – Interessen – Verhalten. Eine Studie der ARD/ ZDF-Medienkommission. Schriftenreihe Media Perspektiven, Bd. 11. Baden-Baden 1991.

FRANKE, Wilhelm: Linguistische Texttypologie. In: Germanistische Linguistik 106-107. 1991. S. 157-182.

FRANKE, Wilhelm: Texttypen – Textsorten – Textexemplare: ein Ansatz zu ihrer Klassifikation und Beschreibung. In: Zeitschrift für germanistische Linguistik 15 (1987). S. 263-281.

FRILLINGS, Sabine: Textsorten in juristischen Fachzeitschriften. Internationale Hochschulschriften, Bd. 138. Münster/New York 1995.

GANSEL, Christina; JÜRGENS, Frank: Textlinguistik und Textgrammatik. Eine Einführung. 2., überarbeitete und ergänzte Auflage 2007. Mit zahlreichen Abbildungen und Tabellen. Studienbücher zur Linguistik, Bd. 6. Göttingen 2007.

GANSEL, Christina: Textsortenlinguistik. Göttingen 2011.

GLINZ, Hans: Fiktionale und nichtfiktionale Texte. In: Textsorten und literarische Gattungen. Dokumentation des Germanistentages in Hamburg vom 1. bis 4. April 1979. [Hrsg.] Vorstand der Vereinigung der deutschen Hochschulgermanisten. Berlin 1983. S. 118-130.

GLOTZ, Peter; LANGENBUCHER, Wolfgang R.: Der mißachtete Leser. Zur Kritik der deutschen Presse. Ungekürzter Nachdruck der Ausgabe [Köln/ Berlin, Kiepenheuer & Witsch] 1969. Ex libris Kommunikation Bd. 1, klassische Texte über Medien und Kommunikation. München 1993.

GOBYN, Luc: Textsorten. Ein Methodenvergleich illustriert an einem Märchen, Brüssel 1984 (Gesamttitel: Koninklijke Academie voor Wetenschappen, Letteren en Schone Kunsten van België <Bruxelles>: Verhandelingen van de Koninklijke Academie voor Wetenschappen, Letteren en Schone Kunsten van België / Klasse der Letteren; 111 = Jg. 46).

GREWENDORF, Günther; HAMM, Fritz; STERNEFELD, Wolfgang: Sprachliches Wissen. Eine Einführung in moderne Theorien der grammatischen Beschreibung. Suhrkamp-Taschenbuch Wissenschaft, Bd. 695. Frankfurt a.M. 1993.

GÜLICH, Elisabeth; RAIBLE, Wolfgang [Hrsg.]: Textsorten. Differenzierungskriterien aus linguistischer Sicht. Athenäum-Skripten Linguistik, Bd. 5. Frankfurt 1972.

GÜLICH, Elisabeth; RAIBLE, Wolfgang: Textsorten als linguistisches Problem. In: Textsorten. Differenzierungskriterien aus linguistischer Sicht. [Hrsg.]: Elisabeth Gülich und Wolfgang Raible. Athenäum-Skripten Linguistik, Bd. 5. Frankfurt 1972. S. 1-5.

GÜLICH, Elisabeth; RAIBLE, Wolfgang: Textsorten-Probleme. In: Linguistische Probleme der Textanalyse. Jahrbuch 1973 [des Instituts für deutsche Sprache]. (= Sprache der Gegenwart. Schriften des Instituts für deutsche Sprache in Mannheim. 35). Düsseldorf 1975. S. 144-197.

GÜLICH, Elisabeth; RAIBLE, Wolfgang: Linguistische Textmodelle. Grundlagen und Möglichkeiten. Uni-Taschenbücher, Bd. 130. München 1977.

GÜLICH, Elisabeth: Textsorten in der Kommunikationspraxis. In: Kommunikationstypologie. Handlungsmuster, Textsorten, Situationstypen. Sprache der Gegenwart. Jahrbuch 1985 des Instituts für Deutsche Sprache. [Hrsg.] Werner Kallmeyer. Düsseldorf 1986. S. 15-46.

HAACKE, Wilmont: Handbuch des Feuilletons. Bd. I. Emsdetten 1951.

HAACKE, Wilmont: Handbuch des Feuilletons. Bd. II. Emsdetten 1952.

HAACKE, Wilmont: Das Feuilleton in Zeitung und Zeitschrift. Unterhaltung, Kultur und Kulturpolitik. In: Handbuch der Publizistik. [Hrsg.] Emil Dovifat. Bd. 3, Praktische Publizistik, 2. Teil. Berlin 1969a. S. 218-236.

HAACKE, Wilmont: Die Kritik in Zeitung und Zeitschrift. Unterhaltung, Kultur und Kulturpolitik. In: Handbuch der Publizistik. [Hrsg.] Emil Dovifat. Bd. 3, Praktische Publizistik, 2. Teil. Berlin 1969b. S. 237-251.

HAACKE, Wilmont: Das Feuilleton des 20. Jahrhunderts. In: Publizistik 21 (1976). S. 285-312.

HAGEMANN, Walter: Die Zeitung als Organismus. Ein Leitfaden von Walter Hagemann. Beiträge zur Publizistik, Bd. 1. Heidelberg 1950.

HALLER, Michael: Die Reportage. Reihe Praktischer Journalismus, Bd. 8. 5., überarbeitete Aufl. Konstanz 2006.

HARGRAVES, Orin [Hrsg.]: New Words. Oxford 2004. Introduction S. viii-xii.

HARWEG, Roland: Nichttexte, Rudimentärtexte, wohlgeformte Texte. In: Folia Linguistica 7. The Hague 1975. S. 371-388.

HAUSENDORF, Heiko: Die Zuschrift. Exemplarische Überlegungen zur Methodologie der linguistischen Textsortenbeschreibung. In: Zeitschrift für Sprachwissenschaft 19 (2000). S. 210-244.

HEIDOLPH, Karl Erich [Hrsg.]: Grundzüge einer deutschen Grammatik. Von einem Autorenkollektiv unter der Leitung von K.E. Heidolph, W. Flämig und W. Motsch, Akademie der Wissenschaften der DDR. Berlin 1981.

HEIDOLPH, Karl Erich: „Satz“ als Kategorie der Grammatik. In: Deutsche Syntax. Ansichten und Aussichten. Institut für deutsche Sprache, Jahrbuch 1991. [Hrsg.] Ludger Hoffmann. Berlin/New York 1992. S. 396-407.

HEINEMANN, Wolfgang; VIEHWEGER, Dieter: Textlinguistik. Eine Einführung. Reihe Germanistische Linguistik, 115 Kollegbuch. Tübingen 1991.

HEINEMANN, Wolfgang: Textsorten. Zur Diskussion um Basisklassen des Kommunizierens. Rückschau und Ausblick. In: Textsorten. Reflexionen und Analysen. [Hrsg.] Kirsten Adamzik, Bd. 1. Tübingen 2000a. S. 9-29.

HEINEMANN, Wolfgang: Textsorte – Textmuster – Texttyp. In: Text- und Gesprächslinguistik 1. Ein internationales Handbuch zeitgenössischer Forschung. 1. Halbbd. [Hrsg.] Klaus Brinker, Gerd Antos, Wolfgang Heinemann, Sven F. Sager. New York 2000b. S. 510-523.

HEINEMANN, Wolfgang: Aspekte der Textsortendifferenzierung. In: Text- und Gesprächslinguistik 1. Ein internationales Handbuch zeitgenössischer Forschung. 1. Halbbd. [Hrsg.] Klaus Brinker, Gerd Antos, Wolfgang Heinemann, Sven F. Sager. Berlin/New York 2000c. S. 523-546.

HELLER, Klaus; HERBERG, Dieter; LANGE, Christina; SCHNERRER, Rosemarie; STEFFENS, Doris: Theoretische und praktische Probleme der Neologismenlexikographie. Überlegungen und Materialien zu einem Wörterbuch der in der Allgemeinsprache der DDR gebräuchlichen Neologismen. Linguistische Studien, Reihe A, Bd. 184. Berlin 1988.

HEMPFER, Klaus W.: Gattungstheorie. Information und Synthese. Bd. I, Uni-Taschenbücher 133. München 1973.

HEMPFER, Klaus W.: Zur pragmatischen Fundierung der Texttypologie. In: Textsortenlehre – Gattungsgeschichte. [Hrsg.] Walter Hinck. Heidelberg 1977. S. 1-26.

HENTSCHEL, Elke; VOGEL, Petra M. [Hrsg.]: De Gruyter Lexikon Deutsche Morphologie. Berlin 2009.

HERBERG, Dieter: Neologismen der Neunzigerjahre. In: Neues und Fremdes im deutschen Wortschatz. Aktueller lexikalischer Wandel. [Hrsg.] Gerhard Stickel. Institut für deutsche Sprache, Jahrbuch 2000. Berlin/New York 2001. S. 89-104.

HERBERG, Dieter; KINNE, Michael [Hrsg.]: Neologismen. Studienbibliographien Sprachwissenschaft, Bd. 23. Heidelberg 1998.

HERBERG, Dieter; KINNE, Michael; STEFFENS, Doris: Neuer Wortschatz. Neologismen der 90er Jahre im Deutschen. Schriften des Instituts für Deutsche Sprache, Bd. 11. Berlin u.a. 2004.

HEß, Dieter [Hrsg.]: Kulturjournalismus. Ein Handbuch für Ausbildung und Praxis. 2., aktualisierte Aufl. Reihe Journalistische Praxis. München 1997.

HEUSINGER, Siegfried: Die Lexik der deutschen Gegenwartssprache. Eine Einführung. UTB, Bd. 2491 Sprachwissenschaft. München 2004.

HOFFMANN, Ludger [Hrsg.]: Deutsche Syntax. Ansichten und Aussichten. Institut für deutsche Sprache, Jahrbuch 1991. Berlin/New York 1992.

HÖLSCHER, Sandra: Familienanzeigen. Zur Geschichte der Textsorten Geburts-, Verbindungs- und Todesanzeige, ihrer Varianten und Strukturen in ausgewählten regionalen und überregionalen Tageszeitungen von 1790 bis 2002. Berliner sprachwissenschaftliche Studien, Bd. 23. Berlin 2011.

HOPPE, Anja Maria: Glossenschreiben. Ein Handbuch für Journalisten. Wiesbaden 2000.

HOPPENKAMPS, Hermann: Information oder Manipulation? Untersuchungen zur Zeitungsberichterstattung über eine Debatte des Deutschen Bundestages. Reihe Germanistische Linguistik, Bd. 8. Tübingen 1977.

HRUSKA, Verena: Die Zeitungsnachricht. Information hat Vorrang. 3. neubearbeitete Aufl. Bonn 1999.

ISENBERG, Horst: Probleme der Texttypologie. Varianten und Determination von Texttypen. In: Wissenschaftliche Zeitschrift der Karl-Marx-Universität Leipzig. Gesellschafts- und sprachwissenschaftliche Reihe 27 (1978). S. 565-579.

ISENBERG, Horst: Grundfragen der Texttypologie. In: Linguistische Studien. Ebenen der Textstruktur. Akademie der Wissenschaften der DDR. Zentralinstitut für Sprachwissenschaft. Reihe A, Arbeitsberichte 112. [Hrsg.] František Daneš und Dieter Viehweger. Berlin 1983. S. 303-338.

JAKOBY, Ruth: Das Feuilleton des *Journal des Débats* von 1814 bis 1830. Ein Beitrag zur Literaturdiskussion der Restauration, études littéraires françaises 43. Tübingen 1998.

JANICH, Nina: Werbesprache. Ein Arbeitsbuch. 2. vollständig überarbeitete und erweiterte Aufl. Tübingen 2001.

JANICH, Nina [Hrsg.]: Textlinguistik. 15 Einführungen. Tübingen 2008.
JANICH, Nina: Des Kaisers neue Kleider oder: Die Suche nach einem neuen Textbegriff. In: Brauchen wir einen neuen Textbegriff? Antworten auf eine Preisfrage. [Hrsg.] Ulla Fix, Kirsten Adamzik, Gerd Antos und Michael Klemm. Forum Angewandte Linguistik, Band 40. Frankfurt a.M./Berlin/Bern/Bruxelles/New York/Oxford/Wien 2002. S. 77-82.
JANßEN, Karl-Heinz; KUENHEIM, Haug; SOMMER, Theo: „Die Zeit". Geschichte einer Wochenzeitung 1946 bis heute. München 2006.
KALLMEYER, Werner; MEYER-HERMANN, Reinhard: Textlinguistik. In: Lexikon der Germanistischen Linguistik. 2., völlig neu bearbeitete und erweiterte Aufl. [Hrsg.] Hans Peter Althaus, Helmut Henne und Herbert Ernst Wiegand, Tübingen 1980. S. 242-258.
KALLMEYER, Werner [Hrsg.]: Kommunikationstypologie. Handlungsmuster, Textsorten, Situationstypen. Jahrbuch 1985 des Instituts für Deutsche Sprache. Düsseldorf 1986.
KALLMEYER, Werner: Und nun? Versuch eines Résumées. In: Kommunikationstypologie. Handlungsmuster, Textsorten, Situationstypen. Sprache der Gegenwart. Jahrbuch 1985 des Instituts für Deutsche Sprache. [Hrsg.] Werner Kallmeyer. Düsseldorf 1986. S. 326-336.
KAUFFMANN, Kai; SCHÜTZ, Erhard [Hrsg.]: Die lange Geschichte der kleinen Form. Beiträge zur Feuilletonforschung. Berlin 2000.
KAUFFMANN, Kai: Zur derzeitigen Situation der Feuilleton-Forschung. In: Die lange Geschichte der kleinen Form. Beiträge zur Feuilletonforschung. [Hrsg.] Kai Kauffmann und Erhard Schütz. Berlin 2000. S. 10-24.
KINNE, Michael: Der lange Weg zum deutschen Neologismenwörterbuch. Neologismus und Neologismenlexikographie im Deutschen: Zur Forschungsgeschichte und zur Terminologie, über Vorbilder und Aufgaben. In: Neologie und Korpus. [Hrsg.] Wolfgang Teubert. Studien zur deutschen Sprache, Bd. 11. Tübingen 1998. S. 63-110.
KLEIN, Josef: Intertextualität, Geltungsmodus, Texthandlungsmuster. Drei vernachlässigte Kategorien der Textsortenforschung – exemplifiziert an politischen und medialen Textsorten. In: Textsorten. Reflexionen und Analysen. [Hrsg.] Kirsten Adamzik. Bd. 1. Tübingen 2000. S. 31-44.
KLEMM, Michael: Ausgangspunkte: Jedem seinen Textbegriff? Textdefinitionen im Vergleich. In: Brauchen wir einen neuen Textbegriff? Antworten auf eine Preisfrage. [Hrsg.] Ulla Fix, Kirsten Adamzik, Gerd Antos und Michael Klemm. Forum Angewandte Linguistik, Bd. 40. Frankfurt a.M./Berlin/Bern/Bruxelles/New York/Oxford/Wien 2002a. S. 17-29.
KLEMM, Michael: Wie hältst Du's mit dem Textbegriff? Pragmatische Antworten auf eine Gretchenfrage der (Text-)Linguistik. In: Brauchen wir einen neuen Textbegriff? Antworten auf eine Preisfrage. [Hrsg.] Ulla Fix, Kirsten Adamzik, Gerd Antos und Michael Klemm. Forum Angewandte Linguistik, Bd. 40. Frankfurt a.M./Berlin/Bern/Bruxelles/New York/Oxford/Wien 2002b. S. 143-161.

KLUGE, Friedrich: Etymologisches Wörterbuch der deutschen Sprache. 24. Aufl., durchgesehen und erweitert von Elmar Seebold. Berlin 2002.

KLUTE, Wilfried: Sachtexte erschließen. Grundlagen, Texte und Arbeitshilfen für den Deutsch-Unterricht der Sekundarstufe I. Berlin 2006.

KNIFFKA, Hannes: Kanonische Merkmale, soziolinguistische Regeln und Profilformeln für Zeitungsberichte. In: Textsorten und literarische Gattungen. Dokumentation des Germanistentages in Hamburg vom 1. bis 4. April 1979. [Hrsg.] Vorstand der Vereinigung der deutschen Hochschulgermanisten. Berlin 1983. S. 145-185.

KNOBLOCH, Heinz: Vom Wesen des Feuilletons. Mit Studienmaterial. Theorie und Praxis des Feuilletons. Beiträge zur Gegenwartsliteratur, Bd. 23. Halle (Saale) 1962.

KOSZYK, Kurt; PRUYS, Karl Hugo: Handbuch der Massenkommunikation. München 1981.

KRAUSE, Heiko: Journalistische Darstellungsformen. Essen 1995.

KRON, Olaf: Probleme der Texttypologie. Integration und Differenzierung handlungstheoretischer Konzepte in einen Neuansatz. Europäische Hochschulschriften, Reihe I, Deutsche Sprache und Literatur, Bd./Vol. 1839. Frankfurt a.M./Berlin/Bern/Bruxelles/New York/Oxford/Wien 2002.

KUMMER, Werner: Aspects of a theory of argumentation. In: Textsorten. Differenzierungskriterien aus linguistischer Sicht. [Hrsg.] Elisabeth Gülich und Wolfgang Raible. Athenäum-Skripten Linguistik. Frankfurt a.M. 1972. S. 25-49.

KUNCZIK, Michael; ZIPFEL, Astrid: Publizistik. Ein Studienhandbuch. 2., durchgesehene und aktualisierte Aufl. Köln/Weimar/Wien 2005.

LAGE-MÜLLER, Kathrin von der: Text und Tod. Eine handlungstheoretisch orientierte Textsortenbeschreibung am Beispiel der Todesanzeige in der deutschsprachigen Schweiz. Reihe Germanistische Linguistik, Bd. 157. Tübingen 1995.

LANGENBUCHER, Wolfgang R.; RYTLEWSKI, Ralf; WEYERGRAF, Bernd [Hrsg.]: Kulturpolitisches Wörterbuch Bundesrepublik Deutschland/Deutsche Demokratische Republik im Vergleich. Stuttgart 1983.

LANGER, Gudrun: Textkohärenz und Textspezifität. Textgrammatische Untersuchung zu den Gebrauchstextsorten Klappentext, Patienteninformation, Garantieerklärung und Kochrezept. Europäische Hochschulschriften, Reihe 21, Linguistik, Bd. 152. Frankfurt a.M./Berlin/Bern/New York/Paris/Wien 1995.

LA ROCHE, Walter von: Einführung in den praktischen Journalismus. Mit genauer Beschreibung aller Ausbildungswege. Deutschland, Österreich, Schweiz. 18., aktualisierte und erweiterte Auflage. Journalistische Praxis. Berlin 2008.

LERCHNER, Gotthard: Zur Interaktion von Superstrukturen und Makrostrukturen bei der Konstituierung der Äußerungsbedeutung, dargestellt an einem literarischen Text. In: Makrostrukturen im Text und im Gespräch. [Hrsg.] Hlavsa Zdeněk, Linguistische Studien, Reihe A, 191. Berlin 1989. S. 51-74.

LEWANDOWSKI, Theodor [Hrsg.]: Linguistisches Wörterbuch. Uni-Taschenbücher 300, Bd. 3. Heidelberg 1975.

LINKE, Angelika; NUSSBAUMER, Markus; PORTMANN-TSELIKAS, Paul R.: Studienbuch Linguistik. Ergänzt um ein Kapitel „Phonetik und Phonologie“ von Urs Willi. 3., unveränderte Auflage. Reihe Germanistische Linguistik, 121 Kollegbuch. Tübingen 1996.

LORENZ, Dagmar: Journalismus. 2., aktualisierte und erweiterte Aufl. Sammlung Metzler, Band 337. Stuttgart/Weimar 2009.

LÜGER, Heinz-Helmut: Pressesprache. Germanistische Arbeitshefte 28, 2. Aufl. Tübingen 1995.

MACIAS, José: Die Entwicklung des Bildjournalismus. Kommunikation und Politik, Bd. 22. München/New York/London/Paris 1990.

MANN, Renate: (III) Textsorten und ihre Konstituenten – Versuche einer Beschreibung. In: Die neueren Sprachen 75 (Bd. 25 Neue Folge) (1976a). S. 485-489.

MANN, Renate: (IV) Textsorten und ihre Konstituenten – Versuche einer Beschreibung. Die neueren Sprachen 75 (Bd. 25 Neue Folge) (1976b). S. 571-576.

MANN, Renate: Aspekte der Textkonstitution. Die neueren Sprachen 75 (Bd. 25 Neue Folge) (1976c). S. 577-591.

MÄRZ, Josef: Die moderne Zeitung, ihre Einrichtungen und ihre Betriebsweise. München 1951.

MAST, Claudia [Hrsg.]: ABC des Journalismus. Ein Handbuch. 10., völlig neue Aufl. Praktischer Journalismus Bd. I. Konstanz 2004.

MAST, Claudia [Hrsg.]: ABC des Journalismus. Ein Handbuch. 11., überarbeitete Aufl. Praktischer Journalismus Bd. I. Konstanz 2008.

MAST, Claudia [Hrsg.]: ABC des Journalismus. Ein Handbuch. 12., völlig überarbeitete Aufl. Praktischer Journalismus Bd. I. Konstanz/München 2012.

MATTAUCH, Hans: Der vermutlich früheste Beleg für das Wort Feuilleton. In: Publizistik 9 (1964). S. 273-274.

MATTHEIER, Klaus J.: Textsorten im Industriebetrieb des 19. Jahrhunderts. In: Kommunikationstypologie. Handlungsmuster, Textsorten, Situationstypen. Sprache der Gegenwart. Jahrbuch 1985 des Instituts für Deutsche Sprache. [Hrsg.] Werner Kallmeyer. Düsseldorf 1986. S. 193-226.

MATUSSEK, Magdalena: Wortneubildung im Text. Beiträge zur germanistischen Sprachwissenschaft, Bd. 7. Hamburg 1994.

MAX, Hubert: Julien Louis Geoffroy. In: Handbuch der Zeitungswissenschaft. Bd. I. [Hrsg.] Walther Heide. Leipzig 1940. Sp. 1245-1250.

MEID, Volker [Hrsg.]: Literatur Lexikon. Begriffe, Realien, Methoden. Bd. 13. Gütersloh/München 1992.

MEIER, Klaus: Journalistik. Konstanz 2007.

MEUNIER, Ernst; JESSEN, Hans: Das deutsche Feuilleton. Ein Beitrag zur Zeitungskunde. Zeitung und Zeit, Fortschritte der internationalen Zeitungsforschung, Bd. 2. Berlin 1931.

MÜLLER-GUTTENBRUNN, Adam: Feuilletons. Erschienen in der Wiener „Deutschen Zeitung“ 1886-1892. Bearbeitet und eingeleitet von Nikolaus Britz. 1. Teil (1886 bis 1892). Schriftenreihe der internationalen Lenau-Gesellschaft. Wien 1978.

MÜNSTER, Hans A.: Die moderne Presse. Das Zeitungs- und Zeitschriftenwesen im In- und Ausland in zwei Bänden, Bd. 1: Die Presse in Deutschland. Bad Kreuznach 1955.

NAUMANN, Bernd: Einführung in die Wortbildungslehre des Deutschen. 2., neubearbeitete Aufl., Germanistische Arbeitshefte 4. Tübingen 1986.

NECKERMANN, Nicole: Instruktionstexte. Normativ-theoretische Anforderungen und empirische Strukturen am Beispiel des Kommunikationsmittels Telefon im 19. und 20. Jahrhundert. Berlin 2001.

NOELLE-NEUMANN, Elisabeth; SCHULZ, Winfried; WILKE, Jürgen [Hrsg.]: Publizistik. Massenkommunikation. Das Fischer Lexikon. Aktualisierte, vollständig überarbeitete und ergänzte 3. Aufl. Frankfurt a.M. 2004.

NOELLE-NEUMANN, Elisabeth; SCHULZ, Winfried; WILKE, Jürgen [Hrsg.]: Publizistik. Massenkommunikation. Das Fischer Lexikon. Aktualisierte, vollständig überarbeitete und ergänzte 5. Aufl. Frankfurt a.M. 2009.

NOWAG, Werner; SCHALKOWSKI, Edmund: Kommentar und Glosse. Reihe Praktischer Journalismus, Bd. 33. Konstanz 1998.

OELZE, Klaus-Dieter: Das Feuilleton der Kölnischen Zeitung im Dritten Reich. Regensburger Beiträge zur deutschen Sprach- und Literaturwissenschaft, Reihe B/Untersuchungen, Band 45. Frankfurt a.M./Bern/Berlin/New York/ Paris 1990.

PAFEL, Jürgen: Einführung in die Syntax. Grundlagen – Strukturen – Theorien. Stuttgart/Weimar 2011.

PAUL, Hermann: Deutsches Wörterbuch. Bedeutungsgeschichte und Aufbau unseres Wortschatzes. 10., überarbeitete und erweiterte Aufl. von Helmut Henne, Heidrun Kämper und Georg Objartel. Tübingen 2002.

PFEIFER, Wolfgang [Hrsg.]: Etymologisches Wörterbuch des Deutschen. Ungekürzte, durchgesehene Ausgabe, 5. Aufl. München 2000.

PREISENDANZ, Wolfgang: Der Funktionsübergang von Dichtung und Publizistik bei Heine. In: Die nicht mehr schönen Künste. Grenzphänomene des Ästhetischen. Poetik und Hermeneutik. [Hrsg.] Hans R. Jauß. München 1968. S. 343-374.

PÜRER, Heinz [Hrsg.]: Praktischer Journalismus in Zeitung, Radio und Fernsehen. Mit einer Berufs- und Medienkunde für Journalisten in Österreich, Deutschland und der Schweiz. 2., überarbeitete und erweiterte Aufl. Reihe Praktischer Journalismus, Bd. 9. Konstanz 1996.

PÜRER, Heinz; RAHOFER, Meinrad; REITAN, Claus [Hrsg.]: Praktischer Journalismus. Presse, Radio, Fernsehen, Online; inklusive CD-ROM mit journalistischen Beispielen. 5., völlig neue Aufl. Reihe Praktischer Journalismus, Bd. 9. Konstanz 2004.

PÜSCHEL, Ulrich: Die Bedeutung von Textsortenstilen. In: Zeitschrift für germanistische Linguistik 10 (1982). S. 28-37.

PÜSCHEL, Ulrich: Puzzle-Texte. In: Die Zukunft der Textlinguistik. Traditionen, Transformationen, Trends. Reihe Germanistische Linguistik 188. Tübingen 1997. S. 27-41.

QUASTHOFF, Uwe [Hrsg.]: Deutsches Neologismenwörterbuch. Neue Wörter und Wortbedeutungen in der Gegenwartssprache. Berlin/New York 2007.

RACIC, Georg: Zur Konzeption und Strukturierung von literatur- und sprachbezogenen Beiträgen innerhalb der Kulturberichterstattung überregionaler Tageszeitungen im deutschen Sprachraum. Philologische Dissertation. Tübingen 1987.

RAIBLE, Wolfgang: Zum Textbegriff und zur Textlinguistik. In: Text vs sentence. Basic Questions of Text Linguistics. [Hrsg.] János S. Petöfi. Papiere zur Textlinguistik. Bd. 20,1. Hamburg 1979. S. 63-73.

REUMANN, Kurt: Journalistische Darstellungsformen. In: Publizistik. Massenkommunikation. Das Fischer Lexikon. Herausgegeben von Elisabeth Noelle-Neumann, Winfried Schulz und Jürgen Wilke. Frankfurt a.M. 1989. S. 69-83.

REUMANN, Kurt: Journalistische Darstellungsformen. In: Publizistik. Massenkommunikation. Das Fischer Lexikon. Aktualisierte, vollständig überarbeitete und ergänzte 5. Aufl. [Hrsg.] Elisabeth Noelle-Neumann, Winfried Schulz und Jürgen Wilke. Frankfurt a.M. 2009. S. 129-167.

REUS, Gunter: Ressort: Feuilleton. Kulturjournalismus für Massenmedien. 2., überarbeitete Aufl. Reihe Praktischer Journalismus, Bd. 22. Konstanz 1999.

ROHNER, Ludwig: Der deutsche Essay. Materialien zur Geschichte und Ästhetik einer literarischen Gattung. Neuwied/Berlin 1966.

ROLF, Eckard: Die Funktion der Gebrauchstextsorten. Grundlagen der Kommunikation und Kognition. Berlin/New York 1993.

ROLOFF, Eckart Klaus: Journalistische Textgattungen. Zusammenstellung: Eckart Klaus Roloff. Reihe: Studientexte für die Kollegstufe. München 1982.

ROLLKA, Bodo: Feuilleton, Unterhaltung und Werbung. Frühes Berlin Feuilleton. In: Die lange Geschichte der kleinen Form. Beiträge zur Feuilletonforschung. [Hrsg.] Kai Kauffmann und Erhard Schütz. Berlin 2000. S. 81-101.

ROTHKEGEL, Annely; SANDIG, Barbara [Hrsg.]: Text – Textsorten – Semantik. Linguistische Modelle und maschinelle Verfahren. Papiere zur Textlinguistik, Bd. 52. Hamburg 1984.

SANDIG, Barbara: Zur Differenzierung gebrauchssprachlicher Textsorten im Deutschen. In: Textsorten. Differenzierungskriterien aus linguistischer Sicht. [Hrsg.]: Elisabeth Gülich und Wolfgang Raible. Athenäum-Skripten Linguistik. Frankfurt a. M. 1972. S. 113-124.

SANDIG, Barbara: Textsortenbeschreibung unter dem Gesichtspunkt einer linguistischen Pragmatik. In: Textsorten und literarische Gattungen. Dokumentation des Germanistentages in Hamburg vom 1. bis 4. April 1979. [Hrsg.] Vorstand der Vereinigung der deutschen Hochschulgermanisten. Berlin 1983. S. 91-102.

SANDIG, Barbara: Textsorten aus dem Bereich der europäischen Gemeinschaft als Gegenstand von Maschineller Textanalyse und Übersetzung. In: Text – Textsorten – Semantik. Linguistische Modelle und maschinelle Verfahren. [Hrsg.] Annely Rothkegel und Barbara Sandig. Papiere zur Textlinguistik, Bd. 52. Hamburg 1984. S. 197-220.

SCHALKOWSKI, Edmund: Rezension und Kritik. Reihe Praktischer Journalismus, Bd. 49. Konstanz 2005.

SCHIPPAN, Thea: Lexikologie der deutschen Gegenwartssprache. Studienbuch. Tübingen 1992.

SCHLÜTER, Sabine: Textsorte vs. Gattung. Textsorten literarischer Kurzprosa in der Zeit der Romantik (1795-1835). Berliner Sprachwissenschaftliche Studien, Bd. 1. Berlin 2001.

SCHLÜTER, Hans-Joachim: Zeitungs-Journalismus: Darstellungsformen. In: Praktischer Journalismus. Presse, Radio, Fernsehen, Online; inklusive CD-ROM mit journalistischen Beispielen. 5., völlig neue Aufl. [Hrsg.] Heinz Pürer, Meinrad Rahofer und Claus Reitan. Reihe Praktischer Journalismus, Bd. 9. Konstanz 2004. S. 139-159.

SCHMIDT, Siegfried J.: Ist ‚Fiktionalität' eine linguistische oder eine texttheoretische Kategorie? In: Textsorten. Differenzierungskriterien aus linguistischer Sicht. [Hrsg.] Elisabeth Gülich und Wolfgang Raible. Athenäum-Skripten Linguistik. Frankfurt a. M. 1972. S.59-71.

SCHMIDT, Vasco Alexander: Grade der Fachlichkeit in Textsorten zum Themenbereich Mathematik. Berliner Sprachwissenschaftliche Studien, Bd. 3. Berlin 2003.

SCHNEIDER, Wolf; RAUE, Paul-Josef: Das neue Handbuch des Journalismus und des Online-Journalismus. Bonn 2012.

SCHRÖDER, Thomas: Die ersten Zeitungen. Textgestaltung und Nachrichtenauswahl. Tübingen 1995.

SCHWIESAU, Dietz; OHLER, Josef: Die Nachricht in Presse, Radio, Fernsehen, Nachrichtenagentur und Internet. Ein Handbuch für Ausbildung und Praxis. List Journalistische Praxis. München 2003.

SILMAN, Tamara: Probleme der Textlinguistik. Einführung und exemplarische Analyse. Aus dem Russischen übersetzt und mit einem Nachtrag von Theodor Lewandowski. Uni-Taschenbücher 326. Grundlagen der Sprachdidaktik. Heidelberg 1974.

SIMMLER, Franz: Die politische Rede im Deutschen Bundestag. Bestimmung ihrer Textsorten und Redesorten. Göppinger Arbeiten zur Germanistik, Bd. 245. Göppingen 1978.

SIMMLER, Franz: Textsorten politischer Rede im Deutschen Bundestag: Die Gruppe der Erklärungen. In: Textsorten und literarische Gattungen. Dokumentation des Germanistentages in Hamburg vom 1. bis 4. April 1979. [Hrsg.] Vorstand der Vereinigung der deutschen Hochschulgermanisten. Berlin 1983. S. 186-204.

SIMMLER, Franz: Zur Fundierung des Text- und Textsorten-Begriffs. In: Studia Linguistica et Philologica. Festschrift für Klaus Matzel zum sechzigsten Geburtstag überreicht von Schülern, Freunden und Kollegen. [Hrsg.] Hans-Werner Eroms, Bernhard Gajek, Herbert Kolb. Heidelberg 1984. S. 25-50.

SIMMLER, Franz: Elliptizität und Satztypen. In: Grammatische Kategorien. Funktion und Geschichte. Akten der VII. Fachtagung der Indogermanischen Gesellschaft Berlin, 20.-25. Februar 1983. [Hrsg.] Bernfried Schlerath unter Mitarbeit von Veronica Rittner. Wiesbaden 1985. S. 449-477.

SIMMLER, Franz: Makrostrukturen in lateinischen und deutschen Textüberlieferungen der Regula Benedicti. In: Regulae Benedicti Studia. Annuarium Internationale. Bd. 14/15 (1985/1986). Fünfter Internationaler Regula Benedicti-Kongreß. Emmanuel von Severus OSB zum 80. Geburtstag. St. Ottilien 1988. S. 213-305.

SIMMLER, Franz: Die Textsorten ‚Regelwerk' und ‚Lehrbuch' aus dem Kommunikationsbereich des Sports bei Mannschaftsspielen und ihre Funktionen. In: Sprachwissenschaft 16 (1991). S. 251-301.

SIMMLER, Franz: Nominalsätze im Althochdeutschen. In: Althochdeutsch. Syntax und Semantik. Akten des Lyonner Kolloquiums zur Syntax und Semantik des Althochdeutschen (1.-3. März 1990). [Hrsg.] Yvon Desportes. Lyon 1992a. S. 153-197 (= Série germanique ancien 1).

SIMMLER, Franz: Zum Verhältnis von Satz und Text in lyrischen Gedichten. In: „Der Buchstab tödt – der Geist macht lebendig". Festschrift zum 60. Geburtstag von H.-G. Roloff. [Hrsg.] James Hardin und Jörg Jungmayr. Bern u.a. 1992b. S. 55-105.

SIMMLER, Franz: Zum Verhältnis von publizistischen Gattungen und linguistischen Textsorten. Zeitschrift für Germanistik. NF 3. 1993a. S. 349-363.

SIMMLER, Franz: Zeitungssprachliche Textsorten und ihre Varianten. Untersuchungen anhand von regionalen und überregionalen Tageszeitungen zum Kommunikationsbereich des Sports. In: Probleme der funktionalen Grammatik. [Hrsg.] Franz Simmler. Bern 1993b. S. 133-282.

SIMMLER, Franz: Die Glosse als publizistische Gattung. Eine „Glosse". In: Sprachliche Aufmerksamkeit. Glossen und Marginalien zur Sprache der Gegenwart. [Hrsg.] Wolf Peter Klein und Ingwer Paul. Heidelberg 1993c. S. 178-182.

SIMMLER, Franz: Teil und Ganzes in Texten. Zum Verhältnis von Textexemplar, Textteilen, Teiltexten, Textauszügen und Makrostrukturen. In: Daphnis. Zeitschrift für Mittlere Deutsche Literatur 25 (1996). S. 597-625.

SIMMLER, Franz: Die informationsorientierten Textsorten und ihre Varianten in der Fußballberichterstattung des „kicker sportmagazins". In: Textsorten und Textsortentraditionen, Berliner Studien zur Germanistik 5 (1997). S. 63-144.

SIMMLER, Franz: Morphologie des Deutschen. Flexions- und Wortbildungsmorphologie. Mit 166 Schemata, Skizzen und Tabellen. 1. Aufl. Germanistische Lehrbuchsammlung, Bd. 4. Berlin 1998a.

SIMMLER, Franz: Makrostrukturen in der lateinisch-althochdeutschen Tatianbilingue. In: Deutsche Grammatik – Thema in Variationen. Festschrift für Hans-Werner Eroms zum 60. Geburtstag. [Hrsg.] Karin Donhauser, Ludwig M. Eichinger. Heidelberg 1998b. S. 299-335.

SIMMLER, Franz: Textsorten des religiösen und kirchlichen Bereichs. In: Text- und Gesprächslinguistik. Ein internationales Handbuch zeitgenössischer Forschung. 1. Halbbd. [Hrsg.] Klaus Brinker, Gerd Antos, Wolfgang Heinemann, Sven F. Sager. Berlin/New York 2000a. S. 676-690.

SIMMLER, Franz: Textsorten im Bereich des Sports. In: Text- und Gesprächslinguistik. Ein internationales Handbuch zeitgenössischer Forschung. 1. Halbbd. [Hrsg.] Klaus Brinker, Gerd Antos, Wolfgang Heinemann und Sven F. Sager. Berlin/New York 2000b, S. 718-731.

SIMMLER, Franz: Syntaktische Entwicklungstendenzen in der deutschen Gegenwartssprache, Energeia 32 (2007) S. 1-27.

SIMMLER, Franz: Theoretische Grundlagen zur Ermittlung von Textsorten und Textallianzen und zur Reichweite des Textbegriffs. In: Textsorten und Textallianzen um 1500. Teil 1: Literarische und religiöse Textsorten und Textallianzen um 1500. Berliner Sprachwissenschaftliche Studien, Bd. 20. Berlin 2009. S. 11-21.

SOMMERFELDT, Karl-Ernst: Textsorten einst und jetzt - Außenpolitische Texte in Tageszeitungen. In: Kwartalnik Neofilogiczny. Polska Akademia Nauk, Komitet Neofilologiczny, Rocznik XXXVI, Zeszyt 3. Panstwowe Wydawnictwo Naukowe, Warszawa/Poznan 1990. S. 219-229.

SOMMERFELDT, Karl-Ernst: Textsorten in der Regionalpresse. Bemerkungen zu ihrer Gestaltung und Entwicklung. Sprache, System und Tätigkeit, Bd. 25. Frankfurt a.M./Berlin/Bern/New York/Paris/Wien 1998.

SOMMERFELDT, Karl-Ernst: Spezielle Mittel bei der Gestaltung von Textsorten. In: Textsorten und Textsortenvarianten. [Hrsg.] Karl-Ernst Sommerfeldt. Reihe Sprache - System und Tätigkeit, Bd. 45. Frankfurt a.M./Berlin/Bern/Bruxelles/New York/Oxford/Wien 2003. S.65-80.

SÖSEMANN, Bernd: Politik im Feuilleton - Feuilleton in der Politik. Überlegungen zur kommunikationshistorischen Bedeutung literarischer Texte und zu ihrer medienwissenschaftlichen Interpretation. In: Die lange Geschichte der kleinen Form. Beiträge zur Feuilletonforschung. [Hrsg.] Kai Kauffmann und Erhard Schütz. Berlin 2000. S. 40-59.

SOWINSKI, Bernhard: Textlinguistik. Eine Einführung. Kohlhammer Urban-Taschenbücher, Bd. 325. Stuttgart/Berlin/Köln/Mainz 1983.

STÄUBER, Bernd Simon: Sprachliche Strukturen und Funktionen im Kommunikationsbereich „Reisen". Textsortentypologie und ihre Beziehung zu betriebswirtschaftlichen Vorschlägen zur Werbegestaltung. Berliner Sprachwissenschaftliche Studien, Bd. 15. Berlin 2009.

STEDE, Manfred: Korpusgestützte Textanalyse. Grundzüge der Ebenen-orientierten Textlinguistik. Tübingen 2007.

STEFFENS, Doris: Neue Wörter in einem neuen Medium. Das erste größere Neologismenwörterbuch für das Deutsche ist im Internet. In: Neue Zeiten – neue Wörterbücher. Beiträge zur Neologismenlexikografie und -lexikologie. FASK – Publikationen des Fachbereichs Angewandte Sprach- und Kulturwissenschaften der Johannes-Gutenberg Universität Mainz, Reihe A, Bd. 54. Frankfurt a.M. [u.a.] 2009. S. 165-176.

STEGER, Hugo: Über Textsorten und andere Textklassen. In: Textsorten und literarische Gattungen. Dokumentation des Germanistentages in Hamburg vom 1. bis 4. April 1979. [Hrsg.] Vorstand der Vereinigung der deutschen Hochschulgermanisten. Berlin 1983. S. 25-67.

STEGERT, Gernot: Feuilleton für alle. Strategien im Kulturjournalismus der Presse. Medien in Forschung und Unterricht, Bd. 48. Tübingen 1998.

STEMPEL, Wolf-Dieter [Hrsg.]: Beiträge zur Textlinguistik. Internationale Bibliothek für allgemeine Linguistik, Bd. 1. München 1971.

STÖBER, Rudolf: Deutsche Pressegeschichte. Einführung, Systematik, Glossar. Reihe Uni-Papers, Bd. 8. Konstanz 2000.

STÖBER, Rudolf: Deutsche Pressegeschichte. Von den Anfängen bis zur Gegenwart. 2., überarbeitete Aufl. Konstanz 2005.

STRAßNER, Erich: Journalistische Texte. Grundlagen der Medienkommunikation, Bd. 10. Tübingen 2000.

TADDAY, Ulrich: Die Anfänge des Musikfeuilletons. Der kommunikative Gebrauchswert musikalischer Bildung in Deutschland um 1800. Stuttgart/Weimar 1993.

Textsorten und literarische Gattungen. Dokumentation des Germanistentages in Hamburg vom 1. bis 4. April 1979. [Hrsg.] Vorstand der Vereinigung der deutschen Hochschulgermanisten. Berlin 1983.

TEUBERT, Wolfgang: Korpus und Neologie. In: Neologie und Korpus. [Hrsg.] Wolfgang Teubert. Studien zur deutschen Sprache, Bd. 11. Tübingen 1998. S. 129-170.

THIEL, Gisela; THOME, Gisela: Fachlichkeit in wissenschaftsjournalistischen Texten. Dargestellt am Gebrauch von Nomina mit hypothetischer Bedeutung (Deutsch – Englisch – Französisch). In: Fachliche Textsorten. Komponenten – Relationen – Strategien. Forum für Fachsprachen-Forschung, Bd. 25. Tübingen 1996. S. 746-773.

TODOROW, Almut: „Wollten die Eintagsfliegen in den Rang höherer Insekten aufsteigen?“ Die Feuilletonkonzeption der Frankfurter Zeitung während der Weimarer Republik im redaktionellen Selbstverständnis. In: Deutsche Vierteljahresschrift für Literaturwissenschaft und Geisteswissenschaft 62 (1988). S. 697-740.

TODOROW, Almut: Das Feuilleton der „Frankfurter Zeitung“ in der Weimarer Republik. Zur Grundlegung einer rhetorischen Medienforschung. Rhetorik Forschungen, Bd. 8. Tübingen 1996.

TODOROW, Almut: Das Feuilleton im medialen Wandel der Tageszeitung im 20. Jahrhundert. Konzeptionelle und methodische Überlegungen zu einer kulturwissenschaftlichen Feuilletonforschung. In: Die lange Geschichte der kleinen Form. Beiträge zur Feuilletonforschung. [Hrsg.] Kai Kauffmann und Erhard Schütz. Berlin 2000. S. 25-39.

TSCHAPKE, Reinhard: Zur Praxis des Kulturjournalismus. Bibliotheksgesellschaft Oldenburg Nr. 34. Vorträge – Reden – Berichte. Bibliotheks- und Informationssystem der Universität Oldenburg 2000.

VATER, Heinz: Einführung in die Textlinguistik. Struktur und Verstehen von Texten. 3. überarbeitete Auflage. Uni-Taschenbücher 1660. München 2001.

VIEHWEGER, Dieter: Illokutive Handlungen, Globale Handlungen, Illokationsstrukturen. In: Makrostrukturen im Text und im Gespräch. [Hrsg.] Hlavsa Zdeněk. Linguistische Studien, Reihe A, Bd. 191. Berlin 1989. S. 20-35.

WARNKE, Ingo: Adieu Text – bienvenue Diskurs? Über Sinn und Zweck einer poststrukturalistischen Entgrenzung des Textbegriffs. In: Brauchen wir einen neuen Textbegriff? Antworten auf eine Preisfrage. [Hrsg.] Ulla Fix, Kirsten Adamzik, Gerd Antos und Michael Klemm. Forum Angewandte Linguistik, Bd. 40. Frankfurt a.M./Berlin/Bern/Bruxelles/New York/Oxford/Wien 2002. S. 125-141.

WEINRICH, Harald: Thesen zur Textsorten-Linguistik. In: Textsorten. Differenzierungskriterien aus linguistischer Sicht. [Hrsg.] Elisabeth Gülich und Wolfgang Raible. Athenäum-Skripten Linguistik, Bd. 5. Frankfurt a. M. 1972. S. 161-169.

WEISCHENBERG, Siegfried: Nachrichtenschreiben. Journalistische Praxis zum Studium und Selbststudium. 2., durchgesehene Aufl. Opladen 1990.

WEISCHENBERG, Siegfried: Nachrichten-Journalismus. Anleitungen und Qualitäts-Standards für die Medienpraxis. Wiesbaden 2001.

WERLICH, Egon: Typologie der Texte. Entwurf eines textlinguistischen Modells zur Grundlegung einer Textgrammatik. 2., durchgesehene Aufl. Heidelberg 1979.

WOLFF, Volker: ABC des Zeitungs- und Zeitschriftenjournalismus. Reihe Praktischer Journalismus, Bd. 67. Konstanz 2006.

WORBS, Erika: Das Polnisch-deutsche Wörterbuch der Neologismen – eine lexikografische Nachbetrachtung. In: Neue Zeiten – neue Wörterbücher. Beiträge zur Neologismenlexikografie und -lexikologie. FASK – Publikationen des Fachbereichs Angewandte Sprach- und Kulturwissenschaften der Johannes-Gutenberg Universität Mainz, Reihe A, Bd. 54. Frankfurt a.M. [u.a.] 2009. S. 11-23.

YLÖNEN, Sabine: Entwicklung von Textsortenkonventionen am Beispiel von Originalarbeiten der Deutschen Medizinischen Wochenschrift (DMW). Leipziger Fachsprachen-Studien, Bd. 15. Frankfurt a.M./Berlin/Bern/Bruxelles/New York/Oxford/Wien 2001.

ZDENĚK, Hlavsa [Hrsg.]: Makrostrukturen im Text und im Gespräch. Linguistische Studien, Reihe A, 191. Zentralinstitut für Sprachwissenschaft. Berlin 1989.